현대 중국의 탄생

청제국에서 시진핑까지

Making China Modern

현대 중국의 탄생
청제국에서 시진핑까지
Making China Modern

2023년 3월 28일 제1판 1쇄 발행
2023년 12월 30일 제1판 3쇄 발행

지은이   클라우스 뮐한
옮긴이   윤형진
펴낸이   이재민, 김상미

편집   이상희
디자인   지희령, 정희정

펴낸곳   (주)너머_너머북스
주소   서울시 서대문구 증가로20길 3-12
전화   02)335-3366, 336-5131, 팩스 02)335-5848
등록번호   제313-2007-232호

ISBN 978-89-94606-21-7 93910

www.nermerbooks.com
너머북스 | 현재를 보는 역사, 너머학교 | 책으로 만드는 학교

현대 중국의 탄생

청제국에서 시진핑까지

Making China Modern

클라우스 뮐한 지음 **윤형진** 옮김

조피아, 클라라, 율리우스에게

이곳은 새로운 나라이면서 오래된 나라다. 아주 봉건적이고 전제적이면서도 무척 현대적이고 풍족하다. 지극히 서구적이면서도 본질은 동양적이다. 세계가 그를 변화시키고 그 역시 세계를 변화시킨다. 이 과정에서 그의 모든 새로움은 설명할 수 없는 진실을 바탕으로 인류 생성과 상상의 하한선을 뛰어넘거나 거기에 도전한다. 따라서 그는 진실하지 않은 진실과 존재하지 않는 존재, 가능하지 않은 가능을 내포한다. 눈으로 볼 수 없고 만질 수 없고 심지어 느낄 수도 없는 생성 규칙과 법칙이 있다.

— 옌롄커閻連科,『작렬지炸裂誌』

차례

연표[중국, 1644~2017]

1644~1911	청조
1683	청 군대가 명에 충성하는 정씨 세력을 타이완에서 물리침
1689	청조와 차르 러시아가 네르친스크조약을 맺음
1712	만주 관료의 러시아 파견
1715	동인도회사가 광저우에 상관 개설
1700~1800 무렵	청의 전성기High Qing, 번영과 성장의 시대
1755~1759	중앙아시아 지역 정복(신장)
1757~1842	해외무역이 광저우의 항구로 제한됨('광저우 무역체제')
1780년대	건륭제가 문자의 옥을 일으킴
1793	중국에 파견된 영국의 매카트니 사절단이 무역 확대에 실패
1796~1804	백련교 반란
1799	아편 수입, 경작 금지
1820~1850	도광제 치하에서 경제 침체
1840~1842	제1차 아편전쟁, 난징조약으로 중국 항구들 개항, 홍콩을 영국에 할양, 배상금 지불, '광저우 무역체제' 종말
1851~1864	태평천국의 난
1856~1860	제2차 아편전쟁, 더 많은 항구 개항, 외국인에게 더 많은 권리 허용
1861	중국의 외교부인 총리아문總理衙門 설립
1865~1866	최초의 무기 공장을 열어 전함과 장비 생산
1873	윤선초상국輪船招商局 설립
1879	일본이 청의 조공국 류큐제도 점령
1883~1885	청프전쟁
1890년대	이홍장李鴻章이 북양군北洋軍 창설
1894	한양제철소 생산 시작

1894~1895	청일전쟁, 타이완이 일본 식민지가 됨
1895	장지동張之洞이 자강군自强軍 창설
1895~1911	철도 건설 붐
1897	독일이 칭다오 점령, 상하이에서 중국통상은행中國通商銀行 설립
1898	자희태후가 백일개혁을 폭력적으로 끝냄, 장지동이 중체서용中體西用 구호 제기
1899~1901	의화단 반란과 외국의 개입, 청에 배상금 4억 5,000만 냥 부과
1901~1911	신정新政
1903	연병처練兵處 설립
1905	과거제를 폐지하고 새로운 학제로 대체, 쑨원이 도쿄에서 동맹회 설립
1905~1906	학부學部에서 외국의 제도와 정책 조사
1908~1909	지방과 성省 단위의 대표 기구들 설립
1909~1911	전국 인구조사
1911. 10. 10	우창(지금의 우한) 군사 봉기로 신해혁명 시작
1912. 1. 1	중화민국이 건국되고 쑨원이 임시 대총통이 됨
1912. 8	국민당 창설
1912~1916	위안스카이의 독재
1915~1925	신문화운동
1915	천두슈가 잡지 『신청년』 창간
1916~1928	군벌 시기
1917. 8	베이징정부가 독일에 선전포고
1919. 5. 4	5 · 4운동, 학생들이 베이징에서 베르사유조약에 항의
1921	쑨원이 광저우에서 국민정부 총통에 취임
1923~1927	제1차 국공합작
1925. 5. 30	상하이 조계의 경찰이 시위자들에게 발포
1926~1927	장제스 주도의 북벌로 중국 대부분 재통일, 공산당원 박해로 제1차 국공합작 종결
1927~1937	난징국민정부 시기

1930	중국의 관세자주권 회복
1931. 9. 18	만주사변이 일본의 만주 점령으로 이어짐
1932	동북 지역에 일본의 괴뢰국 만주국이 세워짐, 상하이 사변, 일본의 상하이 점령 시도
1930~1934	공산당의 장시 소비에트
1934	국민당이 신생활운동 시작
1934~1935	장시에서 옌안으로 공산당 대장정
1935. 1	쭌이회의로 마오쩌둥이 공산당 지도자가 됨
1936	국민정부에서 공업 발전을 위한 3개년 계획 수립, 12월 시안사건
1937~1945	중일전쟁, 제2차 국공합작
1937	루거우차오 사건으로 개전, 국민정부가 난징에서 우한으로, 다시 충칭으로 후퇴, 난징대학살
1940	왕징웨이 주도로 난징에서 대일협력자들의 '난징정부'가 세워짐
1941	미국의 무기대여법이 장제스 정부에 적용됨
1943. 11	장제스가 카이로회담에 참석
1945. 8. 15	일본의 항복
1945~1949	국공내전
1945~1947	조지 C. 마셜 장군 사절단이 중국에 파견되어 통합 위해 협상
1949. 1	공산당 부대가 톈진과 베이징 접수
1949. 10. 1	중화인민공화국 수립
1949. 12	국민당 군대가 타이완으로 후퇴
1950~1952	토지개혁, 반혁명진압운동
1950	인민해방군이 티베트 점령
1950. 2. 14	중국과 소련이 중소우호동맹상호원조조약에 서명
1950~1953	한국전쟁
1953~1957	제1차 5개년 계획, 산업의 국유화, 농업의 집단화 시작됨
1956~1957	백화운동, 뒤이은 반우파 투쟁에서 지식인 박해
1958~1960	대약진운동으로 약 3,000만 명의 목숨을 앗아간 기근 발생

1959	티베트에서 봉기 진압됨, 달라이라마 인도로 망명
1960	중소분쟁
1962	중인전쟁
1964	핵실험 성공, 저우언라이가 4대 현대화 기초
1966	문화대혁명 시작
1968	군대가 질서 회복
1969~1974	덩샤오핑 시골로 하방
1971	린뱌오가 탈출을 시도하다 비행기 추락으로 사망, 헨리 키신저가 비밀리에 베이징 방문
1972	리처드 닉슨이 베이징에서 마오쩌둥을 만남
1976	저우언라이 사망, 마오쩌둥 사망, 4인방 체포
1977. 12	전국 대입시험 재개
1978	3차 중앙위원회 전체회의가 개혁개방 정책 결정, 4대 현대화 다시 시작
1979	미국과 중화인민공화국 사이에 외교관계 수립
1980	경제특구 네 곳 설립, 자오쯔양 총리 취임, 한 자녀 정책 도입
1983	정신 오염 반대 운동
1984	농촌과 도시 모두에서 개혁 정책 가속화, 연해 도시 열네 곳이 외국인 직접 투자에 새롭게 개방됨
1987	부르주아 자유화 반대 운동
1988	TV 시리즈 〈하상河殤〉이 문화열 운동의 고조를 보여줌
1989	후야오방 사망, 톈안먼광장 시위의 폭력적 진압이 민주주의 운동을 끝냄, 자오쯔양 가택연금
1992	덩샤오핑의 남순이 경제 개혁 정책의 지속을 보여줌
1993	장쩌민 국가주석 취임
1994	세제 개혁
1995	소형 국유기업의 대규모 민영화
1997	덩샤오핑 사망, 홍콩 반환
1998	주룽지 총리 취임

지도 목록

서론

20세기 말과 21세기 초 중국의 부상은 의심할 여지없이 우리가 살고 있는 세계를 재구성하는 중요한 국면 중 하나다. 최근 중국의 놀랍고 전례 없는 경제성장, 과학기술의 빠른 따라잡기, 지정학적 무대에 대한 점점 더 확고한 힘의 투사 등이 지구적 균형을 바꾸고 있다. 2012년 11월 베이징에서 열린 '부흥의 길'이라는 전시의 개막식에서 중국 국가주석 시진핑은 처음으로 '중국의 꿈'中國夢을 말하고, 그것을 "중화민족의 위대한 부흥을 실현하는 것"이라고 설명했다.[1] 이 전시에서는 20세기 중국이 19세기 아편전쟁에서 서구 제국주의자들에게 패하면서 시작된 과거 굴욕에서 회복하는 이야기를 다루었다.

우리가 그러한 전환점을 목격하고 있다면, 그것을 역사적 관점에서 어떻게 이해해야 할까? 오늘날 중국의 정치나 경제를 연구하는 많은 사람은 중국 정부의 공식 입장에 따라 중국이 부상한 지는 1978년 덩샤오핑의 집권으로 시작해 40년 되었다고 가정하지만, 역사가들은 그것이 훨씬 더 오랫동안 형성되어왔음을 알 것이다. 한 세기 넘도록 중국은 과거의 많은 문제를 극복하고자 노력했으며, 그 성과 또한 인상적이다.

그러나 이 드라마가 어떻게 전개될지는 아직 답이 나오지 않았다. 역사는 미래의 가능성을 재는 우리의 유일한 지침일 수도 있다. 부상하는 중국을 이해하려면 그 배후에 있는 역사를 알아야 한다. 즉, 앞선 번영의 시기, 쇠퇴의 국면과 그 사이의 위기 그리고 지난 세기의 집요한 회복 노력을 알아야 한다. 역사적 시각은 과거의 영광과 실패 이면에 있는 이유도 드러낼 것이다. 중국의 번영과 자신감의 시대가 21세기를 어느 정도 규정한다면, 그것은 중국의 역사적 유산과 경험 그리고 고난을 극복하는 능력 때문이다.

여기에서 제안하는 것은 중국 현대의 역사를 재고하는 것이기에 중국의 현재 역학을 더 정확하고 세밀하게 이해하기 위한 과거의 주요한 차원 또한 포함한다. 지금은 중국 현대의 궤적을 새롭고 깊게 포괄적으로 이해해야 할 때다. 이때 과제는 오늘날 중국이 과거에서 어떻게 성장해왔고, 그것이 미래에 어떤 의미가 있는지 설명하는 것이다. 이 나라의 과거 정책과 조치는 지금의 난국을 이해하는 지표와 맥락을 알려줄 수 있다. 그러려면 몇 가지 질문이 가장 적절하고 시급하다. 중국이 경험하고, 시험하고, 추구해온 구체적 경로는 무엇인가? 현대 중국이 직면한 문제들을 과거의 문제들과 어떻게 비교할 수 있는가? 역사 연구는 현재 상황을 이해하는 데 그리고 근본적 도전에 맞서는 중국의 복합적이고 다양한 노력을 이해하는 데 어떤 도움이 되는가? 어떤 역사적 과정과 사건들이 오늘날의 중국 정치와 경제를 지배하는 제도와 구조의 기원과 변화에 영향을 주었는가? 요컨대 역사적 관점은 중국이 미래로 나아갈 때 직면하는 선택의 범위에 대해 무엇을 설명할 수 있는가?

근본적 쟁점은 우리가 현대 중국의 형성을 이해하려면 얼마나 거슬러 올라가야 하는가 하는 문제다. 시대구분은 역사적 해석에서 가장 중요하고 의미 있는 도구다. 한 시대를 일관하는 움직임과 결합된 고찰이 역사적 설명의 기초에 있다. 인상적일 정도로 긴 중국 역사에는 현재의 전조로 볼 지점이 많다. 오늘날의 중국과 연관될 수 있는 수많은 저작, 관념, 결정이 존재한다. 여기에서 탐색하는 것은 현대 중국의 형성을 설명할 수 있는 **장기 지속**적 역사로, 가장 중요한 제도들의 연속성, 장기적 문제와 도전의 지속, 국제무대에서 중국의 중요성 등이다. 우리는 우리 이야기를 하려는 유용한 출발점을 초기 근대라고 불리는 시기(대략 17세기 중반에서 18세기까지)에서 찾을 수 있다.[2] 여러 가지 면에서 이 시기는 전통적 중국이 끝나는 '후기 제국' 단계로뿐만 아니라 다가올 발전의 '초기 근대'적 전조로 이해할 수 있다. 1644년 청조의 지배로 시작되는 이 시대까지 후기 중화제국의 많은 핵심적 제도가 발전했고, 제국은 정점에 이르렀다. 이 시대에 존재했거나 만들어진 사회와 문화의 기본적 제도들이 뒤이은 19세기와 20세기 중국의 역사적 궤도와 정치적 선택에 큰 영향을 주었다.

이 책에서는 '현대 중국'이라는 용어가 규범적 틀이 아니라 순수하게 시간적 의미로 사용된다는 점이 중요하다. 그것은 중국의 사회적·경제적·문화적·정치적 발전에 대한 모든 깊이 있는 고찰에서 살펴봐야 하는, 거의 3세기에 걸친 기간을 가리킨다. 이 책에서 현대 중국은 절대적 범주로 이해되지 않고, 외국이나 외부의 청사진을 가지고 특정한 고유의 제도적 자원, 정치적 이해관계, 경제계획을 동원하여 이루어진 새로운 제도들의 수립을 포함하여 진화하는 사회적 구성물로 이해된다. 현대적이라는 의미에 대해 하나의 보편적이거나 서구적인 모델이 있다고 가정하지 않는다. 그렇게 이해하면 역사를 잘못 읽고, 유럽과 미국 바깥의 현대적 과정을 잘못 판단하고, 현대성의 많은 유형과 변수를 놓칠 것이다. 서구적 현대성의 대안과 변형을 찾으려는 중국인들의 끈질긴 탐색은 지배적이고 단순한 서구 중심적 현대성과 현대화 개념에 저항한다.

이러한 관점에서는 현대적이 된다는 것이 과거와의 단절을 가정하지도 않는다. 비록 현대성이라는 생각 자체가 전근대적이라고 간주되는 무엇인가의 변화를 전제로 하지만, 역사적 뿌리와 유산은 계속 의미가 있다. 사실 전통적 상황과 현대적 상황의 공존이나 토착적 상황과 외래적 상황의 공존은 현대적 생활의 일부분이다. 중국의 전통적 사회조직이 여전히 정치적으로나 경제적으로 유효할 뿐 아니라, 개발 문제에서도 중요한 역할을 계속하는 많은 방식이 있다. 현대는 이 책에서 시간과 장소 측면 모두에서 상대적인 것으로 이해되며, 중국의 다양한 행위자가 나라를 강하고 부유하게 만들기 위해 끈질기고 광범위하게 추구했던 목표로 이해된다. 현대 중국 만들기는 무엇보다 강하고 부유하며 선진적인 국가를 다시 만든다고 하는, 빈번하고 분명하게 표현된 중국인들의 열망이 주도했다.

이 책에서는 중국의 경험과 관점을 전면에 내세우는 역사적 접근으로 현대 중국의 형성을 보여주려고 한다. 문화적 전통의 무게, 이데올로기의 힘, 중국 신구 황제들 사이의 투쟁 등과 같이 자주 언급되는 요소의 역할을 강조하는 대신, **제도**를 현대 시기 중국을 이해하는 출발점으로 삼는다. 이렇게 접근하면 현대 중국의 역사에 대해 주요 사건과 중요 인물들을 다 다룰 정도로 광범위하면서도 일관성 있게 조직된 탐구를 할 수 있다. 사건, 결정, 과정에서 제도와 그 역할을 검토하면 역사적 발전에 대한 더 정확하고 체계적인 이해와 더 명확한 설명이 가능하다. 제도는 정치적 의사결정, 사회문화적 생활, 경제적 활동에 큰 영향을 미친다. 그러므로 제도를 연구하는 것은 왜 어떤 나라는 번영하고 다른 나라는 쇠퇴하는지, 어떤 나라는 더 빨리 발전하고 다른 나라는 느리게 발전하는지, 어떤 사회는 좋은 통치를 누리고 다른 사회는 그렇지 않은지를 밝혀준다.[3] 이러한 탐구는 또한 문화적으로나 정치적으로 중립적이라는 장점이 있다. 여기에는 외부적 기준이 적용되지 않으며, 중국사를 지속적인 비교 앞에 열어놓는다. 제도가 무엇이고, 그것이 중국이나 다른 곳에서 왜 중요한지 간략히 고찰하면 이러한 점을 더 분명히 하는 데 도움이 될 것이다.

'제도'라는 말은 일상 언어에서 모호하게 사용된다. 사회과학에서 정의한 바에 따르면 제도는 기록되거나 기록되지 않은 규칙이고, 더 정확하게는 한 사회에서 협력하기 위해 인간들이 정한 사회적 질서다.[4] 제도는 한 집단의 구성원들 사이에 공유된 규칙, 공통의 가정과 기대, 가치에 따르는 상호 신뢰에 기초하여 함께 원활하게 일하도록 해 준다.[5] 작동 중인 제도적 틀 안에서 행위자들은 예측 가능한 결과를 보이는 특정한 절차에 의존하는 것을 배우며, 그 때문에 그 절차를 고수한다.

사회와 경제생활의 진보는 함께 일하면서 서로 돕는 사람들에게 달려 있다. 공통의 재화와 서비스를 제공하고, 분쟁을 심판하고, 질서를 유지하고, 교육과 복지를 조직하려면 가족이나 씨족과 같은 작은 집단에서부터 대기업이나 국가와 같은 거대한 실체에 이르기까지 사회의 모든 단계에서 협력이 필요하다. 어떤 사회적 집단에 있는 사람들에게도 지속적으로 협력하는 일은 중요한 도전이며, 특히 그들 주변의 환경이 변할 때 더욱 그렇다. 그들은 협력을 유지하고자 책임과 권한을 선택된 구성원들에게 부여하고, 사람들의 기대와 인센티브 그리고 행위에 대한 반응이나 결과를 계산하는 것에 영향을 미치려고 보상이나 벌칙을 부과하면서 제도를 수립한다. 규칙은 개별 구성원들에게 내면화되고 그들의 세계관과 신념의 일부가 될 때 제도가 된다.[6] 그러므로 제도적 규칙은 정부, 기업, 농촌시장과 같은 복잡한 조직의 기초다. 제도는 일정한 업무 규칙, 의식, 노동 분업을 따르고 상호 이해, 상호 신뢰, 공통의 내부 문화를 구현하는 특정한 조직에서 분명하게 나타난다. 제도는 모든 거래의 기초로 작용하며 배후에서 작동한다.

제도는 조직 안에서 개인의 행위에 영향을 미치고 조정하는 기초적이고 보이지 않는 인프라를 구축한다. 제도는 과거로부터 계속 세대를 넘어 전달되면서 뒤이은 제도에 영향을 준다. 제도적 요소들은 사회적 기억과 인식 패턴에 연결되어 있다. 제도는 선호와 선택을 형성한다. 한 사회가 새로운 상황이나 도전에 직면했을 때, 기존의 제도적 요소는 가능한 반응의 범위를 좌우한다. 과거에서 전해져 온 제도는 새로운 상황에서 행위의 고정된 틀을 제공한다.

제도가 매일의 사회적·경제적·정치적 생활에 비교적 예측 가능한 구조를 제공하긴 하지만, 거기에 변경이나 논쟁의 여지가 없지는 않다. 제도는 역동적이고 진화하는 규약으로 그 안에서 행위양식이 시간을 두고 지속되지만 외부 압력이나 내부 도전의 결과로 변화가 일어날 수도 있다. 그러나 제도화된 행위는 바꾸기 어려울 수 있다. 새로운 규칙과 절차를 만드는 것이 가능하지만, 여기에는 의식적 선택과 행동이 필요하다. 학자들은 행위자가 규칙을 따를지 말지를 선택할 수 있으므로 제도가 행위를 형성하지만 반드시 결정하지는 않는다고 주장한다. 더 새로운 제도적 개념은 조직구조를 규정하고 정당화하는 것이 조직과 그 역사적 환경의 상호작용이라고 강조한다. 간단히 말해, 제도적 구조를 이해하려면 역사가 중요하다.[7]

더글러스 노스가 주장하듯이 '제도적 변화는 사회가 시간 속에서 발전하는 방식을 형성하며, 따라서 역사적 변화를 이해하는 열쇠다.'[8] 사회가 구성원들 사이의 협력과 상호작용을 조직하려고 만든 제도 속에서 일어나는 보이지 않는 변화가 역사적 발전을 형성한다. 문화적·이데올로기적 요소 또한 제도의 연속성을 유지하거나 변화를 추동하는 역할을 한다. 우리가 제도를 면밀하게 연구하려면 맥락적인 정보, 즉 문화적·역사적 정보가 필요하다.

제도는 사회마다 다르다. 제도는 다른 종류의 관계와 행위를 가능하게 함으로써 조직과 정책의 효율성을 결정하고, 권리의 향유와 자원의 분배에 관한 다양한 경제적·정치적 결과를 낳는다.[9] 제도는 포용적이고, 안정적이고, 효율적이고, 유연할 수 있지만 또한 비효율적이고, 경쟁적이고, 환경 변화에 영향을 받지 않으며, 착취적일 수도 있다. 포용적이며 좋은 제도는 광범위한 집단과 개인에게 이익을 주는 협력과 행동을 촉진한다. 좋은 제도는 또한 개량과 투자 그리고 교육을 통한 지식과 기술의 보급을 촉진함으로써 발전을 가능하게 한다. 그것은 지속가능한 인구증가율을 유지하고 안정과 평화를 조성한다. 좋은 제도는 공동의 자원 동원 그리고 공공의 재화와 서비스의 공급과 같은 유익한 정책을 고려한다. 무엇보다도 사회의 복지를 결정하는 것은 이러한 제도적 기반의 질이다.

현대 중국의 형성 이야기는 제도에 초점을 맞춤으로써 독자를 정치사 너머로 데리고 가며, 어떤 발전이 왜 일어났는지 설명할 수 있는 더 넓은 제도적 구조와 과정을 탐색하면서 역사의 몇몇 하위 분야를 통합할 것이다. 제도적 역사는 사람들이 어떻게 협력했고, 공동의 목적을 달성하려고 어떤 방식을 사용했는지를 조사한다. 또한 상업, 시장 그리고 화폐에 적절한 주의를 기울인다. 제도적 역사는 사회가 어떻게 조직되고 어떻게 합작하는지 연구하는 것이다. 그것은 정부, 향촌, 도시, 경제조직, 군대와 같은 조직 배후의 규약과 관련이 있다. 종합해 보면, 이 규약들은 종교관이나 정치관, 토착적인 문화 전통, 외부 세계에서 들어온 것 등과 함께 복잡한 방식으로 상호작용한다. 제도적 역사의 관점은 그 자체로도 중요하지만, 오늘날의 중국을 더 잘 이해할 수 있는 기초를 제공하기도 한다.

이 책은 이러한 접근법을 이용하여 지배자, 이데올로기, 문화적 관습뿐 아니라 사회, 경제, 법률, 사법에 이르기까지 중국사의 주요한 측면을, 다른 역사에서는 여러 가지 이유로 볼 수 없었던 폭으로 다루는 것을 목표로 한다. 현대 중국의 형성과 관련된 사건들을 연대기적으로 다룰 뿐 아니라, 3세기가 넘는 시기에 걸쳐 한 가지 발전이 어떻게 다른 발전을 이끌었는지도 이야기하려고 한다. 현대적이 되려는 중국인들의 계획과 야망이 만든 제도적 발전에 초점을 맞춤으로써 때로는 중국사에 대한 인습적인 가정에 도전하고 이론적으로 풍부하면서 균형 잡힌 서사를 시도할 것이다.

접근법과 주제

모든 사회의 전반적 발전은 제도와 그 변화로 형성되는데, 여기에는 특정한 시기에 후퇴와 사회적 혼돈을 불러오는 제도적 실패와 약점이 포함된다. 중국의 제도가 어떻게 작동하고 실패했는지를 연구하는 것은 우리가 지난 몇 세기에 걸쳐 중국이 쇠퇴하고 승리한 것을 이해하는 데 크게 도움이 될 수 있다. 여기에서 초점은 1644년 이후 중국 사회의 광범위하고 복잡한 변화로, 오늘날까지 이어지는 일부 지속적인 제도가 이때부터 자리 잡았다. 이 책에서는 정부, 경제, 주권과 국경, 천연자원 관리, 지성사의 핵심 영역에 중점을 둘 것이다.

정부의 기능 중 일부가 개별적으로나 집합적으로 다른 사회제도를 조직하고 한계를 규정하는 것이므로 정부는 메타 제도로 보아야 한다. 정부는 경제 체제, 교육 제도, 그리고 경찰과 군대 조직을 규제하고 조정한다. 정부는 강제력 있는 입법, 법령, 자원 동원과 같은 수단을 통해 다른 제도에 대해 규칙을 정한다. 그러나 정부가 공식적인 핵심 행위자이자 이해관계의 기본 단위로 보이지만, 결코 중국 사회에서 규칙을 세우는 유일한 행위자는 아니다. 오히려 정부는 다수 행위자 중 하나로 보아야 한다. 현대 중국의 역사에서 군벌, 반란군, 정복자, 씨족, 길드, 지방 단체 역시 제도를 만들거나 바꿨다. 우리는 중국 역사에서 의미 있는 정치적 행위자와 세력이 광범위하다는 것을 인정해야만 한다.

또 다른 초점은 중요한 **경제**제도의 출현과 발전에 둘 것이다. 여기에서 문제는 현대 중국의 역사에서 정부와 경제 사이의 관계를 어떻게 생각할 것인가다.[10] 가설은 통치자와 그 대리인들이 거래 비용, 국가 대리인의 기회주의적 행위, 지방 엘리트나 핵심적 주민에 대한 의존 등과 같은 특정한 제약 속에서 세입의 최대화를 추구했다는 것이다.[11] 이러한 일반적인 제도 모델에서 통치 당국은 정치제도와 그 작동에 자금을 공급할 필요 때문에 세입을 확보해야 할 상황에 직면한다. 예를 들어, 통치자들은 가능한 한 효율적으로 세입을 창출하는 재산권을 규정함으로써 이러한 세입 목표를 달성할 수 있다. 경제제도가 경제적 결과에 강한 영향을 미치지만 경제제도 자체는 정부 제도와 통치 체제가 결정하며, 더 일반적으로 말한다면 사회의 자원 분배가 결정한다.

이 책의 또 다른 주제는 국가 **주권과 영토 안보**의 제도를 포함한다. 중국은 자주 자신의 존재를 위협하는 주권과 영토에 대한 도전을 처리해야만 했다. 사실 중국 역사의 대략 절반은 중국인이 아닌 민족이 통치했다. 그 한 가지 결과는 국경과 영토를 효과적으로 보호하는 안보 제도의 등장이었다.[12] 그러나 동시에 국경을 넘는 놀라울 정도로 많은 상호작용은 기술적·제도적·문화적 성취를 공유하게 했다.[13] 이러한 이동은 중국을 그 이웃을 통해 외부 세계와 연결했다. 이러한 연결과 이동의 밀도와 빈도는 세계에 대한 개방성을 어떻게 관리해야 하는가라는 질문을 제기했다. 그러므로 주권과 안보의 역사는 국경 횡단에서 발생할 정부에 대한 잠재적 위협과 보상만이 아니라, 중앙과 변경에서 영토 조직과 국경을 넘는 거래를 관리하는 제도를 유지할 필요도 강조해야 한다.[14]

중국 역사에서 인간 행동의 조건을 형성하는 데 **물리적 환경과 자연환경**의 역할이 너무 자주 무시되어왔다. 이 책에서는 환경에 충분히 주의를 기울이면서 천연자원의 사용을 규제하는 제도의 역할을 강조할 것이다. 환경사에서는 대체로 인간을 기후의 제작자가 아니라 페르낭 브로델Fernand Braudel의 표현처럼 '기후의 죄수'로 보면서 생태, 기후,

지리의 영향을 고찰해 왔다.[15] 최근 학자들은 지구에 대한 인간의 영향으로 강조점을 바꾸고 있다. 중국은 그 적절한 사례다. 중국에는 손실과 파괴를 안기면서 국가와 사회에 재난 예방과 위기 대응의 수단을 만들어내게 한 길고 잘 알려진 자연재해의 역사가 있다. 그러나 20세기까지 중국은 경제적 목적을 이루기 위해 자연을 개조한 천 년과 그 결과로 나타난 공기, 토양, 물과 같은 기초적 자원에 접근하는 비용과 노력의 지속적 증가라는 극적인 환경적 영향도 물려받았다.[16]

마지막으로, 제도의 역사는 **지성사**, 즉 사회에 통용되는 사상, 관념, 상징, 의미의 중요성에도 주목해야만 한다. 제도는 문화적 맥락과 규범적 전통 속에 들어 있다. 사회제도와 구조는 문화적 상징화 과정과 의미의 사회적 생산에 기초한다.[17] 사회적 행위자에게 무엇이 의미 있고 무엇이 합리적 선택을 구성하는지는 모두 상징체계를 바탕으로 걸러진 사회적 실재에 대한 인식과 해석에 달려 있다. 그러므로 제도를 분석하려면 상징의 문화적 경관이 사회와 정치 구조만큼이나 중요하다. 이 주제의 영역에서는 사회 안의 집단이 그들의 사회적·정치적·국제적 환경을 어떻게 이해하는지에 중점을 둔다. 이 책에서는 행위자의 행동과 제도에 대해 알려주는 중국 사회의 가치와 상징을 탐색할 것이다. 이는 중국인이 된다는 것이 무엇이며, 그 규정이 시간에 따라 어떻게 변하는지를 재구성할 것이다.[18]

여기에서 목표는 제도와 관련하여 중국 사회가 과거에 했던 선택과 오늘날 직면한 선택을 설명하는 것이다. 이러한 관점은 중국 사회가 제도적 관행을 유지하는 것에서부터 야심적인 목표를 설정하는 것에 이르기까지, 모든 범위의 현재적 목표를 위해 역사적 상징 자원과 제도적 자원을 계속 끌어들이고 있음을 드러낼 것이다. 중국 사람들은 여전히 역사적인 중국어 관용구 속에서 생각하고, 장기적인 전망 속에서 세계를 상상한다. 그들은 역사적 경험에 따라 세계 안에서 중국의 정당한 자리에 대한 감각을 구성한다. 중국의 과거는 지금도 계속 중국의 행위에 영향을 미치는 광범위하고 강력한 전략의 목록과 의미 있는 규칙을 제공한다.

개요와 각 장의 구성

이 책은 연대순으로 배열된 네 부로 구성되며, 각 부는 3장으로 이루어져 있다. 1부 '청의 흥망'은 1644년에서 1900년까지를 다룬다. 이 부분은 17세기 중반의 파괴적이고 폭력적이며, 상처를 남긴 만주의 정복에도 불구하고 중국이 가장 강하고, 가장 부유하고, 가장 정교한 유라시아 제국으로서 엄청난 규모와 권력을 성취했던 영광스러운 시기를 개관하며 시작한다. 근대 초기에 중국은 세계에서 가장 크고 효율적인 경제 가운데 하나를 가지고 있었다. 청조 초기에 거대한 군사적 힘, 물질적 번영과 사회적 안정이 나타났고, 이것이 점점 더 상업화되긴 하지만 기본적으로 농업적인 경제 속에서 거대한 영토와 인구의 팽창을 지탱했다. 지구적 연결은 중국을 세계경제의 중심으로 만든 상업 혁명을 자극했다. 직물, 제철, 도자기와 같은 일부 산업은 세계에서도 가장 앞서고 있었다. 제국 정부(고도로 복잡하고 효율적인 행정 조직), 과거제, 사회복지 그리고 자유시장 체제와 같은 일련의 매우 효율적이고 정교한 제도는 중국 사회를 번영하게 했다. 많은 제도는 공식적인 법률보다 비공식적 규칙을 기초로 작동했다. 이러한 발전은 중국을 형성했을 뿐 아니라 중국이 우위를 차지했던 초기 근대 세계의 구성에 도움을 주었다.

1830년 이후 중국은 깊은 위기에 빠졌다. 점점 커지는 경제 위기, 제도적 실패 그리고 군사적 붕괴에 휩쓸려 중국은 더 이상 역사적 유산에 의지할 수 없었다. 오히려 세계에서 중국이 차지하는 위상은 급격하게 떨어졌다. 19세기의 심각한 환경 악화에 더해 인구·경제적 추세는 빠르게 변하는 사회를 통치할 청조의 능력을 점점 더 손상시켰다. 서구와 일본의 제국주의와 함께 대규모 반란이 정부를 더욱 약화시켰다. 중국은 또한 서구의 발전한 기술보다 뒤떨어졌다. 이러한 사건과 요인은 끊임없는 전쟁, 점령, 혁명을 특징으로 하는 이 나라 역사의 한 장으로 중국에서 '굴욕의 세기'로 알려진 시기를 나타낸다. 쇠퇴하는 동안 중국은 너무 빈곤해져서 대부분의 사람들은 장시간 노동을 해도 수입이 적어 충분히 식사하지 못했고, 자원이나 자본을 축적할 수 없었으며, 복지에는 접근하지도 못했다. 재정 수입이 극적으로 줄어듦에 따라 대부분 정부 제도는 마비되었다. 19세기 중국의 몰락이 역사적 이점을 활용하거나 사회적 혼란과 외국 제국주의로부터 스스로를 지키지 못할 정도까지 간 것은 주로 제도적·정치적 실패 때문이었다.

그러나 1870년 이후 중국은 놀라운 회복력을 보여주었다. 제국주의 시기를 겪었지만 살아남았으며, 영토를 대체로 온전하게 유지하면서 미래 발전의 기초를 놓을 수 있었다는 점에서 세계 대부분 지역보다 나은 상황이었다. 19세기 말부터 중국 지도자들은 기존의 제도를 개혁하고 재건하고자 했는데, 처음에는 국방 공업과 기반시설에 중점을 둔 국가 주도의 공업화 계획에 의존했다. 그러나 제도를 개혁하려는 초기 노력은 너무 늦어졌을 뿐 아니라 제한적이었으며, 왕조 체제의 활력을 회

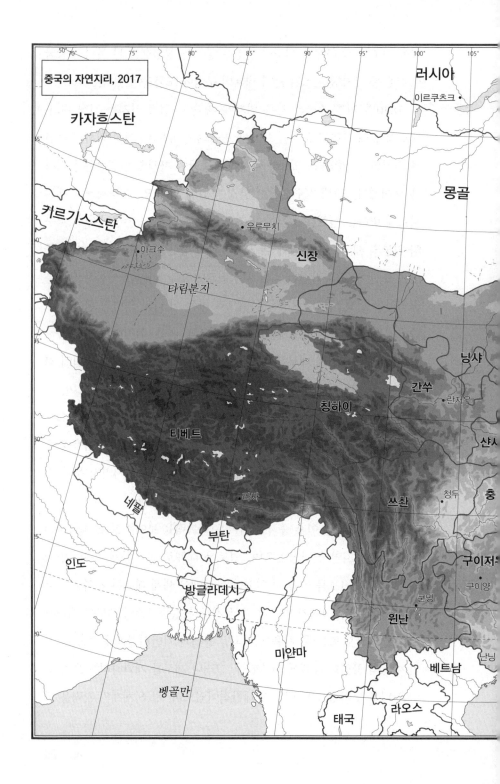

중국의 자연지리, 2017

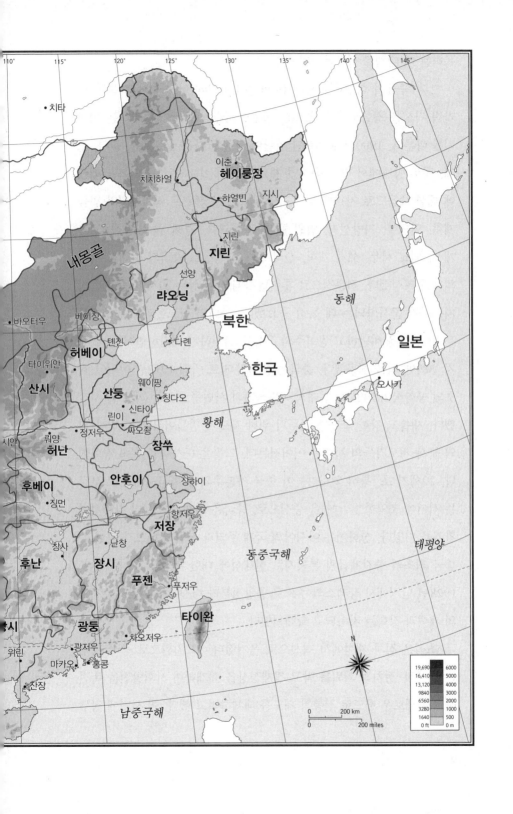

복하는 데 대체로 성공적이지 못했다.

2부 '중국의 혁명들'에서는 1900년에서 1949년 사이에 회복과 국가적 각성을 경험하면서 새로운 공화국 시대의 중국이 등장하는 이야기를 다룬다. 1900년에 의화단 반란이 좌절된 다음에야 교육, 군사, 경제, 정부 방면에서 더 심층적인 제도 개혁이 실행되었다. 의화단 패배에 대한 대응으로 자희태후(서태후)가 내놓은 신정新政은 정치체제와 법률 개혁, 입법부, 지방선거, 법원 체계, 고등교육, 경제·금융 정책, 교통 개선, 외교 사무, 세제 개혁, 신식 군대의 창설로 중국의 현대적 정치 의제를 형성했다. 전문적으로 훈련된 군대의 부상은 20세기 중국의 정치문화가 군사화되는 데 특히 중요했다. 군대의 장교들과 사관생도들은 청 황실을 비난하고 공화주의 운동을 지지하기 시작하면서 중국 정치 변화에 힘을 제공했다. 중국은 쑨원의 지도 아래 1912년 아시아 최초의 공화국이 되었고, 현대적 국민국가와 시민을 만드는 '개조'를 시작했다. 새롭고 강한 국가를 이루기 위한 제도가 만들어졌다. 그러나 지역 군사 지도자들의 시대는 이어졌는데, 그들은 군사력을 계속 강화했다. 20세기 초, 특히 역사가들이 중국 자본주의의 '황금시대'라고 부르는 시기에 조약항 treaty port을 중심으로, 중국은 경제적으로 더 강해지고 활기를 띠었다. 상하이는 아시아의 국제 무역과 상업의 허브가 되었고, 중국 최초의 중간계급의 본거지로 현대성에 대한 전망을 보여주었다. 1928년 난징에서 장제스의 주도로 중앙정부가 다시 수립된 다음, 제도의 개혁과 강화는 지속되고 확대되었다.

초점은 점차 개혁에서 혁신으로 옮겨졌다. 그 일환으로 중국 정부는 경제적·정치적 쇠퇴를 막고 경제성장을 재개하며 사회발전을 촉진하고자 새로운 제도로 전통적 제도를 대체하려고 했다. 이 시기에 정부

기관 다수가 새롭게 만들어졌고, 현대적 은행 시스템이 구축되었으며, 국가와 경제를 운영하려는 새로운 법률이 광범위하게 통과되었다. 중국은 국가가 운영하는 기관 그리고 외국에서 후원하는 학교와 기관을 상당 부분 포함하는 창조적인 사립 기관으로 이루어진 역동적인 고등교육 체계를 수립함으로써 새로운 관념이 들어오도록 문을 활짝 열었다. 그 결과 비록 연해의 도시 지역에 국한되기는 했지만, 민국 시기의 중국은 완만한 경제성장과 사회적 진보를 이루었다. 이러한 노력이 장기적으로 중국을 빈곤에서 벗어나게 했을지도 모르지만, 제2차 세계대전과 이어진 내전이 이러한 발전을 멈추게 했다. 이 시기의 성취와 성공은 일본의 침략과 공산당과 국민당의 긴 싸움 때문에 거의 수포로 돌아갔다. 전쟁과 내전은 제도 개혁을 계속 방해했고, 이 때문에 중국이 세계적인 공업 발전과 기술 혁신의 장에 진입하는 일은 오랫동안 지체되었다.

3부 '중국 개조하기'에서는 1949년부터 1977년 사이 초기 중화인민공화국의 특징 그리고 중국 사회를 변화시키려는 중국공산당의 시도를 탐구한다. 1950년대에 마침내 전국적으로 통일되었을 때, 사회주의 소비에트 모델의 한 변형이 도입되어 중국에 새롭고 더 강력한 제도적 구조를 건설하는 기획이 계속되었다. 민국 시기 중국에서 이루어지던 무자비한 국가 권력 추구가 마오쩌둥 치하에서 계속 확대되었다. 중화인민공화국 정부기구 조직이 거대하게 만들어졌고, 중앙과 지방 사이의 이해 균형이 중앙 쪽으로 기울었다. 중국을 사회주의 국가로 만들려는 시도로 중앙의 권위와 국가의 능력도 회복되었다. 중화인민공화국은 제국이 붕괴된 이후 처음으로 촌락 단위에까지 미치는 전국적 정책 계획을 만들고, 실행하고, 감시하는 능력을 보여주었다. 무엇보다도 중국공산당이 당 자신과 국가를 사회에 심고 깊게 뿌리 내리는 데 성공했다. 국가는 농촌 집단화로 거대한 농촌 경제에서 나온 자원을 재분배하여 중공업과 국방뿐 아니라 기반시설, 교육, 기초 복지를 발전시킬 수 있었다. 사회주의 국가는 풀뿌리 수준까지 사회에 침투하여 전례 없을 정도로 자원을 뽑아냈지만 그 성공은 매우 혼란스럽고 불균등했다. 마오 정부는 여전히 그 주도권에 대한 끈질긴 저항과 불만을 처리해야만 했다. 이질성과 다원성은 억제되었음에도 널리 퍼졌다. 공식적 문화와 비공식적 문화 사이에 대립이 지속되었다. 오래된 사회적 불평등이 새로운 불평등으로 바뀔 정도로 도시와 농촌의 격차가 계속 벌어졌다. 사회의 불평등, 불만, 대립, 폭력의 총량이 줄어들지 않았다.

대약진운동과 문화대혁명이라는 지나치게 야심 찬 계획이 대규모 파괴와 인명 손실을 가져오고 1950년대 초반의 성취를 헛일로 돌아가게 했던 1960년대에 이러한 발전의 이면이 드러났다. 중화인민공화국은 빈곤, 환경 악화, 기술적 저개발 등 장기적 문제를 다루는 데도 실패했다. 중요한 것은 처음 30년 동안 중국공산당이 제도적 파괴에는 능숙했지만, 새로운 제도를 수립하는 데는 덜 성공적이었다는 점이다. 오히려 이것은 마오주의가 끝내 성취할 수 없는 국가와 정치체제의 혁명을 의도했음을 시사한다. 그렇지만 문화대혁명 동안 관료제 국가의 잔재가 요란하게 파괴된 것이 (그리고 새로운 중간 명령 기구들이 부상한 것이) 마오 이후 시기에 새로운 행정 엘리트의 지배력을 가능하게 했고, 이것이 그 이후 안정성의 핵심 요인이 되었다.

마지막 4부 '떠오르는 중국'에서는 1978년에 첫 30년의 파괴적 정책에서 빠져나온 중화인민공화국이 어떻게 놀라운 경제적 부흥을 이끌었는지 이야기한다. 1978년까지 문화대혁명의 혼란과 덩샤오핑의 새로운 실용적 지도력이 훨씬 더 근본적인 변화가 가능한 상황을 만들었다. 중국의 개혁개방 전략은 경제적 지향 덕분에, 또한 가장 중요한 제도적 변화의 점진적·실험적 특징 덕분에 성공적이었다. 중국은 시장경제로 성공적으로 전환하고 매우 높은 국내총생산GDP 증가율을 경험했다. 1980년대에 개혁의 초점은 시장경제의 부흥과 농업 성장이었다. 1990년대에는 국유기업 민영화와 이익 지향적 기업 전환이 추진되었다. 중국의 부상은 점진적인 제도적 적응과 결합된 근본적 정책 변화로 이루어졌다. 그러나 중국의 부상은 행정 경험, 정교한 시장, 교육의 유산과 같은 현존하는 제도의 깊은 역사적 뿌리에도 의지했다.

빠른 경제성장을 추구하는 분권화되고 포괄적인 경제제도의 구조가 나타났다. 중국 경제의 규모와 시민의 부가 실질적으로 개선되었다. 평균 소득이 극적으로 늘어나면서 수억의 중국인이 빈곤에서 벗어났다. 포괄성과 개방성을 목표로 한 경제의 제도적 개혁은 사기업에 대한 제한을 풀어서 많은 새로운 회사와 시장 그리고 증가하는 소비 욕구를 지닌 중간계급을 약 3억 명 만들어냈다. 이러한 발전은 중국의 경제 구조를 개조하여 농업에 대한 의존을 줄이고 공업 생산의 비중을 높였으며, 최근에는 서비스 제공 비중이 높아졌다. 세계경제의 핵심적 참여자라는 중국의 새로운 지위와 지구적 규모로 권력을 투사하려는 중국의 야망도 마찬가지로 중요하다.

동시에 심각한 도전이 등장했다. 중국은 정치제도를 바꾸지 않았을 뿐만 아니라 권위주의적인 일당 국가로 남아 있다. 정치 참여와 민주주의에 대한 대중의 요구는 종종 강압과 폭력의 과시로 단호하게 진압되었다. 1989년 정부는 더 많은 사상과 언론의 자유를 요구하는 비무장 시위자들을 학살하기까지 했다. 고위급 부패의 확산과 결합된 이러한 행동은 일당 지배의 정당성을 손상했다. 이에 대한 대응으로 과도한 민족주의, 무슨 수를 쓰더라도 빠른 성장을 유지하려는 태도 그리고 엄격한 반부패운동이 정당성 강화 수단으로 등장했다.

중화인민공화국에서 경제 개혁과 연결된 사회적 불평등과 환경 파괴의 증가는 개혁의 지속가능성에 의문을 제기한다. 사회적 긴장과 갈등도 늘고 있다. 광범위하고 급속한 변화 속에서 중국 사회의 방향을 묻는 불안한 의견이 종종 제시된다. 불안과 불확실성이라는 불편한 감정이 미래에 대한 전망을 흐리게 한다. 논의되고 있는 가장 중요하고 절박한 질문은 다음과 같다. 더 광범위한 공공의 목적을 수행하려는 제도는 당과 국가에 대해 어떤 수준의 자율성을 가져야 하는가? 중국의 정치체제는 다양한 사회와 역동적 경제를 다루기에 적절한가? 섬세한 균형 잡기가 얼마나 길게 유지될 것인가?

핵심적 통찰

제도의 진화에 대해 역사적 관점을 취하는 것은 많은 중요한 통찰을 가져온다. 첫째, 중국이 세계의 중심으로 움직이는 것은 100년 넘게 진행되고 있는 변화이며, 여전히 진행 중이라는 점을 강조한다. 1978년 이후 수십 년은 단지 최근의 장일 뿐이다. 19세기 중반부터 중국의 엘리트들은 중국을 다시 부유하고 강하게 만들고자 제도를 혁신하고, 파괴하고, 수정해 왔다. 중국의 역사적 궤적은 높은 자리와 중심으로 향하는 길고 꾸준하지만 험난하고 고통스러운 귀환이었다.

간단히 말해 이 책에서는 현대 중국 만들기를 부와 권력으로 가는 길에 있던 제도적 약점과 기능 장애를 극복하는 과정으로 이해한다.[19] 중국이 19세기의 위기에서 회복할 수 있었던 능력은 기술, 전문지식, 자본 측면에서 진보를 가능하게 하며 역사적 잠재력을 실현하게 했던 중요한 제도적 변화에 의지했다. 일련의 새로운 공식적 규칙과 비공식적 규칙이 어렵고 느리게 등장하면서 마침내 더 포용적인 경제 조건이 수립되고 경제적 기회가 열렸다. 길고 복잡한 과정을 거쳐 제도적 질서의 개혁이 더 평평한 운동장을 만들고, 진입장벽과 차별을 제거하고 진취성을 장려하여 안정과 성장을 이끌었다. 중국은 19세기에 거의 파멸될 뻔한 위기에서 회복하여 잃었던 세계에서 중심적 위치를 주장할 수 있었다.

중국의 부상은 단일한 제도적 모델을 고수한 결과가 아니었다. 오히려 중국 스스로의 역사적 유산과 광범위한 외국 모델을 이용한 다층적 실험과 적응에 기반을 두었다. 그중에는 청 말과 군벌 시기에 있었던 국가 주도 군산복합체의 창조, 난징 국민정부 시기의 국민적 발전국가, 제2차 세계대전 기간의 전시 경제동원, 마오쩌둥 시기의 계획경제체제 등이 있었다. 이러한 모델들에 공통적인 것은 (황실 엘리트이든, 군벌이든, 군사적 국가 공무원이든, 당-국가 관료이든 간에) 여러 지배 엘리트의 이익을 위해 경제로부터 자원을 빨아들이려는 착취적 제도였다. 이러한 제도는 다양한 수준의 정치적 중앙집중화를 성취하고 어느 정도 성장을 가져왔다. 그러나 1978년에 더 포용적인 경제제도가 도입된 다음에야 중국 경제가 진정으로 이륙했다.

지구적 기회, 정치적 야심, 지속적 제도 혁신뿐 아니라 역사적 유산도 20세기 동안 중국의 느리고 불안정한 부상을 이끌었다. 사회제도의 역사적 유산과 광범위한 새로운 제도적 형태의 창조적 적용이, 중국이 후퇴와 저항으로 가득 찬 점진적 과정 속에서 스스로 직면했던 장기적 문제의 일부(특히 경제 문제, 그러나 기반시설, 기술, 군사와 같은 다른 영역도 포함된 문제)에 대한 적절한 제도적 해결책에 도달하게 했다. 중국이 활용한 역사적 이점에는 비교적 복잡한 전근대 제도, 능력주의와 교육에 대한 뿌리 깊은 강조, 제국의 관료제와 같은 복잡한 행정 조직을 운영했던 장기적 경험 등이 포함된다.

그러나 중국의 부상은 부분적이고 미완이다. 눈부신 성과와 실질적 진보에도 불구하고 핵심 문제가 풀리지 않은 채 남아 있다. 중국이 직면한 가장 큰 과제는 정치 개혁의 필요성이다. 20세기 초 중국은 황제, 과거제, 지방 신사층과 같이 과거 제국에서 안정성의 핵심이었던 정치제도를 제거했다. 이를 대체하고자 중국은 세계의 정치제도 모델들이 차려진 메뉴에서 선별하여 입헌군주제, 입헌공화국, 군벌 시대의 군사독재, 1930년대의 중국판 파시즘 그리고 1950년대의 스탈린주의와 그 중국적 변형인 1960년대의 마오주의를 포함한 국가 사회주의의 몇 가지 형태를 차례로 선택했다. 모든 제도적 전환은 중국의 정치제도에 흔적을 남겼다. 모든 규칙과 코드의 조각들이 주요한 제도적 틀에 삽입되었다. 그 결과 내부적 모순이 빈번한 정책 변화와 내재적인 불안정을 초래하는 제도적 브리콜라주가 나타났다. 그러나 이 다양한 제도적 모델은 한 가지 주요한 공통점을 가지고 있었다. 이 모델들은 권력을 황족, 군대 장교, 당 지도부와 같은 소수 엘리트 손에 집중하는 착취적 정치제도였다. 현대의 중국이 정치체제를 위해 많은 제도적 모델을 실험했지만, 지배 권력은 권력을 널리 분산하고 정치적 다원성을 뒷받침할 제도를 건설하는 데 거의 관심을 보이지 않았다. 1978년 이후에도 중국의 경제적 자유화에 대한 확실하고 지속적이며 효율적인 제도적 대응물은 없었다. 반대로 포용적인 경제제도에 기반을 둔 경제적 현대화는 배타적인 정치제도가 계속 이끄는 정치 발전과 분리되었다. 중국이 장기간 지연된 정치 개혁을 추진하는 데 실패했을 때 경제적 부상이 지속될지는 풀리지 않은 문제다.

대중적 정당성의 문제도 있다. 현대의 모든 중국 정부는 전장에서 혁명을 일으켰다. 모든 경우 승리는 폭력으로 쟁취되었고 더 많은 폭력으로 방어되어야 했다. 이는 통치 능력을 근본적으로 손상했다. 정부는 더 많은 이의에 직면했고, 정책에 대한 더 많은 반발을 겪었으며, 억압에 더 많이 의존했다. 정치제도가 전장에서 군사작전을 통해 만들어져 정당한 기초가 부족했다. 교화와 선전을 위한 끊임없는 노력 그리고 복지를 제공하는 수단으로 경제성장에 우선순위를 두는 것도 정당성의 부족으로 설명할 수 있다.

역사는 중국이 늘 세계에서 주요하고 활동적인 역할을 했음을 보여준다. 중국은 과거에 상호 연결되는 지구적 연결망의 중심에 있었고, 지금도 그렇다. 그러므로 중국의 국내 정치는 근본적으로 국제적 역학관계에 연결되어 있었다. 여러 열강이 중국을 통제하고 중국의 거대한 시장을 이용하려고 시도했지만, 끝내 그렇게 하지 못했다. 중국은 놀라운 회복력을 보였다. 중국은 매우 약하고 외국의 압력이 집중되던 때조차 그럭저럭 독립을 유지하고 영토를 보전했다. 동시에 중국은 외국의 도움이 경제발전과 국가 안보 모두에 중요하다고 보고, 끊임없이 국제적 파트너, 지지자들과 제휴하려고 했다. 중국은 사회발전과 경제성장을 촉진하고자 외국과 연결을 구축하고 강화하면서도 외부적 통제와 개입에 저항하며 미묘하게 좁은 길을 걷고자 했다. 1978년 이후 중국의 국민국가는 세계적 강국의 지위에 올랐지만, 중국이 스스로 좁은 이해를 추구하는 것을 넘어 어떤 역할을 열망하고 그 열망을 어떻게 실행할지는 아직 분명하지 않다.

중국에 20세기는 국경 불안에 따른 거의 끊임없는 전쟁의 시기였다. 이는 사회의 군사화를 증대하고 국가적 취약성에 대한 깊이 내재된 감각을 가져왔다. 분쟁이 중국의 큰 도시들을 파괴하고, 시골을 황폐하게 하고, 경제를 유린했다. 오랜 전투와 지배 세력, 행정 구조의 잦은 변화는 사회적 질서와 정치적 질서가 무너지는 원인이 되었다. 중국은 안정성과 안보를 증진하기 위해 막대한 군사력을 갖추었지만, 이 군사력이 엄청난 양의 에너지와 투자를 소비한 것으로 분석된다. 취약성이 대내외적으로 중국의 거대한 국가적 주제가 되면서 민족주의는 국가적 부흥이라는 목표 아래 국가와 사회를 통합하는 또 다른 강력한 힘이 되었다. 민족주의의 고조는 중국이 거대한 규모에 엄청난 다양성을 갖춘 나라라는 사실과 반복해서 충돌했다. 제국 이후의 민족주의적 환경 속에서 다민족적 상황과 문화적 다원성이라는 역사적 유산을 어떻게 다룰 것인가 하는 문제는 풀리지 않고 있다. 이른바 '소수민족'의 지위에 대한 논쟁과 미래의 폭력적 대립의 가능성 속에서 근본적 문제는 중국의 국민국가가 국내의 민족적 다양성에 대해 스스로 어떻게 위치시킬 것인가 하는 점이다.

현대 시기 중국의 역사적 경험은 환경 위기의 원인과 결과에 대한 교훈도 준다. 제국 시대의 고도로 전문화된 지식과 효율적 관리의 역사에도 불구하고, 또한 급속한 공업화와 기후 변화와 같은 도전이 중국을 환경 위기로 몰아넣었음에도 중국은 19세기와 20세기에 환경적 책무를 소홀히 했다.[20] 대기와 물이 오염된 것처럼 농경지 수백만 헥타르가 오염되었다. 환경 악화는 현대 중국의 형성에서 안정성, 성장, 안보가 약화되도록 지속적으로 위협하는 요인이 되고 있다. 환경 위기는 중국 사회 전반의 삶의 질에 광범위한 영향을 주고 있다. 중국 사회가 환경 위기의 결과에 대응하려면 엄청난 노력과 투자가 필요하며, 이는 앞으로도 계속 필요할 것이다.

요컨대, 현대 중국이 등장하는 과정에서 보여준 부러울 정도의 성공과 부인할 수 없는 성취는 미완의 임무도 많이 남겼다. 정치, 국가 안보, 대외 관계, 천연자원의 관리와 같은 핵심 영역의 제도 개혁은 부분적이고 불충분했다. 부와 권력의 모든 성취에도 불구하고 중국은 점점더 불확실하고, 모든 인류가 함께 맞게 될 미래에 직면하고 있다. 오늘날의 지구화된 조건에서 현대 중국 만들기는 중국인만의 이야기가 아니다. 오히려 우리 시대가 공유하는 이야기다.

1

청의 흥망

청 통치자들은 중국의 마지막 황실이었다. 만주라고 불리는 비중국 민족이 1644년에 수립한 청은 1912년의 중화민국 건국까지 지속된 왕조다. 특히 1661년부터 1722년까지 다스린 강희제康熙帝와 1735년부터 1795년까지 다스린 건륭제乾隆帝라는 매우 유능한 통치자의 재위 기간에 현대 중국이 물려받을 주목할 만한 정치적·경제적·문화적 제도가 만들어졌다. 이 비범한 유산은 두 황제가 광대한 제국에서 행했던 시찰여행을 기록하려고 만들어진 기념 두루마리들에 설득력 있게 기록되어 있다. 아름답고 인상적인 두루마리 중 하나는 1751년에 건륭제가 쑤저우에 들어가는 장면을 그렸다. 이 두루마리는 중국의 문화적 수도에서 이루어지는 일상생활의 번영과 세련됨을 매우 자세하게 보여준다. 번화한 거리에는 생선과 비단에 이르기까지 모든 상품을 거래하는 수많은 가게와 식당이 줄지어 있다. 대규모 수행단을 거느린 건륭제가 백마를 타고 쑤저우에 들어갈 때 우아하게 차려입은 그곳 사람들이 건륭제에게 존경을 표시하며 절한다. 행사를 이렇게 묘사한 것은 부유하고, 통합되고, 문화적으로 세련된 제국을 지배하려는 청 황제의 정치적 야망을 보여주는 증거다.

1751년 여행 때까지 대청大淸은 규모가 더욱 거대해졌고 아마도 그 시대에 가장 강력한 유라시아 제국이었을 것이다. 인구 성장, 정보망의 확대, 빠른 상업화 그리고 새로운 형태의 비판적 사고가 17세기의 사회생활과 지적 생활을 풍요롭게 했다. 제국은 외부 세계에 대해서도 닫혀 있지 않았다. 오히려 더 큰 남중국해 경제, 나아가 세계경제에 통합된 경제 네트워크와 흐름의 중심에 서 있었다. 세계적 관점에서 보면 청대의 영광과 화려함은 초기 근대 세계의 형성에 기여했고, 그 세계에서 청은 가장 발전한 지역으로 중심을 차지하고 있었다. 두루마리가 암시하듯이, 청대 중국에서 독특한 것은 중앙 국가의 능력이 번영하는 지방 사회에 미치지 못했다는 것이다. 국가가 지방 사회에 정책을 부과할 수 있을 때도 중앙의 관료들은 지방 엘리트들의 지원을 얻고 지방 공동체 내 기존의 사회적 네트워크에 맞추어 계획을 조정함으로써만 주도권을 유지할 수 있었다.

그러나 19세기 동안 강력하고 멈출 수 없는 힘이 중국 세계를 변형하고 청조 위업의 기반을 흔들었다. 1800년 이후 다양한 요인이 결합하여 지배 왕조에 불안하고 위험한 상황을 만들었다. 경제적 파탄, 사회적 혼란 그리고 유럽 제국주의의 부담을 경험하면서 제국은 세계경제에서 주도권을 잃었다. 경제적 쇠퇴와 생활 수준의 하락은 수없이 많은 인명 손실을 낳고 나라의 많은 부분에서 일상생활을 무너뜨린 대중 봉기를 불러왔으며, 인구 압력은 광범위한 사회적 혼란의 원인이 되었다. 동시에 자연재해가 빈곤과 인간적 고통을 심화했고, 외국 세력은 점점 더 많은 경제적·정치적 양보를 요구했다. 이러한 요인들이 제국 중국의 믿기 힘든 쇠퇴를 불러와 지도적이고 부유한 세계적 강국이 100년도 지나지 않아 아시아의 '환자'로 불리게 되었다.

1부에서는 청의 위업에 그리고 한때 지도적이었던 제국을 19세기에 세계적 강국들 사이에서 뒤처지게 만든 이어진 쇠퇴의 원인에 초점을 맞춘다. 이 책에서는 중국이 초기의 경제적·기술적 주도권을 이용할 수 없게 한 새로운 사회적·정치적·경제적 제약을 강조한다. 제도는 이 이야기에서 중심 역할을 한다. 가벼운 세금, 지방 사회에 대한 최소한의 직접적 개입, 사회적 계획과 정치적 계획에 대한 지방 주도권의 장려 등을 포함하는 최소주의 통치 원칙은 청이 비교적 적은 자원으로 중국에 대한 통제를 강화하게 했다. 그러나 19세기에 중앙정부와 지방 사회의 관계가 불안하고 취약한 것으로 드러나면서 이러한 접근법의 단점이 밝혀졌다. 19세기의 인구와 경제 추세는 환경의 심각한 악화와 더불어 소규모 제도적 기구를 압도하여 국가가 지방 사회를 통제하는 것을 더 어렵게 했다. 경제 위기와 외국 제국주의의 탈취로 인한 19세기 후반의 정치적 격동은 갈등으로 찢긴 사회를 통치할 청 제도의 능력을 더욱 약화했다. 청의 통치는 결국 파멜라 크로슬리가 종종 중앙정부의 이해에 반하여 작동하는 지역 네트워크에 권력이 집중된 상태를 나타내려고 사용했던 용어인 '지방 비대화' 시기로 이어졌다.[1] 따라서 소규모였던 청의 제도가 격변하는 시기에 늘어나는 인구를 동원하고 지원하는 능력이 제한적이었던 것이 거대한 정치적·사회적 혼란을 초래했다. 유럽 국가들과 미국 그리고 나중에는 일본과 접촉하는 데 따른 혼란은 이러한 이야기의 한 부분에 불과하다는 점에 주의해야 한다. 청 제도의 구조적 긴장을 만들어냄으로써 중국 제국의 몰락을 이끌었던 국내의 인구적·정치적·사회적·경제적 발전이 더욱 강조되어야 한다.

19세기의 심각한 위기는 후기 중화제국의 지식 세계에 충격으로 다가왔다. 청 제국 말에 비판적인 지적 자기반성이 촉발되면서 국가와 인민에 관한 새로운 개념이 중국의 정치적 사고에 들어왔다. 개념적으로는 정체의 중심이 황실과 유교적 관료제로부터 국가와 군대로 이동했다. 중국을 어떻게 다시 강하고 부유하게 만들지에 대한 집중적 논의는 무엇보다도 민족주의적이고 군사적인 용어로 정의되는 독특한 현대 중국의 국가 정체성을 만든 결정적 순간을 보여준다. 이러한 관념이 20세기의 고통스러운 격변과 정치 혁명의 토대를 마련했다.

1
영광의 시대
1644~1800

건륭제가 시찰 여행을 한 1751년은 화려한 제국의 정점을 보여주는 시기에 속했고 문화적 개화, 경제적 힘, 군사적 팽창이 있던 때였다. 역사가들은 최고조에 달했던 청의 위상과 거의 2,000년간 지속된 제국 역사의 마지막 절정이라고 언급하면서 때때로 이 시기를 '청의 전성기'라고 부른다. 청조는 '현대' 서구와 마주치기 전부터 많은 점에서 (비록 이 용어가 19세기 말 전의 중국에서는 사용되지 않았지만) '현대'적이었던 제국을 운영했다. 청조의 핵심에는 경제를 활성화하고, 국경을 넘는 상호작용에 참여하고, 지방 통치를 위한 공간을 남기고, 사회에 가볍게 침투하는 제국 관료제를 유지하게 하는 일련의 효율적 제도가 있었다. 과거제는 상속받은 권리보다 성취한 자격을 바탕으로 엘리트들이 통치에 폭넓게 참여할 수 있게 했다. 청의 활기찬 시장 제도는 침체되거나 폐쇄적인 체계가 아니었다.[1] 사실 청의 시장 제도는 무역을 통해 세계경제에 깊이 통합되어 있었고 많은 외국 상품, 기술, 심지어 장식물까지도 제국 엘리트 사이에서 유통되었으며 증거 기반의 정밀한 과학적 연구를 지지하는 활기차고 개방된 지적 토론이 부상했다. 중국 제국은 또한 동아시아에서 지배적인 강국이었다. 제국은 조공 체제를 바탕으로 운영되는 평화적 관계망의 중심에 있었다. 중국은 서양 세력이 도착하기 전에 세계를 돌며 아시아, 유럽, 아메리카로 연결되는 고리에 깊이 매여 있었고, 외부에서는 중국을 감탄하는 느낌으로 바라보았다.

그럼에도 18세기 동안 여러 도전이 지평선 위에 나타났다. 지금까지 이어지고 있는 과정인 환경 조건의 악화가 농업 생산성을 저해하여

1751년 남순에서 활기차고 부유한 도시인 쑤저우에 들어오는 건륭제
쉬양(徐揚)의 비단 두루마리, 1770(딜런 펀드 기금으로 1988년 구매, 메트로폴리탄미술관)

제국 경제의 가장 중요하고 역동적인 영역을 약화했다. 농업 생산이 계속 증가하기는 더욱 어려워졌다. 농부들은 평균 수확량을 유지하려고 분투했다. 거의 다 사용된 기존의 기술은 이제 더는 발전이나 경제성장을 가져올 수 없었다. 지속적인 혁신이 부족해 기술적·과학적 돌파구를 만들어낼 수 없었다. 확고한 이해관계에 사로잡히고 부패하기 쉬운 독재적 제국 체제는 갈수록 변화에 저항하게 되었다.

후기 중화제국의 물리적 환경

대부분 역사 서술에서는 자연환경을 중국 역사의 드라마에서 중요한 역할을 하지 않은 것으로 취급한다. 전통적 역사에서 자연은 배경일 뿐이어서 지진, 홍수, 가뭄과 같은 자연재해가 있을 때만 중요해진다. 오늘날 기후 변화에 대한 인식이 높아지면서 환경사가들은 그러한 낡은 개념을 재검토하기 시작했다. 그들은 인간이 자연과 맺는 관계가 어떻게 역사 속에서 끊임없이 작용하는지를 보여주었다. 변경의 땅도 새로운 관점에서 검토되어 환경의 다양하고 위태로운 영역과 그 영역이 더 넓은 세상과 맺고 있는 취약한 상호작용을 보여준다.

중국의 물리적·자연적 환경은 천 년에 걸쳐 지속적으로 크게 인간 행동에서 영향을 받았다. 청조 시대에 중국은 부분적으로는 위험한 자연조건 때문에, 또한 수 세기에 걸쳐 경제적 목적으로 자연을 의식적이고 부지런하게 착취한 결과 거대한 환경 문제와 압박을 경험했다. 그래서 20세기의 공업화 붐보다 훨씬 전에 인간 사회와 자연 사이의 상호작용이 중국을 생태적으로 취약한 지역으로 만들었다.

현재의 공식적 정부 자료에 따르면, 중국의 영토는 북쪽에서 남쪽으로 헤이룽(아무르)강 중앙에서 난사(스프래틀리)군도 남단에 이르기까지 모두 약 5,500킬로미터로 측정된다. 서쪽에서 동쪽으로는 파미르고원에서 헤이룽강과 우수리강의 합류 지점까지 약 5,200킬로미터에 이른다. 제국 시기에 중국의 영토는 오늘날 독립국인 외몽골, 러시아와 인접한 만주와 중앙아시아의 작은 지역을 포함하여 지금보다 조금 더 넓었다.

중국의 지리는 매우 다양해서 동부에는 구릉, 평원, 강 삼각주가 있고 서부에는 사막, 고원, 산이 있다.[2] 중국의 지형은 서부의 주요 산맥과 높은 고원에서 동부의 낮은 평원과 해안 지역으로 점차 하강하는 것을 특징으로 한다. 남부의 땅은 주로 언덕과 낮은 산맥으로 이루어져 있다. 인구는 대부분 둥베이평원, 화베이평원, 양쯔강 중류와 하류의 평원, 주강 삼각주평원을 포함하는 동부의 넓은 충적토 평원에 거주하는데, 이 지역들은 중국의 가장 중요한 농업적·경제적 기반이다. 중국에는 주요 강이 1,500개 이상 있으며, 총길이는 42만 킬로미터에 달한다. 이 강들의 2조 7,000억 세제곱미터 이상의 유량은 세계 총량의 5.8%를 차지한다. 중국의 강은 대부분 동부에 자리 잡고 있으며, 주요한 강으로는 양쯔강, 황허, 헤이룽강, 주강 등이 있다. 중국에서 가장 큰 강인 양쯔강은 6,300킬로미터나 되는데, 이는 동북아프리카의 나일강과 남아메리카의 아마존강에 이어 세계에서 세 번째로 긴 것이다. 중국 서북부에는 강이 적은데, 이 강들은 바다와 연결되어 있지 않으며 유출량도 거의 없다.

중국의 기후도 남부의 열대 기후에서 동북부의 아한대 기후에 이르기까지 다양하다. 중국은 강한 몬순 기후의 영향을 받아서 서남부의 습

윤한 아열대 기후 지역과 동북부의 건조한 대륙성 기후 지역 사이에 기후 차이가 뚜렷하다. 남부와 북부 사이의 기후 전이 지대는 대체로 화이허를 따라 북위 33도에서 34도 정도에 위치한다. 대륙성 기후 패턴이 두드러지는 화베이 지역에서는 겨울이 춥고 건조한 경향이 있다. 남부의 아열대 기후에서는 비가 많이 오고 기온이 높다. 여름 동안 남부와 북부 모두 여름 몬순 때문에 강수량이 늘지만, 북부의 평균 강우량은 남부에 비해 상당히 적다. 화베이평원의 평균 강우량은 딱 농사를 지을 수 있는 정도다. 화베이평원은 봄과 여름 동안 덥고 바람이 많은 날씨가 길게 이어지며 비슷한 위도에 있는 세계 다른 지역과 비교할 때 평균 강우량이 상당히 적어서 관개가 더욱 중요하다. 연간 강우량은 대부분 7월과 8월에 집중되며, 종종 국지적 폭우에서 발생한다. 연간 강우량의 감소가 주기적으로 나타나며, 특히 이러한 감소가 봄철에 발생하면 작물에 결정적인 손실이 생긴다. 북부의 농업 사회는 끊임없이 가뭄의 위험에 직면한다. 남부의 주요 문제는 강우량이 너무 적은 것이 아니라 너무 많은 것이다. 큰 강을 따라 있는 제방이나 방어 구조물이 무너지면 홍수가 지역을 덮친다. 따라서 남부의 높은 인구밀도와 농업 생산성은 토목 기술의 성과로 물을 통제하려는 지속적인 노력과 능력에 의지한다.

역사가들은 모든 천연자원에 대한 수요가 급증한 것이 제국 후기 시대의 환경사에서 중심적이라는 점을 오랫동안 인식해 왔다. 자연의 부에 대한 만족할 줄 모르는 갈망이 중국 제국의 자연경관을 크게 바꾸었다. 이러한 맥락에서 농업 확대는 결정적인데, 농업 수요가 천연자원을 요구하고 활용하려는 끊임없는 충동을 낳았기 때문이다. 중국이 세계에서 가장 큰 나라의 하나임에도 경작 가능한 토지의 면적은 비교적 좁다. 경작 가능한 토지는 동부와 남부의 강 유역에 집중되어 있으며, 주로 둥베이평원, 화베이평원, 양쯔강 중류와 하류의 평원, 주강 삼각주평원, 쓰촨분지 등에 있다. 총 960만 제곱킬로미터인 전체 국토 중 약 14%에 해당하는 130만 제곱킬로미터만이 농경에 적합하다. 나머지 중 28%가 초원이고 24%는 삼림이며, 그밖에는 인간들의 정착지이거나 다른 이유로 경작할 수 없다. 제국 후기 시대의 중국은 이미 인구가 많았으므로 1인당 경작 면적도 작았다. 북부 중국에서는 기후로 인한 토양 염화 때문에 농사를 짓기가 특히 어려웠다. 봄과 여름의 높은 기온은 토양을 건조하게 하고 염분을 지면에 용해시킨다.

중국 북부는 전통적으로 밀, 수수, 보리, 콩 재배의 중심지였다. 근

논에서 일하는 사람들, 1927(Scherl/Bridgeman Images/SZT3023475)

대 초기에는 면화, 삼과 같은 작물이 생산되었다. 중국 남부에서는 첫 번째 밀레니엄이 끝날 무렵에 벼농사가 점점 더 일반화되었다. 수 세기에 걸쳐 중부와 남부 저지대 대부분은 매년 보강이 약간 필요한 진흙벽으로 둘러싸인 평평한 논의 모자이크가 되었다. 경사지에는 빗물을 모을 수 있도록 벽과 계단 모양의 단이 만들어져 흙이 언덕 아래로 빠져나가는 것을 막고 겉흙의 손실을 방지했다. 광대한 습지에서 물을 빼내 농지로 바꾸는 장기간의 발전이 지금 화베이평원으로 불리는 곳과 양쯔강 중류, 하류 유역에서 동시에 이루어졌다. 그러나 배수 작업을 오래 방치하면 습지가 다시 나타나는 경향이 있었다.

농업 외에 후기 제국 경제의 호황이 건축 재료와 연료의 수요도 늘렸다. 과거에는 특히 동부 지역에 평원을 가로질러 뻗어나가는 광대한 숲이 있었다.[3] 화베이의 광범위한 황토고원이 한때 상당한 숲으로 덮여 있었으나 인간 거주지의 확장과 농업 활동이 이 지역을 거의 숲이 없는 척박한 땅으로 만들었다는 증거가 있다. 그 과정에서 중국 원시림의 넓은 부분이 점점 파괴되었다. 숲이 없어지면서 많은 야생동물이 서식지를 잃었다. 그래서 일부 변경지역을 제외하면 사냥은 경제에서 점점 더 중요하지 않게 되었다. 주택, 선박, 연료에 필요한 목재가 서서히 희귀해지자 많은 지역에서 건축 재료와 연료가 크게 부족해졌다. 숲과 야생 식품 대부분이 사라지면서, 가뭄이나 홍수로 인한 수확의 실패로부터 보호해 주던 환경의 완충 장치도 사라졌다.

광물 자원에 대한 수요도 자연환경에 중요한 영향을 주었다. 중국은 광물 자원이 풍부해 국가별 매장량 순위로 세계 3위를 차지한다. 중국 외교부에 따르면 석탄, 석유, 천연가스, 오일 셰일 등의 화석 에너지를 포함하는 광물 153종류가 확인되었다. 중국은 석탄 매장량이 총 1

조 71억 톤에 달해 세계에서도 가장 석탄이 풍부한 국가의 하나인데, 이들은 주로 북중국, 산시, 내몽골자치구에 분포한다. 중국 역사의 초기부터 이런 풍부한 광물이 활용되었다. 고대부터 금, 주석, 아연, 철광석, 구리, 점토, 석탄, 소금 그리고 다른 광물들이 주로 노천에서 채굴되어 중국 전역에서 거래되었다. 이러한 상품 가운데 일부는 세계 시장으로 들어갔다. 청조 시기에 제국의 동전은 윈난의 구리로 만들어져 보스턴에서 온 해운업자에게 팔리고 알래스카 해안에서 나온 해달 펠트로 교환되었다.

사실 천연자원에 대한 전례 없는 수요는 중국뿐 아니라 멀리 떨어진 지역의 숲, 초지, 고원에도 영향을 미쳤다. 1800년경 중국 제국 도시의 시장에 진열된 변경지역과 외국에서 온 상품들은 놀라울 정도였다. 기록과 자료는 하와이의 백단, 보르네오의 새 둥지, 필리핀의 진주, 아메리카 대륙의 은, 윈난의 구리, 히말라야의 약초, 동남아시아 고지대의 아편, 신장과 버마의 진주, 술라웨시의 바다거북, 피지의 해삼, 몽골의 버섯, 지린의 인삼과 진주, 시베리아의 흑담비, 홋카이도·알래스카·북서태평양·캘리포니아 해안의 해달 등 재료가 다양했음을 보여준다. 이러한 재료에 대한 수요가 커지면서 시장이 활성화되었다. 이 시기 중국에서 시베리아와 북태평양의 모피 수요가 너무 많아지자 사냥이 집중적으로 이루어져, 19세기 초가 되면 해달, 흑담비와 다른 종들이 알래스카와 몽골에서 캘리포니아의 태평양 해안에 이르기까지 전 세계에서 멸종 위기에 처했다. 많은 자원에 고갈 신호가 나타나 동물 개체수가 크게 줄어들고 숲이 없어졌을 뿐 아니라 해안 지역의 다양한 야생동물이 사라졌다.[4]

중국 제국은 인명, 재산, 기반 시설, 농업 생산에 대한 위협을 줄이거나 없애려고 자연을 이용하려 노력했다. 홍수를 막으려고 큰 강을 따라 제방을 두었다. 이 문제는 '중국의 슬픔'이라고도 불리는 황허에서 가장 심각했지만, 다른 강에서도 있었다. 황허는 웨이허와 합쳐진 뒤 화베이평원으로 흘러 들어가 보하이해 하구까지 흐르는데, 경사도가 낮아서 흐름이 상당히 느리다. 그러다 보니 황토고원에서 침전물의 3분의 1 정도는 강바닥에 가라앉고, 3분의 1은 강어귀에 퇴적되며, 나머지는 보하이해로 흘러 들어간다. 이 토사 퇴적물이 화베이평원을 형성하는 결정적 요인이었다. 퇴적으로 높아진 강은 주기적으로 제방을 넘어서 홍수를 일으키고, 결국 바다로 들어가는 새로운 길을 만들어냈다. 중국 제국은 수해에 대응하려고 제방, 댐, 강의 우회로는 물론 다른 방법들을 활용하여 물을 관리하는 정교한 체제를 발전시켰다.[5] 제국 시기에 촌락들은 지방의 홍수를 통제하고 관개 체계를 만들기 위해 단체를 만들었다. 제국 정부는 주로 각 지방을 통합하거나 지역 단위로 만들어진 큰 체계를 통해 황허나 양쯔강 같은 큰 강의 배수를 안정시키는 데 초점을 맞추었다. 관료들이 홍수를 통제하는 이론을 경쟁적으로 제시했음에도 강의 흐름을 정해진 하상에 묶어두고자 제방을 건설하는 방식의 기초적 기술을 투입하는 것이 강을 통제하는 기본 교리로 남아 있었다. 후기 중화제국에서 치수 역사는 여러 면에서 거대한 자연의 힘을 통제하는 인간의 꺾이지 않는 능력과 자신감의 이야기이다.

이러한 노력과 새로운 작물의 도입, 토지 개간, 긴급 대책, 복지 정책을 포함하여 굶주림과 영양실조를 막으려는 다른 노력이 모두 환경에 직접적으로 영향을 미쳤다. 그러나 과소평가해서는 안 될 간접적 영향도 있었다. 자연을 이용하고 통제함으로써 비교적 안전하고, 안정되고, 식량 안정성이 증대하는 시기가 가능했다. 농업 기술이 효율적으로

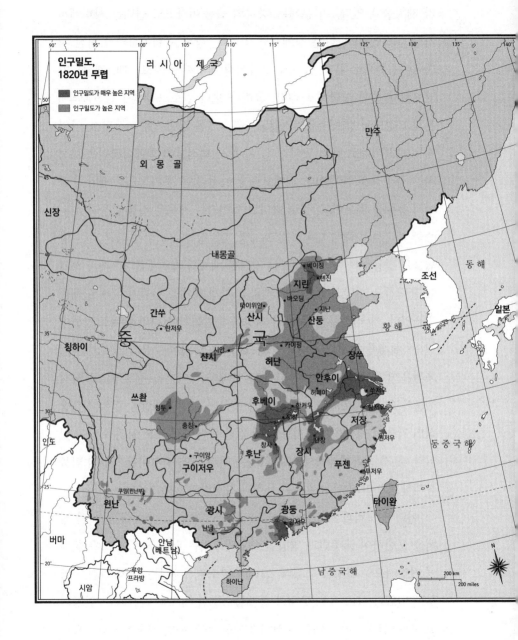

발전해 인구 증가가 가속화되었다. 특히 1500년 이후의 인구 증가는 예외적이다. 중국 인구는 1400년 약 7,000만 명에서 1850년 약 4억 명으로 늘었고, 1930년 무렵에는 5억이 되어 500년 동안 연평균 0.4%의 증가율을 나타냈다.[6] 가장 빠른 증가는 1700년에서 1850년 사이에 있었는데, 인구가 거의 세 배가 되었다.

중국 동반부의 대부분 지역은 도시 거주지의 독특한 유형을 발전시켰다. 강, 수로, 인공 운하로 연결된 조밀한 지역 네트워크를 따라 시진市鎭, market town의 클러스터들이 형성되었다. 농산물과 수공업 상품의 거래와 생산에서 지리적 전문화가 나타났다. 그 결과 형성된 경제 지리에는 도시와 농촌 지역 사이의 경계와 농업과 비농업 활동 사이의 경계가 뚜렷하지 않았다. 동부 해안 지역의 높은 인구밀도 때문에 많은 사람이 인구가 적고 개발이 덜 된 지역으로 이주했다. 농사지을 땅을 찾아 변경으로 떠난 사람들 때문에 경작 지역이 크게 늘어났다. 많은 정착자가 쓰촨, 윈난, 구이저우, 타이완, 만주, 몽골, 티베트, 중앙아시아와 같은 변경의 넓은 지역을 개간하고 경작함으로써 생계를 해결할 기회를 찾았다. 변경과 외딴 지역들의 황무지들도 서서히 사라지기 시작했다. 따라서 제국 후기의 전례 없는 인구 증가는 동부의 높은 인구밀도뿐 아니라 서부의 비어 있는 변경과 고지대로의 내부 이민과 정착으로도 이어졌다.

실질적으로 모든 잠재적 정착지가 점유되고 모든 농경지가 개발된 상황에서 농업 생산량을 늘릴 수 있는 얼마 안 되는 선택지 중 하나는 집약적 농경인데, 이런 상황에 이른 때가 제국 후기였다.[7] 그러므로 더 집약적인 인간 노동의 이용이 제국의 농업 경제에서 가장 중요한 특징이 되었으며, 다모작과 간작이 극적으로 확대되었다. 농작물을 수확한 뒤 동물들을 방목하여 들을 비옥하게 하는 일이 더는 불가능하게 되었으므로 이러한 발전은 제도적 구조와 농경 관행의 변화를 요구했다. 방목할 기회가 줄어들면서 농촌의 농장에서 동물들이 대부분 사라졌다. 농경의 집약화로 매년 물이 더 많이 필요해지자 공동체들은 관개망을 확장하고 관리해야만 했다. 또한 더 많은 형태의 비료가 긴급하게 필요해지자 진흙과 인간 배설물에서 식물의 줄기와 콩깻묵에 이르기까지 유기 재료를 새롭게 활용하게 되었다.

이와 같은 자연의 힘과 장기간 싸워온 인간 야망의 깊은 영향이 중국의 생태와 환경사를 그야말로 주조해 냈다. 1750년 무렵이 되자 원래의 동식물상은 거의 자취를 감추었다. 인공 세계와 자연 세계의 관계는 허약하고 섬세한 생태적 균형을 만들었다. 인간의 노동을 집약적으로 투입하고, 점점 더 비싸고 위험하게 유지해야 하는 복잡하고 섬세한 해법을 포함한 장치를 사용함으로써 토양과 물의 공급이 상당히 줄어들었다. 인구밀도, 내부 이주, 토지 점유 그리고 식량과 연료 수요 등의 증가로 압력이 지속되었다. 1750년 이후 경작 가능한 지역의 인구가 더 늘면서 수확 체감이 불가피해 보였다. 토질 악화, 토양 침식, 사막화에 직면하여 후기 중화제국은 홍수, 가뭄과 다른 재해의 형태로 나타나는 파멸인 체제 실패를 피하려면 더 열심히 일하는 방법밖에 없었다. 후기 제국은 자연재해에 대응하려고 인상적인 기술과 실용적 전략을 채택했다. 예를 들어 가뭄이 오면 관료들은 국가가 운영하는 대규모 곡물 창고에서 시장 가격보다 싸게 곡물을 팔고, 세금 감면이나 상당한 삭감을 시행했으며, 개인적으로 재해 지역을 조사하고, 재해 정도에 따라 구호를 제공하고, 지방 엘리트들에게 무료급식소나 자선용 곡물 창고를 운영하도록 독려하고, 난민용 공공 수용소를 세우는 것 등으로 사

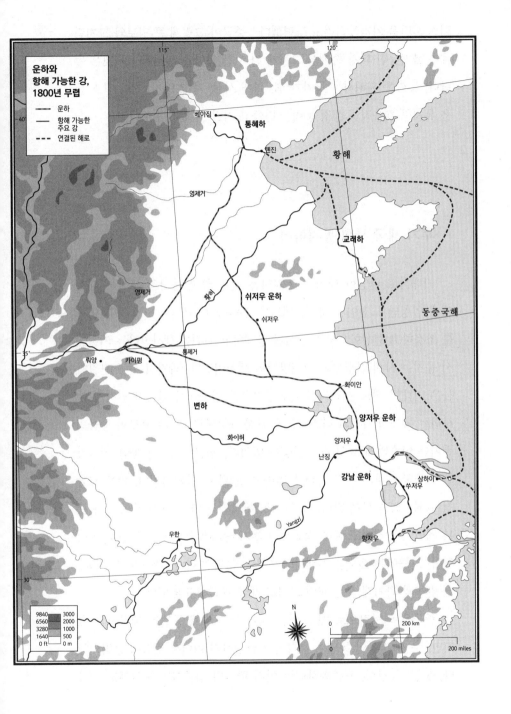

運河와
航海 가능한 강,
1800年 무렵

운하
항해 가능한
주요 강
연결된 해로

베이징 • 통혜하

톈진 • 황해

영제거

교래하

청허

쉬저우 운하

쉬저우 •

동중국해

뤄양 • 카이펑 • 통제거

화이안

변하

양저우 운하

화이허

양저우

난징 • 상하이

강남 운하

쑤저우

우한

항저우

Yangzi

N

0   200 km

0   200 miles

9840   3000
6560   2000
3280   1000
1640   500
0 ft   0 m

회적 혼란을 가라앉히려고 노력했다.[8] 중국이 그렇게 큰 영토와 그처럼 예측 불가능한 환경 속에서 그렇게 긴 시간 통합을 유지했다는 것은 놀랍다. 통합을 위해서는 국가가 댐, 관개 시설, 재해 방지, 긴급 구호 등을 유지할 효율적인 행정 능력을 만들고 지킬 수 있어야 했다.

후기 제국 사회 통치하기

거대하고 다양한 나라를 통치하는 것은 중국 제국의 모든 지배자에게 엄청난 도전이 되었다. 제도를 수립하고, 규칙과 규범과 서비스를 조정하고 협상함으로써 질서를 강제하고 권위를 행사한다는 의미에서 통치는 사회 안정성과 경제발전의 핵심이었다. 과거의 서구 관찰자들은 거대한 관료제를 지휘하여 무기력한 민중에게 절대적 권력을 행사하는 독재적 황제가 다스리는 일원적 제국으로 서술함으로써 중국의 통치를 단순하게 묘사하는 경향이 있었다. 최근 수십 년 동안 역사가들이 중국 제국의 제도가 더 유연하고, 훨씬 더 창의적이며, 더욱 효율적이라는 점을 보여 왔다. 몇 왕조를 거치면서 몇 가지 핵심 제도와 근본 개념이 발전되고 매우 정교해져 후기 중화제국 통치의 근간을 형성했다. 그중에는 제국을 지배하고 종족과 문화의 다양성을 다루는 제도, 천명天命과 과거제 같은 교의 그리고 제국 관료제가 있었다.

중국은 역사적으로 매우 이른 시기(기원전 221)에 통일된 제국이 되었지만, 수 세기 동안 통일이 취약하고 달성하기 어려운 것임이 증명되었다. 통일, 중앙화, 표준화하려는 여러 황실의 집중적인 노력에도 제국은 인종적 다양성과 다수의 문화적 전통, 종교를 특징으로 하는 다민족성을 완고하게 유지했다. 또한 놀라울 정도로 민족적·문화적 복잡성이 우세했다. 많은 왕조가 중국 바깥에서 왔고 비중국적 기원을 가지고 있었다. 민족적 복잡성과 혼합은 북쪽의 목축 지대에만 한정되지 않았고, 쌀을 경작하는 남쪽에서도 인구 대다수가 분명한 비중국인과 토착인들로 구성되었다. 이러한 문화적·민족적 혼란은 역사가들에게 중국이라는 개념이 '외계의 허구로만 존재'하는 것이 아닌가 하는 의문을 가지게 했다.[9] 'China'라는 외국에서 만든 단어뿐 아니라, 대체로 비슷한 '중화'中華와 '중국'中國 같은 중국어 어휘도 전통적인 중국 담론에서 안정적이고 확정적인 의미를 확보하지 못했다.[10] 대부분 역사 문헌에서 '중국'이나 '중국 문화'라는 단어를 무분별하게 사용함으로써 이러한 다원성이 종종 보이지 않게 되지만, 중국 제국에서는 늘 민족적 다양성이 상당히 존재했다.

중국은 역사를 통틀어 외부의 문화적 영향에도 놀랄 만큼 개방적이었다. 중국 서북부에서 발견된, 569년에 죽은 남자의 무덤에서 출토된 은병에는 트로이 전쟁의 장면들이 장식되어 있었다. 중앙아시아인들은 6세기 북중국의 조형 예술에 명백하게 영향을 주었다. 지배 엘리트들은 외국 공예품을 열성적으로 수집했다. 6세기 초 북위北魏 왕자는 '모두 서부 지역에서 온' 수십 개의 크리스털, 마노, 유리 그리고 붉은 옥으로 된 컵과 멀리 페르시아에서 온 말들을 가지고 있었다고 한다.[11] 남부에서는 6세기 중국 왕실의 무덤 몇 곳에 있는 돌기둥이 고대 그리스의 돌기둥과 매우 유사했다. 타슈켄트에서 온 6세기의 그릇과 페르시아 동전 몇 개가 중국의 동남쪽 끝에서 발견되었다. 산스크리트어로 된 불경은 6세기 인도에서 들여와 번역되어 평범한 중국인들 사이에서 토착적인 '중국' 유교 고전보다 더 많은 독자를 끌어당겼다.

제국은 비교적 늦게 유교의 가르침으로 돌아섰는데, 공자의 생애(기원전 약 551~기원전 약 479) 이후 약 천 년이 흐른 뒤였다. 분열의 시대 끝에 589년 이후 수隋와 당唐에 재통일된 제국은 공식적 이데올로기로 유교를 채택했다. 예컨대 문학 작품의 기록에서 볼 수 있는 것처럼, 수와 당은 여러 측면에서 상당히 새로운 제국이었다. 당 황실 도서관의 책 중 약 38%가 당 시대에 새롭게 창작되었다. 이 출판물 중 다수가 통합의 가르침으로 유교를 고취했다. 새뮤얼 애드셰드Samuel Adshead에 따르면 6세기 이전에 '정치 형태의 연속성은 서구에 비해 두드러지는 중국의 특징이 아니었다.'[12] 그러나 그 이후 수와 당은 그들의 통합된 제국 모델을 매우 성공적으로 시행하여 8세기까지 동아시아에서 '중국이 복합적 우위를 달성'했으며 '적어도 본질적으로 유사한 왕조들이 순환적 주기로 연쇄된다는 환상'을 만들어냈다. 수와 당은 또한 기원전 3세기로 거슬러 올라간 한漢의 개념에 기초하여 이른바 왕조 순환이라는 개념을 되살렸다.[13] 중국의 중앙에서 더 접근하기 어려운 데 있는 일부 민족들이 눈에 띄는 문화적 차이를 유지하긴 했지만, 많은 내부적 민족 차이 또한 문화적 혼합과 과거제 같은 교육으로 사라지기 시작했다. 이 무렵 우리가 '중국'이라고 부르는 것이 재구성된 유교 문화의 일관된 시각과 확산으로 거의 영구적으로 자리 잡았다.[14]

이 유교 문화적 중국은 곧 매우 다른 지배 집단의 통치를 받게 되었는데, 그들 중 일부는 내륙아시아, 몽골, 만주와 같은 중국 국경 바깥의 먼 지역에서 왔다. 이른바 정복 왕조는 중국의 일부나 전체를 지배하는 비한족이 수립했지만, 중국 본토 바깥에 기원을 둔 다른 통치자도 많았다.[15] 정복 왕조들은 단순히 통상적인 중국 왕조가 아니었으며, 군사적으로뿐만 아니라 문화적·정치적·이데올로기적으로 내륙 아시아나 광대한 동북의 초원 전통에 젖어 있었다. 한족 사회는 종종 군사적으로 그들을 능가했던 스텝 지역에서 온 비한족들과 상호작용을 했다. 중앙아시아와 북아시아의 관념과 관행은 중국에서 통치의 성격에 깊은 영향을 남겼다. 원 이후에 몽골의 관행과 관념은 명明의 제도에 들어가게 되었다. 한족 왕조인 명의 첫 번째 황제는 몽골을 중국에서 쫓아냈지만, 유교적 관료제에 대한 몽골의 엄격하고 더 위계적인 정치적·군사적 통제를 차용했다.[16] 결과적으로 후기 제국 시대의 통치는 제도, 전통, 관행에서 서로 다른 중국적인 것과 비중국적인 것의 혼합에 기초했다.

이러한 혼합이 가능했던 것은 모든 모델이 군주제를 최선이자 유일하게 정당한 정부 형태로 여긴다는 점에서 일치했기 때문이다. 황제를 '천자'天子이자 절대적 지배자로 보는 중국의 관념은 북쪽의 스텝에서 온 지배자들에게도 매우 매력적이었다. 유교 경전 중 하나인 『시경詩經』에는 '넓은 하늘 아래 왕의 땅이 아닌 곳이 없고, 땅끝에 이르기까지 왕의 신하가 아닌 사람이 없다'(普天之下 莫非王土 率土之濱 莫非王臣)는 분명한 언급이 있다. 황제는 하늘의 명령(天命)을 기초로 '하늘 아래 모든 것(天下)'을 주재한다.[17] 이것은 정복자들이 유용성을 발견한 또 다른 개념인데, 천명 없이는 정부가 정당하다고 여겨질 수 없기 때문이다. 중국의 지배자가 천명을 잃었다면, 결과적으로 정복자들의 권력에 대한 주장이 정당하고 중국의 관념에 부합한다고 주장할 수 있었다.

시간이 지나면서 유교적 저술에서 천명은 인간 복지에 대한 관심으로 여겨졌다. 천명은 인민을 교육하고 인적·자연적 피해에서 보호하는 지배자의 능력에 달려 있었다. 만약 지배자가 이런 측면에서 정당하고 현명하게 통치하지 않고 사적 이해를 위해 통치하면 천명을 잃은 것으로 여겨질 수 있었다. 하늘은 자연재해를 가하고 인민들에게 지배자와 정부를 뒤집어엎고 새로운 천명에 기초한 새 정권으로 대체하도록 장려함으로써 책임을 이행하지 못한 황제를 징벌할 것이었다. 그 경우 지배자를 타도하려는 시도는 정당화될 수 있었다. 따라서 천명은 우주의 도덕적 질서를 나타내게 되었다. 중국의 우주론에서 인간 세계와 자연 세계는 불가분 연결되어 있다. 정당한 질서가 존중될 때 물리적 세계는 순조롭게 돌아가고 인간 세계는 번영한다. 그 질서가 존중되지 않을 때 지진, 홍수, 일식, 월식 심지어 전염병과 같은 이례적이고 파괴적인 사건이 일어난다. 사실 정부가 직면했던 많은 문제가 문화적·종교적 용어로 이해되었다. 중국의 지배자, 관료, 보통 사람들은 자연재해가 하늘의 원칙을 어기거나 우주적 힘을 어지럽힌 인간 행동 때문에 일어난다고 믿었다. 그러므로 가뭄이 닥치면, 지배자와 관료들에게는 가능한 공격에 대비하여 '자기반성'을 하고 참회하는 모습을 보이는 게 중요했다.

특히 일식과 같이 예측하기 어려운 자연현상을 미리 추측하는 것은 중앙권력이 정말로 하늘의 힘과 접촉하고 있으니 충성을 받을 자격이 있다고 인민을 이해시키는 방법이었다. 정확한 예측이 매우 중요해졌으므로 황제들은 유럽의 예수회원이나 그밖의 비중국인을 막론하고 찾을 수 있는 최고의 천문가와 수학자를 찾았다. 예보 외에 지배자들이 하늘의 뜻을 따라 통치하며 정당성이 있다는 것을 보여주는 데 의례가 중요한 기능을 했다. 수도에 있는 천단天壇에서 황제가 정기적으로 많은 의례를 수행했다. 예를 들어 가뭄이 들면, 하늘의 마음을 움직일 기우 의례가 공식적 대응의 레퍼토리에 있는 실용적 수단만큼이나 중요했다. 현대의 일부 학자처럼 의례 수행과 '실용적인' 행정 행위를 날카롭게 구분하는 태도는 대부분 제국 관료에게서는 찾아볼 수 없었다.[18]

통치에 대한 고전적 저술은 관료와 그의 인민 사이의 바람직한 관계를 가족적 용어로 개념화했으므로 관료들은 가뭄으로 고통받는 인민들 때문에 마음이 아파 조치를 하지 않을 수 없는 '부모'처럼 행동하도록 기대되었다. 수 세기에 걸쳐 광범위한 문헌이 특정한 의례를 자애로운 지배와 좋은 통치의 이상과 연관 지었다. 결과적으로 강직한 관료는 인민이 겪는 고통을 심각하게 받아들이고, 재난이 일어났을 때 고통을 완화하려고 할 수 있는 모든 일을 하도록 기대되었다. 의례禮는 자비의 이상과 연관된 행동이 상연되고 선전되는 중요한 장소 중 하나를 제공했다. 지방 단위에서 관료와 지방 공동체의 관계는 바로 이런 공연을 매개로 구성되었다.

일상사에서 황제의 지배는 정복 왕조들이 유지하는 것이 유용하다는 사실을 알게 된 또 다른 제도인 정연하고 계층적인 관료제에 기초했다. 관료제는 명확한 규칙, 세습적인 사회적 자격이나 지방 군사력에 의존하는 것이 아니라 능력주의적 시험인 과거科擧로 선발된 인원에 기초했다. 좋은 통치는 '인간의 성장做人'으로, 즉 미래의 관료들을 그대로 선발하기보다는 교육하고 훈련함으로써 달성된다는 것이 유교적 행정 체제의 기초에 있었다. 고정적으로 3년마다 실시되는 종합적·공적인 시험이 후보자들의 지식과 자질을 평가하여 정부의 직위를 차지하기 위한 경쟁에서 성공과 실패를 결정했다.[19] 과거제는 관료를 선발하는 주요한 매개였고, 후기 제국 국가는 과거제의 온전성과 효율성을 지키고자 많이 노력했다. 7세기까지 거슬러 올라갈 수 있는 이 제도는 몇 왕조를 거치면서 중국 사회에서 핵심 기능을 하는 복잡하고 효율적인 제도로 발전했다. 이 시험은 주로 예부禮部 업무에 속했고, 수도에서 치러진 시험은 한림원 업무였다. 예부의 임무는 17개 성省, 140개 부府 그리고 약 1,350개 현縣을 포괄하는 대규모 체제의 모든 단계에서 시험관과 필사자를 훈련하는 것이었다. 보안 요원과 다른 인원도 모집해야 했다. 시험 체제를 운영하는 광범위한 조직은 모두 1,000개가 넘는 시험장과 아마도 수십만에 달할 시험관, 감독관, 보안 인원 관리를 수반했다. 예부는 과거제도 매뉴얼을 출판하고 주기적으로 갱신할 책임이 있었다.[20] 이 규칙들은 상세해서 12권 분량이었다.

지원자들은 엄격한 감시 속에서 시험을 보았다. 성 단위 이상에서는 지원자들이 봉인된 작은 시험실(考舍)에 갇혀 질문에 답변하고 논술을 써야 했다. 시험의 내용은 유교 경전이 주가 되었다. 응시자들은 권위 있는 유학 문헌인 사서四書(대학, 중용, 논어, 맹자)와 시경, 서경, 예기, 역경, 춘추로 구성된 오경五經을 알아야 했다. 수험생들은 중요한 구절을 인용하고 그 내용을 논의해야 했다. 수험생은 특정한 고전적 압운 형식과 현대적 압운 형식에 숙달했음을 자신의 시를 지정된 형식으로 구성하여 보여주어야 했다. 예를 들어 명대에는 이른바 팔고문八股文이 특히 인기를 얻어서 지원자들은 8개 단락과 700개 글자로 질문에 대한 명확한 답변을 공들여 써야 했다. 17세기부터 국가 운영에 대한 실용적 측면을 묻는 '경사經史'라고 불리는 문제들이 추가되어 역사, 지리, 경제, 사법, 농업, 자연과 특정 황제들에 대한 지식을 시험했다. 그러나 이러한 문제들은 다른 영역보다 덜 중요했다.

누가 과거에 참여하는가? 이른바 '성공의 사다리'가 이론적으로는 (범죄자, 불교와 도교 승려를 예외로 하면) 전체 남성 인구에 개방되어 있었지만, 사실 과거제는 진정한 사회적 유동성의 기제가 아니었다. 시험에 참여하는 것이 대다수 농민과 장인에게는 보통 사람의 집단에서 엘리트로 올라가는 사다리가 아니었다. 사회적 유동성은 공식적으로 선언된 목표가 아니었으며, 시험이 사회적 유동성을 이루기 위해 특별히 설계된 것도 아니었다. 통계적으로 부유한 현에서 온 응시생들이 시험에 통과할 가능성이 더 높았다. 그래서 남쪽 지역들에서는 합격자들을 더 많이 배출했다. 보존된 공문서가 보여주듯이 농민, 상인, 장인은 지방 단위의 시험에 참여한 응시자들 가운데 중요한 비중을 차지하지 못했다.[21] 그러나 혈통, 지역, 연령에 기초한 공식적인 장벽이나 배타적 기준을 제거하는 것이 이 제도의 의도였다. 주요한 목표는 상향 유동성이 아니라 신사층, 군인, 상인 등의 출신 배경을 가진 엘리트들이 정부 내에서 제한적으로 순환되도록 하는 것이었다. 수험생 규모가 커지자 자격이 충분하고 잘 교육된 사회적 계급이 창출되어 소설 작가, 극작가, 의례 전문가, 족보학자, 의사, 법률 고문, 교사 등 다른 직업에서 일하게 되었다. 교육받은 지방 엘리트의 창출, 이들과 정부 인원의 사회적 순환은 후기 제국 사회의 사회적·경제적 발전의 열쇠가 되었다.

과거제는 경쟁과 공정함을 지키려고 엄청나게 노력했다. 시험은 가능한 한 모두에게 공정해야 했으며, 재능과 기술만으로도 성공할 수 있어야 했다. 응시자들이 시험지를 제출한 후 시험지는 익명화되어 도장이 찍힌 뒤 코드번호만 볼 수 있는 채점자에게 넘겨졌다. 처음에는 답안지가 판독할 수 있는지와 완성되었는지만 확인한 다음 일꾼들에게 넘겨 붉은 잉크로 베끼고 모든 종이에 번호를 매긴다. 검토자들이 복사본이 원본과 일치하는지 확인한 뒤 채점을 위해 시험관에게 복사본을 보낸다.

후기 제국 시기에는 인구 증가와 경제성장으로 응시자가 늘어났다.

시험의 경쟁률은 매우 높았다. 합격자 수는 고정되어 황제의 명령으로만 정원을 바꿀 수 있었다.[22] 1400년에 총인구 6,500만 명 중 응시자가 약 3만 명 있었다(1:2200). 200년 후 총인구 1억 5,000만 명 중 50만 명이 시험에 참여했다(1:300). 18세기 말까지 총응시자는 전국에서 거의 300만 명으로 늘어났다.[23]

응시자의 증가는 모든 곳에서 볼 수 있었다. 17세기에 난징에서 3일 동안 실시된 성급 시험에서 약 8,000명이 시험을 보았는데, 18세기에는 응시자 수가 1만 8,000명으로 늘어났다. 1766년 수도에서 시험이 35일 동안 계속되었을 때 2,000명이 넘는 응시자가 시험을 봐야 했다. 이 시험 때문에 채점자 86명이 27일 동안, 필사자 706명이 26일 동안 일했다. 시험관들이 순위표를 작성하는 데는 20일이 걸렸다. 전체 시험 비용은 은 4,089냥이었다. 치열한 경쟁은 한 번의 시험 기간에 수천 명으로 가득 찬 시험장에 경찰과 보안 요원이 많았던 것도 설명해 준다.

시험제도는 고정된 것이 아니었다. 서양 문화와 과학이 들어온 19세기보다 훨씬 앞서, 과거시험이 그 목적을 달성하고 있는지를 두고 집중적인 토론이 있었다. 이 토론은 무엇보다 가장 우수한 인재 선발과 관련된 것으로, 시험의 내용과 조직적 측면 모두에 초점을 맞추었다. 평가 기준에 대한 우려가 나왔고, 관찰된 성적 '인플레이션'을 제한하려는 노력도 있었다. 테크노크라시적 언어가 점점 더 전통적인 정치적·도덕적 관심을 대체했다.[24] 또 다른 토론은 제도의 목표와 관련되어 있었다. 많은 노력이 필요하고, 개인적 압력이 가해지고, 평가 오차의 가능성이 있다는 점에 비추어볼 때 가장 우수한 응시자를 선발한다는 목표가 과연 달성될지를 숙고하는 토론이 반복되었고 근본적인 변화가 고려되었다. 1636년 '복사復社'라고 불리는 지방 학문결사의 구성원들은

시험의 목적을 검토하면서 심지어 전체 시험제도를 폐지하고 추천 제도로 대체하자고 건의하기도 했다.[25]

비판과 의구심에 대응하여 시험제도를 조정하고 더욱 효율적으로 만들려는 수많은 개혁이 이루어졌다. 커리큘럼은 계속해서 여러 번 조정되고 개혁되었다.[26] 예를 들어 옹정제와 건륭제는 철학과 문학 문제에 대한 지나친 강조를 비판하고 실용적 측면과 국가 운영의 문제를 소홀히 하는 것을 한탄했다. 일반적 지식과 특수한 지식 사이의 올바른 균형이 반복해서 토론되었다. 건륭제 치세에 국가 운영 영역(經史時務)이 시험 목록의 가장 위로 옮겨졌다. 새로운 서구적 내용, 특히 달력 계산도 도입되었다.

제국 국가의 제도로서 과거제가 가지는 가치는 어떻게 해도 과대평가가 되기 어려울 것이다. 그것은 초기 근대의 유럽이 필적할 수 없는 독특하고 놀라운 제도였다. 3년의 시험 주기 동안 시험지가 수백만 장 만들어지고, 베껴지고, 채점되고, 순위가 매겨졌다. 이 과업은 실행이나 조직 측면 모두에서 수 세기 동안 비교적 순조롭게 처리되었다. 처음부터 부패나 부정 사례들이 있었기 때문에 시험제도는 오류와 약점의 원인을 처리하는 세밀한 기제를 발전시켰다. 과거제는 모든 단계의 부패, 오류, 부정확함에 적절하게 대응할 수 있는 규칙과 과정의 매우 정교하고 역동적인 시스템으로 평가할 수 있다. 과거제는 오작동이 있을 때 대응하고 수정할 수 있는 기제를 발전시켰다. 예컨대 평가에 관한 것과 같은 과거제 자체의 단점에 비판적 자각이 있었으므로 역기능을 최소화하고 공정함을 보증하도록 시험하고, 확인하고, 검토하는 정교한 시스템이 있었다. 국가사업에 적합한 인원을 채용한다고 하는 중심적 업무를 조정하고, 통합하고, 체계화했다. 그러한 업무는 사회적 엘리트 가운데 선발하는 것이긴 해도 공적 업무를 위한 응시자들의 능력을 판단하는 명확하고 투명한 규칙과 규범을 기초로 작은 집단을 선택함으로써 이루어졌다. 고전, 회화, 문학, 서예의 학습과 같은 문화적 상징을 참고 기준으로 채택한 것도 왕조와 엘리트들이 자신의 생존에 필요한 제도적 조건을 재생산하도록 했다. 시험의 위계는 교육으로 부, 권력, 영향력을 재분배함으로써 용인될 수 있는 사회적 위계를 재생산했다.

잘 교육받고 경쟁을 거쳐 선발된 개인들로 구성된 중앙 관료제의 존재는 제국이 수 세기 동안 거대한 나라를 더 효율적으로 통치하도록 해 주었다. 중앙 관료제는 통일된 예산의 수립, 초지역적 기반 시설과 복지의 중앙 관리, 규제 시스템의 설립 그리고 중앙에서 통제하는 사법 시스템과 군대를 가능하게 했다. 불안 상황과 중요한 안보 문제를 다루기 위해 군대가 있었지만, 유럽이나 일본의 관행과 달리 군대 지휘관은 중앙 사령부의 명령을 받을 뿐 영토의 통치자(즉, 봉건 영주)가 되지는 않았다. 명조와 청조에서 민정과 군부의 명령 계통은 분명하게 구별되었고, 민정 관료가 군사적 책임을 맡았을 때도 실제로 부대를 지휘하는 군 장교들에게 명령을 내리는 방법으로 임무를 수행했다. 명조에서는 세습적인 군대 인원이 군사적 식민지에 배치되어 세습적인 군 장교의 지휘 아래 농사를 지었다. 이 세습적인 군 주둔지를 위소(衛所)라고 했다. 정규 부대는 군인과 농부들 가운데서 선발했다.

관료들은 황제를 위해서 사회 질서의 유지, 외부 위협으로부터 제국 보호, 빈곤 완화나 토지 소유의 진전된 균등화 같은 복지의 목표 등을 추구했다. 그러므로 모든 중국 정부의 목표는 평화와 안정을 제공하고, 인민들을 자연의 변덕, 외부의 적 그리고 그들 자신으로부터 보호하는 것이었다.[27] 국가 기구 자체는 비교적 작았는데, 가장 중요한 지방 정부 단위 두 가지는 성省과 현縣이었다. 중앙정부의 통제를 받는 가장 낮은 단위는 현이었고 성의 주요 업무는 현과 중앙정부를 중개하는 것이었다. 현의 수는 후기 중화 제국에서 거의 변하지 않았다. 1400년에 인구 7,000만 명에 1,173개 현이 있었던 것과 비교하면 인구와 영토가 엄청나게 커졌는데도 1750년 제국에는 인구 3억에서 4억 명에 단지 1,360개 현이 있었을 뿐이다. 제한된 세입과 관료의 증가가 전반적인 행정 효율성을 약화할 수 있다는 우려 때문에 조정은 관료제 구조를 확대하기를 꺼렸다. 그러나 그 결과, 관료제의 규모는 인구 증가를 따라가지 못했다.[28]

각 현은 중앙을 희생하여 지방 권력을 구축하는 일을 방지하려고 고안된 회피제回避制에 따라서 항상 다른 성 출신 지현知縣이 다스렸다. 지현은 현 크기에 따라 부하 관료와 사무원을 최대 수백여 명까지 고용할 수 있었는데, 이들은 소송, 시장 등 10여 개 특별 부서로 조직되었다. 관료와 사무원을 보조하는 더 많은 전령과 심부름꾼이 있었다. 급여가 충분하지 않아서 지방 행정의 구성원들이 불법적인 수수료, 비밀 보수, 뇌물 등에 수입의 많은 부분을 의지하지 않을 수 없었지만, 대부분 정규 관료들은 급여를 받았다. 관료제 규모의 제한은 왜 제국 행정이 결코 현 단위 아래로 침투하지 않았는지를 설명하는 데 도움이 된다. 인구 증가로 청대에 현의 평균 인구는 송대의 수치와 비교했을 때 몇 배에 달했다. 이 때문에 거의 고정된 행정 구조에 부담이 가중되었다. 재정과 인력의 부족으로 지현은 지방 신사층의 협조에 의존했는데, 세금을 인상하려는 어떠한 노력이라도 지방 관료를 지방 사무를 운영하고 사회 질서를 유지하는 데 반드시 지원을 얻어야 하는 지방 엘리트와의 직접적 대립 상태로 빠지게 했으므로 지방 엘리트의 협조는 세금을 낮게 유지하도록 하는 압력을 강화했다.

제국의 행정은 상당히 인상적이고 꽉 짜여 운영되는 관료 기구로 조직되었다.[29] 모든 단계에서 성과 현의 관료들에 대한 중앙 통제를 효과적으로 확보하도록 설계된 견제와 균형의 정교한 시스템이 있었다. 성의 총독總督과 순무巡撫는 중복되는 활동을 했으며, 중앙의 지시를 따르는지 서로 감시했다. 더 낮은 단계의 관료제에도 유사한 구조가 있다.

비교적 작은 정부에 대한 중앙 국가의 집착 때문에 제국 후기 행정은 중앙의 계획을 실행하고 이를 지원하려면 지방의 비관료 공동체에 의지해야 했다. 이는 사회 자체에서 친족 조직과 상인·수공업 조합과 같은 조합과 집단의 형성을 동반했다. 그중 일부가 상당한 자산을 통제했던 친족 집단과 조합 외에 촌락 단위의 기구로 수확 감시, 방어, 사원과 관개 시설의 유지, 물 관리 등을 하는 조합이 있었고, 여기에 더해 계와 다리나 학교의 설립, 나룻배 기능, 도로 수리 등을 하는 조합들도 있었다. 이러한 조합들은 질서를 유지하고 복지 서비스를 제공한다는 목표를 달성하려고 국가와 협력했다. 제국 후기 정부는 광범위한 준정부적이면서도 필수적인 업무를 수행하고자 지속적으로 지방 엘리트에 의존해야만 했다. 이러한 업무에는 교육의 감독, 공공 강연과 '성유'聖諭의 낭독을 통한 이데올로기의 보급, 공동체 의례와 같이 국가가 후원하는 공동체 유대와 정치적 충성을 위한 의식의 지휘, 소송이나 무장 충돌을 피하려는 분쟁의 조정, 지방 단위 공공사업 기획의 관리 등을 포함했다. 지방 엘리트는 세금 징수원이나 지방 민병의 지도자 역할도 했다. 제국 후기에 성장한 지방 사회는 다양성, 번영, 정교함이 두드러졌다. 촌락 생활의 실용적 업무는 문자 해독과 산술 능력의 보급을 자극했는데, 둘 다 제국 후기에 상당한 수준에 도달했다. 교육과 사회적 유동성 사이의 역사적 연관성은 이러한 경향을 강화했고, 학습과 문화에 대한 대중의 인식도 높였다. 교육에 대한 일상적 수요가 강했고 교육 서비스와 도서의 가격이 낮았으므로 제국 후기의 문해율은 공업화 이전 대부분 유럽 지역보다 높았다. 교육받지 않은 사람들이 자기 나이를 어림수로 말하는 경향에 대한 연구도 중국 사람들의 산술 능력 수준이, 발전 정도가 비슷하거나 조금 높은 나라들보다 훨씬 높았음을 암시한다.[30] 가계, 사업체, 혈연 사업, 조합에서 부기와 회계를 광범위하게 사용한 것은 상업적 지향과 산술 능력의 높은 수준을 확인해 준다.[31]

후기 제국 정부는 110가구 단위로 구성원들에게 세금과 요역을 할당할 책임을 부과하는 오래된 이갑里甲 제도를 추진했다. 18세기까지 각 단위가 소속 가구의 세금을 징수할 책임을 지게 되어 있었다. 부분적으로 이갑과 겹치는 것이 10, 100, 1,000가구씩 위계적으로 조직된 단위로 구성된 보갑保甲 제도였다. 가장 한 명이 지휘하는 각 단위는 이론적으로 모든 가구의 구성원들에 대한 책임을 졌다. 그러한 목적을 위해서 단위의 장은 인구 등록을 하고, 치안을 유지하고, 분쟁을 해결하고, 지현에 범죄를 보고하고, 범죄 재판이나 민사소송에서 증언했다. 이렇게 국가가 조직한 풀뿌리 공동체 행정의 체계는 제국 전체에 일률적으로 확대되었다. 공식적으로는 어떤 가구도 이 체계에서 벗어날 수 없었다.

전반적으로 유교적인 통치 체계가 잘 작동했다는 사실은 중국 제도의 탁월한 생명력을 설명해 준다. 대체로 후기 제국 시기는 놀라운 공공복지, 안보, 안정을 보여주며, 특히 귀족들과 종교 세력이 수많은 전쟁을 벌였던 '암흑'의 중세나 초기 근대의 유럽과 비교할 때 그러했다.

그러나 후기 제국 통치자들의 자료와 자기 기술은 더 복잡한 현실을 다 반영하지 못하는 조화, 평화, 품위로 편향되었음을 지속적으로 보여준다. 확실한 것보다 더 조화로운 상황을 보고하는 경향을 고려할 때, 중국 역사의 서술을 액면 그대로 받아들이는 것은 늘 위험하다. 전체의 공식적인 텍스트 전통은 단순한 사실의 기술이 아니라 규범적인 시각을 보여준다. 물론 현실에서는 제국 후기의 통치에 부침이 있었다. 제국 체제는 반복해서 빈곤, 궁핍, 반란, 기아, 자연재해로 인한 난민과 같은 심각한 문제에 직면했다.

의례와 자비를 강조했는데도 폭력은 제국 통치의 관행에서 항상적 요인이었다. 폭력은 국가의 행정기구에서뿐만 아니라 지방의 사회와 경제에도 여러 측면에서 체계적으로 내재되어 있었다. 지방 사회와 민병 지도자들, (보통 도적으로 불린) 반란군 그리고 다른 이교 종파의 지도자들이 지방 사회에서 공존하며 거칠고 유동적인 균형 속에서 행동했다. 지방 수준의 폭력적 행위를 방지하거나 억제하려는 노력으로 제국은 종종 전자 그리고 (공식적이든 비공식적이든) 개인 실력자와 불안한 협력을 했고, 일상적으로 비밀스럽게 후자에 의존했다. 그리고 이는 좋은 시기의 상황이었다. 예를 들어 명 말과 같이 중앙의 권위가 무너졌을 때 지방 사회의 폭력적 요소는 파멸적으로 증가할 수 있었다.

더 일상적으로는 안정을 유지하는 것에 대한 관심이 수 세기 동안 하층 계급을 '교화'敎化하고 전체 대중에게 유교적인 '사유팔덕'四維八德을 주입하려는 수 세기의 캠페인을 시작하게 했다. 그러나 잠재적이거나 실질적인 대중적 무질서에 맞서려고 제국은 '초'剿라는 단어로 상징되는 관행인 무제한적·체계적 폭력 사용에 의지하기도 했다. 제국의 적에게는 종종 공격적이고, 심지어 예방적인 폭력이 단호하게 가해졌다.[32] 제국 후기의 체제는 매우 독재적이어서 정부나 사회에 대한 황제의 권력에 실질적 제한이 없었다. 반역자들은 제거되었고, 황제에게 감히 비판을 제기한 관료들은 엄격하게 처벌되었다.

제국은 고정적이고 정체된 토지세에 의존했기 때문에 국가의 세입 확대에 대한 만성적이고 심각한 제약에 직면해 있었다. 세입을 늘리는 것은 세금 부담을 늘리는 것을 의미했으므로 저항이나 반란을 유발할 수 있었다. 결과적으로 공공 지출은 외부적·내부적 안보와 관련된 근본적 문제를 다루는 항목에 제한되었다. 주민을 보호하기 위해 군대 및 국경 방어 비용이 지출되었다. 민정 부문의 공공재에 대한 중앙정부의 지출은 치수, 관개에 대한 투자나 가격 변동을 제한하고 기근을 피하려고 설계된 곡물 창고망에 대한 투자 등과 같이 농업 생산성을 안정시키고 높이는 수단에 집중되었다. 장기간에 걸쳐 창고 시스템이 잘 작동해 흉년에 따른 곡물 가격의 상승을 피하는 데 도움이 되었다.[33] 그러한 프로그램들이 일반적인 복지에 기여했고, 그럼으로써 제국 체제의 안정성을 믿기 어려울 만큼 높였다. 이 프로그램들은 지방의 기부금을 동원했는데, 이는 지현이 지방 공동체와 협력을 유지해야 할 필요성을 강화했다. 수천 킬로미터 길이의 남북 노선을 연결하여 수 세기 동안 커다란 경제적 이익을 가져다준 대운하의 건설·유지와 같은 주요 건설과 기반 시설 계획은 중앙 국가와 지방 공동체 사이의 이러한 협력으로 달성될 수 있었다.[34] 동시에 중앙 행정부와 지방 공동체 지도자의 친밀한 관계 때문에 부패의 가능성도 늘 존재했다. 조정에서 관료들이 영토 전체의 상황을 공정하게 보고한다고 신뢰할 수 없다면 제국 통치가 위험에 처하게 되므로 제국 관료제 내에서 부패는 큰 걱정거리였다.

물론 이 모든 것은 이론적으로는 무제한적인 황제의 권력이 현실에서는 중국의 큰 규모, 제한된 세입, 긴 연락선, 작은 관료제, 지방 단체와 엘리트에 대한 의존 등으로 상당히 제약되었음을 의미했다. 게다가 황제는 의례의 정확성을 준수하고 일반적인 복지와 사회적 조화를 보증하며, 전임자와 선조들의 전례를 따라야 하는 것으로 여겨졌다. 그러나 몽골이나 만주와 같은 외래 통치자들이 권력을 잡았을 때, 그들은 제한적인 통치 체계를 유지하는 것이 유리하다는 것을 발견했다. 매우 정교한 구조가 그들이 정부 최상위의 중심 위치를 차지하여 권력 회로의 핵심적 릴레이를 통제함으로써 넓은 영토를 지배할 수 있게 해 주었다. 한 학자가 표현한 것처럼 제국 행정의 핵심 목표는 '최대한의 효율보다는 시스템의 유지'였다.[35]

만주의 정복과 대청의 재건

1600년 이후 중국 명조(1368~1644)의 중앙 권력은 인구압, 관료제의 부패, 재정 적자의 누적 그리고 지방의 징세인, 지주, 대금업자의 권력 증가 등으로 빠르게 쇠퇴하기 시작했다. 1630년에서 1645년 사이에 이자성李自成이 이끈 반란은 짧은 기간에 수도를 점령하는 데 성공했는데, 이는 명조의 취약성이 증대된 것을 보여주었다. 동북의 랴오닝, 지린, 헤이룽장, 내몽골에서 온 만주족에게 중국 황제가 사회적 반란을 잠재우고 국경을 지키는 데에서 보여준 명백한 무능력은 장성 너머로 권력을 확대하고 중국의 부에 접근할 수 있는 대망의 기회였다.[36]

만주족은 여진女眞도 포함하여 집단적으로 '퉁구스'로 불리던 동북아

하인, 고문과 함께 있는 만주 귀족, 베이징 1901~1902(George Rinhart/Getty Images / 530729552)

시아의 민족들에서 유래했다. 금金(1125~1234)이라는 이전의 이름으로 그들은 짧게 중국을 지배한 적이 있다. 카리스마적인 누르하치(1559~1626)의 지도 아래 동북아시아의 황야를 가로지르며 말을 타고 사냥을 하던 여진 부족들이 종족 연합으로 조직되었다. 누르하치는 여진이 장성 남쪽인 중국을 향해 팽창하도록 박차를 가했다. 1635년 누르하치의 후계자인 홍타이지(1592~1643)가 중국의 지배를 받았던 여진으로서 역사적 기억을 지우고자 그의 민족 이름을 만주로 바꾸었다.

17세기 초에 누르하치와 그의 후계자는 만주족을 '팔기'八旗라고 불리는 군사적 체계로 조직했다. 팔기는 몽골과 그 이전까지 거슬러 올라갈 수 있는 내륙아시아적 기원이 있었지만 공물을 바치는 여진족을 직접 지배했던 중국 제국의 제도에서도 영향을 받았다. 팔기는 특정한 군부대에 세습적으로 등록시키는 전통을 이어갔다. 팔기는 나머지 인구와 분리되어 대부분 주둔지, 전략 지역, 대도시에 거주했다. 주둔지 감독은 '장군'將軍이 했다. 이론적으로는 모든 성인 남성은 군인이 되어야 했고, 기旗는 각각 군인 300명씩인 여러 부대로 구성되었다. 만주족이 중국 본토를 정복하기 전에 그들은 만주, 몽골, 한인의 팔기를 각각 조직했다. 따라서 만주족의 중국 정복은 다양한 민족 집단이 수행했는데, 대다수가 한 번쯤은 명의 군대나 민병으로 복무한 적이 있었으므로 어떤 기준으로든 명의 변절자로 분류될 수 있었다. 명 제국을 만주족, 몽골족, 중앙아시아인, 한국인, 명에 반대하는 중국인 반란군 등의 동맹이 침입했기에 만주의 정복이라고 말하는 것은 정확하지 않다. 팔기 부대는 내륙아시아의 기마 기술을 중국의 공학과 화기에서의 역량과 결합함으로써 순수하게 내륙아시아적이지도 순수하게 중국적이지도 않은 군사력을 만들어냈다.

팔기는 장성 동북쪽의 국경 지역에서 군사력을 계속 증가시켰다. 양쯔강 북쪽의 중국은 비교적 빠르게 만주의 통제 아래에 놓였으며, 유혈 사태는 이자성의 반란에서보다 훨씬 적었다. 그러나 양쯔강 남쪽은 매우 달랐다. 양쯔강 삼각주에서 도시 지역, 특히 부유하고 문화적으로 발전한 도시에서는 치열하게 저항했다. 분산된 지역들에서 명의 군사 저항을 분쇄하는 데 30년이 걸렸고, 정복 행위는 도시 엘리트들에게 만주족에 대한 깊은 불신을 남겼다. 악명 높은 양저우 대학살에서 팔기는 도시 주민을 10일간 도살해 수십만 명을 죽인 것으로 알려져 있다.[37] 일본에서 필리핀에 이르는 해적 세계의 근거지였던 타이완은 정성공鄭成功(1624~1662)의 지휘 아래 명에 충성하는 사람들의 저항과 지방의 독립을 유지하려는 투쟁을 결합하는 시작점이 되었다. 그들은 위험한 상황에서 본토의 푸젠성을 기습해 그곳에 대한 청의 안정적 통제를 위협했다. 1645년 청 조정은 모든 성인 남성이 만주의 관습에 따라 앞머리를 밀고 나머지 머리를 땋는 변발을 하고 만주 양식의 옷을 입어야 한다고 명령했다. 이러한 명령에 많은 중국인이 크게 반발했다. 많은 중국인 관료와 지식인들은 새로운 왕조에 봉사하지 않으려 했고, 새로운 만주 제국에 대한 반대 의사를 예술, 문학, 개인적 저술 등으로 표현했다.

만주족은 결국 명이 지배하던 영토 전체에 대한 지배권을 확립하고 대청이라는 이름으로 중국의 마지막 황조를 세웠다. 청은 1644년에서 1911년까지 중국을 지배했다. 중국으로 휩쓸고 들어간 만주족은 고향 바깥 지역을 통제하던 기존 방법에 따라 한족 지역을 한족의 행정 구조를 활용하여 통치했다.[38] 조정에서는 주로 중국의 관료제 모델에 기초하여 효율적인 정부를 구성하면서 강력한 중앙 통제를 재천명했고, 중국 영토를 북쪽과 서쪽(중국령 투르키스탄, 외몽골, 티베트)으로 확장했다.

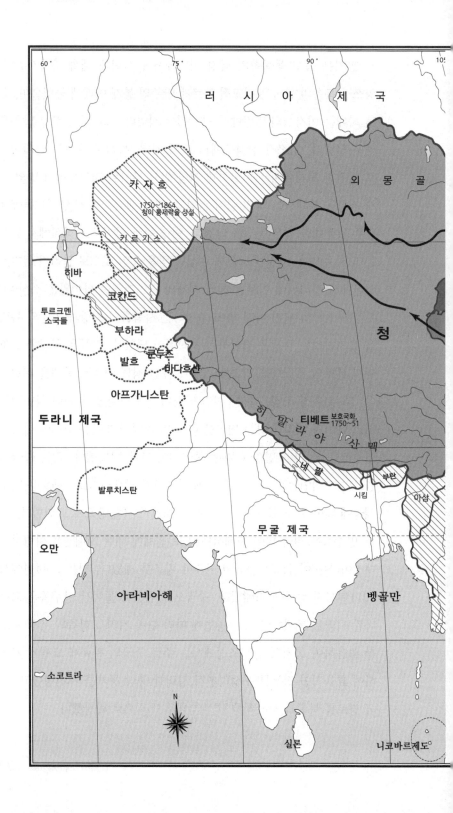

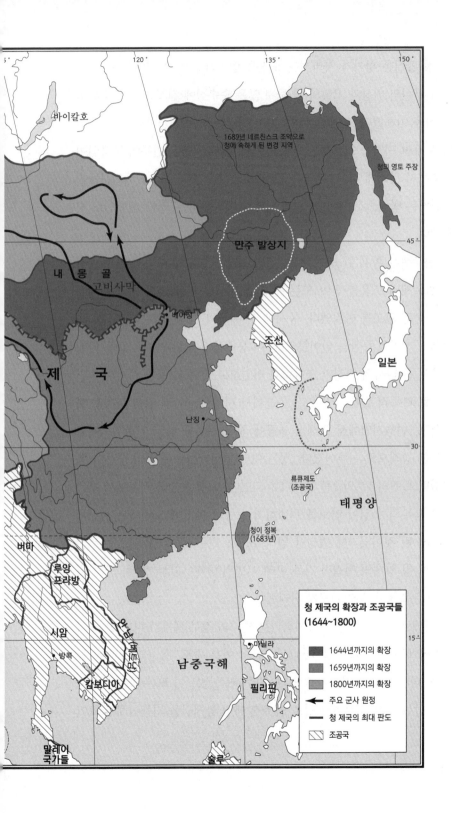

바이칼호

1689년 네르친스크 조약으로
청에 속하게 된 변경 지역

청의 영토 주장

만주 발상지

내 몽 골
고비사막

베이징

제   국

난징 •

조선

일본

류큐제도
(조공국)

태 평 양

청이 정복
(1683년)

버마

르앙
프라방

안남(베트남)

남중국해

필리핀

마닐라

시암

방콕

캄보디아

45

30

15

말레이
국가들

술루

**청 제국의 확장과 조공국들
(1644~1800)**

▬ 1644년까지의 확장
▬ 1659년까지의 확장
▬ 1800년까지의 확장
◀ 주요 군사 원정
▬ 청 제국의 최대 판도
▨ 조공국

청 황실은 황야가 사라지는 도전을 인정하면서 그 시대의 환경 위기가 황실의 위상과 고향의 때 묻지 않은 순수성에 진정한 위협이 된다는 점을 이해했다. 황제는 북쪽의 만주족과 몽골족의 고향인 오염되지 않은 자연 지역을 보호하는 명령으로 대응했다. 청은 만주에 중국인이 거주하지 못하게 하고, 무역을 통제하고, 중국인 사냥꾼과 채집꾼들을 송환하는 방식으로 그 땅을 원래 상태로 회복하려는 '정화' 캠페인도 시작했다.

만주족은 황제 한 명이, 즉 대청의 황제가 천명에 따라서 매우 발전한 관료제의 도움을 받아 모든 '천하'를 지배하는, 중국의 제국 체제에 기반을 둔 왕조를 만들었다. 동시에 청 제국의 지배자들은 만주, 몽골, 티베트 지역의 통합을 밀어붙였다. 이 통합은 위대한 만주의 칸을 티베트에서 온 라마의 정신적 영향력과 연결하고, 만주와 몽골 사이의 혼인 외교로 가족적 결합을 만들고, 몽골에서 지켜온 국가적 알현 의례를 채택하고, 변경지역에서 호혜적 조공에 참여하는 등 다양한 장기적이고 유연한 정책으로 이루어졌다. 청은 이러한 정책들로 몽골의 대칸이 통치했던 스텝의 3분의 2를 통제하게 되었다. 이것은 중국 역사에서 처음으로 북부의 초원이 안보를 위협하거나 중국 제국에 도전하는 원천이 아니게 된 것이었기에 엄청난 업적이었다. 만주-몽골-티베트 사무는 만주족 청 황제의 직접적 감독 아래 이번원理藩院, 내무부內務府, 팔기 등과 같은 특정한 정부 기구가 관리했다.

티베트, 만주, 몽골을 통치하려는 별도의 정부 체계가 나타났다. 이 대칸국에는 수도 베이징 외에도 청더의 여름 수도, 몽골의 오래된 왕궁들, 티베트 수도 라싸가 있었다. 만주 귀족들은 이 모든 장소에서 국가적 알현 행사를 하면서 청조 만주 황제의 황제권을 되풀이해서 확인했다. 한족 지역을 위한 체계와 만주—몽골—티베트 지역을 위한 체계라는 두 체계는 청조의 이원적인 정치적·법적 체계의 핵심이었다. 이러한 유연하고 적응력 있는 통치는 제국 전체에 대한 통합적 중앙정부라는 전통적인 한족적 체계와 달랐을 뿐 아니라 청 발전의 특징이 되었다. 청 제국은 '부분적 영토'에 대해 개별적인 통치 기제를 채택했다.[39] 그 결과 청 제국의 성명, 칙령, 공식문서 등은 하나 이상의 언어를 사용해 제국의 커뮤니케이션으로 신중하게 입안되었다. 대개 만주어와 중국어로 되어 있었지만 만주어, 중국어, 몽골어로 되어 있는 경우도 매우 흔했다. 18세기 이후에는 만주어, 중국어, 몽골어, 티베트어 그리고 종종 '위구르어'로 불리는, 많은 중앙아시아 무슬림이 사용하는 아랍 문자로 작성되었다. 이렇게 하는 목적은 복수의 언어로 복수의 문화적 틀 속에서 복수 종족의 독자들에게 제국의 정책을 동시에 표현하려는 것이었다.[40]

17세기 후반과 18세기 초반의 청 통치자들에게는 보편적 주권과 영토 팽창에 대한 제국의 통합적 전망을 표현하는 것이 필요할 뿐 아니라 문화적 민감성과 서로 다른 문화적 공간과 서로 다른 종족들 사이의 끊임없는 중재도 필요한 까다로운 다종족적 통치 양식을 특히 효율적으로 사용할 능력이 있었다. 그중에서도 가장 중요한 사람은 중국적 제도를 받아들여 조정을 재조직함으로써 정복만으로는 얻을 수 없었던 안정성과 정당성을 확보했던 정력적이고 근면한 강희제康熙帝(재위 1661~1722)였다. 다른 황제들은 옹정雍正(재위 1772~1735)과 건륭이라는 연호로 통치했다. 청 초기는 각각 60년 동안 통치한 강희제(1654~1722)와 건륭제(1711~1799)에서 보듯이 놀라운 안정성과 연속성을 보인 시기였다. 그들이 재위할 때 제국은 중국 역사 기록이 '성세'盛世라고 찬양한 시기를 이

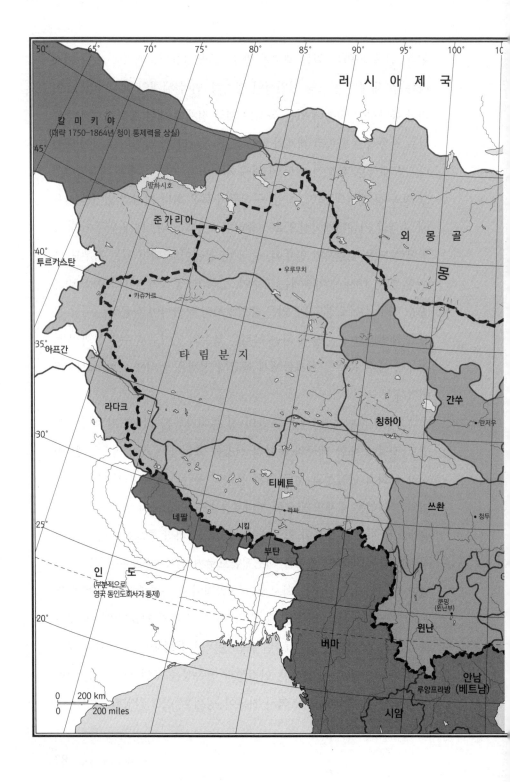

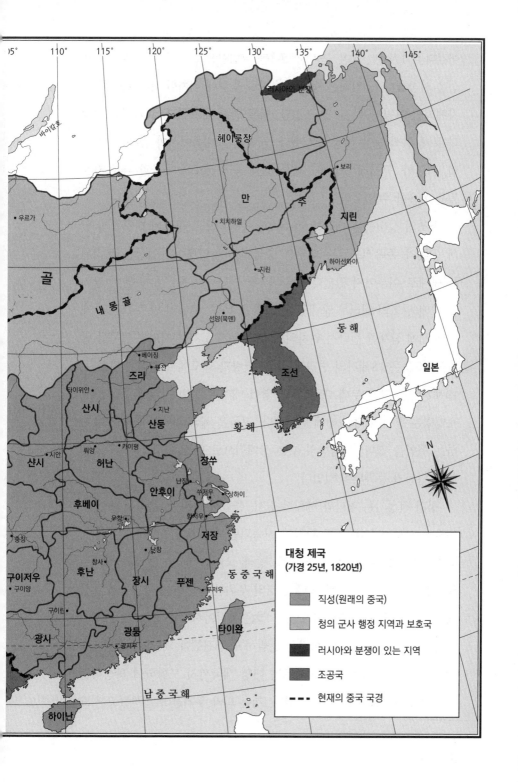

대청 제국
(가경 25년, 1820년)

직성(원래의 중국)

청의 군사 행정 지역과 보호국

러시아와 분쟁이 있는 지역

조공국

- - - 현재의 중국 국경

어갔다.[41] 1736년 청은 군기처軍機處를 설립함으로써 중요한 제도적 혁신을 시작했다. 군기처는 정규적인 관료제 위에 위치한 작은 위원회로, 자체적인 인원·공문서·연구 집단, 빠른 연락 네트워크, 효율적인 명령과 통제 양식 등을 특징으로 했다. 군기처는 내륙아시아 깊은 곳의 상업, 식민화, 군사적 보급을 지원하고자 중국 본토의 곡물과 다른 자원들을 이용할 수 있었다.

청조의 상비군은 대부분 만주족과 몽골족으로 구성된 다종족적 팔기 군대와 종족적으로는 대부분 중국인인 녹영병綠營兵이라는 분리된 두 군대로 이루어져 있었다(그러나 종족적 분리가 늘 엄격하게 유지되지는 않았다).[42] 팔기는 지배 왕조의 엘리트 군대였다. 그들은 북쪽, 고향인 만주 그리고 제국 전체에 산재한 전략적 위치의 일부 주둔지 도시를 지키는 임무를 맡았다. 그들은 18세기의 변경 원정 때 역량과 규모에서 정점에 달했다. 19세기에는 팔기 부대 대략 15만 명이 베이징 주변 지역에 주둔했다. 녹영병은 팔기 부대 아래에 위치했다. 그들은 제국 전체의 통제를 유지하는 책임을 졌다. 녹영병의 수는 상대적으로 더 많아서 19세기 초에 55만 병사가 등록되어 있었다.

청의 전성기는 평화와 사회적 질서, 물질적 화려함, 문화적 세련됨, 기술적 진보는 물론 영토 확장이 지속되던 시기였다. 청 제국은 만주, 몽골, 중국령 투르키스탄, 티베트, 중국 그리고 (뒤에 논의할) 조공 체제로 알려진 조정 방문 시스템 속에서 청의 우위를 승인하는 국가들에 대한 정치적 통제에서 정점에 이르렀다. 청은 동남아시아와 중앙아시아에서 군사작전을 계속해 영토 확장을 활발하게 추진했다. 18세기 중반까지 청은 러시아 제국과 잠재적으로는 대영 제국까지 포함하여 확장하는 유라시아 제국들에 견줄 수 있었다. 청은 화약 무기를 발전시켰고 지도 제작, 외교술, 정보 수집에 뛰어났다. 군사 제도 또한 잘 발달해서 제국은 인력과 보급품을 빠른 보강이 필요한 어떤 전선까지도 신속하고 효율적으로 보낼 수 있었다. 청은 정교한 중앙의 명령과 관료적 병참 업무를 발전시켰다. 이때 청은 모든 육상 기반의 제국 중 최대 제국일 뿐 아니라 세계에서도 강력한 제국 가운데 하나가 되었다.

'장기 18세기'의 성장과 번영

청 제국은 아주 정교하고 전근대 기준으로는 매우 생산적인 경제 체계를 물려받았다. 농업, 산업, 운수에서 광범위한 고급 기술을 이용할 수 있었는데, 이것이 견고한 경제성장을 가능하게 했다. 이전의 왕조들이 제국 후기 중국의 경제와 사회의 기초를 놓았다. 여기에는 소규모 자작농과 소작농 중심 농업 형태로 전환하면서 이루어진 사유 토지의 등록과 평가에 기초한 세제, 상품과 요소 시장의 팽창, 상업 거래에서 화폐의 침투, 민간 상업의 폭넓은 발전 등과 같이 수 세기 동안 꾸준한 발전을 뒷받침한 제도와 구조의 형성이 있었다. 제국은 차, 도자기, 비단과 다른 상품의 수출에 기초한 유럽과의 불균형한 상업적 관계가 주가 되는 세계 무역의 중심이기도 했다.

혼란스럽고 파괴적인 명·청 교체에 따른 짧은 중단 이후 중국 경제는 성장과 확장의 국면으로 돌아왔다. 인구 증가, 도시화의 증가(특히 도시 시장의 밀도가 높아 상품이 더욱 효율적으로 분배되었다), 제국의 상업 운수 기반 시설을 발전시키려는 청 조정의 실용적 정책 등 세 가지 요인이 경제 체계의 빠른 성장에 기여했다. 청의 경제는 17세기 후반에서 대략 1800년까지 100년 넘게 계속 성장했다. 1683년 타이완에서 명에 충성하는 저항 세력이 무너진 이후 청 지배자들은 해상 무역 금지를 철회하고 해안 소개 정책도 취소했다. 이러한 정책은 중국과 유럽의 무역이 다시 시작되도록 했다. 18세기 유럽 시장에서 증가한 중국 상품 수요, 아메리카 은의 중국 유입으로 중국 경제의 상업화가 다시 시작되어 명 말보다 훨씬 더 높은 단계로 올라갔다. 새로운 시장들이 탐색되었고 상인들은 사업을 성의 경계를 넘어서, 그리고 남중국해까지 확장했다. 중국의 국내 경제는 완전히 상업화되었고 어떤 작은 부분에서는 심지어 공업화되고 있기도 했다.

이 시기 중국의 다양한 제도를 분석할 때는 광대한 대륙적 제국의 경제 구조가 발전과 성장에 매우 유리하게 작용했음을 잊지 않는 것이 중요하다. 자체적인 정치 체계, 통화, 국경, 세제 등을 갖춘 다수의 작은 국가로 구성된 이 시기의 유럽과 달리, 청대 중국은 성의 경계를 넘는 상품의 이동에 장애가 거의 없는 하나의 광대한 대륙 시장이었다. 또한 서양에 중국 제국이 민간 상업에 항상 적대적이었다는 생각이 널리 퍼져 있던 것과 달리 청조 국가는 경제성장을 촉진하는 데 늘 적극적이었다. 중국의 친상업적 태도는 명 말에 시작되었는데, 이때 상업 경제의 성장은 불가피한 현실로 보이기 시작했다. 16세기 후반부터 은을 통화로 사용하는 것, 역내 무역, 대외 무역, 상인 등에게 많은 반대가 제기되었지만 이는 점차 시장 경제의 '자연법'을 강조하는 학파에 우위를 내주었다. 이러한 사고는 시장 경제가 정부의 통제가 아닌 적절한 육성 아래에서 번영할 것이라는 의견을 제시했다. 상업에 대한 실용적 태도는 청의 관료제에서 지속적으로 성장했고 18세기까지 사실상 정부 정책이 되었다. 그리하여 청 정부는 다양한 수단으로 상업을 적극적으로 '육성'했다. 한 가지 예는 상품 공급의 속도를 높이고자 분리되어 있던 도로와 운하망을 확장하고 연결하는 것이었다. 다른 예로는 기업가들에게 장려책을 제공함으로써 새로운 생산과 마케팅 분야를 자극한 것이 있다.[43]

청의 경제는 주로 농업에 기반을 두었다. 청조 말에 인구의 80~85%가 농촌에서 살았고, 사람들은 대부분 농사나 농사의 부산물과 어느 정도 관계가 있었다. 농업 관행은 인상적인 수준의 정교함을 보여주었다. 당시 세계 최고 수준의 수확량 향상은 단위 토지당 노동력과 자연 비료의 공급이 증가함으로써 가능해진 농경의 집약화로 달성되었다. 제국 후기의 농업 성장에서 마찬가지로 중요한 것은 새로운 식량 작물을 많이 도입하는 일이었다. 이 시기에 수입된 가장 중요한 작물은 감자, 옥수수, 땅콩이었다. 이러한 작물은 16세기에 아메리카에서 동남아시아로 도입되었고, 몇십 년 뒤 중국으로 들어와 곧 북부와 남부 모두에서 널리 퍼졌다. 이들이 보급되는 속도는 놀라울 정도로 빨랐다. 경작에 적합한 환경이 서로 달랐기 때문에 이 작물들은 식용 작물을 재배하는 데 적합하지 않았던 많은 지역을 풍부한 수확을 산출하는 지역으로 바꾸었다. 따라서 경작 면적의 증가는 물론 신대륙에서 도입된 새로운 작물과 개량된 종자(특히 베트남에서 온 빨리 성숙하고 수확량이 많은 참파벼 변종) 덕분에 농업 발전이 진전되었다. 농기구가 개선되고 전문화되면서 효율성 또한 식량 가격을 낮게 유지시켰다. 작물 수확량이 늘어남에 따라 식량 생산은 인구 증가와 대체로 보조를 맞출 수 있었다. 그러나 중국 농업의 높은 효율성을 더욱 높이기는 쉽지 않았다. 진정하고 실질적인 개선은 20세기에 화학 비료와 현대적 기계가 출현할 때까지 기다려야만 했다.

청대 중국에는 소유권과 사용권 형태로 구매, 판매, 임대, 저당, 분할 등이 가능한 대규모 토지 거래 시장이 있었다. '일전양주제'-田兩主制나 '일전삼주제'-田三主制로 토지 한곳의 소유권이 지면에 대한 권리와 지면 아래에 대한 권리로 나뉘어 증여됨으로써 복수의 당사자에게 귀속될 수 있었다. 그리고 권리는 담보로 판매, 대여, 사용될 수 있었다. 소작인도 지주와 마찬가지로 접근권을 자유롭게 거래할 수 있었다. 토지에 대한 권리의 다중성과 분할가능성은 보통의 농촌 주민들이 역동적인 환경에서 생계를 유지하는 데 기여했다.

농업의 역할이 중심적이었지만 산업 생산도 전체 경제활동에서 중요한 부분이었다. 소금 제조, 설탕 생산, 기름 압착, 직물 생산, 염료 생산, 채광, 제련, 야금(주3), 도구 생산, 석탄 채굴, 제지, 회화, 잉크 생산, 무기 제조, 도기와 자기 생산, 배와 수레 제작, 진주와 옥 연마 등을 포함하는 산업이 있었다. 그중 직물 산업이 특히 발달했다. 공식적인 직물 작업장이 전국에 있었고, 양쯔강 남쪽인 강남에 가장 중요한 중심지가 집중되어 있었다. 민간 견직물·면직물 작업장은 양쯔강 삼각주에도 중심을 두었는데, 그곳에서는 경쟁이 고품질 직조를 자극했다. 자기 생산도 또 다른 매우 중요한 산업이었다. 자기는 북방과 남방 모두에서 전국적으로 만들어졌다. 장시의 징더전은 곱고 부드러운 흰 고령토와 함께 자기 산업의 중심이 되었다(오늘날에도 여전히 가동되고 있다). 자기는 첫 번째로는 고령토의 우수한 품질 덕분에, 두 번째로는 그것을 굽는 높은 온도 덕분에 얇고 섬세했다. 자기 업체는 엄청나게 다양한 종류의 질 좋은 자기를 생산하는 장인 수백 명이 필요했다. 청백색 자기는 중국에서만 인기 있었던 것이 아니라 동남아시아, 중동, 유럽 등 원거리 시장에서도 수요가 많았다. 근대 초기의 유럽에서 중국 자기는 'china'로 불렸고(그래서 서구 언어들에서 오늘날 그 나라의 이름이 되었다), 매우 널리 알려지고 애호되었다. 예를 들어 작센 왕 강건왕 아우구스트August the Strong(1670~1733)는 중국 자기의 열정적인 수집가였다. 그는 1,200개가 넘는 '중국 백자'blanc de chine 제품을 모았다. 그는 나중에 중국 자기의 정교한 품질을 재현하기 위해 마이센 자기 공장을 설립했다. 1700년 잉글랜드에 도착한 어떤 배는 15만 점이 넘는 자기를 운반할 수 있었다. 1722년 영국 동인도회사는 부유한 사람들 사이에서 '도자기'chinaware 수요를 만족시키기 위해 약 40만 건의 주문에 응했다. 네덜란드 동인도회사는 17세기에 푸젠의 더화로부터 백자blac de chine 약 60만 건을 운송했는데, 이 수치는 당시 도자기 수입의 약 16%에 해당할 뿐이었다. 18세기가 끝날 때까지 자기는 최소한 7,000만 점이 중국에서 해로를 거쳐 유럽으로 간 것으로 추산된다.[44]

산업에서는 10세기부터 제강과 같은 분야에서 기술이 많이 발전했다. 이 기술들은 끊임없이 손질한 결과 18세기 이전 유럽의 산업 기술보다 훨씬 앞서게 되었다. 송응성宋應星(1587~1666)이 1637년에 쓴 『천공개물天工開物』, 서광계徐光啟(1562~1633)가 1639년에 출판한 『농정전서農政全書』, 모원의茅元儀(1594~1640?)가 1621년에 출판한 『무비지武備志』 등 산업과 수공업 기술을 논의하는 중요한 책들도 있었다.[45] 명조 후기에 생산 기술을 다룬 책이 다수 등장한 것은 그 자체로 주목할 만한 현상이다. 이러한 책의 일부, 특히 서광계의 책은 유럽의 기술 지식을 많이 반영했다. 새로운 지식은 유럽 선교사들이 해외에서 들여왔다. 임시변통의 개선과 실험, 예컨대 제강 과정에서 연료의 효율성을 증가시키거나 면화를 실로 잣거나 실로 옷감을 짜는 속도를 높이는 새로운 방법을 만들어내는 과정에서 혁신이 나타났다. 19세기 후반 유럽의 기술적 진보에서 전력, 현대적 화학 공업의 발전과 함께 중심이 된 과학 기반의 혁신과 같은 현상은 거의 보이지 않았다.

안정적인 생활수준과 함께 대규모 인구 증가가 후기 제국 경제를 규정했다. 중국 경제는 시장의 팽창에 이끌려 호황을 맞았다. 뚜렷한 시장의 확대와 상업화가 전례 없는 정도로 농촌 사회에 파고들었다. 국내 무역도 빠르게 발전했다. 중국 농가 중 상당한 비율이 생산물의 상당 부분을 판매할 수 있었고, 일부 상품은 직접 생산하는 대신 시장에 의존하기 시작했다. 지역 간 무역은 면화, 곡물, 콩, 식물성 기름, 임업 제품, 동물성 식품, 비료 등과 같은 저가에 대량으로 판매되는 주요 생산물을 포함했다. 대부분 농산물을 생산자들이 사용하고 소비했다고 하지만 18세기 말 무렵에는 곡물 수확량 10%, 원면 25%, 면직물 5%, 생사 90% 그리고 차 수확량 거의 전부가 시장에서 판매하려고 생산되었다.[46]

청조 시기에는 시장과 시진市鎭의 수적 증가뿐 아니라 더 효율적인 시장 구조의 발전도 나타났다. 이 구조는 중심 시장에 하위 시장에서 상품이 모일 때 나타났다. 지역 전체에 서비스를 제공하는 시장, 지역 일부분에 서비스를 제공하는 시장 그리고 생산자들에게 서비스를 제공하며 점점 수가 증가하는 지방 시장이 있었다. 중국에는 내륙에서 해안으로 혹은 양쯔강 하류에서 북쪽의 베이징으로 곡물을 운송하고 해안으로부터 다시 내륙으로 상품을 옮기는 장거리 무역 체계도 있었다. 후기 중화 제국에는 거주 인구가 100만이 넘는 도시가 여럿 있었다. 이러한 도시들에 물자를 공급하려면 광범위한 도로망과 운하망을 이용하는 정교한 국내 시장 체계가 필요했다. 수 왕조(581~618) 때 건설된 대운하는

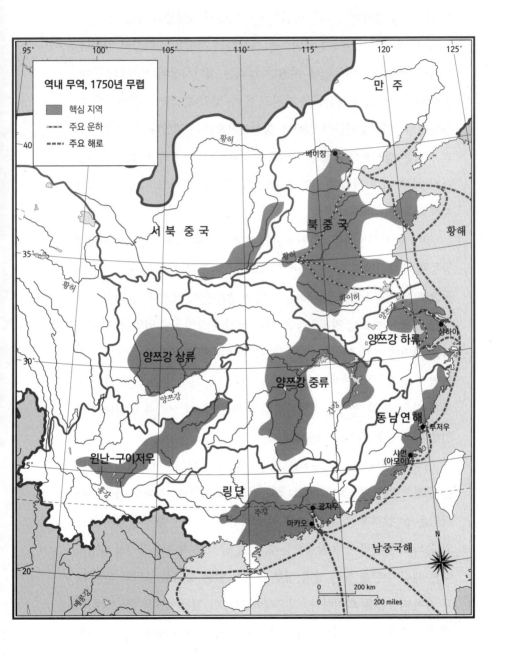

역내 무역, 1750년 무렵

핵심 지역
주요 운하
주요 해로

만 주

베이징

서북 중국

북 중국

황해

황허

하이허

양쯔강 하류

상하이

양쯔강 상류

양쯔강

양쯔강 중류

동남 연해

푸저우

윈난-구이저우

링난

샤먼
(아모이)

주강

광저우

마카오

남중국해

0   200 km
0   200 miles

중국 중부와 남부의 강 유역에서 덜 생산적이고 더 불안정한 북쪽의 정부 관료와 군부대에 양식을 공급하고자 대량의 곡물을 운송했다.

동시에 생산자들에게 서비스를 제공하는 시장은 진화하고 있었다. 이러한 시장에는 일주일에 며칠만 열리는 정기시장이 포함되었는데, 농부들은 자신들의 생산물을 가지고 올 수 있었다. 정기시장은 매일 운영되면서 전업 상인들이 일하는 상설시장으로 바뀌었다. 농촌과 시진의 시장은 정기적으로 혹은 상설로 운영되었다. 인구의 약 80%가 시진에서 하루 이내 거리에 살았고, 생산물 약간을 가지고 시장으로 가서 시장 활동에 참여했다.

청대에는 전문화된 상인 집단의 발전도 나타났다. 지방의 상거래 공동체 내에서만 활동하는 상인들 그리고 여분의 돈을 벌려고 가사노동으로 생산된 상품을 거래하는 지방의 농부들이 있었다. 넓은 범위에 걸친 여행이 필요한 경제활동을 하는 장거리 상인들도 있었다. 중국의 다른 지역에 가서 사업을 하는 상인들의 이해를 대변하고 돕고자 멀리 떨어진 곳에 동업 단체의 공소가 설립되었다. 현지 방언을 못 하는 경우가 많은, 멀리 떨어진 지역사회의 외래인으로서 장거리 상인들은 사업을 위해 동업 단체에 의지했다.

금융 영역에서도 청 제국은 전근대의 기준으로는 진보적인 제도들을 발전시켰다. 중국이 세계 최초로 전국적인 규모로 지폐를 사용한 나라임은 잘 알려져 있다. 그러나 역사의 대부분 동안 중국 경제는 동전과 은의 복본위제 아래 작동했는데, 이는 공식적 지폐의 정기적 발행과 다른 재정 수단을 통한 장기 정부 부채가 없는 상태로 구리와 은이 모두 유통되었음을 의미한다. 가운데에 구멍이 있는(그래서 천 개까지 동전을 묶어 '관'貫으로 만들 수 있는), 공식적으로 주조된 동전이 일상 거래에 이용되었다.

'마제은'馬蹄銀(민간회사에서 말굽 모양으로 주조한 은괴)은 도매 거래와 규모가 큰 거래 그리고 정부에 세금을 낼 때 사용되었다. 유럽 무역이 확대되면서 다양한 수입 은화가 유럽, 아메리카, 일본에서 들어와 유통되었다. 구리와 은의 교환 비율은 이론적으로는 은 1냥(무게의 단위이면서 대략 37.5그램의 순은에 해당하는 전통적인 화폐 단위)당 1,000개 동전으로 일정했으나, 시간과 지역 그리고 업종에 따라 크게 변동했다. 청대에 모든 중국인은 세금 일부를 현물이 아니라 은으로 정부에 내야 했다. 이는 특히 농부들이 세금 납부에 필요한 현금을 확보하려고 자신들이 생산한 것을 시장에 팔아야 했음을 의미했다. 사실상 청 정부의 세금 정책이 이 시기 중국에서 시장화를 촉진하고 그럼으로써 경제성장을 재촉한 요인 중 하나였다고 할 수 있다.

중국이 국내 무역 체계를 보완하고자 은행 체계를 발전시켰다는 것도 마찬가지로 중요하다. 18세기까지 산시의 환전업자와 안후이의 전당업자(當鋪)는 자신들의 여유 자본을 투자하여 이자를 버는 수단으로 소액 대출을 이용했다. 그들은 시간이 지나면서 지방 시장 공동체 내에서 신용을 제공하는 것으로 사업을 확장하여 가장 이른 토착적 중국 은행(錢莊)으로 발전했다. 우리가 보았듯이 중국은 지방 체계 내에서와 장거리 거래 모두에서 많은 상품이 이동하는 광대한 시장을 가지고 있었다. 그러나 이런 종류의 사업을 무거운 금속 화폐로 하는 것은 어렵고 불편했으며, 특히 상인이 은이 들어 있는 큰 가방을 멀리까지 들고 가야 한다면 더욱 그러했다. 그것은 상인을 길 위의 강도에게 공격당하기 쉽게 만들어 사업의 위험을 높였다. 이러한 문제를 처리하려고 송금 은행이 설립되었다. 이 은행들은 중국 서북부의 산시성 상인들이 주요 투자자들로, 이들이 결국 중국 전역에서 은행가가 되었으므로 종종 산시

은행이라고 불렸다. 산시 상인들은 표호票號라고 불린 민간 환전소의 네트워크를 세워서 한 지역에서 다른 지역으로 상업적 송금을 제공하면서 은과 구리(주로 동전 그리고 은화 혹은 은괴)의 교환 비율에서 이익을 얻었다. 산시은행 등은 화폐 자체를 실제로 옮기지 않고도 많은 돈을 수천 킬로미터 거리까지 송금할 수 있었다. 송금 은행이 한 장소에서 상인에게 현금 보증금을 받고 송금 증명서를 발급하면 상인은 사업을 같이한 누군가에게 지불하고자 증명서를 다른 곳으로 가지고 갈 수 있었다. 증명서를 받은 사람은 다시 자기 지역의 은행에 가서 증명서를 현금과 교환했다. 이 시스템은 회계장부를 작성하고, 솜씨가 좋으며, 여러 세대에 걸친 신용을 구축하는 조직 능력을 갖춘 은행을 필요로 했다. 지방의 은호銀號는 구리와 은의 환전 그리고 은과 동전 꾸러미의 품질 확인에 특화되어 있었다. 그들은 다양한 담보에 대해 대출을 해주기도 했다. 18세기까지 이러한 광대한 은행 네트워크가 있었는데, 이것은 중국에서 상업 활동이 발전하는 데 매우 중요했다.

통화를 은과 구리에 의존했기에 명대와 청대의 중국은 귀금속에 대한 충족되지 않은 막대한 수요가 있었다. 16세기 대부분 동안 중국에 은을 주로 공급한 것은 일본이었다. 중국인과 유럽인 해운업자들이 일본의 항구에서 중국 본토로 이어지는 노선을 운항했다. 경제가 성장하고 시장에서 거래량이 증가함에 따라 사람들은 일본이 생산할 수 있는 것보다 더 많은 은을 필요로 했다. 1570년대 이후 은은 매장량이 거대한 새로운 지역인 라틴아메리카에서 왔다. 이것은 아시아, 유럽, 아메리카를 운항하면서 필리핀을 관문으로, 마닐라를 환적의 핵심 항구로 이용하던 유럽의 해운회사들에 새로운 기회였다. 그것은 진정으로 지구적인 세계경제 체제의 시작을 나타냈다. 중국이 16세기에서 18세기 말까지 아메리카 광산에서 은을 대규모로 수입한 일은 세계의 주요 지역들을 연결했을뿐더러 아시아 내부의 무역과 중국 국내 경제를 변모시켰다. 결국 아시아의 다른 지역은 물론 유럽, 아메리카에서 비단, 차, 자기 그리고 다른 제품들 등의 수출품과 교환이 이루어지면서 중국에 은이 대량으로 유입되는 결과를 가져왔다. 당시 유럽 국가들은 은 외에는 중국에 판매할 상품이 거의 없었다. 이 시기 동안 거래는 주조된 은화나 가공되지 않은 은으로 했다. 심지어 1720년대에 이미 멕시코 달러 은화가 중국 남부의 상업 세계에서 주요한 지불 수단으로 사용되었다. 멕시코 달러 은화는 이미 주조된 것이었고 은 함량이 신뢰할 수 있을 정도로 정확했으므로 사용하기 편리했을 뿐 아니라 거래 비용을 줄여주었다. 무역을 통제하려는 신중한 시도들에도 불구하고, 청대 중국은 세계 은의 상당 부분을 최종적으로 저장하는 장소가 되었다. 남북 아메리카에서 채굴된 은의 거의 30%가 중국으로 갔다는 추정치가 있는데, 아마도 실제 비율은 훨씬 더 높았을 것이다. 이러한 유럽 식민지 은의 유입은 18세기 경제가 경이롭게 확장되는 확실한 한 가지 원인이 되었다. 은의 가용성이 은을 과세의 매개로 이용하게 함에 따라 중국 경제가 변모한 것은 도시 시장뿐 아니라 농업 경제에도 깊은 영향을 미쳤다.[47]

세금은 주로 제국 경제의 기반으로 여겨진 농업 생산에 부과되었다. 중국의 재정 체계는 사유지에 대한 과세를 중심으로 했다. 18세기 중반의 공식적 재정 데이터에 따르면 토지세가 공식적으로 기록된 세입의 73.5%를 차지하며, 나머지는 염세鹽稅(11.9%), 관세(국내 및 해외무역에 부과하는 세금, 7.3%), 잡세(7.3%) 등에서 왔다.[48] 청조가 염세로 얻는 수입은 두 가지 이유에서 국가 세입에서 중요한 항목이었다. 첫째, 정부는 토지세

외에 다른 세입원이 거의 없었다. 둘째, 소금은 널리 사용되는 상품이었다. 국가는 소금의 생산을 규제하지 않았으며, 단지 소금 운송 면허를 요구했다. 토지세는 가구 중 성인 남성의 수와 토지의 단위라는 두 가지 요소를 결합하여 부과되었고, 해당 가구가 경작하는 땅의 예상 수확량에 따라 산정되었다. 따라서 자산 소유자에게 자산에 비례하여 세금 부담이 지워졌다. 청대 대부분 동안 중국인들에게 부과된 세금의 총량은 과도하지 않았고, 심지어 '과소'했을 것으로 보인다.[49] 제조업, 도매 거래, 소매 판매 등에는 거의 세금이 부과되지 않았다. 상업 부문은 전반적으로 국가의 잠재적 세입원으로 여겨지지 않았다. 국내 세관과 해관은 상품의 장거리 운송에 많지 않은 관세를 매겼다. 전체적으로 청조 국가는 일상생활에 필수적이고 국고의 좋은 세입원으로 여겨지는 비교적 소수 상품의 이동에만 세금을 부과했다.

이 시기의 기록도 광업과 직물 제조에서 식량 생산에 이르는 영역에서 활약했던, 규모가 크고 복잡한 중국 회사들의 출현을 보여준다.[50] 이러한 기업들은 서구적 관점에서 인식해 온 것보다 훨씬 더 유연하고 혁신적이며 효율적이었다. 기업가들은 다양한 중국식 합자 형식으로 서구의 합자회사들이 했던 것과 놀랍도록 유사한 방식으로, 장기적으로 투자 자본을 모으고 이익을 재투자했다. 상인 가문은 종종 신사 가문과 연결된 종족宗族 조직과 같은 전통적 제도에 성공적으로 적응했다.[51] 이러한 적응을 바탕으로 그들은 관료가 되고자 상업으로 확보한 돈을 없애기보다, 그들의 기업을 성장시킬 자본을 마련하고 스스로 부유한 상인 가문으로 자리 잡았다. 어떤 경우 일부 고위 관료를 포함한 가문들은 그들의 자본을 상업의 안과 밖으로 매우 유연하게 이동시켜서 회사 소유자로서의 이해관계와 공식적 지위 사이의 상충을 최소화했다.

당시 세계에서 가장 발전하고 정교한 법률 체계의 하나였던 중국의 법은 민간의 사안에 대한 규제를 대체로 그 문제에 직접 관여하는 사람들에게 맡겼다. 지현이 형사 사안뿐 아니라 민사·상업 사안도 담당했지만, 광범위한 경제적·사회적 생활은 가문, 씨족, 마을 연장자, 지방 신사, 상인 조합 등을 통해 분쟁이 판결되고 제재가 가해짐으로써 민간 관행에 따라 지배되었다.[52] 국가가 경제활동에 특정한 제한을 두긴 했지만, 경제 문제를 다루는 중국의 관습법이 만들어지는 것은 일부 예외를 제외하고는 주로 지방 경제 공동체와 사회제도 안이었다. 상법과 민법의 부재는 민간의 소유권에 불확실성의 요소를 가져왔다. 청대 중국에서 민간의 소유권은 실질적이고 실체적인 것이었지만, 집행은 신뢰성이 떨어졌다. 법적으로 집행 가능한 권리는 자산 소유자의 정치적 지위에 비해 다소 부차적인 것으로 남아 있었다. 자산 소유자들은 법적으로 이의를 제기할 수 없는 임의적 몰수라는 근본적 가능성에 직면해서 정치권력에 구애함으로써 보호를 추구하는 경향이 있었다. 토지와 다른 물질적 자산에 대한 권리를 기록하고, 보호하고, 이전하기 위한 정교하고 일반적으로 신뢰할 수 있는 비공식적 장치에도 불구하고, 중국 제국에서 자산권의 기초는 법률보다는 정치에 의존했다. 이것은 우리가 나중에 다룰 19세기와 그 이후 경제적 변화에 영향을 주었다.

그리고 청대의 중국 국가는 상업 행위에 대해 규제하거나 과세하지 않음으로써 실제로 경제에 자유방임적 접근법을 택했다. 전통적인 수공업에서 노동 투입을 줄이면서 더 많은 상품을 생산하고자 하는 욕구가 분명히 존재했고, 그것이 생산 과정의 지속적 개선을 이끌었다. 그러나 전통 공업에서 미미한 분업은 파편화를 불러왔다. 작업 공정의 매

단계는 비교적 독립적이었고, 생산 과정의 전체적인 조직화가 이루어지지 않았다. 생산 과정의 주요 단계도 대부분 체계적으로 조사하거나 신기술에 투자할 금융 자원이 없는 작은 단위(가족이나 작은 작업장)였다. 후기 제국 국가는 혁신을 추진하려고 자원을 징발할 수 있었겠지만, 경제 문제는 대체로 그 자체에 맡겨두었다. 초기 근대의 네덜란드나 영국과 달리 공공 부채에 대한 공식적 시장도 없었다. 정부나 민간 대출을 위한 적절한 금융 수단의 부재는 제도적 능력을 더욱 제약했고, 전통적인 국가가 예산이 부족할 때 재정적 약탈이나 징발을 하기가 쉽게 했다.

작으면서도 사실상 줄어들고 있는 재정자원을 추출하는 비교적 작은 행정부에서 통치하고 있었음에도, 또한 광범위한 기술적 진보 없이 인구압이 증가했음에도 청대 중국 경제는 늘어나는 거대한 인구에게 식량, 의류, 주거를 제공했는데, 이는 확실히 인상적인 성취였다. 대규모 재해나 도전 없이 개발이 순조롭게 진행되었다. 그러나 새로운 위협이나 예상치 못한 수요에 직면한다면, 새로운 자원을 동원하는 제국 정부의 능력은 대체로 부족했을 것이다.

중국적 계몽? 청 전성기의 지적 생활

제국 후기 철학적 사고의 지배적 흐름은 '신유학'으로 알려진 것이었다. 신유학은 송대의 유학 르네상스와 그 이후에 발전한 다양한 철학 학파를 가리키는 일반적 용어다. 유학의 부흥은 불교와 도교가 중국 철학을 지배했던 긴 시기 이후에 나타났다. 신유학은 지적 교류와 치열한 토론 플랫폼을 제공한 활기찬 지적 동력이 되었다.

그 이름이 가리키는 것처럼, 신유학은 선진先秦시대로 거슬러 올라가는 공자의 사상에 기초한 철학을 재해석한 것이다.[53] 중국 문화의 전통은 물론 중국 제국이 존속하는 동안의 전체적인 지적 발전은 기원전 2세기에 있었던 한漢 왕조 초기부터 적어도 20세기 초 민국 시대 시작까지 공자의 철학으로 형성되었다. 『논어』의 다음과 같은 구절은 유학의 기본적 가정을 묘사한다. "공자가 말씀하시기를, 정政으로 이끌고 형刑으로 다스리면 백성들은 형벌을 모면하지만 부끄러워하지 않게 된다. 덕德으로써 이끌고 예禮로써 다스리면 부끄러워하는 마음을 가지게 되고 바르게 될 것이다."[54]

공자는 도덕 교육과 개인 수양의 중요성을 믿었다. 공자에게 충분히 분별 있으며 선량한 인간이 되는 것은 꼭 필요한 문화적 과정이었다. 교육과 수양을 추구하는 방법은 종종 의례의 실행이나 예의범절로 번역되는 '예'禮였다. 특히 공자는 자신이 정통했던 주나라(기원전 1046~기원전 256)의 의례를 강조했다. 더 일반적으로 '예'는 정치적 의전에서 조정 의식까지, 종교적 의례에서 마을 축제까지, 일상 예절에서 개인행동 훈련까지 이르는 광범위한 행동을 의미했다. '예'는 공동체의 기초적인 문화적·도덕적 문법이었다. 교육과 자기수양의 최종적 목적은 자비심, 인정, 선량함 등으로 번역되는 포괄적인 윤리적 미덕인 '인'仁을 보급하는 것이었다. '인'이라는 용어는 너무 유동적이어서 『논어』에 나오는 제자들은 자주 공자에게 그 의미를 질문했다. '인'이라는 한자는 사람과 숫자 2를 나타내는 두 부분으로 이루어져서 자비심이 근본적으로 사회적 본성의 일부임을 암시한다. 그러므로 유교적 인간은 어쩔 수 없이 사회적이며, 그의 존재를 구성하는 사회적 역할과 관계에 대한 특정한 관념을 완전하게 인식한다. 인간에 대한 이러한 사회적 정의는 사회적 승인을 올바른 행동에 대한 중요한 동기로 만든다. 반대로 사회적 불승인이나 수치의 위협은 법률이나 형사처벌보다 더욱 효율적으로 바람직하지 못한 행동을 억제한다.

공동체 구성원이 성취한 탁월성이나 미덕('德')은 미래 세대에게 예절의 적절한 모범이 된다. 그렇게 구축된 공동체의 권위는 내부적이기 때문에 그 공동체는 자기 규제적이며, 권위의 유효성은 외부의 어떤 제도적 규제 체계의 적용보다는 권위 있고 모범적인 지도자에게 달려 있다. 예절은 전통적인 사회 규범을 강화하고 동시에 그것을 진심으로 익혀서 '자신의 것으로 만들 것'(義)을 요구함으로써 관계들 속에서 올바른 행동을 이끈다. 유교 사회에서 '올바름'(義)이라는 관념은 늘 사회적 맥락 안에서 적용되어 '조화' 개념을 수반한다. 적절한 행동은 그것이 타인들의 행동과 완전히 조화되기 때문에 '올바르다.'[55]

유가 철학에서 두드러지게 도덕적 행동과 교육에 초점을 맞춘다는 점은 거듭 지적할 가치가 있다. 유학은 자기수양과 구체적 행동은 상호적이며, 전자가 내면적이고 도덕적인 세계에 연관되어 있고 후자가 외부의 공통적인 세계에 연관되어 있다는 개념을 전달한다. 초기 유학은 비판적 자기성찰을 포함했지만, 언제나 그것을 사회적 실천과 가족, 이웃, 국가를 위한 더 큰 결과에 대한 관심과 연관지었다.

10세기에 시작된 신유학은 불교와 도교 철학의 도전에 지적으로 반응한 것이었다. 신유학은 거의 전적으로 개인의 내적·도덕적 세계에만 초점을 맞춘 새롭고 더 정교한 유교 형이상학을 만들어내고자 불교와 도교의 개념을 통합했다. 남송의 철학자이자 관료인 주희朱熹(1130~1200)는 '원리에 대한 학습'과 '정신과 마음에 대한 학습'을 강조했다. 그는 우주의 무수한 것이 모두 단일한 '원리'(理)의 발현이며 이 원칙이 도덕의 추상적 본질이라고 주장했다. 인간은 우주의 기초인 이 원리(우주의 모든 것이 단일한 부처 정신의 발현이라는 불교의 가르침과 유사한 관념)를 이해함으로써 조화로운 가정생활, 좋은 정부 그리고 천하의 평화를 성취하기 위해 실천에 옮겨야 하는 도덕 원칙을 이해할 수 있었다. 인간이 원리를 이해하는 방법에 대해 서로 다른 접근법이 있었지만, 신유학은 내부적 자아를 자기 수양과 자기 개선의 주요 영역으로 강조할 필요성에 동의했다.

'정신과 마음에 대한 학습'을 둘러싼 사고는 종종 명나라 관료이자 사상가인 왕양명王陽明(1472~1529)과 동일시된다. 왕양명은 모든 살아 있는 것은 원리의 발현이기 때문에 원리(그리고 더 나아가 도덕)를 이해하기 위해 스스로 바깥을 바라볼 필요가 없다고 주장했다. 원리가 분명히 존재하는 스스로의 마음(혹은 정신)을 찾아야만 한다. 원리가 인간 본성의 기초이기 때문에 누구든 자기 내면세계를 깨닫는 사람은 우주의 원리를 이해할 수 있다는 결론이 나온다. 왕양명은 다음과 같이 썼다. "알기만 하고 행동하지 않는 사람은 없다. 안다고 하지만 행동하지 않는 사람은 아직 알지 못하는 것이다. 성현들이 사람들에게 앎과 행함을 가르치는 것은 이러한 본체를 회복하기를 원하기 때문이지 그런 것처럼 행동하는 데 그치게 하려는 게 아니다."[56] 이 심학心學학파는 명대에 빠르게 영향력을 얻었다. 왕양명의 철학이 사고와 지적 탐구의 더 큰 자유를 촉진하고 철학적 사고에 중요한 자극을 주었지만, 그것은 내면세계에 집중했기에 제한적이었다. 왕양명이 도덕적 자기성찰에서 행동이 자동으로 나온다고 믿었기 때문에 실재 세계의 행동 문제와 사회적 쟁점은 배경으로 물러났다. 동시에 경전에 대한 주희의 신유학적 해석은 정통으로 채택되었다. 이러한 가르침, 특히 지배자에 대한 충성, 도덕적 수양 그리고 모범적 행동의 힘을 강조하는 정주程朱학파의 가르침 역시 과거제의 기반이 되었기에 규범적 지위를 획득하게 되었다. 이 가르침은 매우 영향력 있는 시험 요목인『성리정의性理精義』의 기초가 되었다. 결과적으로 과거제는 점차 형식주의와 도그마 속의 시험이 되었고, 경전의 의미와 함축에 대한 새로운 해석에는 관심을 기울이지 않게 되었다. 제국의 보수주의는 그 체계의 유효성에 대해 지적이거나 철학적인 의문을 던지는 어떠한 관념도 좌절시킬 정도로 제국의 절대 권력을 보호하는 것을 의미했다.

청조 초기에 많은 학자가 신유학의 형이상학적 고찰과 심학의 이상주의가 가지는 지적 한계에 비판적이 되었다. 지식인과 학자들은 폭력적 정복의 충격을 매우 실질적인 트라우마로 경험했고, 그들 대부분이 동일시하던 왕조인 명나라가 붕괴된 구체적 이유를 탐색했다. 신유학의 교리로부터 확실하게 거리를 두는 몇몇 학파가 등장했다. 심학의 야심적인 주장은 이제 주관성, 감각적 방종, 자아의 변덕과 사회 질서의 경시 등의 이유로 오도되고 과장된 관심으로 비판받았다. 이른바 '경세학經世學'이 스스로를 질서 문제, 실제적 행정과 연관지었다. 질서에 대한 이러한 관심은 신유학자들의 교리와 달랐다. 신유학자들은 일반적으로 질서를 도덕적·정신적인 용어로 이해했지만, 경세학자들의 관심은 주로 국가와 사회의 세속적 질서에 있었다. 경세학자들은 정치력을 도덕적 측면에서뿐 아니라 제도적 측면에서 보는 경향이 있었다. 경세학은 18세기에 영향력을 가지게 되었는데, 중국의 증가하는 문제들이 실재 세계의 쟁점을 다룰 필요를 보여주면서 중요해졌다.

또 다른 학파는 텍스트 비평에 전념하는 '고증학考證學'이었다. 고염무顧炎武(1613~1682)와 같은 주요 주창자 일부가 송—명대에서 온 자료 대신

한대漢代까지 거슬러 올라가는 자료를 활용하는 것을 선호했기에 때때로 이 학파는 '금문학今文學'이나 '한학漢學'으로 불렸다. 그들의 작업은 고전적인 유교 텍스트에 대한 널리 받아들여지는 정통적 해석에 의문을 제기할 뿐 아니라 출처, 저작 시기, 저자에 의문을 던짐으로써 일부 유교 경전의 표준 판본의 진본성에 도전하기도 했다. 일부 학자들이 표준 판본의 일부가 위조되었다고 주장하자 격렬한 논쟁이 벌어졌다.

이 학파의 영향력과 역할은 명청 교체기에 살고 활동했던 뛰어난 학자 세 명의 업적에서 느낄 수 있다.[57] 저장의 위야오餘姚 출신인 황종희黃宗羲(1610~1695)는 폭력적인 정복의 시대를 살았다. 황종희는 청 군대에 적극적으로 저항하면서 남명南明의 반란군을 지원했다. 그리고 남명이 실패하자 일생을 교육과 저술에 바쳤다. 또한 '경세經世'의 실용적 적용에 대한 정밀한 역사적 연구를 고취하여 역사학에서 주도적인 권위자가 되었다. 대표 작품은 『명이대방록明夷待訪錄』이다. 그는 원나라(1271~1368) 이래 생겨난 군주 독재가 중국 제국의 주요한 결점이라고 보고 그것이 중국의 발전에 해롭다고 지적했다. 그는 황제가 '천하의 모든 이익을 자신에게 돌리고 천하의 해는 모두 남에게 돌린다'라고 느꼈다. 그래서 '법의 지배'를 옹호하고 '사람의 지배'에 반대했다.[58] 그는 공업과 상업이 똑같이 중요하다고 믿었으므로 농업에만 특히 주의하고 상업을 제약하는 관행에 분명히 반대했다. 그의 관점은 당시 학계에 충격을 주었지만, 청조 말에 고조된 민주적 사조에 엄청난 영향을 미쳤다.

장쑤의 쿤샨昆山 출신인 고염무는 이 시기의 또 다른 유명한 사상가였다. 그는 반청 투쟁에 실패한 이후 북중국의 여러 성省으로 가서 많은 친구를 만들었고 노년에는 산시陝西의 화양華陽에 정착했다. 그는 경학, 역사, 천문, 지리, 음운학, 금석학, 군사, 농업 등에 정통했다. 그는 경세에 대한 고찰을 역사와 역사지리 연구의 바탕으로 삼았다. 그는 가장 중요한 저술인 『일지록日知錄』에서 실용적 문제에 집중하면서 정부 조직 체계와 역사적 사건에 대한 경과를 포함하는 역사와 인간사에 대한 관념을 꼼꼼하게 펼쳤다. 그는 과세 체계, 철과 소금의 전매, 수도를 통한 곡식 운송, 군사 등에도 관심을 가졌다. 그가 보기에 명대에 이러한 사안을 소홀히 한 것이 종말을 가져왔다. 고염무는 보통 사람들의 복지에서부터 철학과 사고까지 포괄하는 '천하'天下 개념을 자신의 철학에서 핵심으로 삼았다. 그가 실천과 관념의 이중성을 강조한 것은 이理가 객관적 법칙인 반면 기氣는 구체적 실체라는 이론에 기초했기 때문이다. 그는 객관적 법칙은 구체적 실체에 의존하고, '세계는 실체로 이루어져 있다'고 제기했다. 그는 역사를 진화적 관점에서 보았고, 시대에 뒤떨어지지 않으려면 정치가 발전해야 한다고 요구했다. 그는 비실용적인 학습의 조류를 거스르려 노력하면서 실용적 목적을 위한 학습을 강조했다. 그는 '조화와 안정은 백성들에게 힘을 줌으로써 달성될 수 있다'고 주장하고, 또한 '나라를 지키는 것은 모든 사람의 책임'이라면서 군주 독재 정치에 반대했다.[59]

후난의 형양衡陽 출신인 왕부지王夫之(1619~1692) 역시 명청 교체기에 살면서 만주에 대한 저항에 참여했다. 그는 저항이 실패한 이후 중국 남부를 떠돌다가 형양 취란曲蘭의 추안산船山 자락에서 피난처를 찾았다. 그는 고전 언어의 역사 음운학, 역사학, 지리학에 초점을 두고 연구했다. 그는 명조의 몰락이 신유학의 '공담'空談 그리고 경세 문제를 다루는 관료들의 무지에서 비롯되었다고 믿었다. 그는 송대 이후 중국의 사상을 지배했던 학풍이 맹자와 공자의 전통이 가지는 본질을 왜곡했다고 확신했다. 그는 선천적 도덕 지식에 대한 왕양명의 이론을 부인하고 한대 유학 사상으로 돌아가서 중국 사상의 대안을 찾으려고 했다. 그리하여 고전적 경전을 세심히 연구해 원래의 의미(樸學)와 복잡성에 접근하여 되살리고자 했다. 그는 중국 왕조들의 흥망에 대해서도 썼다. 특히 흥망 과정에서 외국인과 비한족의 역할을 지적했다. 그는 전반적으로 외래 종족의 영향을 중국에 해롭고 위험한 것으로 묘사했다. 그는 저술에서 강하게 만주에 반대하는 태도를 보였다. 그는 또한 중국인과 비중국인을 구별하고 각자가 자기 영토에 머물고 상대 주권을 존중함으로써 침략이나 융합의 가능성을 피해야 한다고 역설했다. 그리하여 외국 지배자들의 중국 지배에 대한 어떠한 정당성도 부인했다. 또한 '야만인'이 중국을 지배할 때 돕거나 봉사한 중국인들을 날카롭게 비난했다. 왕부지의 저술에서 19세기 말에 엄청나게 인기를 끈 원형적 민족주의가 등장하는 것을 볼 수 있다.

청 제국은 많은 지식인의 반대와 노골적 적대감에 직면하자 이들을 포용하고자 했다. 청은 한족들 중에서 정부 관료를 채용하고 유동성을 위한 선택이 가능한 상태를 유지하고자 과거시험을 계속 시행했다.[60] 여기에는 명조의 공식적 역사(『명사明史』)와 『강희자전康熙字典』의 편찬, '총서'叢書라고 불린 문헌 모음집의 출판, 당시 세계 최대 백과사전이자 230만 쪽을 넘는 분량에 거의 3,500건에 달하는 중국 전통에서 가장 중요한 문헌들을 수록한 『사고전서四庫全書』 편찬 등이 포함되었다. 그러나 이러한 인상적 기획들은 학문적 조사를 동반했다. 건륭제가 중국에서 '사악한' 책, 시, 희곡 등을 제거하려고 했던 집중적인 노력은 1780년대에 절정에 달했다. 건륭제는 만주의 정복을 비판하는 불온

한 역사를 쓴다고 믿었기에 명에 충성하는 사람들이 쓴 작품을 파괴하고자 했다. 이 시기의 조사 때문에 3,000건 정도 작품이 파괴되었을 수 있다. 검열된 작품 중에는 청의 황제들이나 청과 유사하다고 볼 수 있는, 이전에 소수 종족이 세웠던 왕조들에 무례하다고 여겨지는 책들이 있었다. 청조를 비판한 작가들은 개별 작품의 내용에 상관없이 모든 저술이 없어질 수도 있었다.

청대 중국 초기의 지적 발전은 어떤 면에서 같은 시기 유럽의 지적 경향과 닮았다. 청 초의 중국과 계몽주의 시대 유럽 사이에는 종합적인 백과사전의 생산으로 지식의 활용이 가능해진 것, 원본 텍스트의 복원, 전통적 교리와 형이상학적 성찰을 극복하려는 열망, 실재 세계 문제에 대한 관심 증가, 전제주의에 대한 노골적 비판, 합리적 논증·사실과 정보를 경험적으로 치밀하게 수집하는 것에 대한 강조, 과학의 발전 등과 같은 측면이 유사성을 가리키고 있다. 계몽운동은 유럽에만 영향을 미친 예외적 전환점으로 유럽 역사에서 다소 독특한 순간으로 여겨질 때가 많다. 그러나 최근의 연구들이 보여주듯이 계몽주의는 중국이 주요한 역할을 했던 지구적 동시성의 맥락에서 만들어졌다.[61] 유럽이 계몽된 중국의 철학적·정치적 사상을 배우게 된 것은 유럽 선교사들 그리고 1687년 『중국의 철학자 공자Confucius Sinarum Philosophus』라는 책이 출판된 이래 중국 철학 텍스트를 번역하면서였다. 그러나 차이점도 볼 수 있다. 작은 나라에 살았고 이웃 국가로 옮겨서 쉽게 정부 검열을 피할 수 있었던 유럽 사상가들과 달리, 중국 사상가들은 구석구석 미치는 청 제국의 감시와 압력에서 도망갈 수 없었다. 이 때문에 정부와 사회의 문제에 비판적 태도로 맞설 능력이 제한되었다.

청 제국과 동아시아 세계 질서

중국에 이웃과 맺는 관계는 고민스러운 일이었다. 중국은 인접한 이웃들로부터 군사력으로도 쉽게 극복할 수 없는 안보 위협을 겪곤 했다. 북방 초원 민족들이 기습하고 침략해 온 긴 역사 때문에 국경 방어 제도에 세심한 주의를 기울였다. 안보 문제는 중국 국가가 최초로 생겨난 화베이평원의 지리에 뿌리를 두었고, 중국의 큰 영토에 딸린 광범위한 국경을 방어해야 하는 난점에서도 나왔다. 평탄하고 산맥이나 큰 호수, 강 등 자연 방어 장벽이 없는 화베이평원 때문에 중국 국가들은 외부의 공격에 취약했다. 이것은 초원 유목민들을 가공할 전투 병력으로 변신시킨 말을 도입한 이후 특히 더 문제가 되었다. 몽골고원에서부터 동쪽으로 뻗어서 북으로는 울창한 침엽수림이 있고 남으로는 비옥한 랴오허평원이 있는 이 지역은 세 가지 생태계로 구성되어 유목민, 수렵어로인, 정주 농민이 서로 접촉하게 했다. 거란의 요遼(916~1125)와 여진의 금金(1115~1234) 그리고 500년 후 만주의 청 등 정복왕조들은 동북아시아로부터 나오는 역동적인 정치적 힘을 나타낸다.[62]

중국은 거대하고 대륙적인 규모 때문에 아마도 러시아를 제외한 어떤 나라보다도 많은 이웃과 인접했고, 지금도 여전히 그렇다. 동쪽의 일본부터 남쪽의 베트남, 서남쪽의 히말라야 왕국들, 북쪽의 러시아와 중앙아시아 칸들까지 평균적으로 보통 20개나 그 이상의 바로 접한 나라들이 있었다. 중국은 긴 국경선을 따라서 매우 다양한 지형을 만났고 부족, 유목민, 관료제 국가를 포함한 다양한 상대와 마주했다. 그런 상황 때문에 국경 방어를 위한 병참 업무는 복잡했다. 중국 왕조들은 광범위한 국경을 따라 일어나는 안보 문제를 다루려고 일시적 화해, 동맹의 체결과 폐기, 매복과 기만, 국내 자원과 사기의 신중한 증진, 심리전, 노골적 군사력 등을 포함한 많은 전략을 사용했다. 다른 말로 하면, 안보 위협에 대한 취약성은 제국이 대외 관계를 관리하는 주요한 동인이었다. 중국 제국에서 보면, 세계는 심장부에서 육상의 국경과 해안선까지 뻗은, 위험과 불확실성으로 가득 찬 혼란스럽고 복잡한 영역이었다.

중국의 국경과 그 너머의 외국 민족들과 평화로운 관계를 유지하는 것은 어느 중국 왕조에나 중대한 관심사였다. 그것은 중국 정권의 정통성에도 중요했다. 다시 말하지만, 제국의 정통성은 덕이 있는 통치자에게 수여되는 천명에서 나왔다. 국내의 재난뿐 아니라 외국의 위협도 천명의 기초를 약화할 수 있었다. 동북아시아뿐 아니라 내륙 아시아와 티베트의 국경을 확고하게 통제한 것은 청 제국의 위대한 성취 중 하나로 봐야 한다. 동시에 청은 동아시아와 동남아시아의 이웃들과도 좋은 관계를 수립하고 유지했다. 청 제국은 안정과 번영의 2세기를 가능하게 했던 동아시아 지역 질서의 지배적인 경제적·지정학적 중심이었다.[63]

제국에 속하지 않지만 중국을 둘러싼 가까운 이웃 나라들과 건전하고 평화로운 관계를 맺기 위해 중국 제국이 만든 주요한 제도가 이른바 조공 체제였다.[64] 청조는 주변 국가들에 정기적으로 조공 사절을 보내라고 요구했고, 사절들에게 중국식 의례 관행의 규범을 지키도록 요구했다. 이러한 규범들은 법전인 『흠정대청회전欽定大淸會典』, 『대청통례大淸通禮』에 자세하게 나와 있었다. 의례들은 천자天子로서 중국 황제와 종속된 이웃 국가들 사이의 분명한 위계적 관계를 세우고자 설계되었다. 조약과 외교 회담이 국제 관계를 규정하는 유럽의 체제와 달리, 중국 문명의 영향 아래 있는 세계는 중국 황제의 상징적 주권을 강조하는 일련의 의례를 통해 지배되었다. 외교관계는 연령, 성별, 사회적 지위, 공식적 등급의 위계가 사물의 자연적 질서로 이해되는 중국의 다른 사회 관계와 전혀 다르지 않았다. 중국 황제에게 조공을 보내는 멀리 떨어진 국가들은 실제로는 자치적이라 하더라도 황제의 속국으로 여겨졌다. 중국의 중심부에 더 가까우면 관료적 통제가 더 강했다. 중국 국경 밖에서 온 사람들은 중국 문화를 받아들임으로써 종족적 차이를 지우고 변화될 수 있었다. 그러나 보통 중국과의 관계가 독립의 상실을 가져오지는 않아서 이런 국가들은 국내 문제를 대체로 자유롭게 운영한 만큼 외교관계도 중국과 독립적으로 자유롭게 선택하고 실행했다.

중국 황제를 중심으로 하는 이러한 체계에서 다른 나라들의 지위는 정해진 기간에 보내야 하는 조공 횟수에 반영되었다. 그러므로 외국의 통치자에게는 중국의 의례 일정표를 존중하고 주시하며, 중국의 조정이나 군사 조직의 일원으로서 명목상으로 임명하는 것을 받아들이고, 특히 수도에 정기적으로 사절단을 보내 충성을 보이고 지방 상품을 조공할 것을 요구했다. 조공 체제는 '책봉'冊封으로 알려진 종주국의 승인과 종주국에 대한 사절의 정기적 파견이라는 두 가지 핵심 제도로 형식을 갖추었다. 책봉은 '종속적인 조공국 지위의 분명한 수용을 수반했고, 다른 정치 단위의 합법적 주권과 조공국 내에서 합법적 통치자로서 왕의 지위를 승인하는 외교적 의례였다.'65 조공 사절은 양측의 정치적·외교적 관계를 공식화하고, 중요한 사건과 소식에 대한 정보를 교환하고, 무역 규칙을 만들고, 지적·문화적 교류를 가능하게 하는 등의 목적을 수행했다. 사절단 자체가 학자, 관료, 통역, 의사, 전령, 조수 등을 포함하는 수백 명으로 구성되었다. 바다를 건너온 사람들은 동남해안과 남해안의 핵심적 항구 세 곳에서 해관 감독들이 맞이했는데, 일본에서는 저장의 닝보寧波, 타이완과 류큐제도에서는 푸젠의 취안저우泉州, 동남아시아에서는 광둥의 광저우廣州로 왔다. 국경과 해안의 당국은 외국 사절들을 수도로 보냈고, 수도에서는 예부가 이들을 접대하고 황제 알현을 주선했다. 모든 사절은 그들이 바친 조공품에 대한 답례로 귀중한 선물을 받았다. 사절들은 수도와 해안 혹은 변경 양쪽 모두에서 공식적으로 감독받는 지정된 시장에서 사적으로 상품을 거래했다. 그리하여 동전과 사치품, 특히 비단과 자기가 수출되었고 후추와 다른 향료 그리고 유사한 희귀상품들이 수입되었다. 서쪽과 북쪽의 국경에서 주요 무역품은 중국의 차와 초원의 말이었다. 조공과 무역을 결합한 활동은 균형과는 거리가 멀어 외국인들에게 크게 이익이 되었는데, 그 차이가 너무 커서 중국은 외국 사절단의 규모와 화물에 대해 제한하고 초기에 사절단 파견의 시간 간격을 규정했다.

중국과 국경을 접한 한국과 베트남은 조공 체제에 가장 강하게 연관되어 있었다. 두 국가는 중국 황제에 대한 충성을 보여주기 위해 중국 조정에 정기적으로 공물을 가지고 가는 사절단으로서 중요한 왕자, 정치가, 학자를 보냈다. 그들은 또한 중국의 달력과 문자를 채택했고, 중국의 고전 학습을 자신들의 문화적 규범에 포함했으며, 그들의 통치자를 베이징의 천자가 승인하고 책봉하는 것을 받아들였다. 중국 제국 옆에 있는 더 작은 국가들은 조공 체제에 참여함으로써 중국 황제에게 의례적인 존중을 보여주는 비교적 작은 비용으로 자치를 보증받았다. 류큐, 시암, 참파, 코칸드, 버마 등과 같이 더 멀리 떨어진 국가들도 중국에 주기적으로 조공 사절을 보냈지만, 훨씬 덜 정기적이었다. 그들의 조공 사절단은 수도로 가는 정해진 경로를 따라가다가 국경에서 교역할 수 있었고, 황제를 접견한 후 수도의 통제된 시장에서도 교역할 수 있었다. 중국에서 사업을 하는 것은 분명히 조공 방문 배후에 있는 주요한 동기여서 일부 중앙아시아 상인들은 중국 시장에 접근하려고 통치자의 대리인인 척하기도 했다.

한국, 베트남, 류큐 그리고 여러 중앙아시아와 동남아시아 왕국들이 적극적으로 중국과의 조공무역에 참여했지만, 일본은 도쿠가와 시기(1603~1868) 동안 조공 사절을 보내지 않았다. 일본도 한자를 채택하고 중국의 유학 전통을 크게 존중했지만, 청 제국의 조공국 지위를 받아들이지 않았고 공식적 체제의 바깥에 남아 있었다. 그렇지만 중국과 일본 사이에는 나가사키를 통해 직접 무역이 계속되었을 뿐 아니라 류큐와 홋카이도를 통하거나 중국이 해적 행위로 규정한 해안 무역으로도 간접적 무역을 했다. 예를 들어, 류큐가 심지어 조공 관계를 그만둔 일본의 지배를 받았을 때조차 중국 시장에 접근하고자 중국과의 조공 관계에 참여했다는 사실을 생각해 보라. 류큐 상인들은 적어도 15세기부터 동남아시아와 동북아시아 그리고 태평양제도까지 넓은 지역에 걸쳐 무역을 했다. 이러한 활동이 18세기에 중국의 남해안과 인도차이나를 연결하는 '물의 프런티어'를 만들고, 그럼으로써 동아시아 지역의 국내 경제 변형에 기여했다.

공식적인 조공 사절들과 독립적으로 혹은 그 여백에서 중국, 베트남, 한국, 류큐, 내륙아시아, 동남아시아 도서부 등 사이에서 발전한 광범위한 무역 네트워크가 초지역적 경제 관계를 강화했다. 이러한 무역 연계는 대부분 중앙의 국가 통제로부터 자율적이었는데, 위에서 언급했듯이 중국 관료들이 이러한 행위를 해적 행위와 연관 짓곤 했기 때문이다. 그들은 중국 상품(생사, 견직물, 자기)을 유럽 상인에게 팔거나 동남아시아 상품(타이완의 사슴 가죽과 장뇌, 동남아시아의 약과 향료)을 중국과 일본에 운송하면서 수익이 아주 좋고 다면적인 무역을 수행했다. 이 모든 거래에서 멕시코 은이 교환의 공통 통화였다. 이러한 우회적 무역의 전제는 중국과 일본의 공식적인 해양 무역 금지였다. 국제무역 네트워크의 점진적 발전은 이러한 모험가들에게 법의 바깥에서 활동할 소중한 기회를 주었고, 그들은 상인인 동시에 해적으로 행동하면서 대단히 수익성이 높은 틈새시장을 개척했다. 요컨대, 청과 도쿠가와 정부 양측이 모두 국가 간 무역을 금지했음에도 조공 네트워크와 비공식적 네트워크 모두를 통해 역동적인 동아시아 무역이 이 지역의 경제적 활기를 뒷받침하면서 지속되었다.

유럽이 거의 지속해서 전쟁과 혼란에 휩싸인 18세기에 중국을 중심으로 하는 동아시아의 큰 지역들은 조공무역 질서를 기초로 장기간의 평화와 번영의 시대를 경험했다. 조공무역과 사무역이 지역 질서의 기초였다면, 일본, 한국, 류큐, 베트남의 공통 요소였던 신유학적 질서 속 국가 운영도 그러했다. 여러 가지 측면에서 중국은 조공무역 질서를 유지함으로써 평화와 안정에 기여했다. 이것은 직접적인 보조금과 수익성 높은 무역에 대한 접근 보장으로 자원을 지속해서 이동시키는 것뿐 아니라 그러한 이익을 누리는 지방 통치자들의 정권을 승인하는 것도 의미했다. 동시에 중국은 다른 나라에 개입하기를 삼가면서 그들의 독립성을 존중했다. 일본조차 류큐의 조공 사절에 대한 배후의 지배로 조공 체제에 참여했다. 이로써 일본은 자신들의 조공 질서 속에서 류큐 왕국을 일본에 종속시켰음에도 중국과 수익성 높은 무역을 할 수 있었다. 마찬가지로 베트남은 라오스와 자체적인 준-조공 질서를 가지고 있었다.

그러나 아시아에서 중국의 지도력은 전혀 도전받지 않았고 중국 외교 정책의 원칙은 많은 서구 관찰자가 추정했던 것보다 훨씬 더 유연하고 실용적이었다. 청조는 국경의 민족들과 평화로운 관계를 유지하기 위해서라면 기꺼이 조공의 규범을 조정하거나 완전히 포기할 수 있음이 증명되었다. 아마도 차르 러시아와 국경과 무역 조건을 정한 네르친스크조약(1689)이 가장 두드러진 사례일 것이다. 19세기에 영국과 프랑스가 도착할 때까지, 러시아는 중국의 유일한 이웃 제국이었다. 러시아의 동쪽 확장은 처음에 상업적 이익이 동기가 되었다. 광대하고 울창한 시베리아 침엽수림에는 흑담비, 여우, 곰, 사슴 등과 같이 모피를 얻을 수 있는 동물들이 살았고, 이 동물들의 가죽은 유럽 시장에서 매우 값진 상품이었다. 러시아 무역업자들과 코사크인 무리가 이 지역에 들어가기 시작했고, 16세기에 시베리아의 칸국들을 약화시킨 러시아 군대가 뒤를 이었다. 러시아 상인과 군대의 큰 어려움 중 하나는 시베리아 동부와 북부 대부분 지역이 농업에 적합하지 않아서 생긴 식량 부족이었다. 외교관계가 없었음에도 러시아의 모피, 은, 금을 중국이 수출하는 다량의 비단과 면, 식량, 차, 향료와 교환하는 불법적 무역이 번창하기 시작했다. 무역은 청 측에 크게 이익이 되어 청은 큰 흑자를 보았다. 명조 말까지 러시아의 동쪽 팽창은 시베리아를 넘어 마침내 아무르강 북쪽의 태평양 해안에 이르렀다.[66] 러시아인들은 이제 날씨가 더 온화하고 비옥하여 농업경제의 발전에 유리하고 중국과의 무역에 덜 의존하게 할 아무르강을 따라 있는 지역에 눈독을 들였다.

청조는 곧 동북 지역에서 러시아의 행동과 영향력의 증대, 특히 항구와 작은 정착지의 건설을 경계하게 되었다. 1685년 조정은 아무르강의 알바진이라는 정착지에서 러시아인들을 쫓아내려고 군대를 보냈다. 중국과 유럽 국가 사이의 첫 군사적 교전에서 중국 군대는 러시아인들을 패배시키고 정착지를 파괴했다. 4년 후 차르는 아무르 지역의 국경을 협상하려고 중국에 사절단을 보냈다. 예수회 통역의 도움으로 외교 조약의 문구는 동등한 용어로 작성하기로 협의되었고, 유라시아 대륙의 두 거대한 제국에 동등한 지위를 부여한 타협이 성립되었다. 합의 조건에 따라 러시아는 중국과 무역할 권리를 얻는 대가로 이 지역에서 군대를 철수하고 요새를 파괴해야 했다. 오늘날 몽골의 북쪽 국경이 있는 곳에서부터 동쪽으로 국경이 직선으로 그려졌다. 이로써 중국은 아무르강 유역 전체와 사할린섬을 포함하는 오늘날의 러시아 연해주를 가지게 되었다. 협정은 평화를 유지하는 데 도움이 되었고 국경을 따라 허가된 무역을 할 수 있게 했다. 1689년 러시아와 맺은 네르친스크조약은 중국이 유럽 열강과 맺은 최초의 조약이었고, 청이 베스트팔렌 방식의 유럽 외교 관행과 처음으로 만난 것이었다. 강희제 재위 기간 끝 무렵이었던 1712년 청 조정은 만주 관료 아얀 기오로 툴리셴(1667~1741)이 이끄는 사절단을 러시아에 보내 그곳 상황을 조사했다. 아얀 기오로 툴리셴은 귀환한 다음 러시아의 지리, 문화, 산물에 대한 여행기를 출판하여 폭넓은 관심을 얻었다.[67] 1727년에 청과 러시아는 앞선 협정의 조건을 재확인하는 캬흐타조약에 조인했다. 중국은 3년마다 러시아 상인 200명을 수도에 받아들이기로 했고, 번성하는 국경 무역도 허용했다. 청 조정은 러시아가 베이징에 대사관을 세우는 것도 허용했다. 이에 따르는 무역의 경제적 중요성은 특히 러시아에는 무시할 수 없는 것이었다. 18세기 말 무렵 러시아 대외 무역의 10%가 중국과의 국경을 오가는 것이었다. 러시아인들은 계속 중국에서 매우 높이 평가받았던 모피, 흑담비, 호랑이, 늑대를 팔았고, 중국 측에서는 식량, 면화를 수출하고 비단, 자기, 가구를 포함하는 공산품도 점점 더 많이 수출했다.

청 제국의 외교적 실용주의를 보여주는 또 다른 사례에서, 1683년에 타이완에서 ('Koxinga'로도 알려진) 정성공의 저항에 결정적 승리를 거두고 1년이 지나서 강희제는 해금을 완화하고 해안 거주를 허용하기로 결정했다. 국가 재정과 백성들의 생계 모두에 이익을 가져오고자 강희제는 허가받고 규제받는 민간 해양 무역에 모든 해안 항구를 개방할 것을 선포하고 세금을 거두기 위해 세관 사무소의 네트워크를 설립했다. 강희제의 결정으로 조공 체제는 아시아 내부의 외교관계를 조직하는 장치로 유지되었지만 그 경제적 중요성은 감소했다. 조공 사절단을 통해 청과 교환하는 상품은 감소하고 조공 체제 바깥의 무역 규모가 커졌다. 1684년 이후 중국의 해양 무역에서 포르투갈 그리고 나중에는 영국과 같이 조공국 지위를 가지거나 추구하지 않는 국가들과의 무역 비중이 더 커지고 증가했다. 중국의 민간 해양 무역은 번성했을 뿐 아니라 합법적이고 공개적이었다.

때로는 이웃 국가가 중국의 지역 헤게모니에 의문을 제기하면서 조공 모델이 도전받기도 했다. 1637년에서 1730년까지 한국의 관료와 지도자들은 청에 대한 '북벌'北伐을 계획하고, 명 통치자에 대한 제단을 세우면서 명의 달력을 유지함으로써 명에 대한 충성을 거듭 새겼다. 1730년 베이징으로 간 사절단 구성원들은 호패에 청이 아닌 명의 연호가 기재된 이유를 해명해야 했다. 일본은 중국의 조공 체제에 참여하기를 거부했을 뿐 아니라 대안적인 일본 중심의 세계 질서를 구축했다. 1715년 막부는 등록된 중국 무역업자들만 나가사키에 정박할 수 있다고 공포했다. 국내에 구리가 부족하여 일본에서 구매해야 했기에 강희제 조정은 조공 모델에 대한 이러한 직접적 반박을 조용히 묵인했다.

조공 체제의 관점에서 보면, 위와 같은 사례는 중국 정권들이 이웃들과 동등한 용어로 협상하고 그들을 동등하게 대해야 하는, 주기적인 붕괴의 시기를 나타냈다. 또한 정복 왕조들이 만든 혁신과 공헌을 암시했다. 청 황제들은 국경 지역에서 왔고 중국의 조공 모델이 유리하게 작용할 때는 국가 간 관계를 유지하는 데 이용했다. 그러나 상황 때문에 필요하거나 더 효율적인 방법이 있다면 조공 체제의 관행을 기꺼이 변형시키거나 완전히 무시했다. 청조는 국경 안팎의 다양한 종속 집단을 통치하려고 중국과 내륙아시아의 관행을 교묘하게 혼합했다.

이웃 나라들과의 관계를 다루는 이러한 방식으로 청 제국은 18세기까지 세계에서 가장 영향력이 큰 제국의 하나가 되었다. 그 영토는 인도에서 러시아까지, 중앙아시아에서 베트남까지 펼쳐져 있었고, 현대 중국 국가의 지리적 기초를 형성했다. 침략자들로부터 안전했고 또한 광범위하고 호황을 누리는 무역과 사업 네트워크의 세계적 허브는 아닐지 몰라도 지역적 허브로 아시아에서 중국의 지위는 정점에 도달했다. 청의 통치자들이 다른 나라들에 직접적으로 개입하지는 않았지만 종종 외교, 교육, 문화로 결정적인 영향을 미쳤다. 베이징의 자금성은 동아시아 지역의 중심으로 인식되어 외부인들을 끌어들이고 사상, 취향, 양식 측면에서 중요한 자극들을 만들어냈다. 유럽의 많은 동시대인조차 청대 중국을 계몽되고 세련되면서도 강력한 제국을 조직하는 모델로 바라보았다.

2

중화 세계의 재구성
1800~1870

　새로운 외부의 힘이 19세기 초에 크게 나타났다. 유럽과의 경제적 연계와 유럽 국가들의 영토 확장이 강화되면서 중국 제국의 정치적·경제적 불안정을 초래했다. 이러한 과정은 유럽 무역업자들이 아시아의 향료와 다른 사치품을 거래하는 수익성 높은 무역에 대한 아랍의 통제에 도전하기 시작하고 스스로 독자적으로 아시아에 도달하고자 했던 1400년대의 유럽 르네상스 시기까지 거슬러 올라갈 수 있다. 유럽 무역상사들은 대양 간 항로를 통해 동아시아, 무엇보다 중국의 역동적 네트워크와 활기찬 중심지들에 접촉할 수 있었다. 포르투갈인, 그다음에 스페인인이 있었고, 1600년대와 1700년대에 걸쳐 네덜란드인과 영국인 및 그들의 동인도회사가 뒤를 이었다. 1800년대에 미국과 다른 유럽 열강들이 뒤를 이었다. 중국의 해안을 따라서 유럽의 존재가 점점 더 크게 느껴졌지만, 1800년 이전에 그 효과는 제한적이었고 중국은 거의 신경 쓰지 않는 것처럼 보였다.

그러나 1800년 이후 세계 무역의 성장과 정치적 확장은 쉽게 억누를 수 없는 혼란을 만들어냈고, 중국에서 세력 균형의 근본적 재구성을 가져왔다. 경제적 하강이 중국 제국을 덮쳤는데, 이것은 세계 시장의 변화와 연관되어 있었고 결과적으로 농촌의 빈곤을 가져왔다. 농촌 주민의 상황은 환경 문제 그리고 효율적인 구제를 제공하지 못하는 중국 정부 제도의 무능력으로 더 악화되었다. 교역조건 변화, 아편 유입, 새로운 관념 확산은 중국의 제도가 적응하고 처리하기 어려운 새롭고 심각한 도전을 제기했다. 동시에 유럽은 빠른 과학기술 발전의 시대에 들어서면서 중국에 대한 정치적·경제적 영향력을 일시에 확대하는 것을 목표로 하는 강력하고 강압적인 정책을 추구했다. 결국 유럽 국가들이 처음에는 함선과 화포에서, 나중에는 공업에서 기술적 진보를 바탕으로 정치적·경제적 이해를 군사력으로 강요하게 된 것은 중국에 불리하게 작용했다.

19세기 동안 제국의 제도들은 내부의 쇠퇴와 외부의 압력으로 심하게 덜거덕거렸고, 증대하는 도전에 점점 더 대응하지 못했다. 경제적 상황이나 홍수와 가뭄 같은 환경적 상황이 빠르게 악화되면서 지방정부와 기층 사회 사이의 적대감은 점점 더 심해졌다. 이어지는 위기들은 중국 내부와 국경에서 정부 통제의 침식을 재촉했다. 오지에서는 재난에 타격을 입고 토지에 굶주리는 농민들이 반란에 가담하여 청의 권위에 공공연하게 도전했다. 국경에서는 정부가 통제력을 늦출 수밖에 없었고 분리주의 운동의 발흥을 지켜봐야 했다.

서구 제국주의의 출현

포르투갈인들은 15세기에 이미 인도양의 아프리카 해안에 전초기지를 세웠고, 중국 해안과 동남아시아 사이의 지역 상업 네트워크와 무역 체제를 이용하여 상당한 이익을 거두는 데 집중했던 말라카에도 전초 기지를 세웠다.[1] 1513년에 해양 탐험이 결국 최초의 유럽 탐험가인 호르헤 알바레즈(1521년 사망)를 포르투갈에서 중국 남부에 이르게 했다. 포르투갈인들은 명 조정이 밀수와 해적 행위로 간주한 일에 연루되어 환영받지는 못했지만, 중국 밖으로 쫓겨나지도 않았다. 1557년까지 그들은 오늘날의 마카오인 광저우 남쪽 반도의 끝에 성벽으로 둘러싸인 정착지를 장악했고 광저우와 주기적으로 무역을 했다. 수십 년 동안 유럽과의 무역은 주로 이 두 곳에서 행해졌다. 마카오는 특히 유럽인들이 중국으로 들어가는 관문 역할을 했다. 명대의 예수회 선교사들은 보통 마카오를 거쳐 중국에 들어갔다.

유럽인들은 중국과의 무역이 호황을 이루자 다른 무역 창구를 열려고 시도했지만, 성공은 제한적이었다. 1575년에 마닐라에서 온 스페인 선박들이 샤먼(아모이)에서 공식적인 무역 특권을 얻고자 노력했으나 소용없었다. 곧 서구 무역상사들은 광둥과 푸젠 해안에서 불법적 무역 행위에 적극적으로 가담했다. 네덜란드 동인도회사가 1622년에 포르투갈인으로부터 마카오를 빼앗으려다 실패한 후, 1624년 타이완 해안을 장악하고 타이완의 근거지에서 가까운 푸젠과 저장으로 연결되는 무역로를 열기 시작했다. 1637년 영국 선박 6척으로 이루어진 선대가 강제로 광저우에 들어가서 선적물을 판매했다. 초기의 영국 무역업자들은 영국 왕실로부터 특허를 얻고 일부 투자도 받았지만, 주로 민간 소유

회사였던 영국 동인도회사와 연관되어 있었다.[2] 인도의 무역 중심지에서 먼저 자리 잡은 영국 동인도회사는 점점 네덜란드와 포르투갈의 동인도회사를 능가했다. 동인도회사가 보기에 중국 무역은 영국령 인도와의 무역보다도 더 수익성이 높았고 잠재력도 컸다. 중국은 자기, 비단, 차와 같이 유럽에서 시장이 큰 상품을 가지고 있었다. 영국 동인도회사는 마침내 1715년 광저우에 무역 사무소 개설을 허가받았다.

아시아와 서유럽 국가들 사이의 교역은 서구 국가들의 경제적 야망과 식민지 확보를 둘러싼 경쟁뿐 아니라 명청 교체와 관련된 변화 때문에 더 복잡해졌다. 청 제국은 1683년 타이완을 회복한 후에 해외무역 금지를 완화하기 시작했다. 그러나 광저우에서 그들의 이익과 이해를 지키려 했던 중국 상인들, 세관 관료들 그리고 청 관료들은 무역 독점이 깨지고 광저우에서 그들 사업의 일부가 북쪽의 다른 항구로 옮겨지는 것을 꺼렸다. 1757년 건륭제는 지방 관료들의 압력에 응하여 광저우를 제외한 모든 중국 항구에서 해외에서 온 배들의 입항을 금지하는 새로운 대외무역 정책을 시행했다. 동인도회사는 이러한 지시를 받아들이려 하지 않았고, 1759년 5월에 영국 상인 제임스 플린트는 북쪽으로 항해하여 수도 베이징에 가까운 톈진의 항구로 가서 중국 황제에게 고소를 제기했다. 그러나 중화제국의 어떤 신민도 황제에게 직접 청원할 수 없었다. 이러한 규약 위반과 관련하여 1759년에 건륭제는 광둥의 관료들을 엄하게 처벌했고, 플린트에게 마카오에서 3년간 복역하도록 선고하고 형기가 끝난 뒤 중국에서 추방했다.

그렇지만 중국 정부가 해안에서 해외무역업자들을 거부하고 유럽과의 무역을 막았다고 하는, 서양의 책에 자주 등장하는 관찰은 심각한 오해다. 해외무역이 제국 황실의 주요한 세입원은 아니었다고 하더라도, 중국 해안의 여러 항구에서 과세되어 조정이 환영하는 상당한 수입을 가져왔다. 조정은 무역을 허용하려 했지만, 통제·관리되는 방식으로 하려고 했다. 해적 행위 혹은 더 정확하게는 밀수 때문에 해외무역에 대한 통제가 필요했다. 상품과 무역에 대한 세금이 여러 가지 긴급한 국내 수요와 외국의 위협에 대응할 중대한 세입을 제공했지만, 또한 상인들이 세금과 다른 수수료를 회피하게 해주는 광범위한 밀수 행위에 대한 유인을 만들어내기도 했다. 밀수는 수익이 아주 좋은 사업이었다. 일본과 필리핀의 해적과 밀수업자들은 타이완과 중국 파트너와 결탁하여 세금을 내지 않은 채 은, 자기, 차, 비단 그리고 여성들을 태평양 해안 위아래로 운송했다. 중국은 권위에 대한 이러한 도전에 맞서고자 밀수와 해적 행위를 근절하려는 광범위한 작전으로 맞섰고, 무역을 제한하고 무역 장소를 감시하는 중국의 특권을 역설했다. 청은 결국 지정된 항구를 제외하고 모든 해안 무역을 불법화하고, 지방 당국에 해운업자들을 체포하여 해적 행위와 밀수 죄목으로 기소하도록 경고했다.[3]

1700년대 중반에 일어난 사건들이 합쳐져서 청이 나중에 종종 광저우 무역 체제로 불리게 된 체제를 발전시키도록 자극했는데, 이 체제에서는 조정이 서구와의 무역을 감독하고 규제했다.[4] 1760년대부터 중국은 이 체제를 엄격하게 강제하기 시작했다. 이 체제에서는 몇몇 장소가 대외 무역에 개방되었다. 일반적으로 무역 장소는 외국 상인들이 접근하는 대체적인 지리적 방향에 따라 결정되었다. 유럽에서 중국에 접근하는 대부분 무역업자는 남중국해에서 오는데, 그 방향의 가장 큰 항구는 광저우였다. 광저우는 모든 유럽 화물선을 위해 지정된 항구가 되었다. 그 결과 유럽인들은 '양인'洋人 혹은 '바다를 건너온 사람들'로 불렸다. 일본과 한국은 양쯔강 하구에 가까운 자푸乍浦에서 무역을 했고,

러시아인들은 몽골 변경의 네르친스크에서 장사를 했으며, 중앙아시아 국가들에서 온 상인들은 투르키스탄의 카슈가르에서 무역을 했다. 다른 항구나 도시는 외국 상인을 받아들일 수 없었다.

이러한 정책은 규제만을 의미한 것이 아니었고 안보, 실용성, 재정적 고려 등의 구체적 문제와 연관된 동기도 가지고 있었다. 이러한 결정은 영국이 인도를 효율적으로 합병하기 시작한 1750년대에, 인도에서 영국 동인도회사가 벌인 활동에 대한 정보에 대응한 것이었다. 청 조정은 이후 청의 영토에 유사한 외국의 침해가 일어날 것을 우려했다. 광저우가 사실상 외국 무역업자들에게 필요한 시설을 제공하는 유일한 항구였기 때문에 모든 유럽 선박에 대해 광저우를 유일한 기항지로 만든 것은 실용적 결정이기도 했다. 광저우에는 외국 선박들이 유럽에서 중국까지 길게 항해할 가치가 있을 정도로 많은 양이 필요한 상품을 내륙에서 가져올 만큼 충분한 상인들과 자본이 있었다. 항해 기간 때문에 선박들은 1년에 한 번만 왔다. 상인들은 다시 떠나기 전에 그들의 배에 가득 적재하도록 모든 것을 샀다. 그러나 청의 정책은 재정 자원을 추출하고 중앙의 조세권을 강제하기 위한 더 넓은 국가적 노력의 일부이기도 했다. 해외무역에서 나온 세입은 바로 황실 자체 금고로 들어갔다. 청 조정은 내륙아시아에 대한 군사적 원정과 1757~1758년의 신장 정복이 아주 큰 비용이 드는 것으로 드러난 이후 돈에 더 큰 관심을 가지게 되었다. 황실은 중요한 세입원을 확보하고자 했는데, 이는 무역이 해안 몇 곳에 집중되었을 때 가장 잘 달성될 수 있는 목표였다.

영국인들이 도착하기 전에 광저우에서 사업을 하던 유럽 상인들은 마카오의 섬에 거주했다. 유럽 무역업자들은 무역 기간인 10월에서 3월까지만 입국할 수 있었다. 그들은 포르투갈이 보유한 마카오를 지날 때 중국의 허가를 받고 나서야 광저우 바로 남쪽의 황푸黃埔 지구에 정박했다. 거기에서 그들은 공행公行이라고 불리는 허가받은 중국 상인들하고만 물건을 교환할 수 있었다. 중국 측에서는 황제가 직접 임명한 광둥성 해관 감독이 무역을 감독했다. 그는 지방 상인에게 허가를 내주고, 외국 선박이 출항 허가를 받기 전에 그 상인들로부터 세금과 수수료를 징수했다. 중국 상인들은 그들이 거래하는 외국 선박의 행동에 재정적인 책임을 졌다.

1750년대 이후 동인도회사가 영국을 위해 인도를 식민화함에 따라 영국이 후원하는 아시아 무역이 인도에서 남부 중국 해안으로 확장되었고, 그렇게 함으로써 남부 중국을 세계 시장의 일부로 통합했다. 18세기 말 무렵 광저우 무역은 중국 차에 대한 영국의 수요에 크게 힘입어 두드러지게 성장했다. 면화와 같은 인도의 제품이 광저우를 거쳐 수입되었고, 영국 선박들은 이것을 차, 자기, 비단을 바꾸어 다시 유럽으로 운송했다. 이 거래에 참여하는 중국 상인들과 중개인들은 상당한 이익을 얻었고, 주강 삼각주 고지대로부터 그들이 이미 관여하던 동남아시아의 일부 지역까지, 또한 해안을 따라 큰 강들까지 이어지는 그들 자신의 새로운 무역망을 만들 수 있었다. 광저우 무역 체제에서 얻는 세금과 수수료는 황실에도 매우 매력적인 수익을 가져다주었다. 청 제국은 적어도 제국의 주권이 심각하게 위험해지지 않는 한 경제적 교역을 지속하는 데 관심이 있었다. 그리하여 수십 년 동안 이 잘 작동하는 체제는 중국인과 유럽인 양측 모두에게 이익을 주었다.

광저우의 무역량 증가는 곧 부두, 허가받은 상인, 수송선 등이 너무 적다는 한계에 봉착했다. 또한 무역은 중국 당국과 중국 상인들의 확실한 통제 아래 있었다. 1792년 말 영국 동인도회사는 경험 많은 외교관이자 식민지 행정가인 조지 매카트니 경Sir George Macartney(1737~1806)을 영국 무역업자들에게 북부의 항구 도시들을 개방하고 영국 선박들이 중국 영토에서 수리받도록 협상하고자 중국으로 가는 외교 사절단의 수장으로 임명했다. 매카트니는 시계, 망원경, 무기, 옷감 그리고 다른 기술 제품을 포함하는 많은 선물뿐 아니라 100명이 넘는 직원, 경호원, 과학자로 가득한 배 세 척과 함께 1793년 중국 북부에 도착했다. 선물은 유럽 문명의 진보를 보여주고 중국 황제에게 깊은 인상을 주어 호의를 얻고자 하는 것이었다. 그러나 매카트니는 중국 수도의 궁전을 둘러보고, 제국의 건축물과 정원의 당당한 화려함에 주목했다. 그는 겸손하게 궁전이 '가장 호화로운 양식으로 갖추어져 있다'고 쓰고, '우리의 선물은 비교되어 움츠러들고 맥없이 물러날 것'이라고 했다.[5]

청 조정은 영국인들을 조공 사절단으로 대우했고, 매카트니에게 황제 앞에서 고두(머리를 땅에 대는 짓)의 공식적 의식을 따르도록 요구했다. 그러나 매카트니는 자신의 왕에게만 절을 한다고 고집하면서 완강하게 거부했다. 그래서 황제는 매카트니를 만나거나 영국의 요구를 듣는 것을 거절했다. 조지 국왕에 대한 서면 답신에서 건륭제는 그의 결정을 길게 설명했다. 그는 다음과 같이 썼다.

천조天朝가 사방을 도우면서 오직 다스림에 힘쓰고 정무를 처리할 뿐 진귀하고 신기한 보물은 전혀 귀중하게 생각하지 않는다. 너희 국왕이 이번에 여러 물건을 바쳤는데, 먼 곳에서 바친 그 정성을 생각하여 특별히 관할 아문에 받아들이도록 명령했다. 사실 천조의 덕과 위엄은 멀리 퍼져서 만국에서 알현하러 오고 갖가지 귀중한 물건이 땅과 물을 통해 모이니 없는 것이 없다. 너희 정사正使 등이 직접 본 바다. 그러나 신기하고 교묘한 것을 귀중하게 여기지 않는 까닭에, 너희 나라가 마련한 물건은 더욱 소용이 없다. 너희 국왕이 사람을 파견하여 수도에 머무르게 해달라고 요청한 일은 천조의 체제와 부합하지 않는 일일 뿐 아니라 너희 나라에도 아주 무익하게 느껴질 것이다.[6]

그러나 영국 동인도회사는 이 결정을 최종적인 것으로 받아들이려 하지 않았다. 오히려 무역 제한을 풀고 중국과의 수익성 높은 사업을 확장하겠다는 회사의 결심이 강해졌다. 영국은 차를 마시는 국가가 되었고, 중국 차 수요는 계속 증가했다. 당시 런던의 평균 가정이 전체 가계 생활비의 5%를 차에 썼다고 추정된다. 그러나 그동안 중국 상인들이 영국의 차 구매 비용 지불에 보탬이 되었던 인도 면화와 경쟁하려고 중국산 면화를 내륙에서 남부로 운송하기 시작했다. 영국은 무역 불균형을 막고자 중국에 자신의 상품을 더 많이 팔려고 시도했지만, 가벼운 면 솜이나 비단을 선호했던 나라에서 무거운 모직물은 수요가 많지 않았다. 중국 무역 상품에 대해 지불하려고 영국령 인도제국에서 온 상품을 팔아야 했던 영국 상인들은 해답을 찾았다. 18세기에 중국으로 점점 더 많이 운송된 상품은 벵골의 아편이었다.

아편 사용은 중국에서 잘 알려져 있었다. 전통적으로 설사를 치료하고, 잠을 유도하고, 이질이나 콜레라 같은 질병의 통증을 줄이려고 아편을 사용했다. 양귀비는 4세기에서 7세기 사이에 아랍 무역상이 들여왔고, 동인도회사가 아시아에 도착하기 전 수백 년 동안 널리 경작되었다. 영국 동인도회사는 1773년에 벵골에서 그리고 1830년에 봄베이(뭄바이)에서 아편 거래에 대한 독점권을 확보했다. 1770년대부터 동인도회사는 광저우에서 무역을 확대하려 했고, 종종 차, 비단, 자기를 아편과 거래했다. 중국 정부와 관료들의 거듭된 금지에도 불구하고, 더 많은 아편 공급이 중국 전역에서 아편 수요와 사용의 증가를 자극했다. 영국은 무역을 확대하려고 노력했다. 영국은 관료들에게 뇌물을 주고, 아편이 중국 내륙으로 옮겨지도록 밀수업자들과 협력하고, 무료 샘플들을 공급했다. 아편이 점점 더 많은 인구에 영향을 미치자 중국의 비용도 곧 엄청나게 되었다. 중국에 대한 경제적 결과 역시 부정적이었다. 아편값을 치르기 위해 은이 나라 밖으로 유출되기 시작했다. 중국이 나중에 겪은 많은 경제적 문제는 직접적으로든 간접적으로든 아편 무역과 관련이 있었다.

그때부터 멀리 20세기까지, 아편은 19세기 중국의 위기와 도전을 궁극적으로 보여주면서 거대한 역할을 했다.[7] 아편은 제국 중국의 조약항들을 열게 만든 전쟁의 원인이었고, 몰락하는 왕조의 나약함과 수치를 은유했다. 아편은 서구의 상업적 영향력을 유지하고 관리하는 비용에 상당히 보탬이 됨으로써 서구, 특히 영국의 중국 침투를 가속화했다. 19세기에 아편은 중국을 세계 시장과 연결하는 주요 상품이었고, 중국 상업의 현대적 변화에서 중요한 부분이었다. 아편은 일부 중국인을 새로운 번영으로 이끌었고, 그들을 더욱 강화된 국가의 감시와 괴롭힘에 노출하기도 한 환금작물이었다. 아편을 중국에서 몰아내는 일은 20세기에 현대화하는 중국 국가들의 거대한 프로젝트 중 하나가 되었고, '아편 병'은 외국인이 중국의 낙후성을 설명하거나 중국인이 민족적 굴욕을 설명할 때 흔히 언급되었다. 아편은 수많은 비밀결사, 군벌, 정치운동, 점령군 그리고 '국민' 정부들에 필수적인 세입원이 되었고, 그들 사이에 벌어진 권력 투쟁의 일부가 되었다. 20세기 초 무렵, 중국인의 삶에서 중요한 측면 중 아편에 영향받거나 손상되지 않은 채 남아 있는 것은 거의 없었다.

중국에서는 이미 1729년에 아편 사용량이 늘어 개인 소비를 위한 아편 판매를 엄격하게 금지하는 칙령이 나왔다. 중국 정부의 압력이 있자 동인도회사는 1796년 아편을 중국에 직접 수출하기를 멈추고 캘커타(콜카타)에서 중국으로 아편을 운송해 갈 민간 상인들(주로 중국인과 동남아시아인)에게 판매하기 시작했다. 동인도회사는 아편에 대한 책임을 부인함으로써 무역에 대한 다른 권리들을 유지했다. 중국 정부가 아편 무역과 지속해서 확대되는 영국의 영향력에 점점 더 우려하면서 1799년에 중국에서 아편의 수입과 경작이 모두 금지되었다. 이러한 금지는 인도산 아편이 이미 만들어놓은 광범위한 침투를 반영했으므로 효과가 없었다. 신장(동투르키스탄)과 같은 변경이나 윈난, 구이저우, 쓰촨 등의 성에서는 국가의 통제가 약해서 중앙아시아와 인도 북부로부터 외국 아편이 들어왔고, 공식적 금지에도 불구하고 국내 경작이 확산되었다. 신장에서는 무기력한 당국이 방조하는 가운데 통제할 수 없는 광활한 영토와 무너진 권위의 보호 속에서 불법 거래업자들과 경작자들이 번성했다. 확실히 아편 밀수망은 중앙정부의 권위를 지방의 무대로 확장하려는 관료들의 노력을 뒤엎고 차단했다. 중국의 서남부에서는 한족과 비한족 지방민들이 이익을 얻으려고 아편 거래에 의존했다. 관료들은 경작을 막을 수 없다는 것을 깨닫자 억압하는 대신 과세를 했다.

청 조정은 이러한 문제들을 인식하면서 더욱 엄격한 정책을 만들었다. 중앙정부는 작물을 대체하는 계획을 추진했지만, 이 정책은 제대로 실행되지 못했고, 앞서 언급한 사회경제적 구조 속에서 깊이 뿌리 내린 아편의 역할을 처리하는 일을 제대로 시작하지도 못했다. 그래서 행정 당국은 전면적인 금지를 시행하고, 황제는 아편의 수입과 판매를 막는 더 엄격한 법률을 선포했다. 소비와 경작은 1813년과 1831년에 차례로 불법이 되었고, 1839년에 무역에 대한 가혹한 새 규제가 뒤따랐다. 19세기의 가장 중요한 아편 밀수망 가운데 일부의 본거지였던 광둥 동부에서는 불법적 아편 무역을 근절하고 밀수업자들을 체포하려는 정부의 노력이 흔들렸다. 그래서 사람들이 사회적 네트워크를 통해 점점 더 수익성이 좋아지는 아편 경제에 참여하도록 끌려 들어가면서 불법의 문화가 정상화되었다. 청 당국은 재정적·군사적으로 강력한 비밀결사나 아편을 분배하는 신디케이트와 광둥 동부에서뿐 아니라 이 조직 구성원들이 여행하는 지역들에서도 경쟁할 수 없었다. 아편 금지가 실패함에 따라 집행력의 부재가 과도한 확장과 손상된 행정의 비효율성과 같은 제도적 구조 속의 고질적인 문제들을 드러냈다.

정부는 커지는 경제적·사회적 문제에 직면해서 소금 전매와 유사한 정부 독점으로 마약을 합법화하는 아이디어를 논의했다. 1836년에 허내제許乃濟가 제안한 법령은 외국 아편의 수입도 허용하려 했다. 그러나 중독의 사회적·경제적 피해가 점점 더 명백해지자 조정은 1838년 합법화에 반대하는 결정을 내리고 유능한 관리 중 한 명인 임칙서林則徐를 광저우로 파견했다. 아편 무역을 영원히 중단시키는 데 필요한 일은 무엇이든 하라는 명령을 받은 임칙서는 힘차게 일을 시작했다. 중독자들은 체포되어 강제로 중독 치료를 받았으며, 국내 아편 거래상은 가혹하게 처벌받았다. 임칙서의 가장 중요한 목표는 외국의 공급을 중단시키고, 외국 상인들이 다시는 아편을 거래하지 않으며 위반한 사실이 적발되면 처벌을 받겠다는 데 동의하는 서약서에 서명하게 하는 것이었다. 그러나 이렇게 자신감 있고 단호한 정책이 결국 영국과의 전쟁을 가져왔다.[8]

광저우 사건에 대한 뉴스가 영국에 도착하자 여론이 나뉘었다. 어떤 영국 시민은 중국과의 마약 무역이 문제가 많다고 느꼈다. 그러나 그들의 우려는 영국의 늘어가는 대중국 무역에서 사업적 이해관계가 있는 사람들과 '오만한' 청 조정에 교훈을 주는 데 찬성하는 사람들에게 압도당했다. 1840년 6월 영국 함대가 광저우의 하구에 도착하자 1차 아편전쟁이 시작되었다. 거의 2년 동안 지속된 전쟁은 청 제국에는 완전한 재난이었다. 1842년 여름 영국 함대는 양쯔강에 도착하여 중국 중심부의 옛 수도인 난징을 포격할 준비를 하고 승리를 축하했다. 청 조정은 그 직후 바로 굴복했다. 영국과의 협상은 영국 함선 위와 난징의 성벽 바로 바깥에 있는 작은 사원에서 이루어졌다. 영국 함대의 기술적 우위가 분명했고, 중국 군대가 이전에 본 적이 없는 전쟁 방식을 보여주었다. 영국의 무기에 새롭게 적용된 기술에는 더 빠르게 발사할 수 있고 훨씬 더 정확한 현대적 소총뿐 아니라, 상류로 이동할 수 있고 중포의 포대를 지지할 수 있는 기선 4척이 포함되어 있었다. 게다가 영국은 동남아시아와 인도의 가까운 식민지로부터 주둔군, 전함, 보급품을 동원할 수 있었다. 따라서 중국 황제는 영국의 뜻대로 평화협정에 조인할 수밖에 없다는 인상을 받고 행동했다.

이른바 불평등 조약 중 첫 번째인 난징조약(1842년 8월)은 중국을 서양에 개방시키고 중국에서 서구의 우위가 커지는 출발점이 되었다. 조항에 따라 청은 광저우와 다른 네 항구를 외국인과 중국인 사이의 직접 무역을 위해 개방해야 했다. 홍콩섬은 영국에 영구히 할양되었고, 중국은 광저우에서 쫓겨났던 영국 상인들에게 은 2,100만 달러를 배상하기로 동의했다. 은 2,100만 달러는 이미 어렵던 청의 국고에 상당한 부담을 주었다. 다음 해에 조인된 추가 조약은 영국에 치외법권, 즉 중국에 있는 모든 영국 신민이 현지의 법률에서 완전히 면제받는 권리를 주었다. 1843년 프랑스와 미국이, 1858년 러시아가 영국의 난징조약과 유사하게 치외법권 조항을 포함한 조약을 체결했다.

유럽인들은 청이 '태평천국'太平天國이라는 이름 아래 일어난 거대한 반란을 진압하는 데 여념이 없던 1856년부터 1860년까지 중국과 2차 아편전쟁을 벌였다.[9] 영국 상인들은 중국 시장에 난징조약의 조항이 승인하는 것보다 더 많이 접근하기를 원했다. 그들은 조약 체제를 개정할 기회를 줄 어떤 구실이라도 생기기를 기다렸다. 곧 지방의 중국인들이 조약의 조항들을 훼손하려 노력함으로써 구실로 삼을 수 있었다. 중국과 영국은 처음에 외국인들이 광저우의 성벽으로 둘러싸인 중국인 도시에 진입할 수 있는지 합의하지 못했다. 1843년 7월에 광저우 개방이 선포되었지만, 유럽인들은 지방 주민들의 늘어나는 저항에 부딪혔다. 1차 아편전쟁 이후 광저우는 반유럽 선전의 중심이 되었다. 광저우의 많은 문인 단체가 '야만인'들이 도시에 들어오는 것에 항의했다. 광둥성에서는 이들을 방어하려고 마을과 소도시의 요새화와 군사화를 촉진하는 운동이 일어났다. 조정이 분개를 산 조약들에 조인했기 때문에 이러한 운동은 반청 정서도 받아들였다. 지방 사회는 유럽인의 주재에 대항하여 일어났고, 점점 더 수도의 청 당국에 의지하지 않으면서 그들의 경제적 이해와 고향을 지키고자 행동했다. 결국 베이징 조정이 성벽 안으로 '임시적인 진입'을 허용했음에도 영국인들은 요구를 접었고 광저우의 반외세 운동은 승리를 거두었다.

총독 엽명침葉名琛(1807~1859)이 영국에 저항하는 지방 엘리트의 편을 들던 긴장된 분위기 속 광저우에서 1856년 10월에 중대한 사건이 일어났다. 광저우의 수사水師가 중국인이 소유하고 영국에 등록되어 영국 국기를 달고 밀수를 하던 애로호를 붙잡아 중국인 선원들을 해적행위로 기소했다. 영국 영사 해리 파크스Harry Parkes(1828~1885)는 바로 애로호를 구조하려고 작은 함대를 파견하여 광저우까지 진격하게 했다. 프랑스 군대가 광시에서 프랑스인 선교사가 공식적으로 처형되었다는 것을 근거로 이 모험에 가담했다. 그동안 영국 정부는 엘긴 경Lord Elgin(제임스 브루스, 1811~1863)을 특사로 파견하면서 배상과 새로운 조약을 얻도록 지시했다. 러시아와 미국 정부는 군사 행동에 참여하기를 거부했지만, 나중에 대표를 보내 외교 협상에 참여했다. 1857년 말 영국–프랑스 군대가 유럽의 지원을 기다리면서 광저우를 포격하고 점령했다. 해빙기가 지난 1858년 3월 엘긴 경은 톈진 바깥의 다구大沽 요새를 향해 북쪽으로 항해를 시작했다. 그는 조약 개정을 협상하려고 베이징으로 항해하고자 했지만, 만주 관료들은 회피하면서 허가를 내주기를 거부했다. 이에 대응하여 엘긴 경은 다구 요새를 공격하기로 결정했다. 중국의 힘없는 저항 속에 크리미아 전쟁의 전투 경험으로 다져진 유럽에서 온 군인들이 빠르게 요새를 손에 넣었다. 유럽 군대는 기술과 화력에서 특히 함대의 증기 동력을 갖추고 중무장한 함선을 보유했다는 점에서 유리했지만, 승리는 우월한 훈련과 사기 덕분이기도 했다.

톈진에서 협상할 때 청 대표들은 영국과 프랑스의 새로운 요구를 따르는 것 말고는 선택할 여지가 없었다. 러시아와 미국 외교관들도 같은 특권을 얻었다. 1858년 6월 동안 다른 혜택과 함께 해외무역을 위한 10개 항구의 추가 개방, 외국 선박의 양쯔강 항해 허용, 외국 외교관의 베이징 주재, 기독교 선교사들이 원하는 대로 돌아다니면서 복음을 전파할 자유 등을 인정하는 톈진조약이 4개 국가와 작성되었다. 거의 1년 후인 1859년 중반 엘긴 경의 동생이자 영국의 전권대사로 임명된 프레

HMS 콘월리스호 선상에서 있었던 난징조약 조인, 1842
존 플랫 판화, 1846(브라운대학 도서관/Bridgeman Images/BMC474570)

더릭 브루스Frederick Bruce(1814~1867)가 조약 승인을 마무리하려고 베이징으로 가는 길에 다구 요새에 도착했다. 청의 특사가 그 일행이 조공 사절단을 위한 육지의 특별한 경로를 이용해야 한다고 알리자 브루스는 그렇게 하기를 거부했다. 그는 자신의 외교 사절단이 조공 사절단과 혼동되어서는 안 된다고 강조하고 그의 작은 함대에 해안선에서 전열을 갖추도록 명령했다. 그러나 이번에는 청의 군대가 준비되어 있었다. 몽골인 장군 셍게린첸(1811~1865)은 공격을 예상하여 요새를 강화하고 유능한 부대를 배치했다. 영국과 프랑스 군대는 공격했지만 요새의 발포로 격퇴되면서 큰 손실을 입었다. 거의 모든 면에서 열등한 것으로 생각했던 제국 군대에 처음으로 패배하자 영국과 다른 서구 국가들은 충격을 받았다. 난공불락이라는 서구의 우월감은 산산조각이 났고, 이는 복수

하겠다는 날카로운 열망으로 바뀌었다.

완패했다는 뉴스가 영국에 도착하자 영국 정부는 주저하지 않고 보복 계획을 세우기 시작했다. 그다음에는 전례 없는 일이 일어났다. 프랑스와 영국은 세계에서 아직 본 적이 없던 함대를 구성했다. 함대는 2만 4,000명에 이르는 인도·영국·프랑스의 기병대·포병대·공병대, 수천 마리 말과 노새, 지원 인원 수천 명 등을 실은 전함 41척과 수송선 143척으로 구성된 함대가 1860년 여름 중국 북부를 향해 출발했다.[10] 제임스 호프 그랜트 장군General James Hope Grant(1808~1875)과 샤를 몽토방 장군General Charles Montauban(1796~1878)의 지휘를 받는 연합군은 중국으로 돌아가는 특사 엘긴 경과 함께 6월 말 중국에 도착했다. 엘긴 경의 임무는 조약의 비준을 획득하고, 황제로부터 프레더릭 브루스의 함대를 공격한 것에 대한 사과와 배상금을 받아내는 것이었다. 1860년 6월 26일 두 나라는 중국과의 전쟁을 공식적으로 선포했다. 침공은 8월에 시작되었다.

이번에는 연합군이 육지로부터의 공격으로 청군을 기습했다. 바다로부터의 공격을 예상했던 청군은 방어할 가망이 없었다. 청군은 1860년 8월 21일 기습을 당했고, 요새는 유럽 연합군 손으로 넘어갔다. 뒤이어 엘긴 경은 베이징을 향해 밀고 나갔다. 청의 특사와 협상이 재개되었지만 아무 성과가 없었다. 엘긴 경이 절하기를 거부하면서 고두라는 곤란한 문제가 다시 불거졌고 청의 협상가들은 양보할 수 없었다. 9월 중순 베이징 서쪽 끝의 바리차오八里橋라는 곳에서 청의 팔기몽골이 최후의 저항을 했다. 이 부대는 연합군을 향해 격렬한 공격을 퍼부었지만, 정면으로 대결했던 포병대에 괴멸당했다. 이어지는 전투들도 거의 패배했다. 제국은 함풍제(재위 1850~1861)가 베이징을 떠나 청더의 여름 궁전으로 피신한 채 1860년 10월 중순 수도 베이징이 점령되는 것을 어쩔 수 없이 지켜봐야만 했다. 청 군대는 5,000명 이상을 잃었고, 서양 측도 상당한 손실을 입었다.

부대는 베이징을 점령한 후 청 제국 전성기에 건륭제가 건설한 원명원圓明園이라는 궁전을 향해 출발했다. 엘긴 경은 사로잡힌 영국과 프랑스 포로 39명에 대한 청 군대의 폭력에 보복하려고 영국 군대에 원명원을 완전히 파괴하고 불태우도록 명령했다. 원명원에 있는 정교한 궁궐과 건물 수백 채를 없애는 방화와 파괴에 꼬박 이틀이 걸렸다. 아이러니하게도 원명원은 아마도 청 제국에서 유일하게 유럽 양식의 건물, 분수, 정형의 정원을 갖춘 구획이 있는 것을 특색으로 하는 궁전이었다. '서양루西洋樓'라고 불린 이 구획은 중국인들이 이탈리아인과 프랑스인 선교사들의 그림과 묘사에서 접한 이탈리아 바로크 건축을 모델로 한 것이었다. 서양루 중심에는 궁전, 누각, 새장, 미로로 둘러싸인 분수, 연못, 급수시설로 된 지중해 양식의 경관이 있었다. 궁전의 이 구획은 청대 중국의 외국 물건에 대한 호기심과 외국 문명에 대한 관심을 반영했다. 정원에는 티베트와 몽골 양식의 건물들뿐 아니라 미술 전시관, 탑, 사원, 도서관 등 중국 양식의 궁전 건물 수백 채도 있었다.

영국과 프랑스의 병사와 장교들은 부유하고 화려하게 장식된 궁전을 불태우기 전 최대한 약탈해서 쓸어갔다.[11] 한 프랑스 병사는 다음과 같이 썼다. "나는 내가 본 것 때문에 말을 잃고, 멍하게 되고, 어리둥절해졌으며 갑자기 아라비안나이트가 완전히 그럴듯한 것으로 여겨졌다. 나는 3,000만 이상의 가치가 있는 비단, 보석, 자기, 청동, 조각, 보물들 사이를 이틀 넘게 걸었다. 로마가 야만인들에게 약탈된 이래 본 적이 없는 것이라고 생각했다."[12]

베이징에 대한 영국과 프랑스의 공격과 나란하게 북쪽에서 러시아 제국의 활동도 늘어났는데, 여기에서는 러시아가 점점 더 혼란스러워지는 만주 상황을 재빨리 이용했다.[13] 러시아 정부의 동부에 대한 관심은 중국 제국 내 영국의 활동과 관심에 대한 경쟁으로 되살아났다. 이르티시강을 타고 쿨자(이닝, 伊寧)로 향했던 러시아 사절단은 1851년 청러쿨자조약에 조인하는 데 성공하여 중앙아시아에서 쿨자와 추구착(타청, 塔城)을 러시아와의 무역에 개방시켰다. 다른 계획은 1847년 동시베리아의 총독으로 임명된 미하일 니콜라예비치 무라비요프 백작(1809~1881) 지휘 아래 있던 아무르강 분수령으로 향했다. 러시아의 동시베리아 총독은 공격적인 전략을 추구했다. 그는 1854년과 1855년 아무르강 하류로 정착자들을 보내 강변을 따라 거류지를 세우게 함으로써 러시아

1860년 원명원을 약탈하는 영국과 프랑스 군대. 고드프로이 뒤랑(1832~1896), L' Illustraion, 1860. 12(Wikimedia Commons)

와 중국 사이의 국경을 그렸던 1689년의 네르친스크조약을 의도적으로 위반했다. 1857년까지 무라비요프는 아무르강을 따라 내려가는 네 차례 원정을 후원했다. 1856년의 세 번째 원정 도중 러시아 군대가 강의 좌안과 하류 유역을 점령했다. 1858년 5월 무라비요프는 아이훈(아이후이, 愛輝)에서 청의 장군 혁산奕山에게 약 15만 제곱마일에 달하는 지역인 아무르강 북안을 러시아에 넘기고 우수리강과 바다 사이의 땅은 양국의 공동 관리하에 두는 조약에 서명하도록 강요했다. 그러나 베이징은 이 조약을 비준하기를 거부했다. 1860년 영국과 프랑스 연합군이 중국 북부를 공격한 다음, 러시아 협상가 니콜라이 이그나티예프(1832~1908)는 군대를 베이징에서 철수하도록 협상하는 중재자 역할을 했다. 연합군이 베이징을 떠난 직후 이그나티예프는 중재 대가로 1860년 중국과 러시아 사이의 베이징조약을 획득했는데, 이 조약은 아이훈조약을 승인하는 것에 더해 우수리강과 바다 사이의 전 지역을 러시아에 할양함으로써 앞선 조약에서 넘겨준 지역에 10만 제곱마일을 더했다. 러시아는 만주에서의 무역 이권도 얻었다.

공친왕이라는 칭호로 더 잘 알려진 황제의 동생 혁흔奕訢은 서구 열강들과의 협상을 책임지는 흠차대신으로 임명되었다. 1858년의 톈진조약과 1860년의 베이징조약으로 평화가 회복되었는데, 후자는 청 제국이 영국, 프랑스, 러시아와 각각 개별적으로 맺은 3개 조약을 포함했다. 이 조약들은 청 제국을 크게 약화했다. 1858년과 1860년의 조약은 1차 아편전쟁으로 외국이 얻었던 특권들을 확장했고, 조약항 체제에서 이루어진 발전을 확인하거나 합법화했다. 영국, 프랑스, 러시아 그리고 미국이 베이징에 대사관을 세울 권리를 가지게 됨으로써 수도가 처음으로 외국에 개방되었다. 청 조정은 영국과 프랑스에 각각 800만 냥을 배상금으로 지불했고, 영국 상인들에게 은 300만 냥을 보상했다. 뉴좡牛莊, 단수이淡水(타이완), 한커우漢口, 난징南京, 톈진 등을 포함하는 11개 항구가 추가로 외국인의 거주와 무역에 개방되었다. 주룽반도가 영국에 할양되었다. 외국인들, 특히 상인과 선교사들이 내륙을 자유롭게 이동하게 되었다. 청 당국에 가장 받아들이기 힘들었던 것은 어쩔 수 없이 서양 정부들에 넘겨준 무역과 조약항의 개항 등 경제적 권리가 아니라, 사회 질서의 안정에 영향을 준 비경제적인 정치적 특권이었다. 그중 가장 중요한 것은 아편 중독으로 인한 사회적·경제적 문제를 심화할 게 거의 확실한 아편의 합법화였다. 선교자들에게 주어진 기독교 포교 권리도 매우 불안했는데, 이것은 유교 사회의 엘리트와 지방의 종교적 집단으로부터 저항을 받을 것이 분명했다. 이 조항이 수많은 지방의 사

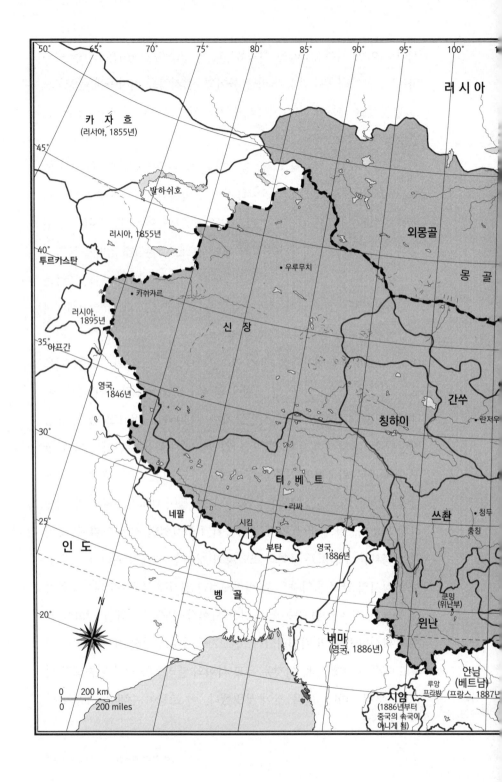

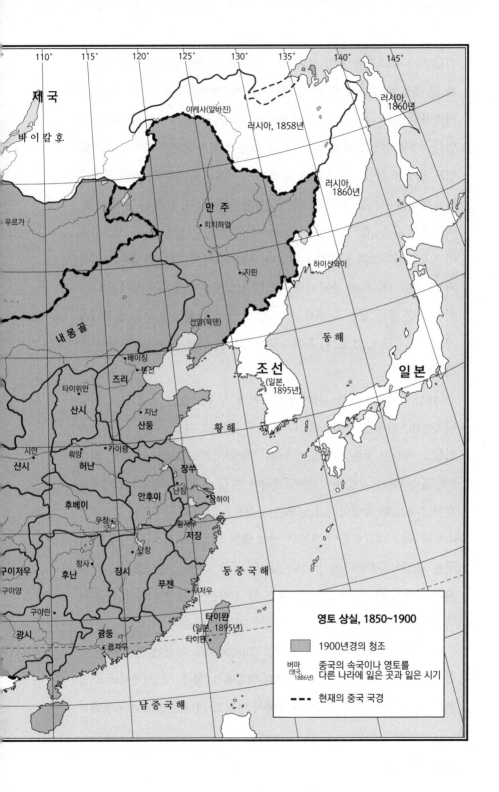

제국

바이칼 호

우르가

러시아, 1858년

야케사(알바진)

러시아, 1860년

러시아, 1860년

만주

치치하얼

지린

하이산와이

내몽골

선양(묵덴)

동해

일본

베이징

톈전

조선
(일본, 1895년)

타이위안

즈리

산시

지난

산둥

시안

산시

뤄양

카이펑

허난

황해

장쑤

후베이

안후이

난징

상하이

우창

항저우

저장

창사

난창

후난

장시

동중국해

구이저우

푸젠

구이양

푸저우

구이린

광둥

타이완
(일본, 1895년)

광시

광저우

타이완

남중국해

영토 상실, 1850~1900

1900년경의 청조

버마
(영국
1886년)

중국의 속국이나 영토를
다른 나라에 잃은 곳과 잃은 시기

- - - 현재의 중국 국경

건을 일으켜 조정을 지방 사회와 외국 선교사 사이의 불편한 위치에 놓게 될 것을 예상할 수 있었다. 영국 선박이 계약된 중국 노동자들을 아메리카로 실어 나를 수 있게 한 베이징조약의 또 다른 조항도 마찬가지였다. 19세기에 노예무역의 제한과 최종적 폐지로 플랜테이션 경제와 철도 건설을 위한 중국 노동자 수요는 급격하게 증가했다. 많은 동시대 관찰자에게 뒤이은 '쿨리 무역'은 난폭한 고용 방식, 빈번한 납치 사례, 비인간적 운송 조건, 작업 시 노동자들의 높은 사망률 등을 비롯하여 이전의 노예무역과 공통점이 많았다. 사실 당시 두 가지 관행은 구별하기 어려웠는데, 특히 중국인과 아프리카 노예들이 같은 농장에서 나란히 일하던 쿠바 같은 곳에서 그랬다. 청 당국은 해외에 사는 신민들에게도 책임감을 느꼈고, 서구 열강들이 그들을 어떻게 대하는지 매우 염려했다.[14]

1858년에서 1860년 사이의 격동기에 청 관료들은 두 집단으로 나뉘었는데, 한쪽은 전쟁으로, 다른 쪽은 평화로 기울었다. 외국인들과 협상을 책임진 것은 평화를 선호하는 그룹의 지도자들인 공친왕, 계량桂良, 문상文祥 등이었다. 그들은 전쟁에 이길 수 없고 화해가 위기에서 벗어날 유일한 방법이라고 믿으면서 실용적 고려로 움직였다. 1861년 수도에 외국 대표부들이 설립된 것에 대한 대응으로서 외교 사무를 다루는 총리아문總理衙門이 설립되었는데, 주요 직위를 평화를 선호하는 분파가 차지했다. 1년 후인 1862년 청 조정은 베이징에 외국어 및 외국 관련 과목들을 가르치려고 동문관同文館을 설립했다.

두 차례 아편전쟁은 조공 체제를 조약 체제로 대체했다. 이러한 변화는 중요했고, 그 결과는 멀리까지 영향을 미쳤다. 조공 체제의 소멸은 수백 년 동안 중국과 동아시아에서 안정과 번영을 만들어낸 위계적 모델에 기초한 중요한 제도의 상실을 의미했다. 조공 질서는 동등한 행위자들 사이의 국가 간 경쟁에 기초하고 조약에 명기된, 서구의 영향을 받은 외인적 규칙들의 새로운 조합으로 대체되었다. 그렇게 중심적인 제도가 외부적 압력으로 갑자기 없어지자 청조 전체의 제도적 질서가 심각한 영향을 받았다. 제국의 전체 구조를 확실하게 약화하면서 청 지배의 한 기둥이 무너졌다. 제도적 변화가 불가피하게 되었다.

난징조약(1842), 톈진조약(1858), 베이징조약(1860)은 중국 제국과 영국 제국 사이의 공식적 동등성을 나타내기 위해 신중하게 작성되었다. 그러나 분명하게 청조에 불리한 여러 조항이 공식적 언어 속에 숨겨져 있었다.[15] 조약들을 본질적으로 불평등하게 만든 것은 몇 가지 핵심적 측면에서 상호주의의 결여였다. 항구의 개방과 치외법권 조항은 모두 일방적이었다. 즉, 중국은 유럽이나 유럽의 속국에서 대등한 특권을 얻지 못했다. 마찬가지로 중국이 요구받은 낮은 고정관세에 부응하는 영국이나 다른 유럽 국가들의 어떠한 관세 양보도 없었다. 최혜국대우 조항 역시 상호적이지 않았다. 19세기 말과 20세기 초에 중국인들이 국제법을 연구하기 시작하면서 부인할 수 없는 이러한 불평등은 조약을 개정하려는 장기간의 운동에서 초점이 되었다. 이 운동이 마침내 어느 정도 성공을 거두게 된 것은 제2차 세계대전이 시작된 이후였다.

그러나 문제는 구체적인 조약의 조항들보다 훨씬 더 컸다. 중국의 주권을 효율적으로 제한했던 조약들이 서구(나중에는 일본) 제국주의라는 더 큰 체제가 만들어지는 기초가 되었다. 이런 점에서 관세자주권과 치외법권이라는 두 측면이 중요했다. 서구 열강들이 중국과 전쟁을 했던 한 가지 이유는 광저우 무역 체제에서 관세와 수수료의 자의적 징수 방식에 있었다. 조약들에서 영국은 보통 가격 기준으로 5%인 낮은 고정관세를 결정했다. 세계 무역이 성장하던 시대에 수입품 관세에서 오는 수수료는 어느 국가에나 인프라에 투자하고 국내 산업을 지원하는 중요한 세입원이었다. 이러한 수입이 크게 줄어들었기 때문에 중국이 국가 발전을 가능하게 하고 산업화를 따라잡도록 투자하는 것은 확실히 어려워졌다. 국내 산업을 육성하고자 보호 관세를 부과할 수 없는 것도 큰 타격을 주었다. 1859년대에 영국이 이끄는 서구 열강들은 중국에 외국이 관리하는 제국 해관 설치를 요구했다. 제국 해관은 기능을 점점 확장하여 결국 조약항의 항만 시설과 항해를 관리하고 중국 최초의 우편 서비스를 취급하게 되었고, 마침내 염세 징수까지 관리하게 되었다.[16] 이런 모든 단계가 거의 틀림없이 제국 정부의 효율성을 증진하고 세입을 늘렸겠지만, 중국 재정 기구의 핵심 부분을 외국이 통제하는 것을 대가로 했다.

'치외법권'도 중국에 마찬가지로 문제가 되었다.[17] 다시 말하지만, 이 용어는 자기 국경을 벗어난 지역에서 다양한 사법적 기능을 행사하게 하는 국제적 규범을 가리킨다. 치외법권을 가진 법원은 외교적 지위나 공식적 지위 보유 여부와 관계없이, 거주 외국인을 본국의 사법권 아래 두고 거주 국가의 사법권으로부터 면제받게 한다. 물론 이것은 근대 국제 체제에서 국가 주권의 기초적 요소가 된 배타적 국내 지배라는 일반적 관행에 어긋나는 것이다. 배타적 국내 지배는 어떤 국가도 다른 국가의 영토 안에서 입법, 행정, 사법 등의 정부 권한을 행사할 수 없게 한다. 그러나 중국에 있던 서구 열강들은 더 유연한 법적 구조에 의지하는 것이 더욱 유용하다는 것을 발견하곤 했고, 그들의 속국에서 속지적 사법권보다 속인적 치외법권을 선호해 왔다. 서구인과 중국인 사이의 혹은 중심과 주변 사이의 차이를 구축하고 유지하는 것이 오랫동안 식민 지배의 핵심 교리로 간주되어왔다. 동등성을 강조하는 공식적·법률적 언어에도 불구하고 서구 제국주의는 실질적으로 불공평한 대우, 위계적 관계, 동등하지 않은 법적 지위 등을 포함했다. 서구 열강들은 공간적 분리와 복합적 사법권의 발전으로 다양한 주민 사이에서 차이를 만들고 유지하려 했다. 치외법권은 서구의 대리인들을 중국 당국으로부터 차단함으로써 그들을 모호한 법적 조건 속에서 관리하고 보호하려는 필요가 가져온 논리적 결과물이었다. 치외법권으로 서구 열강들은 주권을 등급화해 다양한 식민지적 형식을 만들어낼 수 있었고, 법적 지위의 차이를 유지할 수 있었다.

치외법권이 없었다면 조약 체제에서 법률적 복잡성과 모호성을 유지하기가 불가능했을 것이다. 중국에서 사법권의 다중성은 중국 해안에서 제국주의가 얼마나 유연하고 불투명했는지를 보여준다. 그것은 분산적이면서 실체적이었고, 통제와 주권의 보이지 않는 형식과 보이는 형식 사이를 오갔다. 최근의 역사 연구는 제국적 형식이 일반적으로 범주를 이동시키고 요소들을 움직이는 데 의지하는 제국적 통제의 유동적이고 유연한 정치 형태라고 결론 내린다.[18] 치외법권은 열강들이 제국의 영토적 경계를 넘어 확실하고 안전하게 영향력을 미치게 했다.

식민주의를 연구하는 서구의 역사학자들은 중국과 그 너머 제국주의의 역사적 구체상을 거의 논의하지 않았다.[19] 그러나 중국 역사학자들은 오랫동안 식민지적 지배의 특수한 발현을 '반식민지'라는 용어로 묘사해 왔는데, 이 용어는 외국의 권력과 지배받는 나라의 공식적인 정치적 주권이 공존함으로써 생긴 다양한 헤게모니 형태 속의 과도기적 국가를 의미했다. 중국은 완전히 외국의 지배 아래 들어가지 않았지만, 완전히 독립적이거나 완전한 주권을 행사할 수 있는 것도 아니었다. 지구적인 식민지 관행들은 지구적·국가적·지방적 영역 안에서 서로 다르고 대립하는 힘들 사이의 일시적인 제도적 형식을 만들어내면서 토착적인 지방적 관행과 충돌했다. 이러한 동학의 결과는 불확실했고, 독립과 완전한 식민지화 중 어느 쪽으로도 향할 수 있었다.[20] 중국에서 반식민지화는 양면적 상태였고, 좀 더 포괄적이고 완전한 형태의 외부 제국주의의 지배에 저항할 가능성도 열려 있었다.

조약항 세계의 상업화와 혁신

조약 체제의 결과로 해안과 주요 내륙 수로에 있는 점점 더 많은 중국 도시가 대외 무역과 외국인의 정착에 개방되었다. 이른바 조약항이라고 불린 이러한 도시들은 대부분 호황을 누리고 붐비는 도심지로 급속하게 발전했다. 오늘날 중국의 가장 유명한 도시들 다수가 19세기 후반에 점진적으로 부상했던 과거의 조약항이었다. 무엇보다도 '동방의 진주'인 메트로폴리스 상하이가 있다. 톈진, 선양, 광저우, 한커우(우한), 아모이(샤먼), 칭다오 등 급속히 발전한 도시들이 이 목록에 포함된다. 19세기의 주요 도시는 대부분 (수도 베이징을 예외로 하면) 국제 무역으로 성장하고 번영했다. 원래는 소도시였던 상하이와 톈진이 중요하고 번영하는 대도시로 부상한 것은 완전히 국제무역항으로서 지위 때문이었다. 이러한 중국 도시들은 확장되었을 뿐 아니라 중국-유럽 혼합 사회의 중심지이자, 새롭고 외래적인 것의 전달자이자, 중국의 도시 지역을 넘어서 멀리 전파되는 근본적 변화의 동력이 됨으로써 깊은 변화를 겪기도 했다.

조약항은 조약상대국에서 온 외국인들이 중국과 다른 18개 국가 사이에 맺은 일련의 협정에 따라 거주하고 사업할 수 있도록 특별히 허가받은 곳이었다. 1842년과 1914년 사이에 공식적으로 모두 92개 도시가 조약항으로 지정되었다. 공무, 사업, 기독교의 이해를 대표하는 외국인들이 이러한 중심지의 대략 절반에 거주지를 세웠다. '불평등 조약'으로 설립된 조약항들은 법률적 장치와 외국 군함의 보호를 받았다. 이 장소들에서 중국이 영토를 할양하지 않았음에도 외국 국민들에 대한 치외법권 지위 인정은 중국 당국이 조약항의 외국인과 중국인 거주자를 사실상 포기한 것과 마찬가지였다. 오해 소지가 있을 정도로 조약항이라고 통칭되지만, 실제로는 다양한 도시에 적용되는 아주 다양한 법적 형식이 있었다.[21] 비교적 큰 영토에 대한 무제한적·무조건적 양도를 의미하는 고전적 식민지는 예외적이었다. 1841년에서 1997년 사이의 홍콩, 1887년부터 1999년 사이의 마카오, 1895년부터 1945년 사이의 타이완만이 외국 열강(영국과 일본)이 완전하게 지배하는 식민지였다. 조차지와 같은 식민지 지배의 모호한 유형이 더 일반적이었다. 외국 열강들은 항만 시설과 해군 기지를 유지하려고 인접한 작은 영토를 청 제국으로부터 제한된 기간 조차했다. 이러한 곳에서 서구 열강들은 제한된 주권을 행사했다. 칭다오(독일), 웨이하이웨이威海衛(영국), 주룽(영국), 포트 아서(뤼순旅順, 오늘날의 다롄大連(러시아)) 등이 그러한 사례다. 보통 조차지들은 군사적·상업적 이해에 필요한 수송 기지 역할을 했다. 이 때문에 조차지는 보통 내륙의 자원에 가까웠고 중요한 국내·국제 교역로에 접근할 수 있었다. 조차지에는 외국 회사에 노동력을 제공할 수 있는 규모가 작은 현지 중국인 주민이 있었다. 외국 열강들은 중국의 주요 도시와 조약항

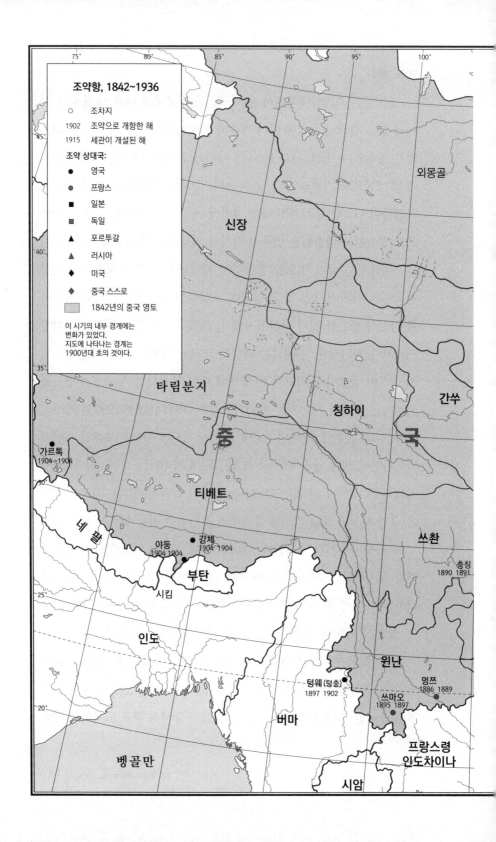

조약항, 1842~1936

○   조차지
1902   조약으로 개항한 해
1915   세관이 개설된 해

조약 상대국:
●   영국
●   프랑스
■   일본
■   독일
▲   포르투갈
▲   러시아
◆   미국
◆   중국 스스로

□   1842년의 중국 영토

이 시기의 내부 경계에는
변화가 있었다.
지도에 나타나는 경계는
1900년대 초의 것이다.

외몽골

신장

타림분지

칭하이

간쑤

중

국

가르톡
1904~1904

티베트

쓰촨

충칭
1890 1891

네팔

야둥
1904 1904

강체
1904 1904

부탄

시킴

인도

윈난

멍쯔
1886 1889

텅웨(텅충)
1897 1902

쓰마오
1895 1897

버마

프랑스령
인도차이나

벵골만

시암

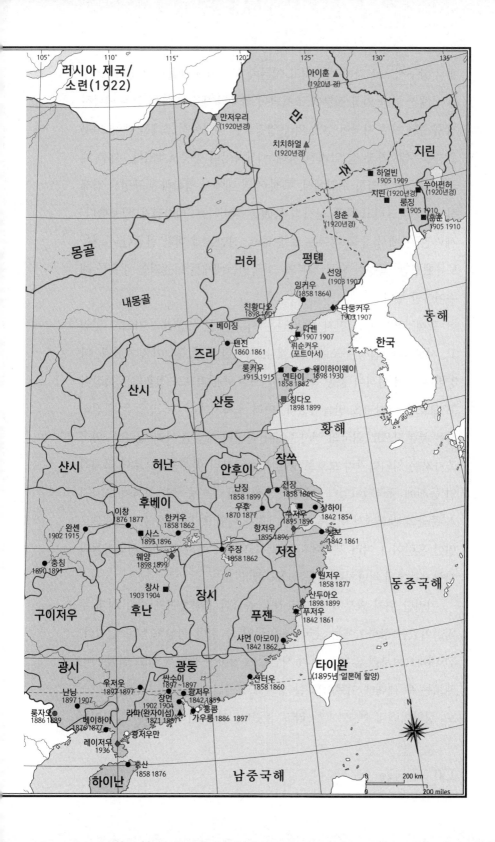

에서 항구적으로 자리 잡으려고 이른바 도시의 조계를 설치했다. 조계는 정해진 기간 외국 정부에 조차되어 외국의 행정권 아래 있는 명확하게 규정된 거주 지역이었다. 외국 열강들은 중국에서 조계를 대략 20곳 운영했는데, 가장 잘 알려진 사례는 상하이의 공공조계였다. 서구 제국 열강들은 조약항 주위에서, 특정 지역 내에서 명확하게 규정된 경제적·문화적 그리고 종종 군사적 특권을 의미하는 '세력권'을 활용했다. '세력권' 안에서 중국 정부는 보통 중국 신민들에 대한 완전한 주권을 보유했지만, 특정한 외국 정부와 그 국민들에게는 특권적인 대우를 해주어야만 했다.

조계, 조차지, 식민지, 세력권은 서로 다른 사법권을 가지고 있었고, 서로 다른 법적 구조에 기초했다. 독특한 혼성 형식이 생겨났다. 다양한 제도적 형식이 종종 속지적이기보다 속인적으로 적용되는 복잡하고 모호한 사법권을 만들어냈다. 여러 조차지에서 중국인들은 완전히 혹은 부분적으로 외국의 영사권이나 식민지 사법권 아래 있었다. 외국 조차지는 치외법권의 보호로 중국 법률로부터 면제받음으로써 국제적인 동시에 중국적이었다. 이러한 혼성적이고 이중적인 성격이 조차지가 중국의 발전에서 이익을 얻는 기초가 되었고, 또한 중국의 전쟁으로 인한 혼란이나 여러 제약에서 도망치고 싶어 하는 중국인 사업가들과 사상가들에게 피난처를 제공하기도 했다.

편리한 위치 덕분에 단연코 가장 중요한 조약항이자 중국 최대 무역항이었던 상하이에는 중국 내 외국인 중 절반 이상이 살고 있었다. 전 대륙으로부터 많은 나라의 시민들이 상하이에 와서 살고 일했으며, 때로는 수 세대에 이르기도 할 정도로 장기간 머무르는 사람들은 스스로 '상하이랜더'Shanghailanders라고 불렀다. 여러 가지 면에서 상하이는 중국과 외국이 경제적·정치적으로 상호작용하는 '조약항 체제'를 지배했다.[22] 상하이가 여러 가지 면에서 파리, 베를린, 런던, 도쿄 등에 비견할 정도로 세계에서 가장 현대적인 도시의 하나로 발전하면서 다른 조약항의 외국인들뿐 아니라 중국 사람들에게도 현대성과 일상의 우아함을 보여주는 매혹적인 모델이 되었다.

원래는 분리되어 있던 영국 조계와 미국 조계는 1863년 공공조계로 통합되었고, 1930년대까지 21.5제곱킬로미터의 영역을 포함할 정도로 확장되었다. 프랑스는 공공조계에 들어가지 않고 계속 자신들의 프랑스 조계를 유지했다. 1900년 영국인 소유자들이 공공조계 지역의 토지 중 90%를 장기 임차하고 있었고, 1930년에도 여전히 78%를 임차하고 있었다. 공공조계의 주민들은 수도, 경찰 그리고 상하이의 중국인 주민들의 입장을 거부하는 것으로 알려져 악명 높게 된 공원의 유지 등과 같은 서비스를 위해 요금을 냈다.[23] 그동안 인접한 상하이의 프랑스 조계는 10제곱킬로미터의 영역을 포함할 정도로 성장했다. 현지의 관행으로 공식적 특권이 확대되면서 주요 조약항은 외국인들이 자치를 누릴 뿐 아니라 중국인 이웃들에게 상당한 권위를 행사하는 구역이 되었다. 상하이에서는 두 조계가 각각 외국인이 통제하는 경찰뿐 아니라 자치적 법원도 가지고 있었다.

공공조계를 관리하려고 1854년 만들어진 상하이 공공조계 공부국工部局은 작은 국가의 과두적 지도부와 같았다. 초기에는 불과 30~40명의 외국인 토지 소유자와 임대인이 9명의 이사를 선출했고, 1920년대에는 여전히 조계 외국 주민의 일부에 불과한 2,000명 정도가 선출했다. 공공조계의 중국인 주민들이 그들이 '대표 없는 과세'라고 부른 것에 저항했던 것이 이때였다. 중국인이 조계 주민의 90%를 훨씬 넘었음

상하이 난징루의 시크교도 영국 경찰관과 유럽인 가족, 1900년 무렵(chinasmack.com)

에도 공부국에는 그들의 대표가 없었다. 결국 공부국은 이사를 14명으로 늘리면서 중국인 대표를 5명 받아들이는 데 동의했다. 상하이의 프랑스 조계는 다르게 운영되었다. 프랑스 조계는 작은 군주정을 닮았는데, 그 안에서는 프랑스 총영사가 시정 이사회를 주재했고 법원의 최고 재판관이었다.

텐진은 상하이에 이어 두 번째로 중요했다. 1914년까지 영국, 프랑스, 일본, 이탈리아, 러시아, 오스트리아−헝가리, 독일, 벨기에가 모두 텐진에서 거주 구역을 조차했다. 4제곱킬로미터인 영국 조계가 이들 중 가장 중요했고, 영국 소유주들은 텐진의 다른 지역에서 토지 2,000에이커를 개인적으로 더 보유했다. 광저우와 한커우도 주요 조약항이었다. 홍콩과의 근접성은 광저우 경제에 강한 영향을 미쳤다. 서양인들은 작은 운하를 경계로 광저우와 분리된 강변 지역인 샤미엔沙面에 모여 있었다. 양쯔강 항구인 한커우에는 여러 외국 조계가 강변을 따라 5킬로미터 넘게 이어져 있었고, 이 지역들 뒤에는 골프장이나 경마장 같은 유럽식 오락시설을 갖춘 외국인 공동체들의 공동 관리 구역이 있었다.

조약항들을 다른 중국 도시들과 확실하게 구분하는 것은 공업 중심지로서 기능이었다. 1895년까지 외국 회사들이 중국 영토에 공업 기업을 세우는 것이 조약으로 금지되어 있었다. 외국 투자의 절반 이상은 조약항으로 향했고, 조약항들은 새로운 상품, 새로운 기술, 새로운 생산 방식을 전파하는 허브가 되었다. 조약 체제는 처음에는 조약항에서만 새로운 기술과 제도적 형식이 도입되는 것을 가속화했지만, 곧 조약항들이 새로운 기술과 지식이 국내 경제와 중국의 정부 기구로 전파되는 발판이 되었다. 은행, 상하이 증권거래소, 유한책임 주식회사 등과 같은 금융 제도와 지방자치의 새로운 형식 등이 초기 사례들이었다.[24]

19세기에 조약항에서 이루어지는 투자는 대부분 해운이나 조선처럼 무역·운송과 관련된 것이었다. 중국의 철도회사 중 다수가 외국의 대부를 받았고, 내륙 수로에서 항해하는 증기선은 모두 영국의 스와이어Swire(1816년 창립), 자딘Jardine(1832년 창립)이나 일본의 해운회사들처럼 외국의 무역상사들 소유였다.[25] 1894년까지 거의 100개에 달하는 중국 내 외국 회사는 대부분 조약항 내의 조선과 선박 수리, 수출입 업무 혹은 간단한 제조업에 관련되어 있었다. 직물이나 대두 가공 공장을 세우려는 몇몇 시도가 있었지만 대체로 성공적이지 못했다. 조약항에서 최초 공장들은 외국의 돈으로 세워졌지만, 중국의 정부와 민간 자본은 곧 스스로 공업을 발전시켰다. 중국 공업에도 외국이 투자한 것은 20세기 초에 이르러서였다. 최초의 중국인 공업 기업들은 기존 회사 바깥에서,

주로 수공업 분야에서 발전했다. 거의 모든 현대적 중국 공업은 주요 조약항이나 그 주변에 자리 잡았다. 제분, 직물, 성냥, 자기, 전기, 기계 제조, 조선 등의 산업이 나타난 상하이는 강남의 공업 중심지가 되었다. 광저우는 담배와 궐련, 직물 그리고 농산물 가공의 중심지였다.[26]

조약항에서는 전 세계에서 온 '외국 회사(洋行)'들이 지점을 세웠다. 뉴욕의 시티은행, 홍콩 상하이은행HSBC, 요코하마 정금正金은행, 네덜란드의 제너럴은행 등을 비롯한 많은 외국 은행 역시 지점을 유지했다. 외국의 금융제도는 중국 경제에 현금을 공급하면서 중국의 현대적인 국제 시장경제의 필수 부분이 되었다. 19세기 후반에 북미와 유럽에서 상당한 대부가 필요했던 대륙횡단 철도 건설이 마무리되면서 투자가 필요했던 중국은 아주 매력적인 금융 시장이 되었다. 그 결과 중국 자본 시장에 대한 관심은 유럽이나 미국보다 높았다. 대출과 담보는 큰 규모의 서양 금융 기관으로부터 더 작은 은행으로, 다시 신식 중국 은행으로, 그리고 다시 구식 송금은행과 환전상으로 갔다. 신식 은행의 금융 서비스를 찾는 중국인 수는 19세기 동안 빠르게 늘었다. 은행들은 사업을 하려고 은행의 대출에 의지하는 무역상사와도 연결되어 있었다. 당시 가장 큰 은행인 HSBC는 조약항 세계의 초지역적 순환을 보여주는 훌륭한 사례다. 1865년 홍콩에서 불과 500만 홍콩 달러의 자본으로 설립된 HSBC는 20년 안에 중국에서 가장 큰 금융 기관이 되었고, 대부분 조약항과 주요 도시에 사무실과 대리인을 두었다. HSBC는 동남아시아에서 홍콩 정부의 계좌를 관리했고, 홍콩과 태국에서 은행권을 발행했다. 1920년대까지 HSBC는 중국 정부에 대한 많은 대출을 다루면서 이 사업으로 상당한 이익을 보았다.[27]

조약항은 서양뿐만 아니라 동남아시아의 해양 세계와도 연결되었다. 광둥 상인들은 중국의 항구 도시들을 타이베이, 싱가포르, 홍콩, 필리핀과 연결하는 광범위한 무역 네트워크를 만들었다. 바타비아(자카르타)와 사이공(호찌민)에서 중국 상인들은 네덜란드인과 프랑스인 거주자들, 외국 회사들, 중국 밖에서 활동하는 회사들과 거래했다. 동남아시아의 엘리트와 유럽인들이 모두 중국인의 부가 늘어나는 것과 경쟁을 걱정했음에도 그들은 중국과 동남아시아를 연결하는 팽창하는 시장에 의존하게 되었다. 의약품 마케팅의 초지역적 네트워크가 크게 발전했다. 예를 들어 영국령 말라야에서는 1870년대에 중국 약품을 거래하기 시작한 위런성余仁生이 계약노동자들에게 약품과 함께 금융 서비스를 제공하면서 말레이반도를 남부 중국의 조약항들과 연결했다. 1909년 버마 랑군에서는 오분호胡文虎, Aw Boon-haw라는 이름의 화교 기업이 매우 인기 있는 만능약이 된 연고를 발명했다. 이 약이 호랑이 연고라는 상표로 중국의 조약항뿐 아니라 동아시아 해양 전체에 판매됨으로써 발명자는 20세기 중국에서 가장 강력한 상업 제국의 하나를 만들 수 있었다.[28]

조약항을 통해 새로운 지식과 제도가 중국에 들어왔다. 무엇보다 인쇄물의 보급으로 공학, 의학, 국제법, 법학, 정치적 대표, 민주주의 등을 포함하는 광범위한 주제들에 대한 새로운 정보와 관념이 중국의 도시 사회에 퍼졌다. 인쇄 산업, 특히 상하이와 다른 조약항 정기간행물의 엄청난 영향력이 중국 도시의 지적 전환을 추동했다.[29] 중국 신문에서 1858년 최초의 상업 광고가 나타났다. 상하이의 신문들은 주요 수입을 광고에 의지하게 되었고, 이러한 전환으로 신문 사업은 더 이상 정부나 선교사의 자금 지원에 의존하지 않게 되었다. 상하이의 가장 중요한 신문은 1872년에 창간된 『신보申報』였다. 상하이에서 출판되는 수많은 다양한 다른 정기간행물이 재빨리 합류했다. 그중 가장 주목할 만한 것으로 1896년에 창간된 『시무보時務報』가 있었다.

　도서 출판업자들은 조약항에서 성장하는 시장을 발견했고, 새로운 읽을거리와 장르도 발전시켰다. 가장 큰 출판사의 하나는 세계 고전들의 번역을 출판한 상무인서관商務印書館이었다. 예를 들어 엄복嚴復 (1854~1921)이 번역한 존 스튜어트 밀의 『자유론On Liberty』(1859)과 임서林紓 (1852~1924)가 번역한 많은 서구 문학은 매우 인기 있었고 나라 전체에 상당한 영향을 주었다. 19세기와 20세기에 중국의 조약항 도시의 네트워크는 문화적 변화를 이끌고 안내했다. 상하이를 중심으로 하는 이 광대한 네트워크는 중국 도시 주민들이 변화하도록 자극했다. 교육받고 풍족한 도시 주민 집단들이 사고, 취향, 일상의 행동에서 전통적 삶의 방식을 포기하고 그들이 현대적 생활양식이라고 본 것을 받아들이기 시작했다.

　조약항에서 기독교 선교가 성장했고, 순회 선교사들이 중국의 대부분 지역을 여행하기 시작했다.[30] 동시에 서구 제국주의 국가들에서 온 기독교 선교 집단의 방법과 목표에 대한 의견 충돌이 나타났다. 16세기 이후 중국이 기독교를 접한 것은 주로 유럽 가톨릭을 통해서였다. 16세기에 포르투갈인들과 함께 예수회가 처음 도착했고, 곧 스페인인들과 함께 도미니코회와 프란치스코회가 뒤를 이었다. 19세기에는 영국인, 독일인, 미국인 아래의 개신교와 가톨릭교회들이 왔다. 정치적·경제적 질서를 강요할 것을 걱정하는 중국의 중앙정부에 유럽 열강들과 선교 집단들 사이의 신학적 불일치는 얻을 것은 거의 없고 잃을 것은 많은 불안정한 영향력으로 보였다. 종종 관료와 주민들의 적개심과 마주치기는 했지만 선교사들의 문화적 활동과 교육 사업은 매우 중요해졌는데, 아마도 선교 사업의 가장 중요한 측면일 것이다.

19세기 선교사는 대부분 영국과 미국의 개신교도들이었고, 미국의 대부흥운동과 영국의 복음주의 부활에 영향을 받은 젊은 남성들과 여성들이었다. 영향력 있는 선교사들 중 일부는 영혼을 구원하는 것보다 서양의 교육적 이상을 전파하는 데 더 관심이 있었다. 런던선교협회가 파견한 로버트 모리슨(1782~1834)은 1830년대에 중국어로 책을 출판했다. 미국 해외 선교 위원회가 파견한 일라이저 브리지먼(1801~1861)은 광저우에서 영어와 중국어로 잡지를 출판했다. 서양 교회들은 상하이의 성 요한대학과 같은 교구 학교의 설립도 시작했다. 성 요한대학은 처음에 국학, 서학, 신학 등의 학부를 세웠고 나중에 문학부, 이학부, 의학부, 신학부의 4개 학부로 확대되었으며 서양 언어, 수학(대수와 미적분), 서양 과학, 천문학, 화학, 역학, 지질학, 항해 등의 교육과정을 운영했다. 외국 장교, 외교관, 무역업자들과 달리 선교사들은 대부분 중국어에 능통했고 중국과 서양 사이의 매개자 역할을 할 수 있었다. 일부는 나중에 서양으로 돌아가서 서양 대학에 자리 잡고 중국어를 가르쳤다.

　　서양에서 지원하는 활동, 학교, 고등교육 기관의 확산은 새로운 교육 체제를 만들려는 중국인들의 노력을 자극했다. 1863년 정부는 상하이에 광방언관廣方言館을 세웠고, 1년 후 광저우에 또 하나의 동문관同文館을 세웠다. 1874년에 매판 당정추唐廷樞(1832~1892), 개혁가 서수徐壽(1818~1884) 그리고 이들을 지원하는 몇몇 서구 외교관과 학자들이 나중에는 그냥 상하이 폴리테크닉이라고 불리곤 했던 격치서원格致書院을 설립했다.[31] 서양 과학을 중국에 도입하려고 시작된 이 기관은 중국인들에게 여러 외국과 전반적인 과학 주제들을 가르치고자 했다. 여기에서는 천문학, 수학, 의학, 제조, 화학, 무기, 지질학 등의 교육을 제공했다. 톈진의 북양서학학당北洋西學學堂(지금의 톈진대학)은 산업공학, 서양 학문,

광업, 기계공학, 법률을 가르치는 것으로 시작했다. 1897년에 항저우 지부知府였던 임계林啓는 서양의 고등교육 체제에 기초하여 '구시서원' 求是書院을 설립했다. 구시서원은 나중에 저장대학으로 발전했다. 한 세대도 지나지 않아 중국의 고등교육은 기술과 외교 사무에 대한 편협한 집중에서 벗어나 서양 대학과 유사한 폭넓고 새로운 교육 체제로 발전했다. 대학, 단과대학, 사범대학 그리고 공업, 상업, 법률, 정부 행정, 의학 등 다양한 분야의 전문학교들이 주로 조약항에서 급속하게 생겨났다. 20세기 초까지 중국에는 이미 학생 2만 7,000명 이상이 등록된 140곳 이상의 고등교육 기관이 있었다.

조약항의 설치, 대외 무역의 성장, 새로운 교육기구와 교육기회의 급성장은 도시 성장이 해안의 대도시들이 팽창하는 쪽으로 치우치게 했다. 해안 도시와 내륙 중심지 사이에 격차가 생기기 시작했다. 고용인이 외국인이건 중국인이건 관계없이 초기 단계의 공업에서 종종 노동 조건이 열악했음에도 인구가 밀집된 중국의 시골에는 늘 도시에서 취업하기를 원하는 농촌 과잉 인구가 있었다. 도시 여행과 도시 거주에 대한 청의 제한이 느슨해지면서 해안의 많은 중국 도시는 규모가 배로 늘었다. 전반적으로 중국인 중 대략 85%가 계속 시골에서 살았다. 그러나 10분의 1이 넘는 사람이 도시 지역에 살았고, 대도시들은 정치적·사회적 변화를 요구하는 주도 세력이 되었다.[32] 대도시는 단체로 조직된 노동자들, 정부의 권력남용에 항의하는 학생들 그리고 민족주의를 고취하는 상인들이 생겨나게 했다.

상하이와 다른 도시들은 또한 민족주의의 중심지가 되었고 나중에는 혁명 선전의 중심지가 되었다. 청조 지배의 끝을 향해 가면서 중국의 도시(처음에는 조약항 그리고 나중에는 그 너머까지)와 중국 도시의 이주자들은 전신과 기차를 통해 뉴스와 관념의 소통이 빠르게 발전하는 것의 도움을 받아서 강렬한 형태의 정치적 민족주의를 함께 발전시켰다. 이러한 대도시는 대부분 철도, 도로, 바다, 강 등 교통로로 연결되어 있었다. 사람들과 관념이 한 장소에서 다른 장소로 더 빠르게 이동했다. 후기 중화제국에서 공식 서신은 성 내에서 10일, 베이징에서 더 멀리 떨어진 성까지 석 달이 걸렸다. 새로운 철도는 배로 이틀이 걸리는 거리의 여행에 필요한 시간을 급행열차로 3시간 반으로 단축했다. 전신선이 놓이자 조약항들 사이 그리고 다른 도시들 사이의 통신은 사실상 즉각적인 것이 되었다.

이 대도시들과 관련된 활발한 인구 이동은 권위의 대안적 원천을 위한 비옥한 온상을 제공했다. 이러한 대안적 사회 구조는 오래전에 발달한 전통과 조직을 기초로 만들어질 수도 있었다. 예를 들어 비밀결사와 범죄 집단들이 있었다. 전통적인 '청방'靑幫 그리고 '천지회'天地會를 포함하는 '홍문'洪門 집단은 상하이의 근거지에서 운영되었다. 청방은 원래 대운하에서 곡물 운송에 종사하는 노동자들로부터 형성되었다. 1855년 무렵의 황허 물길 변화와 해양 운송과의 경쟁 때문에 이러한 곡물 운송이 쇠퇴하고 결국 없어지자, 선원과 노동자들은 지방의 반란군에 가담하거나 해안으로 옮겨가서 소금 밀매에 가담했다. 그들은 또한 조약항, 특히 상하이로 흩어져 중국 사회의 강력한 지하 세력을 형성했다.[33]

조약항과 다른 도시들에서 권위를 행사했던 또 다른 조직 양식은 특정한 구역, 성省, 지역에서 온 상인과 노동자들을 대변하고 도왔던 길드나 동향 단체인 '회관'會館이나 '동향회'同鄕會였다. 길드는 외국이나 중국 당국에 대해 자신들이 공유하는 이익을 옹호했고, 업계와 관련된 분업에서 특별한 역할을 맡았다. 상하이, 톈진, 한커우와 같은 곳에서는 중국인이 사는 도시에서 이들 단체가 구성원이 살면서 자신들의 방언을 쓰고 자신들이 먹는 음식이 나오는 구역을 통제했다. 결정적으로 이들 단체는 외지로 간 동향인들과도 접촉할 수 있게 했다. 그러나 그 강력함에도 동향 단체는 늘 충성을 둘러싸고 새로운 업종조직이나 노동조, 그리고 반청운동에서 범죄조직에 이르는 온갖 종류의 비밀결사와 경쟁했다.[34]

전체적으로 조약항의 새로운 중국 도시는 시간과 지리적 공간을 가로질러 복잡하게 연결되어서 기회로 가득 찬 곳이었지만 다루기 힘든 영역이기도 했다. 그곳의 폭력적이고 반항적인 지하세계는 통제하기 힘들었다. 그래서 조약항에서는 공식적 정부, 서양의 대리인, 사업 단체, 노동조직, 지하 비밀결사 등을 포함하는 복잡한 권력 체제가 생겨났다. 조약항에는 중국, 외국, 관료, 대중 등 여러 층위의 권위가 있으면서 어느 것도 지배적이지 않아서 경제적·사회적·문화적 경계를 확장할 풍부한 기회가 있었다.

도시 설계 면에서는 중국의 민족적 양식을 뉴욕, 런던, 파리에서 온 요소들과 혼합한 새로운 건축 형식이 나타났다. 문학에서는 상하이의 개방성 그리고 외부 세계를 창조적 방식으로 다루는 작가들의 능력이 이 도시를 중국 문화의 발명과 재발명의 '문화적 실험실'로 만들고, '상하이 모던'을 만들어냈다.[35] 정치에서도 비슷한 효과가 뚜렷했다. 상하이의 외국이 관리하던 구역에서 검열과 체포에서 자유로웠던 정치적 반체제 인사들은 평등, 참여 그리고 무엇보다도 민족주의에 대한 그들의 생각을 논의하고 전파했다.[36] 그리하여 상하이는 다양한 정치적·문화적 기획을 교섭하는 중심지가 되었다.

결론적으로 말해, 조약항은 조약국들이 중국에 강요했던 반식민지적 통제 체제의 중요한 측면이었다. 특히 제1차 세계대전 이후 중국의 민족주의가 발전함에 따라 중국의 민족주의자들은 조약항을 중국인 주민에 대해 외국인이 특권을 누리는 장소이자 중국의 주권에 대한 외부적 제약의 상징으로 적의를 가지고 보았다. 조약항의 본질에 대한 강경하면서도 양면적인 관점은 조약항이 얼마나 중요했고, 민족주의적 논평이 얼마나 지속적으로 1911년 이후 중국 국민국가의 이데올로기와 제도를 형성했는지를 보여준다. 그러나 조약항을 더 긍정적인 방향으로 볼 수도 있다. 조약항의 사업과 영사 커뮤니티는 교육, 금융, 법률, 출판, 문화와 같은 영역에서 제도적 변화와 함께 기술적·경제적 혁신도 촉진했다. 조약항의 외국인 주민들이 전형적으로 경험하는 제한적인 사회생활에도 불구하고, 크고 개방된 도시 중심지는 다양한 지적 지평을 제공했다. 특히 상하이는 중국 시민사회 발전의 요람으로 묘사되었다. 규모가 작았음에도 19세기 중국의 조약항과 무역은 느리지만 결국 중국 사회의 놀라운 변신을 가져온 변화의 과정을 시작하는 데 촉매 역할을 했다. 중국의 중앙정부가 개혁개방 프로그램의 일환으로 14개 해안 도시에서 대외 무역과 외국의 투자에 여러 특권을 부여한 1984년의 공식적 언급 속에서 이러한 중추적 역할은 분명하게 인정되었다. 이 도시들은 모두 이전에 조약항이었다.

경제적 침체

청이 건륭제 치하에서 1755~1759년에 수행한 군사작전의 성공으로 중앙아시아의 광대한 지역이 제국에 통합된 이후 군사적 확장에 대한 추구는 줄어들었고 제도적 혁신과 중앙집권화를 지속할 필요성이 감소했다. 중앙정부가 사용할 수 있는 예산은 1770년대 후반에 정점을 찍고 그 이후 감소했다. 1800년까지 예산은 대략 15% 줄어들었다. 재정적 문제가 늘어나자 청의 행정 능력이 모든 수준에서 약화되었다. 가경제嘉慶帝(재위 1796~1820)는 행정을 다시 활성화하고, 부패를 뿌리 뽑고, 특히 규모가 크고 큰 대가를 치렀던 백련교의 반란 이후 점차 확대되는 정치적 불안의 신호들을 처리하고자 일련의 정치개혁을 진행했다. 개혁은 청 국가의 야망을 누그러뜨리는 '지속가능한 정치 발전'을 의도했고, 제국의 핵심 목표로 '번영을 지속하고 평화를 유지'(持盈保泰)한다는 좀 더 보수적인 개념을 내세웠다.³⁷ 그러나 이러한 정치개혁은 국가의 기반시설과 관리 능력을 거의 향상하지 못했다. 반대로 국가의 능력이 지속적으로 크고 눈에 띄게 축소되었다. 성장하는 경제를 '육성'하기는 커녕, 인구 규모의 지속적 팽창과 복잡성으로 성장하고 분화하는 사회를 통치하는 청 국가의 능력은 이미 퇴보하기 시작했다. 정권의 보수성이 강해지고 행정의 활기가 감소하는 것과 함께 경제 위기가 발생했다. 해안과 수로를 따라 있는 도시들이 중국의 경제 체제를 근본적으로 바꿀 경제혁명이 시작되는 중심에 있었던 반면, 해안에서 떨어져 육지로 둘러싸인 광대한 지역은 점점 더 불리해졌다. 광대한 내륙 지역에 가난과 고통이 퍼지기 시작했다.

인상적인 성장을 보여준 한 세기 이후 나타난 경제 문제들은 다양한 사안에 뿌리를 두었다.[38] 일부는 주로 국내적인 것이었다. 많은 학자가 인구의 증가와 그것이 자원에 가한 압력이 18세기 말과 19세기 초에 청조 국가가 직면했던 긴급한 문제들 중 하나, 아마도 가장 긴급한 문제였다고 지적해 왔다. 18세기 인구 증가는 19세기 중반까지 중단되지 않고 계속되었다. 토지, 물, 연료의 집중적 이용이 산림, 담수 공급, 초지 그리고 다른 천연자원을 고갈시켰다. 환경 악화가 중국을 생태적 위기의 벼랑 끝으로 밀어붙였다. 전반적인 농업 생산성은 1800년 이후 떨어진 듯하다. 중국 북부에서 면화와 다른 비식량 작물의 생산이 저하되었는데, 이는 늘어나는 현지 인구의 식량 소비 수요 때문에 채소와 곡물을 자급하는 농경으로 전환하는 추세를 반영했다.

국내의 불경기는 금융과 통화 상황에 영향을 주었다. 농촌의 가계 소득과 구매력이 악화되었다. 19세기에 중국의 교역 조건도 나빠지기 시작했는데, 이는 대체로 1827년 이후 시작되어 1840년대에 최고 수준에 도달했던 은의 대규모 순유출에 따른 것이었다. 이것은 수 세기 동안 중국으로 은이 유입되던 패턴이 역전한 것이었다. 이미 언급한 것처럼, 서양 제국주의와 함께 밀어닥친 아편 수입은 분명히 주요한 요인이었다. 그러나 중국의 무역 균형이 역전된 것의 배후에는 더 지구적인 경제적 힘들이 작용했다. 라틴아메리카의 식민지 정부들이 전복된 19세기의 첫 10년 동안 세계적인 은 채굴량은 크게 감소했다. 1820년대의 데이터는 거의 40% 감소를 보여주며, 이어지는 1830년대에는 추가로 11%가 감소했다. 은 가격의 폭등으로 중국의 수입 가격이 높아졌다. 중국의 주요한 수출품 중 하나인 자기의 유럽 시장이 흔들리기 시작했다. 몇십 년 사이에 중국의 부와 번영의 주요 원천 중 하나가 사라졌다.

은 공급의 감소 때문에 중국은 1830년대에 해외로부터 상품, 무엇보다도 아편을 구입하려고 멕시코 은화 3,400만 달러를 지불했다. 통화 체제의 혼란은 도광제道光帝 재위 전반기에 오래 지속된 경제적 쇠퇴의 주요 원인 중 하나였다. 도광 불황(1820~1850)으로 알려진 이 경제적 쇠퇴는 1680년대의 강희제 시기부터 시작된 상업적 번영이 끝났음을 나타냈다.[39] 은의 유출로 국내 경제에서 순환하는 은의 가치가 오르자, 보통 사람들이 사용하는 동전의 가치가 떨어졌다. 그 결과 실질 가격과 실질 임금이 추가 압력 속에서 정체되거나 하락했는데, 이 하락은 은 가격 기준으로는 더 가팔랐다. 이러한 어려움에 더해 세금을 은으로 납부해야 했기에 사람들이 부담해야 하는 세액은 실질적으로 올라갔다. 그러므로 일상에서 상품을 팔아서 번 동전을 세금을 내려고 은으로 바꾸는 일이 점점 더 어렵게 된 농민 납세자들에게 불황은 큰 타격을 주었다. 세금 부담이 무거워지면서 작은 수익에 기대어 경영하던 많은 소규모 토지소유자는 파산하여 농지를 포기해야만 했는데, 보통 규모가 더 큰 지주에게 팔았다. 그사이에 보통 은으로 가격이 매겨졌던 토지와 다른 자산의 가치는 급락했다. 불황은 많은 토착 은행의 붕괴를 가져온 신용경색을 낳기도 했다. 거래 비용의 증가와 가격 하락이 제조업자들에게 압박을 주어 대부 상환이 어려워지자 자본시장이 고갈되었다. 원가를 낮추려고 회사에서 노동력을 감축하자 실업률이 더 높아졌다. 부자와 빈자 사이의 소득 격차가 커지자 조세와 소작료에 대한 저항운동과 다른 형태의 민간 소요가 일어났다.

경제 불황과 불황을 가져온 원인은 청조에도 영향을 미쳤다. 청조의 세입은 지급 불균형을 처리하기 위한 은의 연간 유출량이 연간 토지세 평가액의 4분의 1에 맞먹을 정도로 감소했다. 세액이 여전히 1713

년 수준으로 동결된 상황에서 정부의 추가 수입은 점차 줄어들었다. 급여와 공공사업에 대한 정부 지출이 실질 가격 기준으로 줄어들면서 부패와 횡령이 확산되고 청 정부는 점점 더 무기력하고 무능력하게 되었다. 창고 시스템으로 곡물 시장을 규제하고, 급수시설과 홍수 통제를 유지하고, 재해 구제를 수행하는 등의 역할이 요구되었지만, 이러한 책임을 수행할 청조의 능력은 급격히 퇴보했다.[40] 관료들은 댐과 관개 체제를 유지하는 비용이 실질 가격 기준으로 높아지자 기반 시설을 방치했다. 그들은 창고에 보관된 긴급용 곡물 저장량이 줄어들게 해서 심각한 타격을 입은 공동체가 충분한 구제를 받기 어렵게 만들었다. 그러한 행동과 무대책이 재해를 더 빈번하게 하고, 재해가 일어났을 때 고통을 악화했다. 국가는 더 이상 인민의 어려움을 줄여줄 능력이 없었다. 생존 위기의 피해자들은 더 이상 지방정부의 도움에 의지할 수 없었다. 그리고 국방을 위한 자금이 증발함에 따라 군사력이 추락했는데, 바로 그때 새로운 국내와 국외의 위협에 맞서야만 했다.

행정적으로나 재정적으로 취약해진 것은 중앙정부만이 아니었다. 상업의 붕괴는 이미 심각했던 지방정부의 재정문제도 악화했고, 지방정부는 자원 추출을 강화하는 것으로 대응했다. 지방정부는 파산의 위기에서 수지 균형을 맞추려고 승인되지 않은 부가세를 거두기 시작했다.[41] 지방정부는 재정적으로 불안정해지자 세금 수수료를 늘리거나 국가 재정을 위협하는 소금 밀매와 해적 행위 같은 불법 행위를 공격적으로 제거하면서 본질적으로는 지방 공동체와 줄어드는 지방 자원을 놓고 경쟁하게 되었다. 1857년부터 제국 전체에서 시행된 '이금'釐金이 운송비용을 증가시켜 농촌 경제 전체를 더욱 침체시켰다. 조세 폭동, 증오를 산 관료들에 대한 공격 그리고 이와 비슷한 항의들은 본질적으로 지방정부가 자원을 공격적인 방법으로 추출하는 것을 방어하는 일이었다. 경제적 침체는 우리가 아래에서 다룰 문제인 태평천국 발생 자체에도 중요한 역할을 했다.

1840년에서 1860년까지 약 20년 동안, 아편은 중국과 영국의 무역에서 가장 큰 비중을 차지했다. 그러나 1860년 이후 중국이 수입한 기계 생산 제품의 양이 늘어나면서 아편 수입은 차츰 덜 중요해졌다. 1850년대에 은 생산의 회복, 차와 비단 수출의 성장으로 은이 다시 중국으로 유입되면서 금융과 통화 상황을 안정시켰다. 그러나 실질적인 경제 호전을 막는 새로운 문제들이 나타났다. 유럽 산업혁명에서 나온 제품의 첫 번째 물결이 리넨, 모직물, 우산, 석유램프, 성냥, 가죽 신발, 양초, 단추 등과 같은 상품을 가져왔고, 이 모든 것이 토착 제품과 경쟁하고 결국 그것을 대체했다. 조약항의 개방으로 서양 무역상사들은 양쯔강 하류 지역의 시장과 상품에 직접 접근했다. 이것은 농촌 수공업 생산에 압력을 가했고, 농촌의 실업을 초래했다. 당시 국내외에서는 경제 위기가 청 제국을 거의 붕괴에 가까운 상황으로 만들었다고 인식했다.[42]

중국에서 국제무역이 팽창한 것은 조약항 체제의 가장 분명한 효과였다. 중국의 해관 데이터는 1870년에서 1895년 사이에 수출량이 두 배가 되고 수입량은 77% 증가했음을 보여준다. 적당한 규모에도 불구하고 국제무역은 중국 내부의 물가에 큰 영향을 주었다. 태평양 연안에서 주요 국내 상품의 가격은 점차 국제 시장가격에 연동되었다. 쌀, 밀, 면화의 국내 가격은 세계 시장 변동에 따라 움직였다. 이것은 중요한 변화를 보여주었다. 몇십 년 동안의 제한받지 않는 무역으로 중국 경제의 크고 중요한 영역들에 영향을 주는 전례 없는 지구적 연결이 만들어졌다. 1880년대 후반 무렵에는 양쯔강 하류 지역에 거주하면서 쌀을 재배하고 사고팔거나 그러한 활동에 고용되었거나, 그러한 활동에 연관된 파트너와 거래하는 농민 수백만 명이 멀리 떨어진 쌀의 생산자, 소비자, 거래업자의 영향을 받게 되었다. 19세기 말로 향하면서 중국의 농부들은 세계 시장의 변동성에 영향을 주거나 받으면서 모르는 사이에 광범위한 국제적 상업 네트워크의 참여자가 되어갔다. 이것은 또한 그들이 환율의 변화, 통화 가치의 변동, 운송이나 통관 요금같이 국제적으로 형성되는 에너지와 거래의 비용 등에 훨씬 더 취약해졌음을 의미했다.

조약항 도시들의 성장은 교역의 패턴과 운송 방식의 변화로 인한 많은 내륙 도시의 쇠퇴와 맞물려 있었다. 해안과 양쯔강을 통한 증기선 운송은 더 작은 내륙 수로의 교역을 잠식했다. 중국의 주요 남북 수로인 대운하의 쇠퇴는 그 노선을 따라 있는, 특히 장쑤 북부와 산둥의 중요한 도시들의 쇠퇴를 가져왔다. 동시에 중국의 내륙 운송업이 새롭고 더 빠른 운송 수단과 경쟁할 수 없게 되자 마차꾼, 뱃사공, 말과 도보로 여행하는 사람들 그리고 그들을 상대로 장사하던 여관 주인 등이 생계를 잃게 되었다. 농촌의 이민자들은 한때 번영했던 지닝濟寧이나 양저우 揚州를 우회하여 상하이로 갔다. 그러나 조약항 지위만이 한 도시의 부를 결정하지는 않았다. 청대 상업 활동의 중요한 중심지 중 하나이자 조약항으로서 국제무역에 개방된 첫 도시들 중 하나였던 닝보는 상하이의 부상으로 불리한 영향을 받았다. 닝보 출신 상인들은 새로운 활동의 중심지로 자본을, 종종 가족들까지 옮기고 광저우 상인들과 함께 상하이의 새로운 엘리트가 되었다.

해안 지역에서 제조업의 발전은 잠재력에 크게 미치지 못했다. 19세기 후반에 상품, 새로운 기술, 새로운 지식의 도입 확대가 조약항과 그 주변의 발전을 자극했지만, 여전히 도시의 경계를 넘어 해안을 따라 더 넓은 지역으로 확산되지는 않았다. 반대로 새로운 사업이 관료 후원자들에게 세금 납부를 약속했던 비공식적 독점의 기존 이해관계와 충돌할 때 자주 분쟁이 나타났다. 1895년 이전에 철도 건설 여부를 두고 중국의 지식계와 정치계에서 격렬한 논쟁이 일어났다. 철도의 지지자들은 중국이 철도, 제철소, 포함 등과 같은 현대적 공업 기술을 채택함으로써만 외국인들의 제국주의적 야망을 좌절시키고 서구의 기술적 발전을 따라잡을 수 있다고 주장했다. 자강운동으로 알려지게 되는 이러한 사조는 이홍장李鴻章(1823~1901), 장지동張之洞(1837~1909), 유명전劉銘傳(1836~1896)을 비롯하여 중국의 가장 힘 있는 관료의 일부를 끌어들였다. 한편 철도에 대한 반대는 몽골인 내각대학사 왜인倭仁(1804~1871)과 유석홍劉錫鴻(1800~1899), 여연원余聯沅을 포함하는 보수주의자들로부터 왔다. 그들은 철도가 외국 군대의 침입을 용이하게 하거나 전통적 운송노동자들의 대규모 실업을 일으킬 수 있고, 이익을 내지 못해 국가 재정을 고갈시킬 수 있다는 등의 우려를 표명했다.[43] 그러한 주장은 수입을 위협하는 경쟁 때문에 기선 운송이나 철도에 반대하는 관료와 전통적 운송회사 사이의 규제 연합이 지지하는 것이기도 했다. 비단을 직조하는 사람들도 새로운 제조 기술의 도입에 저항했다. 토지 소유자와 상인들이 그들의 이익을 지키는 가장 좋은 방법이 관료 계급과 좋은 관계를 쌓는 것이라고 생각했기 때문에 관료와 전통적 기업 사이의 후원 네트워크에 기초하는 기득권이 경제적 혁신을 지연시켰다.

중국은 대신 철도 이권을 만주 북부에서는 러시아에, 만주 남부에서는 일본에, 산둥에서는 독일에, 중국 중부에서는 벨기에에, 인도차이나와 국경을 맞댄 남쪽 성들에서는 프랑스에, 양쯔강 델타에서는 영국에 내주도록 강요받았다. 1895년 이후 철도 건설이 가속화되었고, 1911년 무렵에는 비록 전혀 통합된 시스템은 아니었지만 중국에 약 9,300킬로미터의 철도가 있었다. 그러나 중국 내륙은 이러한 기반시설의 개선에서 배제되어 있었다. 그래서 내륙의 농촌은 해안을 따라서 일어나던 발전에 참여할 수 없었다.

현대 중국의 공업화는 청 말 난징의 국영 군수공업으로 시작되었다. 장난, 푸젠, 후베이의 조선소와 무기 공장이 중국 공업 생산의 첫 번째 국면을 이끌었다. 지역 상품과 원료의 국내 교역이 국제무역과 결합되면서 중국 경제는 생산재와 소비재의 집산지 역할을 하는 대도시 중심지들을 둔 경제로 변화했다. 이 도시들은 외국이 통제하고 관리하는 철도로 연결되었다.

그때까지 섬유 직조, 제분, 성냥과 비누 생산, 소규모 기계제조 등의 공장이 나타나며 중국 자체의 경공업이 발전했는데, 이 공장들도 내륙보다는 해안의 조약항 도시 가까이 위치했다. 양쯔강 델타 전체, 베이징과 톈진 사이 그리고 우한 지역에서 면, 직물, 성냥, 전기, 기계, 화약 약품, 가공 농산품 등을 생산하는 중국 회사들이 생겨났다. 그들은 처음에는 외국 자본으로, 나중에는 중국 정부와 민간의 투자로 운영되었다.

작은 땅을 경작해서 나오는 수확물에만 의지하는 가정생산으로는 수입을 얻을 수 없는 데다 점점 더 커지는 세금까지 부담해야 했던 대부분 농민은 평범한 생활수준도 유지할 수 없었다. 중국의 전통적 시장 네트워크의 붕괴는 해안 지역은 더 부유해지고 내륙 지역과 고립된 지역은 더 빈곤하고 낙후하게 되는 장기적 상황을 가져왔다. 도시와 농촌의 격차는 더욱 극심해졌다. 농촌의 농업과 농민 수공업에 기초를 둔

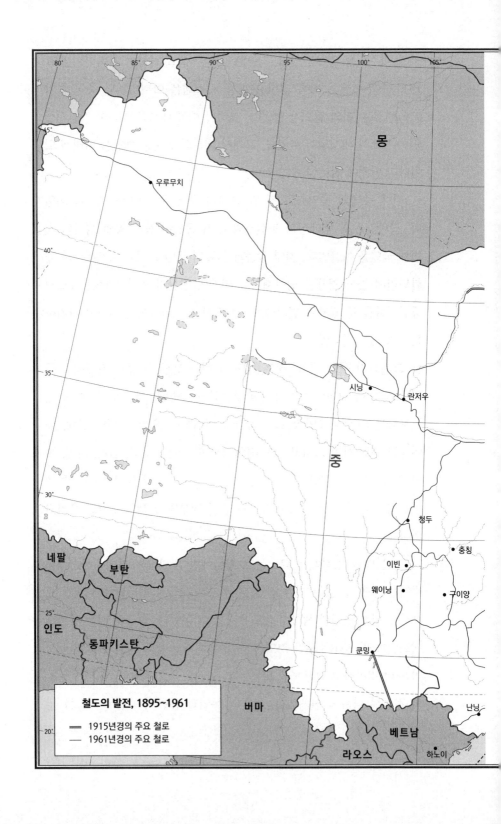

철도의 발전, 1895~1961

━━━ 1915년경의 주요 철로
─── 1961년경의 주요 철로

몽

중

우루무치

시닝

란저우

청두

충칭

이빈

웨이닝

구이양

쿤밍

난닝

하노이

네팔

부탄

인도

동파키스탄

버마

라오스

베트남

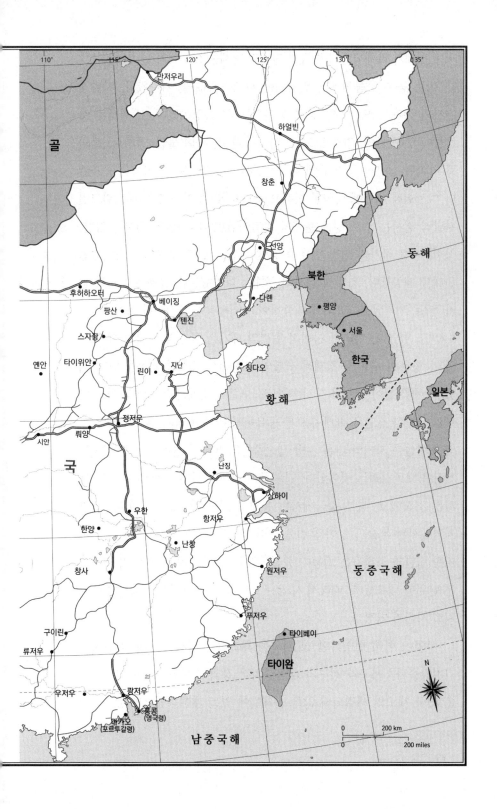

골

만저우리

하얼빈

창춘

선양

북한

동 해

후허하오터

베이징

핑산

톈진

다롄

평양

서울

스자좡

타이위안

옌안

린이

지난

징다오

한국

시안

뤄양

정저우

황 해

일본

국

난징

상하이

우한

항저우

한양

난창

동 중 국 해

창사

원저우

구이린

뭐저우

류저우

타이베이

우저우

광저우

타이완

홍콩
(영국령)

마카오
(포르투갈령)

남 중 국 해

0   200 km

0   200 miles

N

국내 경제가 해체되면서 중국의 전통적 경제구조는 점차 변형되었다.

이는 농촌 공동체에서 광범위한 사회적 변화를 가져왔다. 자발적 결사의 존재는 오랫동안 중국 농촌 사회의 특징이었다. 19세기에 사람들이 인구 과잉, 경제적 고난, 사회적 혼란, 사회 불안, 종족 간 불화로 악화된 집단적 폭력 등에 대응하면서 자발적 결사가 급속히 증가했다.[44] 사회적 위협에 다양한 방식으로 대응할 수 있는 후원 네트워크인 자발적 결사는 주로 생존 문제와 관련이 있었다. 자발적 결사는 강탈, 착취, 지방 국가의 약탈적 추출 등에 대한 유일한 보호의 희망이었던 연대를 제공했다. 자발적 결사의 형태는 다양했는데 일부는 종교적 종파(敎)로 생겨났고, 그 외에 대중적이고 세속적인 조직이나 조합(모두 '會' 로 불림)도 있었다. 이러한 사회적 협력의 매개는 국가의 통제 바깥에 있었고, 향촌의 사회적·경제적 생활의 조정에서 중요한 기능을 맡게 되었다. 예를 들어 산시와 산시陝西의 물 보존과 분배 공동체나 타이완 남부의 유사한 집단은 관개 수로를 공유하기 위해 조직되었다. 푸젠 남부의 조합들은 자기와 다른 지방 생산품들의 분배와 판매를 위한 공동의 시장을 보존하려는 것이었다. 단체들은 전쟁의 신인 관제關帝에 대한 제사를 조직했고, 북부 중국에서는 용왕에 대한 제사를 조직했다. 객가 지역에서는 무술과 방어 훈련을 위한 촌락 연합이 나타났다.[45] 이러한 지방 집단과 조직들은 기능이 중첩되었고, 중국 특유의 농촌 기층의 기본 단위를 대표했다. 따라서 사회 구조와 조직 측면에서도 도시와 농촌 지역 사이가 커졌다.

무엇이 한때 번영하던 청 제국을 괴롭히는 경제적·사회적 난국을 가져왔을까? 서구와 서구의 제국주의적 정책 때문인가? 아니면 원인은 제국 제도의 해결되지 않은 문제들에 있는 내재적인 것이었나? 간단하게 답하는 것은 불가능하다. 분명한 것은 19세기에 중국이 한 세기 넘게 지속된 깊은 경제 위기에 들어섰고, 이후 중국 정부들이 다루기 어려워했던 전반적인 정치적·사회적 쇠퇴의 뿌리가 내려졌다는 것이다. 중국 제국의 다른 많은 제도를 손상하는 영향을 주었다는 점에서 경제적 곤경은 가장 중요한 단일 요인이었다. 청대 중국에 대한 외국 제국주의의 경제적 충격에 대한 문제들은 적어도 1960년대부터 격렬한 논쟁의 핵심에 있었다.[66] 중국 민족주의자들과 마르크스주의 역사가들은 오랫동안 제국주의, '불평등 조약' 그리고 중국의 강제 개방이 뒤이은 경제 문제들을 가져왔다고 주장했다. 많은 중국 지식인과 역사가들은 자본주의를 외국의 제국주의와 착취와 동일시하며, 양자 모두를 외부의 침략으로 비난해 왔다. 그들은 이를 기초로 1949년 이후 세계의 나머지 지역과 세계 자본주의로부터 중국이 고립된 것이 20세기 재건을 위해 자생적인 자원을 드러내는 데 필요한 시기였다고 주장하기도 했다. 여기에 반박한 것은 서구의 자유주의적 역사학자들로서 전반적인 서구의 '충격'은 현대화에 중요한 자극이었다고 주장했다. 그들은 서구의 기업과 제도가 어떻게 새로운 기술, 지식, 사상을 가져왔는지를 강조한다.

그러나 이 폭넓은 토론의 방식 역시 세계에 대한 개방과 해외 직접투자의 유치 없이는 불가능했을 지난 40년에 걸친 중국의 빠른 성장 속에서 변해 왔다. 최근에 학자들은 좀 더 미묘한 해석을 제기했다. 예를 들어 케네스 포메란츠Kenneth Pomeranz는 "지금까지 현대화 이론과 종속 이론으로 나뉘었던 사람들은 제국주의의 가장 나쁜 정치적 유산이 20세기 중국(이나 다른 제3세계 국가들)을 발전을 도모할 수 없는 국가로 만든 것이라고 주장하곤 하지만, 일부 현대적인 영역과 일부 지역을 발전시키고자 많은 것이 이루어졌음을 인정하고 대신 외국의 압력 아래 채택된 국가 전략이 어떻게 다른 정책과 다른 지역들을 부당하게 대우했는지를 살피는 것이 더 정확할 것이다"라고 주장했다.[47] 로버트 Y. 잉Robert Y. Eng 은 비슷한 접근을 제안한다. "만약 우리가 중국과 일본의 현대화 과정을 전반적으로 이해하려 한다면, 현대화를 가능하게 하거나 지연시켰던 다양한 내부적 요인이나 외부적 요인을 언급하는 것을 넘어서야 하고, 내부적 요인과 외부적 요인의 상대적 중요성을 따지는 것도 넘어서야 한다. 그보다는 국내적 영향과 외부적 영향 사이의 유기적 연결과 동적인 상호작용을 이해하려고 해야만 한다."[48] 이는 경제적 제국주의의 현실이 대부분의 설명에서 인정하는 것보다 더 복잡하다는 것을 이야기한다. 경제적 제국주의는 중국 경제의 어떤 영역에서는 경제적 혼란을 일으켰지만, 동시에 다른 지역의 혁신과 성장에 중요한 자극을 주었다. 예컨대, 중국의 외국 기업의 역사에 대한 연구들은 단순한 서구의 착취보다는 다수 행위자의 경쟁과 경제적 상호작용의 이야기로 옮겨갔다. 중국인들의 사업에 수많은 장애물이 있었지만 대부분 국내적인 것이었고, 전반적으로는 그리고 특히 조약항에서는 이전에 생각했던 것보다 훨씬 더 외국 기업들과 잘 경쟁할 수 있었다.[49] 도시 지역에서 사업을 하는 중국인들은 새로운 외국 기업과 새로운 상품이 가져온 도전에 기민하게 잘 적응했다. 그들은 또한 경제적 경쟁자들로부터 배웠고 새로운 기술과 방법을 빨리 받아들였다. 많은 상인은 제국주의가 가져다준 새로운 기회에 집중했다. 그들은 경제적인 시도를 하고자 동남아시아, 오스트레일리아, 하와이, 미국 등지의 해외로 나가기도 했고, 심지어 외국 시민권을 얻고 복수의 여권을 가지기도 했다. 애초에 조약항에서 빠른 발전이 가능했던 것은 해안 지역의 중국 경제가 가지는 탄력성과 적응성 때문이었다. 몇몇 대도시 지역은 중국 공업과 기업 활동의 기반이 되었고 과거에 기초가 되었던 농촌 지역의 가내 공업을 대체했다.

그러나 마찬가지로 중요했던 것은 구조적인 결과였다. 조약항에서의 새로운 기회와 긍정적 발전에도 전체적으로 보면 중국의 경제 체제는 분절되었다. 중국의 이러한 초기 공업화의 범위와 질은 그리 대단하지 않았다. 해안 공업 도시의 경제는 점차 주변 지역으로 확대되었지만, 팽창 속도는 매우 느렸다. 전통적인 경제 유형은 내륙의 중심지와 대도시 지역 사이에 있는 지역들에서 계속 우세했다. 전반적으로 경제는 내륙과 해안 지역, 농촌과 도시, 농업과 공업 등과 같이 서로 분리된 상품과 유통의 체계로 나뉘었다. 이는 불가피하게 심각한 혼란을 가져왔고, 중국의 농촌을 빈곤화로 가는 하향 곡선으로 몰아넣었다.

환경 재해

전반적인 경제 부진에 더해 환경 악화가 농촌의 생활에 압력을 가했다. 19세기 동안 환경 재해의 조짐이 좀 더 분명하게 잦아졌다. 이런 재난으로 나타난 19세기 대규모 환경 위기는 더 이상 무시될 수 없다.

이 무렵에 중국의 인구는 지속가능하지 않은 수준인 4억 명에 도달한 것으로 추정된다. 경작 가능한 토지의 확장이 인구 증가의 속도를 따라가지 못한 지 오래되었기 때문에 1인당 경작 면적은 18세기 후반에 빠르게 감소했다. 1인당 경작 면적은 19세기 전반에 위태로울 정도로 낮은 지점에 도달했고, 확실히 농민들의 비극을 가져온 한 원인이자 19세기 위기의 원동력이었다. 토지에 대한 증대하는 열망과 토양, 에너지, 물 등을 포함하는 천연자원에 대한 전례 없는 수요가 환경 악화를 가속화했다. 인구 증가는 목재 수요를 급증시켰다. 국내 무역과 국제 무역 네트워크의 발전에 자극받아 늘어난 시장의 수요는 변경 자원의 개발을 더욱 강화하여 이 과정이 지속불가능하고 환경 파괴적인 것이 되게 했다. 1850년대 무렵에는 이전에 도입되었던 새로운 작물들이 전통적 작물이 남겨놓은 얼마 안 되는 토양의 영양분을 고갈시켰는데, 옥수수는 쌀, 보리, 수수가 그랬던 것보다 훨씬 더 깊이 토양을 고갈시켰다. 쓸모없어지고 버려진 논밭은 삼림 파괴로 생겨났던 침식 문제를 더욱 악화했다. 생존을 위해 필요한 물품이 더욱 부족해진 것, 더 파괴적인 홍수와 가뭄 그리고 점점 더 빈곤해지는 농촌 인구 등은 불가피한 결과였다.

강바닥에 토사가 점점 더 많이 쌓여 황허가 1855년에 경로를 바꾼 것은 세 곳의 성에 영향을 미쳤고 거대한 농업 지역을 파괴했다. 1887년에 중국의 가장 처참한 홍수가 일어났던 황허 중하류 유역에서는 바뀐 강줄기에서 강물이 범람했다. 사망자는 90만 명에서 200만 명 사이에 달했다. (다음의 큰 홍수였던 1931년의 홍수는 더욱 처참했다. 그리고 1938년에는 국민당 군대가 일본의 침입을 막으려고 제방을 폭파한 후 강의 흐름이 다시 바뀌었다.) 황허의 관리는 수천 년 동안 정부들이 몰두했던 문제였는데, 왜냐하면 정기적으로 준설하고 경우에 따라 제방을 쌓지 않으면 북중국평원의 모래가 많고 가벼운 토양 때문에 황허가 토사로 가득차곤 했기 때문이다. 19세기 초 황제들은 황허와 대운하의 수리를 유지해야 할 필요를 정확하게 인식했다. 19세기 관료들은 지류에 댐을 쌓고 황허의 강바닥에서 토사를 치우려고 물을 대는 것을 포함하여 강을 관리하는 것과 관련된 정확한 지식과 오랜 경험에 의지할 수 있었다. 그러나 청 조정의 재정과 국가 능력의 쇠퇴가 강과 관련 문제들을 즉각적이고 효율적으로 처리하지 못하게 만들었다.

황허의 이동은 북부 중국의 긴급한 환경 문제의 전형적인 사례였고, 세기 중반의 기온 저하와 건조화도 있었다. 500년 중 가장 강력한 엘니뇨 상황이 19세기의 마지막 4분기에 나타나서 가뭄으로 인한 기근으로 수천만 명이 죽고 아시아, 아프리카, 라틴아메리카 대부분을 '제3세계'라는 용어가 등장한 상황으로 몰아넣었다.[50] 1870년대에 가뭄과 기아는 중국의 지방 장관들이 인식하는 중요하고 지속적인 문제였다. 최근 중국 역사에서 가장 비참한 기근의 하나가 1876년과 1879년 사이에 일어났다. 산시, 허난, 산둥, 즈리, 산시陝西 등의 성에서 일어난 '화북 대기근'은 1억 6,000만 명에서 2억 사이의 사람들에게 영향을 주었고 최소한 950만 명 이상의 목숨을 빼앗았다. 직접적 원인은 작물을 말라 죽게 한 1873년부터 1876년까지 3년간의 가뭄이었다. 중국의 경제적·문화적 심장부에서 덜 심각한 다른 재난들도 일어났다. 장쑤성에서 1873년, 1880년, 1892년에 일어난 가뭄의 영향은 제국의 가장 부유한 도시들로 퍼져갔고 수확의 실패, 물가 상승, 신의 심판 등에 대한 공포를 유발했다. 지방 생태계의 붕괴로 인한 난민들이 반란과 전쟁으로 인한 난민과 합류하여 해안이나 강가 도시의 인구를 부풀렸다. 중국에서 가장 생산적인 토지였던 곳의 일부가 버려짐으로써 19세기의 사회적 무질서가 증대되었다.[51]

과잉 인구가 만주와 몽골로 그리고 남부와 서남부를 향해 대규모로 이주한 것은 19세기 사회를 더욱 불안정하게 만들었다. 산둥과 허베이에서 2,500만 명이 만주로 이주했고, 1,900만 명 이상이 중국을 떠나 동남아시아와 인도양, 남태평양의 섬들에 자리 잡았다. 영국의 왕령 식민지였던 해협식민지는 네덜란드령 인도네시아, 보르네오, 버마(미얀마) 그리고 더 서쪽으로 가는 사람들의 중간 기착지가 되었다. 중국 중심지로부터의 이주는 현대의 가장 큰 인구 이동 가운데 하나였다.[52]

기근이나 홍수와 같은 위기 속에서 재난 구제를 위한 상인과 신사들의 자선 기부가 일반적이었으며 중요했다. 19세기 말에 크고 작은 자선 단체가 많았다. 청대 중국은 서구의 전근대 국가들을 왜소해 보이게 만드는 정교한 사회복지 체계를 유지했다. 이 체계의 임무는 곤경에 처한 도시와 농촌 지역의 사람들이 생존을 유지하게 하는 것이었다. 이는 사회적 안정을 보장하고 불안을 막으려는 것이기도 했다. 청조 국가는 이러한 복지 서비스를 제공하고자 곡물 창고를 위한 공적 기금에만 의지하지 않고 지방 엘리트들의 자선 단체에 대한 사적 기부에도 의지했다. 이러한 자선 활동은 대부분 가난한 사람들을 위한 보살핌과 피난처 그리고 널리 알려진 인간적 고통을 완화하려는 것이었다. '자선'이라는 개념은 인간적 비극을 완화하고자 구체적으로 돈, 물건, 노동력 혹은 다른 형태의 도움을 주는 것을 말했다.[53] 곤경에 처한 사람들을 돌보는 데 주도적 역할을 했던 선당善堂, 가난한 사람들을 위한 보제당普濟堂, 고아들을 위한 육영당育嬰堂 등이 있었는데, 원래는 민간의 일이었지만 점차 행정적 요구가 나타났다. 불교도들은 죽창粥廠을 세우고 가난한 사람들에게 임시 숙소를 제공했다. 야외 구제소들은 음식과 옷을 분배했고, 방랑하는 빈자들이 이미 농촌에서 끊임없이 사람들이 유입되어 포화상태에 이른 도시로 들어오지 못하도록 했다. 정부와 자선 단체의 협력으로 조직된 난민 구제소는 가난한 사람들을 돌보고 농촌과 교외의 빈곤을 완화하는 데 중요한 인도주의적 기여를 했다. 죽창과 무료 치료는 난민들과 재해 피해자들이 특정한 지역과 장소로 유도하여 그들의 고통과 전염성 질병이 널리 퍼지지 않도록 했다. 그들은 잠재적 문제 유발자로 인식되었기 때문에 농촌을 마음대로 다니는 일은 바람직하지 않았다.

또 다른 중요한 범주는 가끔 있는 식량 부족에 대처하려고 죽창이나 곡물 기부를 운영하는 단체들이었다. 이 단체들은 구제소와 유사한 기능을 수행했지만 좀 더 상시적이었다. 종종 성벽의 바로 바깥에 있었던 이들은 거지와 가난한 사람들에게 음식을 제공했다. 일부 개인 관료들이나 지식인이 세운 단체는 추운 겨울에 가난한 사람들을 도우려고 옷을 제공했다. 자선 활동의 초점이 된 또 다른 영역은 의료였다. 일부 단체들은 의학적 치료를 감당할 수 없는 사람들에게 약이나 예방접종을 제공했다. 외국 선교사들도 구제에 참여했고, 그들의 관대함과 희생은 처음에는 적대적이었던 관료들에게도 존경을 받았다. 과거에 이러한 조치들은 총괄적으로 잘 작동했다. 그러나 19세기에 이들의 단편적 노력은 거대하고 전례 없는 규모의 환경 붕괴와 자연재해로 표류하는 광대한 인구의 수요를 감당할 수 없었다.

중국 국가는 깊어가는 환경 위기와 싸우기가 점점 더 어렵다는 것을 알게 되었다. 제방을 유지하고, 창고를 관리하고, 위태로운 자연환경에 있는 정착지들을 지원하는 데에 점점 더 많은 노력과 자원이 필요했다. 세계적 기후 변동 때문에 기상 패턴은 점점 더 예측 불가능하게 되었다. 홍수와 기아는 점점 늘어나서 무서울 정도의 빈도로 일어났다. 이것은 악화되는 환경 문제의 지표일 뿐만 아니라 제국 체제의 말기에 나타나는 국가 능력 약화의 결과이기도 했다. 따라서 환경적 어려움은 환경 문제인 동시에 제도 문제였다. 제국의 제도는 위축되어 점점 더 위협적이 되는 상황을 더 이상 다룰 수 없었다. 환경 위기는 위기를 증폭하는 역할을 해서 경제적·정치적 불안정을 가져오는 한편 홍수나 폭풍 같은 갑작스러운 재해나 가뭄이나 사막화와 같이 느리게 일어나는 재난 양쪽 모두의 영향을 악화시키기도 했다. 이러한 재난들은 수확 실패, 기아, 도시 과밀화 등을 가져왔고, 이 모든 것은 다시 정치적 불안을 악화하고, 전쟁과 사회적 갈등이 충격을 강화하고, 더 많은 이동으로 이어졌다.

중국 농촌의 반란과 불안

복지 제공과 자선의 전통적 방식과 수단이 과부하로 무너지면서 19세기의 많은 사람은 약탈적인 생존 전략에 의지할 수밖에 없었다.[54] 그들은 스스로 무장하고, 폭동을 일으키고, 창고를 공격하고, 식량을 훔치고, 부자들을 약탈하고 나서 보통 종교 종파, 비적·삼합회 그리고 외진 산간 지역에 형성된 반란 집단 등에서 은신처를 찾았다. 점점 더 커지는 일련의 국내 반란들은 농촌의 고통을 반영했으며 농촌 사회를 더욱 쇠퇴하게 했다. 이러한 반란은 백련교 반란(1796~1804)으로 시작해서 염군의 난과 묘족의 난 및 더 작은 규모의 많은 비적의 봉기나 쌀 폭동 등을 포함했고, 엄청난 규모의 태평천국의 난(1851~1864)으로 절정에 달했다. 서북과 서남 지역에서 무슬림과 한족 사이의 몇몇 장기적 동란도 일어났다.

1796년 백련교 반란이 쓰촨, 허베이, 산시陝西의 경제적 주변부에서 일어났다. 백련교는 동진 왕조(317~420) 시기 정토종의 구세적 가르침으로 거슬러 올라갈 수 있다. 백련교는 12세기에 처음으로 조직이나 공동체로 나타났고, 18세기 말에 강력한 세력으로 다시 등장했다.[55] 학자-관료들 사이에서나 궁정에서 실천되던 불교와 대중문화의 필수 부분으로 더 넓은 범위의 주민들 사이에 있었던 활발한 종파 운동은 구별되어야 한다. 백운교나 백련교와 같은 이러한 종파 일부는 19세기까지 이어진 중국의 장기적인 메시아주의 운동의 잠류에 속했다. 흰색이 자주 마니교와 연관되기 때문에 이들이 (중국어로 '摩尼教' 혹은 '밝은 가르침'으로 번역되어 '明教'라고 불리는) 마니교의 영향을 어느 정도 받았다는 이야기도 있다.[56] 이 종파들은 불교 승려들이나 정부 당국 모두에 이단으로 간주되었다. 그들의 신앙은 악마들과 다른 악인들의 파멸을 이끌고 번영과 보편적 평화를 가져올 미륵불 혹은 미래불의 도래에 중심을 두었다. 백련교의 지도부가 점점 더 청 조정에 등을 돌리게 되자 정신적이고 특히 금욕적 시각까지는 공유하지 않는 사람들도 백련교를 지지하게 되었다. 나중에는 비적들, 빈곤한 농민들, 파산한 상인들과 밀수꾼들이 백련교에 합류했다. 청 군대는 스스로 백련교를 진압할 수 없어서 반란을 분쇄하려고 지방의 엘리트들과 그들의 민병·용병에 크게 의지했다. 1805년 백련교를 최종적으로 패배시키기까지 10년이 걸렸다.

백련교 반란은 결코 다시는 완전히 회복하지 못할 정도로 청 조정에 큰 타격을 주었다. 반란 진압 군사작전에는 비용이 많이 필요해 조정의 예산 비축분을 거의 다 날리게 만들었다.[57] 백련교는 마침내 굴복했지만 뒤를 잇는 집단이나 분파가 나타났다. 가장 힘이 있던 집단 중 팔괘교八卦教나 천리교天理教가 있었다. 그들은 정교한 의사소통과 군사 배치 조직을 만들고, 심지어 황실의 환관과 관료에 사람을 침투시키기까지 했다. 1812년에 이 분파의 두 지도자가 산둥성과 즈리성을 지배하고 가경제를 암살하여 자금성에서 쿠데타를 일으키려는 계획을 세웠다. 이 계획이 적발되었을 때 나중에 도광제가 되는 황자가 이끄는 팔기 군인들이 반란자들을 체포했고, 이들은 나중에 처형당했다. 남은 팔괘교 조직과 그 지지자들을 추적하려고 만주 팔기들이 베이징 인근으로 파견되었다. 이 작전에서 총 2,000여 명이 죽임을 당했다. 팔괘교 반란자들에 대한 승리와 그 동조자들에 대한 맹렬한 박해로 청조는 결국 봉기를 진압할 수 있었다.

이후 일어난 더 폭력적이고 장기적인 동란이 안후이 북부, 산둥 남부, 허난 남부를 유린한 약탈 집단인 '염군'捻軍이 일으킨 염군의 난(1851~1868)이다.[58] 1850년 무렵 이 집단은 빈곤해지고 생태적으로 위태로우며 홍수와 가뭄에 취약한 화이허와 황허 사이 평원에서 생계를 위해 약탈, 강도, 소금 밀매, 도박, 납치에 의존했다. 매우 다양한 염군 구성원 중에는 백련교도와 삼합회원, 제대한 정부군, 유랑 농민 등이 포함되어 있었다. 1850년대 초 황허의 반복되는 홍수가 농촌의 생계를 악화시키고 많은 난민이 대오에 합류함으로써 이들의 활동이 확대되었다. 1856년부터 1859년 사이에 염군 지도자들은 오래전부터 방어하고자 성벽으로 둘러싸여 요새화되어 있던 촌락 공동체의 지도자들을 자기편으로 끌어들임으로써 화이허 북쪽에서 자신들의 근거지를 강화했다. 이 촌락들의 종족宗族과 가문 지도자들은 염군 지도자들 가운데 중요한 역할을 했다. 멀리 떨어진 지역을 약탈하고 전리품을 근거지로 가지고 돌아오고자 강력하고 빠른 기병대를 효율적으로 활용하는 게릴라 전술이 염군 전략의 중심에 있었다. 그러나 그들을 강하게 하는 진정한 원천은 대중의 지지와 그들의 대의에 대한 광범위한 동조였다. 그들은 '부자들에게 빼앗아 가난한 사람들을 돕는다'는 구호를 활용하여 정부의 식량 수송대를 약탈했고, 습격의 전리품을 구성원들에게 공평하게 분배했다. 그들은 공인되지 않은 강도와 강간을 엄격하게 금지하기도 했다. 염군은 점점 더 만주에 반대하면서 만주의 통치에 저항하는 언어를 채택하고 머리를 길렀다. 이에 대응하여 황실에서는 염군이 진압해야 할 반란이라고 선언했다. 정부의 진압은 경험이 많고 존경받는 몽골인 장군인 (1859년 다구 포대에서 성공적인 방어자로 앞에서 언급했던) 셍게린첸이 이끌었다. 그는 1862년 강력한 만주와 몽골 팔기 기병대를 이끌고 이 지역으로 들어갔다. 작전 중 일부 승리도 있었지만, 그는 반란을 완전히 멈출 수 없었다. 장군 자신도 1865년 산둥에서 매복 공격을 받아 죽었다. 그러자 조정에서는 가장 유능한 중국인 장군인 증국번曾國藩(1811~1872)과 이홍장을 파견하여 셍게린첸을 잇게 했다. 그들의 새로운 전략은 배반자들에게 사면을 제안하고, 체제를 지지하는 농민들을 등록하고, 친청조적 촌락 지도자를 임명하는 등의 방법으로 성벽 도시의 지도자와 사람들 사이를 이간하는 것이었다. 이홍장은 전략의 일부로 황허와 대운하를 따라서 포위선을 만들었는데, 이것이 결국 1868년 반란을 진입할 수 있게 했다. 작은 지역에서 소수 강도로 시작했던 반란은 18년 동안 지속되었고 북부 평원의 넓은 지역에 영향을 미쳤다. 근거지에 대한 염군의 강조, 기동성 있는 게릴라 전술, 대중적 호응 등으로 인한 염군 반란의 지속적 피해가 제국의 지배를 심각하게 방해했고, 북부 중국에서 정부 행정을 더욱 약화했다. 반란은 제국 제도의 증대하는 무기력과 취약성을 노출했다. 염군의 최종적 실패는 아마 일관성 있는 이데올로기와 통치 체계의 부재 그리고 엄청난 힘을 만들어낼 수 있었을 같은 시기 태평천국과 협력을 못했거나 하지 않으려 했던 것으로도 설명할 수

자신들의 원칙과 규범을 가지고 있는 비밀결사가 외국인들 눈에는 자주 봉기나 반란을 시작하는 자들로 비쳤다.

판화, 1884(Photo@Chris Hellier/Bridgeman Images/HLR3345453)

있다.

염군이 중국 북부의 평원에서 맹위를 떨치던 것과 비슷한 시기에 남부에서 더 큰 도전이 나타났는데, 이것 역시 처음에는 작은 농촌 지역에서 약간의 불만으로 시작되었다. 1850년대에 중국 남부에서 잘 알려지지 않은 기독교 종파에 속한 사람인 홍수전洪秀全(1814~1864)과 양수청楊秀淸(1821~1856)이 몇몇 추종자를 끌어들여 탄력을 받기 시작했다. 운동이 커지면서 지도자들은 과감하게 태평천국太平天國(1851~1864)이라는 분리주의 국가를 출범시켜 만주 제국과 그 정당성에 도전했다. '만주 요괴들'과 '중국인의 철천지원수'로 규정한 만주 통치자들을 근절함으로써 한족을 해방시키자는 그들의 주장은 당시 만주 왕조에 대한 대중들의 고조되는 정서와 호응했다. 반란군의 선언과 포고에서 만주 황제는 더 이상 중국의 대황제가 아니라 중국인보다 '열등한' 인종에서 온 부도덕한 외부 통치자인 '오랑캐의 개'로 언급되었다.[59] 당국에 박해받는 종파가 공개적 반란의 길을 선택했고 종파 바깥에서 만주 통치를 혐오하면서 스스로 국가와 갈등하게 된 많은 추종자를 끌어들였다는 점에서 태평천국 반란의 첫 등장은 백련교 반란의 시작과 유사했다. 그러나 홍수전과 그 부하들이 달랐던 점은 기독교 신앙뿐 아니라 새로운 경쟁국가를 만들어내려는 끝없는 야망이었다.

태평천국 운동은 광둥 북부와 광시에 있는 산악 지대의 객가 이주민 공동체에서 비롯되었다. 홍수전은 1814년에 광저우 북쪽의 한 촌락에 있는, 수 세기 전 조정에서 황제에게 봉사한 적이 있던 농촌 가정에서 태어났다. 홍수전의 고향은 광저우와 홍콩에 가까웠기 때문에 점점 더 외부 세계와 접촉이 늘어나는 지역이었다. 이곳은 주민들이 광둥어를 말하는 사람들과 객가로 나뉜 전형적인 이민자들의 지역이었고, 이미 지역 경계의 항구들을 통해 국제 무역과 연결되어 있었다. 1827년 지방의 초급 단계 과거시험을 통과한 홍수전은 다음 해에 생원生員 자격을 얻는 시험을 치르려고 도시로 갔다. 가족들은 그에게 사회적 상승에 대한 기대를 걸었다. 그러나 홍수전은 시험에 실패했고, 이후 농촌 학교에서 가르치는 일을 하게 되었다. 그는 1836년 광저우로 갔지만 다시 실패했고, 1837년 세 번째 실패 후 마을로 돌아와서 앓았다. 그때 내용을 이해할 수 없는 생생한 꿈과 환영의 발작을 겪었다. 몇 년 후 마지막 응시에 실패하고 나서 홍수전은 광저우 항구에서 사촌이 어느 외국 선교사에게 우연히 받은 기독교에 대한 글을 읽었다. 거기에서 그는 인간에 대한 신의 부름과 도덕적 노력으로서 종교를 강조하는, 기독교에 대한 요약된 이야기를 만났다. 이 글은 그가 6년 전 꿈에서 보았던 환상을 설명해 주는 것 같았다. 홍수전은 기독교 텍스트에 대한 자신의 이해를 바탕으로 자신을 종교적 선지자로 재탄생시켰다.[60] 이 지역이 아편전쟁 패배 후 혼란 속에 있던 1843년, 홍수전은 충격을 받은 가족들에게 그의 꿈이 계시였고, 그는 여호와의 환생한 아들이며 예수 그리스도의 동생이라고 선포했다. 꿈에서 여호와는 그에게 신성한 칼을 주며 부패하고 고통스러운 악마들의 세계를 깨끗하게 하라고 말했다. 그 악마들은 다름 아닌 유교와 불교 사원에서 중국인들이 숭배했던 우상들이었다. 홍수전은 스스로에게 세례를 주고 주변의 유교 성상들을 박살냈다.

성서의 언어를 사용하긴 했지만, 홍수전의 종교적 환상은 무생노모無生老母가 미륵불을 세상에 환생시켜 부패와 고통으로부터 자유로운 새로운 세상을 창조한다는 백련교의 전설과 매우 유사했다. 종파의 조직에서도 유사성을 찾을 수 있었다. 홍수전은 천부天父의 신자를 구하려고 광시로 가는 길에 '배상제회'拜上帝會를 세웠다. 홍수전과 그의 사촌이 여행한 결과로 불교 종파 모델에 따라 운영되는 많은 지방 모임이 생겨났다. 곧 광범위한 자율성을 가지는 지방 배상제회들이 추종자를 수백 명 두게 되었다. 그들은 대부분 직접 보지 못한 홍수전을 그들의 정신적 지도자로 삼았다. 1840년대 중반 홍수전은 수사를 바꾸었다. 그는 주된 고민은 더 이상 악마, 유교의 잘못된 가르침 그리고 신에 대한 숭배로 이를 대체하는 것이 아닌 것처럼 보였다. 그는 만주 지배자들을 부당하고 열등한 중국의 강탈자로 헐뜯기 시작했다. 그의 두 가지 목표는 만주의 권력을 빼앗는 것과 스스로 황제가 되는 것이었다. 이는 큰 영향을 미친 중요한 변화였는데, 이로써 다소 전통적인 종교 운동이 종교 사상에 대한 반란에 그치지 않고 대안적 국가의 수립을 추구하는 정치운동으로 천천히 변모하게 되었다. 홍수전은 대중 종교와 종파로부터 가져온 전통적인 제도적 요소를 새로운 기독교적 가르침이나 정치적 언어와 다양한 방식으로 결합하는 데 능했다. 이 운동은 동시대인들에게 익숙한 관심사를 이야기하면서 동시에 근본적으로 새로운 전망을 이야기했다. 중국 사회는 중국의 전통과 산업화된 서구 사회의 요소를 결합한 다양한 제도에 근거해서 재조직되어야 했다. 반란자들은 태평천국이 외국의 기독교 국가들과 힘을 합쳐서 보편적 기독교 국가를 형성했을 때 지속적인 국제 평화가 이루어질 것이라고 믿기도 했다.

오래된 요소와 새로운 요소를 이렇게 창조적으로 재결합함으로써 태평천국 반란은 더 좋게 통치되고 더 공정하고 무엇보다 중국을 한족에게 돌려준다고 약속하는 새로운 태평천국이라는 강력한 전망을 가지게 되었다. 이것은 혼란스러운 시대에 태평천국이 많은 지지자를 모으게 만든 메시지였는데, 그 종교적 내용보다는 잘못된 것을 바로잡고 더 좋고 더 효율적이고 국내적으로나 국제적으로 더 안전한 국가를 세울 것이라는 약속 때문이었다. 이전의 천년왕국적 종파와 반정부 운동의 많은 창시자와 마찬가지로 홍수전은 그의 삶 전체에서 창조적이지만 예측할 수 없는 사람이었는데, 분명히 당시의 불확실성과 그 주변의 불안으로부터 영향을 받았다. 그는 지방의 가난한 사람들, 난민들, 약자들을 끌어들일 수 있었다. 그는 그들을 자신의 집단으로 이끌었고, 이어서 그들을 청조가 물리치기 힘들어했던 무서운 군대로 결합했다.

청 정부는 배상제회를 공격적으로 진압하기 시작했고, 홍수전을 몇 가지 이유로 체포하려고 했다. 그러나 그동안 교단은 스스로 무장했고, 북쪽으로 이동하여 광둥-후난-양쯔강으로 이어지는 회랑에 들어섰는데, 이 지역은 이미 1840년대부터 조세 저항과 반란을 겪으면서 혼란에 빠져 있었다. 반란군은 진군하면서 절망하고 분노한 조세 저항자들을 끌어들여 대오를 확대했고, 이 지역의 기존 비밀결사들과 동맹을 맺었다. 1850년 반란 운동은 힘을 얻어 활동을 확대했다. 1851년 1월 정부 군대와 벌인 결정적 전투에서 승리한 홍수전은 '태평천국'太平天國이라는 기독교 국가의 성립을 선포했다. 그는 스스로 새로운 국가의 통치자인 '천왕'天王으로 세웠다. 이제 2만 남녀를 신의 군대로 동원하게 된 홍수전은 중국 남부와 중부의 도시들을 공격했다. 태평군은 계속 빠르게 성장했고 결국 양쯔강 하류 지역 대부분의 주요 도시들을 함락시켰다. 남쪽에서 북쪽으로 향하면서 태평군이 거둔 승리는 분노한 농민들을 추종자로 만드는 데 성공한 것뿐 아니라, 같은 시기에 지방 관료들에게 저항하기 시작한 사람들의 간접적 지원 때문이기도 했다. 고통스러워하던 많은 농민은 식량, 음료 그리고 지방에 대한 정보를 제공함으로써 쳐들어오는 반란군을 환영했다.

홍수전 군대가 1853년 3월 난징을 점령한 후 이 도시는 태평천국의 수도가 되었다. 이는 만주 황실에 이 위기가 얼마나 심각한 것인지를 보여주면서 청조에 큰 타격을 주었다. 놀랍게도 점령 과정에서 태평군은 팔기부대의 주둔군뿐 아니라 그들의 가족까지 포함하는 지방 만주인들을 잔혹하게 학살했는데, 그 수는 대략 5만 명에 달했다.[61] 조정은 이제 중요한 상업 중심지들, 전략적인 기반시설 자산 그리고 역사적 도시들을 포함하는 중국 남부의 큰 부분에 대한 통제력을 잃게 될 위기에 처했다. 왕조의 붕괴가 손에 닿는 곳에 있는 것 같았다. 중국 전체가 청의 통치에 저항하여 일어난 것처럼 보였다.

그러나 홍수전은 추종자들에게 더 밝고 더 평화로운 미래를 약속했다. "무질서가 극에 달하면 질서가 있고 어둠이 극에 달하면 빛이 있는 것이 하늘의 길이다. 이제 밤은 지나고 해가 떠올랐다! 우리는 이 땅의 우리 모든 형제자매가 악마의 위험한 문에서 벗어나 천부의 진정한 길을 따르기를 바랄 뿐이다. … 그들은 하나가 될 것이고 스스로 개선하고 세계를 개선할 것이다. … 태평을 누리면서."[62] 새로운 태평천국은 중국 사회를 개혁하려고 야심적인 정책들을 채택했다. 1853년 이후 태평천국 지도자들은 처음으로 광범위한 토지 재분배, 성평등 그리고 평등주의적인 기독교 근본주의로 묘사할 수 있는 종교적 실천의 강제 등을 도입하려고 시도했다.[63] 1853년의 '천조전무'天朝田畝 제도는 태평 사회의 미래를 빛나는 색채로 묘사했다. "토지가 있으면 같이 경작하고, 음식이 있으면 같이 먹고, 옷이 있으면 같이 입고, 돈이 있으면 같이 쓰니, 균등하지 않은 곳이 없고, 배부르고 따뜻하지 않은 사람이 없다."[64] 여성도 자산을 소유하고 물려주고, 들에서 일하고, 정부에서 일할 수 있었다.

특히 홍콩에서 교육받은 홍수전의 사촌 홍인간洪仁玕이 난징에 도착해서 이른바 '간왕'干王으로서 정부를 접수한 1859년 봄 이후 태평천국의 정책은 더 체계적이고 온건해졌다. 홍인간은 중국의 미래를 '부유한 문명국'으로 상상했다. 이는 중국을 세계적인 공업 경제의 일부로 만드는 것으로 이루어질 수 있었다. 그는 병원, 철도, 학교, 은행, 신문, 기선, 군수 공장 그리고 가난한 지역이 부유한 지역의 잉여로 도움을 받는 토지제도 등의 설립을 추진했다. 정부 측면에서는 제국의 제도들이 모방되었는데, 그중에는 육부六部가 있었다. 가장 주목할 만한 것으로 시험이 제국이나 유교적 가르침과 밀접한 관계가 있었음에도 태평천국 역시 충성스러운 관료를 선발하고자 새로운 시험제도를 만들었다. 그들은 천경에서도 기독교 고전으로 유교 고전을 대체한 시험으로 재능 있는 사람들을 뽑을 수 있다고 믿었다. 그러나 1861년에 태평천국의 시험은 중국의 고전도 다시 포함하기 시작했다.[65] 1861년 봄 지역 시험을 위해 앉아 있던 학생들은 종교적 교리뿐 아니라 『논어』에 대해서도 답안지를 썼다. 단명하긴 했지만, 이러한 관행은 제도적 혁신을 가리켰다. 전통적 규칙을 새로운 이상과 결합하는 태평천국의 접근은 제도적 적응을 위한 유형이나 청사진을 제공했다.

태평천국 국가는 청 중기 저항과 반란의 방식을 번역과 전이로 제국에 새롭게 수입된 서구 기원의 이데올로기와 결합한, 내생적 제도와 외생적 제도의 혼합체였다. 이 혼종적이고 개혁적인 프로그램이 20세기 혁명가와 학자들 사이에서 태평천국이 중국 최초의 현대적 혁명 국가라는 평판을 얻게 했다.[66] 태평천국은 또한 어떤 식으로든 중국적 제도적 요소와 외국의 제도적 요소를 유사하게 혼종적 방식으로 결합했던 이후 정부들을 위한 길을 닦았다.

그러나 이렇게 급진적 발상들은 제국의 기존 엘리트들의 완강한 저항에 부딪혔다. 태평천국의 사회적·문화적 계획들은 대부분 지방 엘리트들을 소외시켰고, 이들은 1850년대 말에 태평천국을 패배시키려는 싸움에서 청조와 힘을 합치기 시작했다. 그리고 태평천국의 기독교적 신념에도 불구하고, 중국의 서구인 대부분은 이 반란을 질서에 대한 위협이자 신성모독으로 보았다. 서구 열강들에 태평천국 반란은 중국에서 외국 이익의 핵심에 있던 무역의 확대를 막는 것이었다. 따라서 대부분 해외 국가와 기업은 제국 군대가 태평천국과 싸우는 것을 기꺼이 도왔다. 유럽 정부들, 특히 영국은 청 제국이 서구의 방식을 받아들여야 하고 힘으로 받아들이게 할 수 있다고 믿었다. 이렇게 조약으로 국제 무역과 연결되어 있던 약하고 고분고분한 청 제국이 비록 기독교 성경을 가지고 있더라도 근본주의적이고 혁명적인 국가보다 훨씬 더 바람직했다. 아편전쟁으로 이미 상당히 약화된 청 국가는 제한된 서구의 군사 원조, 특히 무기 공급에 의존할 수밖에 없었다. 중국 동부에서 청은 처음에는 미국인 프레더릭 타운센드 워드Frederick Townsend Ward가 이끌고 나중에는 영국인 찰스 고든Charles Gordon이 이끈 용병대의 도움을 받기도 했다. 청조는 또한 태평천국 운동을 진압하려고 중앙정부로부터 자율적인 지역 군대를 건설한 한족 지방 관료들에 의지하기도 했다. 이러한 맥락에서 베이징은 제국 관료들이 자신의 출신 성에서 직위를 가지지 못하도록 하는 유서 깊은 '회피제'를 유예했다. 이제 학자─관료들은 자신의 고향에서 고향을 위해 싸웠다. 증국번과 이홍장은 지방 민병을 고용했고 전쟁으로 황폐해진 중국 중부의 성들에서 새로 부과한 통과세인 '이금'釐金에 의지했다. 이러한 노력은 태평천국 지도자들 사이에서 정책과 전략을 두고 있었던 불화와 의견 충돌로부터 도움을 받았다.

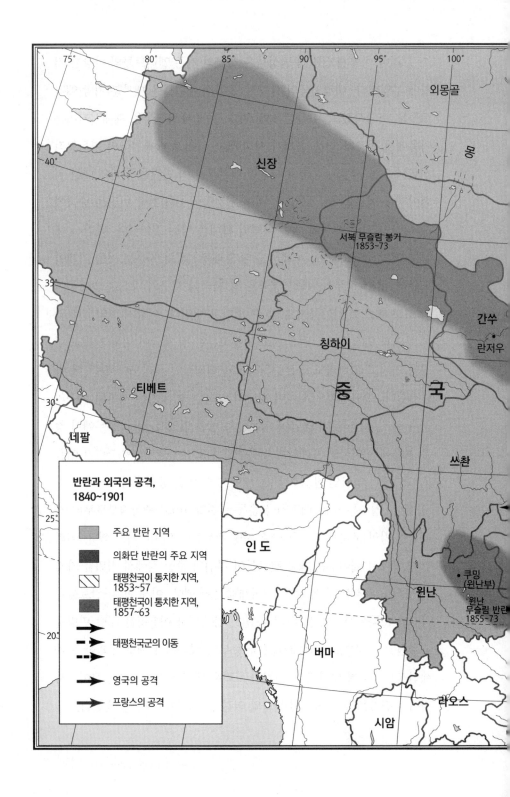

반란과 외국의 공격,
1840~1901

주요 반란 지역

의화단 반란의 주요 지역

태평천국이 통치한 지역,
1853~57

태평천국이 통치한 지역,
1857~63

태평천국군의 이동

영국의 공격

프랑스의 공격

신장

서북 무슬림 봉가
1853~73

외몽골

몽

간쑤

란저우

칭하이

중

국

티베트

네팔

쓰촨

인 도

쿠밍
(윈난부)

윈난
무슬림 반란
1855~73

버마

윈난

라오스

시암

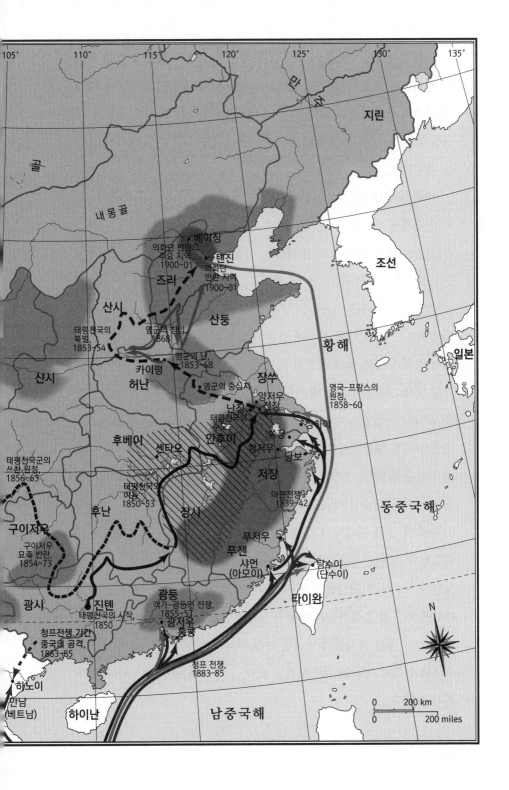

105°   110°   115°   120°   125°   130°   135°

만주

지린

골

내몽골

조선

일본

베이징
의화단 반란의
주요 지역,
1900~01   톈진
즈리   의화단
                  반란 지역
산시   1900~01
태평천국의   산둥
북벌,   영군의 침입,
1853~54   1868   장쑤
          카이펑   영군의 남,   황해
샨시   허난   1853~68   영국-프랑스의
              영군의 중심지   원정,
                  양저우   1858~60
후베이   난징 전장
        셴타오   태평천국의 상하이
    안후이   수   동중국해
후난   태평천국의   항저우 닝보
    쓰촨 원정, 이동   저장
    1856~63 1850~53   장시   아편전쟁,
구이저우   1839~42
구이저우
묘족 반란,   푸저우
1854~73   푸젠
광시   샤먼
        진톈   광둥   (아모이)   담수이
광사   태평천국의 시작, 객가-광둥인 전쟁,   (단수이)
        1850   1855~57   타이완
청프전쟁 기간   광저우
중국의 공격,   홍콩
1883~85
                    청프 전쟁,   N
하노이   1883~85
안남
(베트남) 하이난   남중국해   0   200 km
                                    0   200 miles

태평천국의 구성원들이 다양했기 때문에 정책과 신앙에 대한 차이는 일찍부터 표면화되었다. 태평천국 지도부의 내분이 확대됨에 따라 청 제국의 관료들은 마침내 1864년 태평천국을 파괴하기에 충분한 지원을 동원했다. 결국 제국 군대가 폭력적이고 잔혹한 학살 속에서 난징을 점령했다.

태평천국 내전은 약 14년에 걸쳐 중국에 엄청난 충격을 주었다. 중국의 경제적 중심지인 양쯔강 이남 혹은 장난 지역이 가장 큰 타격을 받았다. 인명과 재산에 미친 피해는 엄청났다. 전체 인명 손실은 적게는 2,000만 명에서 3,000만 명, 최대로는 약 7,000만 명으로 추산된다. 중국과 서구의 최근 서술들은 남은 농촌 주민들을 빈곤과 고통으로 비탄에 빠뜨렸던, 광대한 지역에 걸친 예외적 파괴를 묘사한다. 사람들이 이미 청의 능력과 힘에 품었던 의심이 더 커졌다. 그리고 조정이 이 승리를 위해 지불한 대가는 무거웠다. 중국인 장교들이 서구 열강의 도움을 받아서 이끌었으며 전투의 선봉에 있던 지방 민병들은 태평천국을 패배시킨 후 해산되지 않았다. 사실 그들은 이후 질서를 유지하려고 더 큰 역할을 맡았다. 정부는 심지어 그들에게 자신의 영역을 지나가는 상품에 매기는 세금인 이금을 유지하도록 허가할 수밖에 없었다. 그리하여 왕조가 결국 이때까지 가장 심각했던 통치에 대한 도전을 진압하고 중심부의 기본 질서를 회복할 수 있었지만, 멀리 떨어진 변경에서 경쟁자들과 새로운 반란들을 방지하기에는 어려움이 있었다. 중국 본토를 혼란에 빠뜨렸던 봉기들은 변방의 모방자들을 고무했을 뿐 아니라, 오랫동안 더 많은 자치를 열망했던 변경 지대의 다양한 주민에게 목표를 추구할 독특한 기회를 제공하기도 했다. 그들에게는 당장이 아니면 기회가 없었다.

변경지역에 대한 청조 통제력의 쇠퇴

중국의 멀리 떨어져 있고 다루기 힘들었던 북쪽, 서쪽, 서남쪽의 변경지역들에서 다양한 반란 세력이 나타났는데, 이 모든 지역에는 대부분이 아니면 적어도 부분적으로라도 민족적으로 다양한 집단과 무슬림이 거주하고 있었다. 중국이 이 서북 변경에서 단지 정치적 영향력이나 조공 관계가 아니라 직접적 지배력을 가지게 된 것은 18세기로 거슬러 올라간다. 중앙아시아 지역에 신장新疆이라는 이름을 처음 사용한 것은 아마도 1768년일 것이다.[67] 18세기의 신장 정복으로 인한 황폐화 이후 청의 정책은 토착 주민들의 관행과 종교에 개입을 피하는 것이었다. 그 대신 조정은 가능한 한 기존의 정치와 종교 구조로 지배하려고 했다. 벡(지배자)들과 아홍(정신적 지도자)들이 공식적으로는 청 황제의 이름으로, 그러나 실제로는 이슬람 법률로 그들의 마을과 읍을 통제하는 복잡하고 위계적인 민간의 토착적 종교 관료제가 발달했다. 주둔군이 이 지역을 엄중하게 지켰지만, 청의 신장 지배는 청의 주둔군 보급을 도우려 중국에서 온 상인들에게도 의지했고, 또한 한족과 회족(중국인 무슬림) 그리고 지방 위구르 상인들 사이에 생겨난 복잡한 관계들에도 의지했다.

그러나 청조의 군사 행정은 신장 지배에 대한 지속적인 정치적·종교적 저항에 부딪혔다. 저항은 오늘날의 키르기스스탄, 우즈베키스탄과 타지키스탄 동부 그리고 카자흐스탄 남부에 해당하는 영토에서 1709년부터 1876년까지 존재했던 무슬림 투르크 국가인 중앙아시아 코칸드 칸국에 있는 이슬람 집단들로부터 지원을 받았다. 이슬람 종교 지도자들은 점점 더 이슬람의 수피 교리에 기초한 이른바 '새로운 가르침'에 접근했다. 무슬림에게 신과의 직접적이고 개인적인 경험으로 성스러운 사랑과 지식의 진실을 찾도록 하는 이슬람의 신비주의 버전인 수피즘의 확산은 무슬림 주민들이 청의 지배에 대항하도록 자극하는 뚜렷한 효과가 있었다. 종교적 문제에 간섭하지 않는 오래된 정책에도 불구하고, 청 조정은 새로운 가르침의 보급이 가져온 청 지배에 대한 정치적 도전을 분명히 알았다. 청 조정은 새로운 가르침을 이단 종파로 규정하고 억누르려고 했다. 이는 1781년, 1815년, 1820년, 1847년 등 여러 차례의 폭력적 동란을 야기했고, 청이 매번 이 지역에 대한 지배력을 회복하는 데 몇 년이 걸렸다. 이웃한 코칸드 칸국은 종교적인 이유 외에도, 서북 변경에서 중국의 차와 대황의 불법 무역으로 이익을 얻는 이 나라의 상인들이 상업에 대한 청의 규제와 과세에 분개했기 때문에 반란자들을 후원했다.

무슬림 반란은 중국의 서부와 서남부의 다른 지역들, 특히 윈난, 산시陝西, 간쑤에서도 일어났다. 이 반란들은 대부분 해당 성의 중국인과 중국인 무슬림 사이의 지방적인 갈등에서 비롯되었다. 윈난도 1821년부터 무슬림과 중국인 사이의 늘어나는 긴장으로 고통받고 있었다. 윈난 중부의 중국인과 소수 무슬림 사이의 분쟁이 1855년에 더 큰 대립을 촉발했고, 1856년 4월에 성도인 쿤밍과 그 주변에서 무슬림에 대한 박해와 학살을 가져왔다. 이는 1873년까지 계속된 윈난의 광범위한 무슬림 반란을 일으켰다. 부분적으로는 반란 지도자들이 서로 대립하게 한 청의 정책 때문에 통합된 지도부가 부재했던 것이 무슬림 반란을 약화하고 끝나게 만들었다. 산시陝西에서는 이미 건륭제 재위 시기부터 작은 소란들이 있었다. 정부 관료들이 중국인 편을 들자, 무슬림이 중국인과 당국 모두에 대항하여 일어났다. 이 불안은 중국인 무슬림과 투르크인 무슬림 모두를 개입시키면서 빠르게 전 지역으로 확대되었다. 서북 무슬림 반란(1862)의 시작으로 간주되곤 하는 청 군대와의 최초 전면적 군사 대결은 무슬림 민병이 시안을 포위했을 때 일어났다. 이 포위는 1년 넘게 계속되었다. 증국번의 피후견인이었던 좌종당左宗棠(1812~1885)은 회군淮軍(1864년 태평천국 반란을 진압했던 청조의 부대) 일부와 함께 산시陝西로 가라는 명령을 받았다. 그의 군대는 관개 사업, 우물 파기, 나무 심기, 도로와 교량 건설 등을 시작하고 비단과 면직물 생산을 촉진했다.[68] 1860년대 말 경제 재건으로 서북 경제가 회복되기 시작한 후 그는 부대를 전진시켰고 1873년 청의 지배를 회복하는 데 성공했다.

반란들은 다른 종족이나 언어 집단들이 따라 하도록 고무했다. 중국 제국에는 종교 집단 외에도 종종 분명하게 구별할 수 없는 매우 다양한 언어와 종족 집단이 있었다. 그럼에도 수 세기 동안 그들은 강한 공동의 유대와 자신들의 정체성을 발전시켰다. 후난 서부에 자리 잡고 있으면서 구이저우와 쓰촨의 경계로 퍼져간 묘족苗族은 정착 농업을 하는 주민 수십만으로 이루어져 있었다. 그들은 통혼으로 밀접한 가족 관계를 만들었고, '백제천왕'白帝天王 숭배를 포함하는 일련의 독특한 종교와 사회 관행을 공유했으며, 비공식적으로 맹세를 통한 법률 체계를 활용했다. 한족이 빈곤화되고 방치된 지역으로 이주하면서 토지, 물, 삼림 그리고 다른 자원에 대한 접근을 두고 오랫동안 분쟁이 있었다. 이러한 갈등은 결국 묘족이 불만을 가지고 손해를 본 다른 집단들과 함께 일어나면서 1854년부터 1873년에 걸친 구이저우의 대규모 반청 봉기로 이어졌다. 이 반란은 최종적으로 군사력으로 진압되었다.

이러한 갈등은 제국의 멀리 떨어진 변경지역에서의 국내 반란 세력뿐 아니라 이를 활용하려던 외국 열강에 대한 청 말의 취약성을 드러냈다. 북쪽에서는 차르 러시아의 중앙아시아 팽창이 서북 지역의 반란에 대한 청의 작전을 더욱 복잡하게 했다. 18세기에 중앙아시아의 칸국들이 러시아가 옛 실크로드의 전통적 심장부를 병합하지 못하게 막아왔다. 그들의 상인들, 특히 (오늘날 우즈베키스탄의) 부하라에서 온 상인들이 상업을 통제해 왔고 러시아의 무역업자들을 배제하곤 했다. 영국과의 팽창 경쟁으로 압박을 받고, 상업적 이해 측면에서 행동했던 러시아 정부는 1830년대부터 점차 이 지역에 관심을 돌렸다.[69] 분산된 저항만을 만났던 러시아는 칸국들을 하나씩 차례로 목표로 삼았다. 1873년까지 러시아는 이 지역을 지배 아래 두게 되었다. 사실 국경을 닫고, 국제 무역을 심각하게 제한하고, 중앙아시아의 모든 중요한 정권을 제거함으로써 러시아와 중국은 중앙아시아의 실크로드 경제를 파괴했다. 따라서 실크로드 경제의 중국 국내의 요소와 멀리 떨어진 요소들은 대체로 사라졌다. 직접적 결과는 중앙아시아의 심각한 쇠퇴 그리고 장기적으로 빈곤, 후진성, 상대적 고립에 빠지게 된 것이었다.[70]

이제 러시아 상인들은 중앙아시아 무역에 동등하게 접근할 수 있었다. 팽창의 본래적인 경제적 목표는 상업의 확대와 영토의 추가 통합이었지만 미국 내전 동안 새로운 동기가 생겼다. 러시아는 면화 대부분을 미국에서 수입했지만, 북부가 남부의 국제 무역을 봉쇄하여 공급이 일시적으로 끊겼다. 러시아가 중앙아시아에서 새롭게 획득한 토지는 미국산을 대체할 수 있는 면화를 기르는 데 이상적인 것으로 보였다. 러시아가 점점 더 중앙아시아로 들어오면서 인접한 신장 지역에서도 더 큰 이해관계를 가지게 되었다. 반란들과 아편전쟁의 패배가 보여준 중국의 취약함은 러시아가 무슬림 반란들을 이용하도록 부추겼다. 청은 러시아에 옛 실크로드를 따라서 카슈가르의 도시에서 무역을 하고 영사관을 설치하게 허가했지만 다른 외국 열강들에는 그런 특권을 주지 않았다. 러시아 무역업자들이 신장에 왔고 지리학자, 모험가, 탐험가, 자연과학자들도 왔다. 러시아는 신장의 지도와 핵심적 장소에 대한 서술을 포함한 풍부한 정보를 축적했다. 차르 정부는 중국 극서 지역의 무슬림 반란들이 러시아의 중앙아시아 보유에 영향을 미칠 우려가 있다고 주장하면서 1871년 군대를 보내 청이 질서를 회복하면 철수하겠다면서 신장 북부의 일리를 점령했다. 러시아를 막을 어떤 수단도 없었던 청은 러시아의 일리 점령을 받아들일 수밖에 없었다.

1874년부터 1875년까지 청 정부는 신장의 중요성에 대해 토론했다.[71] 신장의 운명을 두고 좌종당과 당시 직예총독이었던 이홍장이 토론했다. 서북에서 좌종당의 성공은 어려운 승리였을 뿐 아니라 자금, 인력, 자원에 대한 끊임없는 투쟁이 필요했다. 동시에 1874년 일본의 타이완 침략이 청의 해양 방어의 지속적 취약성을 조정에 보여주었다. 이홍장은 조정이 제한된 자원을 해양 방어에 집중할 필요가 있다는 것을 근거로 신장 회복에 반대했다. 신장은 늘 경제적 전망이 거의 없는데다 황무지로 된 다루기 힘든 곳이기 때문에 탈환하려고 대규모 지출을 할 가치가 없었다. 좌종당은 베이징을 포함한 중국 북방 전체의 안전은 신장 보유에 달려 있다고 반박했다. 그가 보기에 신장은 전략적 완충지로서 가치가 있었을 뿐만 아니라 먼 거리와 악화되는 빈곤에도 불구하고 중국의 점점 더 불가결해지는 일부로 제국의 필수적 소유지였다. 그는 또한 올바른 정책으로 신장이 발전할 수 있다고 믿었다. 결국 신장을 되찾으려는 작전이 승인되었다. 좌종당은 지방 주민들 설득하고자 지방 경제를 회복시키려는 노력으로 군사적 행동을 보완하는 전략을 계속했다. 그는 긴 준비 후 1876년 신장으로 진군했고 이 지역의 가장 중요한 중심지가 되어 있던 우루무치를 빠르게 함락했다. 다음 해까지 그는 신장 거의 전체에 대한 청의 지배를 회복했다. 1년 안에 북부 대부분을 탈환한 좌종당 군대는 남쪽으로 향했다. 1878년 초 카슈가르와 호탄이 함락되면서 러시아가 통제하던 일리 지역을 제외한 신장의 재정복이 완료되었다. 청 조정은 러시아와 협상을 시작했고 1881년 상트페테르부르크조약을 맺었다. 그 후 일리는 청 제국으로 반환되었다. 청은 전쟁을 회피하면서 당분간 중앙아시아 지역을 굳게 지켰다. 청 제국은 약화되었을 때조차 국내와 국외를 막론하고 어떤 적에게도 여전히 만만치 않은 상대가 될 수 있음을 보여주었다.

영국의 조약 체제에 초점을 둔 많은 서구의 해석은 중국 국경을 따라 있던 육상 기반의 러시아 제국의 존재감이 가지는 복잡성과 중요성을 과소평가하는 경향이 있다. 러시아는 해안에서 반식민지적 질서에 참여했지만, 그와 동시에 육상으로도 강력한 확장을 했다. 전반적으로 1855년 이후 차르 제국은 투르키스탄과 시베리아의 광대한 지역에 대한 지배력을 확대했다. 차르들은 또한 부하라와 히바의 중앙아시아 독립 이슬람 토후국들을 끝장내기도 했다. 그들은 실크로드 국가들을 성공적으로 장악했다. 19세기의 끝을 향하면서 러시아는 청조와 대륙을 가로지르는 거대한 국경을 공유하게 되었다. 러시아는 또한 극동을 제국의 중심부와 연결하고 광대한 시베리아 지역을 통합하고자 야심적인 시베리아 횡단철도를 건설하기 시작했다.[72] 러시아와 중국 국경을 따라서 무역이 활성화되었지만, 제국 간 경쟁은 계속되었다. 전반적으로 청 조정은 스스로 힘이 약화되는 것과 함께 서쪽과 북쪽으로부터 중요한 위협이 형성되는 것을 보아야 했지만, 동시에 정력적으로 대응하고 회복력을 보였다. 해안에서 반복된 후퇴와 달리 대륙을 가로지르는 국경을 따라 청 조정은 자기 것을 지켰다. 이것은 사실 청조에 격려가 되었고 반식민지적 상황의 난점을 좀 더 잘 관리하게 했다.

19세기 후반부에 청 정부가 중국의 여러 지역에서 큰 노력을 들여 위협적인 반란들을 성공적으로 진압했지만, 더 다루기 어려운 장기적인 결과들이 있었다. 가장 중요한 결과의 하나는 역사가들이 중앙에서 지방으로의 '권력 이양'devolution이라고 부르는 것이었다.[73] 태평천국 이후 청은 성과 지방 당국에 고향에서 일할 수 있는 권리뿐 아니라 군사작전을 위해 세금을 거둘 수 있는 전례 없는 권리를 인정했다. 그들의 영역을 지나는 상품에 매기는 이금의 도입으로 성 정부들이 지방 민병을 후원하는 자신들의 자금원을 가지게 되었다. 관료제가 질서를 회복했을 때조차 중앙정부는 그러한 권리를 결코 완전히 회복할 수 없었다. 사회는 전보다 더 군사화되었고, 상업과 토지가 혼합된 이해관계를 가진 가문들이 지방 민병을 확실히 장악했다. 군사화는 주변부와 변경지역에서 특히 더 뚜렷했다. 태평천국을 진압하는 데 결정적 역할을 했던 지역 군사 체제들이 계속 성장하고 번영하여 중국의 많은 지역에서 사실상 지배자가 되었다. 그러나 지역 군사 체제의 전문화와 가속된 성장이 종파 활동의 증가, 결사 조직의 정치화, 국가에 저항하는 폭력적 항의의 폭발적 증가 등을 막지는 못했다. 일부 결사 조직은 중국 남부와 해외 중국인 공동체에서 오랫동안 활동했다. 그러한 공동체 중에는 타이완에서 1785년에서 1788년 사이에 임상문林爽文이 반란을 일으켰고 19세기 말과 20세기 초에 쑨원의 공화혁명 운동에 중요한 지원을 했던 천지회天地會도 있었다. 이러한 비밀결사는 나중에 혁명에 자금과 조직적 지원뿐 아니라 인력도 제공했다.

아마도 청조에 훨씬 더 위험했던 것은 만주에 반대하는 정서가 성장한 사실이었을 것이다. 많은 반란자가 주장했듯이 만주 통치자들이 천명을 잃었고 새로운 중국인 지도자들이 등장하려 한다는 것이 점점 더 엘리트들의 관점뿐 아니라 대중의 인식에서 나타나게 되었다. 이러한 인식은 많은 불만 집단이 대담하게 공개적 반란을 선택하게 했는데, 이는 1830년대 이전에는 거의 나타나지 않았던 경로였다. 따라서 반란자들은 만주 지배자들의 정당성에 의문을 제기하고, 군사화를 진전시키고, 지방 엘리트들이 새로운 생존 전략을 취하도록 자극하고, 해외 열강들의 개입을 늘림으로써 계속 청조를 약화했다. 이러한 모든 이유 때문에 세기 중반의 봉기들은 1911년에 왕조 몰락을 촉발했던 청의 통제력 침식과 반만 민족주의의 성장을 가속화했다.

3

청 말의 곤경
1870~1900

19세기의 마지막 4분기 동안 조정은 여러 방면에서 아주 다루기 힘들어 보이는 문제들에 직면했다. 동란, 경제 불황, 환경 악화, 외국의 위협 등이 제국의 제도 개혁을 긴요하게 만들었다. 중국인들의 유교적 전통에 대한 존중이 도전받았다. 중국의 사상가와 관료들은 국내의 혼란과 외국의 침략이라는 이중적 과제로부터 비롯된 위기에 대응해야만 했다. 그들은 서구적인 것을 선택적으로 수용하고 배우는 것을 목표로 신중한 제도 개혁 노력에 착수했다. 제국을 강화하고 그 활력을 회복하고자 군사 기술이나 공학과 같은 응용과학의 도입이 특별히 중요하게 여겨졌다.

2차 아편전쟁이 끝나고 태평천국이 진압된 이후 비교적 안정되고 대외 관계가 평화로운 시기가 이어졌다. 제도 개혁과 자강自强에 초점을 둔 정책이 선호되던 시기였다. 청조는 진지하게 시도했지만, 결국 더 효율적인 국가로 전환하는 데 성공하지 못했다. 야심적인 지적·정치적 노력에도 불구하고 제국의 쇠퇴는 가속화되었다. 19세기의 끝을 향하면서 새로운 군사적 충돌이 개혁 노력을 방해하며 온전한 집중을 요구했다. 새로운 무기와 기술을 비싸게 습득했음에도 조정으로서는 믿기지 않고 충격적이게도 청 군대는 정말로 모든 싸움에서 졌다. 1900년에 응징을 하기 위한 국제 원정군이 의화단 봉기를 진압하고 제국의 궁전을 점령하고자 베이징으로 행진하면서 황실이 시안으로 도망쳐 가도록 만들었을 때 중국은 현대사에서 가장 낮은 지점에 도달했다.

체리 피킹과 자강

사회적·정치적 통제력의 빠른 상실과 함께 지식인과 정치인 그룹에서 위기감이 일어났다. 무엇인가 깊이 잘못되었다는 인식이 조정과 관료들만 괴롭혔던 것이 아니라 점차 중국의 지식계에도 퍼져나갔다. 처음에는 중국 위기의 원인이 된 구체적인 경제적·인구학적·구조적 문제들에 대한 이해가 거의 없었지만, 면밀하고 광범위한 탐색과 답변이 지식인들의 생각과 학문의 중요한 변화 그리고 제국의 제도를 개혁하려는 초기의 시도들을 이끌었다. 당시 위기의 원인이 외부와 내부 모두에 있다는 것을 이해했다. 부분적으로는 내부적으로 일어난 문제들, 특히 간언의 실천을 포함한 올바른 정치적 규범과 고대의 이상으로부터 멀어진 것을 탓했다. 그러나 또 다른 요인은 서구 제국주의의 도전이었다. 중국 사상가들은 자신들이 (배와 기차의 증기 엔진, 신문, 전신과 같은) 새로운 기술과 광저우에서 톈진에 이르는 조약항 사회에서 유럽인들이 보여준 새로운 사회적·경제적 관행들이 가져온 새로운 사회적 변화의 세계와 마주쳤음을 알았다. 19세기의 지적 사고가 단순히 서구에 대한 반응과 방어적 대응으로만 구성되지는 않았고, 그런 대응이 주가 된 것도 아니었다. 그것은 변화된 환경 속에서 중국의 풍부한 문화 전통을 어떻게 받아들이고 이해할 것인가라는 훨씬 더 오래된 질문들과 관련되어 있었다. 이러한 토론이 청 말의 지식계와 정치계가 새로운 시대의 여명과 씨름하는 방식에 영향을 주었다. 엄밀히 말하자면, 이 토론은 서구의 침입 이전인 18세기까지 거슬러 올라가야 한다. 청의 학자들이 중국 지성사에서 중요하고 되돌릴 수 없는 전환을 경험했던 이 앞선 단계가 19세기의 위기를 이해하고 설명하려고 노력했던 이후 중국 사상가들에게 기반을 제공했다.[1]

청대 학자들의 사회적·지적 공동체는 점차 문헌 문제에 대한 정확한 연구에 몰두하게 되었는데, 이는 박식가이면서 철학자였지만 수도에서 열리는 과거시험의 최종 단계를 통과하지 못했던 대진戴震 (1724~1777)의 작업에서 전형적으로 나타났다. 이때 일어난 학문적 담론의 혁명은 우리가 앞서 살펴보았듯이 17세기로 거슬러 올라갈 수 있고 19세기까지도 지속적으로 영향력을 미친 경험 연구의 철학적 전통(증거에 기초한 조사라는 의미의 '고증학' 考證學)에 기초를 두었다. 벤저민 엘먼Benjamin Elman 에 따르면 고증학은 "과거를 이해하고 현재를 개념화하기 위해 새롭고 정확한 방법을 인정했던 경험적 연구의 방식이었다. 학문적인 방법과 표현의 한 스타일로 경험적 연구는 전례 없는 연구 전략의 시작을 나타

냈다."² 고증학 전통의 사상가들은 신유학의 관념적인 사고 전통에 가
득했던, 추상적 성찰이나 우주적 조화와 관련된 철학적 개념에 대한
토론보다 입증할 수 있는 사실에 더 관심이 있었다. 실제적인 경험 연
구와 세심한 문헌 조사에 대한 강조는 텍스트의 신뢰성에 대한 새로운
주목 그리고 이어서 텍스트 분석의 도구에 대한 새로운 관심으로 이어
졌다. 이 운동의 학자들은 텍스트 비평, 역사언어학, 고전 연구, 역사
연구, 수학적 천문학, 역사지리학 등 구체적 분야 그리고 금석학, 서지
학, 텍스트 조사와 같은 조사 수단의 개선과 보조적 훈련에도 깊이 관
여했다.

고증학은 경험적 증거의 가치뿐 아니라 세심한 연구로 증거를 확인
하고 추출하고 입증할 필요도 강조했다. 학자와 비평가들이 유교 경전
에 텍스트 분석을 적용하기 시작하자 그들은 경전 전통의 왜곡되지 않
은 의미를 되찾으려는 열망 속에서 가장 오래되고 가장 본원적인 자료
를 찾게 되었다. 주석은 더 이상 초점을 주로 텍스트의 개념과 철학적
사고에 두지 않았다. 그 대신 세부적인 텍스트 비평과 증거 기반의 논
의라는 형태를 취했다. 교의를 논의하는 방식으로서 경험적 기준을 활
용하는 것은 이러한 문헌학으로의 전환에 내재하는 뚜렷한 사회적·정
치적 함축을 드러냈다. 청대 고전학자들이 선호한 경험적 접근인 '실사
구시' 實事求是(1978년에 중국에 다시 나타나 중요성을 가지게 될 구회)는 고전 전통의 보존과
분석에 증거와 증명을 필수적인 것으로 강조했다. 철학이 아닌 텍스트
비평이 과거에 대한 더욱 믿을 만한 이미지를 복원하고, 신유학의 정통
적이고 도덕주의적인 해석이 아닌 유교적 사고의 더 오래되고 본원적
인 창조적 가능성의 역사에 접근하는 방법이 되었다.

청대 지식인들은 송대의 추상적 학문에 반기를 들고 송대와 명대의

판본과 주석에서 보이는 한계와 왜곡을 극복하려고 더 과거의 역사로 거슬러 올라가 한대 자료를 선택했다. 한대 자료로 귀환했기 때문에 이 학파는 '한학漢學'이라고 불리기도 했다. '복고復古'로의 귀환은 세속주의가 생겨나고, 의심할 여지없는 권위에 대한 신유학의 주장을 따지는 비판적 의식이 등장한 것의 일부분이었다. 그 자체는 19세기에 약화되었음에도 고증학 운동은 철학적 반란을 시작하고 새로운 사회적·정치적 주장을 하는 기초를 마련했다.

다양한 학파 사이에서 열정적 토론이 분출했는데, 특히 금문학파와 고문학파 사이에서 그러했다. 이른바 '금문今文' 경전은 한대 초기에 사용되었던 서체인 예서隸書로 기록된 판본이었다. 그러나 기원전 2세기 중반 한나라 이전의 유교 경전 판본이 공자가 거주했다고 알려진 건물에서 발견되었다. 이 텍스트들은 주대의 '고문古文'으로 쓰여 있었다. 고문이 발견되면서 중국 학자들은 이러한 텍스트들과 다른 판본들 사이의 신뢰성과 차이를 토론했지만, 동한 왕조 이후 금문은 거의 지식계에서 사라졌다. 오랫동안 망각되었던 금문 지지자들은 19세기까지 다시 나타나지 않았는데, 19세기에 이들은 주로 전통적으로 공자가 편찬했다고 간주된 오경五經 중 하나인 『춘추春秋』에 초점을 맞추었다. 기원전 722년부터 기원전 481년까지를 다루는 이 노나라의 공식적 연대기는 남아 있는 중국 역사서 중 연대기 형식으로 편찬된 최초의 것이었다. 금문경학자들은 이 책이 고전에 대한 공자의 가르침을 탐색하는 핵심이라고 주장했다. 따라서 그들은 고문경학파와 증거를 중시하는 대부분 학자들이 선호하는 『좌전左傳』보다는 『공양전公羊傳』이 공자의 『춘추』 편찬에서 알아낼 수 있다고 하는 본래적 역사의 전망을 이해하는 가장 훌륭하고 믿을 만한 기초를 제공한다고 믿었다.

이러한 문제들이 순전히 학문적인 것으로 들릴지도 모르지만, 청말의 금문경학자들은 실용적이고 정치적인 목적을 가지고 있었다. 무엇보다도 금문경학은 서한 왕조(기원전 206~서기 8)의 정치적 행동주의를 부활시키려고 시도했다.[3] 금문경학은 서구의 침입과 연관된 긴급한 문제들을 해결하는 데 유용한 자원으로 유학 전통에 대한 새로운 시각을 제안했다. 게다가 금문경학은 탁상공론의 문헌 연구에 매우 비판적이었고, '경세'經世에 대한 관심의 부활을 도왔다. 금문경학자들은 신유학 전통의 학자들이 기초하는 고문 자료들이 왕망王莽(기원전 45~서기 23)의 재위 기간에 학자들이 위조한 것이라고 주장함으로써 정통적 학설을 반박하기 시작했다. 왕망은 중국에서 가장 논란이 많은 황제의 한 명으로 황제 자리를 스스로 차지했고 그의 찬탈로 전한 왕조가 끝났다. 그는 한 나라를 대신하여 새롭다는 뜻의 '신新' 왕조를 선포했고, 학자들에게 유교 문헌과 자료를 고치도록 지시했다. 금문경학자들은 억압되었던 사상 노선에 새로운 정당성을 부여할 숨겨졌던 원본 자료들을 발굴했다고 주장했다. 금문 연구는 정치 담론의 새로운 형식으로 가는 꾸준한 흐름에서 중요한 역할을 했다. 이러한 학자들이 진부하고 부패했다고 주장하며 대체하려고 했던 주장들은 14세기의 원명 교체 시기부터 매우 전제적인 정부를 정당화하려고 사용되어온 것이었다. 금문학자들은 정치적·사회적·경제적 혼란의 시기에 필요했던 새로운 사상을 주장하면서 실용주의와 정치적 행동주의, 개혁의 가치를 옹호했다. 그들은 전통적인 유교적 개혁의 패턴을 촉진했지만, 19세기의 끝으로 가면서 점점 더 전면적인 변화를 요구하는 급진적 태도를 취했다.

많은 지식인은 제국 체제의 제도가 더 이상 적절하고 효율적이지 않으며 변화하는 역사적 상황이 새로운 제도적 해결책을 요구한다는 것을 깨달았다. 일부 지식인들은 심지어 아편전쟁 전부터 중국 제국이 자신의 문제들에 대처하려면 근본적 변화가 불가피하다고 믿었다. '시세에 적응하는 것'이 19세기 초에 중국의 증대하는 위기에 대한 실용적 해결책을 추구한 한 세대의 '경세' 학자들의 구호가 되었다. 경세 학파의 가장 영향력 있는 사상가 가운데 위원魏源(1794~1857)과 풍계분馮桂芬(1809~1874)이 있었다. 고염무의 정치적 개혁에 대한 저술의 영향을 받은 그들의 참조점은 고대 선진 시기의 황금기였다. 다른 19세기 학자들과 마찬가지로 그들은 모두 17세기 사상가를 크게 존경했다. 존경의 표시로 위원과 풍계분을 포함하는 일군의 경세학자들이 1830년대 베이징에 고염무를 기념하는 사원을 세웠다. 경세학파의 구성원들은 사회 질서의 문제들 그리고 질서에 대한 제도적 접근에 관심을 가지는 지적 관점을 공유했다. 이러한 목표 때문에 경세학자들은 정부 제도를 개혁해 사회 질서를 확보하려고 했다. 질서에 대한 그들의 관심은 대개 질서를 도덕적·정신적 측면에서 생각하는 정통적인 신유학자들과 달랐다. 경세 사상가들이 도덕적인 지식이 문명의 핵심에 남아 있어야 한다고 주장하긴 했지만, 도덕적 원칙에 기초하지 않은 지식이라 하더라도 새롭고 다른 유형의 지식을 연구할 가치가 있다고 인정할 준비가 되어 있었다. 그들은 관료 기구의 작동을 개선하는 데 필요한 기술적·제도적 혁신에 점진적으로 접근했다. 그들은 자기 수양이나 도덕적 훈계에만 기대는 대신 강압적이고 관리적인 제도를 사용함으로써 더 낫고 더 효율적인 사회의 정부와 더 안정적인 사회 질서를 성취하려고 했다.

학자이자 관료였던 위원은 19세기 전반기에 청의 통치 제도와 학문에 대한 비판적 검토에서 두드러진 역할을 했다.[4] 그는 양강총독兩江總督에게 봉사하는 학자, 고문, 관료들의 명망 있는 그룹과 함께 일했다.[5]

이 그룹은 새로운 도전에 대응하도록 청의 통치 제도를 조정하는 것을 추구했다. 위원과 그의 협력자들은 정부의 행정과 혁신 문제에 정보와 실용적 관점을 제공하는 『황조경세문편皇朝經世文編』(1826)이라는 제목의 중요한 선집을 편찬했다. 1844년에 위원은 그의 가장 잘 알려진 작품이자 외국의 지리와 물질적 상황에 대한 책인 『해국도지海國圖志』를 출판했다.

  이 책은 해양 아시아에서 서구의 상업적·군사적 힘이 성장하는 것을 경고하고, 증대하는 서구의 영향력에 맞서 이 지역에 대한 중국의 통제력 회복을 주장하려고 최초로 서구 자료의 번역을 활용한 것이었다. 이 책은 세계의 지리와 서구의 힘의 세계적 차원에 대해 독자들에게 새로운 정보를 풍부하게 주었다. 가장 중요한 것은 동남아시아와 중국의 역사적 연결에 대한 지정학적 분석과 세계적인 해양 무역과 서구의 힘을 고려하여 청의 전략적 전망을 재설정하라는 요구였다. 위원은 발전한 군사 기술이 서구가 중국을 넘어서게 했다고 결론을 내리기도 했다. 따라서 그는 중국의 군사적 능력을 강화해야 한다는 대외 정책적 함의를 강조했다. "(아편전쟁의) 조약이 맺어지기 전에는 마땅히 오랑캐로 오랑캐를 공격해야 한다. 조약이 맺어진 후에는 마땅히 오랑캐의 장기를 배워 오랑캐를 제어해야 한다."[6] 위원은 청 제국이 서구의 기술 요소를 능동적으로 받아들여 유럽 국가들에 적극적으로 대처하기에 충분할 정도로 강해져야 한다고 제안했다. 그는 "배를 건조하고, 무기를 만들고, 오랑캐들의 장기를 배우는 것"을 포함하는 해양 방어의 상세한 계획을 서술했다. 그의 개혁 의제의 매우 중요한 목표는 중국 제국의 위대함을 회복하고 '부강富强'을 되찾는 것이었다.[7] 그 시대의 다른 많은 사상가처럼, 위원은 왕조에 봉사하고 총독들에게 영향을 주는 학자이자 영향력 있는 관료였다. 그의 제안은 나중에 구체적 정책이 되었다.

이어진 수십 년 동안 다른 중국 학자들은 서구 군사 기술을 구매하여 궁극적으로는 이를 생산하는 것뿐 아니라 번역 기관, 학생들이 중국 고전 외에 서구의 언어와 과목도 배울 기구를 설립할 것을 제안하면서 위원보다 더 나아갔다. 풍계분은 이러한 활동의 지도자 중 한 명이었다.[8] 풍계분은 고전적 교육을 받은 학자로서 자신의 힘으로 관료로서 성공한 경력을 가지고 있었으며, 19세기 중반의 중요한 청나라 정치가들을 위해 조언자로서 일하기도 했다. 태평천국 위기와 중국이 다시 유럽 열강들에 패배한 2차 아편전쟁 중 풍계분은 동시대인들과 다음 세대의 주목을 받았던 글 모음집을 완성했다. 40편으로 된 그의 『교빈려항의校邠廬抗議』는 1861년 11월에 서문이 쓰였고, 1862년 증국번에게 보내졌다. 그러나 그의 생각에 대한 광범위한 적대감 때문에 이 글은 훨씬 뒤까지 출판되지 않았다. 글에서 풍계분은 서구의 기술적·군사적 우월함이 기선, 화기, 군사 훈련에서만 나오는 것이 아니라 교육('재능 있는 사람을 채용하는 것'), 경제('토지에서 이익을 얻는 것'), 정부('통치자와 인민들을 가깝게 하는 것'), 과학('사물을 진정한 이름으로 부르는 것') 등 4가지 핵심 영역의 더 효율적인 제도에서 나온다고 주장했다.[9] 풍계분은 중국이 이 모든 분야에서 서구 국가들을 따라잡으려고 야심적인 개혁을 실행해야만 한다고 결론을 내렸다. 중국이 스스로 강해지는('自强') 길은 서구로부터 기술과 군사 전략만 배우는 것이 아니라 교육, 경제, 정부, 과학도 배우는 것이었다. 풍계분은 중국인이 외국의 무기를 획득하는 것을 넘어서 새로운 기술 자체를 제조하고 유지하고 활용해야 한다고 주장했다.

'서학을 채택하는 것에 대한 논의(採西學議)'라는 편에서 풍계분은 중국이 중국의 가치를 유지하면서 서구로부터 배워야 한다고 주장했다.

그는 다음과 같이 썼다.

　　무릇 학문은 나라를 다스리는 일이 비롯되는 곳이다. 태사공太史公이
　다스림을 논하며 말하기를, "'후왕後王을 본받으라'는 말은 원래 순자荀子
　가 시간적으로 가까우면 변한 풍속이 서로 비슷하고, 뜻이 단순하여 행
　하기 쉽다고 여긴 것이다"라고 했다. 내가 생각하기에 오늘날에는 마땅
　히 '여러 나라(諸國)로부터 배우라'고 해야 하는데, 여러 나라는 같은 시간
　과 공간에서 스스로 부강에 이를 수 있었으니, 어찌 서로 비슷하면서 행
　하기 쉬움이 더욱 크고 아주 분명하지 않겠는가? 만약 중국의 윤리와 가
　르침을 근본으로 삼고 여러 나라의 부강 기술로 이를 보완한다면 어찌
　최선의 것이 아니겠는가?[10]

　이러한 접근 방식은 '자강'으로 알려지는데 그 주된 목표는 해외의
우월한 지식과 기술을 더하면서 중국 문명의 본질이나 핵심을 유지하
는 것이었다.
　운동으로서 서학은 서구로부터 선택적인 차용을 하려는 것이었다.
그것은 청의 제도를 강화하고자 서구의 사고를 도입할 것을 요구했다.
이러한 접근이 전반적인 제도적 구조를 개혁할 것을 목표로 했지만, 또
한 어떤 제도에 의문을 품게 할 수 있는 것도 분명했다. 흥미롭게도 특
히 통렬한 비판의 대상이 된 제도는 여러 가지 면에서 가장 잘 작동하
던 제도였다. 청 말의 많은 사상가는 과거제도가 청 제국에 닥친 많은
곤경 때문에 비판받아야 한다고 확신했다. 풍계분은 다음과 같이 썼다.
"국가에서 과거를 중시한 것이 사람들의 마음에 깊이 자리 잡은 지 오
래되었다. 총명하고 슬기로운 선비들이 시험용 문체, 시험 답안지, 시

험용 글씨체와 같은 무용한 일 때문에 늙고 기운이 다한다. … 이제 그 절반을 나누어 기물을 만드는 일에 종사하게 해야 한다."[11] 풍계분은 공공 여론이 어떤 시험보다도 공무원들의 자질에 대한 훌륭한 판단 기준이라고 믿었기에 과거를 폐지하고 선거로 대체하자고 주장했다.

청 조정은 이러한 제안을 채택하는 데 느렸고, 변화는 중앙의 제도와 정책 일부에만 점진적으로 왔다. 청 조정이 중국이 직면한 위기에 대응했던 정도와 기본적으로 같은, 조정이 오랫동안 국내의 국정 운영 문제를 다루는 데 적용했던 실용적 접근과 사고방식이 일반적이었다. 1870년 무렵에 이것이 바뀌었다. 세기 중반의 반란들을 진압하려는 길고 잔혹한 작전을 겪으면서 증국번, 이홍장, 좌종당과 반란의 영향을 받은 지역의 다른 지도적 관료들은 더 과감하고 더 장기적인 조치들이 필요하다고 확신했다. 청조가 2차 아편전쟁(1856~1860)에서 패배했다는 사실도 나라의 위기감을 심화했다. 청조는 유교적 질서를 강화하기 위해 발전된 서구의 지식과 기술을 받아들이려는 더 진지하고 야심적인 노력을 할 필요가 있었다. 태평천국과의 싸움에서 서구인들과 협력하는 동안 앞선 군사 무기와 기술을 목격했던 것도 1870년 이후 필요하다면 폭넓고도 돈이 많이 드는 자강 노력에 착수하겠다는 관료들의 결심을 더욱 굳게 했다.

자강의 목적은 광범위한 서구의 기술과 방법을 채택하고, 정통적인 유교 이데올로기를 다시 활성화하고, 전통적인 낮은 세금의 재정 제도를 재건하고, 정규적인 과거제를 개혁함으로써 청조가 원래 가지고 있던 견고한 안정과 번영을 회복하는 것이었다. 한참 뒤인 1898년에 자강 배후에 있는 지적인 전제를 장지동이 '체용'體用의 공식으로도 알려진 유명한 '중국의 학문을 본질로 하고 서구의 학문을 활용한다'(中學爲體, 西學

爲用)라는 문구로 요약했다. '용'用은 서구의 학문으로부터 끌어내야 하는 기능적 적용과 유용한 도구를 의미했고, '체'體는 윤리적 질서와 유교적 가르침 속에서 지배자와 신민 사이 혹은 아버지와 아들 사이의 중심적 연결을 말했다.

청의 중흥으로 알려진 이후의 회복과 재건 시기에 양강총독 증국번은 주도적 역할을 했다.[12] 그는 생애 초기에 신유학의 정주학파로부터 큰 영향을 받았다. 증국번은 모범적인 지도자를 만들려는 도덕적 지도력의 중요성을 굳게 믿었다. 그러나 도덕적 이상주의는 그의 방식 중 일부일 뿐이었다. 증국번은 그의 철학에서 실용적 국가 운영에 대한 관심이라는 새로운 차원을 더했다. 이것은 유교적 정치력의 지도 수칙으로서 '예'禮에 대한 그의 강조에서 가장 분명하게 나타난다. 한학이나 금문운동의 영향을 받은 증국번의 예禮 개념은 그의 사고에서 도덕적·의례적 예의범절만이 아니라 국가 운영의 도구라는 의미도 가지는 매우 폭넓은 것이었다. 따라서 증국번은 질서를 성취하고자 도덕적 힘과 제도적 힘 모두를 사용하려고 했다. 아마도 더욱 중요한 것은 증국번과 다른 지지자들이 중국의 핵심적 가치를 보호하려고 서구의 기술을 사용해야만 했기 때문에 무엇이 핵심인지에 대한 더욱 명확한 관념 그리고 중국 사람들에게 그 핵심을 쉽게 알려줄 강력한 정책이 필요했다는 점이다. 나라의 많은 지역에 영향을 미친 불안으로 증국번은 중심적인 가치와 실천이 더는 보이지 않는다고 믿었다. 이에 대한 대응으로 예를 들어 고전과 역사를 출판하는 공식적 출판 기구를 두는 것처럼, 전통적인 학습과 가치를 회복하고 장려할 필요가 있었다. 증국번은 교육을 받지 않은 사람들은 노래로 지도할 수 있다고 생각했다. 태평천국 전쟁의 어느 때 그는 군인들에게 작전에서 어떻게 행동해야 하는지 가르치고

자 '애민가'愛民歌라는 제목의 노래를 만들었다.[13]

증국번은 엄격한 아버지로 유명했다. 그가 가족에게 보내는 편지와 가르침을 담은 『증국번가서』蘇國藩家書』는 1879년 처음 출판되었다. 조언과 도덕적 훈계로 가득 찬 이 책은 그가 유교적 윤리와 도덕적 자기수양을 진정으로 믿었음을 보여준다. 가장으로서 그는 가족들, 특히 동생들과 아들들에게 순종적이고, 이타적이고, 충성스럽고, 의무를 다하고, 자기수양을 하고, 성실하라고 권고했다. 그는 남성 가족 구성원들에게 게으름과 한가함의 유혹을 이겨내고 집단적 목표와 가치에 집중하도록 촉구했다. 보수주의는 아마 어떤 부흥에서도 필요한 요소일 것이고, 증국번은 중국의 보수주의가 청의 중흥 기간에 최고조에 달하는 데 영향을 미쳤으며, 정말로 현대 중국 보수주의의 우상이 되었다. 『증국번가서』는 현대 중국에서 많이 간행된 책 중 하나다.[14]

자강이라는 사고는 중국 지도자들이 서구의 도구와 기술을 체계적으로 중국에 도입하려고 했던 1870년대에 국가가 시도했던 폭넓은 개혁에 원리를 제공했다. 지도자들은 청조의 운영과 보존을 위해 최상의 서구 기술, 특히 무기 도입을 추구했다. 그들은 국방, 기반시설, 공업을 강화하고 국가 제도를 점진적으로 개혁하고자 서구 모델과 기술을 선별적으로 적용하는 데 실용적 '경세' 전통을 끌어왔다. 그러나 이 정책은 일치된 지지를 얻지 못했다. 일부 학자들은 서구화에 반대하고, 유교적인 가족 가치들과 외국의 혁신을 거부하는 데 다시 초점을 맞추는 더 근본주의적인 접근을 제안했다.

제도 개혁의 중요한 초점은 정부의 만성적인 재정 적자를 해결할 필요에 있었다. 원래 태평천국을 진압하려는 노력에 자금을 대기 위해 국내 교역에 부과되던 이금은 중국 재정 체계의 정규적이고 중요한 요소가 되었고, 일부 자강 정책에 자금을 제공했다. 또한 ^{(비록 이 세입의 대부분을} ^{전쟁 배상금으로 외국으로 보냈지만)} 외국인이 관리하는 제국 해관이 징수하는 해양의 국제무역에 대한 새로운 세금들도 있었다. 토지세는 여전히 중요한 세금이었지만, 당시 중국 국내 총생산의 2%를 넘지 않았다. 19세기 중반 토지세는 전체 세입의 약 77%를 차지했지만, 세기말에는 공식적으로 기록된 세입 중 단지 35~40%만 차지했다.[15] 그러나 청 국가는 재정 압력 아래에서도 농업 생산에 대해 낮은 직접세를 부과하는 정책을 바꾸려 하지 않았다. 1713년 이래 토지세는 동결되어 있었다. 그래서 중국의 재정 제도를 재건하는 데 더욱 중요해진 것이 이금 체계였다. 세기말에 이금은 전체 세입의 15~19%를 차지하고 해관으로부터 징수된 세금은 11~17% 사이에서 변동하여 국내 무역과 국제 무역으로부터 나오는 이 세금들을 합치면 세입의 3분의 1 이상에 달했다. 그러나 국가 세입의 상당한 증가가 꼭 중앙정부의 재정 상황을 개선하지는 않았다. 상업세와 이금은 1860년대 이후 본질적으로 지방 재정이 되었고, 이는 정치적 탈중앙화와 함께 이루어진 지속적인 재정적 탈중앙화 과정의 일부였다.

새롭게 얻은 재정 자원의 도움을 받은 이홍장, 장지동 같은 지역 지도자들은 소수 서구 스타일의 자본 집약적 기업들을 후원했고, 이 기업들은 국가 자금을 가지고 관료의 감독하에 상인들이 경영했다. 이러한 기업들은 대부분 ^(관리의 감독과 상인의 운영이라는 의미의) '관독상판'官督商辦으로 알려진 제도 아래 운영되었다.[16] 이 용어는 구체적으로 정부와 상인들의 공동 관리 그리고 민간 투자에 지분을 판매하는 것과 정부 대출을 획득하는 것 양쪽에서 조달한 투자 자본을 의미했다. 해운회사, 무기 공장, 공장, 조선소 등을 포함하는 이러한 기업들은 비효율과 부패가 만연하기

는 했지만 성공을 거두었다.[17] 주로 해군과 육군의 발전이 관심의 대상
이었다. 상하이의 강남기기제조총국江南機器製造總局과 난징의 금릉기기제
조국金陵機器製造局은 모두 1865년에 설립되었고, 푸저우 근처의 마웨이
馬尾에 세워진 해군 조선소가 1866년에 그 뒤를 이었다. 1873년에 일본
인 방문자들은 강남기기제조총국에 강한 인상을 받았는데, 이때는 일
본인 개혁가들이 유럽의 과학 논문들의 중국어 번역에 의지하던 초기
였다.[18] 그러나 생산량은 실망스러웠다. 예를 들어 푸저우의 조선소는
1883년에서 1885년까지 있었던 청프전쟁 기간인 1884년에 프랑스 군
대에 거의 완전히 파괴되기 전까지 겨우 15척만 건조했다. 윤선초상국
輪船招商局(1873), 상해기기직포국上海機器織布局(1878), 개평광무국開平鑛務局(1877)
등을 포함해 관독상판 제도 아래 설립된 다른 기업들 모두 서구로부터
가져온 기술을 활용했다. 후베이 양쯔강의 한양漢陽제철소는 일본의 야
하타제철소보다 7년 앞선 1894년 생산을 시작했다. 이러한 사업들은
성 장관 휘하의 지역적인 군사-공업 복합체를 낳았다. 예를 들어 총독
이홍장 관할에는 무기 공간, 해운회사, 개평광무국과 다른 탄광들, 중
국의 전신 체계 그리고 면사 방직에 대한 독점 등이 포함되었다. 총독
장지동의 지도 아래 건설된 다른 복합체는 대야大冶 철광, 평향萍鄉 탄관
그리고 앞서 언급한 한양제철소 등으로 구성되었다.

새로운 공업 정책의 영향력은 그 직접적인 적용과 군사적 목적뿐만
아니라 무기 공장 부설 많은 교육 기관에서 소개된 서구 지식과 기술로
도 나타났다.[19] 1867년 청 조정은 푸저우의 마웨이 항구에 선정학당船政
學堂을 세웠다. 1868년 강남기기제조총국은 현대적인 엔지니어를 훈련
하려고 세운 학교에 번역가를 위한 학교를 추가했다. 1880년 직예총독
이홍장은 천진수사학당天津水師學堂을 설립했다. 이어서 전국의 다른 곳

푸저우 혹은 마웨이 무기 공장의 항구, 조선소, 공장 건물, 1867~1871년경
(Canadian Center for Architecture, distributed under a CC BY-SA 3.0 license)

들에서 군사 학교와 전문 훈련 학교들이 많이 세워졌는데, 모두 '오랑캐의 장기로 오랑캐를 이기는 것'에 대한 관심에서였다. 군사 학교, 특히 해군 학교들에서는 현대적인 수학, 기계공학, 물리학, 지리학 등을 가르치기 시작함으로써 '새로운 학습'으로 향하는 또 다른 강력한 경로를 제공했다. 이 모든 것을 부수적 효과로 간주한다고 하더라도, 그것이 점차 중요한 제도적 혁신을 낳았다.

이러한 새로운 기업 가운데 일부는 외국 기계를 이해하고 생산하기 위한 매우 놀라운 역설계의 솜씨를 보여주었다. 그러나 그들은 외국 소유의 해운회사나 수입품과 경쟁하기 어렵다는 것을 알게 되었다. 전반적으로 중국 경제의 공업 부문은 민간 기업가들보다는 관료 자본주의의 체계에 지배되었다.[20] 이러한 경영 방식에서는 관료들이 승인하고,

계획을 세우고, 프로젝트를 감독했으며, 일상 관리는 역시 자금 대부분을 제공한 민간 상인들과 지방 엘리트의 손에 남겨졌다. 대부분에서 정책을 세우는 것은 관료들 혹은 더 정확히 말하면 관료의 참모들이었고, 투자와 위험은 공공 부문과 민간 부문이 공유했다. 이런 방식은 사업이 정치적 후원, 지방에 대한 충성심, 부패 등의 부담을 지면서 의사결정과 책임을 모호하게 만들기 쉬웠다. 게다가 정부가 지명한 후원자들은 기업을 자신의 지역 권력의 기반으로 이용하는 경향이 있었다. 중앙정부는 자체의 예산 문제 때문에 자본을 공급할 수 없었을 뿐 아니라 소금 유통에서 이익을 얻었던 것처럼 기업으로부터 자원을 추출할 방법을 기대하기도 했다. 이러한 상황에서 기업들은 결코 완전히 발전하지 못했고, 종종 투자 초기의 몇 년이 지난 후 쇠퇴하곤 했다.

윤선초상국은 이러한 초기 노력이 처했던 재정적·정치적 난점을 잘 보여주는 사례로 많이 연구되었을 뿐 아니라 중요한 기업이므로 자세히 살펴볼 가치가 있다.[21] 중국과 유럽 사이의 여행 시간을 절반으로 줄인 1869년의 수에즈운하 개통과 함께 기선은 중국의 해운 사업에 혁명을 일으켰다. 1860년대 초에 일부 주도적인 서구 회사들인 합자 기선 회사를 만들기 시작했는데, 자본의 대부분은 중국인 투자자들로부터 조달했다. 윤선초상국은 매우 수익이 좋은 해안 화물 운송에서 외국 기선 회사의 지배에 맞서고, 투자와 이익이 외국인들뿐만 아니라 중국인들에게도 혜택이 되게 만들려고 설립되었다. 윤선초상국은 아마도 중국에서 국가가 후원한 최초의 중국인 합자회사일 것이다. 관독상판 제도로 운영되는 모든 회사처럼, 운영은 청 정부와 상인들이 함께했다. 정부가 후원했지만 회사는 위험을 부담하는 주주들이 사적으로 소유하고 관리했다. 비록 처음에는 쉽지 않았지만, 대부분 자본을 지분 판매로 조달했다. 상당한 중국인 투자가 서구 해운회사에 몰렸던 것에 비해, 중국 상인들은 처음에 중국인 회사의 지분을 구매하는 것을 망설였다. 윤선초상의 경우 이 합자회사가 1873년부터 1885년까지 실질적 경영자로 일했던 당정추唐廷樞(1832~1892)와 서윤徐潤(1838~1911)이라는 두 상인(매판)의 관리 아래 재조직되었을 때 상황이 바뀌었다. 당정추와 서윤은 대주주이기도 했다. 이때 주식 자본이 증가하여 1880년 100만 냥에 도달했고, 1882년에는 200만 냥이 되었다. 그러나 윤선초상국은 상인 자본을 보충하려고 정부의 대부에 의존해야만 했다.

윤선초상국은 선박 30척으로 된 선대를 가지게 되었고 곧 중국의 기선 회사들 중 가장 큰 선복량을 확보했다. 윤선초상국은 제국 정부로부터 허가받은 유일한 중국인 소유의 해운회사로 상당한 이점이 있었다.

매판들, 당정추와 서윤으로 추정, 1875~1880년경
(Private collection, photo © Christie's Images/Bridgeman Images)

이는 조량을 운송하는 정부와 계약해 일감을 확보할 수 있었을 뿐만 아니라, 정부 대출 접근, 부동산 취득과 요금 및 통과세 납부에서 특혜를 가졌음을 의미했다. 1878년과 1883년 사이에 이 회사는 새로운 선박을 9척 구매했고 중국 수역을 넘어서 미국, 일본, 동남아시아까지 영업을 확장했다. 그러나 1883년의 상하이 금융공황으로 자본 기반이 손상되어 회사의 운명이 급작스럽게 바뀌었다. 정부도 (후술할) 목전의 전쟁들을 위해 해군을 지원하고자 윤선초상국에 가치 있는 자원들을 전용하도록 강요했다. 동시에 경영은 다른 이유로도 곤경에 처했다. 금융 위기에서 큰 손실을 본 상인 임원들이 자신들의 이익을 위해 기금을 전용했다고 비난받았다. 1885년 경영자가 성쉬안화이盛宣懷(1844~1916)로 교체되었는데, 윤선초상국의 지분을 매입하던 그는 대주주가 되었다. 그는 책임자로 있던 1885년에서 1902년 사이에 정부의 다른 업무와 거리를 유지했는데, 외국 기선 회사들과 경쟁이 빠르게 심화되었지만 자본투자는 정체되고 선복량은 변함이 없었다. 일본우선日本郵船을 포함하는 몇 개 새로운 해운회사가 시장에 들어오기도 했다. 중국 상인들은 자신감을 잃고 윤선초상국에 등을 돌리기 시작했다. 적절한 관리와 민간 자본의 부족으로 윤선초상국은 조금씩 일감과 시장 점유율을 잃었다.

문제를 더욱 악화시킨 것은 조약항에서 외국 기업들이 중국 상업과 연계하려고 고용한 중국인 대리인인 매판들이었다. 매판들은 새로운 회사들로부터 엄청난 부를 쌓을 수 있었지만, 그들이 자본과 관리 인원을 회사들에 공급하는 데는 적극적이었던 반면 기술적 훈련과 지식 자체에 대해서는 잘 몰랐다. 다수가 위험한 투기와 회사 자원의 전용에 관여했다. 가족, 지역, 정치 등으로 강하게 연결된 배타적 공동체에 속했기에 그들은 국가의 경제적 이해관계보다는 그러한 공동체의 관심사에 집중했다. 이러한 단점들은 새로운 기업들을 건설하고 유지하려는 노력을 방해했다. 모든 경우에 기존의 이해관계와 관료와 기업 사이의 후원 네트워크가 경제발전에 방해가 되었다. 불가피하게 윤선초상국과 다른 관독상판 기업들은 모두 유사한 문제들에 직면했다. 정부와의 사적 유대는 자산이지만 부담이기도 했다. 그들은 모순적이고 조화시키기 어려운 정치적·상업적 임무를 부여받았다.

그러나 자강의 노력은 주식 보유가 빠르게 중국인 사업 전통의 필수 부분이 되게 했다는 점에서 중요했다.[22] 이것은 기업을 위한 자본의 효율적 조달과 주식을 거래하는 자본 시장의 출현을 위한 길을 알렸다는 점에서 중요하고 장기적 영향을 미치는 제도적 혁신이었다. 결과적으로 두 가지 모두 이후 발전을 위한 중요한 단계였다. 동시에 서구로부터 온 이 혁신에 수정이 이루어지기도 했다. 중국의 주식 보유 구조가 형성되면서 주요 주주들이 회사의 영역에 직접 개입했고, 정부가 대부자로서 중요한 역할을 했다. 따라서 초기의 주식 보유 방식은 ^(공영과 사영 모두) 소유와 지배의 분리를 가져오지 못했고, 소유에 대한 가족과 정부의 영향력을 약화하지도 못했다.

중국의 노력은 야심적이었지만, 근본적으로 정치 과정과 제도를 바꾸지 않으려 했기 때문에 실질적 제한이 있었다. 게다가 제국의 정치 체계를 정비하려는 노력이 없었다. 현대적 헌법이나 상법을 기초하려는 계획도 없었고, 통화 체계의 개혁도 없었다. 철도는 1890년대 말까지 본격적으로 건설되지 않았고 기선의 발전은 제한적이고 느렸다. 육군과 해군의 발전에 대한 집착은 자강운동 기간의 개혁이 단편적이라는 것을 의미했다. 청 부흥의 가장 큰 제약은 국방 공업, 철도 건설 같은 다른 현대화 계획을 위한 충분한 자금을 조달하는 능력의 부재였다. 민간 영역은 투자하기를 주저했고, 정부는 세입이 제한되어 있었다. 중국의 정부 세입 부족은 청 정부가 폭넓은 공업화의 달성과 경제 현대화를 진전하는 데 실패한 주요 원인 중 하나였다. 이것은 국내총생산의 10% 이상을 세입으로 거두어들일 수 있었고 특히 도쿠가와 말기에 그 비율이 더욱 높아졌던 일본 정부와 두드러지게 대비되었다. 전반적으로 자강 정책이 더 많은 성취를 거두지 못하게 한 것은 제도 개혁을 이끌 정치적 지도력의 부재였다.

청의 부흥과 자강에 대한 강조가 사업, 특히 해운에서 몇 가지 성공을 만들어냈다고 할 수 있다. 청 말의 국방 공업은 일부 지역에서 공업화의 미약한 시작을 만들어냈다. 장난, 푸젠, 후베이의 조선소와 무기 공장들은 작고 문제가 많았지만, 중국의 공업 생산의 첫 국면을 이끌었다. 왕조의 번영과 권력을 회복한다는 웅대한 계획과 높은 희망에는 미치지 못했음에도 청 말의 자강운동은 무엇보다도 사업에서 공업화의 초기 경험과 점진적 제도 혁신의 제한적 사례를 만들어냈고, 이후 세대들은 이것을 기반으로 시작할 수 있었다.

중국의 패배한 전쟁들

서구 제국주의는 중국이 전통적으로 북쪽 변경에서 싸웠던 육상의 침략과 완전히 다른 새로운 군사적 위협이었다. 동아시아에서 유럽의 군사력 투사의 증가는 청 제국의 경제적·정치적·제도적·이데올로기적 지위를 약화시켰다. 19세기 마지막 4분기의 충돌들로 중국은 몇 번 굴욕적 양보를 강요당했고, 조공 질서가 무너졌으며, 국경 방어 능력은 쇠퇴했다. 그러나 다른 관점에서 보면 19세기 중반에 시작된 이 격동의 시기는 제도적 과부하나 변화의 장애물뿐만 아니라 국가의 완전한 붕괴를 피했던 청의 회복력도 드러냄으로써 청 말 체계의 힘을 보여준다.[23]

일부 군사적 충돌은 반기독교 사건들로 촉발되었다. 중국이 폭력적으로 개방된 것은 중국의 영토적 권리와 자결권의 상실을 우려하는 반외세, 반기독교 운동의 증가를 가져왔다. 이 운동은 조약항에서 처음 생겨나고, 중국 전체의 다른 도시들과 농촌으로 퍼졌다. 중심 요구는 정부가 외국의 요구, 침략, 종교적 영향력에 더 강한 태도를 취하라는 것이었다. 중국에서 19세기의 선교 운동은 영국과 미국의 복음주의 부흥의 활력을 바탕으로 개신교가 시작했다. 가톨릭 성직자들은 중국에 더 늦게 왔지만, 신도들은 훨씬 더 빨리 늘었다. 1840년대부터 조약들로 조약항에서 선교 활동이 가능해지면서 기독교 선교가 생겨났고 순회 선교사들이 나라 안 대부분 지역을 여행하기 시작했다. 베이징조약(1860)이 학교, 병원, 고아원, 교회를 건설하고 운영하고자 자산을 취득하고 그 자산을 선교사의 목적을 이루려는 어떤 용도로도 활용할 권리를 승인함으로써 이러한 특권이 제국 전체로 확대되었다. 1900년에 중국에서 대략 1,400명의 가톨릭 사제, 수사, 수녀가 100만 명에 가까운 가톨릭 신자들을 위해 일하고 있었다. 같은 시기 중국의 개신교도는 대략 25만 명이었고, 개신교 선교사 3,000명 이상이 일하고 있었다. 다른 외국인들과 마찬가지로, 선교사들은 치외법권을 누렸다.

기독교 선교에 대한 중국인들의 분노에도 불구하고, 선교사들은 공식적으로나 대중적으로나 풍부한 문화적·교육적 상호작용을 가능하게 했다. 선교 사업으로 종교 자체보다도 교육과 과학이 가장 촉진되었다. 선교 활동은 서구 의학, 여성 학교, 고등교육, 전족 반대 운동 등의 도입을 포함하여 중국의 다양한 개혁 노력에 기여하거나 개혁을 고취했다.[24] 선교 활동은 전통적인 신앙, 사회 관행 그리고 중국 관료의 권위는 말할 것도 없이 신사들의 지도적 역할에도 도전했다. 그럼에도 기독교는 일부 종교적 요소와 문화적 변형이 중국의 사회제도에 들어가게 되면서 깊은 영향력을 가지게 되었다. 중국인들 중 특히 빈곤한 지역의 농민들이 선교 활동에 개방적이었고 많은 사람이 기독교로 개종했지만, 엘리트들은 선교를 중국에 대한 착취나 자신들의 지위를 위협하는 새로운 기술, 사고의 고취와 연관 짓는 경향이 있었다. 가장 큰 분노를 산 것은 선교사들이 기독교로 개종한 중국인들에게 주선한 법률적 혹은 법률 외적 특권들을 포함하는 특별한 혜택이었다. 이는 선교사들과 중국인 기독교도 모두를 향한 악감정을 일으켰다. 1860년 이후 때때로 반선교 폭동이 불타올랐다. 1860년대 말 유럽인들이 약을 만들려고 중국 어린이들을 죽인다는 소문과 기독교 고아원들이 중국 어린이들을 사고팔거나 희생 제물로 삼는다는 소문 때문에 중국인들의 기독교에 대한 반감이 악화되었다. 이러한 악마화하기 이야기들은 기독교에 대한 적대감을 부채질했고, 1868년에 (새로운 조약항 중 하나인) 양저우에서 분노한 군중 수천 명이 영국 선교 본부를 포위하는 사건을 포함하는 봉기를 유발했다. 비슷한 소문들이 1870년 톈진 학살을 가져왔다. 도시 전체를 휩쓴 며칠 동안의 폭동에서 30명이 넘는 중국인 기독교도와 외국인 21명이 죽었다. 이 충돌은 중국 정부와 기독교 선교사들의 관계를 전반적으로 악화시켰다. 또 다른 일련의 반기독교 폭동들이 1890년대에 양쯔강 주변에서 일어났다. 선교사들은 이러한 적대감에 대응하여 선교 목표와 방법을 바꾸었는데, 예를 들어 의료나 중국적 가치를 수용하는 세속 교육의 형식을 촉진하는 것이었다.[25] 선교사들은 19세기 말에 중국에서 교회를 확장하고, 특히 교육에서 새로운 제도적 기반을 가져왔다.

중국 내부의 대중적 반기독교 감정의 강화에도 불구하고, 1860년

베이징의 성공회 교회에서 기도하는 중국인들을 묘사한 프랑스 초콜릿회사의 광고 카드
프랑스의 다색 석판 인쇄(Private collection, photo©Look and Learn/Barbara Loe Collection/Bridgeman Images/ LLL3105593)

대와 1870년대는 중국의 대외 관계에서 비교적 평화로운 시기였다. 그러나 곧 청 제국에 또 다른 심한 타격을 입히는 일련의 전쟁을 야기할 변화가 이미 진행 중이었다. 1870년대에 새로운 국제 질서가 나타나고 있었다. 중국 내부의 변화들과 청 제국의 늘어나는 취약성을 지켜본 중국의 주변 국가들은 중국보다는 서구 열강들이 동아시아를 지배하는 세계라는 새로운 현실에 점차 적응했다. 버마나 태국 등 좀 더 멀리 있는 주변 국가들은 청이 지배하는 세계 질서가 대체되자 청과의 조공 관계를 빠르게 끝냈다. 태국은 1853년에 마지막 조공 사절을 보냈고, 1882년에 청과의 조공 관계 종식을 공식적으로 선언했다. 중국은 버마에서 중국의 영향력을 대신하려 했던 영국에 양보해야만 했다. 1852년부터 버마는 점차 영국에 독립을 빼앗겼다. 1885년에 영국은 버마를 보호국으로 삼았고, 1886년에는 버마가 영국령 인도의 지배 아래 들어갔다.

그러나 베트남, 류큐, 한국 등처럼 중국에 문화적으로나 지리적으로 더 가까웠던 나라들도 새로운 시대가 왔고 중국과 동맹을 재고할 필요가 있다는 것을 인식했다. 중국 모델을 수 세기 동안 따랐던 베트남에서 중국은 버마에서와 비슷하게 유럽 열강과 맞섰다.[26] 프랑스는 안남, 캄보디아 등 중국의 인도차이나 조공국들에 대한 권리를 주장하면서 광시성으로 영향력을 확대했다. 청 말에 응우옌 왕조(1802~1945)가 베트남을 통치했다. 그러나 이 왕조가 분열되어 있었기 때문에 프랑스는 베트남에 대한 지배를 확보하려고 노력할 수 있었다. 프랑스의 상인, 조언자, 선교사들이 19세기 초 베트남에 오기 시작했다. 1870년대 중반 프랑스는 남베트남과 현대의 캄보디아에서 프랑스가 지배적 열강이 될 수 있게 하는 조약들에 조인하도록 베트남에 강요했다. 북베트남의 민족주의자들이 프랑스에 등을 돌렸지만, 프랑스는 1882년에 하노이와 하이퐁을 점령함으로써 이에 대응했다. 응우옌 왕실은 청에 도움을 요청했다. 이홍장은 충돌을 피하고 해결책을 찾고자 협상 테이블을 마련하려 했지만, 청 조정은 자강운동이 이미 해군의 군사적 능력을 강화하여 더 강력한 함대를 만들어냈다고 믿었기에 이를 기각하고 전쟁으로 가는 것을 선택했다. 이는 청프전쟁(1884~1885)으로 이어졌다. 그러나 새로운 청의 해군은 프랑스 전함의 적수가 되지 못했고, 중국 동남해안의 푸저우에 도착한 프랑스 전함들은 자신들의 전함은 한 척도 잃지 않으면서 중국의 함정 11척 중 9척을 침몰시켰다. 평화협정이 조인됨에 따라 청이 베트남에 대한 권리 주장을 포기하여 베트남은 프랑스령 인도차이나의 일부가 되었다. 중국군을 베트남 밖으로 몰아낸 후 프랑스 지휘관은 광서성 진입을 시도했지만, 1885년 청의 반격으로 침략자들은 하노이로 후퇴했다. 프랑스령 인도차이나는 1887년 10월 17일에 (현대 베트남에 포함되는 세 지역인) 안남, 통킹, 코친차이나 및 캄보디아 왕국을 통합하면서 성립했다. 라오스는 이후 1893년의 프랑스-시암 전쟁이 끝나고 프랑스령 인도차이나에 병합되었다. 그러나 광저우만이라고 불리는 중국 영토의 작은 부분도 나중에 프랑스령 인도차이나에 더해졌다. 이곳은 청이 프랑스에 조차지로 넘겨준 중국 남부 해안의 작은 월경지였다. 청은 승리하여 국경을 지켰지만, 이 지역에서 영향력의 감소를 겪었다.

19세기의 마지막 20년 동안 간헐적으로 이어지던 일련의 대외 전쟁 중 가장 충격적인 상실은 1894년에서 1895년에 사이에 있었다. 이때 중국은 한국에 대한 통제를 두고 일어난 충돌로 시작된 일본과의 전쟁에서 바다와 육지에서 패배했다.[27] 미국의 매튜 페리Matthew Perry 준장이 에도만에 들어와 미국 선박에 대해 항구를 개방할 것을 요구하면서 공적 토론을 촉발한 1853년부터 일본은 중국과 마찬가지로 내부의 경제적·사회적 문제의 증대를 경험하고 있었다. 그러나 일본은 중국과 상당히 다른 경로를 걸었다. 일본은 끈질기게 협상한 후 페리의 요구에 동의하여 1854년 가나가와조약을 조인하고 (비록 무역을 위한 것은 아니었지만) 선박 보급을 위한 항구를 두 개 개방하고 외교관의 교환을 승인했다. 도쿠가와 시대 종말의 마지막 단계는 1868년 1월의 메이지유신으로 시작되었는데, 이때 잘 교육받고 야심 찬 젊은이들의 그룹이 황궁을 장악하고 지금은 메이지 천황으로 불리는 15세의 천황 무쓰히토 이름으로 새로운 정부를 선포했다. 그들은 쇼군을 임시적인 열후회의列侯會議로 대체했다. 쇼군 도쿠가와 요시노부는 잠시 망설였지만, 곧 일본을 내전으로 몰아가기보다는 새로운 정권에 굴복하기로 결정했고, 젊은 메이지 천황은 새 정부의 명목상 수장이 되었다. 일본은 결국 1889년 2월 11일에 메이지 천황이 헌법을 반포하면서 아시아에서 최초로 입헌군주국이 되었다. 이 헌법에서는 천황이 내각 구성원들을 임명하고 예산을 제외한 모든 것에 최종적 입법권을 행사하는 최고 권력을 가지고 있었다. 동시에 이 헌법은 독립적인 사법부와 함께 대중들의 선거로 선출하는 입법 기관인 국회를 만들었고, 국회에 예산을 거부할 핵심적 권리를 주었다. 새로운 메이지 정부는 사무라이 계급을 대체할 현대적 군대를 발전시키고, 교육 체제를 개혁하고, 사무라이·농민·장인·상인으로 이루어진 경직된 4계급 구조를 폐지하고, 개혁을 정당화하려고 새로운 형식의 국가주의적 신도 종교를 중시하는 장기적 계획에 큰 노력을 기울였다. 일본인들은 청 제국의 비슷한 계획을 뛰어넘으려고 야심적인 해군 계획을 시작하기도 했다.

새로운 메이지 정부는 일본의 국제적 지위를 강화하고 오늘날 오키나와현의 일부인 류큐제도나 한국 등 인접한 영역에 자신의 영향력을 투사하기를 원했다. 거의 300년 동안 류큐의 왕들은 청의 조공국인 동시에 일본 남부 사쓰마번의 지배자들에게 복종했다. 류큐에 대한 중국의 지위가 약해지던 1871년 류큐의 선원들이 타이완에서 난파되어 현지 타이완인들에게 살해당했다. 일본은 청의 배상을 요구했는데, 이는 일본이 류큐제도에 대한 주권을 가지고 있다고 승인하는 것을 의미했다. 청이 응답하지 않자 일본은 류큐를 병합했다고 선포하고 일본 해군 수천 명을 타이완에 상륙시켰다. 일본은 1872년 류큐제도에 대한 주권을 선포한 뒤 1875년 군대를 주둔시키고, 1879년 류큐 전체를 점령하여 류큐 왕실을 폐지하고 류큐를 일본의 오키나와현으로 바꾸었다. 미국과 영국의 중재자들에게 호소하려는 중국의 시도는 실패했다.

석탄, 철, 밀, 노동력을 공급하고자 동아시아 본토에 발판을 찾으려는 일본의 활동도 시작되었다. 일본이 류큐제도를 장악하라고 제안했던 팽창주의자 그룹들이 한국에 대한 공격적인 정책도 주장했다. 일본은 중국에서 유럽 열강들이 만들었던 모델을 따라서 1876년 한국에 상업 조약에 조인하도록 강요했고, 이 조약에서 청의 조공국 지위를 부인하라고 조선 왕실에 요구했다. 이후 중국과 일본은 한반도에서 반복해서 추돌했고 1880년대 중반에 전쟁이 가까워졌다. 1882년 한국에서 일어난 일본에 반대하는 항의가 일본이 처음으로 해군을 파견할 구실을 만들었다. 1884년 한국에서 폭동이 일어나 외국 선교사들을 위협했을 때, 일본은 질서를 회복하고자 군대를 파견하고 개혁가 그룹이 조선 왕실에서 권력을 잡도록 하는 것으로 대응했다. 위안스카이의 지휘하에 청 군대가 조선 왕의 권력을 복구했다. 1885년 청과 일본은 톈진조약으로 한국에서의 갈등을 해결하려 했고, 이 조약에서 양측이 한국에서 군대를 철수하기로 약속했다.

　　베이징에서 조정의 조언자들은 조만간 한국, 타이완과 심지어 중국의 해안 지역에서까지 청의 영향력에 도전할 팽창주의적 해양 세력으로서 일본의 부상 때문에 한국에서 청의 권한을 상실할 것을 우려했다. 1894년 (문자 그대로는 동쪽의 학문을 위한 운동이라는 뜻으로, 원래는 한국에서 신유학의 부흥을 열망했으나 점차 오늘날 천도교로 알려진 종교로 발전해 갔던) 동학운동의 지지자들이 서울에서 봉기를 일으키자 한국의 고종(1852~1919)은 이홍장에게 질서 회복을 위해 군대를 파견할 것을 요청했다. 중국이 조약의 조항에 따라 한국의 군사 원조 요구를 받아들이자 일본 언론은 중국과 싸워야 한다고 단언했다. 3,000명으로 이루어진 청 군대가 서울에 도착하자 일본은 톈진조약을 근거로 군대 약 8,000명을 한국으로 이동시켰다. 1894년 7월 그들은 고종을 체포하고 젊은 친일 근대화주의자들의 새로운 정부를 세웠다. 이 그룹은 한국과 청 제국 사이의 공식적이고 비공식적인 모든 관계를 노골적으로 단절시키고, 일본 군대에 청 군대를 몰아내도록 요청했다. 적대행위는 7월에 시작되었고, 8월 1일 청일전쟁이 포고되었다. 전쟁은 처음에는 한국에서 이어서 랴오둥반도에서 벌어졌지만, 양측 교전국이 모두 군대를 한국의 전략적 위치로 보내는 것을 해군에 의존했기 때문에 가장 중요한 전투는 바다에서 일어났다. 결정적 해전이 일본 연합함대가 압록강 하구에서 중국 북양함대를 만난 1894년 9월 17일 있었다. 바다에서 벌어진 전투는 늦은 아침부터 황혼이 질 때까지 계속되었고 일본의 압도적 승리로 끝났다. 북양함대는 대부분 전함이 후퇴하거나 침몰하여 거의 완벽하게 패배했다. 이렇게 심각한 좌절로 중국은 한국 북부를 포기했다. 10월에 일본 군대는 빠르게 북진하여 만주와 랴오둥반도에 진입했다. 늦은 가을까지 일본은 육지와 바다에서 많은 승리를 압도적으로 거두고 중국 조정이 평화협상을 요청하게 했다.

다음 해 4월 17일 평화협정인 시모노세키조약이 조인되었고, 청 조정은 타이완성과 만주 남부의 랴오둥반도에 대한 주권을 양도하도록 강요받았다. 일본은 대규모 배상금과 중국에서의 광범위한 상업적 권리도 요구했다. 시모노세키조약으로 일본 선박들이 양쯔강을 항해할 권리와 일본 기업들이 중국에 공장을 건설하고 운영할 권리를 인정받았다. 중국은 일본에 은 2억 냥을 지불해야만 했다. 그러나 승리만큼 중요했던 것은 나중에 반향을 일으키게 될 전시에 전개된 상황이었다. 첫 번째는 뤼순에서 일어난 일로, 일본군이 1894년 11월 중국에 승리한 후 민간인 수백 명을 학살했다. 도쿄에서 조사를 시작하고 사과했지만 외국 기자들은 충격과 분노를 표현했다. 마찬가지로 중요했던 것은 전쟁 동안 일본에서 나타난 민족주의와 애국열의 폭발이었는데, 이는 일본이 중국에서 팽창하는 데 대해 대중적 지지를 보내는 조짐이었다.

시모노세키조약에 따라 랴오둥반도를 일본에 넘겨주는 것이 동북 지역에서 러시아의 지위를 위협했기 때문에 차르 정부는 랴오둥반도에 대한 요구를 포기하지 않는다면 일본에 대해 합동하여 군사적 행동을 취하려는 계획을 가지고 (러시아와 함께 삼국으로 불린) 독일과 프랑스에 접근했다. 유럽 국가들의 저항에 직면한 일본은 물러나서 랴오둥반도 대신 청으로부터 은 300만 냥의 추가 배상금을 받아들이라는 삼국의 요구에 동의했다. 일본이 시모노세키조약과 삼국간섭의 결과로 받은 돈은 당시 청 국고의 약 3분의 1에 해당했고, 일본 정부 연간 수입의 6배를 넘었다.

중국인들 눈에는 너무 대가가 컸던 평화조약과 너무 굴욕적이었던 패배는 두 가지 결과를 가져왔다. 중국 경제의 측면에서 1895년 이후는 아이러니하게도 경제활동의 폭발과 극적 성장 국면의 시기였다. 일본에 그리고 최혜국 조항으로 다른 모든 외국인에게도 공장을 설립할 권리를 인정했던 1895년 조약의 조항들이 뚜렷한 영향을 미쳐 공업과 광업 사업에 대한 해외투자의 빠른 팽창으로 이어졌고, 마찬가지로 중요한 결과로 그들과 경쟁하는 중국 민간 기업의 등장으로 이어졌다. 외국 상인의 파트너로서 중국인 매판들의 역할은 진부한 것이 되었고 중국은 외국인 제조업의 기지가 되었다. 중국이 최초의 회사법을 제정한 1904년 이전의 10년 동안 새로운 기업들이 시장에 진입하는 큰 물결이 있었다. 새로 세워진 중국인 주식회사 83개 중에는 방적 공장 9개, 양쯔강 하류 지역의 증기 제사 공장 28개, 제분업 8개, 성냥 공장 1개, 기계 가공 3개, 착유업 4개, 양조장 1개 등이 있었다. 위기는 기업 활동에 대한 관료들의 태도도 바꾸었다. 청 조정은 국가가 자금을 대는 준공공적인 은행들을 설립했다. 중국 최초의 현대적 은행인 중국통상은행中國通商銀行, The Imperial Bank of China이 1897년 상하이에서 설립되었다. 청 제국은 이제 외국인들에게 빼앗겼던 경제 자원들을 활용할 권리를 회복하고자 가능한 한 모든 것을 해야 한다는 결심으로, 스스로 '상전'商戰에 관여했다. 관료들은 산업을 촉진하고자 적극적으로 개입했고, 상인들은 기꺼이 협력하려 했다.

정치 발전 측면에서 시모노세키조약의 결과는 덜 긍정적이었다. 1894년에서 1895년의 청일전쟁에서 오랫동안 동등하다기보다는 어린 동생으로 여겼던 국가에 군사적으로 패배한 것은 청 제국을 이제 '아시아의 병자'로 인식하게 하면서 깊고 불안한 정치적 충격을 가져왔다. 시모노세키조약의 지속되는 정치적 반향은 심각했다. 1842년으로 거슬러 올라가는 청 제국과 조약 상대국인 서구 열강의 상업적·외교적·전략적 관계는 붕괴했다. 일본이 상당히 강력해졌다. 이렇게 일본이 중국에서 처음으로 대규모 영토적 양보를 얻은 것은 중국의 영토적 통합을 위협하고 유럽의 제국주의 열강들, 특히 러시아의 이해를 손상하려는 움직임이었다. 이어지는 시기 동안 일본은 대부분 부채를 청산하고, 계속된 공업화에 자금을 대고, 교육 프로그램을 확대하고, 1911년 미국과 맺은 불평등 조약을 재협상할 수 있었는데, 이는 모두 직접적으로든 간접적으로든 1895년 이후 청 정부로부터 가져온 현금을 대규모로 투입한 덕분이었다.[28] 외교적으로 중국은 새로운 국제적 동맹을 찾는 것으로 대응했다. 이홍장이 1896년 봄에 모스크바에서 일본의 추가 침략을 막기를 기대하면서 러시아에 동북 지역의 공업 개발과 군사적 점령의 권리를 주는 조약에 서명했다. 더 규모가 크고 어떤 점에서는 더 결정적인 전쟁을 벌이기 위한 틀이 만들어졌고, 제국주의 세력으로서 일본의 발전은 가속화되었다. 청 제국의 회복이 지연되는 것이 거의 불가피하게 되었다.

의화단 위기

1890년대 중반에 중국은 외국의 제국주의로부터 상당한 압박을 받고 있었다. 일본, 영국, 프랑스, 러시아는 이미 자신들의 권리를 주장했다. 영국은 부탄·시킴·네팔에서 중국의 권한을 제거한 뒤 중국 본토에서 영향력이나 지배를 추구했고, 프랑스는 현대 베트남·라오스·캄보디아뿐 아니라 중국 서남부에서 중국의 권리에 성공적으로 도전했으며, 러시아는 중국 북부 변경 바깥 지역 전체를 합병했다. 일본은 타이완을 넘겨받고 한국을 통제했다. 다른 열강들도 곧 중국의 취약성을 이용하려는 시도에 합류했는데, 그중에 중국 북부에서 항구 식민지를 찾는 독일 제국이 있었다. 1897년 11월 독일 선교사 두 명이 산둥 서부의 차오저우부曹州府에서 반기독교로 돌아선 많은 자위 단체 중 하나인 대도회大刀會의 구성원들에게 살해당했다. 이것은 독일이 오랫동안 기다리던 산둥성 동부 자오저우만膠州灣을 군사적으로 점령하려는 근거를 제공했다. 1898년 3월 중국과 체결한 조약으로 독일은 자오저우만의 한 구역에 대한 99년간의 조차권을 얻었다. 중국에서 독일의 이해관계가 독일 식민 당국의 직접 지배를 받는 이 작은 영토로 제한된 것은 전혀 아니었다. 이 조약으로 독일은 철도를 건설하고, 철도 노선을 따라

서 광물 사업을 시작하고, 산둥에서 군대를 배치할 권리를 확보했다.[29]

산둥은 독일이 중국 시장으로 들어가는 주요 입구가 되었다. 1898년 4월 자오저우만 조차지(중국에서는 이 도시를 '칭다오'青島라고 부른다)를 제국 '보호령'으로 선포함으로써 독일 황제 빌헬름 2세는 제국의회와 같은 독일 제국의 헌정 기구가 자오저우만에 관해 입법하는 것을 막았다. 영국의 왕령 식민지 홍콩과 달리 자오저우만 조차지는 모국 당국의 엄격한 감독 아래 있었고, 자치를 할 여지가 거의 없었다. 독일은 자오저우만 조차지를 중국과 동아시아에서 독일 팽창의 근거지인 식민지로 발전시켰다. 자오저우만 조차지는 독일 해군을 위한 수리용 부두와 석탄 적재지로 활용되었다. 식민 정부는 큰 상업항을 만들기도 했다. 독일과 중국의 기업들이 칭다오에 자리 잡았고, 칭다오는 곧 중국 북부에서 두 번째로 큰 무역항이 되었다. 베를린의 정부와 자오저우만의 식민 당국은 대형 은행들, 중공업 기업들, 해운회사들, 무역회사들로 구성된 주요 신디케이트를 두 개 만들었는데, 하나는 철도를 위한 것이었고 다른 하나는 광물 사업을 위한 것이었다. 이 신디케이트들은 1899년 설립된 두 회사를 위한 자본을 조달했는데, 산둥철도회사는 산둥의 성도인 지난濟南까지 철도를 건설했고, 산둥광업회사는 철도를 따라서 광물 자원을 개발했다. 이 회사들은 독일에서 공급한 물품을 사용하고, 독일의 기술과 표준을 적용하고, 식민 당국과 함께 가격 정책을 조정하고, 이익 일부를 독일 정부에 내야만 했다.

얼마 지나지 않아 산둥의 독일 식민지 주변에서 대규모 국내 봉기가 일어났다. 1899년에서 1901년까지 지방에서 일어난 일련의 폭력적 충돌이 처음에는 중국과 독일 사이 그리고 나중에는 다른 7개 나라가 관련된 대규모 국제적 위기로 확대되어 세계가 본 적이 없는 최대 규모 국제 원정군의 파견으로 이어졌다. 양측은 스스로 군사적·경제적 대립만이 아니라 문명의 충돌에 휩쓸렸다고 보았다. 충돌은 독일 식민지의 경계에 있는 독일 세력권 내 장소들에서 일어났다. 칭다오에서 지난까지 철로를 따라 있는 이 지역은 보산博山과 웨이셴濰縣의 대규모 탄층 때문에 독일의 경제적 이해관계의 초점이었다. 철도와 광물 사업의 빠른 완성은 이 사업이 이익을 내는 것에 대한 기대를 넘어서 자오저우만 조차지의 전반적 발전을 위한 전제조건으로 여겨졌다. 어떤 지연도 회사들의 손실을 가져오고 식민지의 경제발전을 방해할 수 있었다. 그러나 몇 달 후 위기가 번져 중국 북부의 넓은 지역과 몇 개 성에 영향을 미쳤다.

다른 많은 지역에서처럼 서구 회사의 철도 건설은 수많은 문제를 만났다. 농민들은 보상 제안에 만족하지 못했기 때문에 토지를 판매하려 하지 않았다. 항의에도 불구하고 회사는 토지의 일부 구매가 아직 이루어지지 않은 상태에서 건설을 계속하기로 결정했다. 이러한 정책이 농촌 주민의 반감을 샀기 때문에 독일 세력권 안에 있는 다뤄大呂의 시장에서 지방 농민들과 독일인 철도 노동자 사이에 벌어진 분쟁과 같은 사소한 사건이 폭력에 불을 붙였다. 성난 농민들이 철도 노동자들이 선로를 계속 건설하는 것을 막으려고 모였다. 대중들의 불만에 대한 소식이 자오저우만 조차지에 도달했을 때, 독일 총독 예쉬케Paul Jaeschke는 '농민들에게 가르침을 주기로' 결정했다. 그는 신속하게 100명 정도의 군인에게 그 지역으로 가서 소란을 진압하도록 명령했다. 부대는 촌락 세 곳을 기습해 25명을 죽였다.[30]

이러한 사건들이 있은 후 독일 군인들은 가오미高密를 2주 동안 점령했다. 여기에서 중국 전역 관료들의 관심을 끈 사건이 일어났다. 지방의 현縣 소재지였던 가오미는 지식인들로 유명한 비교적 부유한 도시였다.[31] 많은 집에서 학문적 영예나 관료 임용의 표지를 전시했다. 독일 군대는 가오미의 서원書院에 주둔했는데, 여기에는 유명한 도서관이 있었다. 독일 군인들은 가오미를 떠나면서 서원을 파괴하고 도서관의 책을 불태웠다. 이것은 마구잡이의 파괴행위가 아니라 유교 경전의 화형식이었으며, 중국의 서구인들이 널리 믿듯이 위태로운 것이 철로 건설만이 아니라는 생각에 따른 행동이었다. 그들은 이러한 지방의 충돌 속에서 반항적인 농민에 대해서만이 아니라 중국 문명 전반에 대한 전쟁에 참여한다고 스스로 생각했다. 그들의 관점에서 계몽되고 진보적인 서구는 필요하면 무기를 가지고라도 후진적인 유교 문명을 극복해야만 했다. 1900년 예쉬케는 베를린에 다음과 같이 써서 보냈다. "지금 중국에는 서로 다른 두 이데올로기, 즉 수 세기에 걸친 전통에 기대는 민족적인 중국의 세계관과 세계시민적인 서구의 세계관 사이에 격렬한 투쟁이 있다."[32]

중국인들의 저항은 계속되었고 농민들은 반복해서 측량기사의 말뚝을 없앴다. 1900년 봄에 새로운 충돌이 생겨났다. 가오미 북쪽 저지대인 하오리 구역에서 주민들은 철도가 저지대의 섬세한 배수 체계를 막아서 홍수를 일으킬 수 있다고 두려워했다. 그러나 철도회사는 이러한 두려움을 건설 진척을 막으려는 구실로 묘사했다.[33] 회사는 또다시 자오저우만 총독에게 건설 진척을 보호하고자 군사적 수단을 허용할 것을 촉구했다. 그동안 하오리 구역 농촌 공동체들은 싸움의 기술과 도술을 배우려고 널리 퍼지고 있는 의화단운동의 지도자들을 초대했다. 서구인들에게 의화단義和團 반란(1899~1900)으로 알려진 의화단은 외세를 모두 몰아내고 청을 회복시킬 것('부청멸양扶淸滅洋')을 목표로 한 자발적 대중운동이었다. 의화단은 역사적으로 18세기 말과 19세기 초 청조에 대한 반란을 선동했던 팔괘교의 분파로 생각되었다. 그러나 더 가깝게 보면 의화단은 특정한 두 전통의 합병에서 나왔는데, 하나는 1890년대 중반부터 산둥 서남부에서 활동했으며 1897년 독일 선교사 두 명을 죽인 대도회에서 온 불사성의 관념이고 다른 하나는 거의 비슷한 시기에 산둥성 서북부에서 생겨난 '신권'神拳이라는 집단에서 행해지던 빙의의 대중적 의례였다. 의화단 구성원은 대부분 가난한 농민, 계절적인 농업 노동자, 해운의 부상 때문에 일자리를 잃은 실직 운하 노동자들이었다. 그들은 신비한 빙의 의식으로 상처를 입지 않게 되며 뛰어난 전투 능력을 획득할 수 있다고 믿었다. 느슨하게 조직되어 있던 그들은 농촌 지역의 경기장이나 도시의 제단(둘 다 대부분 사원에 딸려 있다)에서 자연스럽게 만났다. 1898년 8월 황허가 범람하여 광범위한 홍수가 일어난 이후 자기 방어와 치료에 대한 의화단의 약속은 재해를 입은 촌락과 공동체들로부터 많은 추종자를 만들었다. 의화단 역시 산둥에서 전개되는 대립을 문명 간 충돌로 보았다. 그들은 외국인의 존재, 특히 철도 건설이 조상과 신을 화나게 한다고 생각했다. 의화단은 이것이 당시 산둥에 자연재해가 닥친 진정한 이유라고 믿었다.[34] 중국 북부에서 의화단의 빠른 확산과 외국인에 대한 공격 증가를 맞아 독일 식민 당국은 당분간 물러나기로 결정했다. 예쉬케는 모든 독일 인원에게 자오저우만으로 복귀하고 철도 건설을 중단하라고 명령했다. 하오리 의화단은 그들의 승리를 축하했고 강하고 특별한 감정의 고양을 즐겼다.

산둥성과 즈리성에서 청 관료들은 강력해 보이는 의화단 전사들이 외국인 공동체, 특히 선교사와 그들의 시설을 공격하도록 조용히 허가하거나 때로는 권장하기도 했다.[35] 1900년 봄과 초여름 동안 의화단은 철로와 교회를 파괴하며 중국 북부 전역에 퍼졌다. 그들 중 수만 명이 톈진과 베이징으로 흘러들어 도시의 서양 선교사와 중국인 기독교도들의 구역을 뒤지고 다녔다. 의화단이 서양 은행이나 회사가 있는 건물을 불태우고 약탈하면서 외국인과 중국인 사이의 긴장과 분쟁이 고조되었다. 외교관을 포함한 외국인들은 위협을 느끼고 외국 군대의 보호를 요청했다. 서구 열강들의 즉각적 대응은 중국에 주둔하는 여러 나라 해군에서 모은 해병 2,000명으로 영국 제독 에드워드 호바트 시모어Edward Hobart Seymour(1840~1929) 경이 지휘하는 소규모 구원군을 조직한 것이었다. 이 파견대는 베이징으로 진군하여 외교 공관 구역을 지키고 외국인 주민들을 보호하도록 명령을 받았다. 수가 적고 가볍게 무장한 이 부대는 1900년 6월 10일 기차에 오를 수 있었지만 베이징으로 가지는 못했다. 부대는 의화단과 청 군대의 끈질긴 공격을 받고 기차에서 빠져나와 방향을 돌려 훨씬 더 심해진 공격에 노출되면서 도보로 후퇴했다. 그들은 탈진한 채 6월 26일 마침내 톈진에 도착했다. 곧바로 고통스러운 굴욕으로 인식된 시모어 원정에서 62명이 죽고 232명이 다쳤다. 이는 의화단에 중요한 승리였다. 갑자기 대중 봉기 지원으로 청조가 제국주의자들을 패배시킬 기회를 가진 것처럼 보였다.

한편 연합국은 주로 아시아 각지에 흩어져 있는 서구의 해군 기지로부터 더 많은 병력을 증강하려고 협력했다. 이들은 보하이만에 빠르게 도착하여 현지 중국 주둔군을 급습하고 6월 17일 다구 요새를 점령했다. 시모어 원정대의 패배로 대담해진 청 조정은 이 공격을 전쟁행위라고 하며 톈진과 베이징을 방어하려고 군대를 모았다. 사건들이 빠르게 진행되었다. 6월 19일 각국 대사관에 수도를 떠날 것을 명령하는 문서가 전달되었다. 그다음 날 독일 공사 클레멘스 폰 케텔러Clemens von Ketteler가 철수 조건을 협의하러 외교 공관 구역에서 (준외교부인) 총리아문

의화단 반란 동안 자금성에서 행진하는 미국 부대, 1900
(Bettmann/Getty Imags/514877178)

으로 가는 길에 거리에서 총에 맞아 죽었다. 6월 20일 의화단은 베이징의 외교 공관 구역을 공격했고 러시아, 프랑스, 일본, 미국, 영국, 독일, 이탈리아, 오스트리아-헝가리를 포함하는 각국 공사관들을 포위했다. 1900년 6월 21일 조정은 연합국에 대한 선전포고에 해당하는 문서를 공포했다. 이와 함께 중국 북부에서 전면전이 시작되었다. 이어진 혼돈과 폭력으로 ^(대부분 선교사인) 외국인 약 250명이 의화단 손에 죽었고, ^(대부분 기독교도인) 중국인 수만 명도 죽었다. 외국 공사관들은 거의 6월 내내 공격을 받았지만 중국군을 막아냈다.

8월 초 영국, 프랑스, 일본, 러시아, 독일, 오스트리아, 이탈리아, 미국 등을 포함하는 다국적 연합군 1만 9,000명이 7월 말에 점령된 톈진에 집결했다. 이 군대는 8월 12일 베이징에 도착해서 즉시 성문을 공격할 준비를 했다. 부대는 8월 14일 도시로 진입했고, 영국 부대가 공사관 구역을 구원하기 위한 길을 확보하여 빠르게 이 구역과 북당北堂의 포위를 풀었다. 다음 날 연합군은 베이징 중심지 점령을 시작하여 중국군과 의화단을 진압하고 자희태후와 광서제(1871~1908)가 자금성을 떠나 옛 도시 시안으로 피신하게 만들었다.

전례 없는 규모의 해군 작전이 될 훨씬 더 큰 지원군이 유럽에서 오고 있었다. 1900년 7월 27일 브레머하벤에서 독일 부대를 전송하면서 빌헬름 2세는 유명한 '훈 연설'을 했다. 그는 다음과 같이 말했다. "여러분이 적을 만나면 패배시켜야 한다! 자비는 없다! 포로는 잡지 않는다! 여러분 손에 넘겨진 자들은 모두 빼앗길 것이다. 1,000년 전 아틸라 왕 치하 훈족들이 이름을 떨치고 오늘날에도 역사나 전설에서 위대해 보이는 것처럼, 중국에서 여러분이 독일의 이름을 그렇게 만들어 어떤 중국인들도 다시는 감히 독일인을 쳐다보지 않게 하라."[36] 8월 초 톈진의 보하이만에 도착한 함정은 유럽 군인을 대략 9만 명 수송했는데 그중 2만 2,000명이 독일군이었다. 부대는 독일의 육군원수 알프레트 폰 발더제Alfred von Waldersee(1832~1904) 백작의 지휘 아래 있었는데, 베이징 공관들의 방어를 돕기에는 너무 늦게 도착했다. 대규모의 인상적인 함대가 도착했을 때 청 조정은 사실상 패배해 있었다. 연합군은 대신 베이징과 톈진 주변에서 중국에 물리적·상징적 피해를 가하려는 전략의 일부로 적어도 75회의 '응징 원정'을 수행했다.[37] 유럽인들을 학살했다고 알려진 사람들 수천 명이 죽었다. 이러한 '응징' 원정의 한 사례는 발더제와 예쉬케가 톈진에서 만난 10월 6일과 7일에 계획된 폭력이었다. 그들은 독일 군대가 산둥에서 의화단뿐 아니라 반란에 지원을 제공했다고 추정되는 폭넓은 민간 주민들에게도 응징 행위를 하도록 승인했다. 10월 23일과 11월 1일에 촌락 세 곳이 경고 없이 중포 공격으로 파괴되었고 여성과 어린이들을 포함한 450명 이상이 죽었다.[38]

8개국 군대의 구성원들은 중국에 도착한 후 거의 즉시 약탈을 시작했다. 약탈은 1900년 7월 말 톈진의 점령으로 시작되어 10월에는 베이징으로 확대되었다. 베이징 약탈은 40년 전 원명원에서 일어났던 것과 비슷했고, '약탈열'이 외국인들을 사로잡았다. 이어진 통제되지 않는 약탈 국면은 베이징과 그 서쪽 근교의 이화원뿐 아니라 즈리성의 다른 많은 도시와 소도시에까지 영향을 미쳤다. 독일 지휘관 발더제는 1900년 11월의 한 일지에서 약탈자들이 베이징과 다른 수 세기의 역사를 간직한 부유한 도시들에 끼친 피해와 파괴의 범위를 매우 솔직하게 인정했다.

> 점령 이후 허가된 3일간의 약탈과 이어진 사적 약탈로 (베이징의) 주민들은 큰 고통을 당하고, 수량화할 수도 없는 물질적 피해를 당했다. 각국 사람들은 서로 다른 나라 사람들의 약탈 기술이 뛰어나다고 하지만, 사실은 그들 모두 철저하게 약탈했다. … 이제는 약탈에서 얻은 물건들이 활발하게 거래되고 있다. 이미 미국에서 상인들이 돈을 벌려고 왔다. … 만약 본국의 아주 순진한 사람이 이 모든 것이 기독교 문화와 선전을 위해 행해졌다고 믿는다면, 그는 실망할 것이다. 30년 전쟁과 루이 14세 때 프랑스의 독일 습격 이후로 이런 참상은 일어난 적이 없다.[39]

1900년에서 1902년까지 베이징과 톈진은 외국 점령하에 있었다. 톈진에 외국군 수천 명을 수용하기 위한 막사가 건설되었고 연합군에 의해 임시정부가 만들어졌다. 임시정부가 도시를 변화시키고 발전시키려 하면서 수 세기 동안 도시를 둘러쌌던 성벽이 '군사와 위생 목적'을 위해 제거되었다.[40] 임시정부는 수도, 가로등, 전선도 설치했다. 공중화 장실과 쓰레기 처리 시설이 도입되었다. 또 다른 혁신으로 서구 스타일 의 치안도 나타났다.

전쟁을 종결했던 신축조약辛丑條約은 연합군이 베이징에 진입하고 대략 1년 후인 1901년 9월 7일에 체결되었다.[41] 이 조약은 부정할 수 없는 가혹한 성격을 보였는데, 황위 계승자의 아버지이면서 의화단의 주요 지지자였던 단군왕端郡王 재의載漪는 주범으로 (비록 황제가 중국 법률에서 일반적으로 제공하는 가능성에 따라 사형을 신장 유배로 대체하게 하도록 허용받긴 했지만) 사형을 선고받았다. 모두 6명의 고위 관료가 사형되었고, 더 많은 사람이 좌천 등과 같은 다른 방식으로 처벌받았다. 황실은 황실 가족 구성원을 독일과 일본에 보내 외교관의 죽음에 대해 '유감'을 표현하기로 약속했다. 다구 요새는 철거되고 무장해제되어야만 했다. 중국 정부는 반기독교 결사를 만드는 것을 법으로 금지해야만 했다. 반란에 군대를 파견한 국가들은 중국 북부에 영구적인 주둔권을 얻었다. 그러나 가장 파괴적인 조항은 이자를 제외하고도 은 4억 5,000만 냥에 달하는 엄청난 배상금에 대한 것이었는데, 이 액수는 청 정부의 연간 예산 2억 5,000만 냥보다 훨씬 더 많았다. 이 금액은 군사 원정 비용, 재산 손실, 인명 손실에 대해 관련 국가들이 제기한 모든 요구의 총합이었다. 그러나 그 주장과 액수의 타당성을 평가하는 어떤 절차도 없었다. 각국은 스스로 계산에 기초하여 요구했다. 러시아가 전체 배상금의 29%를 요구했고, 독일이 20%로 뒤를 이었다. 중국은 매년 약 2,000만 냥을 지불해야만 했는데, 이는 원리금 전체를 청산하는 데 39년이 걸린다는 것을 의미했다. 이러한 고액의 연간 지급액 요구는 이후 수십 년 동안 중국 정부들의 예산을 저당잡혔으며 중요한 결과들을 가져왔다. 조약의 이 조항은 중국의 국가 재정을 심각하게 손상할 만큼 부담이 되었고, 동시에 중국 예산에 대한 외국 열강들의 통제를 강화했다. 해관 총세무사 로버트 하트Robert Hart(1835~1911)와 중국의 다른 외국인 거주자들은 새로운 세입원을 찾아내지 않고는 그러한 재정적 요구를 감당할 상황이 아니라고 주장했다. 결국 그들은 연합국에 수입품에 대한 관세를 (3.17%에서) 5%로 인상하고 면세품이었던 일부 상품, 특히 유럽의 와인, 증류주, 담배 등과 같이 외국인의 소비 상품에 과세하도록 설득했다. 1,800만 냥으로 추산되는 상당한 추가 세입을 가져오는 이러한 조치로 중국은 의화단 배상금을 지불할 수 있게 되었다.

19세기 말의 패배한 전쟁들은 나중에 중요한 전환점으로 인식되었다. 중국 안팎의 사람들은 가혹한 외교 조약, 중국군의 초라한 실력, 외국이 수도를 포함하는 주요 도시를 점령한 것, 대부분 방관자였음에도 목숨을 잃은 엄청난 사람들, 도시와 문화재 파괴, 청 제국의 취약성을 분명히 보여주는 증거로 황실의 굴욕적 도피 등과 같은 많은 좌절을 보았다. 즉각적인 영향은 변경뿐 아니라 내지에서도 중국 제국 정부의 통제력이 더욱 저하된 것이었다. 청 제국이 더는 나라를 지배하고 방어할 수 없다는 인식이 확산되었다. 이러한 위기에 대해 다른 누구도 아닌 자희태후 자신이 다음과 같이 썼다. "왕조는 벼랑 끝에 서 있다."[42] 그리고 바로 그 때문에 중국 사회에서 중국을 개조하려는 급진적 개혁 세력이 나타났고, 왕조가 이 세력을 견뎌낼 수 없다는 것이 곧 분명해졌다.

중국 민족주의와 군사주의의 부상

중국의 패배한 전쟁들은 두 가지 즉각적인 결과를 가져왔다. 첫째, 중국에 위험이 닥쳤기 때문에 개혁을 위한 요구와 제안이 더 긴급하고 급진적이 되었다. 중국에 민족주의가 나타나서 강력한 정치적 요소가 된 것이 이 시기였다. 둘째, 전장에서 일어난 일련의 심각한 좌절로 통치 엘리트들은 자강운동이 실패했으며 중국은 그 운동을 재설정하고 재고할 필요가 있다고 확신하게 되었다. 그 대신 사회 질서를 안정시키고 국내외 위협에서 제국을 방어할 훨씬 더 넓고 깊은 정책들이 필요했다.

우리가 살펴보았듯이 19세기와 20세기의 중국 사상가들은 어떻게 전통적 가치와 문화를 유지하면서 중국의 기술을 갱신할 것인지를 놓고 토론에 참여했다. 일부 사상가들이 단순히 서구의 총과 기계를 수입하는 것으로는 충분하지 않다는 것을 서서히 받아들였다. 그들은 개혁 시도의 비효율성 때문에 점점 더 전통적인 체계 자체가 중국의 현대화와 중국이 직면한 외부의 도전에 대처하는 능력 모두를 저해하고 있다고 확신했다. 19세기의 마지막 4분기에 중국이 천천히 여러 세력권으로 분할되는 동안 이러한 논의가 심화되었다. 중국이 한국의 지배를 놓고 일본 군대에 처참하게 패배하고 연합군이 베이징과 자금성을 점령하고 이어 외국 열강들이 조차지와 세력권을 두고 각축하면서 1900년 이후 '자강운동가'들의 회유적·실용적인 계획들은 불신을 받게 되었다.

예전에는 좁은 개혁가 집단에 한정되었던 외국의 현실과 사고에 대한 정보가 이제는 관심 있는 사람들로부터 전국적 주목을 받게 되었다. 청조 말기 중국 사상가들은 국가의 안정, 개인적 자기 수양, 경제적 성과 등에 대한 중국의 지속적 관심을 다루고자 사회진화론, 의회주의,

입헌주의, 민족주의 등의 새롭고 서구적인 사상으로 돌아섰다.[43] 1860년 시작되었지만 1900년 무렵에 큰 영향력을 보이게 된 번역으로 서구 국가와 국제 질서에 대한 더 나은 지식이 적지 않게 제공되었다. 미국 선교사 W.A.P. 마틴은 중국 관료들이 서구의 조약과 그 기초가 되는 규범을 이해하는 것을 돕고자 1864년 헨리 휘튼Henry Wheaton의 『만국공법萬國公法, Elements of International Law』을 중국인 조수들로 이루어진 팀을 고용하여 신중하게 번역했다.[44] 작가이자 번역가인 왕도王韜(1828~1897)는 이홍장이 가장 좋아하게 된 프랑스 역사와 프로이센-프랑스 전쟁의 군사 역사에 대한 책을 중국어로 번역했다. 그는 또한 1874년 '중화인무총국'中華印務總局을 설립하고 중국어 신문을 출판했다. 이 신문은 왕도가 직접 쓴 사설이 특징이었는데, 중국이 과학, 산업의 전환, 영국의 의회제 등을 채택할 것을 요구했다.[45] 메이지 일본에서 청의 공사로 했던 경험에 대한 황준헌黃遵憲(1848~1905)의 보고는 1887년에 처음 나왔을 때는 거의 관심을 얻지 못했지만, 청 군대에 대한 일본 해군의 승리 때문에 10년이 지나서 열렬한 독자들을 얻게 되었다.[46] 황준헌의 책은 중국의 독자들을 토머스 H. 헉슬리Thomas H. Huxley의 사회진화론과 민족들이 진화하고 적응하고 진보하거나 아니면 절멸하게 된다는 주장에 접하게 만든 번역의 물결에 합류했는데, 그 번역 다수는 서구 사상에 대한 중국 최고의 해석가 엄복嚴復(1854~1921)이 한 것이었다. 엄복이 번역한 헉슬리의 사회진화론에 대한 유명한 연설은 1898년 처음 중국어 번역이 나온 이후 10년 동안 30판을 넘겼다. 1902년 나온 엄복의 애덤 스미스Adam Smith의 『국부론』 번역도 많은 독자를 얻었다.[47]

위원이나 풍계분과 같이 앞서 자강을 다룬 저술가들과 달리 엄복은 독자들에게 서구의 발전과 진보를 가져온 과학, 정치, 교육 체계를 가져오지 않고는 서구 기술을 들여올 수 없다고 충고했다. '서양으로부터 배우기'라는 글에서 그는 중국에서의 개혁 노력이 중국 사회의 기반으로 확대되어야 한다고 주장했다.

> '체'體와 '용'用은 곧 한 가지를 말하는 것이다. 소의 몸(體)이 있으면 곧 무거운 물건을 지는 쓰임(用)이 있고 말의 몸(體)이 있으면 곧 멀리까지 갈 수 있는 쓰임(用)이 있다. 소가 '체'體이고 말이 '용'用이라는 말은 들어보지 못했다. 중학中學과 서학西學의 다름은 인종의 용모와 같아서 억지로 비슷하다고 말할 수 없다. 따라서 중학은 중학의 체體와 용用이 있고 서학은 서학의 체體와 용用이 있으니, 나누면 공존할 수 있지만 합치면 둘 다 망한다.[48]

엄복은 이런 말로 서구 기술을 중국의 문화적 기초 위에 쌓아 올릴 수 있다고 믿은 장지동과 다른 동시대 사상가들을 비판했다. 엄복은 중국의 '부국강병'을 위해 도입되어야 하는 새로운 법적·정치적·정신적 기초를 요구했다. 그는 서구 국가들의 강점은 서구 기술이 아닌 제도에서 나왔다고 인식했다. 이러한 제도가 중국 사회에서 만들어진다면, 중국도 다시 강력해질 수 있었다. 엄복은 또한 허버트 스펜서의 사회진화론의 옹호자였는데, 진화생물학 이론을 사회 문제에 적용하면서 개인과 국가가 끊임없이 경쟁하고, 적응하고, 진보한다고 강조했다. 그는 중국은 현대화될 필요가 있으며 그렇지 못하면 다른 나라들의 먹이가 될 것이라고 강조했다. 그는 표트르 1세의 러시아 경험을 지적하며 현대화가 단순히 방어 무기를 구입하는 것에 한정되기보다 모든 영역을 포함해야 하며, 그렇지 않으면 몰락으로 이끌 뿐이라고 경고했다. 엄복의 저술과 번역은 동시대 중국의 많은 논의를 형성하는 데 기여했다. 서구 사회 철학자들에 대한 주석과 그들의 사상을 동시대 중국의 현실이나 지적 전통과 조화하려 한 엄복의 시도는 그가 했던 번역만큼이나 영향력이 있었다. 그의 강력한 주장은 제도 변화로 가는 길을 준비했다.

개혁 사상가들은 공자를 지도자이자 예언자로 변신시킨 강유위康有爲(1858~1927)가 재구성한 금문 전통으로부터도 영감을 얻었다.[49] 강유위는 공자를 금문의 '소왕'素王으로뿐 아니라 다른 세계 종교들의 예수, 무함마드, 석가모니와 비슷한 중국 특유의 종교-문화적 질서의 창시자로 찬양했다. 1880년대 시작된 저술에서 강유위는 중국을 구하기 위한 급진적 변화와 사회정치적 재건을 위한 유교적 선례들을 구했다. 그는 중국 역사를 일련의 반복적이고 왕조적인 순환보다는 유토피아적 결말을 향해 가는 선형의 과정으로 재구성하면서 (1897년 글의 제목을 인용하면) '개혁가로서 공자'를 묘사했고 유교를 사회 변화를 위한 철학으로 재발명하려고 시도했다. 그는 제도적 구조의 재조직과 새로운 제도들의 도입을 포함하는 폭넓은 개혁을 유교적 원칙들과 완전히 일치하는 것으로 묘사하기를 원했다. 그가 보기에는 유교를 재발명하는 데 실패하면 미래에 제국의 체계 전체가 붕괴할 수밖에 없었다. 그는 또한 중국의 생존을 위한 긴급한 요구로 입헌주의를 옹호했다.

강유위가 그를 따르는 양계초梁啓超(1873~1929), 담사동譚嗣同(1865~1898)과 함께 설계한 개혁 프로그램은 1898년의 이른바 '무술변법'戊戌變法 기간에 짧게 실험되었다.[50] 초기의 개혁 시도가 젊은 광서제의 승인을 얻어 100일이 조금 넘는 동안 지속되었지만, 자희태후와 황실 보수파들의 쿠데타로 갑작스럽게 끝났다. 자희태후와 그 지지자들은 주로 자신들의 권력을 잃을 것을 우려했다. 개혁가 6명은 재판 없이 사형당했지만 강유위와 양계초는 외국 공사관의 도움으로 간신히 탈출했다. 광서제는 남은 생애 동안 자금성 호수의 작은 섬에서 연금 상태로 지냈다. 광서제의 장기적 시야의 개혁들은 사실상 모두 취소되었다. 그것은 왕조로서는 잃어버린 마지막 기회였고 치명적 실수였다.

단명했고 서류상으로만 이루어졌더라도 1898년 여름 동안 젊은 황제가 내린 칙령과 포고문은 주목할 만했다. 그는 고전에 대한 지식보다 현재 문제에 대한 지식을 강조하도록 과거제를 개혁하고, 불교 사원을 공공 학교로 바꾸고, 만주의 특권과 만주인을 위한 정부의 많은 직위를 폐지하고, 상업·공업·농업을 위한 새로운 부처를 세우기를 원했다. 육군과 해군은 현대화되어야 했다. 하급 관료와 심지어 일반 지식인들까지도 황제에게 직접 청원을 보내도록 권장받았다. 이 개혁은 기존의 왕조와 그 황실을 하향식 사회 혁신과 경제 개발의 기초로 활용하려는 시도였다. 개혁가들은 실용적으로 황실의 지원이 관료제를 재구성하고 활성화하는 데 도움이 될 것이라고 생각했다. 그들은 청조 타도를 외치면서 청조에 도전할 위치에 있지 않았고, 그렇게 할 의도도 없었다. 반대로 표트르 대제와 메이지 황제의 모델에 영감을 얻은 그들은 혁신을 주도하고자 황제의 전제적 권력을 활용하는 것을 선호했다.

1898년 가을에 공식적 개혁 정책이 갑작스럽게 끝났을 때, 심층적인 제도 개혁을 요구하는 목소리들이 조용해지지 않았다. 오히려 그러한 목소리는 더욱 커지고 더 급진적이 되었다. 젊은 관료와 지식인들은 점점 더 정치적 근대성이 '민권'民權과 강한 국가에 있다는 생각을 받아들이게 되었다. 그들은 중국 내의 보수적 저항에 대항하고, 또한 중국 밖의 서구 제국주의와 신흥 메이지 일본의 국력에 대항하기 위해 더 전면적으로 서구의 제도를 도입할 필요성을 강조했다. 국민국가, 대중적 시민권, 입헌군주제와 대의 정부(지방자치와 국회)의 결합, 상업 발전 등 중국의 회복에 결정적이라고 생각하는 다양한 개념을 창조적으로 전용하는 것에 매력을 느끼는 젊은 엘리트들 사이에서 폭넓고 심화된 변화를 위한 운동이 생겨났다.

제도 개혁을 요구하는 모든 사람 중에서 양계초의 사고가 가장 지속적으로 영향력을 가졌다.[51] 그는 1911년 혁명 이전 10년 동안 개혁과 혁신에 관한 가장 중요한 평론가였다. 1898년 이후 일본으로 망명한 그는 작가와 잡지 출판인으로 유명해졌는데, 1902년에서 1907년 사이에 출판된 『신민총보新民叢報』는 특히 인기 있는 잡지였다. 그는 역사와 정치에 관한 주제는 물론 자기 견해에 대해 폭넓게 집필했는데, 종종 논쟁적이기는 했지만 광범위한 젊은 학자와 관료들에게 영향을 주었다. 그중에는 청이 갱신될 수 있다고 믿는 개혁가들과 청 제국의 종말을 피할 수 없다고 보는 혁명가들이 모두 있었다.

엄복과 마찬가지로 양계초는 일본은 물론 기술적으로 발전하고, 만족할 줄 모르는 제국주의적인 열강들의 손에 민족이 멸망할 위협 속에서 사는 중국을 위한 유일한 구원이 '부강'이라고 보게 되었다. 양계초와 다른 개혁 성향 학자들은 중국 왕조가 취약한 기원을 탐색하고 해결책을 발전시키기를 원했다. 박식한 유학자인 양계초는 서구의 부와 힘의 원천이 특정한 제도들, 특히 정치체제에 있다고 믿게 되었다. 그는 저술에서 약한 국가들은 이기적인 군주들이 통치하고, 인민들이 권리와 권력을 행사할 수 있을 때 강한 국가가 될 수 있다고 끊임없이 주장했다. 인민들이 권리를 가질 때, 그들은 스스로 자신의 국가와 동일시하고 소유 의식을 발전시킨다. 양계초는 정치제도가 국가의 상대적인 부와 힘을 결정한다고 분명하게 믿었다. 그는 중국 민족의 상태에 대해 공유된 시민으로서 관심이 전혀 없다고 여기면서 중국에 어떤 '국가사상'國家思想도 없다고 개탄했다. 그가 생각하기에 정치 과정에 대한 대중적 참여에서 생겨나는 민족주의적 에너지가 역동적인 사회를 전진시키는 핵심적 힘이었다. 그는 미국과 캐나다를 여행한 후 다음과 같이 썼다.

> 중국인의 결점은 다음과 같이 차례대로 논의할 수 있다. 1. 족민族民의 자격만 있고 시민 자격이 없다. … 2. 촌락사상만 있고 국가사상이 없다. … 3. 전제만을 받아들일 수 있고 자유를 향유할 수 없다. … 내가 전 지구의 사회를 보면 샌프란시스코의 중국인들만큼 혼란스러운 데가 없다. 이것은 무엇 때문인가? 자유다. 내지 중국인의 성질이 반드시 샌프란시스코의 중국인보다 더 낫지 않지만, 내지에서는 관리들의 다스림과 아버지와 형의 구속이 미친다. … 무릇 자유라는 것, 입헌이라는 것, 공화라는 것은 다수가 다스리는 정치체제의 총칭이다. 그러나 중국의 다수, 대다수, 최대 다수는 이와 같기 때문에 지금 만약 다수가 다스리는 정치체제를 채택하면 나라를 스스로 죽이는 것과 다르지 않다. … 한마디로 말하면, 오늘날 중국 국민은 전제만을 받아들일 수 있다. …[52]

다른 말로 하면, 양계초는 새로운 시민의 공동체를 만드는 것이 중국의 부활에서 핵심이며, 그들로부터 성공 가능하고 입헌적인 체제가 자라나서 활기차고 강한 국가의 기초를 제공할 수 있다고 보았다. 양계초는 새로운 시민(新民)은 권리(權)를 가지고 행사해야 한다고 주장하면서 민족주의적인 동시에 정치적으로 자유주의적인 사상을 제안했다.

새로운 생각은 정치적·사회적 변화를 낳았다. 반복되는 군사적 패배가 자강 노력에 대한 부정적 평가와 중국의 전반적 후진성에 대한 인식을 촉진했다.[53] 계속해서 자강 계획에 반대했던 유명한 보수주의자들의 강력한 연합인 청의파淸議派는 새로운 시민 단체와 학술 단체의 폭발속에서 빠르게 영향력을 잃었다. 반대가 제거되면서 상당한 자원과 노력이 새로운 정치체제보다 현대적 군대의 건설에 투입되어 지식인들과 개혁가들을 화나게 했다. 청의 지방 당국들이 제국주의의 추가 공격으로부터 중국을 보호하고 왕조를 지탱하고자 중국의 군사력을 재조직하는 것을 주도했다. 그러나 이제 거의 끊이지 않고 일어나는 내외의 충돌로부터 '군사주의'가 생겨났다. 여기에서 사용하는 것처럼 이 용어는 정치에서 군사력의 우세와 사회생활에서 군사적 가치와 상징의 우세를 가리키고, 또한 더 많은 자율성을 확보하고, 국가의 경제 자원을 더 많이 추출하고, 지역이나 전국 권력 구조의 일부나 전부를 지배하려고 무장력을 허용하는 정책을 사용하는 정도를 가리키기도 한다. 중국의 점점 더 많은 엘리트가 국방을 강화하고 제국주의로부터 받은 굴욕을 지우기를 희망하면서 중국 사람들에게 더 많은 상무 정신과 군사 기술을 주입하려면 군사주의가 필요하다고 여기게 되었다.[54]

새로운 현대적 군대를 건설하는 것은 19세기가 끝나가는 시기로 거슬러 올라간다. 대부분 현대적 군대는 처음에 지역 군대였다. 증국번, 좌종당 그리고 다른 후난 지식인들은 수백 킬로미터에 달하는 지역에서 태평군과 싸우기 위해 다른 지원이 없이도 강력한 상군湘軍을 조직할 수 있었다. 상군은 완전히 지방 지도자들의 통제 아래 있으면서 스스로 급료와 식량을 해결했고, 공식적인 청의 군대는 보조적 역할만 했다. 상군은 자금을 조달하고자 두 가지 방법을 채택했다. 첫째, 주요 교통망에 세관 사무소를 세우고 여행하는 상인들로부터 새로운 운송세인 이금을 징수했다. 둘째, 기부금을 얻으려고 무기명의 관직 자격이나 다양한 공식적 지위를 판매하는 것에 대한 청 황실의 승인을 활용했다. 또 다른 중요한 지역 군대는 이홍장이 세운 회군淮軍이었다. 두 군대는 모두 서구의 무기를 일부 활용했지만 전통적 방식으로 훈련했고, 청조에 충성을 유지했다. 그들의 충성이 공식적 직위와 직함으로 보상받았기 때문에 청의 체계와 관료제가 지방 엘리트들을 끌어들였다. 태평천국이 무너진 이후 이 군대 다수가 해산되었지만, 다른 반란을 진압하고 서구와 일본으로부터 중국을 방어하기 위해 많은 수가 황실의 명령으로 유지되기도 했다. 그러나 장기적으로 이 군대들의 유산은 제국에 심각한 문제를 가져올 지역 권력의 군사화에 기여했다.

청일전쟁의 참담한 패배는 군사 정책의 변화를 가속화했다.[55] 가장 잘 무장된 군대가 파괴된 전쟁의 여파 속에서 청 정부는 스스로 엄청나게 취약한 위치에 있다는 것을 알았다. 중국의 군사적 능력을 회복하고자 점점 더 야심적인 노력이 이루어졌는데, 이때는 새로운 지역 군대를 건립하는 것을 통해서였다. 이러한 신식 군대의 첫 두 사례는 중국 북부의 원세개袁世凱(1859~1916)와 후베이의 장지동이 후원하는 것이었다. 1895년 당시 양강총독 서리였던 장지동이 난징에서 '자강군'自强軍을 만들었다. 자강군은 주의 깊게 선발된 세 부대로 구성되었고 독일 모델에 기반하여 조직되어 독일 장교 35명에게 훈련을 받았다. 이 군대는 기병, 보병, 포병, 공병을 포함했고, 의료와 지원 인원도 있었다. 장지동은 새로운 군대에 올바른 군사적 가치를 훈련받은 장교를 공급하려고 1896년 난징에 새로운 군사학교를 만들었다. 그가 원래 지위였던 호광총독 자리로 복귀했을 때, 우창武昌에 또 다른 군사학교를 만들고 후베이·후난 두 성의 군대를 개혁하기 시작했다. 장지동은 나중에 후베이 신군이라고 불리게 되는 7만~8만 명을 훈련했다. (현재 후베이 성도인 우한에 있는) 한양제철소, 한양병공창漢陽兵工廠과 많은 신식 학교의 결합이 양쯔강 중류를 새로운 정치적 힘의 기반으로 만들기도 했다. 1911년 후베이 신군은 공화 혁명을 시작하고 2,000년에 걸친 중화제국의 역사를 끝내 게 된다.

한편 점점 더 큰 영향력을 가지게 된 만주 군기대신이자 북양대신 영록榮祿(1836~1903)의 지시로 원세개는 일본과 전쟁한 이후 약화된 중국 북부의 방어를 강화하고자 1895년에 신식 군대를 건설하기 시작했다. 19세기가 끝나기 전에 즈리성에서 원세개가 지휘하는 '무위군'武衛軍이 만들어졌다. 그는 나중에 이 군대 이름을 '신건 육군'新建陸軍으로 바꾸 었다. 이 신군은 약 7만 명이었고, 역시 독일인 지도로 훈련되었다. 원 세개의 군대는 빠르게 팽창하여 수도 지역에 가깝게 주둔하는 북양군 을 형성했고, 곧 중국에서 가장 현대적인 전투력을 갖추게 되었다. 그 는 군대 자금을 조달하려고 지역 농업뿐 아니라 다양한 기업에 의지했 다. 북양군은 군관 학교, 각종 훈련 학교, 외국인 교관, 현대적 무기 등 을 가지고 있었다. 이러한 학교들 중 가장 주목할 만한 것은 1911년 이 후 중국 정치를 지배했던 북양군벌을 만들어낸 톈진의 무비학당武備學堂 이다.

태평천국 시기부터 중국은 한 걸음씩 넓은 의미의 군사화를 향해 나아갔다. 무장한 군인 수가 점점 증가함에 따라 이러한 군사력을 통제 하는 사람들이 점점 더 많은 경제적 자원을 얻고 정치권력을 가지는 자 리에 있게 되었다. 새로운 군대는 서구적인 모델의 훈련, 장비, 조직을 기반으로 만들어졌다. 같은 시기에 이루어진 민족주의의 부상은 능력 있고 야심이 있는 젊은 사람들이 군대에서 경력을 추구하게 만드는 또 다른 자극을 제공했다. 중국의 군사학교에서 공부하는 것이 새롭게 선망의 대상이 되었다. 다른 사람들은 일본이나 유럽과 같은 해외의 군사학교에 들어갔다. 이와 함께 전문적 군인들이 권력과 영향력을 추구하면서 전국적인 무대로 진입했다. 대규모 반란과 전쟁의 시기에 이루어진 지방 엘리트들의 군사화는 늘어나는 정치화와 연관되었고, 궁극적으로는 왕조를 붕괴시키는 과정에서 그들이 중요한 역할을 맡게 했다.

19세기의 마지막 시기에 이루어진 사건들이 민족주의와 군사주의로 형성된 현대 중국의 독특한 정체성이 만들어지는 데 중요했음이 드러났다. 개념적으로 정부 조직은 더 이상 황실과 엘리트 관료제에 맞추어지지 않고, 국가와 군사에 다시 초점을 맞추게 되었다. 제국의 새로운 군인들은 19세기의 위기로부터 중국의 운명이 돌이킬 수 없이 국가적 능력에 연결되어 있다는 결론을 끌어냈다. 게다가 국가의 능력은 단순히 강한 방어 능력을 넘어 대중이 동원되고, 교육받고, 국가의 군사적 구성원으로 훈련될 것을 요구했다. 이것은 유일하게 가능한 결론이 아니었다는 것이 자주 간과된다. 양계초가 조용하게 고취했던 또 다른 관점은 대중적 시민권과 군대 확충에 주목했고, 성숙한 정치적 권리와 종족적·역사적·문화적 연대로 통합된 민족 공동체 속 구성원들의 능동성이나 적어도 그 잠재력을 함축하고 있었다.

●

19세기 중국의 몰락은 극적이고 경악스러웠다. 초기의 청은 대단한 힘, 물질적 개화, 사회적 안정을 보여주고 점점 더 상업화되었지만 주로 농업적이었던 경제 속에서 영토와 인구가 엄청나게 팽창했다. 예를 들어 직물과 자기 생산과 같은 청의 산업은 세계에서 가장 발전되어 있었다. 그러나 19세기에 청은 많은 유럽 국가에 크게 뒤처졌다. 비교적 짧은 100년 안에 근대성에 가깝게 갔던 비교적 번영하고 잘 관리되는 나라가 혼란, 부패, 후진성, 빈곤의 국가로 바뀌었다. 학교와 분주한 시장으로 번영하던 농업 도시들은 방치되고 궁핍해졌다. 세계에서 가장 강력한 군대의 하나였던 것이 국경을 지키거나 전쟁에 이길 수 없음이 드러나면서 자신감을 상실했다.

중국이 급락한 이유는 무엇인가? 서구와 중국에서 여러 세대의 학자들이 상업에 대한 유교의 거부, 과학이나 혁신적 사고와 중국 전통의 근본적 양립 불가능성, (사업 거래에서 사회적 네트워크에 있는 사람을 선호하는) '관시'에 대한 의존이 가져온 부패와 부실 등을 다양하게 비난하면서 중국 전통문화에서 설명을 찾았다. 그러나 같은 전통이 중국 제국이 성장하고 발전하던 수백 년 동안에는 장애물이었음이 입증되지 않았기 때문에 그중 어떤 주장도 완전히 설득력이 있지는 않다. 오히려 이 전통들은 안정성과 좋은 통치를 제공하여 제국이 번영할 수 있게 했다. 다른 학자들은 중국의 자원을 착취하고 토착적 발전을 방해한 서구 제국주의를 비난했다.[56] 동시에 19세기에 제국주의가 조약항을 넘어서 중국 대부분에 영향을 미쳤는지에 대한 적절한 의심이 나타났다.

최근 케네스 포메란츠Kenneth Pomeranz나 잭 골드스톤Jack Goldstone 같은 학자들은 18세기 말을 향하면서 중국과 서유럽의 역동적인 경제 팽창이 모두 증가하는 생태적 제약 때문에 한계에 부딪혔다고 주장했다.[57] 이러한 제약이 두 지역 모두에서 광범위한 고통, 국가 세입의 감소, 불안의 확산을 일으켰지만, 서유럽은 에너지 자원에 대한 쉬운 접근과 대규모 아메리카 이민으로 어려움을 넘어설 수 있었다. 포메란츠와 골드

스톤에 따르면 이러한 역사적 변수들이 유럽에서 정치적 중앙집중화의 진전과 산업혁명을 가능하게 했으며, 그때 중국과 대부분 다른 아시아 국가들은 장기적인 경제 위기와 정치적 붕괴로 고통받았다. 그러나 모든 학자가 발전 결과의 차이가 석탄과 식민지에 대한 상이한 접근성으로 완전히 설명된다고 납득한 것은 아니다. 중국이 몰락한 원인을 더욱 완전하게 이해하려면 중국을 세계적인 구조 속에서 보는 것이 유용하고 사실은 필수적이다. 청 말 중국의 위기는 독특한 것이 아니며, 19세기에 제국들이 도전받았던 방식을 전형적으로 보여준다.[58] 세계적인 규모에서 19세기 제국들은 격변과 위기의 국면에 진입했고, 많은 제국이 민족주의의 확산, 새로운 군사 기술의 출현, 세계적인 기후 변화 등과 관련된 새롭고 뚜렷한 도전들과 싸웠다. 민족주의는 거의 모든 제국의 다종족적 구조의 결합을 위협했다. 새롭고 효율적인 세계 시장과 기관총이나 폭약과 같은 입수 가능한 무기들이 반란자들을 대담하게 만들고, 제국의 지배에 대항하는 봉기들을 가능하게 했다. 세계 기후 패턴의 변화는 농업에 의존했던 북반구 제국들의 경제에 압력을 가했다. 이러한 도전들이 기존 제국의 구조와 제도에 대해 점점 더 압박을 가해 조정하거나 실패할 수밖에 없도록 만들었다.

19세기 중국의 쇠퇴는 몇 가지 특정한 역사적 요인들의 결합으로만 이해할 수 있는데, 그 요인 중 일부는 세계적인 것이었고 청의 직접적 통제에서 벗어난 것이었다. 제도적 발전에 초점을 맞추는 것은 청 말의 도전들과 현대적 발전에 대한 장애를 이해하는 최선이자 가장 정확한 설명을 제공한다. 첫째, 생태적 제약은 분명히 중요한 역할을 했다. 환경 악화와 세계적 기후 패턴의 변화는 이미 위태롭던 상황을 악화시켰고, 중국 북부에서 강우량의 큰 변화와 남부에서 홍수 증가를 가져왔다. 중국의 전근대 농업이 인구 성장 시기에 수확량 감소와 싸우면서 농촌의 빈곤 확산이 청의 제도에 압력을 가했다. 둘째, 제국주의의 영향은 중국의 경제 문제를 심화했다. 은 유출과 나중에 일어난 서구 직물, 다른 상품과의 경쟁이 국내 경제를 불황으로 몰아넣었고, 이 때문에 물가가 떨어지고 농업 소득이 감소했다. 셋째, 조약항에 외국 자본, 기술, 지식, 제도 등이 유입되면서 해안 지역과 내륙 지역의 격차가 커져 사회 안정성을 약화했다. 넷째, 제국의 정치제도는 경제 하강, 지역 불균형, 농촌 빈곤, 사회 불안 등의 긴급한 문제를 다루고 효과적인 해결책을 찾는 데 명백하게 실패했다. 이러한 해석에서는 조약항 체제 시작 전후 중국의 발전을 제약했던 것이 전반적인 자원의 한계나 문화적 성향과 같은 어느 중요한 하나의 요소라기보다는 위와 같은 몇 가지 요소가 결합한 것이었다.

빠르게 변화하는 세계 속에서 중국은 새로운 도전에 대응하고 새로운 현실에 적응하는 지도력이 없었다. 내부적으로 중국은 인구 증가, 사회적 복잡성, 지리적 유동성에 직면했고, 외부적으로는 제국주의에 직면했다. 중국이 경제적·인적 자원을 어느 때보다도 훨씬 높은 수준으로 동원할 수 있는 제도가 필요하다는 것이 너무나도 명백해졌다. 이런 점에서 중국 황실은 구체적 계획에 따라 제도적 질서를 수정하고 중국을 새로운 경로에 올려놓는 것은 물론이고 행동할 필요에도 동의하지 못했기 때문에 청의 제도는 실패했다. 정치권력은 계속해서 약화된 만주 황실의 손에 집중되어 있었고, 황실은 무엇보다도 기존의 이해관계를 보호하고 권력을 유지하는 데만 관심이 있었다. 이러한 우선순위가 다른 모든 고려 사항을 압도하여 만주 왕조의 지배를 약화할 수 있다는 공포 때문에 제도 변화가 기피되었다. 청의 경제·사회·재정 정책의 핵심 문제는 정치적 중심이 권력을 상실할 수 있다는 공포 때문에 변화하는 환경에 대한 적응을 주저하는 것이었다.

인구 증가, 1인당 세입의 정체와 감소, 세계적 경쟁이라는 상황에서 중국은 제도적 고갈로 무력해졌다. 제도 변화와 혁신의 부재는 새로운 행정적 계획을 실행하거나 전국적 비상 상황을 다루고자 자원을 동원하는 정치 중심의 능력을 제약했다. 세입이 제한되어 있고 지방 통치에 재정 투입을 하지 않았기 때문에 황제들은 상당한 재정 부조리를 다뤄야만 했다. 제국은 독직과 싸우고 제국의 제도를 지키려고 가혹한 처벌, 문화적 상징과 관행에 의지해야 했다. 제국 체계가 내적 응집력을 상실하고 무너지기 시작하자 그 기능과 재생산은 점점 더 지방의 권력 중개인들이 불만을 없애고 동의를 구하는 데 물질적·정치적 장려책과 같은 부족한 자원을 사용할 의지에 달려 있게 되었다. 근본적으로, 중국은 국가가 너무 오랫동안 너무 작고, 너무 저비용으로, 너무 약한 채 있었기 때문에 잘못 통치되었다.[59] 중국의 재정적·행정적 쇠퇴는 도광 불황 때 시작되어 19세기 내내 악화되었다. 18세기 중반의 전성기와 비교해 볼 때, 청은 훨씬 더 지불 능력이 없었으며, 부패하고, 비효율적이 되었다. 불과 3만 명이라는 관료와 장교들로 아시아에서 가장 큰 제국을 운영하는 것이 과거에는 주민들에게 이로웠지만, 이제는 중국의 행정적·재정적·군사적 능력이 비참할 정도로 부족함을 의미했다. 해안에서 서구 제국주의와 대결하면서 중국은 통치의 부족 때문에 값비싼 대가를 치러야만 했다.

왜 17세기에는 효율적이고 혁신적이었던 정치제도가 청 말에는 제대로 기능하지 못하게 되었을까? 그 까닭은 황실, 관료 엘리트, 학자 엘리트, 상업 엘리트, 지주 엘리트들의 동기가 긴밀하게 결합된 것에서 찾을 수 있다. 이러한 결합이 만들어낸 기존 이해관계와 지대 추구 행위의 견고한 망은 일단 성립되자 제도 변화를 방해했으며 제거하기가 극히 어렵다는 것이 입증되었다. 후기 제국의 중국 사회는 공식적이고 비공식적인 영향력과 권력의 놀라울 정도로 상호의존적 원천들을 보여주었다. 공직은 가장 확실한 특권과 부의 길을 제공했다. 동시에 과거제 합격에 필요한 장기간의 준비에는 돈이 필수적이었다. 청 말 자강운동의 일부로 중국 기업들을 세운 상인들은 관료제 내의 공직자이거나 관료제와 밀접한 연계가 있었다. 여러 수준에서 국가는 사회로부터 자원을 추출하는 데 의존했고, 이익이 나는 영역에서 지대 추구 기회를 이용하려고 개인이나 기업과 협력했다. 경제적 자원, 지위, 정치권력이 이와 같이 긴밀하게 통합되어 안정성을 제공했지만, 제도 개혁과 혁신에 벅찬 장애물이 되기도 했다. 재산권이 제한되어 있고 불완전하다는 사실도 '후원 경제'라고 적절하게 이름 붙일 수 있는 것을 가능하게 함으로써 중요한 역할을 했을 수도 있다. 확실한 재산권과 황제 권력에 대한 제도적 제한의 부재는 토지만이 장기간의 수동적 재산 소유에 적합한 국내 경제를 만들었다. 비인격적인 재정 협정이나 거래는 없었다.[60] 대체로 주민들을 희생하여 상인-관료들을 이롭게 하는 착취적인 제도적 체계가 나타났다.

국제 무역과 외국 상품이 수입이 중국 경제를 도시 지역에 근거한 현대적인 것으로 점차 변화시키기 시작했다. 중국 경제의 변화를 자극한 다른 요인들은 금융, 현대적 공업 생산 그리고 현대적인 운송 체계의 건설 등이었다. 외국 자본의 유입은 나중에 중국인 기업가들 스스로 확대하고 발전시키게 된 체계를 만들어냈다. 비록 사회를 현대화하고 경제를 공업화하기에는 미약한 노력이었다고 하더라도 중국의 성장은 결실이 있었다. 그러나 발전이 너무 느리고 해안에 한정되어 있었기에 내륙 농촌에는 거의 영향을 미치지 못했다. 19세기 말부터 상업 허브들과의 거리가 점점 더 경제적으로 중요해졌다.

사회적 혼란, 경제적 분열, 제도적 취약성은 내부적으로나 외부적으로 상당한 통제력의 상실을 가져왔다. 비할 데가 없을 정도로 많은 수의 외국 세력이 중국의 정치, 문화, 경제의 발전에 영향을 미치려 했기 때문에 중국은 규모가 큰 현대국가들 가운데 가장 많은 침투를 경험한 나라의 하나가 되었다. 중국의 서남부는 프랑스인들이, 동북은 독일인들이, 남부와 양쯔강 주변 중앙부는 영국인들이, 서북은 러시아인들이, 북쪽은 일본인들이 차지했다. 1895년 일본에 타이완을 넘겨준 충격과 1898년 포괄적인 백일개혁 실패는 청 개혁이 전반적으로 실패했다는 증거로 보였다. 그 후 더 많은 외국 열강이 특히 철도와 광산을 건설하려고 세력권을 요구했다. 1900년 연합군이 반외세 의화단 반란을 진압했고, 그 과정에서 베이징 대부분이 파괴되었다. 이러한 각각의 패배는 더 많은 외국의 요구, 중국이 치러야 할 더 많은 배상금, 해안 지역의 더 많은 외국인의 존재, 중국의 정치적·경제적 생활에 대한 더 많은 외국의 참여를 가져왔다. 19세기 말에 중국의 많은 사람이 당시 유행하던 비유로 중국이 '수박처럼' 쪼개지고 있다고 걱정한 것은 놀랍지 않다. 국경의 불안과 20세기에도 크게 다가왔던, 영토 일부의 지배력을 상실하는 것에 대한 중국인들의 두려움이 19세기 쇠퇴의 지속적인 유산이었다.

청의 위기는 사상가들과 지식인들 사이에서 중국이 급락한 이유와 그것을 되돌리는 최선의 방법에 대한 집중적 논의를 촉발했다. 금문학파의 견해는 역사적 변화를 강조했고 변화하는 시대에 맞추어 제도를 실용적으로 조정할 것을 옹호했다. 나중의 개혁을 위한 기반을 준비하는 경험적 연구와 결합된 이러한 견해는 정치적·문화적 변화를 위한 현대적 전망에 중요한 '초기 근대적' 징검돌이었다. 처음에는 체용론에서 규정된 것처럼 중국의 '본질'을 지키려고 서구의 무기와 다른 기술을 활용하는 것이 논의의 초점이 되었다. 그러나 모호한 체용론은 서로 다른 많은 사고를 포괄하는 일종의 우산 개념이었다. 조약항에서 개혁론은 자강운동가들의 개혁론과 분명히 달랐다. 확실히 조약항의 개혁가들은 자강운동에서 역할을 했고, 그들 중 다수가 이홍장과 다른 자강 지도자들의 막료로 봉사하기도 했다. 그러나 1890년 이전에 조약항 세계와 내륙의 지식인—신사 사이에는 의사소통이 거의 되지 않았다. 명청 시대의 사회에서 신사 엘리트들은 농촌과 행정 중심지 사이를 빈번하게 이동했다. 서원들은 대부분 도시의 상업 중심지와 떨어진 곳에 있었다. 그러나 대부분 대학과 학교들이 해안 도시에 있게 되자 이러한 상황이 끝났다. 이것은 19세기 말이 되기 전에는 조약항들이 내륙 지역에 변화를 가져오는 중요한 충격을 주지 못했다는 분석이 보여주듯이, 조약항의 사회경제적 영향과 나란히 이루어졌다. 따라서 조약항의 지식인 세계와 신사—지식인 사이에 엄청난 문화적 간격이 생겼다. 상황은 서구 학문이 처음으로 조약항에서 내륙 도시로 대규모로 퍼져간 1890년대에 변하기 시작했다. 이는 주로 새로운 사회제도의 등장으로 가능하게 되었다. 전통적 서원은 개조되거나 새로운 학교로 바뀌었다. 교육과정 개혁으로 서구 학문이 중요해졌다. 교육의 변화는 1894년에서 1895년 사이의 청일전쟁 이후 특히 뚜렷해졌다. 학회學會라고 불린 많은 자발적 단체가 학자—관료들 사이에서 나타났고, 그 수는 1895년에서 1898년 사이에 60개를 넘어섰다. 당시의 또 다른 중요한 제도적 혁신은 엘리트 저널리즘이었다. 신문과 잡지들이 지식인들에 의해 만들어졌다. 대부분은 정치 지향적이었고 이데올로기로 충만했다. 이들은 조약항을 넘어서 내륙 도시들로 퍼져나갔고 중국 본토의 거의 모든 주요 도시에 유통 기구를 두고 있었다. 엘리트 저널리즘은 학자—신사와 조약항 사이에 다리를 놓는 것을 도왔고 서구 학문에 대한 전국적 관심을 불러일으켰다.

뒤이은 지적 동요는 몇 가지 차원을 가지고 있다. 새로운 사회정치적 사상에 초점을 맞추면, 한편에 있는 자강의 입장을 옹호하는 장지동과 그 지지자들, 다른 편의 입헌 개혁을 촉구하는 강유위와 그 동조자들을 포괄하는 사고의 스펙트럼이 있었다. 담사동과 양계초 주변에 형성된 자유주의적 그룹도 있었다. 사회계약 이론, 유기적 국가, 주권 그리고 국가의 영토화 등을 포함하는 몇 가지 사고는 청 말 자유주의 지식인들에게 중요했던 것으로 보인다. 이러한 사고들은 사회진화론과 민족주의 그리고 역사 발전을 민족과 민족국가들의 투쟁으로 보는 해석이라는 맥락에서 나타났다.[61] 자유주의 그룹은 새롭게 출발한, 전통적인 사회적·정치적 질서의 기초인 유교의 우주론적 신화에 도전했던 요소들을 대표했다. 그 신화는 가족 윤리와 정치 윤리의 결합으로 구성되었고 사회정치적 윤리가 우주의 질서에 내장되어 있다는 우주론적 믿음에 근거했다. 대조적으로 개혁 지향적인 지식인들은 국가의 방어와 안녕에서 민족적 운명의 기초로서 중국 시민들의 중요성을 강조했다. 그들은 시민들의 군사화와 동원이 중국이 세계 속에서 자신의 권리를 위해 일어서게 할 것이라고 믿었다. 또한 이러한 생각은 국가에 대한 새로운 개념뿐 아니라 중국인이 된다는 것이 무엇을 의미하는지에 대한 새로운 관념도 대표했다. 1890년대에 급진적 개혁가들은 청 제국의 유교적 기반을 흔들었고, 1919년 5·4운동으로 끝날 지식인 민족주의 운동의 선봉에 섰다. 낡은 우주론적·정치적 전망의 해체와 함께 이러한 민족과 중국 시민에 대한 새로운 관심은 모든 정치 진영의 중국 지식인에게 영향을 미쳤다. 만주 왕조의 제국 지배 시간이 끝나가고 있었다. 만주 왕조의 존재는 더 이상 당연시되지 않았고, 오히려 점점 더 중국 민족의 권력과 부에 대한 근본적 장애물로 여겨졌다. 이데올로기와 대중의 정치적 동원의 새로운 시대가 시작되려 하고 있었다.

현대 중국의 이 시기에 위기에 직면했을 때 회복력도 두드러졌다. 굴욕은 통합하는 힘으로 바뀌었고, 수치는 새롭고 현대적인 국가 정체성을 건설하는 데 자극이 되었다. 이때는 중국의 현대적 정치와 군사 문화가 형성되는 전환점이기도 했다.[62] 실낙원에서 살며, 다른 나라들보다 훨씬 뒤떨어졌다는 부끄러움이 과감성의 독특한 징표가 되었다. 이는 중국이 강해지고, 발전하고, 서구를 마침내 따라잡고, 스스로 방어할 능력을 되찾고, 명예를 회복하도록 몰아가게 되었다. 약화된 제국조차 충격을 견딜 뿐만 아니라 잠재적으로 불안정하게 만드는 재해들의 물결 속에서도 안정을 회복하는 능력을 보여주었다. 청 지배자들의 취약성을 노출한 치명적인 태평천국 반란은 과거제의 가장 높은 학위를 소유한 지역 지도자들에게 진압되었다. 이들은 자신들의 출신 성에서 군대와 자금을 동원하고 반란군을 격퇴했다. 승리를 이끈 장군들은 모두 한족이었지만, 만주 침략자들의 비중국인 후손들이 점유한 황실의 지배력을 회복시켰다. 다른 초기 근대의 육상 제국들이 19세기에 해체되었기 때문에 청 제국만이 국가적 통합체로 유지된 것처럼 보인다. 오스만 제국은 결국 여러 나라로 갈라졌다. 러시아는 연방 구조 아래 통합된 민족 단위 지방들로 나뉘었다. 중국은 앞선 제국의 영토에 기초한 통합된 독립체로 혁명 시기에 진입했다는 점에서 독특하다.

아이러니하게도 개혁이 제국을 지배하던 정치적·경제적 지도 집단들의 지위, 소득, 미래의 전망 등을 위협할 때마다 결합력을 제공했던 같은 회복력이 제도적 개혁에 불리하게 작용했다. 단기적으로 회복력은 위기 동안 청 제국의 영토를 온전히 보존시켰다. 그러나 필요한 변화를 지연시킨 것은 격동의 20세기의 급진화와 갈등에 더해진 장기적 비용이었다. 1900년 이후 오랫동안, 심지어 여러 가지 면에서 오늘날까지도 중국은 계속 경제 재건을 촉진하고, 기술 진보를 자극하고, 외국의 군사적 침략에 대응하고, 정당한 정치 체계를 건설할 수 있는 실행 가능한 질서로 제국의 오래 지속된 제도를 대체할 필요성이라는 청말의 제도적 난제와 싸워왔다. 그 이후 중국의 문제들과 그 문제를 다루기 위한 혼란스러운 해결책 다수는 19세기 말 위기에 뿌리를 두고 있다.

2 / 중국의 혁명들

의화단의 파국이 있은 지 2년 후인 1903년 5월, 젊은 교사이자 작가이며 1921년 중국공산당 초대 총서기가 될 천두슈陳獨秀(1879~1942)는 안후이애국회安徽愛國會라는 정치 단체 설립을 도왔다. 천두슈가 초안 작성을 도운 이 단체의 회칙에서는 다음과 같이 선언했다. "외환外患이 나날이 극에 달하니 본 사단社團은 지식인들을 하나의 단체로 결합하여 애국의 사상을 발휘하고 상무의 정신을 떨치고 사람마다 무기를 들고 사직을 지킴으로써 국권 회복의 기초가 될 수 있게 한다."[1] 1911년 이후 등장한 새로운 정치 엘리트들 사이에는 19세기 서구 제국주의가 가져온 파국적 쇠퇴 속에 잃어버린 영광스러운 과거에 대한 의식이 여전히 넓게 퍼져 있었다. 19세기는 점점 더 '국치'國恥와 동일시되었고, 젊고 새로운 엘리트들은 여기에 대해 혁명과 '구국'救國을 요구하는 것으로 반응했다. 고대의 위엄에 대한 회상과 중국의 퇴보에 대한 분노가 결합되어 중국의 혁명적 민족주의의 출발점이 되었다. 1900년 무렵 시작된 이러한 전개는 청조의 빠른 종말을 가져왔을 뿐 아니라 새로운 공화국의 구조를 형성하는 바탕이 되었다.

혁명적 민족주의자들은 민족을 강하고 현대적으로 만들기 위해, 즉 중국을 '부유한 나라, 강한 국가'로 만들기 위해, 중국의 위대함을 회복하기 위해 그리고 민족적 번영의 시대를 만들어내기 위해 혁명이 필수적이라고 보았다. 베네딕트 앤더슨과 에티엔 발리바르가 보여준 것처럼, 민족주의는 민족을 정치적 공동체 혹은 '상상된 공동체'로 이해하는 것에 뿌리를 두고 있다. 이러한 상상의 요소들은 공통의 역사, (방어해야 할 필요가 있는) 영토에 대한 권리, 민족성 그리고 (그것을 위해 싸워야만 하는) 공통의 역사적 목적telos 등으로 구성된다. 혁명적 민족주의는 공통 유산의 독특하고 구속력 있는 측면들을 강조한다는 점에서 제한적이고 배타적이었다.[2] 중국의 민족주의자들은 진정한 민족에 대한 이러한 개념에 근거하여 중국의 국민국가를 상상된 공동체로서 중국인들에게 접목시킨, 주권적이고 혁명적이며 정치적인 조직으로 그렸다.[3] 그러나 비슷한 목표를 추구했음에도 중국의 민족주의적 지식인과 관료들은 어떻게 중국을 부흥시키고 그 위대함을 회복시킬지에 관해서는 깊이 분열되어 있었다. 중국의 정치 지도자와 사상가들은 종종 심각하게 의견이 달랐기 때문에 정치 전략, 외국의 모델, 방법 등의 선택에서 큰 차이가 나타났다. 따라서 중국에서 20세기 전반기는 혁명의 문제와 실천에 지배되고, 형성되고, 돌이킬 수 없는 특징을 부여받았다. 이러한 정치 노선과 정치적 사고의 다수성을 고려하면, 하나의 중국 혁명이 있던 것이 아니라고 말하는 것이 공정하다. 많은 혁명이 있었다.

중국의 혁명들은 국내와 지역의 문제들에서만 유래하지 않았고 지구적인 담론과 사건의 영향력에서도 나왔다. 중국의 혁명들은 '지구적 순간'의 일부로 이해될 수 있고 때로는 '지구적 운동'의 일부로도 이해될 수 있다. 따라서 중국의 많은 혁명은 지역과 국가의 상황에 연결되어 있으면서 동시에 다른 곳에서도 작동하는 지구적 사건들로 바라보고 탐색해야 한다. 20세기가 시작될 때 세계를 둘러보면, 민족 혁명들로 개조되는 과정에서 지구적 정치의 풍경이 나타날 것이다.[4] 앞선 세기는 '혁명적인 대서양'에서의 극적 변화들, 즉 프랑스와 미국의 혁명으로 시작되었고 19세기 중반에는 인도의 대반란(1857~1858)과 미국의 내전(1861~1865)이 있었다. 20세기로 바뀌면서 1905년의 러시아, 1905년의 이란, 1908년의 터키 등에서 일군의 혁명이 나타났다. 이 모든 혁명이 합쳐져서 효율적이고 빠른 역사적 변화를 가져오는 방법으로 혁명의 사례가 되었다. 이 혁명들은 또한 중국의 문제들을 혁명만으로도 해결할 수 있다고 보여주는 것 같았다.

대부분 한족 눈에는 하늘의 명령에 따라 올바르게 앞선 정권을 제거한다는 혁명이라는 말의 원래 의미가 만주의 청조 몰락임을 정확하게 묘사하고 있었다. 그러나 그 후 혁명이라는 말이 새로운 의미를 가지게 되었다. 처음에는 일본인들에 의해 혁명이라는 말이 서구의 혁명 개념에 좀 더 어울리는 의미로 사용되었다. 세기의 남은 기간에 이 폭넓고 더욱 급진적으로 된 개념이 사상가들과 정치 엘리트들 사이에서 급속하게 확산되었다. 이 용어는 (프랑스혁명과 러시아혁명에서처럼) 왕조 체제의 폭력적 전복과 연관되었고, 또한 그와 함께 인민과 국가의 사회경제적, 심지어 지적 상황의 총체적 전환과 연결되었다. 현대 시기에 혁명과 관련된 용어들이 빠르게 다양화되었다. 확실히 중국과 중국에 있던 모든 정부에서 혁명은 무엇보다도 상대가 군벌이든, 라이벌 정당이든, 경쟁하는 사상이든, 다른 형태의 이데올로기(혹은 세계관)이든 투쟁에서 승리하는 것을 의미했다. 그러나 곧 다른 형용사들이 새로운 차원들을 더하면서 혁명의 군사적이거나 폭력적 차원보다 더 깊이 중국의 삶을 변화시킬 잠재력이 있는 경제, 사회, 그리고 문화혁명으로 혁명 개념을 확장했다.

이러한 변화의 엄청난 영향은 20세기 동안 점점 더 많은 중국인이 혁명적 실천을 새로운 국가를 건설하는 규범으로 받아들이게 되었다는 점이다. 그들 중 일부는 오래된 사상과 실천에 도전하는 혁명을 제안했고 다른 사람들은 새로운 가치를 도입하는 데 집중했지만, 모두가 중국 인민들의 삶을 변화시켰다. 심리, 행동, 법률, 생산자·소비자·구매자·수입자의 실천 등 새로운 지식과 사회 관행의 영역들이 영구적으로 통합된 것처럼, 혁명의 개념은 원심적이고 침투적이었다. 그래서 혁명은 광범위한 영역들과 활동들이 조직되거나 재조직되는 상호 교류를 수반했다.

혁명 국가가 되는 것은 정통성의 새로운 근원들과 함께 새로운 정치 질서를 실행하는 것을 의미했다. 전에 존재했던 제국의 세계로 돌아가는 것은 상상도 할 수 없게 되었고, 심지어 위험하기까지 했다. 기존 질서의 옹호자들은 낡고 구식이며, 반동적이고 반혁명적이라고 묘사되거나 적어도 '보수적'이라고 묘사되었다. 혁명적인 국민국가는 통치에서부터 안보와 경제에 이르기까지 구질서가 풀지 못했던 모든 심각한 문제에 대응하는 당당하고 야심적인 시도였다. 혁명가들은 급진적인 변화나 정치체제 타도가 경제 문제를 해결하고, 시민권을 보장하고, 정치 생활에 대한 참여를 가능하게 할 것이라고 기대했다. 그들은 강한 국민국가는 세계열강들과 외국 자본주의자들의 이해에 맞서는 데 더 적극적일 것으로 희망했다. 따라서 청조로부터 막 벗어나 깨어나고 있는 중국에서 국민 혁명이라는 이러한 중요한 주제는 외국의 침략, 민족자결, '중국적인 것'과 다른 형식의 민족적 속성의 생산, 정치 논의에 대한 대중의 참여, 대중 교육, 사회적 평등, 번영, 경제성장 등을 포함하는 중대한 문제들의 전반을 포괄했다. 중국은 상상되어야 했을 뿐 아니라 이 모든 영역에서 구성되어야 했다. 전망은 살아 있는 현실이 되어야만 했다.

1911년 혁명은 왕조 체제를 끝낸다는 목표를 이루었지만, 독재와 군벌주의 그리고 무엇보다 추가 혁명들로 이어졌다. 이 혁명의 아마도 가장 중요한 측면은 중국의 20세기 전반을 형성해 갈 새로운 사회 집단들인 학생과 지식인, 노동자, 여성, 신흥 도시 부르주아지, 군인 등을 동원했다는 점이다. 왕조 체계의 타도에 이어 혁명적인 시도들이 새로운 국가의 건설과 새로운 민족의 형성으로 확장되었다. 쑨원이 이끌었고 나중에 장제스가 이끌게 될 중국국민당은 중국을 현대적 국민국가와 시민들로 문자 그대로 '재건하는' 시기로 민국 시기를 약속했다. 이러한 새롭고 강한 국민국가를 건설하고자 야심적인 계획들이 착수되었고 산업, 교육, 군대, 정부를 발전시키려는 투자들이 이루어졌다. 그러나 1920년대에 중국공산당이 청 제국의 잔재에서 벗어나 강력하고 부유한 국민국가를 형성하려는 대안적이고 대립적인 시도를 시작했다. 공산주의 운동은 초기의 좌절 이후 무장한 농민들을 동원함으로써 농촌 지역에서 동력을 구했고, 새로운 중국을 만들어내겠다는 목표를 가지게 되었다. 국가에 대한 공산당의 전망은 과거의 굴레로부터 해방시킨 후 평등하고 공산주의적인 현대 사회로 발전시킨다는 것이었다.

혁명의 특정한 문제들과 겹치거나 경쟁했던 것은 현대성의 폭넓은 매력이었다. 많은 지식인의 마음속에서 혁명은 중국을 현대적으로 만들기 위해 필요했지만, 현대성은 독립적인 어떤 것이며, 정치적 혁명 바깥에서 성취되고 실행되며 정치적 혁명과는 거의 무관한 일상의 문화와 생활양식으로 여겨지기도 했다. 특히 상하이와 다른 조약항들은 현대성의 약속을 구체화하게 되었다. 민국 시기에 도시적이고 세속적인 현대성의 보편적 매력이 단순히 서구적 방식이 아니라 여러 지점에서 여러 가지 방식으로 나타났다. 민국 시기 동안 중국의 좁은 도시 공간에서 다양한 건축 요소, 도시 조직의 형식들, 물질문화, 문화 활동들이 종종 매우 모순적인 방식으로 결합되고, 섞이고, 병치되었다. 따라서 2부의 각 장은 20세기 전반기 중국 도시에서의 문화적 형식과 사회적 관행의 흐름은 물론 그것이 드러내거나, 시사하거나, 가리는 것도 탐색한다. 건축과 도시 공간, 대외 무역·사업·노동·여가의 경제적 토대, 대중들이 소비하는 말과 이미지, 여성·청년·가족·시민의 새로운 역할 등 이 모든 것이 혁명 속에서 중국의 이상과 복잡한 현실을 만들어냈다.

1937년에 전쟁이 일어났을 때 정부, 지식인, 기업 세계 등에서 새로운 중국을 만들어내려는 내부적 투쟁과 과감한 실험들이 많이 진행되고 있었는데, 이것들이 갑자기 중단되었다. 수십 년 동안의 팽창과 압력의 절정이었던 일본의 공격은 유럽의 제2차 세계대전보다 먼저 아시아에서 전쟁을 시작하게 만든 전국적인 적대행위의 발생으로 이어졌다. 통합된 중국은 압도적인 일본의 전쟁 무기에 열정적으로 저항하여 격렬한 전쟁을 했지만, 그 대가는 엄청났다. 일본이 항복한 1945년 중국은 탈진했고, 중국 도시들은 파괴되어 있었다. 남아 있던 두 주요 정치 진영이었던 국민당과 공산당은 재건을 위해 협력하기보다 황폐해진 국가의 지배를 두고 최후의 거친 싸움을 벌였다.

4
제국 뒤엎기
1900~1919

정치적 변화가 예상되기는 했지만, 청 조정이 '신정'新政으로 알려진 10년 동안의 점진적 제도건설 과정을 거쳐 국가조직을 크게 변화시킨 끝에 온 1911년 혁명은 놀라운 일로 다가왔다. 유구하게 지속된 과거시험 폐지, (극소수 엘리트 그룹의 투표를 통한 것이긴 하지만) 다양한 성 단위 의회 선거, 근대적 학교와 대학의 설립 그리고 서구 상품과 기술의 유입은 모두 청 지배의 막바지에 이루어졌다. 개혁은 야심적이었지만 19세기의 위기 동안 시작된 정당성의 침식을 되돌리기에는 너무 늦었다. 늦었지만 장기적 시야를 가지고 이루어진 개혁이 혁명의 방아쇠가 된 것은 아이러니였다.

중국의 1911년 혁명은 1928년까지 지속된 정치적 혼란기의 시작이었다. 쑨원을 단명한 초대 대총통으로 했던 '아시아 최초의 공화국'은 곧바로 마찬가지로 단명한 위안스카이의 입헌군주정으로 이어졌다. 청조와 만주 지배자들이 제거되자 곧 공화 운동도, 다른 사회 집단도 정치적 공백을 채울 수 없다는 것이 드러났다. 제국 체제는 무너졌지만, 그것을 대체할 다른 제도가 나타나지 않았다. 1914년의 제1차 세계대전 발발은 상황을 더 혼란스럽고 예측 불가능하게 만들었다. 유럽 열강들이 자원과 에너지를 유럽에 집중하느라 아시아에서 물러나자 일본은 거부할 수 없는 기회를 만났다. 학생과 지식인들에게 해방, 자각, 정치 참여를 요구하도록 자극한 제1차 세계대전 직후의 지구적 저항의 물결이 1919년 5·4운동을 위한 무대를 마련했다. 중국의 장군들, 일본 군부, 공화주의자들 그리고 변화에 목마른 열정적 학생들이 모두 청 제국이 남긴 탐나는 유산과 잔여물에 대한 소유권을 주장하면서 권력을 차지하려는 치열한 경쟁이 계속되었다.

신정

1900년 이후 만주 지배의 마지막 10년 동안 청 제국을 현대적 국민 국가로 다시 만드는 여러 가지 방식의 정치적 실험이 시작되었다. 조정은 의화단 사건으로 드러난 제국의 심각한 위기에 대응하여 이전에 시도된 어떤 것보다 더 진전된 개혁 프로그램에 착수했다. 광범위한 개혁을 목표로 했던 신정新政은 제국 정부가 더 효율적으로 되고 사회와 경제의 더 많은 영역에 관여하게 하려 했다. 최근의 연구는 신정이 단지 무너져가는 왕조가 권력에 집착하면서 시도하는 실패할 운명의 피상적 노력이 아니라 결국 중국을 20세기 내내 국가적 회복과 각성을 추구하는 '큰 정부'로 바꾼 근본적 전환의 진정 '새로운 시작'이었음을 보여주었다. 왕조가 권력 상실을 피하지 못했기 때문에 제국 체제의 개혁이라는 목표는 이루어지지 않았지만, 그 정책들은 광범위한 영향과 상당한 장기적 중요성을 가지게 되었다. 신정의 정책은 정부의 규모와 능력이 장기적으로 하강하는 추세를 역전시키고, 더 개입적·확장적이며, 강력한 국가의 건설로 향하는 분명한 움직임을 표현했다. 이러한 발전은 20세기 말까지 계속될 것이었다.

1901년 1월 29일, 여전히 시안에 피신 중이던 자희태후가 내린 상유上諭로 전례 없을 정도로 서구를 학습하는 것에 기초하는 야심적 개혁의 새로운 국면이 시작되었다. 상유에서는 "지금 화의和議가 결정되었으니 모든 정사 또한 철저하게 정돈함으로써 점차 부강해지도록 도모해야 한다"라고 언급했다. 새로운 방침은 '이치吏治와 민생民生, 학교와 과거, 군정과 재정'을 포함하여 '서인西人이 부강해진 기반'을 채택할 것을 요구했다. 상유는 또한 "이러한 변화는 우리나라의 생사가 걸린 문제이고 … 다른 길이 없다"라고 덧붙였다.[1] 제국주의 세계에서 살아남고자 중국의 정체를 재조직하는 것이 매우 긴급한 문제가 되었다.

1901년 4월 개혁안들을 체계적으로 검토하고, 여러 가지 새로운 정책의 실행을 관리하기 위해 독판정무처督辦政務處가 설립되었다.[2] 개혁의 한 가지 목표는 행정 조직의 개선과 정부 기구들의 조정으로 관료제를 좀 더 효율적으로 만드는 것이었다. 새로운 기구들은 좀 더 포용적이고 효율적인 통치 방식을 제공하도록 형식을 갖춘 통치 체계에 기초해 만들어졌다. 예를 들어 유서 깊은 육부六部가 폐지되어 내각 부처들로 대체되었다. 새로운 법부는 형부를 대체했다. 호부는 탁지부로 재조직되었고, 총리아문은 외무부로 대체되었다. 선행 기구가 없는 몇 개 부처가 설립되었다. 상부商部는 상업의 규제와 지원에 초점을 맞춘 중국 최초의 정부 기구였다. 다른 새로운 부처로는 학부學部, 순경부巡警部(나중에 민정부民政部로 바뀜), 우전부郵傳部 등이 있었다. 다른 진전으로는 1905년 국가은행 설립도 있었는데, 위안을 새로운 화폐 단위로 하는 국가 통화의 탄생이 뒤따랐다.

전통적 제국 정체를 새로운 헌정 질서로 바꾸려는 시도가 처음 본격적으로 있었기 때문에 헌법과 법률 문제는 개혁의 중심이 되었다. 이것은 중국 근대의 역사에서 가장 중요한 전환점의 하나였던 것으로 드러나게 되었다.[3] 대등한 자격으로 세계에 합류하고, 치외법권의 관행을 끝내려는 근대 중국의 강력한 충동 역시 개혁을 이끌었다. 입헌군주정에 대한 논의는 최소한 1880년대로 거슬러 올라가지만, 1905년 이전에는 헌법을 만들려는 시도가 없었다. 1905년과 1906년에 두 차례 고찰단이 해외로 파견되었다. 그들은 세계의 헌정 체계를 연구하고 포괄적인 보고서를 준비할 임무를 부여받았다. 헌정고찰단은 1905년 유럽, 일본 그리고 미국을 방문했다. 두 번째 고찰단은 1906년 일본, 독일, 영국으로 파견되었다. 고찰단이 작성한 한 보고서에서 관료들은 다음과 같이 결론을 내렸다. "다른 나라들이 부강해진 진정한 이유는 그들이 헌법을 가지고 있으며 중요한 문제를 공적인 토론을 거쳐 결정한다는 사실에 있다. 그들의 군주와 백성들은 불가분의 일체를 이루고 있다."[4] 많은 관료와 지식인들은 지배자와 지배받는 자 사이의 거리에서 중국이 약해진 원인을 찾았는데, 이러한 관점은 그 자체로 다소 유교적인 것이었다. 헌정 개혁으로 국가와 사회 사이에 더 가깝고 유기적인 관계가 만들어질 수 있었다. 헌법을 만들려는 노력이 군주와 인민을 좀 더 긴밀하게 묶으려 했지만, 인민들에게 권한을 주려는 의도에서 나온 것은 아니었다는 점에 주목해야 한다.

고찰단의 직무는 1908년 '헌법대강'憲法大綱이라는 문건으로 귀결되었다. 이 문건은 (보통 세습 지위인) 군주가 국가 수장이 되어 성문 헌법으로 규제받는 정부 형태를 그렸다. 군주의 권위는 단순하게 종교적 관념, 천명, 세습 등에서 도출되지 않고, 기본 원칙을 규정한 헌법에서 도출되도록 했다. 황제는 법률을 만들고 공포할 권력을 유지했다. 헌법대강에서 황제는 칙령을 내릴 수 있었지만, 이를 법을 바꾸거나 폐지하는 데 활용할 수 없게 되어 있었다. 의회는 자문 기능만 하며 황제에 종속되었다. 헌법대강에서 인민들에게 일정한 기본권을 부여했지만, 보편적이고 평등한 선거권을 인정하지는 않았다. 이러한 입헌군주정의 형태는 1889년의 메이지 헌법을 모델로 했다. 그러나 결국 입헌 정부의 실현에 앞서 10년에서 15년의 '준비 시기'를 두도록 결정되었다. 그러므로 1911년 신해혁명으로 청의 헌법은 발효되지 못했지만, '헌법대강'은 지방(1908)과 성(1909) 단위에서 곧 중요한 정치적 플랫폼이 되는 대의 기구 설립을 이끌었다. 1910년에는 전국적인 의회(資政院)도 열리기 시작했다. 자산과 교육에 관한 유권자 등록 요건을 충족한 남성 시민들이 의회의 구성원을 선출했다. 대부분 의회 구성원은 관료와 상인들을 포함하는 성급 엘리트였다. 의회는 입법 기능이 없었지만 정치 관련 사안들을 토론하는 플랫폼이었다.[5]

1902년 법률 개혁을 위한 '수정법률관'修訂法律館이 설립되었다.[6] 이 기구는 법률 문제의 전문가로 인정받던 두 관료인 션쟈번沈家本과 우팅팡伍廷芳이 이끌었다. 이 기구는 법률 사상과 입법에 관한 중요한 서구 문헌의 연구와 번역, 그에 기초한 중국의 법률 전통의 평가 그리고 서구 법률과 중국 전통의 종합을 기반으로 하는 새로운 법률의 기초 등 세 가지가 주요 업무였다. 몇 년 후 청 정부는 제도적 구조를 정비하기 시작했다. 법부를 만든 칙령으로 최고 법원인 '대리원'大理院도 설립되었다. 조정은 야심적인 개혁 프로그램을 가지고 빠르게 나아갔다. 행형학 문헌 1건을 포함하여 모두 26건이 번역 출판되었다. 여러 나라에 연구 대표단을 파견하여 외국 법률에 대한 조사를 수행했다. 이 파견단의 구성원들은 성문 법률을 수집하고 주요 법학자들과 토론했을 뿐 아니라 경찰서, 검찰청, 법원, 감옥도 방문했다.

개혁가들은 민법과 형법의 분리를 도입했다. 수정법률관은 형법전과 민법전의 분리뿐 아니라 형사소송과 민사소송의 규칙도 기초했다. 긴 토론 끝에 개혁이 1910년 마침내 발효되었다. 형의 집행과 법적 처벌은 개혁의 다른 주요 영역이었다. 1905년에 묵형墨刑에서 고문, 능지陵遲, 참수斬首, 기시棄市에 이르는 신체형이 폐지되었다. 장형杖刑과 같은 일부 다른 신체형은 같은 해에 벌금으로 대체되었다. 연대 책임 개념도 폐지되었다. 새롭게 기초된 형법전은 처벌을 벌금, 투옥, 사형 세 가지 주요 형식으로 제한했다. 투옥이 대부분 범죄에 대한 주요 처벌 방식이 되었다. 짧은 시간 안에 고통스러운 처벌의 공개적 집행도 사라졌다. 사형 역시 더는 공개적으로 집행되지 않고 감옥의 담장 안에서만 행해졌다.

1909년 중국은 거주지와 관계없이 중국인 아버지를 둔 모든 사람을 '중국인'으로 규정하는 최초의 국적법을 채택했다.[7] 이러한 혈통주의 원칙은 종족에 대한 19세기의 새로운 사상에 기초한 것이었고 영토적 개념으로서 시민권 개념과 직접적으로 충돌하는 것이었다. 중국은 종족적으로 중국인인 다른 나라의 시민들을, 그들을 보호할 수 없음에도 중국 신민으로 다루기로 결정했다.

이 시기 정부의 개혁 의제에서 무역과 공업화를 통한 경제발전은 또 다른 핵심 사항이었다. 1904년 중국 최초의 회사법이 공포되었다.[8] 이 법은 등록을 요구함으로써 회사에 대한 정부의 통제를 강화하려 하긴 했지만, 기업가들이 회사를 더 쉽게 설립하는 것을 목표로 했다. 회사법은 유한책임의 보호를 도입하고, 연차 보고서 발행을 요구했으며, 분명한 회계 규제를 실행했다. 상인들에게는 해외의 모임이나 박람회에 참석하고, 수출할 상품을 개발하기 위한 지원을 제안했다. 상부商部는 대부분 중요한 도시와 성에서 상회商會 설립을 적극적으로 지원했다.[9] 1909년에 약 180개 상회가 지방의 상인, 기업가, 중개인들을 결집했다. 상회는 곧 정부와 기업계 사이의 중요한 소통 채널이 되었다. 상회는 직업 단체를 설립하는 장을 제공하기도 했다. 이렇게 새로운 형식의 법적 조직들이 나타나면서 이 조직들이 다시 다른 것이 만들어지도록 자극했다. 동업 조합과 동시에 사회 개혁을 지지하는 집단들이 빠르게 자리 잡았다.

신정은 군사력 발전에서도 중요한 전환점이 되었다.[10] 1901년 8월 29일 전통적인 무과 시험을 정지시키는 명령이 내려져 현대적 군사 교육으로 가는 길이 열렸다. 같은 해 9월 11일 발표된 명령에서는 훈련된 장교와 군인의 가치를 인정하면서 모든 성에 서구 모델에 기초한 신군을 건립하고 군사 학교를 세울 것을 지시했다. 다음 날 발표된 또 다른 명령에서는 부대 편제를 상비군常備軍, 속비군續備軍, 후비군後備軍으로 나누도록 명령했다. 조정은 녹영과 팔기의 개혁도 논의했지만, 합의된 해결책에 이르지 못했다. 그 대신 이 부대들이 종종 예비 부대가 되었다.

신군 개혁의 실행은 성마다 달랐다. 예를 들어 즈리의 위안스카이나 후난과 후베이의 장지동과 같이 강력하고 능력 있는 총독이 있는 곳에서 가장 큰 진전이 있었다. 다른 곳에서 개혁 과정은 덜 성공적이었다. 기존 부대가 이름만 바꾸거나 재조직되었고, 장교들이 새로운 군사 학교에서 훈련을 맡았다. 대개 일본에서 온 외국 교관들이 중국 장교들을 교육하고자 고용되었고, 가끔 중국인 부대를 훈련했다.

1903년 연병처練兵處가 설립되었다. 연병처는 신군이라고 불린 국군을 만들려는 계획을 세웠는데, 신군은 각각 대략 1만 2,500명으로 이루어진 36개 진鎭으로 구성되어 총수가 약 45만 명이었다. 각 성은 신군의 진을 하나 이상씩 조직하고, 훈련하고, 비용을 댈 책임을 졌다. 북양군北洋軍으로 알려지고 위안스카이 지휘 아래 있는 북중국의 두 개 진이 이 국군의 첫 부대가 되었고, 다음 10년 동안 중국 최강의 군사력이 되었다. 군 복무가 교육받은 사회 계층에서 새로운 위신을 획득하면서 군대가 사회 유동성의 중요한 통로가 되었다.

정부는 교육 분야에서도 장기적 영향을 미친 개혁을 추진했다. 가장 극적인 변화는 1,000년 이상 유지되었던 과거제를 폐지한 것이다. 과거제는 서구 모델에 기초한 새로운 교육 체계로 대체되었는데, 모든 종류의 새로운 과목을 도입했지만 중국 고전도 커리큘럼에 남겨졌다. 부府 단위 학교는 공립고등학교로 전환되었고, 성급 학교는 대학으로 바뀌었으며, 초등학교가 새로 만들어졌다. 1909년 이미 새로운 학교가 5만 2,000개 만들어졌고, 거의 160만 명이 등록되어 있었다.

과거제 폐지가 보여주듯이, 결국 개혁에서 의도하지 않은 결과들이 제국을 뒤집었다. 이미 17세기에 청 조정은 과거시험의 엄청난 비용을 대고 현금이 부족한 제국을 위해 기금을 모으려는 기대를 가지고 논란이 많은 과거 학위 판매를 시작했다. 판매된 학위의 비율은 빠르게 증가해서 1850년 이전에 학위의 30%가 구매한 것이었고 그 이후에는 비율이 51%까지 올라갔다. 조정이 그 후 여러 해 동안 판매하는 학위 수를 제한하려 했지만, 부분적으로만 성공했다.[11] 학위 판매가 가져온 예측하지 못했고 장기적이었던 결과가 능력주의 원칙을 고취하던 제도의 규범적 틀을 훼손했다. 그 대신 정치 행정과 경제 참여자 사이에서 돈의 공생이 점점 더 강화되었다. 정치와 경제의 특수 이익 집단 사이에서 상호 의존과 후원 관계가 확산되는 데 기여하게 되면서 한때 포괄적이었던 과거제의 제도적 정당성이 심각하게 약화되었다. '비인간적'이고 '구식'으로 여겨지는 시험 체계를 폐기해야 한다는 요구가 증가했다. 그사이에 새로운 교육 형식이 조약항과 그 너머에까지 확대되면서 과거제는 정당성을 잃었을 뿐 아니라 권위도 상실하게 되었다. 과거제가 간직한 문학적·문화적 형식은 서구적 관점이 확산됨에 따라 특히 개혁적인 중국 지식인들의 마음속에서 후진성의 상징이 되었다. 새로운 지식인들이 유럽과 미국에서 기원한 '현대적 과학'을 지식, 계몽, 국력으로 향하는 유일하게 유효한 통로라고 선전하면서 전통적인 지식의 형식은 미신으로 치부되었다.[12] 따라서 비교적 짧은 시간인 몇십 년 만에 제국의 시험 체계는 완전히 정당성과 권위를 잃었고, 1900년 이후에는 폐지가 피할 수 없는 것처럼 보였다.

1905년에 과거제를 폐지했을 때, 조정은 사회문화적 통제의 가장 강력한 수단의 하나였던 것을 파괴했다. 과거제는 수 세기 동안 중국 제국의 가장 정교하고 기능적인 제도의 하나로 대중들이 제국의 체계 전체를 수용하는 데 분명히 기여했다. 과거제를 폐지한 이유는 제도의 낙후성, 그 내용의 전통주의, 관료적 무지, 서구적 현대성의 우월함 등과 관련된 간단하지 않은 것이었다. 이것은 더 큰 의미에서는 역사적으로 중요한 시점에 적응을 통해 제도의 기초가 침식되지 않게 하는 데 실패한 것이었다. 전근대의 과거제가 현대적 중국 국가의 발전이나 현대화 과정에 본질적으로 장애가 된다고 가정할 필요는 없다. 기술 교육보다 도덕과 정치 교육에 중점을 둔 고전적 교육에 기초해서 최고위층에서 제국 국가에 봉사하는 엘리트 간부를 선발하는 것이 분명히 계속 가능했을 것이며, 사실 초기 근대 시기에 부상하는 유럽 국민국가들에서도 엘리트의 선발과 훈련은 고전적인 인본주의 교육의 가치를 강조했다. 시험 자체의 제거를 넘어서는 영향들 없이, 고전적 시험 폐지가 가능할 것이라고 가정할 수도 없었다. 고전적 시험은 문화, 사회, 정치, 교육 제도가 결합하여 제국 관료제의 수요에 효율적으로 대응하고 후기 제국의 사회 구조를 지탱하는 긴밀하게 통합된 장의 일부였다. 국가를 떠받치는 가장 핵심적 기둥 중 하나를 제거함으로써 조정은 고전적 가치를 왕조 권력과 엘리트의 지위와 결합하던 많은 연관성을 파괴했다.

신정은 재정 적자 문제도 해결하려 했는데, 이 문제는 오랫동안 형성된 것이지만 개혁 프로젝트와 연관된 지출의 증가로 최악의 고비를 맞고 있었다. 기본 문제는 중국의 줄어드는 세입원이었다. 중앙정부의 세금 징수 능력은 19세기를 지나면서 심각하게 감소했다. 세금이 적게 신고되었고 성과 지방정부가 중앙정부로 보내는 송금이 자주 유보되었다. 의화단 배상금에 더해 새로운 학교, 법률 체계, 군대 등을 만드는 것과 같은 야심적인 개혁의 자금 수요가 재정 문제를 더 심각하게 만들었다. 감소하는 세입과 증가하는 재정 부채로 큰 적자가 발생했다. 정부는 차이를 줄이려고 은행과 외국 정부로부터 엄청난 차관을 도입했고, 재정 개혁으로 더 많은 자원을 추출하려 했다. 정부는 세금을 많이 징수하려고 성 단위 재정의 전면적 감사에 기초해서 성에 매년 분담금을 요구했다. 정부는 또한 수익성이 있는 기업, 광산, 해운사를 국유화하기도 했다. 이러한 정책의 결과로 중국의 세입은 1903년의 7,000만 냥이 살짝 넘는 정도에서 1908년에는 1억 2,000만 냥이 되어 5년 사이에 70%가 뛰어올랐다.[13] 신정은 적어도 재정의 탈중앙화라는 장기적 경향을 멈추게 한 것처럼 보였다.

　신정은 결국 통치의 새로운 형식과 기술을 도입함으로써 문화적·사회적 관행을 개조하는 데 관심을 가지는 더 능동적인 국가의 출현을 가져왔다. 예를 들어 사회 조사 활용의 증가는 중국이 제국에서, 전통이나 고전 혹은 천명이 아니라 인민을 정치적 권위와 정당성의 근거로 삼는 주권 국가로 전환되는 것을 반영했다. 전국적 인구조사가 1909년과 1911년 사이에 실행되어 통치에 활용하기 위해 중국 사회에 대한 더 많은 정보와 지식을 생산하려는 움직임이 시작되었다.[14] 마찬가지로 중요했던 것은 이 새로운 인구조사가 전체 인구를 세면서 단일한 양식을 채택했다는 것이었다. 그 메시지는 이 국민국가의 정치 공동체가 사회 집단이나 종족 집단의 위계가 아니라 시민들 사이의 추상적인 평등 원칙 위에 세워졌다는 것이었다. 사회 조사는 인구 통계, 사회적·종족적 사실, 경제 데이터, 문화 유물, 고고학적 증거 등을 포함하는 경험적 정보를 수집했다. 조사로 얻은 정보와 다른 수단이 점점 더 개입적으로 되는 정책을 지원하는 데 사용되었다. 예를 들어 농촌에서는 의화단 운동의 확산 때문에 비난받았던 미신에 반대하는 운동이 지속적으로 벌어졌다.[15] '미신'迷信은 17세기에 예수회가 중국어 어휘에 새롭게 들여온 용어였다. 사원에 딸린 토지가 몰수되어 국유화되었고, 이 땅에서 나오는 수익이 새로운 공립 학교의 자금으로 사용되었다. 따라서 원래 종교적 종파운동에 대해 유교 국가의 이름으로 시작된 운동이 진보, 과학, 국방의 추구와 결합되었다.

개혁가들은 중국을 뒤처지게 하고 발전을 방해하는 수많은 사회 문제를 찾아냈다. 이러한 해악을 치유하려고 여러 수단이 활용되었다. 1902년 2월 1일 공포된 첫 상유들 중에는 한족과 만주족의 통혼 금지 철회가 있었다. 일부 집단의 예외가 있었지만, 이 금지는 청조 시작부터 유지되었다. 새로운 목표는 단결되고 평등한 인민을 형성하기 위해 종족 분리를 완화하는 것이었다. 같은 상유에서 '사람에게 해를 입히고 자연의 섭리에 위배되는' 관행이라는 점을 강조하면서 한족들에게 전족 전통을 포기하도록 요구했다.[16] 국가가 후원하거나 시민사회가 추진했던 많은 계획이 여성의 사회적 지위 향상을 목표로 했다. 1907년 봄 여성 교육에 대한 규정을 반포하여 여성들이 교육을 받을 수 있다는 것을 공식화했다. 개혁가들의 주의를 끈 또 다른 분야는 약물 남용이었다. 아편 흡입은 이제 중독된 사람뿐 아니라 사회 전체에 해를 입히는 습관으로 인식되었다. 중국에서 10년 안에 아편 생산과 소비를 근절하는 계획을 담은 칙령이 발표되었다.[17] 금지 운동이 한창이었던 1906년 금지 운동의 일환으로 아편굴이 폐쇄되었다.

폭넓은 역사적 시야로 봤을 때, 신정은 현대 중국 제도사의 중요한 장이었다. 다양한 새 제도를 창조하려 했던 20세기 첫 10년의 개혁 정책은 현대적·능동적·재정적으로 효율적인 국가라고 할 수 있는 것을 만들려고 시도했다. 그 전망은 중국을 부강하게 만들기 위해서 중앙 집중적으로 세금을 징수하고 차관과 다른 재정 정책을 신중하게 운영함으로써 충분한 재정적 자원을 동원할 수 있는 국가였다. 이러한 목적을 이루려고 착수된 관료제의 개혁은 나중에 올 민국정부와 공산당 정부를 형성하는 제도적 유형을 수립했다. 사회 개혁을 추구하는 운동이 이후의 정권들도 의지하게 될 통치의 새로운 형식을 만들었다. 정부의 영향력이 미치는 범위가 이전 어느 때보다 사회 깊은 곳까지 확장되었다. 그러나 일부 정부 기능은 중앙 국가가 통제력을 확보하거나 유지할 수 없었다. 군사, 교육, 재정을 포함하는 분야에서 신정으로 신장된 정치권력이 제국 국가보다는 지방과 성 엘리트들에게 돌아갔다.

1900년대에 조정이 시작한 하향식 개혁은 종종 중국 사회의 발전을 따라잡지 못했다. 지방과 성의 의회를 주도했던 엘리트들은 점점 더 청 조정과 거리를 두었다. 상업적 부, 토지 소유, 군사력, 후원, 교육 등의 결합으로 권력을 얻은 이러한 지방 지도자들이 19세기 말로 향하면서 형성된 새로운 종류의 엘리트를 구성했다. 전통적인 신사층보다 훨씬 더 도시화된 이들은 지방과 성의 사무를 논의하려고 모였을 뿐 아니라, 청 지배에 대해 점점 더 비판적 입장을 취하는 신문을 발간하거나 연속 강연을 개최하는 경우도 많았다. 반대가 발생한 많은 새로운 장소 중 신정으로 설립된 성 의회가 있었다.

새로운 사상의 유입이 중국 지식인들이 점점 더 급진화되고 빠르게 정치화되는 데 기여했는데, 이들 중 다수가 이 10년 동안을 일본에서 지냈다. 그들은 일본에서 공부하면서 망명한 정치적 인물의 강연을 듣고, 외국의 신문 기사를 보고, 일본어로 번역된 서구의 사회사상과 정치사상을 읽었다. '민족'民族, '민권'民權, '민주주의'民主主義, '사회주의'社會主義, '공화국'共和國 그리고 특히 '혁명'革命과 같은 새로운 정치적 개념들이 인기를 얻었다. 따라서 1898년에는 캉유웨이(캉유웨이)의 유교적 입헌군주제 사상이 혁명적인 것처럼 보였지만, 20세기 첫 10년에는 대부분 진보적 사상가와 활동가들이 캉유웨이를 희망이 없고 뒤처진 사람으로 여겼다. 가장 유명하고 널리 읽힌 입헌주의의 옹호자이자 자유주의의 신봉자인 량치차오(양계초)조차 도쿄에서 출판되는 영향력 있는 『민보民報』의 편집자 장빙린章炳麟(장태염章太炎, 1868~1936) 같은 활동가들로 이루어진 문화적·정치적 지도자들에게 추월당했다. 장빙린과 그의 많은 추종자는 제도 건설 과정에서 친서구적 편향으로 보이는 것들을 못마땅해했고 사회적 평등과 중국의 유토피아 전통에 뿌리를 둔 민주주의의 대안적 형식을 옹호했다. 장빙린과 1903년 상하이에서 출판된 통렬한 반만주 평론인 '혁명군'의 저자 저우룽은 철저한 반만주 이데올로기를 분명하게 표현한 최초의 중국인들이었다.[18] 저우룽은 열렬하게 만주 정부의 전복을 지지했다. 그는 '중국에 사는 모든 만주인을 추방하거나 보복을 위해 죽이자'라고, 또한 '만주 황제를 죽이자!'라고 주장했다. 장빙린은 중국에서 처음으로 변발을 공개적으로 자른 사람 중 하나였는데, 이는 대단히 혁명적인 제스처였다. 장빙린과 저우룽은 이민족인 만주족이 원주민인 한족을 지배하는 것에 반대했다. 그들이 보기에 만주족은 활기에 넘치는 고유의 중국 문화를 원시적이고 야만적인 부족 문화로 대체하고 있었다. 청 지배에 대한 가장 심각한 도전은 아마도 이러한 급진적이고 민족주의적인 수사의 출현에 기인했을 것이다. 신정으로 시작된 제도들은 적어도 거기에 참가한 엘리트 구성원들이 중국을 상상하는 방식을 집단적으로 바꾸었다. 새롭게 만들어지는 계급은 현대적 민족주의와 개혁을 깊이 신뢰했고, 현대적 제도의 창조를 고취했으며, 중국에 대한 만주 지배의 기초에 의문을 제기했다. 따라서 개혁으로 중국이 청 제국에서 분리되는 과정이 시작되었다.[19] '중국中國', '화인華人', '한漢'과 같이 중국어로 중국을 뜻하는 용어들은 훨씬 이른 시기부터 있었지만, 새롭게 만들어진 중국에 대한 이해와 '중국인'이나 '중국 시민'

의 정체성은 그것이 오래된 개념과 용어와 혼합되었다 하더라도 확실히 매우 새롭고 현대적인 발명이었다. 이 중요한 시점에 개념적으로 새로운 중국이 태어났다. 게다가 화교니 소수민족과 같은 인구학적 개념이 도입됨으로써 종족적 풍경이 다시 정리되었다. 화교들은 중국이 스스로 문제를 해결하는 것을 돕고, 서구에 대한 의존을 극복하며, 세계의 다른 사람들로부터 다시 존중받도록 도울 수 있는 집단으로 인식되었다. 동시에 수많은 소수 인종 주민이 소수자로 규정되었고, 그들은 만주족처럼 중국보다 열등하고 중국과 다르다고 여겨졌다. 소수민족들의 다양한 지위와 중국과의 관계, 중국 안에서의 관계를 규정하는 것은 무엇이 중국을 구성하고 누가 중국 사람인지를 협상하는 과정의 일부였다. 전반적으로 개혁으로 고취된 민족주의가 빠르게 청 국가의 통제를 벗어났고, 신문과 혁명적 집단들에서 인종주의적·민족주의적 이데올로기와 융합되었다. 이 세대 전체의 급진화는 신정 개혁의 의도하지 않은 또 다른 결과로 볼 수 있다. 대담한 제도적 혁신은 너무 늦게 시작되었기 때문에 제국을 구하는 데 실패했지만, 새로운 중국을 형성시켰다.

공화 운동과 1911년 혁명

20세기의 첫 10년에 청조는 군주제를 폐지하고 공화정을 수립하려는 정치 운동의 압력에 직면했다.[20] 이 운동은 그 지도자 쑨원의 경우에서 볼 수 있는 것처럼, 중국에서보다는 주로 화교 사회나 홍콩이나 조약항의 조계와 같이 중국 내의 외국이 지배하는 지역에서 활발했다. 쑨원은 1866년 오늘날 광둥성 중산시에 속하며 마카오에서 멀지 않은 샹산현 추이헝에서 태어났다. 그의 가족은 그에게 과거제를 준비할 수 있는 고전 교육을 시킬 여유가 없었다. 그 대신 1878년 쑨원은 호놀룰루에 있는 형에게 가서 기독교계 학교에 다녔다. 그 후 그는 홍콩으로 가서 1892년 홍콩의 의과대학을 졸업한 최초의 중국인 학생들 중 하나가 되었다. 쑨원이 받은 교육은 그 시대 다른 지도적 인물들과는 뚜렷하게 달랐다. 그는 중국보다는 해외에서 편한 마음을 가졌고, 고전 중국어보다는 영어를 말하고 쓰는 것이 더 수월했다. 그는 중국 고전을 거의 교육받지 않은 서구 스타일의 전문가였다. 동시에 그는 해양 중국의 화교 공동체 그리고 태평천국과 삼합회 등 남부 지방의 반만주 경향과의 연계를 강조하면서, 스스로 남부 사람으로 여겼다. 그를 구별 짓는 또 다른 요소는 청조를 전복하려는 노골적이고 끊임없는 행동주의였다.

1894년은 쑨원이 정치를 시작한 해였다. 막 시작된 민족주의와 혁명의 정신에 자극받은 그는 하와이로 돌아가 '흥중회'興中會를 만들었는데, 이 조직은 논란의 여지가 없는 최초의 반청 혁명 조직이었다. 혁명 활동 때문에 그는 곧 중국뿐 아니라 홍콩에서도 추방되었다. 1905년 그는 일본 후원자들의 재정적 지원을 받아 도쿄에서 나중에 민족주의 정당인 '국민당'國民黨으로 발전하게 되는 '동맹회'同盟會를 세웠고, 이 시점에 흥중회 깃발이 국민당 깃발이 되었다. 그는 또한 1905년 도쿄에서 동맹회의 기관지로 앞서 언급한 『민보』를 창간했다. 이후 몇 년 동안 이 조직은 중국의 공화 혁명을 고취하는 일을 주도했다. 이 운동은 실천적이기보다는 이데올로기적이고 수사적인 성격을 가지고 있었다. 많은 노력과 야심찬 계획에도 동맹회는 전국적 혁명은 고사하고 중국의 지방 봉기들을 조직하는 일에도 성공하지 못했다.

쑨원이 해외에 연줄이 많았던 만큼 외국이 점령한 조약항과 화교 디아스포라의 총아였다는 사실이 그를 중국 내지의 혁명가, 개혁가들과 멀어지게 했다. 그는 종종 중국 현실과 사회 관행을 잘 모른다는 이유로 비난받곤 했다. 그러나 그는 두 가지 요소 때문에 주도적 역할을 맡게 되었다. 첫째, 쑨원은 누구와도 달리, 화교 상인 공동체로부터 지지를 얻고 자금을 모을 수 있었다. 그는 특히 광둥과 푸젠 출신으로 동남아시아 전체, 그보다 작게는 아메리카와 유럽으로 가서 사업을 하는 기업가들과 연결되어 있었다. 쑨원은 화교 사회와 망명자 집단에 연설을 하고 다른 모금 활동에 참여하면서 정치적 기량을 연마했다. 집단적 회합에서 웅변술을 활용하는 그의 선구적 방법은 나중에 정치인들이 따르게 될 현대 중국의 리더십 모델을 만들어냈다. 둘째, 쑨원만이 혁명적 전망을 제시했다. 1905년 도쿄에서 동맹회를 창립할 때의 연설을 시작으로, 그는 중국의 정치적·사회적 미래에 대한 사상의 개요를 작성하는 데 공을 들였다. 결국 그의 연설들이 묶여서 그를 가장 잘 알려지게 한 '삼민주의'三民主義라는 제목으로 출판되었다. 때때로 모호하거나 기묘하다고 비판받았지만 그의 민족, 민권, 민생이라는 세 가지 원칙은 중국의 새로운 미래에 대한 매력적인 정치 프로그램의 윤곽을 보여주었다. 그의 표현을 빌리면 '삼민주의는 구국의 주의'였다.[21]

'민족주의' 원칙은 '국가' 대신 '민족' 개념에 기초하여 민족의 단결을 강조했다. 이 원칙은 하나의 위대한 중화민족의 종족적 기초를 형성하는 한족이 존재한다고 상정했다. 쑨원은 '중국인이 동일한 혈통, 동일한 언어, 동일한 종교, 동일한 관습을 가지고 있는 완전히 하나의 민족인 한인'이라고 설명했다.[22] 중국 민족은 제국주의의 지배를 견디려면 통합되어야 했다. 쑨원은 중국 민족이 민족의식을 가지고 있지 않다고 비난했다. "중국인이 가장 숭배하는 것은 가족주의와 종족주의宗族主義라서 중국에는 가족주의와 종족주의만 있고 국족주의國族主義가 없다. 외국 관찰자들은 중국인이 흩어진 모래알 같다고 말한다."[23] 이러한 용어 선택은 쑨원의 중국에 대한 전망이 나라의 영토를 보존하는 것처럼 종족으로서 중국인도 보호하려는 것과 깊은 관계가 있음을 암시한다. 쑨원은 '멸족'滅族의 공포를 여러 번 언급했다.

'민권주의'民權主義 원칙은 군주제가 분파주의의 관료적 내분을 만들어내기 때문에 중국이 공화국이 되어야 한다고 강조했다. 쑨원은 중국 시민들에게 국회를 통한 정치적 대표성을 가지고 선거, 소환(罷免), 발의(創制), 국민투표(復決)의 권리로 정치에 참여하게 하는 것을 목표로 했지만, 중국이 자유를 제한하고 강한 정부를 가져야 할 필요성을 반복해서 강조하기도 했다. 쑨원은 20세기 초 중국인들이 지나친 개인적 자유를 가지고 있고, 국력과 독립을 위해서는 자유의 일부를 포기해야 한다고 믿었다. 그는 중국에 사회적 훈련과 지속성 있는 질서가 더 많이 필요하고, 개인주의와 인민의 권리는 덜 강조되어야 한다고 생각했다. 쑨원은 새롭고 강력한 통치 방식만이 중국을 번영하게 하고, 강하게 하고, 존중받게 할 수 있다고 주장하면서 중국에서 되풀이해서 환기될 강력한 논의를 만들어냈다. 세 번째 원칙인 '민생주의'民生主義는 가장 덜 주의 깊게 규정되었고 모순적인 해석에 가장 취약했다. 그의 표현에 따르면, '민생'은 '사회의 생존, 국민의 생계, 군중의 생명'을 가리켰다. 쑨원은 이 원칙으로 사회 문제, 특히 당시 서구 자본주의 사회의 불평등, 실업, 빈곤과 같은 문제에 대응하려 했다. 그러나 그는 자신의 대응을 사회주의와 구별되게 하려고 최선을 다했는데, 사회주의가 카를 마르크스의 저작에 대한 올바른 해석을 두고 끊임없는 내분에 빠져 있다고 보았다. 그에게 '민생 문제는 생존 문제'였다.[24] 그가 구상하는 공화국은 주민의 생존을 돌볼 것이었다. 그러므로 이 원칙은 공업화로 성공할 수 있는 사회경제적 체계를 만들 필요, 균등한 토지 소유, 공정한 세제를 강조했지만 이러한 목적을 위한 수단은 다소 불분명했다.

1911년 혁명 직전에 청의 지배는 많은 영역에서 도전에 직면했다. 청조 지배를 강화하고자 했던 사회적·제도적 변화가 실제로는 제국 체제의 구조를 약화시켰다. 중국의 민족주의적 정치 행동과 해외 중국인 노동자와 학생들의 애국적 행동주의가 결합하면서 청 정부, 외국 회사와 정부(특히 미국과 일본)에 동시에 도전하는 새로운 정치적 동력이 만들어졌다. 그것은 미국 이민법에 대한 1905년의 보이콧과 시위, 일본이 중국 항만 당국의 일본 선박 조사를 거부한 일에 대한 항의에서 표출되었다. 이러한 대중적인 정치 행동은 상인, 상점주, 사무 노동자, 학생과 같은 도시 주민 집단의 영향력이 늘어나는 것을 보여주었다. 혁명 조직들이 많은 곳에서 만들어졌고, 학생들이 지방의 비밀결사에 접근하기도 했다. 주로 성 정부 통제를 받으면서 한족 지휘관 아래 있던 청의 신군도 한족 민족주의의 비옥한 온상이 되었다. 통치 왕조에 대한 군대의 충성이 의심스럽게 되었고, 통제력이 서서히 황실 손에서 벗어나게 되었다.

1900년대 중반 철도 건설과 광산 개발에 대부 형식으로 이루어진 중국 영토에 대한 외국의 잠식이 이권 회수 운동을 낳았다. 특히 중국 철도를 회복하려는 운동은 1911년 혁명의 직접적 전조였다.[25] 철도 정책은 청 조정이 부담이 큰 프로젝트의 자금을 확보할 효율적 방식을 추구하는 과정에서 사영 관리의 촉진에서 공사 합작의 선호로 다시 공기업 설립으로 요동치다가 결국 철도 건설의 중앙집중화로 전환하면서 관리를 새로 설립된 '우전부'에 맡기게 되었다. 우전부가 후베이와 쓰촨의 성 정부로부터 건설 프로젝트를 인수하여 외국 차관을 활용해 마무리하기로 결정했을 때, 지방 엘리트와 철도회사 주주들의 강한 반외세적·민족주의적 반응이 촉발되었다. 철도 국유화에 대한 저항이 제국주의적 침략과 중국을 보호할 수 없거나 보호하려 하지 않는 것처럼 보이는 청 조정에 대한 폭넓은 대중적 투쟁으로 확대되었다. 이 운동은 당시 유통되던 '복수의 민족주의들'의 복잡성을 반영했는데, 이는 외국 침략에 대한 애국적 감정의 표현, 입헌주의의 요구, 성 자치의 요구, 철도를 잘못 관리한 청 조정에 대한 규탄, 개혁 정책의 경제적 부담에 대한 분노 등 서로 다른 많은 집단의 다양한 의제를 동시에 고취했다.

　1911년 여름 청두에서 시위자들이 거리를 점거하자 긴장이 고조되었다. 그들은 중앙정부가 명령한 청두-한커우 철로의 국유화에 반대했다. 이 철로 건설은 원래 외국 차관 없이 쓰촨 사람들의 기금만을 기초로 1904년에 시작되었다. 1911년 5월 18일 청 조정은 만주 기인인 돤팡端方을 '광저우-한커우-청두 철로를 관리하는 대신'(督辦粵漢川漢鐵路大臣)으로 임명하여 철도 관리를 인수하게 했다. 이틀 후 우전부장인 성쉬안화이盛宣懷가 철도를 광저우까지 연장하기 위해 영국, 독일, 프랑스, 미국에서 차관을 도입하는 것에 서명했다. 첫 번째 철로 구간 건설에 투자한 모든 중국 자본을 투자자들에게 되돌려줄 것이라는 소식이 전해졌다. 그러나 상환을 현금이 아닌 정부 채권 형태로 할 예정이었기 때문에 이 발표는 쓰촨 사람들의 불만을 불러일으켰다. 6월 17일 '보로동지회'保路同志會가 결성되었고, 이 단체가 청두에서 항의를 조직했다. 주주들과 지방 엘리트의 적대감이 깊어지면서 조정은 충성스러운 관료인

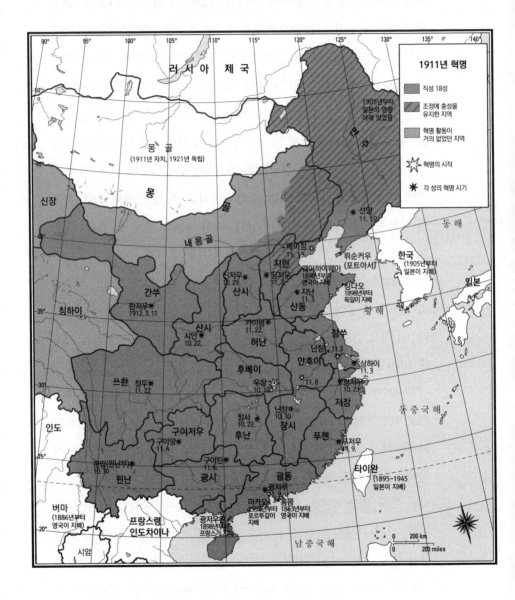

91° 95° 100° 105° 110° 115° 120° 125° 130° 135° 140°

러 시 아 제 국

1911년 혁명

직성 18성

조정에 충성을
유지한 지역

혁명 활동이
거의 없었던 지역

혁명의 시작

각 성의 혁명 시기

1905년부터
일본의 영향
아래 있었음

몽 골
(1911년 자치, 1921년 독립)

몽 골

신장

내 몽 골

선양
11. 10.

동 해

베이징
11. 13.

뤼순커우
(포트아서)

한국
(1905년부터
일본이 지배)

일본

지린

간쑤

란저우
1912. 3. 11

신저우
10. 29.

산시

칭하이

타이위안
11. 7.

웨어하이웨이
1898년부터
영국어 지배

칭다오
1898년부터
독일이 지배

황 해

지난
11. 3.

산둥

산시

시안
10. 22.

카이펑
11. 22.

허난

장쑤

쓰촨

청두
11. 22.

후베이

우창
10. 10.

난징 11.3

상하이
11.3

안후이

11.8

항저우
10. 23.

인도

구이저우

구이양
11.4

후난

창사
10. 22.

난창
10. 30

장시

저장

동 중 국 해

푸젠

푸저우
11. 9.

윈난

쿤밍(윈난부)
10. 30

구이린
11. 6.

광시

광둥

타이완
(1895~1945
일본이 지배)

버마
(1886년부터
영국이 지배)

프랑스령
인도차이나

광저우완
1898년부터
프랑스가
지배

광저우
11. 9.

마카오
1557년부터
포르투갈이
지배

홍콩
1843년부터
영국이 지배

남 중 국 해

시암

0   200 km
0   200 miles

조이풍趙爾豊을 파견하기로 결정했는데, 그는 티베트와 캄(티베트와 쓰촨 사이 변경지역)의 변무대신으로 재임할 때 가혹한 정책을 펼쳐 '백정'이라고 불렸다. 이러한 결정은 대중적 봉기의 폭발을 유발했다. 동시에 동맹회 회원들이 주주 모임과 보로동지회를 통해 항의 운동에 참여하면서 청두의 도시 사회에 침투하여 혁명 세력을 조직하기 시작했다. 이제 그들의 요구가 확대되어 자치까지 포함하게 되었다. 1911년 9월 조이풍은 조정의 명령을 근거로 보로동지회 지도자 9명의 석방을 요구하며 청두의 정부 건물을 둘러싸고 불을 지르던 시위 군중에게 발포하도록 명령했다. 상황은 곧 조이풍의 군대와 청두로 흘러 들어온, 혁명가들이 조직한 민병 사이의 무장 대결로 발전했다. 청두가 사방으로 포위되고 지방 민병과 토비 수천 명의 공격을 받자 정부는 군사력으로 봉기를 진압하고자 우한으로부터 증원하도록 지시했다.

다른 곳에서의 국지적 세금 반란, 식량 폭동이나 다른 작은 저항들로 더욱 위태로워졌던 긴장된 이 순간에 작은 사건 하나가 청 제국을 궁지로 몰아넣었다. 10월 9일 우연한 폭탄 폭발 후 청 당국은 우한에서 지방 군대의 더 큰 음모를 발견했다.[26] 당국은 혁명 조직 구성원의 명단도 입수했다. 지방 조직들이 주둔군 내 구성원 일부의 체포가 임박했음을 알게 되었을 때 봉기하기로 결정했다. 쿠데타 시도는 다음 날인 1911년 10월 10일로 계획되었다. 며칠 내에 이 봉기는 다른 도시와 성들로 확산되었다. 추가 체포를 피하려고 아직 체포되지 않은 혁명가들은 우한의 가장 큰 무기고를 점령했다. 이틀 동안의 집중적 협상 끝에 지휘관 리위안훙黎元洪이 혁명파에 합류했을 때, 이 지역의 만주인 총독은 탈주하기로 결정했다. 이것이 연쇄 반응을 일으켰다. 11월 말까지 14개 성이 혁명 (종종 군사) 정부를 수립했고 청 제국에서 분리 독립했다.

1912년 1월 1일 중화민국이 수립되어 쑨원이 45일이라는 짧은 기간 이끌었는데, 그는 우한의 사건이 일어났을 때 미국에 있었다.

조정은 거의 저항하지 않았고 황제는 이해 2월 퇴위했다. 청 제국 붕괴는 조용한 내파 같아서 지금의 명백한 역사적 중요성에 어울리지 않게 신속하고 비교적 유혈이 적었다. 이 사건들로 청조가 거의 270년의 지배 끝에 타도되었을 뿐 아니라 2,000년 넘게 지속된 제국 체제 전체가 끝났다. 중국은 너무 갑작스럽게 근본적인 변화와 재생의 기회를 약속하는 새로운 세기로 들어섰다. 중국은 아시아 최초로 공화국이 되었고, 국민국가 형식을 채택함으로써 스스로 변신한 최초의 대륙적 제국 중 하나가 되었다.

쑨원이 혁명을 일으키는 데 적극적 역할을 하지 않았음에 유의하는 것이 중요하다. 그는 혁명이 일어난 후에야 그 지도자로 인식되었다. 쑨원은 그만이 수십 년 동안 혁명을 위해 싸웠고, 미래에 대한 전망을 설계했다고 주장할 수 있었기 때문에, 그리고 특히 해외로부터 실질적인 재정 지원을 이끌어낼 수 있었기 때문에 지도자 역할을 하는 것에 정당성을 얻을 수 있었다. 그러한 사실 때문에 그 자신을 '혁명의 상징적 지도자'로 만들어낼 수 있었다. 쑨원이 관여하지 않았다면, 혁명 이후 어떤 일이 있었을까? 역설적이게도 주요 행위자들은 쑨원의 동맹회 구성원들이 아니라 신정 개혁이 만들어낸 새로운 기구들이었다. 신군, 상회商會, 자의국과 같은 이 기구들은 모두 스스로 미래를 형성하는 데 더 큰 발언권을 원했던 지방 한족 엘리트들이 주도했다. 청조는 결국 자신의 군대 지휘관들이 청조를 방어하는 것을 거부했고 지방의 한족 엘리트들이 청조 지지를 철회했기 때문에 전복되었다.

초기 주인공들의 취약함 때문이든 일련의 불행한 역사적 우연으로든 1911년 혁명은 위안스카이가 비어 있는 제위에 도전하는 것으로 이어졌다. (내각 총리대신으로 행동하던) 위안스카이와 혁명파 사이의 내전을 피하려는 1912년 1월 협상에서 위안스카이는 중국에서 가장 강력한 군대를 통솔하고 있다는 이점이 있었다. 쑨원은 위안스카이가 북중국에서 강력한 세력 기반을 가지고 있다는 것과 자신이 남방에서 얻을 수 있는 지원이 훨씬 약하다는 사실을 곧 깨달았다. 쑨원은 내심으로 자신의 취약함과 정부에서의 경험 부재를 잘 아는 실용적인 현실주의자였다. 그 결과 쑨원은 총통 지위를 위안스카이를 위해 포기하기로 결심했고, 그 대가로 위안스카이가 수도를 난징으로 옮기고 민주적인 공화정체에 헌신하겠다는 약속을 받아냈다. 위안스카이는 두 가지 약속을 모두 지키지 않았다. 그러나 1912년 쑨원이 총통 자리에서 물러난 것은 종종 치명적인 계산 착오로 묘사되지만, 그가 정부에서 실패하고 자기 권위에 치명적인 타격을 입는 일을 피하게 해준 것일 수도 있다. 그 양보는 또한 쑨원이 국민당을 조직할 기회를 주기도 했는데, 국민당은 1912년 8월 25일에 공식적으로 설립되었고 쑨원이 죽을 때까지 그의 정치 경력의 주요한 매개가 되었다.

위안스카이는 1912년부터 1916년 죽을 때까지 4년 동안 본질적으로 군사 독재자로서 중국을 통치했다. 그의 주요 지지자들은 지도적인 군대 장교들이었으며, 그는 대개 제복을 입고 대중 앞에 나타난 최초의 중국 지도자였다.[27] 공화국의 처음 몇 년은 궁극적인 권력을 의회가 가질지 총통이 가질지를 두고 위안스카이와 이전 혁명파 사이에 끊임없는 투쟁이 벌어진 것을 특징으로 했다. 위안스카이는 위계적이고 중앙집중화된 체계만이 나라를 통합할 수 있다는 가정에 기초하여 좀 더 전통적인 태도로 강한 통치자가 이끄는 중앙집중화된 국가를 선호했다. 이 대립은 1912년 말 국회 선거 이후 크게 폭발했다.[28] 성별, 재산, 교육에 따라 유권자가 제한되었지만 남성 4,000만 명이 약 10배의 인구를 대표하여 중국 역사에서 최초로 전국 단위 선거에 참여했다. 투표용지에 있던 몇 개 당 중 국민당이 다수당이 되었다. 1913년 3월 국민당 선거 승리의 주요 조직가이며 유력한 총리 후보자였던 쑹자오런宋教仁(1882~1913)이 암살되었을 때(일부는 이 암살이 위안스카이의 명령에 따른 것이라고 했다), 남부의 혁명 지도자들은 (쑨원의 지지하에) 위안스카이 정부와 관계를 끊고 봉기를 일으켰다. 위안스카이는 나중에 2차 혁명으로 알려지는 이 봉기를 곧 진압했다. 반대파를 제거하고 국회의 의원들을 매수하거나 위협한 후, 위안스카이는 총통으로 선출되었고 국민당은 불법화되었다. 쑨원은 일본으로 피신했다. 위안스카이는 쑨원 지지자들을 체포했고 1914년 1월 10일, 중국 최초의 국회를 해산했다. 총통은 군사 독재자가 되었다.

이 드라마의 마지막 부분은 아직 끝나지 않았다. 1915년 위안스카이는 몇 가지 새로운 요소를 첨가하여 군주제를 되살리고 스스로 황제 자리에 앉기로 하는 운명적인 결정을 했다. 그는 중국의 정치적 불안이 입헌군주제로 해결될 것이라고 믿었다. 국명이 '중화민국'에서 만주의 청조와 대조적인 현대적 한족 군주제임을 가리키는 '중화제국'으로 바뀌었다. 국민당과 진보당 지도자들, 지방 엘리트, 일본 등의 격렬한 반대가 뒤따랐다. 1916년 초까지 새로운 군사 지도자들 아래 있던 성들도 위안스카이에 반대하는 쪽으로 돌아선 것이 분명해졌다. 또 다른 반대가 위안스카이의 직속 부하 장군들이자 위안스카이가 그들의 권력을 축소하려 한 돤치루이段祺瑞(1865~1936), 펑궈장馮國璋(1859~1919)에게서 제기되었다. 위안스카이가 그들에게 도움을 요청했을 때 둘 다 지원을 거절했다. 불과 83일 만인 1916년 3월 22일, 위안스카이는 새로운 제국의 폐지를 공포했다. 그러나 반란은 계속 확산되었고, 더 많은 군사 지도자가 자신들의 성이 독립했음을 선언했다. 그사이 위안스카이는 중병에 걸려 같은 해 6월 6일 죽었다.

총통으로, 짧게는 황제로 있는 동안 위안스카이는 정치 상황의 취약성과 예측 불가능성에도 제도 개혁을 계속했다. 시험제도 재도입 사례가 보여주는 것처럼, 이러한 노력은 매우 주목할 만하다. 1916년 위안스카이는 역사적 기초 위에 바람직하고 현대적인 제도를 건설하고자 야심적으로 고시제도 재도입을 시도했다. 그의 목표는 표준화되고 규범적이며 규칙 기반인 국가 기구를 수립하는 것이었다. 그는 새로운 직무 서열뿐 아니라 직원들의 진급과 승진에도 새로운 절차를 규정했다.[29] 교양과 기술적 지식을 결합하여 평가하는, 공직 임용을 위한 전국적인 시험 규정들이 만들어졌다. 시험 후 2년간 견습 기간을 둘 예정이었고, 그 후 후보자들은 추천에 근거하여 부처에 배치될 수 있었다. 새로운 고시제도는 공직에 임용될 수 있는 주요 경로가 될 예정이었다. 비록 합격자들이 나중에 베이양정부 행정부의 핵심이 되긴 했지만, 시험은 위안스카이가 죽은 후 한 번만 치러졌다. 비록 단기로 그쳤다 하더라도, 이러한 시도는 제도적 혁신의 길을 보여주었다. 전통적 원칙을 새로운 내용과 결합하려는 접근 방식은 다른 제도적 혁신의 청사진으로 작용했다.

황제가 되려 한 위안스카이의 시도가 실패한 이후 돤치루이와 다른 북양군 장군들이 정부 통제력을 장악했다. 그들은 리위안훙을 총통에 임명했는데, 이는 남쪽의 혁명과 리위안훙의 연계가 북양정부의 통제력 회복에 대한 남쪽의 저항을 누그러뜨릴 것으로 생각했기 때문이다. 리위안훙은 공화국 회복을 향한 제스처를 취할 수 있었지만, 곧 정치

무대에서 사라졌다. 실질적 권력은 1916년 6월 총통 지위를 차지한 돤치루이에게 있었다. 국회가 8월 1일 다시 개원했을 때, 의원들은 돤치루이의 지위를 승인하고 북양군에서 부상하는 다른 파벌의 지도자 펑궈장을 부총통으로 선임했다. 중앙정부 전체가 곧 분파 간 권력 투쟁에 빠져들었다.

1911년 혁명에서 1916년 혼돈까지의 추이는 심각한 결과를 가져왔다. 이는 중국에서 처음으로 혁명이라고 이름 붙일 수 있는 과정이었지만, 초기에 성공한 이후 곧 흔들리게 되었다. 큰 기대가 중국 정치의 냉엄한 현실에 부딪혔다. 위안스카이의 헌정 절차에 대한 저항과 의회 해산은 정치적 목적으로 외국의 체제를 차용하는 방식이 다시 나타난 것처럼, 나중에 반복될 선례를 만들었다. 중국은 명목상으로는 공화국이었지만, 실질적으로는 군사력과 막후 협상에 기초한 자의적인 정치 지배가 있었다. 다수가 공화국 실험에 환멸을 느꼈다. 학생, 장교, 기업인, 지식인들과 같은 새로운 사회 집단들이 희망했던, 오래 기다린 의회제와 더 큰 사회적·시민적 평등은 달성하기 어려운 채 남았고, 중국 지식인들의 10년에 걸친 자기성찰이 촉발되었다. 이러한 성찰의 가장 유명한 산물이 루쉰의 소설 『아Q정전』인데, 이것은 무관심했기 때문에 진정한 시민이 될 수 없었던 한 혁명가에 대한 허구적 이야기다.[30] 어떻게 중국의 아Q들을 시민으로 만들 수 있을까? 중국이 혁명이 약속했던 강하고, 건강하고, 유기적인 사회로 통합되는 대신에 1910년대와 1920년대의 군벌 지배와 분파 투쟁으로 빠르게 빠져들 때 과학적 이성과 객관적 진실에 기초한 새로운 접근 방식, 즉 신문화가 유일한 해결책으로 보였다. 그러나 새로운 자극과 모델에 대한 이러한 탐색은 근본적으로 변화된 국제 환경에서 시작되어야 했다.

중국과 제1차 세계대전

국제 질서에 뚜렷한 변화가 진행되었을 때 새롭게 세워진 중국의 공화국에서 심각한 내부 위기가 분출했다. 1914년 7월 28일 사라예보에서 프란츠 페르디난트 대공의 암살로 시작되어 8월 4일 영국의 독일에 대한 선전포고로 끝난 7월 위기라는 국제적 파열은 유럽 전체의 전쟁 발발로 이어졌고 곧 전례 없는 규모의 전쟁, 즉 세계대전으로 확대되었다. 세계적 제국들의 느리지만 멈출 수 없는 해체, 그에 병행하는 세계적인 반식민지 독립운동의 발흥으로 이어졌다는 점에서 제1차 세계대전은 세계사의 중요한 전환점이 되었다. 두 가지 움직임 모두 새로운 시작을 하려는 중국의 탐색에 엄청난 영향을 주었다. 중국의 내부적 발전과 국제 사회의 변화가 서로 맞물리게 되었다. 비록 어떤 나라도 무역, 이주, 밀수, 질병 등을 통한 외부의 영향으로부터 스스로 은폐할 수는 없지만, 중국은 가장 개방되고 접근하기 쉬운 나라의 하나였다. 유럽, 아메리카 그리고 일본 등 주변 국가들로부터 다수의 외국인 행위자가 중국의 정치, 경제, 문화의 전개에 영향을 미쳤고, 때로는 중국 정부 승인이 없이 혹은 분명한 의지에 반해서 그렇게 했다. 해체되고 있던 중국이 제1차 세계대전 동안 훨씬 더 세계적 상황에 묶이게 되었다.[31]

제1차 세계대전이 새로운 계획을 실행에 옮기고 동아시아 지역의 세력 균형을 변화시킬 특별한 군사적 기회를 제공했으므로 일본은 전쟁 기간에 원대한 전략을 추진했다. 대조적으로 독일, 영국, 일본 그리고 다른 나라들을 포함하는 적대적 제국주의 열강들이 세력권을 나누어 가져왔던 반식민지화된 국가인 중국에 제1차 세계대전은 영토의 통합성에 대한 장기간의 위험 속에서 또 하나의 위협이었다. 그러나 국제 무대에서 중국의 지위를 높일 기회이기도 했다.

제1차 세계대전이 중국에 가져온 위험들은 주로 일본과 연관이 있었다. 중국 내에서 일본과 독일 사이의 군사적 대립이 펼쳐진 전장은 산둥성의 독일 식민지 자오저우였다. 1914년 8월 7일, 영국 정부는 동맹국 일본에 1902년의 협약 조항에 근거하여 동아시아 해역에서 독일 해군과 대결할 것을 요청했다. 일본은 1914년 8월 15일 동아시아에서 함대를 철수하고 독일 식민지 자오저우의 행정권을 일본에 이양하라고 요구하는 문서를 베를린에 보냈다. 일본은 이러한 움직임으로 몇 가지 목적을 추구했다. 일본은 전쟁에 참여하고 독일, 이탈리아, 오스트리아—헝가리와 싸운 (프랑스, 러시아, 영국으로 구성된) 삼국협상의 완전한 구성원이 되기를 갈망했다. 일본은 또한 독일 식민지를 중요한 해군 기지이자 중국 본토에서 일본의 군사적 확장을 가능하게 하는 전략적 위치라고 보았다. 마지막으로, 일본은 자오저우 항구를 통제함으로써 중국과 일본 사이의 무역을 촉진하여 일본 기업이 혜택을 얻기를 기대했다. 독일이 식민지를 넘겨주기를 거부하자 일본은 1914년 8월 23일 선전포고로 응답했다. 이로써 제1차 세계대전은 아시아에 미치게 되었다. 동시에 일본의 제국 해군은 태평양에서 다른 독일 속령들을 공격했고, 독일 태평양 함대가 유럽으로 서둘러 귀환하면서 방기한 독일령 마리아나제도에서 석탄 공급항을 장악했다.

독일 제국은 즉시 중국 내 모든 성인 남성 독일인에게 소집 명령을 내렸다. 이어진 자오저우 전투는 전쟁의 첫 번째 주요 군사 대결로 여겨져 중국에서뿐 아니라 독일에서도 많은 뉴스 보도가 이루어졌다. 일본이 선전포고한 지 5일이 지나서 3만 명이 넘는 일본군 부대가 칭다오

앞 외진 해안 지역에 도착했다. 일본군은 먼저 칭다오 포위를 시작하고 모든 선박 이동을 봉쇄했다. 1914년 9월 2일 일본군이 해안에 상륙해 육로를 끊기 시작했다. 2주 후 전투가 시작되었을 때, 독일군이 포위를 돌파하려고 시도했다. 일본은 1914년 10월 31일 칭다오 내부와 주변 방어 시설에 대한 중포 폭격으로 대응했다. 독일군은 일본이 칭다오에 대한 최후 공격을 시작할 때까지 저항했다. 화력이 부족하고, 지치고, 지원의 희망이 없던 독일군 4,000명은 1914년 11월 7일 항복했다. 전투에서 200명이 넘는 독일 군인이 죽었다. 일본의 손실은 더 커서 사상자가 422명 발생했다.[32]

중국은 중립국의 영토에 대한 일본의 정당하지 않은 점령에 몇 차례 항의했다. 일본이 중국에서 얻은 이익을 지키려고 1915년 1월 악명 높은 '21개조 요구'를 제기한 것은 이러한 맥락에서였다. 일본의 지도자들은 전쟁 후 서양 열강들에 밀려날 것을 우려했다. 그래서 일본은 산둥성에서 철도와 광산 요구 보증, 만주에서 특별한 이권 확보, 한예핑漢冶萍 광산 지배, 중국 해안의 항구·만·섬 접근권, 중국의 재정·정치·안보 제도를 통제하려는 일본인 고문 파견 등을 요구했다. 아직 대총통이었던 위안스카이가 서명하기를 거부하자 일본은 군사적 간섭을 하겠다고 위협했다. 결국 위안스카이는 5월 25일 일련의 중일협약에 서명했다. 위안스카이가 마지막 항목인 고문단 파견을 제외한 모든 것을 수용한 것은 분수령이 되는 사건이었다. 이는 중국에서 반일 감정을 크게 높였고, 일본은 이제 중국 독립에서 주요한 위협이 되었다.

국제 정치에서 지원을 얻고 더 큰 발언권을 확보하려는 중국의 희망이 1916년 중반 유럽에 노동자들을 보내기로 한 결정의 배후에 있었다. 이 결정을 한 의도는 중국이 여전히 이론상으로는 중립국이지만,

연합국과 정치적 연계를 수립하고자 연합국의 노동력을 강화하려는 것이었다. 영국과 프랑스 정부는 프랑스의 노동력 부족을 보충하려고 영국의 부두 노동자들이 프랑스 항구에서 군사적 업무를 하게 했을 뿐만 아니라 1916년에서 1918년 사이에 14만 명이 넘는 중국인 계약노동자를 고용했다.[33] 이 중국인 노동자들은 프랑스에서 체류하는 동안 후방(운송, 무기·탄약 생산, 기계 유지보수, 비행장 건설 등)과 전선(도로 보수 공사, 참호 파기, 전사자 매장 등)모두에서 매우 다양한 전쟁 관련 직업에 고용되었다. 노동자들은 프랑스의 중국인 학생들이 세운 야간 학교에서 읽기와 쓰기를 배웠다. 전쟁이 끝나고 중국으로 돌아갔을 때, 그들은 사회적·정치적 변화의 중요한 원동력이 되었다. 특히 프랑스의 공장에서 헌신적인 노동운동가들

영국군 탱크를 청소하는 중국인 노동자 부대, 1918년 봄
(Photographer David McLellan, IWM/Q9899)

이기도 했던 그들은 정치적 동원의 기술과 기법을 습득했다.

1917년 초 독일의 무제한 잠수함 작전 선언 이후 미국 정부는 독일과 외교관계를 단절하고 중국을 포함한 다른 중립국들에도 같이할 것을 요청했다. 중국에서 집중적인 공적 토론이 뒤따랐다.[34] 이전에는 중요한 외교 정책 결정이 그런 정도로 공개적으로 논의된 적이 없었기 때문에 이것만으로도 주목할 만한 일이었다. 이는 공화국의 존재가 어떻게 불과 몇 년 만에 시민들을 공적 이해관계의 문제에 대해 정치 지도자들과 대립하는 정치적 생활 방식으로 이끌었는지를 반영한다. 정부와 대중은 중국이 전쟁에 참가하는 문제를 두고 심하게 분열되었다. 리위안훙은 대총통으로서 참전에 반대했지만 총리 돤치루이는 전쟁으로 향하는 움직임에 찬성했다. 상하이에 있던 쑨원은 참전이 식민화된 나라인 중국을 이롭게 하지 못한다고 주장했다. 그것은 오히려 더 많은 일본의 위협을 만들어낼 것이었다. 그러나 양계초와 장쥔마이 등 존경받는 지식인들은 전쟁이 중국에 국제적 지위를 높이고 전후 평화협상 동안 19세기에 제국주의 열강에 빼앗겼던 주권 일부를 되찾을 기회를 준다고 주장했다. 돤치루이의 강한 압박 속에서 의회는 결국 독일과 외교관계를 단절하는 데 동의했고, 리위안훙은 총리에게 굴복하지 않을 수 없었다.

그러나 4월 미국이 참전했을 때 다시 토론이 분출했다. 돤치루이는 중국이 똑같이하기를 원했지만 리위안훙이 반대했다.[35] 리위안훙은 돤치루이를 면직시키고 또 다른 북양군 장군이자 군주제 지지자인 장쉰에게 중재를 요청했다. 장쉰은 중재 대가로서 리위안훙에게 의회 해산을 요구했고, 리위안훙은 6월 13일 주저하며 의회를 해산했다. 다음 날 장쉰은 군대와 함께 베이징에 진입하여 청조를 복원하기 시작했다. 곧 바로 장쉰과 쿠데타를 비난하는 군사 지도자들과 장군들의 전보들이 쏟아졌다. 돤치루이는 한 달 후인 7월 14일 베이징을 탈환했다. 이로써 제국 체제를 복원하려는 두 번째 시도가 끝났다. 돤치루이가 다시 권력을 잡으면서 베이양정부는 1917년 8월 14일 독일에 선전포고를 했다. 공식적으로 연합국 구성원이 되어야만 중국이 전후 평화협상에서 자리를 차지할 수 있고, 이 협상에서 중국 외교관들이 칭다오를 되찾고 불평등조약에 대한 협상을 촉구하고자 세계의 여론과 외교 채널에 영향을 미칠 수 있다는 것이 이러한 조치의 배후에 있었다. 일본은 1917년과 1918년 돤치루이에게 약 1억 4,500만 엔의 차관을 제공함으로써 중국에서의 지위를 강화했다. 이 '니시하라 차관'은 1913년 '선후'善後 차관과 마찬가지로 중국의 친일 진영을 지원하는 것을 의미했다. 베이양정부는 차관의 대가로 비밀리에 일본군이 만주와 몽골에 주둔하는 것과 산둥의 일본 주둔군을 인정함으로써 공식적인 의도를 약화했다.

전쟁으로 인한 세계 정치의 균형 이동은 국내 문제와 국제 문제에서 중국의 변화에 대한 갈망과 일치했고, 삼국협상에 능동적으로 합류함으로써 세계 문제에서 주도권을 발휘할 기회를 가져다주었다. 전쟁은 제국들이 지배하는 기존의 국제 체제가 붕괴하고 새로운 질서가 온다는 신호를 보냈다. 중국이 분열되고 찢겨 있었지만, 국내의 취약성에도 불구하고 중국은 스스로 국제적 행위자로 생각했다. 결과적으로 지구적 사건으로서 제1차 세계대전은 중국의 외교와 국제 관계의 발전 그리고 세계에서 중국의 역할에 대한 대중적 인식을 형성했다.

세계적으로 그리고 중국에서 전개된 이러한 연계들은 전쟁 이후 더욱 상세히 보이게 되었다. 세계적으로 독립운동들이 식민지를 주권을 가진 행위자로 승인해 달라고 요구했고, 자결의 원칙에 기초한 새롭고 비식민지적인 세계 질서를 그렸다. 제1차 세계대전 기간의 손실로 인한 유럽의 식민주의적 열강들의 약화, 일본과 같은 새로운 열강의 부상, 전쟁 결과로 식민화된 민족들을 위한 정치적 공간이 탄생한 것, 식민지에 새로운 경제적 자극을 준 세계경제의 변화 등 많은 요소가 이러한 순간에 기여했다. 우드로 윌슨Woodrow Wilson의 1918년 1월 8일 '14개조 평화 원칙에 대한 연설'과 같이 새롭고 과감한 생각이 작용하기도 했다.[36] 미국 대통령은 다음과 같이 선언했다.

> 한 가지 분명한 원칙이 내가 요약한 프로그램 전체를 관통합니다. 그것은 모든 인민과 국민에 대한 정의의 원칙이고, 또 그들이 강하건 약하건 상호 평등한 조건의 자유와 안전 속에서 살 수 있는 권리입니다. 이 원칙을 기초로 하지 않는 한 국제 정의의 구조의 어떤 부분도 유지될 수 없습니다. 미국 인민들은 다른 어떠한 원칙에 의거하여 행동할 수 없으며, 이 원칙을 옹호하고자 생명과 명예와 가지고 있는 모든 것을 바칠 준비가 되어 있습니다. 이 원칙의 도덕적 절정, 즉 인간 자유를 위한 결정적이고도 최종적인 전쟁은 시작됐으며, 미국 인민들은 이 시험에 자신의 힘과 지고한 목적과 진실성은 물론 헌신을 할 준비가 되어 있습니다.[37]

월슨의 14개 조 원칙은 특히 식민지에서 많은 찬사와 갈채를 받았다. 이 원칙은 새로운 탈식민주의적 세계 질서의 여명을 보여주는 신호로 이해되었다.

월슨의 강력한 말이 영감의 유일한 원천은 아니었다. 그가 직접 언급한 것처럼, 그의 의회 연설은 그저 볼셰비키가 몇 달 전인 1917년 10월 발표한 '평화포고'에 있는 훨씬 더 분명하고 원대한 약속에 대한 반응이었다. 레닌은 '평화포고'에서 반론할 여지가 없는 전 세계적 독립의 권리라는 의미에서, 또한 해외 영토의 식민화된 민족들에게도 분명하게 적용되는 자결 권리를 가장 강한 용어로 강조했다. 제2회 소비에트 대회에서 채택된 '평화포고'는 다음과 같은 내용이 제시되어 있다.

> 만약 어떤 민족이든 특정한 국가의 경계 내에 무력으로 억류되어 있고, 언론·국회·당 관계를 통한 선언으로든 민족 억압에 대한 항의와 봉기로든 그 민족이 표현한 요구에 반하여 점령군이나 강한 국가의 존재로부터 완전히 자유로운 상태에서 어떠한 요구도 없이 자유로운 투표로 국가적 삶의 형식을 결정할 권리가 주어지지 않는다면, 강한 국가에 의한 그 민족의 지배는 합병, 곧 강압과 폭력에 의한 점유다.[38]

1919년 3월 모스크바에서 식민지를 포함한 노동자와 농민의 세계적 해방이라는 명확한 목표를 선언하고 세계혁명을 목적으로 했던 공산주의 인터내셔널, 즉 코민테른이 설립된 것도 이러한 맥락에서 역할을 했다. 이러한 모든 요소가 제1차 세계대전이 끝났을 때 제국주의적 세계 질서가 중요한 도전과 격변에 직면하고 있었음을 가리켰다. 식민지 지배의 정당화는 식민화된 민족들이 더는 국제무대에서 동등한 지위를 거부당할 수 없다는 새로운 전망과 가치에 도전받았다. 더 이상 적자생존이나 승자의 정의에 기반하지 않고 자결, 평등, 자유의 원칙에 기반한 새로운 세계와 세계 질서에 대한 전망이 나타났다.

그러나 이러한 전망을 표현하는 것이 더는 유럽이나 미국 정치인과 지식인들만의 전유물이 아니었고 식민지 지역에서 온 사상가와 활동가들도 결정적인 부분을 맡았다. 세계적으로 구축된 이러한 전망은 즉시 세계에서 지지자들을 얻었고 중국과 다른 나라들에서 열정적으로 수용되었다. 1919년 상하이 학생 연합의 영어 팸플릿에는 다음과 같이 쓰여 있었다. "예언자의 목소리처럼 우드로 윌슨의 말이 전 세계에서 약자들을 강하게 하고 투쟁하는 사람들에게 용기를 주고 있다. … 그리고 중국인들은 귀를 기울여 들었다."[39]

독립과 자치를 요구하는 항의가 식민 세계의 많은 지역에서 일어났다. 이집트의 '1919년 혁명'은 베르사유에서 독립을 요구할 수 없었지만, 저항운동으로 이어져 결국 1922년 2월 이집트의 독립을 성취했다. 대체로 평화적이었던 이집트의 반란은 식민지 세계의 주목을 받았고, 세계적인 저항 물결의 시작이 되었다. 이집트에서 일어난 사건들에 이어 모한다스 간디가 저항과 시민 불복종의 힘에 영감을 얻었다. 이집트에서 일어난 사건들과 거의 동시에 인도 국민회의는 1918년 12월 '인도의 자결'에 대한 결의안을 통과시켰다. 그러나 1919년 3월 영국이 베르사유에서 인도 식민지 지위에 대한 어떠한 논의도 막을 것이 분명해졌다. 이때 처음으로 독립운동의 전국적 지도자로 등장한 간디가 시민 불복종과 전국적 파업을 요구했고, 영국은 폭력으로 응답했다. 이 유혈 사건은 인도의 식민지 점령에 대한 집단적 격분을 일으켰고, 국제 언론에 널리 보도되었다. 이집트와 인도의 민족주의자들과 마찬가지로, 한국인들도 독립을 위해 베르사유에서 발언 기회를 얻으려고 시도했다. 한국은 1910년 일본에 병합되었다. 1919년 3월 1일, 시위자들이 스스로 국가를 가질 한국인들의 권리를 강조하는 선언문의 공개적 낭독을 전국적으로 조직했다. 모두 100만 명이 넘는 한국인이 초여름까지 계속된 시위에 참가한 것으로 추정된다. 일본 당국은 폭력과 억압으로 대응하여 시위자 약 5만 명이 체포되고 1만 5,000명이 다쳤으며 7,500명

이 처형당했다. 라틴아메리카와 북아프리카에서도 비슷한 시위가 일어났다.[40]

이 나라들에서 일어난 사건은 중국 매체에도 상세히 보도되었다. 1920년대에 가장 영향력 있는 저널리스트이자 논평가였던 저우타오펀(추도분鄒韜奮, 1895~1944)은 그가 인도 독립운동의 지도자로 찬양한 간디에 대한 기사를 몇 편 썼다. 이 기사들은 『생활주간生活週刊』에 실렸는데, 이 잡지는 민국 시기에 널리 유통되었던 것으로 1933년 독자가 대략 150만 명에 달했다.[41] 기사들 중 한 편의 제목은 '간디의 구국 방안'이었다. 저우타오펀은 간디의 핵심적 성취가 식민주의자들의 압도적 권력에 대항하는 전국적 시민 불복종 프로그램이라고 썼다. 이 기사는 "간디로부터 배우는 것이 중국을 위해 중대한 일이다"라는 언급으로 끝났다. 저우타오펀은 또한 케말 아타튀르크와 제1차 세계대전 이후 연합국 점령을 끝내고 터키 독립을 성취하려는 그의 성공적 투쟁에 대해서도 몇 편 썼다. 저우타오펀은 "근동의 터키와 극동의 중국은 공통점이 많다"라고 관찰했다. "터키가 어떻게 위기에서 빠져나왔는지를 보고, 우리는 중국의 장래를 되찾게 할 수 있는 것을 무엇이든 해야만 한다."

중국이 독립을 위해 투쟁하는 세계의 다른 지역들과 긴밀하게 연결되어 있다는 관점은 널리 확산되고 내륙 농촌까지 퍼졌다. 27세의 마오쩌둥毛澤東(1893~1976)은 1919년의 저항들이 세계를 흔들었을 때 창사長沙에 있었다. 그는 자신의 『상강평론湘江評論』에 인도, 이집트, 터키, 아프가니스탄, 폴란드, 헝가리에서 일어난 사건들에 대한 보고를 몇 편 게재했다. 1919년 7월 14일 마오쩌둥은 아프가니스탄이 인도 사례를 따라 영국의 식민지 지배자들에 저항하고 있다고 보고했다. 그는 "여우가 죽고 토끼가 슬퍼할 때, 어떻게 (아프가니스탄이) 검을 들지 못할 수 있을까?"라고 썼다.[42] 2년 후 창사에서 후난자수대학湖南自修大學을 운영할 때 마오쩌둥은 세계의 반제국주의 투쟁에 대한 지식이 정치의식의 발전을 위해 필수적이라고 여겼다. 예를 들어, 그는 학생들에게 세계의 사건에 대해 정기적으로 보고하려고 뉴욕, 모스크바, 도쿄, 카이로, 캘커타에 통신원을 보낼 것을 학교에 제안했다.

여러 나라에서 온 반식민지 운동가들은 멀리서 서로 영감을 주기만 한 것이 아니라 때때로 직접 만나기도 했다. 베르사유의 강화 협상은 식민지 지역들로부터 온 수많은 운동가가 파리에서 장기 집회를 열 이유를 제공했다. 매우 다른 장소들에서도 모임과 토론이 있었다. 1919년 뉴욕에서 아일랜드 독립운동에 대한 어느 미국인 지지자가 조직한 인도 운동가 라즈파트 라이Lajpat Rai의 환송 모임에서 중국인 대표는 쑨원의 정치사상에 대해 연설했다.[43] 뉴욕과 파리 외에 상하이의 공공 조계도 반식민지 운동가들이 모여 생각을 교환하는 중요한 장소가 되었다. 한국과 베트남 독립운동의 중요한 지도자들(그중 이승만과 호찌민이 있었다)이 종종 상하이에 머물렀고, 여기에서 중국 지식인들과 긴밀하게 접촉했다.

1919년 전 세계에 퍼진 전례 없는 저항의 물결은 통신, 이동, 교환의 새로운 형식으로 가능해진 지구적 이동과 초국경적 과정에 기초했다. 20세기 동안 서로 멀리 떨어져 있던 지역들이 접촉하게 되고 지리적·문화적 거리에도 불구하고 개념상 정치적 근접성이라고 부를 만한 것을 발전시켰다. 이러한 초국가적 연계의 창출은 20세기에 사상과 사람들이 지구적으로 순환하기 시작했기 때문에 가능해졌다. 새로운 기술의 확산으로 그렇게 된 것이다.

19세기 후반의 '2차 미디어 혁명'(1차는 인쇄기 발명)은 전신으로 대륙을 잇는 '세계의 연결'에 결정적으로 의지했다. 19세기 말 런던에서 시작하여 인도, 동남아시아, 오스트레일리아, 남아메리카, 남아프리카의 영국 식민지들이 해저 케이블 네트워크를 통해 안전하고 비용 대비 효율이 높게 연결되었다.[44] 덴마크 그레이트 노던 전신 회사가 1871년부터 동아시아에서 활동했고, 시베리아 노선은 1900년에 마무리되었다. 두 번째 케이블은 미국에서 동아시아로 왔다. 캐나다, 영국, 미국이 운영했던 태평양 케이블 위원회(1879~1902)는 1902년 대중들이 사용할 수 있게 된 태평양 횡단 케이블 건설의 조정을 책임졌다. 1900년 무렵 전 세계적 전신망에 연결되면서 중국은 거의 지연이 없는 세계적인 실시간 통신 전달에 통합되었다. 그 결과 이때부터 세계적 정치 일정표에 맞추어 시위와 행진이 열렸고, 세계적 저항의 레퍼토리들이 채택되었다.

이동성의 새로운 형식은 이러한 새로운 통신 체계를 보완했다. 기선과 같은 새로운 기술과 수에즈와 파나마운하의 완성과 같은 건설의 위업 덕분에 여행이 크게 증가하고 빨라졌다. 19세기 동안 대륙 간 여행은 근본적으로 변화했다. 상품을 등에 지거나 작은 배에 싣고 운반했던 무역업자들의 작은 공동체들이 주요 무역회사와 같은 대기업들로 바뀌었다. 외로운 순례자나 성직자들 대신, (예를 들어 기독교 선교회와 같은) 광범위하게 연결된 종교 조직들이 자신들의 신앙뿐 아니라 언어, 저술, 건축 양식 등도 확산시켰다. 지난 세기들에 떨어진 사회들을 잇던 적은 수의 용감한 모험가, 군대 지휘관, 여행가들이 수천 명, 심지어 수백만 명의 국경을 넘어 피신하는 난민과 이주자들로 바뀌었고, 나중에는 세계를 여행하는 여행자들로 바뀌었다. 이 모든 여행자는 세계의 떨어진 지역들 사이의 연계를 심화하고 확장했으며 상품·사상·문화의 이동을 용이하게 했다. 여행자, 외교관, 귀족뿐만 아니라 수많은 학생과 비슷

련 노동자들을 포함하는 대규모 집단의 이동성은 1919년 무렵 세계화의 두드러진 성격이었다.[45]

이러한 여행이 여러 사람 중에서도 학생들과 운동가들을 나라에서 나라로 그리고 동아시아의 도시에서 도시로 움직일 수 있게 했다. 20세기 초에 외국에 체류하거나 외국에서 공부하는 것이 어떤 분야의 학문에서도 가능한 일이 되었으며, 거의 필수적인 부분이 되었다. 유럽과 미국의 모든 주요 대학에서 중국, 한국, 일본 학생의 클럽들이 만들어졌다. 예를 들어 많은 중국 학생이 컬럼비아대학의 티처스 컬리지에 다녔는데, 그들 중 몇몇은 5·4운동의 중요한 대변인이 되었다. 특히 주목할 만한 인물은 후스胡適, 쑨커孫科, 타오싱즈陶行知 등이었다. 학생과 지식인들의 이러한 국제적 교류는 시위와 해방의 초국적 회로를 발전시켰다. 노동의 이동성도 역할을 했다. 19세기와 20세기 동안 1,900만 명이 넘는 중국 노동자가 동남아시아와 인도양, 남태평양 주변 지역에 재정착했다.[46] 노예무역이 처음으로 제한되고 나중에는 완전히 폐지되면서 아시아 노동자들에 대한 수요는 1900년 이후 빠르게 늘어났다.

비국가 행위자들이 점차 무대에 나타나 사람과 상품의 이동을 형성하고 발전시키고자 했다. 그들은 광범위한 결과를 가져올 독립적인 비정부기구들을 세웠다. 리스쩡李石曾, 우즈후이吳稚暉와 그 친구들은 1912년 베이징에서 '검학회'儉學會를 세웠다. 리스쩡과 우즈후이는 교육과 혁명 사이에서 변증법적 관계를 본 프랑스의 이론가 엘리제 르클뤼Élisée Reclus를 따르는 아나키스트들이었다. 그들은 대체로 사회혁명의 성공이 과학과 교육의 발전에 달려 있고, 따라서 사회가 학생들이 안락을 포기하고 검소하고 살며, 프랑스에서 공부하도록 장려해야 한다고 믿었다. 학생들은 현대적 과학과 기술을 배우려고 프랑스 대학에 다니는 동안 생계를 유지하고자 시간제로 일해야 했다. 당시 중국에서 과학적 성취로 명성이 있었던 프랑스는 해외로 가는 중국 학생들이 가장 선호하는 목적지였다. 검학회는 2년(1912~1913) 동안 100명을 프랑스로 보냈다. 1916년 리스쩡, 차이위안페이, 우즈후이와 파리의 다른 사람들이 설립한 중국-프랑스 교육회華法敎育會라는 형태의 후신이 설립되었다.[47] 이 단체의 중국인 지도자들과 프랑스 쪽 협력자들의 공동 노력으로 1919년과 1921년 사이에 중국 학생 노동자 약 1,600명이 프랑스에 도착했다. 이 단체는 베이징, 광저우, 상하이에 지부가 있었다. 베이징, 청두, 충칭, 바오딩에서 1918년과 1919년에 프랑스에 가려는 사람들을 위한 1년 기간의 준비 학교가 세워졌다. 프랑스로 간 첫 번째 그룹 학생들은 1919년 3월 도착했다. 이 프로그램은 1921년 말 재정적 이유로 끝났다. 저우언라이와 덩샤오핑을 포함하여 학생들 중 몇 명은 나중에 중국공산당의 지도자가 되었는데, 이들은 반세기 이상 중국의 운명에 큰 영향을 미치게 된다. 프랑스에서 일했던 학생 다수는 고등교육의 혜택을 받았고 일부는 정규 노동자, 교사, 기술자, 저널리스트로 채용되기도 했다. 공장에서 그들은 시위, 파업, 보이콧 등과 같은 정치적인 대중 항의의 기술을 배우기도 했다. 마르크스, 엥겔스, 레닌의 저술이 중국어로 처음 번역되기 훨씬 전 공장의 중국 학생들은 유럽 노동운동의 세계와 접촉하게 되었다.

세계의 다른 지역들과의 집중적인 접촉과 교류뿐 아니라 반식민지 저항의 세계적 물결에 대한 보고도 동시대 중국 대중들에게 희망 없이 후진적으로 뒤떨어진 채 남아 있지 않으려면 중국이 제국 이후 새로운 시기의 이러한 국제적 흐름에 참여해야만 한다는 것과 열강들이 식민지 사람들과 억압받는 사람들로부터의 압력 없이 독립과 자결을 주려

하지 않는다는 것 두 가지를 제시했다. 두 가지 모두 1919년 5월 4일 베이징과 다른 도시들에서 일어난 저항에서 중요한 역할을 했다.

중국 깨우기: 5·4운동

전 세계의 식민지 저항자들이 만든 모델을 따라 중국 학생들과 지식인들도 거리를 점거했다. 직접적 원인은 산둥성의 동부(과거 독일의 자오저우膠州)를 중국에 반환하기보다 일본이 점령하는 것을 확인하고 받아들였던, 전후 세계의 모습을 결정하고자 베르사유에 모인 서구 지도자들의 계획이었다.[48] 베이징의 학교와 대학의 학생들이 베르사유협상에 대해 알게 되었을 때 운동이 시작되었다. 그들은 크게 격분하여 1919년 5월 4일 베이징에서 시위를 했는데, 이는 중국의 영토적 권리를 무시하는 서구 열강들뿐 아니라 중국의 이익을 지키기에는 너무 약한 중국 정부를 향한 것이기도 했다. 시위는 며칠 안에 중국 도시 지역 전체로 확산되었다. 프랑스의 중국인 노동자와 학생들도 적극적으로 행동하여 스스로 국제정치에 개입하고자 했다. 중국과 프랑스 사이에서 소식이 교환되었고, 청원서가 작성되었다. 여러 행동 중 파리에서 중국 대표들이 회담장으로 가서 협상에 참여하는 것을 막으려는 연좌시위가 벌어지기도 했다.

시위자들은 특히 영토 주권의 회복, 아편전쟁 이후 체결된 이른바 불평등조약들의 파기를 통한 중국 자결권의 완전한 승인, 치외법권의 종료를 요구했다. 베르사유협상 테이블의 열강들은 저항을 무시하면서 그들의 계획을 고수했다. 그러나 중국 대표들은 중국에서의 저항 때문에 평화조약에 조인하기를 거부했다. 이집트, 인도, 한국과 비교해서 중국의 5·4운동은 늦었을 뿐 아니라 비교적 규모가 작았다. 중국은 약 13만 개의 신식 학교와 400만 명 이상의 학생이 있었지만, 소수만이 시위하러 거리로 나섰다. 결국 중국은 매우 다르고, 훨씬 나은 상황이었다. 이 나라의 독립은 이미 성취된 것이었으며, 논의 대상이 아니었다. 사실 중국은 베르사유에서 연합국 측에 속해 있었다. 분열과 내부 투쟁을 고려한다면, 1919년 중국의 가장 큰 문제들은 국내적인 것이었다. 1919년 봄 베이징과 다른 중국 도시들에서 정치적 저항과 대중 시위보다 더 중요한 무엇인가가 만들어지고 있었다. 이것은 1915년에서 1925년 사이에 일어나고 1919년에 절정을 맞은 사회적·문화적 격변이었는데, 보통 신문화운동이라고 불린다. 신문화운동은 프랑스를 좋아하며 나중에 베이징대학 학장이 된 천두슈가 두 번째 호를 발간하면서 그의 잡지 표제를『청년잡지青年雜誌』에서 'La Jeunesse'를 부제로 하는『신청년新青年』으로 바꾼 1915년 9월 시작되었다. 이 잡지는 1917년 상하이에서 베이징으로 옮긴 이후 잘 알려졌듯이 중요한 잡지가 되었다. 공공 조계의 경찰이 시위자들에게 발포하여 중국 전역에서 대중 시위가 촉발된 1925년 상하이의 5·30사건이 원래 무장 혁명보다는 비폭력 저항을 지향하는 경향이 있었던 5·4운동의 끝을 나타낸다.

신문화운동은 여러 가지 방식으로 해석되어왔다. 일부 학자들은 신문화운동을 '중국식 계몽'의 시작이자 서구식 현대성의 수용으로 느리게 전환하는 것으로 보았다. 그러나 다른 사람들은 문화혁명의 씨앗이 뿌려진, 급진적이고 맹목적인 반전통주의의 첫 국면으로 읽었다.[49] 패러다임의 명백한 전환을 보여준 5·4운동은 분명한 단절이자 중국의 전

(왼쪽에서 오른쪽으로) 장멍린, 차이위안페이, 후스, 리다자오는 5·4운동에서 가장 중요한 지식인에 속한다. 사진은 1920년 베이징에서 촬영(중국사회과학원 근대사연구소 중국근대사 아카이브의 컬렉션)

통에서 현대성으로 전환하는 데 대한 널리 퍼진 연속성 이론에 반대되는 것으로 해석되어야 한다. 그러나 동시에 5·4운동은 식민지 세계의 더 일반적 흐름을 따르는 것이었다. 중국과 다른 곳에서 대단한 각오를 가지고 완전히 새롭게 시작하는 방식의 혁명이 일어났다. 그러나 그것은 무엇보다도, 파괴되어야 할 것들이 많음을 의미하기도 했다. 그래서 세기 전환기의 유행어가 '파'破와 '파괴'破壞였는데, 이것은 천두슈의 주문이 되고 나중에는 마오의 주문이 되어 문제적 결과를 낳게 되는 개념이었다. 천두슈는 1918년 '우상파괴론'이라는 글에서 "파괴하라! 우상을 파괴하라! 허위의 우상을 파괴하라!"라고 썼다. 파괴의 목표는 전통적으로 중국적인 모든 것이었다. 이러한 맥락에서 후스는 1921년 '공자네 가게(孔家店) 타도'라는 구호를 만들었다. 『신청년』 첫 호에는 출판인의 '청년에게 호소함'(敬告靑年)이라는 중요한 글이 게재되었다. 이전의 개혁가들과 달리 천두슈는 이 글에서 중국에 필요한 것은 단지 기술적 강화가 아니라 정신적 자각이라고 주장했다. 천두슈는 해결책의 중심 요소로서 세계주의, 자주, 과학, 자유와 같은 새로운 사상을 옹호했다. 청년에 대한 이러한 호소에는 약간 다위니즘적 기초가 있었다. 중요한 것은 중국이 독립 국가로서 정치적으로 생존하는 것이었다. '적자생존'이라는 구호는 두 갈래 전략으로 이어졌다. 목표는 '구국'救國이었고 이러한 목표를 달성하고자 인민들, 특히 청년들은 정신적으로 각성해야 했다. 문학과 예술은 완전히 새로운 세대의 교육받은 행동주의적 청년들이 '신중국'을 만드는 데 헌신하도록 유도해야 했다. 많은 중국 작가는 책, 신문이나 잡지 같은 다른 매체에서 중국이 진정한 사회를 결여하고 있다고 주장했다. 그들은 중국인들을 애국적이지도 않고 정치에 참여할 능력도 없으며, 계몽되지 않고 지역주의적이며, 어리석은 사람(愚民)으로 그리면서 비판했다. 기능적인 사회제도의 부재에 대한 이러한 불만은 양계초의 '신민'에 대한 요구나 쑨원이 중국을 4억의 개인으로 이루어진 흩어진 모래알(一盤散沙)로 묘사한 주장의 반향이었다. 양계초와 쑨원 모두에게 국가 건설은 불완전하고 파편적인 사회제도를 고쳐서 중국 사회를 응집력 있는 '민족단체'民族團體로 바꾸는 것이었다. 1911년 혁명 이후 혼돈과 투쟁은 지식인들의 경고를 확인해 주고, 새로운 사회를 위해 계몽된 시민을 만들어낼 긴급한 필요를 보여주는 것처럼 보였다. 5·4운동의 정점에서 푸쓰녠傅斯年이나 타오멍허陶孟和 같은 주도적인 사회과학자들이 진정한 정치적 시민들로 이루어진 새로운 유기적 사회를 만들어낼 필요에 대해 같은 정서를 보여주었다. 국가 재건, 신생활 운동, 농촌 재건, 토지 개혁 등이 포함된 수없이 많았던 20세기 중국의 사회 공학 프로젝트와 정치운동은 모두 서로 다른 정치 진영이 각자의 이상적 사회나 '새로운 사회'(新社會)를 만들어내려는 시도로 볼 수 있다. 이러한 담론에서 5·4 지도자들은 분명히 국민국가와 개인을 분리된 실체로 보기를 거부했다. 그들의 관점에서는 양자가 유기적 결합을 이룰 필요가 있었다. 그들은 글에서 개인을 무엇보다도 국가의 시민이자 새로운 사회의 구성원으로 상상했다.

낡은 것과 새로운 것을 엄격하게 구분하려는 이러한 노력은 장기간에 걸친 영향을 남겼다. 천두슈에게 낡은 것은 낙후한 것이므로 제거해야 할 적과 같은 것이었다. 중국 문제는 전통적인 문화적 본질에 내재해 있었다. 여기에서 우상파괴는 중국에서 20세기 전체에 걸쳐 지속된 급진주의에 도달했다. 물론 새로운 무엇인가와 새로운 요소들이 낡은 것을 대체한 장소는 서양이라고 불린 상상적 영역이었다. 따라서 '신'新이라는 용어가 동시대 글쓰기에서 뜻밖의 중요성을 획득했고 거의 인플레이션이라고 할 정도로 사용되었다. 천두슈는 진보와 현대성에 기초한 새로운 세기와 새로운 문명에 대한 믿음을 처음으로 선언한 사람들 중 한 명이었다. 그는 '1916년'이라는 글에서 다음과 같이 썼다.

여러분이 살고 있는 시대는 어떤 시대인가? 바로 20세기의 열여섯 번째 해의 시작이다. 세계의 변동, 곧 진화는 달마다 다르고 해마다 다르다. 인류의 빛나는 역사는 발전할수록 빨라진다. … 이 세계에 사는 것은 반드시 머리를 들고 20세기의 사람이라고 자부하는 것이고, 20세기의 새로운 문명을 창조하는 것이며, 19세기 이전의 문명을 따라서 멈추어서는 안 된다. 인류 문명의 진화와 신진대사는 물이 흐르고 화살이 날아가는 것과 같아서 늘 계속되고 늘 변화한다.[50]

물론 천두슈는 여기에서 20세기의 새로운 문명을 창조할 필요성만이 아니라, 시간과 역사를 새롭게 의식하는 것에 대한 열망도 강조했다. 일본어에서 가져온 신조어였던 '문명'文明이라는 용어는 곧 유행하여 5·4운동의 공통적 어휘 속에서 '동양'과 '서양'의 문명을 이분법적이고 대조적인 범주로 규정하기 위해 '동방'東方이나 '서방'西方 같은 단어와 함께 사용되었다. 이것은 서구 문명이 부강으로 이끄는 역동적인 진보를 특징으로 한다는 가정에 기초한 것이었다. 천두슈는 그가 중국 자체의 문화에 결여되었다고 본 서구 문명의 여러 측면을 이상화했다.

자연스럽게 학생과 교수들은 이 새로운 문명은 실제로 어떠할지 상상하는 것으로 시작했다. 천두슈는 여기에서 프랑스의 역할을 강조했는데, 왜냐하면 인권 이론(라파예트), 진화 이론(라마르크), 사회주의(나중에 독일의 라살과 카를 마르크스에게 계승되는 생시몽과 푸리에) 등과 같이 가장 중요한 현대의 주의들이 발명된 곳이기 때문이다. 이것은 5·4운동의 저항, 시위, 토론에서 국제적 연계가 행했던 중요한 역할의 또 다른 예다. 그러나 다른 지식인들은 간디나 아타튀르크로부터 행동주의의 영감을 얻었다. 5·4운동에 대한 연구들이 지금까지 주로 그 구성원들에게 동기를 부여하는 데서 서구의 역할에 집중했지만, 이 운동의 전망은 더 멀리까지 미치며 진정으로 세계적 성격을 지녔다. 새로운 시대는 늘 국제적 감각에서 새로운 시기로 여겨졌다. 이것은 1919년에 아마도 처음으로 국제적인 공공 영역의 징후가 나타났고, 이로써 서로 다른 대륙의 행위자들이 소통하고 생각을 교환했다는 사실과 연관되었다.

그러나 신문화운동도 문화적 교환을 촉진했다. 미국 철학자 존 듀이의 학생이었던 후스는 문학에서 고전적 양식보다 구어(백화白話) 사용을 고취했다. 1918년에는 『신청년』 기고자 대부분이 구어로 글을 썼고, 다른 잡지와 신문도 곧 따라 하게 되었다. 베이징대학의 학생들은 자신들의 문학잡지인 『신조新潮』를 창간했다. 이 잡지는 서구적 형식에 영감을 받은 새로운 실험적 문학의 주요 무대가 되었다. 새로운 문학잡지가 뒤이어 다수 창간되었다. 중국의 모호한 문화적·정치적 상황을 탐색하고자 새로운 문학 양식과 기법을 사용한 새로운 소설이 출판되었다. 연극도 나타났다. 이것은 엄청난 예술적 창조성의 시대가 시작된 것이었다.

5·4운동의 모든 활동가는 유교의 원칙들을 새로운 정치적·사회적 제도로 바꾸어 중국을 현대적 세계와 나란히 하게 하려는 열망을 공유했다. 이 운동은 완전히 새로운 세대의 학생, 노동자, 심지어 상인들까지 동원하는 것이 가능하다는 것을 보여주었고, 이들은 동맹 파업과 공장에서의 조업 중단으로 자신들의 의지를 보여주었다. 대중 동원과 공적 항의의 형식으로, 정치 세력이 그 힘을 보여주었다. 이때부터 5·4운동은 미래의 중국 정치운동이 영감을 얻을 대중 동원의 순간으로, 현대 중국 역사의 전환점이 되었다. 그러나 동시에 1919년 직후 활동가들 사이의 논쟁이 표면화되었다. 자유주의자와 나중에 마르크스주의자가 된 그룹 사이의 핵심적 차이는 정치 권력 문제였다. 1917년의 10월혁명에 대한 반응은 그들 사이의 틈을 더 벌려놓았다. 후스와 자유주의자들은 10월혁명이 중국에 대해 가지는 의의를 부인했지만, 천두슈와 그 지지자들은 공감했고 그로부터 배우기를 바랐다. 근본적 차이는 중국의 문제들이 무장 혁명으로 해결되어야 하는지 아니면 느리고 점진적인 변화로 해결되어야 하는지에 놓여 있었다.

5

민국 시대의 재건
1920~1937

위안스카이의 죽음으로 공화국은 어렵고 복잡한 상황을 맞이했다. 중앙정부는 서류상으로만 존재했고, 실질적인 권력은 수많은 지방 군벌이 행사했다. 군벌들 사이의 잦은 권력 투쟁은 중국 사회의 손실과 파괴를 가져왔고, 일본과 새로운 외국 세력인 소련이 영향력을 확장하도록 촉진했다. 일본은 영향력을 확대하려고 군사적 위협을 활용했다. 소련은 두 혁명 정당인 국민당과 공산당 모두와 협력했고, 소련의 영향력에 우호적이고 개방적인 중앙정부를 재건하는 것을 목표로 양자 사이의 합작을 구축했다. 소련의 지원으로 중국을 통일하고 중앙정부를 재건하고자 1926년에서 1927년 사이에 북벌이 이루어졌다. 소련의 기대와 달리 장제스는 대부분의 중요한 군벌들을 물리치거나 끌어들이자

마자 합작을 무너뜨리고 공산당을 금지했다.

5·4운동의 지식인들이 청 이후 중국의 답답한 상황에서 끌어낸 한 가지 결론은 새 정부나 국회와 같이 새롭게 수립된 새로운 제도들이 충분히 효율적이지 않다는 것이었다. 새로운 제도들은 모든 시민에게 주입된 중국 국민이라고 불리는 새로운 공동체로 보완될 필요가 있었다. 이것은 장제스가 이끄는 새로운 중앙정부와 통치 정당인 국민당의 지배적 생각과 일치하는 것이었다. 1928년 중국이 재통일되고 새로운 정부가 수도 난징에서 권력을 잡았을 때, 국가 건설은 압도적인 중요성을 가지게 되었다. 중국을 현대적 공화국으로 개조하려는 오래 연기된 계획을 실행하고자 많은 활동이 시작되었다. '국가 건설'이라는 용어는 경제와 사회를 현대화하고, 주민들을 동질화하고, 인민 주권의 이상을 높이고, 진보적 역사 개념을 생산하고, 시민과 국민국가 사이에 직접적이고 내면화된 관계를 만들고, 국가의 영토와 문화를 일치시키기 위해 중앙 집중적으로 착수하고 조정된 여러 가지 노력과 프로그램을 가리키는 것이었다. 그러나 국가 건설과 병행하여 국민국가와 그 조직을 위한 새로운 제도적 모델의 채택 역시 의제가 되어 지속적으로 추진되었다. 이것은 특히 새로운 혁명적 공화제를 강화하고 그것을 지속적으로 운영하도록 일련의 새로운 제도를 건설하는 것을 의미했다. 미해결 문제는 이 체제가 얼마나 개방적이고 포용적이어야 하는가 그리고 어떤 집단이 의사결정에 참여해야 하는가와 관련이 있었다. 국가 건설과 제도 건설이라는 두 가지 기획은 동일한 것이 아니었고 대부분 정치 진영에서도 서로 다른 기획으로 여겼지만, 이상적으로는 서로 보완하는 것이어야 했다. 중국에서 국가 건설과 제도 개혁 측면에서 많은 것이 성취되었지만, 이러한 성취는 대체로 도시 지역에 한정되어 있었다.

1928년의 중국 재통일은 현실보다는 희망이었다. 많은 지역이 (변경 지역의 군벌이 통제하는 곳들과 같이) 느슨하게 통합되어 있거나 (조약항이나 공산당이 도망가서 중앙정부에 대한 저항의 은닉처를 만든 반란 지역과 같이) 국민당이 직접 통제하지 못했다. 중요하지만 서로 다른 발전이 조약항과 공산당 지역에서 일어났다. 여전히 외국인들이 관리하던 조약항에서는 도시적이고 코즈모폴리턴적인 문화와 현대적 공업이 역동적으로 계속 확장되었다. 비교적 제한받지 않고 자유로운 공공 영역의 등장은 활발한 정치 토론과 중국의 문화와 사회에 대한 열정적 논의를 가능하게 했다. 상하이와 다른 해안 도시들은 번영, 창조성, 다양성의 '황금시대'를 지나고 있었다. 대조적으로 공산당 지역은 해안 도시들로부터 멀리 떨어진 시골의 통치하기 어렵고, 불안정하고 빈곤한 지역이었다. 이 지역은 혁명에 다시 시동을 거는 무대가 되었다. 공산주의 운동은 상하이의 예전 근거지로부터 도망쳐서 스스로 농민 혁명으로 재창조해야만 했다. 토지 분배가 공장에 대한 노동자들의 통제를 대신하여 가장 중요한 문제가 되었다. 그러나 공산당은 국민당과 다르지 않게 근본적 정책을 두고 깊이 분열되어 있었다. 피비린내 나는 당의 숙청이 이어졌다. 분열 때문에 장악한 지역이 국민당의 공격에 취약해지기도 했다. 1934년 말 공산당은 다시 도망쳤고, 산시陝西의 옌안으로 가는 대장정을 시작했다.

군벌 지배하의 중국

중국과 외국 관찰자들 사이에 1911년 이후 중국에서 곤경이 계속된 원인이 이중적이었다는 믿음이 널리 퍼져 있다. 제국주의의 외부적 압력 외에 군벌의 내부 위기가 중국의 미래를 빼앗고 있었다. 군벌은 중앙 국가로부터 성이나 지방의 지도자들에게 군사 지휘권이 이양됨으로써 권력을 획득한 자율적 군사 지도자들이었다. 청 말부터 점진적으로 시작된 중앙 권력의 분산은 민간 질서의 동요와 지방 사회의 군사화를 가져왔다. 이것은 민국 시대에 중요한 사회적 결과를 가져와서 폭넓은 군사와 폭력의 문화가 자리 잡아 사회를 형성하고 나라를 뒤흔들었다. 이 과정은 1916년에 위안스카이가 황제가 되려다 실패하고 죽은 이후 결국 중앙 통제력의 엄청난 약화를 불러왔다.[1] 그 후 예전 위안스카이의 베이양군 장군들 사이에 권력 투쟁이 일어났다. 베이양 군벌로 불렸던 이 장군들은 사적인 군사력을 지휘했고, 중앙 당국으로부터 독립적으로 행동했다. 베이양 군벌이 자기들끼리 권력을 다투는 동안 지역 군벌들도 중국 여러 곳에서 권력을 잡았다.

1916년부터 국민당이 마침내 난징에서 새로운 국민정부를 수립한 1928년까지 수많은 지역 통치자가 부상했고 그들 중 거의 모두가 군사적 배경이 있었다. 이들은 스스로를 '독군'督軍이라고 불렀지만, 보통 군벌軍閥이라고 불렸다. 개별 군벌의 통치 기간은 아주 짧기도 했다. 그들 중 소수만이 지속적인 통치 기간을 누렸다. 거의 끊임없이 군벌들 사이에 투쟁이 있었다. 위안스카이가 죽은 이후 베이양군 지휘관인 돤치루이가 남은 중앙정부의 통제력을 확보하고 베이양군의 마지막 관리자가 되었다. 그의 권력은 북부와 동북부 군벌들 사이의 느슨한 연합에 기초했다. 공식적으로 베이양정부라고 불렸던 중앙정부는 이러한 과정에서 확실히 약화되었지만 완전히 붕괴되지는 않았다. 베이양정부는 베이징 주변을 근거로 하고 군벌 차오쿤曹錕과 우페이푸吳佩孚가 이끄는 '즈리

아내에게서 아이스크림을 받고 있는 무슬림 군벌이자 닝샤성 주석 마훙쿠이馬鴻逵, 1948
(Pictures form History/Bridgeman Images/PFH1165917)

파`直隷派가 돤치루이가 도망쳐서 톈진에서 일본의 보호를 구하게 만든 1920년까지 기능을 유지했다.

나라의 대부분 지역에 대한 권력을 점차 잃었지만 베이양정부는 수도 베이징에 대한 통제력을 유지했다. 때로는 다른 군벌들과 연합해서 북중국 일부도 통제했다. 외교부는 계속 국제 정치에서 중국을 대표했다. 비록 그 대부분을 중국이 19세기에 패배했던 전쟁으로 진 부채를 갚는 데 썼지만, 베이양정부는 관세 수입도 수령했다. 베이양정부는 특히 교육 분야와 법률 체제에서 제도 개혁을 계속하기까지 했다. 베이양정부는 외교 정책에서 중국의 이해를 방어했고, 관세를 인상하려고 열강들과 협상했다. 이 모든 것은 미래 정부들이 기댈 수 있는 성취였다.

군벌이 많고 그들의 정책이 매우 다양하다는 점을 고려하면 이 시기 전체의 특징을 묘사하기는 쉽지 않다.[2] 일부 군벌들은 그들의 군대가 지방 사회에서 약탈과 살인을 하게 하는 잔혹 행위를 저질렀다. 이러한 사람들이 지배했던 이 시기에는 폭력과 사회의 가혹한 자원 추출이라는 강한 경향이 있었다. 어떤 군벌들은 특히 흥미로운 성격을 보여 주기도 했다. (가장 좋아하는 게임 이름이 '개고기 먹기'여서) '개고기 장군'으로 불린 장쫑창張宗昌(1881~1932)은 폭력과 여성 편력으로 유명했다. 그는 1920년대에 산둥을 지배했지만 몇 차례 남쪽으로 나아가기도 했다. 그는 1925년에 짧게 상하이와 난징을 점거했다. 장쫑창의 용병 부대는 약 5만 명이었고, 볼셰비키에 대항해 차르를 위해서 싸우고 볼셰비키 집권 후 중국으로 도망친 백계 러시아인들이 포함되어 있었다. 그는 1928년 국민당군에게 패배한 뒤 일본으로 탈출했다가 1932년 다시 산둥으로 돌아왔을 때 암살당했다. 펑위샹馮玉祥(1882~1948)은 기독교로 개종한 이후 선교에 열정을 보여 '기독교 장군'이라는 별명이 있었다. 그는 격동의 중

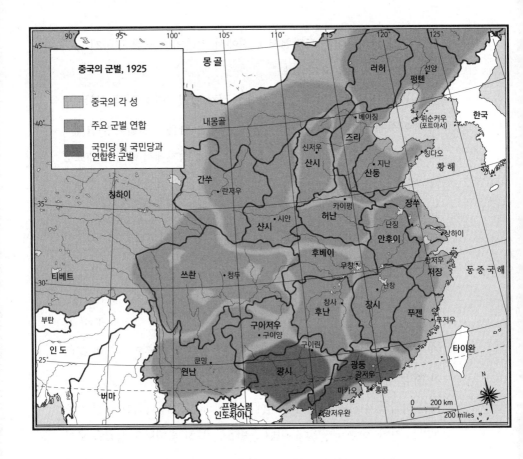

중국의 군벌, 1925

중국의 각 성

주요 군벌 연합

국민당 및 국민당과
연합한 군벌

국 북부에서 산시陝西를 주요 근거지로 하여 권력을 얻었다. 그는 가끔 부대 전체에 '천사 찬송하기를'의 곡조에 맞추어 행진하도록 명령하고 소방 호스로 세례를 주었다. 그는 통치 지역에서 19세기 중반 유럽의 운동인 기독교 사회주의로부터 영감을 얻은 정책들을 실행했다.[3] 그는 빈부를 막론하고 사회 모든 구성원을 사회적·경제적으로 향상시키려 는 프로그램을 추구했다. 또한 열성적으로 매춘, 도박, 아편 판매를 금 지했다. 산시성 '모범 독군' 옌시산閻錫山(1883~1960)과 같은 다른 군벌들도 자기가 지배하는 지역에서 장기적 안정과 경제발전을 추구했고 주민들의 복지를 신경 썼다.

지대, 지주들의 공납, 세금, 범죄조직에서 온 돈, 아편 거래 수입 등이 결합하여 군벌들에게 상당한 부를 가져다주었다. 사회에서 추출된 이러한 자원들은 주민들에게 공공시설이나 서비스를 제공하는 데 사용될 수도 있었지만, 더 자주 무기 구매에 활용되었다. 군벌들은 군사력을 효율적으로 행사했지만, 대중의 지지는 거의 얻지 못했다. 그래서 군벌 시기 대부분 동안 강압적 권력에도 불구하고 정치적 정당성의 명확한 근거가 없었고, 군벌들은 본질적으로 불안정한 정권을 운영했다. 그들 대부분이 자신이 지배하는 지역에만 헌신하고 국가로서 중국에 거의 관심을 두지 않았기 때문에 원래 있던 중앙의 제도들을 약화하기도 했다. 우편과 세관 서비스만이 예외인데, 둘 다 놀랍게도 이 시기 내내 계속 작동했다. 단일 통화, 통합된 전국적 행정 체계, 일원화된 국방 체계 없이 중국은 점점 더 사회적·정치적·경제적으로 파편화되었다.

그러나 중앙 집중적 통제의 부재는 일부 긍정적 효과도 있었다. 지적·예술적 산물이 정부 개입에서 자유로웠고 실험, 혁신, 창조성의 시기에 들어섰다. 예를 들어 1910년대와 1920년대 초 사회적·정치적 격변 동안, 상하이의 영화 산업은 뮤지컬, 가벼운 희극, 전통적 소설과 연극에서 온 에피소드, 무협물, 형사 이야기, 도덕적 이야기 등을 포함하는 풍부하고 매력적인 대중오락을 생산했다.[4] 출판 사업이 확장되었고, 잡지와 신문은 어느 때보다도 많은 부수를 판매했다. 혁신적인 형식과 신선한 주제를 실험하는 작가들과 함께 흥미로운 새 문학이 나타났다. 지금 중국 현대 문학의 고전들로 간주되는 많은 작품이 이 시기에 창작되어 출판되었다. 조약항에 학교와 대학들이 늘어나 거의 규제를 받지 않고 운영되었다. 해안을 따라 외국이 지배하는 도시들은 약탈적인 군벌들뿐 아니라 일본의 팽창으로부터 보호도 제공하여 다양하고, 창조적이고, 부르주아적이고, 코즈모폴리턴적인 문화를 낳았다.

군벌 통치와 내전으로 인한 혼란 중에도 중요한 경제적 변화들이 나타났다. 상업은 주로 조약항을 중심으로 발전했지만, 최근의 연구는 상업화와 국제 무역·국내 무역의 발전이 특히 해안 지방에서는 농촌 경제에도 영향을 미쳤음을 보여준다. 확장하는 상업 네트워크가 새로운 고용 기회를 제공함에 따라 가계들은 단순한 토지 보유를 넘어서는 경제적 이익의 경로들을 가지게 되었다. 제1차 세계대전 이후 대외적으로 경제적 경쟁이 약화되었고, 이 시기에 경공업 분야는 갈수록 중국인 소유 기업들로 채워졌다. 사실 전후 시기 중국 기업과 무역회사들은 원자재와 농산물에 대한 서구의 수요 덕분에 엄청난 이익을 얻었다. 1920년대의 무역 회복과 함께 고갈된 유럽에 대한 수출이 더욱 많아지면서 무역 적자가 줄어들었다. 해안 지역의 작고 현대적인 경제 영역에서 중국도 성장을 경험했다.[5] 1920년대에 현대적 공장의 생산이 매년 8~9% 증가한 것은 이 시기의 빠른 공업화 속도를 보여주는 증거다. 공업 노동자는 약 200만 명에 달했고, 그중 4분의 1이 상하이에 있었다. 중국 은행의 수가 늘어났고 자본이 확대되었다. 여러 가지 방법으로 경제를 관리하려고 많은 새 법률이 통과되었다. 정치적 혼란에도 해안 지역에서 새로운 경제제도 질서의 건설이 견고하게 진행되었다는 사실은 주목할 만하다.

군벌 통치가 가져온 압도적인 사회적 결과는 군대의 지속적인 부상이었다. 군벌 시기에 중국에서 민정 개념이 근본적으로 약화되었다. 군대는 가장 중요한 제도가 되었고, 지배와 통치의 문제보다 군사적 해결을 더 선호했다. 동시에 이렇게 파편화되고 지방별로 군사화된 사회가 중국 전체를 더 취약한 표적이 되게 했다. 이러한 정치 상황이 외부 개입의 심각한 가능성을 만들어냈다.

통일전선 혁명

5·4운동으로 사상의 세계적 흐름에 영감을 받은 중국의 학생과 활동가들은 서구 정치사상을 진지하게 공부하기 시작했다. 1917년 러시아의 10월혁명 성공과 1919년 7월 카라한 선언에서 소련이 불평등 조약을 폐기한 것을 시작으로 하는 몇 가지 변화가 중국에서 좌파 사상의 매력을 높였다.[6] 여기에 더해 세계의 주도적 국가들 사이의 대전쟁과 세계적인 반식민주의적 해방운동의 발흥이 있었다. 무엇보다도 신문화운동이 자유주의적 실용주의와 좌경 혁명가들로 갈라진 것과 중국의 심화된 위기가 중국 지식인들이 국제적 대안과 더 강한 해결책을 찾게 만들었는데, 이번에는 러시아를 통해서였다.

젊은 지식인들은 처음에 주로 당시의 가장 급진적이고 널리 퍼진 사회 개조 철학이었던 아나키즘을 통해 알게 된 러시아의 니힐리스트와 테러리스트의 사상과 활동에 끌렸다.[7] 예를 들어 중국 작가 딩링丁玲(1904~1986)은 자신의 가장 유명한 이야기인 '소피의 일기'莎菲女士的日記(1928)의 주인공 이름을 차르 알렉산드르 2세 암살에 참여하여 1881년 사형당한 러시아 혁명가 소피야 페로브스카야에게서 가져왔다.[8] 아나키스트들이 옹호했던, 정치적 목적을 위한 계획된 폭력 사용은 당시 많은 젊은 중국인에게 필요한 것처럼 보였다. 단순히 말하면 아나키즘은 지방 공동체의 자치를 선호하고 군주제와 제국주의 그리고 자신의 권위를 강제하는 크고 중앙집중화된 국가를 상상하는 어떤 종류의 민족주의에도 반대했다. 지방 공동체를 사회 질서와 경제적 복지의 원천으로 보는 생각은 많은 중국 사상가와 공명했고, 이 시기의 많은 것이 아나키즘 사상의 요소들의 반향이었다. 아나키즘의 문제는 본질적으로 조직과 규율을 결여한다는 것이었다. 이미 파편화된 중국의 상황을 걱정하던 중국 지식인들은 점점 더 헌신적인 활동가들의 중앙집중화된 당이 공통의 목표를 향해 사회를 주도해 나가는 러시아 볼셰비키가 더 매력적이고 중국 사회 문제에 더 적합하다고 생각하게 되었다.

마르크스주의는 아나키즘과 비교할 때 중국에 훨씬 덜 알려졌다. 1903년 『공산당 선언』 발췌본이 중국에서 출판되었다. 5년 후인 1908년 중국의 아나키스트들이 프리드리히 엥겔스가 쓴 『공산당 선언』 1888년 영어판 서문을 번역 출판했다. 이것이 완전한 형태로 나타난 최초의 마르스크주의 문헌이었다. '중국 마르크스주의의 아버지'로 알려진 리다자오가 1917년의 볼셰비키혁명에 고무되어 중국에서 처음으로 마르크스주의에 관심을 기울였다. 『신청년』 1918년 10월호에 게재된 '볼셰비즘의 승리'라는 글에서 리다자오는 소련의 새로운 혁명 질서를 환영하면서 그 기초가 된 마르크스주의 사회이론과 경제이론을 간략하게 다루었다.[9] 아마 당시 가장 중요한 사회 이론 전문가였던 리한쥔李漢俊(1890~1927)과 마찬가지로 리다자오는 일본어 저작으로 마르크스주의에 접촉했다. 리다자오가 만든 '마르크스 학설 연구회'는 정기적으로 만나서 혁명 이론을 논의했다. 5·4운동 이후에야 그리고 자결이라는 윌슨의 공허한 약속에 대한 보편적 실망 속에서 더 많은 중국 학생과 지식인들이 마르크스주의를 공부하기 시작했다. 1919년과 1920년에 베이징의 일간 신문『신보晨報』와 그 부록인『신보 부간晨報副刊』이 주로 일본 출판물에서 번역한 마르크스주의에 대한 글을 게재했다. 처음에 마르크스주의는 아주 포괄적인 해방의 이데올로기로 보였고, 과거의 굴레와 외국의 지배에서 자유롭기를 원하는 젊은 학생들의 많은 관심을 얻었다. 마르크스주의에 대한 관심은 러시아의 볼셰비키혁명에 대한 찬탄으로 더 강해졌다. 중국 최초의 마르크스주의자들에게 영감을 준 것은 마르크스주의라기보다는 레닌주의였다.[10] 또 하나의 중요한 사실은 이 초기 공산주의자 대부분이 원래 민족주의자였다는 점이다. 이는 마르크스주의의 국제주의적 신조와 그것을 이은 레닌주의적 변형의 관점에서 보면 역설적으로 보이지만, 중국 마르크스주의자들은 무엇보다도 구국에 관심이 있었다. 이 점을 인식하는 것은 뒤이은 전개와 중국에서 마르크스—레닌주의의의 최종적 형태를 밝히는 데 도움이 되고, 특히 왜 마르크스의 독창적인 철학적 사상보다 소련 혁명의 실용적 원칙과 조직이 중국 공산주의자들의 관심을 끌었는지를 설명해 준다. 레닌주의는 소련을 만들어내려고 레닌 그리고 나중에 스탈린이 사용한 것과 같은 도구를 활용하여 조직과 새로운 국민국가를 건설하는 길을 보여주는 것처럼 보였다.

이 시점에서 공산주의를 세계적으로 확산하고자 1919년 세워진 러시아 조직 코민테른이 중국에 공산당을 만들기로 결정했다. 이것은 러시아와 대륙을 가로지르는 국경을 공유하는 나라에서 영향력을 확보하려는 명백한 움직임이었다.[11] 모스크바에서 상황을 조사하려 파견된 코민테른 요원들은 베이징대학의 리다자오 주변 그룹이 그러한 기획에 참여할 것 같다고 결론을 내렸다. 그들은 또한 천두슈, 리한쥔과 다른 사람들을 포함하는 상하이의『신청년』과 연결된 지식인 그룹이 새로운 공산당의 핵심을 형성할 수 있다고 보았다. 사회적·지적 맥락을 고려하면 코민테른의 탐색 시기 자체가 행운이었다. 정치적 변화를 요구하는 많은 저항, 시위, 탄원이 있었지만, 중국은 낙후성과 군벌주의라는 상황에 갇혀 있었다. 새로운 방식에 대한 탐색은 진정한 절박함 속에서 이루어졌다. 1920년 8월 상하이에서 학생, 교사, 기자들로 구성된 공산주의자 그룹이 만들어졌다. 1920년 가을에서 1921년 전반기까지 비슷한 공산주의자 그룹들이 베이징, 우한, 창사, 지난, 광저우 그리고 다른 도시들에서 차례로 만들어졌고, 일본과 프랑스에서도 만들어졌다. 이름과 조직은 장소마다 달랐다. 작고 비밀스러운 공산주의자 세포가 불법적으로 운영되면서 공산주의 운동의 근간을 형성했다. 조금 더 공개적으로 운영되었던 사회주의청년단이 도시 청년들과 연계해 새로운 당원을 모집하는 임무를 수행했다. 마지막으로 공개적으로 운영되는 마르크스주의 학회들이 가능한 한 폭넓은 청중에게 다가가려고 했다.[12]

1920년 11월 상하이의 공산주의 그룹은 '중국공산당 선언'의 초안을 작성했다.[13] 중국공산당 명의로 처음 발표된 이 공식 문건은 '공산주의자의 이상', '공산주의자의 목적', '계급투쟁의 최근 상태' 세 부분으로 구성되었다. 이 문건은 사적 소유가 철폐되고, 생산 수단의 공적 소유를 실행하며, 낡은 국가 기구를 파괴하고, 사회 계급을 제거할 새로운 사회를 창조하려는 공산주의자들의 열망을 표현했다. 여기에서는 '공산주의자의 목적은 공산주의자의 이상에 따라 새로운 사회를 창조하는 것'이라고 선언했다. "우리들의 이상 사회 실현을 가능하게 하는 첫걸음은 현재의 자본 제도를 제거하는 것이다. 자본 제도를 제거하려면 자본가의 국가를 강력하게 타도해야 한다. 노동 대중, 곧 무산계급의 세력이 발전하고 있으며 단결되고 있다. 이것은 바로 자본가의 국가 내부에서 계급이 충돌한 결과다." 이 선언은 중국의 프롤레타리아가 강제로 자본주의 체제를 파괴하는 계급투쟁에 참여해야 하고, 그래서 정치권력의 장악과 프롤레타리아 독재의 수립을 이끌 '혁명적 무산계급의 정당인 공산당을 조직'해야 한다고 설명했다.

공산당은 상하이의 프랑스 조계에서 제1차 전국대표대회가 열린 1921년 7월 공식적으로 창당되었다. 이 대회에 참여한 것은 7개 지역의 당원 53명을 대신한 대표 12명이었고, 그중 마오쩌둥毛澤東(1893~1976), 둥비우董必武(1886~1975)가 있었다. 당의 공동 창립자인 천두슈와 리다자오는 참석하지 못했다. 코민테른 대표 G. 마링(헨드리쿠스 스니블리트, 1883~1942의 필명)과 니콜스키 두 사람이 참관인으로 대회에 참석했다. 공산당은 (1911년과 1919년의) 과거 중국 혁명들이 인민들을 폭넓게 동원하지 못했고, 노동자와 농민들을 매우 등한시했다고 믿었다. 10월혁명에 대한 중국공산당의 깊은 존중이 국제 사회주의 조직인 제2인터내셔널이 지지하는 사회민주주의적 노선을 거부하게 만들기도 했다. 중국공산당은 처음부터 스스로를 마르크스-레닌주의 정당, 노동 계급의 혁명당으로 규정했다. 중국공산당은 사회주의와 공산주의에 헌신하면서 중국에서 단호하게 혁명을 점화하고자 했다. 1차 전국대표대회는 현 단계에서 당의 기본 임무를 공업 노동자들의 노동조합을 건설하고 '노동조합을 계급투쟁의 정신으로 가득 차게 하는' 것으로 정했다.[14] 따라서 1차 전국대표대회는 도시의 상점주, 상인, 지식인과 같은 다른 사회 집단과의 협력이라는 개념을 완전히 거부하고 당파적이고 엄격한 프롤레타리아 노선을 채택했다. 이 대회에서 통과시킨 강령은 '자본가 계급을 전복하기 위한 프롤레타리아의 혁명군'을 요구했다.[15] 강령은 프롤레타리아의 독재를 요구했다. 강령과 공업 노동조합을 만든다는 당의 '첫 번째 결의'

의 두 문건이 작성되었고, 두 문건 모두 다른 정당이나 그룹, 지식인들과 협력하는 것에 단호했다. 이 대회에서는 천두슈를 총서기로 선출한 뒤 리다李達(1890~1966)와 장궈타오張國燾(1897~1979)와 함께 당의 중앙국을 구성하도록 했다.

노동 계급에 대한 전적인 집중과 부르주아지에 대한 적대는 코민테른이 지지하는 정책과 모순되는 것이었다. 뒤이은 시기에 소련이 중국 공산당에 다른 그룹들, 특히 쑨원 주변의 민족주의자들과 협력하는 정책을 추진하게 하려는 시도가 두드러졌다. 코민테른 노선의 동기는 이데올로기적인 것이기도 하고 실용적인 것이기도 했는데, 레닌과 그 후계자들은 중국이 저발전의 빈곤한 농업 국가이기 때문에 아직 프롤레타리아 혁명을 할 준비가 되어 있지 않다고 믿었다. 따라서 사회주의가 의제가 되기 전 민족주의적인 부르주아 혁명이 필요했다. 코민테른이 파견한 대표 마링의 임무는 중국공산당에 코민테른의 계획에 동조하도록 영향력을 행사하는 것이었다. 그는 중국공산당에 쑨원의 국민당과 연합할 것을 제안했다. 실제로 공산당과 국민당은 공통의 목표를 가지고 있었고, 외국 제국주의가 없는 독립적이고 강한 중국을 꿈꾸는 혁명당으로서 기초적 세계관을 공유했다.

그러나 중국의 북부와 중부는 여전히 베이양 계열 군대의 확고한 통제하에 있었다. 소수의 예외가 있었지만, 군벌들은 국민당과 공산당을 적대시하거나 의심스럽게 생각했다. 1921년 동조적인 일부 군벌들 중 한 명인 천중밍陳炯明이 광저우에 국민당 정부를 세우고 국민당을 재조직하여 북쪽의 베이양정부에 대한 혁명적 대안을 만들려는 쑨원의 계획을 도왔다. 그러나 쑨원은 외부 지원 없이는 망명 정부가 중국 전체에 대한 권력을 다시 얻을 수 없을 것이라는 사실을 알았다. 서구 열강들이 개입을 주저하면서 그에 대한 지원을 거절한 반면 소련은 열성적으로 코민테른을 통해 쑨원의 국민당을 지원하려 노력했다. 뒤이어 코민테른이 요원 아돌프 요페Adolf Joffe(1883~1927)를 보내 소규모의 중국공산당을 포함하는 폭넓은 애국적 연합을 수립하는 것을 조건으로 코민테른이 자문, 자금, 무기를 제공할 것이라고 밝혔다. 1923년 쑨원은 국민당, 중국공산당 그리고 소련의 제휴를 성립시켰다. 쑨원은 공산주의에 비판적이었지만 그 자신의 목표와 일시적 연합을 만들려는 소련의 의도 사이에 충분한 공통 기반이 있음을 발견했다.

1923년과 1927년 사이에 국민당(그리고 공산당)은 소련과 긴밀하게 협력했다.[16] 코민테른에서 온 대규모 자문단이 정치 문제에 조언했고, 모스크바의 붉은군대 아카데미를 모델로 새롭게 만들어진 군사 기구인 황푸군관학교黃埔軍官學校에서 현대적이고 강한 군대를 건설하기 위한 국민당의 계획을 지원했다. 황푸군관학교의 교육에서 혁명 이데올로기는 중요한 역할을 했고, 정치위원들이 생도들에게 중국에서 외국 제국주의의 역사를 강의하고 정치의식의 중요성을 강조했다.[17] 장제스蔣介石(1887~1975)가 이 학교의 첫 번째 교장으로 일했고, 여기에서 군대에 대한 거의 독점적인 통제력의 기초를 쌓았다. 장제스는 1887년 저장성 시커우溪口의 소금 상인 가문에서 태어났다. 그는 고전 교육을 받으면서 자기수양을 하고, 자제력을 유지하고, 사회적 의례를 준수하는 데 대한 깊은 책임감을 가지게 되었다. 자기 세대의 많은 사람과 마찬가지로 그는 중국이 여러 전쟁에서 패배하고 과거제를 폐지하는 과정에서 군대에 합류했다. 군사 전략과 전술, 군사 기술을 공부하는 데 끌려서 일본 육군사관학교에 등록했고, 여기에서 그는 조국을 재난에서 끌어낼 수 있는 지식과 기술을 배웠다고 느꼈다. 그는 1913년 일본에서 쑨원을 만나 함께 일하기 시작했다. 1923년 8월 쑨원은 장제스를 군사와 당 조직에 대해 공부하도록 모스크바로 보냈고, 황푸군관학교가 생겼을 때 장제스는 교장 자리의 확실한 1순위 후보자였다. (나중에 중국공산당의 2인자가 되는 저우언라이가 정치위원으로 일했다.)

중국공산당이 처음부터 거부감을 가졌던 코민테른 정책을 실행하는 것을 주저했지만, 새로운 코민테른 대표 미하일 보로딘(1884~1951)이 중국공산당과 국민당 사이의 협력 확대를 단호하게 밀어붙였다. 이 과정은 소련의 더 많은 재정 지원에 대한 약속과 1924년 1월에 있었던 국민당의 재조직으로 가속화되었다. 1925년까지 소련의 지원으로 국민당은 아주 다르고 훨씬 더 강한 당이 되었고, 레닌주의적 원칙들에 따라 엄밀한 조직과 매우 중앙집중화된 체계를 갖춘 정당으로 조직되었다. 코민테른의 지도에 따라 외국 제국주의자들과 그 중국인 협력자들을 혁명의 주요 대상으로 삼았다. 국민당과 협력하는 데 대한 반대자들과 싸워야 했지만, 중국공산당은 농민운동과 노동운동을 장악하면서 국민당 내에서, 더 넓게는 민족주의 운동 내에서 지위를 강화했다. 1924년 레닌이 죽은 이후 소련의 지도자가 된 스탈린은 '합작' 정책을 실행하는 데 중요한 역할을 했다. 그는 처음에 중국의 공산주의자들이 운동 내에서 영향력을 증대하고자 국민당 내부의 좌익 분파들과 연합하기를 원했다. 국민당의 비공산주의자들이 국민당을 약화한다고 공산당원들을 맹렬히 비난할 때조차 소련 지도자는 계속 중국 공산주의자들의 유일한 정치적 진로는 국민당과의 연합에 있다고 고집했다. 스탈린의 정책은 특이하고 쉽지 않은 협력에 불가결한 도움을 제공했다.

이 연합은 공식적으로 '통일전선'(1923~1927)이라고 불렸다. 통일전선은 공산당이 당원을 늘릴 수 있게 했고, 황푸군관학교와 같은 조직에서 국민당 군인, 장교들과 개인적 관계를 발전시키도록 했는데 이는 나중에 귀중한 것으로 입증되었다. 1920년대에 쑨원의 측근이 된 왕징웨이汪精衛(1883~1944)는 황푸군관학교의 정치부에서 저우언라이와 협력했고, 그들은 여기에서 선전 운동들을 고안했다. 1924년 1월에서 1926년 5월 사이에 국민당 내에서 공산주의의 영향력은 꾸준히 증가했고 공산당원은 1925년 1월 1,000명이 조금 안 되는 수에서 1927년 4월에는 거의 5만 8,000명으로 증가했다. 도시 지역에서 공산주의자들의 영향력은 특히 5·30운동(1925)의 시위로 증대되었다. 남부에서는 공산당이 국민당 군대의 보호 속에서 농촌에서 활동하면서 농민들에 대한 영향력을 발전시킬 수 있었다.

혁명을 고취하는 데 이러한 성공과 경험은 값진 것이었지만 대가도 지불해야 했다. 공산당은 도시 지역에서 스스로 기반을 발전시키지도 못했고, 남부의 농촌에서 견고한 지지를 확립하지도 못했다. 공산당은 국민당과 연합했기 때문에 농촌 지역에서 일관성 있는 정책을 발전시킬 수 없었다. 중립적 태도로부터 토지 몰수라는 급진적 계획으로 방향을 전환했지만, 이 계획은 나중에 국민당 우파의 반대로 철회되었다. 통일전선의 파트너로서 공산당은 타협과 술책을 강요당했다. 결국 구성원들의 소수 그룹들을 연합의 시샘과 불신에 노출시킴으로써 공산당은 자신들의 지지 기반을 소외시켰다.

1925년 3월 12일 쑨원이 암으로 죽자 거의 즉각적으로 국민당 좌파와 우파는 권력 투쟁을 벌였다. 쑨원의 유력한 두 후계자는 우익의 장제스와 좌익의 민족주의자 왕징웨이였다. 둘은 정치적 감각에서도 달랐다. 장제스는 소련과의 연합이 유용한지를 의심하기 시작했고, 소련이 국민당의 리더십을 약화하고자 통일전선을 활용한다고 점점 더 확신하게 되었다. 왕징웨이는 소련과의 연합과 통일전선 정책을 고수할 것을 주장했다. 장제스는 후계자로서 역할을 확실히 하려고 빨리 움직이면서 라이벌을 물리쳤다. 1926년 6월 5일 공식적으로 국민혁명군의 지도자가 된 후 장제스는 국가를 재통일하는 것을 목표로 쑨원이 통일전선의 핵심 사명이라고 생각했던 북벌 수행을 시작했다.[18]

장제스는 북벌로 당과 정부에 대한 지도력을 확고하게 하고 여전히 중국 북부의 상당 부분을 통제하고 있는 베이양 군벌 네트워크를 제거한다는 두 가지 목표를 추구했다. 1926년 7월 소련의 보급을 받은 국민혁명군 10만 병력이 군벌들을 제압하려고 광둥성 광저우의 근거지를 떠났다. 소련 군사 고문들은 장제스 원정군의 모든 부내에 배속되어 있었고, 소련 항공기와 조종사들이 적의 위치를 정찰하는 임무를 맡아 비행했다. 동시에 공산당 운동가들과 선전원들이 흩어져서 파업과 농민 봉기를 고취하면서 군벌의 부하들에게 국민당 쪽으로 돌아서도록 설득했다. 그러나 군벌은 쉽게 굴복하지 않았고 영토를 철저히 방어했다. 북벌은 격렬하게 싸운 내전으로, 이때 약 30만 명이 죽었다. 1927년 3월까지 국민혁명군은 후난, 후베이, 장시, 구이저우, 푸젠 등의 성과 상하이, 난징, 우한을 포함하는 중국 남부의 많은 중요한 도시를 석권했다.

승리가 손에 닿는 곳에 있게 되자 장제스는 결정적 지원을 제공했던 세력들과 관계를 단절했다. 북벌 기간에 한쪽의 그와 그의 지지자들 그리고 다른 쪽의 중국공산당, 소련 고문들 그리고 국민당 좌파 사이의 갈등이 악화되었다. 소련 고문들이 장제스가 군사 독재를 수립하고자 한다고 의심하면서 균열이 더 깊어졌다. 장제스는 1926년 말 코민테른과 협력을 끝냈고, 얼마 지나지 않아 공산당원이 국민당 위원회에서 일

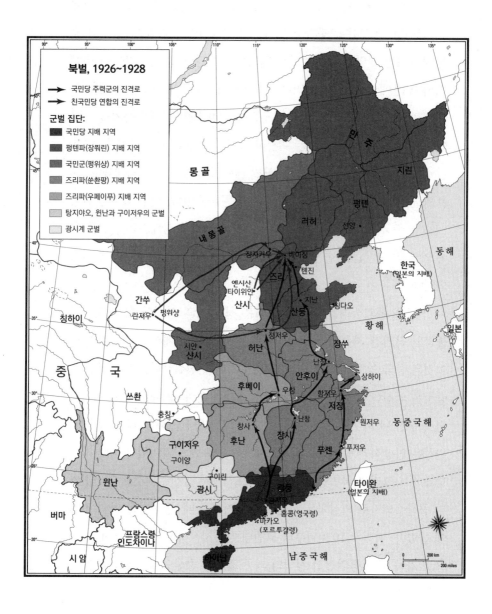

북벌, 1926~1928

→ 국민당 주력군의 진격로
→ 친국민당 연합의 진격로

군벌 집단:
■ 국민당 지배 지역
■ 펑톈파(장쭤린) 지배 지역
■ 국민군(펑위샹) 지배 지역
■ 즈리파(쑨촨팡) 지배 지역
■ 즈리파(우페이푸) 지배 지역
□ 탕지야오, 윈난과 구이저우의 군벌
□ 광시계 군벌

몽골

내몽골

만주

지린

러허

펑톈

선양

한국
(일본의 지배)

동해

장자커우 베이징

톈진

엔시산
타이위안

즈리

산시

지난

칭다오

산둥

황해

일본

간쑤

칭하이

란저우 펑위샹

시안
샨시

정저우

허난

후베이

장쑤

난징

상하이

안후이

우창

항저우

저장

중

쓰촨

국

충칭

후난

창사

난창

장시

원저우

동중국해

구이저우

구이양

푸젠

푸저우

광시

윈난

구이린

광둥

타이완
(일본의 지배)

버마

시암

프랑스령
인도차이나

광저우

마카오
(포르투갈령)

홍콩(영국령)

하이난

남중국해

0   200 km
0   200 miles

하는 것을 금지했다. 1927년 4월 12일 그는 마침내 당, 정부, 군대에서 잔혹한 전멸 작전과 유혈 학살로 공산주의자들을 숙청하기로 결심했다. 국민당 내 모든 그룹과 지도자들이 찬성하지는 않았다. 우한의 공업 중심지를 장악하고 있던 왕징웨이는 공산당과 그 동조자들에 대한 '백색 테러'에 반대했다. 그러나 1928년 1월 장제스 군대가 우한을 점령했고 양쯔강을 따라 있는 모든 영토에 대한 통일적 군사 통치를 수립했다. 이 시점에 중국 북부는 여전히 강력한 군벌들 손에 있었다. 1928년 4월 7일, 장제스는 남아 있는 군벌 세력에 대한 북벌을 재개했다. 많은 장군이 중립이나 장제스 쪽으로 입장을 바꾸었다. 일부 북부 군벌이 1937년 중국에 대한 전면적 전쟁을 시작할 때까지 장제스의 권위를 계속 거부했지만, 1928년 말까지 중국은 대부분 장제스 통제하에 놓이게 되었다.

전국을 통일하려는 이러한 노력은 청 제국의 붕괴와 함께 시작된 중국의 장기간 지속된 전쟁의 연속이면서 어떤 면에서는 절정이었다. 이것은 중국 영토 전체에 대한 통일된 지배를 성취하려는 싸움이었다. 중국은 엄청난 비용을 치르면서, 한 가지 형태 뒤에 다른 것이 이어지면서 수십 년 더 계속 전쟁 중일 터였다.[19] 그러나 군사작전의 성공적인 완성은 인상적인 승리였고 장제스에게는 중요한 도약이었다. 장제스가 당내에서 그리고 국민당이 통제하는 도시에서 공산주의자로 알려졌거나 공산주의자로 의심되는 사람들을 제거했을 때, 공산당은 파괴 직전에 몰렸다. 따라서 1920년부터 코민테른이 시작하고 추진했으며, 희망으로 가득 찼던 통일전선 정책의 최종 결과가 공산당에는 완전한 재난이었다.

난징 10년 동안의 국가 건설

1928년까지 장제스는 국민당 안과 밖의 주요한 도전자들을 물리쳤다. 그는 중국을 재통일했고 통일된 공화국이라는 관념을 강요했다. 베이징은 (이름에서 수도를 뜻하는 글자를 없애면서) '북쪽의 평화'를 뜻하는 베이핑北平으로 개명되었다. 장제스는 한족 황실이 다스린 마지막 왕조인 명조의 수도였던 난징에 정부를 두기로 결정했다. 1911년 이후 처음으로 중국은 다시 단일한 중심에 의해 통치되었다. 그것은 '대원수'大元帥 장제스의 일인 통치하에 있는 일당 정부였다. 이러한 성취가 널리 존경받고 소중하게 여겨졌지만, 많은 경우 견고한 지역과 성의 권력은 표면상으로만 참여했을 뿐 제거되지 않았다. 중앙정부에 대한 세금 지불을 거부하는 성들이 있었다. 국가의 영향력이 미치는 범위는 여전히 제한적이었고 정부는 나라의 많은 부분에 대해 불확실한 장악력만 가지고 있었다. 장제스의 지도력 역시 확고한 것과 거리가 멀었고 계속 심각한 도전에 직면했다. 그를 반대하는 주요한 원인은 개인적 권력 증대에 대한 경계심과 난징의 중앙집권화 요구에 대한 공포였다. 그 결과, 특히 1928년부터 1930년대 초까지 정치적 책략, 때때로 자신의 세력을 확장하려고 하거나 장제스에 대항하여 모의한 여러 군벌이 장제스와 벌인 대규모 전투를 포함하는 오래 지속되고 복잡한 드라마가 이어졌다. 장제스에 대한 도전자 중에는 1929년의 광시 군벌들, 1930년의 군벌 펑위샹과 옌시산, 1930년대 장시의 공산당 반군, 1931년의 보수적인 국민당지도자 후한민의 광저우 추종자들, 1933년의 푸젠 반란군, 1936년 다시 광둥과 광시 의용군 등이 포함된다.[20] 모두 공개적으로 반란을 일으켜 장제스 정부를 무너뜨리려고 했다. 수십만 군대가 참여했고 수만 명이 죽었다. 장제스의 대응은 똑같이 폭력적이면서 의심에 찬 것이었다. 간첩 활동, 비밀공작, 암살 등이 여러 군벌에 대한 많은 뇌물과 함께 장제스가 권력을 유지하는 데 기여했다. 그 대가는 컸다. 전투의 영향을 받은 지역들에서 이미 절망적인 생활 조건이 더 악화되었고, 주민들은 소외되거나 쫓겨났다. 난민, 탈영병, 이주자 그리고 극빈자들은 나중에 쉽게 공산당에 합류했다.

1927년 이후 대부분 국민당 지도자들은 반공적인 입장과 일당제, 정치적 중앙집권화의 필요, 사회와 경제에 대한 고도의 통제 등에 대한 강한 믿음을 포함하는 폭넓은 정치적 목표에 동의했다.[21] 이론상으로 국민당은 중국 사회가 민주주의를 실행하기에 충분할 정도로 성숙할 때까지 국가를 통제하고, 이른바 '훈정'訓政이라는 체제로 통치할 것이었다. 민권, 민족, 민생이 쑨원이 공식적 이데올로기로 만들어낸 '삼민주의'를 구성한다는 점을 상기해 보라. 1927년 이후 형성된 국민당 정권은 전제적이지도 민주적이지도 않았지만, 정치적 스펙트럼의 양극단 사이를 불안하게 오갔다. 일당 독재라고 하지만 국민당은 매우 다원적이어서 여러 파벌로 구성되어 있었다. 이 파벌들은 모두 스스로를 국민혁명의 일부라고 생각했고, 따라서 넓은 틀에서 목표에 동의했지만, 정치적 신념과 이해에서 갈라졌다. 국민당원들 내에서 정치적 지향은 좌파에서부터 전통적이거나 보수적인 쪽까지 있었다. 국민당 내의 경쟁자들이 끊임없이 이론적 기반이나 통치의 실질적인 문제들에서 장제스의 권위에 도전했다. 장제스는 당과 정부의 관료제를 운영하기 어렵다는 것을 알았다. 대체로 그의 권위는 국민당 지지자들과 지역의 협력자들(군벌과 지방 엘리트들)의 불안정한 연합에 기초했다. 이러한 지지자들이 공유하는 것은 지도자로서 장제스나 당 자체에 대한 부서지기 쉬운 충성

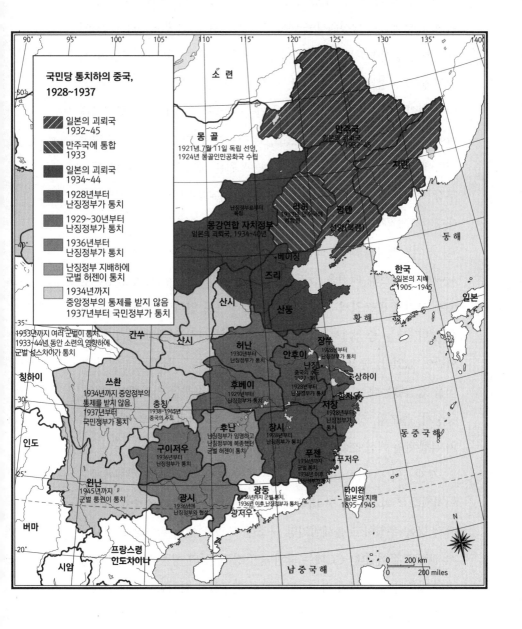

국민당 통치하의 중국, 1928~1937

일본의 괴뢰국 1932~45

만주국에 통합 1933

일본의 괴뢰국 1934~44

1928년부터 난징정부가 통치

1929~30년부터 난징정부가 통치

1936년부터 난징정부가 통치

난징정부 지배하에 군벌 허젠이 통치

1934년까지 중앙정부의 통제를 받지 않음 1937년부터 국민정부가 통치

소 련

몽 골
1921년 7월 11일 독립 선언,
1924년 몽골인민공화국 수립

만주국
일본의 괴뢰국
1932~45

지린

난징정부로부터
독립

러허
1933년 만주국에
편입됨

펑톈

선양(북텐)

몽강연합 자치정부
일본의 괴뢰국, 1934~40년

베이징

즈리

산시

산둥

동 해

한국
일본의 지배
1905~1945

황 해

일본

1933년까지 여러 군벌이 통치.
1933~44년 동안 소련의 영향하에
군벌 성스차이가 통치

칭하이

간쑤

산시

허난
1930년부터
난징정부가 통치

안후이
1928년부터
난징정부가 통치

장쑤

난징
중국의 수도
1927~36

상하이

쓰촨
1934년까지 중앙정부의
통제를 받지 않음.
1937년부터
국민정부가 통치

인도

충칭
1938~1945년
중국의 수도

후베이
1929년부터
난징정부가 통치

항저우

저장
1928년부터
난징정부가
통치

후난
난징정부가 임명하고
난징정부에 복종했던
군벌 허젠이 통치

장시
1928년부터
난징정부가 통치

동 중 국 해

구이저우
1936년부터
난징정부가 통치

광시
1936년에
난징정부와 협상

푸저우

푸젠
1934년까지 군벌 통치.
1934년 이후
난징정부가 통치

타이완
일본의 지배
1895~1945

버마

윈난
1945년까지
군벌 룽윈이 통치

광둥
1936년까지 군벌 통치.
1936년 이후 난징정부가 통치

광저우

프랑스령
인도차이나

시암

남 중 국 해

N

0   200 km
0   200 miles

심에 불과했다.

불안한 연합은 최고위층에서도 찾을 수 있었다. 1928년에서 1947년까지 장제스는 행정원장을 (보통은 짧게) 네 차례 역임했다. 다른 시기에 행정원은 쿵샹시孔祥熙(1881~1967)와 쑹쯔원宋子文(1894~1971)이나 그들의 정치적 동맹 중 한 명이 주재했다. 장제스 부인인 쑹메이링宋美齡(1897~2003)의 오빠인 쑹쯔원은 정부의 지도적 인물이었다. 그는 1915년 하버드대학에서 경제학 학사학위를 받았고, 1915년에서 1917년까지 컬럼비아대학에서 대학원을 다녔다. 1928년 쑹쯔원은 국민정부에 합류해 재정부장(1928~1933), 중국은행 이사장(1928~1934), 외교부장(1942~1945), 행정원장 대행(1930년에 2개월간 그리고 다시 1932~1933, 그 후 1945년에서 1947년까지 공식적인 행정원장으로 일했다)을 역임했다. 그러나 그는 종종 정부의 세출 규모와 일본에 대한 정책에서 장제스와 의견을 달리했다.[22] 쿵샹시도 같은 시기에 중앙은행 총재 그리고 쑹쯔원의 뒤를 이어 재정부장으로 일하면서 중요한 역할을 했다. 그는 중국에서 가장 부유하고, 또한 가장 부패한 정치가라는 평판이 있었다. 쿵샹시와 쑹쯔원은 정학계政學系라고 불리는 파벌의 핵심을 형성했는데, 이 파벌은 대체로 경제발전 정책을 지지했다. 쑨원, 쿵샹시, 쑹쯔원, 장제스 등의 가문은 민국 시기 내내 중국의 재정과 정치 복합체의 핵심으로 남아 있었다.

장제스의 통치는 소위 CC파의 수장인 천씨 형제(천리푸와 천궈푸)에게도 의지했다.[23] 이 그룹은 당 내부, 특히 전국 단위에서부터 기층에 이르기까지 당을 운영하고 볼셰비키당 구조를 모델로 했던 국민당 조직부에서 권력을 끌어냈다. CC파는 당과 중앙정부, 성의 행정부 인사에 영향력을 발휘하고, 언론과 다른 교육·문하 기구들을 감시함으로써 권력을 행사했다. 이 계파는 전반적으로 민족주의적이고 전통적인 지적 관점

1942년 미국 장군 조지프 스틸웰과 함께 있는 장제스와 그의 아내 쑹메이링
(FPG/Getty Images/104527648)

을 가지고 있었다. CC파는 급진적 개혁에 반대했고, 강하게 반공적이었고, 전통적인 도덕 가치를 되살리려 노력했다. 장제스의 지시에 따라서 천씨 형제 중 한 명인 천리푸가 (국민당) 조직부의 조사과로 불리는 정보 기구를 지휘했다. 나중에 자신에게만 충성하는 라이벌 조직들의 네트워크를 만드는 통치 스타일에 맞게 장제스는 황푸군관학교의 학생이었고 그의 신뢰를 받았던 다이리戴笠에게 군사위원회 통계조사국의 수장이 되게 했다. 이 두 정부 조직은 모두 공공연하게 반대하는 사람이라든가 반대자로 추정되는 사람에 대한 비밀공작에 참여했다. 그들은 적들을 매수하고, 암살을 수행하고, 반공 선전물을 생산하고, 잠입·고

문·협박·뇌물 등을 통한 은밀한 정보 수집에 종사했다.[24]

또 다른 파벌은 황푸계였다. 그 구성원들은 대부분 예전에 황푸군 관학교에서 장제스 밑에 있던 참모나 학생들이었다. 그들은 국민당 군대를 지휘했던 군사위원회를 지배했고, 장제스에게 맹렬한 충성을 바쳤다. 그들은 자유주의, 부패, 공산주의, 일본의 위협이라는 악과 싸우려고 '남의사'藍衣社라고 불린 단체를 조직하기도 했다. 장제스의 파시즘에 대한 관심은 주로 개인 숭배와 규율의 강조라는 경향에 초점을 둔 피상적인 것으로 보이지만, 남의사는 유럽의 유사한 파시스트 단체를 모델로 했다.[25] 이 단체의 비밀 핵심은 역행사力行社였다. 최종적으로는 회원이 50만 명에 달했던 이 조직은 비밀 훈련, 정치적 세뇌, 대중적 모집, 비밀 활동, 지역 군벌군 잠입, 공산당 탈당을 고무하는 선전 활동을 수행했다. 역행사는 군대 훈련을 장악하고 경찰, 대학, 고등학교 여름 캠프, 보이스카우트 그리고 신생활운동에 영향력을 행사했다. CC파, 정학계, 황푸파 등은 장제스에 대한 강한 충성심을 공유했지만, 각자 다소 경쟁적인 정치적 우선순위를 추구했다.

장제스에게는 중요한 당내 라이벌이 두 명 있었는데, 좌익 성향의 왕징웨이와 보수적인 후한민이었다. 난징 시기 처음 몇 년 동안 둘은 장제스를 약화하려 시도했다. 비록 끝까지 밀려나 있었지만, 그들은 계속 장제스의 권력 장악에 이의를 제기했다. 커져가는 일본의 위협만이 두 경쟁자가 협력하게 했다. 자신을 대신할 다른 지도자가 없다는 것을 보여주려는 1931년 12월의 짧은 사임 이후 장제스는 1932년 1월 권력에 복귀하여 쉽지 않은 협상 끝에 왕징웨이가 행정원장으로 일하게 된 새로운 정부를 이끌었다. 이로써 왕징웨이와 그의 파벌인 '개조파'改組派는 새로운 정부로 복귀했지만, 실질적 권력은 없었다.

1928년 채택된 정부의 구조는 쑨원이 '민권주의'民權主義에서 제시한 것처럼 5원제를 따랐다. 다양한 부처와 위원회를 통해 일상적인 운영을 담당하는 '행정원'行政院, 법령을 통과시키는 '입법원'立法院, 판결을 위한 '사법원'司法院 등 5원 중 세 기구는 서구의 자유주의 정치제도에 영감을 받은 것이었다. 남은 두 가지는 전통적인 유교 정치에서 나온 것으로서 동의·탄핵·불신임·감사 등의 권한을 가지고 정부 관청들을 감독하는 '감찰원'監察院과 개인에게 공무를 위한 자격을 부여하는 데 집중했던 고시원考試院이었다.

고시원은 국민당 제도의 강점과 약점의 사례를 제공하기 때문에 자세히 살펴볼 가치가 있다. 고시원에는 고선위원회考選委員會와 전서부銓敘部 두 부문이 있었다. 고선위원회는 시험을 책임졌고, 전서부는 상훈, 승진, 직위 등을 책임졌다. 이들은 작은 조직일 뿐이어서 민국 시기 동안 고시원 직원은 200명을 넘지 않았다.[26] 고시원 초대 원장은 1920년대에 황푸군관학교 정치부를 이끌었고 1924년 국민당 선전부를 지도했던 유력하고 영향력 있는 당의 이론가 다이지타오戴季陶(1891~1949)였다. 그는 자신의 저술에서 쑨원의 이론을 유교 전통과 결합하고 조화하려고 시도했다.

고시원이 1931년 난징에서 처음으로 주관한 시험들은 고위 공직자를 선발하는 것이었다. 이 시험은 '가오카오'高考(이름이 같은 오늘날 중화인민공화국의 대학 입학시험과 혼동하지 말아야 한다)라고 불렸다. 1933년에는 난징에서 더 많은 시험이 시행되었는데, 이때는 초급 공직자들과 일반 공직 지망자들을 위한 것이었다. 시험의 내용은 대체로 베이양 시기 시험의 구조를 따랐다. 시험에는 세 가지 영역이 포함되어 있었다. 가장 집중적인 영역은 일반적 지식과 언어 능력에 초점을 맞추었다. 전통적인 철학, 문학,

역사에 관한 질문이 많았고 아주 높은 고전 중국어 활용 능력을 요구했다. 이는 재정, 행정이나 다른 전문적 주제에 대한 전문 지식을 시험하는 두 번째 영역으로 보완되었다. 세 번째 영역은 국민당 당장黨章에 대한 문제들과 당 대회 문건에 대한 숙지를 평가하는 것을 포함했다. 이세 번째 영역에서 쑨원의 저술은 중심적 지위를 차지했다. 당장에 대한 영역은 주제상으로는 민족주의, 현대화 그리고 반공에 가장 중점을 두었다. 까다롭게 선별하도록 설계되었기 때문에 시험은 아주 높은 수준의 난도를 보였다. 고시원은 정기적으로 많은 노력을 기울여 시험을 조직했다. 제국 시대와 마찬가지로 평가는 익명으로 했다. 채점관들은 특정한 시험용 건물에 며칠 동안 격리되었다. 채점이 끝나면 고시원장인 다이지타오가 결과를 공표하고 공개적으로 전시했다.

제국 시기의 선례와 달리 민국 시기의 고시원은 제한적인 영향력만 가지고 있었다. 대부분 공직은 시험 없이 채워졌다. 난징 시기 동안 모든 공직의 약 1%만이 시험으로 채용되었다. 1936년이면 제도가 안정되고 시험 응시자들은 정기적으로 행정부 직위를 얻었다. 그러나 여전히 시험으로 직위를 얻은 공무원은 아주 낮은 비율에 그쳤다.

국민정부는 재건과 국가 발전이라는 의제를 추구하려고 많은 중요한 계획과 개혁을 시작하기도 했다. 민국 시기는 특히 도시 지역에서 변화와 혁신의 시기였다. 중국의 국제적 지위를 서서히 개선하는 문제 등을 비롯하여 이러한 개혁 중 일부는 매우 성공적이었다. 중국은 국제연맹과 같은 국제기구의 중요한 구성원이 되었다. 중국은 또한 중국에서 외국의 특권을 꾸준히 줄이고 조약 수정과 관세 개혁으로 중국을 좀 더 동등한 무역 파트너로 만들고자 움직이기도 했다. 1930년 정부는 관세 자주권을 회복하는 데 성공했다. 중국은 중국으로 오는 물품에 대한 수입 세율을 결정할 권리를 획득했다. 또한 이 시기에 이러한 관세를 다루는 해관 업무에서 외국 고용인들을 중국인들로 교체하기 시작했다.[27] 많은 외국 조계가 다시 중국의 지배를 받게 되었는데, 산둥의 영국 조차지인 웨이하이웨이가 한 사례였다. 따라서 정권은 중국의 민족주의자들이 오래전에 설정했던 주요한 목표 중 일부를 성취했다. 그 결과 관세 수입은 정부 지출의 대략 절반을 충당할 정도로 증가했고, 나머지는 공업과 농업에서 왔다.

어떠한 선거도 치러질 예정이 없었던 훈정 시기는 '훈정시기 약법'(1931)이라고 불리는 특별한 임시 헌법에 기초해 있었다. 이 약법은 당의 지도에서 민주적인 헌정으로 이행하는 기간을 위해 입안되었다. 중요한 혁신 중 하나는 시민들에 대한 차별이 기초가 될 수 없는 요소로 인종, 종교, 계급에 성별이 더해진 것이었다. 영구적인 국가의 헌법을 쓰고 제정하는 문제와 다당제 국회는 당과 사회에서 논쟁의 중요한 이유가 되었다. 1930년대 초 긴 토론과 정치적 책략 과정을 거친 후 새로운 헌법 초안이 1936년 5월 발표되었다. 헌법 초안은 분명하게 삼민주의에 기초했다. 사실 이 초안은 중국이 '삼민주의 공화국'이라고 선언했다. 초안은 인민의 정치 참여를 인정했지만, 시민들의 기본적 권리를 명백하게 제한했다. 필요한 상황이라고 의회의 다수가 동의하기만 하면 개인권이 폐지될 수 있었다.[28]

법률과 사법 제도는 난징정부 시기의 중요한 의제였다.[29] 일반적으로 국민정부는 베이양정부의 모든 주요 법령을 채택했지만, 새로운 정치 질서, 헌정 질서에 맞추어 그것을 수정하거나 개정하려고 했다. 1928년에 수정된 형법 판본이 공표되었고, 형사소송을 위한 새로운 법률들과 함께 입법원에서 통과되었다. 1928년 수정된 행형법은 적은 수정만 하면서 1949년까지 유효한 채 남아 있었다. 1930년대에 집중적인 공적 토론과 입법 과정의 토론이 이 법률들에 대한 추가 변화를 이끌었다. 4년 후인 1935년 1월 새로운 형법이 공표되었고 1년 뒤 형사 소송 절차가 수정되었다. 1929년과 1931년 사이에 현대적인 민법이 채택되어 결혼, 이혼, 상속 문제에서 여성의 권리를 뚜렷하게 강화했다. 그러나 이러한 변화는 도시 지역에서만 현실에 영향을 미쳤다.

1928년 이후 난징정부는 새로운 법률 체계를 실행하고 새로운 법률 기구의 수를 늘리고자 노력했다. 1930년 정부는 10년 안에 모든 전통적인 법정을 대체하는 것을 목표로 하는 포괄적인 계획을 만들었다. 새로운 법원은 민사 법정과 형사 법정으로 나뉘었고 최고법원, 고등법원, 지방법원 세 등급이 있었다. 각급 법원에는 모든 형사 문제에서 기소를 독점하는 검찰이 있었다. 형사재판은 구두 고발 과정으로 진행되었고, 공판하는 동안 검사는 고소를 하고 피고는 무죄나 정상 참작 요인을 주장함으로써 스스로 방어할 수 있었다. 형법 초안은 피고와 원고 양쪽 모두를 위해 변호사에 의한 법정 대리를 도입했다.[30] 중국의 주요 도시들에서 변호사 협회가 빠르게 등장했다.

정부는 교육 분야를 근본적으로 개혁하고, 무엇보다 국가 발전의 필요를 충족하고자 중국의 고등교육 체제를 확장하려고 하기도 했다.[31] 1928년 중국의 '대학조직법'이 승인되었다. 이 법은 각 대학에 이과, 공과, 의과, 농과를 설치할 것을 요구했다. 1932년 교육부장 주자화朱家驊 (1893~1963)의 지도 아래 개혁이 본격적으로 시작되었다. 독일에서 훈련받은 지질학자로 국민정부의 발전 정책에서 오랫동안 활동했던 주자화는 그가 하는 일에 강한 학문적·정치적 신뢰를 가져왔다. 빠른 발전이 뒤따랐다. 1936년까지 대학과 단과대학 수는 108개로 늘었고, 재학생

4만 1,922명과 교직원 1만 1,850명이 있었다. 이 기관들은 대부분 중국 동부의 대도시들에 위치했다. 이렇게 역동적으로 발전하던 고등교육 체계는 공립학교(베이징대학, 자오퉁대학, 국립중앙대학)와 순수 연구 기관인 중앙연구원을 포함했고, 다양한 사립 단과대학과 대학들(칭화대학, 성요한대학, 베이징셰허의학원, 옌칭대학)도 있었다. 많은 주요 사립대학이 미국 기관들의 지원, 자문을 받거나 미국 기관이 운영한 반면, 공립대학은 대체로 독일 연구 대학의 훔볼트 모델에 따라 설계되었다. 교육부는 또한 고등교육의 인문학과 사회과학에 대한 집중에서 벗어나 과학과 공학을 선호하는 방향으로, 또한 중등 수준에서는 직업 훈련을 선호하는 방향으로 움직였다. 정부의 응용과학에 대한 재정 지원은 현저하게 증가했다. 1931년부터 1936년까지 공립학교에서 과학과 공학 분야의 학생 비율은 두 배가 되었다. 이러한 팽창과 나란히 정부의 통제가 엄격해졌다. 1930년대에 국민당은 고등교육 기관에 교육을 정치화하도록 요구했다. 교육부는 규율과 당에 대한 충성심을 확립하고자 모든 학교에 교육과정에 군사 훈련과 국민당 이데올로기에 대한 강의를 추가하도록 지시했다.[32] 국민당 정부는 6년 과정의 의무교육인 초등학교와 중등학교의 수를 늘리려고 공을 들이기도 했다. 동시에 교육이 국가의 실질적 필요에 부응했기 때문에 당국은 학교들을 중앙에서 확실히 규제하고 감독하려 했다. 학교는 국가, 당 그리고 삼민주의에 기초한 당의 이데올로기에 대한 충성을 구축하는 핵심이었다.

개혁가들은 도시 빈곤과 마약 남용, 매춘, 도박 등의 다른 '사회 문제'들도 겨냥했다.[33] 그들은 서구에서도 인기가 있던 진보주의적 사상에 근거한 도시의 사회 개혁 프로그램을 따랐다. 민국 시대에 이러한 문제들은 중국의 근대화를 막는 중요한 장애물로 여겨지게 되었다. 사회 구제와 개입은 빈민들이 강제 노동을 하고 생산적으로 되도록 훈련받는 구빈원 혹은 고아원 같은 다른 국영 기관의 형태로 나타났다. 엄격함이나 가혹함의 정도가 다양했던 감금이 그런 방법이 아니라면 국가의 전망에 동화시킬 수 없었을 부류의 도시 주민들을 다루는 주요한 방법이 되었다. 이것은 범죄자만이 아니라 나환자, 광인, 종족이나 종교상 이방인 그리고 빈민들을 특별한 장소에 묶어두었던 더 광범위한 경향의 일부였는데, 대부분은 아니라 하더라도 이들은 이를 종종 훈육이나 징계의 경험으로 여겼다. 매춘, 도박, 마약에 대한 조치들이 있었지만, 이 모두는 매우 흔한 것으로 남아 있었다.

정부는 현대적 국가를 건설하고자 노력하면서 종교 단체들과도 맞섰다. 유교, 도교, 불교의 전통은 농촌 생활의 구조에 깊이 뿌리내린 채 대부분 농촌 사람들의 삶에 깊은 의미를 가졌고 공동체도 제공했다. 중국에는 위계적으로 조직된 국교가 있던 적이 없었다. '종교'宗敎라는 단어와 신도들 내에서 실천되는 개인적 믿음이라는 기독교적 유래의 의미는 종교에 대한 독일어 어휘에서 차용된 것이 일본어 번역을 거쳐 19세기 말에야 중국어 어휘에 들어왔다. 20세기 초 개혁가들은 위계적으로 구성되고 국가에 종속된 신도들로 재조직하여 본질적으로 서구 교회의 형태로 개조함으로써 중국의 전통을 변화시키고 현대화하려고 했다. 예를 들어 국가는 '중국불교총회'를 전국 모든 불교 공동체의 공식적 대표로서 법률적으로 승인했다. 다른 종교들에서도 유사한 조직들이 만들어졌다. 그러니 이들은 그 자체로 종교 조직으로 여겨지지 않았고, 오히려 일종의 '문화단체'文化團體로 다루어졌다. 따라서 정부는 종교들을 중국의 문화적 전통의 갈래로 다루었다. 종교 단체들은 사회국과 지방 당부에 등록하도록 요구받았다. 이것은 다른 문화 단체들과 마찬가지로 당과 국가의 통제 아래 들어가는 것을 의미했다. 그들이 요구받은 것은 당, 국가, 공식 이데올로기에 대한 충성심과 자선, 복지, 윤리와 교육을 증진하는 활동 등의 형태로 공공선에 적극적으로 기여하는 것이었다. 일반적인 중국인들의 조상이나 지방신 숭배와 관련된, 대체로 융합적이었던 의례 관행에 대해 국민당 정부는 미신적이라고 딱지를 붙이고 근절하려 했다.[34]

군사적 기원을 가진 장제스 정부에서 군대는 점점 더 강력한 요소가 되었고, 외부 환경 때문에 이러한 상황은 자연스럽게 강화되었다. 장제스는 중국의 군사적 현대화에 외국의 지원이 필요하다고 확신했다. 그러나 지속적인 군사 지원을 기꺼이 제공하려고 했던 나라는 하나뿐이었는데, 바로 독일이었다. 1919년의 베르사유조약으로 군사력을 감축해야만 했던 독일에는 직장을 구하는 고위 장교가 많았다. 그들 중 일부는 결국 장제스를 위해 일하게 되었다. 10년 동안 (한때 육군대장 에리히 루덴도르프Erich Ludendorff의 작전부장이었던) 막스 바우어Max Bauer와 높은 훈장을 받은 다른 장교 46명이 중국의 중앙군을 현대화하려는 야심적인 계획을 발전시키게 되었다. 그들은 30년짜리 프로그램을 만들었고 그것을 실행하는 책임을 맡았다.[35] 당시의 지도적 군사 전략가 중 한 명이었던 알렉산더 폰 팔켄하우젠Alexander von Falkenhausen(1878~1966)이 1934년부터 1938년까지 이 군사 고문단을 이끌었다. 이들은 대개 식민지의 반란 진압 작전이었던 '작은 전쟁들'을 경험한, 유대가 긴밀한 독일의 전직 식민지 장교들의 큰 집단이었고, 아프리카와 중동에서 중국에 이르는 불안정한 지역에 배치된 적이 있었다. 이 독일 고문단은 군사적 현대화를 위한 발전 정책뿐 아니라, 중국 국민정부가 공산 혁명을 분쇄할 전술 수단과 전략을 고안하는 것도 도왔다. 예를 들어 폰 팔켄하우젠은 영국이 아프리카 식민지 트란스발에서 활용했던 요새 전략을 추천했고, 이 전략은 1933년 가을부터 1934년 가을까지 수행된 공산당 근거지에 대한 장제스의 5차 포위 작전에서 매우 효율적이라는 것이 증명되었다. 고문단은 더 일반적으로는 비교적 작지만 잘 훈련되고 장비를 잘 갖춘 군대를 발전시키려는 계획을 수립했다. 독일 고문단은 폰 팔켄하우젠의 지도 아래 군사 작전과 정책을 결정하고자 장제스에게 보고할 참모들을 훈련하기도 했다.

장제스는 당내에서 정치적 경쟁자들에게 둘러싸여 있고, 커지는 공산당 봉기의 도전을 받았으며, 완고한 군벌들과 싸우고, 1930년대 초의 일본 침략에 대응하고 있었기 때문에 공세를 취할 필요가 있다고 인식했다. 호소력이 있는 지도적 정치사상을 제시하는 것이 그에게 긴요한 일이었다. 강력한 전망만이 공산주의의 매력에 효율적으로 대응할 수 있었다. 1934년 ^(공산당의 소비에트 근거지가 위치했던) 장시성에서 '신생활운동'新生活運動이 시작되어 포스터, 팸플릿, 대중 강연, 대중 시위의 조직 등을 통해 확산되었다.[36] 신생활운동은 사회적 관행을 변화시키기 위해 설계된 일련의 캠페인으로 중국 사회의 정신에 새로운 힘을 불어넣는 것을 목표로 했다. 이 운동은 사회적·문화적 변화를 촉진하려고 전통 윤리와 기독교 윤리의 절충적 혼합을 활용했다. 일상생활의 변화가 중국의 문화적·사회적 신생을 이끌고, 이로써 민족과 국가가 강화될 수 있다는 믿음이 있었다. 장제스가 집필한 소책자에서 신생활운동이 예禮, 의義, 염廉, 치恥 네 가지 덕으로 인도하여 '기본 생활'을 증진한다고 설명했다. 여기에서는 "예의염치는 의식주행衣食住行과 같은 일상적 문제에 적용되어야 한다"라고 설명했다. "예의염치는 도덕성을 증진하는 핵심 원칙이다. 이러한 원칙으로부터 사람과 사물을 어떻게 대할지 배우고,

스스로 어떻게 연마하고 환경에 어떻게 적응해야 하는지 배운다. 누구든지 이러한 원칙을 어기는 사람은 실패할 테고 그것을 무시하는 국가는 살아남지 못할 것이다."[37] 예의, 청결, 질서를 증진하는 운동의 일상적 활동은 경찰, 군대, 심지어 스카우트 운동까지 넓은 범위에 남겨졌다. 전국 곳곳에서 신생활지도위원회가 세워졌는데, 1935년까지 1,100개 이상의 현에서 설립되었다. 신생활운동은 역시 1930년대에 나타난 유럽의 우익 청년운동의 스타일과 장식을 모방하면서 점점 더 군사적으로 변화하였다. 신생활운동은 공식적으로 '전국 시민들의 생활을 완전히 군사화'하려고 했다. 그러나 이 완전한 군사화의 목적은 전쟁보다는 '용감신속勇敢迅速 각고인내刻苦忍耐, 특히 공동일치共同一致의 습성과 본능'을 배양한다는 정신적인 것이었다. 그러나 신생활운동은 국민들에게 약간의 영향만 주었으며, 결코 대중화되지 못했다. 이 운동은 비록 공식적으로는 1949년까지 끝나지 않았지만, 1937년 이후 천천히 시야에서 사라졌다. 비록 신생활운동이 대중들을 끌어들이는 데 실패했지만, 이 운동은 중국의 20세기 역사의 특징이 될 많은 대규모 정부 주도 대중운동의 첫 번째 사례였다. 신생활운동이 만들어낸 구호들은 사라졌지만, 이 운동은 정치적 목적을 위해 대중을 재교육하고 동원하는 정책의 유형을 만들었다. 또한 대개 유럽의 파시스트 운동과 비교되지만, 중국 자체의 1949년 이후 대중운동과의 비교가 더욱 흥미롭고 이해를 돕는다. 특히 1949년 이후 대중운동은 공산주의 정부가 목표를 가지고 주민들을 결집하고 정책을 실시하는 중요한 도구가 되었다. 신생활운동이 전달하려 했던 어떤 메시지보다도 이 운동이 제공한 조직적 원형이 더 큰 영향을 미쳤음이 드러났다. 정치적 목표를 빠르고 유연하게 실현하기 위해 정규적인 제도적 질서를 우회하는 전국적 정치운동이라는 아이디어는 1949년 이후 훨씬 더 큰 규모로 나타나게 된 중요하고 장기적인 영향을 미친 혁신이었다.

난징정부는 신생활운동과 같은 사업으로 공공 영역을 통제하려고도 했다. 쑨원은 1920년대에 이미 선전 국가 수립을 구상하고 있었다.[38] 장제스 치하 국민정부는 비록 공공의 지적 생활을 완전히 통제할 수는 없었지만, 1928년 이러한 개념을 추구하기 시작했다. 선전 국가에서 모든 형식의 대중적 커뮤니케이션은 국가의 영향을 받고 국가가 규제한다. 그 목적은 대중들의 생활을 국가 이데올로기의 규범에 긴밀하게 연결하는 것이다. 중국에서 이러한 목적은 표현과 언론의 자유와 같은 기초적인 자유를 위해 완전히 준비될 때까지 인민들을 '교육'할 필요로 정당화되었다. 그래서 난징정부는 언론을 검열하고 국가 선전으로 대중 여론에 영향을 미치려고 했다. 또한 정부에 공개적으로 비판의 목소리를 내는 지식인들을 체포하거나 위협했다.

난징정부는 책임의 합리적 분할, 고도의 기술적 전문성, 법적 절차의 기초 등을 특징으로 하는 일련의 전국적인 국가 제도의 건설에서 엄청난 진전을 이루었다. 그러한 제도는 권력이 성이나 지방 단위에 위임되었을 때조차 중앙의 권위를 확고하게 만들었다. 이는 여러모로 청 말인 1900년대에 시작된 중앙집권화와 현대화를 진전하는 정책들이 지속되는 것이었다. 그러나 이러한 전략에는 몇 가지 단점이 있었다. 훈련받고 자격을 갖춘 공무원을 충분하게 고용하는 것은 지속적인 도전이었으며, 특히 농촌에서 그러했다. 부패와 지대추구 네트워크가 만연했다. 난징정부는 더 많은 자원이 없이는 도저히 강하고 효율적인 행정부를 건설할 수 없었다. 그러나 강력한 민간 행정 기구의 부재 때문에 난징정부는 중국 사회로부터 필요한 자원을 추출할 수 없었다. 지방 단위의 세무 관료들은 징세를 농민들로부터 온갖 비공식적 추가 수수료를 갈취하는 수단으로 활용하면서 청 말이나 군벌 시기의 유사한 관행을 계속 이어갔다. 수수료와 세금의 많은 부분은 결코 국고로 들어가지 않았다. 난징 시기 내내 정부는 불충분한 정부 세입과 징세의 비효율성과 싸워야만 했다. (관세와 같은) 대부분 세입이 국방비로 나가는 것이 상황을 더욱 악화시켰다. 따라서 민국정부는 끊임없이 대안적 수입원을 찾아야만 했다. 정부는 아편 재배와 소비에 대한 과세에서 이를 찾았다. 비록 그러한 세금이 공식적으로는 약물 사용을 줄이려는 통제 체제의 일부였지만, 아편의 재배·유통·소비에 대한 세금은 계속 중앙 정권의 중요한 수입원이었다.[39]

국민정부는 재정적으로 어렵고, 정치적으로 취약했으며, 비판에 자신감이 없었지만, 1930년대 중반이 되자 비교적 안정되었다. 국민정부는 쌀 생산의 중심인 핵심 지역과 공업화된 동부의 도시들을 비롯하여 중국 본토의 대부분에 상당한 정도의 통제력을 주장할 수 있었다. 또한 중국을 공업화된 현대국가로 발전시키고 변화시키고자 분투하는 새로운 제도들을 건설하기도 했다. 서구 역사가들은 오랫동안 민국 시기와 그 주요 지도자인 쑨원과 장제스의 성취에 비교적 부정적인 시각을 가져왔다. 권위주의, 부패, '비대한 군사 조직' 등과 같은 꼬리표들이 짓밟힌 정부와 '실패할 운명인' 시기라는 그림을 그렸다.[40] 최근의 연구는 좀 더 긍정적이고 수정주의적 해석을 발전시켰고, 중국의 애국적 방어자로서 장제스에 대한 좀 더 호의적인 묘사를 제시했다. 수정주의적 역사는 또한 난징 시기가 장제스의 굳은 지도력 아래 정치적으로 획일적인 때였다는 널리 퍼진 해석이 틀렸음을 드러냈다. 그 대신 깊이 분열되고 경쟁적인 국민정부의 이미지가 나타났다. 제도적 환경의 결점들뿐 아니라, 개방성과 포용성에 대한 심각한 분열이 있었다. 균형 잡힌 판단을 하려면 특히 제도에 관해서는 중국 발전을 위해 지속적인 중요성을 가진 성취들이 많이 있었음을 인정해야만 한다. 1950년대에 공산주의자들이 활용할 수 있었던 전례와 패턴들이 만들어지거나 지속되었다. 모든 결점에도 난징정부는 확실히 19세기 중반 이후 중국에서 가장 효율적인 행정부였다.

중국식 발전 국가의 출현

강하며, 스스로를 지킬 수 있고, 권위적인 국가를 건설하는 것이 국민당 정부의 최우선 순위였다면 경제발전과 공업화는 목록의 두 번째에 있었다. 국민당 집단 내에서는 국가의 회복과 중국의 국가적 권리를 주장하려면 경제적 현대성이 핵심이라는 것에 대한 광범위한 합의가 있었다. 기반 시설의 개선에서 전력 사용과 비단 공업의 개혁에 이르는 공업 정책이 기안되었다. 이는 경제를 자극하고, 규제하고, 통제하는 계획과 수단을 발전시킬 의도로 이루어진 1930년대 중반 중국 경제 관료의 재조직과 성장을 동반했다. 중국식 발전 국가가 나타났다.[41]

두 가지 서로 다르면서 경쟁하는 구상이 작용했다. 첫째는 국가의 통제와 민간 부문에 대한 지원을 결합한 민족 경제의 발전을 지향하는 왕징웨이와 쑹즈원의 경제 정책이었다. 이 계획은 농촌 부문의 소득을 증대함으로써 공업 상품에 대한 국내 시장을 발전시키려는 것이었다. 이는 국가의 통제와 계획을 수반했지만 민간 기업에 성장할 공간을 주는 경제발전 전망에 기초했다. 민간 기업의 성장을 촉진함으로써 경제성장이 시작되지만, 국가의 통제가 중국이 분권화되지 않고 오히려 외국의 경제적 지배에 저항하기에 충분한 자립을 달성하면서 통합되고 중앙 집중화된 단위로 변화하도록 만들어줄 것이었다. 이와 대조적으로 장제스는 군사 지향적 중공업의 발전을 선호했다. 국가 통제를 강조할 뿐 아니라 국가를 공업 기업의 소유자이자 경영자로 보는 이러한 선호는 청 말 개혁까지 거슬러 올라갈 수 있었다. 결과적으로 민간 기업과 국내 소비는 주변적인 역할만 부여받게 될 것이었다. 핵심에는 국방 공업을 지향하는 중공업 발전이 있었다. 난징 시기의 전반부 동안 왕징웨이의 구상이 우위를 차지했다. 1930년대 중반에 증대하는 일본의 위협과 함께 장제스 방안이 우세하게 되었다.[42] 두 가지 구상이 민국 시기를 넘어서까지 계속 영향력이 있었다는 점은 주목할 만하다. 1950년대 마오의 중공업에 대한 강조는 1930년대 장제스의 공업 정책과 유사했고, 1978년 이후 덩샤오핑의 정책은 앞선 민족 경제의 계획들을 닮아 있었다.

세계적인 경제 상황은 민국정부의 야심적인 계획을 복잡하게 만들었다. 1920년대에 중국 경제는 뚜렷하게 개선되었고, 직물에서 담배에 이르기까지 중국 기업들이 번영했다. 그러나 1929년에서 1933년 사이에 서구에서 대공황이 일어나고 국제 무역이 붕괴했을 때, 중국의 비단, 담배, 면화, 대두 등의 수출이 갑자기 급락했다. 예를 들어 중국의 비단 수출은 3분의 2가 감소했다. 일부 지역에서 농촌 수입이 급감했고, 수만 명이 영양실조로 죽었다. 원래 불안정하고 분열된 정치 연합이었던 난징정부로서는 어려운 시기에 재정 개혁과 농촌 개혁에 더욱 어려움을 겪었다.

대공황 이후 동북 지역, 장강 하류 성들, 동부와 남동부 해안 지역들에서 늘어나던 (1938년에 총인구 5억 중 5~6%였던) 도시 주민들은 상업화된 도시 시장의 증가와 수출 활동의 회복 덕분에 다시 상당한 경제성장을 경험하고 있었다. 이는 상당 부분 중심 도시들을 선호하는 쪽으로 기울어진 경제 정책의 결과였다. 예를 들어 새 수도인 난징은 오래된 도시를 현대적 메트로폴리스로 변화시키기 위한 엄청난 투자를 받았다.[43] 구도시를 정부 부처들, 대학과 단과대학, 서구적 양식의 주택들로 된 거주 구역 등을 갖춘 현대적 수도로 새로 만들려는 대규모 개선 계획이 1928년 시작되었다. 구도심은 새로운 건물 그리고 도시를 가로질러서 새 수도의 중심인 거대한 원을 만나는 넓은 새 대로들을 위한 공간을 만들려고 파괴되었다. 새로운 난징은 '국가 전체를 위한 에너지의 원천'이자 '전 세계에 대한 모범'으로 기능할 것이었다. 또한 '국가의 문화를 영광스럽게' 할 것이었다.[44] 도시 공간을 재설계하고 기반시설을 개선하는 유사한 기획들이 톈진, 광저우, 청두 등과 같은 다른 도시들에서도 만들어졌다.

아마도 가장 인상적이고, 분명히 가장 규모가 큰 성취는 전국적인 기반시설의 건설일 것이다. 긴요한 항구, 수로, 도로, 철로, 공항 등에 투자가 이루어졌다. 이 부문에서 기획들은 대개 국제연맹이나 록펠러기금을 포함하는 국제기구나 국제적 기금과 협력으로 이루어졌다. 1937년까지 10년 동안 중국의 포장도로는 두 배로 늘어나 총 11만 5,000킬로미터에 달하게 되었다. 국민당이 1945년까지 철로를 거의 두 배로 늘려서 총 약 2만 5,000킬로미터에 달하게 됨으로써 철도 체계도 개선되었다. 홍수 통제와 물 보전에서 큰 발전이 있었다. 민간 항공이 활성화되었고, 난징 시기 끝 무렵에 팬 아메리칸, 루프트한자와 공식 합작 투자로 중국의 주요 도시들이 정기적인 일정표에 따라 항공편으로 연결되었다. 그러나 전반적으로 기반시설의 건설은 체계적이지 않았고 대개 만주, 동부 해안, 양쯔강 하류 지역의 특정한 지역에 한정되었다. 내륙 지역의 육로로만 연결되는 현들에서는 새로운 발전이 거의 이루어지지 않았다.

중국에 대한 일본의 더욱 공격적인 정책에 직면해서 국민당은 국방비를 늘림으로써 국가 경제를 발전시키려는 구체적인 계획을 만들기도 했다. 이런 점에서 국민당은 경제 침체의 시기를 끝내기 위해 유사한 정책을 활용한 이탈리아와 독일의 모델을 따랐다. 이는 중국의 정치 경제에 중요한 결과를 가져왔다. 비록 민간 기업들이 여전히 경제의 중요한 부분을 구성했지만, 경제의 핵심 부분들은 국가의 통제를 받게 되었다. 두 조직이 경제와 국방 관련 공업을 발전시키는 임무를 맡았는데, 1931년 설립된 '전국경제위원회'와 1년 후 비밀리에 만들어진 '국방설계위원회'가 그것이다. 후자는 광범위하게 경제 기반 시설의 발전을 촉진하는 동시에 국가와 민족의 안보를 강화함으로써 재건과 국방을 연결하는 국가 발전 전략 수립을 책임졌다. 국방설계위원회는 이러한 목적을 위해 경제발전에서 기반시설이나 인구학에 이르기까지 50건이 넘는 연구 프로젝트를 수행하고 수많은 보고서를 만들어냈다. 경제 계획의 최종 결과는 1936년 종합된 공업 발전을 위한 3개년 계획이었다. 이 계획에서는 미래에 중공업과 무기 공업이 장시, 후난, 후베이 등의 성에 집중되도록 했다. 인근 성들로부터 아직 건설되지 않은 철도를 이용해 천연자원도 공급될 예정이었다. 이 계획에서는 후난의 샹탄湘潭에 철강 공장, 쓰촨에 철광산과 구리 광산, 중부와 중서부 중국에 노천 탄광을 건설하게 되어 있었고, 기계 공업과 전기 공업도 샹탄에서 시작될 예정이었다.[45] 이들은 대부분 국유기업이었다. 이 계획은 국내의 내륙 지역에서 강철, 기계, 무기, 트럭, 항공기, 전기 장비 등을 생산함으로써 중국을 군사적으로나 공업적으로 자급하도록 발전시키려는 구상이었다. 또한 작업 단위들로 구성된 자족적 기업들을 건설하려는 시도를 포함했다. 1940년대 초부터 정부와 국유기업들은 관례적으로 조직들과 조직들 내부의 소속 부서를 '단웨이'單位라고 불렀다. 가장 큰 국유기업이었던 다두커우大渡口철강에서 임직원들은 모두 서로 다른 행정 '단웨이'로 조직되었다. 이 단웨이는 사회적 서비스와 복지를 제공하기도 했다. 종업원들은 공장 아파트나 기숙사에서 살았고, 생활필수품을 공장의 협동조합에서 샀으며, 공장 소속 농장에서 자란 채소를 구매했고, 치료를 위해 공장의 진료소나 병원에 갔다. 중국공산당의 통치 아래 단웨이가 중국 사회 어디에나 있게 되기 거의 10년 전 국민당은 이러한 사회조직의 형식을 실험하기 시작했다.

1930년대 후반 일본의 진출에 점점 더 위협을 느끼면서 중국의 국가는 경제에서 더 큰 역할을 맡고 좀 더 직접적이고 개입주의적인 간섭을 하려고 계획했다. 이러한 움직임 속에서 '마오 시대 중국의 특징이될 계획경제'의 시작을 포착할 수 있다.[46] 이러한 국면에서 자본가들은 사회나 정부에서 어떤 역할도 부여받지 못했고, 장제스 치하의 당은 반자본주의적인 상태로 남아 있었다. 장제스는 그의 경력 전체에서 중국 도시 지역의 은행가와 상인들의 다양한 조직을 엄격하게 통제했다.[47] 그는 은행가와 상인들로부터 자금을 끌어들였고 때로는 위협, 자산 파괴, 심지어 납치 같은 수단을 사용했던 두웨성杜月笙 청방青幫의 도움을 받기도 했다.

난징정부 군사 예산은 전체 정부 지출에서 비교적 큰 비중을 차지해서 연간 지출의 40~48%가 군사적 목적에 사용되었다.[48] (그러나 1930년대 군사비 지출은 결코 중국 국민총생산의 2%를 넘지 않았을 것이다.) 예를 들어 1930년대 동안 총

예산의 8~13%만이 민간 관료제의 운영과 유지에 할당되었다. 이러한 군사비 지출이 도로 건설, 농민 군인들의 기계 작동과 수리 학습, (군수용 화학제품, 강철, 기반시설 등) 일부 공업 부문의 발전 등과 같이 실질적인 경제적 부수효과를 가져왔을 수도 있다. 그러나 그런 계획들은 대부분 결코 실현되지 않았다. 그 결과 난징의 대규모 군사비 지출은 중국의 방어 능력을 강화하는 데는 성공했지만, 경제로부터 민간 영역의 투자나 소비에 사용될 수 있었을 자원을 추출했다.

인구 증가의 긍정적 추세와 공업 영역에서 연간 5.5%, 농업 부문에서 1~2%로 추산되는 경제발전에도 난징 10년의 전반적 발전은 매우 고르지 못했다.[49] 공업이 1931년부터 1936년까지 연간 6.7%라는 건강한 속도로 성장했지만, 이것은 매우 작은 기반에서 출발한 것이었다. 경제 전반에 대한 기여는 작았다. 1930년대 전체 경제발전은 동부 해안, 동북 지역, 양쯔강 하류의 성들에 있는 중국 도시 지역을 이롭게 했지만, 내륙 지역의 농업은 거의 현대화되지 않았다. 정부는 만연해 있으면서 심화되는 농촌 빈곤 문제를 인식했지만, 농촌 개혁은 난징정부 시야 바깥에 남아 있었다. 정부 권력은 대체로 기존의 경제 관계를 유지하는 데 기득권을 가진 부유한 엘리트들과 관계에 달려 있었다.

도시화와 중국적 현대

국민정부와 그 엘리트들에게 현대성은 무엇보다도 관료제적 합리화와 공업 기술, 도시 계획, 도시화, 전문화, 국민국가의 부상, 새로운 시민의 훈련, 민족주의적 담론의 등장 등을 의미했다. 이들은 중국을 집단적으로 발전 대상으로 삼는 기획들이었다. 그러나 도시 공간에는 좀 더 주관적이고, 완고하며, 개인주의적인 일상적 현대성이라는 또 다른 면이 있었다. 상하이와 톈진, 우한, 광저우 등의 다른 도시에서는 경계를 가로지르는 상품과 사고의 교환, 세계적 기업, 초국적 자본주의 등의 영향으로 일상생활의 사회적 구조와 물질적 기초가 다시 만들어졌다. 코즈모폴리턴적 연계와 기업가적 야망이 대중문화와 사회적 행동주의의 새로운 시대를 형성했다. 또한 이러한 활기찬 대중문화를 뒷받침하는 일상생활의 물질적 변화를 도입하기도 했다. 도시들은 생산의 현장, 문화들 사이의 접촉 지대 그리고 돈을 벌고, 혁명을 하고, 새로운 국가를 건설하는 실험들이 이루어지는 장소였다. 이러한 변화들은 해안과 양쯔강 하류의 많은 도시에서 경험하는 경제적 번영을 배경으로 이루어졌다. 국가와 별개로 코즈모폴리턴적 도시는 민국 시기에 중국적 현대성이 구성되는 주요 장소였다.[50]

최근 상하이와 다른 도시들의 도시 문화와 상업에 관한 연구가 늘어나면서 중국적 현대성에 대한 학문적 이해의 새로운 기초를 놓고 있다.[51] 이러한 연구는 중국적 현대성을 단지 외부적인 요소들의 채용으로만 이해할 수 없다는 것을 분명하게 보여주었다. 오히려 보통의 중국 소비자와 문화적 엘리트들이 함께 도시의 현대성을 구축하면서 외국의 영향과 전통적 영향을 혼합했던 구체적 장소들에서 외래 요소들의 중국적 전유가 일어났다. 따라서 중국에서 현대성의 경험은 복잡한 과정으로 봐야 한다. 단일한 중국적 현대성의 개념은 없다. 그 대신 서로 다른 관점들이 경쟁하고, 상호작용하고, 서로 영향을 준다. 20세기 중국의 물질문화는 점점 더 절충적으로 되었다. 어떤 것이 외래적이고 어떤 것이 중국적인지 말하기 불가능할 정도로 세계적 요소들이 국내적 요소들과 융합되었다. 이러한 새로운 중심 도시들은 사람, 상품, 사상들이 횡단하는 초도시적·초지역적·초국가적 연계들의 토대였다. 그 결과 나타난 도시 풍경은 문화적 형식들의 창조적 전유로 전통적 중국 가극의 변용과 같은 많은 실험을 가능하게 했다. 문학에서 도시의 개방성과 부분적으로는 세계의 다른 지역에서 가져온 새로운 형식과 주제를 창조적으로 실험할 수 있는 작가들의 능력이 도시를 중국 문화의 발명과 재발명을 위한 '문화적 실험실'로 만들었다. 이는 '상하이 모던' 효과, 즉 현대적 생활과 문화의 상하이 버전을 만들었다. 상하이와 다른 도시들에 존재하게 된 문화적 기반은 인쇄 문화, 영화, 서점, 가극, 연극 그리고 다른 형식의 예술적 표현을 연계했다. 젊은 행동주의적 출판업자, 편집자, 작가들은 (양계초와 천두슈 같은 지식인들이 세기 전환기부터 했던 것처럼) 이론적 관점에서 새로운 중국과 중국인을 창조하는 것을 생각하기보다는 '새로운' 지식, '새로운' 관행, '새로운' 양식 그리고 현대적인 것과 연관된 가치들을 대중에게 확산하려고 일했다.[52] 도시 설계 면에서 그 결과는 서로 다른 민족적 양식들을 자유분방하게 혼합한 건축적 다원성이었다. 서구 건축으로부터 가져온 신고전주의 형식과 건축 계획이 점점 더 인기를 얻은 중국풍 양식에서 온 요소들과 통합되었다. 세계적 교류의 사회문화적 영향은 도시 건축이나 문학에 한정되지 않았다. 이 시기에 현대적인 기반 시설 프로젝트나 공장과 함께 서구적 스타일의 학교, 병원, 고층 건물, 자동차, 전화 서비스, 수도 등이 출현했다. 서구 영화, 춤, 당구, 서구식 패션 등도 서유럽이나 미국 대도시의 주민들과 닮은 생활양식을 가지고 있던 도시 주민들 사이에서 인기 있었다. 중국 도시는 당시 세계적 조류를 바로 뒤에서 따르는, 문화와 일상생활의 코즈모폴리턴적 중심지가 되었다. 변화와 변화에 적응할 수 있는 능력이 현대 세계에서 살기 위해 필수적인 것으로 널리 환영받았다.[53]

이 중 많은 부분이 새로운 제도의 확산으로 가능해졌다. 중심에는 특히 조약항에서 활발하고 경쟁적이었던 인쇄 매체 시장이 있었는데, 1930년대에 그 대부분은 여전히 외국의 통제하에 있었다. 이 시장에서 정보나 견해의 제공은 서비스를 구입하고자 하는 넓은 독자들을 끌어들였다. 어느 학자는 이를 '인쇄 자본주의'라고 한다.[54] 이 용어는 영리 기업으로 운영되고 인쇄물의 구독료와 낱권 판매뿐 아니라 상업 광고로도 수입을 올리는 미디어 기업에 적용된다. 이런 모델로 운영되는 출판사들은 19세기까지 거슬러 올라갈 수 있지만, 20세기 초에 번성했다. 중국 지식인들이 발전하는 공공 영역을 움직이고 활용하는 것을 배움에 따라, 이러한 정보와 오락의 시장은 언어, 사고, 사상의 확산을 위한 제도적 기초가 되었다.

문화와 일상생활 영역에서 이러한 변화들은 분명한 정치적·사회적 함의를 가지고 있었다. 현대성은 경험과 살아 있는 현실일 뿐만 아니라, 지적인 면에서는 역사적 상황과 미래의 가능성을 숙고하면서 과거와 현재에 비판적으로 개입하는 것이다. 1930년대 동안 중국 도시는 더욱 개방된 사회를 향해 발전했다. 개인과 집단이 무역, 여행, 사회관계 등을 스스로 결정할 수 있었고, 사회적 사안에도 점점 더 관심을 가지게 되었다. 그러한 토론 속에서 정치는 자유주의적이거나, 보수적이거나, 개혁적이거나, 혁명적일 수 있었다. 하나의 예로, 민주주의에 대한 집중적 토론을 들 수 있다. 많은 자유주의적 지식인은 비밀선거, 독립적 사법권, 결사의 자유, 자유 언론 등을 특징으로 하는 자유민주주의의 중요성을 강조했다. 그들은 유럽과 아메리카, 어느 정도는 일본을 모델로 제시했다. 그러나 정치적 불안, 암살, 독재적 훈정 등 때문에 다른 지식인들은 민주주의가 중국에서 빠르거나 쉽게 작동하지 않을 것이라고 확신했다. 이는 일부 중국 사상가와 작가들이 중국에 서구적 방식의 자유민주주의의 적용 가능성에 의문을 제기하면서 '인민의 지배', 즉 '민주'民主의 대안적 버전을 찾도록 자극했다. 아나키스트들은 보통 사람들이 서로 다른 방식으로 농장, 작업장, 공장 등 그들이 일하는 장소에서 권력을 얻는 것을 추구했다. 그들은 억압적인 국가 구조와 자유민주주의의 형식적 절차들을 없애기를 원했다. 마르크스주의자들은 민주주의가 계급을 기초로 한 것이며, 카를 마르크스의 정치경제 모델에서 특정한 경제적 계급, 즉 노동자나 프롤레타리아의 이익을 위한 것이라고 선언했다. (비록 일부 좀 더 실용적인 공산주의자들이 '부르주아 민주주의'가 사회주의와 공산주의로 가는 길에서 일시적인 역사적 단계가 될 수 있다고 인정했지만) 그들은 자본가나 군국주의자들을 위한 것이 아닌 프롤레타리아를 위한 민주주의를 주장했다. 민국 시기 동안 공적인 지식장은 활기가 있었고, 중국적 현대성을 위한 지적이고 철학적인 기초를 제공하는 경쟁적 사상들이 혼합되었다.[55]

교육가, 저널리스트, 작가, 학생 그리고 일반 독자들은 잘 알려진 결혼, 치정 살인, 재판의 판결, 경찰의 가혹 행위 사례, 지방의 복수 행위, 도발적인 의견 등 다양한 사안에 대한 활발한 토론에 참여했다. 소문으로 가득 차 있고 대중적 공감을 불러일으키는 도시 공동체들에 미디어 선풍이나 스캔들이 자주 파문을 일으켰다. 찻집, 길모퉁이, 뒷골목이 뉴스와 가십을 공유하는 포럼의 기능을 했다. 이런 곳에서 연설이 번성하고, 행동과 동기가 숙고되고, 가능한 동기와 이유가 탐색되었다. 이러한 공간들이 지방이나 전국의 뉴스가 퍼지는 이웃과 지방 공동체의 허브로 작동했다. 저널리스트와 논평가들은 피해자에 대한 깊은 공감을 표현했고 범인, 부패한 사람 혹은 권력을 쥔 사람들을 강력하게 공격했다. 이러한 토론은 쉽게 더 큰 사회적 문제로 번졌다. 어떤 사람은 점점 더 정치화되는 분위기 속에서 낭만적 사랑의 본질과 규칙을 재평가하려고 했다. 다른 사람들은 정의, 여성의 올바른 역할, 평등 문제, 섹슈얼리티의 기능, 군벌 지배의 폐해, 현대적 정치인의 도덕적 성격과 중앙 정권 등의 문제를 깊이 조사했다. 이러한 일상적 토론은 국가와 사회 사이 그리고 엘리트와 보통 사람들 사이에 논쟁의 장이 되었다. 대중 매체의 선정주의는 적극적으로 개입하는 중앙정부나 사회 공학의 기획들을 추구하는 행정가들에 대한 강력한 비판에 참여하게 될 현대적 대중을 동원하는 데 도움이 되었다. 주기적으로 중국 도시의 거리들은 항의하는 시민들로 채워졌다. 사원, 찻집, 성省 회관 등이 정치에 관심이 많은 문학회, 정당대회 그리고 노동조합 모임 등의 장소가 되었다.

매체와 대중들이 공유하는 이러한 토론은 보수주의자, 자유주의자, 사회주의자들 사이에서도 이루어졌다. 예를 들어 좌파들은 다양한 모습을 보였고, 몇 개 그룹을 포함했다. 예컨대 상하이 노동자들과 그들의 노동조합 대표들이 있었는데, 1926년과 1927년에 이루어진 이들의 봉기를 공산당 조직가들은 1871년 파리인들의 혁명 원칙들을 재현했던 '상하이 파리 코뮌'을 만들어내려는 시도로 묘사했다.[56] 또한 마르크스주의와 역사적 유물론을 지도적 원칙으로 채택한 지식인들도 있었다. 이러한 좀 더 급진적이고 폭력적인 그룹들 다음에 온건한 사회주의자들이 있었다. 도시의 많은 구역에서 그들의 사상이 좀 더 엄격한 마르크스주의자나 레닌주의자의 사상보다 호소력이 더 컸다. 이 시기에 많은 지식인과 학생들이 정치사상과 정치운동으로서 마르크스-레닌주의보다 사회민주주의에 더 가까웠던 민주적 사회주의의 일종을 선호했다. 1930년대 중국 최초의 인권운동 활동가들은 대부분 정부에 비판적인 자유주의적 지식인들이었다.[57] 그들은 '중국민권보장동맹'中國民權保障同盟을 설립했는데, 이 단체는 특히 (다수가 좌익이었던) 구류된 사람이나 정치범들의 권리에 관심을 가졌다. 중국민권보장동맹은 장제스와 국민정부의 정치적 억압에 주의를 기울이면서 의견의 자유, 언론의 자유, 집회의 자유 등과 같은 기본적인 정치적 권리의 승인을 요구했다. 그들은 보수적인 정부 지지자들의 비판뿐 아니라 마르크주의자들의 비판에도 자신들의 기본권 고취를 옹호했다.

무시할 수 없는 또 다른 세력은 중국 보수주의였는데, 이는 5·4운동의 급진적인 반전통주의에 대한 반작용으로 보아야 한다. 중국에 서로 다른 형태의 보수주의들이 있지만, 모두 중국의 문화―도덕적 유산을 보존하려는 열망이라는 공통점을 가지고 있었다. 보수주의는 증국번과 같은 19세기 선구자들에 기초하여 제1차 세계대전의 공포와 계몽적 모더니즘에 대한 반작용으로 등장했다. 보수적인 중국인들의 사상에는 신유학뿐 아니라 프리드리히 니체, 앙리 베르그송, 루돌프 오이켄, 한스 드리슈, 버트런드 러셀 등의 철학이 반영되어 있었다.[58] 예를 들어 1920년대에 양계초는 휴머니즘, 동정심, 자기수양에 대한 중국의 전통적 강조가 현대성의 기술적 차원을 보완해야만 한다고 생각했다. 항저우에서 온 고전 훈련을 받은 학자 장빙린은 일본어 신조어인 '국수'國粹, 즉 국가적 본질을 탐색하면서 중국 전통의 원천으로 돌아갔다. 그리고 장빙린과 다른 혁명가들에게 한漢의 민족성은 이러한 본질의 중요한 측면이었지만 종족적이라기보다 문화적인 것이었다. 보수주의 사상가들은 중국의 전통문화를 여전히 세계에 대해 의미가 있는 중요한 가치들을 제공하는 복잡한 혼합물로 보았다. 량수밍梁漱溟(1893~1988)은 자신의 세대에 중국 정통 사상의 가치를 비판적으로 재발견하라고 요구했다. 그는 "중국의 원래 태도를 비판적으로 새롭게 꺼내야 한다"라고 썼다.[59] 국수 학자들은 무너지는 유교 교리에 대해 역사적으로 뿌리 깊은 대안을 찾는 그러한 탐색과 관련을 맺게 되었다. 그들은 불교와 도교의 영성에도 관심을 보였다. 문화보수주의는 발전해가면서 민족주의와 현대성에 연계된 정치적 동향에 관여하게 되었다. 주된 관심은 현대 문명에서 어떻게 중국의 자신감을 회복하고, 어떻게 중국을 구원할 수 있는가 하는 문제와 관련이 있었다. 문화보수주의자들은 민족주의적이었지만, 그들이 중국의 핵심적 가치와 '국수'에 대한 진정한 헌신을 결여했다고 생각한 국민당의 정치 질서와 모호한 관계가 있기도 했다. 전통의 원천을 회복하고 보존하며 세계적 현대성의 맥락 속에서 전통문화를 명료하게 표현하려는 탐색 속에서 그들은 오늘날 중국의 토착적 사고의 핵심 자원으로 남아 있는 일련의 학문적 성과를 남겼다.

세 번째 세력은 현대 중국의 자유주의적 지식인들과 그들의 자유주의적 전망이었다. 예를 들어 주도적 자유주의자 후스는 실용주의 혹은 그가 '실험주의'라고 부르기를 선호했던 것을 요구했다. 그는 동시대인들에게 추상적 원칙이나 '주의'에 집착하는 대신 구체적인 문제에 대한 구체적 해답을 찾으라고 조언했다. 그는 다음과 같이 썼다. "우리는 인력거 끄는 사람의 생계를 연구하지 않고 사회주의에 대한 추상적 이야기를 한다. 우리는 어떻게 여성을 해방시키고 가족 체계를 개선할지 연구하지 않고 아내를 공유하고 자유로운 연애를 하는 주의에 대해 추상적인 이야기를 한다."[60] 그는 마르크스주의의 주장을 비판하면서 공장 상황과 여성의 지위가 분리된 문제로 이해되어야 하며 모든 것을 포괄하는 체계의 징후로 여겨져서는 안 된다고 요구했다. 후스는 중국의 문제들에 대해 구체적이고 점진적인 개혁을 실행할 것을 원하면서 전체적인 체계 변화로서 혁명을 거부했다. 민국 시기 자유주의자들은 자유와 실용주의를 강조했지만 효율적 통치, '계획이 있는 정부', 정치적 엘리트주의를 옹호하기도 했다. 그들은 대개 기존 정치제도의 밖에 있었으므로 필연적으로 통치 엘리트들과 대립했고, 특히 다른 국가 건설 기획을 따르고 훈정과 일당 지배를 시행했던 1928년 이후 국민당과 대립했다. 현대성의 자유주의적 전망은 마르크스주의자들과 국민당의 당─국가 양쪽 모두의 전망과 불화했다.

공적 토론, 비정부단체나 심지어 반정부단체와 조직, 정치운동, 문화적 사안에서 자율성 등의 성장은 많은 곳에서 국민정부의 가혹한 대응을 끌어냈다. 정치적 억압이 국민당 통치의 주요 수단이 되었다. 1930년 초에 국민당 정권은 더 이상 대중적 지지를 유지하지 못하는 것을 두려워했다. 국민당 정권은 증대하는 불만과 다원주의의 조류를 단호하게 억누르려고 비판에 대한 통제를 더 엄격하게 했다. 정치적 반대자들이 암살되었고, 비판적인 보도를 한 사람들이 체포되었으며, 신문과 잡지는 검열을 받았다. 정부는 인권을 거의 존중하지 않았다. 정부의 영토적 통제가 여전히 제한적이었기 때문에 비판자들은 대개 외국이 관리하는 조약항 조계나 장제스 반대자들이 지배하는 성에서 안전한 피난처를 찾았다. 장제스는 증대하는 일본의 공격적 정책에 직면해서 중국공산당에 대한 투쟁을 계속하는 것 때문에 비판을 받기도 했다. 그러나 장제스의 관점에서는 국민당에 대한 반대는 중국을 외국, 특히 일본의 공격으로부터 취약하게 만드는 것이었다. 그에게 저항, 특히 1927년 이후 농촌 지역으로 초점을 옮긴 공산주의 운동 형식의 저항은 더욱 긴급하고 즉각적인 위협이었다.

농촌 근거지에서 혁명 다시 시작하기

마오쩌둥은 여전히 광저우에 기반을 두었지만 1920년대 중반부터 대안적인 혁명 전략을 찾고 있었다. 마오는 후난성 사오산韶山의 비교적 부유한 농촌 가정에서 태어났다. 그는 교사로 훈련받은 후에 베이징으로 가서 베이징대학 도서관에서 일했다. 그는 이때 마르크스주의 저작을 읽기 시작했다. 1921년 그는 중국공산당 창당 멤버 중 한 명이었으며, 후난에 당 조직을 만들었다. 장제스가 반공산당 숙청을 시작한 후 마오쩌둥은 후난 농촌으로 후퇴했고, 그곳에서 농민의 힘을 확신하게 되었다. (같은 해 4월 국공합작이 결렬되기 직전인) 1927년 3월 공산당에 제출했던 40쪽 분량의 격정적인 '후난 농민운동 고찰보고'湖南農民運動考察報告에서 마오는 후난에서 빈농들의 권력 장악과 농민 협회로부터 굴욕을 당하는 지주들을 묘사했다. 그는 여성들이 스스로를 남편으로부터 해방시키고 민병과 비밀결사, 심지어 범죄 집단의 구성원들이 당국과 지방 엘리트들에 대해 봉기를 일으키고 반항하면서 어떻게 농촌 질서가 뒤집히는지를 찬양했다. 그는 또한 과거에 악행을 저지른 지방의 '토호'土豪와 '악덕 신사'(劣紳)를 처벌할 때 농민들이 느끼는 복수의 감정을 공감하면서 묘사했다. 그는 코민테른과 도시 인텔리겐치아가 추구하는 혁명 전략에 암시적 비판을 제기했다. 그가 프롤레타리아의 지도를 명확하게 부인하지 않았지만 그의 보고는 빈곤한 농민들의 역할과 힘에 집중했다. 그는 농촌의 동원이 중국에서 혁명이 성공하는 유일한 길이라고 확신했다. 그는 다음과 같이 썼다. "현재의 농민운동 흥기는 매우 큰 문제다. 아주 짧은 시간 안에 농민 수억 명이 … 일어나서 그 세력이 사나운 바람과 모진 비와 같고 대단히 빠르고 맹렬하여 어떠한 큰 힘으로도 억압하지 못할 것이다."[61] 마오는 또한 농민운동의 과도한 폭력에 대해 반혁명과 지방 신사들의 권력을 극복하려면 피할 수 없고 필요하다는 점을 분명히 했다. 촌락과 같은 기존의 역사적 공동체를 기반으로 하는 공산당 조직의 활동가들은 스스로 작업, 방어, 교육, 사회생활의 구조 속으로 들어가야 했고, 점차 국가 전체로 확산될 수 있는 혁명의 은닉처를 만들어내야 했다. 마오는 농촌의 변화를 추구하면서 농업 사회주의, 아나키즘, 마르크스-레닌주의 이론을 결합하는 전략을 선호하기 시작했다. 1927년 대부분 도시 당 조직이 국민당에 파괴된 이후 많은 공산당원이 마오의 이데올로기를 수긍한 것은 아니라 하더라도, 대체로 농민을 동원하는 마오의 전략이 유일하게 남은 가능성이라는 점에 수긍하고 혁명을 다시 시작할 수 있는 경로로 보게 되었다.

마오는 자신이 20대 중반에 학생으로 있던 펑파이澎湃(1896~1929)의 광저우 농민운동강습소에서 농민의 혁명적 힘에 대한 인상과 통찰을 얻었다. 남쪽 끝에 있는 성인 광둥의 부유한 지주 가문에서 태어난 펑파이는 중국의 신식 학교에서 교육받고 1918년에서 1921년까지 도쿄의 와세다대학에 유학했다. 펑파이는 일본에서 중국으로 돌아온 후 새롭게 창당된 중국공산당에 입당했고, 고향인 광둥으로 돌아가서 추가 소작료와 같은 지방의 악습, 악당들, 지방 엘리트들의 협잡 등에 저항하려고 농민 협회를 조직하기 시작했다. 1927년 말 펑파이는 남부 해안에서 (혁명정부 위원회인) 하이루펑海陸風 소비에트를 건설했다. 이 소비에트는 1928년 2월까지 4개월 동안만 지속되었다. '작은 모스크바'라고 불렸으며, 심지어 크렘린을 모방하여 입구를 갖춘 '붉은광장'까지 있었던 이 지역은 농민, 비적·공산주의자들의 연합으로 통치되었다.[62] 그 지지 기반은 대부분 토지가 없는 계절노동자, 방랑자, 비적·탈영병, 밀수업자, 매춘부 등으로 이루어져 있었다. 농민 연합은 수 세기 동안 대중을 착취해 온 악당으로 낙인찍힌 지주 집단에 대항하여 빈곤 대중, 토지가 없는 농민의 편에 서려고 했다. 마오쩌둥에 따르면 전체 과정은 '민주적 테러' 형식으로 의도된 것이었다. 그것은 계급 정의의 이름으로 행해지고, 대중들에 의해 정당화되어 민주적이라고 간주된 테러 형식이었다. 반대자 처리는 정말로 폭력적이고 잔인했다. 나중에 군중대회라고 불리게 된 행사에서 고발당한 사람은 모욕당하고, 맞고, 고깔모자를 써야만 했다. 고발된 많은 지주는 사형을 선고받았고, 참수형이 집행되었다. 그들의 머리가 막대기에 꽂혀 시장에서 전시되었는데, 이는 제국 시기에 있었던 추가 형벌이었다. 의례적인 식인에 대한 보고도 있었다. 전통 시기 중국에서 적의 장기를 먹는 것은 악행에 대한 복수를 완성하는 것이었다. 유혈적인 복수 광경은 농민들을 결집하고, 정치적 목표를 낙인찍고, 분명한 정치적 메시지를 전달하는 효율적인 방법이었다. 이러한 운동 과정에서 촌락 전체가 파괴되었다. 마오쩌둥은 테러를 혁명의 무기로 승인했지만, 하이루펑에서 이루어진 폭력의 규모는 받아들이지 않았다. 모스크바도 '목적 없고 무질서한 학살과 살해'를 강하게 거부했다.[63]

1927년 당이 거의 파괴된 이후 재난의 원인에 대한 토론이 이어졌다. 이 토론에서 마오의 가까운 동료 중 한 명이 된 뛰어난 군사 전략가 주더朱德(1886~1976)가 중요한 역할을 했다. 가난한 농민 가정 출신인 주더 역시 신식 학교에 다녔다. 그는 1909년 윈난육군강무당雲南陸軍講武堂에 입학했고 1920년대에 독일과 소련에서 군사학을 공부했다. 소련 경험이 그에게 권위를 가져다주었다. 그는 공산당에 자체 군대가 필요하다는 것, 당은 농촌 지역에 초점을 맞추어야 한다는 것 등 두 가지 점에서 마오에 동의했다. 이러한 맥락에서 마오쩌둥은 1927년 8월 7일의 긴급 당 회의에서 "권력은 총구에서 나온다"라고 말했다.[64] 그 결과 오합지 졸의 혁명군이 1928년 5월 홍군으로 이름을 바꾸었다. 이러한 통찰로 부터 농촌을 동원하여 '도시를 포위'한다는 전략도 생겨났다. 기본적으로 마오쩌둥과 주더는 계절노동자, 비적·방랑자 등 농촌 사회의 가장 낮은 계층을 입대시키는 것을 옹호하는 계획을 제시했다. 그들의 지지로 그 지역에 거의 없었던 부유한 지주의 토지뿐만 아니라 소규모 지주와 부농의 토지도 몰수해 빈농과 토지가 없는 노동자들에게 필요에 따라 재분배했다.

1927년 공산당원에 대한 국민당의 '백색 테러' 몰살 작전이 일어났을 때, 공산당의 남은 인원들은 우한과 상하이로부터 도망쳐야만 했다. 이 공산당원들은 장시성의 농촌에서 피난처를 찾았고, 징강산 지역의 언덕과 산들이 국민당 추적자를 막는 천연 방어망이 되었다. 징강산 일대는 조직적인 비적 집단들이 통제하는 전형적으로 법이 미치지 못하는 지역이었다. 마오는 이 지역에 도착하자마자 공산주의자들을 경계하는 지방의 산적, 무법자들과 연계를 구축해야 했다. 징강산은 농촌 혁명의 독특한 중국적 경로로 가는 최초의 실질적 실험 장소가 되었다. 당은 나중에 '마오이즘'이라고 이름 붙게 되는 사회·문화·군사·경제 정책을 발전시키고 실험하기 시작했다.[65] 그러나 그러한 시작은 이 지역의 빈곤과 당 구성원의 다양성 때문에 다소 혼란스러웠다. 일부 정책이 실질적으로 전통적인 비적의 행동과 구별되지 않았다는 사실은 수년간 논쟁의 원인이 되었다.

거의 1년 반 동안 '주마오군'朱毛軍으로 널리 알려진 홍군의 보호 아래 징강산의 사회적·문화적·경제적 생활은 산산조각이 났다. 1928년

6월까지 이 지역 대부분 토지는 새로운 권력에 몰수되어 빈농과 토지가 없는 농민들에게 재분배되었다. 그리고 토지의 새로운 소유자들은 새로운 당국에 세금을 납부해야 했다. 놀랍지 않게도, 이러한 급진적 사회 정책은 지주뿐 아니라 심지어 재분배로 땅을 받았던 사람들을 포함한 많은 농민으로부터도 매서운 반대에 부딪혔다. 이 지역에는 대지주가 몇 명뿐이었고 농민 대다수는 가난했으며 작은 토지만 소유했다. 토지 재분배에서 혜택을 받은 사람은 거의 없었다. 그러나 그들은 소작료와 세금 인하를 선호했다. 이 가난한 산지는 농민들이 세금을 납부하고 비교적 큰 군대의 주둔을 유지하기에 충분할 정도의 생산을 할 수 없었다. 반면 홍군은 혁명을 계속하기 위해 자원이 필요했다. 홍군은 점점 더 지방 사회와 공산주의자들 사이의 관계를 더욱 악화시켰던 징발로 나아갔다.

홍군이 온 이후 징강산은 곧 민병과 국민정부군의 합동 진압 작전의 목표가 되었다. 장제스는 공산주의의 위협을 쓸어버리는 일에 전념했다. 이 작전은 몇 가지 요인이 공산당 단결을 약화시키기 시작했을 때 개시되었다. 내부적 불화가 분출했다. 1929년 코민테른의 지시에 따라 당시 공산당 지도자였던 리리싼이 왕밍과 소련에서 상하이로 파견된 코민테른이 훈련시킨 새로운 혁명가 그룹으로 대체되었다. 모스크바가 당 지도부를 접수하려고 보낸 왕밍과 '28명의 볼셰비키'가 도착하자 공산당 내 갈등이 나타났다. 문제가 된 것은 미래에 대한 전략이기도 했다. 당은 농촌 지역을 동원하는 데 집중해야 하는가, 아니면 도시 지역에서 불안과 봉기를 선동해야 하는가? 리리싼 지지자들, 코민테른의 원격 통제를 싫어했던 베테랑들, 왕밍의 성격과 스타일에 불만이 있던 당원들은 그의 지도를 거부하기 시작했다. 중국공산당이 자신들의 내부 사안을 통제하고 모스크바에서 고안한 정치노선의 준수를 강화하려 했던 코민테른의 시도를 경계했지만, 모스크바의 감시에서 벗어날 수는 없었다. 지배하고 있는 빈곤한 지역에서 자원을 확보하는 일의 어려움을 경험한 중국공산당은 소련의 무기, 병참, 자금 지원에 크게 의존했다. 1929년 1월 징강산을 더는 방어할 수 없다는 것이 분명해졌다. 철수해야만 했다. 1년 이상 이리저리 헤맨 끝에 1930년 초가 되면 마오와 그의 부하들은 전투 경험으로 다져졌지만 완전히 지쳐 버렸다. 그들은 장시성 남쪽 평원의 루이진이라는 작은 도시에 자리 잡았다.

도착하자마자 당이 내부 규율과 보안을 관리하는 방법을 변화시킬 폭력적인 당내 갈등이 분출했다. 장시에서 마오와 그 부하들은 자율성을 포기하려 하지 않을 뿐 아니라 새로 도착한 지도자와 군대에 복종하려 하지 않는 기존의 지방 농민운동과 마주했다. 게다가 마오가 발전시키고 있던 농민 기반 혁명에 대한 강조는 분명히 상하이 중앙위원회의 도시 지역 집중에 도전하는 것이었다. 이른바 푸톈富田 사건에서 분출된 이러한 긴장에는 두 가지 직접적 원인이 있었다.[66] 하나는 토지 개혁이었다. 마오는 가족 규모에 기초한 토지 재분배 정책을 지지했다. 그는 가족이 많은 가정이 토지 분배로 더 많은 땅을 받아야 한다고 제안했다. 지방의 이해관계에 좀 더 개방적이었던 장시의 지방 지도자들은 (실제로 일하는 가족 구성원을 의미하는) 가족의 노동력에 기초한 덜 급진적인 토지 재분배 정책을 선호했다. 두 번째 논쟁은 장제스 국민당군의 예상되는 공격에 장시의 공산당 근거지를 방어하기 위한 군사 전략을 중심으로 하는 것이었다. 마오는 '적을 깊이 유인하는' 전략을 옹호했다. 적의 군대는 공격받기 전에 지역 안으로 들어오도록 유인되어야 했다. 이는 홍군이 징강산에서 병력이 우세한 적으로부터 생존하게 해준 전략이었다. 그러나 장시의 지방 공산주의 지도자들은 이러한 방법이 장기적으로는 성공적이라 하더라도, 그들 고향 지역의 파괴를 가져올 수 있음을 두려워했다. 이러한 갈등은 지방 국민당이 침투와 전향의 비밀공작으로 공산당의 정책을 약화하려고 만든 AB단(AB는 '반볼셰비키anti-Bolshevik'를 의미)으로 불린 반공산주의 비밀 그룹의 실질적이거나 가상적인 존재 때문에 더욱 복잡해졌다. 마오는 장시의 지방 공산주의자들 조직이 'AB단원과 부농들'로 이루어져 있다고 주장하고 반대파가 '객관적으로 반혁명적'이라고 낙인찍었다. 양측 모두 서로 불신하기 시작했다. 새로 온 사람들과 지방 공산주의자들 사이에서 AB단 제거를 명분으로 공개적인 싸움이 일어났다. 이 대립으로 1930년 12월 푸톈에서 지방 공산주의자들이 학살되었다. 광범위한 유혈 숙청이 이어졌고, 결국 마오와 그 지지자들이 승리했다. 1931년 말까지 장시의 지방 공산주의자 수천 명이 체포되어 죽었다. 분명히 마오가 숙청의 유일한 배후는 아니었다. 추구하는 목표는 다양했지만, 지도부 전체가 그를 지지했다. 숙청은 통제에서 벗어났고 곧 너무 광범위해지고, 분산되고, 즉흥적이 되어 한동안 어떤 최고 지도자들도 억제할 수 없게 되었다. 그러나 그의 정책에 대한 당내 반대가 효과적으로 진압되었기 때문에 의심할 바 없이 이 사건의 결과는 마오쩌둥에게 명백히 유리했다.

푸톈 사건은 고통과 공포의 시기에 일어났던 최초의 대규모 당내 유혈 숙청이었다. 그러나 이 사건은 당내 반대를 다루고 규율과 복종을 강화하려는 폭력적 숙청이라는, 하나의 유형이 될 것을 드러내기도 했다. 당 규율과 보안은 지도부로부터 큰 관심을 받았던 문제였다. 푸톈 사건 때까지 당 규율은 1929년 공산당의 성급 단위에 설립된 '숙청반혁명위원회'肅淸反革命委員會가 다루었다. 푸텐 사건의 결과로 숙청반혁명위원회가 1931년 3월 폐지되고 그 자리에 새로운 기구가 만들어졌다. 국가정치보위국國家政治保衛局이라고 불렸던 이 기구는 근거지 공산당 정부의 한 부처로 기능하도록 설계되었다. 이어진 시기에 정치보위국은 당 조직, 홍군, 정부 기구의 모든 단계를 관통하는 요원들의 광범위한 네트워크를 건설했다. 정치보위국은 국민당의 정보활동을 적발할 요원들을 훈련하고, 반혁명 활동과 스파이 행위·방첩 문제를 수사할 뿐 아니라 스파이 행위, 투옥, 소비에트공화국이나 홍군의 적 또는 적으로 훈련받는 사람들을 처형하는 것과 관련된 사건들의 해결 등을 맡았다. 이것은 지대한 영향을 가져올 제도적 혁신이었다. 이를 기반으로 당내의 수상한 적을 다루기 위해 잘 알려져 있지 않은 비밀스럽고 강력한 안보 기구가 나타났다.[67]

1931년 당이 루이진에서 전국대표대회를 준비할 때, 왕밍은 모스크바로 소환되어 1937년까지 머물렀다. 9월에 국민당군의 세 번째 작전을 물리친 중국공산당 지도부는 1931년 11월의 당 대회에서 새롭게 구성된 중화소비에트공화국 정부를 선포하기에 충분할 정도로 강해졌다고 느꼈다. 마오쩌둥은 '국가주석'이자 중앙인민위원회 주석으로서 정부 지도자로 임명되었다. 중앙 조직을 이곳으로 옮긴 중국공산당은 총서기 보구 아래 정부와 분리된 조직으로 남았다. 새로운 반란 국가의 인구는 약 300만 명이었다. 이 국가는 완전히 새로운 제도들에 기초했다. 새로운 정부 지위에 걸맞게 지도부는 토지와 노동에 대한 광범위한 새 법률들을 발표하고 기초적인 헌정 프로그램을 채택했다. 토지 개혁 프로그램은 토지가 없거나 비교적 적은 토지를 가지고 있는 사람(빈농과 중농)은 누구나 토지를 많이 소유한 사람(부농과 지주)에게서 가져온 땅을 먹고살기에 충분할 정도로 받게 될 거라고 규정했다. 따라서 장시에서 펼친 정책은 비교적 온건했다. 가정들은 경작할 수 있을 정도의 토지를 받았고, 나머지는 토지가 없는 농민이나 계절노동자들에게 재분배되었다. 그러나 여기에서도 토지개혁은 종종 저항을 받았다. 갈등은 토지 소유를 범주화하는 기준이나 분배에 사용되는 기준에 대한 의심 때문에 생겨났다. 정부는 토지에 대해 국민정부가 부과하던 세금보다 약간 낮은 (수확의 약 38%) 정률세를 부과했다. 가게 주인들도 안전하게 상품을 운송하기 위해 수선된 도로를 포함하여 이 지역에 편의시설을 제공하기 위한 세금을 냈다.

루이진시와 몇몇 외딴 소도시에 대도시 바깥의 중국에 거의 알려지지 않았던 전기, 케이블 통신, 전화 등이 설치되었다. 공산당은 자체 출판 기구에 더해서 라디오 방송 회사를 설립했다. 1931년 헌법이 공포되었다. 헌법은 주민의 재산을 보호하고 먀오족, 이족, 리족, 좡족 등 이 지역에 살던 소수민족들의 재산권, 문화적 독립성, 정치 참여 등을 명백히 승인했다. 문화적 소수 지역이 분리 독립할 권리도 명확하게 보장되었다. 혼인법은 중매결혼을 금지하고, 지참금을 불법화하고, 어느 한쪽의 요구에 따른 이혼을 가능하게 했다. 공립학교들이 남녀 어린이 모두에게 개방되었다.

공공위생 캠페인이 있었고 기초적인 보건 체계가 수립되었다. 중앙 당국은 농촌 지역에서 여전히 널리 행해지던 신체형을 모두 폐지했다. 수감자에 대한 비인도적 대우가 금지되었다. 마오쩌둥은 이를 '위대한 역사적 개혁'이라고 선언했다.[68] 이러한 목적을 이루고자 즉흥적인 포퓰리즘 시기가 지나고 치안과 사법에 대한 좀 더 공식적인 방식을 약속하면서 '내무인민위원회'內務人民委員會와 '사법인민위원회'司法人民委員會가 새로 설립되었다. 이 기구들은 근거지의 모든 법원, 감옥, 경찰, 법률 문제를 책임지게 되었다. 일반적으로 말해서 감옥 부문을 관리해야 하는 것은 사법인민위원회였다. 사법인민위원회는 구금을 담당하던 국가 정치보위국을 실질적으로 대체했다.

마오는 장시에서 권력의 정상에 오른 후에 곧 지도부의 비판과 압력을 받았다. 그는 1932년 초 실질적으로 권력을 잃었다. 중앙위원회를 지배했으며 모스크바의 지지를 받던 '돌아온 유학생' 파벌이 그를 반대했다. 젊고 모스크바에서 훈련받은 중국 공산주의자들은 자신들과 달리 해외 경험이 없고 마르크스주의 이론가로서 자격을 갖추는 길을 거의 걷지 않은 마오에 비판적이었다. 그들은 마오의 게릴라 전쟁과 급진적 농업 혁명이라는 난폭한 정책에도 반대했다. 마오의 지위는 의례적인 위상으로 축소되었다. 장제스가 '비적을 토벌하는(剿匪)' 작전을 지휘하던 1933년 5월 장시의 공산주의자들은 독일의 공산주의자 오토 브라운Otto Braun(1900~1974)의 조언에 따라 마오의 기동전 전략을 버리고 좀 더 전통적인 방어를 택했다. 장제스는 앞서 펼친 작전들의 패배에서 배우고 독일 고문단의 추천에 기초하여 느리게 전진하는 요새망 건설에 집중하기 시작했다. 군인 80만 명이 기관총 사격에서 보호를 받는 진흙과 벽돌로 된 전초 기지의 포위망을 건설했다. 전투에서 양측 모두 사상자가 수천 명 나왔지만, 1934년까지 모두 1만 4,000개 요새와 새로운 도로 2,500킬로미터가 전투 지대에 건설되어 공산당 지역을 효율적으로 봉쇄했다. 1934년 초여름 공산당 지도부는 희망이 없는 상황이 되었음을 인식했다. 손실이 꾸준히 커졌고 탈영이 늘어났으며 보급은 봉쇄 때문에 줄어들었다. 결국 공산당 지도부는 주력 부대를 철수하기로 결정했다. 1934년 10월 25일 홍군은 첫 번째 포위망을 뚫고 후난 남부로 이동했다. 그리고 서북 지역을 향한 유명한 '장정'長征이 시작되었다. 행군에 참여했던 약 9만 명 중 소수만이 살아남았다.[69]

서쪽 방향으로 구불구불한 경로를 따라 이동하다가 1935년 1월 초 구이저우성의 소도시 쭌이遵義에서 장정이 잠시 중단되었다. 샹강湘江 도하를 두고 5일 동안 국민당군과 싸우면서 군 병력의 절반을 잃었다. 이러한 손실과 패배를 배경으로 공산당 정치국 회의에서는 마오에게 권력을 돌려주기로 결정했다. 비록 내부 투쟁이 1940년대 초까지 계속되었지만, 41세인 마오는 당의 지배적 지도자가 되었다. 그는 다시 군대 통솔권을 가졌고 자신이 선호하는 정책을 추구할 수 있었다. 동시에 코민테른의 직접적 장악이 마침내 느슨해졌다. 장정은 남은 부대가 공산주의자 류즈단劉志丹(1903~1936)의 지휘 아래 있는 산시陝西 북부에 자리 잡고 있던 지방 소비에트 지구에 도착한 1935년 10월까지 계속되었다. 홍군은 (오늘날 류즈단의 이름을 따라 '즈단'이 된) 바오안保安에 사령부를 세웠다. 행군은 1년 동안 지속되었는데, 그동안 홍군은 11개 성을 횡단하고, 1만 킬로미터 이상을 걷고, 큰 산맥을 다섯 개 넘고, 수많은 강을 건넜다. 손실은 엄청났다. 군인 8,000명만이 시련에서 살아남았다. 장정은 과감했지만 무모한 작전이었다. 그러나 그 결과적인 중요성은 신화와 정당화에 있었다. 장정이 공산주의자들의 생존 의지와 불리한 조건 속에서의 인내에 대해 보여준 것은 혁명적 대의의 타당성뿐 아니라 궁극적으로는 지도자와 그의 정책이 정확하다는 것을 보여주는 증거로 받아들여졌다.

6

전시의 중국
1937~1948

일본과 교전이 발생하면서 정치적 우선순위가 재편되었을 때, 국민당 정부는 중국을 재건하는 일에서 상당한 성과를 거두고 있었고, 국내에서 주요한 도전이었던 공산주의 운동을 거의 파괴한 상태였다. 정부 안팎에서 일본에 대항하려는 전국적인 폭넓은 연합을 요구하는 목소리가 커져갔다. 그러나 장제스는 1936년 12월 시안에서 2주 동안 납치된 이후에야 중국공산당과 싸우기를 멈추고 제2차 국공합작에 들어가는 데 동의했다. 이 합작은 첫 번째보다 훨씬 더 걱정스러웠다. 그러나 적어도 서류상으로는 통일되고 단호한 중국이 영토를 지키려는 전쟁을 시작했다.

그 결과는 엄청난 희생을 요구하고 중국을 황폐하게 했으며 중국 역사를 바꾸는 길고 고통스러운 저항 전쟁이었다. 늘어나는 손실과 광범위한 파괴는 그동안 발전으로 이룬 것을 대부분 망쳐놓았다. 처음 몇 년 동안 중국은 외부의 지원을 거의 받지 못했다. 중국이 받은 지원은 대부분 자문, 자금, 장비, 탄약 등의 형태로 소련에서 온 것이었다. 1937년과 1938년에 동부 해안 지방 거의 전부를 일본에 빼앗겼고, 중앙정부는 1937년 충칭으로 피난해야 했다. 소련의 지원이 줄어든 1939년 그리고 결국 몰로토프─리벤트로프조약으로 지원이 중단된 1941년에는 전망이 암울하고 완전한 패배가 임박한 것처럼 보였다. 그러나 일본에는 대단히 괴로운 일이었지만, 중국은 끈질긴 저항으로 일본이 더 전진하는 것을 막을 수 있었다.

남은 전쟁 기간 중국은 사실상 여러 지역으로 나뉘어 있었다. 장제스와 국민당은 외진 곳에 위치한 전시 수도 충칭이 자주 공습을 받는 어려운 상황에서 중국 내륙 대부분을 통제했다. 중국공산당은 북부 중국에서 자신들이 통제하는 농촌 지역을 만들어냈을 뿐 아니라 더 확장했다. 만주에서 광저우까지 해안 지역은 일본이 조종하는 협력 정권들이 통치했다.

1941년 일본이 진주만을 공격한 이후 중국이 일본, 독일, 이탈리아에 공식적으로 선전포고를 하고 연합국에 합류하면서 외로운 싸움이 끝났다. 이로써 저항 전쟁은 전 세계에 걸친 제2차 세계대전의 일부가 되었다. 중국은 서구, 주로 미국에서 지원을 얻게 되었다. 중국 정부가 전 지구적 전쟁에 참여함으로써 19세기에 중국이 상실했던 권리들을 되찾는 기회를 얻은 것도 마찬가지로 중요했다. 무엇보다 조약항의 외국 행정권과 치외법권이 폐지되었다. 중국은 이러한 중요한 성취로 마침내 제국주의의 굴욕적 유산에서 벗어났다.

세계 전쟁이 끝난 후 주도적 초강대국인 미국과 소련은 양국 사이에 적대감이 커지고 있었음에도 중국에 포괄적인 연합정부를 수립하고자 노력하기로 합의했다. 파괴와 손실을 고려하면 이것은 앞으로 나아갈 가장 합리적인 방법처럼 보였다. 1945년 여름 장제스와 마오쩌둥의 몇 주에 걸친 협상 기간에는 민주적이고 통합된 중국이라는 형태로 전후 타협이 실질적으로 가능한 것처럼 보였다. 그러나 높아지는 적대감과 일본이 떠난 전략적 요지를 차지하려는 경쟁 때문에 이러한 전망은 아무런 실질적 결과를 가져오지 못하고 덧없는 희망의 순간으로만 남았다. 혹사당하고 탈진한 중국은 또 다른 전쟁을 견뎌야만 했고, 1949년 끝난 이 전쟁은 지구상에서 인구가 가장 많은 중국이 공산주의 국가가 되는 믿기 어려운 결과를 가져왔다.

긴장이 고조되는 시안

중국과 일본의 갈등은 장기간에 걸쳐 형성되었다. 그러나 일본이 늘 경쟁자였던 것은 아니다. 우리가 살펴본 것처럼 20세기 초 일본은 개혁 지향적인 지식인·학생들에게 중요한 모델이었다. 그러나 일본이 대륙에 대한 야심과 함께 스스로를 팽창하는 제국으로 개조함에 따라 경쟁자가 되었다. 일본은 일본 열도의 제한된 자원과 영토 때문에 갈수록 더 일본의 생명선으로 묘사되던 지역인 북부 중국의 식량, 금속, 광물 등과 같은 자원에 접근하고자 노력했다.[1] 대공황은 대륙에 대한 일본의 야심에 불을 지폈다. 미국과 유럽의 보호주의는 일본의 수출 경제를 위축시키고, 일본이 경제적 자립에 필요한 구역을 스스로 추구하게 만들었다. 게다가 일본인의 눈에 비친 장제스와 그의 정부는 중국을 대표하는 진정한 정당성을 결여한 약탈적 군벌 정권을 닮아 있었다. 일본은 스스로 청을 포함한 동아시아 제국들의 진정한 후계자로 여겼다. 이러한 시각은 동양의 국가들이 일본의 지도 아래 연합하여 서양의 물질주의와 제국주의에 저항해야 한다고 주장하는 범아시아주의 이데올로기를 자극했다. 일본의 군 지도부와 경제계에는 일본이 중국에서 특별한 사명과 배타적 권리를 가지고 있다는 믿음이 널리 퍼져 있었다.

중앙집권화된 권위의 약화가 군벌의 발흥을 가져온 것과 마찬가지로 중국 영토에서 일본의 군사 제국이 자라날 공간 또한 열어주었다. 1928년 만주의 중국 군벌 장쭤린이 일본의 잠식을 방해하려고 하자 일본은 그를 암살했다. 장쭤린 살해는 만주를 통제하려는 일본의 의지를 분명하게 보여주었다. 중국 영토에서 이 사건과 다른 행동들을 수행한 일본인 장교들이 늘 공식 명령을 받은 것은 아니었다. 오히려 그들은 일본에서 '군대 장교들과 민간의 이론가들을 연결하는 은밀한 연구회와 단체의 제국 전체에 걸친 네트워크의 일부'였다.[2] 그들은 중국 본토에서 일본의 팽창을 격렬하게 밀어붙임으로써 일본에서 제국 체제를 강화하고자 했다. 중국 주둔 일본 군대인 관동군의 지도자들은 그러한 생각에 강하게 사로잡혀 있었다. 예를 들어 1929년부터 1932년까지 관동군의 작전 장교였던 이시와라 간지(1889~1949) 대령은 국제적 상황에 대해 어둡고 비관적인 이해를 가지고 있었다. 그는 일본과 미국 사이의 대전쟁을 피할 수 없다고 믿었다. 이 시나리오에서 만주 영유는 일본의 생존에 필수적 조건이었다. 이러한 까닭에 그는 만주에서의 대담하고 은밀한 행동에 찬성했다. 1931년 9월 18일 이시와라 부대는 묵덴(지금

^{의 선양)}의 한 간선 교차로에서 남만주 철도 선로의 한 부분을 폭파하고는 중국 군대에 그 책임을 돌렸다. 도쿄의 군 지휘부가 그러한 행동이 계획되고 있음을 알았는지, 만약 알았다면 승인했는지는 지금까지도 논란이 되고 있다.

관동군의 민족주의적 장교들은 1928년 장쭤린 암살로 얻을 수 없었던 것을 1931년의 이러한 조치로 쟁취했다. 일본군은 장쭤린의 아들이자 후계자인 장쉐량(1901~2001)의 부패한 군벌정부에 저항하는 지방 봉기를 지원하고자 관동군이 개입한다고 주장하면서 만주 점령으로 나아갔다. 관동군은 이 지역의 중국 지역 군대도 공격했다. 일본 군대는 12월까지 만주 대부분을 통제하게 되었다. 곧 독립국가인 만주국이 수립되었다. 일본 관계자들이 만주국의 공식적인 통치자가 되도록 청의 마지막 황제 푸이(1906~1967)를 설득해 냈다.

중국에서는 일본을 어떻게 다루어야 할지를 놓고 공적 토론이 격정적으로 이어졌다. 펑톈사변이라고도 부르는 9·18사변은 중대한 전환점이 되었다. 만주 상실은 과거의 어떤 영토 상실보다도 더 중국 대중들을 한데 모았다. 1935년 장한후이(張寒暉(1902~1946)가 작곡한 '쑹화강에서'와 같은 노래가 보여주듯이 거대한 애국적 반응이 이어졌다. 이 노래의 가사는 큰 인기를 얻었다.

나의 집은 둥베이의 쑹화강, 그곳에는 숲과 탄광이 있고 산과 들에 가득 찬 콩과 수수도 있네. 나의 집은 둥베이의 쑹화강, 그곳에는 나의 동포가 있고 늙으신 부모도 있네. 9·18! 9·18! 그 비참한 때부터! 9·18! 9·18! 그 비참한 때부터, 나의 고향을 떠나 끝없는 보물을 버리고, 유랑하네! 유랑하네! 관내에서 종일 유랑하네! 어느 해 어느 달에야, 나의 사랑하는 고향으로 돌아갈 수 있을까? 어느 해 어느 달에야 그 끝없는 보물을 되찾을 수 있을까?[3]

저우타오펀鄒韜奮이 편집하는 『생활주간生活週刊』도 일본의 팽창과 중국의 구국 운동에 많은 기사를 할애했고, 이러한 보도로 이 잡지는 출판지였던 상하이와 같은 남방 대도시를 포함하여 나라 전체에서 가장 인기 있는 간행물이 되었다. 만주에서 온 난민 활동가들이 조직한 선전 단체인 '동북민중항일구국회'와 애국적인 학생들이 정부에 단호하게 저항하라고 요구했다. 그러나 장제스는 확고하게 거부했다.[4] 그는 중국이 일본 군대에 도전할 군사적 능력이 없다고 믿었다. 그는 일기에서 일본의 침략에 저항할 것을 맹세하고 이것이 중국이 직면한 가장 큰 위협이라고 보면서도 무모하게 전쟁에 돌입하는 것이 '우리나라를 돕기보다 멸망하게 할 수 있다'고 경고했다.[5]

일본은 만주를 점령한 다음 상하이를 침략의 다음 단계로 보았다. 1932년 1월 18일 일본 요원이 조직한 것으로 알려진, 승려가 포함된 일본인 5명을 구타하고 그것을 중국 대중 탓으로 돌린 사건이 있었다. 그 보복으로 상하이의 일본인 거주자들이 폭동을 일으켜 건물들을 불태우고 중국인 경찰 한 명을 살해했으며 더 많은 사람을 다치게 했다. 이는 다시 일본의 폭력에 대한 중국인들의 항의를 불러왔다. 일본 상품과 일본 회사에 대한 보이콧과 파업이 도시 전역의 학생 시위, 공산주의 단체의 재등장, 심지어 반국민당 시위로 이어졌다. 1월 27일 일본군은 상하이시 정부에 최후통첩을 전달하여, 공개적인 사과와 일본인 자산 피해 보상, 도시 내 모든 반일 시위 진압 등을 요구했다. 상하이시 정부가 요구를 받아들였음에도 군인 3,000명으로 구성된 일본 부대가 도시에 진입했다. 그러자 장제스는 중국의 19로군에 상하이를 강력하게 방어할 것을 명령했다. 일본과 중국은 몇 달 동안 1932년의 상하이 사변으로 알려지게 된 전투를 벌였다. 중국군은 열악한 군사 장비와 많은 사상자에도 불구하고 일본이 도시를 점령하는 것을 막았다. 일본은 부대 규모를 거의 9만 명으로 늘렸고, 군함 80척과 비행기 300대로 지원했다. 일본 해군은 상하이에서 중국이 통치하던 지역을 폭격하고 공격했다. 주로 노동자와 이주자들이 거주하는 공공 조계 북쪽 자베이閘北 지구는 공습으로 완전히 파괴되어 난민 23만 명이 공공 조계와 다른 곳으로 피난했다. 3월 2일, 19로군은 줄어드는 공급과 인력 때문에 상하이에서 철수했다. 중국과 일본은 국제연맹의 중재로 5월 5일 상하이 정전협정에 서명하여 상하이를 비무장지대로 만들었다. 중국은 상하이, 쑤저우, 쿤산昆山을 둘러싼 지역에 부대를 주둔시키지 않기로 동의했고, 상하이에 일부 일본 군사 인원이 주둔하는 것을 수용해야 했다. 이 협정은 많은 중국 대중에게 굴욕으로 여겨졌다. 상하이의 거주 지역 폭격은 민간인 공습의 참상을 보여주는 것으로 전 세계의 주목을 받았다. 중국군 4,000명이 사망했고, 일본군도 아마 수천 명이 죽었을 것이다. 중국의 민간인 사망자는 약 1만 명에 달했다.[6]

그 뒤 얼마 지나지 않은 1933년 일본군은 북부 중국에서 침략을 계속하여 장쉐량이 통치하던 만주 지역의 러허성熱河省을 점령했다. 일본군이 끊임없이 팽창하자 장제스는 일본과 협정을 체결하고자 했다. 그는 자신이나 대부분 중국인이 곧 다가올 것이라고 확신하던 최종적인 충돌에 앞서 그의 정부가 대비할 시간과 약간의 여유를 얻고자 했다. 1933년 5월 31일 두 나라는 탕구塘沽협정에 서명했다. 러허성 남쪽에 비무장지대가 만들어져 만주국과 중국의 경계가 되었다. 이로써 일본은 만리장성의 방어선으로 진출하여 그들이 얻은 영토를 확고하게 했다. 이때부터 그들은 베이징과 중국 전체에 지속적으로 군사적 위협이 되었다. 이 협정이 일본에 이익이 되고 국민정부가 유화정책을 따르는 것을 확인해 주는 것처럼 보였지만, 1937년 결국 일본에 대항하는 전쟁이 시작될 때까지 몇 년 동안 실질적으로 일본과 중국 사이의 전면 전쟁을 피하게 해 주었다.

2년 후 일본군이 다시 동원되어 중국 심장부에 도달했다. 1935년 11월, 일본은 허베이에서 중국인 지방 관료 인루겅殷汝耕(1885~1947)을 주석으로 하는 중국인 정부를 만들어 '자치'自治 정권을 수립했다.[7] '기동방공자치위원회'冀東防共自治委員會라고 불린 이 정부는 일본인 군사 고문의 통제 아래 600만 인구를 보유하고 있었다. 이로써 나중에 중국 본토에 나타난 협력 정권들의 모형이 만들어졌다. 일본 군대는 베이징과 톈진을 공격할 수 있는 거리에 있었다. 일본이 끊임없이 압력을 강화하자 일부 국민당 장군들을 포함한 중국 대중은 난징정부에 일본 군대를 막는 노력을 강화할 것을 요구했다.

일본의 계속된 진격은 스탈린과 소련을 불안하게 했다. 모스크바는 중국의 공산주의자들에게 동아시아의 당시 상황에 대한 비관적 판단을 전달했다. 소련 지도부는 중국에 대한 전면적 공격이 임박했으며, 일본이 조만간 소련의 극동 지역도 공격할 것으로 예상했다. 1935년 7월 코민테른 제7차 세계대회는 파시즘에 대항하는 전 세계적 '인민전선'을 만들 것을 요구했다. 이에 따라 중국공산당은 국민정부에 대한 싸움을 끝내고 투쟁 방향을 일본 제국주의로 돌릴 방법을 찾도록 지시받았다. 1935년 8월 1일 중국공산당은 이러한 지시를 강조하는 성명을 발표했다. '항일구국을 위해 전체 동포에게 고하는 글'이라는 제목의 성명에서

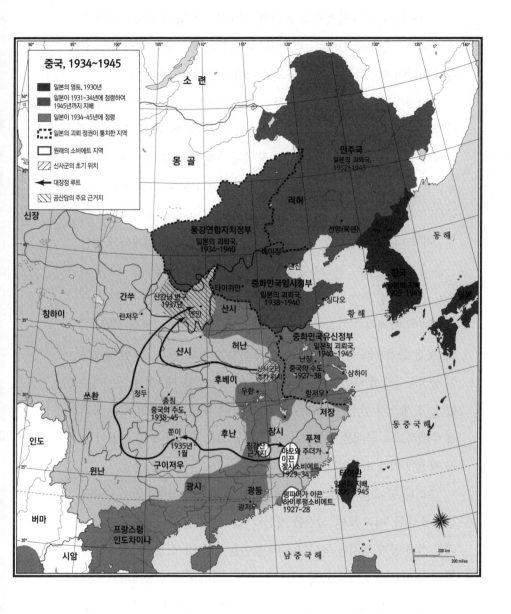

중국, 1934~1945

일본의 영토, 1930년

일본이 1931~34년에 점령하여
1945년까지 지배

일본이 1934~45년에 점령

일본의 괴뢰 정권이 통치한 지역

원래의 소비에트 지역

신사군의 초기 위치

대장정 루트

공산당의 주요 근거지

소 련

몽 골

신장

만주국
일본의 괴뢰국,
1932~1945

러허

선양(묵덴)

몽강연합자치정부
일본의 괴뢰국,
1934~1940

베이징

톈진

한국
일본의 지배
1905~1945

동 해

일본

간쑤

타이위안

산찬닝 변구
1937년

옌안

산시

중화민국임시정부
일본의 괴뢰국,
1938~1940

징다오

황 해

칭하이

란저우

산시

허난

중화민국유신정부
일본의 괴뢰국,
1940~1945

난징
중국의 수도,
1927~38

신사군의
초기 위치

상하이

쓰촨

청두

충칭
중국의 수도,
1938~45

후베이

우한

후난

항저우

저장

인도

쭌이
1935년
1월

구이저우

후난

장시

징강산
근거지

푸젠

마오와 주더가
이끈
장시소비에트,
1929~34

동 중 국 해

타이완
일본의 지배,
1895~1945

윈난

광시

광둥

광저우

펑파이가 이끈
하이루펑소비에트,
1927~28

버마

프랑스령
인도차이나

시암

남 중 국 해

200 km

200 miles

국민당에 내전을 중단하고 일본의 공격에 대항하는 연합전선을 구축하자고 요구했다. '8·1선언'으로 불린 이 성명은 공산당의 정책이 '장제스에 반대하고 일본에 반대하는(反蔣反日)' 데서 일본에 저항하기 위해 두 적대적 정당이 협력을 재개하는 쪽으로 바뀌는 전환점이 되었다.

중국공산당은 산시陝西와 간쑤의 중국공산당을 억누르려는 작전에서 동북군과 서북군을 감독하던 국민당의 장군 장쉐량에게 접근했다.[8] 초기의 접촉 이후 1936년 4월과 6월 혹은 7월 사이에 장쉐량과 중국공산당 지도부 2인자 저우언라이 사이에 일련의 비밀 회담이 열렸다. 공산당에 대한 군사적 행동을 끝내고, 공산당이 통제하는 지역과 무역을 개방하며, 일본에 대항하고자 두 정당 사이의 협력을 재개하고 연합군을 구성하는 것이 목적이었다. 회담은 어려웠지만, 양측은 12월 초까지 잠정적 합의에 도달했다. 장쉐량은 또한 중국공산당이 대장정으로 세력이 약해지고 자원이 부족해진 탓에 긴급하게 필요하던 식량, 연료, 옷감 등을 사도록 저우언라이에게 돈을 주기도 했다. 그 뒤 장쉐량이 중국공산당에 대한 작전을 중단하도록 설득했을 때, 장제스는 거부했다. 장제스의 진정한 의도는 중국공산당에 대한 결정적인 최종 공격을 수행하도록 군대를 동원하는 것이었다. 그는 공산당 토벌 작전이 성공 직전에 있다고 믿었다.

그러나 장쉐량 휘하의 지방 군대는 행군 명령에 저항하면서 중국공산당에 대한 '비적 토벌' 작전을 지연시키고 있었다. 중국공산당 본부에 대한 전면 공격 개시가 늦어지는 데 불만을 품은 장제스는 12월 4일 고위 군사 참모를 포함해 50명 정도의 국민당 고위 관료를 동반하고 시안으로 날아갔다. 그는 시안의 장쉐량 사령부에서 상황을 시찰하고 대규모 최종 공격을 시작하도록 부대를 독려하고자 했다.[9] 그러나 장쉐량은 협력하는 대신 장제스를 구금하기로 결정했다. 거의 2주 동안 지속된 이 구금은 1936년의 '시안사건'으로 알려지게 되었다. 장쉐량의 부관이었던 루광지盧廣績는 장쉐량이 장교들에게 장제스 총통을 억류할 계획을 밝힌 12월 12일 한밤중의 장면을 다음과 같이 회고했다. "장쉐량은 심각한 표정으로 우리에게 다음과 같이 말했다. '궁지에 몰렸기 때문에 병간兵諫을 하려고 한다. 나는 장제스를 설득하려고 여러 가지 방법을 시도했지만, 그가 모두 거부했다. 이제 남은 방법이 없다. 내가 여러분을 여기에 오라고 한 것은 내가 내일 살아 있을지 알 수 없기 때문이다.'"[10] '병간'은 해로운 정책을 수정하도록 촉구하고자 한 신하가 군주를 정당하게 억류했던 일을 가리키는 고대 중국의 용어였다. 분명히 장쉐량은 국가적 위기 상황이 자신이 그렇게 하도록 한다고 느끼면서 항명을 정당화했다. 12월 12일 이른 아침 장쉐량은 행동을 개시하여 장제스를 억류하고 이 사실을 중국공산당에 전신으로 알렸다. 마오쩌둥과 저우언라이는 이 소식을 듣고 엄청나게 놀라면서 한편 기뻐했다. 마오쩌둥과 중국공산당은 장제스를 인민법정에서 반역죄로 심판하기를 원했고 아마도 처형까지 원했던 것 같지만, 모스크바에서 스탈린이 개입했다. 러시아 지도자는 장제스의 심판과 처형이 중국 사회의 내부 갈등을 심화하고 중국의 방어 능력을 약화함으로써 일본의 공격적인 정책에만 이익이 될 것이라고 주장했다. 스탈린은 장제스만이 중국을 일본에 대항하는 전쟁으로 이끌 능력이 있다고 확신했다. 그리하여 그는 중국공산당에 장제스의 처형은 물론 공개적 재판도 시도하지 말도록 지시했다. 그 대신 평화적인 해결책을 찾도록 주문했다. 저우언라이가 중국공산당을 대표하여 협상에 참가하기 위해 시안으로 파견되었다. 장제스 부인 쑹메이링과 그녀의 오빠 쑹쯔원도 시안으로 왔다.

그동안 장쉐량이 협상을 시작했다. 그는 장제스에게 공산당 군대에 대한 작전을 중단하고 대신 일본에 대항하는 통일전선을 이끌 것을 요구했다. 장제스가 일본에 대항하는 전국적 연합을 이끈다고 하는 비공식적 합의에 도달했지만, 장제스는 그런 취지의 문서에 서명하는 것은 거부했다. 긴 회담 후 장제스의 부인과 처남인 쑹씨 남매가 그를 대신하여 서명하기로 합의했다. 그러나 이것은 장쉐량 군대의 지방 장교들과 중국공산당에는 받아들일 수 없는 것이었다. 그들은 장제스가 중국공산당과 국민당 사이의 전투를 끝내고 일본에 대항하는 전쟁을 시작할 것을 공표하는 문서를 요구했다. 회담이 교착에 빠지면서 상황이 긴박하게 되었다. 그동안 난징정부는 군대를 동원해 부대를 시안을 향해 움직였다. 장쉐량은 새로운 내전이 일어나 장제스가 죽거나 더 오래 구금될 것을 염려했다. 그는 빨리 움직여 장제스를 석방하고 그와 함께 난징으로 귀환해야 한다고 결론을 내렸다. 장쉐량은 중국공산당이나 그의 부대에 알리지 않고 장제스와 쑹메이링을 난징으로 가는 비행기에 태웠다. 장제스는 14일간의 억류를 마치고 대중들의 열광적 지지를 받으며 12월 26일 귀환했다.

중국공산당과 국민당이 제2차 합작을 위한 방안에 이르기까지 8개월간 협상이 이어졌다. 1차 합작 때와 달리 2차 합작은 국민당과 공산당 모두의 독립을 보장했다. 국민당은 모든 정치범을 석방하고 공산당 지역에 대한 군사 작전을 중단하기로 동의했다. 공산당은 무장봉기와 급진적 토지 정책을 추구하지 않기로 약속했다. 2차 국공합작은 대일 전쟁이라는 상황에 대비한 것이었지만 중국공산당과 국민당 모두 핵심적 지원은 소련으로부터 올 것이라고 상정하고 있었다. 장쉐량은 즉시 장제스에게 체포되었다. 그는 1991년까지 50여 년 동안 가택 연금을 당하게 되었다.

시안에서 일어난 사건들은 아주 흥미롭고, 예측할 수 없으며, 지대한 영향을 미칠 결과를 가져왔다. 오래된 제국 시대 도시 시안에서 이루어진 긴박한 2주간 협상은 오락가락하는 불확실한 상황 속에서 누구도 결과를 예측할 수 없었다. 그것은 일련의 결정이 어떻게 내려질지에 달려 있었다. 그러나 시안사건은 결국 중국과 세계에 과장하기 어려울 정도로 큰 영향을 주면서 끝났다. 현대사에서 그렇게 상황을 완전히 바꾸어놓거나 그 정도로 거대한 영향을 미친 사건은 거의 없다. 일본이 더 진격하는 것을 막고자 중국이 군사력을 총동원할 수 있었던 것은 시안사건이 가져온 결과였다. 뒤이은 시기에 일본은 중국의 끈질긴 저항을 극복하려고 상당한 자원을 소모했다. 결국 전장에서 중국을 패배시키고 나라 전체를 정복할 수 없었다. 게다가 일본이 만약 중국에서 교착 상태에 빠지지 않았다면, 태평양 전장에서 미국이나 둥베이 지역에서의 소련에 대한 군사 작전에 분명히 더 많은 군대와 물자를 배치할 수 있었을 것이다. 시안사건이 없었다면 제2차 세계대전은 유럽과 태평양 모두에서 아주 다른 방향으로 전개되었을 것이다. 이 사건은 또한 중국에서 소련의 군사력과 정치적 영향력이 부상하기 시작하는 것을 보여줬다. 소련은 중국에 관련된 국가 중 단연코 가장 중요하고 영향력 있는 나라라는 것과 중국 정치에 계속 큰 지배력을 가지고 있음을 입증했다. 1937년 8월 1일 소련과 중국은 불가침 조약에 서명했고, 소련은 곧 자금, 군수품, 군사 고문 그리고 300대 이상의 비행기와 소련 조종사를 보내기 시작했다.[11] 전쟁 초기 몇 년 동안 소련은 중국을 지원하는 거의 유일한 나라였다.

시안사건은 정당 정치를 초월하여 학생과 군대를 포함한 대규모 대

1937년 9월, 상하이를 공격할 때 일본 군인들(Keyston-France/Getty Images/105212226)

중을 동원할 수 있는 잠재적인 정치운동으로 중국 민족주의의 영향력을 보여주었기 때문에, 중국 국내 상황에도 결정적이었음이 입증되었다. 장제스가 감탄스러울 정도로 반공 원칙을 고수하고 강요에 굴복하기를 거부하는 동안에도, 민족주의적 열정이 중국 정치에서 지배적 영향력을 가졌음이 드러났다. 1936년 이후 장제스는 일본에 대항하는 싸움에서 모든 진영으로부터 이론의 여지가 없는 국가 지도자로 받아들여졌다. 그러나 마오와 중국공산당은 국가의 군대로 공식적으로 인정받음으로써 장기적으로는 더 이익을 보았다. 그들은 더 이상 반란군이나 강도(장제스는 그들을 토비土匪라고 불렀다)가 아닌 애국적 연합의 정당한 구성원으로 간주되었다.[12] 정치계 전반이 재구성되어 중국의 전후 발전에 깊은 영향을 줄 구조들이 나타났다. 시안사건은 일본에 대한 강력한 저항을 작동시켰을 뿐 아니라 국민당 실패의 씨앗도 뿌렸다.

전투가 시작되다

2차 국공합작의 성립과 소련의 지원은 일본을 단념시키기보다 오히려 일본 지도자들에게 전면전이 불가피하며 차라리 일찍 시작해야 한다고 확신하게 했다. 1937년 7월 7일 베이징 근처 루거우차오盧溝橋에서 있었던 일본 부대와 중국 부대의 작은 분쟁은 결국 양국 사이의 공개적 적대행위로 이어졌고, 아시아에서 선전포고 없는 전쟁의 시작으로 확대되었다. 일본 정부는 몇 주 동안 이 사건을 국지적으로 해결하려고 시도했다. 그러나 중국에서 대중 여론이 더 이상의 침략에 맞서 단호하게 저항하도록 요구했다. 대중들은 중국 군대가 더는 물러나지 말기를 기대했다. 7월 17일 장제스는 "만약 우리가 한 치의 영토라도 잃는다면, 우리는 중화민족에 대해 천고의 죄인이 될 것이다"라고 선언했다.[13] 7월 말 교전이 발생하여 북부 중국을 두고 전투가 시작되었다. 일본은 곧 베이징을 점령하고 톈진을 향해 나아갔다. 전투는 8월까지 계속되었지만, 곧 중국 군대가 이 지역을 방어할 수 없다는 것이 분명해졌다.

1937년 8월 13일 일본군과 중국군이 남쪽에서도 충돌했는데, 이번에는 중국의 가장 중요한 도시인 상하이를 두고 싸웠다.[14] 정확히 어떤 사건들이 최초의 국지적 충돌을 촉발했는지는 분명하지 않지만, 일단 시작된 충돌은 금방 감당하기 어렵게 되었다. 석 달 동안의 격렬하고 매우 파괴적인 전투가 뒤따랐고, 장제스는 50만 명 이상의 병력을 상하이 방어를 위해 배치했다. 그는 결정적 전투에서 우위를 점한 채 적과 싸우기 위해 조기에 교착 상태에 도달하기를 원했기 때문에 가장 잘 무장되고 독일식으로 훈련받은 부대를 도시의 전장으로 보냈지만 대부분은 수렁에 빠졌다. 중국의 정보에 따르면 이 석 달 동안 중국 군인 약 19만 명이 죽거나 불구가 되었다. 일본군과 외국 관찰자의 추산에서 이 숫자는 30만까지 올라간다. 최종적인 숫자가 무엇이든지 간에 중국군이 용감하게 싸웠음에도 치명적 타격을 받았음은 의문의 여지가 없다. 중국군은 상하이 전투에서 정예 부대의 상당 부분과 가장 중요한 장비를 상실했다.

민간인 피해도 끔찍했다. 나중에 '검은 토요일'로 알려진 전투의 두 번째 날이었던 8월 14일 민간인 수백 명이 사망했다. 훨씬 더 많았던 부상자 중에는 외국인들도 몇 명 있었다. 중국 조종사들이 실수로 치명적인 폭탄을 공공 조계의 난징루와 다스제大世界 놀이공원에 떨어뜨렸다. 2주 후 상하이의 또 다른 '피의 토요일'에 불타고 부서진 도시에서 기차로 탈출하려고 상하이 기차역에 몰려왔던 민간인 수백 명이 자베이 북쪽에 대한 일본의 공습으로 죽었다. 1937년 8월 28일 오후 4시가 막 지났을 때, 중국인 사진가 왕샤오팅王小亭, H. S. Wong은 대살육을 기록하려고 기차역으로 달려갔다. 그는 나중에 다음과 같이 그 장면을 묘사했다. "끔찍한 광경이었다. 죽거나 다친 사람들이 선로와 승강장에 흩어져 있었다. 팔다리가 사방에 널려 있었다. 나는 카메라에 필름을 다시 넣으려고 멈췄다. 그리고 신발이 피로 젖어 있음을 알아차렸다."[15] 그러고 나서 그는 20세기의 유명하고 영향력 있는 전쟁 이미지 중 하나를 포착했다. 이 사진은 부서진 상하이 기차역의 폐허 속에서 혼자 앉아 고통 속에서 울고 있는 아기를 보여준다. 피카소의 유명한 그림에서 묘사된 사건인 스페인 내전에서 독일의 게르니카 폭격이 있은 지 몇 달 후 찍힌 이 사진은 현대적 공중전의 참상이 아시아에도 동시에 도착했으며 더 수가 많고 완전히 무방비였던 민간인들에게 더 큰 피해를 가져

1937년 8월 일본군의 폭격으로 파괴된 상하이 기차역의 폐허 속에서 울고 있는 아기
(Keystone-France/Getty Images/104402087)

왔음을 보여주었다.

상하이에서 벌어진 엄청난 전투는 중국을 방어하려는 국민당의 결의가 아주 굳건하다는 것을 보여주었다. 막대한 희생이 있었다. 일본도 중국의 투지에 놀랐고, 일본군 사상자가 예상보다 많아서 원래 계획했던 것보다 더 많은 물자와 인력을 동원해야 했다. 그러나 결국 일본은 더 많은 지상군과 훨씬 우수한 무기를 가지고 있었다. 바다와 공중에서의 우위는 압도적이었다. 일본 해군의 지속적인 포격과 가차 없는 공습이 중국의 방어선을 계속 타격하면서 막대한 피해를 주었다. 중국의 끈질긴 저항에도 불구하고 전쟁 첫해 동안 일본은 승리를 거듭했다. 1937년 10월 중국 정부는 행정부를 처음에는 우한으로, 그다음에는 양쯔강을 더 거슬러 올라가 산으로 보호받는 쓰촨의 충칭으로 옮겼다.[16]

    12월 말까지 상하이와 난징이 함락되었고, 난징은 1937년 12월에서 1938년 1월 사이에 일본군이 자행한 악명 높은 난징대학살의 현장이 되었다.[17] 주민들의 사기를 떨어뜨리고 국민당 정부가 화평을 구하도록 만들려고 장거리 폭격기가 석 달 동안 난징을 무자비하게 강타했다. 중국군이 마침내 포기하자 일본군이 도시에 들어섰다. 일본군은 모든 자제력을 내던진 것처럼 6주 동안 살인, 강간, 약탈, 고문을 실컷 저질렀다. 일본은 새로운 질서를 수립하는 대신 난징을 완전한 무질서에 빠지게 했다. 중국인 목격자들과 난징의 주민들을 보호하려던 존 라베 John Rabe(1882~1950) 같은 일부 외국인들이 상상할 수 있는, 그리고 상상조차 하기 힘든 잔혹 행위들을 전했다. 라베는 독일 회사인 지멘스에서 일하던 독일인이었다. 그는 대부분 독일인과 미국인인 선교사, 의사, 교수 20여 명으로 이루어져 있으며, 난징에 중국인 난민들을 위한 피난처로 중립 지대를 세웠던 그룹을 이끌기도 했다. 라베는 일기에서 총에 맞고, 휘발유에 젖어 산 채 불태워진 사람들에 대해 썼다. 그는 맥주병과 대나무 막대기에 찔린 여성들의 시체를 보았다. 1938년 1월 3일 단 하루의 기록에서 라베는 몇 가지 끔찍한 사건을 전하고 있다.

    어제 아침 일찍, 일본 군인이 류씨 부인을 강간하려고 했다. 남편이 와서 얼굴을 몇 대 때려서 그 일본인을 쫓아냈다. 아침에는 무장하지 않았던 그 군인이 오후에 총을 가지고 돌아와서 주방에서 류씨를 찾아냈고, 류씨의 모든 이웃이 목숨을 살려달라고 빌고 그중 한 명은 무릎까지 꿇었음에도 그를 쏘았다. … 어제는 열려 있던 한중문漢中門이 다시 닫혔다. 크뢰거가 문 근처의 마른 도랑에서 기관총 사격을 당한 민간인 300명의 시체를 봤다. 그들은 유럽인들을 성문 밖으로 내보내기를 원하지 않았

다. 아마 이곳 상황들이 너무 빨리 출판될지도 모른다고 두려워하는 것 같다.[18]

난징에서 일본인들이 미쳐 날뛰던 몇 주 동안 죽은 사람 숫자는 알려지지 않았고 추정치는 매우 다양하다. 중국 역사학자들은 30만 명에 이르는 것으로 본다.

그동안 북부 중국에서 일본은 점점 늘어나는 저항에 부딪혔고 거의 두 달 동안 이루어진 타이위안 전투에서 1937년 11월 결국 이 도시를 점령할 때까지 큰 손실을 입었다. 여기에서부터 일본군은 중국의 철도망을 활용하여 동부 해안을 따라 빠르게 이동했다. 1938년 4월 장제스 부대는 장쑤성에서 가까스로 진귀한 승리를 거두어 부대와 대중들의 사기를 올렸다. 격렬했던 타이얼좡 전투에서는 적을 격퇴하여 일시적으로 일본의 맹공격을 중단시켰다. 그러나 얼마 지나지 않아 핵심적인 철도 교차점인 쉬저우를 상실하여 일본군이 서쪽과 남쪽으로 계속 진군하도록 만들었다.

1938년 6월에서 10월까지 일본군은 양쯔강 북쪽과 남쪽에서 수없이 많은 전투를 치르면서 충칭을 향해 진군했다. 장제스의 정부는 일본에 대항하는 필사적인 싸움을 하면서 자국 인민들에 대한 중대한 폭력 행위를 저질렀다.[19] 장제스는 일본군의 진군을 멈추려는 무모한 시도로 황허의 제방을 트라고 지시했다. 이 6월의 결정으로 중국 중부의 평원을 가로지르는 엄청난 홍수가 일어나 100만 명에 가까울 것으로 추산되는 사람들이 죽었고 그 외에도 300만에서 500만에 달하는 사람들이 집을 잃었다. 일본의 진군은 불과 몇 주 늦추어졌다. 이와 비슷하게 후퇴하는 중국군이 일본군에게 가치 있는 것을 남기기보다 창사長沙를 불태울 것을 선택했다. 이러한 행동은 2만 명으로 추산되는 사람이 일본군이 첫 발을 쏘기도 전에 목숨을 잃었음을 의미했다. 창사는 일본이 1944년 마침내 그 도시를 점령하기 전까지 세 번 성공적으로 방어되었다. 이러한 '초토'焦土 전략은 일본군을 늦추었지만, 궁극적으로 멈추게 하지는 못했고 중국인들에게 끔찍한 피해를 주었다.

그사이 일본은 맹렬하게 진격을 계속했다. 일본 해군의 비행기는 일본이 10월 21일 광저우를 함락할 때까지 14개월 동안 이 도시를 폭격했고, 중국의 군 사령부가 일시적으로 있던 우한에 대한 철도 보급선을 두절시켰다. 일본군은 10월 25일에서 26일에 걸쳐 우한을 형성하는 세 도시인 한커우, 한양, 우창을 함락시켰다. 곧 일본은 중국의 모든 주요 철도와 도시들을 통제하게 되었다.

전쟁 첫해 동안의 끊임없는 전투와 폭격으로 셀 수 없는 중국 도시들이 파괴되고, 기반 시설이 망가지고, 수백만 명이 목숨을 잃고, 더 많은 사람이 난민이 되어 이주했다. 난민들은 중국 북부와 동부에서 점령되지 않은 중국의 서부로 이동했다. 전쟁 난민에 대한 믿을 만한 통계는 없지만, 전쟁의 어떤 국면에서 8,000만 명에서 1억 명 사이의 사람이 이동 중이었음을 시사하는 분석이 있다. 당시 중국 총인구의 15% 내지 20%에 달하는 이러한 숫자는 중국 역사에서 가장 거대한 이주의 하나였음을 보여준다. 이주는 중국 사회를 불안정하게 하고, 사회적·정치적 질서의 구조를 무너뜨렸으며, 전쟁 전체와 그 이후에까지 반향을 일으킬 거대한 격변이었다.

개전 국면의 끝 무렵 국민정부는 이미 현대화된 부대, 공군, 군수 공장의 가장 좋은 부분 그리고 중국의 현대적 공업과 철도 대부분이 있으며 주요한 세원이 있던 동부 해안 대부분을 상실했다. 1940년 말까지 중국의 노력은 일본의 공격력을 소진시켰다는 점에서만 성공적이었다. 중국에 대한 일본군의 침입은 교착 상태에 빠졌다. 대략 1943년 말까지 3년간 지속된 전쟁의 두 번째 국면 동안 제한되고 지역적인 범위에서 충돌이 많았지만 전선은 거의 변하지 않았다. 교착 상태에 있던 이 기간에 일본군은 그들이 얻은 것을 공고하게 하고 착취하려고 했다. 국민당과 공산당의 군사 행동은 모두 전선 뒤에서 게릴라 전쟁 형태로 주로 이루어졌다. 중국은 실용적 목적 때문에 적어도 몇 개의 다른 지역으로 분할되었고, 대부분 중국인은 일본인 정권이나 협력 정권의 통치를 받았다. 이 다양한 지역에서 만들어진 서로 다른 제도는 서로 다른 경험과 실천을 낳았다.

충칭의 국민정부

쓰촨성에 자리 잡은 충칭이 새로운 임시 수도로 선정되어 1945년 전쟁이 끝날 때까지 그 지위를 유지했다. 국민정부는 쓰촨 외에 윈난, 후난, 장시 남부, 후베이와 허난의 서부, 산시陝西 남부 그리고 광시와 광둥의 일부 지역들을 통제했다. 이들 지역 대부분, 특히 쓰촨과 윈난은 1911년 이후 여러 군벌의 손안에 있었고 그들 사이에서 오래 계속된 전쟁들로 고통받았다. 이러한 상황으로 통제력을 확보하기 어려웠기 때문에 국민정부는 1935년이 되어서야 쓰촨에 기반을 마련했고, 다른 지역에서는 더 늦어졌다. 1935년 이후에도 정부의 영향력은 미약했다. 이렇게 제어하기 어려운 지역에서 군사 실력자들 그리고 청방靑幇이나 홍방紅幫 같은 결사들이 계속 큰 권력을 행사했다. 국민당은 정부의 중심지를 서쪽으로 이동시킴으로써 익숙하지 않고 통제하기 어려운 지역에 들어가게 되었다. 장제스는 어려움을 넘어서는 조건 속에서 군대를 재조직하고 정부를 재건하려고 했다. 충칭은 서남부 중국 경제의 중요한 상업 중심지였지만, 해안으로부터 고립된 내륙이었고 상대적으로 낙후한 지역이었다. 공업 발전은 해안 지역보다 뒤떨어져 있었다. 쓰촨에는 철도나 고속도로가 거의 없었고, 철강 생산과 같은 현대적 공업의 작은 토대만 있었다. 그러나 산과 언덕이 자연적 방어물을 제공하여 육로를 통한 일본의 어떤 공격도 아주 힘든 일로 만들었다. 이 지역에는 풍부한 천연자원과 생산성이 매우 높은 농업이 있었다.

국민정부가 충칭에 자리 잡으면서 이 도시와 지역의 발전이 현저하게 빨라졌다.[20] 정부는 기반 시설과 주택 건설에 자금을 투입했다. 윈난과 버마를 연결하는 버마 공로가 확장되고 개선되었다. 이 도로는 곧 스스로를 '자유 중국'이라고 불렀던 국민당의 중국을 세계와 연결하는 생명선이 되었다. 충칭은 또한 항공의 중심지가 되었다. 버마 공로 지역이 일본 손에 넘어간 1941년 이후 충칭에 대한 미국의 지원은 항공 보급으로 이루어졌다. 200곳 정도의 공장과 기업이 이전하여 이 지역에 자리 잡았고, 이 숫자는 1940년까지 400 이상으로 늘어났다. 이들은 대규모 공업 단지를 형성했는데, 이는 당시 중국 서부에 있던 유일한 공업 단지였다. 충칭은 철강, 기계, 무기 공업의 중심지가 되었다.

정부는 공업과 군사 장비뿐 아니라 도서관, 박물관, 라디오 방송국도 이전했다. 충칭은 전시 수도로 대부분 문화적 핵심 지역을 일본에 잃은 국가의 새로운 문화적 중심지가 되었다. 중국의 주요한 신문과 출판사가 뒤를 이었다. 많은 고등교육기관 역시 이동했다.[21] 당시 중국에 있던 고등교육기관 총 108곳 중에서 57곳이 서남 지역으로 이전했고, 그중 거의 절반이 충칭으로 왔다. 문화계가 활기차고 다양하게 발전했다.

새로운 수도를 건설하려는 국민정부의 이러한 노력은 어렵고 좌절감을 주는 전쟁 상황 속에서 이루어졌다. 일본의 빈번한 공습은 군사 시설과 민간 시설을 가리지 않았다. 수도 충칭 그리고 구이린, 쿤밍, 시안을 포함하는 국민당 지역의 거의 모든 도시가 조직적으로 공습을 당했다. 1938년 5월부터 1941년 4월까지 일본 공군은 충칭을 모두 268회 공습했다. 공습 한 번에 최대 100대의 비행기가 동원되어 소이탄과 폭탄을 투하했다. 군사 시설을 파괴하는 것보다 시민들의 사기를 꺾고 주민들을 공포에 떨게 하는 것이 더 중요한 목표였다. 거의 매일 공습 대피소를 향해 뛰어가는 것이 주민들의 일상이 되었다. 1939년 5월에 있었던 대공습에서는 처음 이틀 동안에만 수천 명이 죽었다. 충칭에 살았던 여성 쩡용칭은 다음과 같이 회상했다. "일본 폭격기들이 충칭에 왔을 때, 폭탄만 투하한 것이 아니라 땅 위에 있는 사람들을 기관총으로 쏘았다. 총알이 폭우처럼 쏟아졌고, 폭탄은 뇌우처럼 쏟아졌다."[22] 모두 1만 5,000명 이상의 주민이 폭격 때문에 죽었고, 도시의 상당 부분이 파괴되었다.

민간인들은 폭격을 넘어서는 고난도 견뎌야 했다. 일본이 중국 동부로 가는 대부분 교통로를 끊었기 때문에 충칭은 대부분 기간을 경제 봉쇄 속에 있었다. 공산품이 부족했고, 사재기가 가격을 끌어올렸다. 정부는 공무원과 주민들에게 쌀을 배급하기는 했지만, 배급 제도와 가격 통제를 수행할 수단이 없었다. 도시의 많은 사람은 훨씬 더 비싼 식품과 기본적 필수품을 사려고 모든 저축을 다 쓰고 소유물을 팔아야만 했다. 세 자녀를 둔 한 어머니는 "나 자신과 아이들을 먹이기 위해 우리 집에서 손에 넣을 수 있는 모든 것을 팔았다"라고 기억했다.[23]

따라서 이 지역은 동부 지역으로부터 충칭과 그 주변 지역에 몰려든 많은 난민에 제대로 대비하지 못했다. 중국 중부와 동부가 함락된 이후 1937년 말까지 중국인 수백만 명이 안전을 찾아 들고 갈 수 있는 것을 모두 싸서 집을 떠났다. 이후 난민들이 충칭에 몰려들면서 인구가 빠르게 치솟았다. 충칭에 사는 사람 수는 1937년 대략 50만 명이었던 것이 7년의 전쟁 기간에 두 배 이상 늘어서 100만을 넘어섰다. 중국의 여러 지역에서 많은 난민이 오면서 충칭 사회에 엄청난 사회적 활력뿐 아니라 긴장과 도전도 나타났다. 커져가는 사회 문제 때문에 정부는 처음으로 복지를 제공하는 시스템을 만들었다. 또한 난민들에게 신분증을 발급하여 직장, 주택, 식량 등을 분배하는 데 활용했다. 식량 안보를 위하여 농업 개혁이 시행되었다. 농민들은 대부뿐 아니라 농약도 공급받았다.

정부는 대체로 정치적·사회적 생활에 대한 통제를 유지하려고 했다. 2차 국공합작의 성립을 가져온 공산당과의 합의 때문에 국민정부는 공산당과 다른 정당이 충칭에서 정치 활동을 하는 것을 용인해야만 했다. 아직 우한에 있던 1938년, 국민정부는 국민참정회國民參政會 수립을 승인했다. 국민참정회는 국민정부의 정치적 사안에 대해 대중들이 폭넓게 참여하는 플랫폼을 제공하려고 만들어진 의회와 같은 협의체였다. 국민참정회는 처음에 200명으로 이루어졌다. 공산당과 이른바 제3당파가 그중 50석을 차지했다. 이 몇몇 소규모 제3당파는 공산당과 국민당 사이의 정치적 스펙트럼 중에 자리해 있었다. 그중 가장 영향력 있었던 것은 1920년대와 1930년대에 생겨난 6개 소수 정당과 그룹이 1941년에 통합하여 설립된 민주동맹이었다. 정당 소속이 없는 무당파에 70석이 주어졌고, 국민당은 약 80석을 차지했다. 새로운 국민참정회는 소속 정당과 이데올로기 대립을 초월하여 국가적 통합을 이루려는 전쟁 첫해의 노력이 반영된 주목할 만한 기관이었다. 충칭에서는 공산당조차 다른 정당과 마찬가지로 당 출판물을 판매할 수 있었다. 이모든 것이 정부의 헌정적·민주적 형식의 실현을 열망하는 폭넓은 운동의 출현을 자극했다. 그러나 1940년 이후, 많은 국민참정회의 참정원이 정부가 점점 더 연합전선의 원칙을 무시하고 검열과 억압을 강화하는 것을 비판했다. 비판하는 사람들은 보통 정치적 독재에 분개했는데, 많은 경우 이들은 외국에서 교육을 받은 지식인들이었다. 정부의 괴롭힘에도 불구하고, 전시 충칭에서는 다당제의 가치와 중국에서 민주주의와 자유의 가능성에 대해 상당히 공개적이고 대중적인 토론이 이루어졌다. 중국 역사에서 그 이전이나 이후에 정치적 반대파가 그렇게 자유롭게 관심사에 대해 발언하고, 정치 사안에 대한 참여를 공개적이고 강하게 요구할 수 있었던 적이 드물었다.[24]

국민정부는 전시 경제에 대한 통제도 강화했다. 전쟁이 지속됨에 따라 경제 계획은 충칭의 관료 기구에서 가장 큰 부분을 차지하게 되었다.[25] 경제 계획은 군사 관련 공업의 발전 그리고 도로, 철도, 비행장과 같은 새로운 기반 시설에 대한 청사진을 포함했다. 핵심적인 기업들이 국유화되었다. 정부는 처음에 60개가 넘는 국유기업을 운영했지만, 그 숫자는 1944년까지 103개로 늘어났다.[26] 담배, 설탕, 소금, 성냥을 국가가 독점했다. 1941년 4월, 정부가 징수권을 성으로부터 회수하여 직접 통제함으로써 토지세를 다시 확보했다. 1928년 이래 농촌의 토지세는 성 정부나 더 하급 정부가 현금으로 거두어왔다. 따라서 중앙정부는 광대한 군대를 위해 공개 시장에서 쌀을 구입해야만 했다. 그러나 쌀값

이 통제 불능 상태가 되자(1941년 6월의 평균 가격이 전쟁 직전보다 20배 이상 비쌌다) 군대 유지 비용이 터무니없이 많이 들었다. 정부는 토지세 징수권을 회복한 이후 세금을 현금이 아닌 현물, 즉 쌀이나 다른 곡물 형태로 부과하기 시작했다. 1949년 이후 공산당 치하에서도 계속될 이러한 관행은 정부에 군인들에게 줄 식량을 제공하는 동시에 화폐를 찍어낼 필요를 줄이는 이중적인 장점이 있었다. 그러나 이것은 곡물을 시장에서 사라지게 하여 가격 급등과 대중적 분노의 원인이 되었다. 세금이 상당히 높다는 사실도 대중들의 불만을 가져왔다. 정부는 동부 중국의 많은 영토를 잃으면서 중국에서 가장 번영한 지역의 농업과 무역에서 나오는 중요한 세원을 상실했다. 게다가 1941년과 1942년의 수확이 부진하여 허난과 산둥에서 기아가 발생했고, 정부의 식량 징발로 상황이 더 악화되었다. 시기에 따라 300만 명을 초과했던 군대에 더해 대규모 관료 기구를 부양해야 하는 상황에서, 정부의 세원은 너무 제한적이었다. 1937년과 1939년 사이에 총지출이 33% 증가한 반면 총세입은 63% 감소했다.[27]

정부는 늘어나는 적자에 직면하여 준비금으로 충분히 뒷받침되지 않은 통화 발행에 의존했다. 그 결과 급격한 인플레이션이 경제를 뒤흔들었다. 국민당 지역에서 인플레이션이 거의 통제가 불가능해 1942년부터 1945년까지 연간 230%에 달했다. 정부 임금의 실질적 감소는 광범위한 부패로 이어졌다. 지식인, 공무원, 학생 등 특히 피해가 컸던 집단은 정부 정책에 점점 더 비판적으로 되었다.

그러나 정권 비판은 체포, 심지어 암살과 같은 실질적 위험을 수반했다. 분파 정치와 내분이 정부를 무력하게 했다. 장기간에 걸친 전쟁이 계속해서 국민정부를 약화시켰고, 이는 분명히 공산당에 드문 기회의 창을 제공했으며 마오는 이 기회를 활용하기로 했다.

공산당 지역

대장정 동안 지칠 대로 지치고, 많은 사람이 죽고, 계속 국민당 군대에 시달린 공산당은 1935년 가을 산시陝西 북부의 바오안保安이라는 성벽 도시에서 피난처를 찾았다. 이후 1935년 12월 와야오부瓦窯堡로 이동했다. 이 시기에 지도자들은 산시陝西의 부드러운 황토를 판 동굴에서 몸을 숨겼고, 미국 기자인 에드거 스노가 이 동굴들을 찍은 사진을 전 세계에서 보았다. 공산당이 차지한 지역이 1936년 국민당의 토벌 작전으로 줄어들었지만, 1936년 12월의 시안사건과 그 이후 일본과의 개전이 절실했던 도움을 제공했다. 1937년 1월 지도부는 이 지역에서 가장 큰 도시인 옌안延安으로 옮길 수 있었다. 이곳에서 공산당 지도자들은 끝없는 전투와 공격에서 벗어나 휴식을 즐겼다. 그들은 이 시간을 이용하여 혁명이 걸어온 경로를 재고하고 조정했다.

처음에는 산시陝西, 간쑤, 닝샤의 황량한 국경지역에 공산당이 발전시켜온 근거지가 두 곳 있었다. 1937년 9월 6일, 두 곳이 합병되어 산간닝 변구(이 이름은 근거지가 위치했던 산시陝西, 간쑤, 닝샤 세 성에서 유래했다)가 성립했다는 공식적 발표가 있었다. 옌안이 수도가 되었다.[28] 인구가 약 150만 명인 이 변구邊區는 전부 농촌이었으며, 재해에 취약했다. 또 대부분 황폐해 있었다. 군벌의 싸움, 비적·가뭄, 전염병이 지방 경제와 사회 질서를 약화시켰다. 이렇게 불리한 환경에도 불구하고 항일전쟁 동안 공산주의 운동은 여기에서 중요한 추진력을 얻었다. 이곳은 적진 뒤에 있으면서도 일본이 통제했던 해안선과 국민정부가 통제하는 지역 모두에서 떨어진 유일한 근거지로 남았다.

산간닝은 마오쩌둥을 포함하는 당 지도부가 거주하는 안전하고 비교적 안정적인 변구였다. 그 외에 더 큰 다른 변구가 세 곳 있었는데, 모두 북부 중국에 있었다. 전쟁이 시작된 직후 팔로군은 황허를 건너 산시성으로 들어가 그곳에서 변구를 건설하기 시작했다. 진차지晉察冀(산시-차하르-허베이) 변구는 1938년 1월 공식적으로 수립되어 곧 가장 중요하고 성공적인 변구가 되었다. 공산당은 또한 1937년 초에 산시 서부에 두 곳, 쑤이위안綏遠(지금은 내몽골의 일부) 중앙에 근거지를 한 곳 수립했고, 이 세 곳은 1942년에 합병되어 진쑤이 변구를 형성했다. 마지막으로 진지루위晉冀魯豫(산시-허베이-산둥-허난) 변구가 있었다. 이곳은 1937년 10월 허베이-허난-산시 경계에서 타이항산太行山 유격구로 시작되었다. 허베이 남부와 동쪽의 산둥 방향으로의 팽창은 결국 1941년 7월 변구의 공식적 성립을 가져왔다. 더 중요한 중국 중부와 동부의 소규모 근거지로 쑤완蘇皖(장쑤-안후이), 쑤베이蘇北(장쑤 북부), 어위완鄂豫皖(후베이-허난-안후이), 샹어간湘鄂贛(후난-후베이-장시) 그리고 화이베이淮北(안후이, 허난, 장쑤) 등이 있었다.

공산당은 일본과 싸우면서 북부와 중부 중국에서 적 후방의 농촌 지역에 침투하여 근거지나 유격구를 수립했다. 일본에 대항하는 연합전선이라는 전반적 틀 속에서 운용되었던 팔로군의 지도자들은 게릴라전의 경험에 기초한 전략을 채택했다. 그들은 일본군이 침략했으나 통제할 인력이 부족했던 북부 중국의 지역들에 작은 부대를 보냈다. 그곳에서 그들은 잔존 부대를 통합하고, 주민들은 조직하여 소규모 일본 주둔군을 공격하는 게릴라 부대를 위해 식량, 신병, 안식처를 공급하게 했다. 이러한 근거지로부터 공산당은 정치적 영향력을 확대하고 일본 군대와 중국인 협력자들에 대한 게릴라전을 지속하고자 했다. 공산당은 1940년대 중반까지 몇 곳의 지역에 대한 통제력을 확보했는데, 이들

지역의 주민들은 모두 합쳐서 5,000만 명이 넘는 것으로 추산되었다.

공산당은 일본군과 '백단대전'百團大戰이라고 불리는 전쟁 기간을 통틀어 중요하게 꼽히는 전투를 벌였다. 이 전투는 1940년 8월 20일에서 12월 5일까지 계속되었다. 공산당의 부대들이 기습으로 철도, 도로, 교량, 기반 시설 등을 골라 북부 중국의 수송망을 공격했다. 중요한 탄광들의 장비가 파괴되어 생산이 거의 1년 동안 중단되었다. 적의 대응은 잔인했다. 일본은 어느 잔혹한 전멸 작전에서 독가스를 사용한 것을 포함하여 공산당군에 끊임없는 공격을 퍼부었다. 그들은 또한 공산당이 통제하는 지역과의 무역을 봉쇄하여 농촌의 식량을 고갈시킴으로써 민간인들에게 형언할 수 없는 고통을 안겼다. 백단대전 기간 공산당군 사상자는 10만 명에 달했던 것으로 알려져 있다. 펑더화이가 이끈 이 작전에 대해서 통제하는 지역에서 지배력을 강화할 수 있는 공산당의 능력에 심각한 위험을 가져올 것이라고 경고한 마오쩌둥은 크게 화를 냈던 것으로 전해진다. 일본군과 협력 정부의 끊임없는 공격은 공산당이 이끄는 군대와 공산당이 지배하는 지역을 심각하게 약화시켰다. 1942년에 이르기까지 공산당 지역은 거의 절반으로 줄어들었다. 백단대전도 게릴라 전술도 일본을 격퇴하거나 심각하게 위협할 수 없었다. 공산당이 할 수 있는 최선은 계속 상당수 일본군을 묶어두고 지치게 하는 것이었다.

전쟁이 끝날 때까지 공산당은 이 피해로부터 그럭저럭 회복할 수 있었다. 그들은 통제하는 지역을 크게 확장해서 북부 중국에서 4개 변구와 20개가 넘는 근거지를 확보했다. 1940년대에 공산당은 정책에 중요한 변화를 주었다. 마르크스-레닌주의 고전들을 연구하는 데 많은 시간을 쓴 마오쩌둥은 나중에 '마오쩌둥 사상'이라고 불릴 자신의 독특한 사상 체계를 고안하려고 러시아에서 훈련받은 비서들의 도움을 받아 계획적으로 문건들을 쓰기 시작했다. 그는 본질적으로 이론이 지방적 실천에 영향을 받고 구체화됨으로써 더욱 발전해야 한다고 주장하여 마르크스주의 이론을 토착화하려고 했다. 그는 고전적인 마르크스주의 텍스트를 맹목적으로 따르는 사람들을 다음과 같이 노골적으로 비판했다. "많은 동지가 마르크스-레닌주의를 학습할 때 혁명 실천에 필요하기 때문이 아니라 단순히 학습을 하려고 하는 것 같다. 그래서 읽긴 하지만 소화를 하지 못한다. 단편적으로 마르크스, 엥겔스, 레닌, 스탈린의 개별적 어구를 인용할 수 있을 뿐이고, 그들의 입장, 관점과 방법을 활용하여 구체적으로 중국의 현상과 중국의 역사를 연구하거나 중국혁명의 문제를 구체적으로 분석하고 해결하지 못한다."[29] 마오쩌둥의 생각은 이와 대조적으로 '마르크스-레닌주의의 보편적 진리를 중국의 혁명과 건설의 실천과 결합'하려는 것이었다.[30] 이것은 대담한 계획이었다.

이러한 수정주의적 접근에서 나온 중요한 변화 중 일부는 중국 사회를 혁명화하는 전략과 관련이 있었다. 많은 점에서 당은 기본적 정책을 변화시켰다. 1936년 7월 16일 마오는 에드거 스노에게 말했다. "오늘날 기본적 문제는 일본 제국주의에 대한 투쟁입니다."[31] 점점 더 불길해지는 일본의 위협은 중국 민족주의를 공산당의 정치적 이해관계와 결합하고, 당을 이전에 적대적이었던 사회 집단들에 접근하게 했다. 도시 중간 계급 구성원, 부농, 소지주가 일본에 대한 국가적 저항을 위해 협력을 호소하는 대상이 되었다. 농민뿐 아니라 중국 인민 대다수가 '애국적'이고 '혁명적'인 연합전선의 잠재적 구성원이었다. 달리 말하면, 마오쩌둥은 계급투쟁을 강조하지 않는 대신 '부르주아지' 중 '애국적'인 사람들에게 그들은 환영받을 것이고 그들의 재산과 지위가 존중될 것이라고 안심시켰다. 이는 분명히 효과적인 결과를 가져왔다. 공산당의 정책이었던 토지의 몰수와 분배는 농촌의 지대, 이자, 세금의 인하라는 훨씬 더 온건하고 대중적인 정책으로 대체되었다. 지대와 이자의 인하(減租減息) 그리고 특히 세제 개혁은 국가 세입 수준을 유지하면서도 세금 부담을 가난한 농민으로부터 좀 더 부유한 농민에게 점차 이전시키는 점진적인 과정에서 농촌 소득과 토지 소유를 균등하게 하려는 새로운 접근을 보여주었다. 옌안은 유연한 경제 정책으로 더 나은 경제적 자급을 성취했고, 경제 봉쇄뿐 아니라 1942년의 북부 중국 기근에도 더 잘 대처할 수 있었다. 옌안에서 공산당은 획일적이고 급진적이고 혁명적인 변화 대신 지방의 조건에 유연하게 적응함으로써 점진적 변화를 추구했다.

계급투쟁 수사의 완화는 중국 사회에서 다른 사회 계급이나 사회 집단과 함께 일하는 것에 대한 공산당의 관점이 수정되는 계기가 되었다. 당은 연합전선의 구성원으로서 도시의 전문가와 지식인이 가진 지식, 기술, 참여가 혁명의 성공에 도움이 될 것이라고 보고 그들을 크게 환영했다. 옌안은 온건한 정책을 채택하고 민족주의를 고취함으로써 사회 개혁에 대한 긍정적 평판을 획득했다. 공산당은 전시의 저항에서 자신들의 평등주의적이고, 참여적이며, 협력적인 성취를 선전했다. 이것은 중국의 도시 지역에서 많은 동조자를 끌어들였다. 새롭게 찾아온 사람은 대부분 고학력의 작가, 교사, 지식인, 언론인이었다. 그들은 안전한 피난처를 찾아왔지만, 그 이상으로 자유롭게 열린 토론을 할 수 있는 해방구에서 새롭고 밝은 미래를 추구했다. 1943년 말에 당은 개전 이래 지식인 4만여 명이 옌안으로 왔다고 보고했다. 그들의 지식과 기술은 중앙 행정의 건설, 자원의 동원, 보급품의 생산, 지지를 모으는 일 등에 크게 필요했다. 공산당은 성장하는 군대를 위해 지휘관, 교관, 작전 참모뿐 아니라 기사, 기술자, 의사가 다수 필요했다. 이러한 인력은 변구에서 성장하는 공업, 금융, 상업, 농업뿐 아니라 예술 공연, 언론 그리고 군사 과학과 다른 분야에서 교육을 건설하는 일에도 필요했다. 대부분 빈농, 비적·군인들로 구성된 공산당은 이 시점 이후 더욱 다양한 구성원을 가지게 되었다.

통일전선 정책의 또 다른 효과는 변구 참의회와 변구 정부의 구성원에 대한 선거의 물결이었다. 좀 더 안전하고 안정된 근거지에서는 기층 민주주의가 확산될 수 있었다. 선거 운동은 대중 동원의 형태를 취하여 농촌 지역으로 깊이 들어가서 촌민들을 교육하고 정치적 참여를 확대할 수 있었다. 그러나 촌 단위에서 선거가 치러질 때조차 공산당은 반드시 자신들의 헤게모니가 도전받지 않도록 했다.

옌안에 자리 잡고 몇 년 지나지 않아 이러한 정책의 성공은 분명해졌다. 옌안의 변화는 극적이었다. 변구 전체에서 수백 개 기계, 화학, 제지, 직물과 다른 종류의 공장들 그리고 여러 단계의 공식적 행정이 운영되기 시작했다. 공산당은 은행, 무역 회사, 병원을 세우거나 인수했다. 예술과 교육이 많은 수의 새로 온 사람들을 흡수했다. 극단, 작가 협회, 문화단체들이 세워졌다. 학교 수가 여러 배로 증가했다. 당은 대학 수준으로 여겨지는 훈련 센터와 연구소 등의 기관을 20개 이상, 그리고 신문과 잡지를 30개 이상 운영했다. 대부분 시설이 제대로 장비를 갖추지 못했고 임시변통에 의지하는 경우가 많았지만, 그들의 존재와 운영이 지역을 변화시켰다.

마오는 공산당에 더 통합된 공통 언어, 정당성, 목적을 제공하려고 열심히 노력했다. 그는 과거의 치열한 논쟁을 생각하며 당의 정치적 사고방식을 강화하고 통합해야 할 때라고 느꼈다. 일관성 있는 수사를 갖춘 새로운 프로그램이 합의되자 마오는 1942년의 '정풍운동'整風運動을 이용하여 '올바른 생각'을 강요하고 자신의 정치적 권력을 공고하게 했다. 마오에게 정풍운동은 농민 무장봉기의 역할에 대한 자신의 마르크스주의적 해석을 포함하여 혁명에 대한 그의 이해를 정당화함으로써 지도력을 합법화하는 방법이었다. 당이 활용했던 이전의 정치 전략과 일본의 침략을 물리치려면 무엇을 해야 하는지에 대한 대안적 생각은 강하게 부인되었다. 무엇보다도 정풍운동은 마오가 왕밍, 장원톈, 보구와 같이 소련 경험이 있고 모스크바의 후원을 받았던 내부 경쟁자를 비판하고 공격할 수 있게 해 주었다. 정풍운동은 마오 저작에 대한 정전화의 시작이기도 했다. 정풍운동은 마오 숭배를 만들어내고, 지식인들이나 당 활동가들의 독립적 사고나 반대 의견을 억압하는 데 결정적이었다. 운동 과정의 연설에서 마오는 획일성과 정통성을 강조했고, 이는 '사상개조'思想改造로 강화되었다.[32] 분명하게 정의된 사상과 언어의 체계에 깊이 뿌리내린 '응집된 담론 공동체'가 만들어져야 했다. 활동가들의 느슨한 모임이었던 것이 공산당의 규범과 가치를 내면화하고 같은 행동 규약을 따르는, 생각이 비슷한 당원들의 엄격한 공동체로 변화해야 했다. 당 간부들은 이러한 목적을 위해 학습 모임을 만들어서 신중하게 선택된 문건들을 읽고 집단적으로 토론해야 했다. (필수 문건 18건이 '정풍 문건'이라는 작은 책으로 묶였다.) 이러한 형식의 학습은 특정한 교리를 암기하는 것보다는 전면적인 자기반성 과정에 참여하는 것과 관련이 있었다. 예를 들어 참석자들은 '사상 검토서'를 쓰도록 요구받았다. 학습, 자기반성, 사상 검토는 잘못된 사상, 사악한 야심, 나쁜 욕망이 드러나도록 하려는 것이었다. 특히 간부들은 고백으로 그들의 생각을 교정하고 개선해야 했다.

당은 사상의 자발적 수용을 기대했지만, 정풍운동을 지속하려고 일련의 강압적 수단도 활용했다. 이러한 수단 중에서도 심문과 대중 집회가 당원들을 위협했다. 많은 군중 앞에서 열린 공개적 집회에서 젊은 자원자들이 자신이 스파이라고 고백하거나 다른 사람의 이름을 말하도록 강요받았다.[33] 이러한 고백을 얻어내려고 종종 폭력과 고문이 이루어졌다. 이러한 강압은 공산당의 보위 기구의 확대와 강화를 동반했다.[34] 정보 공작과 내부 감시망이 정풍 과정에 있는 당원을 감시하는 데 활용되었다. 공산당의 조사관과 보위 요원들이 적의 요원, 반역자, 트로츠키주의자를 적발하려는 목적으로 심문과 체포를 했다. 적으로 규정된 사람들 중 일부는 실질적인 법정 심리 없이 대중 재판 후 처형되었다.

정풍운동은 부분적으로 지도력을 강화할 필요에 대응하는 것이었지만, 또한 옌안에서 있었던 당원의 변화에 대한 반응이기도 했다. 우리가 살펴본 것처럼, 옌안으로 온 교육받은 집단들이 다양성 있는 주민들을 형성했다. 그들 중 많은 수가 도착한 지 얼마 되지 않아 당에 합류했다. 여러 지역에서 온 새로 온 수많은 농민과 군인들 역시 이 기간 당에 들어갔다. 1940년대 초 전국 당원의 수는 80만 명에 도달했는데, 이것은 전쟁이 처음 시작되었을 때 당원 수 4만 명과 비교되는 수치였다. 공산당 당원은 더 늘어나서 1945년에는 대략 120만 명에 도달했다. 정풍은 성장하는 공산주의 운동에서 이데올로기적·조직적 훈련을 개선하는 중요한 수단이었다.

옌안에서 당은 소련으로부터 계속 상당한 지원을 받기도 했다. 모스크바는 자금, 연료, 군사 보급품 그리고 다른 전략 물자를 보내주었다.[35] 공산당의 군사력은 극적으로 확대되었다. 1937년 홍군은 제대로 훈련받지 못하고 원시적인 무기를 가진 군인 7만 명을 보유했다. 일본이 항복했을 때 홍군은 일률적으로 잘 훈련받고 장비를 잘 갖춘 정규군 100만 명으로 크게 성장해 있었다. 여기에 더해 농민 수백만 명이 지방 민병으로 조직되어 있기도 했다.

전쟁이 끝날 무렵 공산당은 1945년 4월 23일에서 6월 11일까지 7차 전국대표대회를 개최했다. 공산당의 당장黨章이 개정되어 마오쩌둥 사상을 당의 지도 이념으로 채택했다. 새로운 당장에서는 "중국공산당은 마르크스-레닌주의 이론과 중국 혁명의 실천을 통일한 사상인 마오쩌둥 사상을 공산당의 모든 공작의 지침으로 삼는다"라고 규정했다. 이 대회 기간에 공산당은 통일전선과 전후 연합정부에 대한 헌신을 강조했다. 이는 지도자들이 행했던 연설에서 분명하게 나타났다. 마오쩌둥은 '연합정부를 논함'이라는 정치 보고를 했다. 저우언라이는 '통일전선'에 대한 당의 관점을 제출했다. 대회에서는 당의 정치 노선을 '대담하게 대중을 동원하고 인민의 역량을 강화함으로써 우리 당의 지도 아래 일본 침략자를 물리치고 전체 인민을 해방시켜 신민주주의 중국을 건설하는 것'으로 제시했다. 1940년대 중반 공산당은 전후 중국에서 주요한 정치 세력이 되고, 또한 다른 정당과 함께 다당제 연합에 들어갈 준비가 되었음을 분명하게 보여주었다.

옌안 시기는 공산당에 매우 의미 있었던 것으로 드러났다. 1930년대 초반과 1940년대 초반만큼 상황이 대조적으로 변할 수는 없을 정도였다. 1930년대가 시작되었을 때 당은 파멸 직전에서 흔들리고 있었고, 내부 갈등의 수렁에 빠져 있었으며, 농촌 사회에서 거의 지원을 얻지 못했다. 장시의 소비에트 지역에서 철수하여 국민당 군대의 추격을 피해 중국을 가로질러 수천 킬로미터를 행군해야만 했다. 1940년대에 공산당은 북부 중국의 상당 부분을 통제했고, 견고한 지방정부들을 세웠으며, 사회 개혁을 수행하는 법을 익혔고, 지방 경제를 성공적으로 운영하고 있었다. 공산당이 통일전선 덕분에 국민당의 공격을 받지 않게 되고 공산당이 지배하는 변구와 근거지가 폭격을 받은 국민당 지역에 비해 일본의 공격으로부터 피해를 덜 입은 것이 사실이라고 하더라도, 공산당은 통치를 위해 다른 수많은 문제를 처리해야만 했다. 여기에는 1942년의 기근, 경제 봉쇄, 이 지역의 일반적 빈곤 등이 포함되었다. 공산당이 옌안 시기를 잘 활용했다는 것은 부인할 수 없다. 공산당은 지방의 개발과 개혁에 투자했고, 동시에 규율의 강화와 중앙 집중화로 당의 강화와 통합을 이루어냈다. 또한 지속적으로 당의 내부 조직을 개선하고, 지리적 범위를 확장하고, 대중들에게 호감을 얻는 방법을 찾아냈다. 1930년대 초에 공산당은 오합지졸의 군대와 정치적 골칫거리에 불과했지만, 10년 후에는 국가 권력에 도전하는 만만치 않은 경쟁자가 되는 길을 걷고 있었다.

점령 지역

전쟁 중에 일본은 동부와 북부의 많은 부분을 포함하는 중국 영토에서 전시 제국을 유지했다. 이 제국은 분리되고 독립적으로 운영되는 몇 개 지역으로 구성되었다. 타이완은 1895년부터 일본의 식민 통치하에 있었다. 만주와 대륙의 나머지 지역은 일본에서 온 '군사 고문'들이 지방의 중국인 관료들과 협력하는 방식으로, 간접적으로 통치되었다. 그러한 몇 개 단명한 정부들이 전쟁 전과 전시에 만주, 내몽골 그리고 북부 중국과 중부 중국의 일부 지역에서 수립되었다.

만주는 이러한 '괴뢰' 정권들 중에서 가장 중요한 정권의 본거지가 되었다. 한국과 타이완만이 만주보다 더 오래 일본의 통제하에 있었다. 청 제국이 끝난 후 만주는 빠르게 변모했다. 북부 중국에서 오는 이민이 늘어나자 인구가 증가하고 광대한 평원에서의 정착으로 이어졌다. 1930년 무렵 인구는 3,000만 명 정도로 추산되며, 그중 2,800만 명은 한인이거나 만주인이었다.[36] 나머지는 몽골인, 한국인, 일본인이었다. 철로의 건설로 뉴좡牛莊(잉커우營口) 같은 남쪽 항구가 하얼빈과 같은 북쪽 지역과 연결되고 20세기의 첫 10년 동안 다롄을 포함하는 몇 개 항구가 열린 것은 농산물 수출이 중심이 된 빠른 경제적 발전을 자극했다. 이 지역의 주요 상품은 콩이었다. 콩과 그 부산품은 만주 수출의 약 80%를 차지했다. 이것은 1920년대 말까지 이 지역의 가장 중요한 수출품이었고, 세계 콩 생산량 전체의 59%를 차지했다. 콩은 대부분 일본에서 소비되었지만, 나중에는 소 사료로 유럽에 운송되기도 했다. 하얼빈이나 다롄 같은 도시들은 농업 성장, 무역 그리고 외국의 투자에 힘입어 서비스, 번창함, 도시 생활 등의 측면에서 상하이와 경쟁하기 시작했다. 일본은 만주에서의 경제적 이해 때문에 오랫동안 러시아, 일본, 중국 군벌의 변화하는 제휴 관계로 통치되었고 중화민국과는 느슨하게만 통합되어 있던 이 지역을 자신의 통제 아래 두고자 했다.

1931년 말 일본의 만주 점령 이후 새로운 지배자에 대한 지방 주민들의 저항은 거의 없었다.[37] 일본인을 반기는 사람들은 거의 없었겠지만, 과거 장쭤린과 장쉐량의 군벌 정권에 대한 열정도 거의 없었다. 멀리 떨어진 난징에 있는 국민정부도 실질적이고 성공 가능한 대안으로 여겨지지 않았다. 점령 이후 국민정부는 이 지역의 평화로운 중국 반환을 모색하면서 국제연맹 이사회에 호소했다. 영국 외교관인 리튼 백작이 만주의 상황에 대한 조사를 이끄는 책임자가 되었다. 1932년 4월 리튼 조사단의 만주 방문에 근거하여 같은 해 10월에 보고서가 발행되었다. 이 보고서는 만주국을 합법적인 국가로 인정하기를 거부하고 만주를 중국에 돌려줄 방안을 제안했지만, 중화민국의 만주 통합이 '실질적이기보다는 명목적'이었으며 '군사, 민정, 재정, 외교 등 모든 사무에서 중앙정부와의 관계는 자발적인 협력에 의존했다'라고 강조했다.[38] 그러나 일본은 이 보고서의 권유를 수용하지 않았다. 1935년 일본은 항의의 뜻으로 국제연맹에서 탈퇴했다.

국제연맹을 무시한 채 1932년 3월 독립 공화국인 만주국 수립이 선포되었다. 청의 마지막 황제인 푸이가 집정執政으로서 만주국 정부를 이끌었고, 그 소재지는 신징新京(오늘날 지린성 창춘시)이었다. 만주국은 일본인, 중국인, 한국인, 만주인, 몽골인과 같은 다양한 민족 집단으로 구성되어 모두가 평화롭게 함께 사는 다문화적 국가로 그려졌다. 그러나 실제로는 일본군이 모든 정부 부처는 물론 만주국의 의사결정 과정에 감시와 엄격한 통제를 행했기 때문에 실질적인 독립성은 없었다. '괴뢰국'puppet state은 모호한 용어이지만, 이러한 상황을 묘사할 때 자주 언급되었다. 게다가 국방, 철도 감독, 항만 운영 등의 중요한 지위에 일본인 관료들이 임명되었다. 1934년 만주국은 제국으로 다시 선포되었고, 푸이는 이번에는 만주 제국에서 또다시 황제가 되었다.

만주국은 지역의 경제 개발과 공공서비스 공급에 초점을 맞추어 일본 제국주의의 새로운 형식을 전시하는 곳으로 여겨졌다. 일본의 개혁 관료들에게 만주국은 정치 행정, 산업 경영, 계획 방면의 새로운 기술을 위한 편리한 시험장이 되었다. 1936년 정부는 산업 발전을 위한 첫 번째 5개년 계획을 발표했다. 광업과 같은 선택된 경제 영역에서 정부가 대주주이거나 중요한 주주였던 국가 기업들이 설립되었다. 정부는 중공업화를 촉진하고 만주국을 일본의 공업 능력의 전시장으로 만들고자 했다. 새 제국의 경제발전은 정말로 놀라웠다. 1940년대에 만주국은 기성의 산업 기지, 풍부한 밀과 목재의 생산, 풍부한 석탄과 철 매장량의 대규모 활용 등의 이점을 갖추고 있었다. 시간이 지나면서 만주국은 광대한 석탄과 철 자원, 소비 상품에 대한 활기 넘치는 시장 그리고 교육, 기반 시설, 공중 보건 등에 대한 일본의 상당한 투자 등으로 크고 비교적 산업화된 나라로 발전했다. 만주국은 효율적인 홍보 활동도 운영했다. 출판, 라디오 방송, 영화, 뉴스 영화 생산을 위한 일본의 기업과 단체가 빠르게 수립되었다.

처음부터 중국인 협력자들이 새로운 정권이 정부 구조를 만들고 정책을 추진하는 것을 도왔다. 민족주의적인 중국의 역사학은 이러한 행동을 반역적인 것으로 보는 경향이 있지만, 일본과의 이러한 협력은 선택할 여지가 거의 없었고 현실적으로 필요한 것처럼 보였다. 게다가 일본과 함께 일하려는 동기는 다양했다. 토지를 소유한 엘리트들의 지지는 만주국 정부의 최우선 과제였다. 이 엘리트들은 국민정부의 혁명적 수사를 결코 지지한 적이 없었다. 그들은 무엇보다도 안정을 유지하고 기존 질서를 보호하는 데 관심이 있었고, 이것을 일본이 약속하는 것으로 보였다. 그리고 만주 지역의 자치를 열렬히 지지하는 만주인들이 있었고, 이들은 일본의 도움을 받아 중국으로부터 독립한다는 꿈을 이루기를 희망했다. 마지막으로, 동양의 영성에 열중하는 종교인들이 그들의 믿음에 도움이 될 동아시아의 새로운 종교-정치적 질서를 수립하는 데 기여할 기회를 찾고 있었다. 이 모든 집단은 설득되거나 강요를 받아서 막 만들어진 '자치지도부'自治指導部 아래에서 행정 기관 역할을 했던 '유지회'維持會에 합류했다.

일본과 협력하는 것이 일반적이었지만, 주목할 만한 저항 행동도 있었다. 일본군은 몹시 잔혹한 방식으로 이러한 저항을 다루었다. 가장 악명 높은 사건의 하나는 펑톈의 공업 도시 푸순撫順 근처의 핑딩산平頂山에서 1932년 9월 16일에 일어난 학살이었다. 이 마을은 일본군에 저항했다는 이유로 보복 공격을 받았고, 민간인 3,000여 명이 죽었다. 범죄로 기소된 만주국의 중국인 주민들은 집단 수용소(集中營)에서 노동을 해야 했다. 푸이는 그의 회고에서 1930년대에 만주 전역에서 '노동 교정소'가 세워졌다고 보고했다.[39] 수용소 재소자들은 대부분 광산이나 전쟁 관련 산업에서 육체노동을 해야 했다. 일본군은 재소자들을 의학 실험에 사용하는 시설도 세웠다. 1932년에 하얼빈에서 약 100킬로미터 남쪽에 있는 작고 외딴 마을인 베이인허背蔭河가 중마中馬 수용소의 자리로 선정되었다. 윗부분에 가시철조망과 고압선이 있는 높은 벽돌담으로 둘러싸인 이 시설에는 많은 건물이 넓은 지역을 차지하고 있었다. 수용소는 두 구역으로 나뉘었다. 한쪽에는 감옥, 실험실, 화장장이 있었다. 다른 쪽에는 사무실, 막사, 창고, 구내식당이 있었다. 수용소는 1,000명을 수용할 수 있게 설계되었지만, 재소자들은 평균적으로 500명을 넘지 않았다. 수용된 재소자 중에는 (보통 중국인과 한국인인) '비적', 의심스러운 사람들, 범죄자 등이 있었다. 그러나 수용 목적은 세균전 무기를 개발하려는 일련의 실험에 재소자들을 인간 기니피그로 사용하는 것이었다. 사망률은 매우 높았다. 보통 재소자가 실험으로 죽을 때까지 한 달이 걸리지 않았다. 과학자들을 위해 즉시 공급할 수 있는 대체 '비적'이 있었다. 모두 소름 끼치는 실험이었지만 탄저, 마비저, 페스트 세 가지 주요 질병에 초점이 맞추어졌다.

베이인허는 1937년 말 버려졌지만, 하얼빈에 더 가까운 핑팡平房 지역에 훨씬 더 큰 수용소가 생겼다. 1937년부터 1945년까지 731부대라고 불린 특수 부대가 재소자들에 대한 실험을 행했다. 의사이자 장교인 이시이 시로石井四郎가 이 부대 책임자였다. 여기에서도 인간 기니피그를 활용하여 탄저에서 황열병에 이르는 질병들을 실험했다. 병원균을 인간에서 실험하는 것 외에 생물학전을 위한 병원균의 배양과 살포에 초점을 둔 비밀 연구가 있었다. 수천 명이 죽었다. 이 수용소는 1945년에 소련군이 접근할 때 후퇴하던 일본군이 파괴했다.

관동군은 만주국을 개발하고 통치하는 데 중심 역할을 했다. '모범 사회'를 건설한다는 목표를 가지고 관동군의 지도에 따라 새로운 제도들이 만들어졌다. '군사 파시즘'적 요소와 위계, 복종, 존중과 같은 유교적 규범의 조합이라고 하는 것이 이러한 제도들에 대한 가장 적절한 묘사일 것이다. 이를 주도한 것이 국가가 후원하는 대중 조직인 협화회協和會였다. 중앙과 지방 사회의 중재자로서 협화회는 관료, 교사, 그리고 사회의 중요한 구성원들을 모두 각각의 기관에서 새로운 국가의 시책을 실행하는 데 참여시켰다. 만주국 국가는 각각의 집단이 국가 안에서 정해진 장소와 명확하게 규정된 기능을 가지는 조합주의적 체계를 만들고자 했다. 동시에 개인의 권리는 무시되었고, 저항은 독재적이고 종종 잔혹하기까지 한 조치로 진압되었다.

만주국은 일본의 식민지 이데올로기를 만드는 데 중요한 역할을 했다. 만주는 일본과 소련 사이의 전략적 완충지대일 뿐 아니라 식민지 프런티어였고, 심지어 이 지역의 엄청난 가능성을 발전시킬 대담한 일본인 정착자들이 오기를 기다리는 잠재적 유토피아이기도 했다. 일본 정부는 만주에 대규모 정착민 집단을 보내어 이민을 통해 만주국에 대한 영향력을 강화하려고 했다. 그러나 특히 겨울에 이 지역의 상황이 얼마나 혹독한지 깨달은 이들 중 많은 수가 고향으로 돌아갔다. 급진적인 장교들은 만주가 물질적으로만이 아니라 정신적으로도 일본에 이익이 되기를 원했다. 그들의 독특한 계획과 시책은 동양과 서양의 불가피한 대립이라는 좀 더 문화적인 전망에서 나왔다. 만주와 중국은 일본의 지도 아래 동아시아를 서양의 지배로부터 해방시키는 성전에 참여할 것이고, 그 후에는 현대화와 발전에 성공하도록 일본의 인도를 받을 것이었다. 이러한 전망은 1930년대 중반까지 '동아연맹'東亞聯盟과 '동아협동체'東亞協同體 구상으로 나타났고, 나중에는 '대동아공영권'大東亞共榮圈 개념으로 발전했다.

중국의 다른 지역에서도 협력 정권들이 나타났다.[40] 처음에는 일본의 특무 요원들이 점령지에서 이른바 치안유지회를 설립하려고 지방엘리트들을 끌어들여서 임시적 방식으로 만든 소규모 지방정부가 아주 많았다. 장제스 정부를 방해하려는 일본 방침의 일부로 더 크고 경제적으로도 더 성공할 수 있는 정부들을 수립한다는 결정이 내려졌다. (만주국 외에) 북중국의 중화민국임시정부中華民國臨時政府, 몽강연합자치정부蒙疆聯合自治政府, 양쯔강 하류의 중화민국유신정부中華民國維新政府 등 세 정부가 수립되었다.

중국과 일본이 통제하는 만주국 사이에 자치적인 완충지대를 설치한다는 일본 대본영 전략의 일부로, 1937년 12월에 대본영의 도움을 받아 '중화민국임시정부'가 수립되었다. 앞서 1935년에 설립되었던 '지둥방공자치위원회'冀東防共自治委員會는 새로운 정부에 흡수되었다. 그리고 임시정부는 허베이, 산둥, 산시, 허난, 장쑤 등의 성을 포함하는 북부 중국의 넓은 영토를 명목상으로 지배했다.[41] 베이양정부의 재정부장이었고 일본 유학을 경험했던 왕커민王克敏(1879~1945)이 수도 베이징에서 행정위원장이 되었다. 임시정부는 입법부, 행정부, 사법부를 갖춘 공화국이었다. 자체의 화폐를 발행하고, '화베이치안군'華北治安軍이라는 자체 군대도 창설했다. 임시정부는 국기로 베이양정부가 1912년에 사용했던 것과 같은 오색기를 채택했다. 보통 일본과 함께 일했던 중국인 관료 다수는 베이양정부에서 근무한 경험이 있었다. 그들은 늘 국민정부를 원망했는데, 일본 제국의 도움을 받아 그들이 보기에 청조의 진정한 계승자였던 베이양정부를 부활할 기회의 창을 보았다.

내몽골의 몽강연합자치정부는 관동군의 지원을 받아 1939년 9월 만들어졌다. 이 정부도 자체의 화폐를 발행했다. 양쯔강 하류 지역에서는 역시 베이양정부의 예전 구성원들이 지배적이었던 '중화민국유신정부'가 세워졌다.[42] 유신정부라는 이름은 좋은 통치를 회복하고 국가를 회복시킨다고 주장했던 메이지유신의 수사를 반영한 것이었다. 유신정부도 베이양정부의 국기를 사용했으며 장쑤, 저장, 안휘 등의 성과 난징시, 상하이시를 통제했다. 군벌 돤치루이 밑에서 일했고 그전에는 베이양정부에서도 근무했던 량훙즈梁鴻志(1882~1946)가 행정원장이었다. 정부의 구조는 입헌 공화국이었고, 상하이에도 청사가 있었지만 수도는 난징이었다. 10개 조의 '정강'政綱은 입법부, 행정부, 사법부의 분립과 다당제를 약속하기도 했다. 정부의 목표로 반공, 경제 재건 그리고 현대의 경박한 풍조를 중국의 전통적 도덕 문화로 바꾸는 것을 강조했다.[43] 유신정부는 1938년 3월부터 모든 임시 정부가 적어도 명목상으로는 왕징웨이가 이끄는 난징의 새로운 국민정부로 통합된 1940년 3월까지 존속했다.

이 지역들에서는 저항보다는 협력이 중국의 점령 경험의 많은 부분을 특징지었다. 프랑스의 국민적 저항에 대한 신화를 전복한 유럽의 역사 수정주의에 영감을 받은 학자들은 중국의 영웅적 애국주의의 정치학도 재검토하게 되었다.[44] 양쯔강 하류 지역의 지방 엘리트들은 거의 일본군이 국민당의 방어를 물리치자마자 협력 관계를 맺기 시작했다. 양측 모두에 협력적인 방식을 매력적으로 만드는 동기들이 있었다. 일본인들에게 점령 정권들을 수립하기로 한 결정은 중국인 주민들과 더 안정적인 관계를 구축하려는 것이었다. 국가 제도들이 기능하게 되면 점령된 중국에서 질서와 생산성의 회복을 가능하게 함으로써 일본의 전력을 유지해 줄 것이었다. 지방의 촌민들은 파괴된 고향에서 '평화롭게 살고 즐겁게 일하는' 정상적인 생활로 돌아가도록 권고받았다. 일본은 중국에서의 전비 증가를 보고, 점령이 스스로 비용을 감당하도록 하는 일이 긴요하다고 생각하게 되었다. 중국인 주민들에게는 정상 상태와 안정성의 회복이 생존에 그야말로 결정적이었다. 전쟁은 끔찍한 파괴와 고통을 가져왔는데, 이는 일본군뿐 아니라 중국군의 행위에서도 왔다. 따라서 양측이 협력하는 것은 전혀 비정상적인 것이 아니었다. 현실에서는 일본 점령 기간에 실용적 고려가 우세했다.

전쟁 기간 내내 일본 정부는 반복해서 국민당 정부에 접근해 외교적 해결책을 찾자고 제안했다. 일본은 평균적으로 1년에 네 차례 외교적 시도를 했고, 1938년에는 이 숫자가 11차례에 달했다.[45] 장제스는 주권과 영토의 어떠한 상실에도 동의하지 않으려 했기 때문에 확고부동하게 일본의 제안을 거절했다. 그러나 정부의 다른 사람들에게는 우선순위가 달랐다. 이들이 보기에 계속되는 전쟁과 공습을 통한 조직적 파괴로 중국은 너무 큰 대가를 치르고 있었다. 그들은 지칠 대로 지치고 깊은 충격을 받은 나라가 더는 늘어가는 부담을 감당할 수 없다고 지적했다. 그들은 공산당과의 통일전선은 물론 정부가 소련에 의존하는 것에 매우 비판적이기도 했다. 특히 왕징웨이는 좌파, 사회주의자, 노동운동가들과 확고하게 거리를 두려고 했다. 그는 1932년 장제스와 타협한 이후 처음에는 일본에 저항하는 민족주의적 정책을 지지했지만, 일본과 협상을 시작하는 것을 지지하게 되었다. 그가 생각하기에 일본은 소련은 말할 것도 없고 영국이나 미국보다도 더 나았다. 그는 또한 아시아주의의 미래를 믿었던 것 같다. 그러나 일본이 점점 더 공격적인 정책을 취하자 왕징웨이를 포함한 '친일' 그룹은 국민당 내에서 주변화되고 고립되었다. 왕징웨이는 자신을 살해하려는 시도가 있자 결국 '화평 운동'으로 전환하고 일본과 협력하기로 결정했다. 왕징웨이는 단독으로 일본과 군사적 대립에 대한 평화적 해결책을 찾기 위해 '화평파' 그룹과 함께 하노이로 탈출했다. 그는 1년 넘게 일본과 협상했다. 1940년 마침내 일본의 후원 아래 난징에서 새로운 '중화민국국민정부'가 수립되었고, 왕징웨이는 주석으로 임명되었다. 장제스와 공산당 모두에게 그는 반역자(漢奸)였지만, 그와 그 지지자들은 그들의 역할과 목표에 대해 다른 이해를 가지고 있었다.

'화평반공건국'和平反共建國을 구호로 내걸고 세워진 왕징웨이의 협력정권은 1940년 3월부터 1945년 8월까지 상하이를 제외한 점령지 대부분을 통제했다.[46] 왕징웨이는 재조직되고 형식적으로는 자치적인 국민정부를 세웠다. 그러나 일본 당국은 왕징웨이 정부를 면밀하게 관찰했고, 일본군은 모든 부분에서 최종 결정권을 가지고 있었다. 그럼에도 그가 전시에 인민을 보호하는 국가의 역할, 국민 경제의 재건, 친밀한 중일관계의 발전 등을 강조한 것은 그가 단순한 권력 추구 이상의 동기가 있었음을 암시한다. 그는 새로운 세계 질서에 대한 전망을 만들고자 자기 나름의 민족주의를 아시아주의, 삼민주의와 함께 새로운 '왕징웨이주의'로 통합했다. 그는 또한 '신국민운동'이라는 운동을 시작했는데, 이것은 쑨원의 삼민주의에서 공민적 요소를 통합한 것이었다. 왕징웨이가 보기에 쑨원은 이미 아시아주의와 중국 민족주의가 결합될 수 있음을 보여주었다. 그러므로 일본과의 협력은 쑨원의 민족주의적 기획과 모순되지 않았다. 왕징웨이는 장제스 치하 국민정부는 전시에 인민들을 지키려 하지 않고 지킬 능력도 없다고 믿었고, 이것은 그가 반역이라는 비난을 반박하거나 '우방'友邦 일본과의 협력이 유용함을 주장하는 출발점이었다.

왕징웨이가 통치하는 지역에서는 지방에서 중국인들의 자치가 계속되었다. 지방 사회는 스스로 치안을 유지했고, 전쟁의 공포에서 일시적으로 벗어남으로써 혜택을 입었다. 상하이와 양쯔강 하류의 기업은 대부분 국민정부와 함께 내륙으로 옮기지 않았다. 그보다는 일본의 지배 아래에서 공장을 계속 운영하려고 했다. 이 지역에서 완만한 경제 회복이 진행되었는데, 부분적으로는 일본이 한국, 만주국, 몽골의 군사정권, 타이완, 중국 대륙의 점령지들 그리고 필리핀에서 태국에 이르는 일본이 점령하거나 지배했던 다른 나라들 사이의 경제 통합 계획인 대동아공영권이라는 목표 때문이었다. 전쟁의 이 단계에서는 점령지와 중국의 나머지 지역 사이의 무역도 합법이건 불법이건 간에 모두 번창했다.

세계 전쟁

1937년 봄부터 중국은 일본에 대항하여 쓰라리고 절망적인 고투를 하고 있었다. 유럽이 전투에 들어가고 그 결과 1939년의 무더운 늦여름에 제2차 세계대전이 시작되었을 때, 중국은 이미 자신의 영토에서 2년이 넘게 이어지는 잔혹한 전쟁이 가져온 끔찍한 손실과 광범위한 피해를 견디고 있었다. 제2차 세계대전의 시작은 중국 전장에 영향을 미쳤지만, 주요한 장기적 영향은 중국의 국제적 지위를 변화시킨 것이었다. 세계 전쟁의 시작은 새로운 기회들에 대한 복잡한 위험과 다면적 기회를 가져왔다. 구체적인 결과는 예측하기 어려웠다 하더라도 중국의 모든 정당과 정치 진영은 엄청난 변화가 오고 있다는 것을 알았다.

1939년 8월 말 소련과 독일은 불가침조약에 조인했다.[47] 이데올로기적으로 적대적이었던 나라들이 유럽에서 협력하기로 약속했다. 며칠 후 히틀러의 폴란드 침공으로 제2차 세계대전이 시작되었다. 중국, 특히 국민당에 이것은 전쟁에 대한 소련의 지원이 없어진다는 것뿐 아니라 일본이 소련과의 국경에 있던 군대를 중국에 재배치할 수 있게 되었음을 의미했다. 1939년 말 일본은 정말로 점령지를 확대하고 장제스 정부를 패배시키려는 노력을 새롭게 재개하며 몇 가지 새로운 시도를 했다. 설상가상으로 1940년 7월 영국 정부는 영국 식민지를 중국과 연결하는 버마 공로를 폐쇄하라는 일본의 요구를 일시적으로 수용했다. 영국군은 이미 유럽에서 무리하고 있었기 때문에 당분간 남아시아에서 새로운 전선을 만들 군사적 능력이 없었다. 영국의 결정은 버마 공로를 통해 국민당 통치 지역으로 들어가는 긴요한 전쟁 장비와 물자의 운송을 중단시켰다. 1940년 9월 말에는 또 다른 타격이 있었다. 일본, 이탈리아, 독일이 추축국에 가입하자 남아 있던 독일 군사고문들이 모두 중국에서 철수했다. 중국은 일본과의 싸움에서 완전히 홀로 남겨졌다. 고립되고, 의지할 만한 국제적 지원이 없는 상태로 국민당과 공산당 모두 미래가 어떻게 될지 몰라 불안해했다. 통일전선이 가장 잘 작동하고 양당이 군사, 정치적 사안에서 협력했던 것이 바로 이 시기였다.

한편 장제스는 새로운 동맹을 찾고 있었다. 유럽 국가들이 모두 유럽에서 격렬한 전투에 휩싸여 있었기 때문에 현실적으로 유일한 잠재적 동맹은 미국이었다. 미국은 중립 입장을 재고하던 1940년 말 무렵, 중국의 도움 요청에 응답하기 시작했다. 도쿄가 왕징웨이 정부를 공식적으로 승인했던 11월 말 미국 정부는 충칭에 대한 차관 제공과 함께 군용기 50대의 인도를 발표했다. 1941년 봄 프랭클린 루스벨트 행정부가 무기대여법을 중국에까지 적용하기도 했다. 1941년 1월 처음 입안된 무기대여법은 주로 미국이 외국에 군사적 원조를 제공하는 수단이었다. 이 법은 '대통령이 그 나라의 방위가 미국의 방위에 필수적이라고 여기는 나라의 정부'에 의회가 지출을 승인한 무기나 다른 국방 물자를 넘겨줄 권한을 대통령에게 부여했다.[48]

1941년 말 중요하고도 갑작스러운 전환점이 나타났다. 12월 7일 일본의 예상치 못하고 파괴적이었던 진주만 공격은 미국의 참전을 이끌었고, 그에 따라 결과적으로 중국의 국제적 고립도 끝났다. 전쟁은 진정으로 세계적인 것이 되었다. 몇 년 만에 처음으로 중국은 새로운 동맹을 만들 수 있었다. 몇 주 내에 장제스를 최고사령관으로 하는 중국–버마–인도 전구가 만들어졌다. 이 시점부터 중국은 추축국에 대항하는 전면전에서 연합국 편에 서서 싸웠다. 미국의 지원이 밀려들기 시작했는데, 이는 중국의 전력을 유지하는 데 특히 중요했다. 미국은 '더 험프'

라고 불렀던 히말라야산맥을 넘는 비싸고, 어렵고, 위험한 공수 작전으로 보급품, 군사 장비, 군사 고문을 보냈다. 미국의 자원 비행 부대인 플라잉 타이거즈도 일본을 공격하기 시작했다.

미국인들은 장제스 정예 부대의 장비를 갖추어주고, 행정가들을 훈련했다. 또한 전문가들을 파견하여 장제스 정보 부대를 지도했다. 예를 들어 충칭 근교에 있는, 국민정부가 운영하는 가장 악명 높은 수용소 가운데 하나에서 미국 장교들이 일하고 있었다. 수용소 체계는 바이꽁관白公館과 자즈둥渣滓洞에 있는 서로 다른 수용소 몇 개로 구성되었다. 1942년에 조인된 비밀협정으로 이 수용소에서 멀지 않은 곳에 중미특종기술합작소中美特種技術合作所, Sino-American Cooperation Organization, SACO가 설립되었다. 1943년부터 1945년까지 미국의 경찰과 정보 요원들이 여기에 배치되었다. 그들은 중국인 비밀요원과 스파이들을 훈련했고 국민정부의 비밀부대에 심문 기술을 가르쳤다.[49]

1942년 2월, 미국은 공로 훈장 수훈자이며 존경받던 장군인 조지프 스틸웰Joseph Stilwell(1883~1946)을 참모장으로 충칭에 파견했다. 중국어에 능통한 얼마 안 되는 미군 장교 중 한 명인 스틸웰은 자주 장제스와 직접 충돌했고, 장제스를 무시하면서 '땅콩'이라고 언급하기도 했다. 개인적 적의를 제쳐 두더라도, 양측의 우선순위가 그렇게 갈리고 대립될 수는 없었을 것이다. 장제스가 중국에서 싸우는 중국군의 고통을 덜려고 버마에서 영국과 미국이 대규모 작전을 벌이기를 희망한 반면, 스틸웰의 임무는 장제스를 설득하여 그의 부대를 일본군 진지에 대한 대담한 공격에 배치하도록 하는 것이었다. 장제스는 스틸웰과 미국이 충분히 행동하지 않는 것에 불평했고, 미국의 더 많은 작전을 요구했다. 스틸웰은 장제스가 중국 육군을 전장으로 보내려 하지 않는 것과 비겁함,

부패, 무능을 비난했다.

그럼에도 히틀러에 반대하는 연합에 합류함으로써 중국은 국제적인 인정과 지위를 얻었고, 이는 19세기 제국주의의 굴욕적 유산을 마침내 넘어설 기회를 제공했다. 1943년 1월 중국, 영국, 미국이 서구 제국주의의 마지막 남은 유물들 폐지하고, 치외법권을 취소하고, 상하이의 공공 조계와 프랑스 조계를 포함하는 모든 조계를 전후에 반환하여 중국이 통치하도록 하는 등의 내용을 담은 새로운 조약들을 맺었다. 이 조약들은 1901년 신축조약으로 생겼던 중국의 부채도 모두 취소했다.[50]

1943년 11월 장제스는 카이로회담에 참석했는데, 이 회담은 중국이 공식적 대표로 참가한 유일한 전시 국제회담이었다. 이 회담의 엄청난 중요성 때문에 장제스는 열심히 준비했고, 야심적인 계획을 가지고 카이로에 갔다. 30년 전 제1차 세계대전 시기 베이양정부와 마찬가지로 장제스는 국제적 충돌 속에서 중국의 역할을 전후 세계 질서의 형성에서 발언권을 얻을 기회로 보았다. 장제스는 중국이 유일한 비서구 국가로 할 수 있는 특별한 역할이 있다고 확신했다. 그의 주요 목표는 분명했다. 그는 결정적인 군사적 지원을 얻기를 원했다. 그러나 이것을 넘어서 그는 일본이 점령한 영토뿐 아니라 (영국이 영향력을 행사하던) 티베트, 외몽골, (군벌 성스차이 아래에서 사실상 소련 위성국이 되었던 지역인) 신장, 만주 심지어 홍콩과 조약항들까지 포함하여 상실한 모든 영토의 회복을 요구하려고 했다. 비서구, 식민지 세계의 이해를 대변할 수 있도록 중국을 연합국 중 동등한 강국으로 자리 잡게 하는 것이 그의 또 다른 목표였다.

회담 전 루스벨트와 사적인 대화에서 장제스는 '영국 제국주의에 대한 정책이 성공적이어서 세계의 억압받는 사람들을 해방시킬 수 있기를' 희망한다고 말했다.[51] 이것은 영국의 강한 반대에 부딪혔다. 총리 윈스턴 처칠(1874~1965)은 영국은 영토의 획득을 추구하지는 않겠지만, '싱가포르와 홍콩을 포함하여 그들이 가지고 있는 것을 계속 보유할 것이며 전쟁 없이 식민지를 포기하지는 않을 것'이라고 강조했다.[52] 대조적으로 스탈린은 나중에 테헤란에서 만주에 대한 중국의 주장을 완전히 존중하며 전쟁 전의 만주 국경을 받아들이겠다고 천명했다.[53] 처칠은 또한 장제스가 큰 기대를 걸고 있던 벵골만의 연합군 수륙양용 상륙계획인 해적 작전을 노골적으로 반대했다. 결국 연합국은 유럽에서 제2전선을 만들고 1944년 버마에서 지상전을 벌이기로 합의했다. 그들은 또한 일본에 만주, 타이완 그리고 펑후澎湖제도의 모든 점령지를 중국에 반환할 것을 요구하는 공동선언문을 발표했다. 이것은 장제스에게는 상당한 성공이었다.

카이로회담은 중국이 19세기의 파괴적인 실패에서 벗어나 정치적으로 얼마나 회복했는지를 세계에 분명히 보여주었다. '4강'에 공식적으로 포함됨으로써 중국은 현대사에서 처음으로 열강으로 대우받았다.[54] 중국은 또한 처음으로 국제무대에서 식민지 세계를 대변하는 역할을 주장했다. 그러나 여러 가지 논쟁과 긴장이 중국이 다른 열강들과 동등하게 되기까지는 아직 갈 길이 멀다는 것을 드러냈다. 더 많은 도움에 대한 장제스에 간청에도 불구하고, 영국과 미국은 중국이 지고 있는 부담에 개의치 않고 현상에 매우 만족해했다. 그들은 계속해서 중국이 일본군에 대항하여 간신히 생존할 수 있을 만큼의 물자와 지원을 보낼 것이었다. 실제로 중국이 일본에 승리하도록 돕는 것은 분명히 서구의 우선순위가 아니었다.

카이로를 떠난 이후 장제스는 나중에 국제연합으로 불리게 되는,

전후 평화를 유지하기 위한 국제기구의 설립에 대한 중국의 지지를 강조했다. 카이로회담 직후인 1944년 그는 루스벨트 대통령에게 '아시아인들의 참여가 없다면, 그 회담(국제연합 창설의 준비를 위한 덤바턴오크스 회의)은 인류의 절반과 관련이 없게 될 것'이라고 전보를 보냈다.[55] 워싱턴DC 근처의 덤바턴오크스에서 1944년 중국 대표 구웨이쥔顧維鈞은 국제연합 헌장에 보편성, 평등, 정의의 원칙에 대한 표현을 포함해야 한다고 열정적으로 주장했다. 다시 한번, 서구 국가들은 국가 주권의 절대적 성질을 선호하면서 그러한 표현을 반복해서 거부했다. 중국의 목표에 대한 저항은 주로 영국에서 나왔지만, 더 낮은 정도로 미국에서도 왔다. 영국은 인권 조항이 영국의 직할 식민지에서 독립을 위한 투쟁을 증대시킬 것을 두려워했다. 미국 대표단 중 한 명은 '그런 조항이 우리의 남부 흑인 문제에 가져올 결과'에 대해 우려를 표현하기까지 했다.[56]

카이로에서 합의된 대로 버마 북부의 작전은 1944년 수행되었다. 영국군과 미국군이 장제스의 남은 정예부대 일부의 도움을 받아 1942년 일본이 점령했던 버마 탈환에 착수했다. 스틸웰이 이끌었던 지상 작전은 비록 1944년 초 미치나Myitkyina 전투에서 일본에 어렵게 승리를 거두기도 했지만, 부분적으로는 스틸웰과 장제스의 불화 때문에 목표를 달성하는 데 실패했다. 미 공군의 지원이 늘어나고 일본군이 꾸준히 길어지는 보급선과 줄어드는 공중 엄호 때문에 전력이 소모되면서 중국의 저항이 점차 늘어났다. 일본의 제국 군대가 마지막인 동시에 사상 최대였던 작전을 시작했던 것이 바로 이때였다. 대륙타통작전은 1944년 4월 17일부터 1945년 2월 초까지 계속되었다. 이 작전은 중국의 심장부를 관통하여 한국의 부산에서 인도차이나까지 이어지는 육로를 확보하려는 시도였다. 또한 일본 도시에 대한 공습을 수행하려고 미국이 사용하던 쓰촨과 광시의 비행장을 제거하려는 것이기도 했다. 일본 군인 50만 명이 동원되어 국민당군 70만 명과 싸웠다. 1944년 4월부터 12월까지 중국은 일련의 심각한 패배를 겪었고, 국민정부는 7개 성에서 더 많은 영토를 잃었을 뿐 아니라 많은 귀중한 부대를 상실했다. 일본 본토에 대한 미국의 폭격이 증가하자 대륙타통작전은 급격하게 우선순위가 낮아져서 1944년 말에 작전이 중단되었고 최대한 많은 부대가 일본을 방어하기 위해 재배치되었다. 그러나 국민당군과 국민정부를 심각하게 약화시킴으로써 이 작전은 뒤이은 내전에 영향을 주었다.

아시아에서 세계 전쟁의 끝은 신속하고 예기치 않게 왔다. 1945년 8월 6일 미국 항공기 한 대가 일본 도시 히로시마에 원자탄을 투하했는데, 그 충격은 전통적인 폭약 약 2만 톤과 맞먹는 것이었다. 이전의 공격으로부터 피해를 보지 않은 공업 목표라서 폭탄의 효율성을 정확하게 판단할 수 있고 일본의 사기를 분쇄할 수 있었기 때문에 히로시마가 선택되었다. 3일 후 비슷한 폭탄이 나가사키에 투하되었다. 두 도시에서 4일 내에 거의 20만 명이 죽었다. 히로시마와 나가사키의 비극과 함께 대격변을 가져온 전쟁의 마지막 장이 마침내 끝났다. 1945년 8월 15일 일본이 항복했다.

내전

전쟁의 마지막 몇 년 동안 공산당과 국민당 사이의 통일전선은 서류상으로만 존재했다. 1941년 1월 국민당 군대는 중국 중부에서 자리 잡으려던 공산당 군대를 공격하여 많은 사람을 죽였다. 그들은 또한 경제 봉쇄를 시행하고 변구와 국민당 통치 지역 사이의 무역을 막았다. 이때부터 통합은 거의 존재하지 않았다. 충칭은 공산당이 서북 지역에서 변구를 확대하는 것을 막기 위해 50만 명을 배치했다. 공산당과 국민당 모두 일본의 패전 이후에 중국에서 내전이 일어날 것을 의심하지 않았다. 그러나 1945년 8월, 히로시마와 나가사키에 대한 미국의 공격이 일본의 갑작스러운 항복을 이끌어냈을 때, 공산당과 국민정부 모두 행동할 준비가 되어 있지 않은 것처럼 보였다. 일본군은 대부분 군사 장비를 남긴 채 중국, 타이완, 만주국으로부터 철수했다.[57]

소련은 1945년 8월 14일 국민정부와 중소 우호 동맹 조약을 맺었다. 이 조약으로 장제스는 몽골 그리고 만주의 중소 국경에 관한 스탈린의 요구를 거의 모두 들어주었다. 외몽골의 독립은 20세기를 통틀어 중국의 가장 큰 영토 손실이었다. 소련은 만주의 공업 장비를 소련으로 조직적으로 운송했고, 중동 철도에 대한 옛 권리를 다시 주장하기도 했다. 서구 열강들이 중국에 있던 일본군에게 국민당군에 항복하도록 지시했고 일본군도 이를 따르려 했지만, 공산당은 일본이 장악했던 영토를 해방시킬 권리를 고집했다. 공산당은 제자리에 있으라는 장제스의 명령을 거부하고 동쪽, 특히 만주로 향했고 국민당 군대보다 앞서 도착할 수 있었다. 소련군이 일본군을 무장해제했던 이 지역에서 중국공산당 군대는 많은 양의 무기와 탄약을 얻었다. 국민정부와 공산당군이 모두 자신이 통제하는 지역을 확장하려 했기 때문에 양측의 충돌은 시간 문제였다.

일본을 물리치는 데 외국 열강의 역할과 국제적 지원이 결정적 역할을 했다는 점을 생각하면 외국의 영향력이 계속해서 가장 중요했다는 것에 놀라지 말아야 한다. 중국의 내전은 결코 완전히 국내적인 것이 아니었고 처음부터 중대한 국제적 차원을 가지고 있었다.[58] 중국 상황을 주의 깊게 지켜보면서 소련과 미국 모두 각자의 중국 내 동맹에 대해 양면적 태도를 취했다. 모스크바도 워싱턴도 중국의 상황을 다룰 명확한 계획을 가지고 있지 않았다.

장제스와 미국의 관계는 전쟁 동안 악화되었고, 장제스는 낙관적일 때조차 루스벨트 이후 워싱턴 지도부가 어떠한 방향으로 향할지 확신이 없었다. 부분적으로는 중국이 유럽에 비해 우선순위가 높은 관심사가 아니었기 때문에, 또한 부분적으로는 미국 관료들이 중국 상황의 평가를 두고 날카롭게 분열되어 있었기 때문에 미국의 태도는 분명치 않았다. 일부 미국 지도자들은 중국공산당이 모스크바에 순종적이기 때문에 공산당의 승리가 스탈린에게 유리한 방향으로 아시아에서 균형을 깨뜨릴 것이라고 확신했다. 그들은 소련에 중국의 통제권을 넘겨주기보다는 미국이 장제스에게 계속 지원을 제공해야 한다고 주장했다. 다른 사람들은 중국 공산주의 운동에서 민족주의의 증거를 가리키면서, 마오의 중국은 반드시 미국에 적대적이지 않을 것이며 장제스는 결국 실패할 것이라고 주장했다. 그들은 행정부에 한쪽 편을 들지 말고, 가능한 한 내전을 방지하며, 내전을 피할 수 없다면 미국이 개입하지 말아야 한다고 촉구했다.

소련은 원칙적으로 공산당 지지를 약속하면서도 마찬가지로 갈등을 겪었다. 스탈린은 그가 '동굴 공산주의자'라고 언급했던 마오의 이익을 위해 희생하려 하지 않았다. 미국의 해리 트루먼 대통령(1884~1972)과 같이, 스탈린은 중국에서 일어나는 일이 그에게 훨씬 더 긴급했던 유럽에서의 국가 안보 의제를 훼손하는 것을 원하지 않았다. 스탈린의 모호한 태도는 일본 항복 이후 몇 달 동안 소련의 행동에 반영되었다. 만주의 소련군은 중국공산당을 무장시키는 것과 그들을 제쳐놓는 것 사이에서 그리고 장제스의 요청에 호응하는 것과 그를 무시하는 것 사이에서 갈팡질팡했다. 아주 일찍 마오는 동료 당원들에게 '소련의 정책은 이해할 수 없다'고 고백한 적이 있다.[59]

1945년 여름, 소련과 미국의 정책은 모두 연합정부의 창설을 목표로 했다. 미국을 깊이 의심하지만 소련의 지원도 확신이 없는 채 마오는 미국의 중재를 환영했다. 공산당은 또 다른 전쟁을 할 준비가 되어 있지 않았다. 일본이 항복하기도 전에 미국 관료들은 소련의 동의를 얻어서 내전을 막기를 바라면서 두 경쟁하는 정당을 중재하려고 시도했다. 일본이 항복하자, 중국 주재 미국 대사인 괴짜 패트릭 헐리(1883~1963)는 자신의 중재로 영속적인 연합정부를 만들 수 있다고 믿었다.[60] 전후 미국의 첫 번째 노력이, 일본 항복 직후 장제스와 마오쩌둥 사이의 직접 대화를 이끌어냈다. 마오쩌둥은 충칭으로 이동하여 1945년 8월 27일에 착륙했고, 같은 날 저녁 장제스와 만찬을 함께 했다. 두 숙적이 20년 만에 처음 만난 것이었다. 6주 동안 두 사람은 종종 장제스의 정원을 걸으면서 사적으로 여러 차례 만났다. 보좌관들이 야심 차게 국회 선거 규칙을 정하기 위한 국민대회로 시작되는, 새롭고 민주적인 중국에 대한 구상을 담은 문서의 초안을 작성했다. 그들은 중국의 모든 군대를 장제스의 명령 아래 통일시키는 것도 제안했다. 표면적으로 이 회담은 잘 진행되는 것처럼 보였다. 두 지도자는 중화민국의 국경일인 1945년 10월 10일 희망찬 공동선언을 발표하여 '화평, 민주, 단결, 합작'을 약속했다. 그러나 그들의 군대는 현장에서 계속 전진하고 있었다. 1945년 11월 장제스는 공산당에 대해 중요한 공격을 시작했고 모든 협상은 끝났다. 1945년 11월 말, 헐리는 좌절 속에 갑작스럽게 사임했다.

국민당 정부는 1946년 난징으로 귀환했다. 같은 해 미국은 평화적인 해결책을 찾으려는 또 다른 시도를 했다. 트루먼 대통령은 '강하고, 통합되고, 민주적인 중국'에 대한 미국의 약속을 재확인하면서 존경받는 미국의 정치가이면서 독일과 일본에 대한 전쟁에서 미국의 승리를 이끈 주요 설계자 조지 마셜 장군(1880~1959)을 중국에 파견했다. 거의 1946년 내내 수행했던 마셜의 임무는 적대행위를 멈추고 국민당과 공산당의 연합정부를 수립하라고 장제스와 마오쩌둥을 설득하는 것이었다. 그러나 장제스와 마오쩌둥이 모두 분노와 적의를 거두려 하지 않았기 때문에 그해 중간에 이미 그의 임무가 실패했음이 분명해졌다.[61] 어느 쪽도 타협의 열망을 보이지 않았고, 1946년 10월 전투가 재개되었다. 마오는 미국이 국민당에 전념하고 있다고 확신하게 되었다. 미국이 중국을 지배하려고 한다고 비난하는 반미 선전운동이 시작되었고, 장제스는 미 제국주의의 주구로 묘사되었다. 그에 대한 대응으로 미국은 무기 금수 조치를 취하고 1947년 5월 이후 장제스에게 원조를 보냈다. 장제스는 전면전을 시작하기로 결정했고, 그의 군대는 공세에 나섰다.

1947년 중반부터 1949년 중반까지 중국에서 전면적인 내전이 격렬하게 전개되었다. 미국과 소련은 서로 주시했지만 어느 쪽도 군사적으로 개입하지 않았다. 사실상 두 신흥 초강대국은 서로를 단념시켰고, 어느 쪽도 다른 쪽이 개입하지 않는 한 먼저 개입하려 하지 않았다. 미국은 소련군이 중국에서 철수하는 것을 보고 안심했다. 소련은 중국에서 공산주의의 승리를 적극적으로 지원하는 행동을 거의 하려 하지 않았고, 미국의 군사적 개입 가능성에 대해 거의 끝까지 불안해했다. 막

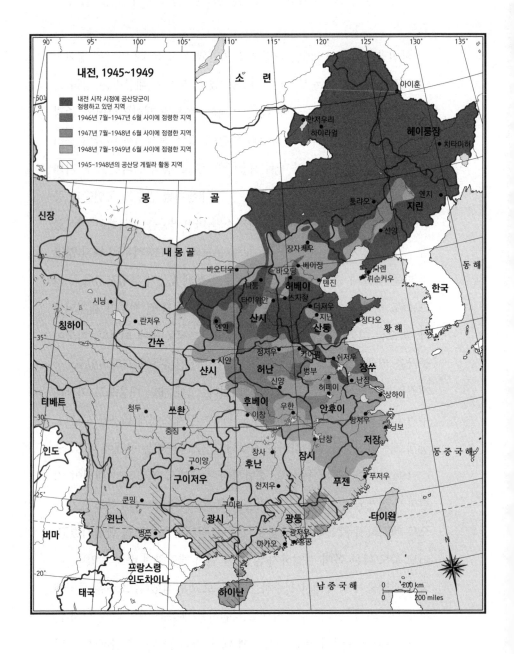

내전, 1945~1949

■ 내전 시작 시점에 공산당군이
　점령하고 있던 지역

■ 1946년 7월-1947년 6월 사이에 점령한 지역

■ 1947년 7월-1948년 6월 사이에 점령한 지역

■ 1948년 7월-1949년 6월 사이에 점령한 지역

▨ 1945-1948년의 공산당 게릴라 활동 지역

소　련

몽　골

신장

내 몽 골

칭하이

간쑤

샨시

티베트

인도

버마

윈난

쓰촨

구이저우

광시

태국

프랑스령
인도차이나

하이난

아이훈

헤이룽장

치타이허

만저우리

하이라얼

지린

엔지

퉁랴오

선양

장자커우

바오터우

바오딩

배어징

다퉁

허베이

톈진

뤼순커우

다롄

한국

동 해

타이위안

스자좡

산시

엔안

더저우

지난

산둥

칭다오

황 해

란저우

시닝

정저우

허난

카이펑

쉬저우

장쑤

시안

신양

벙부

허페이

난징

상하이

후베이

우한

안후이

항저우

닝보

저장

청두

충칭

이창

난창

동 중 국 해

구이양

창사

장시

푸저우

후난

천저우

푸젠

쿤밍

구이린

광둥

타이완

멍쯔

광저우

마카오

홍콩

남 중 국 해

0　　200 km

0　　200 miles

90° 95° 100° 105° 110° 115° 120° 125° 130° 135°

생겨나고 있던 냉전의 맥락에서, 미국과 소련이 직접적인 군사적 개입을 회피하는 전형적 패턴을 처음 볼 수 있었다. 그 대신 두 초강대국은 대립이 자신에게 유리한 결과를 가져오도록 그들이 신뢰하는 대리인, 위성국 그리고 동맹국들을 무장시켰다.

장제스 군대는 1947년 3월 옌안을 함락시킬 때까지 모든 전선에서 진군했지만, 미국의 지원은 받고 조언은 따르지 않은 북부 중국과 만주의 빠른 점령은 국민당군을 너무 산개시켜 도시와 철도에만 묶이게 했다. 빠른 군사 공격으로 공산당과의 전투를 끝내려는 장제스의 성급한 고집이 큰 희생을 불러온 실수였다. 이러한 전략적 오류는 전술적 실수와 결합되어 1948년 말의 결정적인 화이하이 전역에서 국민당의 패전을 가져왔다. 1947년 말 공산당이 반격을 시작했을 때, 국민당 부대들은 도시에 고립된 채 남아 있었다. 탈영이 많았다. 공산당은 1949년 1월 톈진과 베이징을 접수했고 4월에 남하 공세를 개시했다. 난징은 4월 23일, 상하이는 5월 27일, 칭다오는 6월 2일에 점령되었다. 6월까지 공산당군은 150만 명으로 늘어났고 장제스 군대는 210만 명으로 줄어들었다. 국민당 정부는 광저우로, 충칭으로, 청두로, 마지막으로는 1949년 12월 초 타이완으로 달아났는데, 장제스는 이미 타이완으로 30만 군대, 미국이 제공한 군사 장비 대부분, 정부가 비축한 모든 금, 베이징 자금성에 있던 중국의 가장 중요한 예술품 다수를 보낸 상태였다.

1949년 미국 정부는 마지막 순간에 장제스를 구출하려는 군사 개입 가능성을 논의했다. 국무장관 딘 애치슨(1893~1971)이 단호하게 거부했다. 미국은 유럽에서 소련의 봉쇄를 확고하게 실행하고 있었다. 그러나 애치슨은 아시아 상황이 유럽과 비교할 수 없다고 확신했다. 그는 어느 보고서에서 다음과 같이 썼다.

중국에 남아 있는 반공 인사들에 대한 정치적 지원으로부터 우리가 얻을 수 있는 것이 있을지조차 의문이다. 그들은 유고슬라비아의 왕정주의자들보다 약간 덜 무력하다는 것만을 입증했을 뿐인 것 같다. 중국의 공산주의자들에 대한 활발한 정치적 저항은 아직 분명히 드러나지 않았다. 그러한 힘이 나타나서 발전하는 데는 시간이 걸리겠지만, 장제스의 국민당이 공산주의자들이 번성하는 토양이 된 것처럼 공산당 치하의 중국 역시 그러할 것이기 때문에 반드시 나타나게 될 것이다.[62]

그러나 중국이 공산당의 지배를 받게 되자 미국은 마오에 대한 비밀 작전을 시작했다. 미국은 곧 공산당을 포용하지도 않고 공산당과 대립하지도 않는 헤징 전략을 추구하게 되었다.

중국 내전에서 공산당의 승리는 전혀 예상하지 못한 일이었다. 처음에 정부군은 공산당군보다 수가 3 대 1의 비율로 많았고, 공군력을 독점했으며, 탱크와 중포를 훨씬 더 많이 소유했다. 마오와 공산당 지도자들은 능력 있는 군사 전략가라는 것을 입증했지만, 장제스와 그의 장군들이 행한 심각한 전략적·전술적 실수로 엄청나게 이득을 보았다. 그들은 엘리트와 중국 인민들의 국민당 정권에 대한 지지가 하락한 것으로도 도움을 받았다. 해안 지역에 대한 권력을 되찾았을 때, 국민당 지도자들은 일본 지배하에 머물렀던 기업인, 지식인, 시민 대표들을 밀어내며 그들을 협력자라고 비난했다. 국민당은 만주, 서남 중국, 신장과 같은 변경지역에서 중앙정부가 파견한 관료들을 지방 행정관보다 중시함으로써 지방 엘리트들의 적대감을 불러일으키기도 했다. 그렇게 함으로써 국민당은 전쟁 전에는 국민정부를 옹호했던 지방 엘리트들로부터 지지를 잃었다. 군대와 정부의 부실과 부패 그리고 기록적인 인플레이션 때문에 대중들의 남은 지지도 서서히 사라졌다. 장제스 군대와 관료들이 일본이 철수한 지역으로 귀환했을 때 종종 약탈, 부패 그리고 상황을 악화시키는 인플레이션이 함께 했다. 중국의 통제할 수 없는 인플레이션은 주로 계속된 재정 적자 때문이었고, 국민당 정부는 그저 화폐를 찍는 것으로 대응했다. 이러한 상황이 원래 전쟁 첫해에 일본이 중국의 가장 부유한 성들을 점령한 것에서 비롯되었고, 8년의 전쟁과 3년의 내전으로 악화되었다는 점은 부인할 수 없다. 그러나 위험에 직면하여 국민당 정부가 인플레이션을 막고자 거의 아무것도 하지 않았다는 것도 마찬가지로 사실이다. 공산당이 해방시킨 지역들은 더 잘 통치되었고, 공산당 부대는 규율이 더 좋았으며, 공산당의 온건한 토지 개혁 프로그램은 농촌 지역에서 폭넓은 지지를 얻었다.

국민당 지배가 끝날 때까지 중국의 미래에 대해 대안적인 전망을 가진 다른 그룹들도 있었다. 여기에는 자유주의 단체, 학생운동의 분파, 지역 조직, 비밀결사, 종교적 종파, 심지어 집권하고 있는 국민당 자체 파벌도 포함되었다. 특히 1944년에 정당으로 재조직된 '중국민주동맹'中國民主同盟은 민주적인 대안을 고취했다. 중국민주동맹은 한쪽의 자본주의와 국민정부 그리고 다른 쪽의 공산당 사이에서 제3의 길을 위한 계획을 발전시켰다. 중국민주동맹의 강령에는 "우리는 중국식의 민주주의를 창조하기 위해 소련의 경제 민주주의로 영미의 정치 민주주의를 보강하고자 한다"라는 내용이 서술되어 있었다.[63] 1945년 이후 중국의 인권 논의도 집단적·개인적 권리뿐 아니라 경제적·사회적·정치적 권리들 사이의 밀접한 관계를 강조했다. 저우징원周鯨文(1908~1985)은 서구에서 정치적 권리가 헌법으로 보장되어 있지만 많은 사람이 경제적·사회적 불평등 때문에 이러한 권리의 혜택을 받지 못한다는 비판을 제기했다. 1944년부터 1948년까지 장쥔마이張君勱(1887~1969)는 인권을 주제로 한 글을 몇 편 출판했다. 장쥔마이는 1946년부터 기본적 인권에 대한 상당한 보호를 담은 중국 헌법 초안을 작성했다.[66] 그는 자신의 글에서 인권 개념은 중국과 유럽 사이의 역사적 상호작용, 문화 간 교류의 결과라고 확신을 가지고 주장했다. 그는 그렇기에 유학은 모든 점에서 인권 개념과 공존할 수 있을 뿐 아니라, 역사적으로 그것을 풍부하게 했다고 주장했다. 장쥔마이는 인권이 서양과 동양의 사고방식 사이의 복잡한 전이의 결과이며, 문화적 전이는 인권 개념을 해치지 않고 오히려 개선과 성숙으로 이끈다고 여겼다. 외국의 지원과 실질적인 정치적 영향력이 없었지만, 민주주의와 인권을 위해 노력한 그룹들은 내전 기간에 풍부한 대안을 제시했다.

●

위기, 좌절, 냉소의 깊은 감정에서 태어난 중국의 20세기 전반은 백지에서 출발, 새로운 시작 그리고 집단적 회춘에 대한 절실하고도 절망적인 열망으로 특징지어진다. 모든 정부 심지어 군벌들까지도 일종의 혁명적 변화를 열망했다. 수많은 문헌이 혁명으로 가는 길을 탐색했고, 혁명을 거부하는 이들을 '반혁명주의자'로 낙인찍었다. 예술과 문학은 혁명을 전하려 했다. 기업들은 민족 혁명을 위해 국산품을 팔았다. 확실히 '혁명'이라는 양면적이고 모호한 단어는 서로 다른 사람들에게 서로 다른 것을 의미할 수 있었다. 그러므로 혁명의 열망은 불가피하게 혁명에 대한 서로 다른 접근 방식들 사이의 긴장을 가져왔다. 중국 사회에서 올바른 혁명의 길에 대한 토론은 심지어 외부의 위협 앞에서도 정치적 분열을 심화하고 사회 집단을 찢어지게 했다. 이 시기 혁명들은 종종 실패하거나 유산된 것으로 묘사된다. 분명히 혁명의 시도들은 목적을 이루지 못했고, 높은 포부에 가까이 가지조차 못했다. 5·4 지식인들이 고취한 첫 번째 문화혁명이 더 폭넓은 지지자들에 연결되지 못하는 동안 민족주의적 공화국은 잠깐의 환상으로 남았다. 공산주의 혁명은 대부분 기간에 승리보다는 파멸에 더 가까이 있었다. 중국의 혁명들은 보통 새로운 것을 만들어내는 것보다 오래된 것을 파괴하는 데 더 능한 것처럼 보인다. 서원은 사라지고, 사원은 문을 닫고, 전통은 폐지되고, 엘리트들은 공격당하고, 수 세기 동안 쌓여 온 사상들이 폄하되었다. 그러나 혁명적 기획들은 목표를 달성하는 데 실패했을 때도 종종 중국 사회에 중요한 변화를 일으켰다. 새로운 제도가 다수 도입되어 시험되었고, 새로운 사회적 관행이 사회에 자리 잡았고, 새로운 기술이 수용되고, 노동 조건이 바뀌고, 이동과 일상생활의 새로운 패턴이 만들어졌다. 변화는 도시 지역에서 가장 현저했지만, 농촌의 오지에까지 깊이 확산되었다. 나라를 가로지르는 기선, 도로, 철도가 새로운 기술과 기회를 가져왔고, 새로운 도전과 위험도 가져왔다. 시장에 대한 의존도가 증가했고 세계의 통화 변동이 농촌의 생활수준에 영향을 미치게 되었다. 중국 사회는 그렇게 짧은 시간에 그렇게 다양한 변화의 광풍, 그것도 종종 해롭고 서로 매우 다른 방향으로 향하는 변화를 겪어본 적이 없었다.

혁명과 별개로 전쟁은 이 시기 또 하나의 중요한 흐름이었다. 20세기 전반기에 중국은 거의 계속 내부 혹은 외부의 적과 전쟁 중이었다. 그 결과는 심각했다. 일본군과 중국군의 전투, 포로 학대, 민간인 희생 등으로 사망자가 최대 2,000만 명 발생했다. 기반 시설을 유지하는 데 실패하거나 홍수나 다른 재해의 예방이나 대응의 미비로도 수백만 명이 죽었다. 기근과 재해는 1920년대 후반부터 1940년대 후반까지 널리 퍼지고 빈번하게 일어났다. 거의 30년 달하는 지속적이고 잔혹한 전쟁 동안 중국 인구 중 총사상자 수는 4,000만 명에 달했을 수도 있다. 기반 시설, 공업, 건물의 파괴와 중국인의 신체 정치에 대한 부정적 효과도 마찬가지로 엄청났다. 그러나 이 전쟁들은 중국이 세기 중반까지 얼마나 멀리 왔는지를 보여주기도 했다. 수십 년 동안의 군사력 증강, 군인의 충원과 훈련, 상무적 가치와 태도의 확산은 군사적 측면에서 중국을 훨씬 강하게 만들었고 스스로 더 잘 지킬 수 있게 했다. 1900년에 중국의 쇠약해진 군대는 거의 모든 전투에서 패배했지만, 50년 후에는 고통스럽고 오래 끌었던 저항전에서 세계에서 가장 강력하고 효율적인 군사력의 하나를 묶어둘 수 있었다. 1949년에 중국은 상처는 입었지만 전투 경험으로 단련된 나라였다.

세 번째 중요한 궤적은 민족주의의 성장과 확산이었다. 중화민국이 어떻게 독립적인 주권·국가로 발전했는지에 대한 연구에서 존 피츠제럴드는 중국인 엘리트의 마음속에는 국민국가 개념이 분명히 존재했음에도 국가 형태도 국민 형태도 결정되거나 고정되어 있지 않았다는 점에서 1911년 직후 시기를 중국이 '국가가 없고 국민이 없었던' 때로 특징지었다.[65] 이 점에서는 민국 시대에 뚜렷한 변화가 나타났다. 더 분명한 국민 정체성의 감각이 생겨났다. 국민은 국방과 국가 건설의 맥락에서 형성되었다. 또한 외국의 침략에 대항해 국가를 동원하려는 계속된 노력으로 구체화되었다. 국가 건설에 내재된 이러한 재현의 과정 혹은 국민을 규정하는 과정은 '중국'을 의미 있고, 실체적이며, 개인적인 개념으로 만들었다. 외국 열강들의 영토 분할과 점령도 나라의 땅덩어리 전체에 걸친 중국이라는 영토적 관념을 활성화했다. 아마도 역사상

처음으로, 중국은 민족주의의 개념 아래 통합된 나라로서 국제전에 동원되었다. 가장 중요한 것은, 특히 군사적 붕괴가 실재하는 가능성으로 보인 전쟁 초기에 이것이 군사적 붕괴를 막은 주요 요인이었다는 점이다. 그러나 다양한 국가 만들기 기획이 국민을 서로 다르게 규정하거나 재현했기 때문에 중국 개념 자체에 대한 논쟁은 멈추지 않았다. 국민의 의미와 그것을 재현할 국가의 형태를 두고 매우 경쟁적이었고 국가 건설을 지향했던 두 정당의 투쟁 속에서 중국 국민이 창조되고 재창조되었다.

대부분 정부가 단명하고 그들의 제도 개혁이 단편적이거나 미완이긴 했지만, 이 시기에 엄청나게 많은 제도 개조와 실험이 있었다. 베이양정부와 군벌정부들은 교육과 군사 방면의 제한적 혁신 속에서, 주로 기존의 전통적 제도 위에서 군사 독재를 수립했다. 군벌 정권들은 대체로 배타적이고 착취적이었으며, 권력과 부를 독점했다. 국민당은 난징과 충칭에서 권위주의적인 일당 국가를 세웠다. 그 제도는 당 지도부의 지시를 받는 효율적인 관료제로 사회와 경제를 통제하고자 설계되었다. 이것은 국가를 건설하고자 자원을 추출하는 하향식 체계였다. 군벌 정권들보다는 덜 배타적이었지만 여전히 당과 국가의 이해를 사적인 이해, 즉 당-국가에 연결되지 않아 불리한 위치에 놓인 집단과 세력의 이해보다 우위에 두었다. 옌안의 공산당은 신중하게 만들어지고 운영되는 기층 동원을 기초로, 다른 형태의 일당 국가를 세웠다. 대중 담론과 처벌 운동으로 통제함으로써 규율이 유지되었다. 온건한 사회 개혁으로 농촌 사회가 혜택을 입었기 때문에 옌안은 여러 가지 면에서 경제적으로 좀 더 포용적이었다. 그럼에도 자원 징발은 주요한 목표였다. 마지막으로, 만주국과 중국 다른 곳의 협력 정권들은 또 다른 제도적 질서를 보여주었다. 이 위성국 내지 괴뢰국들은 외부의 이해관계에 따라 움직였다. 발전과 공업화가 추진되었지만, 일본의 전쟁 수요에 대한 공급이 목표였다. 제도는 매우 착취적이고 배타적이었다. 이 시기는 조각들이 서로 잘 맞지 않고 혼란스러운 제도의 퍼즐을 남겼지만, 모든 지역에서 자신의 목표에 따라 사회를 조직한 소수 엘리트가 중국 인민 대다수의 희생으로 지배했다는 점은 공통적이었다. 정치권력은 소수에게 집중되었고, 주로 권력을 쥔 사람들을 위해 부와 군사적 힘을 만들어내는 데 사용되었다. 경제제도는 인민 대다수로부터 소득과 부를 추출함으로써 권력을 쥔 사람들이 이득을 얻도록 설계되었기 때문에 착취적이었다.

혁명 만들기, 전쟁, 민족주의 등으로 형성된 이러한 혼란스러운 환경에서 중국 정부 제도의 목표와 구조는 모든 지역과 질서를 특징짓는 중요하고도 보편적인 변화를 겪었다. 이 시기에 국가의 강화를 향한 상당히 뚜렷한 발전이 있었다. 군벌로 시작해서 국민당으로 끝난 서로 다른 행정부에 사회와 경제에 대한 통제의 강화는 독립을 유지하고 경제 발전을 추구하는 전제 조건이 되었다. 이러한 흐름은 전쟁보다 훨씬 전에 시작되었지만, 일본에 저항하는 동안 중요한 동력을 얻었다. 이 시기에는 또한 다양한 정부가 서로 다른 지역에서 대중을 동원하려는 노력을 반복했다. 전쟁과 피난의 참상은 정부 관료의 마음속에 무질서에 대한 깊은 공포를 심어주어 국내 안보를 강화하려는 인상적인 기관들을 만들고 확장하게 했다. 무엇보다도 현대 중국 사회의 형성에서는 안보 국가의 권력이 꾸준하고 무자비하게 증대되는 것과 개입 능력이 지속적으로 확장되는 것을 발견할 수 있다. 확장하는 국가는 모든 유형의 정보 업무와 법률 집행 서비스를 동원하고 그들의 충성을 요구했다. 전시의 정권들은 사회 도처에 침투하는 통제의 모세관망을 구축할 강력한 정부 기관을 만들기를 열망했다. 완전한 권한을 부여받은 비밀경찰, 법률 집행 그리고 정보 기구의 집단이 생겨나 많은 일탈자와 반대자들을 다루는 능력을 가지게 되었다. 권력 집중은 시민의 중앙 집중적 등록, 중앙 집중적 세제를 통한 자원의 추출, 애국적 교육, 학교 교육과정과 공공 추모식의 후원을 통한 사회적 기억의 구축, 국민 정체성 선전 등을 포함하여 국가가 관심 영역으로 삼은 다른 핵심적 활동들과 상호 연계되었다.

국가 경제의 발전은 정부의 주된 우선순위가 되었고, 정부는 결국 거의 모든 산업을 규제하고, 통제하고, 심지어 (전쟁 기간에) 국유화까지 할 정도로 이 과제를 심각하게 받아들이게 될 것이었다. 경제발전을 위한 계획은 단순해서 정부가 공업을 발전시키고 여기에 필요한 자원을 얻으려 농업에 높은 세율을 부과하는 것이었다. 이에 상응하여 경제생활의 사적 영역이 제한되었다.[66] 물론 이 기간 정부는 경제 통제와 발전 계획을 실행하는 데서 아주 부분적인 성공만 거두었다. 결국 줄리아 스트라우스가 논의했듯이, 이것은 '약한 국가의 강한 제도'로 남았을 수도 있다.[67] 국민당도 공산당도 전후까지도 경제적·정치적 삶에 대한 그들의 전망을 더 넓은 범위의 사람들에게 강요할 위치에 있지 않았다. 전후가 되어서야 그들이 확고하게 통제하던 나라의 일부 지역에서만 그렇게 할 수 있었다. 전시의 정권들이 공동의 이익을 위해 시민들에게 더 높은 수준의 통제와 점점 더 큰 희생을 요구했기 때문에 시민들이 빈곤과 불행으로 고통받을 때 도움을 제공한다는 점도 보여주어야만 했다. 국가와 사회 사이에 새로운 협약이 만들어졌고, 여기에서는 상품과 서비스의 사회적 제공이라는 새로운 사상이 중요한 역할을 했다. 그러나 이러한 방향에서 일부 성공적인 노력이 있었음에도 중국의 정부들은 대부분 이 협약의 목표를 이행하는 데 실패했다. 중국의 정부들은 결국 더 많은 것을 요구하면서 제공하는 것은 거의 없었다. 민국 시기 전체에 걸쳐, 국제연합 구제부흥사업국UNRRA, 적십자, 불교에 영향을 받은 홍만자회 등과 같은 비정부 기구와 국제 구호 조직이 주로 전쟁과 재해로 피해를 본 주민들에게 지원을 제공했다.

모든 폭력과 파괴에도 불구하고, 이 시기에는 엄청난 사회적·문화적 변화가 나타나기도 했다. 중국 사회는 더 다원적이고, 더 복잡하고, 더 유동적이고, 더 국제적인 곳이 되었다. 도시 중간 계급이나 전문가와 같은 새로운 사회 집단이 생겨나 참여와 인정을 요구했다. 이 시기에 중국에서는 5·4운동과 다른 전망, 역사적 조류 사이에서 무엇이 '현대적'이고 '현대적'일 수 있는지를 두고 열띤 논쟁이 많았고, 이 논쟁들은 중국의 현대성이 가진 복수성을 스스로 드러냈다. 교육과 개인적 자율성을 강조했던 5·4운동(혹은 신문화운동)의 뒤를 이은 것은 정치가 점점 냉소적이고 양극화됨에 따라 더욱 유토피아적이고 급진적으로 된 다른 문화적 의제들이었다. 현대성은 복잡하고 다의적인 과정이다. 현대에 대한 많은 전망이 있었는데, 어떤 것은 우상 파괴적이자 정치적이었고 어떤 것은 세속적이면서 불경스러웠으며, 어떤 것은 지식인들이 주도했고 어떤 것은 소비자들이 주도했다. 지구적 현대성의 맥락 속에서 중국의 전통 재발명을 이해하려면 매개와 다양성에 대한 강조가 필수적이다. 이는 중국이 서구에서 차용한 것의 정확성을 평가하는 (서구 사상을 대하는 독특한 중국적 관점에 대한 인식을 포함한다고 해도) 관습적인 관점에서 벗어나, 어떻게 전통과 새로운 사상이 현대 세계의 일부가 되려는 중국의 탐색 속에서 재발명되고 재배치되었는지를 탐구하는 것으로 옮겨간다.

전쟁과 혁명은 좀 더 관용적이고 포용적인 정부 형태를 희망하는 사람들을 소외시키기도 했다. 어떤 형식의 민주주의라도 정당 정치의 부패한 제도 밖에서만 가능한 것처럼 보였다. 이 시기의 역사는 한쪽의 독재적 국가 제도와 다른 쪽의 민주주의를 요구하는 대중운동 사이의 투쟁으로 묘사되곤 한다. 데이비드 스트랜드가 주장한 것처럼 그러한 이분법으로는 제도적 실패와 레닌주의적 정당 정권 속에서도 시민권, 애국심, 권리, 정의의 의미들을 토론하고 협상했던, 민국 시기 중국의 시민 생활의 중요성을 포착할 수 없다.[68] 취약성, 부패, 억압과 관련된 통치 문제가 늘어나면서 적극적인 지도력과 시민권에 대한 요구들이 계속 커져갔다. 그러나 정치적 참여에 대한 요구들은 결코 제도적 변화를 가져오지 못했다. 민국 시기의 최대 곤경은 권력을 가진 사람들에게 배타적이고 독점적으로 남아 있던 정치제도와 관련되었다. '새로운 시민'과 '새로운 문화'에 대한 유토피아적 전망은 정치체제의 현실에 결코 영향을 미치지 못했다. 민국 시기는 대단한 지적 자유와 예술적 창조성의 시대였지만 그 중심에는 아무도 믿지 않는 공화국, 그 공화주의적 제도에 누구도 투자할 수 있거나 투자하려 하지 않는 정치체제가 있었다.[69] 비판적인 중국 지식인들은 정치제도에 대한 깊은 불신을 키워나갔다. 중국의 공화국은 그 핵심적 가치와 실천들을 고귀한 의도와 미래의 야망으로만 남게 했다는 점에서 실패했다. 게다가 봉건주의와 제국주의의 역사적 멍에를 떨치려는 절박한 열망이 불가피하게 정치 개혁을 희생하여 '구국'의 전망을 강조하게 하고, 정치적 규범과 과정을 형성하는 것을 국가 대리인에게 넘겨주었다. 전반적으로 정치제도의 개혁은 희망이 없고 무용한 것으로 보이곤 했다.

1911년 중국은 세계적인 변화, 재생, 혁명의 세기에서 선두에 있었다. 아시아 최초의 공화국이 되었을 뿐만 아니라 사실상 스스로 공화국으로 재탄생시키고 국민국가의 정치 형태를 채용한 최초의 대륙적 제국 중 하나이기도 했다. 이후 유럽 제국들이 제1차 세계대전 동안 서로를 파괴하는 사이에 중국은 중국 자본주의의 첫 번째 황금 세대를 맞이했고, 상하이를 아시아와 세계의 국제적 중심지로 만들었다. 중국은 다음 세대의 과학자와 기술 관료들을 훈련할 고등교육의 역동적인 체제를 만들어내는 일을 시작하기도 했다. 군대를 강화했고, 제도를 재건했고, 시민들을 동원하고 훈련했으며, 나라를 성공적으로 방어했다. 동시에 놀랍게도 중국의 입헌적 정치 질서의 본질에 대해 최소한의 합의조차 없었다. 점점 더 대중들의 참여를 용인하지 못하는 것처럼 보이는 제도적 기구와 제도 바깥에서 동력을 모으던 정치 운동 사이의 분열이 대중적 지지를 얻을 수 있는 합법적인 입헌 체제의 수립을 지연시켰다. 이 분열이 20세기 전반기 중국의 혁명들이 해결하지 못한 유산을 초래했을 것이다.

3

중국 개조하기

1949년 10월 1일, 베이징은 온화하고 화창한 가을날이었다. 며칠 동안 도심은 봉쇄되어 있었고, 중국의 새로운 국가인 중화인민공화국의 건국을 선포할 대규모 공개 행사를 준비하느라 바빴다. 오전 5시부터 많은 군중이 꾸준히 모여들었고, 오전 10시 정각 당 지도자들이 톈안먼광장이 내려다보이는 단상에 모습을 드러냈다. 의사 리즈수이李志綏(1919~1995)는 많은 군중에게 연설하던 마오쩌둥 옆에 서 있었다. 리즈수이는 나중의 회상록에서 다음과 같이 회고했다.

> 마오의 목소리는 거의 노래하듯이 부드러웠고, 연설은 매혹적인 인상을 주었다. 그가 '중국 인민들은 일어섰습니다'라고 선언하자 군중이 흥분하여 우레와 같은 박수를 보내며 거듭해서 외쳤다. '중화인민공화국 만세!' '중국공산당 만세!' 나는 기쁨에 넘쳐 심장이 터질 지경이었고, 눈에서는 눈물이 흘러내렸다. 나는 착취와 고통, 침략이 없어진 중국이 너무 자랑스러웠고, 희망에 가득 찼고, 너무나 행복했다. 나는 마오가 혁명의 위대한 지도자이며, 신중국의 역사를 만든 사람임을 의심하지 않았다.[1]

리즈수이와 마찬가지로 많은 동시대인이 그야말로 모든 것이 새롭게 만들어질 새 시대가 밝아오고 있다고 믿었다. 착취, 불평등, 전쟁 그리고 과거의 다른 불행들이 사라짐으로써 완전히 다시 만들어질 '신중국'新中國이 태어나려 하고 있었다. 계급이 없는 새로운 사회, 보통 사람들의 새로운 문화, 중국 사회의 모든 영역에 도움이 될 새로운 발전의 물결이 신중국의 특징이 될 터였다. 새로운 관행이 고취되고, '새로운' 모든 것에 대한 열정이 신중하게 배양될 것이었다. 새로운 달력이 도입되고 새로운 국제 동맹이 형성될 것이었다. 국가 주도하에 야심 차게 기업 소유권, 토지 소유, 결혼, 노동과 일상생활의 조직 그리고 각 개인의 자아, 공동체, 과거에 대한 이해를 재형성할 것이었다. 재생에 대한 이러한 열망 자체는 새로운 것이 아니며, 20세기 초까지, 무엇보다도 5·4운동으로 거슬러 올라갈 수 있을 것이다. 그러나 이전의 중국에서는 새로운 계획들이 그렇게 힘차고 단호하게 국가의 후원과 대중의 지지를 받은 적이 한 번도 없었다. 전쟁과 파괴에 지친 사람들이 다시 시작하기를 간절히 바라고 있었다.

30년 후 마오가 죽을 때까지 재생의 희망은 철저하게 망가졌다. 문화혁명은 새로운 중국을 만들려는 노력이 혼란, 내부 투쟁, 당혹감, 고립 그리고 파괴 속에서 극적으로 끝나는 이야기였다. 그래서 중화인민공화국의 첫 30년의 역사는 열망과 배신, 새로운 시작과 경착륙, 실험과 실패의 역사다. 건설의 시기에 이어 파괴의 국면이 왔다. 뿌리 깊은 불안과 섞인 야망과 자신감이, 종종 폭력적이고 고통스러운 과정, 주도권 다툼, 정책 조정, 체제 위기를 수반하는 잦은 정책 변화를 이끌었다.

다른 공산주의 정당들과 마찬가지로, 중국공산당은 그 체제와 사회를 공산주의라고 부르지 않고 사회주의라는 단어를 쓰기로 선택했다. 중국공산당에 공산주의는 중국 사회발전에서 나중에 올 최종 단계였고, 그때가 되면 국가 기구들이 소멸할 것이었다. 공산주의는 중국 인민들이 물질적 풍요를 누릴 뿐만 아니라 민주적이고, 조화롭고, 스스로 관리하고, 사회 계급·착취·전쟁으로부터 자유로운, 완벽한 사회에 사는 이상적인 상태였다. 공산주의는 역사 발전의 법칙을 통해 나타날 이성적인 체제였다. 사회주의는 그러한 유토피아로 가는 길에 있는 이행적 단계였다. 이 단계에서 공산당은 전위로서 사회에 대한 권력을 독점하고, 민주집중제로 불리는 새로운 제도적 질서로 통치했다. 민주집중제는 공산당과 국가의 중앙 기구가 사회의 다양한 집단과 협의한 이후에 최종 결정을 내리는 것을 의미했다. 새로운 제도적 체제로 당은 당원들, 특히 '간부'라고 불리는 지도자들 그리고 사회의 전반적인 문화적·지적 활동에 확고하고 때로는 냉혹한 규율을 행사할 수 있었다. 당은 경제의 국가 소유권을 확립하고 모든 경제 조직을 당-국가의 통제와 계획에 종속시켰다.

사회주의 체제를 채용함으로써 중국도 동유럽 사회주의 국가들의 국제적 네트워크의 일부가 되었다. 집중적인 협력이 나타났다. 국제적 연계와 맥락이 과거 어느 때보다도 깊이 중국 사회 안으로 들어왔다. 지식과 기술의 공유 외에도, 새로운 제도적 청사진 전체를 포괄적으로 이전하는 것이 특히 중요했다. 중국의 개조는 특히 야심 차고 폭넓은 전이의 프로그램 그리고 새로운 규칙과 조직의 수립을 의미했다. 1949년 이후 이러한 개조가 정부에서부터 사회 질서, 경제, 공공 문화에 이르는 거의 모든 사회 영역에서 일어나고 있었다.

마오 시기의 판단과 정책이 넓게는 공산주의의 목표로부터 나오고, 또한 소련으로부터의 전이로 형성되었지만 사회주의 건설이 역사적 진공 상태에서 이루어지지는 않았다. 정치적·사회적 풍경의 전면적 재구성과 공산주의의 완전한 성취가 혁명의 목표였지만, 공산당은 변구에서의 경험으로 이러한 목표에 이르려면 사회와 중국 인민들을 참여시켜야 한다는 것을 알았다. 대체로 러시아 혁명의 모델과 지도를 따랐지만, 중국공산당 지도자들은 광범위한 대중적 지지를 얻으려면 소련 모델을 중국의 특수한 조건에 맞추어 조정하고 변형해야 한다고 확신했다.

1949년 이전의 실천을 기반으로, 중화인민공화국의 사회와 경제는 독특한 방식으로 재조직되었다. 당 최고위층의 지시가 관료적 국가의 큰 회로를 통해 기층 수준 사회조직의 조밀한 네트워크로 들어가 울려 퍼졌다. 그러한 체제의 필요는 1950년대에 인식되었고, 당-국가, 경제 계획, 문화 영역에 대한 국가와 당의 통제, 사회적 범주화 그리고 사회의 수많은 기층 조직을 도입하면서 모든 범위에 걸친 새로운 제도를 만들어냈다. 이러한 독특한 제도를 언급하지 않고서 마오 시기 역사를 이야기할 수 없다.

이 책 3부의 각 장에서는 중화인민공화국 초기의 성격과 중국 사회를 공산주의를 지향하는 사회주의 사회로 '개조'하려는 시도를 탐구한다. 민국 시기에 이미 진행 중이었던 국가 특권의 무자비한 추구가 마오쩌둥 아래에서 지속되고 강화되었다. 중앙과 지방 사이의 이해관계의 균형이 중앙 국가 쪽으로 확실하게 넘어가면서, 중화인민공화국의 정부 기구가 된 거대한 하부 구조가 만들어졌다. 그것이 물리적 공간을 재구성하고, 공공 행사를 기획하고, 문학과 예술을 재설계함에 따라 공산당의 주도 아래 모든 것이 근본적으로 변화하게 되었다.

1950년대 초반에 상당한 성취가 있었다. 새로운 국가는 기반 시설, 교육, 의료에 투자했다. 방대한 정부 기구가 만들어졌다. 그러나 토지 개혁과 산업의 국유화 같은 이행 정책의 결과는 종종 덜 확실했다. 위계적이고 중앙 집중화된 당-국가 체제와 유동적인 기층 운동은 강력함의 원천이었지만, 동시에 모호성과 취약성으로 가득했다. 새로운 제도에 근거하여 정책을 실행하는 것은 계획가들이 기대했던 것보다 훨씬 더 도전적이고 어렵다는 것이 밝혀졌다. 많은 정책이 옆길로 새거나, 절충되거나, 왜곡되었고 때로는 역효과를 낳았다. 그러나 이러한 문제들은 다시 노력하거나 더욱 노력하도록 당을 자극했을 뿐이다.

중국을 개조하려는 점증적 노력은 신속한 변환을 위해 매우 야심차고 전국적 규모로 진행된 두 운동인 대약진과 문화대혁명을 이끌었다. 두 운동은 모두 중국을 개조하여 새 시대로 나아가게 하려는 시도에 활기를 불어넣는다고 주장했지만, 실제로는 1950년대 초 성취한 많은 것을 뒤집으면서 엄청난 파괴와 손실을 낳았다. 대약진운동(1958~1960)은 동유럽에서의 공산주의 통치에 대한 저항, 소련과의 갈등 증대, 임계점에 달한 중국의 경제 위기를 주시하던 마오가 만들어낸 것으로, 공산주의로 이행하도록 가속하려는 정책이었다. 그는 생산과 생산량에서 엄청난 도약을 만든다는 목표를 가지고 노동자와 농민의 대규모 동원을 조직하도록 정부에 압력을 가했다. 대약진은 목표를 달성할 수 없었고, 반대로 위기를 악화시켰으며 시골에서 수백만 명이 죽어간 1959~1961년의 기근이 일어나게 만든, 적어도 부분적 원인이 되었다. 대약진은 국제적 고립을 초래하여 중국이 더는 외부 지원에 기댈 수 없게 했던 1960년 중소 분열의 원인이 되기도 했다. 1960년대 초의 재조정은 많은 정책을 되돌렸고, 경제적 재난을 초래했다고 비난받았던 마오를 배제했다.

이에 맞서, 마오는 1966년 도시의 청년들에게 직접적으로 의지했다. 그는 당—국가에 저항하여 일어설 것과 그가 당과 사회 도처에 퍼져 있다고 주장한 수정주의의 제거를, 당을 우회하여 홍위병들에게 직접 요구했다. 이러한 동원은 중국 사회의 모든 주요 제도에 충격을 가했고, 그중 많은 것이 홍위병들에게 공격받은 이후 작동을 멈췄다. 문화대혁명으로 알려지게 된 10년(1966~1976) 동안 사회 전체의 집중적인 정치 투쟁이 있었다. 많은 사람이 폭력으로 다치거나 죽었다. 경쟁에 사로잡힌 최고 지도자들은 끊임없이 권력을 다투었다. 1976년 마오가 죽었을 때 공산주의의 유토피아는 1949년과 마찬가지로 멀리 떨어져 있었다. 중국의 에너지는 수십 년의 운동과 투쟁으로 소모되었고, 중국의 희망은 지켜지지 않은 약속과 실현되지 않은 전망으로 큰 좌절을 겪었다.

7

사회주의 개조
1949~1955

1949년과 1950년에 중국 대륙에 대한 군사적 지배를 달성한 이후, 정부는 점차 민정으로 향했다. 1950년대 초 새로운 권력은 무엇보다도 중국을 사회주의 국가로 전환하려고 새로운 제도를 수립하느라 바빴다. 이것은 동시에 진행된 몇 가지 계획으로 이루어졌다. 중국은 1950년에 소련과 동맹을 맺었고, 내전이 끝난 지 불과 1년 만에 새로운 동맹인 북한을 지원하기 위해 한국전쟁(1950~1953)에 군사적으로 개입하면서 다시 군대를 동원했다. 처음에 지도자들이 매우 양면적 태도로 접근했던 이 전쟁은 대가가 크고 잔혹했으며 정부가 중국에 대한 지배의 강화를 서두르도록 강제했다. 1950년 말 국내의 반대와 이전 정부의 잔재를 겨냥한 전국적인 대중운동이 시작되었다. 동시에 농촌 지역에서 새로운 행정 기관이 만들어지고 토지 개혁이 시행되었다. 언론과 출판 영역은 당의 통제를 받게 되었다. 이러한 과정들이 합쳐져서 중화인민 공화국의 초기 몇 년 동안 나라 전체에서 경제 관계, 일상생활 그리고 사회적 관행을 개조하기 위한 사회주의 제도를 수립하는 데 성공했다.

체제의 변화

공산당은 대중운동으로 승리하지 않았다. 공산당의 승리는 20년 이 상 다양한 적에 맞서 군사적으로 버틴 결과로 전장에서 실현되었고, 공 산주의 혁명의 본래 목적과 핵심 가치의 일부를 포기함으로써만 이루 어질 수 있었다. 1940년대에 마오와 공산당은 급진적 개조에 목적을 둔 정책을 축소했다. 사유 재산 폐지, 집단화, 공산당 독재, 엄격하게 중앙 집중화된 계획 등을 위해 노력하는 대신 옌안에서 공산당은 다른 정치 세력과 협력하고 급진적 변화의 실행을 자제하는 신민주주의를 주창했다. 공산당은 또한 민족주의를 포용하고 일본의 침략으로부터 중국을 지키려는 통일전선을 지지하기 시작했다. 이러한 모든 것은 급 진적 사회 개조의 목표가 뒤로 물러나고 민족적 통합과 저항이 공산당 의 가장 중요한 의제로 떠오른 것을 의미했다. 그러므로 1949년 권력 을 잡게 된 공산당은 이후 몇 년 동안 비교적 실용적이었으며, 진지한 개조 정책에 많은 관심을 보이지 않았다.

그러므로 우리는 소련 지도부가 중국공산당의 공산주의에 대한 헌 신을 의심하기 시작한 것을 이상하게 여길 필요가 없다. 1949년 12월 스탈린은 중국 공산주의가 '민족주의적'이라고 하며 마오를 '민족주의에 기울어 있다'고 비난했다.[1] 스탈린은 새로운 정부가 주저하기만 한다고 인식했다. 이미 1948년 그는 '승리 이후에 중국 정부는 공산주의 정부보다는 민족 혁명과 민주주의의 정부가 될 것'이라고 예언했다.[2]

대중의 수용에 대한 우려도 스탈린과 소련 고문들이 공산당이 중국의 제3당파나 민주적 정당들과의 연합정부를 세우고, 기존의 정치 구조와 제도 속에서 활동해야 한다고 끊임없이 촉구하게 했다. 공산당의 승리는 소련의 지원뿐 아니라, 국민당 군대의 빠른 붕괴로 얻은 것이었다. 1949년 10월에 중화인민공화국이 수립될 때 당원이 450만 명 있었는데, 이들은 시민 5억 4,100만 명으로 이루어진 국가를 지배해야 하는 새 정권의 핵심이었다.[3] 특정 집단들로부터는 지지를 얻었을지 몰라도 혁명 직전까지도 공산당은 폭넓은 지지와 수용을 얻지 못했다.[4] 근본적인 정당성의 부재는 처음부터 공산당 통치의 특징이었다. 정부가 원활하고 안정적이며 자신감 있게 일하려면 대중적 합의, 일반화된 사회적 수용 그리고 신뢰성이 필요하다. 당시의 보고에 따르면, 인구 대부분은 공산당에 호기심 이상을 가지지 않았던 것으로 보인다.[5] 아마도 도시 노동자, 대학생 그리고 자유주의적 지식인들 중에 공산당을 지지하는 사람들이 있었겠지만, 이들은 전체 인구에서 아주 작은 비율만을 차지했다. 장제스 정부를 타이완으로 몰아낸 것이 중국을 공산주의로 만들지는 않았다. 20세기 중반에 중국은 거대할 뿐 아니라 매우 다원화된 나라로서 엄청난 문제들에 직면해 있었다. 공산주의로 순조롭게 이행할 전망은 거의 보이지 않았다.

공산당은 국민당 정부를 전장에서 물리침으로써 중국과 그 변경의 영토들을 통치해야 한다고 하는 훨씬 더 큰 도전과 마주하게 되었다.

여전히 전국에 걸쳐 공산당이나 홍군과 관련이 없는 200만 명으로 추산되는 무장한 남성(그리고 아마도 여성)이 있었다. 농촌 경제는 전쟁과 기반 시설의 파괴로 엉망이 되어 있었다. 도시 경제는 걷잡을 수 없는 인플레이션과 식량과 건축 자재의 불충분한 공급으로 고통받았다. 인구 상당수가 피난 중이었다. 그리고 새로운 행정부가 만들어져야만 했다.

1949년부터 1951년까지 대륙은 사실상 계엄령하에 있었다. 처음 2년 동안 '군사관제위원회'軍事管制委員會가 중국을 통치했다. 대부분 성에서 군대의 장교와 정치위원들이 질서 회복을 책임지고 있었는데, 이것은 처음부터 임시적인 것으로 여겨졌다. 내몽골과 티베트를 제외하고, 중국을 6개 큰 지역으로 나누어 개별적으로 관리했다. 이 중 중난中南, 화둥華東, 시베이西北, 시난西南 네 곳은 군정위원회軍政委員會가 관리했고, 화베이華北와 둥베이東北는 군사적 통합이 성공적으로 마무리되었기 때문에 이미 민정의 인민정부人民政府가 수립되어 있었다.

경제적·정치적 중요성 때문에 도시를 접수하는 것이 최우선 과제가 되었다. 공산당은 이를 달성하기 위해 세 가지 전략을 따랐다. 첫째, 정부 부처, 경찰, 군대, 세무 기구 등과 같은 국민당의 정치 권력 기관은 권력을 박탈하고 해체하여 공산당이 이끄는 기구로 대체하도록 했다. 둘째, 공장, 상점, 발전소, 운송 회사 등과 같은 경제 단위는 기존의 형태를 유지함으로써 생산이 가능한 한 신속하게 회복될 수 있도록 했다. 셋째, 사회 질서가 확립되고 강화되어야 했다.[6]

공산당의 완전한 통제로 이행하는 것이 많은 갈등을 수반할 것이라는 사실을 피할 수는 없었다. 다양한 정치, 시장, 지식인 행위자들 사이에서 많은 협상과 수많은 타협이 이루어져야만 했다. 공산당은 이러한 목적을 위해 접수에 앞서 정치 간부들을 훈련했다. 어떤 도시에 도착했을 때, 간부들은 상황을 잘 파악하고 있었으며 무엇을 해야 할지 알고 있었다. 일반적인 목표는 질서 회복, 무장해제, 동원 해제 등이었고, 즉각적 조치로 흩어진 군인들, 난민, 유랑자, 집 없는 거지 등과 같이 체제 변화에 앞선 혼란의 유산 중 가장 눈에 띄는 문제들을 신속하게 목표물로 삼았다. 이러한 노력은 시작부터 공산당이 예측하지 못했던 문제에 부딪혔다. 도시의 혼란을 잠재우는 데에는 내전의 엄청난 피해로부터 회복하는 것뿐 아니라 혁명적 정의와 사회적 보상을 기대하는 가난하고 혜택받지 못한 사회 집단을 다루는 것도 필요했다. 도시 주민 중에 가난한 사람들은 이미 공산당이 '번신'翻身(몸을 뒤집기 혹은 봉기하기)이라고 부른 것을 수용하고, 이 구호를 그들이 더 부유한 도시 주민과 마찬가지로 식량과 돈에 대한 권리를 부여받았음을 의미하는 것으로 해석했다. 때로는 열성적인 가도街道 단위 간부들이 가난한 사람들에게 즉각적인 사회 정의를 요구하도록 적극적으로 격려했고, 좀 더 잘사는 이웃들에 대항하는 가난한 사람들의 편을 들었다.[7] 혁명적 수사와 권력 교체로 대담해진 도시 빈민, 거지, 시골에서 온 유민들이 부유한 사람들에게 식량과 돈을 강요하기 위해 점점 더 공격적인 전략을 사용하기 시작했는데, 그 방법은 상점과 회사 앞에서 서 있고 큰 소리가 나는 악기를 연주하거나 손님이 들어가는 것을 막는 것에서부터 상점 앞에 똥을 바르거나 유리창을 깨고 심지어 물건을 거저 주지 않는 상인들에게 칼을 들이대는 것에 이르기까지 다양했다. 그러한 행위는 사업을 방해하고 많은 상점 주인이 문을 닫게 만들어서 도시 경제의 회복을 방해했다. 시정의 새로운 지도자들은 안정과 경제발전을 촉진하려는 노력이 계속 실패하는 것을 어쩔 수 없이 지켜볼 수밖에 없는 경우가 많았다. 도시 경제가 계속 악화되면서 긴장이 고조되었다.

순조로운 접수를 보장한다는 것은 톈진과 이미 공산당이 통제하던 북부 중국의 다른 도시들에서 이러한 초기의 문제들에 맞서는 것을 의미했다. 그러한 목적에서 상황을 조사하고 전략을 고안하기 위해 류샤오치(1898~1969)가 1949년 4월 말 톈진으로 파견되었다.[8] 류샤오치는 1921년에 모스크바에서 학생으로 있었고, 옌안 정풍운동의 지지자였다. 그때부터 그는 공산당의 2인자로 일했다. 적어도 당분간은 생산을 유지하는 것과 동시에 사회혁명을 추구하는 것이 불가능하다고 인식한 그의 결론은 당이 혁명의 범위를 크게 좁혀야 한다는 것이었다. 그는 또한 공산당이 공공 서비스 제공의 연속성을 위해 이전 정부의 직원들, 지방 기업인, 기술 전문가들과 협력해야 한다고 제안했다. 그의 접근 방식은 대개 시골의 더 가난한 지역에서 온 지방 간부들이 옹호했던, 좀 더 급진적인 생각들을 약화했다. 그는 또한 공안국公安局과 같은 국가 기구의 역할을 강화할 것을 주장했다. 위로부터 통제할 수 없는 정치적 동원을 막기 위해서 류샤오치는 사회 개조의 목표를 미루기를 원했다. 이후 공산당은 새로운 정책을 실행하면서 좀 더 실용적인 방향으로 나아갔다.

공산당은 도시 접수라는 도전을 다루려고 1953년까지 지배 초기의 독특한 통치 방식을 발전시켜야 했다. 공산당의 조정된 전략은 기존의 구조, 제도와 협력하는 것이었고, 동시에 '대중'들이 적극적으로 참여하도록 요청하면서 기층 수준에서 조직하고 통제하는 것이었다. 이러한 정책은 당이 독특한 통치의 형태를 개발하게 했다. 도시의 통치는 변화, 갈등 관리, 지속적 실험 그리고 임기응변적인 조정의 과정으로 간주되었다. 당은 중앙 집중화된 관료적 권위의 틀 내에서 지방 기층의 주도권을 장려했다. 동시에 중앙 집중화는 지방 실권자들을 희생시키면서 집요하게 추진되었다.

실험은 1930년대와 1940년대의 혁명 이래 정책 결정에 대한 마오주의적 접근 방식의 핵심적 특징이었다.[9] 경험으로 배운 공산당은 스스로를 전통적인 사회와 경제 구조 속에 점진적으로 끼워 넣었고, 이 구조를 중국의 서로 다른 지역들에서 각자 다른 속도로, 적절한 시점에서, 구체적인 이유를 들어 단계적으로 바꾸어놓았다. 당은 실험에 의존했고, 정책을 전국적으로 실행하기 전에 선택된 몇 개 현에서 시험했다. 토지 개혁 프로그램조차도 이러한 기초 위에서 실행되었는데, 이 프로그램이 궁핍한 다수 농부를 확인하고 그들의 필요에 따라 행동하도록 설계되었기 때문이다. 농촌의 공산당 세포는 직업이나 부채와 관련된 조합들 심지어 종교적 성지에 속한 종파와 같은 기존의 농촌 공동체를 기반으로 만들어졌다. 상업화된 도시 환경에서 공산당 조직가들은 시장과 운송 조직과 함께 일하면서 먼저 상품의 수익성을 높인 후 상인들의 주의를 생산자와 소비자 사이의 관계를 개선하는 쪽으로 향하게 하려 했다.

더 큰 유연성과 실용성 덕분에 새로운 전략은 잘 작동했다. 새로운 정부 당국은 도시에서 빠르게 질서를 회복할 수 있었다. 신속한 임무가 많았다. 간부들은 교통 규제를 시행하고, 노점상을 통제하고, 경범죄를 처리할 책임을 맡았다. 이러한 목표를 달성하고자 공산당은 선전 업무와 기층 단위에서 협력적인 개인들의 자발적 조직을 동시에 강조했다. 예를 들어 당은 노점상을 통제하려고 행상, 상점주, 삼륜차 운전사들이 현지의 가도 조직에 참여하도록 독려했다. 모든 행상은 허가증을 받으려면 등록을 해야 했다. 지방의 노점상들도 정기적으로 만나서 그들의 현지 상황을 검토하도록 했다. 행상 수는 줄어들었고, 도시의 보도에 있는 불법 노점을 규제하고 줄이는 계획이 시작되어 실행에 옮겨졌다.

당이 도시 정부를 접수할 때 다루어야 했던 상당히 큰 두 집단인, 난민과 거지는 더 복잡한 문제를 대표했다. 거지를 먼저 처리하고 싶어 했던 공산당은 각 구역의 경찰에게 요청하여 발견한 모든 거지를 구금함으로써 구걸 금지를 집행했다. 처음에는 일부 간부들이 오랫동안 당의 자연스러운 협력자로 묘사되어온 극빈층 주민들을 구금하는 데 주저했기 때문에, 모든 간부를 참여시키는 광범위한 회의로 내부적인 '사상동원'思想動員 노력이 먼저 실행되었다. 실질적인 거지들을 처음 구금한 것은 난민을 송환하려고 계획한 '겨울 대비(冬防) 프로그램'의 일환으로 이루어졌다. 거지들은 우선 도시 전역에 퍼져 있던 임시 '거지수용소'에 끌려갔다. 거기에서 그들은 등록되어 조사를 받았고 보육원, 훈련 단위, 민간 자선 조직이 운영하는 구호 시설 등으로 보내질지 결정되었다.

공식적인 금지와 구금은 갑작스럽게 도시의 구걸을 위험하고 어려운 일로 만들었다. 구걸에 의지하는 사람들은 이제 음식과 휴식을 구하려고 자발적으로 거지 수용소로 갔다. 다른 사람들은 강압과 타이완에서 싸우거나 둥베이 지역에서 개간 작업을 수행하도록 보내질 수 있다는 공포 때문에 마지못해 갔다. 몇 주 안에 대부분 거지가 거리에서 사라졌다. 수용소에서는 구금된 사람들이 다음과 같은 주제로 교육을 받았다. '1) 노동은 신성하며, 기생하는 것은 부끄러운 일이다, 2) 번신翻身을 위해 거지들은 노동을 해야만 한다, 3) 구걸의 기원, 4) 공산당과 국민당의 거지에 대한 태도의 차이.'[10] 수용소에서 일할 수 있는 사람들은 불모지를 경작하거나 도로, 운하, 강바닥의 쓰레기를 치우는 작업조에 합류시켰다. 많은 도시 거주자는 이 운동 그리고 비슷한 운동에 찬사를 보냈다. 개조된 거지들이 거리에서 노래를 부를 때, 현지 주민들은 공산당 정책의 성공에 크게 놀라워했다고 한다. 상점주들이 거지들을 담배나 사탕으로 환영했다. 일부 기업 소유주들은 과거 국민당의 비효율성과의 대비에 주목하면서, "구사회는 사람들을 거지로 바꿨는데, 신사회는 거지들을 생산적인 사람들로 바꾸고 있다"라고 평했다.[11]

난민은 더 곤란한 문제였다. 당에 난민 문제를 다루는 핵심은 도시 주민들의 인식을 증진하고 부담을 나누도록 설득하는 것이었다. 도시에 사는 사람들은 자신이 그들을 둘러싸고 있는 오지와 경제적으로 분리되지 않았고, 그들이 난민들을 생산적 활동에 종사하도록 시골로 보내는 비용 지불을 거들어야 한다는 것을 인식해야만 했다. 그들은 또한 고향으로 돌아가서 생산적인 노동을 할 수 없는 난민들을 위해 도시와 근교의 공공사업 프로젝트의 자금을 대는 데 어느 정도 책임을 져야만 했다.

도움과 구조에도 불구하고 난민들은 계속 도시로 쏟아져 들어왔다. 1949년 여름의 비로 장쑤 북부, 안후이 북부, 산둥 중부 등에서 광범위하게 범람이 일어나 농작물이 망가졌고, 농촌 사회가 붕괴되어 난민 무리가 도시로 향했다. 전에 송환되었던 난민들이 절망하여 도시로 돌아오곤 했다. 이에 대응하여 당국은 도시에 들어오는 모든 '지주와 부농', 유랑하는 '기생적 이재민' 그리고 '적의 요원으로 의심되는 자들'의 강제 송환을 요구했다.

공산당이 기본적 질서를 회복하면, 기존의 조직과 사회 집단의 상황에 대한 조사가 시작되었다. 예를 들어 '톈진의 자선 단체 조사 업무에 관한 종합 보고'는 도시 구호 조직들을 기능과 사회적 배경에 따라 범주화하여 인민의 복지에 기여하는 단체, 봉건적 성격을 가진 구호 단체, 완전히 반동적인 봉건적이고 미신숭배적인 단체, 종교 선전을 하는 자선단체 등 네 종류로 분류했다. 이 보고는 다음과 같이 결론 내리고 있다. "지배 계급의 구호 조직은 필연적으로 반동적이고 위선적이지만, 그들의 업무와 부서 중 일부 요소는 우리가 접수해서 개조한다면 인민의 복지를 위해 사용될 수 있는 데 반해 반동적이고, 낙후되고, 미신적이고 사회적으로 해로운 요소들은 완전히 폐지해야 한다. 우리 정책은 완전한 폐지도, 무차별적이고 무원칙한 보존도 아니다. 우리는 사례에 따라 결정하는 원칙을 따른다."[12] 조직의 개조와 해체는 개별적이고 점진적인 접근 방식을 따랐다. 학교, 고아원, 요양원 등과 같이 인민들에게 도움을 주는 것으로 여겨지는 협회나 조직은 유지되었다. 정부는 그러한 조직을 지도하여 점차 개조할 것이었다. 대조적으로 '봉건적이고 미신적인 사상을 전파'하고 '끈질기게 반혁명적 활동을 수행'하는 '회도문會道門(미신적 종파)과 비밀결사는 예외 없이 해산되어야 했다. 공산당은 '사회의 가장 낮은 층의 정부 영향이 미치지 않는 곳에서, 인민 생활의 수요 위에서 자라나는' 도시 비밀결사를 억압하기로 결정했다. 다양한 '준종교적 결사'와 함께 이러한 비밀결사는 톈진 성인 인구의 약 40%를 포괄했다.[13] 중국의 다른 도시들에서도 비슷한 상황이 있었다.

대부분 외국 조직도 마찬가지로 운영을 중단하고 중국을 떠나야 했다. 소유권이 부분적으로 외국에 있는 조직이나 기업들은 큰 벌금을 내야 했고, 외국 소유자와의 관계가 끝날 때까지 계속 벌금이 부과되었다. 일부 외국 소유 자선단체와 기업은 바로 몰수되거나, 일본과의 전시 협력으로 기소되고 이를 근거로 압류되었다. 외국인은 거의 대부분 자발적으로 중국을 떠났고, 나머지는 1950년에서 1951년 사이에 추방되었다.[14]

출판이라는 민감한 분야에서도 비슷한 정책이 뒤따랐다. 간행물과 출판 기업에 대한 공산당의 정책은 국민당이 통제하던 것과 그렇지 않았던 것 사이에 차이가 있었다.[15] 전에 국민당이 통제하던 타블로이드 신문들은 인수되거나 폐간되었다. 국민당이 통제하지 않았던 간행물에 대한 정책은 각각의 사례에 따라 조사하고 처리하는 것이었다. 짧은 기간에 많은 간행물이 폐간되었지만 일부는 남아서 계속 운영될 수 있었다. 공산당은 도시 주민들에게 홍보할 목적 때문에 일부 신문들이 계속 운영되게 할 필요가 있었다. 이 신문들을 통해서, 신문이 없었다면 전달이 어려웠을 여러 집단에 정보와 새로운 내용을 전할 수 있었다. 동시에 공산당이 통제하는 새로운 신문들이 창간되었다.

도시 사회에 상당한 영향력을 행사했던 수많은 업종과 직업 단체에도 비슷하게 접근했다. 노동자들은 공식적인 진술 속에서 마땅히 '책임을 맡은(當家作主)' '국가의 주인'이자 '지도 계급'으로 불렸다.[16] 공산당 당국이 도시를 접수한 직후 공장에서 노동조합 조직이 만들어졌다. '신민주주의'의 원칙에 따라 노동조합은 (임시적으로) 노동 계급의 공식적 대표로 상당한 특권과 영향력을 누렸다. 그들은 공장 구내를 보호하고 점검을 시행하고자 자체의 무장 순찰대를 만들 수도 있었다. 1950년 6월 '중화전국총공회'中華全國總工會가 많은 독립 노동조합을 포괄하게 되었다. 그러나 인력거꾼, (무거운 물건을 운반하는 데 사용되었던) 삼륜차 운전사, 똥장수 그리고 의사, 상인, 변호사와 같이 좀 더 존중받는 업종의 전문직업인을 포함하여 조합에 소속되지 않은 노동자들도 많았다. 이 집단들 역시 재교육받고, 조직되고, 분류될 필요가 있었다. 이것은 또한 마르크스주의 이론에 기초한 분명한 사회적 유형에서 벗어날 때, 기존의 업종과 직업을 어떻게 다루어야 하는지에 대한 문제를 제기했다. 중국 도시의 직업 중에서 프롤레타리아로 확실하게 분류할 수 있는 직업은 거의 없었다.

그럼에도 도시에서 가장 중요한 운송 수단이었던 삼륜차 운전사는 노동자로 분류되고 그에 따라 조직되었다.

새로운 당국은 매춘부, 도박꾼, 마약 중독자들을 강제로 재교육하여 사회의 생산적인 구성원이 되게 함으로써 전통적인 악덕을 제한하는 다른 방법을 찾아냈다.[17] 최고 관심사로 공산당은 사회적인 골칫거리이자 중국의 식민지적 굴욕의 오랜 상징인 아편 흡입과 싸우는 데 헌신했다. 여기에서도 첫 번째 단계는 관련된 사람들을 아편 도매상, 가도 단위 판매업자, 아편굴 주인, 중독자 등의 범주로 분류하여 각각 다른 방식으로 다루도록 하는 것이었다. 대규모 아편 판매업자는 즉결 처형되었고, 소규모 판매업자는 체포되어 재교육을 받았다. 중독자들은 매춘부와 마찬가지로 수용소로 보내져 의학적 문제를 치료받고 새로운 사회의 생산적인 구성원이 되도록 노동으로 재교육을 받을 수 있었다. 2년 안에 아편은 근절되었고, 매춘은 급격하게 줄어들었다.

도시의 범죄를 다루기 위해 가혹한 전략이 활용되었다. 1949년 이후 경찰은 제한받지 않은 권력을 가지고 범죄자를 구금하고 유죄 선고를 할 수 있었다. 그들은 좀도둑, 포주, 아편 판매업자, 부랑자를 구금했고, 이들 중 다수는 '비범죄' 개조 수단의 대상이 되었다. 새로운 정부는 금융 자본가와 사기꾼들의 투기와 시장 조작 문제를 다루는 데도 열성적이었다. 통화 사기, 특히 위조지폐 문제를 근절하고자 정력적으로 일했다. 요컨대 1949년과 1950년에, 특히 도시에서 새 정부의 집권은 비교적 높은 계획 수준, 집중적인 준비 그리고 체계적인 실행을 보여주었다. 일반적으로 당은 급격하고 갑작스러운 개입보다는 점진적 변화와 섬세한 대응을 선호했지만, 권력 장악이 문제가 되었을 때는 단호하게 행동할 수 있었다. 당은 중국 도시의 기존 기관, 조직, 협회를 조사했고, 당의 범주화를 적용하여 당이 주민들에게 필수적 서비스를 제공하기 위해 어느 것과 함께 일할지 그리고 어느 것이 적대적이어서 폐쇄해야 할지 결정했다. 당의 정책은 대중 동원을 목표로 했지만, 대중의 참여와 자발적 개입도 강조했다. 접수와 함께 교육과 선전에 집중적으로 투자했다. 이러한 정책은 대체로 효율적이고 성공적이었다. 대부분 도시에서 질서가 빠르게 회복되었고, 새로운 정권에 대한 공개적인 저항은 극소수였고 오래가지 못했다. 그러나 이전의 많은 구조와 조직을 그대로 남겨두는 데는 위험이 있었다. 오래지 않아 그들 중 일부는 새 정부에 대한 잠재적인 도전으로 여겨지게 되었다.

중국 통치하기

중앙정부가 19세기 말부터 해체되고 있던 나라에서 정치적 중앙집권화와 국가적 독립은 국민들의 보편적인 희망이었다. 민국 시기의 발전에 기초하여 새 국가는 현대적 국민국가로 설계되었다. 게다가 관료기구가 가장 외진 마을까지 도달했다는 점에서 새 국가는 사회에 훨씬 더 깊이 침투했다. 따라서 이 새로운 국가는 민국 시기의 국가나 19세기의 제국 후기 국가보다 훨씬 더 큰 권력을 행사할 수 있었다.

정권 인수 이후 1953년까지 처음 몇 년 동안 중국을 통치하고자 사용된 원칙은 마오쩌둥이 1940년에 했던 연설인 '신민주주의 정치와 신민주주의 문화'에 제시되어 있었다.[18] 마오는 중국혁명이 민주주의와 사회주의의 두 단계로 나뉜다고 주장했다. 전자는 신민주주의라고 불리는 독특한 중국 방식의 민주주의였다. 사회주의 수립에 선행하는 이 시기에는, 새 정부가 네 가지 진보적인 (혹은 '민주적인') 사회 세력의 연합을 운영해야 했다. 이 세력들은 옌안 시기의 통일전선을 구성했던 것과 같은 프롤레타리아, 농민, 소자산 계급 그리고 민족 자산 계급 등이었는데, 이제는 이 사회 계급들의 연합이 공산당 지도 아래 있어야 했다. 이 정책 배후에는 공산당이 (반동분자와 반역자를 제외한) 지방의 자산 계급이나 전국적 자산 계급과 연합하는 것이 경제 붕괴를 막아주고, 공산당이 도시의 지지를 얻게 한다는 계산이 있었다.

권력에 도달하게 되면서 정치적 안정성을 유지하려는 실용적 필요를 고려하여 공산당은 처음에 중도적 정치 세력을 공산당이 이끄는 형식적인 연합정부에 끌어모았다. '인민 민주 독재'라고 불린 이 형식은 공산당이 지도하는 혁명적 계급들의 연합 독재로 설명되고 제창되었다. 1949년 6월 30일 공산당의 28주년 기념식에서 행한 중요하고 영향력 있는 연설 중 하나인 '인민 민주 독재를 논한다'에서 마오쩌둥은 새로운 중국에서 만들어지는 정치·사회 질서에 대해 상세하게 이야기했다.[19] 중국의 새로운 질서에서 인민들은 인민의 적들에게 독재를 행할 것이었다.

인민이란 무엇인가? 중국의 지금 단계에서는 노동자 계급, 농민 계급, 도시 소자산 계급과 민족 자산 계급이다. 이 계급들은 노동자 계급과 공산당의 지도 아래 단결하여 자신의 국가를 만들고 자신의 정부를 선택하고 제국주의의 주구, 곧 지주 계급과 관료 자산 계급 및 이 계급들을 대표하는 국민당 반동파와 그 졸개들에 대해 독재를 실행하고, 이 사람들을 압박하여 그들이 정직하게 행동하게 하고 함부로 말하거나 함부로 행동하지 못하게 한다. 만약 함부로 말하거나 함부로 행동하려 하면 즉시 금지하고 제재한다. 인민 내부에 대해서는 민주 제도를 실행하며, 인민들은 언론, 집회, 결사 등의 자유권을 갖는다. 선거권은 인민에게만 주고 반동파에게는 주지 않는다. 인민 내부에 대한 민주 측면과 반동파에 대한 독재 측면이라는 이 두 가지 측면을 상호 결합한 것이 곧 인민 민주독재다.[20]

이 연설은 핵심적이고 지대한 영향을 가져올 몇 가지 개념을 소개했다. 도구로서 법, 인민과 인민의 적에 대한 체계적 구별, 적에 대한 폭력의 정당화, (비록 가혹한 처벌이나 심지어 사형을 요구하는 개별 사례들이 있지만) 인민 내부 구성원에 대한 처벌의 완화와 설득 등 이 모든 것은 사회주의 중국의 정치제도를 형성할 기초 개념들이었다. 새로운 국가의 독재적 기능에 대해서는 너무도 분명하게 밝혔지만, 마오는 '인민'이 민주적 권리를 행사할 수 있게 하는 어떤 제도도 언급하지 않았다.

새 국가의 법적 기초가 될 공식적 문서가 없었기 때문에 공산당은 '중국인민정치협상회의'를 조직하여 1949년 9월 베이징에서 개최했다. 포용적이고자 했던 공산당의 의도를 반영하여 이 회의에 참석한 대표 662명 중에는 행사를 주도했던 공산당 대표뿐 아니라 일부 국민당 좌파 구성원들과 중국인민구국회, 더 작은 민주적 '제3당파'의 일부 대표들이 포함되어 있었다. 중화인민공화국 수립 직전인 1949년 9월, 중국인민정치협상회의는 '중국인민정치협상회의 공동강령', '중화인민정치협상회의 조직법', '중화인민공화국 중앙인민정부 조직법' 등 세 가지 문서를 채택했다. '중국인민정치협상회의 공동강령'은 1949년과 1953년 사이에 중화인민공화국의 법적 발전을 위한 기초적 틀을 제공했고,

두 조직법은 미래의 중국 정부를 위한 형식적 구조의 윤곽을 보여주었다. 전반적으로 공동강령은 중국을 '제국주의, 봉건주의, 관료 자본주의'로부터 보호하면서 점진적인 변화를 추구하는 계획을 만들었다. 제7조는 반대자를 억압하고 반혁명분자를 처벌해야 할 필요성을 강조했다. 이 회의에서는 마오를 국가의 새로운 지도자로 임명하고 헌법이 시행될 때까지 중국의 중앙 당국이 될 정부위원회의 구성원을 결정했다. 마오쩌둥은 이제 사실상 당, 군대, 정부 세 기관을 모두 지배하게 되었다. 그는 또한 여전히 확대되고 있던 개인 숭배로 강화된 엄청나게 대중적인 지위를 누리게 되었다.

당은 처음에 국가 기구를 건설하고 중요한 정책을 실행할 간부와 직원을 훈련하는 데 주의를 기울였다. 중화인민공화국은 공산당에 의한 포괄적 통제를 가능하게 하는 소련 스타일의 통치 구조를 수립했다.[21] 당 기구는 새로운 국가의 핵심에 있었다. 당이 혁명 기간에 군대를 통제했던 것처럼, 새로운 민간 행정 기구를 만들고 통제했던 것은 당이었다. 정부의 모든 층위에서 의사결정의 권력은 공산당 손에 있었다. 꼭대기에는 20명 정도 국원과 후보국원(수는 시간에 따라 조금씩 변했다) 몇 명으로 구성된 공산당 정치국이 있었다. 정치국에는 보통 5명 내지 9명으로 구성되는 상무위원회가 있었다. 이것은 가장 중요한 의사결정 기구로, 아마도 일주일에 한 번 만났을 것이다. 정치국은 더 큰 중앙위원회의 일부였는데, 중앙위원회의 위원과 후보위원은 7기 중앙위원회(1945~1956)에서 10기 중앙위원회(1973~1977) 사이에 77명에서 대략 300명으로 늘어났다. 공식적으로는 중앙위원회가 1년에 적어도 한 번 개최되어야 하지만, 이 규칙이 늘 지켜진 것은 아니어서 1951년에서 1953년 사이, 1960년, 1963년에서 1965년 사이 그리고 1967년에는 개최되지 않았다. 중앙위원회 회의는 정책을 논의하려는 것이었지만, 보통 결정은 여기에서 하지 않았기 때문에 그날그날의 정책 결정에 직접적 영향력이 거의 없었다. 중앙위원회의 위원은 이론상 최고 권력 기구인 당전국대표대회에서 선출되었다. 그러나 전국대표대회는 규모가 크고 드물게 열렸으므로 오히려 정책과 지도부 선임을 발표하는 플랫폼이 되었다. 전국대표대회는 거의 열리지 않았다. 마오 시기에는 1956년·1958년(2차), 1969년 그리고 1973년 등 세 차례만 개최되었다. 대회 기간에 결국 10년 동안 임기가 지속될 중앙위원회 위원들이 선출되었다.

베이징 중앙당의 지시를 받는 것은 성 단위의 당 위원회였다. 각 성의 최고 관료인 당 서기들이 이 성 위원회를 이끌었고 더 작은 성 단위의 상무위원회와 정기적으로 만났다. 기층까지 이르는 하부의 각급 정부에도 같은 구조가 복제되어 시市나 지구地區의 당 위원회, 현縣과 구區당 위원회가 설립되었다. 당 위원회는 모든 촌민위원회, 모든 대학, 모든 공장 그리고 모든 가도街道에도 존재했다. 요컨대 이러한 전국적 당위원회 네트워크는 모든 층위의 행정 과정에 대한 감독과 통제를 수행했고, 모든 사회 기구와 경제 조직으로 확장되었다.

중국에서 공산당의 권력 장악이 확실해진 1954년 전국인민대표대회가 공산당의 정치적 권위를 확인해 주는 헌법을 통과시켰고, 사실상중화인민공화국의 일당 독재를 합법화했다. 헌법은 1936년 스탈린 치하에서 채택되었던 소련 헌법을 본떠서 만들어졌다. 당 쪽에는 전국대표대회와 중앙위원회가 있었고 정부 쪽에는 전국인민대표대회와 국무원이 있었다. 전국인민대표대회는 입법부와 유사한 것이었고, 공산당전국대표대회에 해당하는 정부 쪽 기구였다. 처음에는 대표가 1,226명있었는데 이 숫자는 1964년까지 3,000명 정도로 증가했던 것 같다. 전

아마도 1956년 8월 베이징에서 열린 중국공산당 제8차 전국대표대회에서의 마오쩌둥, 류샤오치, 저우언라이(hrchina.org.)

국인민대표대회는 4년마다 열렸다. 이 대회는 최고위 정부기관인 국무원을 선출했다. 총리가 이끄는 국무원은 몇 개 부처와 위원회를 지도하면서 내각과 같은 행정적인 통치 기구 역할을 했다. 국무원의 수장인 총리와 각 부처 부장들이 국무원을 구성했다. 국가의 수장은 주석이었는데, 주석의 대체로 의례적인 임무 중에는 법률에 서명하여 공포하는 것, 정부 지도부 직위에 대한 공식적 임명, 외국 공식 방문의 영접 등이 포함되었다. 1950년대에 마오쩌둥은 공산당 주석이자 중화인민공화국 주석이었고, 류샤오치는 전국인민대표대회 상무위원회 위원장이었으며, 저우언라이는 국무원 총리로 있었다. 이 세 사람이 최고위 지도자들이었다.

그러나 정부 지도자들이 거의 항상 당과 국가 양쪽에서 동시에 직책을 가지고 있었기 때문에 사실상 국가와 당의 구별은 큰 의미가 없었다.[22] 당 제도와 정부 구조가 밀접하게 얽혀 있었기 때문에 공산당 정권들은 종종 당-국가로 서술되었다. 중국의 정권은 베이징의 최고 지도부에 복종하고 상부에서 내려온 지시를 충실하게 집행하는, 단일하고 위계적인 제도적 구조에 기초해 있었다.

그러나 공식적인 공산주의 교리는 이 점에 대해 대체로 모호하다. 한편으로 당은 '프롤레타리아의 독재'로 정치권력에 대한 독점권을 부여받았거나, 아니면 나중에 좀 더 온건하게 묘사된 것처럼 체제에서 '지도적인 역할'을 수행하는 존재였다. 다른 한편으로 공식적 이론에서 당은 국가 권력 기관이라기보다는 사회조직이었다. 따라서 당은 정부에 대해 노동자나 농민과 같은 사회 집단의 이해를 대표하고 방어해야 했다. 정부와 당은 본질적으로 연결되어 있지만, 구별된 채로 남아 있었다. 당은 지방 사회에 스스로를 주입하고 지방 사회와 깊은 상호작용을 했다.[23] 당은 또한 마오주의적인 정치적 전망과 손상된 국가를 위한 회복의 기획을 제시함으로써 성공적으로 국민 대부분의 추종을 확보했다. 그 약속은 과학적 사회주의와 당의 지도에 기초하여 중국이 수 세기 동안 지속된 빈곤과 취약성이라는 문제를 처리할 수 있다는 것이었다. 공산당은 권위주의적 정부를 설립했을 뿐 아니라, 전례 없는 사회적 통합과 안정성을 가진 공동체를 만들기도 했다. 공산당이 자신의 제도를 통하여 추종과 안정성을 이끌어낼 수 없었다면, 공산당이 필요로 했던 강력한 발전주의 국가를 건설할 수도 없었을 것이다. 공산당의 제도를 통해, 광대한 인적·물적 자원을 동원하여 중국을 개조하고 산업적 현대성을 추구할 수 있었다.

지방 수준에서, 공산당은 지난 정권의 정부 인원 대부분을 계속 유지할 수밖에 없었다. 이미 너무 넓은 범위로 확장했기 때문에 공산당은 중국 정부 구조 전체에서 기존 직원들을 대체할 만큼 새로운 사람들을 충분히 구할 수 없었다. 그러나 이렇게 유임된 직원들은 '사상 개조'나 교육 개조라고도 불렸던 과정인, 정치적 재교육과 신민주주의 프로그램의 학습을 받아야 했다. 처음 몇 년 동안 공산당은 완전히 새로운 엘리트와 함께 새로운 정치제도를 만들고 안정화할 수 없었다. 그 대신 오랫동안 기존 엘리트에 의존해야 했다.

새롭고 효율적인 통치 형식을 수립하는 것은 당의 중심적인 관심사였고, 대체로 소련 모델을 따랐다. 그러나 이러한 공식적인 관료적 과정은, 우리가 본 것처럼 정권 인수 전에 널리 채택되었던 대중운동과 상향식 주도권을 통한 비공식적 통치 수단과 경쟁했다. 지도자들이 신중하게 전략적 정책 및 국가와 경제의 전반적인 방향을 결정하는 권력을 지키기는 했지만, 기층 수준에서는 지속적으로 현지의 참여에 의지했다. 우리는 여기에서 새로운 것을 시도하거나 관찰되거나 결국 중앙이 인지하게 되는 지방의 행위자 그리고 상향식의 사고와 행동 일부를 포함하거나 채택하면서 하향식의 관료적 과정을 통해 이루어지는 중앙의 통제라는 두 가지가 작동하고 있음을 볼 수 있다.

중국과 냉전

근대 초기 유럽의 확장 이래 줄곧 중국은 세계적으로 중요한 전략적 거점이었다. 세계의 열강들이 영향을 미치고 통제하고자 시도했지만 끝내 실패했다.[26] 중국은 제2차 세계대전 동안 공격을 받았을 때조차 어떻게든 독립을 지켜냈다. 동시에 중국은 고립되어 있지도 못해서 외국의 지원이 경제발전과 안보 모두에 중요한 것으로 여겨졌기에 지속적으로 국제적인 협력자나 지지자들과 제휴할 필요가 있었다. 냉전 동안 이러한 임무는 훌륭하게 이루어졌다. 세계의 강대국들 사이의 경쟁 관계, 특히 소련과 미국의 대립이 중국의 국제적 지위뿐 아니라 내부적 발전에도 큰 영향을 미친다는 점이 분명해졌다.[25] 그 결과, 중국 국경 밖 먼 곳의 일들이 중국에 필수적으로 되고 중국의 국내 정치에 즉각적인 영향력을 보였다. 대외 정책과 국내 정책은 뗄 수 없이 밀접하게 되었다.

중화인민공화국 수립 얼마 전인 1949년 6월, 마오쩌둥은 자신의 관점을 다음과 같이 표현했다. "중국인은 제국주의 쪽으로 기울지 않으면, 사회주의 쪽으로 기울어야 하며 예외는 결코 없다. 양다리를 걸칠 수 없고 제3의 길은 없다."[26] 이러한 주장에 대한 명백하고 즉각적인 근거는 중국 내전이 끝나기 전에 형성되기 시작한, 공산당 정부를 억누르고 고립시키려는 미국의 전략에 대응할 필요였다. 미국은 공산당에 대해 점점 더 적대적 태도를 취했고 국민당을 적극적으로 지원하기 시작했다. 그러므로 공산당은 1930년대와 1940년대에 모스크바와의 관계가 결코 원만하지 않았음에도 서구와 관계를 끊고 소련과 공식적인 동맹에 들어가려고 했다. 두 당은 1949년에서 1950년 사이에 중소 관계를 새로운 토대 위에 놓으려 했을 때, 이러한 불신의 유산을 뒤에 남겨두기로 결정했다. 1950년 2월 14일 중국과 소련은 중소우호동맹상호원조조약에 조인했는데, 여기에서 소련은 중국을 '일본과 그 동맹'(미국을 의미)의 공격으로부터 방어하고 군사·민간 원조를 제공하기로 약속했다. 그들은 또한 1945년에 취득한 만주의 소련 조계들을 중국에 돌려주기로 합의했다. 그 대가로 중국 측에서는 외몽골 독립을 승인하고, 다른 나라가 아닌 소련만 만주와 신장에서 활동하도록 해 주었다. 양측은 또한 통조림 제조에서 항공에 이르는 영역들에서 다수의 합자회사를 설립하기로 했다. 마오가 조약을 협상하려고 모스크바를 방문하는 동안, 스탈린이 5년간 3억 달러의 차관을 제공해 달라는 중국의 요청을 수용하기도 했다. 이것은 중국의 중공업, 국방공업 그리고 에너지 생산의 발전을 촉진하기 위한 50개 핵심적 공업 및 기반 시설 프로젝트의 기금으로 사용되었다.

'일변도'―邊倒의 결과는 장기적이었고 과장하기 어려울 정도로 컸다. 중국은 사회주의 블록의 모든 '형제 국가'와 함께 더 큰 협력적 관계망의 일부가 되었다. 도시 계획, 농업 개조, 고등교육, 노동수용소, 민족주의 정책, 경제 모델, 선전 그리고 정보 업무 등을 포함하는 수많은 측면에서 중국의 새 국가는 동유럽, 특히 소련의 경험을 면밀하게 본떠서 만들어졌다. 중국에 소련과 국가 사회주의 세계는 매력적인 대안적 현대성의 형식을 대표했다. 사회주의 모델은 서구적 현대성을 손상한 착취, 불평등 그리고 제국주의와 같은 어두운 측면으로부터 자유로운 산업적 진보를 성취하기를 열망했다. 광범위하고 긴급한 국내의 정치적·경제적·사회적 문제들에 대한 효율적인 해결책을 제안하는 모델로서 가장 확실한 선택이었다. 이것은 소련 모델에 미묘한 차이들이 없었음을 의미하는 것은 아니다. 소련과 다른 사회주의 국가들은 레닌의 실용적이고 온건한 신경제 정책(1921~1927)에서부터 농업을 집단화하고 공업화와 도시화를 강력하게 촉진하는 것을 특징으로 하는 혁명적 모델 혹은 극단적인 스탈린주의 모델(1929~1934), 또는 중앙 계획과 중앙 집중화된 경제와 국가의 운영을 강조하는 관료적 스탈린주의에 이르는 몇 가지 모델을 제안했다.[27] 이 문제에서 소련 모델이 1950년대 전반에 일반적 수준에서 순조롭게 실행 가능했다는 사실이, 중국 지도자들 역시 그 것을 따라야만 했음을 의미하지는 않는다. 중국 지도자들은 중국의 상황이 여러 핵심적 측면에서 소련과 다르다는 것을 날카롭게 의식했고, 어떤 모델을 적용해야 할지 그리고 실행하면서 그 모델을 어떻게 조정해야 할지 스스로 판단을 내렸다.

그럼에도 동구권 국가들 및 소련과의 연계가 중국의 현대사에서 가장 체계적인 지식과 기술의 이전을 가져왔고 이 '연합이 다른 어떤 연합보다도 중국에 깊은 영향을 미쳤다는' 것은 의심할 여지가 없다.[28] 조약에 조인한 이후 주로 1953년과 1957년 사이에 소련인 대략 1만 명이 전문가, 고문으로 중국에 왔는데, 상당수가 니키타 흐루쇼프(1894~1971)가 1960년 그들을 갑작스럽게 철수시켰을 때까지 남아 있었다. 소련 고문들은 중국의 모든 부처, 지역이나 성 정부 그리고 주요 공업 기업에 소속되어 있었다.[29] 중국은 전쟁이 아니라 정부를 운영하려면 어떻게 중앙 당 기구를 수립해야 하는지, 법원·검찰·경찰·감옥 등의 체계를 어떻게 만들어야 하는지, 공장·대학·사무실 그리고 다른 단위에 어떻게 치안 보위 기능을 심을지, 어떻게 소련 스타일의 대중 조직을 만들지 등을 포함하여 많은 영역에서 소련을 배웠다. 새로운 인민해방군의 조직은 자각적이고 직접적으로 소련군 조직을 모방했다. 소련 교육가들도 중국의 고등교육 체계를 창안했다. 토지 개혁과 교육 덕분에 새로운 정권은 도시 계획에서 진정한 변화를 가져올 정책을 만들 수 있었다. 소련의 성취에 영감을 받아 중국 도시를 재건함으로써 신중국은 현대적 형식을 구현한 도시 중심지를 건설했다. 새로운 도시들은 구중국의 도시들과 달리 전통적이고, 규제받지 않는 자본주의적 소비와 착취의 영역이 아니라 기능적이고 생산적인 중심지가 되도록 계획되었다.[30]

외교 정책에서도 중국은 동구권 정책과 밀접한 제휴를 추구했다. 공산당은 스스로가 제국주의와 자본주의에 대항하는 총력전 속에 있으며, 공산당의 안전은 소련이 이끄는 공산주의 진영과의 밀접한 정치적·군사적 연합에 달려 있다고 확신했다. 당 지도자들이 때때로 어떤 영향이나 압력 때문에 헤매게 될 때, 그들은 사회주의 전우들과의 결속을 강화하는 데 열중했다. 두드러진 사례가 중국의 한반도 개입인데, 이것은 미국과의 즉각적이고 피비린내 나는 대결을 가져왔으며 그로 인한 두 국가 사이의 적대감은 20년 이상 지속되었다.[31]

중화인민공화국은 세계의 초강대국들 사이의 이러한 대립에 개입하기에는 거의 준비되어 있지 않았지만, 충돌의 근접성을 고려할 때 그것에서 벗어날 방법이 보이지 않았다. 마오쩌둥이 모스크바에서 스탈린을 만난 1950년 1월 이미 두 사람은 북한 공산당 정권에 원조를 제공하는 것에 대한 공동 결의를 강조했다.[32] 1950년 5월 중순 북한 지도자 김일성이 베이징에서 마오쩌둥과 만났는데, 여기에서 김일성은 공산당 지도부에 한국을 재통일하고자 남쪽으로 진군하는 군사적 계획을 소련 지도자 이오시프 스탈린이 승인했다고 말했다. 마오가 주의를 촉구하고 미국이 군사적 충돌에 개입하지 않았으면 한다는 희망을 표현했지만, 북한에 대한 전적인 지원을 약속했고 미국이 개입하면 중국이 군대를 제공하겠다고 단언했다.

1950년 6월 25일 공산주의 북한의 군대가 남한과 북한의 경계가 되었던 38도선을 넘어서 미국의 후원을 받는 남한을 침입했다. 북한 군대는 신속히 공격하면서 남쪽으로 이동하여 남한과 미국 군대를 부산 주변의 남동 지역으로 몰아붙였다. 이틀 후인 6월 27일, 국제연합은 후퇴하던 남한 군대에 지원을 제공하는 데 합의했고, 그 결과 미국 7함대에 타이완해협을 순찰하라는 명령이 내려졌다. 1950년 여름 동안 북한군은 진격했고 반도 거의 전부를 점령했다. 국제연합군(대략 절반이 미군이었다)이 남한에 상륙하자 중국은 미국에 개입하지 말 것을 요구했다. 이 요구는 무시되었다. 이어지는 군사적 승리로 국제연합군은 38선에 도달했고, 이에 따라 미국의 군사지도자인 5성 장군 더글러스 맥아더(1880~1964)가 38선을 넘어서 압록강의 중국과 한국 국경에 접근할 것을 결정했다. 맥아더는 크고 야심적인 계획이 있었다. 그는 한국전쟁을 중국에 대항하는 지점까지 확대하기를 원했다. 그는 최근 승리의 여세와 한반도에서 미군의 진전이 중국 지도부에 대한 압력을 증대함으로써 중국의 공산주의를 원상태로 돌릴 특별한 기회를 제공한다고 느꼈다.

이러한 움직임은 베이징이 한국전쟁에 개입하는 계기와 정당화를 동시에 제공했다. 중국은 다시 경고를 보내고 군대 동원을 시작하는 것으로 대응했다. 그러나 마오와 다른 중국 지도자들은 주저했고, 군대를 전투에 파견하기 전 몇 주 동안 중국 지도부 사이에서 내부적 토론이 이어졌다. 지도부 내 다수가 한국에 대한 중국의 개입보다 진행 중이던 타이완에 대한 군사 작전이 우선이라고 생각했다. 10월 2일 마오는 스탈린에게 중국은 한국에 충분한 군대를 보낼 수 없다는 번복 의사를 알렸다. 스탈린은 단호한 답장에서 중국의 무대응이 심각한 결과를 가져올 것이라고 경고했다. 그는 중국이 미래에 국경을 따라 한국과 타이완에 있는 미국 기지 두 개를 다루어야만 하게 되고 끊임없는 위협에 놓일 것이라고 경고했다. 그는 중국이 더는 소련에 기댈 수 없을 것이라고 암시하기도 했다. 또 한 번 갑작스러운 태도 변화를 보인 중국 정치국은 3일 후인 10월 5일 원칙적으로 스탈린의 정책에 따를 것과 북한을 구하려고 이른바 지원군 부대를 보낼 것을 결정했다. 그러나 10월

북한의 중국인민지원군 부대, 1951년 무렵(사진 출처: History/Bridgeman Images/PFH1187488)

중순까지 지도부는 여전히 부대를 움직이게 하지 않았다. 몇 주의 망설임 끝에 뛰어난 군사 전략가인 펑더화이가 이끄는 '중국인민지원군'中國人民志願軍이 1950년 10월 25일 한국에서의 첫 번째 작전을 시작했다. 중국인민지원군은 미군 지휘관들에게 놀라움을 안겨주면서 운산 지역에서 남한군을 공격했다.

6일 동안 중국 지원군은 홀로 싸웠다. 지상의 중국 전투 부대를 위한 소련의 활발한 공군 지원을 약속받았던 중국 지도자들에게는 불만스럽게도, 소련 공군이 중국인민지원군을 지원하려고 첫 임무를 수행한 것은 11월 1일이 되어서였다. 그러나 12일째 날 남한군은 압록강 부근 지역에서 청천강 부근으로 후퇴해야 했다. 중국 통계에 따르면 이 작전에서 남한 군인이 약 1만 5,000명 죽었다. 결과적으로 수많은 중국군의 도움을 받은 북한은 국제연합군을 서울까지 계속 밀어붙였다. 국제연합군은 1월 중순 반격을 시작해서 이제는 중국인민지원군 지도부에 놀라움을 안겨주었다. 마오는 펑더화이에게 강력한 반격을 시작하도록 명령했고, 이 전략적 도박은 반도에서 중국인민지원군이 처음 겪은 중요한 패배로 이어졌다. 양측 군대가 대치했고 이어지는 전투들은 중국인민지원군에게 승리와 패배를 번갈아가며 가져다주었다. 한국전쟁이 한창이던 1951년 4월, 미국 대통령 해리 트루먼은 단독으로 충돌을 확대했다는 이유로 더글러스 맥아더를 해임함으로써 미국 정계에 충격을 주고 세계를 놀라게 했다. 1951년 여름 정전에 서명했지만, 산발적인 전투는 1953년 6월까지 계속되었다. 1953년 스탈린의 죽음은 소련 정책의 거의 즉각적 변화를 가져왔다. 스탈린보다 덜 고집스러웠던 새로운 소련 지도부는 한국전쟁을 공식적으로 끝내도록 중국에 촉구했다. 휴전 협정이 미국, 중국, 북한 사이에서 7월 23일에 조인되어 한국을 전과 같은 경계를 가진 두 곳으로 갈라놓았다.

한국전쟁의 결과는 중국 인민들에게 승리로 묘사되었지만, 그것은 엄청난 비용을 치른 것이었다. 중국인 약 60만 명이 죽었고 그 외에 약 40만 명이 부상당했다. 중국의 재건에 필요했던 부족한 자원이 전쟁 물자에 전용되어 긴급하게 필요한 정부 투자 계획에서 빠져나갔다. 1951년 군비 지출이 전체 정부 지출의 55%를 차지했다.[33] 1950년 말부터 여전히 회복하지 못하던 중국 도시에서의 지방 구호 활동, 사회 복지 자원이 한국전쟁으로 인한 무거운 부담 때문에 크게 제약받았다. 한국에서 인민지원군을 보급하려면 곡물, 육류, 면화가 필요했다. 이 전쟁은 마오쩌둥에게 개인적 상실을 가져오기도 했는데, 그의 장남 마오안잉이 전투에서 사망했다. 미국인 3만 6,000명 이상, 북한인 52만 명,

중국인민지원군의 한국 파병 2주년 기념 우표, 1952(Reproduced from Scott Catalogue, #173)

남한인 40만 명이 전장에서 사망한 것으로 추정된다. 인명 손실이라는 측면에서 이 전쟁은 20세기에 세 번째로 희생이 컸고, 두 차례 세계대전만이 이를 능가했다.

마오와 다른 중국 지도자들은 무모하게 전쟁으로 돌입하지 않았다. 사실, 중국의 첫 개입은 간신히 이루어졌다. 중국을 전쟁에 돌입하도록 압력을 가한 것은 스탈린이었다. 필수적인 것으로 여겨졌던 소련의 지원을 잃을 것을 두려워한 중국 지도부가 스탈린의 요구에 굴복했다.[34] 그러나 중국이 일단 개입하자, 중국의 전쟁 수행은 세 가지 중요하고도 부분적으로 예측하지 못한 결과를 가져왔다. 첫째, 중국은 훨씬 우세한 미군에 버틸 수 있는 떠오르는 국제적 세력으로 스스로 자리 잡았다. 중국이 스스로 영토 안전을 지키고 이웃의 동맹 공산주의 국가를 보호하는 데 보여준 결단력 때문에 동구권에서 중국의 위신과 영향력이 크게 높아졌다. 아마도 처음으로, 소련 지도부는 중국을 의존적인 위성국 이상으로 여기게 되었다. 둘째, 중국은 제1차 세계대전과 제2차 세계대전까지 거슬러 올라갈 수 있는 역할인, 비서구 국가의 보호자와 방어자로서 역할을 강화했다. 중국은 계속 프랑스와의 전쟁에서 베트민을 지원하고 나중에 북한과 북베트남의 공산주의 정부를 도울 것이었다. 이 역할은 아프리카와 라틴아메리카 반군들에게도 작용했다. 셋째, 전쟁은 공산당이 중국 사회의 총체적 개조에 중국 국민들을 동원하려면 필요했던 통치력을 강화하기도 했다. 한국전쟁은 타이완해협을 둘러싼 상황에도 영향을 미쳤다. 1949년 말 장제스와 국민당 정부는 타이완으로 탈주했고, 1949년 9월 이 연안 섬에 대한 인민해방군의 공격을 성공적으로 저지했다. 국민당 정부는 새로운 행정부를 수립하고 지방의 지지를 얻은 일련의 개혁 정책을 실행에 옮기기도 했다. 장제스는 타이완의 '새로운 역사를 만드는' 새 시작을 이야기했다.[35] 그러나 미국 정부가 여전히 장제스에게 매우 비판적이었기 때문에 그는 국제적 지지를 거의 받지 못했다. 중화인민공화국이 반복해서 타이완을 중국에 재통일시키겠다고 천명하면서 타이완의 영구적 분리를 받아들이려 하지 않았기 때문에 타이완은 인민해방군의 공격에 매우 취약했다. 장제스와 그의 정보 기구는 소련이 공급한 항공기나 심지어 소련 조종사가 조종하는 폭격기가 지원하는 타이완에 대한 인민해방군의 대규모 공격이 몇 달밖에 남지 않은 것으로 추정했다. 긴장이 고조되었다. 그러나 한국전쟁 개전이 갑자기 상황을 바꾸었다. 마오는 타이완 공격을 미루면서 중국의 자원을 한국에 집중해야 했다. 게다가 한반도 전쟁은 미국이 재빨리 장제스, 국민당 정부와 관계를 재개하도록 자극했다. 이 관계는 1950년대에 점점 긴밀해져서 1954년 타이완에서 국민당의 군사적 생존을 보장해 줄 뿐만 아니라 타이완의 재건과 발전에 특별한 역할을 하게 될 미국 경제 원조의 기초를 놓은 상호방위조약의 조인을 가져왔다. 북한에서 거둔 승리는 중화인민공화국에 상당한 대가를 가져와서, 미국의 단호한 개입 때문에 타이완해협의 균열이 깊어지고 통일이 거의 불가능하게 되었다.

중국의 한국전쟁 개입과 함께 1950년 말 급진적인 운동이 시작되어 1952년까지 계속되었다. 마오가 한국전쟁에 중국 지원군을 파견하기로 결정한 지 이틀 후 공산당 중앙위원회는 '반혁명 활동의 진압에 관한 지시'를 내렸다. 이것이 잠재적 반대자들, 특히 친미적이거나 친국민당적인 관점을 가진 지식인들을 완전한 통제 아래 두고 이들을 재교육하려고 설계된 일련의 도시 운동의 시작이었다. 한반도에서 미 제국주의와 싸운다는 결정과 내부 계급투쟁 선언이 거의 동시에 이루어진 것은 전혀 우연이 아니었다. 전쟁은 토지 개혁을 가속화하고 농촌 경제에서 더 많은 자원을 추출해야 한다는 훨씬 더 큰 압력을 만들어내기도 했다. 그러므로 중국의 한국전쟁 개입은 경제 정책의 변경을 이끌었다. 1950년 11월의 제2차 전국재경회의에서 천원은 다음과 같이 지적했다. "내년의 재정 경제 업무 방침은 항미원조抗美援朝 전쟁의 기초 위에 있으며, 평화로운 경제 회복의 기초 위에 있었던 올해(1950년)와는 완전히 다르다. 재정적으로는 군비 및 군사 관련 지출 증가의 필요가 나타난다. … 고려해야 할 문제 중 하나는 농민들로부터 몇십억 근의 식량을 더 취해도 되는가, 농민은 이를 부담할 수 있는가 하는 것이다."[36] 국가가 농촌으로부터 자원 추출을 늘려야 할 필요가 1950년 말 토지 개혁을 시작한 중요한 이유였다. 1950년 11월 22일 마오는 지역의 공산당에 다음과 같은 전신을 보냈다. "시국이 긴장된 상황 속에서 반드시 기한 내에 토비를 제거하고, 토지 개혁을 더 빠르게 진행하고, 지방의 무장을 발전시키고, 반혁명 활동의 진압을 견고하게 해야만 우리의 당과 군이 비로소 주동적으로 될 수 있고 그렇지 않으면 피동에 빠질 위험이 있다."[37] 이 진술이 보여주는 것처럼 중국 사회와 경제의 사회주의적 개조, 내부의 적과 투쟁, 세계적 냉전 기간의 국제적 대결이라는 세 가지 서로 다른 관심사가 서로 맞물려 있다. 이것은 한국전쟁의 급진화가 중국 사회에 더 깊게 침투하도록 도왔음을 의미한다.

청산

공산당은 농촌에서와 마찬가지로 도시에서 '새로운 사회'를 만들어내기를 원했다. 공산당의 일반적 정책에서 '생산을 증진하고 경제적 번영을 달성'하는 것이 핵심적이었다. 예를 들어, 오랫동안 '제국주의의 교두보'였고 사창가, 도박장 그리고 더 추악한 오락 시설이 보여주듯이 '부르주아지의 퇴폐적 생활양식'의 상징인 상하이를 '인민의 대상하이'로 만들 계획이었다. 공산당은 이러한 개조를 달성하려고 '도시의 기생적 주민을 줄이고' '소비 도시'를 '생산 도시'로 변화시키기 위한 '사회 정화'의 임무를 시작했다.[38] 주민에 대한 통제를 확대하고자 신뢰할 수 없거나 새 정부당국에 적대적인 것으로 여겨지는 일부 주민을 감시하거나 제거하는 방법을 고안했다.

정권 장악 이후에도 당은 여전히 국민당의 반혁명적 행동이나 외국의 개입을 두려워했다. 이러한 두려움에는 근거가 있었다. 전쟁으로 국민당 정권을 막 타도했기 때문에 공산당은 국민당의 남은 세력과 지방 사회의 적대적 집단들이 중국 전체에서 저항을 시작하면 여전히 위험하다고 믿었다. 1949년 10월 중화인민공화국이 수립된 이후까지도 국민당 후방 부대 최소 60만 명이 대륙에 남아 있었고, 국민정부의 비밀경찰 조직이 남겨둔 수많은 특무 요원이 중국 전역에 숨어 있었다. 실제로 공산당이 대륙을 완전히 지배한 것은 1950년 말이 되어서였다. 새로운 정부 당국은 이러한 국민당 잔여 세력이 새로운 질서의 기초를 약화하기 위해 폭력배나 범죄자와 협력할 수 있다고 단호하게 경고했다. 미국이 타이완의 국민당과 협력하여 대륙에 불안을 조장할 수 있다고 우려했기 때문에 부분적으로는 1950년 10월 한반도에 군대를 보내기로 한 결정이 정부가 국내 안보를 강화하지 않을 수 없게 했다.

공산당 지도 아래 새로운 공안국이 구성되자마자 다음과 같은 군사관제위원회의 명령이 발표되었다. 반동 조직은 불법이다, 모든 특무 조직은 해산되어야 한다, 그 조직원은 등록해야 한다, 그들의 불법 무기와 라디오 송신기는 몰수될 것이다.[39] '반혁명' 범죄는 1950년 7월의 '반혁명 활동 진압에 관한 정무원과 인민최고법원의 지시'政務院最高人民法院關於鎮壓反革命活動的指示와 1951년 2월의 '반혁명 처벌 조례'懲治反革命條例의 21개 조항에 규정되어 있었다.[40] 후자의 목적은 '반혁명 활동을 진압하고 인민 민주 독재를 공고하게 하는 것'(제1조)이었다. 많은 중국 시민이 1951년 조례에 따라 처벌받았다. '반혁명 활동'이라는 용어는 '인민 민주 독재를 전복하거나 인민 민주 사업을 파괴할 목적으로 하는 각종 반혁명 범죄'라고 모호하게 규정되었다. 1951년 조례는 구체적인 범죄의 포괄적 목록을 포함했는데, 모두 안보 문제와 관련된 것이었다. 조례에 열거된 범죄 거의 전부(95%)에 적용할 수 있는 처벌은 최소한 유기 징역이었고 많은 범죄가 무기징역이나 사형이었다. 게다가 판결을 내리는 기관은 범죄를 처벌하는 데 추정의 원칙(즉, 명확하게 불법이라고 명시되지 않은 행동에 대해 유사한 효과가 있다고 여겨지는 범죄를 적용함으로써 처벌을 정하는 것)과 1949년 이전에 저지른 반혁명적 활동도 처벌할 수 있는 소급 원칙을 바탕으로 엄청난 자율성을 가지고 있었다.

공산당은 이러한 전쟁, 공포, 의심이라는 모호한 분위기 속에서 사회의 신뢰할 수 없거나 적대적이거나 '반혁명적인' 요소를 일소하려는 분명한 의도를 가지고, '반혁명 진압'(혹은 진반鎭反)을 위한 전국적 운동을 시작했다. 1950년부터 1953년까지 지속된 이 운동의 주요 목적은 공산당의 권력 장악을 강화하고 지키는 것이었다. 운동 과정에서 국민당이나 그 조직의 과거 구성원으로 의심되는 사람들, 국민당 스파이로 추정되는 사람들 그리고 국민당 군대나 비밀경찰의 과거 구성원들을 거주지 경찰에 등록하도록 했다. 진반 운동은 또한 폭력배 지도자들, 마약 밀수업자들, 종교적 종파 지도자들도 공격했다. 대부분 '반혁명' 의심분자에게는 힘든 육체노동으로 '새로운 사람'(新人)으로 거듭날 회개와 개조의 기회가 주어졌다. 마오는 이러한 과정을 '쓰레기를 유용한 것으로 바꾸는 것'으로 묘사하기도 했다. 그러나 일부 경우에는 마오가 말했듯이 '대중들의 깊은 증오를 받고 대중들에게 무거운 죄과가 있기' 때문에 죽음을 당해야 했다. 그러므로 폭력의 사용은 '대중의 큰 분노'(民憤極大者)와 '혈채'血債라는 말로 정당화되었다. '혈채'라는 표현은 마오의 연설과 글에서 자주 등장했다. '혈채' 개념은 공산주의의 적들이 과거에 저질렀던 범죄를 당이 응징하고 보복해야 한다고 주장하기 위해 사용되었다. 마오는 또한 반혁명분자들이 중국에 여전히 있고, 따라서 미래에도 운동이 필요할 것이라고 밝혔다. 사회주의 국가는 경계를 늦추지 말아야 하며 폭력의 사용을 단념할 여유가 없었다. "우리는 아직 한 명도 죽이지 않는다고 선포할 수 없고, 사형을 폐지할 수 없다. 사람을 죽이거나 공장을 파괴하는 반혁명분자가 있다면, 그 사람은 죽여야 할까 안 죽여야 할까? 그런 사람은 분명히 죽여야 한다."[41] 따라서 진반 운동이 폭력적이었던 것은 놀랍지 않다. 진반 운동은 1년이 안 되어 71만 2,000명의 죽음, 130만 명의 유죄 선고, 120만 명에 대한 강제 노동 선고 그리고 또 다른 38만 명에 대한 체포와 재교육을 가져왔다.[42]

1951년 5월 20일 있었던 한 고발 집회에 대한 보고는 진반 운동이 불러일으킨 열정을 보여준다. 이날 베이징시 인민정부는 대략 500명이나 되는 반혁명분자를 고발하려는 대규모 대중 집회를 소집했다. 공안부장 뤄루이칭羅瑞卿(1906~1978)이 먼저 흥분한 군중들에게 관련된 범죄를 설명하고 고발된 사람 중 220명에게 사형을 선고해야 한다고 연설했다. 이어서 시장인 펑전彭眞(1902~1997)이 열정적인 목소리로 그다음에 무엇을 해야 하는지 이야기했다.

인민 대표 여러분! 동지 여러분! 우리 모두 뤄 부장의 보고와 피해자들의 고발을 들었습니다. 우리는 이 악랄한 악패惡覇, 토비, 사기꾼, 특무요원들을 어떻게 해야 할까요? 우리는 이 짐승 무리를 어떻게 해야 할까요? (집회장 사람들이 '총살하자'라고 외쳤다.) 맞습니다, 그들을 총살해야 합니다. 그들이 총살되지 않는다면 정의가 없을 것입니다. … 우리는 이 악패, 토비, 사기꾼, 특무 요원들을 모두 없애버려야 합니다. 우리는 그들을 찾아내는 대로 총살해야 합니다. (큰 박수와 함께 큰 구호가 외쳐졌다. '우리는 인민정부를 지지한다! 우리는 펑 시장을 지지한다.') … 내일은 유죄 판결이 있고, 모레는 사형입니다. (큰 박수와 큰 함성)[43]

유사한 대중 재판과 고발 집회가 모든 도시 지역과 많은 촌락에서 열렸다. 그러한 행사를 조직하는 것은 정권에 대한 대중적 지지를 결집하고, 혁명 국가의 공식적이고 비공식적인 강압 수단을 확대하고, 모든 수준에서 통제를 유지하도록 수직적으로 구성된 관료제를 수립하는 방식이었다.[44] 이 운동을 위해 중요한 인원과 재정적 자원을 확보했던 것은 정부가 운동에 부여한 높은 우선순위를 보여준다.

초기 단계 이후 운동 범위가 확대되었다. 스스로 안전하다고 여겼던 정부와 당의 관료들이 갑자기 목표가 되었다. 정부 관료 중에는 국민당 정권의 관료였다가 유임된 사람이 많았고, 새 정부는 이들을 정부 기반을 약화하려 한다고 의심했다. 일부는 당원 자격을 유지하기까지 했다. 이들도 체포되어 노동을 통해 스스로를 개조해야 했고, 더 나쁘게는 처형되기도 했다. 억압의 물결은 이 운동이 마침내 끝나는 1953년까지 출렁거렸다.

의심받는 적에게 행동을 취할 수 있는 폭넓은 법적 권력을 부여받았던 진반 운동은 그 실행을 위해 '인민 법정'이나 군사 법원에 크게 의지했다. 대중 재판은 적과 싸우는 공산당의 도구였던 1949년 이전의 혁명 시기까지 거슬러 올라갈 수 있다. 1950년에 처음 도입된 인민 법정은 인민 법원과 나란히 존재했지만 본질적으로 임시적이었고 이 운동이 지속되는 동안에만 유지되었다.[45] 중화인민공화국 초기에 인민 법정은 새 정부가 국가 권력을 행사하는 가장 중요한 도구의 하나였다.[46] 1950년 7월 20일에 공표된 일련의 규칙인 '인민 법정 조직 통칙'을 근거로 운영된 인민 법정은 인민정부가 성이나 그 위 단위에서 구성했고, 임무를 완수하고 해산되었다. 인민 법정의 주요 임무는 '사법 절차를 활용하여 인민과 국가의 이익에 위해를 끼치고, 폭동을 꾸미고, 사회 치안을 파괴하는 악패, 토비, 특무, 반혁명분자와 토지 개혁 법령을 거스르는 범죄를 처벌'하는 것이었다.[47] 인민 법정은 체포하고, 용의자를 구금하고, 투옥에서 사형에 이르는 형벌을 통과시킬 수 있었다.[48] 법정에서 일하도록 선발된 사람들은 대부분 지방 당 조직에서 왔고, 다수는 인민 법정에서 업무를 통해 사법적 훈련을 받아 정규 법원에서 직위에 임명되었다. 인민 법정은 공안·당 조직과 협력하여 종종 공식적 법원 체계를 우회하여 대규모 숙청을 수행했다.

인민 법정은 대중 재판과 고발 집회와 같은 장치를 활용했다. 그 과정에서 고발을 위한 '공소회'公訴會, 판결을 선고하는 '선판대회'宣判大會 그리고 대중 재판인 '공심'公審의 세 가지 독특한 형식이 널리 사용되었다. 각각의 형식은 인민 수만 명을 참여시킬 수 있었다. 이 형식들은 대중들을 가장 잘 동원하고, 부정적 사례로 교육하고, 공개적 처벌로 예방하는 것을 추구하는 방식으로 조직되었다. 고발 집회, 대중 재판, 대중운동은 대중들을 끌어들이는 것을 의미했다. 사람들이 고무되어(發動群衆) 국가의 행위에 참여하도록 초대되었고, 그럼으로써 국가의 대중적 정당성을 집단적으로 재확인했다. 이 과정은 대중들이 긴밀하고 직접적으로 참여하도록 신중하게 연출되었다. 중요한 증인들은 언제 어떻게 말할지 철저하게 연습했을 뿐 아니라, 사람들의 동정을 불러일으킬 정도에 따라 신중하게 선택되었다. 조직자들은 특히 증언과 고통이 더 강한 감정을 불러일으킬 것 같은 아주 나이가 많거나 아주 어리거나 여성인 증인들을 선호했다.

1950년대 초반 반혁명분자뿐 아니라 몇몇 다른 사회 집단도 전국적인 운동의 목표가 되었다. 예를 들어 농촌에서 도시로 온 많은 당과 정부의 관료들이 부족한 자원에 접근할 영향력 있는 지위를 가지게 되

광둥성에서 '전제적 지주'를 처리하기 위해 열린 '인민 법정', 1953
(Bettmann/Getty Images/514970462)

었다. 정권 인수 직후 중요한 자원을 빼돌리는 부패와 낭비가 정부 관료 사이에 확산되었다. 중앙정부가 이를 처리해야만 할 심각한 문제로 인식하기 시작하면서 마오는 이러한 행위가 국민당 유임자들의 행위이자 외국 영향력의 결과라고 확신하게 되었다. 곧 진반 운동이 중단되고 그 대신 부패, 낭비, 관료주의에 반대하는 '삼반三反 운동'이 시작되었다. 각 조직과 부서는 조직원 내에서 '자본주의적 요소'를 조사하도록 요구받았다. 관료들은 자신과 가족들의 사회적 관계의 리스트를 작성해야 했는데, 자본주의 국가에서 살았거나 국민당을 위해 일했던 가족이나 친구에 특히 중점을 두었다. 이러한 정보는 공안 요원에게 전달되어 반혁명에 대한 투쟁에 사용되었다.

국가의 구매와 계약 체계에 뇌물, 사기 그리고 다른 바람직하지 못한 행동이 나타났던 1952년. 당은 이번에는 뇌물, 탈세, 사기, 국가 재산 강탈, 국가 경제 기밀의 누설 등에 반대하는 것을 강조하는 '오반五反 운동'을 시작함으로써 중국의 자본가들과 사영 기업가들을 훈육하고자 했다. 당–국가에 규율을 강제하고 도시 경제 분야에 대한 중앙의 통합된 지도력을 공고하게 하려고 계획된 이 두 가지 '반대' 운동은 아주 인기 있었고 보편적인 찬사를 이끌어냈다. 또한 매우 효율적이기도 했다. 삼반 운동으로 정부 부패가 대략 120만 건 밝혀진 것으로 보고되었다.[49] 그중 당원이 관련된 사례가 20만 건에 불과했다는 사실은 두 운동이 공산당원보다는 국민당 유임자들을 목표로 했음을 보여준다. 범위와 강도에서 차이가 있었지만, 두 운동은 모두 목표가 된 집단을 처리하는 주요 수단으로 법정을 활용했다. 이 운동들은 1950년대 후반에도 수행되었다.

상하이 부시장이자 과거 공산당 정보기관 책임자였던 판한녠潘漢年 (1906~1977)이 그를 아는 사람들에게 큰 놀라움을 주면서 1955년 봄 대중 앞에서 역사적 범죄로 고발당했다. 그가 1940년대에 일본 첩보 기관과 협력을 시도했고 '대한간 왕징웨이와 공모'했다는 혐의였다. 그는 작가 후펑胡風(1902~1985), 다른 사람들과 함께 반혁명 도당을 조직했다고 기소되었다. 이러한 폭로는 다시 한번 더욱 폭넓은 반혁명분자에 대한 운동을 촉발했다. '숙반肅反 운동'이라고 알려진 이 운동은 5년 동안 지속되었고 공장, 거주 단위, 정부 기관 등에서 대략 2,000만 명에 대한 폭로와 비판이 이루어졌다. 처음 2년 동안에만, 180만 명이 과거의 범죄로 조사받았고, 그중 20%가 범죄를 저질렀음이 밝혀졌다. 그들 중 절반이 반혁명분자나 '불순분자'로 선고되었다.[50]

경찰, 군대 혹은 당을 대신하여 행동한 사람들이 정규 법원의 개입

없이 수백만 명을 체포했다. 이러한 운동으로 '계급의 적'과 '인민의 적' 수십만 명이 사형을 선고받아 처형되었다. 마오 자신이 죽어 마땅한 반혁명분자가 인구의 0.1%에서 0.2% 사이(50만 명과 100만 명 사이)라고 믿었기 때문에 집행되어야 할 사형 규모가 정해졌다.[51] 공안국 보고에 따르면, 1950년에서 1962년 사이 12년 동안 거의 1,000만 명이 중앙정부에 반혁명분자나 불순분자로 체포되었고, 그중 대략 160만 명이 처형되었다. 더 많은 사람이 법을 집행하고 판결을 내릴 권력을 가진 지방정부, 공장, 현縣, 인민공사에 의해 노동수용소로 보내졌다. 1962년까지 적어도 400만 명의 반혁명분자나 불순분자들이 노동수용소, 재교육 센터나 감시하의 작업장으로 가는 것을 의미하는 '노동 개조'(勞改) 판결을 받았다. 정치범으로 처벌받은 사람들 중에서만 굶주림과 질병으로 죽은 사람이 50만 명을 넘었다. 다른 많은 사람이 도박, 매춘, 마약, 강도, 불법 이주 등과 관련된 범죄로 노동수용소에 갔다.[52]

운동으로 수많은 사람이 체포되면서 정부로서는 더 광범위한 노동수용소 체계를 만드는 일이 시급했다.[53] 진반 운동 시작 무렵인 1951년 5월, 중화인민공화국의 노동수용소 체계가 만들어졌다. 제3차 전국 공안회의에서야 재소자 처리에 대한 체계적 토론이 이루어졌고, 체포된 사람들의 관리와 배치에 대한 해법들이 제안되었다. 중화인민공화국의 가장 중요한 지도자들이 모두 이 회의에 참석한 것은 이 문제가 얼마나 중요해졌는지 보여주는 지표였다. 1952년에 '노동 개조' 농장이 640곳 있었는데, 그중 56곳은 1,000명 이상의 재소자를 수용할 정도로 컸다. 또 다른 217곳의 노동 개조 단위는 공업 분야와 관련이 있었고, 그중 29곳에 500명 이상의 재소자가 있었다. 이 외에도 정부는 최소한 857곳의 더 작은 고정 노동 개조 수용소를 운영했고, 철도와 운하를 건설하는 이동 수용소가 더 있었다. 1954년 중국에는 현이나 시 정부가 운영하는 비교적 작은 것을 포함하여 모두 4,600곳이 넘는 수용소가 있었다. 모든 노동수용소 재소자의 83% 이상이 강제 노동을 했고, 대부분 농장, 광산, 제철소, 운하와 철도 건설 현장에서 일했다. 3년 후인 1957년 공안부 11국은 노동수용소 수를 2,000곳 조금 넘는 정도로 줄이는 통합 노력을 발표했는데, 규모는 더 커지는 경향이 있었다. 그중 1,323곳은 공업 기업이었고, 619곳은 농장이었으며, 71곳은 기반 시설 사업과 관련이 있었다. 경제적으로 농업에서 공업으로 초점이 확실히 이동했다. 노동 개조는 천천히 그리고 확실하게 두드러진 경제적 기능을 맡게 되었고, 사회주의 국가에 이득이 되었다. 재소자들을 위험하고, 어렵고, 소모적인 사업에 배치함으로써 국가는 지지를 얻을 필요가 있던 농민과 노동자들에게 일종의 구호를 제공했다. 상당한 규모의 반혁명분자와 인민의 적이 만들어진 것은 새롭게 특권을 가지게 된 노동자와 농민 집단과 대비가 되었고, 이는 노동자와 농민의 지지를 더욱 굳게 했다. 죄수 노동을 최대한으로 활용하는 것이 국가의 비용을 줄였고, 수용소에 갈 수도 있다는 위협은 민간 노동력을 규율하는 데 도움이 되었다. 빈둥거리는 것은 생산 방해 행위와 마찬가지로 감옥에 갈 수도 있는 범죄였다. 1950년대 말에 정확히 얼마나 많은 사람이 복역하고 있었는지는 알려지지 않았지만, 체포자 수로 추정하면 2,000만 명 정도였던 것 같다.[54]

사형은 종종 즉시 집행되거나 다음 날 집행되었다.[55] 처형은 대부분 공개되었다. 과도한 폭력의 대중적 공개는 사회에 깊은 충격을 주었다. 이는 '계급투쟁'이 궁극적으로 수반하는 것이 무엇인지를 확실하게 보여주었다. 실질적인 반대자나 의심되는 반대자에 대한 운동에서 공산당은 필요하다면 자국민에 대해 폭력과 테러를 사용하고, 자신들의 허술한 사회주의 법률의 핵심적 조항들을 크게 바꾸거나 무시할 준비가 되어 있음을 입증했다. 저항과 잠재적 반대를 없애려고 계획적 폭력을 사용할 의지가 분명했다. 그러나 체포와 처형의 범위와 운동에 참여하려는 지방 간부들의 의지가 당 지도부를 놀라게 했던 것으로 보인다. 범죄의 분명한 증거 여부와 관계없는 무모한 체포와 처형이 흔했다. 운동이 길게 지속되고 사형장에 피가 더 많이 흐를수록, 중앙당은 지방 단위에 자제하도록 더 많이 호소했다.[56] 지방의 많은 개인과 (간부나 민병과 같은) 집단들이 이웃과 오래된 원한을 해결하고 지방의 장기적 갈등을 그들에게 유리하게 해결하는 데 운동을 활용하는 것이 명백해졌다.

수많은 재판과 운동은 사회의 모든 분야로부터 사람들을 끌어들여서 일반 간부들을 동원하고 그들을 정부가 원하는 목표 아래 결집했다.[57] 중앙정부의 지시를 집행해야 하는 지방이나 시의 지도적 간부들을 자기편으로 끌어들이는 것은 중앙 국가에 필수적인 일이었다. 운동과 재판은 더 넓은 범위의 주민들뿐 아니라 하급 간부와 관료들의 순종과 호응을 확보할 수 있는 이데올로기적이고 도덕적인 보상의 강력한 체계를 제공함으로써 규범을 부과하고 강제하는 데 매우 중요한 역할을 했다. 사법 체계가 여전히 처벌 과정의 조직적인 핵심으로 기능했지만, 대중 재판과 운동은 사회정치적인 규범을 효율적·직접적으로 빠르게 전달하고, 이 규범을 강제하기 위해 폭넓은 대중적 지지를 모으는 유연하고 비공식적인 장치로 작용했다.

1950년대 대중운동을 수행한 주요한 매개는 새로운 제도인 각 가도街道의 거민위원회居民委員會였는데, 구어로는 가도街道나 이롱위원회里弄委員會로도 불렸다. 1949년 12월 항저우시는 보갑제를 대체하는 '새로운 민주적 조직의 형식'으로 최초의 거민위원회를 만들었다.[58] 이어서 이러한 위원회가 '구가민주건정운동'區街民主建政運動을 통해 전국의 모든 가도에서 만들어졌고, 1950년대 중반까지 그 효율적인 기층 업무와 가도의 활동성이 정치적·사회적 생활의 완전한 재정비를 성취했다.

거민위원회 간부들은 주민들이 선출했고, 지방정부 지도 아래 일했다.[59] 각각의 가도에서 위원회는 스스로 일을 운영했고, 구성원들에게 중요한 서비스를 제공했다. 그들은 사람들을 (예를 들어 혁명 활동가나 노동자라면) '좋은' 사람과 (범죄자, 국민당원, 종교 활동가이거나 위협적이라면) '나쁜' 사람으로 구분했다. '나쁜' 범주의 가족들은 '특별 통제'와 지방 공안 요원의 감시 아래 놓였다.[60] 정부 기관이 아닌 자치를 위한 대중 활동으로 이 위원회들은 범죄를 감시하고 분쟁 해결이나 보건 문제에서 시민들을 도움으로써 인민의 복지를 돌보기도 했다. 그들은 새로운 법과 당의 정책을 홍보했고, 정부 계획을 지지하기 위해 주민들을 동원하고, 주민들의 의견을 기층 정부에 전달했다. 거민위원회는 신문 읽기 그룹을 조직했고, 외교 사안을 설명했고, 주민들의 지식과 정치 의식을 넓혔다. 사회 구호 업무에 대한 책임도 지방 경찰서에서 거민위원회로 옮겨졌다. 어려움에 처한 사람들에게 쉼터와 음식을 제공하는 일의 실행을 맡은 복지위원회가 거민위원회 내에 있었다. 예를 들어 한국전쟁 기간에는 '항미원조 운동'의 일부로 주민들은 비행기와 대포를 마련할 돈을 기부하도록 요청받았다. 진반 운동과 '삼반', '오반' 운동에서도 거민위원회 구성원들은 낭비, 횡령, 부패 혐의를 받는 이웃, 친구, 친척에 대해 정보를 제공하도록 요구받았다. 거민위원회와 관련된 다른 운동은 사람이 아니라 해충을 목표로 한 것이었다. 예를 들어 '제사해'除四害 운동(1958~1962)은 사람들에게 네 가지 중요한 해충과 유해 동물인 파리, 모기, 참새, 쥐를 죽이도록 요청했다. 주민들은 이 운동에 열렬히 참여했지만, 초기의 다른 일부 정책들과 마찬가지로 이 운동은 신중하게 계획된 것이 아니었다. 참새를 박멸하기 위한 정력적인 시도 때문에 천적이 없어진 곤충이 엄청나게 증가하여 많은 곡식이 피해를 보았다.

1953년에 진반 운동이 끝날 때까지 정부는 200만 명이 넘는 사람을 포함하는 적극분자 기반의 거주구나 직장 단위의 치안위원회 17만 개를 만들었다.[61] 이 적극분자들이 수적으로 부족했던 공안 단위를 위한 지원 세력을 구성하여 1949년부터 정부를 괴롭히던 문제를 해결했다. 적극분자들은 지방 공안 기구, 직장 단위, 촌, 진鎮 등의 지도 아래 관리되면서 이 기구들과 협력하여 생활의 모든 측면에 영향을 미치고 가도나 직장 단위 수준에서까지 사회 질서를 지킬 수 있게 해 주는 힘을 가지고 있었다. 그들은 또한 널리 퍼져 있었기 때문에 경찰을 도와 반혁명분자로 의심되거나 중요하지 않은 반혁명분자들을 일하고 사는 공간 안에서 효율적으로 감시할 수 있었다. 거민위원회는 기층의 민주주의를 증진하는 것과 '안정 유지'와 대중 동원을 위한 수단이라는 모순적으로 보이는 두 기능을 가지고 있었다. 지방 공안국 및 당 조직과의 긴밀한 협력은 거민위원회의 가도 적극분자들이 정부의 정책을 강력하고 구석구석 스며드는 공적 압력으로 바꾸어놓을 수 있음을 의미했다.

도시 주민들은 두 단계의 조직망에 통합되었다. 그들은 거주 단위의 구성원이자 직장 단위의 구성원이었다. 거민위원회는 직장 단위(딴웨이)와 나란히 존재했고, '딴웨이' 체제에 포함되지 않은 주민들을 그럭저럭 조직화했다. 거민위원회는 주로 큰 딴웨이에서 일하는 사람들의 가족, 작은 기업의 종업원, 은퇴자, 가정주부, 실업자 등을 포함했다. 딴웨이 구성원들은 보통 거민위원회 활동에 참여하지 않았다. 공업화, 경제성장, 사회주의 개조의 완성으로, 딴웨이 체제가 결국 도시의 모든 개인을 포함하게 되고 거민위원회는 없어질 것이라고 기대되었다. 거민위원회는 당분간 전체 주민에 대한 총체적이고 완전한 조직화를 수행하는 데 필요했다.

그러므로 거민위원회는 마찬가지로 운동을 매개로 건설되고 확장된 딴웨이 체제에 상응했다. 정부, 당 조직, 국유기업, 재정 기구, 교육기관들이 모두 딴웨이라고 불리거나 서로 다른 딴웨이에 포함되었다. 한 딴웨이는 일반적으로 피고용인의 생활의 거의 모든 측면을 감독했다. 주택, 의료, 오락 활동, 배급품, 연금 등이 모두 딴웨이를 통해 조직되었다. 딴웨이 기반의 복지 체계는 1951년 2월 전국적인 '노동 보험 조례'의 구절로 성문화되었다.[62] 이 조례는 딴웨이 체제가 맡아야 할 직무와 책임 그리고 그 자금을 조달하는 방법을 제시했다. 조례에 따르면 노동자들은 요양원, 유치원, 노인과 고아를 위한 시설, 장애인을 위한 기관, 휴가 시설 등 딴웨이가 제공하는 다양한 집단적 복지 서비스를 시용할 권리가 있었다. 딴웨이의 피고용인들은 종신 고용을 보장받았지만 스스로 딴웨이를 바꿀 수는 없었다. 각각의 딴웨이에는 재정 부서, 보안 부서, 당 위원회 등을 포함하는 몇 가지 행정 부문이 있었다. 딴웨이는 초등학교에서부터 일생 개인을 따라다니는 인사 파일(人事檔案) 관리자 기능도 했다. 이 인사 파일에는 학교 기록, 당원 자격, 승진과 업적 평가, 가족사뿐 아니라 감독자의 부정적 평가, 서면 비판문, 경고 등과 같은 불리한 정보도 포함하게 되었다.[63] 인사 파일에는 가족 배경과 개인적 지위를 나타내는 '계급 성분'도 포함되었다. 딴웨이 내부의 보안 부서는 범죄와 징계 행위를 기록하는 개별 파일(檔案)을 유지했다. 이러한 유형의 '땅안'檔案은 범죄 서류, 노동 재교육 서류(勞改 檔案 혹은 勞教

檔案), 공안 서류(公安 檔案) 등을 포함했다. 이러한 '땅안'의 내용은 종종 어디에서도 공개되지 않는 무섭고 냉정한 서면 정보였다. 딴웨이는 당의 지도와 감독 아래 다양한 정치 행동에 참여하기도 했다. 딴웨이가 집회를 조직하고 정책을 토론하고 구성원들을 조직함으로써 중앙 당국이 고안한 정치 운동을 실행했다는 것이 가장 중요하다. 공산당은 딴웨이를 통해 자기 정책을 이전 정권들이 회피했던 지방 수준까지 내려가 실행시킬 능력이 있었다.

공산당은 중앙의 정책을 실행하는 것을 돕는 수많은 대중 조직도 만들었다. 예를 들어 국가가 후원하는 부녀연합회가 매춘 반대 운동의 수행을 도왔으며, 부녀연합회의 지원은 이 운동의 성공에서 중요한 요소였다. 다양한 청년 조직들이 비슷한 공헌을 했다. 대중 조직들은 난민과 전쟁으로 무너진 가족을 돌보고 빈곤, 매춘, 마약, 아동 매매와 싸움으로써 경제 생산성을 증진하고 사회 문제를 완화하는 중요한 수단이었다.

정치적 대중운동의 폭력과 침투성은 국민당의 잔여 지하 세력 대부분을 성공적으로 파괴했다. 중국의 반대자들이 시도할 만한 어떠한 무장 반란, 공격, 파괴 행위라도 거의 완벽하게 차단되었다. 따라서 공산당의 운동은 그 주요 목표를 이루었고, 심지어 효율적인 기층 동원 체계를 만들고 사회적·정치적 생활을 재구성할 수 있는 새로운 제도를 다수 수립하기까지 했다. 공산당 정부는 권위를 상당히 안정시킬 수 있었고, 공업 노동력을 구분했던 '딴웨이', 시민의 '좋거나 나쁜' 정치적 기록을 남긴 '땅안'을 포함하여 마오 시기의 핵심적 제도들을 수립했다. '계급 성분'도 확립되었는데, 이후 1960년대에는 좋은 인민들을 '홍오류'紅五類로, 나쁜 인민들을 (지주, 부농, 반혁명분자, 불순분자, 우파의 약칭인) '지부반괴우'

地富反壤右라는 줄임말로 표현되는 '흑오류'黑五類로 구분할 정도로 더욱 세밀해졌다.[64] 저항이 가라앉고 나면, 이러한 새로운 제도들이 시민들을 국가가 만들어낸, 서로 다른 자격을 가지는 범주들로 나눔으로써 사회를 구획하는 기능을 했다.

새롭게 만들어진 문화

1949년 이후 새로운 사회를 수립하고자 했던 중국 공산주의자들의 노력은 중국의 문화적 풍경의 대폭적 전환을 목표로 했다. 전장에서 권력을 획득한 마오와 당 지도자들은 인민 대부분의 지지를 확보하고 유지할 필요가 있었다. 군사적 정복과 권력의 안정화에 이어 전국적인 문화적 갱신이 뒤따라야 했다.[65]

1949년 이전의 중국에서 번성한 문화적·지적 생활에 대한 당의 관점은 그것이 구식의 사라지는 세계의 일부라는 것이었다. 또한 지식인, 작가, 예술가, 교수들의 일, 믿음, 습관, 생활방식은 그들의 특권적 양육, 세련된 교육, 호화로운 생활방식으로 깊이 오염되어 노동자와 농민에 대한 무시, 자유주의와 같은 부르주아적 정치사상, 매우 친미적인 가치, 소련에 대한 적대감에 젖게 했다는 것이었다. 그들의 정치적 선호 때문에 일부는 심지어 비밀리에 국민당과 다른 정당을 지지하고 공산당의 통치를 약화하기도 했다. 당에는 정치에 무관심하고 정치 운동에 참여하는 것을 거절하는 사람들마저 사회주의 건설의 장애물이었다. 1949년 이후, 새로운 정부는 이러한 오래되고 '낙후한' 문화를 존속시키는 제도와 사람들을 공격하고 그들을 개조하는 데 열성적이었다. 새로운 공산주의 문화를 만들기 위해서 예술의 강렬한 정치화가 가능하도록 문화 전 영역이 재조직되어야 했다. 새로운 문화단체들이 예술과 문학을 공산당의 정치적 목표를 위해 동원하고, 정부에 대한 대중적 지지를 만들어내고 확산시킬 것이었다. 1949년 이후 지식인, 예술, 문화단체가 당의 문화 정책에 참여하지 않는 것은 갈수록 어려워졌다.

1949년 이후 군사관제위원회가 점진적으로 여러 부서로 구성된 '문화 교육 관리위원회'를 설립했다. 이 부서들은 모두 극장, 영화 회사, 방송 산업, 매체, 출판사, 학교, 대학 등을 포함하는 문화·교육 영역의 접수를 조직하기 위한 것이었다. 예를 들어 '신문출판처'는 해당 영역에 대한 책임을 맡았다. 첫 번째 단계는 국민당으로부터 모든 국유 출판·배급 산업을 빼앗는 것이었다. 그러나 관련된 사기업의 인수는 더 오래 걸렸다. 보통 모든 사기업은 계속 운영하려면 군사관제위원회의 신문출판처에 등록해야 했다. 이 기업들은 자신의 역사, 재정, 운영 관리, 사주와 편집인의 과거와 현재의 정치 지위와 경험, 다른 당이나 조직과의 관계 등에 대한 정보를 제공해야 했다. 승인과 등록의 주요 기준은 정치적 배경이었다. 친공산당적인 단체는 늘 승인되었으나 '중립적'이거나 정치적 배경이 불명확한 단체는 적어도 일시적으로는 운영을 중단해야만 했다. 반동적이라고 여겨지는 단체들은 사업이 금지되거나 등록을 허가받지 못했다.

언론, 출판, 배급 산업을 국유화하는 과정은 중국의 여러 도시에서 각각 다른 방식과 다른 정도로 이루어졌지만, 전국적 지침에 따라야 한다는 것이 늘 강조되었고 지역적인 차이보다 더 중요했다. 대체로 사영 출판업은 1950년부터 1952년까지 계속 운영되었고 심지어 성장하기도 했다. 신민주주의 개념은 복수 유형의 출판과 배포 기업이 공존하는 것을 용인했다. 여기에는 국유 회사, 도서와 정기간행물 합작사, 개인 서점과 소매상, 사영 출판·인쇄·배급회사 그리고 공사합영 기업 등이 포함되었다. 그러나 사영 출판사는 1953년부터 엄격해진 제약에 직면했다. 중앙정부의 '중화인민공화국 신문출판총서(新聞出版總署)'와 '정무원(政務院) 문화교육위원회(文化敎育委員會)'가 언론과 출판 산업에 대한 통제를 맡게 되었고, 1953년 1월부터 신문, 정기간행물, 출판사는 사업을 계속하려면 면허를 신청하도록 규정했다.[66] 이 과정에서 사영 출판사에 사업을 끝내거나 바꾸도록 강요하기, 사영 출판사를 공사합영으로 통합하기, 사업 면허의 승인을 내려주거나 보류하는 것, 지시된 변화를 실행할 때까지 출판사 승인을 유예하는 것 등을 포함한 규제와 제한의 방법들이 사용되었다. 일부 사영 출판사가 1953년 이후에도 계속 운영되었지만, 남아서 사업을 지속한 사영 신문은 없었다.

1953년 이후 출판·인쇄 산업 전체의 국유화가 점진적으로 실현되었다. 공사합영 출판사를 이끌고, 다른 사영 출판사를 흡수하는 것을 돕도록 관료들이 파견되었다. 사영 출판사가 흡수될 때, 종업원은 대부분 국유 사업체로 이동했고 개인 지분은 다른 공사합영 출판사로 이전되었다.[67] 일부 사영 출판사는 '국가 자본주의' 출판사로 전환되기도 했다. 1956년까지 중화인민공화국에서 사영 출판사의 국유화와 재편이 전국적으로 마무리되었다. 민국 시기에 중국 사영 출판과 배급 산업의 중심지였던 상하이에는 몇 출판사만이 국가의 통제 아래 남게 되었다.

지방 수준에서의 통제를 확보하기 위해 중앙 국가와 지방 국가의 언론·출판 체계를 연결하는 하향식 위계 구조가 만들어졌다. 첫째로, '중국문학예술계연합회'가 기존의 문학 및 예술 정기간행물들을 평가하여, 전국적인 것과 지방(즉, 성이나 시 단위)의 것으로 나누었다. 지방 간행물은 대중 문학과 예술에 초점을 두었고, 대중들이 문화 활동에 활용할 수 있는 내용을 출판했다. 전국적 출판의 목표는 더욱 종합적인 것이 되고, 질 높은 작품을 출판하고, 지방 대중문화의 진흥에 방향을 제공하는 것이었다. 전국성 문학과 예술 간행물들은 작가를 조직하고 감독하며, 대중 지도자들을 인도함으로써 국가의 문학과 예술 창작 및 비평의 핵심을 구성했다. 이러한 간행물로는 '문예보'文藝報, '인민문학'人民文學, '설창 문학'說說唱唱 등이 있었다.

둘째로, 루딩이陸定一(1906~1996)가 이끄는 '문화부'와 당 중앙위원회의 '중공중앙 선전부'가 새로운 문화적 형식을 생산하고 보급했다. 문화 정책을 만드는 최고 권력은 문화부가 행사했지만, 중앙 선전부가 핵심 역할을 했다. 두 기관의 목적은 함께 미래에 대한 낙관적 그림을 그려서 대중들이 당의 전망에 대한 신뢰를 굳건히 유지하도록 고취하는 것이었다. 그들은 전국적인 출판사를 감독했고, 이는 결과적으로 지방 출판사에 대해서도 지도력을 발휘했다. 이러한 전국적 편성은 1955년 이후 언론과 출판 산업의 중심이 상하이에서 베이징으로 대체되었음을 의미했다.

동시에 인쇄물을 배급하는 국유회사들이 독점권을 수립했다. 그중 가장 중요한 것은 '신화'新華 서점 체인으로서, 나라 전체에서 정보 교환소로 기능했다. 신화 서점에서는 정부의 승인을 받은 도서만 유통되었다. 1955년부터 1956년 중반까지 문화부는 '반동적이고, 외설적이고, 어리석은 낡은 책들'을 시장에서 몰아내는 집중적이고 혹독한 프로그램을 추진했다. 이러한 책들은 기존의 서점과 사설 도서 대여소가 영업 등록을 하도록 강요하는 과정에서 제거되었다. 1955년에 문화부는 상하이의 옛 대여소에서 발견된 소설의 80%가 외설적 연애 소설, 환상적인 무협 소설, 스파이와 폭력배에 대한 반동적 이야기라고 주장했다. 이 소설들은 '타락하고 반동적인 사고와 수치스러운 생활양식'을 선전했기 때문에 제거되거나 대체되어야 했다. 출판사들은 도시 목록에서 많은 부분을 없애고 유통을 중지해야 했다. 문화부는 대체되거나 금지되어야 할 책을 지방 기관에 알리려고 목록도 편집했다. 새로운 책의 구매는 정부가 운영하는 신화 서점 지점에서만 해야 했다. 새로운 대중 예술과 문학의 형식은 당의 적을 악마화하고 새로운 사회주의 정권을 찬양하는 두 가지 목적으로 활용되었다. 공산주의 예술가들은 장제스와 미 제국주의자와 같은 적을 비난할 때는 주로 만화와 그림 이야기 책(連環畵)을 활용한 반면, 정부 정책에 감사를 표하고 중화인민공화국의 성취를 찬양할 때는 전통적 형식인 설날 그림(年畵)을 사용했다.

언론, 출판, 미디어의 사적 소유권이 정부 소유로 전환되었고 전체 영역에 대한 국가의 통제가 확립되었지만, 가장 중요한 것은 출판과 보도 내용의 변화였다. 문학과 예술 출판에서 노동자, 농민, 군인에 맞춘 새로운 작품을 만들고 출판하라는 압력이 있었다. 출판물 대부분이 정치적인 속성을 가지게 되었고 공산주의적 이상을 고취한다는 편집 원칙의 지도를 받았다. 시조차 당의 정치를 벗어나지 못했고, 1955년에 출판된 시의 거의 절반이 군인과 노동자를 찬미하는 것이었다. 공산당의 문화 정책에 충실했던 상하이 신문 '해방일보'解放日報의 문학 판은 보통 정치 활동을 다루는 노동자, 군인, 농민들의 짧은 글을 주로 수록했다. 신문들은 문학 판을 통해 연재물을 출판하기 시작했는데, 잘 알려진 공산당 지도자나 공산당과 가까운 작가와 예술가들의 작품만 있었다.

새로운 문학의 작가들은 '혁명적 낭만주의와 혁명적 리얼리즘의 결합'으로 가장 잘 묘사될 수 있는 양식을 채택했다.[68] 이 양식은 유토피아적 전망을 가지고, 열정적이고 창의적인 방식으로 현실을 묘사하고자 했다. 혁명적 낭만주의는 문학적 상상으로 세계관을 독자가 관련시킬 수 있는 것에 투사하여 그것을 향해 분투하도록 고취하는 것을 의미했다. 이러한 문학의 임무는 현재를 어두운 과거에서부터 밝은 미래로 연결되는 궤적 속에 위치시키는 것이었다. 많은 좌익 작가가 미래에 대한 공산당의 전망을 보여주는 임무를 분명하고 자발적으로 받아들였으나 또한 농부, 노동자, 군인들의 삶에 대한 동정적이고 세밀한 묘사를 자기 나름의 주제로 채택하기도 했다. 이러한 작품의 다수는 시골이나 공장에서의 일상의 일을 추상적인 국가의 목적이라는 측면에서뿐 아니라 존엄성과 성취라는 측면에서 묘사했다. 작가들은 스스로를 노동자와 농민과 개념적으로 가깝다고 여겼고, 이러한 가까움은 종종 물리적인 것이었다. 가장 유명한 작가의 한 명인 하오란浩然(량진광梁金廣, 1932~2008)은 그의 이야기가 어떻게 쓰였는지를 다음과 같이 묘사했다. "추수 때였고 우리 간부들은 인민공사 사람들과 함께 밤에 교대로 탈곡장을 지켰다. 깊은 밤에 곡식으로 덮여 있는 광장을 서성거리면서 달빛에 젖어 있었다. 시원한 산들바람에 새 쌀의 향이 나자, 수없이 많은 감동적 사건이 갑자기 생각나 절실하게 표현하고 싶어졌다. 나는 비료 상자를 뒤집고 그 위에 자루를 펼쳤다. 그리고 내 손전등의 빛을 비추고 이 임시변통의 '책상' 위에서 급하게 쓰기 시작했다."[69]

　　그사이에 새로운 정책과 지침을 채택하기 거부한 작가들은 자신들의 투고가 거절되는 것을 보아야 했는데, 심지어 그중 일부는 잘 알려진 국민당 정부 비판자였다. 새 정부 눈에 그들이 사상을 개조하고 스스로 갱신하는 데 문제가 있다면 출판할 수 없었다. 예를 들어 1952년에 존경받는 5·4 작가 저우쭤런의 수필이 '사상 문제' 때문에 출판을 거절당했다.[70] 이 거절은 5·4 전통의 좌익적이고 진보적인 전통의 운명을 보여주었는데, 이 전통은 곧 사라져 새로운 정부가 요구한 사회주의 리얼리즘 문학 양식으로 대체되었다. 작가와 저널리스트들은 종종 당의 노선에서 벗어났다든가, 노동 계급의 관점을 무시했다든가, 공산당의 진보적 가치를 고취하는 데 실패했다는 이유로 공격받거나 공개적으로 비판을 받았다. 그 결과 많은 작가와 저널리스트들이 글쓰기를 망설이거나 완전히 멈추게 되었다. 기사 부족 때문에 신문들은 정부 발표를 오려 붙이고 다른 신문의 기사를 다시 쓰는 데 의존했다. 이전에 신문들은 영화와 지방 연극에 대해 보도했지만, 1952년 이후에는 이러한 난에는 예술가들의 자기비판이 실렸다. 1953년이 되면 대부분 신문은 정부 선전에 지배되었다.

교육과 학계에 대해서도 인정사정없었다. 고등교육 체계가 재조직되어 여러 대학이 개편되거나 합병되었다. 전체적으로는 이 분야가 확대되었다. 1949년부터 1960년까지 중국 대륙의 대학과 단과대학에 등록된 학생은 11만 7,000명에서 96만 1,623명으로 증가했다. 여기에서 다시, 이 과정은 지방정부와 민간 기구 대신, 중앙정부의 통제력이 체계를 통해 확장될 수 있게 하기도 했다. 새 정부는 문화와 교육 기구의 개조에 박차를 가했지만 학생, 교사, 과학자, 작가들의 충성도 요구했기 때문에 이들은 충성심을 보여야만 했다. 공산당 간부들은 일반적으로 지식인들이 연대하지 않고 오직 자신의 이익을 위해 일하고 권력, 지위, 부를 추구한다고 믿었다. 가장 높은 수준에서는 교수, 과학자, 기술자들이 자본주의 사회의 이론, 방법, 장비를 무비판적으로 옮기고 지식을 계급과 정치보다 우위로 여긴다고 생각했다. 그럼에도 당은 이 사람들이 아무리 엘리트적이고, 기회주의적이고, 잘못되었더라도 그들이 변할 수 있고 사상 개조를 거쳐 새로운 사람으로 다시 만들어질 수 있다고 강조하기도 했다.

전국적인 사상 개조 운동은 베이징대학이 교수진과 직원들의 정치 학습반을 조직하고 마오쩌둥이 열렬한 지지를 받은 1951년 여름 시작되었다고 볼 수 있다.[71] 이후 교육부는 전국적으로 대학과 전문학교에서 비슷한 활동을 계획했다. 9월까지 베이징과 톈진에서 6,000명이 넘는 대학 교수와 직원들이 한 달간 교육 프로그램을 이수했다. 1951년 10월 마오쩌둥은 '교육과 문화 전선과 다양한 유형의 지식인들'에 대해 '자기 교육과 자기 개조 운동'을 요구했다. 그는 '지식분자'의 '사상 개조'가 중국이 '완전한 민주적 개조의 달성과 단계적인 공업화'에 '가장 중요한 조건의 하나'라고 언급했다.[72] 이 운동은 '사상 문제'가 있어서 부르주아적 사상이나 자유주의적 사상을 전파하는 지식인들을 찾으려고 시작된 것이기도 했다. 베이징과 톈진과 마찬가지로, 상하이에서도 대학과 단과대학에서 이 운동이 시작되었다. 12개월 동안 이 운동은 교수, 작가 그리고 다른 지식인들의 이데올로기적 결점이나 잘못된 정치 사상을 겨냥하면서 전문학교와 연구소로 퍼졌고, 작가와 신문사 종업원들에게까지 영향을 미쳤다. 운동 과정에서 지식인들은 교육, 과거 직업, 정치적 연계, 계급 배경 그리고 가족, 친구, 친척의 배경을 포함하는 자신의 사회적 배경을 밝히도록 강요받았다. 그들은 자신의 정치적 신념을 검토하고 자신의 신념, 정치 활동, 직업 활동, 생활양식 중 당이 고취하는 기준과 모델에 부합하지 않는, 잘못 알고 있거나 잘못된 요소들을 찾도록 요구받았다. 그들은 부패, 낭비 그리고 그 외에 절도, 매춘, 도박과 같은 부적절하거나 불법적인 행위를 고백하도록 권고받았다. 그러고 나서 그들의 사상, 태도, 행동이 다른 사람들의 집중적인 비판을 받았고, 필요한 경우에는 공식적 조사를 받았다. 최근의 운동들에 관련된 정치적 문건뿐 아니라 레닌, 마오 그리고 다른 공산당 지도자들의 연설과 글을 학습하는 것이 의무가 되었다. '심각한' 정치 문제를 가진 지식인들은 시골로 가서 작업조에서 힘든 일을 하거나 토지 개혁을 도움으로써 그들의 헌신을 보여줘야만 했다.

대개 학생이었던 젊은 공산당 적극분자들이 모임과 절차의 준비를 맡았다. 그들은 개인의 행위를 평가하고, 의심스러운 점을 조사하고, 경찰과 협력하고, 상급 당 조직으로 보낼 보고서를 준비했다. 그들은 더 큰 적극분자 그룹의 지원을 받았는데, 이들 중 일부는 운동을 위해 특별 훈련을 받았다. 대부분 공부하거나 일하던 기관에서 뽑혀온 20대였던 이 적극분자들은 개인적인 행동 기준을 수립하는 것을 돕고, 정치 학습을 지도하고, 소그룹 활동의 기록을 남기고, 동료들이 고백과 비판의 요건에 주의를 기울이도록 유도하고 도왔다.[73] 이미 당국으로부터 동료 지식인들보다 정치적으로 우수하다고 여겨졌던 이 공산당 당원과 적극분자들은 운동 과정에서 행했던 역할 때문에 그들 조직에서 권력이 있는 자리에 올라갈 수 있었다. 그들은 지식인 사상 개조의 최전선에 있었다.

공산당에 정치 학습, 고백, 비판을 통한 지식인의 재교육이 사상 개조의 유일한 목표가 아니었다. 당은 개인의 배경에 대한 정보를 모으고 저장함으로써 문화 영역에 통제력을 확보하는 데에도 관심이 많았다. 지방 당국은 고백에 대한 감시와 조사 결과의 수집으로 지식인, 예술가, 전문가들의 삶에 대한 대량의 정보와 유용한 기밀을 모았다. 이러한 정보는 당국이 지식인들을 정치적으로나 도덕적으로 구별하고, 비교하고, 판단할 수 있게 했고 대학, 출판사 등의 내부에서 지지나 저항의 잠재력을 확인하게 했다. 교육받은 엘리트들이 국가 관료제로 편제되고 흡수되면서 창의적이고 지적인 자유를 잃게 되었다.

강력한 일군의 선전기구들이 1950년대에 새로운 문화를 확산시키기 위해 완전히 새로운 제도들을 수립하는 것을 감독했다. 권위주의적 국가가 고안하고, 이상주의적인 예술가와 작가들도 적극적으로 도운 새로운 문화적 풍경이 드러났다. 이 새로운 문화는 설득하고 강제할 뿐 아니라, 대중들에게 사회주의적 메시지를 전달하고 정치적 이익을 위해 그들을 동원했다. 새로운 문화 제도는 사회 여론을 형성하고, 과거를 다시 쓰고, 태도를 바꾸고, 정부 정책이 더 나은 미래를 성공적으로 건설할 환경을 만드는 것을 도왔다. 그것은 대중적 지지를 만들고 유지함으로써 정부의 정당성 부족을 보완했다. 그럼으로써 새로운 문화는 공산당의 통치를 견고하게 만드는 데 결정적이었다. 새로운 문화는 도시 지역에서 대중들의 인식을 변화시켜, 새로운 질서에 더 긍정적인 관점을 갖도록 했다. 동시에 기존 문화 구조의 풍부함과 다양성은 사라졌다.

토지 개혁

중국의 혁명은 고유한 전개 유형을 가지고 있었다. 러시아혁명과 유사성이 있었지만, 눈에 띄고 중요한 부분들에서 러시아의 경험에서 벗어나기도 했다.[74] 이러한 차이들이 혁명을 둘러싼 다른 토론과 논쟁을 가져왔고, 사회주의 사회 건설에서 다른 쟁점을 가져왔고, 궁극적으로는 중국에서 다른 공산주의의 경험을 가져왔다. 제정 러시아와 달리 중국 제국의 농민들은 결코 지주의 토지에 강하게 묶여 있지 않았다. 우리가 살펴봤던 것처럼 대부분 농민은 그들이 경작하는 땅의 소작인이거나 소유자였다. 그들은 지주에게 지불하고 국가에 세금을 낼 때 쓰는 은을 얻고자 농촌 시장에서 그들의 곡식을 팔았다. 따라서 농민들은 지방 시장 네트워크의 일부였다. 이러한 네트워크는 지주, 부유한 상인, 은퇴한 관료와 그들의 가족 등으로 구성된 지방 엘리트가 주도하거나 통제했다. 이렇게 국가와 농민 사이에 위치한 강력한 엘리트들은 종종 중앙정부의 권력에 저항할 수 있었다. 이러한 요소는 아마 러시아에는 없었을 것이다. 다른 말로 하면, 촌락 기반 네트워크가 지배하는 중국의 농촌 사회에서는 중앙의 권력을 발휘하기가 어려웠다. 게다가 19세기와 20세기 초에 국내의 반란들과 외국 제국주의가 반복해서 중국의 중앙정부에 도전하면서 지방 사회는 점점 더 독립적으로 되어갔다. 지역 군벌들이 권력을 잡게 되면서 중앙 권력은 빠르게 붕괴되었다.

토지 개혁은 아마도 공산당의 가장 중요한 사회정치적 목표였을 것이다. 토지의 재분배로 좀 더 평등한 사회가 만들어지고 농촌의 빈곤과 경제적 불평등이 제거될 것이었다. 그러나 공산당은 농촌에 대한 통제를 확립하고 중국의 거대한 농업 생산으로부터 세수를 증대시키는 것과 같은 다른 목표들도 추구했다. 옌안에서 당은 토지 개혁에 대한 입장을 완화했지만, 내전이 시작된 이후 다시 더 급진적인 방식을 채택했다. 1946년 5월 마오는 농촌에서 계급투쟁을 고조시킬 것을 요구하는 지시를 내렸다. 당시 공산당이 통제하던 지역은 대부분 중국 북부에 있었다. 마오는 이 지역들의 토지를 '대지주', '지방 유지'(豪紳), '악질 토호'(惡覇)로부터 몰수하여 빈농貧農과 토지를 소유하지 않는 농업 노동자 (雇農)들에게 주어야 한다고 말했다. 토지 개혁 과정은 특별 공작조들이 농촌으로 파견되어 지방 주민들을 지주, 부농, 중농, 빈농, 농업 노동자 등의 범주들로 나누는 것으로 시작되었다. 중국 전체에 걸쳐 상황이 엄청나게 다양했는데, 중국 북부의 많은 촌락에서 한 가지 문제는 뚜렷한 지주 계급이 없다는 것이었다. 다음 단계에서는 빈농과 농업 노동자로 분류된 사람들이 모호하고 상대적 범주인 이른바 지주들에게 대항하도록 동원되었다. 촌락에서 토지를 가장 많이 소유한 사람들이나 지주들을 확인하면, 공작조는 주민들이 과거의 괴로움을 이야기하고 지주들을 과거 억압의 상징으로 비난하기 위해 집회를 조직했다. 이러한 '괴로움을 이야기하는'(訴苦) 집회가 지주에 대한 판결로 끝나고 난 후에야 실질적 토지 개혁이 실행되었다. 지주와 '악패'들에게 청산해야 할 원한이 있는 젊은 농민 적극분자들에게 자유로운 통제권이 부여되었다. 이것은 종종 지주와 부농으로 지명된 사람의 죽음을 가져왔다. 당은 곧 이러한 폭력을 과도한 것으로 여기게 되었는데, 특히 폭력이 농업 생산에 지장을 주었기 때문이다. 젊은 당 적극분자의 다수가 '무분별한 살해'로 비난받았고 그들의 방법은 '좌경'으로 비난받았다. 1년 후 북부 중국의 토지개혁이 대체로 중단되었고 더 온건한 지침이 만들어졌다.

토지 개혁 운동의 두 번째 단계는 한국전쟁 직전인 1950년 6월 '토지개혁법'의 통과와 함께 시작되었다.[75] 그리고 한반도에서 휴전이 선언된 것과 거의 동시에 끝났다. 이 두 번째 단계에서 토지 개혁은 전국적으로 실행되고 남부 지역까지 확대되었는데, 여기는 이전에 농촌에서 사회 개혁의 경험이 없었고 공산주의자들의 권력이 거의 존재하지 않았던 곳이었다. 주요한 목표는 여전히 지주들이 토지를 몰수해서 빈농들에게 분배하는 것이었지만, 농업 경제의 생존력을 파괴하지 않기 위해 경제적으로 중요한 중소 규모 지주의 농지를 보호하도록 하는 새로운 지시들이 공작조에게 내려졌다. 게다가 농촌 기업들은 지주가 소유한 것이라도 보호를 받았다. 한국전쟁 동안 재정적 관심사가 최우선이었다. 공작조가 농촌 공동체를 여러 계급으로 구분할 준비가 된 지역에 도착했을 때, 그들은 지주들이 농촌 인구의 대략 4%를 차지하고 토지의 40%를 소유한다고 명시한 중앙위원회의 지시를 따랐다. 그들은 지주로 여겨진 사람들, 그리고 종교 단체, 학교, 가문이 소유한 토지, 주택, 장비, 자산을 몰수했다. 그러나 몰수한 자산을 분배할 때 지주들은 원칙적으로 빈농과 같은 땅을 받을 권리를 가졌다. 1950년의 '토지개혁법'은 중앙위원회에 따르면 농촌 인구의 약 6%를 차지하고 농지의 약 20%를 통제하는 부농들의 땅 대부분을 보호했다. 부농들은 계속 토지를 다른 사람에게 대여하고 노동자를 고용하도록 허가받기도 했다. 부농들과 그들이 고용한 노동자들이 직접 경작할 수 있는 범위를 넘어서는 임대 토지만이 재분배되었다.

토지 개혁의 수단은 본질적으로 폭력적이었고, 이러한 폭력은 한국전쟁으로 생겨난 반혁명에 대한 공포로 악화되었다. 공작조는 분노를 부채질하고 지방의 갈등을 계급투쟁으로 전환시켰다. 지주와 부농의 일부는 처형되었고, 다른 사람들은 범죄로 기소되었다. 대부분은 가족과 함께 빈농회에서 노동을 통한 개조를 겪거나 촌 정부의 감시 아래 노동을 했는데, 실제로 3,000만 명 이상이 이러한 감시 아래 노동해야만 했다. 많은 경우에 폭력은 명확하고 준비된 방식에 따라서 주의 깊게 조직되었다. 공연, 소품, 대본, 선동가, 절정의 순간과 같은 극적 장치들이 군중들의 감정을 끌어올리고, 목표가 된 집단을 향한 분노를 불러일으키고, 토지 개혁에 촌민들을 동원하려고 효율적으로 사용되었다. 이러한 행사를 세심하게 기획함으로써 정권은 대중적 지지를 결집하고 혁명 국가의 (공식적·비공식적인) 강압 수단을 확장할 수 있었다.[76]

토지 개혁은 중국의 광대하고 위태로운 균형 위에 있던 농업 경제에 큰 혼란을 주지 않고 1953년 초까지 대체로 마무리되었다. 아마도 농촌의 사회 개조보다는 10년 동안의 외국 침략과 내전 이후 정치 질서가 회복되고 무역과 운송이 재건되었기 때문이겠지만, 1950년대 초에는 실제로 농업 생산이 증가하기까지 했다. 동시에 농촌에서는 사람들에게 사유 재산에 기초한 것이기는 했지만 역축과 대형 기구를 공유하는 소규모의 호조조互助組를 만들도록 권장했다. 토지 개혁으로 토지가 좀 더 평등하게 분배되었지만, 농업 소득을 더 균등하게 분배하게 만들지는 않았다.[77] 토지 개혁 이후 농촌 인구의 57% 이상을 차지하는 더 가난한 농민들이 중국 토지의 거의 절반을 소유하게 되었지만, 부농의 땅이 평균적으로 빈농 소유 땅의 두 배에 이르는 경우가 많았다. 인구의 2.5%를 차지하는 지주들은 중국 농지의 2%에 지나지 않는 땅을 차지하게 되었다. 이 숫자들이 보여주는 것처럼 지주들은 토지 개혁의 주요 목표였고, 많은 지역에서 사회 집단으로서 사실상 제거되었다. 게다가 빈농들은 새롭게 할당받은 땅을 효율적으로 활용할 충분한 자본과 노동력이 없었다. 분배받은 토지들의 생산량은 종종 이전보다 적었다. 많은 지역에서는 지주가 없고, 기존의 토지들을 생산성 있게 만들 도구와 비료가 부족할 정도로 빈곤해서 토지 개혁을 수행하기 어렵기도 했다. 결국 토지 개혁은 농촌에서 토지 소유 구조에는 중요한 변화를 가져왔지만, 더 평등한 사회라는 목표를 실현하는 데 실패했다. 농촌의 불평등이 지속되었고, 중상층 농민들이 토지 개혁의 승자로 떠올랐다.

늘어나는 새로운 농촌 간부들을 포함한 빈농들은 환멸을 느끼고 불만을 품게 되었고 혁명의 약속이 지켜지지 않았다고 불평했다. 이러한 실패는 새 정부가 곧 집단화의 의제를 강행하기 시작한 주요한 이유였다.

토지 개혁은 더 공정한 토지 분배를 달성하는 농촌 사회 개혁을 넘어서서 다른 정치적 목표들도 성취했다. 국가와 농촌 사회의 관계 변화가 가장 중요한 것이었다. 토지 개혁으로 이전에 징세 담당자에게 보고되지 않았던 토지들이 측정되고 평가되었다. 일단 개별 토지의 생산량이 결정되면, 국가에 세금으로 내야 할 곡물의 양을 명시할 수 있었다. 따라서 토지 개혁으로 정부가 과세 가능한 토지 면적이 늘어났고 새로운 세원이 생겼다. 농촌에서 징수된 곡물과 다른 식량으로 도시에 공급하거나 소련과의 무역으로 공업 장비를 살 수 있었다. 전반적으로 국가는 농촌의 과세 기반을 상당히 늘릴 수 있었다.

토지 개혁은 중요한 사회적 결과들을 가져오기도 했다. 공작조의 구성원들은 나중에 지방 농촌의 간부가 되어 권력이 있는 지위를 차지했다. 운동의 적극분자들은 지도적 위치에 올라 농촌 사회의 새로운 엘리트가 되었다. 이 간부들은 지방 사회 출신이 아니라 외부에서 왔다. 종종 그들은 먼저 '해방'된 북부 중국의 지역들에서 왔다. 이들의 도착과 함께 토지 개혁은 지방의 상인, 지식인 그리고 오랫동안 농촌 사회를 주도하고 국가와 농민 사이의 중개했던 중재자들의 네트워크를 파괴했다. 토지 개혁의 주요 목표가 이러한 전통적인 농촌 사회 구조의 최종적 파괴였던 것으로 보인다. 가문의 사당이나 사원과 같은 사유지에 의존하던 전통적 제도가 일소되었다. 새로운 국가는 농촌 사회로 들어가는 훨씬 더 많은 진입 지점을 가지게 되었고 자원을 추출하기 위한 수단도 늘어났다.

토지 개혁의 실행은 대체로 순조로웠다.[78] 많은 농민은 더 공정한 토지 분배를 환영했지만, 더 높은 세금과 당의 통제에 분개했다. 최근의 중국 연구들이 보여주는 것처럼, 시간이 지남에 따라 농촌의 저항이 늘어나면서 토지 개혁이 매우 폭력적으로 되었다.[79] 많은 곳에서 농민들은 충분히 협력하기를 거부했다. 당국이 목적을 달성하려 농민들을 참여시키는 데 어려움을 겪기도 했다. 농촌에서 지방 사회에 침투하는 것은 어려웠다. 당은 남부 중국의 농촌 상황에 익숙하지 않았고, 간부들은 지방 방언을 하지 못했으며, 촌락과의 사회적 연계도 없었다. 농민들이 정부를 비판하거나 곡물 할당량을 모두 내놓기를 거부하기 시작했을 때, 간부들은 방법이 없었으므로 토지 개혁을 수행하고자 폭력이나 강압에 의지할 수밖에 없다고 보았다. 정부가 나라 전체에서 적용될 단일하고 엄격한 정책을 추구했지만, 중국 상황은 매우 다양했다는 사실 때문에 문제들이 나타났다. 북부 촌락의 경제적·사회적 구조는 남부의 촌락과는 매우 달랐다. 일부 산간 지역이나 빈곤한 지역에는 지주 계급은 고사하고 부농도 거의 없었다. 남부 중국의 시장 마을에 가까운 촌락들은 정교한 수공업으로 번성하는 경향이 있었지만, 이러한 곳에서는 지주가 거의 없었고 부농이 훨씬 많았다. 일반적으로 공산당이 농촌 사회를 분류하기 위해 도입한 지주, 부농, 중농 등의 범주들 사이의 경계가 흐려지는 경향이 있었다. 토지의 많은 부분을 소수가 소유하고 소작인들이 이 땅을 계약으로 임차하는 지역들이 있었다. 그러나 소작인들이 꼭 토지 소유자보다 훨씬 가난한 것도 아니었고, 소유자와 소작인들 사이의 적대감도 거의 없었다. 따라서 촌민들은 토지 개혁 운동에 완전히 참가할 수 없었다. 농민들이 계급투쟁의 실행을 주저하기도 했다. 농촌의 가장 큰 문제는 아마도 불평등이 아니라 적은 농지에 있었을 것이다. 대부분 농가는 수공업이나 다른 비농업 사업으로 수입을 보충했다.

정부와 당은 곧 농민들이 생각했던 것처럼 혁명적이지 않다는 결론을 내리게 되었다. 농민들은 일상 문화의 완전한 변화를 목표로 하는 사상 개조와 교육 운동을 받아야 했다. 문화, 생산, 일상생활, 노동 분업, 사회적 위계 등이 모두 혁명에 더 기여하는 것이 되어야 했다. 인민들은 '국가의 농민'으로 바뀌어야 했다. 농촌은 '봉건적 착취'를 제거하고 이를 평등한 농민 공동체로 대체함으로써 완전히 개조되어야 했다. 이러한 인식을 바탕으로 정부는 필요하다고 여겨질 때는 폭력적 방법에 의지하면서 개조에 대한 압력을 높이고 재교육 노력을 강화했다. 농촌 사회에 더 큰 변화를 가져오고 국가를 크게 도약시킬 준비를 할 계획들이 세워졌다.

8
대약진
1955~1960

1950년대 중반 마오쩌둥 주변의 일부 중국 지도자들은 중국이 공산주의로 가는 길을 서두르고 사회 개조를 강화할 필요가 있다는 결론에 이르렀다. 몇 가지 국내적·국제적 요인이 절실하게 필요한 구호를 제공하고 중국의 커져가는 문제들에 대한 해결책을 제시할 수 있는 사회주의 개조의 가속화를 요구하는 것으로 보였다. 국내적으로는 계획 경제를 실행하기로 한 50년대 중반의 결정이 큰 장애물을 만나게 되어 달성하기 매우 어려울 정도의 큰 세입 증가를 필요로 했다. 농촌에서 세입을 늘리려고 농업 집단화를 시행했지만, 성과는 정체되어 있었다. 국제적으로는 1953년 스탈린의 죽음과 스탈린 통치에 대한 흐루쇼프의 비판적 평가가 사회주의 세계 전체에 파문을 가져왔다. 사회주의 국가들에서 불만이 증가하는 것이 베이징 지도부를 불안하게 했고, 더 전진함으로써 탈출하는 길을 찾도록 자극했다. 1958년 시작된 대약진이 그 답이었다. 대약진운동은 공업화와 현대화에서 중대하고 급격한 진보를 이루려고 중국 국민들을 동원함으로써 늘어난 문제들을 처리하려는 시도였다. 그러나 이 대담한 도박은 중국 현대사에서 최악의 재난 중 하나로 끝났다. 경제 운영의 실패와 자연재해로 기근이 발생하여 2,000만 명이 넘는 사람이 죽었다.

사회의 재조직

많은 저자와 연구들이 마오쩌둥이나 공산당 통치하 사회를 언급하지만, 정부와 분리되어 구별된 채로 남아 있는 중국 사회가 있음을 암시하는 것은 오해를 부를 소지가 있으며 중화인민공화국 역사의 중요한 측면을 인식하지 못하는 것이다. 현실은 중국 사회를 개조하려는 공산당 정부의 지속적이고 강압적인 시도가 중국의 사회 구조와 개인의 구성에 깊고 지속적인 영향을 남겼다는 점이다. 점점 더 야심 찬 개혁 의제를 추구함으로써 국가는 사회적 관행을 바꾸고 사회 속으로 깊이 들어갔다. 지도부와 당은 사회 위에 앉아 있기만 했던 것이 아니라 사회를 개조하고 중국의 새로운 사회 구조의 일부가 되면서 스스로 사회적 생활과 통합했다.[1]

새로운 정권은 각 구역에서 정치적·사회적·경제적 배경 때문에 특별히 감시하고 통제해야 할 주민으로 분류된 집단인 '중점 인구'重點人口

를 관리하려고 국민정부의 호구 등록 체제를 더 체계적이고, 광범위하고, 효율적인 것으로 만들었다.[2] 민국 시기 인구조사 기록을 기초로 하여 호구부戸口簿를 다시 만들었는데, 이것은 보통 한 가구(회사 기숙사, 공동 주택, 선박, 사원과 같은 집체 단위를 포함하는 것으로 확장될 수 있었다)의 개별 구성원마다 한 장으로 되어 있었다. 이 호구부에는 이름, 생년월일, 직업, 직장, 가족 배경, 개인의 지위, 교육 수준, 결혼 상태, 종교, 본적 등의 항목이 포함되었다. 이 항목 중 하나가 바뀔 때마다 호주戸主는 호구부 항목을 변경하고 그것을 지방 공안국에 보고해야 했다. 호주는 가구 구성의 모든 변화를 보고할 책임이 있었다. 일반적으로 호구부는 지방의 개별 공안국의 '호적과'戸籍科에서 보관했다. 식량 배급 카드도 호주에게 주었고, 호주가 이것을 다른 가족 구성원들에게 분배했다. 이러한 기층 제도를 '호구'戸口(후커우)라고 불렀다. 호구 제도는 자원을 배분하고 주민 중 선별된 집단에 대한 보조금을 지급하는 주요 기반이 되었다. 경찰이 호구 자료에 기초하여 특별히 감시해야 할 주민들에 대한 비밀 명단을 유지하기도 했다.

호구 등록은 정부에 대한 적으로 의심되는 사람들을 확인하고 관리함으로써 혁명을 보호하는 도구로 시작되었다. 그러나 1950년대 말까지 중국 사회의 모든 사람은 이 제도에 따라 도시나 농촌에 속하게 되었다.[3] 나아가 한 지역의 호구에 등록되지 않은 사람은 그곳에서 거주할 수 없었다. 따라서 호구 제도는 정부가 국내 이주를 규제하고 통제하게 했는데, 농촌에서 도시 지역 이주나 소도시에서 대도시 이주를 막았을 뿐만 아니라 사실상 반대 방향의 이주를 장려하기도 했다. 농촌 주민들이 도시에 들어와서 도시 거주자들을 위해 마련된 보조금으로 혜택을 보는 것을 방지하려면 그들이 도시에 진입할 권리를 제한해야 했다. 동시에 이미 도시에 있던 많은 난민과 이민들을 내보내야 했는데, 이것은 신속한 공업화에 국가적 우선순위가 있는 상황에서 긴급하게 착수해야 할 과제였다. 신속히 공업화를 하려면 도시 노동자들을 위해 비축한 도시의 제한된 식량 보조가 (농촌에서 더 많은 식량을 생산할 필요가 있는) 비생산적인 난민들에게 낭비되지 않아야 했다.

1955년 정부는 '기생적'이라는 딱지가 붙여지고 도시 호구를 가지지 않은 도시 사회의 구성원들을 이주시키는 운동을 시작했다. 수십만 명을 농촌으로 이주하도록 설득하거나 강요했다. 이민과 난민의 이주는 보통 집중적인 선전 노력과 함께 이루어졌다. 당의 정책은 '대중들의 보편적 인식을 제고하고, 사회의 공감과 지지를 얻고, 강력한 여론의 힘을 만들어내는' 것이었다.[4] 이러한 수단으로 도시 주민 다수가 이 운동에 대한 정보를 전파하고자 조직된 다양한 방식의 모임과 환송회에 직접 참여하게 되었다. 선전은 사회주의 건설의 장기적 목표와 '농촌 사회주의 개조의 빛나는 전망'을 강조했다. 이 운동은 '엄마가 아들을 설득하고, 아내가 남편을 설득하고, 형이 동생을 설득하고, 장모가 사위를 설득하고, 목표가 된 사람이 다른 목표를 설득하는', '새로운 분위기'를 만들어내는 것을 목표로 했다. 간부들은 '시민 대중들이 그들의 형제와 자매들이 농촌으로 돌아가도록 돕기 위해 자발적인 조직이 되고 있다'고 자랑스럽게 보고했다. 이러한 새로운 대중적 분위기와 개인화된 사회적 압력이 '동원 공작의 고조 배후에 있는 동력'으로 인식되었다. 이러한 노력으로 이 운동이 '대중들 스스로 시작한 운동'으로 전환된 것으로 보고되었다. 표면적으로는 도시 주민들을 동원하여 개입시키는 것이 최종적으로 수십만 명을 이주시킨 운동을 성공으로 이끈 핵심 요소였다.

1955년 4월 저우언라이는 1951년부터 도시에서 시행되던 호구 등록 체계를 농촌까지 확장하는 지시에 서명했다. 1958년 1월 9일의 '중화인민공화국 호구등기조례'의 발표로 이 포괄적이고 강력한 제도에 마침내 법률적 근거가 부여되었다.[5] 이 조례는 모든 시민이 거주지 공안기관에 등록하도록 규정했다. 종합적으로 보아 호구 제도는 새 정부가 수립한 가장 중심적인 제도의 하나였다. 호구 제도는 인구통계적 개입의 강력한 도구일 뿐 아니라, 부족한 자원과 혜택에 대한 접근을 거주를 기반으로 규제하면서 1950년대에 도시의 구역들을 관리하는 핵심이었다.

공산당의 중요한 목표 중 하나는 여성의 생활에 대한 남성의 지배에 기초한 낡은 가부장적 질서를 무너뜨림으로써 남성과 여성 사이의 오랜 불평등을 처리하는 것이었다. 개혁가들은 특히 중국 사회에서 아동 결혼, 축첩, 여성 재가에 대한 금지 등을 제거하고자 했다. 공식적 담론은 결혼 개혁을 생산적이고 해방된 국가를 건설하는 더 큰 사회주의적 기획의 필수적인 부분으로 묘사했다.[6] 1950년의 새로운 '혼인법'은 이러한 문제들과 대결하려는 것이었다. 제1조에 묘사된 이 법의 핵심적인 목표는 '봉건주의' 결혼제도를 폐지하고 자유로운 결혼, 일부일처제, 남녀평등에 기초한 새로운 가족 질서를 수립하는 것이었다. 혼인법은 여성이 남편에게 이혼을 요구할 권리를 명시했다. 대체로 이 법은 중국인의 결혼 방법을 바꾸는 것뿐 아니라 가족과 공동체 내에서 여성과 남성이 행하는 역할을 바꿀 것도 목표로 했다. 결과적으로 결혼, 가족, 젠더의 역할은 새로운 사회를 건설하려는 중국의 혁명적 기획에서 핵심적 요소가 되었다. 당은 결혼한 남녀를 해방되고, 현대적이며, 애국적이고, 생산적·사회주의적 정치 행위의 새로운 단위로 만들고자 했다.

그러나 1950년의 혼인법 실행은 상당한 저항에 부딪혔다.[7] 중국 전역에서 나타난 운동의 엇갈린 결과들이 새로운 국가의 영향력에 한계가 있음을 암시했다. 남편, 시어머니, 간부들은 혼인법의 실행과 결과에 분개했다. 많은 남편과 그들의 가족은 결혼할 때 신부 가족에게 돈을 지불했고, 이 상당한 재정적 투자는 가정과 일터에서 여성의 노동을 기대한 것이었다. 이혼 가능성은 이러한 합의를 위협했고, 새로운 법률 때문에 가난한 남성은 결코 회복할 수 없는 손실을 입을 수 있었다. 혼인법은 며느리에 대한 권력을 가졌던 시어머니의 오래된 지위를 위협하기도 했다. 한편 농촌의 간부들은 남성 주민들을 소외시킬 수 있다고 두려워해서 규정의 실행을 주저했다. 따라서 공산당 정부는 기층 단위에서 인민들에게 이 법을 교육하려고 상당한 노력을 기울였다. 정부는 여성들이 사회주의 시민으로서 새로운 권리를 이용하도록 격려했고, 여성들이 자신의 권리를 알게 되면서 일부 지역에서는 이혼율이 치솟았다. 그러나 지방 관료들이 종종 이혼을 승인하지 않으려 했고, 특히 가족의 고통이 입증될 수 있을 때 그러했다. 실행의 부진에 대한 비판이 있자 당은 1953년 법을 집행하려는 노력을 재개했다. 새 정부의 영향력이 강화됨에 따라, 지방 간부들은 법의 내용을 엄격하게 따르도록 지시받았다. 그러나 여전히 여성의 이혼이 매우 어려운 경우도 많았다.

　　국가가 낙후하고 봉건적이라고 여기는 관행을 제거하기 위해 개입한 또 다른 영역은 종교였다.[8] 토지 개혁의 결과로 종교 활동의 사회적·경제적 기반이 이미 무너져 있었다. 지방의 사원이 활동을 위해 재정을 의지했던 토지들은 몰수되어 재분배되었다. 간부들은 사원 단체에서 활동적이었던 지주들과 다른 지방 엘리트들을 공격하기도 했다. 1950년 이후에는 종교 공동체의 축제가 치러질 공간이 남아 있지 않았

'결혼을 자주적으로 결정하고 등기한 후에 기쁘게 돌아온다'라는 구호가 적혀 있는 1950년 혼인법에 관한 선전 포스터(Wu Dezu, & Landsberger, S.R. Print no.0576. International Institute of Social History)

다. 그러나 조상과 지방 신들에 대한 숭배는 은밀히 계속되었다. 국민당과 마찬가지로 공산당은 종교와 미신을 구별했다. 공산당 정부는 국민당의 전례에 따라서 도교, 불교, 이슬람, 가톨릭, 개신교의 다섯 개종교를 인정했다. 공산당의 종교 정책은 스탈린의 정책에 기초한 것이었다. 국가 기관이 종교 사무를 규제하고 종교 조직의 교육과 복지 활동을 제한했으며, 성직자들은 1953년 설립된 중국불교협회와 같이 정부에 협력하는 '애국 협회'로 조직되었다. 새로운 애국 협회들은 당의 정치 운동에 참여했고, 구성원들에게 영혼에 제물을 바치려고 종이돈을 태우지 말도록 촉구하거나 공개적으로 수행되는 종교 활동에 참여하도록 촉구했다. 협력하기를 거부한 종교지도자들은 투옥되었는데,

명목상으로는 (헌법이 공식적으로 보호하는) 종교적 믿음 때문이 아니라 반혁명 행위 때문이었다.

가장 체계적인 억압은 천년왕국적 종파나 구세적 결사에 행해졌다. 다수가 19세기에 생겨나 20세기 전반에 빠르게 성장했던 이 집단들은 의례와 신념의 측면에서 매우 다양했지만, 일반적인 특징들을 공유했다. 이들은 가족, 친족, 출생지에 구애받지 않는 보편적 구원의 이상에 헌신했고, 일반적으로 '보권'寶卷이라고 불리는 교리서에 기초했으며, 새로운 구성원에게 비교적 개방적이었다. 다수는 창조신과 함께 창조, 파괴, 세속적 고통으로부터 신도들을 구원할 신성한 구원자의 도래라는 3단계를 믿었다. 당은 이들이 예외 없이 당의 통치를 위협하는 반혁명적 집단이라고 생각했다. 지도자들은 무자비하게 처벌받았는데, 사형을 당하는 경우가 많았고, 구성원들은 신앙을 버리고 집단과 모든 연계를 끊도록 강요받았다. 이러한 조치는 이 결사들이 나타내는 위협에 대해 대중들을 교육하는 대규모 선전 운동과 함께 이루어졌다. 이 종파들의 '범죄'를 폭로하는 전시와 지도자들이 자신의 악행을 말하는 공개적 자백이 있었다. 그러나 국가의 끊임없는 억압에도 불구하고 이 집단들은 살아남았다. 많은 구성원이 지하로 들어갔고, 그들의 소속을 보여주는 흔적을 없앴다. 성스러운 물, 비밀스러운 돌, 신비하고 강력한 장소들에 대한 수많은 이야기가 계속 유통되는 것이 증명하듯이, 종교적 실천이 지속되었다.[9]

중국 사회의 개조에서 또 하나의 핵심적 순간은 소수민족 주민들을 분류하는 체계가 채택되고 실행되었을 때였다. 사회 개조와 새로운 사회주의 국가의 건설을 위해서 중화인민공화국을 여러 민족으로 구성된 통일된 다민족 국가로 구축하는 것은 중요한 기획이었다. 개념으로서 '민족'民族의 중요성은 민국 시기까지 거슬러 올라갈 수 있다. 1953년에 정부는 전국적으로 모든 소수민족 집단에 어떤 민족인지를 신고하라는 요구를 발표했다. 이러한 요구의 결과로 이름 지어진 수많은 '민족'은 아주 길고, 혼란스럽고, 극히 다루기 힘든 목록을 구성했다. 일부 지역에서는 단일 씨족이 스스로 '민족'으로 규정하기도 했다. 중국 지방 사회의 이러한 다양성과 마주치게 된 정부는 사회과학자들을 고용하여 '민족 식별'民族識別을 시작했고, 그 결과는 1953~1954년 조사로 발견된 400개 이상의 소수민족 집단을 좀 더 관리 가능한 숫자로 통합하는 것이었다. 이 기획은 1954년에 윈난성에서 시작되었다.[10] 중국 남서부에 위치한 윈난의 거주자 중에는 분류된 소수민족 집단 가운데 거의 절반의 집단에 속하는 사람들이 있었다. 베이징에서 다양한 소수민족을 과학적으로 분류하고자 윈난으로 파견했던 공산당 민족학자들은 1894년에 윈난에서 탐험한 영국 제국 군대의 장교 헨리 루돌프 데이비스Henry Rudolph Davies가 20세기 초에 고안했던 언어 기반의 체계를 활용했다. 중국 학자들은 (종족, 언어, 역사의 결합에 기초했던) 스탈린주의의 분류 기준을 엄격하게 따르기보다 윈난 농촌의 중국적 사회 조건의 복잡성에 맞추어 방법을 수정했다. 어느 역사학자는 그들의 분류에 대해 '타당해 보이는 공동체'나 '민족적 잠재력'을 가진 집단을 식별하는 것으로 묘사했는데, 이는 그들이 어떤 공동체가 미래에 '민족'을 형성할 수 있을지 추정했음을 의미한다. 말할 필요도 없이, 이러한 방식으로 이루어진 분류는 인위적 구분으로 가득 차 있었다.[11] 정부의 인구조사에서 윈난의 200개 이상 집단이 '민족' 지위를 요구했지만 그들 중 25개만이 새로운 범주로 인정받았다. 윈난에서 연구팀이 분류 계획을 수립한 후 중앙 당국은 이를 전국적으로 실행하기 위해 집중적 정치 선전을 했다. 그러나 분류 작업은 1954년까지 끝나지 않았고 이 시점에 39개 민족만이 국가로부터 인정을 받았다. 1964년까지 이 숫자는 53개가 되었고, 공식적으로 승인받은 마지막 집단은 1965년에 승인받은 티베트의 뤄바족과 1979년에 승인받은 윈난의 지눠족이었다. 민족 식별 작업에 뒤이은 시기 동안 문화적·과학적 작업이 오늘날 한족에 더해 55개 '민족'의 이른바 '역사적'이고 '원형적'인 모델을 홍보하는, 중국과 중국의 다양성에 대해 다시 쓰인 역사를 통합했다. 가장 놀라운 것은 민족 식별 기획이 실제로는 존재하지 않았던 일부 집단을 만들어냈다는 점이었다. 국가가 소수민족 집단에 이러한 공식적 범주를 받아들이도록 가르쳤기 때문에 수십 년 사이에 그들은 사회적 실체가 되었다. 중앙 당국이 전국적인 민족 식별 기획이 끝났다고 선언함으로써 56개라는 민족의 수가 확정된 것은 1987년이 되어서였다. 헌법에 따르면, 소수민족도 그들의 언어, 관습, 문화를 유지할 수 있다는 이른바 자치 지역 내에서 자결권을 부여받았다.

민족 식별 외에도 사회적 분류에 대한 지대한 관심이 있었는데, 바로 사회에서 새로운 계급들을 표시하고 만들어내는 일에 대한 것이었다. 혁명 이래 인민들은 '홍오류'紅五類(노동자, 빈농과 하중농, 혁명 간부, 혁명 군인, 혁명 열사의 가족)나 '흑오류'黑五類(지주, 부농, 반혁명분자, 불량분자, 우파)의 구성원으로 범주화되었다. 개인 파일이 계급과 정치 배경 등의 핵심 정보들을 포함하는 개인의 모든 세부 사항을 기록했다. 이러한 범주는 계급 차별의 기준이 되면서 아주 중요해지기 시작했다. 누군가가 대학 교육을 받고, 공업 분야의 좋은 직업을 가질 기회나 도시에서 농촌으로 '하방'下放되어 농민으로 일하게 되는 것이 어떻게 분류되는지에 달려 있었다. 중국 지도부는 꼭대기에 '프롤레타리아'가 있고 바닥에 '흑오류'가 있는 비교적 바

꾸기 어려운 신분을 모든 사람에게 할당하는 새로운 공산주의적 앙시
앙 레짐을 무심코 만들어내고 있었다.

우리가 살펴본 것처럼 중국공산당은 새롭고 집단적인 주체, 즉 현
대적이고 해방되고 자율적인 유형으로 중국의 '새로운 남성과 여성'을
만들어내려고 했다. 성 역할, 계급, 민족에 대해 새로운 정의를 내리는
것이 중국 사회 변화의 중요한 부분이었다. 이러한 범주가 생계와 수혜
의 정도를 결정하는 기초가 되었기 때문에 결핍·배급·고난의 문제가
이 과정을 아주 중요한 것으로 만들었다. 이것은 새로운 사회주의적 정
체성의 개념과 사고가 말 그대로 인민들의 삶에 체현되는 중요한 방식
중 하나였다. 계급을 분류하고, 새로운 소속을 만들어내고, 자아를 변
화시키는 것은 모두 이러한 기획의 중심적 측면인 사회적 규율의 강제
와 관련이 있었다. 국가가 거대한 영향력을 행사할 수 있었지만, 혼인
법과 종교에 관련된 경험은 국가 권력의 한계를 보여주기도 한다. 일부
기존의 사회 관행은 바꾸기 어려웠고, 지속적이고 강압적인 캠페인에
도 굳게 저항했다.

경제를 계획하기

공산당이 접수한 이후 중국은 어려운 경제 상황에 빠졌다. 내전의
여파와 중국의 대외 무역을 제한한 1950년 미국의 금수 조치 때문에
공산당 통치 첫 2년 동안 도시에서의 생산은 계속 감소했다. 새로 설립
된 도시 행정부는 긴급하게 필요한 자금을 세금과 다른 수수료를 인상

해 조달하려고 했다. 1949년의 접수 직후에 많은 기업이 더 높은 임금을 지급하도록 지시받았고, 이는 생산 비용을 증가시켰다. 또한 기업 소유주들은 정부 운영에 자금을 대려는 승리 채권의 구매를 강요받았고, 이는 생산에 투자될 수 있던 자금을 전용하게 만들었다. 그 결과는 도시 실업률의 뚜렷한 증가였다.

근본적으로 마르크스주의 이론으로부터 영감을 받은 공산당의 경제 정책은 모든 기업과 공장을 포함하는 모든 생산 수단이 궁극적으로 국유화되어 완전한 국가 소유 아래 운영되어야 한다는 것이었다. 지도부는 이를 진정으로 새롭고 나은 사회를 만들기 위한 전제 조건으로 생각했다. 그러나 1949년 이후 2년 동안의 깊어가는 경제 문제에 직면하여 당은 온건한 방침을 채택했고 전면적 국유화를 삼갔다. 전반적으로 중화인민공화국 초기의 경제 정책은 실용적이고 유연했으며, 성장을 지향했다. 마오는 1949년 6월에 다음과 같이 선언했다. "중국은 반드시 국가의 계획과 인민의 생활에 유리하고 유해하지 않은 도시와 농촌의 자본주의적 요소를 모두 이용해야 하며, 민족 부르주아지와 단결하여 함께 분투해야 한다. 우리들의 현재 방침은 자본주의를 절제하는 것이지 자본주의를 소멸시키는 것이 아니다."[12] 중국의 지도자들은 신민주주의 시기 동안 핵심 측면에서 중국의 온건한 정책의 경제적 모델을 제공했던, 10월혁명 이후 레닌의 신경제정책을 호의적으로 보았다. 초기 국면에서 새로운 정부는 얼마간의 기업을 매수했고, 과거 소유주의 일부는 회사의 경영자나 감독자로 남았다. 국민당으로부터 접수한 제조 기업과 다른 공업 시설에서도 많은 관리 인력이 유지되었다. 재정과 국방 영역의 소수 핵심 회사만이 즉시 국유화되었다.

예를 들어 중국은행中國銀行은 정부가 접수하여 해외무역에 대한 융자를 허가받은 유일한 은행이 되었다. 중국은행의 역사는 청나라 때 시작되었다. 1905년에 청은 대청호부은행大淸戶部銀行을 설립했고 1908년에 대청은행大淸銀行으로 이름을 바꾸었다. 1912년 쑨원은 이 은행을 다시 중국은행으로 개명하고 새로운 공화국의 중앙은행으로 만들었다. 1949년 이후 중국은행은 명목상으로 독립적인 은행으로 남았지만, 중국인민은행中國人民銀行에 실질적으로 통합되어 그 외환 거래 부문이 되었다. 1948년 몇 개 지역 은행을 합병하여 설립된 중국인민은행은 새로운 중앙은행이 되었다. 1953년 정부는 독립적이었던 상회商會들을 '중화전국공상업연합회'中華全國工商業聯合會로 대체하여 경제 통제를 확대하기도 했다.

이러한 정책들을 집행함으로써 정부는 경제를 비교적 빠르게 안정시킬 수 있었다. 예산 통제, 임금과 물가 연동, 새로운 통화인 인민폐 발행 등과 같이 잘 조정된 방법으로 1950년 말이 되면 인플레이션을 통제하게 되었다. 재정 영역의 성공적인 안정화는 전반적인 경제의 호전으로 이어졌다. 1950년에서 1953년 사이에 민간 생산은 상대적으로나 절대적으로나 빠르게 확대되었다. 공업과 농업이 회복되었고 1952년 말까지는 혁명 이전의 최고 생산량을 추월할 정도로 성장했다. 이와 같이 처음 몇 년 동안 이미 국유화된 중요 공업들이 상당한 민간 영역의 제조업·무역 기업 및 민간 수공업과 공존하는 혼합 경제가 등장했다.[13] 농업에서도 토지 개혁 운동으로 지주들이 몰락했고, 개인 사유 재산 소유자로 구성된 농민들이 지배하게 되었다.

공산당 지도자들은 혼합 경제가 일시적으로만 유지되어야 한다는 데 동의했다. 적절한 시기에 조건이 갖추어지면, 생산 수단에 대한 모든 사적 소유권은 폐지되어야 했다. 물론 결정적인 문제는 신민주주의 단계가 얼마나 오래 지속될 수 있는가였다. 1950년 6월 중국인민정치 협상회의에서 마오는 불안해하는 사업가, 기업인, 무역업자들에게 신 민주주의 시기의 혼합 경제가 20~30년 동안 지속될 것이라고 말했다. 이 기간에 사회주의로 이행하는 데 유리한 조건들이 점차 발전될 것이 었다. 그러나 당 내부 논의에서는 이미 계획을 수정하고 있었고 10년, 15년, 20년 등의 가능성을 토론했다.[14] 그러나 류사오치와 같은 다른 지도자들은 계속해서 레닌의 신경제정책과 스탈린의 온건한 조언에 충 실했다. 스탈린은 중국이 계획경제로 이행하기에는 너무 후진적이며, 정부는 경제발전을 촉진하려면 민간 기업과 계속 협력해야 한다고 믿 었다. 류사오치와 다른 많은 사람이 이에 동의했다. 이들은 농업의 발 전이 최우선이어야 하며, 경공업과 중공업은 각각 두 번째와 세 번째 라고 생각하기도 했다. 이러한 우선순위는 레닌과 스탈린의 권고와 정 확히 일치했다. 류사오치는 제조업이 먼저 현대화되어야 중국의 거대 한 농촌에 기계와 상품을 제공할 수 있다고 믿기도 했다. 그러고 나서 야 농업이 집단화될 수 있었다. 그는 역시 레닌의 정책에 따라 빠른 집 단화 대신, 농업 생산자들을 위해 공급과 마케팅을 공동으로 조직할 수 있는 합작사 진흥을 옹호했다. 이러한 방식은 또 다른 중요 지도자인 장원톈(1900~1976, 모스크바에서 공부한 28명의 볼셰비키 중 한 명으로 정치국원이자 헤이룽장성 당서기 였던 버클리 졸업생)의 지지를 받기도 했다. 장원톈과 류사오치는 농업 성장에 필요한 인센티브를 보호하기를 원했는데, 이는 미래에 사회주의로의 이행과 집단 경제가 만들어지는 조건이 갖추어질 때까지 기존의 경제 와 부농을 유지하는 것을 의미했다.

그러나 공산당 통치가 공고해진 후 마오쩌둥은 이러한 장기적 전 망을 단축하고 국유화와 경제 계획을 향한 시도를 장려했다.[15] 마오는 자신이 효용이 끝났다고 생각했던 온건한 신경제정책 모델을 거부하기 시작했다. 1953년 2월에 마오는 자신이 여러 번 했던 방식대로, 성급 관료들에게 소련의 방법을 맹목적으로 모방해서는 안 된다고 강조했다. 그는 그때까지 이루어진 당내의 어떤 논의보다도 더 야심적인 경제적 변화의 프로그램을 옹호하기 시작했다. 많은 공산당원과 정부 관료들은 당혹스러워했고 이러한 변화에 불신을 가지고 반응했다. 기업인 사회는 충격을 받았고 깊은 배신감을 느꼈다. 오늘날까지 마오의 생각이 바뀐 것에 대한 완전히 설득력 있는 설명은 없지만, 몇 가지 이유가 제시되었다. 그중 한 가지에 따르면, 마오는 한국전쟁 이후 전쟁으로 만들어진 추진력을 사회주의 경제 체제로의 이행을 추진하는 데 이용해야 한다고 느꼈다. 또 다른 이론은 마오가 중국을 그가 세운 일정에 따라 성공적으로 전환함으로써 스탈린을 능가하고 스스로 지도적 역할을 주장하기를 원했다고 말한다. 그러나 가장 설득력 있는 설명은 지도부 내부에 있었을 불안과 불확실성과 관련이 있다. 마오는 중국에 자본가와 시장 구조가 있는 한 사회주의 기획은 무너질 위험이 크다고 느꼈다. 연설과 논평에서 그는 자주 농촌에서 대토지와 토지 소유가 폐지되는 것처럼 자본주의의 모든 잔여가 완전히 제거되어야만 공산주의가 안전할 것이라고 지적했다. 국제 환경, 특히 냉전의 위협과 북한에서 지속되는 대립 역시 이러한 우려를 부추겼다. 그는 여러 차례 혁명 투쟁을 계속해야 할 필요를 언급했다. 1953년 6월 15일의 정치국 회의에서 그는 다음과 같이 말했다. "과도기는 모순과 투쟁으로 가득 차 있다. 우리가 지금 하고 있는 혁명 투쟁은 과거의 무장 혁명보다 더 심각하다. 이것은 자본주의 제도와 모든 착취적 제도를 철저하게 매장하려는 혁명이다. '신민주주의 사회 질서를 확립한다'는 생각은 실제 투쟁의 상황과 부합하지 않고 사회주의 사업의 발전을 막는다."[16]

그러나 매우 실용적 고려도 있었다. 혼합 경제는 빠르게 성장하고 있었지만 내재적 문제들도 있었다. 1950년대 중반에 중국의 사회주의적 계획경제의 제도들이 발전함에 따라 당 지도자들과 민간 기업의 소유주 모두에게 점점 더 사회주의적이 되는 경제 속에서 사적 생산을 유지하는 것이 어렵다는 점이 분명해졌다. 이중 경제는 사기, 횡령, 정부 공급 물자의 절도 그리고 흔한 문제가 된 다른 법률 위반 등의 기회를 많이 제공했다. 오반 운동이 이러한 문제들을 일시적으로만 해결할 수 있었기 때문에 중화인민공화국 지도자들은 예상했던 것보다 더 빨리 사회주의적 계획과 국가 행정을 실행하려는 시도에 기울어 있었다. 동시에 많은 사기업 소유자가 혼합 경제에 비판적이었고 해결책을 요구했다.[17] 국가가 지배하는 경제 속에서 민간 기업을 운영하는 그들의 지위는 혼란스럽고 불안정했으며, 그들은 국가의 관리 아래 운영되는 공사합영 기업으로 발전하는 것이 더 낫고 신뢰할 만한 조직구조를 의미하게 될 것으로 기대했다. 1950년대 중국 경제에서 민간 산업과 관련된 정책은 대체로 새로운 위기와 왜곡에 대한 임시변통의 대응으로 보아야 하고, 그 결과가 당과 기업 모두를 처음에 어떤 사람이 예상했던 것보다도 더 빠르게 사회주의화로 나아가게 했다.

당내의 계속되는 토론에도 불구하고, 마오쩌둥은 1953년 10월에 '사회주의 과도기 총노선'을 선언했다. 1920년대 말과 1930년대에 스탈린이 설계했던 발전 경로를 따라서, 이 새로운 정책은 사회주의 공업화와 집단화를 위해 자본주의 경제를 전환하는 첫 번째 국면을 선언한 것이다. 사적 소유에 기초한 기존의 경제 구조는 국유와 집단 소유만을 기초로 운영되는 체계로 대체될 것이었다. 이해에 정부의 직접적 통제로 대규모 사회주의 공업 단지를 개발하려는 전국적인 경제 계획이 시작되었다.[18] 이 계획은 도시에 위치한 중공업에 자금을 대고자 농촌 지역으로부터 최대한의 잉여를 추출하는 것에 기초한 발전 전략을 요구했다. 빠른 공업화를 최우선으로 하면서, 농촌은 중국의 사회적 필요가 아닌 경제적 필요에 기초한 자원 배분에 초점을 맞춘 도시와 중앙 집중화된 국가에 종속되었다.

중화인민공화국의 1954년 헌법의 서언은 가속화된 이행을 위한 당시 감각을 포착하고 있다. 여기에는 다음과 같이 기록되어 있다.

> 중화인민공화국의 성립에서 사회주의 사회의 건설까지는 과도기다. 과도기에 국가의 총임무는 국가의 사회주의 공업화를 점차 실현하고 농업·수공업·자본주의 공상업에 대한 사회주의 개조를 점차 완성하는 것이다. 우리나라 인민은 과거 몇 년 동안 이미 토지제도의 개혁·항미원조抗美援朝·반혁명분자의 진압·국민경제의 회복 등 대규모 투쟁을 성공적으로 진행했고, 이는 계획적으로 경제 건설을 진행하고 점차 사회주의 사회로 넘어가는 데 필요한 조건을 준비한 것이다.[19]

이와 같이 1954년 중국은 스스로를 공적 소유와 경제 계획에 기초한 새로운 경제 체제, 즉 정부가 만든 경제 계획이 투자·가격·할당량·생산 목표 등을 중앙에서 결정하고 중앙의 지도부로서 이를 모든 단위에 전달하기 때문에 서구에서 명령 경제라고 부르는 유형의 체제로 발전하고 있는 국가로 묘사했다. 이행은 1954년에 시작되어 1956년의 '고조'高潮까지 활기차게 지속되었다. 모든 사적 소유의 기업과 산업을 국유화한다는 목표는 이미 1956년에 달성되었다. 1953년에서 1957년까지 중국의 제1차 5개년 계획이 1955년 승인되었다.

중국공산당은 국가 공업화 계획과 프로그램을 발전시키면서 소련 모델을 기초로 했을 뿐 아니라 국민정부의 전시 경험에도 기반을 두었다. 국민당의 계획 기구였던 자원위원회의 부주임 몇 명이 나중에 공산당 국무원 계획 기구에서 일했다. 그러나 중앙 집중화된 경제 계획, 대규모 기업의 관리, 기술적 지식과 역량의 습득 등에 대해 배워야 할 것이 매우 많았기 때문에 소련의 공업화 모델은 소련의 지원이 그랬던 것처럼 극히 중요했다. 이 체계는 소련으로부터 이전된 기술과 지식에 크게 의존했다.

따라서 공산당은 농업 부문의 예상된 잉여를 새로운 공업에 투자하는 것을 관리하려고 소련식 경제 계획 기구와 공업 부처들을 세웠다. 완전히 새로운 공업들이 아무런 준비 없이 처음으로 만들어졌다. 이러한 노력의 핵심으로 중앙에서 통제하고 소련의 도움을 받는 156개 기업이 설립되었다. 이 투자는 대부분 과거 일본의 활동 때문에 상하이, 우한 그리고 다른 주요 공업 중심지보다 더 중공업 지향적이었던 동북 지역으로 갔다. 정부가 발전 장비, 화학 비료, 강철, 선박, 자동차 등을 생산하는 새로운 공장들을 열었다. 이러한 기획들은 대부분 후방 산업, 즉 원재료를 중간 상품으로 가공하여 전방 산업이 완제품을 만들 수 있게 하는 기업에 집중되었다. 또 다른 산업들과 가장 연관성이 많다는 점에서 전략적이라고 여겨졌다. 예를 들어 원유를 플라스틱을 생산하는 제조업자들이 활용하는 화학 물질로 정제하는 석유 가공 시설은 하방으로 중요한 연계들을 가지고 있었다. 중국은 중공업에 우선순위를 두고 공업 경제의 상단과 중단의 산업에 집중하는 전략을 추구했다.

소련식 명령 경제의 도입은 어마어마한 변화를 가져왔다. '총노선'

발표에서 1956년 1월의 '사회주의 고조'까지 사회주의 이행 과정은 험난한 것으로 드러났다. 중국의 경제는 거대하고, 복잡하고, 매우 다양했다. 1949년 이전 시기의 전쟁과 내전이 매우 분권화되고 지방화된 경제를 남겼고, 거의 자급자족적인 서로 다른 경제 지역들이 나타났다. 중앙 집중적 계획은 공업과 상업 부문을 위해 모든 생산물이 얼마나 필요하고 그것을 생산하기 위해 어떤 투입이 필요한지를 명시하려고 이루어지는 정확한 데이터 수집과 정교한 계획에 의지했다. 따라서 이러한 계획 목표는 각 기업에 개별적 생산 목표를 부여해야만 했다. 1950년대 중국에도 공업 및 상업 기업들이 수천 개 있었다. 계획을 뒷받침하는 것은 정부 관료제가 운영하는 투입물에 대한 계약과 그 분배를 관리하는 체계였다. 일부 산업에서 이러한 체계는 그 분배를 민국 시기에 만들어진 선례에 따라서 할 수 있었다.

전략적 영역들에 대한 많은 투자는 총노선 이후에 상당한 경제성장을 가져왔다. 1956년에 공공 예산의 48%가 공업 프로젝트에 투입되었다. 그 결과 나타난 공업 생산 증가는 상당한 GDP 성장을 가져와서 1952년부터 1957년까지 연평균 성장률이 9.2%에 달했다. 공업의 총생산량은 이 5년 동안 거의 두 배가 돼서 GDP의 17.6%에 불과했던 것이 33.2%로 늘었다. 정부의 투자 결정에 기초하여 중공업 영역들은 서로의 수요를 만족시킬 만큼 발전했다. 1950년대 말에 중공업은 공업 생산 전체의 55%를 차지하여 1952년의 33.5%보다 상승했다. 그 결과 공업 분야의 노동계급은 600만 명에서 1,000만 명으로 늘어났고, 이와 함께 도시 인구도 늘어났다.

그러나 이러한 체계에는 부정적인 면도 있었다. 발전의 파급 효과가 매우 제한적이어서 더 많은 인구와 더 넓은 지역에 혜택이 미치지 못했다. 달성된 성장이 자원 집약적이고 에너지 집약적이어서 상당한 재정 지출을 필요로 했다. 특히 1950년대에 중공업에 대한 거대한 투자가 재정 적자를 가져와 더 많은 곡물을 수출해야 한다는 압력이 커졌다. 이러한 투자에 필요한 거대한 자금을 만들어내는 것은 농업 부문에 달려 있었다. 공업 지역과 농업 지역 사이에 임금, 생활수준, 복지 혜택 등의 측면에서 불균형이 증대했다. 늘어나는 불평등이 노동 시장의 유동성을 자극했고 이는 포괄적인 사회 공학적 시도에 기여하는 농촌-도시 이주에 대한 더 엄격한 통제로만 규제할 수 있었다. 학자들은 국가의 보조금을 받는 도시 지역과 스스로의 자원과 생산에 의지하는 농촌 지역의 대조적인 생활을 묘사하려고 '이중 사회'라는 용어를 사용해 왔다.[20]

1953년에서 1956년까지 당이 수립한 새로운 경제제도들이 기존 구조를 대체했다. 이러한 제도적 혁신은 일정한 정도 국가의 중앙 집중화를 확립하고 성장을 가능하게 했다. 계획 기구는 비록 그 산업 자체가 비효율적으로 조직되었더라도, 더 효율적으로 활용할 수 있는 산업으로 자원을 이전시키려는 강압적 활동을 했다.[21] 이렇게 자원의 흐름을 돌리는 일은 빠른 경제성장을 이끌지만, 그러한 효과는 기술적 혁신보다는 농업 생산으로부터 추출한 노동과 자본을 재할당하고 재배치하는 것으로 만들어졌다. 다른 말로 하면, 이 시기에 만들어진 경제제도는 농업에서 징발한 자원을 중공업 투자에 돌린 착취적인 것이었다. 그러나 이러한 착취적 제도는 경제적 인센티브가 부족하고 계획 관료들이 변화에 저항했기 때문에 지속적인 기술 변화를 만들어낼 수 없었다. 공업에 재할당될 모든 자원이 재할당되고 나면, 만들어낼 수 있는 경제적 이득이 거의 남지 않게 되었다. 혁신의 부재와 부족한 경제적 인센티브가 더 이상의 진보를 막게 되는 지점에서, 중국의 명령 경제의 성장이 정체되었다. 1950년대 말에 공산당 지도자들이 이러한 제약과 한계를 인식했을 때, 크게 도약한다는 생각이 더 매력적으로 여겨졌다.

중국 농촌의 집단화, 1953~1957

1953년에 남아 있는 도시의 사유 재산과 공업을 국유화함으로써 중국의 사회주의 이행에서 신민주주의 경제 정책을 포기하고 다음 단계로 나아가고, 빠르게 계획경제 체제를 도입한다는 결정이 이루어졌다. 이러한 전개는 농업에 대해 극적 결과를 가져왔다. 공업에서 투자를 증가시켜야 할 필요는 농업 생산을 증가시킬 방법을 찾는 일을 긴요하게 만들었다. 1953년에 농업 생산은 중국의 공업 생산을 가속화하는 데 필요한 거대한 자본을 만들어내기에 충분할 정도로 빠르게 성장하지 않았다. 생산에 피해가 가지 않도록 부농 경제를 유지하라는 스탈린의 조언과 대조적으로, 마오쩌둥과 그의 지지자들은 먼저 합작사(토지는 여전히 개별 가구가 소유하고 시장에 생산품을 판매하여 소득을 얻지만, 도구와 작업량은 자발적으로 나눈다)를 설립하고 다음으로 집단화(모든 토지를 농민들이 집단적으로 소유하고, 노동에 따른 임금을 지급받는다)를 하는 프로그램을 추진하여 중국의 농업을 변화시키는 것이 해답이라고 결정했다. 집단화는 중국의 소농들과 그들의 작은 토지 그리고 제한된 역축·도구·기계 등을 더 크고 아마도 더욱 효율적인 구조로 통합하게 될 것이었다.

이러한 생각은 농촌에서의 합작을 촉진함으로써 농업 생산성의 향상을 달성한다는 것이었다. 1953년 10월 15일의 연설에서 마오는 다음과 같이 지적했다.

각급 농촌공작부는 호조합작을 극히 중요한 일로 다루어야 한다. 개별 농민의 증산은 유한하니 반드시 호조합작을 발전시켜야 한다. 만약 농촌의 진지를 사회주의가 점령하지 않는다면 자본주의가 반드시 다시 점령할 것이다. 자본주의의 길도 걷지 않고 사회주의의 길도 걷지 않는다고 말할 수 있겠는가? 자본주의의 길도 증산을 할 수 있지만 시간이 많이 걸리고 고통스러운 길이다. 우리가 자본주의를 하지 않는 것은 정해져 있다. 만약 사회주의를 하지 않으면 자본주의의 세가 반드시 범람하게 될 것이다.[22]

이러한 노선에 따른 언급을 자주 하면서 마오쩌둥은 신중하게 신민주주의 모델에 있는 당 관료들의 기존 이해관계에 도전했고, 점진적인 변화에서 빠른 집단화를 선호하는 더 엄격한 사회와 경제발전의 모델로 전환하라고 촉구했다. 농촌의 뚜렷하고 빠른 변화에 대한 마오의 추구는 당내에서 저항을 만나 경쟁했다. 공산당은 이때까지 비교적 통합되어 있었지만, 이제 미래의 발전에 영향을 미치는 중요한 결정을 해야 하는 갈림길에 이르렀다. 당내 의견 충돌로 심각한 균열이 처음으로 나타났다.

이는 가오강 사건으로 분명해졌다.[23] 1954년에 마오가 고위급 동료인 가오강高岡(1905~1954)과 그의 지지자 라오수스饒漱石(1903~1975)를 반역자라고 고발한 것은 그들의 숙청으로 이어졌다. 마오의 신임을 받았던 가오강은 내전 말기에 중국 동북 지역(만주)의 당, 국가, 군대의 지도자가 되었다. 1952년 그는 베이징으로 옮겨서 국가계획위원회의 주석으로 임명되고 정치국원이 되었다. 1954년 가오강은 류사오치와 저우언라이를 축출하려고 시도했다. 그는 그렇게 해야 할 이유가 있었고, 불만스러워하는 더 많은 당 간부들을 대표하기도 했다. 근거지의 경험 많은 군사 지도자들이었던 이 그룹은 1949년 이후 혁명 중에 그들이 했던 투쟁에 합당한 것보다 높은 지위를 덜 받았다는 믿음을 공유했다. 농민 출신이고 거의 교육받지 못했던 이들은 자주 승진에서 제외되었고 많은 고위직이 더 자격을 요구했으며, 대체로 류사오치 주변의 온건한 지도자 그룹을 지지하는 문관 지도자들에게 가는 것을 보았다. 마오의 지지를 받고 있다고 믿었던 가오강은 류사오치와 저우언라이에게 대항해 움직였지만 그는 마오에게 속았거나 마오의 의도를 오해했다. 마오는 당 통합을 해친다고 가오강과 라오수스를 공격했다.

가오강 사건이 노출한 깊은 균열이 최고위 지도부에만 한정된 것이 아니고, 오히려 당 전체를 분열시키고 심지어 사회의 균열까지 낳았다는 것을 이해하는 것이 중요하다. 이러한 균열은 모든 수준에서 나타났다. 당 간부들은 새로운 정부에서 일하는 공무원들과 마주쳤고, 지방 간부들은 다른 현에서 그들의 마을로 파견된 간부들과 싸웠으며, 도시 지역의 간부들은 농촌 간부들과 대치했다. 젊은 간부들은 앞을 향해 돌진하려는 열정을 보였지만, 지방 공동체와 연계된 간부들은 더 이상의 변화에 저항하는 경향이 있었다. 사회주의의 첫 시기는 평등한 사회를 만들어내지 않았지만, 기존의 긴장을 바꾸었고 새로운 위계를 만들어 냈다.

가오강 파벌의 패배를 보여준 1955년 3월 중국공산당 전국대표대회 이후 몇 주 안에 공산당은 농업을 집단화하고 공업과 상업을 사회주의화하고자 적극적인 프로그램을 채택했다. 마오쩌둥은 완전히 사회주의적인 농업 체계를 가져올 촉매로 소규모 농촌 합작사의 잠재력을 믿게 되었다. 그는 농업에서의 조직적 변화가 생산량의 증가를 가져오고, 따라서 중국은 농업의 기계화 이전에 집단화를 향해 움직일 수 있을 것이라고 주장하기도 했다. 인간적 동기가 기술과 자원보다 더욱 결정적이라는 그의 믿음 때문에 '생산 관계'의 변화가 '생산 양식'의 변화보다 우선권을 얻었다. 토지 개혁의 혼란 이후 농촌의 상황이 아직 유동적이었는데, 마오는 '쇠가 뜨거울 때 두드려야 하는' 순간이라고 판단했다.

그의 견해는 분명히 당시 중앙위원회 결정과 상충되었다. 중앙위원회는 중국이 농업을 현대화할 능력을 가질 때까지 집단화를 연기하기로 선택했었다. 중앙위원회는 부농 경제가 가장 생산적이며 이러한 경제적 형식이 강화되고 유지되어야 한다고 주장하기도 했다.

마오는 이러한 정책을 두고 류사오치, 재정부장인 보이보博一波 (1908~2007) 그리고 다른 사람들을 비판하면서, 중농과 빈농들이 농촌 사회를 다시 지배하려고 시도하는 부농과 과거의 지주들에 대항하도록 독려해야 한다고 주장했다. 마오의 관점에서는 집단화만이 구질서의 부활을 막을 수 있었다. 마오는 이러한 관점에서 농업에서 호조합작의 확대를 강력하게 주장했다. 첫 번째 단계로 1953년에서 1954년 사이에 농민들은 농사를 지으며 함께 일하는 호조조를 구성하도록 독려받았다. 농민들이 서로의 곡식을 함께 수확하거나 도구, 쟁기, 가축 등을 서로 빌려준 것처럼 여러 가지 형식의 호조는 중국 농촌에서 수백 년 동안 익숙했던 일이었다. 그러나 이는 늘 자발적인 것이었다. 새로운 국가의 정책은 촌락에서 기존의 호조조를 등록하고, 그 규모와 구성원을 결정하고, 전에 없었던 곳에서도 호조조를 조직하기도 하는 것이었다.

두 번째 국면에서는 호조조가 '농업생산합작사'農業生産合作社로 전환되었고, 여기에서는 호조조에서 대여 형식으로 공유하던 물품들이 모두 영구적으로 합작사 자산이 되었다. 동시에 농민들이 도구뿐 아니라 수확 전체를 공유하는 '고급생산합작사'高級生産合作社가 설립되었고, 여기에서는 심기, 김매기, 수확 등에 참여한 모든 작업 단위에 수확을 분배했다. 합작사의 규모는 여전히 전통적 촌락 정도였다. 이러한 방식은 거의 기층의 운동에서 생겨났다. 1955년 여름에 마오는 '농업 합작화 문제에 대하여'라는 연설을 하면서 이러한 기층의 추세를 농촌에 도래한 '사회주의적 고조高潮'라고 묘사했다.[24] 그는 중국이 더욱 빠른 발전의 길을 걷게 하기를 바라면서 사회주의 이행을 가속하는 캠페인을 요구했다. 그는 '대다수 농민이 사회주의의 길을 걷는 데 적극성을 가지고 있다'라고 묘사하면서, 농민들이 집단화에 열정적일 것이라고 자신 있게 선언했다. 1955년 말까지 거의 모든 호조조가 농업합작사로 전환되었다. 빈농과 중농의 대다수가 합작사에 소속되었다.

마오는 이 기회를 포착하여 1955년에서 1956년 사이에 집단화를 위한 캠페인을 시작했다. 마오는 다시 농민 노동력의 재조직과 합작화가 발전을 강화하기에 충분한 것이라고 강조했다. 그는 또한 중국 농촌이 기계와 발전된 장비를 가지지 못했고 가질 여유도 없으므로 집단화가 발전을 위한 유일한 길이라고 보았다. 이제 합작사는 집단 농장 혹은 '국영농장'으로 재조직되었고, 여기에서 농민들은 토지를 소유하지 않으면서 경작하고 지방 간부들의 계산에 근거하여 곡물이나 현금을 지급받았다.[25] 이러한 국영농장은 기여한 토지와 다른 자산의 양이 아니라 노동에 따라 보수를 받는 200~300가구로 구성되었다. 집단화에는 토지에 대한 모든 사적 소유권의 종식, 가족 농장의 종식 그리고 자원의 통합 등뿐만 아니라 모든 농민의 편입도 필요했다. 부농과 중농이 집단화에 분개했지만, 빈농들은 대개 집단화를 환영하는 경향이 있었다. 부농들의 토지, 가축, 도구들이 생산합작사에 합병되었다. 이러한 중대한 전개를 거쳐 중국 농촌에서 가족농업의 전통이 사라졌다.

동시에 1955년 말 무렵에 5년 동안 지속된 수확량 증가세가 멈추었고, 경제적 문제가 다가왔다. 농업 생산량은 공업의 빠른 팽창이 만들어내는 수요를 따라갈 수 없었고 인구 증가조차 따라갈 수 없었다. 정체는 부분적으로 도시 지역과 비교했을 때 농업 지역이 가진 약점(저임금, 적은 식량 공급, 불충분한 기반시설)과 관련이 있었고, 부분적으로는 토지 개혁과 집단화의 엇갈리는 결과들과 관련되어 있었다. 중국은 농업 공급 위기로 타격을 받았고, 점점 더 인민들에게 충분한 곡물을 제공하기 어렵게 되었다. 1953년 이미 도시에 배급제도가 도입되었기 때문에 합법적인 도시 주민들은 국가로부터 곡물을 분배받았다. 1955년 8월부터 배급은 농촌에까지 확대되었고 배급 카드가 호구 제도를 통해 분배되었다. 농촌의 배급은 일반적으로 도시 지역보다 훨씬 적었다. 도시 지역은 국가로부터 보조를 받았지만, 농촌 사회는 스스로 자원과 노동에 의지해야만 했다.

이러한 위기의 전개가 재고나 중단을 유도하지는 않았다. 그 대신 집단화의 세 번째 단계인 곡물의 '통합 구매 통합 판매'(統購統銷)를 빨리 도입하는 것이 주요한 논점이 되었다. 이 체계의 목표는 가격을 통제함으로써 식량 공급을 개선하는 것이었다. 농업 합작사가 형성되기 전부터 중국 정부는 핵심적인 농산품을 독점하면서 농민들로부터 곡물을 강제적으로 조달해 왔다. 1957년 이후 이러한 독점은 거의 모든 농산품을 포함하게 되었고, 이 체계는 1980년대 중반까지 없어지지 않았다. 농민들은 국가의 곡물 전매로 주어진 생산량 목표를 채우고, 재배한 곡물을 고정된 낮은 가격으로 팔아야 했다. 할당량은 대개 과거 생산량보다 높았다. 값싼 농산물과 낮고 안정적인 임금 때문에 면포와 같이 국유기업이 제조한 소비품의 이윤이 높았다. 이러한 체계적인 가격 설정의 치우침 때문에 국유 제조업이 훨씬 더 수익성이 있었던 반면 농업은 보상이 적은 활동이 되었다. 그 결과 사람들이 농촌 지역을 떠날 유인이 꾸준히 있었다. 그러나 너무 많은 농민이 농지를 떠나지 않기를 원했던 정부는 호구제를 확대함으로써 유동성을 제약했다.

농촌에서 이중 경제가 나타났다. 농민들은 곡물 일부를 세금으로 납부하고 정부 비축을 위해 저가로 정부가 요구하는 할당량을 제공한 후 남은 것을 자신들의 필요를 위해 보유할 수 있었다.[26] 국가는 '잉여 식량(餘糧)'을 내놓도록 농민들을 설득하고자 나라의 경제적 재건과 거의 농민 출신인 군인들에게 공급할 곡물이 필요하다면서 애국적 감정을 불러일으켰다. 당국은 가격을 안정시키고 민간 업자들의 착취를 피할 수 있으며 기근 때의 구제를 보증한다고 강조하면서, 이러한 체계가 농민들에게 유리하다고 지적하기도 했다.

그러나 많은 농민은 낮은 수매 가격에 대해 불평했고, 국가에 곡물을 넘겨주는 데 저항했다. 앞선 토지 개혁 정책과 합작사의 도입은 많은 농민의 저항을 받기도 했지만, 적어도 이러한 변화를 환영하는 일부 수익자들이 있었다. 그러나 집단화 그리고 특히 '통합 구매 통합 판매'는 모든 가구의 부담을 증대시켰다. 농촌에서 국가가 요구하는 곡물량의 조달에 대한 수없는 저항이 있었고 때로는 공개적 반란도 있었다.[27] 정부는 이에 대응하여 농민들이 스스로의 소비를 위해 보유할 수 있는 양을 줄였다.

중국은 1955~1956년 사회주의 개조의 '고조' 속에서 광범위한 캠페인을 촉발함으로써 집단화를 빠르게 완료했고, 사영 기업과 수공업도 똑같이 예상하지 못할 정도로 빠르게 사회주의화되었다. 1957년까지 농촌 주민의 대다수는 집단 농장으로 조직되었다. 마오는 확실히 집단화 추진의 배후에 있는 동력이었다. 그는 가오강 사건에서처럼 반대자들을 제거하거나 단념시킴으로써 다른 시각을 가진 동료들을 압도했다. 그러나 그는 사회 전반의 긴장과 균열뿐 아니라 경제에 대한 위기감을 이용하기도 했다.

그렇게 짧은 기간에 집단화를 실행한 것에 대한 지도부의 경이와 도취는 마오가 집단화가 두 가지 핵심 문제를 성공적으로 처리할 것이라고 주장하게 만들었다. 첫째, 집단화는 마오와 다른 지도자들이 늘 두려워했던 혁명 전 권력 구조의 복원을 효율적으로 방지할 것이었다. 둘째, 집단화는 토지 개혁으로 발생한 부족분을 개선함으로써 중국의 식량 공급 문제를 해결할 것이었다. 마오는 농촌의 저항에 대한 보고와 농촌의 사회 개혁에 대한 비판이 실제로는 공산당을 공격하고 사회주의를 무너뜨리기 위해 지주와 반혁명분자들이 선동한 것이라고 주장했다.

그러나 1957년 말이면 집단화가 그러한 약속을 이행하는 데 실패했다는 것이 명백해졌다. 집단 농장의 실질적인 운영에는 어려움이 많았다. 집단 농장은 복잡한 회계 절차, 노동 분배의 비효율성, 대규모 단위를 계획하는 복잡성, 구성원 사이의 불공평 등으로 괴로움을 겪었다. 농업 생산성은 정체되어서 공업 발전에 투자할 자금을 만들고, (1949년에 600만 명에서 1957년에 거의 1,000만 명이 된) 늘어나는 도시 인구를 먹이고, (예컨대 원면이나 기름을 짜는 씨앗과 같은) 공업 생산에 필요한 원료를 공급하고, 공업 제품을 수입하는 데 필요한 외환을 확보하기에 충분하지 않았다.[28] 당과 사회에 환멸이 나타났다. 경제 계획과 집단화의 체계가 중국에서 제대로 작동할지에 대한 의심이 확산되었다. 호구의 제약을 무시하고 농민들이 도시에서 일자리와 식량을 찾으면서, 농촌으로부터 이주가 늘어났다. 이러한 부정적 전개는 한쪽의 마오와 지도부 내부 일부 젊은 구성원들 그리고 다른 쪽의 류사오치와 저우언라이 같은 노련한 지도자들 사이의 의견 대립을 심화했다. 전자는 유연성, 대중 동원, 경제의 빠른 전환 등을 주장했고, 후자는 사회주의로의 완만한 이행의 필요성, 중앙에서 조정하는 계획의 이점 그리고 소련 경험의 성공과 실패 모두에서 배워야 할 필요성 등을 강조했다. 이러한 긴장된 상황 속에서 모스크바로부터 불안을 가중시키는 뉴스들이 들어오기 시작했다.

사회주의 세계의 위기

1956년 2월, 소련 지도자 니키타 흐루쇼프는 전례 없고 예상하지 못했던 폭로로 사회주의 세계를 경악시켰다. 그는 소련공산당 20차 전당대회 연설에서 스탈린의 잔혹성, 테러, 개인 숭배, 마르크스주의와 레닌주의 원칙으로부터의 이탈 등을 장황하게 폭로했다. 주로 조작된 고발에 기초한 당원들의 부당한 체포 등 스탈린의 범죄 일부를 드러냄으로써 흐루쇼프는 공산당 체계를 둘러싸고 있던 무오류성의 이미지를 해체했다. 당이 수십 년 동안 올바른 경로를 벗어나 있었다는 점과 모든 곳의 공산주의자들에게 존경을 받았던 위대한 지도자가 많은 무고한 사람의 죽음에 개인적 책임이 있을 수도 있다는 점은 전 세계 공산주의자들과 그들의 동조자들에게 큰 충격으로 다가왔다. 공산주의 체계에서 정당성의 기초가 흔들렸다. 그래서 스탈린의 죽음은 사회주의 세계 내의 긴장을 노출하고 스탈린의 광대한 제국을 분열시켰다. 이후의 15년은 공산주의의 세계사에서 가장 소란스러운 시기에 속했고 냉전의 가장 위험한 시기가 되었다. 세계는 핵 충돌 직전의 불안에 놓여 있었다.

그날 모스크바에 있던 것은 다름이 아닌 소련공산당 20차 전당대회에 참여하기 위해 모스크바에 간 파견단 대표 덩샤오핑이었다.[29] 전당대회에 참여한 다른 외국 지도자들과 마찬가지로 덩샤오핑은 흐루쇼프의 비공개 연설에는 참석하지 못했지만 다음 날 연설문을 읽을 수 있었다. 덩샤오핑은 즉시 이 연설의 국내적이지만 국제적이기도 한 중요한 의미를 인식했다. 덩샤오핑은 스탈린에 대한 강력한 비판이 스탈린과 함께 일했던 사람들에게까지 번질 수 있고 그 결과 소련 공산당뿐 아니라 다른 공산당들의 권위도 약화할 수 있음을 알아차렸다. 그는 두 번역가에게 밤을 새워 연설을 번역하도록 명했다. 그는 또한 마오쩌둥이 어떻게 대응할지를 결정할 때까지 그 내용에 대한 언급을 피했다. 따라서 덩샤오핑이 베이징에서 돌아와 이 연설에 대해 마오에게 보고했을 때, (많은 부분에서 스탈린 비판과 같은 내용으로 비판받을 수 있었던) 마오는 곧 당황했다.

흐루쇼프의 폭로는 마오와 중국공산당 지도부를 매우 불안하게 했는데, 이들은 세계의 상황이 바뀌었고 그 결과 중국이 엄청난 도전에 직면했음을 인식했다. 흐루쇼프는 스탈린 통치 비판을 멈추지 않았고, 곧 소련과 동유럽에서 시행된 개혁의 '신노선'을 추진하기도 했다. 이 새로운 노선에는 집단 농업의 완화, 소규모 사기업의 허가 그리고 일부 국가에서는 스탈린의 신뢰를 받는 협력자들이었던 동독의 발터 울브리히트Walter Ulbricht, 폴란드의 볼레스와프 비에루트Boleslaw Bierut, 헝가리의 라코시 마차시Rákosi Mátyás 등을 포함하여 이른바 '작은 스탈린들'로 불렸던 사람들을 대신할 공산당의 집단 지도부 등이 수반되었다. 흐루쇼프는 또한 폭력적 계급투쟁을 끝내기를 원했고, 국제 문제에 관해서는 서구와 평화로운 공존이 가능하다고 믿었다. 그는 군비 경쟁을 제한하고 폭력을 포기함으로써 사회주의 세계가 내부적 불화를 해결하고 각 정권들을 안정시키고 국경을 지키고 경제를 발전시킬 것으로 기대했다.

처음에 동유럽에서 소련의 새로운 정책의 가장 큰 영향이 나타났는데, 이 지역은 공산주의의 장악력이 가장 약한 곳이었다. 스탈린 이후 시기에 시작된 전반적인 이완 분위기가 불평과 불만의 공개적 표현을 촉진했다. 스탈린의 사망 직후인 1953년 이미 체코슬로바키아에서 노동자들이 낮은 임금, 자유의 부재, 소비에트 통치에 대해 저항했다. 이는 곧 동독에서 더욱 심각하고 광범위한 불안으로 이어졌다. 시위와 파업이 빠르게 폭력적으로 진압되었지만, 노동자들은 더 많은 임금을 받는 데 성공했다. 1956년 6월 폴란드에서 더 큰 위기가 나타났다. 베를린이나 플젠에서처럼, 저항을 시작한 것은 노동자들이었다. 낮은 생활 수준이 대중적 불만의 근원이었다. 폴란드는 소련의 개입을 간신히 피했지만, 1956년 가을에 헝가리에서 비슷한 저항이 일어났을 때 소련군이 이를 진압하려 진입했다. 처음에 저항은 일당 지배의 종말이 아닌 조정만 요구했다. 그러나 오래지 않아 저항자들은 헝가리가 바르샤바 조약에서 탈퇴할 것과 다당제 인민전선 정부의 창설을 요구했다.

그 결과 초래된 탄압은 가혹했다. 11월 4일 바르샤바 조약군이 헝가리에 진입했을 때 엄청난 저항이 있었고, 수천 명이 죽고 더 많은 사람이 체포되었다. 이 사건은 동유럽 공산주의 정권들을 공고하게 만드는 데 기여한 폭력적 에피소드였는데, 동유럽은 스탈린의 죽음에 뒤이은 들뜬 시기 이후 처음으로 안정화된 지역이었다. 그러나 단순히 이전과 같은 통치 형태로 돌아갈 수는 없었고, 동유럽 정권들은 이후 10년 동안 공산당 정권과 사회 사이에서 좀 더 실용적인 타협을 찾기 위한 시간을 보냈다. 대부분 동유럽 정부는 1950년대 말부터 좀 더 자유주의적이고, 덜 금욕적 형태의 공산주의로 자리 잡게 되었다. 예를 들어 헝가리는 억압의 시기가 지나고 나서 동유럽에서 가장 온건한 국가의 하나가 되었다. 그러나 사회주의 세계의 동요가 진정으로 가라앉는 데는 시간이 좀 걸렸다. 흐루쇼프가 불러일으킨 힘은 강력했고 단지 유럽에만 영향을 미치지는 않았다.

폴란드와 헝가리의 노동자들이 20차 전당대회의 폭로를 공산주의가 작동하지 못한다는 증거로 삼아 공산당 정권을 전복하려고 했던 시도를 바라보면서 중국 지도자들은 더욱 놀랐다.[30] 한편으로는 늘 스탈린과 불편한 관계였던 마오쩌둥이 중국에 대한 잘못된 정책과도 관련이 있었기 때문에 스탈린의 실수에 대한 비판적 토론을 환영했다. 다른 한편으로는, 스탈린 격하로 가능했던 소련의 신노선을 마오는 잘못된 것이라고 믿었다. 그러나 마오쩌둥의 의견이 그의 권력 독점을 두려워했던 중국공산당 지도자들에게 공유되지는 않았다. 이들은 새로운 정책, 특히 집단 지도의 원칙에 대한 주장을 환영하고자 흐루쇼프의 연설을 이용했다. 이들은 신노선과 해빙 정책의 조정을 지지하면서 중국도 빠른 집단화 정책을 수정하거나 늦춰야 한다고 주장했다. 마오쩌둥은 동의하지 않았고, 나중에 1956년 그의 관점에 많은 당 지도자가 무관심했다고 불평하게 되었다.

게다가 늘 당 권력에 관심이 있던 마오에게 동유럽의 대중적 불만은 앞에 놓인 심각한 위험의 증거였다. 변화하는 세계적 상황의 충격은 중국에서 집단화와 경제 계획의 실행으로 인한 불만이 일어남에 따라 1956년 가을과 겨울에 이미 느낄 수 있었다. 농촌에는 불충분한 식량 공급에 대한 불만이 널리 퍼져 있었다. 중국에서 노동자들의 더 좋은 조건, 더 많은 민주, 언론의 자유 등을 위한 대중 시위를 비밀경찰이 관찰하고 보고했다. 허베이, 허난, 산둥의 가뭄으로 상황이 악화되었다. 온난화 경향을 가져온 평균 기온의 상승이, 겨울에 일어난 가장 중요한 기온 상승과 함께 중국 서부와 북부의 대부분에 점점 더 영향을 미쳤다. 1950년대부터 중국 북부에서 연강우량이 줄어들기 시작해 봄과 여름에 가뭄이 더욱 자주 발생했다.[31] 이러한 상황이 농업 체계에 미친 충격과 계속되는 농민들의 저항 사이에서 국가는 곡물 할당량을 강제하기가 점점 어려워진다는 것을 알았다. 1957년에 더 많은 농민이 새로운 합작사에서의 어려움을 피하고, 빠르게 팽창하고 있으며 정부 정책으로 임금이 빠르게 상승하던 국영 공장에서 일자리를 찾으려 도시로 흘러들었다. 중국 전역에서 긴장이 고조되었다. 당은 이와 같이 동구권의 변화가 가져오는 압력 그리고 중국 국내 경제의 문제와 늘어가는 환경 피해가 서로 악화하는 사이에서 1949년의 정권 장악 이래 가장 큰 위기를 맞게 되었다.

마오쩌둥은 중국이 국내적으로나 국제적으로 모두 추진력을 다시 확보해야 할 필요가 있다고 확신했다. 1956년과 1957년의 일련의 중요한 연설과 문건에서 마오가 위기에서 벗어나는 방법을 집중적으로 탐색하고 있었음이 드러난다. 마오는 중국 정치의 언어와 프레임에 집중함으로써 강력한 영향력을 가지게 되었고 당 정책을 좌경 방향으로 움직일 수 있었다. '10대 관계를 논함'(1956년 4월 25일)이라는 그의 연설은 소련 모델을 웅변적·체계적·비판적으로 재검토한 것이었다.[32] 그는 중국이 맹목적으로 외국 모델을 따라서는 안 되고 자신감을 가지고 스스로의 길을 발전시켜야 한다고 강조했다. 마오는 혁명과 반혁명이 대립물이라는 관찰로 시작하여 혁명과 반혁명의 관계를 묘사하기도 했다. 그는 사회주의 사회에서 혁명-반혁명의 모순이 계속해서 존재할 것이라고 예견했다. 이런 종류의 모순을 적대적이라고 할 수 있지만 바뀔 수 있었다. 다른 말로 하면, 사회적 조건과 정책이 올바르면 부정적 측면(반혁명)이 긍정적 요소(혁명)로 바뀔 수 있었다. 마오는 다음과 같이 말했다. "인민의 강인함과 우리가 채택했던, 반혁명분자들이 스스로 노동을 통해 새로운 사람으로 변화할 수 있게 한 정확한 정책 덕분에 그들 중 상당수가 더는 혁명에 반대하지 않게 되었다. 그들은 농업과 공업에 참여하며 그들 중 일부는 매우 열성적이며 유익한 일을 한다."

거의 1년 후인 1957년 2월 27일 마오쩌둥은 '인민 내부의 모순을 정확하게 처리하는 문제에 관하여'라는 제목의 연설을 했다.[33] 여기에서 전에 했던 주장이 다시 반복되면서 다듬어졌다. 이번에도 마오의 중심적 주장은 사회주의하에서 모순이 계속 존재한다는 것이었다. 서두에서 그는 '적과 우리 사이의 모순'과 '인민 내부의 모순'을 구분했다. 인민과 그 적 사이의 경계가 절대적이지 않았기 때문에 마오의 '적' 범주는 모호하고 탄력적이었다. 그는 어떤 상황에서는 (나중에 당원조차도 우파라고 고발되었던 것처럼) 친구가 적으로 변할 수 있고 (훨씬 덜 일어나는 일이긴 하지만) 그 반대가 될 수도 있다는 것을 알았으므로 명확한 규칙과 엄격한 법을 만들지 않으려고 많이 노력했다. 그러나 어떤 방식으로든 '인민의 적'은 계속 있었고, 특히 1950년대 말부터 계급 지위가 원칙적으로 세습적인 것이 되어서 예컨대 지주 자녀들은 지주 계급 일부로 여겨졌다.

1년이 안 되는 간격을 두고 행해진 이 연설들은 사고의 역할에 대한 강조, 계급 지위와 정치적 사고를 연결하는 경향, 투쟁의 필요성에 대한 믿음 등 오랫동안 마오 사고의 특징이었던 것들을 포함하고 있었다. 그러나 이 연설들에서 눈에 띈 것은 불확실성에 대한 충만한 감각이었는데, 마오는 "사회주의가 승리할지 자본주의가 승리할지는 아직 진정으로 결정되지 않았다"라는 문제에 대해 경고했다. 그는 계급투쟁이 사회주의하에서도 오랫동안 계속되어야 할 것이고, 혁명이 활성화되고 강화되어야만 한다고 결론을 내렸다. 그는 자신이 해빙이나 평화 공존이 아니라 혁명 투쟁의 심화와 강화를 옹호한다는 점을 분명히 했다.

> 과거에 제국주의·봉건주의·관료주의의 통치 종식과 인민민주 혁명의 승리를 위해 우리는 모든 긍정적 요소를 동원하는 방침을 실행했다. 지금 사회주의 혁명을 진행하고 사회주의 국가를 건설하고자 마찬가지로 이러한 방침을 실행하고 있다.[34]

이는 마오가 새롭고 좀 더 공격적인 정책 목표를 지지했던 국제 문제에도 적용되었다. 국내와 국제 정책에서 혁명의 심화는 중국의 사회주의가 위기를 견디게 할 마오 전략의 불가결한 부분이었다. 동시에 이 전략은 중국을 흐루쇼프의 신노선과 동유럽의 자유주의적이고 좀 더 인간적인 사회주의와 불화하게 했다.

1957년에 소련이 스푸트니크 1호 위성을 발사하여 궤도에 올리면서 소련의 우주 프로그램이 미국의 시도보다 앞서가게 된 이후 마오는 '동풍이 서풍을 압도한다'는 유명한 주장을 했다. 그는 사회주의 세계가 서구의 국가들보다 못하지 않으며 미국 제국주의를 저지하고자 결집해야 한다고 주장했다. 중국은 흐루쇼프의 소련에 자본주의와의 싸움에서 다시 우위를 점해야 한다고 촉구하기도 했다. 흐루쇼프가 거부했을 때, 중국은 1958년 일방적으로 타이완해협에서 제한적인 무장 도발을 했다. 마오는 인민해방군이 진먼金門과 마주馬祖를 공격하는 것이 핵전쟁이 될 수도 있는 국제전을 가져오지 않을 것이라고 예측했고, 미국 정부가 개입을 피할 것이라고 판단했다. 아이젠하워 대통령은 그 반대로 중국이 진먼 침략을 진행한다면 미국은 원자 폭탄을 사용할 준비가 되어 있다고 위협했다. 미국과 소련 양쪽의 압력으로, 중국 정부는 타이완해협에서의 공격을 끝냈다. 이 에피소드는 중소 관계를 더욱 긴장시켰다.

국내적으로 중국공산당은 마오의 제안으로 더 큰 개방성을 위한 캠페인인 쌍백운동雙百運動을 시작하기로 결정했다.[35] 1957년 2월 27일 마오는 '백 가지 꽃이 피게 하고 백 가지 학파가 다투게 하자'는 구절을 사용하여 공개적 비판을 독려하는 연설을 했다. 지식인들이 처음에는 공개적으로 말하기를 주저했지만 몇 달이 지나자 많은 사람이 자기 관심사에 목소리를 내기 시작했다. 쌍백운동은 흐루쇼프의 해빙 그리고 중국 및 사회주의 세계 전체에서 국가 사회주의 치하의 관료적 억압과 침체에 대한 마오의 대응이었다. 마오는 중국공산당이 중국의 지식인들을 재교육했기 때문에 중국 상황이 소련이나 동유럽의 상황과 다르다고 확신했다. 그는 지식인들이 부르주아적이고 식민지적인 뿌리와 단절하고 스스로 사회주의적 세계관으로 재교육받았기 때문에 공개적으로 중국공산당을 유용하게 비판하게 할 만큼 신뢰할 수 있다고 믿었다. 지식인들은 관료적 통치의 오점을 교정하는 방법을 제안함으로써 당을 '인민을 위해 복무하는' 새롭고 더 높은 수준의 '혁명적 성공'으로 인도할 수 있었다. 모든 사람이 이러한 낙관을 공유하지는 않았고, 다른 지도자들은 중국 지식인들이 여전히 부르주아적이고 공산당에 대해 논평하라는 독려를 받지 않아야 하며 하물며 공산당을 공개적으로 비판해서는 안 된다고 믿었다. 그러나 마오는 이 운동을 고집했고, 회의론자들의 공포를 확고하게 확인해준 흥분되고 놀라운 공적 토론의 시기였던 1957년 5월 운동이 절정에 달했다.

마침내 목소리를 낼 용기가 생긴 지식인들의 다수와 소수의 당 지도자가 비판의 심각성으로 마오를 놀라게 했다. 일부는 당이 너무 지배적이고 강력한 역할을 맡아서 권력에 대한 당의 열망이 통치에서의 능력과 일치하지 않는다고 말했다. 다음과 같은 『광명일보光明日報』 편집장의 관점은 하나의 사례다.

> 최근 몇 년 동안 당과 군중의 관계는 좋지 않았고 현재 우리나라 정치생활 중 서둘러 조정해야 할 문제가 되었다. 이 문제의 관건은 도대체 어디에 있는가? 내가 보기에 관건은 '당천하黨天下'라는 사상 문제에 있다. 나는 당이 국가를 영도하는 것이 이 나라가 당 소유라는 것과 결코 같지 않다고 생각한다. 모두들 당을 지지하지만 스스로 국가의 주인임을 잊지는 않았다. … 전국적으로 크고 작은 단위를 막론하고 심지어 하나의 과科나 조組까지도 모두 당원을 우두머리로 삼는 것은 너무 지나치지 않는가? … 최근 몇 년 동안 많은 당원의 재능과 그들이 담당한 직무는 서로 맞지 않았다. 업무를 잘하지 못하여 국가에 손해를 끼쳤을 뿐만 아니라, 사람들이 진심으로 감복하게 하지도 못하여 당과 군중 사이의 긴장을 악화시켰다.[36]

한 학생은 중국에서 민주주의의 부재를 다음과 같이 솔직하게 비판했다. "진정한 사회주의는 마땅히 민주적이어야 하지만, 우리가 있는 이곳은 민주적이지 않다. 나는 이 사회를 봉건적 기초 위에 만들어진 사회주의라고 부른다. 우리는 공산당이 정풍의 방법을 이용하고 개량주의적 방법을 채택하여 인민들에게 약간의 양보를 하는 것을 충분하다고 보지 않는다."[37] 많은 작가와 예술가들이 편협한 미학적 원칙에 복종하고 끊임없이 검열에 시달려야 하는 것에 불평했다. 법률가들은 법률 체계가 미비하다고 공격했고 당으로부터의 사법 독립과 법원 체계의 강화를 요구했다. 마오 주위에 형성된 숭배도 비판받았다. 요컨대 지식인들은 당의 지배에 대해서 점진적 개선이라는 기대된 제안을 하지 않았다. 그들은 오히려 동유럽에서처럼 다당제 정치체제와 민주적 선거를 요구하는 정도에 이를 만큼 좀 더 중대한 정치 변화를 요구했다.

마오와 당의 다른 사람들은 충격을 받았고 재빨리 비판을 끝내는 것으로 대응했다. 마오는 그들이 자본주의의 폐지에도 불구하고 자신들의 계급적 기원을 지우지 못한 부르주아 지식인들이라고 반격했다. 그는 지식인과 (충실한 공산당원들 중 일부도 개선을 위한 날카로운 제안을 제기했기 때문에) 간부들 중 우파를 근절하는 응징 캠페인을 시작했다. 반우파 운동은 6월에 시작되어 1959년까지 계속되었다. 동기가 무엇이었든 비판의 목소리를 낸 모든 사람은 물론 전혀 비판하지 않은 많은 사람까지도 비난받고 처벌당했으며, 수천 명이 노동수용소로 보내졌다. 당 내부와 외부의 지식인과 전문가들은 위협당하고 협박을 받았다. 마오가 모든 지식인의 10%가 우경이며 비밀리에 사회주의에 반대한다는 추정을 공유한 후 많은 학교, 대학, 신문에서 이 수치를 직원의 10%를 우파로 보고해야 한다는 신호로 받아들였다. 마오가 덩샤오핑에게 관리하도록 했던 이 운동에서 지식인 대략 55만 명이 우파로 낙인찍혔다. 쌍백운동 기간에 덩샤오핑은 지방 당 관료들에게 비판을 경청하고 맞서 싸우지 말도록 촉구했지만, 일부 지식인들이 복잡하고 어려운 임무를 처리하려고 노력하는 간부를 얼마나 '거만하고 부당하게' 비판하는지를 보고 불안해졌다. 반우파 운동 시기에 덩샤오핑은 당의 권위를 지키고 거침없이 말하는 지식인들을 공격하는 데 마오를 강력하게 지지했다.

국내외적으로 혁명을 심화하고자 하는 마오의 시도가 중소관계를 긴장시킴에 따라 점점 격렬해졌던 논쟁과 상호 비판이 1960년의 중소 분쟁에서 절정에 달했다.[38] 흐루쇼프는 소련 고문들을 중국에서 철수시켰다. 중국 매체는 명백하게 흐루쇼프를 겨냥하는 소련 '수정주의자'들에 대한 맹렬한 비난을 발표했다. 1963년부터 마오는 사회주의를 배신했다고 공개적으로 모스크바를 비난했고 중국을 피난처로, 스스로를 마르크스-레닌주의의 진정한 옹호자로 묘사했다. 중국은 다른 사회주의 국가들을 지배하려는 소련의 시도를 '패권주의'로 간주하고, 개발 도상국들 사이에서 영향력을 확보하려는 소련의 시도를 '사회주의 제국주의'라고 묘사했다. 이러한 분열로 중국은 세계의 초강대국 양쪽 모두를 적으로 만들었다. 중국은 점점 더 홀로 서게 되었고 불안정한 상황에 있게 되었다.

삼면홍기

1958년, 중국은 (마오가 1953년 시작했던) 사회주의 건설 총노선, 대약진 (1958~1960), 농촌 인민공사로 구성된 '삼면홍기'三面紅旗 운동을 극적으로 선언했다. 사회주의 건설 총노선은 "열의를 북돋우고, 더 높은 목표에 도달하고자 힘쓰며, 더 많이 더 빨리 더 좋게 더 절약하는 사회주의를 건설하자"라는 지시를 가리켰다. 뉴스 매체가 '속도는 총노선의 영혼'이 라는 메시지를 확산하며 대약진이 그러한 이상의 전형이 되었다. 대약 진이 구체적인 정책이고 인민공사가 그 실행의 주요 수단이었다면, 총 노선은 지도 이데올로기 역할을 했다.[39]

확실히 그 모든 것이 이데올로기적이지는 않았고, 힘과 의도가 복 잡하게 섞여서 중국이 1950년대 말의 위기에서 벗어나는 방법으로서 삼면홍기 표명으로 이어졌다. 마오가 소련은 물론 소련 발전 모델의 사 회적·정치적 영향에 반대하고 있음은 분명했다. 그는 이제 장기 계획, 실질적인 사회 계층화, 대규모 정부 부처들에 의한 중앙집중화된 통제 등과 같은 소련식 시스템을 공개적으로 거부했다. 소련 모델은 정부가 농업 잉여를 추출하여 도시의 발전에 사용할 필요가 있다고 상정했다. 이것은 아마도 이러한 모델이 만들어진 1920년대 말 소련에서는 가능 했겠지만, 중국 상황은 매우 달랐다. 중국에서는 우선 농업 잉여를 생 산하는 방법을 고안하고, 그다음에 그 대부분을 빨아들여 도시 성장에 투자하는 방법을 고안해야 했다. 소련 모델의 기초가 되는 에너지·운 송 분야에 대한 가정은 1950년대 중국의 현실과 맞지 않기도 했다. 중 국은 빠른 공업화의 결과로 나타난 운송, 에너지, 건축 자재의 병목 현 상에 직면했다. 1950년대 중반에 많은 관료가 총노선의 실행이 경제 체제가 전복될 위험을 가져온다는 사실을 깨닫기 시작했다. 그들은 일상적 업무에서 중국이 계획경제에 필요한 기술적 전문성을 획득하려면 시간이 오래 걸릴 것으로 추정했다. 소련의 인구당 공학자와 기술자 숫자는 중화인민공화국 교육 체제가 배출할 수 있는 것보다 훨씬 더 많았고, 지식 격차를 따라가려면 수십 년이 필요했으며, 이러한 공학자, 수학자, 기술자, 계획가들이 없이는 계획경제가 작동할 수 없었다. 규모, 복잡성, 불균등한 발전 등을 고려한다면 중국이 소련식 체제를 빠르게 발전시킬 수 있다는 생각은 현실적이지 않았다. 중국의 소련식 계획 기구는 이러한 문제를 극복할 수 없었다. 중국에서 소련의 발전 전략을 복제하려는 시도는 주요한 구조적 장애물들에 부딪혔고 전반적인 경제 불안을 만들어냈다.

마오쩌둥은 공산주의로의 결정적 도약에 박차를 가하는 삼면홍기 운동을 시작함으로써 이러한 어려움을 한번에 해결하기로 결정했다. 국내외의 정치에 대한 고려도 정책의 핵심에 있기는 했지만, 사회경제적 맥락이 중요했다. 마오쩌둥은 경제적 성과, 여러 가지 제한, 융통성 없고 기술관료적 의사결정 등의 측면에서 중앙에서 계획하는 명령경제 체계의 모델에 만족하지 못했다. 마오는 이러한 체계가 공업과 농업의 역동적인 발전을 가져오기에는 너무 제한적이라고 주장했다. 그는 중국이 하향식의 계획보다는 주민의 동원에 기초해서 발전할 때 더 나아질 것이라고 믿었다. 이러한 사고의 결과가, 대안적인 경로를 보여주며 중국을 영국과 같은 공업 국가를 추월하는 발전 상태로 이끌고자 계획된 대약진이었다.

유토피아적 이념이 자주 강조되긴 했지만 대약진은 중국의 식량 문제에 대한 새로운 제도적 해결책을 찾는 것과 공업화의 가속화라고 하는, 그 자체로는 거의 유토피아적이지 않은 두 가지 구체적 목표를 추구했다. 농민들이 국가에 더 많은 식량을 팔지 않으면 농민들이 더 많은 식량을 보유하거나 소비하게 될 뿐이기 때문에 지도부는 식량 공급 증대가 문제라는 점을 반복해서 강조했다. 그동안 인구가 늘어나서 1950년에 5억 5,000만 명이던 것이 1960년에는 6억 7,000만 명이 되어 먹여야 할 인구 1억 2,000만 명이 추가되었고, 1950년대 중반의 식량 비축분은 위험할 정도로 줄어들었다. 1950년대 후반에 일어난 자연재해들로 상황이 악화되었다. 1958년 가을에 대약진 프로그램이 수용된 것은 위기에서 탈출하려는 시도이자 농촌 사회에서 생활을 개선하려는 전망을 향한 새로운 노력으로 보아야 한다.

대약진은 당의 강력한 선전을 수반했다. 공식적 보고들은 인민공사人民公社 체제하의 새로운 농촌 생활의 전망에 초점을 맞추었다. 노동과 소득을 통합하고 정확하게 조직함으로써 이러한 새로운 제도들이 대약진 이전의 범위를 넘어서는 성과를 거두게 될 것으로 기대되었다.[40] 인민공사는 공업, 농업, 상업, 학습, 군사를 통합하고 이로써 내륙 지역과 소외된 지역에 발전을 가져올 것이었다. 공사 조직을 통한 협력이 과거의 중국 농촌에 부담을 가져왔던 문제를 다루기 위한 열쇠로 여겨졌다. 따라서 인민공사는 대규모 치수 사업을 시작하고, 소규모 공장을 설립하고, 농촌 수입을 늘릴 수 있는 상품을 제조하도록 지도를 받았다. 인민공사는 또한 병원과 학교를 운영하고 공사 내에서 노인과 장애인을 돌봄으로써 사회복지를 제공할 것을 약속하기도 했다. 가구들은 생산대로 조직되었고, 생산대가 모여 생산대대가 만들어졌다. 그리고 생산대대들이 인민공사를 구성했다. 조직의 각급은 특정한 업무의 책임을 맡았다. 생산대는 농사 중에서 특정 업무를 맡았다. 생산대대는 작은 작업장과 초등학교를 책임졌다. 인민공사는 대규모 토지 개간 공사와 병원, 고등학교, 작은 공장 그리고 다른 부가 산업 등의 설립과 운영을 맡았다.

대약진 초기에 어떤 곳에서는 공공 식당이 식량 관리를 담당했고, 무료로 혹은 보조금을 통해 대폭 할인된 가격으로 식사를 제공했다. 집단화에 대한 저항에도 불구하고 당은 끈질기게 대규모로 군사화된 인민공사와 집단 식당을 밀어붙였는데, 이는 더 생산적이기 때문만이 아니라 공산주의의 약속을 실현하는 것이었기 때문이다. 대약진의 장기적인 사회적 목표는 인민공사를 통해 도시와 농촌의 차이, 육체노동자와 지식노동자의 차이, 노동자와 농민의 차이를 줄이는 것이었다. 1959년까지 2,000에서 2만 가구 사이의 규모로 이루어진 2만 4,000개 인민공사가 수립되었다. 당은 곧 이러한 인민공사가 너무 크고 비효율적이라는 결론을 내리고 좀 더 작은 규모로 분할했다. 1963년에 인민공사가 7만 4,000개 있었다. 문화대혁명 이후 평균적인 규모가 다시 커져서 인민공사 총수는 1978년에 대략 5만 3,000개로 줄어들었다.

동원 방법은 기업과 지방 간부들을 유인하여 생산을 전례 없는 수준으로 확대하도록 최선을 다하고 노동자들에게 동기를 부여하게 하는 것이었다. 거대한 공공사업 기획들이 대약진의 필수 부분이었다. 대규모 관개 시설들이 건설되었다. 촌락과 소도시들이 소규모 공업용 용광로를 건설하여 철강 생산량을 증대시키도록 권고받았다. 대규모 기업들은 기존의 계획들을 훨씬 더 야심적인 계획으로 대체하도록 권장받았다. 목표는 (중국이 가지고 있지 않은) 기계와 자본 대신 인력을 사용하여 빠르게 현대적이고 더 생산적인 기반시설을 만드는 것이었다. 많은 경우 허술하게 계획되고 환경에 유해했던 이 기획들은 한꺼번에 수백만 인민

대약진 시기에 뒷마당 용광로에서 일하는 사람들
(Pictures from History/Bridgeman Images/PFH1178813)

을 집에서 멀리 떨어진 대규모 제철소와 다른 작업장에 동원했다. 서구를 따라잡으려는 시도의 하나로, 철강 생산을 1년 만에 530만 톤에서 1,070만 톤으로 두 배 늘리는 것이 목표였다. 촌락들이 건축 자재와 연료용 목재의 부족을 겪으면서 주택과 상점들을 허물었다. 마오쩌둥은 이러한 노력을 칭찬했고 낡은 철로를 해체하는 것을 제안하기도 했다.

최선을 다해 열심히 노력해야 한다. 상하이에서 10만 톤이 넘는 고철을 제련했다. 과감한 방법으로 고철을 회수해야 한다. 닝보나 자오둥膠東

노선과 같이 현재 경제적 가치가 없는 철도는 해체하거나 주요한 곳으로 옮겨질 수 있다. 무엇보다도 야금 장비, 용광로, 평로 압연기, 전기 기계, 주요 철도, 우선적인 토목 사업, 선반, 크레인 등의 생산을 보증해야 한다. 우선 몇 가지 중요한 임무를 보증함으로써만 천년의 행복을 얻을 수 있다는 것을 간부들과 인민들에게 분명히 알려주어야 한다.[41]

지방에서 독립적으로 더 높은 공업 생산 목표를 세웠고, 이 때문에 중앙의 계획 기구들은 이러한 목표를 경제의 나머지 부분과 조정하지 못하게 되었다.[42] 다양한 수준에서 이러한 경제적 결정들을 조정할 수 있는 장치가 없어서, 생산 사슬 전체에 걸쳐 빠르게 문제가 나타났다. 그 결과는 공업 생산의 붕괴와 자원의 막대한 파괴였다. 뒷마당 용광로에서 유용한 철강 제품들을 녹여서 쓸모없는 저질의 철을 만들었다. 이러한 용광로를 건설하도록 권유받은 지방의 인민들은 장작을 찾고자 자신들의 지역을 벌목했고 조악한 금속을 생산하면서 지쳐갔다. 또한 대규모의 새로운 건설 현장들이 시멘트 공급을 대폭 감소시켜서, 더 잘 계획된 공사에 돌아갈 것이 거의 남지 않게 만들었다. 공업 영역의 경제적 성과가 급락하여 1961년에 1인당 국민총생산이 17% 하락했다.[43] 1960~1961년 중국에 닥친 경제적 비극은 전적으로 자초한 것이었으며, 1950년대 성취를 무효화했다.

농업 영역에도 있었던 생산 증가를 위한 유사한 시도가 3년(1959~1961)간의 수확 실패를 가져왔다. 대약진은 가족이 더 이상 생산의 단위, 가정, 의례의 단위가 아니게 만들고, 이를 대규모의 현대적이고 군사화되고 훈련받은 노동의 편제로 대체하려고 했다. 그러나 새로운 문제들이 나타났는데, 아마도 가장 뚜렷한 문제는 생산적으로 일하려는 동기

대약진 동안 굶주리는 농촌의 가족(Pictures from History/Brdigeman Images/PFH3431952)

가 없어진 것이었다. 농민들이 공동 식당이 있는 거대한 인민공사로 조직된 (그래서 그들 중 더 많은 사람이 허술하게 계획된 대규모 건설 공사 현장이나 들판에서 일하게 된) 이후 그들은 아무 일도 하지 않은 사람들이 가장 열심히 일한 사람들과 똑같이 먹는 것을 볼 수 있었다. 보편적 복지 때문에 열심히 노동하려는 의욕을 가지는 사람들이 거의 없었기 때문에 농업 생산은 급락했고, 많은 공동 식당의 식량이 바닥났다. 식량 생산에 대한 비현실적 약정을 하도록 강요받았던 지방의 당 비서들은 지방의 창고를 비워서 그러한 목표치를 채울 수밖에 없었고, 이는 지방의 인민들이 식량 부족으로 굶주리게 만들었다. 특히 1959년에서 1961년 사이의 불규칙적인 강수량이 식량 부족을 확산함에 따라 환경적 위기가 심화되었을 때 재앙이 닥쳤고, 농촌의 상황은 통제에서 벗어나 소용돌이쳤다.

1959년 초 기근이 특히 북중국의 여러 성에서 확산되었고 다음 해에는 전국적 위기가 되었다." 허난, 간쑤, 안후이, 구이저우, 칭하이, 쓰촨 등의 성이 가장 큰 피해를 보았다. 기근은 모든 곡물 저장고가 비고 새로운 곡식은 아직 수확되지 않은 1960년 1월에서 4월 사이에 가장 많은 생명을 앗아갔다. 굶주린 농촌 주민들이 들의 익지 않은 곡식까지 먹으면서(吃靑), 수확 할당량을 채울 곡식이 거의 남지 않았다. 곡식이 없어지자 농촌 사람들은 나무껍질, 옥수숫대, 뿌리, 겨, 야생 식물을 먹었고 곤충, 뱀, 두꺼비도 먹었다. 다른 사람들은 공공 식량 창고와 저장고를 습격하고, 정부 기관을 공격하고, 폭동을 일으켰다. 기근을 당한 지역의 촌락에서 먹을 수 있는 모든 것이 사라지면, 사람들은 식량 공급 사정이 나았던 도시로 피난하려 했다. 대개 경찰과 군대가 이런 난민들을 도로와 교통 요지에서 멈춰 세워 되돌려보냈다. 기근 소식이 확산되는 것을 막으려고 농촌의 상황과 난민에 대한 정보는 차단되었다.

1959년 마오는 대체로 가장 있을 것 같지 않은 성공 사례를 기꺼이 믿는 것처럼 보였지만, 어떤 경우에는 관료들이 자신과 의견이 맞지 않거나 자신에게 나쁜 소식을 전하기를 두려워하기 때문에 그러한 보고들이 부풀려진 게 아닌가 의심하는 것으로 보이기도 했다. 마오는 반복해서 간부들에게 정직하게 말할 것을 촉구했고, 간부들이 가끔 그렇게 하면 자신의 지도권이 문제가 되지 않는 한 그들의 솔직함을 칭찬했다. 분명히 심각한 식량 문제에 대한 보고가 많았지만, 마오와 다른 지도자들은 아마도 기근의 전체 규모를 깨닫지 못했을 것이다. 마침내 1960년 10월, 마오쩌둥은 신양(信陽의 집단 기아에 대한 솔직한 보고를 전달받았다. 한 달 이내에 사망자 수를 기록하려고 여러 성에 조사팀이 파견되었다. 기근이 가장 악화된 1959년부터 1961년까지 3년 동안의 사망자 수치를 알 수는 없다. 대륙의 관료들이 편찬한 통계는 비정상적 원인으로 죽은 사람들이 1,600만 명에서 1,700만 명 사이라고 추정하며, 외국 분석가들의 추정치는 최대 4,500만 명에 이른다. 가장 믿을 만한 것으로 여겨지는 추산에 따르면 대약진의 결과로 2,700만 명에서 3,000만 명이 죽었다.[45]

학자들은 이런 엄청난 재난을 가져온 여러 가지 원인을 지적했다. 첫째, 만연한 정치화가 오해, 실수, 왜곡으로 이어졌다. 백화제방의 경험으로 겁을 먹은 지방 당 간부들은 사망자 수의 진실을 비밀로 했다. 참사 범위는 1960년 초까지 보이지 않게 감춰졌고, 1960년 초 상황은 통제에서 벗어나 있었다. 또한 간부들은 1959년 가을 매우 과장된 생산 결과를 보고했고, 이는 다시 한번 비현실적인 추정과 계획의 기초가 되었다. 예를 들어 1959년 11월 2일의 한 보고에서 농업부는 최고 수확량을 장담했지만, 실제 수확량은 전해보다 15% 낮았다. 마오는 이렇게 화려한 보고를 읽으면서 비록 농촌의 배급량이 줄어든다고 하더라도 공업화를 가속하기 위해 농촌에 기존보다 훨씬 더 많은 550억 킬로그램을 요구하는 식량 징발을 밀어붙일 때라고 생각했다. 1959년 식량의 조달 비율이 아주 높게 설정되었기 때문에 농촌 사람들에게는 공급될 식량이 거의 남아 있지 않았다. 중국은 심지어 외환이나 공업 장비와 교환하려고 소련에 계속해서 식량을 판매하기도 했다.

둘째, 당내의 갈등과 분쟁이 대약진 정책의 궤도 수정을 불가능하게 만들었다. 1959년 여름, 마오쩌둥이 개인적으로 '정돈整頓' 운동을 지시했고 정부는 급진적 계획이 문제를 만들어내고 있음을 인식하고 좀 더 완화된 방안을 집행하려고 했다. 인민공사에 대한 광범위한 반대와 식량 부족에 대한 소문에 대응하여 1959년 7월부터 8월까지 열린 루샨회의의 많은 대표가 '정돈'을 확대하고 연장하는 것을 지지했다. 그러나 펑더화이가 심각한 문제들과 기근 상황의 확산을 지적했을 때, 마오는 이를 자신의 지도권에 대한 직접적 도전으로 받아들이고 펑더화이와 그 지지자들을 '우경 기회주의 반당분자'라고 이름 붙여 공격하기 시작했다. 마오가 펑더화이를 당의 배신자라고 비난하는 것을 보면서 누구도 감히 대약진의 타당성에 도전하지 못했다. 새롭게 국방부장으로 임명된 린뱌오는 그가 비록 사적으로는 대약진을 '환상에 기반해 있고, 완전히 엉망'이라고 묘사했음에도 루샨회의에서 마오의 지도력과 마오 사상의 무오류성을 찬양했다.⁴⁴ 이 시점이 되면 당내의 협상과 다원성은 거의 무너졌다. 비판적 견해를 나타난 지도자들은 모두 숙청되었다.

셋째, 현대화하는 중국에서 신속한 국가―사회주의 혁명이 가능하고 성공적일 것이라는 널리 확산된 단순한 믿음이 있었다. 이러한 낙관론의 배후에는 진보의 필연성에 대한 하이 모더니즘적인 맹신, 즉 야심적인 공업 계획과 함께 중공업, 발명, 대규모 공공사업이 높은 생산성과 풍부한 물자를 실현할 것이라는 믿음이 있었다. 중국 사회주의의 맥락에서 이러한 믿음은 집단화의 효율성 및 5개년 계획의 전략적 명확성과 결합된 대중들의 기층 동원이라는 유혹적인 미래상의 형태로 나타났다.

마지막으로, 농업에서 공업으로 대규모 인력이 이동하면서 대처할 수 없는 불균형이 생겼고, 특히 1958년과 1959년 가을과 겨울에 인구 증가, 생태 위기, 곡물 수출, 공공 식당의 식량 낭비 등으로 악화되었다. 대약진 기간의 빠른 도시화로 도시에서 배급을 받는 사람들의 수가 엄청나게 늘어나 공급 체계에 막대한 부담을 주었다. 1957년에서 1960년 사이에 농업 노동력은 약 3,300만 명 줄었는데, 대부분 대규모 토목 공사에 배치되었던 농촌의 비농업 노동력은 5,000만 명 이상 증가했고 도시 인구는 거의 2,000만 명 늘어났다. 이 새로운 비농업 노동자 7,000만 명을 먹여살려야 했다. 이 문제의 해결책은 1958년 농촌으로 확대되어 농민들을 거주지에 묶어놓은 후커우 제도에 있었다. 이때부터 인구 정책은 도시의 잉여 노동자들을 내보내고 이 국내 이민을 농촌의 저개발 지역에 정착시키는 중요한 도구가 되었다. 이 정책은 도시의 실업과 낮은 노동 생산성과 같은 경제적 문제의 처리를 도우려 설계되었다. 소련에서와 같이 농촌 주민들에게는 도시 노동자들에게 보장되었던 소박한 수준의 주택, 식량 배급, 의료 등을 공급하지 않았고, 이들이 열악한 상황에서 탈출하는 것을 막으려는 노력도 하지 않았다. 후커우 제도에도 불구하고 1958년과 1960년 사이 중국의 도시 인구가 역사적으로 전례 없는 수준으로 증가한 것은 농촌 주민들이 필사적이었음을 증언한다.

최근까지 연구자들은 국가의 힘과 공산당에 대한 폭넓은 지지 때문에 대약진에 대한 대중적 저항이 거의 존재하지 않았다고 추정했다. 최근 기록물에 대한 부분적 접근으로, 정권에 대한 기본적인 지지가 지속되면서도 빠른 집단화, 대약진, 기근 등이 구제 단체의 활동을 포함한 다양한 반대 활동을 유발했음이 제기되고 있다. 확실히 대약진 시기 국가의 혜택 박탈에 대한 일상의 여러 저항은 소극적 형태를 취했다. 사람들은 수확된 곡물을 감추고, 암시장에서 장사하고, 비밀 이주에 참여했다. 노골적인 반대 때문이었든지 아니면 단지 필요나 절망 때문이었든지 간에, 많은 사람이 국가의 정책을 회피하거나, 약화하거나, 교묘하게 이용하거나, 무시할 수밖에 없었다. 절도, 속임수, 밀수, 탈출 등은 모두 국가가 강요하는 집단화에 저항하는 전략들이었다.[47] 대약진으

로 인한 기근은 구제 단체의 더 많은 활동을 포함하는 민중 종교의 급
증으로 이어지기도 했다. 더욱 결정적으로, 이 시점에서 종파들의 종말
론적 메시지가 더 많은 사람에게 전달되었다.

대약진의 즉각적인 결과는 끔찍한 자산의 낭비와 소름 끼치는 생명
의 파괴였지만, 매우 중요한 장기적 영향도 남겼다. 기층 수준에서 촌
민들이 스스로 기근에서 살아남고 생존을 위해 싸우도록 방치되었다.
공산당은 빈곤을 없애고 굶주림을 막겠다는 사회주의 국가의 약속을
지키는 데 완전히 실패했다. 원래도 확실하지 않았던 당의 정당성은 대
약진의 실패로 극적인 약화를 겪었다. 기근이 끝난 후에도 당은 굶주린
농민들로부터 곡물을 가져갔던 국가의 결정에 뿌리를 둔 정당성 위기
로부터 회복이 불가능하다는 것을 알게 되었다. 비통한 농부들은 인민
공사와 집단화가 약탈적이며 자신들을 보호하거나 미래의 기근을 예방
하는 데 부적당하다고 확신하고 이를 거부했다. 그들이 원했던 것은 국
가가 미래의 굶주림을 막아준다는 보장이었지만, 당-국가의 지배층은
그것을 하려 하지 않거나 해 줄 수 없었다. 사회주의 중국의 문제는 계
속 악화되기만 했다.

최근 연구에서는 대약진을 다른 20세기 대량 살인, 특히 홀로코스
트나 소련의 부농 청산과 비교하는 일이 흔해졌다. 홀로코스트 기간에
유럽 유대인들은 인종주의 이데올로기에 영향을 받은 체계적인 과정
에서 대량으로 살해당했다. 비슷하게 체계적이었던 폭력적 운동이 스
탈린이 소멸하려 했던 계급인 부농들에 대해 행해졌다. 그러나 홀로코
스트와 부농 청산의 경우에 정치적이거나 인종주의적인 이유로 특정
한 집단을 죽이려는 분명한 의도가 있었다. 대조적으로 마오는 대약진
을 시작할 때 인구의 일부를 죽이려는 어떠한 의도도 가지고 있지 않았

다. 기근은 극적인 경제적 오판으로 이어진 맹목적인 열망과 비이성적인 낙관주의의 결과였다. 대약진의 경우에 수많은 사람이 죽은 것은 결과이지 목적이 아니었다. 의도하지 않은 결과와 계획적인 대량 살인 사이에는 중대한 도덕적 차이가 있다. 동시에 마오와 당은 충격적 재난에 대한 책임에서 벗어날 수 없다. 마오가 반드시 농민들을 굶주리게 하려는 의도가 있지 않았지만, 농촌과 도시, 농민과 노동자 중 어느 쪽을 지원해야 할지 결정해야 할 때마다 당과 국가는 수없이 많은 사람이 고통받을 것임을 암묵적으로 받아들이면서 도시 지역에 분명한 우선순위를 두었다.

9
모든 것을 타도하기
1961~1976

　　대약진의 실패로부터 짧은 휴식과 회복을 한 이후 중국은 '프롤레타리아 문화대혁명'無産階級文化大革命이라는 형태의 더 큰 대혼란에 빠졌다. 당이 문화대혁명을 시작한 지 3년 만인 1969년의 9차 전국대표대회에서 승리라고 선언했지만, 실제로는 문화대혁명이 10년 동안 지속되었는데, 이는 세 단계로 나눌 수 있다. 첫 번째 단계는 (비록 실제로는 첫 번째 신호가 이미 1962년에 나타났지만) 1966년부터 1968년까지 2년 동안 지속되었고 대중운동, 공개적 반란, 홍위병 집회, 시가전 등의 형태로 이루어졌다. 두 번째 단계는 1968년 하반기부터 1971년까지 지속되었다. 이 시기는 홍위병의 하방, 인민해방군 권력 증대 그리고 '계급 대오 정화' 운동 기간의 폭력적인 대규모 숙청 등이 두드러졌다. 1971년부터 1976년까지 세 번째 단계는 린뱌오의 망명 이후 정상화와 권력 강화가 시작되었다. 이 세 단계가 합쳐져서 문화대혁명의 10년을 형성했다.

그 이름과 달리 문화대혁명은 전혀 문화의 영역에만 국한되지 않았다. 그것은 오히려 '우귀사신牛鬼蛇神을 쓸어버리고', '프롤레타리아 문화대혁명을 끝까지 수행'하는 것을 목표로 한 폭력적이고 혁명적인 대중운동이었다. 문화대혁명의 공인된 목표는 '일체를 타도(打倒一切)'하고 '전면 내전'全面內戰에 참여하는 것이었다.[1] 좀 더 실용적이고 온건한 조정을 지지하는 지도자들, 특히 류사오치와 덩샤오핑은 실각해야 했다. 대혼란 배후의 주모자는 마오쩌둥이었지만, 그가 혼자서 그것을 해낼 수는 없었다. 마오는 당내에서 상당한 지지를 받았을 뿐만 아니라, 그가 공개적으로 인민들에게 '반란'을 요구하며 '네 가지 낡은 것'을 타파하고 '사령부를 포격'하라고 요구했을 때 그 자신도 놀랄 정도로 수백만 명이 이를 따라 신중국의 제도에 대해 지속적 혁명을 수행했다. 이러한 행동은 1950년대에 쌓여가다가 이때 흘러넘치게 된 긴장을 선명하게 보여주었다. 프롤레타리아 문화대혁명이 대약진과 같은 방식으로 심각한 재난이나 기근을 만들어내지는 않았지만, 중국 정치와 사회에 대한 전반적인 충격은 구석구석에 미쳤을뿐더러 폭력적이고 파괴적이었으며, 문화대혁명의 10년 동안과 그 이후까지도 지속되었다.

재난에서 회복하다

1961년부터 대약진 정책을 원래대로 되돌리는 것이 긴급한 일이 되었다. 1961년 1월의 중국공산당 8기 중앙위원회 9차 전체회의는 국가 경제의 '조정調整, 공고鞏固, 충실充實, 제고提高'라는 정책을 공식적으로 승인했지만, 대약진 전체를 공식적으로 부정하지는 않았다. 비록 실수를 인정했지만, 대약진 정책은 결코 공식적으로 부인되지 않았다. 1959년 국가주석에 취임한 류사오치, 덩샤오핑이 경제를 책임졌다. 새로운 지도부는 총리 저우언라이가 1963년에 제기했고 나중에 '네 가지 현대화'(四個現代化)가 될 정책에 기초하여 중국 경제를 점진적으로 안정화하기 시작했다.² 저우언라이는 중국이 '현대적 농업, 공업, 국방, 과학기술'을 발전시키는 데 집중해야 한다는 관점을 고취했다. 네 가지 현대화 정책은 대약진이 만들어낸 문제에 대응하려는 것이었다. 삼면홍기 이후 과학과 기술의 회복 그리고 공산당을 바로잡고 관료적 관리를 갱신하는 것이 추구되었다. 대약진의 특징이었던 대규모 사업 계획이 축소되었고, 농업 생산량이 회복되었으며, 인플레이션을 통제 가능하게 하려는 시도가 이루어졌다. 반우파 운동 시기에 공격을 받았던 공학자, 과학자 그리고 다른 교육받은 중국인들이 경제를 회복시키기 위해 돌아와 예전의 자리에 복귀했다. 중국이 다시 국제 협력을 추구함에 따라 중국을 국제적으로 고립시키고 소련과의 긴장을 증대하게 했던 대약진 시기 중국만의 기술에 대한 의존이 번복되었다. 1964년에 프랑스의 외교적 승인은 1960년대의 외향적 전환의 한 결과였다. 사실 1980년대에 중국에서 작동했던 개혁의 기초적 정책은 1964년에 이미 상정되어 진행 중이었지만, 문화대혁명 시작으로 중단되었다.

조정기 경제 정책의 구체적인 방법은 균형 예산, 재정 지표에 기초한 경제 운영, 추경 예산의 삭감, 느리고 지속가능한 성장, 인플레이션 통제, 계획경제의 보완으로서 지방 시장의 용인 등의 요소로 구성되었다. 중앙 집중식 계획은 한 가지 중요한 변화와 함께 회복되었다. 경제의 계획과 통제는 대부분 이제 재정 정책을 통해서, 그리고 베이징에서 중앙 집중적으로 관리되기보다는 성이나 그 아래 단위에서 이루어졌다. 대약진의 재난이 가져온 결과 중 하나는 성과 지방 단위에서 중앙 집중화를 거부하고 전국적인 정책의 형태에 대한 더 많은 영향력을 요구한 것이었다.

농업에서 조정 정책은 농촌에서 식량 징수를 낮추고, 지방 시장을 세우고, 농산품 수출과 서구로부터의 곡물 수입을 줄임으로써 생산을 회복하는 것을 목표로 했다. 지방정부는 스스로 농업 정책을 실행하게 되었고, 심지어 관할 구역 내의 일부 지역에서 개별 가구 영농으로 복귀를 실험할 수도 있었다. 조정 정책은 전반적으로 집단화에서 후퇴를 가져왔다. 이것은 주로 농촌에서 개별 가구가 공식적으로는 집단적인 토지와 장비 소유 아래 일하면서도 그들에게 분배된 토지에서 농업 생산을 책임지는 호별 생산 책임제의 틀 내에서 일어났다. 집단화된 공사의 이름은 유지되었지만, 많은 곳에서 농경의 통제는 거의 개별 가구의 몫으로 돌아갔다. 대약진의 특징이었던 거대한 공사와 대규모의 집단 식당은 방치되어 사실상 해체될 때까지 3년 이상 유지되지 않았지만, 그와 관련된 립서비스는 계속되었다. 공사는 기초적 복지 프로그램과 소규모 농촌 공업을 감독하는 행정 조직으로서 기능을 계속했다. 결국 국가가 농업으로부터 자원을 추출하는 데 한계를 인정해야 했기 때문에 할당량은 낮아졌고 농촌에 본질적으로 혼합적 경제가 도입되었다.

지방정부는 등록, 서류 기록, 분류 체계 등을 통한 사회 통제를 엄격하게 함으로써 권위를 다시 발휘했다. 호구제를 엄격하게 강제함으로써 정부는 국내 이주, 특히 농촌에서 도시로의 이주에 대한 통제를 재확립했다. 정부는 수백만 명을 농촌으로 되돌려보냈다. 1962년까지 도시 인구가 1,000만 명 감소했다. 또 다른 1,000만에서 1,500만 명이 농민들의 노동량을 줄이고 정부의 배급 체계로부터 식량을 얻는 사람의 수를 줄이려고 1962년에서 1963년 사이에 농촌으로 재배치되었다.[3] 이러한 정책과 좋아진 기후로 중국의 경제 회복은 뚜렷했다. 1965년에 농업 생산은 1957년 수준을 회복했고 총공업 생산은 1957년의 두 배가 되었다.

동시에 마오쩌둥이 경제적 의사결정에서 대체로 제외되어 있었고 이러한 정책에 저항했기 때문에 조정 정책의 성공은 마오쩌둥의 정치적 고립을 심화했다. 1962년 1월에 열린 확대 중앙공작회의였던 '7천인 대회' 기간에 마오는 대약진의 실패 때문에 공개적으로 비판받았고 심지어 참석자 7,000명 앞에서 자기비판을 해야만 했다. 당내에서 그는 수세에 있었다.[4] 마오는 물론 스스로 부당하다고 여기는 상황에 좌절했다. 그는 대약진의 비참한 결과를 두고 혼자 비판받은 것에 분노했고, 동료들에게 배신당했다고 느꼈다. 그는 동료들이 자기를 몰아내고 다른 사람으로 대체하기를 원한다고 의심했다. 당시 중국 정치 상황에 대한 마오의 평가는 비판적·비관적이었다. 그는 더 이상 임박한 경제적·정치적 위대함의 시기에 대한 전망을 선포하지 않았다. 그 대신 그는 중국이 서구 자본주의 국가들의 경제적 수준에 도달하는 데 최소한 50년, 혹은 아마 심지어 한 세기가 걸릴 것으로 결론을 내렸다.[5] 경제적 번영에 대한 약속이 무기한 연기되었고, 공산주의 사회의 달성은 훨씬 더 도전적이고 불확실하기까지 한 것 같았다. 마오는 다시 중국혁명이 실패하거나 '부르주아의 부활'로 패배할 것이라는 공포로 괴로워했다. 그는 "마르크스주의와 레닌주의의 당이 수정주의와 파시즘의 당이 될 것이다. 그러면 중국은 색깔이 바뀔 것이다. 동지들이여, 이것이 얼마나 위험하고 위태로운 상황이 될지 생각하라"라고 공개적으로 우려했다.[6] 5년 후인 1967년 마오는 알바니아 대표단에 다음과 같이 언급했다. "7천인 대회에서 나는 연설을 했다. 나는 수정주의가 우리를 타도할 것이라고 말했다. 우리가 주의를 기울이지 않고 투쟁을 수행하지 않으면, 중국은 짧게는 몇 년이나 12년 안에 길어야 수십 년 안에 파시스트 독재가 될 것이다. 이 연설은 공개적으로 발표되지 않았다. 내부적으로만 회람되었다. 우리는 연설의 어떤 부분에 수정이 필요한지 보기 위해 이후 상황을 관찰하고자 했다. 그러나 당시에 우리는 이미 문제를 발견했다."[7] 마오는 점점 더 다음과 같이 확신했다. "외국 제국주의와 국내 부르주아의 영향이 당내 수정주의적 사고의 사회적 뿌리다. 국내외에서 계급의 적에 대항하는 투쟁을 수행하면서 우리는 늘 주의하면서 당내의 모든 유형의 기회주의적인 이데올로기적 경향에 확고하게 반대해야 한다."[8] 마오는 고위급의 관료들을 숙청하는 것만이 아니라 사회 전체의 가치와 지향을 변화시킴으로써 '우파'의 세력을 제거하고 슬그머니 되살아나는 불평등을 원래대로 되돌려야만 한다고 믿었다. 가부장적 위계, 가문, 테크노크라시, 부패에 대해서는 확고하게 투쟁하여 제거함으로써 공산주의의 순수한 통치를 위한 공간과 인민들이 공공의 상품과 서비스를 공유하고 모두를 위해 이타적으로 일하는 상황을 만들 필요가 있었다.

7천인 대회 이후 마오는 밀려났고 경제 정책과 중앙의 의사결정에 거의 영향을 미치지 못했다. 그의 에너지를 정치 영역에 집중해야만 하는 상황에서 그는 교육을 선택했다. 1962년 9월의 8기 중앙위원회 10차 전체회의 이후 마오는 도시와 농촌 지역에서 '수정주의와 싸우고'

산둥성 취푸에서 사청 운동 기간에 교육을 받는 사람들, 1964(API/Getty Images/840862260)

'평화로운 변화'(和平演變)를 막는 수단으로 전국적인 '사회주의 교육 운동'을 시작했다.⁹ 비록 문화대혁명이라는 용어가 사용되지는 않았지만, 이 운동은 문화대혁명의 전주곡이었다. 마오의 분석으로는 대약진이 부딪쳤던 문제들은 농촌에서의 부적절한 태도와 후진적 사고 때문에 인민들이 정책을 올바르게 실행하지 못했기 때문이었고, 정책 자체의 문제는 아니었다. 마오가 보기에 대약진은 느리게 실행되었을 뿐만 아니라 당내의 다른 지도자들과 강력한 분파가 방해하고 저항했기 때문에 실패했다. 유일한 길은 철저한 교육 운동과 함께 전반적인 정치적 전망을 바꾸는 것이었다. 이 운동은 농촌 지역과 당내에서 집단화에 대한 저항을 없애는 것을 목표로 했다. 사회주의 교육 운동은 농업 합작사와 국가의 구매 정책에 대한 불만을 사회주의를 약화시키는 계급투쟁의 문제로 만들었다. 농촌에서 이 운동은 공식적으로 '노동점수, 장부, 재물,

창고의 정화'에 집중했기 때문에 '사청'四淸 운동이라고도 불렸다. 조사관과 교육가들이 농촌을 돌아다니면서 부패하고, 무능하고, 정치적으로 신뢰할 수 없는 간부들을 찾아내려 했고, 공적 기금의 유용과 부적절한 회계를 적발하려 했다. 그리고 이러한 간부들은 공개 비판을 당하고 재교육을 받았다. 2년 후 이 운동은 다른 지도자들이 조정 정책을 방해한다고 생각했기 때문에 마오의 바람과 달리 크게 축소되었다.

사회주의 교육 운동은 1964년과 1965년에 사라졌고, 계급투쟁과 혁명적 순수성을 회복하려는 마오의 희망을 결코 충족하지 못했다. 그 대신 당내 경쟁자들이 운동을 비틀어 결국 농촌에서의 반부패운동과 비슷하게 되었다. 1964년 마오는 대응책을 숙고하기 시작했다. 그는 다시 교육 체계에 초점을 맞추었고, 이번에는 도시 지역이었다. 그는 학교가 너무 엘리트주의적이 되었다고 주장했다. 그는 더 많은 직업 훈련을 제공하는 '반공반독'半工半讀 학교 설립을 재촉하기 시작했다. 마오쩌둥이 늘어나는 정치적 도전을 다루고 수정주의의 확산에 대응할 운동을 고민하고 있을 때, 외부적 압력이 다시 증대되고 있었다.

포위와 강화

1960년대 초 중국은 국제적 영역에서 공세를 취하고 있었고, 중국 국경을 따라서 여러 갈등이 확대되고 있었다. 이러한 국면은 마오와 린뱌오가 모범적 조직으로 만들려고 했던 인민해방군의 역할을 강화함으로써 중국 내부 상황에 엄청난 영향을 미쳤다.

1958년과 1959년에 칭하이靑海와 티베트에서 있었던 티베트인들의 대규모 무장봉기는 티베트 종교 지도자 달라이라마의 망명으로 이어졌고, 인도와 중국 사이의 충돌도 가져왔다.[10] 이 상황은 원래 (칭하이, 간쑤, 쓰촨성에 걸쳐 있는) 암도Amdo와 (칭하이, 쓰촨, 윈난성을 가로지르며 티베트자치구의 일부인) 캄Kham의 티베트인 지역에서 대약진 정책의 실행 때문에 벌어졌다. 소수민족들은 황무지를 개간하고 초원을 농경지로 바꾸려는 운동이 강력하게 전개된 대약진 초기인 1958년 6월, 특히 인민공사의 설립과 유목민의 강제 정책에 분노했다. 인민해방군이 달라이라마를 납치하려고 계획하고 있다는 소문이 1959년 3월 라싸에서의 대중 시위를 촉발했다. 인민해방군이 봉기를 진압하기 위해 진입했을 때, 달라이라마는 인도로 탈출했다. 중국으로서는 인도가 불안을 부추겨 이득을 얻으려 한다는 것이 분명해 보였다. 인도는 이미 다른 티베트인 망명자 수천 명을 환영했던 것처럼 달라이라마가 다람살라 구릉지에 망명 정부를 세우도록 허가했다. 중국-인도 갈등의 두 번째 영역은 인구가 거의 살지 않지만 전략적으로 중요한 티베트고원의 경계를 따라 있는 세 곳의 땅과 관련이 있었다. 이 분쟁 지역 일부는 중국이 관리하고 일부는 인도가 관리했지만, 양국 모두 해당 지역 전체에 대한 권리를 주장했다. 이 지역은 티베트에서 인도로 가는 도로와 산길을 포함했기 때문에 두 나라 모두에게 전략적으로 중요했다. 또한 중국에는 상당한 규모의 티베트인이 그곳에 살았기 때문에도 중요했다. 1960년대 초에 두 나라의 관계에서 긴장이 고조되었고, 이 지역 지배를 두고 두 나라가 싸운 1962년의 중국-인도 전쟁으로 절정에 달했다. 이 충돌에서 인민해방군은 중국-인도 국경을 넘어서까지 진출하면서 국경 지역에서 인도군에 승리를 거두었다. 그러나 이 충돌은 지배하는 지역에 지속적인 변화를 만들어내

1959년 중국의 티베트 점령 이후 인도로 탈출하고 있는 달라이라마(땐진 갸초)
(Tallandier/Bridgeman Images/TAD1752670)

지 못했다. 중국은 침입한 지역 대부분에서 철수했고, 국경선 양쪽에 비무장지대를 만들었다.[11]

지도부가 군의 승리를 이용하여 대중 동원을 촉진하고자 '군인 영웅'의 숭배를 만들어낼 가능성을 실험하기 시작했다는 점이 가장 의미심장했다. 당은 군인−공산주의자를 미래 세대의 지도력을 교육하는 가장 적합한 모델로 보았다. 당은 군대의 획일성과 규율이 기존의 계급 차이를 초월할 수 있고, 군대가 엄격한 정치적 기준에 따르도록 훈련될 수 있다고 믿었다. 인민해방군 내에서 이러한 행동과 운동은 마오쩌둥의 지지를 받은 린뱌오가 시작했고, 린뱌오는 인민해방군이 '완벽하다'고 생각했다. 1964년을 시작으로 마오는 인민해방군에 있는 것을 모델로 하는 정치부가 모든 주요 정부 기구에 설립되어야 한다고 주장했다. 많은 경우에 인민해방군에서 온 정치위원이 이러한 새로운 기구에서 일했고, 효율적으로 민정 기구로 침투해 들어갔다. 군인 영웅으로 추앙된 레이펑雷鋒으로부터 배우자는 전국적인 운동과 같은 다른 활동도 인민해방군의 세력을 키우는 데 기여했다. 레이펑은 1962년에 21세로 죽었고 그의 일기가 사후에 발견되었다고 알려진 군인이다. 아마도 당 선전부에서 만들었을 그 일기는 마오쩌둥에 대한 찬양과 일반인을 돕고 동료 군인들의 혁명적 열정을 불러일으키려는 노력 이야기로 가득 차 있었다.[12]

1960년대 초에 이러한 활동은 마오쩌둥 숭배와 융합되었다. 대약진의 여파 속에서 국민들이 가장 환멸을 느끼고 정치적으로 무관심했을 때, 마오에 대한 개인숭배가 당면한 정치적 목적을 위해 체계적으로 전개되었다. 마오 자신이 배후 추진력이었지만, 지도부 전체도 당의 지배를 안정화하는 데 유용하다고 느꼈다. 마오는 그 주변에 생겨나는 신화를 부추겼고, 린뱌오 같은 다른 지도자들이 이를 중국 사회에 확산하고자 그를 찬양하고 연설, 지시, 성명 등을 반복적으로 활용했을 때 만족스러워했다.

린뱌오 휘하 인민해방군 총정치부는 마오 숭배를 회복하고 개조한다는 임무를 가지고 있었다. 이러한 맥락에서 총정치부는 마오 사상의 간소화되고 교리화된 버전을 발전시켰고, 결국 '작은 붉은 책'little red book으로 알려진 『마오주석 어록毛主席語錄』과 좀 더 긴 『마오쩌둥 선집毛澤東選集』이라는 형식으로 편집했다. 두 가지 출판물은 마오주의 사상을 대중화함으로써 상대적으로 교육을 못 받은 신병과 더 넓은 범위의 대중들도 소화할 수 있게 했다. 군대를 '마오쩌둥 사상의 학습을 위한 위대한 학교'로 만들고자 했다. 린뱌오 휘하의 군대가 점점 더 이데올로기적 순수성과 기술을 결합할 수 있다는 것을 보여주면서, 마오는 인민해방군의 조직적 권위와 그 정치적 역할을 확대하고자 했다. 1963년을 시작으로 마오는 모든 중국인에게 "인민해방군으로부터 배우라"라고 호소했다. 린뱌오는 마오의 저작을 학습하는 대중운동을 조직했다. 1965년에 500만 권 이상의 『마오주석 어록』과 100만 질 이상의 『마오쩌둥 선집』이 출판되어 배포되었다. 1964년에서 1965년이 되면 마오 숭배는 어디에서든 볼 수 있었다. 1967년 있었던 인민해방군의 정치공작회의 지시에서 린뱌오는 다음과 같이 말했다. "마오 주석의 저작은 인민해방군의 모든 업무에 대한 최고의 지시다. 마오 주석의 말은 가장 높은 수준과 가장 위대한 권위 그리고 가장 강한 힘을 보여준다. 그의 모든 말은 진리이며 천 마디 공허만 말보다 더 무거운 무게를 가진다."[13]

군인 영웅이나 인민해방군 전체를 배우자는 운동의 호전성은 국제 정치에도 반영되었다. 중화인민공화국은 세계무대에서도 군사적 언어와 외양에 대한 기호를 드러냈다. 저우언라이는 1963년 말에서 1964년 초 아프리카 순방에서 새롭게 독립한 탈식민 국가들에서 혁명을 호소하고, 개발도상국 세계에서 공산주의 운동의 방향을 두고 소련에 공개적으로 도전함으로써 초청국들을 놀라게 했다.[14] 1962년 10월 쿠바에서의 소련-미국 위기는 중국-인도 충돌과 동시에 일어났는데, 두 사건 모두에서 중국은 소련이 신뢰할 수 없게 되었고 '투항자'로 변했다고 믿었다. 소련이 1963년 8월에 미국, 영국과 핵실험 금지 조약에 조인했을 때, 중국 언론은 소련을 공격하며 반중국 음모를 꾸몄다고 비난했다.

중국은 국제적으로 점점 더 고립되어갔다. 중소 국경을 따라서 소련이 핵무기를 포함한 상당한 무기를 배치하여 중국을 위협했다. 국제적 영향력을 증대하려는 시도로 모스크바는 북한의 충성을 얻기 위해 북한에 대한 군사 원조를 확대했다. 소련은 남쪽으로도 같은 전략을 추구하여 군사 원조로 북베트남에 계속 관여했다. 두 나라는 계속 소련을 지지했다. 따라서 중국은 북쪽과 남쪽 모두에서 소련의 동맹과 대면했다. 인도네시아에서 많은 중국인이 수하르토 장군의 반공 학살 과정에서 중국공산당을 위해 일하는 좌익으로 의심받아서 죽었다. 그사이에 미국 정부는 타이완의 중화민국을 중국의 정통성 있는 정부로 승인하는 정책을 반복해서 재확인했다. 미국은 망명한 달라이라마도 지원했다. 1960년대 초 베트남 주둔 미군의 점진적 증가는 중국에 대해 추가 위협을 제기했다. 미군이 북베트남이 탄약과 비행기를 비축해 둔, 중국 국경을 따라 있는 은신처를 폭격하거나 침입할 가능성이 있었다.

이러한 새로운 전략적 상황에 맞서 정부는 중국의 자립을 내세웠다. 마오의 혁명에 대한 요구는 더욱 민족주의적이 되었고, 중국의 정치와 경제생활에 대한 인민해방군의 영향력은 더욱 강해졌다.[15] 이런 배경에서 중국도 핵무기의 습득과 개발을 적극적으로 추구했다. 1950년대 중반부터 소련은 중국의 핵 프로그램을 머뭇거리면서 도왔다. 1960년의 중소 분쟁과 러시아 고문단의 극적인 소환은 핵 프로그램에 상당한 차질을 가져왔을 것으로 추정된다. 그럼에도 중국 자체의 유능한 핵물리학자들과 공학자들이, 다른 국방비용을 상당히 감축하여 핵 프로그램에 자금을 할당했던 단호한 지도부의 도움을 받아 계속 핵보유 능력을 향해 나아갔다. 중국은 1964년 10월 16일 최초의 원폭 실험을 수행했다.[16] 중국이 이 성공을 경축했지만, 국제적인 반응은 동방과 서방 양쪽 모두에서 부정적이었고 중국의 고립이 심화되었다. 이러한 상황은 국내 혁명이 중국의 장기적인 권력 추구와 국방 능력에 동력을 제공할 것이라는 마오의 주장을 강화하는 것처럼 보였다. 그리고 얼마 안 되어 마오는 '3개의 세계 이론'三個世界論을 표명하기 시작했는데, 이 이론에서 두 초강대국은 공업화된 제2세계와 함께 헤게모니적 관계를 향유하는 제1세계를 구성하고 중국은 제3세계의 가난한 (그리고 비백인) 국가들을 혁명으로 인도했다. 1960년대 중반 중국은 모든 방면에서 오는 압력에 맞서 홀로 서 있었다.

외부의 위기는 내부의 긴장 강화로 이어졌다. 외국의 모든 방면으로부터 위협을 당하면서 마오는 내부적으로 더 큰 통합과 규율을 강제할 방법을 추구했다. 1963년 말 당은 문화 영역을 포함한 지식인들에게 위태로운 상황에 있는 중국을 지원하는 데 학문적·예술적 작업의 초점을 맞추도록 요구하기 시작했다. 1963년 12월과 1964년 6월 마오는 사회주의적 원칙으로부터 이탈하여 봉건주의와 부르주아 사상을 촉진한다는 이유로 예술, 문학, 학문 공동체들을 비판했다. 상황을 바로잡는 운동을 이끌 최초의 임무가 저우양周揚(1908~1989)에게 주어졌다. 당의 지식인이자 중앙위원회 선전부의 부부장副部長이었던 저우양은 중국 지식인들을 소련 수정주의에 대한 이데올로기 전쟁과 엄격하고 순수한 정치 기준을 위한 투쟁에 참여시키고자 했다. 1964년 7월 그는 중앙위원회가 마오의 제안에 따라 구성한 '5인소조'의 일원으로 임명되었는데, 이 소조는 문학과 예술 분야의 정풍 운동을 이끌 임무를 맡았다. 다른 구성원들은 경력이 오랜 당 지도자들인 펑전彭眞(베이징 시장), 루딩이陸定一(선전부장), 캉성康生(1898~1975, 보위 '차르') 그리고 『인민일보』 편집장 우렁시吳冷西(1919~2002) 등이었다. 비슷한 움직임이 공산주의 청년단의 '신생 역량'에도 나타났는데, 주로 청년단의 회원이 가장 많은 경향이 있었던 도시 지역에서였다. 동시에 당 관료들과 정부 노동자들로 구성된 공작조工作組가 농촌 지역의 사회주의 교육 운동을 활성화하려고 시도했다. 이러한 노력이 문화대혁명 목전의 전주곡을 구성했다.

1963년에서 1964년 사이 마오쩌둥은 많은 시간을 흐루쇼프를 비판하는 데 사용했다. 이 시점에서 마오는 흐루쇼프가 '수정주의자'이고 공산주의 운동에 위험하다고 단호하게 주장했다. 1년에 걸친 마오의 비판은 1964년 7월에 『인민일보』와 『홍기紅旗』에 함께 발표된 '흐루쇼프의 가짜 공산주의 및 그 세계역사상 교훈에 관하여'라는 긴 글에서 절정에 달했는데, 이 글은 사회주의 사회에서 계급투쟁을 계속해야 할 필요성과 자본주의 부활의 위험성에 관한 마오의 사고 대부분을 요약한 것이었다. 마오는 특권 부르주아 계급이 소련 제도를 장악했고 중국도 비슷한 위험에 직면해 있다고 주장했다. 그는 다음과 같이 썼다. "우리는 흐루쇼프와 같은 야심가와 음모가를 경계하여, 이런 나쁜 자들이 당과 국가의 각급 지도부를 탈취하는 일을 방지해야 한다."[17]

1964년 8월 초 북베트남에 대한 미국의 공습이 중국 남쪽 국경에서 전쟁의 불안을 일으켰다. 소련과의 관계도 악화되었다. 중국이 미국에 대항하여 전통적 전쟁을 빠르게 준비해야 할지, 아니면 마오의 관점으로는 중국 안보를 위해 더욱 근본적이고 장기적으로 중요한 중국 사회의 잠재적 수정주의에 대한 투쟁을 계속해야 할지를 두고 논쟁이 이어졌다. 류사오치와 덩샤오핑은 내부적인 정치 투쟁을 미룰 것을 주장했다. 그들은 베트남에서의 '통일된 행동'에 대한 소련의 요구에 대응하고 더욱 가까운 중소 관계를 재수립할 것을 지지했다. 그러니 이는 마오의 눈에 이들이 더욱 의심스럽게 보이게 만들었다.[18] 동시에 류사오치와 덩샤오핑은 경제발전을 위해 조정 정책을 더욱 강화할 필요성을 주장하기도 했다. 1964년 6월 발표된 '중화인민공화국 빈하중농협회 조직조례'中華人民共和國貧下中農協會組織條例는 간부들의 권위를 억제했고, 자유시장 체계의 실험을 가능하게 했으며, 농촌 토지의 사적 소유로 복귀를 허가했다. 마오에게는 이러한 조치들이 농촌 지역에서 혁명의 중요성을 경시하게 하려는 시도였다. 사회주의 교육 운동 과정에서 나타난 문제들에 대한 1965년 1월의 '23조'로 알려진 지시에서, 마오는 처음으로 주요한 적들은 수정주의자들과 중국공산당 내에서 자본주의의 길을 걷고자 하는 자들이라고 언급했다. 그는 계급투쟁이 절박하다고 다시 한번 선언하기도 했다.

1964년 10월 니키타 흐루쇼프의 실각은 중국공산당이 진심으로 자신의 전망을 공유하지 않음을 알고 있는 마오의 근심을 더욱 크게 했다. 마오는 흐루쇼프의 정책을 조롱했지만, 소련의 쿠데타는 마오가 중국에서도 비슷한 일이 벌어질 수 있다고 두려워하게 만들었다. 마오는 후계자들을 양성하는 것에 대해 더 많이 이야기하기 시작했고 충성 요구를 더 고집하게 되었다. 이는 중앙위원회의 또 다른 비밀 공작회의와 동시에 일어났는데, 이 회의에서 1964년 활동을 당과 군의 고위 관료들이 방해했다고 확신한 마오주의 그룹이 문화혁명을 요구했다. 마오쩌둥과 린뱌오는 새로운 캠페인을 시작하기로 결정했다. 중국이 베트남의 전쟁과 소련과의 분쟁에서 등을 돌리면서 중국의 미래를 위한 마오의 마지막 투쟁이 시작되었다.

천하대란

1965년 2월 마오는 30년 동안 결혼 생활을 했던 부인이자 여배우 출신인 장칭江靑(1914~1991)을 비밀 임무로 상하이에 파견한 것으로 알려졌다. 장칭은 이때까지는 공적인 역할을 하지 않았지만, 이때 마오의 혁명적 관점을 완전히 지지하지 않는다는 이유로 당 관료들을 비판하는 캠페인을 시작하는 임무를 맡았다. 결정적이었던 이 몇 달 동안 상하이는 장칭의 작전 기지가 되었다. 상하이에서 발행되는 신문들이 베이징 당 세계의 중요한 인물들에 대한 공격을 게재했는데, 마오는 이들이 자신의 성취를 되돌리고 자기 정책을 해체하려 한다고 믿었다. 첫 번째 표적은 베이징의 부시장 대행이었던 역사가 우한吳晗(1909~1969)이었다. 우한은 명조의 무자비한 황제에 대한 1961년 연극에서 마오에 대한 비판을 표현했다고 여겨졌다. 이 연극의 주인공이자 실제 역사적 인물인 해서海瑞라는 이름의 정직한 관료는 마오가 숙청한 국방장관 펑더화이를 암시한다고 추정되었다. 1965년 11월 10일 상하이 『문회보文匯報』의 기사가 우한과 연극 '해서파관'海瑞罷官을 독초라고 맹렬하게 비난한 것이 여러 정치적 인물에 대한 많은 공격의 시작이었다. 고위 당원 몇 명이 연달아 물러났고, 1966년 4월 베이징 시장 펑전의 실각으로 절정에 달했다. 펑전은 우한과 같은 나쁜 사람을 보호하고, 좌파를 억압하고, '독립 왕국'을 운영했다는 혐의를 받았다.[19] 일부는 이것이 운동의 끝이기를 희망했지만, 단지 시작일 뿐이었다. 루딩이, 그에 이어 저우양이 제거된 것은 이 운동이 당-국가 최고위층 숙청이 될 것을 암시했다. 뒤따른 공격으로 더 많은 베이징의 관료, 서기, 편집자들이 이미 숙청된 사람들의 '공공연한 추종자'라는 이유로 비난을 받고, 해임되고 박해를 받았다. 마오와 그 지지자들은 특히 교육과 선전 분야에서 점점 더 반당 '흑방'黑幇의 존재를 암시했다.

자신의 당에 대한 마오의 공격이라는 시작 단계는 1966년 5월 16일 정치국 상무위원회에 보낸 통지로 마무리되었다. 이 '5·16 통지'는 펑전의 범죄에 대한 기록 자료와 함께 더 큰 숙청이 다가올 것을 암시했다. 또한 '문화대혁명' 시작을 선언하는 것이기도 했다. 마오는 국가가 맞서고 있는 문제의 심각성을 묘사했다. 이 통지는 다음과 같이 선언했다. "이 수정주의 노선과 투쟁하는 것은 절대로 작은 일이 아니며, 우리 당과 국가의 운명, 우리 당과 국가의 전도, 우리 당과 국가의 장래 면모와 관계가 있으며, 세계혁명과도 관련되는 가장 중요한 큰일이다." 5·16 통지는 마오가 반혁명 세력에 대한 공격의 범위를 넓힐 것을 결정했음을 보여주며, 반혁명 세력이 당과 지도부에 침투했고 또한 이로써 사회 전체에 깊이 침투해 있다고 믿고 있었음을 보여준다. 통지 내용은 다음과 같이 이어졌다. "우리는 무산계급 문화대혁명의 큰 깃발을 높이 들고 당과 사회주의에 반대하는 이러한 '학술권위'를 철저하게 폭로해야 한다. … 이러한 인물들의 일부는 우리가 이미 간파했지만, 일부는 아직 간파하지 못했고 일부는 우리의 신용을 얻고 후계자로 길러지고 있다. 흐루쇼프와 같은 인물들이 지금 우리 옆에서 자고 있으니, 각급 당위원회는 반드시 이 점을 충분히 주의해야 한다."[20]

1966년 5월 마오의 가장 믿을 만한 협력자들이 그의 격려를 받고 그냥 소조라고도 불리는, (5인소조를 대체하는) '중앙문화혁명소조'를 조직했다. 마오의 정치비서인 천보다陳伯達(1904~1989)가 이끄는 이 비공식기구는 권력의 중심이 되었다. 소조는 당의 의사결정 기구가 되었고, 마오에게 직접 대응했다. 이 소조는 당과 국가 그리고 어느 정도는 군대까지도 포함하여 모든 정규 기구와 조직을 지배했다. 마오쩌둥은 소조를 통해 대중을 동원하고, 문화대혁명을 조종하고, 정부 조직과 독립적으로 권력을 행사했다. 소조는 공산당 9차 전국대표대회 기간인 1969년 4월 정규 기구가 개편되었을 때 업무를 중단했다.

5·16 통지와 함께 마오쩌둥은 '자본주의의 길을 걷는 당권파'에 대한 문화대혁명의 공격을 공개적으로 시작했다. 그러나 마오의 관심은 대약진 시기와 달리 더는 경제가 아니었다. 1960년대 중반에 마오의 목표는 더 넓고 더 야심적이었는데, 중국 사회의 가치를 공평무사(大公無私)한 것으로 바꿈으로써 중국 사회를 변화시키려는 것이었다. 그의 도구는 반란(造反)이었다. 1966년 7월 8일의 (아내) '장칭 동지에게 보내는 편지'에서 마오는 적을 드러내고 대중을 동원하고 궁극적으로는 질서로 인도하기 때문에 '천하대란'天下大亂이 좋은 것이라는 관점을 표현했다.[21] 학생 시위의 혼란, 당 간부들 사이의 상호 고발, 조직된 숙청과 대중 재판은 조정 시기의 기술 관료적 개혁을 무효화하고 마오 반대자들이 만든 제도를 제거하려는 것이었다.

5·16 통지에 이어 초점은 교육 체계, 특히 대학으로 옮겨졌다. '대자보'가 베이징의 주요 캠퍼스에서부터 중국 전체로 퍼졌다. 베이징대학 지도부를 '흐루쇼프 유형의 수정주의 분자의 무리'라고 공격한 문화대혁명 최초 대자보들이 1966년 5월 25일에 게시되었다.[22] 당 관계자의 독려를 받은 학생들이 대중 집회를 개최하고 조직화하기 시작했을 때 비판 대상이 될 대학 관료들과 교수들이 선별되었다. 당시 항저우에 있던 마오는 이 최초 대자보가 '1960년대의 파리코뮌 선언'이라고 말하면서 완전한 지지를 보냈다.[23] 운동은 빠르게 확산되었고, 6월 칭화대학에서 포스터가 6만 5,000장 게시되었다. 상하이 기록에 따르면 6월

의 첫 3주 동안 270만 명이 도시 내 항의 운동에 참여했고 다양한 범죄에 대해 1,390명을 (실명으로) 공격하는 포스터가 대략 8만 8,000장 등장했다.

마오의 지시에 따라 움직이던 정부는 6월 13일 모든 학교의 수업을 연기하고 대학 입학을 위한 전국 시험을 취소했다. 이러한 고등학교와 대학교의 표준화된 입학시험은 학생 모집을 위해 1952년부터 시행되었다.[24] 대학 1학년 학생들은 대개 통합된 입학 계획에 따라 시험 점수에 기초하여 배치되었는데, 이 계획은 전국과 지역 사이에서 조정되고 세심하게 균형을 이루었으며 지역마다 각 학교와 전공으로 배치될 학생의 수를 정했다. 모든 학생은 이 시험을 봐야 했지만 대학 입학에는 가족 배경과 개인 정치 활동에 대한 기록도 고려되었다. (농민, 노동자, 군인 등을 뜻하는) 붉은 계급 배경은 개인에게 특혜를 받게 해주었고, 검은 계급 배경은 입학을 위해 지원자에게 더 높은 시험 점수가 필요함을 의미했다.

입학시험 연기, 수업 취소, 가을에 캠퍼스 개학 연기 등이 중학교와 고등학교 학생들 약 1,300만 명과 대학생 50만 명 이상, 여기에 더해 1억 명이 넘는 초등학생이 자유롭게 정치 활동을 할 수 있게 했다.[25] 고위 당 지도자들, 특히 류사오치와 덩샤오핑이 고발의 성격을 재확인하고 질서를 회복하려고 조사 공작조를 대학 캠퍼스와 학교에 파견했을 때, 마오는 그들이 혁명운동을 억압하려 한다고 비난하고 '수정주의적' 행동을 질책했다. 7월 말 조사 공작조는 학교와 작업장에서 철수해야만 했다. 그들이 돌아가자 운동은 확산되고 폭력이 극적으로 증가했다.

마오는 급부상하는 학생들의 동란에 대한 지지를 보여주고자 '사령부를 포격하라'(炮打司令部)는 도발적인 제목으로 자신의 첫 대자보를 발표했다. 8월 5일 게시된 이 대자보는 나중에 모든 신문에 발표되었는데, 고위 지도부에 대한 비난과 제거 요구와 다름없는 것이었다. 대자보는 중앙에서 지방에 이르기까지 일부 영도하는 동지들이 "부르주아독재를 실행하고 프롤레타리아의 기세 높은 문화대혁명 운동을 공격한다"라고 주장했다.

> 그들은 흑백을 뒤섞고, 혁명파를 포위공격하고, 다른 의견을 억압하고, 백색 테러를 실행하고, 스스로 의기양양해한다. 그들은 부르주아의 위풍을 증진하고 프롤레타리아의 기개를 꺾으니 얼마나 해로운가! 1962년의 우경과 1964년에 모양은 좌경이었지만 실제로는 우경이었던 잘못된 경향을 연결해 보면, 어찌 깊이 깨닫지 않을 수 있겠는가?[26]

이 대자보는 무엇보다도 (마오가 분개했던 조정 정책을 가리키는) 1962년과 (마오의 의지에 반해 사회주의 교육 운동을 서서히 멈추게 했던) 1964년을 언급하면서 최종 목표가 중국공산당의 다른 지도자들임을 오해할 여지 없이 분명하게 드러냈다. 그가 무너뜨리려 했던 사람은 다른 사람이 아니라 2인자이자 후계자로 지명된 류사오치였다. 중국이 소련 모델을 따라가게 되는 것과 역사에서 자기 위치에 대한 두려움 때문에 마오는 혁명을 바로잡으려는 대담한 시도 속에서 중국 도시들을 혼란으로 몰아넣었을 뿐만 아니라 그가 수립하고 거의 20년 동안 운영한 국가 지도부 전체를 실각시키기를 원했다.

1966년 8월 8일, 당 역사에서 처음으로 급진적 학생과 교사들이 (투표권이 없는 구성원으로) 참여했던 중국공산당 8기 중앙위원회 11차 전체회의에서 문화대혁명에 대한 최초의 공식적인 공개 문건이 채택되었다. '16

조'라고 알려지게 된 결정은 중국의 모든 주요 신문의 첫 페이지에 실렸다. 여기에는 다음과 같이 서술된 부분이 있었다.

우리의 당면한 목적은 자본주의의 길을 걷는 당권파를 타도하고, 부르주아 반동 학술 '권위'를 비판하고, 부르주아와 모든 착취 계급의 이데올로기를 비판하고, 교육을 개혁하고, 문예를 개혁하고, 사회주의 경제 기초에 적응하지 못하는 모든 상부구조를 개혁함으로써 사회주의 제도의 공고화와 발전에 유리하게 하는 것이다. … 프롤레타리아 문화대혁명은 군중 스스로가 자신을 해방시킬 수 있을 뿐이며, 이를 대신할 다른 어떤 방법도 채택할 수 없다. … 혼란이 나타나는 것을 두려워하지 말라.… 군중들이 이 대혁명 운동 중에서 스스로 자신을 교육하고, 어떤 것이 올바르고 어떤 것이 잘못된 것인지 식별하도록 하라.[27]

이는 '부르주아' 권위로부터 권력을 빼앗으라는 전례 없는 공개적 요구였다. 투쟁 장소는 도시의 수정주의자들 은신처가 될 것이었다.

핵심 문건들의 광범위하고, 거창하고, 고상한 언어에도 불구하고 되돌아보면 마오가 문화대혁명에서 아주 구체적 목표를 추구했음이 분명하다. 첫째, 그는 핵심 지위에 있는 고위 지도자 그룹을 당시 자신의 사고에 좀 더 충실한 젊은 지도자들로 대체하고자 했다. 대약진이 실패한 이후 마오는 대부분 고위 당 지도자들로부터 소외되어 있었고, 그들의 능력과 정치적 신념을 더는 신뢰하지 않았다. 마오는 대약진의 비극으로부터 다른 지도자들과 같은 결론을 끌어내지 않았다. 그는 바람직하지 못한 결과의 근본 원인을 반역자, 사보타주하는 사람, 노동 인민들에 대한 자본주의적 억압의 복귀 등으로 보았고, 적극적이고 폭력적인 혁명으로 회귀할 것을 주장했다. 문화대혁명은 중국 문화를 바꾸는 것만큼이나 혹은 그 이상으로 마오가 자신과 자신의 정책에 반대하는 것으로 의심한 주요 간부들을 제거하려는 것이었다. 게다가 마오는 당 전체가 올바른 정치 노선에서 이탈했다고 느꼈기 때문에 중국공산당의 정화를 원했다. 그는 혁명을 수행할 기회가 없다면 이 세대가 혁명적 활기와 열정을 가지지 못할 것이라고 믿었기 때문에, 중국 청년들에게 혁명적 경험을 제공하는 것도 추구했다. 마지막으로 그는 중화인민공화국의 제도, 특히 교육, 보건, 문화 영역의 제도를 더욱 평등하고 포용적으로 만들고자 새로운 제도적 질서를 흔들려고 했다. 그는 새롭게 형성된 위계와 특수한 이해관계가 제도를 왜곡하고 대중을 희생하여 당-국가의 상층에 있는 일부만 접근할 수 있는 것으로 만들었다고 확신했다.

그는 중국공산당과 인민해방군에 운동을 중단시키는 것을 삼가라고 지시하면서 도시 청년들을 대규모로 동원해 이러한 목표를 추구했다. 문화대혁명이 탄력을 얻게 되면서 마오는 그가 보기에 지식인과 농민들은 실패했던 것, 바로 반란을 일으키는 일을 하도록 직접 학생, 젊은 군인, 젊은 간부들에게 의지했다. 1966년에 마오는 '반란은 정당하다!'(造反有理)는 유명한 선언을 했다. 도시와 농촌, 노동자와 농민, 정신노동과 육체노동의 차이를 제거할 새로운 교육 체계를 추구하면서 마오는 중국의 젊은 세대의 관심사를 강력하게 승인하고 그들의 불안과 불만을 이용했다. 마오에게 가장 믿을 만한 지지 기반을 제공한 것은 젊은 세대의 응답이었다. 1966년 학생들이 공식적으로 자신의 당에 대한 마오의 반란군인 문화대혁명의 '홍위병'(紅衛兵)을 형성했다. 일련의 대중 집회가 열렸다. 마오는 1966년 8월 18일 톈안먼광장에서 열린 첫 집회에 참석했다. 학생들은 새벽 1시부터 거대한 광장으로 들어왔다.

마오가 새벽에 녹색 군복을 입고 도착했을 때, 그는 학생과 홍위병을 대략 100만 명 만났다. 어떤 참석자가 열광의 현장을 다음과 같이 회상했다.

> 모두가 "마오쩌둥 만세!"를 외쳤다. 내 주위의 소녀들이 울고 있었고, 소년들도 울고 있었다. 내 얼굴에 흘러내리는 뜨거운 눈물 때문에 마오 주석을 분명하게 볼 수 없었다. … 우리는 진심으로 연호했다. "우리는 마오 주석을 보고 싶다!" 그는 우리 소리를 들었다! 그는 톈안먼 모퉁이로 걸어가 우리에게 손을 흔들었다. … 내 안에서 피가 끓었다. 나는 광장에 있는 백만 명과 함께 뛰고 외치고 울었다. 그 순간 나는 스스로를 잃어버렸고, 나와 다른 사람 사이의 모든 장벽이 무너졌다. … 나는 다시는 외롭지 않을 것이다.[28]

1966년 8월에서 11월 사이에 대규모 집회가 7번 더 열렸고, 수백만 학생이 참석했다. 이러한 집회에서 마오와 린뱌오는 홍위병에게 중국 도시와 소도시의 거리를 점거하여 '네 가지 낡은 것(四舊: 낡은 사상, 낡은 문화, 낡은 풍속, 낡은 습관)을 타파'하고, 자본주의의 길을 걷는 자들을 뿌리 뽑고, '수정주의자들과 투쟁'하라고 말했다. 10월부터 류사오치와 덩샤오핑에 대한 대중운동이 시작되어 부르주아 반동 노선에 따르는 그들의 노동 집단에 대한 정책을 비판했다.

이 운동은 빠르게 확대되었다. 정치적 범죄로 고발된 간부, 지식인, 지도자들이 대개 거대한 군중 앞에서나 심지어 경기장에서 맞거나 굴욕을 당하면서 공개적 비판 집회의 폭력이 새로운 단계로 올라가기 시작했다. 홍위병들은 비판받는 사람들이 머리에 원뿔 모자를 쓰고 자신

'수정주의자'들을 비판하는 대자보를 준비하는 우한의 홍위병들, 1967
(VCG/GettyImages/179599253)

의 '범죄'가 적힌 무거운 간판을 목에 건 채 경멸하는 군중들 사이를 행
진하게 했다.[29] 홍위병들은 손에 작은 붉은 책을 들고 몰락한 전문가들,
극단적인 경우에는 마오의 적과 반대자로 알려진 시체들을 거칠게 다
루었다. 그들은 '명확한 경계선'을 그리기 위한 노력으로 자신의 부모를
공격하기도 했다. 작가 마보馬波는 회고록에서 그가 어떻게 아직 중학생
이었던 1966년 홍위병이 되었는지를 묘사한다. 그는 『청춘의 노래靑春
之歌』라는 소설의 작가인 자기 어머니 양모楊沫를 공격함으로써 '반란을
하라'는 마오의 요구에 열렬하게 반응했다. 그는 자기 집을 조사하라고
홍위병을 초청하면서 대자보로 양모를 비난하기까지 했다. 그는 또한
'베트남에서 혁명을 하기 위한' 여행 자금 때문에 가족의 돈을 훔치기도
했다.[30] 특히 1966년과 1967년의 사회적 혼돈은 중국의 도시에 엄청난
충격을 주었다. 셀 수 없는 문화 유적이 파괴되었다. 종교적 장소는 인

기 있는 표적이었다. 홍위병들은 조각상을 박살 내고, 문서를 불태우고, 사원을 파괴했다. 마오와 그 협력자들이 현재의 '흑방'이 '두려움과 공포에 떨게' 할 '홍색 테러'의 필요성과 가치를 이야기하기 시작한 이후 이러한 행동이 더욱 확산되었다.

이 운동은 곧 통제를 벗어났다. 1966년 말에 더 나이 많은 학생들이 경쟁하는 홍위병 조직과 '조반파'造反派를 구성했고, 대체로 중무장한 이들은 '노홍위병'이라고 불린 더 먼저 생긴 홍위병 집단들과 당시 정치 노선에 대한 올바른 해석을 두고 충돌했다. 많은 도시에서 내전과 같은 상황이 벌어졌다. 서로 다른 분파들이 거리와 건물에서 바리케이드를 치고 시가전에 참여하여 상대 위치를 포격했다. 일부는 노동자 민병대의 지원을 받기도 했다. 1967년 초 역시 이데올로기 노선에 따라 노동자 조직들이 구성되어, 때로는 학생 반란군들과 연합했고 때로는 독자적으로 행동했다. 노동자들은 스스로 요구를 내세우기 시작했고 '실권자'나 '중앙'과 대규모 충돌을 벌였다.[31]

많은 공장이 문을 닫았고 생산이 자주 중단되면서 공업 생산이 감소했고 중국 경제는 2년 연속 거의 5% 수축되었다. (그러나 경제적 측면에서 문화 대혁명의 피해는 대약진보다 훨씬 덜 했다는 점을 주목할 필요가 있다.)[32] 인민해방군을 통제하여 대규모 병력과 화력으로 주요 반발을 억누르지 못하게 하려는 시도가 우한에서의 심각한 군사 반란과 1967년 중반중앙문화혁명소조의 두 구성원 체포, 중국 전역에서 일어난 수많은 다른 소요로 이어졌다. 중국은 혼돈으로 빠져들었다. 거리의 싸움 때문에 죽고 다치는 사람이 어디에나 있었다. 문화대혁명 전체 10년 동안 약 24만 명이 이러한 지방의 무장 충돌에서 죽은 것으로 보인다.[33] 충돌은 사회주의 사회에서 만들어진 긴장과 마찰을 드러냈다. 많은 집단이 이익을 얻고, 공개적 분쟁을 해결하고, 과거의 모욕이나 굴욕을 보복하려고 혼란을 이용하기도 했다. 인민들을 통합하고자 했던 사회에서 문화대혁명은 정반대 일이 일어났음을 보여주었다. 표면 아래에 있던 폭발할 것 같은 분노, 불만스러운 집단들, 부당함에 대한 감각, 명백한 불평등 등이 문화대혁명의 폭력을 이끌었다.

문화대혁명의 첫 번째 단계는 대체로 동등한 세 부분인 인민해방군, 혁명적 대중, 혁명적 간부로 구성된 새로운 '혁명위원회' 체계가 도입된 1968년에 끝났다. 혁명위원회는 성과 지방 단위에서 국가의 전통적 기구들을 대체했다. 세 그룹은 좀 더 안정적이지만 진정으로 혁명적인 사회를 수립하려고 협력해야 했다. 동시에 정부는 인민해방군이 도시와 캠퍼스에 진입하여 질서를 회복하도록 요구함으로써 도시의 전투를 끝냈다. 고등교육 기관의 학생 수가 3년 전보다 훨씬 줄어들긴 했지만, 중국의 정규 학교들이 다시 문을 열기 시작했다. 1968년 10월의 중앙위원회 12차 전체회의가 1969년의 공산당 전국대표대회의 개최를 준비하고 공산당 기구의 재건을 논의하고자 열렸다. 그러나 무엇보다도 이 전체회의에서는 류사오치의 운명을 확정했다. 1966년 가을 권력에서 물러난 후 그는 자아비판, 자백 그리고 자신의 실수와 과거 범죄에 대한 자기반성을 쓰도록 강요받았다. 그는 수없이 많은 비판과 투쟁 대회를 치러야 했다. 전체회의에서 당은 공식적으로 류사오치를 제명하고 그의 직책을 최종적으로 박탈했다. 당시 그는 이미 입원 중이었다. 그는 1969년 11월 죽었다. 마찬가지로 장문의 자아비판을 썼던 덩샤오핑도 모든 직위를 박탈당했지만 당에서 제명되지는 않았다. 덩샤오핑은 농촌으로 보내졌고, 1969년부터 1973년까지 장시 남부의 트랙터 수리점에서 일했다.

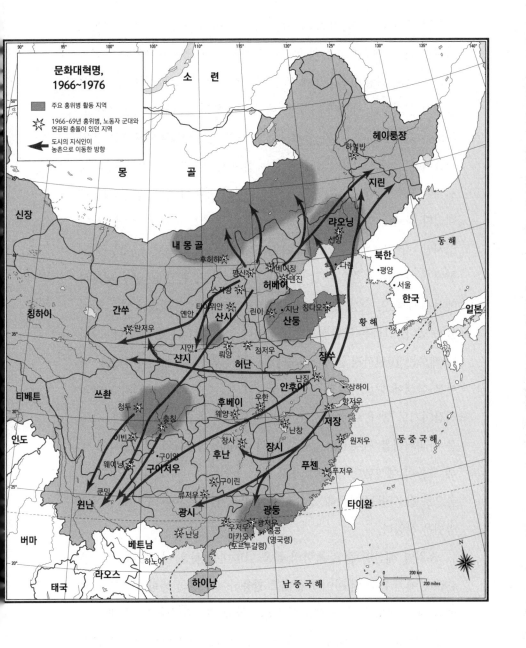

문화대혁명,
1966~1976

주요 홍위병 활동 지역

1966-69년 홍위병, 노동자 군대와
연관된 충돌이 있던 지역

도시의 지식인이
농촌으로 이동한 방향

소   련

몽   골

신장

헤이룽장

하얼빈

지린

라오닝

선양

내 몽 골

후허하

베이징

평샹

스자좡

텐진

허베이

북한

단둥

평양

서울

한국

일본

동 해

칭하이

란저우

간쑤

타이위안

엔안

산시

린이

지난

칭다오

산둥

황 해

티베트

쓰촨

청두

충칭

시안

산시

뤄양

정저우

허난

안후이

난징

장쑤

상하이

후베이

우한

웨양

저장

항저우

난창

원저우

동 중 국 해

인도

이빈

구이양

웨이닝

구이저우

쿤밍

윈난

장사

후난

장시

구이린

류저우

광시

난닝

푸젠

푸저우

구이린

광둥

광저우

홍콩
(영국령)

우저우
마카오
(포르투갈령)

타이완

버마

베트남

하노이

하이난

남 중 국 해

라오스

태국

200 km

200 miles

N

상황을 더 안정시키려면 홍위병들을 도시에서 제거해야 했다. 1968년 7월 학생들에 대한 마오의 '최종 지시'는 이제 자신들의 혁명 경험을 가지게 된 그들에게 '보통의 농민과 노동자'가 되도록 요구했다.[34] 처음에는 주요 홍위병 활동가들에 대한 것이었지만 이 프로그램은 곧 좀 더 일반적인 성격을 가지게 되었고, 대부분 중학교 졸업생이 농촌으로 향하도록 요구받았다. 이와 함께 구성원들의 '상산하향'上山下鄕으로 홍위병들이 실질적으로 해산되었다. 모두 합쳐 대략 1,800만 명인 '지식 청년'知識靑年(줄여서 '知靑')이 일하고 '농민으로부터 배우기' 위해 농촌으로 보내졌다. 학생들의 반응은 엇갈렸다. 일부는 농촌으로 가는 데 열정적이었지만, 다수는 좌절하고 실망했으며 배신당했다고 느꼈다. 대부분 고향에서 가까운 농촌으로 갔지만 상하이, 베이징, 톈진 등 일부 대도시에서는 내몽골, 신장, 윈난, 헤이룽장 등 멀리 떨어진 장소로 많은 학생을 보냈다. 그들은 평균적으로 공장이나 농촌에서 6년을 보냈다. 그러나 때로는 10년까지 늘어나기도 했다. 이 경험 역시 매우 다양했다. 대부분 학생에게는 어렵고 엄청난 궁핍의 시간이었지만, 숙고와 판단의 시간이기도 했다. 다수는 농촌 빈곤의 정도를 처음으로 대면했다. 그들은 파괴되기를 거부하는 농촌 전통의 존재나 집단화와 인민공사에 대해 그들이 예상했던 열정이 거의 없는 농민들과 마주쳤다. 이렇게 농촌으로 간 사람들 가운데 절대 다수는 마오가 죽은 이후 도시로 돌아올 방법을 찾았다.

홍위병 해산이 결코 폭력의 끝을 나타내는 것은 아니었다. 폭력은 1968년에서 1970년 사이에 군대를 활용하여 지방의 권력 구조를 공격했던 '계급 대오 정화'를 위한 캠페인과 함께 계속되었다. '계급 대오 정화'는 새로운 혁명위원회가 수행한 운동이었다. 이 운동의 목적은 문화대혁명의 목표에 대한 모든 실질적·상상적 저항과 반대를 제거하는 것이었다. 이러한 투쟁은 1968년까지 거의 싸움에 휘말리지 않았던 농촌에도 파급되었다. 이 운동이 촌락과 농촌의 읍에 도달했을 때, 계급의 적으로 의심받는 지방 사람들과 그 가족들에 대한 통제되지 않는 폭력을 촉발했다. 지주, 부농, 반혁명분자, 불량분자 등 '네 가지 유형'의 적이 있었다. 일부 촌락은 지방 농민들을 구경꾼이나 집회 참가자로 동원하면서 계급의 적을 제거하는 대중 범죄의 현장이 되었다.[35] 실제로 이는 문화대혁명의 가장 폭력적인 국면이었고, 그 과정에서 더 많은 사람이 고문을 당하고 불구가 되었으며, 죽고 자살했다. 이 시점부터 문화대혁명이 서서히 진정되면서 누가 정치권력을 주장할지가 충돌의 중심이 되었다.

특히 참혹한 사례는 집단 학살을 목격한 중국인 탄허청譚合成이 꼼꼼하게 기록했다.[36] 1967년 8월과 9월의 몇 주 동안 후난성 다오현道縣에서 9,000명이 넘는 사람이 살해당했다. 이 학살은 닥치는 대로 이뤄진 것이 아니고 체계적으로 네 가지 유형의 계급의 적을 제거하려는 목적으로 일어났다. 잔혹한 사건들은 급진화한 지방 농민들의 행위와 거리가 멀었다. 그보다는 외진 지역에서 학살이 일어나도록 지시한 지방 당위원회가 조직한 죽음이었다. 유아를 포함한 전 가족이 살해당했다. 전국적으로 아마 150만 명이 이 국면에서 죽었을 것이다.

당 직위를 박탈당했던 정부와 당 관료들은 대개 주요 도시 단위에서 운영하는 농장이었던 '5·7 간부학교'로 보내졌다. 도시 단위로부터 와서 농촌에서 살아야 했던 사람들은, 다양한 기간(비록 대략 1973년까지는 일반적으로 기간이 1년 이내였지만 일부에게는 몇 년 동안이었다) 일반적으로 매우 열악한 상황에 놓여 있었다. 농장에 있는 동안, 도시 간부들은 엄격한 육체노동에 종사하는 동시에 감시를 받으면서 집중적인 이데올로기 학습을 수행했다. 목적은 그들의 관료적 '기풍'을 약화하는 것이었다.

문화대혁명이 온건화한 문화대혁명 10년의 마지막 단계는 1970년에 시작되었다. 캠페인과 대중운동이 멈추면서 계급투쟁은 마지막에 가까워졌다. 숙청되었던 하급 간부들이 복권되어 과거 일자리로 복귀했다. 당은 정책의 초점을 다시 상태가 좋지 않았던 경제에 맞춰야 한다고 인식했다. 지친 나라는 '천하대란'을 뒤에 남기고 정상으로 돌아가기를 간절히 원했다. 그러나 문화대혁명의 사고는 계속 드러났고 영향력이 있었다. 육체노동과 정신노동의 차별, 노동자와 농민의 차별, 도시와 농촌의 차별 등 '3대 차별'이라고 불린 것을 줄이려는 계획이 추진되었다. 교육 체계를 덜 엘리트주의적으로 만들기 위해 많은 조치가 이루어졌다. 각급 학교의 재학 기간이 줄어들었다. 대학 입학은 더 이상 경쟁적 시험에 기초를 두지 않았다. 선발 기준은 지원자의 계급 지위, 정치적 행동의 수준, 소속 단위나 문화혁명위원회의 지방 지도자들의 긍정적 추천서 등이었다.[37] 학생들은 대학에 입학하기 전 고등학교 대신 공장, 인민공사, 군대 등에 직접 선발되어 최소한 몇 년 동안 육체노동에 종사할 것을 요구받았다. 학교 내부에서는 교육이 정치 이론의 학습과 직업 교육에 많은 양보를 했다. 전통적 학습 방식은 폐지되었고, 집단적 교육을 강조했다. 교실에서는 교사의 권위에 대해 끊임없는 의문과 재고가 계속되었다.

널리 알려진 한 사건이 문화대혁명의 이 단계에 있던 불안정한 분위기를 반영한다. 대학 시험 체계는 1966년 폐지되었지만, 1973년에도 지방의 단위나 위원회에서 추천된 사람들에 대해 아마도 불법이겠지만 여전히 자체적인 비공식 입학시험을 치르는 고등학교들이 있었다. 랴오닝성에서 온 장톄성張鐵生이라는 젊은 학생은 시험 내용을 숙지하지 못해 백지(白卷)를 제출했다. 뒷면에 그는 지도자들에게 보내는 메모를 다음과 같이 썼다. "솔직히 말해서 저는 몇 년 동안 정당한 직업에 종사하지 않으면서 소요하며 빈둥거렸던 책벌레들에게 굴복하지 못하겠습니다."[38] 그는 이 시험을 '자본주의의 복수'라고 공격하기도 했다. 마오의 부인 장칭이 이 일을 신문에서 읽은 후 "백지 답안을 쓴 사람은 영웅이다"라고 메모했다. 이어서 모든 신문의 표지가 '백지 영웅'(白卷英雄)을 찬양했다.

보건 체계도 개조되었다. 도시 기반의 의료 인원들이 농민들의 필요에 봉사하기 위해 더 많은 노력을 하게 만들려는 진지한 시도가 있었다. 이는 의료 인원을 농촌 지역에 재배치하는 것과 더 중요하게는 농촌 의료 인력에게 단기 훈련을 제공하려는 중요한 시도를 수반했다. 이러한 '맨발의 의사'(赤脚醫生)들은 적어도 많은 중국 촌락에 최소 수준의 보건 의료를 제공했다. 지방에서 구할 수 있는 약초나 침술과 같이 감당할 수 있는 방법에 크게 의존했던, 중국의 전통적 의학의 활용이 더 강조되었다. 서구 의학은 중국의 광대한 오지 전체에서 효과적으로 사용되기에는 너무 비싸고 전문화되어 있었다. 새로운 프롤레타리아 문화 전쟁도 활기 있게 추진되었다. 연극, 벽보, 문학 텍스트들이 문화대혁명의 주요 사상을 묘사하고 대중화했다.[39]

캠페인이 없는 동안, 인민들은 생계에 더 초점을 맞출 수 있었다. 농촌에서의 정치적 이완으로 개별 영농이 회복되고 사적인 토지가 확대되었다. 임시 시장이 많은 곳에서 나타났다. 부업으로 사영 작업장들이 만들어졌다. 조심스럽게 농촌 기업과 공장들이 시작되었다. 많은 서비스와 상품의 공급이 부족했고, 이제 계급의 적들이 제거되어 좀 더 실용적 태도가 허용되는 것처럼 보였으며, 지방 간부들은 개입하기를 주저했다. 계획경제 아래에 2차 시장의 활기찬 경제가 나타나 농촌 주민들이 중요한 상품과 생산물을 거래하고 교환할 수 있게 했다. 시장과 기업의 빠른 등장은 비록 공식적인 국가 정책과는 모순되지만 농촌 주민들이 과거에 존재했던 구조와 제도를 부활시키고 있었음을 암시한다.[40]

사회가 다시 정상화되었음에도 인간적 상처는 쉽게 지워지지 않았다. 학자들은 1966년과 1971년 사이에 중국인 최대 2,720만 명이 대개는 반복되는 박해, 괴롭힘, 손상 등의 형태로 고통을 받았다고 결론을 내린다. 이 통계에 따르면 최소한 173만 명이 죽음을 당했고, 700만 명이 심각한 부상을 입었으며, 대략 420만 명이 구금되었다. 사상자 절대다수는 광란의 홍위병이나 대중 조직들 사이의 무장 전투에서 나온 것이 아니었다. 이 사람들은 정치와 군사 권력의 문화대혁명 기관에 의한 조직적 행동의 희생자들이었다.[41]

계승 위기가 분출하다

린뱌오를 미래 지도자로 언급한 새로운 당장 초안을 통과시킨 1968년 10월의 12차 전체회의에 뒤이은 계승 위기는 잠재적인 소련의 침입에 대한 중국의 불안에 깊은 영향을 받았다. 중국의 우려는 1968년 8월 소련의 체코슬로바키아 침공 이후 소련 지도부의 브레즈네프 독트린 표명에서 비롯했다. 이 독트린은 공산당이 권력을 잡고 있는 어떤 나라에서라도 '사회주의 원칙들'이 위협받을 때 개입해야 한다는 소련과 다른 사회주의 국가들의 의무라는 측면에서 침공을 정당화했다. 북베트남까지도 이 정책에 대한 전폭적 지지를 표명했다. 소련은 중국에서 '군사—관료 독재'가 권력을 잡고 있고 사회주의를 왜곡했다고 주장해왔다. 중국의 우려에 더해서 소련은 1966년부터 과거에 비무장화되었던 중소 국경을 따라 핵탄두를 포함한 상당한 군사력을 구축하고 있었다. 여기에 주둔하는 군대가 중국을 침공하기에 충분할 정도는 아니었지만, 중국 대부분을 뒤덮고 있는 정치적 분열과 사회적 혼돈을 고려한다면 분명히 위협적이었다. 1968년 10월 전체회의 직후 중국은 이 위협에 대응하려 했고, 미국에 바르샤바에서 대사급 회담을 재개하자고 요청했다. 베이징은 전통적인 외교를 재개하기도 했는데, 중국은 이집트에 대사 한 명만을 남긴 채 해외의 모든 대사급 대표를 정리했지만 다시 외교관계를 맺는 국가의 범위를 빠르게 확대하는 것을 추구하게 되었다.[42]

1969년에 열린 전국인민대표대회는 3월 초순과 중순에 일어났던 중소 국경 충돌에 대해 뒤로 물러났다. 우수리강을 따라 헤이룽장성 경계에서 있었던 일련의 전투작전과 신장위구르자치구 내로 수 킬로미터 들어왔던 제한적 유혈 사태였던 소련의 침공은 소련과 중국 사이의 긴장을 증대시켰다. 아마도 핵전쟁이 될 소련과의 전쟁에 대한 망령은 정치 지도자들을 몹시 불안하게 했다.

결과적으로 1969년의 나머지 기간은 소련과의 임박한 전쟁에 대한 공포가 지배했고 즉시 몇 가지 조치가 취해졌다. 국방비용이 꾸준히 상승했다. 나라 전체에서, 주민들은 전쟁에 대비해서 지하 대피소를 건설해야 한다는 이야기를 들었다. 확산되는 공포의 결과로, 당은 국방장관 린뱌오가 마오의 후계자라는 내용을 새로운 당장에 기입하는 흔치 않은 움직임을 보이기까지 했다. 군대는 당과 사회 전체에 대한 장악력을 높였다. 중앙위원회와 국가 전체에 건설되던 새로운 혁명위원회를 모두 군사적 인물들이 지배했다. 실제로 1956년에 선출되었던 8기 중앙위원회 구성원 중 30% 이하만이 1969년에 재선출되었고, 9기 중앙위원회에 선출된 구성원 중 40% 이상이 1969년 현재 군대에 직위가 있었다.

10월 린뱌오는 명백히 마오쩌둥과 먼저 상의하지 않고 '전쟁 준비를 강화하여 적의 갑작스러운 공격을 방지하는 것에 관하여'라는 제목의 지시를 발표했다.[43] 이 지시는 광범위해서 군대를 높은 경계 태세에 두었으며, 국방 공업 생산을 가속화하고, 지휘관들을 전투태세에 있게 하는 것이었다. 마오는 격노했다. 마오에게는 린뱌오가 자신과 상의하지도 않고 사실상 전쟁이 가까워졌다는 선언을 함으로써 그의 권력 상승을 과시하는 것처럼 보였다. 이 일이 아마도 두 사람 사이에 불화의 시작이자 계승 위기 다음 막의 시작이었던 것 같다.

군대와 린뱌오의 계속되는 오름세는 마오쩌둥, 저우언라이, 장칭을 불편하게 했다. 마오가 정말로 린뱌오가 군대를 넘어서서 중요한 책임을 맡기를 원했는지는 의심스럽다. 마오는 단지 문화대혁명을 시작할 때 류사오치, 원로 정치 지도자들, 당과 국가 기구 대부분을 제거하기 위해 린뱌오와 군대가 필요했을 뿐이다. 린뱌오는 기회가 있을 때마다 마오를 찬양했지만, 문화대혁명에 거의 관여하지 않았다. 사실 그는 마오가 선호하는 정책에 대해 기껏해야 미온적인 정도였다. 1969년 이후 린뱌오의 빠른 권력 강화는 위협적인 일로 느껴지기 시작했을 것이다. 마오, 저우언라이 그리고 장칭 주위 중앙문혁소조의 과거 구성원들은 린뱌오의 권력을 축소할 방법을 찾기 시작했다.

한 가지 방법은 국경 분쟁에 대해 소련과 직접 협상함으로써 외부적 압력을 경감하는 것이었다. 저우언라이는 1969년 9월 중순 베이징 공항에서 소련 수상 알렉세이 코시긴과 짧게 만났고, 둘은 공식적인 국경 협상을 열기로 합의했다. 서방을 향해서도 문이 열렸다. 이 시기에 저우언라이는 미국과의 미묘하고 비밀스러운 외교 대화에 관여했다. 그는 눈에 띄게 늙어가는 마오가 1971년 7월 미국 국가안보좌관 헨리 키신저Henry Kissinger가 베이징을 비밀리에 방문하는 것을 동의하게 했다. 이 방문은 전후 국제무대에서 가장 큰 영향력을 가져온 사건의 하나였다. 베트남에서 싸움이 계속 커질 때 중국과 미국이 소련의 위협에 맞서 상호 긴장을 줄이는 중요한 조치들을 취했다. 린뱌오는 미국에 대한 이러한 개방에 강하게 반대했는데, 아마도 부분적으로는 그가 이러한 상황이 반대자들의 정치적 지위를 강화할 것을 알았기 때문이었을 것이다. 키신저의 방문은 린뱌오의 중요한 패배와 마찬가지였다.

소련과 전쟁이 벌어진다는 공포가 사라짐에 따라 마오는 구체적 지원은 거의 하지 않으면서 빨리 권력을 잡기만 바라는 것처럼 보이는 후계자를 더 우려하게 되었다. 그는 린뱌오에게 계략을 쓰기 시작했다. 그러나 마오의 비서 천보다는 린뱌오의 대의를 지지하기로 결심했다. 이 때문에 1970년에서 1971년 사이 사회에 질서와 정상성을 복구하려는 많은 조치가 취해졌지만, 최고 지도부를 갈라놓는 긴장이 점점 더 심각해졌다. 천보다, 린뱌오와 그들의 지지자들이 마오쩌둥을 격분하게 만든 일련의 발언을 한 1970년 여름의 중앙위원회에서 긴장이 처음으로 표면화되었다. 그러자 마오는 린뱌오에 대한 경고로 천보다를 질책했다. 1970년 말 마오는 군대에서 린뱌오의 가장 중요한 지지자들을 민정을 무시하고 약화했다는 사유로 고발해 견책했다. 이 긴장은 1971년 봄을 거치면서 린뱌오 아들 린리궈林立果가 아버지 지위와 목숨을 구하는 유일한 길이라고 증명될 경우 군 지지자들과 함께 행할 마오에 대한 쿠데타 가능성도 포함하는 계획을 세울 때까지 계속 커졌다. 이 계획은 (무장봉기를 뜻하는 단어와 발음이 같은) '571'이라는 암호명을 가지고 있었다. 이 계획에는 마오쩌둥에 대한 통렬한 비난이 담겨 있었으며, 그를 '중국 역사 최고의 폭군'이라고 불렀다." 또한 암살, 광저우에서 반란 정부를 세우고 내전 시작하기, 외국으로 탈출 등 마오의 압제에 대응하는 세 가지 가능한 방법을 그리고 있었다. 앞의 두 가지 방법을 실현하려는 진지한 시도는 하지 않았다. 그러나 마지막 방법은 시도되었다. 혼란스럽고 분명치 않은 사건의 연쇄 속에서 린뱌오의 딸이 비밀리에 저우언라이에게 아버지의 계획을 알렸고, 린뱌오의 즉각적 탈출 시도로 이어지는 사건들이 일어났다. 1971년 9월 린뱌오는 가까운 가족들과 함께 몽골에서 비행기 사고로 죽었다. 그들은 소련으로 가던 중이었음이 분명했다.

린뱌오의 망명과 죽음의 세부적인 부분들은 미스터리로 남아 있다. 마오쩌둥과 남은 지도부가 쿠데타를 간신히 피한 것에 깊이 충격을 받은 것만은 분명했다. 그들은 당에서 또한 사회 전반에서 군대 권력이 축소되어야 한다는 결론을 끌어냈다. 린뱌오 사건 이후 중국의 사실상 모든 고위 군사 지도자들이 숙청되거나 체포되었다. 인민해방군은 정치와 대중으로부터 사라졌다.

중국 인민들은 자신들만의 매우 다른 결론을 이끌어냈는데, 문화대혁명 기간에 마오를 열정적으로 지지했던 많은 사람에게 린뱌오의 탈출과 죽음은 분명히 환멸이라는 효과를 가져왔다. 린뱌오는 마오 숭배의 가장 유명하고 충성스러운 지지자였고, 수백만 명이 '수정주의자' 적들에 대한 싸움에서 린뱌오와 마오를 지지하는 복잡한 투쟁을 겪었다. 그들은 존경받은 교사들을 공격하고, 고문하고, 나이든 시민들을 학대하고, 늙은 혁명가들에게 창피를 주고, 심지어 격렬하고 대체로 폭력적인 대립 속에서 과거의 친구들을 고발하는 상황까지 갔다. 린뱌오의 쿠데타로 알려진 것의 모순된 세부 사항들과 뒤이은 탈출은 이 모든 것을 개인적 권력 투쟁으로 보게 만들었다. 수백만 명이 스스로 장기의 졸처럼 이용되었을 뿐이라고 믿을 이유가 있었다.

처음에 린뱌오의 죽음으로 가장 이익을 본 사람은 저우언라이였다. 1971년 말부터 1973년 중반까지 그는 체제를 안정된 상태로 되돌리는 일을 서두르고자 했다. 그는 경제와 교육 수준을 회복하는 일을 권장했다. 그는 과거의 관료들을 복권하고 직위를 회복시키기도 했다. 중국은 무역은 물론 외부 세계와의 다른 관계를 재건하기 시작했고, 국내 경제는 이미 1969년부터 완만하게 성장하고 있었다. 마오는 분명히 이러한 국면을 승인했지만, 방관적 입장에 있었다. 그는 린뱌오와의 충돌로 정치적 자본과 신뢰성을 잃었다고 느꼈다.

1972년 마오는 심각한 뇌졸중을 겪었고, 저우언라이는 자신이 암으로 죽어간다는 사실을 알게 되었다. 이러한 건강 위기는 여전히 불확실했던 승계에 대한 우려를 고조시켰다. 1973년 초 저우언라이와 마오는 덩샤오핑을 장시의 트랙터 수리점에서 돌아오게 했다. 덩샤오핑은 문화대혁명 기간에 급진파들에게 숙청된 사람들 중 두 번째로 중요한 피해자였고, 장칭과 그녀의 지지자들은 덩샤오핑의 재등장을 반대했다. 1973년 중반부터 중국 정치는 나중에 '사인방'四人帮이라고 불리게 된 장칭과 그녀의 지지자들 그리고 저우언라이와 덩샤오핑 주위의 분파 사이를 왔다 갔다 하며 움직였다. 전자는 정치적 동원, 계급투쟁, 지식인에 대한 반감, 평등주의 등을 포함하는 마오주의 노선의 지속을 선호했다. 그러나 후자는 경제성장의 우선순위, 안정성, 교육의 진보, 서구에 대한 실용적 개방 등을 주장했다. 마오는 알맞은 후계자를 계속 탐색하면서 이 서로 다른 집단들 사이에서 균형을 유지하려 했다.

이 두 집단 사이에서 균형추가 오갔다.[45] 1973년 중반부터 1974년 봄까지 좌파들이 우위를 점했고, 이 기간 그들은 린뱌오와 공자에 대한 비판을 저우언라이와 덩샤오핑에 대한 공격의 비유적 수단으로 활용하는 캠페인을 시작했다. 그러나 1974년 봄 경제적 정체와 늘어가는 경제 문제들이 마오가 안정과 통합의 필요를 강조하면서 저우언라이와 덩샤오핑 쪽으로 돌아서게 했다. 6월 저우언라이가 입원했을 때 덩샤오핑은 부총리로 임명되었고 1975년 늦가을까지 점진적으로 권력을 쌓아갔다. 1974년 4월 마오는 덩샤오핑이 뉴욕에서 열린 유엔 제6차 특별총회에서 중국을 대표하여 발표하도록 했고, 여기에서 덩샤오핑은 키신저와 처음으로 만나기도 했다. 덩샤오핑은 (농업, 공업, 과학기술, 국방) 4대 현대화를 부활하려고 노력했다. 그는 또한 1975년 당의 공작 및 공업과 과학기술의 현대화 영역을 위한 기본적 정책을 계획하는 중요한 문서들의 초안 집필을 의뢰하기도 했다. 교육, 경제, 군사 방면의 강화에 초점을 두는 이러한 정책은 좌파들의 강한 반대를 받았고, 좌파들은 대중 매체와 선전기구에서의 권력을 이용하여 덩샤오핑의 노력을 공격했다.

장칭과 그녀의 급진적 지지자들은 결국 덩샤오핑의 정책이 필연적으로 문화대혁명의 평판과 마오 자신의 평판에까지도 연결될 것이라고 마오를 설득하는 데 성공했다. 그래서 마오는 여전히 좌파들의 강력한 선전 도구였던 대자보와 대중 집회로 이러한 정책들을 규탄하는 것을 승인했다. 저우언라이는 1976년 1월 죽었고, 덩샤오핑은 추도문을 낭독했다. 덩샤오핑에 대한 마오의 불만이 쌓여갔고, 장례식이 끝난 후 덩샤오핑은 공개적 장소에 나타나지 않았으며, (마오의 지지하에) 1976년 4월 8일에 다시 한번 공식적으로 모든 직위에서 물러났다. 덩이 실각한 직접적 원인은 베이징과 다른 도시에서 전통적인 청명절을 이용하여 저우언라이를 기억하고 급진적 좌파들의 정책을 비난하고자 열린 많은 대중 시위였다. 많은 덩샤오핑 지지자도 직위를 잃었고 덩샤오핑을 비판하고 문화대혁명 기간에 사람들에게 내려진 올바른 판단을 뒤집으려는 '우경 번안풍(翻案風)에 반격하는' 정치 캠페인이 시작되었다.

7월 28일 베이징에서 수백 킬로미터 떨어진 허베이성의 도시 탕산唐山에서 대지진이 일어나 공식적 수치에 따르면 24만 2,000명이 죽었다. 진동이 베이징까지 닿아서 베이징 건물의 약 3분의 1이 피해를 보았다. 일부 사람들은 이 재난을 불길한 신호로 여겼다. 실제로 이 재난은 당시 대중들 사이에서 감지되던 초조감과 불안에 기여했다. 시위들이 보여주었던 것처럼, 중국은 변화를 간절히 바라고 있었다. 1976년 9월 9일 마오의 죽음과 그로부터 한 달이 지나지 않아서 있었던 정치 지도자들과 경찰 그리고 군대의 폭넓은 연합을 통한 (1976년 10월 6일의) 사인방 체포는 마침내 다시 시작할 기회를 만들어냈다. 이는 덩샤오핑을 비난하기 위한 노력도 끝냈다. 문화대혁명은 1977년 8월의 11차 전당대회에서 공식적으로 종결되었다. 그러나 실제로는 거의 1년 전 마오의 죽음, 사인방 숙청, 비탄과 안도라는 대중들의 엇갈리는 감정과 함께 끝났다. 1981년 마오의 부인 장칭을 포함한 사인방은 문화대혁명 시기의 월권 때문에 무기형을 선고받았다. 텔레비전으로 생중계된 공개 재

판을 수많은 사람이 시청했다.⁴⁶

    비록 대약진보다는 자산과 인명 피해가 적었지만 문화대혁명은 중국 사회 전체에 아주 심각한 영향을 미쳤다. 단기적으로는 물론 정치적 불안정과 경제 정책에서의 좌충우돌로 경제가 성장하지 못하거나 심지어 후퇴했고, 상품과 서비스를 효율적으로 전달하는 정부 기관의 능력을 퇴보시켰다. 정치 체계의 모든 등급에 있는 관료들이 예측 불가능한 미래의 정책 변화가 이전의 정책에 따라 열성적으로 일한 사람들이 쉽게 위험에 처하게 할 수 있음을 알게 되었다. 그 결과는 관료적 소심함이었다. 게다가 마오의 죽음, 문화대혁명의 종말과 함께 대개 잘못된 고발과 날조된 사건 때문에 숙청된 거의 300만 명이나 되는 공산당원과 다른 시민들이 복권을 기다리게 되었다. 문화대혁명은 중국 인민 수천만 명의 삶을 폭력으로 혼란스럽게 했다. 누구든 외국인과 연관되어 있으면 박해를 받았다. 중국 사회에서 전통적으로 존경의 대상이었던 교사와 학자들이 공개적으로 학생들에게 비판을 받고 굴욕을 당했으며, 일자리에서 쫓겨나 육체노동을 하러 농촌으로 보내졌다. 그러고 나서 학생들도 대규모로 농촌으로 보내져 학교에서 보냈을 몇 년을 농촌에서 지냈다. 공장 관리자들과 최고 기술자들은 공장의 방에 몇 달 동안, 때로는 1년 이상 감금되었다. 아마도 가장 중요한 것은 중국 정부와 중국공산당 지도자 대부분도 박해를 받거나 직위를 박탈당하고 농촌으로 쫓겨나 대중들과 노동을 하게 된 일이었다. 계획경제, 교육 체계, 국방, 외교관계 등과 같은 당과 국가에서 수많은 에너지를 쏟아 건설했던 제도들이 중단되고, 붕괴되거나 완전히 폐지되었다. 당-국가 관료제는 약화되었고, 캠페인들로 분열되었다. 그 결과는 중국의 후진성, 광범위한 빈곤, 국제적 고립의 심화와 중국과 산업화된 세계 사이

의 격차 확대였다.[47]

문화대혁명은 장기적 유산도 남겼다. 첫째, 세대 격차가 만들어졌다. 젊은 성인들은 교육을 받지 못했고, 거리로 나가 불만을 해소하는 법을 배웠다. 둘째, 문화대혁명 기간에 테러 및 이와 동반된 상품의 결핍으로 사람들이 암시장과 개인적 관계에 다시 의지하게 되면서 공산당과 정부 내에서 부패가 확산되었다. 많은 농민이 국가의 할당량을 넘어서 생산한 것을 뭐든지 팔았던 암시장이 지하 경제를 구성했다. 셋째, 1970년대 초중반에 정치적 순수성이라는 이름으로 노골적인 권력 투쟁이 일어남으로써 도시의 중국인 수백만 명이 환멸을 느끼게 되었을 때 공산당 지도부와 체제 자체가 더 많은 신뢰의 상실을 겪었다. 넷째, 격렬한 분파 투쟁의 유산이 계속 중국 사회를 괴롭혔다. 문화대혁명의 라이벌 분파 구성원들이 같은 딴웨이에 있으면서 서로 권력을 약화할 방법을 찾았기 때문에 권력 투쟁이 만연했다.

아마도 인류 역사에서 정치 지도자가 그 자신이 만들어낸 제도적 체계에 대항해 그 정도 힘을 촉발한 적은 없었을 것이다. 그 결과로 체계가 입은 손상은 뚜렷했고, 마오쩌둥이 추구했던 목표들은 결국 달성하기 어려운 상태로 남았다. 그가 후계자들에게 남긴 의제는 엄청나게 도전적이었다. 마오는 공산당 지도부의 규범과 규칙을 썼고 당의 성공을 대표했지만 또한 반란의 목소리이자 당의 결점과 실패의 거울이 되기도 했는데, 이것이 그가 남긴 모순된 유산이었다. 이러한 모호성의 반향 그리고 1950년대와 1960년대에 마오가 벌인 캠페인의 충격이 마오 이후 시기에 깊은 영향을 주었다. 격동의 문화대혁명 기간에 가장 유명했던 '반란은 정당하다'(造反有理)는 구호는 전 세대에 영향을 미쳤다. 과거의 홍위병들과 하방되었던 학생들은 2년, 3년, 간혹 10년 동안 농촌에서 노동하다 도시로 돌아왔을 때 비록 마오와 당이 그들이 배우기를 원했던 것은 아니었겠지만 진정으로 마오에게 배운 것이 있었다. 그들은 당의 뿌리 깊은 부패 그리고 구식 권력 투쟁이 곳곳에 있다는 것을 배웠다. 그들은 무엇보다도 중국이 직면한 가장 큰 문제는 혁명의 부족이 아니라 번영과 진보의 부재라는 것을 받아들였다.

●

인민해방군이 베이징을 점령한 직후인 1949년 3월 마오쩌둥과 저우언라이가 미래의 수도로 가는 길에 마오가 저우언라이에게 명 말 대규모 대중 봉기의 지도자였던 이자성李自成의 운명을 상기시켰다.[48] 1644년 이자성은 대대적인 환영 속에 베이징으로 행군했고 스스로 황제가 되어 새로운 왕조의 수립을 당당하게 선포했다. 그러나 이러한 축전 직후 베이징은 만주 군대의 공격을 받았다. 북쪽에서 온 정복자들은 빠르게 이 도시를 차지했다. 이자성은 베이징을 지킬 가능성이 없자 탈출하려고 시도하다가 죽었다. 그러니까 마오는 자신의 가장 중요한 성공의 순간에 실패할 가능성을 떠올린 것이다. 이 일화는 중화인민공화국의 지도부를 시작부터 괴롭혔던 뿌리 깊은 불안을 보여준다. 당 지도자들은 전장에서 거둔 공산당의 승리가 국민당 군대의 빠른 붕괴와 소련의 도움으로 이루어졌음을 의식했다. 공산당은 군사적으로 승리했지만, 대중들로부터 중국을 통치하도록 위임받지는 않았다. 지도자들은 국민들로부터 급진적 변화의 정치 프로그램에 대한 합의를 끌어내고 지속적인 대중의 지지를 얻을 수 있을지 몹시 불안해했다. 이것은 지도부가 직면한 가장 중요한 문제였다. 실패와 패배의 가능성은 지도부, 특히 마오쩌둥을 계속 사로잡은 위협이었다.

중화인민공화국 초기에 공산당 지도자들과 외국 지지자들은 모두 정권의 안정성을 걱정했다. 스탈린과 소련의 조언자들은 중국의 '민주 당파'와 연합정부를 구상하고 기존의 정치 구조와 제도 안에서 일하도록 자주 권고했다.[49] 공산당은 결국 사회주의, 공산주의 혹은 스탈린주의를 호소하는 것이 아니라 신민주주의 개념을 내세워 권력을 잡게 되었다. 이는 공산당이 지도권을 주장하면서도 중국의 주요 정치·사회 세력과 함께 협력할 것임을 의미했다. 좀 더 정확하게는, 새로운 인민 공화국은 농민과 노동자들도 모두 소자산 계급과 민족 자산 계급을 포함하는 '민족 연합전선'의 일부가 되는, 폭넓은 사회적 기반에 의지하려 했다. 이러한 정책이 추구된 것은 공산당이 중국을 통치하면서 마주치게 된 도전들과 폭력적인 권력 장악으로 인한 정당성의 부족을 잘 의식했기 때문이다. 1950년대에 당이 점진적으로 신민주주의의 구호를 방기해야 한다고 결정하고 (1962년에 '결코 계급투쟁을 잊지 말라'고 주장하는 마오를 보게 될 전환으로서) 변화와 계급투쟁의 필요를 강조하기 시작하자, 정치적 모호성과 불확실성이 생겨나고 정당성 부족이 악화되었다. 국가와 정부는 인민에게 봉사한다고 주장했지만 어떤 위임도 받지 못했다. 추구하던 엄청난 변화는 통치를 받는 사람들이 찾던 것이 아니었다. 1953년 사회주의 전환을 추구하게 되면서 공산당은 전에 보장했던 것에서 벗어났고 늘어가는 불신에 직면하게 되었다. 냉전의 갈등은 물론 나중에 나타난 중국과 소련의 갈등이 외부적 압력을 더했고, 취약성에 대한 감각과 만연한 불안을 더욱 증대시켰다. 뚜렷한 정당성의 부족을 고려하면, 국가의 제도는 부서지거나 공격받기 쉬웠다. 그래서 새 정부는 엄격한 사회 통제를 실행하고 새로운 체제를 지지하도록 인민들을 끊임없이 동원해야 할 필요를 느꼈다.

불안에는 실질적 이유가 있었다. 공산당은 통치에 대한 수많은 도전에 직면했고, 생존에 대한 안팎의 끊임없는 위협으로 고통받았다. 1950년대까지도 제2차 세계대전과 이어진 내전의 영향이 어디에서나 분명했는데, 전국적으로 전쟁 때문에 살 곳을 잃은 난민 수천만 명이 이주해 도시로 흘러들었다. 전쟁은 중국의 대도시들을 파괴하고, 농촌을 황폐하게 하고, 경제를 유린했다. 수년 동안의 전투에 더해 지배 권력과 행정 구조의 잦은 변동이 사회제도와 정치제도의 붕괴를 가져왔다. 많은 촌락과 소도시들을 범죄자, 무장한 폭력조직, 제대 군인, 지방 실력자들이 운영했다. 농촌 경제는 몰락했고, 식량 공급은 불충분했고, 도시 경제는 인플레이션으로 제 기능을 하지 못했다.

취약성, 고통, 안보 문제 등의 결합이 신체 정치에 스며들고 중국의 역사적 궤적을 형성했다. 공산당 지도자들의 마음속에 큰 위기감이 있었다. 마오는 인민의 적을 이야기할 때 주권의 우위와 제도 사이의 긴장을 충분히 의식하고 있었다. 한편으로 지도자들은 효율성을 위해서는 국가의 제도가 상위 권력의 임의적인 지시보다는 규정과 법률, 특히 헌법에 근거해야 한다는 것을 인정했다. 다른 한편으로 그들은 '특수한 권력'을 사용해야 할 상황이 대중 동원과 폭력적 투쟁을 필요하게 한다는 것을 알았다. 국가는 적과 반역자들에 대해 규제받지 않은 폭력을 행사할 수 있어야 했다. 새로운 국가가 포위되어 있거나 여전히 전쟁 중이었기 때문에 그리고 대중들의 승인에 불안해했기 때문에 안보 문제가 압도적인 중요성을 가지게 되었다. 이는 국가가 끊임없이 안보 문제를 전면에 내세우고 동시에 제도적 절차와 합법성의 개념을 깎아내리는 방식으로 사회와 개인을 재구성하게 만들었다. 이것이 중국 국민의 사회적 신체에 위협을 구성하는 강력하고 새로운 맥락을 만들었고,

그 결과 새로운 형태의 정치적 주체들을 생산해냈다.

사회문화사가 정권의 정당성과 인기에 주목할 때, 이는 중화인민공화국에서 정치의 중심성을 부정하기보다는 확장했다. 공개 재판, 대중집회, 공개 시위, 구경거리 등은 대중들을 교육하고 규율을 주입하는 강력하고 효율적인 수단이었다. 공산당은 당의 권력을 강화하려는 목적으로 새롭고 매우 정치화된 대중문화를 도입하여 젊은 중화인민공화국을 선전 국가로 변화시켰다. 공산당은 애국적이고 정치적 주제를 가진 기념비적 공공건물을 건축하고, 극적인 축하 행진을 조직하고, 새로운 예술과 문학 및 다시 쓴 역사로 공산당의 성취를 선전함으로써 이를 이루었다. 이러한 노력은 공통된 수사와 사고를 형성하거나 만들어내는 더 큰 정책의 일부였다. 이러한 정책은 공통의 의미 있는 틀을 제공함으로써 합의를 형성하려는 것이었다. 그러나 상상된 공산주의의 유토피아 세계가 마오 시대 일상생활의 냉혹함과 충돌하면서 이러한 정책이 초조하고 들뜬 감정 상태를 만들어내기도 했다. 정책, 캠페인, 스파이, 결핍 그리고 다른 사회적 위험 등에 대한 만연한 소문이 이 시기 분위기가 얼마나 긴장되었는지를 보여주는 징후였다.

1950년대와 1960년대에 걸쳐 당은 중국을 통치하는 지속적 기획 속에서 새로운 사회적 규범과 모델을 형성함으로써 당과 국가를 사회에 새겨 넣으려고 시도하기도 했다. 국가나 당이 종종 익숙한 이웃, 모범 노동자나 레이펑 같은 모범 군인으로 현실화되기도 했다. 이러한 구체화는 관습적으로 국가라고 불리던 것과 사회를 구성했던 것 사이의 경계를 재정의했다. 좀 더 널리 퍼진 국가의 존재, 사회 속에서 국가에 대한 의식, 마음속에서 국가의 규범에 스스로를 맞추는 습관 등을 만들어내는 것이 목표였다. 예를 들어 사회적 실재를 단순히 반영하기보다 그러한 실재를 만들어내는 사회적 분류의 능력을 지적할 수도 있다. 계급의 표지나 다른 서술어로 계급을 분류하고 국가적·종족적·인종적 표지로 중국인이 되는 것에 대한 새로운 감각을 만들어냄으로써 정권은 중국의 사회적 구성과 사회와 개인의 구성에 깊고 지속적인 흔적을 남겼는데, 이는 그러한 분류가 사상 개조와 재교육을 거쳐 자기 인식과 동일시로 바뀌기 때문이었다.

그렇다면 끊임없는 캠페인과 대중운동 과정에서 주기적으로 나타나는 파괴적 힘과 잔혹한 폭력을 강력함의 증거로 이해해서는 안 된다. 오히려 한나 아렌트가 전체주의 정치 체계에 대한 저술에서 시사한 것처럼 당-국가의 취약함을 반영하는 것이다.[50] 국가의 상대적 취약성은 무엇보다 비교적 낮은 정도의 제도적 구조와 약한 제도적 능력에 기인한다. 중국공산당은 저항을 힘으로 진압할 강력한 중앙집권적 국가를 만들어냈지만, 그것은 안정적이고 합법적인 제도들을 갖추지 못했고 확립된 절차를 결여했기 때문에 아렌트적 감각에서 보면 '구조가 없는' 국가였다. 촌락, 지방 공동체, 시장, 사기업, 공공 영역 등과 같이 1949년 이전 시기에서 온 기존 제도들은 파괴되었다. 그러나 인민공사, 국유기업, 정부 계획 기구 등과 같은 새로운 제도들은 약하고, 강압적이고, 비효율적인 상태였다. 새로운 제도들을 운영하는 당의 인원들은 수적으로도 부족했을 뿐 아니라, 대체로 경험이 부족했고 많은 경우에 스스로 정치적 불확실성과 불충분한 능력으로 고통받는 냉혹한 개인들로 구성되어 있었다. 그들은 정치적 열망보다는 일상생활의 고통에 사로잡힌 다양한 주민을 통치해야 했다.

경제면에서 중공업은 정부의 명령과 정교한 계획에 따라 발전되어야 했다. 이를 위해서 필요한 자원은 농업의 집단화로 확보해야 했다.

이 과정은 토지에 대한 사유재산권의 폐지와 모든 농민을 인민공사로 통합하는 것을 수반했다. 이는 정부가 모든 농산물을 장악하여 새로운 공장들을 건설하고 운영하는 데 배치된 노동자들을 먹이고, 입히고, 주거를 제공하는 데 사용하는 것을 가능하게 했다. 성장을 만들어낼 것으로 기대되는 중공업에 자원을 배분하는 착취적인 제도 체계가 만들어졌다. 그러나 착취적 제도는 지속적인 기술적·경제적 발전을 만들어낼 수 없었다. 대약진과 같은 전국적 캠페인이 계획 체계 속에서 자극과 혁신의 부재를 보완하려고 시도되었지만, 그러한 정책이 현실에서는 파멸적으로 실패했다. 다시 활성화된 중앙정부의 명령이 일부 기초적 경제 문제를 해결할 수 있었지만, 착취적 제도는 개인에게 동기를 부여하고 기술적 진보를 만들어낼 수 없었다. 경제적 인센티브가 없었을 뿐만 아니라, 자원들이 산업에 매우 비효율적으로 재분배되었기 때문에 경제적 진전이 거의 불가능했다. 1960년대에 혁신의 부족과 빈약한 경제적 인센티브가 경제적 정체를 일으키면서 이 체계는 한계에 달했다. 처음에는 성장이 느려졌고, 그 후에는 붕괴했으며, 한동안 붕괴된 상태에 머물렀다.

중앙집권화된 국가는 배타적인 정치제도인 당—국가에 기초하기도 했다. 당—국가는 통제를 행하고 자원의 추출로부터 혜택을 받도록 공산당의 권력을 보장했다. 일당제하에서 국가의 중앙집권화는 특히 기반시설, 교육, 복지 등 부분적 성취를 가능하게 했지만, 착취적 정치제도하에서 발전은 국가와 국가의 자원 추출을 장악하려는 공산당 내부의 라이벌 분파들의 내분을 부추겼기 때문에 허약하고 불안정했다.

이러한 곤경에 직면해서 마오는 '정치가 지배하게' 하고 경제적 계산과 사회적 위계를 넘어서는 진정한 사회혁명을 달성하려고 끊임없이 국가를 혁명화하고자 했다. 동시에 마오쩌둥은 전쟁과 혁명을 매우 개인화되고, 양가적이고, 비정형적인 권위의 체제를 국가에 투사하는 수단으로 활용했다. 그렇지만 가장 중요한 문제는 첫 30년 동안 공산당이 무척 새로웠던 엘리트들과 함께 새로운 사회제도를 만들어내고 안정화할 수 없었다는 관찰에서 비롯되었다.[51] 그 대신 공산당은 오랫동안 권력과 자원을 두고 경쟁하는 여러 불안정한 연합에 의존해야 했다. 마오주의는 국가와 정치 체계의 혁명을 의도했지만, 실패했다.

문화대혁명으로 인한 중국 사회의 혼란은 무엇보다 지도부 내에서 치열한 다툼을 가져온 오래 계속된 계승 위기에서 왔다. 상부의 중심인물에 위계적으로 맞추어진 일당제는 모두 정치적 승계라는 큰 도전에 직면한다. 약한 제도, 자신이 선택하기를 원하는 재임자의 압도적 권위, 최고 지위를 갈망하는 야심적 경쟁자들 등 많은 요소가 문화대혁명이 계속된 10년 동안 계승을 불안정하고 예측할 수 없게 했다. 이러한 것들이 함께 불안정한 상황을 만들어냈다. 문화대혁명은 새로운 사회주의 문화의 창조에 대한 것인 만큼이나 마오 이후 누가 가장 큰 정치권력을 가질 것인가 하는 문제에 대한 것이었다. 류사오치와 나이 든 지도자들 다수가 제거되었지만, 계승 문제는 마오가 죽고 나서야 정해졌다.

중화인민공화국은 폭격당한 도시, 무너진 제방, 토지를 갈망하는 농민, 전국에 걸친 난민, 외국의 개입 등 반박할 여지없이 어려운 환경을 물려받았다. 20세기 중반의 중국은 통치하기에는 엄청나게 다양하고 심한 동요를 겪었으며, 거친 사회적 지형을 가지고 있었다. 새로운 권력은 기존의 자본과 해양 연계의 세계를 지우고, 재교육하고, 재건하기 위해서는 강압과 설득이라는 수단을 통한 엄청난, 심지어 폭력적 활동이 필요하다고 믿었다. 이러한 활동들이 성공한 정도는 매우 다양했다. 이야기와 노래, 축제와 의례, 거리의 뉴스와 영화에 기록된, 회복력을 가진 막대한 문화적 기억, 전통 관행 그리고 초국적 연계의 보고가 있었다. 자본가, 기독교도, 불교도, 자유주의 지식인 그리고 다른 가치와 신념의 추종자들이 있었다. 그들은 오랫동안 당과 국가를 피해 성공적으로 지속되었던 것으로 보인다. 또한 암시장, 밀수와 도박, 다양한 형태의 이견과 노골적인 반대도 있었다.

다양한 정도의 열정과 성과를 가진 새로운 중국을 건설하고자 당은 문화자본, 정치적 에너지, 기층 동원, 사회공학의 형태로 엄청난 투자를 해야만 한다고 느꼈다. 사회 개조와 같은 고결한 목표를 설정하는 것이 강력한 영향을 미쳤으며, 사회가 조직화되고 국가가 지배하는 위계적 구조로 흡수되면서 1950년대에 정부가 뚜렷한 중앙집중화를 수행하게 했다. 중화인민공화국 초기에 '통합 구매 통합 판매'를 시작으로 경제를 계획했고 시장의 기능을 축소했다. 일부 정책은 효과를 거두었지만, 많은 시도가 실패했다. 실망스럽게도, 간부들은 중국 사회가 얼마나 낙후되고, 비타협적이고, 다루기 힘든지 발견해야 했다. 제도화된 것이든 흩어진 것이든, 공개적인 것이든 비밀스러운 것이든 캠페인과 생산을 넘어서 취약한 위치를 알려주고 당의 지시를 피하게 만드는 완고한 기억과 열망이 있었다.

'오래된 세계'는 이런저런 것들 속에서 지속되었다. '새로운 세계'는 태어나기 위해 투쟁했다. 돌아보면 건국부터 문화대혁명의 종말까지 중화인민공화국은 사상 개조, 정풍운동, 순전한 폭력 등과 같은 통치 기술을 노골적으로 활용하는 특징을 지녔지만, 정책 실행은 고르지 못했고, 최종적 성공은 달성하기 어렵다는 것이 입증되었다. 공산당은 증대되는 당 권력과 국가 영향력의 확장에도 불구하고 끈질기게 존속하는 중국과 싸워야 했다. 이 모든 것이 중국 사회의 회복력을 결코 과소평가해서는 안 된다는 점을 보여준다.

4

떠오르는 중국

1977년 8월 초, 당 지도자들이 보통 베이하이 해변 휴양지에서 피서하는 것을 선호하는 계절에 뜻하지 않은 움직임이 수도를 바쁘게 했다. 다른 사람들과 마찬가지로 권력에 복귀하도록 허가받아 예전의 지위인 공산당 중앙위원회의 부주석을 맡은 지 불과 두 달 후 덩샤오핑은 (공업, 농업, 국방과 함께) 4대 현대화의 하나인 과학과 교육에 대한 업무에 뛰어들었다. 덩샤오핑은 과학과 교육의 기초 없이는 다른 세 개가 현대화되지 않을 것을 깨달았다. 그는 "중국은 세계에서 가장 발전한 나라를 따라잡아야 한다"라고 선언했다.[1] 첫 번째 행동 중 하나로 그는 며칠에 걸쳐 베이징에서 과학과 교육에 대한 좌담회를 개최했고 여기에 지도적인 중국 과학자와 교육자 33명이 참석했는데, 이들은 모두 당 관료제 밖에 있는 사람들이었다. 토론은 곧 중국 교육 체제의 낙후성에 초점을 맞추게 되었다. 참석자들은 원인에 동의했다. 고등학교 학생들이 졸업 이후 대학에 가는 대신 시골의 일터로 보내졌다. 고등교육을 받는 것은 개인의 성적이 아닌 계급 배경에 달려 있었다. 문화대혁명 동안 교육과 과학의 전문 지식은 경멸받았고, 반역적이거나 의심스러운 것으로 다루어졌다. 여전히 전문성보다는 혁명성이 더 좋은 것으로 여겨졌다. 이와 대조적으로 덩샤오핑은 4대 현대화의 성공적 실행에는 교육 체계의 완전한 개조가 필요하다고 확신했다.

덩샤오핑은 좌담회 참석자들의 제안에 기초하여 모든 대학에 전국 대입 시험(高考)의 재도입을 공지했다. 시험은 계급 지위나 정치 행동의 수준과 상관없이 모든 학생에게 개방되었다. 좌담회 이후 불과 4개월 만인 1977년 12월 초 1962년 이후 없었던 전국적 시험이 치러졌다. 참여 수준이 기대 이상으로 엄청났다. 27만 대학 정원을 두고 고등학교 졸업자 약 570만 명이 경쟁했다. 중화인민공화국 역사에서 처음으로 시험 결과로만 대학에 입학하게 되었다. 덩샤오핑이 직접 집중력과 에너지를 쏟아 많은 저항을 뚫고 추진한 입학시험 재도입은 막대한 영향을 미쳤다. 경쟁과 성적이 대학 입학의 기준이 됨으로써 국가와 사회의 높은 지위에 접근하는 기준이 되기도 했다.

이 재도입은 중국 개혁개방 시기의 출발점에서 극적이고 중요한 결정 중 하나였다. 이때부터 대입 시험은 매년 열렸다. 몇십 년 후에는 지원자들 수가 약 1,000만 명에 달했고, 2009년에 역사적 고점을 기록했다. 제도에 초점을 맞추는 맥락에서, 대입 시험이 서구에서 온 산물이 아니라는 것에 주의해야 한다. 대입 시험은 오히려 오래된 중국적 제도를 부활시켰다. 국가에 봉사할 가장 재능 있는 사람들을 선발하는 공개적이고 개방적인 시험은 중국 제국의 특징이었다. 개혁기에는 당에 대한 충성심과 이데올로기적 순종 대신 기술과 능력을 증진하는 경쟁적 체계를 실행해야 할 필요가 있었다. 제국 시대의 시험 체계는 해결의 청사진을 제공했고, 역사적 유산 덕분에 사회에서도 잘 수용되었다.

중국은 덩샤오핑의 지도 아래 1977년, 특히 교육과 경제에 주목하여 국내의 제도 개혁과 외부 세계에 대한 개방을 대담하게 시작하는 새로운 시기에 진입했다. 1980년대는 사회와 경제의 거의 모든 영역에서 대담하고 열정적이고 탐색적인 자유화와 실험의 시기가 되었다. 그러나 이 모든 것이 학생들이 이끈 민주 운동이 변화의 한계를 시험하고 당의 권위에 도전했던 1989년 갑작스럽게 억눌러졌다. 정부가 이 운동을 폭력적으로 진압했고, 저항자 수백 명이 죽었다. 이어진 수십 년 동안 덩샤오핑 후계자들인 장쩌민과 후진타오의 지도 아래 경제의 개혁과 개방 정책은 활발하게 계속되었고 지속적으로 논의되었다. 1990년에서 2012년까지 과감한 경제 개혁이 세계가 부러워하는 경제 기적을 만들어냈다. 그러나 당-국가는 정치 개혁을 추진하지는 않았다.

개혁은 중국에 심오한 변화를 가져왔다. 모든 범위에 걸친 새로운 제도가 수립되어 성장과 번영의 기초를 놓았다. 인상적으로 높은 GDP 성장률과 함께 성공적인 시장 이행이 이루어졌다. 평균 소득이 극적으로 증가하면서 수억의 중국인이 빈곤에서 벗어났다. 이 과정은 현대 중국의 장기적 전개에서 완전히 새로운 국면이었다. 나라의 부가 증대되고 자원에 대한 수요가 생겨나면서 중화인민공화국이 전 세계에 영향력을 확대하려 하기도 했다. 세계경제에서 오랫동안 지구적 규모의 기여자였던 중국은 비로소 자신감을 가지고 세계적 초강대국이라는 목표를 이루고자 경제적 영향력을 활용하기 시작했다. 세계경제의 무게중심이 이동하면서 중국은 외교적 협력을 얻고, 거대한 부를 투자하고, 세력 범위를 확대하고, 긴급한 천연자원을 확보하려고 경제적 영향력을 내세우기 시작했다. 중국의 커져가는 경제적 영향력은 점점 더 야심적인 외교·군사 정책과 중첩되었다. 중국은 무역로를 보호하고자 항공모함, 핵 잠수함, 스텔스 전투기를 만들었다. 분쟁이 있는 남중국해에서 중국은 영토적 권리를 나타내려고 암초와 산호초를 인공섬들로 바꾸었다.[2]

제도적 혁신과 신속한 경제성장은 사회 구조를 재구성하고 국가와 사회 사이의 권력을 재분배하면서 중국 사회에 뚜렷하고 전례 없는 전환을 가져오기도 했다. 국가는 사회·공적 담론에 대한 통제를 이완했다. 그 결과 중국 사회는 더 복잡하고, 다양하고, 유동적이고, 역동적으로 되었다. 대규모 이주와 노동과 생활 유형의 극적 변화들이 도시와 농촌의 사회 구조를 근본적으로 재규정했다. 개방 경제는 사회가 점점 더 유동적으로 되게 하는 견고한 기반이 되었으며, 중간 계급이 성장하고 더 많은 정치 참여를 요구하는 다양한 형식의 민간 조직이 나타났다. 동시에 중국의 경제 기적은 소득 불평등, 환경 파괴, 부패, 민족 갈등, 사회적 분열을 악화시켰다. 중국이 마오 시기 소득 수준의 균등성이 높았던 사회에서 비교적 불균등한 사회로 빠르게 바뀌고 이것이 점점 더 사회적 부정의의 증거로 인식되면서 규모와 성격이 다양한 대중적 저항이 일어났다. 중국에서 인터넷이 사용 가능하게 되면서 중국 시민들은 능동적 정치 토론에 참여하고, 인식된 부정의에 대한 효율적 저항을 조직하게 되었다. 중국이 점점 더 세계경제에 통합되어가면서 시장의 영향력으로 문화적 관행들도 근본적으로 바뀌었다. 기술과 시장에 이끌려 통합되고 비교적 동질적이었던 대중문화가 개혁기 다양한 개인 경험을 반영하는 분화된 문화로 바뀌었다. 아방가르드 예술, 상업 문학, 독립 영화, 새로운 스타일의 오락 영화를 포함하는 새롭고 개인주의적인 문화 표현의 형태와 생활양식이 나타났다.

중국은 분명히 마오 시대의 중국을 닮지 않게 되었고, 전통적인 소련 스타일의 공산주의 국가와는 더욱 멀어졌다. 그러나 완전한 자유 시장 경제를 가진 자유민주주의적 체제와 가까워지지도 않았다. 이것이 '중국 수수께끼'라고 불리는 것이다.[3] 경제는 재산권의 분명한 보호 없이 호황을 이루었고, 국유기업은 계속 국가 경제의 핵심 영역을 지배했다. 일부 분야에서 점점 증가하는 자유와 국가 통제 이완이 공산당이 국가와 사회를 확고하게 통제한다는 사실과 충돌했다. 새로운 사회 공간이 열렸지만, 당-국가는 계속 상당한 정도의 조직력을 가지고 있었고 새로운 공간들로 통제력을 확장해갔다. 그 결과 서구적 유형과 모델에 도전하며 정확한 분석을 어렵게 하는 방식으로 공적 행위자와 사적 행위자가 결합된 새롭고 혼종적인 제도적 환경이 나타났다.

2012년에 시작된 시진핑의 통치는 새롭게 떠오르는 도전들과 함께 했다. 중국의 발전은 부, 국가적 자부심, 새로운 형태의 다양성을 만들어냈지만, 뚜렷한 불안감을 만들어내면서 중재되지 않은 긴장과 갈등도 낳았다. 이렇게 늘어나는 압력은 반복적으로 스캔들, 논쟁, 대중적 항의 등으로 분출되었다. 불안과 초조를 담고 있으며, 비판적인 논쟁들이 포괄적이고 빠른 변화를 겪는 중국 사회의 방향에 의문을 제기했다. 중국 안팎의 관찰자들은 그러한 발전 지속가능성과 해결되지 않은 문제들이 늘어가는 긴장을 우려했다.

10

개혁과 개방
1977~1989

　이전 시기들과 마찬가지로 1977년에서 1989년 사이 중국의 발전은 국제 환경의 변화와 긴밀하게 연결되어 있었다. 이러한 초국적 발전에 중국이 적극적으로 참여한 것이 세계적 흐름을 바꾸고 이전 어느 때보다도 더 세계 전체에 거대한 영향을 주었다. 1970년대에는 경제, 정치, 문화 등 여러 가지 면에서 구조적 전환이 진행되었다. 동양과 서양의 사회들이 모두 1973년의 석유 파동과 같은 전례 없는 지구적 도전과 늘어나는 경제적 상호 의존에 직면했고, 그것에 정면으로 맞서야 했다. 자본 시장의 자유화에서 소련의 구조적 쇠퇴와 베트남에서 미국의 실패에 이르는 매우 다양한 사건과 과정이 결합하여 냉전 세계를 파괴했다. 새로운 탈냉전 시기가 밝아오면서 기존의 세계적 구조의 파괴가 중국에 국제무대와 국내 모두에서 주도권을 회복할 독특한 기회를 가져다주었다.

덩샤오핑 통치하에서 중국 사회는 지속적으로 세계의 변화로 생기는 기회들을 활용했다. 덩샤오핑은 새롭고 이데올로기적이지 않은 사고를 고무했고, 중국인들에게 스스로 재능과 착상을 통해 기회를 잡고 삶을 개선하도록 요청했다. 이데올로기의 눈가리개가 사라지자 중국의 역사와 문화에 대담한 탐구가 촉발되었고, 1980년대는 중국 현대사에서 가장 진보적이고 지적으로 흥미로운 시기의 하나가 되었다. 덩샤오핑도 전반적인 계획 체계와 국유기업들을 유지하면서도 개인 창업, 실적 추구, 위험 감수를 가능하게 하고 장려하는 제도적 조건들을 만들었다. 아마도 가장 중요한 것은 서구 시장에 대한 중국의 개방, 특히 경제특구에 대한 외국인 직접 투자의 유치였을 것이다. 국가가 경제적 거래를 관리하는 규칙들을 변화시키고 세금 부담을 줄임으로써 중국 경제는 성공적으로 성장 궤도에 들어섰다. 농촌 지역의 생활 수준도 상승했다.

1980년대 말 무렵이 되자 흔히 '중국 특색의 사회주의'라고 불렸던 시장 자유화와 국가의 계획을 결합한 모델의 한계가 분명해졌다. 경제는 과열되었고 걷잡을 수 없는 인플레이션은 정부의 통제에서 벗어났다. 사회적 긴장이 정치적 저항을 자극했다. 학생, 도시의 전문직, 노동자들이 더 많은 발언권과 정치 참여를 요구하면서 거리를 점거했다. 탱크가 톈안먼광장으로 진입하여 봉기를 진압했을 때, 오늘날까지 중국을 괴롭히는 피로 물든 사건 속에서 개혁개방의 첫 번째 국면이 끝났다.

세계의 1970년대

1970년대에 세계는 공식적인 불평등, 식민주의, 제국 등에서 벗어나는 중요한 전환점을 맞았다. 제1차 세계대전 이후 시작된 탈식민화 과정은 이 시기의 끝 무렵에 본질적으로 완결되었다. 전 세계적인 해방과 자유를 위한 운동의 큰 진전이 이 희망찬 시기를 만들어냈다. 앙골라와 모잠비크의 해방은 최후의 식민 제국이었던 포르투갈 제국의 종말을 가져왔다. 소수 백인의 지배가 전복되면서 마지막 인종주의 국가였던 로디지아가 짐바브웨로 바뀌었다. 법적으로 백인 우월성의 마지막 거점이었던 남아프리카에서조차 결국 소수 지배를 약화하는 데 성공하게 될 저항이 소웨토의 흑인 거주지에서 조직되기 시작했다. 베트남은 미국의 개입에서 벗어났고, 파나마는 운하에 대한 통제를 확보하려고 협상했다. 나카라과는 무자비하고 친미적인 소모사 가문의 독재를 끝장냈고, 이란의 이슬람 반군은 레자 샤 팔라비를 망명하게 만들었다. 1970년대 말 붉은군대가 아무다리야강을 건너 아프가니스탄에 진입하여 무자헤딘 전사들의 완강한 저항에 직면했을 때, 소련은 결국 스스로 몰락을 가져오게 될 이 값비싼 전쟁에 묶이게 되었다. 1970년대 동안 소련과 동유럽의 반대 운동이 호응을 얻었고, 폴란드에서는 '연대'라고 불리는 공산주의 국가 최초의 노동조합이 1980년 수립되었다. 노동 계급마저 현재 체제하에서는 좋은 삶에 도달할 수 없다고 생각하며 저항한 것은 공산주의와 그들의 지켜지지 않은 모든 약속을 강력히 고발한 것이었다. 1970년대 동안 세계 전체에서 앰네스티 인터내셔널과 같은 인권 조직들도, 동등한 권리와 개인의 자유 개념을 고취하며 국제 문제에서 중요한 세력이 되었다.[1] 1970년대는 경제적·정치적 위기의 시기였지만 새롭고 더 나은 세계에 대한 실험과 탐색의 시기이기도 했다. 실험과 탐색은 냉전의 제약에서 벗어나고, 견고한 관행을 극복하고, 경제와 사회의 교착 상태에서 벗어나기 위해 새로운 방법을 찾으려는 노력을 자극했다.

인종, 성, 계급에 따른 위계와 불평등은 적어도 프랑스혁명 이후부터 비판받았고, 공산주의는 이러한 비판의 가장 강력한 표현의 하나였다. 그러나 1970년대에 세계 곳곳의 중요한 투쟁들은 더 이상 집단적 연대나 공산주의의 꿈에 기초하지 않았고, 공업화와 지구적 자본주의로 형성된 세계에 더 적합하다고 다수가 여기는 새로운 이데올로기에 기초했다. 이 이데올로기는 개인적 권리와 자유에 기초했으며, 집단적 통제와 정부 개입의 대부분 형식에 회의적이었다. 모든 사람의 존엄성과 동등한 가치에 대한 광범위한 수용은 공산주의 이념 안에서의 고양이 아니라 자유 시장 이념의 부활과 함께 이루어졌다. 법적·정치적 평등에 대한 새로운 헌신은 마찬가지로 강했던 자유 시장에 대한 욕구와 얽혀 있었다. 성이나 국적·문화적 정체성 등에 기초한 장벽이 공적인 생활에서 사라지는 정도만큼 자유 시장주의자들이나 자유주의자들은 절대적 평등이 잘못된 목표이고 사회는 평등한 기회를 보장하는 데 초점을 맞추어야 한다고 강하게 주장할 수 있었다. 사람들에게 동등한 기회가 주어지면, 그들의 노력과 능력에 따른 상승과 하강을 가져오는 정도의 합리적 불평등만이 남을 테고 수요공급의 자연 법칙이 결과를 정리하게 될 것이었다.

1970년대에 탈식민지 세계에서의 더 많은 공식적 평등을 향한 변화와 아파르트헤이트를 끝낸 더 많은 포용성이 국가적 조류라기보다 전 세계적 추세였던 것과 마찬가지로, 자유 시장으로 전환하는 것은 광범위한 국제적 운동이었다. 세계의 유권자들이 제2차 세계대전에서 비롯된 복지 국가와 사회주의 이념에 대한 믿음을 잃었음을 보여주었다. 라틴아메리카와 서유럽에서, 특히 1979년에 보수당의 마거릿 대처를 수상으로 선출한 영국에서 그랬다. 초기의 반공산주의 단체들이 수립된 동유럽에서도 마찬가지였다. 1970년대 초반의 세계적 불황 이후, 모든 곳에서 사람들이 경제성장을 자극하는 시장의 메커니즘에 기대를 걸고 있는 것처럼 보였다.

소련의 뚜렷한 침체도 자유 시장 이념의 진전에 기여했다. 중앙의 계획과 정부가 설계하는 사회 질서라는 소비에트 모델은 더 이상 성공적으로 보일 수 없었다. 동구권에서도 회의가 쌓여갔고, 1970년대가 되면 공산주의에 혁신과 변화의 힘이 결여되어 있음이 분명해졌다. 일부 국가의 공산주의자들은 여전히 그들의 체제가 자본주의보다 우월하다고 확신했지만, 그들조차 진정으로 평등주의적인 체제를 성취하거나 충분히 자본주의와 경쟁할 정도로 역동적인 경제를 만들 것이라고 더는 기대하지 않았다. 급진적 평등과 경제적 활력 모두 당의 독재 및 명령 경제와 조화되기에는 정말 어려운 것처럼 보였다.[2]

동유럽에서는 경제성장에 관한 의욕은 꺾였어도, 정체되어 있지만 안정적인 경제적 복지 체계가 적어도 일시적으로는 그런대로 괜찮은 것처럼 보였다. 그러나 여전히 현대적 공업을 창출해야 했던 중국 같은 나라에서는 그러한 전망이 점점 덜 바람직한 것이 되었다. 역동적인 발전 모델을 탐색하면서 중국은 더 이상 동유럽을 바라보지 않았고, 점점 더 가까운 이웃이면서 모두 중국과 달리 국가가 주도하면서도 시장 지향적 발전이라는 전략을 추구했던 한국, 홍콩, 타이완에 초점을 맞추었다. 동아시아 국가들은 이러한 대안적 전략으로 빈곤에서 벗어났고,

1970년대에야 비로소 이 사실을 알게 된 대부분 중국인에게 놀라움을 줄 정도로 번영하게 되었다. 중국의 개혁 시도는 타이완이나 한국 모델의 완전한 복사판은 아니었지만, 점점 더 이 나라들의 기본적인 접근법을 채택해서 중국의 조건에 적응시키는 방향으로 움직였다.

이러한 이데올로기적 조류와 함께 국제 정치 영역에서도 다른 중요한 변화들이 일어나고 있었다. 중국은 곧 이러한 변화의 중심에 있게 되었다. 1960년대 말부터 몇몇 미국 관료는 중소분쟁으로부터 어떤 이익을 얻을지 생각해 왔다. 그러나 처음에는 험악한 냉전의 수사와 베트남에서 공산주의와 싸우던 것 때문에 중국과 어떤 화해도 정당화할 수 없었다. 1970년대 리처드 닉슨 대통령 시기에 미국은 베트남에서 철수하기로 결정했다. 게다가 워싱턴은 브레즈네프 치하의 소련에서 군사적 위협이 점점 더 심각해지고 있다고 평가했다. 중국에서는 저우언라이와 다른 더 실용적인 지도자들이 미국과 관계를 재건할 기회를 보고 있었다. 1971년 국무장관 헨리 키신저의 비밀 방문(9장 참조)을 포함한 몇 년 동안의 비공식적 접촉과 막후 협상을 거쳐 중국과 미국은 닉슨의 역사적인 중국 방문을 합의했다. 1972년 2월 방문이 이루어졌을 때, 양측은 '세계를 변화시킨 한 주였다'고 선언했다. 양측은 1972년 그들의 관계를 정상화하는 상하이 코뮈니케에 합의했다. 미국 대중들의 마음속에서 중국이 공산주의의 위협에서 준동맹으로 변한 것은 닉슨이 베트남에서 체면을 지키면서 철수 협상을 하는 일을 정치적으로 가능하게 만들었다. 베이징은 일시적으로 전투를 중단시켰던 1973년 파리 평화협정의 조건을 수용하도록 하노이에 압력을 가함으로써 도왔다. 닉슨은 타이완에 대해 마오에게 미국이 더 이상 타이완의 독립을 촉진하거나 타이완을 중국을 공격하는 기지로 사용하는 것을 고려하지 않겠다고 확언했다.

닉슨이 병든 마오쩌둥 그리고 저우언라이와 만난 것은 서구 전략가들이 '전략적 삼각형'이라고 부르는 지정학적 역학을 만들어냈다.[3] 이 삼각형은 두 가지 면에서 중요하고 주목할 만했다. 첫째, 그것은 빈곤, 고립, 상대적 취약성에도 불구하고 중국을 미국과 소련에 이어 세계에서 세 번째로 중요한 전략적 행위자로 위치시켰다. 중국만이 전략적 중요성과 스윙 플레이어로 행동할 수 있는 외교적 유연성을 가지고 있었기 때문에 영국, 프랑스, 독일, 일본과 같은 전통적 열강보다 더 영향력 있는 역할을 할 수 있었다. 둘째, 이 전략적 삼각형은 가장 약한 중국이 세 나라 관계에서 가장 큰 수혜자가 되게 했다. 중국이 처음으로 미국과 소련 모두의 공격으로부터 자유로워졌다는 것이 가장 중요했다. 소련은 더 이상 중국에 군사적 위협을 가하지 않겠다고 선언했다. 그리고 미국은 더 이상 중국에 위협으로 보이지 않았고, 남아 있는 소련의 어떤 위협에서 중국을 지켜줄 보호자로 여겨지기도 했다. 미국의 도움은 소련에 대한 중국의 지위를 강화했다. 아시아에서 미국의 주요한 군사 동맹국인 일본도 중국과 외교관계를 수립하려고 빠르게 움직였다. 1975년에는 중국과 유럽 공동체 사이의 외교적 승인도 이루어졌는데, 일부 유럽 국가들은 이보다 더 일찍 외교관계를 맺고 있었다.

미국이 중국을 선호한 것은 사회주의에 대한 중국의 실용적 접근이 더욱 정통적이고 더 위협적인 자세를 보인 소련보다 나은 것으로 여겨졌기 때문이다. 미국에 중국은 소련에 대응하는 전략적 파트너이면서 마오 죽음 이후에는 시간이 지난 후 자유 사회로 진화할 잠재력이 있는 사회주의의 유연한 변형의 선구이기도 했다. 그래서 중국에 대해 미국은 낮은 관세율과 같이 다른 나라에 하는 것보다 더욱 우호적인 정책들을 기꺼이 펼치려 했다. 이때부터 미국과의 관계는 중국의 외교 정책에서 아주 큰 비중을 차지했다. 다른 어떤 관계도 미국과의 관계만큼 중요하거나 걱정스럽지 않았다. 최대 경제국으로서 미국은 중국 상품에 문호를 개방했고, 상당한 투자를 하여 중국의 경제발전을 가능하게 했다. 미국은 또한 중국의 가장 우수한 과학자와 학생들을 훈련함으로써 과학과 기술을 따라잡으려는 중국의 노력에 결정적 도움을 주었다. 초기의 소규모 협력에서 꾸준히 발전하여 양 국가는 점점 더 상호의존적이 되었다. 미국이 점점 더 많은 양의 상품을 수입할수록, 중국은 미국의 증권을 더 많이 취득했다.

중국은 서구 경제가 심각한 불황과 싸우던 1970년대 문호를 개방했다. 일본 경제는 성숙해 가고 있었다. 대조적으로 중국은 투자자와 기업가들에게 광대한 시장을 약속하면서, 홍콩을 통해 서구로부터 자본, 선진 기술 그리고 기업가정신이 흘러 들어갈 쉬운 방법을 제시했다. 따라서 1970년대 말은 중국이 외부 세계에 경제를 개방하기에 매우 적절한 시기였다. 중국 개혁 정책의 최종적 성공에서 시기의 적절함이 과소평가되어서는 안 된다. 중국은 마오의 죽음 직후 결정적인 역사적 시점에서 생겨난 독특한 세계적 상황을 이용할 수 있었다.

마오 이후의 중국

중국 내부에서 문화혁명의 끝과 개혁개방 시작 사이는 불확실성의 시기였다. 20년 동안 생활수준을 높이는 데 실패함으로써 생겨난 정당성의 위기가 1976년 마오의 죽음으로 고조되었다. 그와 함께 마오의 개성, 이데올로기적 신념, 정치적 영향력으로 만들어진 시기 전체가 종말을 맞았다. 마오의 부재는 큰 공백을 낳았지만, 또한 재조정과 재측정의 기회이기도 했다. 여러 가지 면에서 중국 상황은 1953년과 1956년 사이의 소련 상황과 닮아 있었다. 이 시기에 흐루쇼프는 그 자신이 '소비에트 권력'과 '사회주의'라고 표현했던 개량된 사회주의 체제를 유지하면서 그 체제 안에서 자신의 권력을 공고하게 하고 더 강화하기로 결심했다. 흐루쇼프처럼, 중국의 새로운 지도자는 체제를 강화할 정비의 필요성을 강조함으로써 군대와 좌파들에 대한 당 기구의 우위를 주장할 필요가 있었다. 문화혁명 동안 크게 고통받았던 중국공산당 원로 당원들은 모두 마오가 경쟁자들에게 행동했던 것처럼 할 자격을 누구에게도 허용하지 않도록 보장하는 것에 공통된 관심이 있었다. 정치적 이완과 당내 민주주의의 강화는 이러한 일반적인 기대에 부응하는 정책을 구성했다.

화궈펑(1921~2008)은 마오가 임종 시에 '네가 일을 맡으면, 나는 안심이다'라고 적힌 메모를 주었다고 주장하며 중국공산당 주석으로서 마오쩌둥을 계승했다. 4인방의 극좌파 지지자들도 곧 숙청되었고, 농촌으로 하방되었던 당과 정부의 많은 지도자가 돌아와 지위와 권력을 회복했다. 문화혁명과 대약진 같은 운동에 대해 대부분 국민과 지도자들의 지지가 사실상 사라졌음이 분명해졌다. 문화혁명으로 다수 중국인은 사회 개혁과 경제발전의 수단으로서 대중 동원의 위험을 알게 되었고, 정치적 지향으로 좌익 교조주의를 믿지 않게 되었다. 국가 지도부와 대부분 지식인이 겪은 고통의 시간은 사회주의 실험을 되돌려놓기를 열망하는 광범위한 지지층을 만들어냈다. 다수는 10년 이상 중국의

사회적 삶을 특징지었던 혼돈과 권력 투쟁을 떠나보낼 준비가 충분히
되어 있었다.

마오주의 시기는 비록 비효율적이긴 하더라도 광범위한 공업 기초
를 만들어냈다. 또한 문화혁명 기간 대학이 닫혀 있고 학교 교육에 지
장이 있었음에도 교육받은 사람의 수가 늘어났다. 그렇지만 중국이 도
시의 높은 실업률, 식량 생산 정체, 도시 주택 상황 악화, 임금 하락, 널
리 퍼진 농촌 빈곤, 부진한 생산성 향상 등을 겪고 있었기 때문에 1970
년대의 경제 상황은 도전적이었다. 문화혁명의 파괴와 피해는 중국에
안정과 번영을 가져다줄 정책에 대한 광범위한 갈망을 낳았고, 그런 점
에서 중앙에서 계획하는 명령 경제를 점진적으로 포기할 무대가 만들
어졌다.[4]

많은 사람이 통치 전반에서, 특히 경제의 관리에서 좀 더 체계적이
고 효율적인 방식으로 돌아가기를 희망했다. 그러나 어떤 방식의 경제
관리가 필요했을까? 문화혁명의 실패는 경제와 사회의 발전에 대한 마
오주의적 방식을 믿지 못하게 했지만, 그렇다고 분명한 대안이 나타난
것은 아니었다. 본질적으로 두 가지 가능성이 있었다. 첫째, 중국은 (성
과가 상당히 좋았던 1950년대 중반의 몇 해를 제외하면) 명령 경제 체제를 제대로 시도해본
적이 없다는 것을 근거로 중앙 집중적 계획으로 돌아갈 수 있었다. 둘
째, 중국은 시장경제를 위해 계획경제를 버리고 완전히 다른 모델을 목
표로 삼을 수도 있었다. 1970년대 후반 지도부 내부에서는 앞의 관점
이 지배적이었다. 1977년 말에 복귀한 덩샤오핑은 특정한 경제 체제에
치우친 것은 아니었지만, 개혁기를 시작할 때는 분명히 계획경제를 완
전히 포기하는 것보다 그것을 더 잘 작동하도록 하는 것을 과제로 보
았다. 경제 정책에서 주요한 역할을 맡았던 다른 정치 지도자 천윈陳雲

(1905~1995)도 마찬가지였다. 따라서 문화혁명의 종말은 자유주의 개혁보다는 계획경제를 재건하는 시도로 이어졌다. 사실 바로 마오 치하에서 계획의 혼란이 지속되었기 때문에 마오 이후 지도자들에게는 계획경제를 다시 활성화하려는 것이 논리적이었다. 그러나 문화혁명으로 경제 계획 체제가 파괴되었기 때문에 예전 체제를 그저 다시 살리기만 하는 것은 어려웠다. 다시 말해, 확실한 제도적 변화가 필요했다.

화궈펑은 짧은 집권 기간에 계속되는 경제 위기를 고려하면 새 정부가 빠르게 성과를 내야 한다고 인식했다. 이 때문에 그는 외국으로부터 장비와 공장 시설을 구매함으로써 공업 생산을 활성화하는 데 초점을 맞춘 경제 정책을 추진했다. 이 계획은 짧은 기간에 1949년부터 1977년까지의 투자와 맞먹는 투자를 하려는 것이었고, 여전히 자원 대부분을 중공업에 투여하려 했다. '양약진'洋躍進이라고 불린 이 프로그램 역시 상하이의 바오산 철강 단지와 같은 대규모 프로젝트를 낳는, 계획 경제 내에서 국가 주도 발전 전략을 특징으로 했다.

그러나 이 프로그램이 의도했던 결과를 낳는 데 실패한 후 경제적 궤도 수정이 이루어졌다. '양약진'은 보통 사람들의 경제적 복지에 거의 효과가 없는 것으로 보였다. 여기에서 천원 주변의 새로운 경제 지도자들은 중공업을 회피하는 경제 안정화 프로그램을 시작했다. 천원은 다음과 같이 언급했다. "혁명에서 승리하고 30년이 지났는데 여전히 거지들이 있다. 우리는 생활수준을 개선해야만 한다. 균형 잡힌 성장이 가장 빠른 성장률을 가져온다. 우리는 과거에 강철 생산을 지나치게 강조하는 실수를 저질렀다. 그러한 성장은 지속될 수 없다."[5] 자원들이 중공업 대신 경공업에 배치되었다. 경제 안정화, 소비재를 강조하는 경제 전략의 전환, 기대 이상으로 좋았던 농업 생산이 결합되어 문화혁명 동안 중국의 명령 경제를 괴롭혔던 결핍을 완화했다. 경제 환경이 약간 개선되자 지방 간부들에게는 숨 쉴 공간이 생겼고, 국가의 재분배와 투자가 가지는 역할과 필요성이 감소했다. 1977년에서 1978년 사이 안후이와 쓰촨의 몇몇 현에서 식량이 부족해지자 지방 당국이 이 지역의 농민들에게 공유지를 가구별로 경작하도록 분할하는 것을 허가함으로써 (토지의 집체적 소유권은 유지한 채) 개별 가구 농경을 재도입했다.[6] 농민들은 일정한 곡물 납부 할당량만 채우면 나머지 생산량을 모두 가져갈 수 있었다. 몇몇 곳에서 이루어진 이러한 농촌 개혁의 성공은 다른 지역과 경제생활의 다른 영역에서 더 많은 개혁에 대한 열망을 촉발했다. 이처럼 청사진이나 웅대한 계획 없이 지방의 실험과 부분적 경제 재조정의 부산물로 경제 개혁 시기가 시작되었다.[7]

개혁기 만들기

그동안 덩샤오핑은 화궈펑의 자리를 차지하려고 교묘하게 움직였다. 덩샤오핑은 권력을 강화하려면 주요 경쟁자인 화궈펑과 그 지지자들의 지위를 약화해야 했다.[8] 이를 위해 그는 화궈펑이 1977년 2월 『홍기紅旗』에 출판하도록 명령했던 기사에서 언급한 '양개범시'兩個凡是에 반대하는 이데올로기 운동을 시작했다. 이 기사에서는 다음과 같이 천명했다. "우리는 마오 주석이 행한 모든 결정을 단호하게 지킬 것이다. 우리는 마오 주석의 모든 지시를 한결같이 따를 것이다." 이 진술은 마오 시기에 대한 어떤 공개적이고 비판적인 평가도 분명히 거부하는 것이었다. 정치적 조정이나 사회 개혁을 위한 어떤 시도도 거부했다는 점은 더욱 중요했다. 이에 대응하여 덩샤오핑은 공식적 교리를 재구축하고, 급진적이고 혁명적인 당을 개혁 지향적이고 실용적인 당으로 변화시키려고 많이 노력했다. 그의 목표는 마오주의적이지 않은 개혁 프로그램을 만들고 그 자신의 개혁 의제를 위한 정치적 정당성을 구축하는 것이었다. 1977년 당시 중앙당교 부교장이었던 후야오방胡耀邦(1915~1989)은 『이론동태理論動態』라는 내부 간행물을 발간하기 시작했고, 사상의 해방을 요구하는 글들을 게재했다. 1978년 5월에 "실천은 진리를 검증하는 유일한 표준이다"라는 글이 이 잡지에 게재되었고, 『광명일보光明日報』, 『인민일보人民日報』, 『해방군보解放軍報』같은 다른 주요 신문에도 전재되었다. 정치 이데올로기가 아닌 실천이 진리를 검증하는 유일한 표준이라는 생각은 베이징에서 다른 지역에 이르는 그리고 당 내부에서 지식인에 이르는 압도적 지지를 얻고 빠르게 확산되었다. 이 운동으로 덩샤오핑은 마오쩌둥 사상의 실용적이고 비판적인 이해를 촉진할 수 있었다.

덩은 잘 준비되어 있었다. 그는 이미 1975년 새로운 정책 방향의 개요를 보여주는 당 문건 세 건의 초안 작성을 감독했다. 이 문건들은 고등교육 체제의 재활성화, 공업과 농업에서 경제적 인센티브 복원, 당 내 '좌파' 제거 등을 위한 계획을 제시했다. 동시에 덩은 오래전인 1964년에 작성되었으나 거의 무시되던 저우언라이의 '4개 현대화'를 채택했다. 이 의제는 농업, 공업, 과학기술, 국방의 현대화에 15년의 '건설 단계'를 요구했다. 덩은 저우언라이의 4개 현대화를 다시 한번 중국 정책 의제의 꼭대기에 둠으로써 '발전'의 필요를 강조하기 시작했는데, 이 '발전'이라는 용어는 나중에 당 통치의 주문이 되었다. 발전은 '부강富強'으로 연결되어야 했다. 이 시점부터 경제발전은 당의 최우선 과제가 되어 다른 모든 목표가 여기에 종속되었다. 덩샤오핑은 경제발전에 대한 그의 강조를 공유하면서 새로운 발상과 방법을 실험하려 하는 조언자와 관료들을 선발하기도 했다. 새로운 변화가 효과가 있을 때는 더 넓은 범위에서 적용되었다. 실패한 것은 포기했다. 덩샤오핑은 공식적으로 이데올로기적 올바름과 혁명적 열정보다 실용주의와 현실주의를 옹호했다.

덩과 지지자들은 개혁을 위해 이데올로기적 장애물을 제거한 후 중국이 1970년대에 직면했던 심각한 문제들의 구체적 해법을 찾기 시작했다. 가장 긴급한 과제는 화궈펑 아래에서 '양개범시' 노선에 몰두하던 당시 정치 지도부를 필요한 정책 변화를 수행할 준비가 된 개혁적인 지도부로 교체하는 것이었다. 이러한 목적을 위해 12월 열릴 중국공산당 11기 중앙위원회 3차 전체회의(11기 3중전회)를 앞두고 1978년 가을 중국공산당의 중앙공작회의가 36일 동안 개최되었다. 이 회의에서 화궈펑은 자신의 정책 오류를 인정하도록 압박받았다. 1978년 12월 13일, 덩샤오핑은 3중전회에서 '사상을 해방하고, 사실을 토대로 진리를 탐구하고, 일치단결하여 앞으로 나아가자'라는 제목으로 강력하고 널리 환영받은 정치 연설을 했다. 그는 이렇게 말했다. "우리 모두가 일치단결하고, 한마음 한뜻이 되고, 사상을 해방시키고, 두뇌를 사용하여 모르는 것을 배울 수 있다면, 우리는 새로운 장정의 발걸음을 더 빠르게 할 수 있다. 우리 모두 당 중앙과 국무원의 영도 아래, 우리나라의 낙후한 모습을 변화시키고 우리나라를 현대화된 사회주의 강국으로 건설하기 위해 용감하게 전진하자!"⁹ 이 회의에서는 덩샤오핑이 계획했던 주요 직책의 교체를 만장일치로 결정하기도 했다. 화궈펑의 공식적 주석 지위는 1981년까지 유지되었지만, 그의 권력은 사실상 박탈되었다. 천윈, 덩잉차오鄧穎超(1904~1992), 왕전王震(1908~1993), 후야오방이 정치국원으로 임명되었다. 천원은 상무위원회에도 들어갔으며 새로 설립된 중앙기율검사위원회 제1서기가 되었다. 화궈펑의 주요 지지자 중 한 명이자 개혁에 대한 확고한 반대자이며, 과거 마오의 개인 경호대 책임자였던 왕둥싱은 지위를 잃었다.

3중전회는 중국의 정치적·경제적·사회적 발전의 분수령이 된 사건이었다. 마오주의적 계급투쟁에서 경제발전으로 획기적인 정책 변화를 지도부가 공식적으로 선언했다. 새로운 사고 그리고 실천 및 생활 수준의 구체적 개선에 주목하는 것을 장려하는 새로운 분위기가 만들어졌다. 이것은 신념의 순수성에 대한 마오 시기의 강조와 뚜렷하게 단절하는 것이었다. 새롭게 시작한다는 분위기가 있었으며, 중국과 해외에서 낙관주의와 열정을 자극하는 전환점이었다. 덩은 사실상 당 지도자가 되었고, 이어지는 30년 동안 중국에서 빠른 경제발전의 기초가 될 개혁개방에 착수할 수 있게 되었다.

개혁은 정치체제에도 변화를 가져왔다. 덩샤오핑은 가장 능력 있는 사람들만이 공산당 입당을 허가받아야 한다고 믿었다. 간부들은 당 고위직에 오르려면 하급에서 능력을 입증해야 했다. 덩은 또한 지도자들이 일정한 나이에 은퇴해야 한다고 생각했고 권위주의 체제에서는 독특해 보이는, 정기적으로 평화롭게 정치 지도부를 교체하고 승급시키는 새로운 방법이 만들어졌다.[10] 마오쩌둥 치하에서나 소련에서 그리고 다른 유사한 체제에서 지도자들은 정권이 약화되거나 쇠퇴할 때조차도 권력 포기를 거부했다. 마오 시기의 경험 때문에 덩샤오핑과 그의 계승자들은 정치 엘리트의 평화로운 순환을 가능하게 하는 공식적 규칙과 비공식적 규범을 만들었다. 희귀한 예외를 제외하면, 관료들은 특정한 지위에 15년 이상 있을 수 없게 되었다. 특별한 허가가 주어지지 않는다면, 관료들은 직위에 따라서 55세에서 72세 사이의 고정된 나이에 정부와 당의 지위로부터 은퇴해야 했다.[11] 최고위 지도부 지위에서는 재직 기간이 두 번의 5년 임기로 제한되었다. 관료들은 보통 출신 성省의 최고위 직위에 임명되지 않았다. 집단 지도 원칙 아래, 권력을 쥔 정치국 상무위원회의 구성원들이 외교, 국방, 재정경제 등과 같은 서로 다른 정책 영역을 다루는 다양한 '영도소조'領導小組를 이끌면서 서로 다른 영역에서 정책을 만들었다. 상무위원회는 1주일에 한 번 만났고, 정치국 전체는 한 달에 한 번 모여서 이러한 영도소조들이 가져온 주요 결정을 통과시켰다.

1981년 11기 6중전회에서는 공식적으로 '건국 이래 당의 약간의 역사 문제에 관한 결의'를 발표했다.[12] 당은 이 결의에 대한 합의에 이르고자 오랜 토론을 이끌었다. 길고 복잡한 마오 통치 시기에 대해 합의하는 것은 도전이었다. 결의에서는 마오의 역사적 통치를 기본적으로 승인했지만, 그가 1958년 이후 좌경 오류를 저질렀다고 주장했다. 결의에서 마오의 오류로 대약진도 언급되었지만, 특히 문화혁명을 겨냥했다. 문화혁명에 대한 결의는 다음과 같이 언급하고 있다. "문화대혁명이라는 이 전체적이고 장기적인 엄중한 좌경 오류는 마오쩌둥 동지에게 주요한 책임이 있다."

개혁기가 시작될 때 덩과 다른 새 지도자들에게는 어떻게 인민들을 부유하게 하고 국가를 강하게 할지에 대한 분명한 청사진이 없었을 뿐 아니라 자유화와 시장 지향적 개혁을 마르크스나 마오쩌둥의 사상과 어떻게 조응시킬지에 대한 이론 비슷한 것도 없었다.[13] 1980년대 중반까지도 덩의 결정들 배후에 있는 더 큰 정치적 전망을 포착하기는 어려웠다. 1984년 여름, 덩은 매력적이지만 모호한 문구인 '중국 특색의 사회주의'라는 용어를 사용하기 시작했다. 이 용어는 생활수준을 개선하는 시장 지향적 경제 정책을 추구하기 위해서 수용 가능한 이데올로기적 의제를 확장할 수 있게 했다. 덩은 당의 지배와 사회주의적 가치에 대한 충성을 유지하는 동시에, 시장의 기능을 확장하고 공업, 상업, 과학, 교육 분야에서 포괄적 개혁을 시작한다는 목표를 고취하려고 이 용어를 사용했다.

더 체계적인 이론적 틀이 1987년의 13차 당대회에 가서야 마침내 드러나기 시작했다. 이 회의에서 자오쯔양趙紫陽(1919~2005)은 경제 개혁과 발전의 새로운 이론적 기초를 제공하려는 시도로 '사회주의 초급 단계' 이론을 소개했다.[14] 자오쯔양은 개혁은 여전히 사회주의를 유지하려는 것이며, 더 높은 단계의 사회주의를 달성한다는 목표는 남아 있지만 그 단계에 도달하려면 100년이 필요하다고 주장했다. '더 이상 계획이 주가 되어서는 안 된다'는 것과 중국은 사회주의의 초급 단계에 불과하다는 새로운 개념은 시장 메커니즘을 지속적으로 활용할 수 있는 이론적 기초를 제공했다. 자오쯔양은 상품 교환이 가치의 변동에 따라 가격이 결정되는 '가치의 법칙'에 따라 발전하도록 해야 한다고 선언했다. 물건의 공급이 부족하면 가격이 올라가야 한다는 것이었다. 사기업은 7명 이상을 고용하고, 주주들은 현금 배당금을 받도록 허가받아야 했다. 13차 당대회에서는 '하나의 중심과 두 개의 기본점' 정책을 결정하기도 했다. 하나의 중심점은 경제성장이었고 두 개의 기본점은 '개혁개방'과 덩샤오핑이 1978년에 내세웠던 '4가지 기본 원칙', 즉 프롤레타리아 독재, 공산당의 지도, 마르크스-레닌주의, 마오쩌둥 사상이었다. 이 기본 원칙들은 '개혁'과 '개방'이라는 기치 아래에서 할 수 있는 것의 한계를 규정하는 것이었다.

제도적 혁신

중국은 경제 개혁을 추진하기 위해 수십 년 동안 소련식 중공업화를 따랐던 중앙 집중적 계획경제로부터 시장 기반 경제로 어려운 전환을 거쳐야만 했다. 여기에는 수많은 제도적 변화와 혁신이 필요했다. 기존의 원칙들이 수정되고 새로운 원칙들이 만들어져야 했다. 사회의 광범위한 과정들이 새로운 규정에 기초해서 운영되어야 했다.

개혁개방의 기본적 출발점은 다른 주요 국가들과 더 나은 관계를 수립하는 것이었다. '개방' 정책과 함께 축자적으로 외부 세계와 '궤도를 연결'하는 것을 의미하는 '접속'(接軌)이 새로운 유행어가 되었다. 덩샤오핑은 마오 치하의 중국이 주변 국가들의 적대감을 불러일으키면서 스스로 고립시키는 큰 실수를 저질렀다고 확신했다. 중국의 경제발전은 세계의 주도 국가들과 긴장을 완화하는 데 달려 있었다. 중국이 세계와 연결되어 외국의 상품, 기술, 지식의 유입에 스스로 개방하지 않는다면, 중국은 현대화될 수 없었다.

가장 크고 발전된 경제를 가진 미국은 중국의 전략에서 중심 역할을 했다. 덩샤오핑은 미국과의 관계 정상화를 가능한 한 빨리 끝마치려고 서둘렀지만, 그러면서도 특히 타이완 문제를 놓고 까다롭게 협상했다.[15] 몇 달간 비밀 협상 그리고 중화인민공화국과 타이완의 중화민국 사이의 '평화로운 재통일'이 필요하다는 상호 인정을 거쳐 교착 상태가 풀렸다. 1978년 12월 15일 지미 카터 대통령은 1979년 1월 1일자로 미국과 중화인민공화국 사이의 외교관계가 수립된다고 공표했다. 1월 29일부터 2월 4일까지 덩샤오핑은 성공적인 미국 방문을 했고, 카우보이모자를 쓰면서 중국인들이 미국 문화를 맛보는 것이 괜찮다는 것을

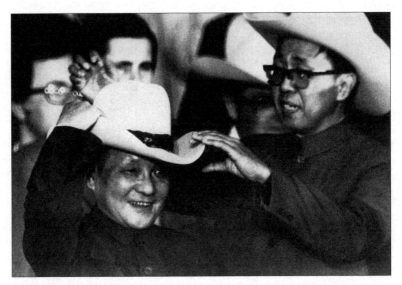

1979년 공식 미국 방문 동안 휴스턴 근처 로데오에서 카우보이모자를 써보고 있는 덩샤오핑
(Bettmann/Getty Images/515581898)

보여주었다. 중국의 지도자는 미국에서 본 기술과 생산성의 진보 그리고 소비자 선택권의 폭에 깊은 인상을 받았다. 그는 돌아온 후에 동료들에게 어떻게 하면 중국을 그렇게 풍요롭게 할지 생각하면서 며칠 동안 잠을 못 잤다고 말했다. 덩에게 한 가지는 분명했는데, 외교 문제를 두고 미국과 함께하는 것은 군사 부문과 민간 부문 모두에서 미국의 기술을 중국에 이전할 광범위하고 필수적인 기회를 열어줄 수 있다는 점이었다. 관계를 개선해야 할 다른 중요한 국가들도 있었다. 덩샤오핑은 중국 역사에서 일본을 방문한 최초의 지도자였고, 거기에서 천황을 만났다. 그는 일본과 평화우호조약을 협상하고 조인했으며, 인적 교류를 촉진하고 일본 영화, 텔레비전 프로그램, 소설의 수입을 확대했다. 중국 정부의 활동은 소련에까지 확대되었다. 1989년 중국은 미하일 고르

바초프를 베이징에 초청하여 1963년에 깨진 중소 관계가 다시 궤도에 올랐음을 보여주었다.

경제성장에 유리한 국제 환경을 유지하는 것이 1979년 이후 중국 외교 정책에서 최우선 과제이자 주요 동력이었다. 중국, 미국, 유럽 국가들 사이에서 수많은 경제 협정이 맺어졌다. 타이완과 타이완에 대한 미국 무기의 지속적 판매를 둘러싸고 긴장이 고조되기도 했다. 그런 경우에도 중화인민공화국 지도자들이 항의했지만 기본적인 관계에 심각한 분열은 없었다. 때로는 인권 문제가 부각되었지만, 상호의 경제적 이해관계가 늘 승리했다. 중국은 갈등 확대와 다른 나라들과 군사적 대립을 피하려고 최선을 다했다. 중국은 안전한 세계 시장을 선호했고, 무역 블록에 반대했으며, 외국 시장과 외국의 에너지 자원 및 다른 상품들에 대한 자유로운 접근을 지지했다. 중국은 국제기구와 능동적으로 협력하고 무역, 금융, 핵무기 비확산, 공중 보건, 환경 정책 등을 다루는 국제 협정을 지지하기도 했다. 중국 외교관들은 협상과 '소프트 파워'를 활용하여 의견이 비슷한 국가들과 협력하고 국제단체의 결정에 영향을 미쳤다. 이 모든 영역에서 중국의 행동은 무엇보다도 경제적 이해관계를 따랐다.

제도 개혁의 또 다른 영역은 국내 경제였다. 처음에 천원과 다른 사람들은 중앙 집중적 계획을 시장에 의지하여 보완하는 것이 바람직하다고 믿었는데, 천원과 대부분 중국 경제학자들과 정치가들은 아마 계획경제를 시장으로 완전히 대체하는 것을 상상할 수 없었을 것이다. 다시 말해, 단지 문화혁명 이후 발전한 시장 경제를 통해 보완함으로써 계획경제가 더 잘 운영되도록 만드는 것이 목표였다. 중국은 이 시기에 진행 중인 변화를 확대하고 연장하면서 점진적으로 개혁을 추진했다.

그럼으로써 사유 경제로의 근본적이고 완전한 전환 없이, 중앙에서 통제하는 경제에 시장 원리를 천천히 도입했다. 본질적으로 이러한 접근 방식은 국가가 계속해서 계획경제를 유연하게 운영하면서 시장 경제가 동시에 확대되도록 하는 것이었다. 따라서 중국의 경제 개혁은 '부분적 개혁 전략'이었다.[16] 이 전략은 점진적인 제도 혁신과 빈번한 지역적 실험이 특징이었다. 덩샤오핑과 지도부는 개혁을 지지하는 지도자들이 있고 조건이 우호적인 지역에서 새로운 아이디어를 시도하는 것이 현명하다고 생각했다. 새로운 프로그램이 잘 운영되면 지도자들은 성공을 관찰하기 위해 찾아갔고, 실험을 이끈 사람들은 그들이 어떻게 성공했는지를 설명하도록 전국 각지로 파견되었다. 1978년에서 1980년 사이에 이루어진 덩샤오핑 정부 개혁이 처음에는 류샤오치가 1960년대 초반에 대약진의 재난에서 회복하기 위해 추진했던 '조정' 정책으로 조심스럽게 회귀하는 것처럼 보였을 수도 있다. 그러나 곧 그것은 결과적으로 마오 시기 동안 만들어진 사회적·경제적 생활의 집단적 제도들의 다수를 약화하게 될, 엄청난 사회적·제도적 변화의 물결을 일으켰다.

1980년 중국 인구의 약 80%에 해당하는 7억 9,500만 명이 농촌에서 살면서 일하고 있었다. 바로 이 농업 부문이 개혁이 스스로 증명해야 하는 곳이었다. 인민공사 체제가 사람들을 먹여 살리지 못한다는 것이 입증되었음에도 처음에 많은 농촌 간부는 농촌 인민공사를 없애는 것에 반대했다. 인민공사를 폐지하여 변화에 반대하는 사람들과 정면으로 대립하는 대신, 덩샤오핑은 지방 지도자들에게 농민들이 굶주린다면 농가들도 새로운 상황에 적응해야만 한다고 말했다. 덩은 또한 굶주리던 곳이었지만 지금은 농가들이 번영하고 잉여 식량이 시장에서 판매되는 쓰촨과 안후이의 실험을 지적하면서 이러한 성공을 보도하도록 기자들을 초청했다. 1년 내에 대부분 지역에서 인민공사를 단계적으로 폐지했다. 1982년에서 1983년 사이에 전국에서 탈집단화를 강제하는 결정들이 이루어졌다. 1982년 헌법은 법적으로 인민공사를 폐지한 뒤 인민공사의 행정적인 외피만 남기고 향진 정부와 촌민위원회에 행정권을 넘겼다. 이로써 전국적으로 호별 영농이 재도입되었다.

이러한 개혁의 본질적 취지는 집단화된 농경을 그만두는 것을 넘어 생산을 실질적으로 증가시키기 위해서 인센티브를 도입하고 농민들에게 동기를 부여하는 것이었다. 개혁가들은 계획경제의 가장 큰 문제 가운데 하나가 동기를 부여하는 인센티브를 없앤 것임을 분명히 인식하고 있었다. 1980년에 지방 당국에서 날카롭게 지적한 것처럼, 농업의 집단화는 "집단화의 장점을 충분히 발휘하지 못했을 뿐 아니라 농민들의 사회주의적 진취성을 억압했다. 집단적 경제가 만족스럽게 운영되지 못했기 때문에 일부 후진적이고 가난에 시달리는 곳의 사람들은 농업 집단화를 훨씬 덜 신뢰하고 있었다."[17]

중국의 거대한 농업 경제로부터 자원을 추출하는 것은 20세기 내내 마오 정부를 포함하여 중국 주요 정부들의 목표였다. 그러나 1950년대의 정책과 달리 새로운 정책은, 비록 그 과정이 계속해서 상당한 정도로 국가 지도에 따라 이루어지기는 했지만 농업 경제의 상업화에 기초한 것이었다. 목표는 여전히 비슷했지만, 그것을 달성하기 위해 만들어진 제도의 설계는 크게 달랐다. 농업 책임 체제를 수행하기 위한 정책과 농촌 기업을 발전시키기 위한 정책 두 가지가 농업 제도 개혁의 중심에 있었다. 1980년 9월, 당 중앙위원회는 일반적으로 '농가생산책임제'(家庭聯産承包責任制)라고 불리게 되는 것을 채택하도록 권고했다. 이 책임제하에서 정부는 농업 생산자, 국가 그리고 농업의 투입물과 산출물을 책임지는 집체 기구 사이의 상업 거래를 통제하게 되는 농업 계약 체제를 도입하기 시작했다.

개별 농민 가구는 생산대의 '집체' 토지 일부를 경작하는 것을 두고 생산대와 계약할 수 있었다. 그 대신 농가는 국가에 납부할 세금과 곡물 할당량을 채우기 위해 생산물 중에서 계약에서 정한 부분을 생산대에 넘겨주었다. 좀 더 상업화된 농촌 경제로 전환하는 것으로, 이전에 농촌 인민공사를 종속시키고 그 구성원들을 국가의 계획에 따르게 했던 명령 경제의 굴레가 풀렸다. 개별 계약자들은 그들의 농업 잉여를 지방 시장에서 다른 농민들에게 팔거나 집체나 국가가 운영하는 단위에 팔 수 있는 상당한 자유를 획득했다. 농가는 자유롭게 원하는 방식으로 토지를 활용할 수 있었고, 선택한 대로 잉여생산물을 처분할 수 있었다. 1984년에 당이 정책으로 농업 지역에서 개인이 서비스를 제공하는 것도 허가했다. (인민공사에서 남겨진 행정 조직인) 농업 생산대와 생산대대는 개인들이 보수를 받고 인민공사, 생산대대, 생산대를 위해 소규모 기업, 농기계, 기술 서비스, 관개 작업을 운영할 수 있도록 했다. 1985년 4월에 정부는 1950년대에 만들어진 통합 구매 체제(강제 판매 할당량)를 폐지했다. 이 결정으로 농촌의 명령 경제는 거의 해체되었다.

이러한 농촌 개혁 정책들은 엄청나게 성공적이었다. 농민들은 대다수가 농가생산책임제를 선택했다. 농촌의 상업 생산이 증가하면서 농가들은 잉여 상품을 어디에서 누구에게 팔지, 심지어 잉여를 얼마나 생산할지도 선택할 수 있었다. 1978년에서 1982년 사이에 농산물 판매는 99% 증가했고, (전체 생산물 중 판매된 생산물의 비중인) 평균 상품화율은 41%에서 59%로 증가했다. 농촌 시장의 수도 거의 25% 증가했고, 농촌 시장의 거래량은 거의 130%가 늘었다.[18] 1978년에서 1984년까지 농산물의 총가격은 연평균 7.4% 증가했다. 1984년의 곡물 생산량은 1978년 보다 33% 많았다. 농촌의 노동생산성에 현저한 향상이 있었고, 농촌의 일인당 소득은 이 6년 동안 거의 두 배가 되었으며, 대부분 지역에서 생활수준의 상당한 상승을 볼 수 있었다. 농촌의 경제적 고조는 확실히 개혁 때문이라고 할 수 있었다. 그것은 또한 농산물에 대한 1979년의 가격 인상에 기인하기도 했다. 25% 인상은 국가가 결정했는데, 이는 농촌 지역 경제 상황의 완화를 의미했다. 이 시점까지 시장의 상품 가격 자유화는 제한적이었다. 계획경제에서 가격 변화는 중앙에서 통제되었고, 시장 원리에 따라 결정되지 않았다. 가격이 유동적인 시장이 점차 형성되었지만, 본격적으로 가격 자유화가 추진된 것은 1985년 이후였다.

농촌 개혁의 두 번째 정책인 농촌 기업의 발전은 중앙정부가 말로는 아니더라도 실질적으로는 '사대기업'社隊企業 창출을 독려하기 시작한 1979년 출발했다. 나중에 인민공사와 생산대대가 없어지자 이 기업들은 '향진기업'鄕鎭企業으로 불렸다.[19] 향진기업은 원래 대약진운동 기간에 더 넓은 사회적 목표들을 추구하기 위해, 특히 도시와 농촌의 생활수준 격차를 줄이는 수단으로 시작되었다. 1970년대 중반 무렵 인민공사와 생산대대가 운영하는 (대부분 초보적 기술의) 작은 공장들은 노동자를 2,800만 명만 고용했다. 그러나 시장 개혁 시기에는 농촌 공업이 중국 경제의 동력이 되었다. 정부가 향진기업 설립의 장벽을 제거하자 공업의 높은 생산성을 활용하는 데 간절했던 농촌의 지방정부들은 이를 열정적으로 받아들였다. 덩샤오핑 정부의 장려와 지방정부 및 민간 투자자들로부터의 자본 유입 덕분에 그리고 나중에는 (대부분 화교인) 외국 투자자들과 다양한 지방 신용합작사의 투자 덕분에 농촌 공업 기업은 급격히 증가하고 빠르게 발전했다. 이러한 농촌 기업은 수와 고용인, 생산품의 범위, 기술 발전 정도 등의 면에서도 성장했다. 1980년대 대부분 동안 향진 기업의 총생산은 매년 30~35%라는 놀라운 비율로 증가했다. 1990년 대에 1억 2,500만 명 이상의 노동자가 중국 경제에서 가장 빠르게 확장되는 영역이었던 농촌 기업에 고용되어 있었다. 이러한 제도적 변화는 농촌 경제에 혁신과 역동적 성장을 가져왔다.

향진기업은 공식적으로 중국 경제 중 '집체' 영역의 일부로 분류되었고, 이 모호한 명칭으로 불리는 영역에서 단연코 가장 큰 부분을 구성했다. 그러나 농촌 공업 기업은 대부분 사영 기업가들이나 지방정부가 소유하고 경영했으며, 전국적·국제적 시장 경제 내에서 작동했다. 아마도 정부는 예측하지 못했겠지만, 그 결과 나타난 비국가 영역의 빠른 팽창이 중국을 시장 경제로 전환하도록 추동한 가장 강력한 힘이었다.[20] 새로운 비국가 생산자들의 진입은 시장에서 구할 수 있는 생산품과 서비스의 범위를 크게 확대했고, 기존의 국유기업들과 경쟁을 만들어냈다.

중국은 농촌에서의 긍정적 결과에 고무되어 1984년 도시 지역에서 추가 개혁을 시작했다. 국유기업 관리자들에게 더 많은 자율권이 주어졌고, 이익 일부를 유보하게 했다. 정부는 또한 다양한 형태의 계약책임제 도입, 주식 보유의 실험, 도시 지역에서 상당한 개인 및 서비스 경제의 발전 등을 허용했다.

1979년 7월 해안의 광둥성과 푸젠성이 중국의 새로운 개방 정책이 출범하는 무대로 정해졌다. 1년 후 중앙정부는 선전, 주하이, 산터우, 샤먼 등의 도시를 경제특구로 선정했다.[21] 정부의 기본적인 의도는 외국의 자본, 선진 기술, 전문 지식을 수출 지향적 생산·가공 중심지로 끌어들이려는 것이었다. 그 대가로 경제특구는 외국 투자자들에게 중국 기업들이 누리지 못하는 어느 정도 법적 보호를 제공했다. 취약한 법률 체계를 고려하면, 이러한 보호는 중국에 대한 외국인 직접 투자를 상당히 증가시키기에 충분했다. 홍콩과 다른 나라들에서 온 화교 사업가들이 새로운 기업을 세우기 시작했고 경제특구에서 효율적으로 경영하기 위한 새로운 기준들을 만들었다. 1979년에서 1982년 사이에 경제특구에서 외국 투자자들과 협정을 949건 타결해 60억 달러가 넘는 외국인 직접 투자가 이루어졌다.

이러한 혁신과 실험이 작동하자 그 교훈이 다른 곳으로 확장되었다. 1984년 1월 덩샤오핑은 광둥과 푸젠을 여행하면서 경제특구를 창설하게 한 정책은 확실한 성공으로 입증되었다고 선언했다. 텔레비전 카메라가 선전의 경관을 바꾸기 시작한 높이 솟은 건물들과 새로운 자동차들의 이미지를 포착했다. 이 보도는 이해에 대중이 다른 해안 지역들의 개방을 수용하는 기초를 놓았다.[22] 1984년 4월 동북부 다롄에서 남서부 광시성의 항구 도시인 베이하이에 이르는 14개 해안 도시가 외국인 직접 투자에 개방을 선언했다. 이 정책은 1980년대 내내 계속되었다. 1988년 하이난섬이 경제특구로 외국 투자에 개방되었다. 2년 후인 1990년에 상하이의 푸둥 지역도 경제특구로 공포되었다. 1990년 말까지 외국 자본을 활용하기 위한 협정 수가 2만 9,693건, 총액이 681억 달러에 달했는데 이것은 당시 중국으로서는 상당한 투자액이었다. 주목해야 할 가장 중요한 점은 이러한 지역들로 유입된 외국 투자와 그것을 둘러싼 추가 경제활동이 대체로 국가의 계획 바깥에서 이루어지면서 계획경제의 침식과 시장 경제의 성장에 기여했다는 것이다.

개혁은 공업 부문에서도 추진되었다. 공업에서의 개혁은 이중 트락 방식을 따랐다. 1978년 이전의 계획경제 시기에 원재료, 장비 그리고 다른 생산 재료는 중앙의 계획에 따라 할당되었고, 그 가격은 국가의 계획 지침으로 정해졌다. 개혁개방 정책의 일부로서, 국유기업은 계획된 생산량을 국가에 고정된 낮은 가격으로 판매한 후에 정해진 할당량을 초과하는 다른 생산물은 시장에서 결정된 가격으로 판매하도록 허가되었다. 이로써 국가는 우선순위가 높은 목표들을 달성하면서 동시에 시장 지향적 생산에 인센티브를 제공할 수 있었다. 새로운 비국가 기업들이 생산 재료를 시장에서 구입해야 했기 때문에 이중 가격 체계가 생겨났다. 이러한 이중 가격 체계는 중국 경제에 복잡한 효과를 가져왔다. 이 새로운 제도로 완전히 시장에 기반한 역동적 영역이 열렸다.[23] 시장 원리가 모든 중국 가계와 기업의 경제생활을 관통하기 시작했다. 게다가 이 획기적 변화는 (인민의 생계를 위협할 수 있는) 완전한 사유화나 (장기간 유지된 보조금을 없애고 계획 기구의 권위를 약화할 수 있는) 가격의 완전한 자유화와 연관된 경제적·정치적 격변을 피했다.

이러한 혁신은 비교적 익숙한 제도적 방식에 뿌리내렸기 때문에 짧은 기간에 잘 작동할 수 있었다. 호별 영농과 계약 체계는 역사적 유형과 공명했다. 예를 들어 계약 체계는 전통적인 토지 임대 방식과 비슷했다. 향진기업도 농촌 생산자들이 향촌 단위의 신용 단체를 통해 국내 농업 생산이나 무역에 공동으로 투자했던 역사적 제도를 상기시켰다. 개혁은 희생자가 나오거나 희생을 요구하지 않았기 때문에 성공적이기도 했다. 개혁은 중공업이나 국유기업 같은 다른 영역에서 감축을 조건으로 하지 않았을 뿐 아니라, 대규모 투자가 필요하지도 않았다. 게다가 새로운 방식의 혜택은 쉽게 인식되고 널리 공유되었다.[24]

그러나 개혁은 새로운 도전을 가져오기도 했다. 거시경제의 제도적 질서가 변하지 않은 채 지방 수준에만 점증적으로 제도 개혁이 집중되었다. 이것은 다양한 수준에서 몇 가지 제도적 체계가 공존하는 독특한 상황을 낳았다. 지방 수준에서 제도 개혁은 집중적인 경쟁과 혁신을 만들어냈다. 중앙에서는 이러한 변화를 승인하면서도 스스로는 개혁의 영역 바깥에 남아 있었다. 예를 들어 국유기업에서는 개혁이 이루어지지 않았다. 정치적 중앙 집중화와 경제적 지방 분권화 및 개혁의 혼성적 조합이 발전했다.[25] 중앙정부는 계속해서 지방정부 관료들의 임용과 승진을 활용하여 매우 중앙집중적인 통제력을 행사했다. 그러나 경제의 운영은 대체로 자원을 두고 경쟁하는 지방정부들에 위임되었다. 새롭게 부상하는 성, 시, 현 단위의 지방 경제들은 비교적 자족적이고 경쟁적이었으며, 지방정부들은 개혁을 착수하고 조직할 책임을 졌다.

경제 개혁은 중국의 사회 변화를 가져오기도 했다. 주요 동력은 사영 기업가와 전문 경영인을 포함하는 기업가 계급의 부상이었다. 공산당은 새로운 엘리트들을 권력 구조에 끌어들임으로써 이러한 변화에 적극적으로 대응했다. 이러한 현상은 각급 정부에서 모두 나타났지만, 지방에서 가장 역동적이었다. 새로운 기업 엘리트들을 포용하는 것은 공산당의 권력을 안정화했지만, 특수하고 이익을 추구하는 이해관계가 지방정부에 접근하게 하기도 했다. 중국 정부가 개혁의 윤곽을 형성하는 주요 행위자였지만, 정부는 적어도 개혁 과정이 시작되고 한참 후까지는 시장으로 이행하는 것을 체계적으로 계획하거나 조절하지 않았다. 개혁은 실용적이고, 단편적이었으며, 신중했고 대규모로 이루어지거나 전면적이지 않았다. 그 결과는 분권화되고 파편적이며 혼종적인 국가 조합주의 체계였다.

이러한 복잡한 상황은 내재적 문제들을 낳았다.[26] 경쟁 압력이 강해지자 모든 소유 형식의 기업에서 이익률이 점차 감소했다. 국영 기업의 재정 건전성에 기대고 있는 중앙정부의 재정도 압박을 받게 되었다. 재정의 부족은 인프라와 대규모 건설, 임금 인상, 외환의 사용 등에 필요한 비용의 증가로 악화되었다. 1980년대에 인플레이션의 급증이 나타났고, 1988년에는 개혁의 지속을 위협할 정도로 인플레이션이 극심해지기까지 했다. 이처럼 시장 경쟁의 등장과 강화는 중국 기업의 역동성과 국제 경쟁력을 강화한 동시에, 그에 맞추어 조정되지 않고 여전히 오래된 제도로 운영되고 있던 국영 기업과 중앙정부 재정의 어려움을 증가시키기도 했다. 중국의 시장 전환의 정치경제에는 많은 역학 관계와 딜레마가 있었다.

이중 가격 체제의 존재는 지대 추구행위와 부패의 확산을 가져와 기업들 사이의 경쟁에서 평평한 운동장을 만들어내는 것을 어렵게 만들었다. 정치적으로 힘 있는 인물과 잘 연결된 사람들은 네트워크와 영향력을 활용하여 국가의 할당량에 배정된 물자를 되팔아 재산을 모을 수 있었다. 이러한 권력남용은 대중들의 격렬한 항의와 빈번한 저항을 불러오기에 충분할 정도로 뚜렷했다. 1980년대 중후반의 중요한 토론 주제 중 하나는 이중 가격 체제의 추가 개혁을 어떻게 이끌 것인가 하는 것이었다. 물자와 상품의 직접적 할당 범위가 급격히 감소하고 이중 가격 체제의 기능이 약해진 것은 1993년이 되어서였다.

정치 경제 구조는 농촌 지역에서 규제적인 국가와 시장 체계의 뚜렷한 분리에 장애가 되기도 했다. 이런 점에서 아마도 가장 중요한 것은 농촌 당 간부들이 새롭게 상업화된 경제에서 발견한 이점이었을 것이다. 처음에 대부분 농촌 관료들은 부분적으로는 이데올로기적 믿음 때문에 그러나 주로 권력과 소득의 상실을 두려워했기 때문에 호별 영농으로 복귀하는 데 저항했다. 그러나 다수는 곧 그들의 정치적 지위가 상업적 이익을 추구하는 데 특별한 유용성이 있다는 것을 알게 되었다. 탈집단화 과정을 관리하면서 많은 당 간부는 자신과 친척, 친구들을 위해 가장 좋은 토지와 가장 가치 있는 농기구, 농기계를 손에 넣을 수 있었다. 그들의 정치적 연줄은 공급 부족 속에서 빠르게 성장하는 암시장에서 돈이 되는 거래에 활용할 상품과 원료를 얻는 데 도움이 되었다.

처음에 농촌에서 드러난 또 다른 문제는 소유제와 관련이 있었다. 농촌 시장 발전의 필수적인 전제는 확실한 소유권 문제는 미해결 상태도 두더라도 토지 이용을 사유화하는 것이었다. 농가생산책임제 아래에서 원래 경작하던 토지가 생산대로부터 짧은 기간 공식적으로 임대되었고, 법적으로는 집체 소유로 남아 있었다. 1984년 정부는 최대 15년까지 임대가 가능하도록 허가했다. 1993년에는 이 기간에 30년이 추가되어 45년간 임대가 가능해졌고, 토지를 다음 세대에 물려줄 수 있다고 이해되었다. 이로써 임대된 토지를 마치 완전히 거래할 수 있는 사유 재산인 것처럼 임대하고, 사고, 팔고, 저당 잡히는 사실상의 토지 자유 시장이 성립했다. 그러나 종종 국가가 인프라나 상업 개발을 위해 농지를 징발할 때, 토지를 임대한 농가에 실질적 권리가 없음이 분명해졌다.

1970년대와 1980년대에 개혁개방은 중국 사회의 확실한 변화를 일으켰다. 대부분 지역에서 빈곤이 서서히 사라졌고, 4억 농민은 수십 년 만에 처음으로 생활수준의 개선을 경험했다. 외진 농촌 지역에서도 냉장고와 세탁기 같은 현대적 기기들이 흔하게 되었다. 새로운 고층 건물은 여전히 희귀했고 자동차도 아직 대부분 정부 소유였지만, 미묘하고 표면에 드러나지 않는 변화가 중국 사회를 전환하기 시작했다. 인민공사의 집단적 통제에서 벗어나 개인과 가정은 스스로에 대한 책임을 인수하고 자율권을 되찾았지만, 더 많은 위험을 다루는 법을 배워야 했다. 가족이 중요한 사회 단위로 다시 나타났다. 시장의 영향력은 거의 모든 중국인의 일상생활에 들어가 매일의 계산과 관행에 스며들었다. 국가 사회주의적 구조는 보통의 시민들을 자유롭게 하는 동시에 불안정하게 만드는 과정에서 부분적으로 시장 경제에 자리를 내주었다. 새로운 차별의 형태가 중국 사회에 들어와 미래에 나타날 갈등의 토대를 형성했다. 당이 확고하게 권력을 잡고 있었지만, 평등주의와 집단주의는 천천히 흐트러져 과거의 개념이 되었다.

중국 문화 토론하기

중국은 지적 생활과 문화의 영역에서도 크게 변화했다. 중국을 외부 세계에 충분히 개방하는 일은 새로운 무역과 투자뿐 아니라 새로운 지식과 사상도 가져왔다. 도그마로부터 사상 해방을 강조했던 개방개방 정책 과정에서 부분적으로 규제들이 풀렸다. 외부 세계와의 접촉이 꾸준히 늘면서 지식인들 사이에서 중국 문화를 어떻게 바꿀지, 또한 중국의 사회, 정치체제를 어떻게 개혁해야 하는지에 대한 열정적 토론이 나타났다. 덩샤오핑과 다른 지도자들은 중국이 외부인들과 외국에서 돌아온 학생들이 가져온 변화로부터 큰 도전에 직면할 것임을 알고 있었지만, 여전히 중국은 '접속'(接軌), 즉 외부 세계와의 무역 및 외부 세계의 기술과 지식으로만 성장할 수 있다고 굳게 믿었다.

서양과 지적·과학적으로 교류하기 위해 중국은 먼저 고등교육 체계를 회복하고 개조할 필요가 있었다. 고등교육 체계는 이데올로기와 교리 대신 지식과 전문성을 증진하고자 재구성되어야 했다. 1970년대의 마오 시기에 시작된 국제 교류를 기초로, 중국은 1980년대에 책과 논문을 번역하고 외국의 조언자들과 경영인들을 맞아들이려고 더 많은 관료와 학생들을 외국으로 보냈다.[27] 그러나 중국의 생활양식, 신념, 이해관계가 외국에서 들어온 것 때문에 부정적 영향을 받을 것을 두려워하는 사람들로부터 비판도 있었다. 불가피하게 세계를 향해 점점 더 넓게 창이 열리면서 덩샤오핑 시기의 전반적 분위기는 '좌경' 사상에 대한 반대와 '부르주아 자유화'에 대한 반대 사이를 오갔다. 덩은 '중용'을 따랐고 문화혁명의 계급투쟁에 대한 강조를 거부함으로써 정치적 합의를 끌어내려고 시도했다. 이러한 방식은 비록 방해가 없는 것은 아니었지만 교육, 문화, 예술 분야에서 중국의 제도를 점진적으로 탈정치화하게 했다. 1981년 작가 바이화白樺에 대한 비판, 1983년 '정신 오염'과 투쟁, 1987년 '부르주아 자유화'를 극복하려는 운동 등에서 가장 두드러진 것처럼 이러한 흐름이 몇 차례에 걸쳐 도전을 받았지만, 중국 정치의 무게중심은 계속 사회의 더 많은 탈정치화, 더 많은 시장 원리의 활용, 사회적·지적인 다양성의 더 많은 허용을 향해 움직였다. 많은 점에서 1980년대는 중국의 현대사에서 가장 자유주의적이고, 가장 창조적이고, 가장 과감한 10년이었다.

중국의 현대에서 자주 그랬던 것처럼, 예술과 문학이 앞서 나아가 이데올로기적 한계가 처음으로 시험되고 새로운 사상이 떠오르는 장이 되었다.[28] 7장에서 언급한 것처럼 저우쭤런周作人, 선충원沈從文, 스저춘施蟄存, 장아이링張愛玲과 같은 주요 작가들이 1950년대부터 서가에서 사라졌다. 이들의 '타락시키는' 영향력에 휘둘리지 않을 정도로 이데올로 기적으로 앞서 있다고 생각되는 사람들, 주로 당 간부나 일부 학자들만 그들의 작품을 입수할 수 있었다. 이러한 독자들은 J.D. 샐린저의 『호 밀밭의 파수꾼』이나 사뮈엘 베케트의 『고도를 기다리며』같이 '갈색 표 지 책'(黃皮書)으로 알려진 현대 서구 문학 번역서의 한정판도 소유하거나 참고할 수 있었다.[29] 문화혁명 기간에 이러한 '갈색 표지 책'은 하방된 청년들 사이에서 유통되었는데, 이들 중 다수가 이와 같은 자료에 접근 할 수 있는 당 간부 자녀였기 때문이다. 그들 중 일부는 외국 작품들에 영감을 받고 공식적으로 출판된 문학에 대한 환멸에 자극받아 1970년 대에 활기 넘치는 지하 문학계를 만들어냈다. 그들의 작품 중 가장 좋 은 것은 1970년대 말에 출판되었고, 결국 1980년대 초 공식적인 문학 잡지에 실리게 되었는데, 쓰인 지 10년 이상 지난 것도 있었다. 특히 눈 길을 끌었던 것은 베이다오北島, 수팅舒婷, 망커芒克, 구청顧城, 양롄楊煉 등 과 같은 젊은 작가들의 '몽롱시'朦朧詩였는데, 그들 중 다수가 국제적으 로 인정을 받았다. 그러나 1940년대부터 문학이 혁명에 복무하고 대중 들에게 접근하고자 리얼리즘을 활용할 것을 요구했던 공산당의 문학 체제에 몽롱시는 충격이었다. '몽롱시'는 이러한 요구와는 대조적으로 비교적 정치와 무관한 내용과 난해한 형상화를 특징으로 했다. 이러한 새로운 문학은 독자 수백만 명, 특히 문화혁명으로 고통받았던 지식인 들의 심금을 울렸으며, 정치적·사회적·문화적 변화에 대한 절박한 요 구를 분출했다.

1980년대 후반 동안 국가 정책은 공식적 문학잡지에 실험적 소설 이 나타나기에 충분할 정도로 느슨해졌다. 믿기 힘든 이야기, 해체, 특 히 다른 언어 표기나 방언의 활용을 포함하는 실험적 기법은 보통 '뿌리 찾기'(尋根)로 알려진 또 다른 전위적 글쓰기 유형의 특징이었다. '뿌리 찾기' 작가들의 뚜렷한 의제는 가장 대표적인 작가 한샤오궁韓少功 (1953~)이 보여주는 것처럼 중국의 문화 전통, 대중 종교, 소수민족 문화의 다양성을 발견하는 것이었다. 이것은 주류의 정통적인 문화 전통에 가려진 뿌리를 발굴하려는 시도였다. 이러한 뿌리 찾기는 부분적으로 청년 시절에 하방되었던 작가들의 경험 그리고 외진 시골 공동체의 삶, 언어, 하위문화로부터 영감을 얻은 것이었다.

1980년대가 흘러가면서 중국의 지적 기반은 다양하고 다원적으로 되었다.[30] 국가에는 최소한의 애착만 있고 정치에서 소외되었다고 느끼는 지식인들이 있었고, 1990년대에도 내용은 달라졌지만 이러한 조류가 계속되었다. 동시에 자유주의 지식인들은 서구의 정치, 경제, 사회, 기술, 문화에 초점을 둔 엄청나게 야심적인 출판 기획을 추구했다. 그들은 '신계몽'新啓蒙이라고 불린 운동을 시작했고, 국가로부터 독립적이고 당국의 개입에서 자유로운 공적 공간을 개척하려고 노력했다. 1980년대에 니체, 칸트, 베버, 카프카 같은 수많은 서구 고전이 중국어로 번역되어 중국 독자들에게 소개되었다. 중국은 거의 10년 동안 독서의 광란에 휩싸였고, 오늘날에는 상상할 수 없을 정도로 책이 팔렸다. 가장 중요한 신계몽 그룹들이 총서와 잡지를 중심으로 모였다. 예를 들어 진관타오金觀濤를 책임 편집자로 하는 '미래를 향하여'(走向未來) 총서는 1984년부터 1988년까지 불과 5년 동안 72권을 출판했다. 베이징대학에서 탕이제湯一介, 리중화李中華, 왕수창王守常 등이 주관하는 '중국문화서원'中國文化書院은 강좌와 출판을 조직했다. '문화: 중국과 세계' 총서는 간양甘陽과 류샤오펑劉小楓이 시작했다. 『독서讀書』 잡지도 이 계몽운동에서 주요한 역할을 했다. 중국의 정치와 경제 개혁을 과감하게 논의했고 상하이를 기반으로 하는 『세계경제도보世界經濟導報』는 전성기에 30만 부가 유통되었다. 이러한 출판물들은 구식 기준의 공산당 매체를 대신하여 베스트셀러가 되었고, 대중들의 토론에 큰 영향력을 행사했다.

이들 그룹들과 출판물들은 함께 1980년대 말에 '문화열'文化熱을 자극했는데, 문화열은 1988년의 텔레비전 시리즈 '하상'河殤에서 전형적으로 나타났다.[31] 이 시리즈는 중국 문화의 심층 구조를 전면적·극적으로 비판하는 내용을 담았다. '하상'은 중국 전통의 핵심에 있는 장기적 문제점을 진단하려고 했다. 이 다큐멘터리는 한때 강력했던 중국 제국이 어떻게 서구 세계보다 훨씬 뒤처지게 되었는가 하는 오래된 질문에 답변하면서 황허와 황토고원의 '황색'을 대양, 하늘 그리고 우주 공간에서 보이는 행성 지구의 '청색'과 대비했다. 이 프로그램에서는 일반적 중국어에서 나타나는 푸른 바다와 외래성의 연관(바다를 뜻하는 '양' 洋이라는 글자는 '외국'이나 '서구'를 뜻하기도 한다)을 활용했고, 그것을 해양 무역, 탐험, 자본주의 팽창, 문화적 역동성과 연결했다. 이 다큐멘터리에서 '황색'은 그와 대조적으로 봉건주의, 보수주의 농촌의 후진성과 연관되어 묘사되었다. 특히 탁하고, 사납고, 폭력적인 황허는 전통 중국 문화 내의 무지와 후진성의 상징이 되었다. '하상'은 구원이 세계에 대한 개방과 시장, 계몽, 민주주의를 포함하는 서구의 제도와 가치를 충분히 포용하는 것에서만 올 수 있다고 암시했다. 제작자들이 새로운 서구 지향적 경제 개혁 정책들에 찬성하여 역사적 궤적을 지적하는 것으로 마오주의의 유산을 거부하고 있음을 쉽게 알 수 있었다.

이 다큐멘터리는 대중들에게서 많은 관심을 받고 학생과 지식인들 사이에서 그리고 당내에서 열정적 토론을 불러일으키면서 텔레비전에서 두 번 방영되었다. 그리고 찬사와 비판을 동시에 받았다. 이렇게 도

발적 시리즈가 중국 중앙 텔레비전에서 제작되고 방송되었다는 사실
자체가 1980년대 당내에서 자유주의적 입장이 부상했음을 보여준다.
자유주의는 1980년대 지적 담론에서 주류가 되었다. 문화혁명의 종결
과 함께 중국의 정치적·지적 엘리트들은 계몽의 정신에서 비롯된 것처
럼 보인 서구의 문화적·물질적·기술적 성취에 놀랐다. 사회주의의 우
월성에 대한 이전의 신념은 산산이 부서졌고, 서구 문화와 사회의 자유
주의적 측면에 대한 감탄으로 대체되었다. 이러한 흐름을 이끌었던 것
은 당시의 정치적 역동성, 즉 당 지도부의 분열이었다. 후야오방과 자
오쯔양이 이끈 진정으로 개혁적이었던 분파는 회의적이고 보수적인 강
경파들과 대립했고, 놀라운 개방성의 짧은 시기를 가능하게 만든 최고
지도부의 부분적인 마비 상태를 가져왔다.

1989년 6월 4일, 돌이킬 수 없는 시점

개방성, 혁신, 교조적이지 않은 사고에 대한 1978년 덩샤오핑의 요
청은 경제 개혁과 예술적 실험으로 가는 길을 비추었지만 필연적으로
일부 중국인들, 특히 학생과 지식인들이 더 많은 자유와 정치 참여를
기대하게 만들기도 했다. 새로운 시기가 막 시작된 1970년대 말, 경제
개혁과 함께 대담한 정치 개혁을 기대하던 학생과 지식인들이 많았다.
그들은 1978년의 3중전회에서의 토론과 연설에서 정치적 해방기의 희
망을 봤다. 3중전회 직후 베이징의 봄(1978-1981) 기간에 베이징의 '민주
의 벽' 운동이 세계적 관심을 끌었을 때, 이점이 분명하게 드러났다. 중

국에서 대중들이 놀란 채 베이징 시단 지역의 벽에 붙어 있는 믿기 힘든 벽보들을 읽을 수 있었는데, 거기에는 문화혁명으로 인한 학대와 고통이 상세하게 묘사되었고 공산당에 과거 잘못에서 성실하게 배우라고 날카롭게 요구했다. 벽보와 문장이 제기하는 그러한 잘못은 무엇보다 민주적 절차의 부재와 관련되어 있었다. 웨이징성魏京生(1950~)이 쓰고 서명한 벽보는 (덩샤오핑이 말한 4대 현대화에 더해) '5번째 현대화'로 '민주주의'를 요구했다. 벽보에는 다음과 같이 쓰여 있었다.

> 우리는 스스로 자신의 운명을 지배하고자 한다. 우리는 신선과 황제가 필요하지 않고, 어떤 구세주도 믿으려 하지 않는다. 우리는 천하의 주인이 되고자 하고, 독재통치자의 야심을 확장하는 현대적 도구가 되지 않으려 한다. 우리는 인민 생활이 현대화되기를 바란다. 인민의 민주, 자유와 행복이 우리가 현대화를 실현하는 유일한 목적이다. 이러한 5번째 현대화가 없으면 모든 현대화는 하나의 새로운 약속에 지나지 않는다. 나는 동지들에게 호소한다. 민주의 깃발 아래 단결하자. 다시는 독재자의 '안정과 단결'이라는 말을 믿지 말자. 파시스트 집권주의는 우리에게 재난만을 가져온다. 다시는 그들에 대해서 환상을 가지지 말자. 민주는 우리의 유일한 희망이다. … 지도자와 선생으로 자처하는 모든 자가 사라지게 하자. 그들은 인민 손안의 가장 귀중한 권리를 이미 수십 년 동안 속여서 빼앗았다.[32]

대부분 문제에 대해 결코 일관성 있고 통합된 운동은 아니었지만, 이 운동은 덩샤오핑의 개혁개방 정책에 비판을 제기했고 현대화에 대한 더 포괄적인 이해를 요구했다. 행동가들은 덩샤오핑의 경제 개혁과

4대 현대화를 지지했지만, 여기에 중국 사회의 더욱 완전하고 지속가능한 현대화에 없어서는 안 되고 진정으로 필요한 일부로 자신들의 사회민주주의적 전망을 더했다. 1979년 봄 당국은 민주의 벽을 베이징 서부의 작은 공원으로 옮기도록 명령했고, 벽보를 붙이려는 사람들은 이름과 주소를 당국에 등록해야만 한다고 포고했다. 덩샤오핑이 1979년 3월 당의 지배와 사회주의적 경로를 강조하면서 '4대 현대화'를 재확인했을 때, (웨이징성을 대표로 하는) 민주의 벽 지도자들은 체포되고, 재판을 받고, 수감되었다. 개혁가들이 개혁개방의 정치적 한계를 엄격하게 강조함에 따라 정치적 민주주의에 대한 공개적 지지는 금기가 되었다. 그들은 중국의 개혁은 정치적으로 자유로운 담화에 대한 관용이나 개인권에 대한 언급을 포함하지 않는다고 주장했다. 당은 또한 필요하다면 대중의 비판이나 시위를 강제로 진압할 준비가 되어 있음을 보여주었다. 이러한 점에서 당은 마오 시기와 분명하게 단절된 것은 아니었다. 민주주의 문제는 개혁의 불가피한 결과로, 지도부에 대한 가장 근본적 도전이 되었다.

정부의 강압적인 개입에도 불구하고 1980년대에는 멈추지 않고 꾸준하게 정치적 반대와 불만이 일어났으며, 지식인들은 점점 더 당 지도부가 정해놓은 한계를 시험하려 했다.[33] 일부는 체제의 이데올로기적 기초에 의문을 제기했다. 지식인 엘리트 일부는 공산주의를 중심적 문제로 시장 경제와 서구 민주주의를 유일한 해결책으로 보기 시작했다. 예를 들어 류빈옌劉賓雁(1925~2005)은 원래 당을 지지하던 지식인이었는데, 마오 시기의 생활은 그에게 경제만 개혁해서는 안 된다는 것을 보여주었다. 그는 탐사 보고와 문학적 서술을 결합한 장르인 '보고 문학'에 기여했고, 그의 주요 주제 중 하나는 지방의 부패였다. 그는 작가들이 사회 문제를 폭로하고 당과 국가를 비판함으로써 당과 국가가 정책을 수정하고 인민들에게 더 잘 봉사하도록 할 필요가 있다고 주장했다. 그는 자유가 없이는 이러한 임무를 수행할 수 없다고 강조했다. 지식인의 필수적 역할과 사회적·정치적 고통을 폭로할 저널리즘의 자유에 대한 그의 주장은 곧 당국, 검열관과 갈등을 일으켰다.[34] 지적 자유를 요구한 또 다른 사상가의 사례는 과학자 팡리즈方勵之(1936~2012)였다. 그는 매우 다른 각도에서 출발하여 연설과 글로 중국에서 여전히 그래야 한다고 여겨지는 것과 달리 마르크스주의가 과학임을 부정했다. 그 대신에 그는 마르크스주의를 19세기의 낡은 이데올로기로 묘사했다. 또한 그는 언론의 자유를 중국의 과학과 현대화를 위한 필수 조건이라고 주장했다.[35] 팡리즈가 보기에 당은 정부의 간섭과 대기업의 압력 모두로부터 지적 자유를 보호해야 할 필요가 있었다. 정치적 개입으로부터 자유가 지켜지고 이데올로기적 제약이 없는 연구를 추구할 수 있어야만 중국에서 과학이 번영하고 중국의 현대화에 중요한 기여를 할 수 있다고 희망할 수 있었다. 그러나 덩샤오핑 치하 공산당은 그러한 열망을 관용하지 않았고, 팡리즈는 곧 반체제 인사로 낙인찍혔다. 1980년대 말 류빈옌과 팡리즈는 모두 미국으로 탈출했고, 그곳에서 망명자로 여생을 보냈다.

당내에서도, 심지어 당 지도부에서도 모두가 덩샤오핑의 강경한 정책에 동의한 것은 아니었다. 1987년 1월 덩샤오핑은 후야오방이 민주주의를 요구하는 사람들에게 동정적이고 중국 사회의 반대파들에게 충분히 강하게 대응하지 않았다고 주장하면서 그를 공산당 총서기 자리에서 해임했다. 후야오방의 후계자는 총리 자오쯔양이었는데, 그 역시 정치 개혁에 동조했다. 그는 베이징에서 다수의 학자, 싱크탱크와 함께 일하면서 그들에게 정치체제를 점진적으로 개혁할 가능성에 대한 연구를 수행하도록 요구했다. 공산당 안팎에서 점점 더 많은 사람이 정치적 자유화와 개혁을 중요한 주제로 여기게 되었다.

자유와 민주주의에 대한 요구는 중국의 대학과 학생들을 논란에 빠뜨렸다. 그러나 변화, 새로운 자유 그리고 자유주의적 이론과 지식에 참여할 흥미로운 기회 등에 대한 기대가 당의 지배 그리고 높아가는 열망을 잠재우려는 노력과 반복해서 충돌했다. 1983년의 정신오염 반대 운동과 1987년의 부르주아 자유화 반대 운동의 에너지는 대부분 당내의 정통적인 마르크스주의자들에게 부르주아적이고 위험하다고 여겨진 정치적 자유주의와 연결된 저술·사고를 공격하는 것을 목표로 했다. 이러한 운동들은 많은 학생과 지식인들을 화나게 하고 이들을 급진주의로 몰아갔다.

1980년대 말 경제적 불확실성이 상황을 더욱 악화시켰고 더 큰 저항운동의 온상을 만들었다. 1988년 통화 영역 개혁은 거시경제의 심각한 통제 상실을 가져와 사회 전체에 영향을 주면서 통제할 수 없는 인플레이션 위기를 일으켰다. 1988년의 마지막 4분기에 인플레이션이 절정에 달하자 인플레이션을 줄이려는 긴축 정책이 혼란과 실질 소득의 감소를 야기하여 도시 지역에서 불만이 확산되었다. 인플레이션과 광범위한 부패는 많은 대중적 불만을 일으켰고 1989년에 분출한 저항의 원인이 되었다.

1989년의 베이징 학생운동은 중화인민공화국 수립 이래 정치적 변화와 민주주의를 위한 가장 큰 규모의 자발적 저항운동이었다. 학생들은 자유와 민주주의를 요구했지만, 그들의 저항은 높은 인플레이션과 만연한 관료 부패 그리고 학문 분야의 경제적 전망 악화 등과 같이 새

1989년 톈안먼광장에서 군인과 탱크들을 보고 있는 학생 항의자들
(Dario Mitidieri/Getty Images/SB100694370)

로 생겨난 사회 문제에 대한 직접적 반응이기도 했다. 후야오방의 갑작스러운 죽음을 알게 된 1989년 4월 15일, 베이징에 위치한 대학들의 학생들이 운동을 시작했다. 반대파와 민주주의 요구에 대한 후야오방의 관용을 알고 있던 학생들은 톈안먼광장에 꽃과 애도의 편지를 가지고 모여들었다. 후야오방의 삶에 대한 기념이 점차 일련의 요구를 내세운 즉흥적이고 허술한 정치운동으로 변했고, 도시 주민들로부터 동조와 지지를 얻었다. 주저하던 시기를 지나고『인민일보』는 이 운동을 '속셈을 가진 소수의 사람들'이 조종하는 '동란'이라고 한 덩샤오핑의 비난에 영향을 받은 사설을 게재했다. 이 사설에 항의하려고 4월 27일 10만 학생이 거리를 점거했을 때 시민 수만 명이 함께 나섰고, 이것은 덩샤오핑과 다른 지도자들에게는 예측하지 못했던 도전이었다. 학생들이

사설을 공식적으로 취소하라고 요구하면서 운동은 빠르게 확대되었다.

베이징에서 학생들은 동등한 위치에서 당 지도자들과 대면할 것을 요구하기도 했다.[36] 저항하는 사람들이 내세운 공개적 정치 대화와 공식적 인정이라는 독특한 요구는 지도자들에게 충격을 주었다. 긴 숙고 끝에 당은 제한적 양보를 하겠다는 신호를 보내고 비공개 면담을 제안했다. 동시에 일부 학생들은 정치적 자유, 특히 민주주의에 대한 더 급진적인 요구를 위해 5월 13일 단식을 시작했다. 1989년 5월 13일의 한 선언에서 그들은 자신들의 목표를 다음과 같이 설명했다.

> 우리의 가장 진실한 애국적 감정과 가장 뛰어난 거짓 없는 마음을 '동란'이라 부르고 '다른 속셈'이 있다고 하고 '소수 사람에게 이용당했다'고 한다. … 우리는 배고픔을 참고 진리를 추구했는데 군경으로부터 심하게 맞고, 수십만의 민족 엘리트가 무릎을 꿇고 민주를 구하는데 무시를 당하고, 평등한 대화 요구는 계속해서 지연되고, 학생 지도자들의 신변은 위험에 처해 있다. … 민주는 인생에서 가장 숭고한 생존의 감정이고 자유는 태어날 때부터 가지는 천부의 인권인데, 이것들을 우리 이 젊은이들의 생명과 바꿀 것을 요구한다.[37]

이렇게 강렬한 언어와 단식 투쟁은 나라 전체에서 수십만 동조자를 결집했다. 단식 투쟁을 하는 사람들의 상황이 눈에 띄게 악화되자 대개 딴웨이로 조직된 보통 시민들이 거리를 점거하고 학생들에 대한 지지를 보여주었다. 이제 저항은 도시 수백 곳으로 확산되었다. 도시 시민 수백만 명이 중국 전체에서 시위에 참여했다. 당내에서도 지지가 있었다. 자오쯔양이 그의 회고록에서 회고한 것처럼, 많은 유명한 공적 인물과 원로 당원들이 지도부에 '학생들을 올바르게 다루게 하고, 학생들의 행위가 애국적이었음을 알리며, 학생들에 대한 잘못된 입장을 바꾸도록' 촉구하고자 중앙위원회에 편지를 보내고 전화를 했다.[38] 당은 저항을 어떻게 이해하고 다룰지를 두고 크게 분열되었다.

학생들은 단식 투쟁으로 대중 동원에서 인상적인 성공을 거두었다. 정부에 대항하여 학생들을 지지하는 수백만 시민이 거리로 나오면서 공산당은 통치에 대한 완강한 저항에 직면했다. 저항은 1989년 여름의 중·소 정상회담을 방해하기도 했다. 이제 중국의 최고위 국가 지도자들 대부분이 깊은 반감을 가지게 되었고, 정부는 5월 20일 계엄령을 선포했지만 집행하는 데 어려움이 있었다. 같은 날 밤에 당이 톈안먼광장의 학생들을 해치고자 군대를 보냈다고 믿는 베이징 거주자들 수십만 명이 밖으로 나섰다. 주요 도로와 교차로들이 모두 시민들에게 봉쇄되었고, 나이 든 여성과 어린이들이 거리에서 야영했으며, 군대는 교외에서 멈춰서 베이징으로 진입할 수 없었다. 대부분 무장하지 않았던 부대는 어쩔 수 없이 철수했고, 톈안먼광장 점거는 계속되었다. 학생과 지지자들은 최대 승리를 거두었다.

덩샤오핑과 총리 리펑(1928~2019)은 국가와 당 권력에 대한 대중들의 폭넓은 저항에 충격을 받았다. 그들은 저항을 수용할 수 없으며, 만약 그렇게 된다면 베이징과 다른 도시들에서의 상황이 통제를 벗어나 혼란에 빠질 것이라고 확신했다. 정치국원 차오스喬石(1924~2015)는 이 상황을 "호랑이 등에 올라타면, 내려올 수 없다"라고 묘사했다. 그는 5월 21일 저녁 자오쯔양과 나눈 대화에서 다음과 같이 말했다. "군대는 진입이 막혔고, 계엄령은 효과를 발휘하지 못하고, 수백만 학생·주민·정부 조직의 간부들이 거리로 나오거나 톈안먼광장에 모였다. 이 상황이 계속된다면 수도가 마비될 위험이 있다."³⁹ 이러한 이유로 정치국은 군사력을 이용하여 광장을 비우기로 결정했다. 6월 3일 군대는 베이징에 다시 한번 진입했다.⁴⁰ 군대가 다시 저항을 받았으며, 이번에는 정부로부터 확실한 명령을 받았기 때문에 저항하는 시민과 학생들에게 발포했다. 6월 4일 새벽 군인들은 광장을 향해 베이징을 헤치며 나아갔고, 수백 명이 죽고 수천 명이 다쳤다.

이 학살을 세계가 지켜보는 가운데 정부는 결국 민주주의 운동을 반혁명적 정치 동란이라며 진압했다. 그러나 무장하지 않은 젊은 학생들에 대한 당의 발포 명령은 중국 안팎에서 광범위한 격분을 불러일으켰다. 그때 이후 검열에도 불구하고, 운동은 널리 기억되고 있다. 이 운동이 중국 최고위층 정치에 미친 정확한 충격이 아직 완전히 분석되지는 않았지만, 그 효과는 사회적·정치적 활동의 모든 영역에 나타났다. 중국은 공식적으로 이 사건을 지우려고 했지만, 사려 깊은 관찰자라면 누구나 그것이 오늘날의 생활에 미친 영향을 느낄 수 있다. 중국의 정치에는 이 운동의 정신과 여파가 아주 깊게 스며들어 있다.⁴¹

네 가지 즉각적 결과가 뚜렷했다. 첫째, 이 예측하지 못했던 운동은 일시적으로 당내 균열을 깊게 했다. 당시 당 총서기였던 자오쯔양은 그가 '애국적'이라고 규정했던 학생들과 협상을 선택했다. 그는 필사적으로 덩샤오핑에게 수용적 노선을 채택할 필요성을 설득하려고 노력했으나 덩은 타협을 받아들일 수 없었다. 운동을 분쇄하려고 군대를 보내기로 결정한 덩은 자오쯔양에게 당 결정을 지지할 것을 요구했다. 자오쯔양의 거부는 중국공산당을 분열하려는 의도적인 시도로 간주되었고, 일당 지배에 대한 심각한 도전으로 여겨졌다. 그는 조사를 받았고, 모든 직위를 잃었으며, 가택 연금 상태가 되었다. 이로써 자오쯔양만 침

묵시킨 것이 아니라 당내 많은 자유주의적이고 친민주주의적인 세력이
설 자리를 잃었다. 더 자유주의적인 지도자들이 축출되고, 장쩌민江澤民
(1926~2022) 그리고 나중에는 주룽지朱鎔基(1928~) 등이 이들을 대신했다. 새
로운 세대의 지도자들은 두 가지 자질을 공유했다. 그들은 1980년대에
대도시에서 개혁의 주요 지도자들이었고, 대중적 저항에 직면했을 때
안정성을 우선했다. 이렇게 당내 균열이 해결되었고, 정치 개혁은 당내
에서 더는 논의되거나 지지받지 않았다. 정치 개혁은 금기가 되었다.
게다가 당은 대학, 학생 조직, 언론과 출판, 예술과 문학 등에 대한 통
제를 강화했다. 중국은 1980년대의 반복된 정치적 격변과 날카로운 대
조를 이루는 장기간의 정치적 안정을 경험했고, 이것은 많은 관찰자에
게 직관에 어긋나는 결과로 놀라움을 주었다.

　둘째, 1988년의 경제적 동요와 1989년의 정치적 동요 이후 중국
의 경제 개혁은 일시적으로 중단되었다. 계획경제인가 상품 경제인가
를 둘러싼 경제적 토론은 사회주의냐 자본주의냐에 대한 정치적 토론
을 내재한 것이 되었다. 이에 따라 향진기업의 발전과 국유기업의 지배
적 지위의 강화를 포함하여 사적으로 운영되는 경제를 감축하기 위한
구체적인 정책 방안들이 실행되었다. 이러한 정책 방안들이 가져온 불
가피한 결과 중 GDP 성장률이 급격하게 떨어지고 실업률이 늘어나기
시작한 것이 가장 두드러졌다. 1989년과 1990년 GDP 성장률은 각각
4.1%와 3.8%에 그쳤다. 반면에 과열된 경제가 진정되고 더욱 안정적
인 경제 상황이 뒤따랐다.

　셋째, 1989년 사회 운동은 도시의 사회 운동이었다. 그것은 도시 경
제발전의 모순과 시장의 팽창 과정에서 만들어진 사회적 혼란을 드러
냈다. 미래의 유사한 불안을 방지하고 생활수준을 개선하려는 목적으

로 도시 개혁이 심화되었다. 1989년 위기의 결과로 농촌과 도시의 분할이 심해졌는데, 1989년에서 1991년 사이에 농민 소득은 기본적으로 정체되었으며 도시와 농촌 지역의 소득 격차는 1978년 이전 수준에 도달했다. 이에 따라 더 많은 농민이 농촌 지역에서 이주해 나와 도시의 기업들이 활용할 거대하고 값싼 인력풀을 만들었다. 1989년 이후 도시 발전이 확실한 우선순위가 되었다. 이러한 발전은 종종 농촌 지역을 희생하면서 이루어졌다.

넷째, 톈안먼광장의 사건들은 세계적 상황의 맥락에서 보아야 한다. 1989년은 동유럽은 물론 세계적으로 중대한 변화가 일어난 해이기도 하다. 공교롭게도 다른 곳에서의 시위보다 앞섰던 중국의 사건은 동유럽의 저항운동에 자극을 주었다. 1989년 시위에 대한 중국 지도자들의 폭력적 대응은 일당 지배의 폭력적 이면을 분명하게 드러내 동유럽 시위자들이 공산주의를 의심하게 했다. 중국의 잔혹한 억압은 유사한 상황에 처했지만 폭력을 삼갔던 소비에트 블록의 다른 국가들의 대응과 극명하게 대조되었다. 톈안먼광장의 발포와 대조적으로, 사회주의 이후 유럽, 발트해 국가들, 러시아에서 놀라울 정도로 순조로웠던 정권 교체는 대부분 도전받은 정권들의 다소 갑작스러운 항복을 특징으로 하는 비교적 평화로운 과정이었다.

1989년의 주요 사건과 영향으로 유럽의 공산주의 체제의 붕괴에 초점이 맞추어졌지만, 중국의 사례는 이 격동의 해 동안 세계의 많은 지역에서 다른 결과가 나왔음을 상기해 준다. 1989년 이후 동유럽에서 시장, 정치제도, 문화적 규범의 빈번한 실패는 서구 질서에 대한 새로운 형식의 반발이 급성장하게 만들었다. 예를 들어, 정치적 이슬람은 공산주의자 적들에 대한 집중에서 벗어나 자유주의 서구에 대한 싸움으로 전환했다. 라틴아메리카의 포퓰리즘은 점점 더 반서구적 특성을 가지게 되었고, 터키에서 러시아에 이르기까지 세계의 많은 부분에서 새로워진 형태의 권위주의가 생겨났다. 따라서 중국의 권위주의 갱신은 상당한 정도로 1989년 이후 위기와 동유럽의 문제들을 피하려는 노력이었다. 이러한 점에서 냉전의 종식이 유럽에서 더 강하게 느껴졌지만, 중국 그리고 세계 대부분 지역에서 흐름은 갈라지고 예측되지 못했다.

1989년 학생운동 진압의 이와 같은 결과들은 '두 전선에서의 강함'(兩手硬)이라는 구호에 요약되어 있는 1989년 이후 핵심적 정치 전략의 두 가지 일반적 성격과 연관되어 있다.[42] 두 전선은 경제 개혁과 정치적 안정을 의미하고, 해결책은 두 가지 모두에 대해 견고하게 유지하는 것이었다. 톈안먼과 1989년은 개혁의 후퇴를 상징하게 되지 않았고, 영구적으로 중국 개혁의 궤적을 변화시켰다. 그때 이후 중앙집중화와 값싼 이주 노동력의 활용에 기초하여 경제 개혁이 가속화되고 확장되었다. 동시에 안정과 안보는 정치적·문화적·사회적 생활에서 압도적인 우선권을 가지게 되었다. 민주, 자유, 동등한 기회 등과 같이 1989년의 사회 운동에서 제기된 기본적 쟁점과 관심은 무시되었다. 새롭고, 권위적이지만 자신감 있는 중국이 나타났다. 톈안먼광장에서의 피비린내 나는 혼돈과 1989년의 세계적 전환 속에서 중국 모델이 태어났다.

11

전면적 전진
1990~2012

1989년의 정치적·경제적 격변 이후 중국은 대략 3년 동안 모든 개혁 노력을 중단했다. 당내의 보수적 목소리들이 계획경제로 회귀를 제기하고 그 이상의 사회적 자유화에 공개적으로 반대했다. 짧은 기간 중국이 사실상 시계를 거꾸로 돌릴 것처럼 보였다. 1992년 덩샤오핑이 '전면적 전진과 중점의 돌파'(整體推進, 重點突破)라고 불리는 새로운 전략을 제안하면서 개입했다.[1] 시장 지향적 개혁이 (전면적 전진으로) 경제 전체로 확대되고, (중점의 돌파를 구성하는) 국가 영역, 과세, 금융, 기업 체계 그리고 외환 등의 분야에서 변화가 강조될 것이었다. 이 전략은 중국을 경제적 초강대국의 대열로 뛰어오르게 한 놀라운 성취의 기초를 놓았다. 중국의 부상은 중국 자체의 확실한 변화를 가져왔을 뿐 아니라 나머지 세계에 반향을 일으킬 변화도 가져왔다. 중국의 경제발전은 점차로 세계를 바꾸어 가기에 충분한 힘을 가진 비할 데 없는 지구적 현상이었다.

과감한 경제 개혁과 대조적으로, 공산당은 정치 영역에서는 대담한 개혁을 전혀 하지 않았다. 중국 지도부가 보기에 1989년 러시아와 동유럽의 공산당들을 넘어뜨린 대중적 불만은 주로 빈곤, 후진성 그리고 그에 동반하는 모든 경제적 문제가 부채질한 것이었다. 소련과 동유럽 위성 국가들의 붕괴는 중국공산당 구성원들 내부에 깊은 반향을 불러일으켰고, 위기의 여파 속에서 당의 정책에 엄청난 영향을 주었다.[2] 국가와 사회에 대한 통제력을 유지하고자 당은 빠른 경제발전과 운명을 같이했다. 당은 또한 사회에 대한 영향력을 강화하는 것을 목표로 하는 능동적인 대응으로서, 외부로부터의 위협에 대한 통합의 필요를 강조하면서 민족주의 정신을 옹호하기도 했다. 민족적 위대함과 중국의 회복을 추구하는 것은 정부 선전의 지배적인 주제가 되었다. 중국은 또한 세계 모든 지역과 정치적·경제적 관계를 구축하면서 국제적 영향력을 확장하기도 했다.

당내 결속 강화하기

적대적이기까지는 아니더라도 부정적이었던 톈안먼 학살에 대한 국제적 반응은 국내에서도 반향을 가져왔다. 무엇보다도 지도부가 결속을 강화하도록 자극했다. 이것은 체제의 최고위층이 권위와 자원을 강화하고 다시 한번 국가 지향적이고 안정에 초점을 맞춘 정책을 신중하게 선택하게 함으로써 역설적으로 정부에 새로운 차원의 영향력과 에너지를 가져다주었다. 톈안먼 이후 지도자들인 1989년부터 2002년까지 총서기였고 1993년부터 2003년까지 국가주석이었던 장쩌민과 1993년부터 1998년까지 국무원 상무부총리(이후 1998년부터 2003년까지 총리)였던 주룽지는 특히 경제 정책에 관해 아주 좋은 협력 관계를 발전시켰다. 이제 경제발전이 분명한 우선순위를 가지고 있고 빠른 경제성장 없이는 정치적 안정이 달성될 수 없다는 합의가 있었다. 그 사이에 구세대 혁명 지도자들이 죽기 시작했다. 1997년 그중 가장 중요한 지도자인 덩샤오핑이 사망했다. 그 결과 장쩌민과 주룽지는 최고 지도부 내에 이데올로기와 권력의 분열을 끝낼 수 있었다. 이와 같은 강력한 내부적 일치로, 공개적으로 드러나는 당내 투쟁으로부터 비교적 자유로운 시기가 장기간 지속되었다. 그것은 또한 지도부의 교체를 매우 순조롭고 평화롭게 했다.

1990년 이후 더욱 국익을 우선하는 태도가 나타났고 경제와 사회 관리 능력의 강화로 이어졌다.[3] 이러한 분위기 속에서 활발한 민간 영역이 존속하고 성장하기도 했지만, 국가 영역이 전보다 더 철저하게 지원받는 범위 내에서만 그럴 수 있었다. 1998년에 총리가 되기 전부터 중요한 역할을 맡았던 주룽지의 정력적이고 선견지명이 있는 지도력 아래 1990년대 개혁은 세 가지 주요한 방향을 가지고 있었다. 거시경제적 안정성을 위한 재정과 통화 기반의 재집중화와 재구성에 초점을 맞추었고, 시장의 통합을 강조했으며, 소유제의 개혁을 촉진하고 규제를 개선했다. 동시에 강화된 중앙 당국은 당의 지배에 위협이 되지 않는다고 여겨지는 한, 소규모의 비정치적인 시민 단체와 비정부 조직에 대해 더 많은 관용을 보여주었다. 노동 활동에서 환경 보호에 이르는

장쩌민(오른쪽)과 주룽지(왼쪽), 2001. 4(Stephen Shaver/Getty Images/51343359)

많은 영역에서 비정부 조직들이 만들어졌다.

　개혁기가 시작될 때부터 당의 기반을 확대하려는 시도가 있었다. 1990년대에 장쩌민은 기업과 시장 세계의 사람들을 당에 받아들이려는 적극적인 방법을 강구했다. 이러한 움직임은 전통적으로 노동자와 농민의 당으로 규정되었던 중국공산당의 교리에 분명한 변화가 필요한 것이었다. 장쩌민은 자본가들을 포용하려는 이러한 새 정책을 '삼개대표'三個代表의 필요에 대한 설명으로 정당화했다. 그는 공산당 창당 80주년을 기념하는 2001년 7월 1일의 연설에서, 이러한 개념에 대한 가장 길고 중요한 설명을 제시했다.[4] 장쩌민의 정책은 엘리트주의로 전환함을 나타냈다. 경제 개혁의 시대에 당은 중국의 '선진 생산력', '선진 문화' 그리고 '중국 다수 인민의 근본 이익'이라는 세 가지 힘을 대표해야 했다. 이로써 장쩌민은 사영 기업가, 숙련된 전문가, 과학자, 혁신가 등을 포함하여 개혁기 동안 나타난 ^(첫 번째를 대표하는 집단인) 경제 분야와 ^{(두 번째를}
^{대표하는 집단인)} 과학과 교육 공동체의 새로운 엘리트들을 당에 받아들여야
한다고 요구했다. 공산당 지도부가 기술적 변화, 경제성장, 세계화로
영향력 있는 위치가 된 다양한 집단을 끌어들여야 할 필요가 있다고 믿
었던 것은 분명하다. 장쩌민은 이러한 세력을 공산당으로 통합하고, 이
들이 당내에서 목소리를 내도록 노력했다. '삼개대표'의 새로운 이데올
로기적 교리는 기업가, 기술자, 비공영 기업과 외국 기업의 경영자들을
'중국 특색의 사회주의의 건설자들'로 인정했다. 2006년에 당 구성원은
훨씬 더 커지고 다양해졌으며, 7,000만 명이 약간 넘는 당원이 있었다.

당이 정치체제의 대대적 개혁을 거부했지만, 지방 수준에서 점진적
이고 제한된 변화는 허용했다. 제한된 제도 개혁이 공공 행정, 법률, 지
방정부에서 시작되었다. 이러한 개혁의 한 가지 결과는 구식의 간부 체
계를, 부분적으로 제국의 시험 체계라는 역사적 선례에 기초한 현대적
인 공무원 체계로 바꾼 것이었다. 이러한 맥락에서 중국은 중앙정부의
공무원을 선발하는 표준화된 시험을 만들었고, 이것은 명확하게 규정
된 평가 기준에만 의거한 투명하고 능력주의적인 채용 절차로 전환하
는 데서 중요한 이정표였다. 경쟁과 자격 기반의 승진을 보장하기 위해
공개적이고 등등한 시험이 모든 단계에서 엄격하게 시행되었다. 처음
에는 실행하기가 어려웠다. 예를 들어 어떤 단위에서는 자체의 선발 기
준을 따라 시험 결과를 무시했음이 발견되었다. 처음부터 시험은 당의
이데올로기와 역사에 대한 정치 문제도 포함했다. 2003년 개인 면접이
이 과정에 더해졌다. 시험은 많은 응시자를 끌어들였다. 2008년에 약
77만 5,000명이 1만 3,500개 공무원 직위를 두고 시험에 응시하여 경
쟁했다. 가장 많은 지원자가 몰린 부처는 상무부, 외교부, 국가발전개

혁위원회였다.[5] (지금까지도 모든 공무원의 80%가 당원이기는 하지만) 공무원 직위를 위해 더 이상 당원 자격이 공식적으로 요구되지 않았다. 인사 관리와 같은 일부 민감한 직위는 당원을 위해 남겨졌다. 그러나 총리나 각 부처 부장을 포함하는 최고위 정부 직위조차 공식적으로는 공무원 체계에 속했다. 야심적인 공무원과 미래의 최고 간부들은 시험을 통과해야 했고, 중앙정부의 어떤 하급 직위를 두고도 지원자들은 수백에서 수천의 다른 지원자와 경쟁해야 했다. 국가와 정부의 최고 직위를 위해 경쟁하는 사람들도 하급 정부 단위에서 먼저 좋은 성과를 달성해야 했고, 평가 기준은 단계가 올라갈수록 더욱 부담이 컸다. 모든 단계의 승진에서 지도력을 확인하는 새로운 일련의 평가와 시험이 요구되었다. 중국은 정부와 국가의 인원을 채용하고 승진시키기 위해 세계에서 경쟁적 체제 중 하나를 만들었다.

이미 1978년에 정부는 지방 수준에서 농촌의 선택된 지역에서 선거를 도입했다. 이러한 개혁은 1988년부터 전국적인 실험으로 이어졌다. 1998년 전국인민대표대회는 공식적으로 모든 촌민위원회에서 경쟁 선거를 치르고 모든 후보자를 촌민들이 추천하도록 하는 새로운 '촌민위원회 조직법'을 통과시키고 공포했다. 3년 임기의 촌민위원회 자리를 위해 복수의 후보자가 입후보하는 것이 가능해졌다. 투표율은 대체로 높았다. 2008년 대략 73만 4,000곳 이상의 촌락에서 대략 9억 명이 약 320만 명의 촌락 지도자를 뽑는 선거에 참여하여 투표했다. 이러한 선거는 중요한 제도 발전을 의미했다. 촌 단위 선거를 제도화함으로써 당 지도자들은 지방 행정을 더욱 책임 있게 만들고 기존 행정 체계의 기능을 개선하려 했다.[6] 그러나 촌락 선거가 정치체제의 민주화로 연결되는 것은 아니었다.

중국공산당은 정치제도의 개혁, 정책 과정의 개방, 책임성의 증진 등을 위해 여러 가지 조치를 취했지만, 이들은 제한적이었고 일부 비판자들이 요구하는 더 폭넓은 정치 개혁에 미치지 못하는 것이었다. 중국공산당은 더 실용적이고 애국적인 집권당이 되었지만, 중국에서 이데올로기가 쇠퇴하거나 사라진다고 생각하는 것은 때 이른 것이었다. 정부 문서와 공식적 매체는 자주 마르크스주의의 용어로 쓰였다.

경제 개혁의 심화

3년의 긴축과 국제적 고립 이후 중국의 개혁은 덩샤오핑이 경제 개혁과 실험의 확대에 대한 강한 지지를 표현했던 1992년에 새 생명을 얻었다. 덩은 개혁의 지속에 대한 확고한 지지를 표현하기 위해 남중국을 공식적으로 여행했다. 이 시찰 여행 동안 그는 "우리가 사회주의를 견지하지 않고, 개혁개방을 하지 않고, 경제를 발전시키지 않고, 인민의 생활을 개선하지 않으면, 막다른 길뿐이다"라고 말했다.[7] 1년 후 14기 중앙위원회의 3차 전체회의에서 개혁의 단순한 지속이 아니라 심화를 분명하게 나타낸, '중공중앙의 사회주의 시장 경제 체제를 완전하게 하는 것에 관한 몇 가지 문제의 결정'을 채택했다.[8] 이러한 전환의 결과로, 중국은 놀라운 경제의 부양과 아마 역사상 어느 사회도 경험하지 못했을 빠른 경제성장률을 경험하게 되었다. 중국의 신흥 시장 경제는 세계 시장과 깊이 통합되었고, 세계화의 효과는 모든 곳에서 볼 수 있었다.

분수령이었던 1989년을 전후로 하는 개혁의 차이를 지적하는 것으로 이 시기 논의를 시작하는 것이 유용하다.[9] 1990년대에 개혁 방안은 1980년대와는 확연히 다르게 체계적 일관성을 갖추게 되었다. 가장 중요한 조치는 1993년과 중국이 세계무역기구WTO 가입을 두고 미국과 합의에 도달했던 1999년 사이에 일련의 과감한 제도 개혁을 채택한 것이었다.[10] 이 단계에서 정부는 주룽지 총리의 지도력 아래 모두 '전면적 전진'이라는 중국의 경제 전략에서 중요한 조치들이었던 일련의 방안을 실행했다.

제도적 혁신은 여섯 가지 범주로 분류할 수 있다. 무엇보다 현급과 성급 행정부들 사이의 경쟁 강화가 있었다.[11] 중국은 이미 1949년부터 지방 간부들이 중앙정부로부터의 주목과 자원 배분을 두고 경쟁하는 체계를 발전시켰다. 개혁 이전에는 주로 정치적이고 이데올로기적인 기준이 지방 간부들의 실적을 판단하는 기준이었다. 개혁 이후 이러한 기준은 GDP 성장, 수출, 외국 투자의 유치 등과 같은 발전과 성장의 지표로 대체되었다. 따라서 성급 지도자들과 지방 관료들에게는 그들의 성이나 지방의 경제적 성과에 경력상 기회가 달려 있게 되었다.[12] 경력의 전망이 관리하는 지역의 경제적 궤적에 기댔기 때문에 관료들에게는 지방의 성장을 촉진하려는 강한 유인이 있었다. 지방의 빠른 성장은 그 지방 지도자들에게 인정, 승진, 보너스를 얻을 수 있는 중앙정부의 전국적인 지위로 나아갈 전망을 가져다주었다. 물론 성장은 관료들에게 그들이 다양한 정도로 통제력을 행사하는 공공 재정과 기업 이익을 확장하는 것을 의미하기도 했다. 그들은 가족과 친구들의 사업 기회를 확장하고, 공공 기관과 경영자들에게 가는 (합법적이거나 불법적인) 지대를 증대시킬 수 있었다. 따라서 이러한 정책들은 부패와 뇌물을 증가시

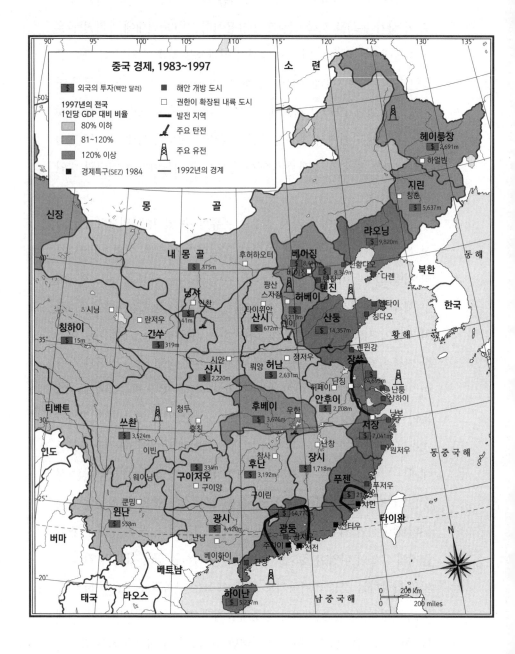

중국 경제, 1983~1997

외국의 투자(백만 달러)

1997년의 전국 1인당 GDP 대비 비율
- 80% 이하
- 81~120%
- 120% 이상

- 경제특구(SEZ) 1984
- 해안 개방 도시
- 권한이 확장된 내륙 도시
- 발전 지역
- 주요 탄전
- 주요 유전
- 1992년의 경계

소 련

몽 골

신장

내 몽 골

후허하오터 $375m

닝샤 인촨 $41m

칭하이 시닝 $15m

란저우

간쑤 $319m

팡산 스자좡 $3,213m

타이위안 산시 $672m

허베이 $8,4

베이징 8,349m

베이징

톈진

산둥 $14,357m

옌타이

칭다오

롄윈강

황 해

동 해

북한

한국

티베트

인도

쓰촨 $3,524m

청두

충칭

이빈

웨이닝

쿤밍

윈난 $558m

구이저우 $334m

구이양

구이린

후난 $3,192m

창사

장시 $1,718m

난창

시안

샨시 $2,220m

뤄양

정저우

허난 $2,631m

우한

후베이 $3,676m

허페이

안후이 $2,208m

단징

장쑤 $24,653m

난징

상하이

저장 $7,041m

닝보

원저우

푸젠 $21,4

푸저우

샤먼

타이완

동 중 국 해

버마

태국

라오스

베트남

난닝

광시 $4,420m

베이하이

잔장

하이난 $5,237m

광둥 $64,770m

광저우

주하이

선전

산터우

남 중 국 해

헤이룽장 $2,691m

하얼빈

지린 $5,637m

창춘

랴오닝 $9,820m

친황다오

다롄

0   200 Km
0   200 miles

켰지만, 동시에 중국의 지방과 성 정부를 성장과 경제발전의 열정적 옹호자로 변화시켰다. 중국의 현들은 공항, 고속도로, 과학 연구 단지, 통신, 지방 기업 등의 건설에서 이웃들과 경쟁하기 시작했다. 확실히 중앙의 계획은 지속되었지만, 지방의 결정권과 자주성을 위한 자유가 만들어졌다. 그 결과 나타난 경쟁이 1990년대 이후 중국 경제에서 지속적으로 보이는 투자에 대한 갈구를 이끌었다. 다른 현들을 능가하려는 목적으로 지방정부들은 시설과 인프라를 건설하고 확장하는 것을 규제하려는 중앙의 요구에 종종 저항했다. 경제발전에 대한 이러한 경쟁은 중국의 공공 행정의 독특한 특징으로, 지방 관료들이 지방 엘리트들에게 덕을 보는 개발 도상국 지방정부들의 행동과 극적인 대조를 이룬다. 그러한 관료들의 다수는 성장을 촉진하기보다는 자원을 추출하는 데 에너지를 집중했다. 중국의 지방 관료들은 경제성장을 촉진함으로써만 자원을 추출할 수 있었다.

1990년대의 제도적 혁신 중 공공 행정 내부의 경쟁 강화가 가장 중요한 것이었다면, 두 번째로 중요한 영향은 중국 통화인 인민폐를 33% 평가절하한 것에서 비롯되었다. 이러한 조정이 일어나기 전인 1994년 초, 중국은 교환 비율이 상당히 다른 두 가지 공식적 외환 체계를 가지고 있었는데, 불리한 것은 외국인을 위한 것이었고 유리한 것은 자격을 갖춘 중국 기업들을 위한 것이었다. 교환 비율의 차이 때문에 불법 환전에서 이익이 생겼고, 이것은 번성하는 암시장과 부패를 낳았다. 변화의 일부로 중국은 두 가지 공식적 외환 체계를 통합했고, 외환 시장에서 중국 기업들에 내부적으로 적용된 것과 대략 같은 수준의 비율을 외국인들에게 적용했다. 평가절하는 중국 수출의 증가로 가는 길을 열었고, 외국인 직접 투자에도 더 유리했다. 세계경제에서 중국이 차지하는 비중이 비교적 작았으므로 미국과 다른 나라들은 평가절하에 반대하지 않았다.

세 번째 제도적 혁신은 농촌에서 도시로 가는 이주의 장벽을 점차 낮춘 것이었다.[13] 유동성에 대한 장벽은 계획경제 체제에서 노동뿐 아니라 자본, 상품, 사고가 행정적 경계를 넘어 이동하는 것도 제약했고, 도시와 농촌의 생활 수준 차이를 영속화했다. 거주 허가의 후커우 체계는 마오 시기에 사회적 통제의 강력한 도구로 기능했지만, 개혁기에는 노동자들이 농업에서 공업과 도시 서비스업으로 이동하는 것에 거대한 장애가 되기도 했다. 이와 같은 과거의 제약이 완화되자 이주 노동자들이 농촌 지역에서 도시 지역으로 가서 일하게 되었다. 그들은 영구적 이주를 허락받지는 못했지만, 이러한 후커우 제한의 완화는 농촌에서 도시로 노동 이주의 꾸준한 증가를 가능하게 했다. 이러한 이주는 팽창하는 도시 공업이 이용할 수 있는 큰 노동력 풀을 만들면서 노동력 비용을 낮게 유지했다.

지역 간 경쟁이 장려되고 국내 이주의 장벽이 제거되면서 네 번째 제도적 혁신인 세제 개혁이 뒤따랐다. 정부가 국가의 이해관계에 둔 우선순위를 고려했을 때, 1994년 시행된 세제 개혁은 중국의 재정을 더 나은 기반 위에 두려는 것이었다. 세입 예산이 GDP에서 차지하는 비중은 1995년 10.8%로 저점을 찍었지만, 개혁이 효과를 나타내면서 급격히 상승하기 시작하여 2001년에는 16%, 2008에는 20.5%에 도달하는 놀라운 성과를 이루었다. 1994년 세제 개혁의 성공은 세원을 확충하고, 세입을 증대하고, 중앙정부의 예산을 강화했다.

중앙정부의 예산 상황을 개선했던 다섯 번째 제도적 요인은 국유기업 영역의 대대적 손질이었다.[14] 특히 공유기업은 자금 조달 부문에서 더 개방된 경쟁과 더 엄격한 예산 제약에 노출되었다. 1992년에 발표된 국가 기업 운영 규정은 국유기업의 경영자들에게 노동자를 고용하거나 해고하고, 임금을 정하고, 기업 자산을 포함하는 거래를 수행할 권한을 주기도 했다. 국유기업들에 생명선이었던 이중 가격 체계가 단계적으로 폐지되고 통합된 시장으로 대체되었다. 수익을 내지 못하는 수천 개 국유기업이 영구적으로 폐쇄되었다. 소규모 국유기업의 민영화가 1995년에 대규모로 시작되었다. 2년 후 절반 이상이 민영화되었다. 많은 중소 규모 국유기업과 훨씬 더 많은 향진기업이 국내외의 민간 소유주에게 팔리거나 넘어갔다. 10년 남짓한 동안 조기 은퇴와 기업 인수로 전통적인 국유기업의 고용이 1992년 4,500만 명에서 2007년 말에는 1,750만 명으로 줄어들었다. 국유기업의 총노동력 감축은 거의 40%에 이르는 2,700만 명에 달했다.[15] 주로 천연자원이나 전략적 영역에 있는 가장 크고 가장 이익이 많은 기업들만이 중앙정부의 통제 아래 유지되었다. 대략 1,000개 국유기업이 이 범주에 들어갔다. 독점이 여전히 정당화된 부문에서 국유가 유지되었지만, 에너지와 통신에서의 독점은 2개나 3개의 경쟁하는 국유기업으로 분할되었고 기업 경영에 더 나은 제도들이 시행되었다. 많은 대규모 국유기업이 주식시장으로 들어가거나 지분을 공유하는 모델을 활용한 동업 관계로 전환되었다. 국가는 중국의 '전국 대표'들을 국가의 손에 남겨두기로 했지만 대개 소유의 분산이 공격적으로 추진되어 완전한 국유인 비금융 기업은 희귀하게 되었다. 국유기업들은 또한 파산, 유동화, 상장, 민간 기업에 매각, 자산과 부채의 공매 등과 같은 형식으로 구조 조정하는 것도 가능해졌다. 이러한 제도적 혁신은 국가 보조에 대한 의존을 완전히 없애지는 않았지만, 그것을 줄이면서도 국가 영역의 효율성과 수익성을 증대시켰다.

마지막으로 중국의 경제가 어떻게 어느 정도로 국제 경제와 연결되어야 하는가 하는 매우 중요한 문제가 있었다. 중국이 1970년대 말처음 문호를 개방한 이후 외부 세계와의 무역은 빠르게 확대되었다. 1990년대 중반에 외국 투자를 늘리려는 노력 속에서 중국은 외국인 소유권에 대한 규정을 완화했다. 이것은 외국인 직접 투자의 양을 크게증가시켰고, 외국 투자에 관한 규정들이 이완되어야 하는지 의문을 제기했다. 물론 이러한 의문은 세계무역기구에 가입하기 위한 중국의 의도와 관련이 있었다. 1999년 가입을 합의했고 2001년부터 공식 회원국이 되었다. 세계무역기구 가입은 수입에 대한 더 많은 개방성뿐만 아니라 외국인 투자 기업의 운영과 중국 국내 시장에서의 자유로운 판매에 대한 기본 원칙을 공식화했다. 중국은 국제 저작권법, 상표, 비자, 경영 허가, 국내 산업 보호 등에 관한 세계무역기구의 원칙과 규정을준수해야 했다. 그러나 중요한 수정들도 있었다. 중국은 보통 국제적기업들이 중국에서 지사를 만들 때 핵심적 선진 기술과 지적 재산을 이전할 것을 요구했다. 다수의 전략적 영역에서 중국은 외국 기업들에 중국의 파트너가 과반의 지분을 가지는 합작 사업으로만 사업을 허가했다. 이러한 원칙들은 중국이 사업 기밀을 넘겨주도록 강요하고 자신들을 불공정하게 다룬다는 국제적 기업들의 오랜 불만으로 이어졌다.

1990년대는 개혁의 성공에서 1970년대나 1980년대보다 더 중요한시기였다. 주룽지 총리는 고통스럽지만 필요한 공공 영역의 구조 조정을 위해 개혁에서 후퇴하거나 경제를 재조정하려는 행정적 수단을 활용하기보다 주로 엄격한 통화 정책과 예산에 의지했는데, 이러한 노력은 그를 중앙정부와 지방의 많은 기존 이해관계와 대립하게 했다. 두 가지 측면이 1990년대 개혁의 특징이었다. 첫째는 모든 수준의 경제 행위자들을 강화된 경쟁에 노출시키려는 의지였는데, 이것은 곧 개인과 사회 집단에 비용을 강요하기 시작했다. 둘째는 정부의 자원을 보호하고 국가의 이익을 우선하려는 의지였다. 중앙정부는 재정 자원을 어느 정도 다시 중앙집중화하는 데 성공했고, 개혁 때문에 실업이 급속히 늘어나자 실업 보험과 최저 생계를 보장하는 빈곤 퇴치 프로그램, 재구조화된 연금 체계 등을 포함하는 도시 주민들에 대한 안전망을 구축했다. 새롭게 개혁되고 새롭게 민영화된 국유기업에 대한 효율적인 기업 경영의 구축, 금융 및 재정 체계의 개혁과 재활성화, 시장 경제에 대한 적절한 규제 제도의 수립 등에도 개혁가들이 관심이 기울여졌다. 그결과 유인책, 유동성, 시장의 극적인 확대가 새로운 시장에 들어온 외국 기업을 포함하는 새로운 기업의 설립과 기존 기업의 성장을 위한 전례 없는 기회를 만들어냈다. 시장 진입의 규모는 놀라웠다. 제조 회사의 수는 1980년의 33만 7,300개에서 1996년에는 거의 800만 개로 늘어났다.[16]

중국, 다자주의로 전환

중국은 1989년 이후 국제적 고립에 직면하여 정권이 큰 압력을 받게 되었다. 톈안먼 탄압은 지도부가 세계에 대한 시각을 조정하게 만든 중국 외교 정책의 중요한 전환점이 되었다. 1989년 이전에는 세계가 중국의 개혁을 지지하면서 바라보았지만, 이것이 근본적으로 변화했다. 관점의 변화, 특히 미국의 자유주의적이고 신보수주의적 엘리트들의 격렬한 반응은 이어진 몇 년 동안의 정책 결정에 영향을 주었다. 중국이 국민들에게 폭력을 사용한 것에 대한 대응으로, 미국과 다른 나라들은 중국에 제재를 부과하여 중국과 관계를 복잡하게 만들었다. 중국에서 일어난 일뿐 아니라 그 시기도 다수 반응에 영향을 주었다. 불과 몇 년 사이에 냉전이 끝나면서 동유럽과 러시아는 권위주의로부터 탈피하고 민주주의적 자유를 포용하는 것처럼 보였다. 중국에서 정치적 자유화에 대한 어떤 형식의 시위도 불가능하고 억압을 받을 수밖에 없다는 사실은 시대에 크게 뒤떨어진 것으로 여겨졌다.

1990년대에 '중국의 위협' 이론들이 서구의 학계와 관계에서 확산되기 시작했다. 중국을 권위주의적이고 충돌하는 경향이 있다고 본 이 이론가들은 최후의 지정학적 결전이 불가피하다는 가정에 기초하여 경고했다. 1993년에 하버드의 정치학자 새뮤얼 헌팅턴은 유교적 중국을 서구 문명에 대한 위협으로 묘사하면서 '문명의 충돌'이라는 명제를 제기했다. 다른 사람들은 중국의 해안 지역, 홍콩, 타이완 그리고 아시아 전역에 흩어져 있는 화교 공동체의 경제적 통합이 진전된 결과 '대중국'의 막강한 힘이 만들어지고 있다고 경고했다. 지정학적 관점에서 타이완에 대한 중국의 강압적 외교, 일본·인도와 증대하는 경쟁, 미국의 지구적 헤게모니에 대한 도전은 모두 부상하는 중국의 배후에 숨어 있는 더 큰 위험의 징후들이었다.[17] 톈안먼의 여파 속에서 중국은 인권 문제에 대한 미국과 서구의 비판에 대응하려고 노력했다. 예를 들어, 중국은 1991년 10월 인권 문제에 대한 백서를 만들고, 외국의 인권 사절들을 받아들였다. 동시에 베이징은 생존과 발전의 권리를 강조하고, 경찰의 잔혹성과 인종 차별에 관한 미국의 인권 문제를 공격하면서 미국이

타국을 비판할 위치에 있지 않다고 암시했다.[18]

더 많은 국제적 승인이 톈안먼 이후 고립의 남은 영향을 줄여줄 것을 알았기 때문에 중국은 처음에 노력을 아시아에 집중했다. 중국은 1990년에 오랫동안 소원했던 인도네시아와 싱가포르로부터 외교적 승인을 얻어냈다. 또한 남아프리카에 이어 사우디아라비아와도 외교관계를 수립할 수 있었다. 이러한 외교적 성공은 타이완을 더 큰 압력에 처하게 했지만, 처음에는 중국과 미국의 관계를 정상화하는 데 거의 도움이 되지 않았다.

그러나 중국에 대한 제재는 오래 유지되지 않았다. 1991년 가을, 미국 행정부는 제재를 풀려고 했다. 1차 걸프전쟁의 종전과 이라크의 패배 이후 미국은 중동 개입을 강화했다. 동시에 동유럽과 소련의 상황이 민족주의의 부상과 종족 분쟁으로 악화된 것도 서구의 주목을 끌었다. 이 두 전략 지역에 집중하려고 미국이 중국과의 긴장을 완화하고 정상화된 관계로 돌아갈 길을 찾아야 한다는 판단이 있었다. 장쩌민 측에서는 미국과 관계가 더 확고해진다면 경제 개혁의 지속이 더 쉬워진다고 인식했다. 1990년대 후반 중국과 미국의 관계 개선은 1997년 장쩌민의 미국 방문과 1998년 빌 클린턴 대통령의 중국 방문으로 마무리되었다.[19]

경제성장에 유리한 국제 환경을 유지하는 것이 여전히 중국 외교 정책에서 지배적 우선순위였다. 두 번째 목표는 영토를 온전하게 회복하고 지키는 것이었다. 이 점에서 타이완, 홍콩, 마카오와 재통일하려는 노력과 국내 정치 안정의 유지가 무엇보다도 중요한 관심사였다. 중국은 특히 티베트, 신장, 내몽골 자치구에서의 분리 운동에 대한 외부의 지원을 차단했고, 타이완에서 독립에 대한 지지를 방해하거나 제한하려고 시도했다. 중국은 동중국해와 남중국해에서도 해양의 권리 주장을 내세울 용의가 있다는 신호를 보내기도 했다. 중국은 이웃들 사이에서 지지와 공감을 만들어내려고 노력하면서 외부에서 아시아 지역을 지배하는 것을 단호히 막고자 했다. 중국은 대체로 영토 보전, 지역적 안정 그리고 무엇보다 수준 높은 흔들리지 않는 경제성장을 유지하고자 실용적 전략을 따랐다. 구체적인 정치와 외교 정책에서 중국은 상호이익, 사실상 모든 국가·기구들과 우호적 관계 유지 그리고 경제발전에 가장 유용한 관계의 확장 등을 강조했다.[20]

중국 외교는 다자주의로 전환했다.[21] 중국은 미국은 물론 다른 열강들과 '건설적인 전략적 파트너십'을 구축하는 데 투자했고 아시아태평양경제협력체, 아세안지역안보포럼 등과 같은 아시아에서의 다자주의적 안보·경제 기구들과 협력을 추구했다. 중국은 러시아·다른 구소련 국가들과 전략적 파트너십을 주도적으로 발전시켰다. 중화인민공화국과 러시아 연방 사이에 획기적인 전략적 파트너십이 1996년 러시아 대통령 보리스 옐친이 베이징을 방문하는 동안 체결되었다. 모스크바와 베이징은 소련과 중국 사이에 전면적 위기를 가져오기도 했던 아무르강을 둘러싼 오래된 국경 분쟁을 해결하기도 했다. 같은 해 중국, 러시아, 카자흐스탄, 키르키스스탄, 타지키스탄의 지도자들이 상하이에서 만나 국경의 처리를 완결하고 중앙아시아에서 신뢰 구축 방안을 시작했다. '상하이 5국' 안보 레짐으로 알려진 이 그룹은 2001년 공식 기구로 발전하게 되었다. 중국은 인도와 오래된 긴장 관계를 개선했는데, 인도와의 관계는 인도가 14대 달라이라마의 정치적 망명을 허가한 1959년부터 얼어붙었고 그 후 1962년 가을 히말라야에서 짧은 국경 전쟁을 벌이기도 했다.[22] 1991년 12월 리펑은 31년 만에 처음으로 인도를 방문한 중국 총리가 되었다. 장쩌민은 5년 후인 1996년 11월에 인도를 방문했다. 중국은 여러 차례 인도의 총리와 대통령을 맞기도 했다. 이러한 외교 정상화 이후 두 나라 사이의 무역 관계가 아주 빠르게 발전했다. 장쩌민은 1996년 아프리카와 관계를 다시 시작하기도 했다. 1990년 당시 국가주석 양상쿤楊尚昆(1907~1998)이 라틴아메리카 5개국을 방문했다. 그의 순방을 시작으로 고위급 사절단 수가 늘어났다. 2001년 장쩌민은 라틴아메리카와 경제적 관계를 강화하고자 12일간 순방을 마쳤다. 브라질, 아르헨티나, 베네수엘라가 그의 일정에서 핵심적인 국가들이었다.

중국은 부분적으로는 아주 실용적인 이유로 다자주의를 받아들였다. 중국은 톈안먼 이후 국제적 고립을 끝내고 세계적 영향력을 증대하기를 원했다. 그러나 국제 사회에서 '책임 있는 강대국'으로 인정받기를 원하는 것처럼, 국제적 지위에도 관심이 있었다. 2000년대에 중국은 국제적인 이미지를 개선하고 소프트파워를 구축하려고 세계적인 '매력 공세'를 시작했다. 새로운 정부 정책은 중국의 상업 회사들에 해외 투자를 장려하고 중국의 지방과 조직들이 더 보편적으로 세계로 나아가도록 촉구했다. 2000년대 중반 중국의 다양한 기구, 지방, 개인들의 상당한 국제적 활동이 시작되었다.

2004년 후진타오가 국경의 안정을 지키는 지속된 사명, 영토 분쟁의 중요성 증대, 중국의 경제성장을 위해 자원에 대한 확실한 접근을 제공할 필요, 다른 강대국들이 중국에 대한 중요한 전쟁을 시작하는 것을 방지할 수 있는 군사적 능력의 필수적인 유지 등에 초점을 맞춘 몇 가지 목표를 언급했다. 그는 대외 관계에 대한 중국의 접근 방식을 묘사하는 '화평 발전'和平發展의 추구와 '조화 세계'(和諧世界)의 창조라는 두 가지 기초적 개념을 제시함으로써 중국의 부상에 대한 공포를 완화하고자 했다. '화평 발전'은 중국의 부상이 아시아와 세계의 안정성을 혼란스럽게 할 것이라는 서구의 광범위한 염려를 누그러뜨리려고 강조되었다. 중국은 스스로 현재와 미래의 성공이 상업과 기술의 세계화에 의존하기 때문에 중국의 이익은 평화적 수단으로만 추구할 수 있다는 점을 강조했다. 중국은 또한 모든 형식의 헤게모니적이거나 팽창주의적인 행동을 거부하기도 했다. '조화 세계'는 중국의 다자주의와 국제적인 기구·포럼·계획 등에 대한 지속적 지지, 세계적인 인도적 지원과 개발 지원에 대한 중국의 기여 확대, 정치적 문화·전통·가치의 세계적 다양성에 대한 존중, 국가 주권의 원칙에 대한 옹호 등 많은 신호를 담으려 한 문구였다. 또한 1950년대 중국의 '평화공존 5원칙' 개념, 즉 영토 주권의 상호 존중, 상호 불가침, 상호 내정 불간섭, 평등과 호혜, 평화로운 공존 등에 기초한 우호 관계의 발전에 대한 보편적인 희망을 반영한 것이기도 했다.

국가적 위대함의 추구

앞 장들에서 주목한 것처럼, 민족주의는 중화인민공화국 수립 전 중국에서도 이미 강력한 추동력이었다. 마오쩌둥에서 덩샤오핑에 이르기까지 초기 지도자들은 민족주의적인 사고와 수사를 채택했고 그러한 틀 안에서 중국공산당을 중국을 국가적 통합과 위대함으로 이끌 수 있는 정당으로 묘사했다. 1990년대에 사회주의의 흔적들이 중국 사회에서 서서히 사라지고 평등, 사회 복지, 사회 안전 등과 같은 사회주의의 핵심적 약속들이 많은 중국인에게 찾기 힘든 것이 되면서 정치적 사고의 민족주의적 요소가 훨씬 더 강렬해졌고 공산당에 중요한 것이 되었다. 당과 정부는 새롭게 만들어진 질서에 정당성을 부여할 새로운 전망이 필요했다. 정책과 발전의 교조적 지침으로 단순히 마르크스주의에 의지하는 것은 더 이상 충분하지 않고 설득력이 없었다. 경제발전에 대해서는 당이 이미 마르크스주의 이론이나 마오의 신념에 따르는 대부분 개념과 해법을 뒤에 남겨두었다. 대략 1990년대 말부터 당은 국가적 위대함의 이야기를 강조하기 시작했다.

이러한 맥락에서도 1989년은 중요한 전환점이었다. 톈안먼광장에서 학생들이 이끈 시위에 대한 당의 폭력적 진압은 교육받은 엘리트 사이에서 신념의 위기를 촉발했다. 정부는 위기 이후 통제력을 되찾으려고 처음으로 국민들 사이에서 애국적 감정을 불러일으키는 데 의지했다. 1991년 중국 지도자들은 학생들이 지도에 따라 단결하도록 촉구하는 애국주의 교육 운동을 시작했다. 만약 실패한다면 중국은 혼란에 빠지게 될 것이었다. 이 운동은 제2차 세계대전 기간 일본의 잔혹 행위 그리고 더 일반적으로는 1840년 이후 외국 침략의 한 세기가 초래한 치욕을 상기시키기도 했다. 1994년 9월, 애국주의 교육 운동은 군대를 포함하는 전 국민을 대상으로 확대되었다. 이는 1995년 11월, 마오쩌둥, 덩샤오핑, 장쩌민의 애국주의에 대한 글을 편집한 『애국주의교육학습문선愛國主義教育學習文選』의 출판으로 이어졌다. 장쩌민은 이 운동을 활용하여 당이 '새로운 민족주의의 기치 아래' 재건되어야 한다고 촉구했고, 대중들 특히 학생들에게 애국주의의 가치를 '깊이 심어야' 한다고 촉구했다.[23] 동시에 당국은 대약진운동이나 문화대혁명과 같은 당이 저지른 '역사적 오류'에 대해 글을 쓰는 것을 어렵게 했다. 1990년대 애국주의 교육 운동은 중국 사회에 민족주의적이고 보수적인 분위기를 낳았다는 점에서 효과적이었다. 민족주의의 부상은 정부의 이익을 위해 그리고 1989년 6월에 잃었던 대중적 지지의 일부를 회복하려는 의도에서 나온 것이었다.

당은 통제력 유지의 필요를 넘어서 점점 더 근본적이고 체계적인 문제에 직면하게 되었다. 공식적인 진술에서 정부는 더 이상 명확한 목표로서 공산주의의 달성에 초점을 맞추지 않았고, 오히려 질서와 안정성의 유지와 '소강사회'小康社會를 이루고 국가의 '부흥'을 가능하게 하려는 수준 높은 성장과 번영의 성취를 옹호했다. 당이 여전히 공식적으로는 정치체제에 중요한 영향력을 미치는 마르크스-레닌주의를 기초로 정당성을 주장했지만, 정부는 중국을 통지하기 위한 정당성이 대부분 실제로는 경제성장과 국가적 위대함의 성취에서 온다는 것을 깨달았다. 대부분 중국인이 정부가 계속 권력을 가지는 것을 정당화하는 데 경제성장과 번영이라는 형태의 '산출 정당성'이 정치 이데올로기보다 훨씬 더 중요하게 되었음을 알아차렸다. 결과적으로 중국공산당은 스스로 '혁명당'革命黨에서 중국의 국가적 부와 힘을 증진하는 것을 주요 과업으로 삼는 '집정당'執政黨으로 변모해야 했다. 중국공산당 창당 80주년이었던 2001년에 장쩌민은 중국을 강하고 번영하도록 만드는 것이 집정당으로서 중국공산당의 핵심적 사명이라고 제시했다.

신중국이 성립한 후 경제와 사회는 빠르게 발전했고, 국가는 나날이 번영했으며, 인민의 사회적 지위, 물질생활의 수준, 문화와 교육 수준은 현저하게 제고되었다. … 중국 인민과 중화민족의 모든 애국 세력은 중국이 가장 비참한 상황에서 빛나는 전망을 따라서 위대한 역사의 전환을 실현할 수 있었던 것은 곧 중국공산당의 영도가 있었기 때문이라는 것을 깊이 인식하게 되었다. … 19세기 중엽부터 20세기 중엽까지 100년 동안 중국 인민의 모든 분투는 조국의 독립과 민족의 해방을 실현하여 민족 굴욕의 역사를 철저하게 끝내기 위한 것이었다. 20세기 중엽에서 21세기 중엽까지의 100년 동안 중국 인민의 모든 분투는 조국의 부강, 인민의 부유함과 민족의 위대한 부흥을 실현하기 위한 것이다.[24]

장쩌민의 후계자 후진타오도 '중화민족의 위대한 부흥'을 환기하는 비슷한 말을 자주 사용했다.[25] 새롭고 번영하는 중국이 당의 관리로 부강하게 되었다는 인식은 국민들이 지도부를 따르도록 하는 것을 의미했다.

마오주의적 입장과 정책에서 급격히 이탈하는 속에서 장쩌민과 후진타오가 이끄는 당은 중국의 유교 전통과 '중국 특색의 사회주의' 사이의 관계 재정립을 시작하기도 했다. 이를 위해서 나무의 비유를 가져와 중국의 전통문화를 뿌리로, 마르크스-레닌주의를 줄기로, 세계 곳곳으로부터 온 다양한 문화의 뛰어난 부분을 가지로 이해할 수 있다고 주장했다.[26] 중국공산당의 전통이 중국의 유교적 유산을 폐기하려 했던 5·4운동에서 뿌리내렸음에도 이 나무의 비유는 현대 중국을 전통적인 중국 문화의 성취로부터 자라난 것으로 묘사했다. 당의 좌익으로부터 비판받기는 했지만, 이러한 주장은 개혁기 시작부터 이루어졌던 노력의 연속으로 이해할 수 있다. 중국의 전통적 유산을 혁명의 유산과 화해시킴으로써 후자를 전자의 기각이 아닌 연속으로 볼 수 있게 할 필요는 오랫동안 인식되어왔다.

민족주의는 낡은 이론의 이데올로기적 대체물이기만 했던 것은 아니었다. 그것은 빠른 경제발전으로 생겨난 파괴적이고 분열적인 힘을 경험하는 사회를 묶어주는 결속력으로 작용하기도 했다. 사회적 갈등이 지속적으로 강해지면서 당은 관심을 다른 곳으로 돌릴 필요가 있었다. 민족주의는 '이데올로기적 무관심', '애국주의의 쇠퇴' 그리고 유감스럽게도 '돈 숭배'가 증가하는 경향 등을 포함하여 경제발전이 가져온 예측할 수 없는 정치적 효과에 대항하고 싸움으로써 중국에 사회적·정치적 결합력을 가져다주었다.[27]

애국주의 운동은 역사적 신화와 역사적 트라우마를 결합한 절충적 서사에 기초하여 민족 정체성을 구축하는 데 충분히 성공했다. 당이 구축한 1990년대 이후 중국 민족주의는 역사적 굴욕과 민족적 자부심이라는 모순적 감정으로 형성되었다. 중국의 교과서들은 현대 중국의 역사를 규정하기 위해 '국치國恥'의 한 세기를 묘사하는 특징이 있었다.[28] 영국 해군이 중국 제국에 서구에 대한 무역 개방을 강요했던 아편전쟁이 국치의 세기가 시작된 때로 인식되었다. 이러한 담론은 외국 침략자들과 부패한 중국 정권의 손에서 어떻게 주권이 침해되고, 영토가 분할되었으며, 중국인들이 엄청나게 고통받고, 중국이 철저하게 굴욕을 당했는지 이야기했다. 또한 외국의 침략자들과 제국주의자들이 중국에 했던 수많은 침략, 전쟁, 점령, 약탈, 불평등 조약을 열거했다. 편리하게도, 중국이 자초한 재난으로 인한 상실과 파괴는 이러한 이야기에서 빠졌다.

이 서사는 굴욕의 쓰라린 유산을 극복하기 위해서 중국은 강해지고 현대화되어야 한다는 내용으로 이어진다. 중국의 '부흥'에 대한 당의 전망에는 국내의 경쟁자들, 특히 일본과 그 주요 동맹인 미국이라는 국제적 경쟁자들에 대항할 군사력의 증강이 포함되어 있었다. 그것은 국경과 전략적 이해를 굳게 지키고 국가의 주권을 주장하는 힘이 될 것이었다. '국치'와 그것을 초래한 약한 중국 정부들에 대한 서사는 공식적 수사에서 강력한 요소가 되었다. 그것은 전략적 현실에 대한 중국의 인식을 형성했고, 국제무대에서 중국의 행동에 영향을 주었다. 국치의 수사가 제기하는 중국이 취약하다는 인식은 안전하고 방어가 가능해야 한다는 욕구에 그치지 않고 아시아에서, 또한 아시아를 넘어서까지 어떤 경쟁자와도 겨루기에 충분한 강대국이 되어야 한다는 욕구를 낳았다. 강대국이 되는 것은 부분적으로 과거의 굴욕과 수치의 보상이 될 수 있었다.

1990년대부터 정부는 애국적 민족주의를 적극적으로 증진하고 후원하기 위해 상당한 자원을 투자했다. 그러나 이러한 노력은 진공 속에서 이루어지지 않았으며, 같은 시기에 부분적으로 독립적인 대중 민족주의가 아래로부터 그리고 사회 내부로부터 출현했다. 다른 나라들의 역사에서 잘 알 수 있는 것처럼, 민족주의는 늘 정부와 국민 사이의 동학을 포함하며 고정된 것이 아니라 협상하거나 경쟁하는 강력한 힘으로 보아야만 한다. 국가도, 국민도 그것을 완전히 통제하지 못한다. 정권의 정당성이 위태로울 때, 당과 중국 인민들이 중국 민족주의의 무대에서 서로 어떻게 상호 작용하는지 보는 것은 중요하다. 대중 민족주의자들은 국가의 정당성 주장을 지지하기도 하고, 그에 도전하고 그들 자신의 경쟁하는 민족주의적 전망을 발표하기도 했다. 당은 스스로 민족주의적 자격에 대한 도전을 억압하는 동시에 그것에 반응했다. 그러나 정당한 민족주의적 주장에 대한 억압은 정권의 안정성을 약화할 우려가 있었다. 대조적으로 대중들의 민족주의적 요구에 대한 성공적 반응은 당이 민족주의적 대중의 승인을 얻어 정권의 정당성을 강화하게 했다.

1990년대에 중국 지식인들과 그들의 독자, 보통 사람들 사이에서 민족주의의 고조가 나타났는데, 이것은 정부 영역 바깥에서 일어난 일이었다. 고등교육을 받은 다수의 사회과학자, 인문학자, 작가, 전문직업인 그리고 무엇보다도 학생들이 번영하는 중국을 만들려는 민족주의적 의제에 목소리를 내거나 심지어 행동주의자가 되기도 했다.[29] 이것은 대부분 도시의 상업 문화와 번영하는 소비문화의 부상으로 가능해졌다. 선정적인 책과 잡지들이 출판되었고, 자주 많은 이익을 거두었다. 셀 수 없는 소비자 지향적 텔레비전 시리즈가 방송되었고, 베이징TV, 중앙TV 그리고 다른 지역 방송국들이 여기에 앞장섰다. 경제·상업 활동의 고조와 함께 지식인과 학자들은 시장으로 몸을 돌렸는데, 이러한 움직임은 '바다에 나간다'(下海)고 불렸다. 쉽게 많은 독자와 청중을 끌어들이는 주제들 중에는 외국인들의 중국과 중국인에 대한 차별, 굴욕, 학대 등의 민족주의적 주제가 있었다. 성장하는 상업 출판 덕분에 이전에 알려지지 않았던 작가들이 더 많은 대중의 주목을 끌었다. 당시에 출판된 것 중 가장 선정적이면서 잘 팔린 작품은 에세이집인『중국은 아니라고 말할 수 있다中國可以說不』였다. 이 책에서 젊은 중국인 저자들은 중국이 미국에 대항할 것을 요구했다. 서구는 쇠퇴하는 문명으로 묘사되었고, 이에 비해 유교적 유산에 기초하여 부흥한 중국이 떠오르는 것으로 묘사되었다. 또 다른 책인『중국 악마화의 배후妖魔化中國的背后』역시 대중의 주목을 받았다. 이 책은 중국의 명문 대학을 졸업하고 미국에서 학위를 받았거나 학위 과정 중이던 저자 8명이 썼다. 미국의 이상주의적 이미지를 수정하려고 쓴 이 책은 미국 정부, 미디어 분야 그리고 학문 기관들이 완전히 사악하고 부정적인 중국상을 구축하고자 협력한다고 주장했다.

이러한 책과 그 안에 있는 서구에 대한 새롭고 공개적인 적대감은 1990년대 '대중 민족주의'를 묘사하는 서사에서 중요성이 크다. 중국 바깥에서는 서구 세계와 그 가치에 대해 보이는 적대감 때문에 이러한 현상을 불안하게 보았다. 그러나 국내적으로 그러한 메시지의 가장 중요한 부분은 외국 세력이 발휘할 어떤 힘보다도 중국 내부의 약한 태도가 중국을 방해한다는 점이었다.

　　대중 민족주의는 몇 차례 시위와 대중 저항에서 공개적으로 폭발했다.[30] 중국은 1996년, 중국인들은 댜오위타이라고 부르고 일본인들은 센카쿠라고 부르는 동중국해의 작은 섬 8개의 영유권을 두고 일본과 대립했다. 정부에 놀라움을 준 것은 이 분쟁이 중국 대륙에서뿐 아니라 홍콩, 마카오, 타이완, 심지어 미국과 캐나다에서까지 중국인 공동체를 동원한 풀뿌리 운동을 촉발했다는 점인데, 1996년 9월 22일 샌프란시스코에서는 화교 4,000명, 밴쿠버에서는 화교 2,000명이 집회에 참가했다. 심지어 왕시저王西哲와 류샤오보劉曉波 같은 중화인민공화국에 대한 반대자와 노골적 비판자들도 베이징과 타이베이 당국에 섬들을 되찾기 위해 군사력을 배치할 것을 촉구하는 공개서한을 보냈다. 이렇게 맹렬하게 타오를 수 있는 대중 민족주의의 잠재력은 중국 정부를 놀라게 했다. 중국공산당은 갑자기 거리에서의 급진적 요구에 거리를 두었고, 미디어의 민족주의적 세력에게 소외감을 줄 위험을 감수하면서 항의와 시위를 끝내기로 결정했다.

　　3년 후 유고슬라비아의 중국대사관에 대한 나토의 폭격도 대규모 항의를 촉발했다. 대중 민족주의의 고조를 생각하면, 많은 중국인이 1999년 6월 베오그라드의 중화인민공화국 대사관에 대한 나토의 표면적으로는 실수인 폭격으로 중국인 직원 3명이 죽자 분노로 대응한 것은 놀라운 일이 아니었다. 3일 동안 중국인 수천 명이 베이징의 미국대사관과 중국 전역 10개 도시의 영사관을 포위하고 건물에 돌과 병을 쏟아부었다. 청두에서는 시위대가 영사관 건물에 불을 질렀다. 베오그라드 폭격에 대한 항의는 당이 만들어낸 것이 아니었을 뿐만 아니라 오히려 대중 민족주의자들이 격분하여 당 엘리트들이 거의 상황을 통제할 수 없었다. 중국인들이 생명을 잃은 일로 감정이 고조되었으므로 이번에도 항의를 억누르는 일은 위험했다. 민족주의적 정당성을 유지하기 위해서 또 정권의 안정이 위태로웠기 때문에 중국공산당은 시위대를 달래야만 했다. 2000년대의 비슷한 경우들 역시 점점 더 민족주의적 정당성에 대한 중국공산당의 주장에 도전했다. 중국에서 대중 민족주의와 국가 민족주의 사이에 공통 요소가 많았지만, 대중 민족주주의의 독립적 존재는 민족주의 담론에 대한 공산당의 독점을 약화했다. 또한 당이 민족주의를 더 많이 수용하도록 밀어붙이기도 했다.

놀라운 것은 민족주의를 고취했던 지식인 엘리트 다수가 1980년대에 서구에서 시간을 보냈고, 심지어 서구의 자유주의적 사상의 옹호자였다는 점이다. 당−국가가 민족주의의 통합 효과가 유용하다는 것을 발견하고 그 주창자가 되긴 했지만, 민족주의의 고조가 단순히 정부 선전의 산물은 아니었다. 표면적으로 나토의 폭격과 같은 특정한 사건들이 중국에서 민족주의적 감정이 고조되는 데 중요한 계기가 되었다. 그러나 더 깊은 차원에서 보면, 적어도 많은 지식인 사이에서 민족주의는 좀 더 지속적인 다른 요인들의 영향을 받았다. 1980년대 소련이 쇠퇴하던 시기에 그들 대부분은 소련의 민주화를 촉발했던 미하일 고르바초프의 (개혁과 개방으로 번역되는) 페레스트로이카와 글라스노스트 정책에 흥분했었다. 중국 지식인들은 정치적·사회적 문제들에 대해 개방적 토론을 고취하는 글라스노스트 정책을 감탄하며 바라보았다. 그들은 또한 덩샤오핑이 중국공산당의 권위와 경제에 집중하는 것을 비판하기도 했다. 소련이 붕괴한 후 국내 정치가 혼란스럽고 경제성과가 빈약했던 모습은 많은 중국인을 실망시켰을 뿐 아니라 불안하게 했다. 중국에서 유사한 상황이 전개될 가능성은 많은 지식인을 사로잡는 공포가 되었다. 게다가 그들은 고통스러운 민주주의 전환 과정에 서구 국가들이 러시아에 효과적인 도움을 제공하지 못한 점에 주목했다. 서구는 오히려 러시아의 국제적 지위 약화를 이용하는 데 더 관심이 있는 것처럼 보였다. 동시에 지식인들은 중국의 많은 문제를 의식했지만, 개인적으로는 1992년 이후 실질적 경제발전에서 혜택을 입기 시작했다. 마지막으로, 그들은 미국의 미디어들이 중국을 대체로 부정적으로 묘사하는 것에 크게 실망하기도 했다. 중국의 많은 학생과 지식인들은 중국, 즉 그들 자신에 대해 다룰 때 미국의 미디어에 나타나는 편향이 서구의 패권 정치적이고 문화적인 태도를 드러낸다고 생각했다. 많은 사람이 점점 더 불신과 적대감을 가지고 중국의 부상을 바라보는 미국 정치가들 사이에서 경쟁적 사고방식이 확산되고 있다고 생각했다. 아이러니하게도 이러한 생각은 그것이 사실인 정도만큼 중국의 민족주의적 열정을 자극하는 데 기여했다.

그러나 일부 중국 지식인들은 민족주의적 감정의 고조에 대해 양가적 상태로 남아 있었다. 왕쉬王朔(1958~)는 중국에서 가장 있기 있으면서 반항적인 작가가 되었다. 그의 조소하는 듯한 책들은 사기를 치고 자신의 이익을 위해 체제를 이용하려고 하는 주인공들을 묘사했다. 1990년대 '왕쉬 현상'은 그 자체로 강력한 힘을 가졌던 풍자적인 반체제적 대중문화의 발전을 반영했다. 왕쉬는 중국의 상처 입은 자부심에 대한 통

렬한 풍자를 담은 『절대 나를 사람 취급하지 마千萬別把我當人』를 쓰기도
했다.³¹ 다양한 민족주의적 수사와 선전의 패러디와 함께 이 책은 중국
민족주의가 신성시하는 모든 것에 대한 철저한 비판에 이른다. 이야기
는 무술 대회의 조직위원회가 서양 레슬러가 상대 중국인을 완파하는
비디오를 보는 것으로 시작한다. 위원회는 체면을 지키고 서구로부터
굴욕을 당하지 않으려면 중국 민족은 무엇을 할 수 있는지를 묻는다.
위원회는 스스로 명칭을 (전국인민총동원연합회의 약자인) '전총'全總으로 바꿀 것을
결정한다. 그리고 중국이 충분한 국제적 존중을 받을 수 있게 해줄 민
족 레슬링 영웅을 찾기 시작한다. 그들이 찾은 영웅은 탕唐이라는 이름
의 삼륜차꾼인데, 그는 무예의 대가일 뿐 아니라 19세기 의화단 전사의
환생인 '대몽권'大夢拳이라는 권법의 수련자이기도 했다. 전총의 한 사람
은 누군가를 때려눕혀야 '지난 세기의 좌절을 극복할 수 있다'고 깨닫는
다. 영웅을 찾아냈을 때 공개적으로 축하하도록 강요받은 한 시민의 지
적으로 신랄한 대화가 시작된다.

> "나는 오래전에 지금처럼 줄을 서서 지나가는 누군가에게 작은 깃발을
> 흔들면서 웅얼거린 적이 있는 것 같아."
> "1949년이었겠지."
> "아니야, 그보다 전이야."
> "그러면 1937년이겠지."(1937년은 민족주의적 열정이 확산되기 시작한 중일전쟁이 시작
> 된 해)

이야기가 펼쳐지면서 대몽권 수련자는 슬프게도 어떤 형식의 무술
시합에서도 이길 수 없다는 것이 입증되고 '세계 참을성 대회'世界忍術大賽

에 참가하게 된다. 이 대회에서는 대부분의 굴욕과 고통을 참을 수 있는 민족에서 온 선수들이 유리했다. 정말로, 중국 챔피언은 자기 얼굴을 때리는 자기 비하 시험을 포함한 고난과 고문의 세례를 참는다. 탕은 '가지 같은 보라색'이 될 때까지 스스로 때렸고, 부기 때문에 두꺼운 피부가 '종이처럼 얇고 반투명하게' 되었다. 그러나 다른 경쟁자들은 포기하고 실패하지만 그는 고통을 즐긴다. 중국에서 온 선수는 체면을 잃은 게 아니라 말 그대로 얼굴을 잃음으로써 승리를 거둔다. 반박할 여지가 없는 챔피언으로 선언된 그는 올림픽 스타일의 시상식에서 상을 받는다. 이 이야기는 중국 국기가 올라가고, 국가가 연주되고, 시상식이 생중계되는 중국 전체에서 열광적인 찬사가 쏟아지는 것으로 끝난다.

왕쒀는 민족주의적 감정이 고조되었을 때 이 장황하지만 날카로운 풍자 소설을 출판했고, 중국 민족주의가 적어도 1937년까지 거슬러 올라가는 민족의 고통과 연관된 긴 역사가 있다는 점과 민족주의가 중국인들의 사고에서 뿌리 깊은 체면을 지켜야 할 필요에서 비롯했다는 점을 독자들에게 상기시켰다. 그의 이야기는 가장 나쁜 민족주의적 충동에 굴복함으로써 중국이 체면을 잃을 수 있다고 경고하려는 것이기도 했다.

초고도 성장 시기

2001년의 WTO 가입 이후 중국은 경제 기적의 길로 나아갔고 세계적인 감탄과 선망의 대상이 되었다. 급속하게 발전하는 시장 경제가 나타나 중국을 '세계의 공장'으로 만들고 중국 사회의 다수에게 이익을 준부와 번영을 가져왔다. 신중하게 성공적으로 빠른 성장을 촉진한다는 정책 의제에 반영된 것처럼 '생산력'의 성장, 즉 GDP와 그 기초가 되는 투입이 정부의 가장 중요한 목표였다. 높은 성장률을 달성하고 유지하고자 중국 정부는 경제 체제의 모든 면을 다루었고 많은 경제적·사회적 제도 수정을 실험했다.[32]

중국의 정책 입안자들이 우선순위를 정해야 했을 때, 늘 다른 목표보다 빠른 성장의 달성을 선택했다. 이러한 우선순위에 대한 증거는 많은 영역에서 볼 수 있다. 개혁 과정을 시작하면서 중국은 GDP에 대해 일정한 비율로 고정된 투자율을 낮추어 경제에 숨 쉴 공간을 주어 소비가 증가하게 했다. 이러한 조치는 투자에 유리한 소비 친화적이고 성장 친화적인 정책을 꾸준히 촉진하여 투자율을 다시 끌어올리게 했다. 지방정부들은 공업 지역이나 상업 프로젝트를 위해 토지를 판매함으로써 새로운 투자 기회를 찾는 지칠 줄 모르는 개발자가 되었다. 그 결과 주로 수출 분야에서, 투자를 위한 거대하고 지속적인 자본의 동원이 나타났다. 이러한 정책들은 국유 은행으로부터 저렴한 대출, 저평가된 환율 그리고 토지와 에너지 같은 핵심 자원의 낮은 가격 등으로부터 가장 큰 혜택을 본 자본집약적 산업에 유리했다. 게다가 투자에 유리한 세금 정책과 정부의 통화 정책에 근거한 낮은 이자율은 대출을 비싸지 않게 만들었고, 회수 불가능한 부채는 종종 탕감되었다.

중국의 투자율은 다른 큰 나라들이 달성했던 어떤 수치보다도 높았다.[33] 1992년과 2002년 사이 투자율은 이미 38~39% 정도로 일본, 한국, 타이완이 높은 투자와 성장의 국면에서 달성했던 최고 수준과 견줄 수 있었다. 2003년부터는 투자율이 전례 없는 수준인 40% 이상으로

솟구쳤다.[34] 중국 총자본 형성의 60%가 국내 저축에서, 나머지 40%가 해외 직접 투자[FDI]에서 왔다. 서구 자본이 엄청나게 유입되었다.

중국의 개혁기가 시작된 1970년대 말 해외 직접 투자는 매년 20억 달러 아래였다. 20년 후인 1990년대 중반 중국에 대한 해외 직접 투자는 연간 400억 달러를 넘어섰다. 이러한 수치가 보여주듯이, 중국은 세계의 개발도상국 중 해외 직접 투자를 가장 많이 유치한 국가가 되었다. 1979년부터 2011년까지 중국이 흡수한 해외 직접 투자 누계액은 1조 1,770억 달러였다.[35] 투자는 대부분 1992년에 유입되기 시작했다. 중국이 해외투자를 끌어들인 기록은 세계적 맥락에서 보아도 인상적이다. 1992년에서 1999년 사이에 중국으로 유입된 투자는 전 세계 해외 직접 투자의 8.2% 그리고 개발도상국에 대한 해외 직접 투자의 26.3%에 달했다. 1990년대 대부분 동안 중국은 세계에서 두 번째로 많은 해외 직접 투자를 유치했고, 미국에만 뒤졌다. 2002년에는 중국이 미국을 추월하여 해외 직접 투자의 최대 유치국이 되었다. 2010년에 중국에 대한 해외투자는 1,160억 달러로 같은 해 미국에 투자된 금액의 대략 절반이었다.

그러나 1990년대의 대부분 동안 중국으로 들어온 해외 직접 투자 중 서구와 일본의 다국적 기업의 투자는 작은 부분만 차지했음에 주목해야 한다. 거의 60%의 투자가 주로 홍콩, 마카오, 타이완 등의 '중화권'에서 왔다. 대부분 투자자는 단순하고 노동집약적인 조립 공정을 운영하던 중소기업들이었다. 외국 기업들은 중국의 여러 산업에 많은 투자를 했고 중국 대외 수출의 마케팅 채널에 대한 실질적 통제력을 얻었다.[36] 해외투자의 주요한 효과는 자본의 공급에만 있지 않았고, 중국이 세계 시장에서 영업을 하고 수출을 늘리게 해준 현대적 기술과 사업적 전문성의 획득에도 있었다. 세계 500대 기업 중 약 400개가 중국에서 2,000개가 넘는 프로젝트에 투자했다. 여기에는 컴퓨터, 전자, 통신 장비, 제약, 석유화학 등의 분야에서 선도적인 기업들이 포함되었다. 마이크로소프트, 모토로라, 지엠, 제너럴 일렉트릭, 삼성, 인텔, 노키아, 지멘스 등과 같은 초국적 기업들이 중국에 연구 개발 회사를 세웠다. 예를 들어 마이크로소프트는 중국 연구 기관에 800억 달러를 투자했고 마이크로소프트 아시안 테크놀로지 센터를 만들고자 추가 투자를 할 거라고 발표했다.[37]

해외 직접 투자와 기술적 토대의 개선이 가져온 효과는 첨단 기술 상품을 수출하는 중국의 능력이 향상되는 것에서 볼 수 있었다. 2000년 중국은 370억 달러의 첨단 기술 상품을 수출했는데, 그중 81%는 중국 내 외국 기업이나 합작 회사에서 생산되었다. 그러나 해외 직접 투자의 효과는 여기에 그치지 않았다. 이러한 투자는 매우 경쟁적인 환경을 만들어냈고, 소유와 생산을 더 세계적이고 경쟁적인 상황에 두게 함으로써 기업과 법률 체계에서 새로운 제도의 발전을 촉진했다.

수출 부문에서 성장은 국유 부문이 아니라 주로 민간 기업이 이룬 것이었다. 중국의 국유 부문은 중앙과 지방이라는 두 영역으로 구성되어 있었다. 그러나 다수의 중간 규모 기업으로 구성된 지방의 국유 부문 대부분은 향진기업의 민영화 때문에 더는 존재하지 않았다. 하지만 규모가 크고 대부분 수익을 내지 못했던 기업으로 구성된 중앙 쪽은 이때까지도 모든 개혁을 견뎌내고 있었다. 국가는 국유 영역이 국내 시장과 세계 시장에서 더 경쟁력을 갖추려면 긴급하게 변화가 필요하다고 인식했다. 2003년 중국은 새로운 제도적 방식의 감독으로 중앙정부의 소유권을 행사하는 기구의 창설을 발표했다.[38] 이 '국유자산감독관리위원회'는 가장 큰 비금융 국유기업들 196곳의 소유권을 맡아서 막대한 자산에 대한 명목적 통제력을 가지게 되었다. 『포춘』 선정 2012년 세계 500대 기업 중 45곳이 국유자산감독관리위원회 소유였는데, 이 기업들의 자산 총합은 4.5조 달러에 달했다. 그 이름을 들어본 사람이 많지 않았지만, 이 위원회는 세계에서 중요하고 강력한 조직 중 하나가 되었다. 1990년대 중반 국유 부문을 상당히 감축한 이후 국유자산감독관리위원회의 목표는 중국 경제에서 선택된 전략적 분야에서 대형 국유기업들을 유지하는 것이었다. 중국의 농업, 공업, 상업 등을 이미 민간기업들이 지배하게 되었지만 천연자원, 에너지, 통신, 기반 시설, 국방 등과 같은 분야에서는 크고 강력한 중앙정부 기업들이 유지되었다. 이러한 분야들은 민영화와 해외투자로부터 계속 보호되었고, 국가 소유로 남겨졌다. 비록 지방 차원에서 민영화는 점진적으로라도 지속되었지만, 대형 국가 기업의 경영권 인수는 중단되었고 중앙정부는 보유한 소유권을 굳게 유지했다. 따라서 국유자산감독관리위원회 설립은 중앙정부를 통한 대형 국유기업 민영화의 실질적 중단과 국유 부문 강화의 시작을 의미했다. 이후에 국유 부문이 성장한 것을 보면 이 조치는 매우 성공적이었다. 국유자산감독관리위원회는 기업 경영의 근본적 개혁을 밀어붙였다. '기업화'(公司化)라고 불린 과정을 거쳐 효율화가 촉진되었다. 경영진은 구조 조정, 분할, 합병, 자본 조달, 지불, 임금 등을 포함하는 부분에 대해 더 많은 권위와 책임을 갖게 되었고, 일상 업무에 대한 국가 개입은 제한되었다. 국유자산감독관리위원회는 대체로 전문화, 특화 그리고 세계적 선도 기업이 될 국제적으로 경쟁력 있는 기업의 창출이라는 목표를 따랐다.

중국 정부는 국유 부문을 위해 중앙정부의 대형 기업들을 구조 조정하고 이들의 시장 환경을 조성하고자 능동적으로 개입하여 노력했다. 보통 각 업종의 시장에서 적어도 두 개 대형 기업이 경쟁했다. 예를 들어 중국석유화공Sinopec을 소유한 복합기업인 중국석유천연가스공사CNPC는 중국석유천연가스주식회사PetroChina 그리고 중국해양석유총공사CNOOC와 석유 시장을 나누어 가졌고, 중국이동통신China Mobile, 중국연합통신China Unicom, 중국전신China Telecom은 통신시장을 분할했다.[39] 이 모든 기업은 국유자산감독관리위원회 소유였다. 항공 산업에서는 대형 중앙 항공사인 중국국제항공, 중국동방항공, 중국남방항공 세 개가 있고 여기에 더해 좀 더 작은 공공·민영 항공사가 몇 개 있었다. 한편으로는 비효율적이고 쉽게 부패하는 것으로 여겨진 시장 독점을 방지했다. 다른 한편으로는 국가가 전략적이고 민감한 영역에 대한 통제력을 유지했다. 그 결과는 국유기업들 사이의 구조화된 경쟁 체제였다. 이 중요한 제도적 혁신 때문에 강력한 국유 부문이 안정되었고 더 건전해졌다. 바닥을 쳤던 1996년에서 1998년 이후 국유 부문은 2000년대 동안 강한 수익 확대를 경험했다.

전략적인 분야의 소수 대형 중앙 국유기업 그리고 지방정부의 관료들과 밀접한 연계를 유지하는 민간 기업들에 기반을 둔 독특하고 혼합적인 경제 체제가 생겨났다. 국가가 계속해서 국가 기업들과 국가의 개입을 정부 정책의 도구로만이 아니라 정권의 정체성과 정당성의 도구로 여긴다는 점에서 일부 학자들은 이러한 체계를 '국가 자본주의'라고 불렀다.[40] 국가 기업들은 베이징이 공식적으로 '중국 특색의 시장 사회주의'라고 부르는 것의 핵심에 남아 있었다. 이 체계는 국가와 그 정치 계급을 지원하고자 필요한 자원을 만들어내고 사적 이익, 사회 복지와 관련된 이익 모두를 더 광범위한 국민들에게 확산함으로써 빠른 성장을 가능하게 했다. 또한 체계의 비효율성을 어느 정도 완화하는 데 성공하기도 했다. 이 빠른 구조 변화와 절정에 달한 경제성장의 시기 동안 중국의 국가 자본주의는 상당히 성공적이었고 당–국가에 이득이 되었다.

국가가 독점하는 영역들과 지방의 무역 장벽에도 불구하고, 일상적 경제생활에 치열한 경쟁이 스며들었다. 자동차 분야는 완벽한 실례를 보여준다. 1970년대 말 중국이 경제를 개방하기 시작했을 때, 베이징은 해외의 회사와 투자자들을 끌어들여야 했다. 처음 진입한 다국적 기업 중 하나가 아메리칸 모터스로, 이 회사는 베이징에 공장을 건설했다. 처음에 이 투자의 목적은 중국 소비자들을 위한 자동차를 만들기보다 오스트레일리아로 수출할 지프를 생산하는 것이었다. 40년 후 중국의 자동차 제조사들은 어떤 나라보다 많은 연간 2,400만 대를 생산했다. 국영의 무기력한 과점이 수십 년 동안의 치열한 경쟁을 거쳐 치루이나 지리와 같이 갑자기 등장한 자동차 제조사들이 유력한 국유기업이나 세계적 자동차 회사들과 시장 점유율을 두고 다투는 정신없는 경쟁으로 바뀌었다. 급속한 가격 인하와 함께 생산, 품질, 다양성 그리고 생산성 등의 빠른 확대를 거쳐 차량, 부품, 재료 등의 생산뿐 아니라 자동차 판매, 휴게소, 주차 시설, 자동차 경주, 출판, 모텔, 관광 등을 중국 경제에 도입한 새롭고 역동적인 영역이 만들어졌다.[41] 시장 경쟁의 확실한 지표 두 가지인 가격 전쟁과 광고가 일상 모습이 되었다. 판다(텔레비전), 커룽(가전) 같은 이전의 업계 선두가 뒤처지고 시작이 미약했던 알리바바(온라인 거래), 완샹(자동차 부품), 하이얼(가전), 텐센트(인터넷) 등 새로운 업계 선두주자들이 떠오른 것은 경쟁이 중국의 시장 구조에 새로운 유동성을 더했음을 보여주었다. 중국은 세계에서 가장 크고 역동적인 경제의 하나로 빠르게 성장했다.

중국의 경이로운 발전은 세계 시장이 중국을 광범위한 수출 상품의 최종 조립 지점으로 만들었기에 가능했다. 무한한 것처럼 보이면서 비교적 값싼 노동력 때문에 중국은 세계적인 생산 과정의 노동집약적 최종 단계에서 중요한 비교우위가 있었다. 비록 이주 노동자 차별과 분절된 노동 시장이 여전히 도시 노동자들을 어느 정도 보호했지만 노동 시장의 경쟁도 엄청나게 심해졌다.

중국의 고도성장 모델에는 단점도 있었다. 일방적인 '친성장' 정책은 경제의 고수익 영역을 선호함으로써 왜곡과 불균형을 가져왔다. 자본을 대형 국가 대표 기업들에 배분하는 것이 수익률이 더 높고, 더 작은 민간회사에 대한 투자를 막기도 했다. 예를 들어 중국의 자본스톡은 2000년 GDP의 248%이던 것이 2008년에는 295%로 증가했는데, 이는 이 시기 중국의 두 자릿수 성장이 자본 지출과 투자에 얼마나 의지했는지를 보여준다. 중국의 발전이 성장과 투자에 지나치게 의존한 것은 중요한 거시경제적 불균형을 만들었다. 일자리 증가는 제한되었고, 경제 체제에서 노동의 비율은 억제되었으며 가계 소비는 부진했다. 노동이 경제성장에 기여한 비율은 0.9%에 그쳤다. 중국의 가계가 국유기업들이 보조금을 받은 투자로 낸 이익으로부터 큰 혜택을 받지 못한 것이 경제를 더 치우치게 만들었다. 사실 2007년 국민소득에서 임금의 비율은 39.7%로 10년 전의 52.8%에서 크게 떨어졌다. 소득과 일자리가 증가하지 못한 것을 감안하면, 2008년 중국의 가계 소비가 GDP의 37.1%밖에 되지 않아 다른 많은 나라(특히 61.1%를 차지하는 미국)보다 적은 것은 전혀 이상하지 않았다.[42]

따라서 중국이 WTO에 가입한 이후 중국 경제성장의 장기지속성과 관련된 의문들이 제기되었다. 중국은 성장의 방향을 바꾸고자 점진적으로 새로운 발전 전략을 채택하려고 시도했다. 후진타오와 원자바오溫家寶 통치 시기에 중국의 성장을 더 지속가능한 것으로 만들고 성장의 이익을 사회에 더 넓게 분배하는 정책이 추구되었다.[43] 후진타오가 2002년 가을 중국공산당 총서기가 된 이후 새 행정부에서 사회 정의와 관련된 문제들이 더 많은 관심을 받기 시작했다.

2006년 16기 중앙위원회 6차 전체회의에서 당은 장쩌민 시기의 제약받지 않는 성장으로부터 좀 더 균형 잡힌 발전으로 개혁의 초점을 옮기기로 공식적으로 결정했다. 이후 후진타오와 원자바오의 두 번째 임기(2007~2012)에는 아주 빠르지만 매우 불평등했던 30년의 성장 과정에서 누적되어온 많은 문제와 불만을 시정하려는 정부의 규제와 계획이 넘쳐났다. 때로는 '후-원 신정新政'이나 '과학적 발전관'이라고 언급되었던 새로운 발전 전략은 지속가능하고 공정한 성장을 강조했다. '과학적 발전관', '조화사회'(和諧社會), '민생'民生, '도시와 농촌의 통합적 계획'(統籌城鄉), '농업, 농촌, 농민 문제' 등과 같이 정책 문건과 후진타오·원자바오 연설에 나오는 핵심 용어들은 새로운 정책의 방향을 반영했다. 새로운 전략은 불평등을 줄이고 경제적으로 가장 취약한 집단을 보호하는 것을 목표로 했다. 구체적인 조치들에는 농업, 사회 복지 프로그램, 조세 감면, 최저임금 인상, 빈곤을 완화할 지출 증가 등이 포함되었다.[44] 이 프로그램에는 노동 법규, 의료보험 제도, 연금 등도 포함되어 있었다. 중국의 개혁은 과학적 발전이라는 과정을 거쳐 '인본주의'를 증진하고 '조화사회'를 달성한다는 두 가지 목표를 추구하려고 재정비되었다.

이 정책은 도시와 농촌 경제의 늘어가는 불균형을 다루는 것도 목표로 했다.[45] '사회주의 신농촌'이라고 불린 프로그램이 모든 농촌이 포장도로로 외부와 연결되고, 2020년까지 모든 농민에게 의료보험을 제공하고, 최저생활 보장(低保) 정책을 도시에서 농촌 지역으로 확대하고, 농업 기계화를 증진하는 것을 약속했다. 이후 2007년 10월 열린 중국 공산당 17차 전국대표대회의 핵심 의제 중 하나는 당장黨章에 도시와 농촌의 균형 있는 발전에 대한 내용을 삽입할 것인가 하는 문제였다. 도시-농촌 통합은 2008년 10월 열린 17기 중앙위원회 3차 전체회의에서도 핵심 문제였다. 이때 2020년까지 농민 소득을 두 배로 늘리고 농촌 기반 시설을 추가로 개선할 것을 약속하면서 '농촌 개혁과 발전'에 대한 당의 공약을 갱신했다. 고위 지도자들은 도시-농촌 불균형을 제거하는 것을 목표로 한다는 점을 시사하기도 했다. 2006년에는 농촌의 경제 상황을 개선하려는 노력으로 농업세가 최종적으로 폐지되었다. 이러한 정책은 약간의 개선을 가져왔지만, 농촌의 생활수준은 여전히 도시 지역보다 훨씬 뒤처져 있었다. 농민들이 더 쉽게 도시에 거주하게 할 호구제도 개혁도 약속되었다.

이러한 새로운 발전 전략 아래, 중국 경제는 계속해서 성장했다. 그러나 불균형은 지속되었다. 2002년과 2012년 사이에도 성장의 혜택은 여전히 공평하게 분배되지 않았다. 개별 가구는 기업이나 투자자보다 훨씬 혜택을 덜 받았고, 도시 지역은 우위를 확대하고 있었다. 누가 보더라도 발전 모델을 변화시키려는 후진타오 통치 시기의 노력은 부족했다. 예를 들어 정부는 전국적인 의료보험 체계를 도입했다. 중국은 국민 95%에게 의료보험이 적용되게 만들었지만, 많은 노동자가 누락되었다. 현대 중국에서 의료의 질과 접근성은 도시와 농촌 사이의 공간적 분할을 반영한다. 농촌과 도시 사이의 질 높은 의료에 대한 접근성 차이는 본질적으로 두 가지 등급 체계를 만들어냈다. 윗 등급은 선진국

과 비슷한 의료가 가능했지만, 낮은 등급에서 의료는 전형적으로 개발도상국에서 볼 수 있는 것이었다.[46]

중국 농촌의 여러 문제의 핵심에 토지 소유권과 관련된 쟁점들이 있었다. 법적으로 모든 농지는 촌 단위의 집체 소유였고 계약으로 개별 농민들에게 경작권을 주었다(承包). 이것은 관료들에게 언제 어떤 조건으로 토지를 개발할지 결정할 권력을 줌으로써 궁극적으로 국가가 토지 소유권을 통제함을 의미했다. 1998년 장쩌민은 토지 계약이 사실상 최소 30년 동안 존속된다고 발표함으로써 농민들을 안심시키려 했다. 1990년 말 이후 지방정부들은 농민들의 토지나 도시의 토지를 보상 없이 혹은 상대적으로 적은 보상을 주고 가져가서 높은 가격으로 개발업자들에게 파는 데 점점 더 의존했다.[47] 토지 소유권이 없었기 때문에 농민들은 땅을 포기하고 도시로 이주하여 일자리를 찾을 수밖에 없었다. 중앙정부가 지방정부에 세입을 이전해 주긴 했지만, 재정 수입 대부분은 중앙정부에 귀속되었다. 많은 향진 관료는 중앙정부에서 오는 액수가 중앙 지도자들이 설정한 목표를 달성하는 데 충분하지 않다고 불평했다. 중앙정부는 지방정부에 상당한 지출을 요구하는 많은 업무를 부과했다. 주민들을 위한 일자리 확보와 스스로 승진에 열성적이었던 현과 시 정부들의 관리들은 건설과 사업 프로젝트를 위해 위험한 부채를 지기 시작했고, 종종 토지를 대출의 담보나 투자자들을 유인하는 수단으로 활용했다.

농민들은 토지를 소유하지 않았음에도 계약으로 얻은 토지 이용 권리를 거래하기 시작했다. 2007년의 물권법은 (承包田이라고 불리는) 계약된 토지를 이용할 권리를 이전할 수 있도록 허용했고, 현급 이상의 지방정부에 이용권 보유자에게 권리 증서를 발행하도록 요구했다. 물권법에는 농촌 토지가 정부의 승인 없이 비농업적 목적으로 이용될 수 없다고 명시되기도 했다. 계약 기간은 30년으로 지정되었고, 계약 기간 만료 시에 이용권 보유자는 '국가의 유관 규정에 따라 청부를 계속'할 수 있었다.[48] 일부 관찰자들은 토지 이용권에 법률적 기초를 제공한 것이 더 수익성 높은 농업 경제를 만드는 데 필요한 토지 집중으로 가는 중요한 단계가 될 것으로 기대했다. 2009년에 나온 물권법에 대한 새로운 사법 해석은 토지 경영권을 재확인하고 농촌에서 가장 많은 분쟁을 가져오는 이 분야에서 농민의 지위를 강화하려고 시도했다. 그러나 중국 지도부가 토지와 재정 문제의 매듭을 풀 방법을 찾지 못한다면, 국가가 발전을 위해 용도를 변경하는 토지를 두고 농민들은 계속 도시 생활로 안전하게 이동하기에는 너무 부족한 보상을 받게 될 것이다.

2000년대에 중국은 인적 자본에 대한 투자를 늘리기 시작했고, 특히 국가를 경제발전의 다음 단계로 나아가게 할 목표로 교육 영역을 강화했다.[49] 중국은 고등교육 체계의 놀라운 확장을 시작했다. 중국의 대학은 연구 수준을 개선하려는 운동과 관련하여 국제화를 향해 움직이기도 했다. 교육받는 학생 수라는 면에서 중국 고등교육 체계의 최근 변화는 미국에서 전후 고등교육의 대팽창이나 1970~1980년대 유럽 대중 대학의 성장보다 더 극적이었다. 대학 교육이 거의 중단된 10년을 보낸 후 중국 대학은 1978년 100만 명보다 적은 학생들을 받아들였다. 1998년에 등록한 학생은 340만 명에 도달했는데, 이는 같은 시기 미국 대학에 등록한 1,450만 명보다 훨씬 적은 수치였다. 2017년에는 2,750만 명이 중국의 고등교육 기관에 다녔는데, 이는 미국에서 전문학교·대학에 등록한 학생보다 약 700만 명이 많은 것이었다.[50] 이 시점에 중국의 모든 고등교육기관에서 사립대학이 4분의 1을 넘었고 공립 기관보다 더 빠른 속도로 성장하고 있었다. 대기업들도 관여했다. 예를 들어 알리바바의 타오바오 부문은 타오바오대학을 설립했는데, 처음 목표는 전자상거래 소유자, 경영자, 판매자를 훈련하는 것이었다. 타오바오대학은 곧 100만 명이 넘는 학생에게 온라인 비즈니스 교육을 제공하게 될 것이라고 밝혔다.

중국 대학들이 연구와 혁신을 더 높은 생산성으로 전환하는 능력을 갖춘 수준 높은 창의적 연구의 요람이 되고자 하면서 중국은 세계 어느 나라보다 더 많은 박사학위를 배출하기 시작했다. 선도적 기관들에는 중국 정부와 다른 많은 곳으로부터 자금이 많이 쏟아져 들어왔다. 중국 명문 대학들의 연구 예산은 10년 안에 미국과 유럽의 비슷한 대학들에 접근할 것으로 기대되었다. 중국의 대학들은 곧 세계의 주도적 자리에 오르게 될 길을 가고 있다. 그러나 중국의 대학에 추가 개혁이 필요한 상황에서 흥미롭게도 고등교육 영역의 구조에는 중국공산당이 혁신을 시작하는 데 발부리에 걸리는 벽돌처럼 여전히 깊이 자리 잡고 있다.

결론적으로, 늘어나는 비용과 부담 때문에 빠른 발전이 지속될 수 없음이 21세기 첫 10년 동안 분명해졌다. 아주 빠른 성장을 전제로 만들어진 경제 구조에 재조정이 필요하다는 점에 대해서 2000년대에 집중적으로 논의했지만, 이루어진 것은 거의 없다. 저임금 기반의 빠른 성장은 공업화, 도시화, 엄청난 불완전 고용 저숙련 노동자의 농촌에서 해안 도시 이주 등에 기초한 친성장적 발전 전략으로 달성되었다. 다수가 국유였던 기업들은 수익을 공공에 환원하기보다는 축적했고, 이로써 가계 소득은 위축되었다. 그리고 개인 저축률은 높았지만, 이는 부분적으로 사회 안전이 취약하여 가계가 보호 장치로 현금을 축적했기 때문이다. 그 결과 투자율이 매우 높고 국내총생산에서 소비 수요의 비

율은 매우 낮아 중국의 지출은 왜곡되었다. 이러한 구조는 높은 경제성
장률이 충분한 투자 기회를 제공하는 한에서만 작동할 수 있었다. 그러
나 후진타오 집권기 끝으로 가면서 의심이 많아졌다. 투자에 대한 수익
은 낮아지는 것처럼 보였다. 노동과 에너지 비용의 급증은 중국의 제
조업 경쟁력을 약화했다. 잉여 노동력은 감소했는데, 이는 성장이 느
려진다는 것을 의미했다. 보스턴컨설팅그룹의 전략 자문에 따르면, 생
산성에 따라 조정된 제조업 임금은 2004년 시간당 4.35달러였던 것이
2015년에는 시간당 12.47달러로 오른 것으로 추정되는데, 이는 거의
세 배가 오른 것이다.[51] 예를 들어 중국의 직물 생산은 임금 상승, 에너
지 비용과 운송 비용의 증가, 환경적 요구, 원면 수입에 대한 정부의 새
로운 할당량 등이 나타나면서 점점 더 수익률이 떨어졌다. 결과는 과도
기적 문제였다. 중국은 수출 주도 고성장에 대한 의존에서 벗어나 국내
수요와 기술적 혁신에 기초한 좀 더 지속가능한 모델을 찾을 필요가 있
었다. 많은 사람이 걱정하기 시작했다. 투자가 줄어드는데 소비와 혁신
이 그것을 보완할 만큼 충분히 빠르게 나아가지 못한다면 어떻게 될 것
인가?

12

야망과 불안
동시대 중국

21세기의 두 번째 10년에 중국은 빠른 부상의 결과들을 받아들여야 했다. 2012년 새로 들어선 시진핑習近平의 새로운 정부도 당이 경제 성장을 유지하지 못하고, 정치적 강력함을 보여주지 못하며, 점점 더 부유하고 다원화되는 사회에 엄격한 통제력을 발휘하지 못한다면 소련에서 그랬던 것처럼 공산당 통치가 무너질 수 있다는 불안에 여전히 휩싸여 있는 것처럼 보였다. 정부는 민족을 부흥시키고 세계 속에 중국을 정당한 자리로 되돌려놓는다는 비전을 계속 강하게 장려하고 심화했다. 시진핑 행정부는 기업 영역, 인터넷, 출판 산업, 학계, 군대 그리고 국가 권력의 다른 무기인 8,900만 명이 넘는 공산당원 등을 포함하여 잠재적으로 권위와 권력을 두고 경쟁할 수 있는 허브들에 대한 감시를 더 엄격하게 했다. 국제적으로는 상당한 경제적 영향력을 행사하고, 더욱 공격적이고 야심적인 대외 정책으로 자국의 이익을 보호하기 시작했다. 많은 인접국과 다른 나라들이 중국의 영토적 권리에 대한 지나친 방어를 걱정하기 시작했다. 정부는 군비 지출을 상당히 늘림으로써 군대를 세계적 영향력을 가진 1급 전투 조직으로 만들려는 노력을 강화했다. 중국은 '일대일로'一帶一路 전략으로 새로운 협력 국가들을 얻고 이 국가들의 경제를 중국 경제와 연결하고자 해외의 기반 시설 건설에 투자했다. 중국은 자원을 찾는 과정에서 세계의 세력 균형을 바꾸기 시작할 전 지구적 존재감을 드러냈다.

중국은 국내에서는 깊이 변화하고 다원화된 사회 그리고 시간이 지나면서 쌓인 풀리지 않은 문제들과 씨름해야 했다. 시진핑 주석의 말을 빌리면, 당은 발전이 '균형이 맞지 않고'(不平衡), '불충분'하다고 인식했다.[1] 몇십 년 동안의 고도성장은 분명히 많은 사람에게 이익을 가져다주었지만, 새로운 긴장과 갈등을 만들어내기도 했다. 불평등이 증가했고, 환경오염은 삶의 질을 위협했다. 여성, 노인, 소수민족 같은 일부 사회 집단은 새로운 형태의 어려움과 차별에 직면했다. 스캔들이 통치와 공적 책임의 문제들을 드러냈다. 이러한 문제들을 처리할 것을 요구하고 책임을 물으려는 다양한 형태의 공적 저항과 인터넷 행동주의는 관료들의 조소만 끌어냈다. 중국이 가는 방향이 충분히 숙고되지 않았으며 조절과 실질적 정책 변화 없이는 유지될 수 없다는 점을 두고, 전반적으로 우려가 커졌고 때로는 분노가 일어나기도 했다. 중국에서 다수를 불안하게 한 가장 절박한 우려는 권력에 대한 주장이 위협받을 때 중국공산당이 어떻게 대응할 것인가 하는 문제였다. 공산당은 더 민주적인 제도를 포용할 것인가, 아니면 '독재' 통치로 돌아갈 것인가? 당의 이데올로기적·정치적 보수주의와 훨씬 더 복잡하고, 걱정스럽고, 불안하고, 역동적인 사회의 실제 현실 사이에 깊어가는 균열이 등장했다.

시진핑 집권

2012년 말 중국에 시진핑을 수장으로 하는 새 정부가 들어섰다.[2] 다음 해인 2013년 리커창李克强이 총리에 임명되었다. 새 정부는 경제성장의 혜택을 더 많은 국민과 공유하고 경제적 불균형 문제를 다루고자 중국이 경제 개혁을 계속할 필요가 있다고 인식했다. 시진핑은 자신을 보통은 총리 역할인 경제 정책의 총설계자로 내세웠고, 경제를 개조하겠다고 단언했다. 그의 제안에 기초하여 2013년 18기 중앙위원회 3차 전체회의는 '60항' 개혁이라고 불린 대담한 계획을 채택했다.[3] 60개 항목 중 22개가 '자원을 분배하는 데 시장이 결정적 역할을 하도록 할 것'을 요구하는 새로운 경제 정책의 윤곽을 나타냈다. 구체적 경제 목표는 에너지와 천연자원 영역에서 시장의 역할을 확대하고, 가계의 투자와 소비를 증가시키고, 통화와 금융 시장에 대한 통제를 완화하는 것 등이었다. 60항의 나머지는 법률 개혁의 지속(11개 항목), 사회 정책(9개 항목), 환경(4개 항목), 군사(3개 항목) 등을 다루었다. 다른 항목들에서 사회 통제의 강화와 당의 정치 이데올로기의 집행 등이 언급되기도 했다.

시진핑과 리커창이 취임한 지 2년 후 정부는 중국 경제의 성장 둔화를 마주했다. 정부 관료들은 경제가 25년 만에 가장 느린 속도로 성장하고 있으며 더 느려질 것으로 보인다는 사실에 놀랐다. 2015년 8월에 20년 넘는 기간 중 가장 큰 폭의 위안화 절하를 단행하여 세계의 주식 가격을 떨어뜨린 것은 지도부의 불안을 보여주는 신호였다. 중국의 지도자들은 불황의 전망 앞에서 정치적 이유 때문에 두려워하는 것처럼 보였지만, 길게 가지는 않았다. 그들은 저리의 융자가 넘쳐나게 하고 주식시장 활황을 유도함으로써 국내 수요를 지지하려고 시도했다. 정부는 주식 가격을 떠받치기도 했다. 대주주들은 주식 매도가 막혔고, 국유 기관과 국유기업들은 주식을 사도록 지시받았으며, 주가가 떨어진 많은 회사는 거래 유예를 허가받았다. 이러한 정책들로 중국의 경제 건전성에 대한 우려가 없어지지는 않았다. 그 대신 커져가는 부채와 실질적으로 규제받지 않으면서 쉽게 뱅크런을 겪을 수 있는 '그림자 금융'의 존재 때문에 우려가 더 커졌다. 행정부가 여러 면에서 당면한 경제 문제를 처리하는 데 바빴기 때문에 2013년 발표된 대담한 개혁들은 거의 실행되지 않았다.

시진핑 행정부는 통치와 당의 정당성을 위협하는 부패에 정식으로 싸우겠다고 선언하기도 했다. 부패의 확산은 더 깊고 체계적인 문제와 연관되어 있었다. 부패 현상은 공적 이해보다는 내부적 이해를 추구하는 집단들이 특정한 경제적 과정을 장악해 왔다는 지표로 해석될 수 있었다. 기업인과 관료로 구성된 견고한 이해 집단들의 네트워크가 국유기업이나 정부 기구와 같은 많은 기관을 장악해 가기 시작했다. 수익성이 높은 토지 거래에서 나온 수입과 국유기업의 이익 일부나 심지어 전부가 종종 국가 재정이 아니라 이해 집단들로 흘러 들어갔다. 중요한 자원을 빼돌리는 데 그치지 않고 정권의 정당성을 위협하기도 하는 이러한 심각한 문제를 다룰 때 투명성, 경쟁 그리고 공적 감시 등을 증진하는 것이나 심지어 민영화도 방법이 될 수 있었을 것이다. 그러나 시진핑의 해법은 '호랑이와 파리'를 엄중하게 단속하는 것이었다.[4] 그는 가장 유력한 인물들(호랑이)의 일부를 끌어내리고 10만 명 이상 하급 관료(파리)를 징계한 강력한 반부패운동을 수행하기 시작했다. 관료의 부패에 대한 이 운동은 대부분이 예상했던 것보다 더 길게 지속되고, 더 고위급까지 미쳤으며, 더 많은 것을 성취했다. 기소된 사람들 중에는 전 국가주석 후진타오 시기 중앙판공청 주임이었던 링지화令計劃(1956~), 국내 안보를 통제했던 전임 정치국 상무위원 저우융캉周永康(1942~)이 있었다. 링지화는 후진타오의 피후견인이었고, 저우융캉은 장쩌민 덕분에 출세한 사람이었다. 시진핑은 중국공산당 충칭시위원회 서기이자 정치국원이었던 보시라이薄熙來(1949~)도 제거했다. 이들은 모두 뇌물 수수로 장기간 징역을 선고받았다. 많은 사람이 시진핑이 가장 강력한 정치적 라이벌과 적을 제거하고자 반부패운동을 활용했다고 믿었다. 부패 조사 범위는 군대의 최고위직에게까지 미쳤다. 2012년 은퇴할 때까지 10년 동안 군대 최고참 장교였던 궈보슝郭伯雄(1942~) 장군은 2015년 4월 공식적인 조사 대상이 되었고 2016년 6월 종신형을 선고받았다. 쉬차이허우徐才厚(1943~2015)도 기소되었지만 뇌물죄로 군법 재판을 기다리다가 죽었다. 군대의 다른 유력한 지도자들도 조사 대상이 되었다. 2015년 장군 14명이 뇌물 때문에 유죄 판결을 받거나 조사를 받은 것으로 보고되었다.

이 운동과 다른 움직임들은 시진핑이 전임자들보다 중국군에 대해 더 큰 통제력을 행사하고, 새로운 지휘관들을 임명할 수 있게 했다. 2012년 11월 공산당 총서기와 중앙군사위원회 주석이 된 이후 시진핑은 스스로를 인민해방군과 긴밀하게 연관 지었다. 장쩌민이나 후진타오와 달리 시진핑은 지도부에 오르기 전 군대 경험이 있었다. 그는 당경력을 국방부에서 비서로 몇 년을 보내는 것으로 시작했는데, 이 경력은 중국이 베트남과 짧지만 큰 손해를 본 전쟁을 치르던 1979년 시작되었다. 그는 자주 군대를 방문하여 군인들과 이야기를 나누고 군대에 변화를 포용하도록 촉구했으며, 동시에 군대를 당 권력의 근거로 찬양했다.

시진핑은 민족의 부흥과 군사적 위대함에 대한 감정적 호소인 '중국몽'中國夢을 고취함으로써 민족주의적 서사를 더 멀리 끌고 갔다. 2012년 11월 공산당의 새로운 총서기가 된 후 첫 번째 공식 연설에서 시진핑은 '중국몽'을 '모든 중국인이 함께 기대'하는 '중화민족의 위대한 부흥을 달성'하는 것이라고 설명했다. 시진핑의 전임자들인 장쩌민과 후진타오가 사용했던 '부흥'이라는 용어는 중국이 세계에서 지도적이고 중심적인 지위로 돌아가려고 국가적 영향력과 사회적 안정을 되찾을 필요가 있음을 의미했다. 시진핑은 중국이 '모든 세대 중국인의 공동노력'으로만 부흥할 수 있기 때문에 '중국몽'이라는 비전은 모든 개인을 포괄한다고 강조했다.[5] 중국공산당이 계획한 공통의 민족적 목표를 따름으로써만 중국 시민들은 그들의 집단적인 꿈이 실현되기를 희망할 수 있었다.[6] 이러한 논의로 시진핑은 마치 당의 정당성의 주요 원천인 경제성장을 가져오는 능력에 대해 중국 대중들이 신뢰를 잃어버린 것처럼 계속 민족주의적 의제를 밀어붙였다.

시진핑 치하에서 당은 정치 이데올로기 강화도 시작했다. 시진핑은 의식적으로 마오주의적 상징과 선전의 조각들을 되살려 조립하는 것처럼 보였다. 2016년 신년 휴가 기간에 시진핑이 마오가 1927년 처음으로 중국공산당이 통제하는 자치 지역 중화소비에트공화국을 세웠던 징강산으로 여행을 떠난 것이 텔레비전으로 보도되었다. 화면은 시진핑이 가부장적인 모습으로 '대중들과 어울리고' 마오 주석의 포스터 앞에

시진핑과 그의 구호인 '중국몽'을 선전하는 이미지를 담고 있는 큰 광고판 앞을 걸어 지나가는 베이징 사람들, 2017. 10(Kyodo News/Getty Images/862299474)

서 농민들과 함께 식사하는 모습을 보여주었다. 전반적으로 당은 혁명적 유산과 수사가 현재의 정치와 연결되어 있다고 강조했다. '홍색 문화'의 힘에 대한 재발견과 재배치가 계속될 것이었다.

시진핑은 반부패운동이나 '중국몽' 같은 캠페인으로 전임자들보다 더 큰 권력을 획득했다. 그는 1950년대부터 있었으며 당과 정부 사이에서 특정 정책을 조정하는 중앙의 '영도 소조'領導小組의 다수를 장악하기도 했다. 영도 소조는 타이완과 홍콩 문제부터 인터넷 안보, 법률 체계, '안정의 유지' 등에 이르기까지 모든 것을 포괄했다. 외교 문제에 초점을 맞춘 소조를 비롯하여 가장 중요한 영도 소조들은 정책을 만들어 냈다. 그들은 중요한 결정이 내려지기 전에 데이터를 모으고 조사를 수행했다. 싼샤댐이나 빈곤 완화와 같이 더 구체적인 과업이나 한시적 계

획을 다루는 영도 소조들도 있었다. 단기간 유지되는 소조 중에는 긴급
사안이나 재해 대책을 다루고자 만들어진 것도 있었다. 권력을 축적해
가면서 시진핑의 지배력이 마오쩌둥 죽음 이후 당내에서 광범위한 지
지를 받았던 집단 지도의 원칙을 위태롭게 만들었다. 시진핑은 '동료들
중 1인자'를 넘어서 당의 선전 기관들이 당의 '핵심'으로 대대적으로 홍
보하는 존재가 되었다.

2012년 시진핑은 베이징대학과 칭화대학을 방문했다. 그는 교육
기관의 중심 기능은 미래의 당 지도자들을 훈련하는 점 그리고 당은 고
등교육에 대해 더 적은 것이 아니라 더 많은 영향력을 가져야 한다는
점 두 가지를 분명하게 했다. 중국 대학들의 교수들은 말할 수 있는 것
에 대해 더 엄격한 제한을 받게 되었다. 당은 학생들과 토론을 피해야
하는 주제들의 목록인 '가르칠 수 없는 7가지'(七不講)를 선전했다. 이것
은 교수들이 과거 공산당의 실패를 말하지 않아야 함을 의미했다. 다른
금지된 주제들 중에는 사법부와 행정부의 분리, 인권, 언론의 자유, 시
민사회의 자유 등이 있었다. 교수들이 중국공산당이 중국 헌법의 '헌정
지배'를 받아야 하는지를 토론하는 것조차 금지되었다. 이러한 구조가
학계의 담론과 지적 환경에 미친 충격은 과장하기 어려울 정도다. 인쇄
와 온라인 모두에서 비판적 출판물에 대한 검열도 강화되었다. 2015년
중국은 국가의 '핵심 이익'을 지키려는 포괄적 '국가안전법'을 제정했다.
'핵심 이익'이라는 용어는 중국 지도자들이 국가의 신성불가침의 기둥
으로 보는 세 가지, 즉 정치체제의 유지와 의심받지 않는 공산당의 통
치, 주권과 영토 통합성의 방어, 경제발전을 보여준다. 이것은 중국이
협상 불가능한 것으로 여기는 것의 범위가 이전 정부들에서보다 상당
히 늘어났음을 보여준다.

시진핑 시기에 성장률 저하와 사회적·정치적 개혁의 지속 필요는 더 억압적이고 보수적인 국내 정책과 동시에 나타났다. 정치 개혁의 문제를 제기하는 것조차 금기였다. 이것은 불가피하면서도 경제와 사회의 발전을 좌절하게 할 위험이 있는 근본적이면서 풀리지 않는 문제였다. 문제는 다음과 같았다. 어떤 종류의 정치체제가 변화된 중국에 적합한가, 중국공산당의 미래는 어떻게 될 것인가?[7] 이러한 근본적 문제들을 다루지 않는 한 '덫에 걸린 전환'의 위험이 실재적인 것으로 나타나고 중국이 정권의 쇠퇴라는 느린 과정으로 들어갈 위험에 처한 것처럼 보였다. '덫에 걸린 전환'이라는 용어는 당이 그러한 개혁이 당의 권력 장악, 당의 견고한 이해, 국가의 부에 대한 당의 접근을 위협할 것을 두려워하기 때문에 필요한 제도 개혁이 추진되지 못하고 무시되는 상황을 의미한다. 중국이 이러한 전개를 피하고 현재 상태를 유지할 수 있다고 하더라도, 이와 같은 위험은 중국의 미래를 어둡게 만들 더 큰 불확실성을 보여준다.

국제적 야망

시진핑 시기 중국의 국제적 행위와 외교 정책은 대부분 중국의 경제발전 및 그 수요와 밀접하게 관련되었다. 그러한 수요는 중국을 국제무대로 나아가게 했고, 중국은 거기에서 중요한 위치를 차지했다.[8] 중국의 세계적 영향력은 모든 대륙에서, 대부분 국제기구에서 그리고 많은 세계적 문제에서 점점 더 많이 느껴졌다. 중국의 빠른 성장은 기업 전략, 금융 시장, 지정학적 결정 등의 강력한 동인 작용하여 세계경제를 개조했다. 여러 기준에서 중국은 미국에 이어 세계에서 두 번째 주도적 강대국이 되었고, 중국 경제는 2025년 무렵 미국을 추월할 것으로 예측되었다.

경제발전이 중국에 부와 권력을 가져다주기도 했지만, 중국 경제를 작동시키는 에너지나 다른 상품과 같은 새로운 수요를 만들어내 중국이 투자하고 필요한 자원을 확보하려면 국경 너머를 바라보지 않을 수 없게 만들었다. 석유는 이러한 투자의 가장 앞자리에 있었다. 중국은 세계에서 석유를 가장 많이 수입하는 나라가 되었는데, 이것은 석유 생산 지역에서 중국에 실질적 영향력을 가져다주었다. 에너지 관련 프로젝트와 지분이 2005년에서 2015년 사이 중국의 해외투자에서 5분의 2를 차지했다.[9] 외국 석유에 대한 증가하는 의존 때문에 미국과 다른 경제 대국들을 따라서 안정적인 공급을 확보하고자 더 많은 해외 유전을 소유하려고 했다. 국가가 통제하는 중국 석유 회사들은 아프리카, 중앙아시아, 중동, 라틴아메리카, 미국 등의 석유 사업에서 많은 지분을 확보했다.

중국은 많은 나라의 최대 무역 상대국이 되기도 했다. 중국 전역에서 새로운 마천루, 철도 그리고 다른 기반 시설들이 건설되면서 철강 생산의 주요 원료인 철광석의 국제 가격은 10년 넘게 올랐다. 해외에서 토지 구입, 공장 건설 그리고 다른 사업에 사용된 중국의 해외 직접 투자의 규모는 미국에만 뒤진 두 번째였다. 2016년 중국은 처음으로 투자받은 것보다 더 많은 금액을 해외에 투자했다.[10] 중국 회사들은 대부분 중국의 은행들이 자금을 공급하는 공항, 고속도로, 항구, 철도를 건설하면서 세계적인 건설 붐의 중심에 있었다. 중국 회사들이 동유럽에서 발전소를, 아프리카에서 유리와 시멘트 공장을 건설하면서 토목 공사가 더 중요해졌다.

예컨대 아프리카에서 중국은 무역 상대국으로서 미국을 추월했고 대륙 전체에 흔적을 남겼다.[11] 중국은 앙골라와 같은 석유와 광물이 풍부한 국가에 (천연자원 채굴권 등을 담보로) 개발 차관을 제공하고 나이지리아, 에티오피아, 잠비아를 포함하는 여러 나라에 특별 무역 및 경제 협력 구역을 발전시키는 두 가지 접근법을 따랐다. 특별 경제 구역은 아프리카 국가들이 해당 구역에서 열악한 기반 시설과 비효율적 제도를 개선하게 했다. 2013년 아프리카는 중국의 두 번째로 주요한 원유 수입처가 되었다.[12] 중국의 가장 큰 원유 공급처는 앙골라, 적도 기니, 나이지리아, 콩고공화국, 수단 등이 되었다. 이 모든 나라는 민주적 절차와 투명한 통치의 부재로 비판받았다. 중국은 종종 신용 등급이 낮은 이 정부들에 석유와 채굴 권리의 대가로 알려진 저리의 차관을 제공하기도 했다.

중국은 라틴아메리카에 상당한 영향력을 구축하기도 했다.[13] 여기에서도 경제적 관계의 발전을 이끈 것은 주로 중국의 상품 수요였다. 중국과의 무역은 브라질과 같이 자원이 풍부한 나라들에서 경제 호황을 만들어냈다. 이 라틴아메리카 최대의 경제 대국은 주로 중국에 대한 판매 때문에 사탕수수, 오렌지주스, 대두 등과 같은 식품을 세계에서 가장 많이 수출하는 나라가 되었다. 중국은 남아메리카에서도 석유를 구입했다. 늘어나는 산업·소비 수요를 위해 중국은 브라질, 베네수엘라, 에콰도르의 다양한 라틴아메리카 석유 생산자와 투자·협약을 추진했다.

러시아와 관계도 깊어졌다.[14] 러시아와 중국은 2014년 지중해와 동해에서 연합 해군 훈련을 했다. 그들은 리비아와 시리아에 대한 미국의 발의에 반대하고자 유엔에서 힘을 합쳤고, 이란에 대해서도 비슷한 정책을 추구했다. 2014년 5월, 중국과 러시아는 4,000억 달러의 가스 거래 계약을 맺었는데, 이는 모스크바가 자신들의 주요 수출품을 위해 수익성 있는 중국 시장에 접근할 수 있게 했으며 두 주요 강대국의 경제를 더 긴밀하게 연결했다. 동맹과 경쟁의 굴곡진 역사에도 불구하고, 러시아와 중국은 계속 더욱 가까워졌다. 양국은 모두 세계적인 문제들에서 미국 그리고 그보다 덜한 정도로 유럽의 경제적·정치적·군사적 지배에 균형을 맞추려 했고 중앙아시아, 중동, 북태평양에서 미국의 영향력을 제한하려 노력했다.

중국은 눈에 아주 잘 보이는 국제적 영향력을 구축했다. 경제발전과 늘어나는 무역 덕분에 주변과의 관계가 부드러워지고, 세계에 전략적으로 접근할 수 있게 되었다. 2010년 무렵 중국의 국유 은행인 국가개발은행은 대외 차관의 발행에서 세계은행을 능가했다. 아시아―태평양 지역에서 교통과 다른 기반 시설에 투자하고자 국제적으로 자금을 모금하는 기구를 만들려는 노력은 2014년의 아시아 인프라 투자 은행의 설립으로 이어졌는데, 이 기구는 52개국의 지지를 이끌어냈다. 여기에는 미국의 반대에도 불구하고 미국의 가장 가까운 동맹 몇 나라가 포함되어 있었다. 2015년 말 중국의 통화 인민폐는 달러, 유로, 파운드, 엔화와 나란히 국제 준비 통화로 승인받았다. 2016년 중국은 거의 4조 달러의 외환을 보유했는데, 이 자금을 수익을 얻고 영향력을 행사하기 위해 해외에 투자하기로 결정했다.

시진핑 시기에 중국은 '일대일로'로 알려진 야심 찬 프로그램을 새로 시작했다. 용어가 혼란스러운데, '일대'―帶는 중앙아시아와 유럽을 통한 육상 무역로를 의미했고, '일로'―路는 동남아시아에서 인도양을 거쳐 중동, 아프리카, 유럽에 이르는 해양 루트를 가리켰다. 차관, 기반 시설 계획, 취득 등을 통해 이 프로그램은 (처음 시작할 때는) 68개국에서 항구, 도로, 철도, 통신망 등을 건설하여 중국과 연결함으로써 고대의 실크로드를 되살리려고 했다. '일대일로'는 핵심 기반 시설을 건설하고, 번영을 확산하고, 국제 개발을 운영하려는 것이었지만, 또한 중국의 핵심 자원에 대한 접근을 보장하고, 유휴 산업 생산 능력을 수출하고, 심지어 중국에 유리한 세계 질서를 구축하려 추진하는 것이기도 했다.

국제적 흐름에 깊이 동참하는 것은 중국에 덜 긍정적 결과로서 완전히 새로운 범주의 안보 문제를 가져왔다. 새로운 압력과 새로운 차원의 상호 취약성이 나타났다. 세계적 금융 위기 발생, 통화 충격, 국제 상품 시장 변동 등과 같은 압력은 중국 혼자 억누를 수 없는 것이었다. 그러나 중국의 국제적 영향력을 보호하고 국제적 기반 시설을 확보하는 것과 같은 특정한 전략 지정학적 도전은 지속적인 군사력의 강화를 가져왔다.[15]

1949년 혁명 이후 인민해방군은 외부적 위협에 대한 방어자인 동시에 국내에서 당 권력의 수호자로 떠올랐다. 인민해방군 수는 늘 국내의 통제력을 유지하고자 중국 전역에 주둔하는 육군에 치우쳐 있었다. 중국 지도자들은 해외에 영향력을 투사하고 분쟁이 있는 섬과 해역에 대한 중국의 권리를 주장하려고 공군과 해군에 더 투자하고자 했다. 이러한 목적을 위해서 중국은 핵잠수함을 포함하여 해군에 많은 비용을 지출하기 시작했다. 중국은 2012년 첫 항공모함을 진수한 후 2019년 취역할 두 번째 항공모함 건설을 시작했다. 빠르게 성장한 중국 해경은 장난江南조선소에서 건조한 1만 톤급의 세계 최대 경비함을 확보했는데, 노동자들은 이 배에 '괴수'라는 별명을 붙였다. 해양력의 강화는 전통적으로 대륙 세력이었던 중국이 역량을 변화시키고 있음을 상징했다. 이러한 역량은 남중국해로부터 말라카해협과 인도양을 지나 아프리카와 중동, 유럽에 이르는 중국의 상업 무역과 에너지 공급 대부분이 지나는 핵심적 항로를 따라 중국의 이익을 지켜줄 것이었다.

중국의 공식적 국방비는 2002년 이후 인민폐 명목 기준으로 거의 5배가 되었다. 2017년에 중국 국방비는 (빠르게 늘어나는) GDP의 1.3% 정도였다. 2017년 군사 예산은 대략 1,500억 달러로 중국은 미국에 이어 세계에서 두 번째로 많은 군사비를 지출했는데, 미국은 2위에서 9위까지 군사비를 합친 것보다 더 많은 군사비를 지출했다. 중국의 실제 군사 예산은 거의 분명히 공식적 숫자보다 많겠지만, 여전히 미국의 군사비보다는 훨씬 적다. 중국의 빠르게 증대하는 군사력이라는 객관적 현실에 대한 폭넓은 우려는 정부의 낮은 투명성 때문에 더욱 복잡해졌다. 중국 정부는 군사력에 대한 정기적 통계를 발행하지 않아 전문가들이 추산에 의존하게 했다. 육군이 대략 160만 명이고, 해군이 24만 명, 공군이 40만 명이라고 대체로 추정된다. 많은 지원자는 농촌에서 왔거나 고등학교를 막 졸업한 청년들로, 첨단 기술로 무장한 현대적 군대에서 일을 잘하는 데 필요한 기술이 부족했다. 2015년 시진핑은 중국의 군대를 200만 명으로 줄일 것이라는 감축안을 발표했다. 국가 기관들에 따르면 이것은 50만 명이 제대한 1997년 이후 최대 감축이었다. 중국 군대는 현역 군인이 140만 명인 미국과 비교해서 여전히 세계에서 가장 큰 군대로 남을 것이었다.[16]

중국의 군사적 팽창은 대체로 중국의 경제 규모와 성장에 걸맞은 것으로 보인다. 그럼에도 증대하는 군사력과 그 현대화는 다른 아시아 국가들을 불안하게 했는데, 이 국가 중 다수가 최근에 중국과 외교적 갈등이 있었다. 일본, 베트남, 다른 인접국들과의 해양 영토 분쟁에서 중국은 자신들의 주장을 힘으로 뒷받침하겠다는 신호를 보내기도 했다. 그래서 영토와 자원 분쟁에 대한 중국의 정책은 아시아의 많은 주변 국가와 관계에서 논쟁적이고 위태로운 문제를 만들었다. 그중에서 일본, 베트남, 필리핀이 가장 깊이 우려했고, 아시아에서 군사력이 가장 우월한 미국도 그랬다. 미국은 대개 영토 분쟁에서 어느 편도 들지 않고 이 지역에서 항해의 안정과 자유를 유지하겠다고 강조했다. 중국군은 동중국해와 남중국해에서 영토 분쟁과 관련된 가능한 충돌에 대비하는 것 외에 중국 영토의 일부라고 여기는 타이완에 대한 잠재적 전쟁 시나리오에 초점을 맞추었다. 미국 정부는 1979년 타이완과 합의한 것의 일부로서 타이완에 대한 무기 판매를 승인해 왔고, 중국은 여기에 강하게 반대했다. 미국은 타이완이 공격을 받을 경우 방어한다는 것을 약속하기도 했다.

중국은 국제 정치와 세계 시장에서 매우 큰 영향력을 가지게 되었지만, 많은 점에서 세계에 대한 중국의 영향력은 '부분적'이거나 불완전한 것으로 이야기되곤 했다.[17] 중국의 외양과 실제의 자취 사이에 부조화가 있었다. 중국은 많은 국제기구에 속하게 되었지만, 종종 느슨하게만 통합되어 있었다. 중국은 자주 혼자 떨어져 있었고 가까운 협력자들을 자기편으로 끌어들이는 데 완전히 성공하지 못했다. 가장 가까운 러시아나 북한과 관계마저도 표면 아래의 불신과 경쟁으로 괴로운 상태로 남아 있었다. 중국 외교는 우유부단하고 편협하며 이기적인 것처럼 보였다. 중국은 종종 무엇을 반대하는지 알려주었지만, 무엇을 적극적으로 지지하는지는 알려주지 않았다. '화평굴기'(和平崛起)나 '조화세계'(和諧世界) 같은 개념들은 그다지 설득력이 있지 않았고, 베이징은 스스로 국제적 야망을 확실하게 설명하거나 전달하지 못했다. 중국의 늘어나는 힘과 지역적 관계는 종종 광범위한 불확실성과 불안정으로 특징지어졌다. 중국의 행동은 때때로 반발을 끌어냈다. 급증하는 군비 지출과 군대 현대화는 동아시아에서 더욱 불안한 분위기를 만들었다. 해양 경계와 영토 주장과 관련된 오래된 분쟁들은 여전히 부글부글 끓고 있었다. 2012년 아시아의 군비 지출이 현대사에서 처음으로 유럽의 군비 지출을 추월했다. 그러나 주목해야 할 가장 중요한 부분은, 성장하는 베이징의 군사력이라는 객관적 현실이 중국의 실제 의도와 관계없이 다른 국가들을 위협하고 있으며, 특히 빠르게 증가하는 중국의 군사적 역량과 국경 분쟁 중인 영토와 다른 지역에 대한 정책이라는 측면에서 독단적으로 비친다는 점이다.

중국 경제의 세계적 영향력은 유사한 불확실성을 나타냈다. 경제발전은 성공적이었던 만큼 허술하고 취약한 것 같았다. 오랫동안 세계의 성장 엔진이었던 중국은 불안정한 정치 상황, 변동하는 신흥 시장 그리고 통제할 수 없는 다른 경제적 힘들에 스스로를 노출하는 등 새로운 위험성을 안게 되었다. 상당한 자산 덕분에 중국은 심각한 경제적 차질들을 견딜 수 있었지만, 전반적인 경제의 건전성은 문제가 되었다. 중국의 성장이 둔화되면, 중국 성장에 기대고 있는 전 세계 기업들, 산업들, 국가들이 그 영향을 느꼈다. 한편으로 중국은 세계경제에서 곳곳에 미치는 큰 영향력을 가지게 되었지만, 다른 한편으로는 전 세계에 불확실성을 수출했다. 산업들과 전 지역들은 중국의 지속적 성장을 전제로 자신들의 전략과 계획을 세웠다. 중국의 성장 엔진에 문제가 생기면, 기업들과 모든 국가는 차질을 겪게 되었다.

결론적으로, 세계에서 중국이 거둔 성과는 엇갈린다. 중국은 역사적 위대함을 되살리고 부유하고, 강하고 현대적인 나라가 되는 것을 계속 꿈꾸고 있다. 큰 걸음을 내디뎠지만, 미래의 방향은 여전히 불투명하다. 많은 성취에도 불구하고 중국은 많은 국제 문제에서 장기적으로 지속가능한 방향이나 청사진이 없고, 그 대신 정부가 일련의 효율적이지만 단기적이고 임시변통의 조정에만 집착한다는 인상을 남기고 있다.

늘어나는 사회적 긴장

중국은 명령 경제에서 시장 경제로 전환하면서 지속적인 두 자릿수 성장과 생활수준 향상을 누리게 되었다. 중국의 경제, 사회, 정치, 문화 전반에 번져간, 시장 경제 전환이 가져온 사회적 영향은 광범위한 영향을 미쳤고 격변을 가져오기도 했다. 세계경제에서 중국이 차지하는 자리가 재정립되면서 모든 시민에게 영향을 미치고 개인과 집단들에 비용을 부과하면서 변화가 사회 전반에 퍼졌다. 사회와 시민권의 특징이 근본적으로 변화했다.

남방 도시 선전의 발전은 중국이 거쳐온 길의 성공과 도전 모두를 반영하고 있다. 홍콩에 가까운 주강 삼각주에 있는 선전은 오랫동안 가난한 농촌이었다. 중국이 1979년에 자본주의와 외국 투자에 문을 열었을 때 덩샤오핑은 중국의 첫 번째 경제특구이자 개혁을 시작하는 곳으로 선전을 택했다.

이곳의 발전은 다른 어떤 곳보다도 빨랐다. 30년 후 이 도시는 중국에서 가장 큰 마천루와 쇼핑몰 일부를 가지게 되었고, 새로운 지하철도 생겼다. 세계적으로 팔리는 모든 가전제품 중 가장 많은 수가 선전과 그 주변 광둥 지역에서 조립되었다. 이 지역은 기술 분야 사업가들을 끌어들이는 곳으로 알려지기도 했다. 그러나 선전의 뜨겁고 통제되지 않은 성장은 과밀, 부패, 오염, 책임 부재 등과 같은 중국에서 가장 심각한 문제의 다수를 드러내기도 했다. 선전은 광대한 전자제품 공장 단지에서의 나쁜 노동 조건과 의심스러운 노동 관행으로 알려지기도 했다. 이 문제는 중국인 노동자 수십 만 명을 고용하고 있으며, 아이폰과 아이패드 같은 애플 제품을 조립하는 것으로 알려진 타이완 회사 폭스콘이 소유한 시설에서 일어난 일련의 자살과 사고 때문에 부각되었다.[18] 자살과 사고들은 긴 노동시간과 안전하지 않은 노동조건 때문인 것으로 알려졌다.

선전 바깥에서도 중국의 개혁은 사회에 더 많은 자율성과 생산적이고 이익을 가져오는 광범위한 활동에 참여할 능력을 가져다주었다. 사회적 차별이 계속 나타나고 강화되었다. 성공적인 젊은 도시인, 하강 노동자, 농민, 이주 노동자, 심지어 거지들을 포함하는 다양한 사회 집단이 과거에 있던 소수의 더 큰 사회적 계급들을 대체하면서 나타났다. 그러나 새로운 위험과 위협이 불안정을 증대하고 물질적·문화적 상실을 가져왔는데, 특히 노인, 농촌에서 온 이주 노동자, 청년, 여성, 소수민족 등과 같은 사회의 더 약한 집단의 구성원들에게 그랬다. 젠더, 세대, 사회 계급, 민족 관계, 도시-농촌 분할 등 어떤 측면에서 보더라도 사회적 균열과 혼란이 더 깊어지는 것을 특징으로 하는 사회가 등장했다. 세계화된 새로운 시장 경제와 함께 생긴 확대되는 불평등에 대해 다양한 반응이 나타났다.

한 자녀 정책은 현대의 가장 문제가 많고, 가장 논란이 되고, 가장

중국의 한 자녀 정책의 가치를 찬양하는 큰 광고판 앞의 행인들, 1985
(Peter Charlesworth/Getty Images/158661292)

민감한 사회 문제의 하나가 되었다. 정부가 1980년 9월 발표한, 부부에게 아이를 한 명만 갖도록 제한하는 이 결정은 중국 안팎에서 많은 갈등과 논란을 낳았다. 이 정책은 특히 농촌에서 강제 낙태와 과도한 벌금을 포함하는 개입에 대한 깊은 반감을 키웠다. 20세기 후반 인구 폭발의 공포에 직면했던 세계의 많은 나라 중 오직 중국만이 이렇게 급진적인 정책을 취했다.

이 정책은 중국의 과학자와 관료들이 인구 증가 문제를 논의하기 시작했던 1970년대 말로 거슬러 올라간다.[19] 당면한 관심은 성공적인 현대화에 중요한 장애로 여겨졌던 인구 증가 속도를 줄이는 것이었다. 중국은 1950년대에 질서를 회복하고 보건 체계를 수립함으로써 평균 수명에서 큰 진전을 이루었다. 동시에 그 결과로 출산율이 증가하여 인구조사 데이터에 따르면 1953년의 5억 8,300만 명이던 것이 1982년에는 10억을 넘게 되었다. 당시에 중국의 인구학자들과 통계학자들의 계산에 기초하여, 인구 증가가 통제할 수 없게 되어 경제적 성과를 흡수함으로써 빈곤에서 탈출하지 못하게 할 것이라는 공포가 널리 퍼져 있었다. 공산당에 인구 통제는 성공적 발전의 전제로 보였다. 1970년대에 처음에는 당이 만혼, 긴 터울, 적은 자녀(晚稀少)를 촉구하는 캠페인을 시작했다. 이 캠페인으로 출산율을 상당히 줄이는 데 성공해서 1974년에 여성 1명당 4.2명에서 1976년에는 3.5명으로 줄었고, 1980년에는 2.6명으로 더 줄었다.[20]

그러나 인구 문제에 대해 더 빠른 해결책을 찾던 정부에 이 정도 출산율 감소는 충분하지 않았다. 1980년 정부는 부부들에게 자녀를 한 명만 허용하는 정책을 추진하기로 결정했는데, 이것은 부유하고, 현대적이고, 세계적인 강대국으로 가는 중국의 변화를 촉진하려는 것이었다. 뒤이어 부부들이 아이를 한 명만 가지도록 하는 체계적인 방법이 강제되었다. 그러나 일부 범주의 사람들은 그러한 강제에서 면제되었다. 여기에는 소수민족, 변경지역에 사는 사람들, 해외에서 돌아온 중국인, 첫째 아이가 장애가 있어서 일할 수 없는 부부들이 포함되었다. 아들이 나이 든 부모를 부양한다고 생각하는 농촌 지역에서 이 정책은 종종 저항에 부딪혔다. 1986년 이후 농촌 지역에 도입된 가장 중요한 예외는 첫째 아이가 여자아이인 농민 부부는 두 번째 아이를 가질 수 있다는 것이었다. 나중에 또 다른 예외가 추가되었다. 두 사람이 모두 독생자인 부부는 둘째 아이를 가질 수 있게 되었다. 2002년 국가의 가족계획에 대한 통제에 법률적 기초를 제공하기 위해 인구가족계획법(人口與計劃生育法)이 통과되었다. 중국은 2013년 한 자녀 정책에 대한 일부 제한을 완화하여 부부 중 한 명만 독생자여도 두 자녀를 가질 수 있게 했다. 그러나 자격이 되는 많은 부부가 매우 경쟁적인 사회에서 자녀를 기르는 비용과 압력을 들어 둘째를 가지지 않으려 했다. 인구 고령화가 중국의 경제적 상승을 위태롭게 할 수 있다는 공포 때문에 공산당 지도부는 2015년 10월 수십 년 동안 유지된 정책을 완화하여 모든 부부가 자녀를 두 명 가질 수 있다고 발표했다.[21] 2018년 정부가 곧 이 정책을 완전히 없앨 것이라는 소문이 있었다. 떨어지는 출산율 때문에 여성들에게 더 많은 자녀를 갖도록 설득하는 방법이 고려되기도 했다.

전반적으로 한 자녀 정책은 유인책과 벌칙을 모두 활용하여 집행되었다. 중국 정부는 특히 1980년대 도시 지역에서 단위 체제를 통해 한 자녀 정책을 강제할 다양한 벌칙을 만들어냈다. 더 많은 자녀를 둔 사람들은 법에 따라서 그들이 사회에 부과한 추가 부담에 대해 돈을 내야 했다. 그들은 불가피하게 더 많은 공적 자원을 사용하게 될 것이었다. 따라서 한 자녀 정책을 위반한 부부들은 높은 세금 부담, 일자리 상실, 임금 감소, 단위로부터 혜택 상실 등을 당하게 되었고 어떤 경우에는 동료들이 모두 받는 보너스를 받지 못했다. 농촌 지역 가구의 유인 체계는 이 정책에 따르는 사람들에게 혜택을 주려고 만들어졌다. 정규적인 선전 운동에 더해 국가계획위원회는 임시 시설에서의 강제 낙태, 강제적인 자궁 내 피임기구 삽입, 어떤 경우에는 강제 불임 시술 등과 같은 강압적 방법을 감독했다. 전체적으로 여성 1,640만 명과 남성 420만 명이 불임 시술을 받은 것으로 추산되었다. 강제적 입양도 있었다.

2010년의 전국 인구조사에 기초하여 정부는 중국 인구가 13억 4,000만 명(2016년에는 13억 8,000만 명)에 도달했다고 결론 내렸는데, 2000년 기록보다 5.8%인 7,390만 명이 늘어난 수치였다.[22] 유엔의 인구학자들이 예상했던 14억보다 낮았고, 거의 반세기 만에 가장 낮은 증가율이었다. 중국 정부는 산아제한이 출산을 4억 명 줄여 중국의 빠른 경제발전을 도왔다고 주장했다. 그러나 이는 학계와 인구 정책 분야에서 상당한 논쟁을 가져올 문제를 남겼다. 강압적이고 대가가 큰 정책이 없었다면 중국의 출산율이 감소하지 않았을 것이라고 믿을 만한 이유가 있었다. 동시에 개혁기의 한 자녀 정책 강제가 일련의 사회 문제와 예측하지 못한 결과들을 가져올 것임은 거의 의심할 여지가 없었다. 가장 심각한 결과는 장기적인 인구학적 전망이었다. 중국 출산율은 인구 대체 수준인 부부당 2.1명 이하로 떨어졌다. 10년의 데이터를 보면 많은 곳에서 1.5명을 넘지 않았다. 남편과 아내가 모두 독자여서 많은 젊은 부부가 자녀를 2명 가질 수 있는 상하이에서 2010년 인구조사의 출산율이 0.7명으로 인구 대체 수준의 3분의 1이었다. 2013년 연금을 받는 노인 1명당 5명의 세금을 납부하는 노동자들이 있었다. 이 수치는 곧 2명으로 떨어질 것으로 예측되었다. 중국은 고령화하는 인구로부터 비롯되는 문제들을 빨리 다루어야 했다. 인구가 대규모로 이주해 나가서 가까이에 돌봐줄 성인 자녀가 없는 나이든 농민들이 남은 농촌에서 문제가 더 두드러졌다. 노인에 대한 국가 지원이 줄어들면서 노인 돌봄이 점점 더 가족 체계에 기대게 되어 이러한 인구학적 문제를 악화했다. 사회의 고령화는 독일이나 일본과 같은 선진 경제에서도 다루기 어려운 도전을 제기했다. 이 딜레마는 중국의 부가 매우 불균등하게 분배된다는 사실 때문에 더욱 심화되었다. 인구 고령화 문제가 많은 선진국에서는 새로운 것이 아니었지만, '중국은 부유해지기 전에 나이 들게 된다'는 관찰은 암울했다.[23] 일부 인구학자들은 향후 수십 년 사이에 중국의 노동력이 부족하게 되리라고 언급했다.

특히 도시 지역에서 가족 규모가 줄어들었다. 사회적 결과로는 부모와 조부모 네 명이 양육하는 한 자녀들의 세대가 있었다. 애정 어린 관심을 독점하는 그들은 '소황제 증후군'이라고 불리는 현상을 낳았다.[24] 한편으로 이 독자들은 응석받이가 되었지만, 다른 한편으로는 가족들의 모든 희망이 그들에게 쏟아져 성공해야 한다는 엄청난 압력을 가져왔다.

가족 규모를 제한하려는 노력은 남녀 성비 왜곡을 가져오기도 했다.[25] 역사적으로나 문화적으로 중국 가족에서 아들은 가족의 성을 잇고 자산을 물려받음과 함께 노인을 돌볼 책임을 졌다. 그 결과 중국 가족에서, 특히 농촌에서 아들이 선호되었다. 수량화하기 어렵지만, 한 자녀 정책하에서 여아 살해가 대규모로 발생했다. 1980년부터 해마다 여자아이 20만 명이 살해되었다고 추산된다. 이용 가능한 추정치는 없지만, 여아들이 자주 버려지기도 했다. 출생이 등록되지 않은 많은 여자아이는 교육 기회와 다른 형태의 사회 복지를 포함하는 법적 혜택을 받을 수 없었다. 마지막으로 초음파와 같은 발전된 기술은 여아 낙태 수를 증가시켰다. 이 모든 것 때문에 중국은 성비가 상당히 불균형하게 되었다. 중국 통계에 따르면 농촌과 도시 지역 모두에서 등록된 신생아 중 남아 비중이 점점 더 높아졌다. 중국의 인구조사 수치는 1982년 여아 100명당 남아가 107명이었고, 1990년에는 110명, 2007년에는 117명이었음을 보여준다. 이 수치는 정책이 전환된 후 감소했다.[26]

의도가 무엇이었든 한 자녀 정책은 사회 공학이 국가를 위한 정당한 행위라는 믿음에서 나왔다. 이 정책은 기본적 인권 중 하나를 침해했고, 또한 자발적 방법에 기초한 이전의 정책이 이미 출산율을 낮추고 있었기 때문에 거의 불필요했을 가능성이 높다. 한 자녀 정책은 마오

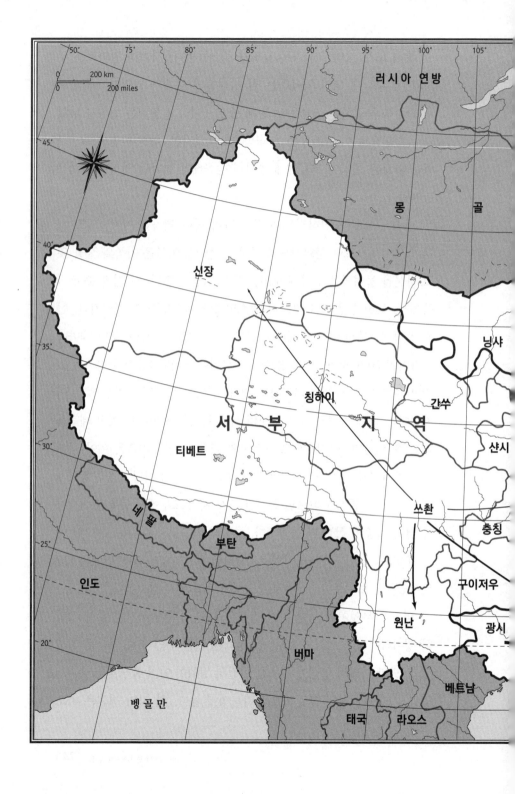

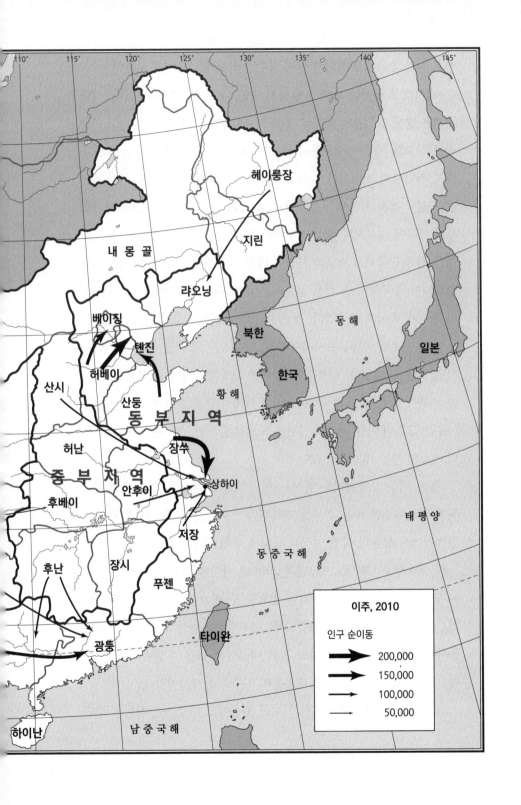

이후 시기 중국에서 최악의 정책 실수로 역사에 남을지도 모른다.

개혁개방 정책은 변화가 덜하지 않은 다른 결과도 가져왔다. 개혁 정책은 많은 영역에서 국가의 통제를 완화했다. 수억 명이 일하고 거주하는 장소를 바꾸어 새로운 취업 기회를 찾을 길이 열렸다. 농촌 노동력이 취업하려고 엄청나게 유출되었다. 이주의 근본적 원인은 내륙의 많은 성의 농촌 지역에서 충분한 취업 기회가 부족한 것이었다. 국가의 투자 때문에 내륙보다 해안 지역에서 개혁의 경제적 충격이 훨씬 컸고, 해안 지역에 국제적 자본과 시장에 대한 특권적 접근성이 주어졌다. 공업화되어 중국의 수출 붐을 선도하는 해안 지역에 국가와 민간의 자금이 빠르게 쏟아져 들어갔다. 농촌 이주 노동자들은 고향에서의 저임금 농업 일자리(혹은 실업)와 도시에서의 더 나은 임금의 하층 일자리 사이에서 선택할 수 있었다. 대부분 농촌 이주 노동자는 농촌 지역에 남아 있는 가족에게 돈을 보낼 수 있도록 도시에서 행운을 찾기로 결정했다. 다수는 그들의 마을 바깥의 가까운 도시로 갔지만, 일부는 수천 킬로미터 바깥의 해안 대도시로 갔다.

농촌 이주 노동자라는 용어는 현지의 후커우 등록 없이 농촌에서 목적지로 이주한 노동 인구를 가리킨다.[27] 이러한 일자리는 대부분 계절적이어서 농촌의 작업 일정과 동시에 수행할 수 있었다(농촌에 일거리가 많지 않은 겨울에 유출이 더 많았다). 1992년과 2006년 사이에 농촌 이주 노동자 수는 5,300만 명에서 1억 1,500만 명으로 두 배 이상 늘어났다. 2010년 인구조사는 2억 6,100만 명(2017년에는 2억 9,200만 명) 이상의 주민이 호적에 등록된 곳에 살고 있지 않다고 결론 내리면서 훨씬 더 많은 국내 이주를 기록하고 있다.[28] 이들 중 대부분이 이주 노동자들이었다.

중국의 경제성장에 중요한 기여를 했음에도 이주 노동자들은 수많은 차별과 불이익을 받았다. 일하고 있는 도시나 더 부유한 농촌 지역에서 '외지인'이었던 이주 노동자들은 주눅 들게 하는 공식적·비공식적 제약에 직면했다. 도시에 등록되어 있지 않았기 때문에 그들은 자녀를 현지 공립학교에서 교육하는 것, 보건·복지 혜택, 심지어 방을 빌리거나 구매할 법적 권리 등을 포함하는 많은 권리와 혜택을 얻을 자격이 없었다. 그들은 착취와 도시로부터의 추방에도 취약했다. 국가는 계속 이주 노동자들을 '유동 인구流動人口'라고 부르면서 이등 시민으로 보았다. 또한 잠재적 갈등의 원천으로 경계했다. 이주 노동자들의 수가 늘면서 원래 도시에 살던 사람들도 이주자들을 점점 더 범죄의 원천이나 자신의 일자리를 위협하는 존재로 보게 되었다.[29]

대규모 국내 노동 이주는 지역적 불균형과 해안 지역의 빠른 도시화를 가져왔다. 그 결과 1980년 이후 35년 동안 중국의 도시 인구는 (1980년 1억 9,000만 명에서 2015년 7억 9,200만 명으로) 4배 이상 늘어났다. 2030년이면 10억 명이라는 믿기 어려운 수에 도달할 것으로 예측되었다. 이는 중국의 도시 인구가 남북 아메리카 대륙 전체 인구보다 더 많아진다는 것이다.[30] 가장 빠르게 인구가 증가한 세 지역은 베이징, 상하이, 톈진 등 도시였다. 2000년에서 2010년 사이 베이징과 상하이 모두 인구가 약 600만 명 늘었고, 연평균 증가율은 3% 이상이었다. 다음으로 증가가 빨랐던 두 성은 중국 경제성장의 동력이었던 광둥과 저장이었다. 광둥은 약 1,8000만 명이 증가하여 인구가 가장 많은 성이 되었다. 도시 지역은 상당한 부동산 붐을 겪었다. 중국의 주요 도시들에서 실질 가격은 2003년부터 2013년까지 연평균 13.1% 증가했다. 대도시들의 부동산 가격은 2004년에서 2015년 사이에 거의 5배로 뛰었다. 가격이 상승하면서 건설도 늘었다.

베이징 중심 업무 지구의 스카이라인에 둘러싸인 중국 중앙 텔레비전의 본사, 2013. 8
(Feng Li/Getty Images/175373577)

개혁은 소득과 사회적 지위를 결정하는 기준도 크게 바꾸었다. 1990년대에 국유기업의 노동자 수천만 명이 평생 고용의 보장과 그에 수반되는 혜택을 잃었다. 게다가 기업이 민영화되었을 때 해고된 노동자들이 오랫동안 힘들게 일해서 얻으려 했던 연금과 같은 복지 혜택을 잃기도 했다. 일자리를 유지한 사람들은 고용주와의 계약서에 서명을 요구받았는데, 처음에는 기간이 최대 5년이었고 나중에는 보통 1년이었다. 평생 고용의 '철밥통'은 노동자들에게 불리한 쪽으로 부서져 버렸다. 더 많은 노동자는 어떤 종류의 보장이나 복지도 없는 단기 계약으로 고용되었고, 과거에 국유기업 노동자들이 받던 것보다 낮은 임금으로 일할 준비가 되어 있는 농촌 이주자들하고 경쟁해야 했다.[31] 저숙련에 나이 든 도시 노동자들도 점점 더 늘어나는 농촌 이주자들과 마주쳐야 했고, 종종 노동 시장에서 밀려나게 되었다. 동시에 도시의 빠른 성장이 숙련되고 젊은 노동자들과 새로운 경제의 기회에 특별한 접근성이 있는 사람들의 수입을 늘려주었다. 부자와 빈자를 나누고, 사회 집단들과 민족들을 나누는 격차는 엄청나게 커졌다. 과거 마오 치하의 평등에 대한 강조와 대조적으로 개혁가들은 덩샤오핑의 '일부 사람들을 먼저 부유하게 하자'라는 고무적 구호 아래 불평등을 받아들일 준비가 되어 있었다. 사회적·경제적 불평등의 상당한 증가는 개별 연구자, 국제기구, 정부 기관 등 광범위한 연구에 잘 기록되어 있다.[32] 불평등 수준에 대한 추정치는 물론 다양하지만, 모든 관찰자가 비교적 평등한 나라였던 중국이 1990년대 이후 소득, 자산, 기회의 측면에서 세계에서 가장 불평등한 사회의 하나가 되었다는 데 동의한다.

사회제도도 변화했다. 예를 들어 딴웨이, 심지어 후커우조차 마오 치하에서 원래 가지고 있던 복지와 사회 안전의 제공이라는 기능을 대부분 상실했다. 그러나 이 제도들이 완전히 쓸모없게 되었다고 믿는 것은 잘못이며, 이 제도들은 시장 경제로 전환하는 과정에서 다른 의미를 획득하게 되었다. 딴웨이와 같은 제도들은 시장 경제의 영향을 완화했다.[33] 농촌 경제와 도시의 딴웨이 체제에 내장된 일부 사회적 권리를 보존함으로써 이 제도들은 노동자들이 조립 라인에서 노출되곤 하는 최악의 착취를 완화했다. 예를 들어 국유기업 노동자들은 딴웨이를 통해 과거의 복지 주택을 보조금을 받아 구입할 수 있었다. 이러한 주택 개혁은 노동자들을 사유 재산 소유자로 만들어서 심지어 기업이 파산할 때도 경제적 안전망을 제공했다. 가장 많은 비판을 받은 후커우 제도는 이주 노동자들을 이등 시민 지위로 만들어 세계적 자본에 이용되는 저임금 노동력으로 만들었지만, 농촌 호구로 등록된 이들에게 토지 이용

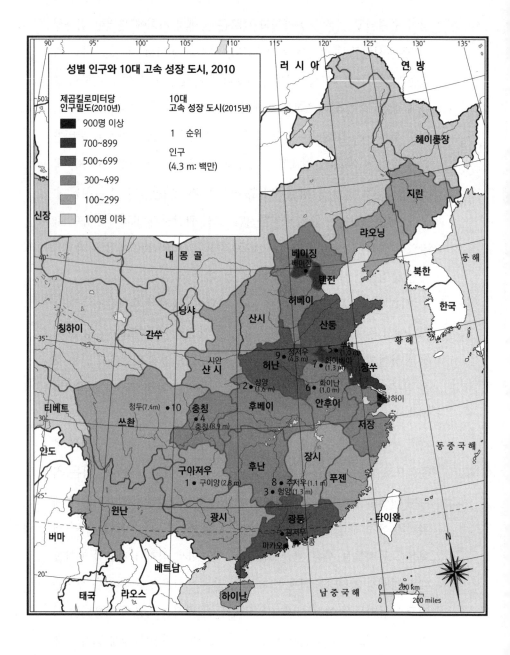

성별 인구와 10대 고속 성장 도시, 2010

제곱킬로미터당
인구밀도(2010년)
- 900명 이상
- 700~899
- 500~699
- 300~499
- 100~299
- 100명 이하

10대
고속 성장 도시(2015년)

1   순위

인구
(4.3 m: 백만)

러 시 아   연 방

헤이룽장

지린

랴오닝

동 해

북한   한국

신장

내 몽 골

닝샤

베이징
베이장

톈진

허베이

산시   산둥

황 해

칭하이

간쑤

시안
산 시   허난

9 ● 정저우
(4.3 m)   5 ● (1.0 m)
7 ● 화이베이
(1.3 m)

장쑤

2 ● 샹양
(1.6 m)

6 ● 하이난
(1.0 m)

상하이

티베트

쓰촨

청두(7.4 m) ● 10 충칭
● 4
충칭(8.9 m)

후베이

안후이

저장

동 중 국 해

안도

윈난

구이저우
1 ● 구이양 (2.8 m)

후난

장시

8 ● 주저우(1.1 m)
3 ● 형양(1.3 m)

푸젠

타이완

버마

광시

광둥
광저우

마카오   홍콩

베트남

태국   라오스

하이난

남 중 국 해

0   200 km
0   200 miles

N

권을 부여하기도 했다. 이러한 제도들이 국가에 대한 새로운 수준의 충성심을 만들어냈는데, 그 효과는 자주 간과된다.

경제적·사회적 불평등뿐 아니라 종교와 계급 사이의 격차가 민족 차이 때문에 더 확대되곤 했다. 마오 이후 시대의 중국 지도자들은 소수민족들에게 강하고 부유한 나라가 되고자 하는 중국의 노력에 힘을 합쳐줄 것을 요청했다. 소수민족들은 대략 1억 1,000만 명으로, 중국 인구의 8.5%를 차지했다. 그들이 사는 지역은 변경지역 90%를 포함하여 중국 영토의 절반 이상에 걸쳐 있었고 삼림, 축산업, 육류 생산, 광물, 약용 작물의 상당 부분을 차지하고 있었다.

정부는 소수민족 지역의 자치 정책을 유지했다. 1984년 제정^{(2001년} 개정)된 '중화인민공화국 민족구역자치법'中華人民共和國民族區域自治法은 '소수민족이 모여 사는 지방은 구역자치를 실행한다'라고 규정했다. 여기에는 5개 성급 자치구, 30개 자치주, 117개 자치현 그리고 1993년 이후에는 1,173개 자치향이나 민족향이 포함된다. 장쩌민은 1992년의 중앙민족공작회의에서 이 문제에 대해 중요한 연설을 했다. 그는 국가 통합의 필요를 강조했고 소수민족 지역의 어떠한 독립 요구도 거부했다. 그러나 그는 정부가 민족 자치 정책을 지속할 것이라고 선언하기도 했다. 그는 다른 지역과 보조를 맞출 수 있게 하는 소수민족 지역의 경제발전과 소수민족을 위한 사회 복지의 중요성을 강조했다.[34] 15년 후인 2007년 10월의 17차 전국대표대회의 연설에서 후진타오는 많은 요점을 반복하면서 '전국 각 민족 인민의 대단결을 튼튼하게 하고 국내외 중화의 아들·딸들의 대단결을 강화하며 중국 인민과 세계 각국 인민의 대단결을 촉진하여, 모든 어려움을 이겨내고 당과 인민의 사업이 새롭게 더욱 큰 승리를 거두게 할 강대한 역량을 제공할' 필요성을 강조했다.[35]

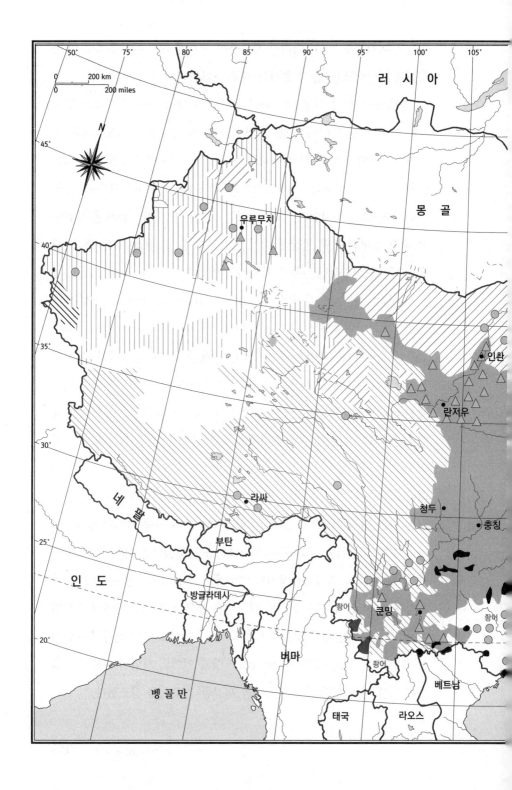

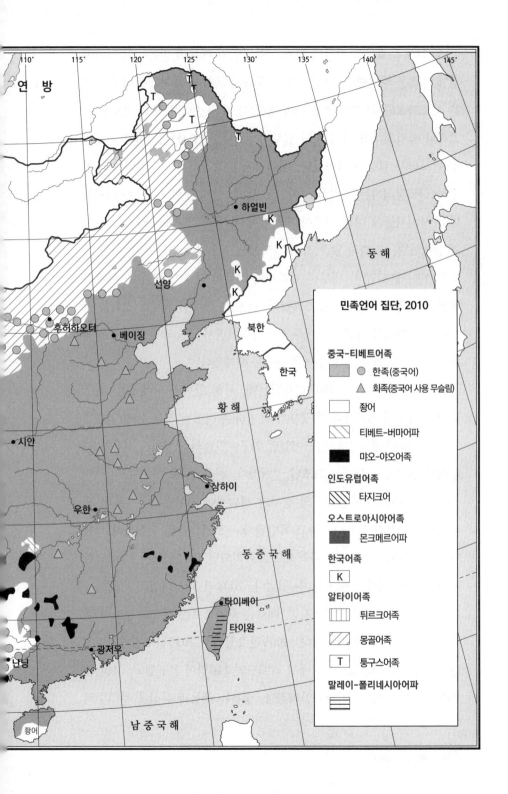

민족언어 집단, 2010

중국-티베트어족
- 🔴 한족(중국어)
- 🔺 회족(중국어 사용 무슬림)
- ☐ 좡어
- ⧫ 티베트-버마어파
- ■ 먀오-야오어족

인도유럽어족
- ⧫ 타지크어

오스트로아시아어족
- ■ 몬크메르어파

한국어족
- K

알타이어족
- ▥ 튀르크어족
- ▨ 몽골어족
- T 퉁구스어족

말레이-폴리네시아어파
- ▤

다수가 문화혁명 기간에 크게 고통받았기 때문에 많은 소수민족이 경제 개혁을 환영했다. 그들은 소수 문화의 문화적 특수성에 대한 새로운 강조와 그들의 유산과 종교에 대한 더 많은 존중을 보고 안도했다. 그러나 중앙정부가 자치 지역 일부의 풍부한 천연자원을 개발할 계획을 발표하자 갈등이 나타났다. 베이징이 한족들더러 변경지역으로 이주하도록 장려하는 것처럼 보이기도 했고, 쉽게 구할 수 있는 토지와 다른 장려책들에 대한 소문이 퍼지면서 서쪽으로 향하는 한족들의 수가 늘어났다. 그 결과 많은 자치 지역에서 소수민족 집단이 더 이상 다수가 아니게 되었다. 대부분 지역에서 한족이 다수가 되었다. 한족의 유입은 경제적인 불이익도 가져왔다. 더 많은 한족이 경제적 기회를 찾으려고 내지에서 변경으로 이주해 독자적이면서 급속히 성장하는 경제 네트워크를 형성했고, 종종 원주민들을 배제했다.[36]

민족 갈등은 되풀이해서 타올랐는데, 특히 한족과 티베트인, 위구르인 사이에서 심각했다.[37] 정부가 특별히 우려했던 것은 1980년대에 인구 약 800만에 무슬림 집단이었던 위구르인들의 고향이자 석유가 풍부했던 신장에서 갈등이 고조된 일이었다. 신장은 (앞의 장들에서 언급한 것처럼) 1933년과 1944년에 분리주의 정부가 세워졌던 곳이었는데, 두 번 모두 중국의 성 정부를 타도하고 독립된 동투르키스탄을 수립하려고 했다. 마찬가지로 티베트도 자치적으로 통치되던 1912년에서 1950년까지의 독립적 역사를 떠올릴 수 있었다. 2008년 3월 14일의 티베트나 2009년 7월 5일의 신장에서처럼, 때로는 끓어오르는 긴장과 분노가 대규모 폭동으로 끝나기도 했다. 2009년 2월에서 2015년 6월까지의 6년 남짓한 기간 티베트 지역에서 티베트인 146명이 분신했고, 그들 중 100명 이상이 죽은 것으로 알려졌다. 정부는 폭동과 분신을 분리주의 선동의 결과로 규정했지만 이유는 그보다 훨씬 더 복잡하다. 폭동은 소수민족이 불리한 상황에 놓인 지역 경제의 구조와 연결되어 있다. 소수민족들은 취업하기가 어렵고 돈을 적게 받았다. 일부 소수민족들, 특히 위구르인과 티베트인은 한족 국가가 소수민족과 그들의 정치적·경제적 이해를 존중하거나 소중하게 여기지 않는다고 믿게 되었다. 국가의 국민 교육도 소수민족들을 '문명화'하거나 교육하려는 것이었고, 특히 다루기 힘든 신장과 티베트 지역에서 그러했다. 소수민족들을 '문명화'하는 것은 스스로의 언어, 문화, 역사를 희생해 가면서 중국의 언어, 문화, 역사를 배우도록 밀어붙이는 것을 의미했다.

중국공산당과 정부가 민족주의와 분리주의 운동을 다루는 전략은 두 가지였다. 첫째, 분리주의는 군사력을 사용해 단기간에 무자비하게 진압되어야 했다. 둘째, 장기적 해법으로 신장과 티베트 주민들의 생활 조건을 증진하려는 경제발전과 투자가 촉진되어야 했다. 관료들은 소수민족들의 생활조건 향상이 사회적 안정을 만들어낼 것이라고 믿었다. 그러나 그러한 기대는 충족되기 어렵다는 것이 입증되었고, 이 지역들에서 개발 결과는 양면적이었다. 중국 정부는 고유문화와 종교의 보호나 정치적 자치 등과 같이 소수민족들이 스스로 요구했던 것에는 거의 응하지 않았다. 증대하는 중국의 민족 갈등 배후에는 국가 정체성과 교육, 경제발전의 결과인 불평등, 국가의 민족 정책 등에 관한 더 근본적인 문제들이 있었다.

사회 변화의 효과는 여성의 사회적 지위에도 영향을 미쳤다. 마오 시기에는 남녀평등의 촉진이 중요한 의제였기 때문에 여성의 상징적 중요성이 높았다. 마오 이후 시기에는 그러한 정치적 중요성이 줄어들었다. 개혁기의 빠른 사회 변화는 특히 젊고 교육 수준이 높은 여성들에게 새로운 기회를 많이 가져왔다. 오래 지나지 않아 회사 약 20%를 여성이 운영하게 되었다. 『포브스』의 자수성가한 억만장자 목록에 나온 여성 14명 중 절반이 중국 출신이었다. 중국의 많은 여성이 직업을 가지고 가정의 소득에 기여했다. 그러나 어두운 면도 있었다. 교육 수준이 낮은 중년이나 노년의 여성들은 종종 시장 경제의 맹공격에 대항하여 홀로 자립해야 했다. 다수의 젊은 농촌 여성은 일자리를 찾아 도시로 이주했다. 일하는 누이 혹은 일하는 소녀(打工妹)라고 알려진 그들은 1990년대 말 '유동 인구'의 30~40%를 차지했다. 그들 중 일부는 다양한 형태의 권력과 자본으로부터 착취와 억압을 당했다. 아이가 있는 경우, 대개 전형적인 '남겨진 아이들'이라는 어려운 상황 속에서 농촌에 남은 부모가 양육했다.

도시의 여성들은 해고에 더욱 취약해서 국유기업이 민영화되거나 파산했을 때 일자리를 잃곤 했다.[38] 특별한 기술과 훈련이 없는 중년이나 노년 여성들은 모든 노동자 중에서 가장 불필요한 사람들로 취급되었다. 해고된 여성 노동자 중 상당한 부분을 차지했던 여성 방직 노동자들은 모든 노동자 중에서 가장 보수가 낮았고 노동력을 감축할 때는 가장 먼저 타격을 받았다. 실업은 복지 혜택과 사회적 안전의 상실도 가져왔다. 잘 교육받은 여성들도 차별에 맞서야 했다. 여성 대학 졸업자들은 '여성은 지원할 필요가 없다'라고 명시된 구인광고와 마주쳤다. 중국 여성들은 평등이라는 혁명적 이상은 거의 사라졌거나 한 번도 실현된 적이 없는 꿈이라는 것을 갑작스럽게 깨달았다.

그러나 시장 경제 전환으로 비롯된 변화를 완전히 착취와 차별의 부정적 모습으로만 그리는 것은 오해를 불러일으킬 것이다. 정부가 경제 개혁에 초점을 맞추었지만, 과거에 정치적·경제적·사회적 체계가 밀접하게 얽혀 있었기 때문에 경제를 개혁하는 것은 불가피하게 정치적·사회적 측면에까지 미치는 근본적 변화를 이끌었다. 국가의 지배 아래 있던 개인, 가족, 단체들은 점점 더 스스로 경제적 결정을 내릴 수 있게 되었다. 민간 영역의 재출현과 함께 개인은 새롭게 나타난 시장에서 사적인 이해와 계획을 추구할 자유를 얻었다. 당과 국가가 더 이상 핵심적인 경제적 의사 결정자이거나 개인과 그들의 생계에 대한 완전한 통제를 행하지 않게 되면서 국가에 대한 개인의 의존이 사라졌다. 국가 관료들은 공적 특권을 (주택 배분과 같은) 이익과 교환하거나 사적 이익을 추구하거나 비판을 잠재우는 것과 같이 여전히 권력을 가지고 있었지만, 마오 시기에 가졌던 것과 같은 경제적·사회적 자원에 대한 절대적 통제력은 잃게 되었다. 개인들은 형편만 된다면 시장에서 거의 모든 생활필수품에 접근할 수 있었다. 딴웨이와 당 간부들에 대한 개인의 조직적 의존성은 대부분 사라졌고, 후원 관계에 기초한 작업장의 권력 관계는 무너졌다. 이러한 탈중심화와 탈정치화의 과정은 시민 참여를 위한 새로운 공간을 만들어내기도 했다. 많은 개인이 이렇게 증대된 자유를 사회 행동과 공동체 참여에 이용했다.[39] 개혁기에는 무엇보다도 노동자, 농민, 환경주의자, 저널리스트, 주택 소유자, 종교 공동체, 소수 민족, 에이즈 활동가, 인권 옹호자 등을 포함하는 광범위한 사회 집단들의 사회적 활동의 증가가 인상적이었다. 불만이 있는 사회 집단들은 지방 관료들을 압박하는 지방의 행동주의에 관여하면서 '맨발의 변호사', 이웃의 연대 집단, 중국의 국내법·법정 등과 같은 지방의 자원을 활용했다. 종교 운동, 문화 운동, 페미니스트 운동, 환경 운동 등의 활동가들은 지방, 지역, 심지어 국가를 넘어서는 네트워크를 구축했다. 부분적으로는 사회적 행동주의가 제기한 도전들을 다루기 위해서, 또한 경제적·사회적 장에서의 엄청난 변화에 수반되는 불안과 갈등을 완화하기 위해서 국가는 법 체제의 확대를 시작했다. 장쩌민이 1997년 제15차 전국대표대회에서 제기한 '사회주의 법치국가' 개념에 기초하여 광범위한 법률 개혁이 추진되었다. 법치를 강조하면서도 당은 국가의 우위에는 어떤 변화도 없을 것임을 분명히 했다. 노동관계, 지적 재산권, 환경, 상업, 토지 이용, 자산, 엔지오를 위한 결사권 등을 포함하는 광범위한 문제에 지침을 제공하는 법률들이 제정되었다. 1979년과 2006년 사이에 중국의 최고 입법 기관인 전국인민대표대회는 대체로 국제법 원칙에 부합하는 200건이 넘는 법을 제정하거나 개정했다.[40] 새로운 법령들을 알리려는 대규모 교육 운동이 시작되었다. 폭력적 대립으로 번질 수 있는 갈등을 완화하려는 노력으로, 늘어나는 분쟁과 저항을 다루기 위해 법원과 중재위원회가 보강되었다. 법률 체제의 완전한 정비를 향한 다음 조치는 중국인민대표대회가 13가지 수정 사항을 포함한 헌법 수정안을 통과시킨 2004년 3월 14일에 이루어졌다. 수정안은 일반적인 용어로 사유 재산과 인권을 명시했지만, 저항을 진압할 국가 권력을 제한하지는 않았다. 예를 들어, 한 수정 조항은 '국가는 인권을 존중하고 보장한다'라고 명시했다. 다른 조항에서는 '공민의 합법적 사유 재산은 침범할 수 없다'고 선언하고, 국가는 사유 재산을 징발했을 때 보상해야 한다고 명시했다.

견고한 법률 체제를 건설함으로써 정부는 무엇보다 갈등의 장을 거리에서 법정으로 옮기려고 했다. 정부는 상당한 권한을 시장, 법원 그리고 다른 제도들로 점진적으로 이양했고, 이들은 매일 빠르게 변화하는 경제와 사회에 요구되는 복잡한 결정과 정책을 매일 고심했다. 당의 부분적 철수는 이른바 '중국 특색의 법치'의 발전을 위한 어느 정도의 정치적 공간을 제공했다. 그 결과 과장하지 않고 말하더라도 중국 시민들은 100년이 넘는 시간 중 가장 나은 수준의 법적 보호와 안전을 누리게 되었지만, 그럼에도 당은 핵심 이익이 걸려 있을 때는 언제나 그러한 권리를 침해할 수 있었다.

법률은 통치의 도구일 뿐만 아니라 법률을 자신들의 주장을 펼치고 국가에 노동 인민을 위한 법적·계약적·윤리적 의무를 다하라고 압력을 가하는 지형으로 활용하는 사람들이 전유할 수 있는 자원이기도 했다. 경제적 이해관계를 공유하는 사람들이 그들의 법적 권리를 침해하는 것에 대항하여 스스로를 지키기 위해 법률을 이용하기 시작함에 따라 중국에서 법률과 규정의 빠른 증가가 새로운 사회적 구조를 활성화했다. 그러나 법정에서 스스로의 정당한 이해와 권리를 지키려는 시민들의 노력은 종종 좌절되었다. 이는 불만을 가진 농민, 노동자, 도시 거주자, 주택 소유자들이 식품 안전, 환경오염, 산업 재해 등에 제기한 항의와 이른바 '군체성群體性 사건'으로 이어져 국가에 도전하거나 국가를 끌어들였다.[41] 그들의 전투적 전략 중에는 교통 봉쇄, 철거 방해 등이 있었고, 심지어 폭동과 정부 기관 탈취까지 이루어졌다. 국가는 그러한 대중적 저항에 강경한 신문 정간, 비판적 기자와 편집자 처벌, 영향력 있는 지식인에 대한 공개적 비난, 지도자 체포, 시위자에 대한 공격과 직접적 폭력 등으로 대응했다. 그러나 많은 경우 국가는 상당한 양보를 했다. 대중의 동원은 다양한 국가 기관이 결정의 수정, 정책 변화 그리고 완전한 개혁 등으로 대응하게 만들었는데, 몇 가지만 예를 들면 농업세와 의료 개혁, 노동 및 재산권 법률 수정, 사회 보장의 농촌 확대 등이 있었다. 그리고 다소 역설적이지만, 중국에서 민주적 과정과 제도의 결여가 공적 문제와 정치적 도전을 다룰 때의 절박성을 높였던 것으로 보인다.[42] 대중들의 공개적 항의는 정부를 놀라게 하여 정부가 빨리 책임을 묻고, 관료를 체포하고, 보상을 지급하게 만들었다. 대중들의 불만을 표현하거나 해결하는 민주적 절차의 부재가 분명히 이러한 사회적·정치적 불안의 심각성을 가져온 주요 원인이었지만, 바로 그 결함이 정부가 추문이나 사회 문제에 대한 효율적인 해결책을 찾도록 강요했다.

이 절에서 논의된 뚜렷한 사회적·정치적 변화는 모호하고 쉬운 범주화를 어렵게 한다. 시장 경제 전환은 기회, 소득, 시장에서의 성과 등의 면에서 엄청난 불평등을 만들어냈다. 이는 세대, 지역, 민족, 성별 등에 따른 차별을 야기했고, 지역과 공장에서 시민, 사회 집단, 소수민족의 이해를 분절시켰다. 동시에 경제와 정치 권력의 탈중심화는 지방 국가 관료들이 법적 규제를 집행하는 데 더 많은 책임을 지게 만들었지만, 정책이 작동하지 않거나 잘못되었을 때 지방 관료들이 지방의 불만과 저항의 표적이 되게 함으로써 행동주의와 시민 참여의 새로운 공간을 열었다.

늘어가는 불확실성

중국 경제가 무서운 속도로 성장하고 개방되며 도시화·산업화되었을 때 세계는 중국의 '경제 기적'의 속도와 성공에 감탄했다. 그러나 중국 내부 분위기는 훨씬 덜 긍정적이었다. 중국 인민들도 정부도 급속한 발전의 성취와 결과에 안심하지 못하는 것처럼 보였다. 분명히 중국이 세계적 초강대국의 지위에 오른 것에 대한 엄청난 대중적 자부심이 있었고, 부자와 가난한 사람들 모두 팽창하는 경제 덕분에 얻은 물질적 이익에 대체로 만족했다. 그러나 만연한 기층 시위는 토지 횡령에서 환경오염에 이르는 모든 것에 대한 강한 대중적 분노를 드러냈고, 고위 관료들도 물질주의, 간부 부패, 소득 불평등의 부식 효과를 불평했다. 중국의 인터넷에서 사람들은 자신의 생활은 물론 그들이 보기에 사회의 상태와 국가의 미래에까지 영향을 미치는 광범위한 쟁점과 문제에 근심, 좌절, 분노를 표현했다. 이동성 그리고 온라인 커뮤니케이션을 포함한 더 큰 미디어 접근성을 갖춘 사회에서 시민들은 소득 격차, 사치스러운 소비, 관료들의 부패 관행 등에 대해 높아진 인식을 드러냈다. 사회적 불균형과 긴장은 대중적 분노와 때로는 저항을 부채질했다. 구조적 불평등과 나쁜 통치에 대해 큰 불만과 분노가 있었고, 무너지는 도덕적 질서를 대체하려는 새로운 형식의 정신성과 윤리에 대한 탐색이 있었다.[43] 이 모든 것이 21세기의 두 번째 10년 동안 중국의 대중적 분위기를 형성했던 미래에 대한 불안과 불확실성의 원인이 되었다.

이러한 감정은 중국의 정치제도를 둘러싼 한 가지 근본적 질문과 상당한 정도로 관련되어 있었다. 경제 체제는 완전히 정비되어 세계에서 역동적인 경제 중 하나가 되었지만, 정치제도의 질서는 거의 바뀌지 않고 남아 있었다. 여전히 근본적으로 일당제였고, 레닌주의적 정당이 권위주의적으로 통치했다. 포용적인 제도에 기초한 유동적이고 혁신적인 경제는 배타적 제도에 기초한 정치체제와 긴장 관계에 있었다. 경제와 사회가 갈수록 복잡해지고 개방적으로 되는 것과 변하지 않는 레닌주의적 정당 국가 사이의 중재되지 않은 모순은 중국이 해결할 수 없는 것처럼 보이는 지속적 문제였다. 번영하는 시장 경제와 권위주의적인 공산당 정체 사이의 장기적 양립 가능성에 대한 광범위한 회의는 불확실성의 느낌이 더욱 만연하게 했다. 중국의 정치체제가 미래를 위해 만들어졌다고 확신하거나 정치제도가 큰 사회적 위기를 헤쳐나가기에 충분할 만큼 안정적이고 강하다고 확신하는 사람은 많지 않았다. 이것은 더 성숙한 정치 체제에서 시민들이 문제와 갈등에도 불구하고 자신들의 제도가 지속적이고 회복력이 있다는 가정하에 행동하는 것과는 대조적이었다.

불안은 중국의 공공 영역을 뒤흔든 여러 현상으로 나타났다. 악화되는 환경 상황에 대한 잦은 분노와 절망이 있었다. 초고속 성장 시기는 무엇보다 환경에 무거운 부담을 주었다. 경제성장이 중국의 대기, 토지, 물을 희생하여 이루어졌다는 것은 의심할 여지가 없었는데, 이 자원들은 도시 지역에서 중공업 발전을 강조했던 수십 년간의 스탈린주의적 경제 계획 그리고 현대 이전 수 세기 동안의 산림 남벌로 이미 악화되어 있었다.⁴⁴ 2012년 중국의 500대 도시 중 1% 미만이 세계보건기구의 대기질 기준을 만족했다. 중국의 심각한 대기 오염은 주로 화석 에너지, 특히 중국이 에너지 수요의 70%를 의존하는 석탄 사용 때문이었다. 중국은 석탄 공급이 풍부하여 비록 2014년부터 소비가 감소하기는 했지만, 2007년 이후 연간 소비량이 미국, 유럽, 일본을 합친 것보다 많았다. 2000년에서 2010년까지 에너지 소비는 130% 증가했다. 중국 시민들이 부유해지고 도시로 이동하면서 더 많은 에너지가 사용되었고 더 많은 환경 문제가 나타났다. 늘어나는 자동차 소유에 따른 교통 체증은 중국 도시의 대기 오염의 주요 원천이 되었다.

물 역시 심각한 문제였다. 중국은 1인당 수자원이 미국의 5분의 1에 불과했다. 중국 남부는 물이 비교적 풍부했지만, 중국 인구의 대략 절반이 사는 북부는 세계에서 가장 큰 사막이 될 위험이 있는 광대하고 건조한 지역이었다. 북부의 10개 성은 세계은행의 물 부족 기준을 하회했고, 이는 높은 수준의 토지 황폐화와 사막화를 가져왔다. 공업과 농업이 중국의 수자원 거의 대부분을 사용했지만, 가구의 소비 역시 늘어나고 있었다. 중국의 물은 심하게 오염되기도 했다. 중국의 많은 지역에서 공장과 농장의 폐기물이 지표수로 들어갔다. 중국의 환경 감시자들은 모든 강물의 3분의 1과 타이후太湖, 차오후巢湖, 덴츠滇池와 같은 큰 호수 다수가 수질이 최악이어서 농업용이나 사람들의 소비에 부적합하게 되었다고 추정했다.[45] 동시에 공장발 토양 오염은 중국 경작지 일부에 심각한 영향을 주었다. 중국 정부가 2014년 발표한 보고서에서는 경작지의 거의 5분의 1이 오염되었다고 언급했는데, 이는 중국의 급속한 발전과 상업 활동에 대한 규제 부재가 가져온 유해한 결과를 보여준다.[46] 토양 오염은 전국적인 먹이 사슬에도 심각한 영향을 주었다. 중국 시민들과 일부 관료들은 국가 전체의 식품 안전에 대한 잠재적 영향 때문에 주요 농업 중심지에서 토양 오염을 점점 더 걱정하고 있다. 급증하는 수질 오염과 대기 오염은 다수의 심각한 공공 보건 문제를 가져왔다. 석탄과 연료유가 원인인 오염물질 배출 증가는 호흡기 질환과 심혈관 질환의 증가를 가져왔고, 산성비도 증가시켰다. 중국의 모든 주요 강 주변의 시민들은 암이나 종양과 같은 질병 그리고 오염과 관련된 다른 보건 문제가 늘어가는 것을 경험했다.

중국의 심각한 환경 문제는 세계적 온난화로 더욱 악화될 것이 분명해 보였다. 2015년 나온 중국 정부의 한 보고서는 기후 변화가 중국에 미칠 충격에 대해 심각한 과학적 판단을 보여주었다.[47] 이 보고서는 극단적 가뭄, 홍수, 혹서와 같은 빈번한 자연재해가 증가할 가능성

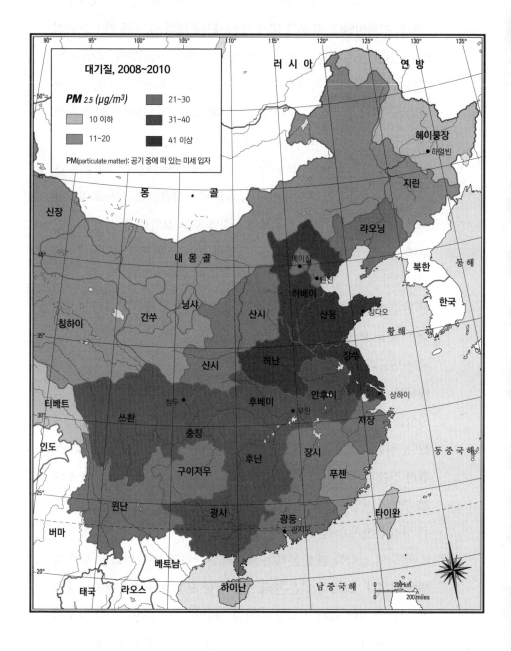

에 대처하려면 더 많은 비용을 사용해야 한다고 촉구했다. 보고서에 나온 여러 위험 중 해수면 상승이 가장 큰 주목을 받았다. 극지의 얼음이 녹고 대양의 온도가 상승함에 따라 전 세계의 바다가 팽창할 것이 우려되었다. 변화가 고르지 않기 때문에 중국의 해수면은 실제로 이미 세계 평균보다 더 빠르게 상승하고 있었다. 이러한 발견에 따르면 중국 동부 해안의 해수면은 21세기 말까지 40 내지 60센티미터가 상승하여 상하이와 다른 도시들을 조수의 흐름과 태풍으로부터 심각한 피해에 노출시킬 수 있었다. 이 보고서는 중국 내륙이 강우와 강설에서 상당한 변화를 겪게 되어 농업이 재편될 것을 예측하기도 했다. 또한 기온 상승으로 대기가 더 많은 수분을 흡수하게 될 터인데, 이는 특히 중국 북부에서 불규칙한 강수 패턴이 늘어나는 것을 의미했다. 보고서에 따르면 그 효과는 이미 부족한 중국의 수자원이 세기 중반까지 5% 줄어드는 것이었다. 강수의 불규칙한 변화는 농업의 중요한 변화뿐 아니라 기반시설에도 예측할 수 없는 무거운 부담을 가져올 수 있었다. 이러한 변화는 중국의 환경적·경제적 위험에 더해 국가 안보 문제를 의미하기도 했다. 현재의 강 흐름과 수량이 바뀌면 중국 남쪽 국경에서 수자원을 둘러싼 투쟁과 국경을 넘는 이주를 가져와 국제적 논쟁과 대립을 촉발할 수 있었다.

2015년 보고서가 보여주는 것처럼 국민들과 당국이 점점 더 문제의 심각성을 인식하게 되었다. 정부는 문제에 대처하기 시작했다. 정부는 대도시에서 최악의 대기질을 개선하려는 노력으로 발전에서 석탄 사용을 감축하고 더 깨끗한 석탄 발전기의 설치를 요구하는 등 엄격한 기준과 야심적인 목표를 세웠다. 2015년 중국은 전년에 비해 석탄 사용량을 8% 줄였다고 주장했다. 중국은 차량 배출 기준과 에너지 효율성을 개선했다. 배출 관련 법을 위반하는 공장을 탐지하려고 드론이 사용되었다. 2014년에 1989년 이후 처음으로 '환경보호법'이 개정되었다. 개정된 법은 오염 유발자에게 벌금을 물리고, 심지어 비정부기구가 법률을 위반한 사람들에 대해 공익 소송을 제기하는 것을 허가함으로써 환경 보호를 강화했다. 이 법은 지방 관료들이 그들 지역의 환경 수준에 대한 책임을 지게 만들기도 했다. 그러나 불충분한 집행과 감시 때문에 많은 요구와 목표가 달성되지 못할 때가 자주 있었다. 중국의 지방 당국은 환경 보호를 위한 규정을 엄격하게 강제하는 데 실패했는데, 그들이 때때로 지방 기업에 투자했고 자신들의 지역에서 규제받지 않은 경제발전으로 이익을 얻었기 때문이다.[48] 과거에 여러 번 중국 경제에 유리하게 작용했던 중국 정치체제의 탈중앙적 속성이 심각한 단점이 되었는데, 말하자면 베이징은 자주 지방 관료들로부터 정책의 승인을 얻는 데 실패했다.

정부의 무대책과 관성이 활발한 환경 저항 운동의 출현을 촉발했다.[49] 시민들은 우려가 만족스럽게 처리되지 못하자 목소리를 내기 위해 인터넷과 거리에서 저항하기 시작했다. 2015년에 중국 중앙텔레비전 기자였던 차이징柴靜은 사비를 들여 만든 다큐멘터리로 열풍을 일으켰다. '돔 아래에서'(穹頂之下)라는 제목의 이 다큐멘터리는 인터넷에 게시되었다.[50] 해설, 인터뷰, 공장 방문 등으로 구성된 이 영상은 중국 대기오염의 범위와 위험을 기록했다. 이 다큐멘터리는 국유 에너지 기업, 제철소, 석탄 공장 등이 일으키는 오염을 폭로했다. 또한 대규모 오염원을 처벌하는 데서 환경보호부의 무능을 지적하기도 했다. 이 영상은 공개된 지 3일 만에 1억 5,000만 회 이상 시청되었다. 중국 시민들은 석탄 발전소, 화학 공장, 정유 공장, 폐기물 소각장 등 앞에서 시위를 벌이기도 했다. 중국공산당 중앙정법위의 주요 구성원이었던 천지핑陳冀平에 따르면, 중국의 사회 불안의 주요 원인으로 환경은 불법 토지 점유보다 더 심각했다.[51] 2011년 8월 주로 중간 계급에 속하는 시위자 1만 2,000명 정도가 중국 동북부의 다롄에 있는 석유화학 공장의 폐쇄를 요구하면서 진압 경찰과 맞섰다. 지방 당국은 환경 시위자들에 부딪혀 물러날 수밖에 없었다. 다롄 시위는 대체로 평화적이었다. 그러나 1년 후 인터넷에 게시된 중국 서남부의 쓰촨성 스팡什邡의 사진들은 피흘리는 시위자들과 최루탄을 터뜨리는 경찰들의 모습을 보여주었다. 이 시위는 1억 6,000만 달러 규모의 구리 제련 단지 건설 계획에 반대하는 것이었는데, 이 단지는 지구상에서 가장 큰 제련 단지의 하나가 될 예정이었다. 격렬한 저항 때문에 지방 관료들은 건설 계획을 연기하는 데 그치지 않고 영구적으로 취소하게 되었다.

분노와 대중 저항을 부채질한 다른 사건들로는 최근 10년 동안 많은 인재와 스캔들이 있었는데 이는 규제 감독의 부재, 불충분한 법 집행, 부패, 뇌물 그리고 전반적인 정부의 잘못된 처리와 무능 등과 같이 빠른 성장과 통치 실패가 낳은 위험을 드러냈다. 그러한 공적 위기는 중국 시민들의 신뢰를 무너뜨렸고 정치제도에 나쁜 영향을 미쳤다. 이러한 사건 중에는 2008년의 오염된 우유 스캔들, 2011년 고속철 충돌 그리고 2015년 톈진 거주지 폭발 등이 있었다.

2008년, 중국 간쑤성에서 영아 16명이 신장결석 진단을 받았다.[52] 그들은 모두 나중에 독성 공업용 화합물인 멜라민에 오염된 것으로 밝혀진 분유를 먹었다. 4개월 후 중국에서 30만 명으로 추산되는 아기가 오염된 우유 때문에 아프다고 보고되었다. 신장 손상으로 6명이 죽었다. 중국 최대 유제품 생산자 중 하나였던 싼루三鹿그룹이 오염 유발자

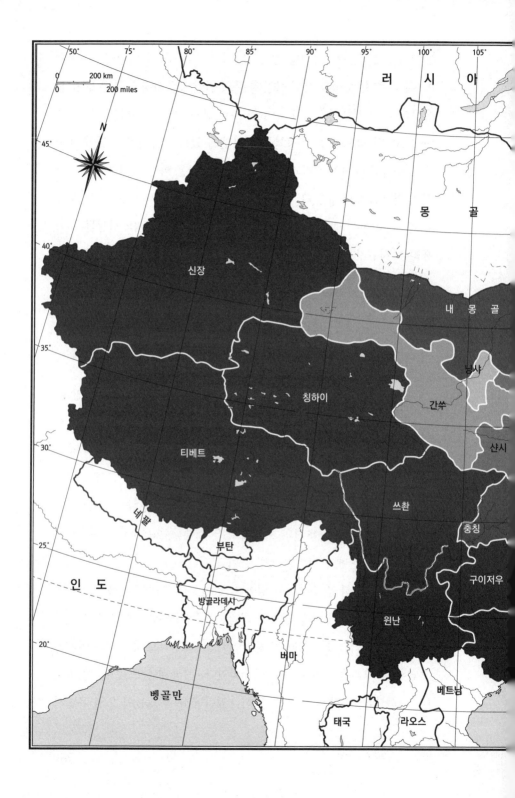

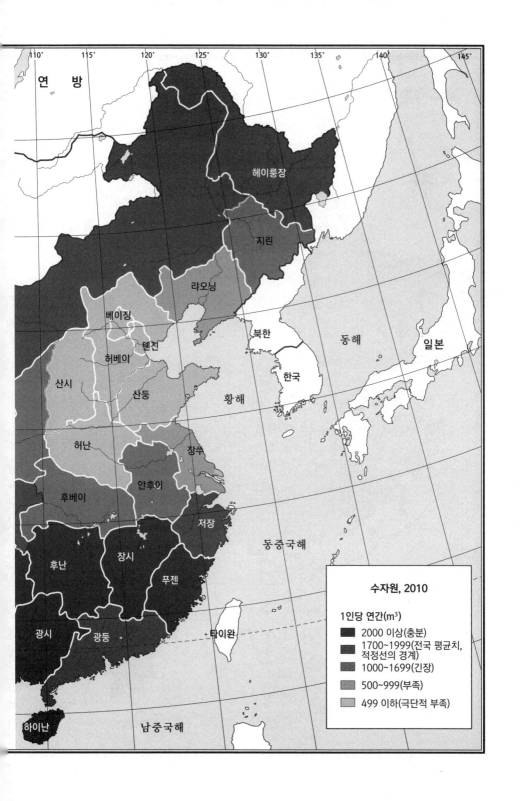

연 방

헤이룽장

지린

랴오닝

베이징

톈진

허베이

산시

산둥

황해

동해

북한

한국

일본

허난

장쑤

안후이

후베이

저장

후난

장시

푸젠

동중국해

광시

광둥

타이완

하이난

남중국해

수자원, 2010

1인당 연간(m³)

■ 2000 이상(충분)
■ 1700~1999(전국 평균치, 적정선의 경계)
■ 1000~1699(긴장)
■ 500~999(부족)
□ 499 이하(극단적 부족)

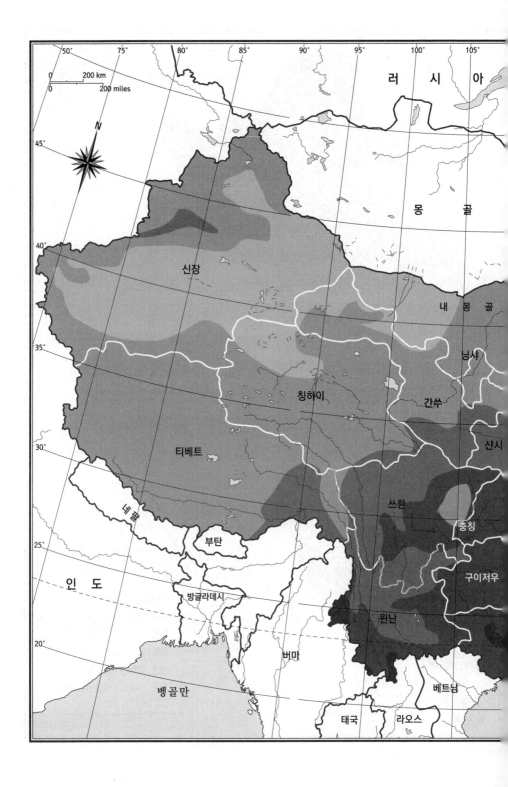

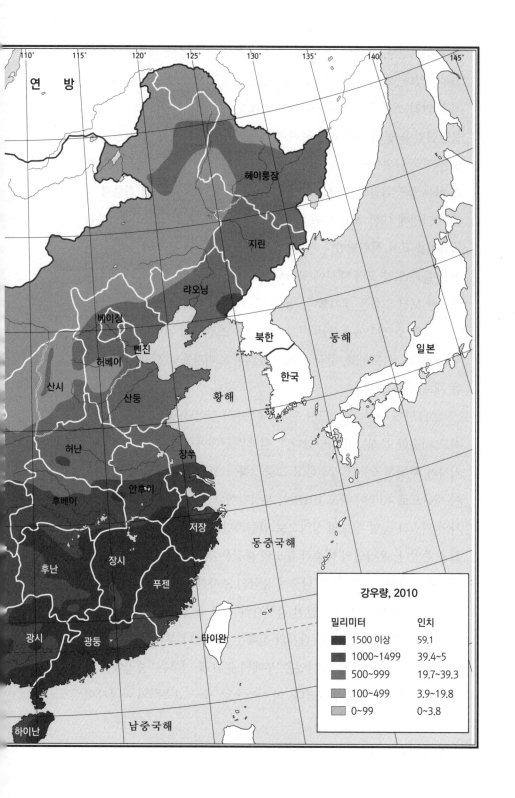

강우량, 2010

밀리미터	인치
1500 이상	59.1
1000~1499	39.4~5
500~999	19.7~39.3
100~499	3.9~19.8
0~99	0~3.8

로 확인되었다. 그러나 스캔들이 확산되면서 더 많은 유제품 회사들이 연루되었다. 2008년의 사건은 중화인민공화국 역사에서 아주 심각한 식품 안전 스캔들 중 하나였다. 이에 대응하여 정부는 2009년 6월 '식품안전법'을 공포하여 모든 무허가 식품첨가물의 사용을 금지했다. 이 법은 전국 단위에서 성들 사이의 협조와 식품 안전 규제 집행을 가능하게 하는 중앙위원회 설립으로 이어지기도 했다. 2013년 3월 식품과 약품의 안전에 대한 책임을 집중시킨 부처 수준 기구로 '국가식품약품감독관리총국'이 설립되었다. 식품 안전을 강화하려는 중국의 노력은 만연한 물과 토양 오염 때문에 복잡해졌다. 중금속에 오염된 쌀과 채소는 중요한 보건 위험을 제기했다. 정화에는 대단히 비용이 많이 들고 수십 년이 걸릴 것으로 예측되었다. 그러나 우유 스캔들에 뒤이은 단호한 정부 행동에도 불구하고, 중국 유제품에 대한 소비자들의 신뢰는 극히 낮은 채로 남아 있었다.

2011년에 동부 해안 도시 원저우溫州에서 일어난 철도 사건 조사에서도 비슷한 문제들이 나타났다.[53] 원저우 근처에서 멈춘 기차에 다른 기차가 부딪쳐 6량이 탈선하고 그중 2량이 고가교 아래로 추락했다. 이 재난으로 40명이 죽고 191명이 부상당했다. 이 사건은 고속철을 국가의 기술과 공업 진보의 상징으로 만들려던 중국의 희망에 심각한 차질을 주었다. 온라인의 대중적 분노의 물결은 정부 당국이 국내 언론을 검열한 후에야 잦아들었다. 나중에 중국의 조사관들은 설계 결함, 입찰 비리, 품질을 보장해야 할 안전 감찰관의 과실 등 일련의 실수를 충돌 원인으로 지목했다. 통제와 감시의 실패는 뇌물이나 부패와 관련이 있었다. 대부분 국유인 철도 산업은 '부패의 문화'를 키우는, 중국에서 가장 더럽혀진 영역으로 믿어졌다. 이 사건으로 '중국 고속철의 아버지'이자 철도부의 전임 부총공정사였던 장슈광張曙光이 해고되어 체포되었고, 중국 정부는 철도 산업의 반부패운동을 시작하도록 자극받았다. 2009년 이후 몇 년 동안 국유 철도 회사들에서 고위 관료와 고위 관리자 총 13명이 엄청난 돈이 관련된 스캔들로 부패와 사적 이익을 위한 권한남용으로 조사를 받았다. 국가의 독점 속에서 투명성이 결여되고 강한 외부적 견제와 균형이 없었기 때문에 집단적 부패가 생길 수 있었다.

마지막으로, 2015년 중국 북부의 도시 톈진의 창고에서 거대한 폭발이 일어나 173명이 죽고 1만 7,000가구 이상이 피해를 보았다.[54] 정치적 위법 행위와 만연한 안전 위반이 이 사고에서 중요할 역할을 했음을 시사하는 증거가 있었다. 사고에 대한 늘어나는 대중적 분노에 직면하여, 정부는 창고 회사인 루이하이瑞海국제물류유한공사 소유자들에 대한 정보를 공개하기 시작했다. 불분명한 회사 구조 뒤에 자신들의 소유 지분을 교묘하게 감추었던 두 최고경영자는 거주 지역 1킬로미터 이내에 위험한 화학물질을 보관하는 것을 금지하는 규정을 명백히 위반하는 것임에도 해당 장소에 대한 허가를 얻으려고 정부 관료들과의 개인적 관계를 활용했음을 시인했다. 경영자들은 2012년 루이하이를 설립했지만, 이해 충돌이 노출되는 것을 피하려고 지분을 다른 사람들이 가진 것처럼 꾸몄다.

개혁기 내내 중국공산당은 불필요한 절차를 없애는 것과 환경, 노동자, 보건을 지키기 위해 규칙을 강제하는 것 사이에서 균형을 유지하려 애썼다. 업무에 대한 공적 조사가 거의 없었기 때문에 당 관료들은 규정을 무시한 것에 대해 가끔만, 보통 사고가 일어나고 나서야 처벌을 받았다. 그러나 그들은 경제성장에 대한 보상으로 승진과 기회를 기대할 수 있었다. 따라서 감시는 엉성할 때가 많았고 안전 규정은 자주 무시되거나 우회되었다. 회사들은 노동이나 환경 기준과 관련된 조사로부터 그들의 사업을 보호하고자 취약한 통치를 활용했고 정치적 연줄을 이용했다. 이것이 가혹한 노동 조건의 확산을 가져오기도 했다. 노동자들은 긴 시간 일해야 했다. 일부 공장들은 노동자들이 생산 설비에서 벗어나지 못하게 하려고 문을 잠가두기도 했다고 한다. 공식적 통계에 따르면 (2004년과 2005년의) 2년 동안 산업 재해로 죽은 사람이 26만 3,500명 이상이었다. 2005년 탄광업에서만 광부가 거의 6,000명 죽었다. 정부의 계산에 따르면 거의 10년 후엔 2014년에 하루 200명꼴인 6만 8,000명 이상이 산업 재해로 죽었는데, 그들은 대부분 가난하고, 힘없고, 중국의 발전한 도시들과 거리가 먼 사람들이었다.[55]

노동자, 촌민, 재해 희생자들의 잦은 시위는 사회적 불만과 대중들의 분노를 보여주었다.[56] 전국적으로 2만 명을 샘플로 조사했던 한 대규모 연구에서 현재의 중국이 마주하고 있는 가장 중요한 두 가지 사회 문제가 공공 관료의 부패와 부의 불공정한 배분임이 나타났다.[57] 모든 스캔들과 사고에서 정부 고위 관료들은 다른 사람들에게 책임을 돌리고 책임지기를 거부했다. 그러나 실제로는 더 체계적 문제가 있었는데, 많은 스캔들은 시장 경제 전환에서 중국이 효율적인 규제 제도를 만드는 데 실패했음을 드러냈다. 스캔들을 처리하면서 정부는 하향식의, 국가 중심적·규제적·법률적 접근에 의지했다. 그러나 이러한 접근은 중국의 규제 문제를 처리하기에 충분하지 않았다. 안전 법률과 규정을 강제하는 데서 정보와 훈련의 원천으로 작용하는 활발한 시민사회, 자유롭게 사회적으로 책임 있는 언론 그리고 독립적인 사법부가 없이는 견고하고 지속가능한 규제 능력을 만드는 것이 불가능할 것이다.

당의 금지에도 불구하고 민주화와 대중 참여에 대한 토론은 잠잠해

지지 않았다. 1981년 중국에서 민주의 벽 운동이 진압되었지만, 그 활동가 중 일부는 해외로 이주하여 그곳에서 민주의 벽 운동을 전개했다. 1989년 민주화 문제는 거의 체제를 붕괴시킬 뻔했다. 2008년 12월 ⁽³⁰³ 명의 그룹으로 시작해 7,000명이 넘게 참여한 것으로 알려진) 여러 사람이 공동 서명한 '08헌장'이라는 제목의 선언문을 발표하면서 억눌렸던 논쟁이 다시 드러났다. 이 선언문은 중국공산당에 민주주의로 가는 길을 제시했다. 08헌장을 작성하고 2012년에 노벨평화상을 받은 류사오보劉曉波는 2017년 7월 감옥에서 죽었다. 그가 쓴 글은 중국에서 경제 기적과 함께 사회적 불평등과 부패가 증대했던 30년이 지난 후 어떻게 더 공정하고, 더 투명하고, 더 잘 통치되는 사회를 만들 것인가라는 문제에 대답하려는 시도였다. 헌장에 서명한 사람들의 답은 경쟁 선거, 법치, 인권 존중 등 자유민주주의적 제도에, 또한 더 공정한 부의 분배, 환경 보호, 약자에 대한 보호 등에 기반해 있었다.

그러나 활동가들의 연령 구성에는 중요한 변화가 있었다. 1979년 민주의 벽 운동과 톈안먼 시위는 대부분 청년과 학생들의 운동이었다. 그러나 08헌장의 첫 서명자 중에는 중간 계급과 교육 수준이 높은 전문가들이 확실히 많았다. 이것은 아마도 중국공산당이 두려워하는 상황이었을 것이다. 공산당의 정당성은 경제성장, 민족주의 고취 그리고 당 말고 더 좋은 대안이 없다고 중국 인민들에게 이야기하는 것과 같은 수사적 장치 등에 기초해 있었다. 공산당이 권력을 유지하는 방법 중 하나는 접근성과 혜택 그리고 혼란에 대한 공포를 잠재울 안정성을 제공함으로써 신흥 중산층과 우호적으로 지내는 것이었다. 그러나 중간 계급의 일부 구성원들에게는 이것이 통하지 않았다. 중간 계급의 구성원들이 점점 더 좋은 통치 그리고 자신과 이웃에 영향을 미칠 수 있는 의

사결정에 대한 발언권을 요구했다.

마오 시기 후기 시작된 사회주의적 이상의 붕괴는 중국 안팎의 학자들이 '가치의 공백'이라고 부르는 것으로 이어졌다. 작가 위화余華 (1960~)는 풍자적으로 말했다. "중국은 정치가 모든 것을 주도하는 마오 쩌둥의 흑백 시대에서 덩샤오핑의 경제지상주의 컬러 시대로 접어들었다. 문화대혁명 시기에 우리는 항상 '사회주의의 풀을 뜯어 먹을지언정 자본주의의 싹은 먹지 않겠다'라고 말했다. 오늘날 중국에서 우리는 이미 어떤 것이 사회주의이고 어떤 것이 자본주의인지 분명하게 구분할 수 없으며, 풀과 싹 둘 다 똑같은 식물일 뿐이다."[58] 그에게 이는 "오늘날 사회의 윤리·도덕성 결핍과 가치관의 혼란"으로 이어졌다. "이는 단편적 발전의 후유증 가운데 하나이고 … 우리가 진지하지 못한 사회, 원칙이 중시되지 않는 사회에 살고 있음을 의미한다."[59] 좋든 나쁘든 중국 사회는 강력하고 압도적인 공적 이데올로기에 익숙해져 있었다. 그러나 그것이 사라졌을 때, 사람들은 일상생활에서 자신의 의사결정의 지침이자 무엇이 옳고 그른지를 판단하는 기초로 일종의 윤리적 신념 체계를 갈망했다.[60] 최근 중국의 번영하는 경제 속에서 돈벌이와 물질주의가 가장 뚜렷한 대중적 가치가 되면서 빈 곳을 채웠다. 실내장식에서 농구 팬덤에 이르는 취미 속에서 늘어나는 개인 소비와 오락의 영역을 눈으로 볼 수 있었다.[61]

마오 치하에서 결핍을 경험한 후 소비와 물질적 풍요는 분명히 만족스러웠지만, 어느 정도까지만이었다. 물질주의의 추구가 부도덕한 행위와 사회적 부정의 반복을 가져왔고 이러한 반복이 때때로 권력에 대한 특별한 접근성에 기댔기 때문에, 사람들은 좀 더 나은 무엇인가를 기대했다. 옳고 그름에 대한 근본적인 관념은 중국 전통 속에 깊이 뿌리내리고 있었다. 많은 사람이 어떻게 얻은 것이건 돈만을 중시하는 사회적 세계에 대한 불만을 온라인에서 표현했다. 중국 사람들은 여러 가지 방법으로 다음과 같은 큰 질문들과 씨름했다. 우리는 어떠한 규범에 동의할 수 있는가? 그러한 규범을 어떻게 실행에 옮길 수 있는가? 21세기 초에 우리는 올바른 사람이 된다는 것이 어떤 의미가 되기를 원하는가? 중국인이 된다는 것은 무엇을 의미하는가?

경제 개혁과 도덕적 공백은 점, 조상 숭배, 사원 축제, 교회나 모스크에 가기, 장례 의식, 순례, 종파주의, 독경, 도덕적 서적의 인쇄와 배포 등을 포함하는 광범위한 종교적 관행이 다시 활성화되는 데 비옥한 토양을 제공했다. 종교의 파도는 인상적이었다. 중국은 세계에서 가장 많은 불교 인구뿐 아니라, 빠르게 증가하는 가톨릭과 개신교 신자, 확장하는 무슬림 공동체, 그리고 활동적인 도교 사원들을 가지게 되었다.[62] 1949년 이후 거의 40년 동안 사라졌던 종교적 관행이 중국의 일상생활에서 중요한 부분으로 다시 나타났다.

중국 역사에서 '이단' 종교들은 백련교의 반란이나 태평천국 반란과 같은 수많은 봉기의 원인이었다. 정부 당국은 전통적으로 이단 종파들을 심각한 위협으로 여겼다. 이러한 역사적 유산은 당–국가가 모든 종류의 정신적 신념과 관행을 의심하는 데 기여했다. 따라서 21세기가 시작될 때 중국을 휩쓴 놀라운 종교의 급증은 중국공산당의 각별한 정치적 우려를 촉발했다.

놀랍지 않게도 국가는 새롭게 나타난 수많은 종교 집단에 대한 공식적 승인을 더디게 했다. 대개 국가는 정치 노선을 침해하지 않는 선에서 종교를 용인했다. 그러나 정치 노선을 침해하면 국가는 그 종교 공동체를 억눌렀다. 파룬궁法輪功이 좋은 사례다.[63] 파룬궁은 1992년 전반적인 기공氣功붐의 일부로 나타났고, 호흡과 명상 기법인 기공을 도덕 철학과 결합했다. 수련자들은 파룬궁이 그들을 더 건강하게 하고 궁극적으로는 정신적 계몽으로 이끌 것으로 믿었다. 파룬궁은 빠르게 중국에서 가장 큰 기공 단체의 하나가 되어 절정이었던 1990년대에 2만 8,263개 기초 수련장과 1,900개 중급 교육소 그리고 39개 주요 지점이 있었다. 국가는 1999년 4월 말 베이징의 공산당 본부 바깥에서 열렸던 파룬궁의 대규모 평화 시위 때까지는 이 운동을 용인했다. 시위자들은 그들의 신앙에 대한 중국 매체들의 부정적 보도에 항의했다. 이 사건을 계기로 당국은 파룬궁 집단을 혹독하게 억누르기 시작했다.

사회주의로부터의 전환은 광범위한 상품화를 수반해서 노동, 토지, 자연 그리고 신체가 팽창하는 시장의 힘에 지배받게 되었다. 또한 사회의 규범적 구조의 뚜렷한 변화를 촉발하기도 했다. 정의, 존엄, 자격, 권리 그리고 노동의 가치의 기준들이 근본적으로 변화했다. 경제적 이해와 제도의 기능을 특권화하는 서구의 논의에서 보통 무시되지만, 이러한 상품화와 상업화의 도덕적 결과는 제도적 규범의 분기를 가져왔고 담론과 이데올로기에서 구식의 마르스크주의와 새로운 시장자유주의의 불편한 동시성을 가져왔다. 철학자 츠지웨이慈繼偉는 이러한 미해결의 개탄스러운 시국을 다음과 같은 강한 어조로 묘사한다.

도덕적이든, 법적이든, 규제적이든 일상의 공존과 협력의 규범들이 대규모로 파괴된다. 문제의 규모는 놀라울 정도다. … 그렇게 기초적인 규범 위반은 탄광은 말할 것도 없고, 안전하지 않은 식품(분유와 이른바 하수구 기름이 가장 분명한 사례다), 약품, 물, 교통 등과 같은 너무 많은 사례를 만들었다. … 내가 도덕적 위기라고 부르는 것은 많은 사람이 대체로 받아들일 수 있는 사회적 공존과 협력의 규칙들을 따르지 않는 상태다. … 이러한 도덕적 위기의 개념을 감안할 때, 마오 이후 시대 중국의 도덕적 위기가 동시에 사회 질서의 위기라는 것은 놀랍지 않다.[64]

약한 제도적 규범과 불안정한 지적 유동성의 시기였기 때문에, 중국 시민들이 광범위한 사회적 행동주의에 관여하고 참여하는 것이 정치적으로 적절한 순간이기도 했다.[65] 이전에 온라인 매체와 다른 곳에서 그렇게 많은 열정적 토론이 있던 적이 없었으며, 그러한 토론은 사회적·정치적 갈등의 결과를 만들어내는 과정에서 더 큰 역할을 하는 것에 대한 대중적 관심을 가져왔다. 이러한 토론은 중국 시민들이 자신들의 의견을 말하고 국가에 요구하는 데에 풍부한 도덕적·인식적 자원들을 제공했다. 동시에 정치 개혁의 부재와 유토피아 이후 상황의 당황스러운 복잡성은 당대 많은 중국인을 불안하게 했다. 경제적 성과와 국가적 자부심에도 불구하고, 그들은 스스로를 불확실한 미래에 둘러싸인 취약한 국민이라고 생각했다.

●

1970년대 말 덩샤오핑이 이끄는 정부는 나라를 발전시키고 경제를 활성화하려는 일련의 개혁을 시작했다. 중국은 마오쩌둥 치하에서 추구했던 계획경제 체제와 자급자족적 정책을 포기했고, 세계 최대의 무역 국가이자 두 번째로 많은 해외 직접 투자가 유입되는 국가가 되었다. 경제 개혁이 시작된 이후 중국의 성장은 세계경제사에서 유례없는 것이었다. 다른 어떤 나라도 그렇게 빠르고 길게 성장하지 않았다. 2013년에 중국 경제는 1978년보다 실질 기준으로 25배가 되었다. 그 결과 세계 총생산에서 중국의 비율은 3%에서 12%로 4배 이상으로 늘어났고, 2015년에는 14.8%까지 늘어났다. 중국의 명목 국내총생산은 75배로 늘어났다. 그 과정에서 중국은 선진 공업국 6개국을 추월하여 세계에서 두 번째로 큰 경제 규모를 가지게 되었다. 물론 중국의 거대한 인구 때문에 일인당 기준 순위는 훨씬 낮았지만, 일인당 소득도 증가했다. 1980년에 중국은 저소득 경제로서 세계에서 가장 가난한 나라에 속했다. 2016년에 중국은 일인당 소득 1만 2,400달러로 세계 106위에 올라 중상위 소득 범주에 있게 되었다.[66]

중국의 개혁기는 운송, 통신, 정보 관리의 빠른 비용 감소를 동력으로 하는 세계화의 새로운 단계와 일치했다. 그 결과 국제 시장은 다른 때 그리고 제2차 세계대전 이후 다른 나라에 주어졌던 것을 훨씬 뛰어넘는 기회를 중국에 제공했다. 중국의 발전은 세계 시장에 대한 개방적 접근과 자본과 상품의 무제한적인 초국적 흐름에 결정적으로 의존했다. 개방 정책이 중국의 전체 경제가 다른 지역이나 세계의 다른 곳에서 생산된 부품들을 노동집약적으로 최종 조립하는 방향으로 기울어지게 했다. 노동력이 주요 자산인 중국 노동자들이 이익을 얻을 수 있었고, 중국은 아시아 모든 국가의 최대 무역 상대국이 되었다. 이는 임금 인상과 국내 소비 증가를 가져왔다. 품질 기준을 세계 기준으로 높인 기업들에 보상함으로써 국제 무역과 투자는 중국 회사들이 생산품의 품질을 높이려는 광범위한 노력을 시작하도록 자극하여 점점 더 많은 중국 상품이 해외와 국내 시장에서 경쟁할 수 있게 했다.

1978년 이후 경제성장은 중국이 점진적으로 세계 곳곳에서 경제적 영향력을 행사할 수 있게 했고, 여기에 점점 더 강력해지는 군사력의 뒷받침이 있었다. 중국은 자신의 부를 가지고 해군력을 엄청나게 강화했다. 중국은 항공모함, 정교한 미사일, 선진적인 잠수함 등을 만들었고, 아시아와 세계 다른 지역에서 서구의 군사적 지배에 도전할 수 있는 사이버전 능력을 발전시켰다. 중국은 불가피하게 세계의 세력 균형에 도전하면서 활기를 가지고 세계적 야망을 추구하기 시작했다.

개혁개방 정책은 점진적 제도 개혁으로 경직되고 국가 통제적 경제 체제에 점점 늘어나는 유연성과 개방성을 불어넣는 것을 기초로 했다. 개혁은 중국이 빈곤을 야기한 경제의 비효율적인 제도적 패턴에서 벗어나서 빠른 경제성장으로 가는 경로에 오르게 했다. 더 높은 정도의 포용성과 개방성이 혁신적이고 열심히 일하는 농민들과 기업가들에게 사업을 시작하고 확장할 새로운 기회를 가져다주었고, 이는 시간이 지나 중국의 비효율적이고 낭비적인 국가 영역이 빛을 잃게 만들었다. 전반적으로 중국의 경제 개혁은 위로부터의 큰 전망보다는 상향식의 진취성이 추동했다. 무엇보다도 구체적인 경제 정책과 신중하고 점진적인 제도 개혁이 가장 중요했다. 제도적 혁신에는 시장 자유화, 해외 직접 투자와 해외 수출 시장에 대한 점진적인 개방, 시장 경제를 작동하고자 필수적인 중앙은행 기능과 세금 제도의 창출, 기업-정부 관계의 증진, 완전히 규칙 기반은 아니더라도 적어도 좀 더 규칙 지향적인 포용적 경제제도의 점진적 출현 등이 있었다.

그러나 어려운 도전이 남아 있다. 중국의 성장은 2014년부터 둔화되기 시작해 '세계의 공장' 모델이 경제적으로 지속가능하지 않다는 것을 보여주었다. 이 모델은 또한 더 이상 사회적으로 용인되기 어려울 정도로 높은 비용을 치르게 만드는 엄청난 환경오염을 야기했다. 이 핵심적 문제 때문에 중국은 중공업과 저가, 저임금 제조업을 버릴 필요가 있었다. 전환 과정에서 중국공산당이 성장과 부의 창출로 인민들로부터

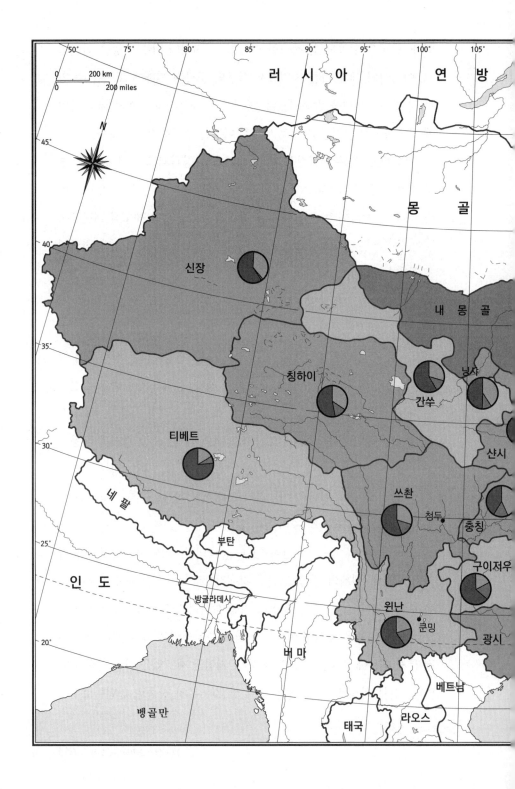

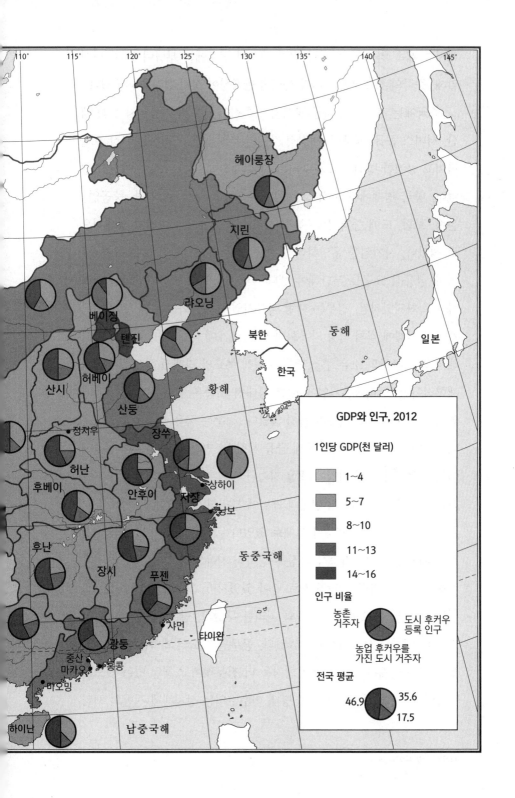

GDP와 인구, 2012

1인당 GDP(천 달러)

- 1~4
- 5~7
- 8~10
- 11~13
- 14~16

인구 비율

농촌
거주자 / 도시 후커우
등록 인구

농업 후커우를
가진 도시 거주자

전국 평균

46.9 / 35.6
17.5

헤이룽장

지린

라오닝

베이징

톈진

허베이

산시

산둥

정저우

장쑤

허난

후베이

안후이

저장

상하이

닝보

후난

장시

푸젠

샤먼

타이완

광둥

중산

마카오 / 홍콩

마오밍

하이난

북한

한국

일본

동해

황해

동중국해

남중국해

지지를 계속 얻을 수 있어야 했기 때문에 정부에는 부담이 컸다. 다시 말해, 중국의 경제뿐만 아니라 사회적 안정성이 정책 결정을 이끌었다.

중국에는 자본주의 시장 경제의 기초적인 제도적 기둥이자 상품 생산, 서비스 공급, 경제적·재정적 자원의 분배 등을 조직하는 가장 효율적이고 공정한 방법으로 간주되는 사유 재산에 대한 보장이 여전히 없었다. 중국 경제에서 사적 소유권이 존재했고 확산되었지만, 중공업·은행, 보험, 도매 등과 같은 특정 서비스 분야에서는 여전히 상대적으로 적었다. 사기업을 운영하려면 종종 국유기업보다 더 많은 규제적·법적·금융적 요구를 부담해야 했다. 1997년 이후 국유기업의 민영화가 가속화되었지만, 정부는 대형 국유기업을 민영화하는 데 주저했다. 개혁기 전체에 걸쳐 시장 자유화와 외부 세계에 대한 개방 속도와 비교해서 국유 부문의 소유 구조 변화는 정책 목표와 경제적 현실 모두에서 제한적이었다. 비국유기업에 대한 상대적 비중은 낮아졌지만, 국유기업의 절대 규모는 거의 줄어들지 않았다. 정부는 국유 부문을 유지하는 데 전념했고, 국유 부문도 국제 금융 시장 및 민간 수출 부문과 연결해 이익을 얻었다. 국유기업에 대한 지속된 지원은 자유 시장 경제가 작동하는 방식에 대한 서구의 이론과 개념에 분명히 도전했다.

비록 중국의 정치체제가 그대로 있었다는 말은 아니지만 중국의 시장 전환의 또 다른 지속적 특징은 정치적 자유화의 부재였다. 중국은 여전히 권위주의적 일당 국가로 남아 있었지만, 1978년 이후 당은 급진적 변화 및 유토피아적 목표와 거리를 두었다. 당은 어쩌면 이름 말고는 더 이상 공산주의적이지 않았다. 공무원 제도의 개혁은 구식의 간부 체계를 단계적으로 없앴고 행정을 더 전문적이고 책임 있는 것으로 만들었다. 지방 수준의 선거와 당내 민주주의는 정치체제 전반의 책임을 증가시켰다. 덩샤오핑의 죽음으로 '실력자' 정치는 종말을 고했다. 그러나 2012년 시진핑 총서기를 '핵심 지도자'로 만들려는 혼란스러운 시도가 있었다. 정치적 분위기는 전보다 경직되고 아마도 더 불안정하게 되기 직전이었다.

이러한 움직임은 중국 정부가 명백히 현실에서 실질적인 정치적·사회적 변화를 받아들이려 하지 않는다는 것과 적어도 정치체제를 개혁하려는 제도 건설의 노력을 거부하거나 최소한 지연시켰음을 보여준다. 빠른 경제 자유화와 변하지 않은 것처럼 보이는 정치의 결합은 많은 사람이 중국의 발전을 취약하고 지속가능하지 않다고 믿는 정부 형태인 국가 주도의 권위주의적 자본주의로 특징짓도록 만들었다. 정치적 결정에 대한 대중의 참여라고 하는 풀리지 않는 문제는 일련의 정치 위기의 근본적 원인이었다. 1979년 민주의 벽, 1989년 학생들이 이끈 민주화 운동, 2008년 08헌장, 그리고 몇몇 더 작은 규모의 갈등은 당의 지배에 대한 심각한 도전을 대표한다.

중국이 언제 그리고 어떻게 더 참여적이고 정당성 있는 체계를 받아들일지 그리고 그 과정에서 당이 살아남을지는 중국이 정치적 미래에 대해 물어야 하는 주요 질문이다. 중국은 견고한 상품 시장을 발전시켰지만, 여전히 사상을 위한 자유 시장이 없다. 현대 경제가 점점 더 지식 주도적으로 되고 혁신에 의존하게 되면서, 자유로운 생각의 교환으로 얻는 것이 너무 중요하게 되었고 그것을 억누르는 비용은 잠재적으로 매우 높아졌다.[67] 1978년 이후 시장 자유화를 받아들였던 것처럼, 중국은 다가올 몇십 년 동안 정치 자유화를 잘 받아들일 수도 있다. 이것은 자유민주주의나 다당제로 이어질 수도 있고 그렇지 않을 수도 있다. 그러나 1978년 이후 역사에서 한 가지 결론은 확실하게 끌어낼 수 있는데, 정치 생활에서의 더 많은 다원주의와 더 높은 정도의 대중 참여가 없이는 더 지속가능하고 안정적인 발전을 상상하기 어렵고 미래의 정치 위기가 있을 것 같다는 것이다.

중국이 제도 개혁을 지속해야 할 필요를 지적하는 다른 요인과 주장이 있다. 중국 사회는 다양하고 다원적으로 되었다. 동시에 사회적 긴장과 갈등도 늘어났다. 중국의 경제 불평등 수준은 이미 미국을 넘어섰다. 마르크스주의 이데올로기는 거의 완전히 무너졌고 물질주의와 적극적인 민족주의의 결합으로 대체되고 있다. 농촌에서 도시로의 대규모 노동 이주는 빠른 속도로 계속되고 있다. 초경쟁적 시장 경제의 압력은 전통적 가족을 무너뜨리고 있다. 정치적 부패는 새로운 정점에 도달했다. 환경 악화는 증가하는 보건 위기를 제기하는 수준에 도달했다. 이런 모든 요인이 비판적이고 치열한 토론, 불확실성의 감정, 노골적인 사회적 불만의 원인이 되었다. 시민들의 저항, 탄원의 증가는 부분적으로 중국의 거대한 사회적·경제적 변화로 인한 것이었다. 인터넷은 중국 인민들이 점점 더 정치적 관점을 표현하고 정치적 토론에 참여할 수 있게 했다. 그러나 중국 국가의 핵심에 있는 통치상 결함도 사회적 불안의 증가를 자극했다. 확고하게 자리 잡은 사기업과 국가 기업이 많은 기관을 장악하고 정책 결과를 그들이 원하는 대로 조정할 수 있었고, 이는 공익을 대가로 했다. 반부패운동이 이러한 심각한 상황을 처리하려고 했지만, 장기적으로 작동할 수 있을지는 의심스러웠다. 그러나 중국 시민들은 그들의 삶에 영향을 미치는 결정에 참여할 수 있는 독립적인 정치제도를 가지지 못했다. 그래서 시민들의 불만은 공식적인 법적·정치적 제도보다는 거리로 이어졌다.

이 장에서 경제적 성공 이야기는 화려한 '중국 모델'의 결과나 기존

홍콩 감중구 야영지에 있는 자신의 텐트에서 그림을 그리고 있는 어느 친민주주의 시위자, 2014. 10
(Nicolas Asfouri/Getty Images/458093386)

의 세계 질서에 대한 체계적 도전 혹은 대안적 발전 경로로 묘사되지
않았다.[68] 그것은 오히려 구체적 요인, 점진적이고 편의적인 정책, 역
사적 유산 그리고 국제적 기회의 결과였다. 중국의 부상에서 핵심적 도
전은 역사적 잠재력을 드러낼 공식을 찾는 것이었다. 중국의 역사적 장
점은 전근대 중국 제도의 상대적 정교함, 능력주의와 교육에 대한 강
조, 복잡한 행정·경제 체계를 운영했던 경험 등이 있었다. 전국적인 입
학시험과 같은 현대 중국의 제도에는 깊은 역사적 뿌리가 있다. 현재의
발전에서 중국의 역사적 유산의 핵심적 역할을 강조하는 이러한 관점
은 중국의 행위자들이 수동적이고 전통의 마법 아래 있어서가 아니라
그들이 과거에서 필요하고, 유용하며, 바람직한 것을 찾아내 끌어오기
때문에 과거가 미래에 영향을 준다는 것을 인정한다. 그들은 의도적으
로 제도적 변화를 추구할 때, 그리고 조직적·제도적 혁신의 개발이나

채택을 고려할 때, 새로운 상황에서 어떻게 행동해야 할지를 결정하기 위해 그렇게 한다. 중국 사회제도의 역사적 유산과 광범위한 새로운 제도 개혁의 창조적 채택은 결과적으로 (특히 경제에서, 또한 복지와 기반 시설과 같은 다른 영역에서) 중국이 직면했던 일부 장기적 문제에 대해 충분한 제도적 해결책을 찾도록 했다.

중국은 개혁으로 세계의 경제와 사회 질서의 중요하고 근본적인 부분이 되었다. 따라서 중국이 지금 고투하고 있는 문제들은 범위와 중요성에서 세계적인 것이다. 중국은 독특한 역사적 강점과 약점을 세계 질서 속으로 가지고 왔다. 그러나 세계 시장과 경제의 서로 뒤얽혀 있는 본성을 생각하면, 한 큰 나라에서 불균형은 그곳에서만 머물러 있을 수 없고 결국 다른 곳으로 퍼져나간다. 현재 중국에서의 구조적인 사회적·경제적 전환은 중국과 세계 시장이 조만간 해결해야 할 거대한 부채를 만들어낸, 빠르고 전례 없지만 불균등한 발전의 징후다. 중국 그리고 세계는 결국 더 온건하고 지속가능한 현실 속에서 사는 것을 배워야 할 것이다.

왜 새로운 중국의 역사를 쓰는가? 우리가 18세기와 19세기에 유럽의 현대 이행에 동반되었던 것과 비슷한 불안하고 폭력적인 세계적 변화의 시대에 살고 있다는 감정이 널리 퍼지고 있다. 동시에 서구라고 불리던 것의 권위, 매력, 신뢰가 약해지고 있다. 서구는 더 이상 세계의 나머지가 우러러보는 희망의 빛나는 표지가 아니다. 또한 세계가 움직이는 방향이 덜 분명해졌다. 세계가 늘어나는 변덕과 불확실성을 특징으로 하는 국면에 진입하면서 논쟁과 대립도 확산되고 있다. 중국이 중심으로 복귀하는 것은 세계적 풍경에 나타나는 이러한 분명한 변화들의 주요한 동인 중 하나다. 중국은 세계에 새로운 기회와 이니셔티브를 제안하지만, 상품뿐만 아니라 불균형과 불확실성까지 수출하면서 불가피하게 새로운 위험도 제기한다.

최근 중국의 놀라운 발전은 독특하고 세계 다른 지역의 제도와 쉽게 비교할 수 없는 일련의 제도에 기초한다. 이 제도들은 잘 이해되지 못하고 있다. 나는 중국의 독특한 제도적 질서를 이해하려면 깊이 있는 역사적 접근이 필요하다고 믿는다. 중국의 제도적 흐름이 전 세계에 제도적 다양성과 대안에 기여하기 때문에 역사는 중국 발전에서 주요한 역할을 한다. 처음에는 작았던 변동이 중국 역사에서 핵심적인 역사적 시점과 전환기와 상호작용하면서 크게 기록되었다.

그러나 오랫동안 서구 역사가와 사회과학자들은 정반대로 가정했다. 그들은 중국이 자신들이 수렴이라고 부르는 과정에서 조만간 서구의 모델과 제도를 채택할 것이라고 믿었다. 우리 시대에 수렴이 중국(혹은 다른 지역들)을 서구 세계와 더욱 가깝게 하리라는 것을 심각하게 의심할 이유가 있다. 전 세계적으로 이루어지는 연결과 거래가 날마다 늘어나고 있지만, 이것이 단일한 세계나 조화를 이루는 지구촌으로 이어질 것이라는 낙관론은 줄어들었다. 그 대신 사방에서 분노와 당혹스러움이 강해지고 있다.

이러한 상황은 중국의 빠른 발전과 세계의 뚜렷한 변화와 마찬가지로, 현재 학계에 전통적인 서사를 재검토하고 오늘날의 세계를 역사적 관점에서 재개념화할 것을 요구한다. 이 책은 이러한 노력에 기여하고자 한다.

현대 중국의 새로운 역사가 필요하게 된 두 번째 이유가 있다. 중국의 과거를 연구하는 것은 지금 역사학에서 가장 역동적인 분야의 하나이다. 지난 20~30년 동안 우리는 미국, 유럽, 중국 그리고 타이완에서 엄청나게 쏟아지는 학술 저작을 보아왔다. 1차 자료와 2차 자료를 포함하여, 현대 중국을 다루는 자료의 맹습이 전후에 중국사 분야를 지배했던 가정과 접근법에 점점 더 의문을 제기함으로써 엄청난 도전을 야기한다. 중국 사회의 발전을 다룬 새로운 연구들이 현대 중국의 문화사, 사회사, 지성사에 관한 기획들을 완전히 새로운 기반 위에 올려놓았다. 이러한 대규모 새로운 연구 활동이 만들어낸 새로운 통찰들은 불과 30~40년 전에 쓰인 중국사들이 더 이상 현재의 지식수준을 반영하지 못하고, 현대 중국 역사의 가장 의미 있는 측면들조차 충분히 밝히지 못하게 되었다는 것을 의미한다.

이러한 고려와 관심이 내가 새로운 중국사에 대한 작업을 시작하도록 자극했다. 2011년에 시작했을 때부터 이 프로젝트는 부담이 매우 컸다. 끊임없이 늘어나는 문헌들을 결합하는 것과 이질적인 것처럼 보이는 통찰을 종합하는 것은 엄청난 도전이었다. 수없이 많은 책과 논문이 있는 상황에서, 현대 중국을 이야기하는 새로운 서술을 만들어내는 것도 마찬가지로 어려웠다. 급성장하는 중국 연구와 그 하위 분야의 많은 측면을 제대로 다룰 수 없었다는 것은 분명하지만, 나는 가장 중요한 성과와 설명을 통합하려고 진지하게 노력했다. 그것은 시시포스의 노동과 같았다.

이 흥미진진하고 새로운 연구를 통과하는 일은 보람차고 계발적이었다. 중국 분야가 최근 몇십 년 동안 얼마나 성숙했는지 분명히 이해하게 되었다. 중국의 중요성을 고려할 때, 우리가 좁은 전문분야 뒤에 숨을 수 없다고 확신한다. 비록 그러한 설명이 지나치게 어렵고 위험한 기획이고 결함과 공백을 피할 수 없다 하더라도 우리는 이 나라의 복잡한 역사에 대한 포괄적이면서도 최근 정보에 근거한 설명을 하기 위해 계속 분투할 필요가 있다. 이 책을 쓰려고 조사하는 과정에서 주로 유럽, 미국, 중국 그리고 다른 곳의 학계에서 생산된 풍부한 2차 문헌에 의지했지만, 때때로 필요한 곳에는 내 연구를 덧붙이기도 했다. 나는 여전히 이 주제에 흥미가 많고, 몇 년 동안 나에게 중요한 일에 시간과 에너지를 쓸 수 있었다는 것이 매우 영광스럽고 감사하다고 느낀다.

나는 운 좋게도 작업하는 과정에서 상당한 도움을 받았다. 그런 도움이 없었다면 이 책을 완성할 수 없었을 것이다. 여러 기관이 후한 지원과 고무적 기회를 제공했다. 상하이의 화둥사범대학은 2013년 12월부터 2014년 5월까지 나를 초청하고 연구비를 지원해 주었다. 동료 두잉이 친절하게 내 체류를 주선해 준 것에 깊이 감사한다. 스탠퍼드대학 후버연구소는 2012년부터 몇 번의 여름 동안 연이어 나에게 구내에서 작업하도록 허가해 주었으며, 또한 후버연구소와 스탠퍼드대학의 풍부하고 귀중한 학문적 자원을 활용하도록 해 주었다. 2015년에 나는 후버연구소 도서관과 아카이브로부터 후한 여름 연구비를 받았고, 이로써 4부의 초고를 쓸 수 있었음에 감사를 표한다. 2016년과 2017년에 우리는 두 차례 후버연구소와 베를린 자유대학의 중국 현대사에 대한 공동 워크숍을 열기도 했다. 특히 에릭 웨이킨과 린샤오팅의 협력에 감사한다. 독일연구재단DFG은 세 연구 프로젝트를 지원해 주었고, 이로써 5·4운동(2011~2016), 중화인민공화국 초기 통치(2012~2017) 등과 같은 구체적 주제에 대해 대학원생들과 함께 작업하는 것이 가능했다.

뒤의 프로젝트는 토마스 리세가 이끄는 통치에 대한 SFB 700 공동연구 프로젝트의 일부였다. 리세와 타냐 뵈르첼은 늘 큰 영감을 주었고, 이 프로젝트의 공동 연구자 옌허, 바네사 보제이, 하요 프뢸리히, 수이 란 호프만, 아냐 블랑케 등도 마찬가지였다. 또한 독일연구재단 연구비 덕분에 미국과 중국의 기록 보관소와 도서관들에 몇 차례 조사 여행을 할 수 있었다. 또 다른 독일연구재단의 연구비는 강의 면제 기회를 주었다. 폴크스바겐재단, 미국학술단체협의회ACLS와 장징궈 재단, 베를린의 아인슈타인 재단, 베를린 자유대학의 국제협력센터 등이 베를린(2011), 홍콩(2013), 하노버(2014), 베를린(2016)에서 있었던 몇 차례 워크숍을 위한 연구비를 지원해 주어 특정한 역사적 문제를 놓고 동료들과 토론할 수 있었다.

시간과 전문성을 아낌없이 나누어준 동료가 많아서 운이 좋기도 했다. 중국의 동료들, 특히 학문적으로 뛰어난 역사학자들과 나눈 대화에서 본질적 통찰을 얻을 수 있었다. 그중 장지순, 양퀴이숭, 션즈화, 펑샤오차이, 쉬지린, 왕하이광, 한강, 왕후이, 마오하이젠, 뉴다용 등에게 감사한다. 또한 그들 모두로부터 많은 것을 배웠고 그들이 시간을 내주고 도와준 것에 감사한다. 유럽, 미국, 홍콩 기관들에 속해 있는 중국 분야의 많은 동료가 준 조언과 그들과의 지적 교류에서 상당한 혜택을 받았다. 우리는 워크숍과 회의에서 만났고 식사 자리나 다른 기회에 긴 대화를 나누었다. 더빈 마, 쉬궈치, 프랑크 디쾨터, 크리스티안 앙리오, 탐 골드, 앤드류 네이션, 데이비드 더웨이 왕, 슝핑천, 글렌 티퍼트, 매튜 존슨, 줄리아 스트라우스, 윌리엄 C. 커비, 마틴 디미트로프, 프레신짓트 두아라, 자비네 다브링하우스, 펠릭스 뱀호이어, 스티브 스미스, 주자네 바이겔린-쉬비어드지히, 펠릭스 뵈킹 등을 포함하는 그들 모두로부터 지적으로 큰 빚을 졌다.

세계의 많은 역사학자가 쓴 흥미로운 작품들이 연구에 깊은 영향을 주었다. 특히 프레드 쿠퍼, 제바스티안 콘라트, 쉬테판 링케, 안드레아스 에커트를 지목하고 싶다. 여러 러시아사 학자도 중국 특색이라는 개념에 관한 자극적 질문으로 나를 도와줬다. 폴 그레고리, 스티븐 코트킨, 아미르 와이너, 마크 해리슨, 데보라 케이플, 외르크 바베로프스키, 로버트 서비스, 제인 버뱅크 등에게 감사한다. 이곳 베를린 자유대학 여러 동료는 믿음직하고 영감을 주는 대화 상대들이었다. 제도들에 대한 주제에 초점을 두는 동아시아학 대학원의 동료들이 제도주의의 이론들을 소개해 주었다. 베레나 블레칭어-탈콧, 이은정, 그레고리 잭

슨에게 특별한 감사를 표한다. 2015년과 2016년에 베를린 자유대학의 여러 수업에서 여러 장의 초고를 활용했고 학생들에게 피드백을 요청했다. 나는 도움이 되고 통찰력이 있는 많은 논평을 받아서 흥분했다. 그러한 반응들이 내가 이 책을 수정하는 데 크게 도움이 되었다.

하요 프륄리히, 니콜라스 쉴링어, 레나 베제만, 제시카 바테-페터스, 루 티엔, 베냐민 베게그너, 주자네 에버만, 쓰위엔 허 등은 여러 단계에서 사실 확인, 참고문헌, 교정 등의 특정 업무를 도와주었다. 그들의 헌신과 뛰어난 작업에 매우 감사한다. 원고를 검토해 준 두 명에게는 아주 큰 감사가 필요하다. 영광스럽게도 최고 중국사가 중 두 명인 예원신과 팀 칙의 검토를 받을 수 있었다. 그들이 이 번거로운 일을 엄청난 지식, 노력, 날카로움을 가지고 해낸 것에 깊은 경외감을 가지고 있다. 그들의 상세한 논평과 제안은 엄청나게 유용했고, 그들의 조언 덕분에 이 책은 훨씬 더 나아졌다. 지난 몇 년 동안 자주 비길 데 없는 지식과 날카로운 지성을 아낌없이 나누어준 예원신보다 나에게 더 영감을 준 사람은 없었다. 물론 남아 있는 모든 잘못과 단점은 나만의 책임이다.

하버드대학 출판부의 편집자 캐슬린 맥더모트에게 장기간의 지원과 열정에 대해 그리고 우리가 처음 합의한 기한을 지키지 못한 것에 대한 인내에도 특별한 감사를 보내고 싶다. 쥴리아 커비의 지칠 줄 모르고, 철저하고, 창조적인 퇴고는 극히 중요했다. 그 덕분에 이 책은 좀 더 읽을 만해졌고 많은 부분에서 더 명확해졌다. 나는 그녀의 탁월한 작업에 매우 감사한다. 치우즈제는 감사하게도 표지 디자인을 해주었다.

마지막으로 중요한 것으로, 내 가족과 사랑하는 사람들의 변함없는 지지에 감사를 표하고 싶다. 내 아이들인 조피아, 클라라, 율리우스는 여러 해 동안 나에게 놀라운 인내를 보여주었고, 나의 부재를 이해해 주었으며, 끊임없이 따뜻함과 위트로 대해 주었다. 파트너인 율리아는 항상 따뜻한 지지를 보내주었을 뿐 아니라, 원고 전체를 읽고 논평을 해 주고 나와 중국 역사에 대해 토론하는 데 많은 시간을 쓰기도 했다. 그녀의 날카로운 질문과 불일치를 예리하게 보는 눈 덕분에 많은 실수를 피할 수 있었다. 나를 도와주고 믿어준 것 그리고 무엇보다 내 삶을 의미 있고 충만한 것으로 만들어준 것에 그녀에게 깊이 감사한다.

이 책은 클라우스 뮐한^{Klaus Mühlhahn}이 쓴 *Making China Modern: From Great Qing to Xi Jinping*^(The Belknap Press of Harvard University Press, 2019)을 번역한 것이다. 저자 뮐한은 1998년 독일의 베를린 자유대학에서 박사학위를 받은 후 핀란드의 투르쿠대학, 미국의 인디애나대학 교수를 거쳐 모교인 베를린 자유대학 교수로 재직하다가 지금은 체펠린대학의 총장으로 있다. 저자는 독일 학자이지만 영어권 학계에서도 활발하게 출판을 해 왔고, 특히 2009년 출간한 *Criminal Justice in China-A History*^(Harvard University Press, 2009)는 미국 역사학회에서 매년 동아시아 분야의 탁월한 책 한 권을 뽑아 시상하는 존 킹 페어뱅크상을 수상하였다. 『현대 중국의 탄생』은 뮐한이 이러한 성과를 거둔 후 착수한 새로운 도전의 결과물이다.

이 책을 번역하게 된 가장 큰 동기는 매년 강의하는 '중국현대사' 과목의 교재로 활용하려는 것이었다. 옮긴이가 하버드대학 출판부의 뉴스레터에서 이 책을 처음 접하고 출판사 홈페이지의 책 소개를 살펴보았는데, 여러 저명한 학자의 추천사 중 '페어뱅크와 스펜스를 계승할

만 하다'는 하버드대학 윌리엄 커비 교수의 언급이 눈에 들어왔다. 중국현대사에 관심이 있는 독자들은 잘 알겠지만, 존 킹 페어뱅크의 『신중국사』와 조너선 스펜스의 『현대 중국을 찾아서』는 1990년대 초 출판된 이후 오랫동안 중국현대사 분야의 중요한 입문서 역할을 해왔다. 최근까지도 영어권 학계에서 교재나 개설서로 가장 널리 활용되었고, 한국어로도 번역되어 많이 읽히고 있다. 옮긴이 역시 학부 시절에 두 책을 흥미롭게 읽었던 기억이 있고, 강단에 선 이후로는 교재로 여러 차례 활용하기도 했다.

10여 년 동안 대학에서 중국사를 강의하면서 강의 경력 초기 몇 년 동안의 모색 이후에는 강의를 통한 내용 전달은 최소화하고 주로 미리 교재를 읽은 학생들이 제출한 질문을 바탕으로 수업을 구성해 왔다. 이런 방식으로 수업하려면 적절한 교재를 선정하는 일이 강의 전반을 좌우하는 아주 중요한 요소일 수밖에 없었기 때문에 늘 어떤 책을 교재로 할지가 고민거리였다. 페어뱅크와 스펜스의 책은 가장 선호하는 교재였다. 저자들이 대가다운 솜씨로 영어권의 연구 성과를 종합하면서도 자신들의 관점과 해석을 뚜렷하게 드러냈기 때문에 흥미로운 질문과 토론 거리가 많이 나오는 것이 큰 장점이었다. 그리고 영어권의 대표적 연구들을 바탕으로 서술해 학생들의 질문을 계기로 심화된 내용에 접근하거나 과제로 제시하기에도 좋았다. 그러나 시간이 지나면서 두 책의 내용이 학계 동향과 거리가 멀어지고 있다는 생각이 점점 더 강해졌고, 최근 몇 년 동안에는 교재로 사용하지 않았다.

페어뱅크와 스펜스의 책 외에 옮긴이가 지금까지 교재로 활용해 온 책으로는 『아틀라스 중국사』의 근현대 부분, 요코야마 히로아키의 『중화민국사』, 모리스 마이스너의 『마오의 중국과 그 이후』, 이와나미출판사의 『중국근현대사』 시리즈, 한국의 중국근현대사학회에서 기획한 『중국근현대사 강의』 등이 있었다. 이 책들은 더 넓은 범위의 책 중 고심해서 고른 것으로, 모두 뛰어난 책이고 저마다 강점이 있다. 그러나 일부는 역시 최근 연구 동향을 반영하지 못한 부분이 있었고, 다루는 시대의 범위나 분량, 체제와 서술 방식 등에 차이가 크기도 했다. 또한 여러 저자가 참여한 책은 저자에 따른 편차가 심한 부분도 있었다. 특징이 다른 두 권을 같이 읽는다거나, 보충 자료와 함께 읽는다거나, 시대마다 각각 다른 책을 조합해서 읽는 등 여러 가지 시도를 해봤지만 늘 아쉬움과 불만이 남아 있었다. 이런 묵은 고민이 있었기에 책 소개에서 '페어뱅크와 스펜스를 계승할 만하다'는 문구에 혹하지 않을 수 없었고, 당장 책을 주문해 그 문구의 진위를 판별해 보지 않을 수 없었다. 밀한의 책을 구해 읽어본 결과 내용이 풍부하고 신선하며 최근까지의 광범위한 연구 성과를 충실하게 반영하였다는 점, 해석에 설득력이 있고 역사적 과정이 현재의 문제와 어떻게 이어지는지 잘 제시하였다는 점 등 여러 장점을 갖추어 나오기 어려운 책이 나왔다는 생각이 들었다. 그래서 커비의 평가에 동의하게 되었음은 물론, 책을 번역해서 교재로 활용하고 한국의 독자들에게도 소개하고 싶다는 욕심이 들었다. 곧 판권을 문의하고 출판할 곳을 알아보았고, 다행히 너머북스에서 출간 제안에 응해준 덕분에 번역 작업에 착수할 수 있었다.

책에 대한 판단과 평가는 독자들이 직접 읽고 해야 하겠지만, 옮긴이로서 강조하고 싶은 이 책의 장점은 무엇보다 광범위한 연구 성과를 소화하여 이를 저자 나름의 관점에서 종합해 설득력 있게 서술했다는 것이다. 이러한 작업은 원래도 공력이 많이 들지만 연구 속도가 점점 더 빨라지고 자료가 많이 축적되다 보니 예전보다 훨씬 더 어려운 일이 되고 있다. 스스로 '감사의 글'에서 '시시포스의 노동'에 비유하였지만, 저자는 오랜 각고의 노력 끝에 이 어려운 과제를 성공적으로 해냈다. 저자의 서술은 대단히 광범위한 문헌의 소화에 기초하며, 연구와 강의에 종사하는 이들이 더 실감할 수 있겠지만 인용 사료 역시 신선하고 폭넓다. 방대한 연구 성과를 종합한 결과 자연스럽게 최근까지의 연구 동향도 잘 반영되어 있다. 한 가지 예를 들면, 중국의 위기에 내재적 원인이 중요했는지 아니면 외부 충격이 중요했는지는 한 세대 전의 개설서라면 중요한 쟁점이 되었을 문제이다. 그러나 저자는 두 가지 모두를 포괄하면서도 청 말의 위기가 19세기에 제국들이 겪은 위기의 한 사례였다는 점을 제시하며, 중국이 그러한 위기 속에서 회복력을 발휘했다는 점도 강조한다. 과거에 내재적 문제로 보였던 것들이 가지는 국제적 차원과 세계적 동시성은 중국과 함께 살아가는 것이 전 지구적 문제가 된 현재 상황과도 자연스럽게 연결된다. 이러한 관점은 지구사라든가 생태환경사 같은 최근 흐름과 함께 지난 몇십 년 동안 극적으로 나타난 중국의 부상이 역사 연구에 미친 영향과도 관련되어 있다.

옮긴이로서 또 한 가지 강조하고 싶은 점 역시 연구 성과를 종합하려는 진지한 노력과 무관하지 않겠지만, 저자가 자신의 해석을 분명하게 드러내면서도 균형을 잃지 않으려고 노력했다는 부분이다. 역사 서술에서 완전한 중립은 불가능하며, 직접적으로 드러내는 평가 외에 서술의 비중이나 사례의 선택에서도 저자의 상황과 해석이 개입될 수밖에 없다. 그리고 이 책에는 각 부의 시작과 끝부분에 저자 나름의 해석을 비교적 분명하게 드러냈다. 옮긴이가 이 책이 균형을 잃지 않았다는 점을 높이 평가하는 까닭은, 중국의 부상으로 중국과 함께 살아가는 것이 우리 현실에 밀접한 문제가 된 결과, 현실의 상황을 역사에도 과도하게 투사하는 경향이 종종 보이기 때문이다. 중국 혐오와 중국공산당을 악마화하는 관점은 대중적 담론의 차원에서 벗어나 학계에까지 영향을 미치고 있다. 특히 최근 출간되는 중화인민공화국 시대에 대한 개설에서는 이러한 경향을 쉽게 찾아볼 수 있다. 다른 한편에서는 민주주의를 상대화하면서까지 '중국 모델'의 가능성을 적극적으로 전망하는 논자들을 국내에서든 국외에서든 어렵지 않게 찾아볼 수 있다. 저자는 공산당 통치 과정에서 나타난 많은 폭력과 희생을 놓치지 않으면서도 이를 '계산된 테러'로 보는 시각과 달리 비극의 원인으로 당-국가의 취약성을 지적하면서 비극의 맥락을 '이해'하고자 한다. (그럼에도 여전히 중국공산당에 불편한 지점이 적지 않은 까닭인지 이 책의 유일한 중국어 번역본은 2022년에 대륙이 아닌 타이완에서 출판되었다.) 다른 한편으로는 개혁개방 이후 중국의 부상에 대해서도 구체적 요인·국제적 기회·역사적 유산의 결과였다고 평가하면서 중국의 부상을 '중국 모델'의 결과로 보거나 '중국 모델'을 대안적 발전 경로로 여기는 시각과 거리를 두고 있다. 공산당과 관련된 문제 외에도 저자의 균형 감각을 평가할 부분은 적지 않다. 다른 예로, 이 책은 제국주의의 피해에 대해 어떤 개설서보다 상세한 내용을 서술하면서도(저자의 박사학위 논문 주제가 독일 조차지의 지배와 저항에 대한 것이었다) 조약항에서 일어난 변화에 주목하면서 이를 1980년대 경제특구와 연결해 개혁개방의 선례로 볼 가능성까지 시사하고 있다.

일부 독자는 '제도'를 강조하는 서론을 읽고 나서 이 책이 독특한 이론적 입장에 기초한다고 느낄 수도 있을 것 같다. 옮긴이 역시 처음 책을 접할 때 서론을 읽으면서 선입견이 약간 생겼는데, 부분적으로는 저자가 서론에서 제도를 강조하면서 『국가는 왜 실패하는가』를 인용했기 때문이기도 하다. 역사적 제도주의의 견지에서 수많은 국가의 성공과 실패를 다룬 『국가는 왜 실패하는가』는 명쾌한 논리와 흥미로운 사례로 흡입력이 대단한 책이지만, 역사학의 시각에서 보면 복잡한 사례를 너무 단순화한 것은 아닌가 하는 인상을 갖게 된다. 그러나 이 책의 본문을 읽어보면 알겠지만, 뮐한의 서술은 사례를 바탕으로 이론적 틀을 강조한다거나 행위자를 도외시하고 구조에만 집중하는 방식과는 거리가 멀다. 오히려 탁월한 역사 개설서들의 장점을 발휘해서 많은 내용을 압축하고 종합하면서도 이야기로서 재미도 놓치지 않는다. 저자가 서론에서 이야기하는 '제도'는 좁은 의미의 제도사와 관련이 적고 '기록되거나 기록되지 않은 규칙' 또는 '한 사회에서 협력하기 위해 인간들이 정한 사회적 질서'라는 의미로 사실상 역사학에서 전통적으로 다루어왔던 주제 전반을 포괄하는 것에 가깝다. 이러한 광범위한 영역을 포괄하는 '제도'를 논의한 끝에 저자가 제시하는 것은 결국 '제도적 질서를 이해하려면 역사가 중요'하다는 점이다. 옮긴이가 보기에 '제도'를 강조한 것은 '현대'에 특정한 모델이 있다는 것을 부정하고 중국의 경험과 관점을 강조하면서도 '중국'이나 '중국적인 것'에 본질주의적으로 접근하지 않으려 한 것이 아니었을까 한다. 이 점은 마치 정체론의 부활처럼 느껴지기까지 하는, 일본 학계 일각의 중국적 특수성을 강조하는 접근과 대비되기도 한다.

이 책은 출간 이후 개설서로는 예외적이라고 할 정도로 많은 주목을 받아 상당히 많은 서평이 나왔다. 평자들의 관점이나 관심사에 따라 아주 다양한 평가와 의견이 제기되지만, 이 책이 기존 연구 성과를 성공적으로 종합했다는 점과 표준적 도서standard work로 자리 잡게 되리라는 점에는 거의 모두 의견 일치를 보인다. 그중 한 서평의 다음과 같은 문구가 인상적이었다. "오랫동안 표준적인 도서가 될 것이라고 하는 말은 추천사의 상투적 표현이지만, 이 책에 대해서는 그냥 사실을 진술한 것이다." 이 책도 시간이 지나면 시대에 뒤떨어져 업데이트가 필요하거나 다른 책으로 대체되겠지만, 당분간 중국현대사에 대한 가장 추천할 만한 개설서가 되지 않을까 생각한다. 많은 독자가 이 책을 읽고 현대중국에 대한 이해를 넓히고 독서의 즐거움을 느끼게 되기를 바란다.

흔쾌히 출간 제안에 응하고 많은 관심을 가지고 번역 과정을 지켜봐 주신 너머북스의 이재민 대표, 번역을 주선해 주신 조영헌 교수 그리고 편집진을 비롯해 책을 만드는 데 애써주신 여러분에게 감사드린다. 아울러 교정 전의 번역 초고를 같이 읽으며 교재로서 이 책의 가치를 확신하게 해 준 고려대학교 역사교육과의 '중국현대사' 수강생들에게도 감사 인사를 전한다. 번역에 있을 미숙함과 잘못에 대해 독자들의 질정을 바라고, 지적받은 내용은 기회가 있을 때 충실하게 반영할 것을 약속드린다.

서론

1) Benjamin Carlson, "The World According to Xi Jinping," *The Atlantic*, September 21, 2015, http://www.theatlantic.com/international/archive/2015/09/xi-jinping-china-book-chinese-dream/406387/.

2) 다음 책에서 Evelyn S. Rawski, Jack A. Goldstone, Jonathan Hay, and Lynn A. Struve가 쓴 장을 보라. *The Qing Formation in World-Historical Time*, ed. Lynn A. Struve(Cambridge, MA: Harvard University Asia Center, 2004), 207-241, 242-302, 303-334, 335-482.

3) Daron Acemoglu and James A. Robinson, *Why Nations Fail: The Origins of Power, Prosperity and Poverty*(New York: Random House, 2012)(대런 애쓰모글루·제임스 A. 로빈슨, 최완규 옮김, 장경덕 감수, 『국가는 왜 실패하는가』, 시공사, 2012).

4) Douglass C. North는 제도를 '사회에서 게임의 규칙 혹은 더 공식적으로는 인간의 상호작용을 형성하는, 인간이 고안한 제약이라고 설명한다. North, *Institutions, Institutional Change, and Economic Performance*(Cambridge: Cambridge University Press, 1990), 3(더글러스 C. 노스, 이병기 옮김, 『제도·제도변화·경제적 성과』, 한국경제연구원, 1996, 13).

5) Richard Scott에 따르면, '제도는 관련된 행위 및 자원과 함께 사회생활에 안정성과 의미를 제공하는 규제적·규범적·문화적 인식요소로 구성된다.' Scott, *Institutions and Organizations: Ideas and Interests*, 3rd ed.(Los Angeles: Sage Publications, 2008), 48.

6) 그러므로 제도는 '구별된 역할들의 구체화된(인간이 차지하는) 구조로 구성된다. 이 역할은 업무와 그 직무의 수행을 규제하는 규칙으로 규정된다.' Miller, "Social Institutions," The Stanford Encyclopedia of Philosophy Archive, last modified February 8, 2011, http://plato.stanford.edu/archives/win2014/entries/social-institutions/. 다음도 참고. Masahiko Aoki, "Endogenizing Institutions and Their Changes,"

Journal of Institutional Economics 3.1(2007): 1–31; Stephan Haggard, "Institutions and Growth in East Asia," *Studies in Comparative International Development* 38.4(2004): 53–81.

7) Avner Greif, *Institutions and the Path to the Modern Economy: Lessons from Medieval Trade*(Cambridge: Cambridge University Press, 2006), 188–190.

8) North, Institutions, 3(더글러스 C. 노스, 『제도 · 제도변화·경제적 성과』, 13).

9) Adrian Leftwich and Kunal Sen, *Beyond Institutions: Institutions and Organizations in the Politics and Economics of Poverty Reduction-Thematic Synthesis of Research Evidence*(Manchester: University of Manchester, 2010).

10) Daron Acemoglu and James A. Robinson, "Paths of Economic and Political Development," in *Handbook of Political Economy*, ed. Barry R. Weingast and Donald A. Wittman(Oxford: Oxford University Press, 2006), 673–692.

11) Susan H. Whiting, *Power and Wealth in Rural China: The Political Economy of Institutional Change*(New York: Cambridge University Press, 2001), 19–20.

12) Sabine Dabringhaus, *Geschichte Chinas, 1279-1949*(Munich: R. Oldenbourg, 2006), 118–120.

13) Victor H. Mair, "Kinesis versus Stasis, Interaction versus Independent Invention," in *Contact and Exchange in the Ancient World*(Honolulu: University of Hawai'i Press, 2006), 1–16.

14) Charles S. Maier, *Once Within Borders: Territories of Power, Wealth, and Belonging since 1500*(Cambridge, MA: Harvard University Press, 2016).

15) Alfred W. Crosby, "The Past and Present of Environmental History," *American Historical Review* 100(1995): 1177–1189.

16) Mark Elvin and Liu Ts'ui-jung, *Sediments of Time: Environment and Society in Chinese History*(Cambridge: Cambridge University Press, 1998).

17) Pierre Bourdieu, *In Other Words: Essays towards a Reflexive Sociology*(Stanford, CA: Stanford University Press, 1990).

18) Yeh Wen-hsin, "Introduction: Interpreting Chinese Modernity, 1900–1950," in *Becoming Chinese: Passages to Modernity and Beyond*(Berkeley: University of California Press, 2000), 1–30을 보라.

19) 이는 다음과 같은 경제사가들의 최근 연구에 기초한다. Loren Brandt, Debin Ma, and Thomas G. Rawski, "From Divergence to Convergence: Re-evaluating the History behind China's Economic Boom"(working paper, CAGE Online Working Paper Series, Department of Economics, University of Warwick, Coventry, UK, 2013), http://wrap.warwick.ac.uk/57944; Dwight H. Perkins,

"China's Prereform Economy in World Perspective," in *The Rise of China in Historical Perspective*, ed. Brantley Womack(Lanham, MD: Rowman and Littlefield, 2010), 105−128.

20) Eleanor Albert and Xu Beina, "China's Environmental Crisis," Backgrounder, Council on Foreign Relations, January18, 2016, http://www.cfr.org/china/chinas−environmental−crisis/p12608.

1부 청의 흥망

1) Pamela K. Crossley, *The Wobbling Pivot: China since 1800, An Interpretive History*(Malden, MA: Wiley−Blackwell, 2010), xii.

1장 영광의 시대: 1644~1800

1) 중국의 정치체제에 대한 전후의 자유주의적 비평은 대부분 경직된 의례, 사회적 위계, 외국 혐오적 민족주의, 권위주의, 발전의 결여에 대한 가정에 집착하여 청 사회를 침체되고 폐쇄적인 것으로 묘사했다. 최근 연구들은 대체로 이러한 그림을 지우고 있다.

2) 유용한 지리 데이터와 지도를 하버드대학 지리분석센터의 중국 GIS 데이터 사이트에서 이용할 수 있다. http://www.gis.harvard.edu /resources/data/china−gis−data. 또한 다음 책을 보라. Sun Jingzhi, ed., *Economic Geography of China*(Hong Kong: Oxford University Press, 1988); Arthur Waldron, *The Great Wall of China*(Cambridge: Cambridge University Press, 1990); Piper R. Gaubatz, *Beyond the Great Wall: Urban Form and Transformation on the Chinese Frontiers*(Stanford, CA: Stanford University Press, 1996).

3) Robert B. Marks, *China: Its Environment and History*(Lanham, MD: Rowman and Littlefield, 2012); Mark Elvin, *The Retreat of the Elephants: An Environmental History of China*(New Haven, CT: Yale University Press, 2004), 19−85(마크 엘빈, 정철웅 옮김, 『코끼리의 후퇴』, 사계절, 2011, 72~173); David A. Pietz, *The Yellow River: The Problem of Water in Modern China*(Cambridge, MA: Harvard University Press, 2015); Mark Elvin and Liu Cuirong, *Sediments of Time: Environment and Society in Chinese History*(Cambridge: Cambridge University Press, 1998); Robert Marks, *Tigers, Rice, Silk, and Silt: Environment*

and Economy in Late Imperial South China(Cambridge: Cambridge University Press, 1998).

4) Jonathan Schlesinger, *A World Trimmed with Fur: Wild Things, Pristine Places, and the Natural Fringes of Qing*(Stanford, CA: Stanford University Press, 2017). 이 시기 상품의 세계적 순환에 대해서는 다음도 보라. Timothy Brook, *Vermeer's Hat: The Seventeenth Century and the Dawn of the Global World*(New York: Penguin, 2013). (티머시 브룩, 박인균 옮김, 『베르메르의 모자: 베르메르의 그림을 통해 본 17세기 동서문명교류사』, 추수밭, 2008.)

5) Randall A. Dodgen, *Controlling the Dragon: Confucian Engineers and the Yellow River in the Late Imperial China*(Honolulu: University of Hawai'i Press, 2001); Richards L. Edmonds, ed., *Managing the Chinese Environment*(Oxford: Oxford University Press, 1998).

6) 역사인구학자들이 세밀하게 조사된 지역이나 현의 수치를 기반으로 쓴 가장 훌륭하고 가장 포괄적인 연구 결과물은 다음과 같다. Ge Jianxiong et al., *Zhongguo renkoushi*[History of China's Population], 6 vols.(Shanghai: Fudan, 2001). (葛劍雄 主編, 『中國人口史(6卷)』, 上海: 復旦大學出版社, 2002.) 영어로 된 가장 좋은 자료는 여전히 Ho Ping-ti, *Studies on the Population of China, 1368-1953*(Cambridge, MA: Harvard University Press, 1959)(허핑티, 정철웅 옮김, 『중국의 인구』, 책세상, 1994)과 James Z. Lee and Feng Wang, eds., *One Quarter of Humanity: Malthusian Mythology and Chinese Realities, 1700-2000*(Cambridge, MA: Harvard University Press, 1999)(제임스리·왕평, 손병규·김경호 옮김, 『인류 사분의 일: 맬서스의 신화와 중국의 현실, 1700-2000년』, 성균관대학교출판부, 2012)이다.

7) Francesca Bray, *The Rice Economies: Technology and Development in Asian Societies*(Berkeley: University of California Press, 1994); Dwight H. Perkins, *Agricultural Development in China, 1368-1968*(Chicago: Aldine, 1969)(D. H. 퍼킨스, 양필승 옮김, 『중국경제사, 1368-1968』, 신서원, 1997).

8) Pierre-Etienne Will and R. Bin Wong, with James Lee, *Nourish the People: The State Civilian Granary System in China, 1650-1850*(Ann Arbor: Center for Chinese Studies, University of Michigan, 1991).

9) Edward H. Schafer, "The Yeh Chung Chi," *T'oung Pao*(1990): 148.

10) '중국'(中國)이 오늘날 아마도 영어 단어 'China'의 가장 가까운 중국어 등가어라는 사실에도 불구하고 '중화'(中華)가 현대의 중화인민공화국과 중화민국 두 국명에서 모두 China를 의미하는 단어로 공식적으로 사용된다. 다음을 참고하라. Lydia Liu, *Tokens of Exchange*(Durham, NC: Duke University Press, 1999).

11) James C. Y. Watt, "Art and History in China from the 3rd through the 8th

Century," in *China: Dawn of a Golden Age, 200-750 AD*, ed. James C. Y. Watt and Prudence Oliver Harper(New York: Metropolitan Museum of Art, 2004), 2-46.

12) Samuel Adrian M. Adshead, *T'ang China: The Rise of the East in World History*(Houndmills, Basingstoke, UK: Palgrave Macmillan, 2004), 30.

13) Samuel Adrian M. Adshead, *China in World History*(New York: St. Martin's Press, 1988).

14) Peter K. Bol, *"This Culture of Ours": Intellectual Transitions in T'ang and Sung China*(Stanford, CA: Stanford University Press, 1992)(피터 K. 볼, 심의용 옮김, 『중국 지식인들과 정체성: 사문을 통해 본 당송 시대 지성사의 대변화』, 북스토리, 2008); Dieter Kuhn, *The Age of Confucian Rule: The Song Transformation of China*(Cambridge, MA: Belknap Press of Harvard University Press, 2009)(디터 쿤, 육정임 옮김, 『하버드 중국사 송: 유교 원칙의 시대』, 너머북스, 2015).

15) 가장 긴 왕조들은 요(遼), 금(金)(1115~1234), 원(元)(1271~1368), 그리고 청(淸)(1644~1911)이었다.

16) Evelyn S. Rawski, "Presidential Address: Reenvisioning the Qing: The Signifi-cance of the Qing Period in Chinese History," in *Journal of Asian Studies* 55.4(1996): 829-850; Cho-yun Hsu, *China: A New Cultural History*(New York: Columbia University Press, 2012), 334(허탁운, 이인호 옮김, 『중국문화사(하)』, 천지인, 2013, 126).

17) 천명(天命) 개념은 기원전 11세기에 상(商) 왕조를 군사적으로 정복했던 주(周) 왕조(기원전 1045~기원전 256)의 정치적 요구를 충족하려고 처음 등장했다.

18) Prasenjit Duara, Michael Szonyi, David Faure 등의 학자들이 종교가 중국의 제국 국가가 지방 사회와 관계를 맺는 데 중심적 역할을 했음을 보여주었다. Prasenjit Duara, *Culture, Power, and the State: Rural North China, 1900-1942*(New York: ACLS History E-Book Project, 2005); Michael Szonyi, *Practicing Kinship: Lineage and Descent in Late Imperial China*(Stanford CA: Stanford University Press, 2002); David Faure, *Emperor and Ancestor: State and Lineage in South China*(Stanford CA: Stanford University Press, 2007). 기우 의례에 대해서는 다음을 보라. Jeffrey Snyder-Reinke, *Dry Spells: State Rainmaking and Local Governance in Late Imperial China*(Cambridge, MA: Harvard University Asia Center, 2009).

19) Benjamin A. Elman, *Civil Service Examinations and Meritocracy in Late Imperial China*(Cambridge MA: Harvard University Press, 2013); Alexander Woodside, *Lost Modernities: China, Vietnam, Korea and the Hazards of World*

History(Cambridge, MA: Harvard University Press, 2006)(알렉산더 우드사이드, 민병희 옮김, 『읽어버린 근대성들: 중국, 베트남, 한국 그리고 세계사의 위험성』, 너머북스, 2012); Ichisada Miyazaki, *China's Examination Hell: The Civil Examinations of Imperial China*(New York: Weatherhill, 1976)(미야자키 이치사다, 전혜선 옮김, 『과거, 중국의 시험지옥』, 역사비평사, 2016); and Benjamin A. Elman, *A Cultural History of Civil Examinations in Late Imperial China*(Berkeley: University of California Press, 2000).

20) 시험관으로 일하는 청조의 관료들은 모든 적용 규정을 상세히 설명하는 이 매뉴얼에 정통해야 했다. 다음을 보라. Libu, comp., *Qinding kechang tiaoli*, 12 vols.(Taipei: Wenhai chubanshe, 1989).

21) Benjamin A. Elman, "Political, Social, and Cultural Reproduction via Civil Service Examinations in Late Imperial China," *Journal of Asian Studies* 50.1(1991): 7−28.

22) Chang Chung−li, *The Chinese Gentry: Studies on their Role in Nineteenth-Century Chinese Society*(Seattle: University of Washington Press, 1955)(장중례, 김한식·정성일·김종건 옮김, 『중국의 신사』, 신서원, 2006).

23) 숫자는 다음 책에서 인용했다. Miyazaki, *China's Examination Hell*; Iona Man−Cheong, *The Class of 1761: Examinations, State, and Elites in Eighteenth-Century China*(Stanford, CA: Stanford University Press, 2004). 시험이 다음 책에 묘사되어 있다. Elman, *Civil Service Examinations and Meritocracy*, 213. Elman은 시험 연도를 1756년이라고 썼지만, 그해에는 시험이 없었고 그가 인용한 사료는 1766년 시험과 관련이 있다.

24) Woodside, *Lost Modernities*(알렉산더 우드사이드, 『잃어버린 근대성들』).

25) Elman, *Civil Service- Examinations and Meritocracy*, 229−230.

26) Benjamin A. Elman, "Changes in Confucian Civil Service Examinations from the Ming to the Ch'ing Dynasty," in *Education and Society in Late Imperial China, 1600-1900*, ed. Benjamin Elman and Alexander Woodside(Berkeley: University of California Press, 1994), 111−149.

27) John Dardess, *Preface to Governing China, 150-1850*(Indianapolis: Hackett, 2010), xii.

28) G. William Skinner, "Introduction: Urban Development in Imperial China," in *The City in Late Imperial China*, ed. G. William Skinner(Stanford, CA: Stanford University Press 1977), 1−32, here 19.

29) T'ung−tsu Ch'ü, *Local Government in China under the Ch'ing*(Cambridge, MA: Harvard University Press, 1962).

30) Joerg Baten, Debin Ma, Stephen Morgan, and Qing Wang, "Evolution of Living Standards and Human Capital in China in the 18–20th Centuries: Evidences from Real Wages, Age–Heaping, and Anthropometrics," *Explorations in Economic History* 47.3(2010): 347–359.

31) Robert Gardella, "Squaring Accounts: Commercial Bookkeeping Methods and Capitalist Rationalism in Late Qing and Republican China," *Journal of Asian Studies* 51.2(1992): 317–339; Evelyn S. Rawski, *Education and Popular Literacy in Ch'ing China*(Ann Arbor: University of Michigan Press, 1979).

32) William T. Rowe, *Crimson Rain: Seven Centuries of Violence in a Chinese County*(Stanford, CA: Stanford University Press, 2007), 17–42; David Robinson, *Bandits, Eunuchs and the Son of Heaven: Rebellion and the Economy of Violence in Mid-Ming China*(Honolulu: University of Hawai'i Press, 2001).

33) Lillian M. Li, *Fighting Famine in North China: State, Market, and Environmental Decline, 1690s-1990s*(Stanford, CA: Stanford University Press, 2007), 247. Perdue는 청의 관료들이 후난성에서 관개를 확대하고 홍수를 통제하고자 지방 신사층과 함께 어떻게 일하는지 보여준다. Peter C. Perdue, *Exhausting the Earth: State and Peasant in Hunan, 1500-1850*(Cambridge, MA: Harvard University Press, 1987). 또한 다음을 보라. Will, Wong, and Lee, *Nourish the People*.

34) Jane K. Leonard, *Controlling from Afar: The Daoguang Emperor's Management of the Grand Canal Crisis, 1824-1826*(Ann Arbor: Center for Chinese Studies, University of Michigan, 1996).

35) Julia C. Strauss, *Strong Institutions in Weak Polities: State Building in Republican China, 1927-1940*(Oxford: Clarendon Press, 1998), 14.

36) William T. Rowe, *China's Last Empire: The Great Qing*(Cambridge, MA: Belknap Press of Harvard University Press, 2009), 11–30(윌리엄 T. 로, 기세찬 옮김, 『하버드 중국사 청: 중국 최후의 제국』, 너머북스, 2014, 31–60); Mark C. Elliott, *The Manchu Way: The Eight Banners and Ethnic Identity in Late Imperial China*(Stanford, CA: Stanford University Press, 2001)(마크 C. 엘리엇, 이훈·김선민 옮김, 『만주족의 청제국』, 푸른역사, 2009); Pamela K. Crossley, *A Translucent Mirror: History and Identity in Qing Imperial Ideology*(Berkeley: University of California Press, 1999); Franz H. Michael, *The Origin of Manchu Rule in China: Frontier and Bureaucracy as Interacting Forces in the Chinese Empire*(New York: Octagon Books, 1972).

37) 왕수초(王秀楚)의 '양주십일기'(揚州十日記)는 학살에 대한 일인칭 목격담을 제공한다. 다음 책에 번역되어 있다. Lynn A. Struve, *Voices from the Ming-Qing Cataclysm:*

China in Tigers' Jaws(New Haven, CT: Yale University Press, 1998), 28-48.

38) 이어지는 문단들은 다음 책에 기초했다. Hsu, *China: A New Cultural History*, 421-424.

39) Pamela K. Crossley, *Orphan Warriors: Three Manchu Generations and the End of the Qing World*(Princeton, NJ: Princeton University Press, 1991), 11.

40) Evelyn S. Rawski, *The Last Emperors: A Social History of Qing Imperial Institutions*(Berkeley: University of California Press, 1998)(이블린 S. 로스키, 구범진 옮김, 『최후의 황제들: 청 황실의 사회사』 까치, 2010); Crossley, *Translucent Mirror*; Nicola Di Cosmo, "Qing Colonial Administration in Inner Asia," *International History Review* 20.2(1998): 287-309; Laura Hostetler, *Qing Colonial Enterprise: Ethnography and Cartography in Early Modern China*(Chicago: University of Chicago Press, 2001); Peter C. Purdue, *China Marches West: The Qing Conquest of Central Eurasia*(Cambridge, MA: Belknap Press of Harvard University Press, 2005)(피터 C. 퍼듀, 공원국 옮김, 『중국의 서진: 청의 유라시아 정복사』 길, 2014); Evelyn S. Rawski, "The Qing Formation and the Early-Modern Period," in *The Qing Formation in World-Historical Time*, ed. Lynn Struve(Cambridge, MA: Harvard University Asia Center, 2004), 207-241; Frederic Wakeman, *The Great Enterprise: The Manchu Reconstruction of Imperial Order in Seventeenth-Century China*(Berkeley: University of California Press, 1985).

41) Richard J. Smith, *The Qing Dynasty and Traditional Chinese Culture*(Lanham, MD: Rowman and Littlefield, 2015), 85-123; Frederic Wakeman, Jr., "High Qing, 1683-1839," in *Modern East Asia: Essays in Interpretation*, ed. James B. Crowley(New York: Harcourt, Brace and World, 1970); Mark C. Elliott, *Emperor Qianlong: Son of Heaven, Man of the World*(New York: Pearson Longman, 2009)(마크 C. 엘리엇, 양휘웅 옮김, 『건륭제: 하늘의 아들, 현세의 인간』 천지인, 2011); Evelyn S. Rawski and Jessica Rawson, *China: The Three Emperors, 1662- 1795*(London: Royal Academy of Arts, 2005); Jonathan D. Spence, *Emperor of China; Self Portrait of K'ang Hsi*(New York: Knopf, 1974)(조너선 D. 스펜스, 이준갑 옮김, 『강희제』 이산, 2001); Michael G. Chang, *A Court on Horseback: Imperial Touring and the Construction of Qing Rule, 1680-1785*(Cambridge, MA: Harvard University Asia Center, 2007), 428.

42) Smith, *The Qing Dynasty*, 118-119.

43) William T. Rowe, *Saving the World: Chen Hongmou and Elite Consciousness in Eighteenth-Century China*(Stanford, CA: Stanford University Press, 2001); Lin Manhong, *China Upside Down: Currency, Society, and Ideologies, 1808-1856*

(Cambridge, MA: Harvard University Asia Center, 2006).

44) Anne Gerritsen and Stephen McDowall, "Material Culture and the Other: European Encounters with Chinese Porcelain, ca. 1650–1800," *Journal of World History* 23.1(2012): 87–113, here 88; Peter Wilhelm Meister and Horst Reber, *European Porcelain of the Eighteenth Century*, trans. Ewald Osers(Ithaca, NY: Cornell University Press, 1983), 18; Benjamin A. Elman, *A Cultural History of Modern Science in China*(Cambridge, MA: Harvard University Press, 2008), 75–80.

45) 『천공개물(天工開物)』은 영어로 번역되었다. Song Yingxing, *Chinese Technology in the Seventeenth Century=T'ien-kung k'ai-wu*(New York: Dover Publications,1997). 다음 책도 참고하라. Benjamin A. Elman, *On Their Own Terms: Science in China, 1550-1900*(Cambridge, MA: Harvard University Press, 2005).

46) Rowe, *China's Last Empire*, 123(윌리엄 T. 로, 『하버드 중국사 청: 중국 최후의 제국』, 221).

47) 일반적인 발전에 대해서는 다음을 보라. Richard von Glahn, *Economic History of China: From Antiquity to the Nineteenth Century*(Cambridge: Cambridge University Press, 2016), 295–347(리처드 폰 글란, 류형식 옮김, 『케임브리지 중국 경제사』, 소와당, 2019, 521–605). 은의 기능에 대해서는 다음에서 논의하고 있다. Richard von Glahn, *Fountain of Fortune: Money and Monetary Policy in China, 1000-1700*(Berkeley: University of California Press, 1996), 113–141. 은과 아시아 무역에 관한 몇 편의 글이 다음 책에 수록되어 있다. Dennis O. Flynn and Arturo Giraldez, eds., *Metals and Monies in an Emerging Global Economy*(Aldershot, UK: Variorum, 1997).

48) Loren Brandt, Debin Ma, and Thomas G. Rawski, "From Divergence to Convergence: Re–Evaluating the History behind China's Economic Boom" (Working Paper no. 117, CAGE Online Working Paper Series, Department of Economics, University of Warwick, 2013), http://wrap.warwick.ac.uk/57944.

49) Rowe, *China's Last Empire*, 43(윌리엄 T. 로, 『하버드 중국사 청: 중국 최후의 제국』, 83).

50) Madeleine Zelin, *The Merchants of Zigong: Industrial Entrepreneurship in Early Modern China*(New York: Columbia University Press, 2005); Kenneth Pomeranz, " 'Traditional' Chinese Business Forms Revisited: Family, Firm, and Financing in the History of the Yutang Company of Jining, 1779–1956," *Late Imperial China* 18.1(1997): 1–38.

51) '종족'(lineage)이라는 말은 중국 사회사에서 한 명의 공통 선조까지 혈통을 추적할 수 있는 같은 성을 가진 집단을 가리킬 때 사용한다.

52) Klaus Mühlhahn, *Criminal Justice in China: A History*(Cambridge, MA: Harvard University Press, 2009); Chen Fu-mei and Ramon Myers, "Customary Law and the Economic Growth of China during the Ch'ing Period," *Ch'ing shih wen t'i* 3.10(1978): 4-27; Chen Fu-mei and Ramon Myers, "Coping with Transaction Costs: The Case of Merchant Associations in the Ch'ing Period," in *Chinese Business Enterprise in Asia*, ed. Rajeswary Ampalavanar Brown (London: Routledge, 1996), 252-274.

53) 유학(Confucianism)이라는 단어의 'Confucius'는 기원전 551년에 산둥반도의 취푸(曲阜)에서 태어난 공자를 서구에서 부르는 이름이다.

54) 공자의 『논어』는 공자와 그 제자들의 말을 보여주는 간략한 구절들의 모음인데, 인간으로서의 공자를 묘사하며 그의 일생의 일부 사건을 말해준다. 인용한 구절은 논어 2편의 3장이다.

55) David L. Hall and Roger T. Ames, "Chinese Philosophy," in Routledge Encyclopedia of Philosophy, 1998, https://www.rep.routledge.com/articles/chinese philosophy/v-1/.

56) Wm. Theodore de Bary and Irene Bloom, comp., *Sources of Chinese Tradition*, vol. 1(New York: Columbia University Press, 1999), 849-850. (원문은 「傳習錄」권1 「徐愛引言」의 일부.)

57) Benjamin A. Elman, "Ch'ing Dynasty Schools of Scholarship," in *Ch'ing-shih wen-t'i* 4.6(1981): 1-44; Kang-i Sun Chang and Stephen Owen, eds., *The Cambridge History of Chinese Literature*(Cambridge: Cambridge University Press, 2010), 2: 157-162, 220-229; On Cho Ng, *Cheng-Zhu Confucianism in the Early Qing: Li Guangdi(1642-1718) and Qing Learning*(Albany: State University of New York Press, 2001); Elman, *Cultural History of Civil Examinations.*

58) Huang Zongxi and Wm. Theodore de Bary, *Waiting for the Dawn: A Plan for the Prince*(New York: Columbia University Press, 1993).

59) Wm. Theodore de Bary and Richard Lufrano, *Sources of Chinese Tradition: From 1600 through the Twentieth Century*, 2nd ed.(New York: Columbia University Press, 2010), 1:35-41. 다음도 참고. Gu Yanwu, *Record of Daily Knowledge and Collected Poems and Essays: Selections*, trans. and ed. Ian Johnston(New York: Columbia University Press, 2017).

60) R. Kent Guy, *The Emperor's Four Treasuries: Scholars and the State in the Late Ch'ien-Lung Era*(Cambridge, MA: Council on East Asian Studies, Harvard University, 1987) (켄트 가이, 양휘웅 옮김, 「사고전서」, 생각의나무, 2009).

61) Sebastian Conrad, "Enlightenment in Global History: A Historiographical

Critique," *American Historical Review* 117.4(2012): 999–1027.

62) Evelyn S. Rawski, "Chinese Strategy and Security Issues in Historical Perspective," in *China's Rise in Historical Perspective*, ed. Brantly Womack (Lanham, MD: Rowman and Littlefield, 2010).

63) 나는 다음과 같은 저작에 의지했다. Takeshi Hamashita, Linda Grove, and Mark Selden, eds., *China, East Asia and the Global Economy*(Abingdon, UK: Routledge, 2008); Jean-Laurent Rosenthal and R. Bin Wong, *Before and Beyond Divergence: The Politics of Economic Change in China and Europe* (Cambridge, MA: Harvard University Press, 2011); R. Bin Wong, *China Transformed: Historical Change and the Limits of European Experience*(Ithaca, NY: Cornell University Press, 1997); Kenneth Pomeranz, *The Great Divergence: China, Europe, and the Making of the Modern World Economy*(Princeton, NJ: Princeton University Press, 2000)(케네스 포메란츠, 김규태·이남희 옮김, 김형종 감수, 『대분기: 중국과 유럽, 그리고 근대 세계경제의 형성』, 에코리브르, 2016); Andre G. Frank, *Reorient: Global Economy in the Asian Age*(Berkeley: University of California Press, 1998)(안드레 군더 프랑크, 이희재 옮김, 『리오리엔트』, 이산, 2003); Kaoru Sugihara, *Japan, China, and the Growth of the Asian International Economy, 1850-1949*(Oxford: Oxford University Press, 2005); Anthony Reid, *Southeast Asia in the Age of Commerce, 1450-1680*(New Haven, CT: Yale University Press, 1988).

64) 조공 체제의 기원과 그것을 뒷받침하는 관념, 가치, 믿음은 조공 체제가 이웃 나라들과의 무역 및 외교를 규제하기 위해 활용되었던 한나라(기원전 206~서기 220)까지 거슬러 올라갈 수 있다. 다음과 같은 개괄적인 연구들이 있다. David C. Kang, *East Asia before the West: Five Centuries of Trade and Tribute*(New York: Columbia University Press, 2010); John King Fairbank, ed., *The Chinese World Order: Traditional China's Foreign Relations*(Cambridge, MA: Harvard University Press, 1968); Zhang Yongjin, "The Tribute System," in *Oxford Bibliographies in Chinese Studies*.

65) Kang, *East Asia before the West*, 56.

66) Alan Wood, *Russia's Frozen Frontier: A History of Siberia and the Russian Far East 1581-1991*(London: Bloomsbury Academic, 2011), 51–52; Jan Burbank and Frederick Cooper, *Empires in World History: Power and the Politics of Difference*(Princeton, NJ: Princeton University Press, 2011), 213–218(제인 버뱅크, 프레데릭 쿠퍼, 이재만 옮김, 『세계제국사: 고대 로마에서 G2시대까지 제국은 어떻게 세계를 상상해왔는가』, 책과함께, 2016, 325–331).

67) Perdue, *China Marches West*, 211(피터 퍼듀, 『중국의 서진』, 272).

2장 중화 세계의 재구성: 1800~1870

1) Pedro Machado, *Ocean of Trade: South Asian Merchants, Africa and the Indian Ocean, c. 1750-1850*(Cambridge: Cambridge University Press, 2014); Kirti Narayan Chaudhuri, *Trade and Civilisation in the Indian Ocean: An Economic History from the Rise of Islam to 1750*(Cambridge: Cambridge University Press, 1985); Donald F. Lach and Edwin J. Van Kley, *Asia in the Making of Europe* (Chicago: University of Chicago Press, 1965).

2) Emily Erikson, *Between Monopoly and Free Trade: The English East India Company, 1600-1757*(Princeton, NJ: Princeton University Press, 2014); Angela Schottenhammer ed.[see ch 3 n4], *The East Asian Maritime World 1400-1800: Its Fabrics of Power and Dynamics of Exchanges*(Wiesbaden: Harrassowitz, 2007); H. V. Bowen, *The Business of Empire: The East India Company and Imperial Britain, 1756-1833*(Cambridge: Cambridge University Press, 2006); Kirti Narayan Chaudhuri, *The Trading World of Asia and the English East India Company, 1660-1760*(Cambridge: Cambridge University Press, 1978).

3) Philip Thai, *China's War on Smuggling: Law, Economic Life, and the Making of the Modern State, 1842-1965*(New York: Columbia University Press, 2018) chapter 1.

4) William T. Rowe, *China's Last Empire: The Great Qing*(Cambridge, MA: Harvard University Press, 2009), 141−148(윌리엄 T. 로, 기세찬 옮김, 『하버드 중국사 청: 중국 최후의 제국』, 너머북스, 2014, 250−260).

5) Quoted in Frederick Wakeman, Jr., *The Fall of Imperial China*(New York: Free Press, 1975), 101. 매카트니 사절단에 대해서는 다음을 참조하라. James Louis Hevia, *Cherishing Men from Afar: Qing Guest Ritual and the Macartney Embassy of 1793*(Durham, NC: Duke University Press, 2005).

6) J. Mason Gentzler, *Changing China: Readings in the History of China from the Opium War to the Present*(New York: Praeger, 1977), 25(여기에서는 『清實錄』 卷 1,435 乾隆 58年 8月 9日조에 수록된 서신 원문에서 번역함).

7) 중국의 아편 문제에 대한 역사 연구는 중영전쟁(1840~1842)의 좁은 범위를 넘어 더 넓은 역사학적·이론적 문제로 옮겨왔다. 새로운 연구에 대한 최근의 공헌들로는 다음의 책들이 있다. Timothy Brook and Bob Tadashi Wakabayashi, eds., *Opium Regimes: China, Britain, and Japan, 1839-1952*(Berkeley: University of California Press, 2000); Edward Slack, Opium, *State, and Society: China's Narco-Economy and the Guomindang, 1934-1937*(Honolulu: University of Hawai'i Press, 2001);

Joyce Madancy, *The Troublesome Legacy of Commissioner Lin: The Opium Trade and Opium Suppression in Fujian Province, 1820s to 1920s*(Cambridge, MA: Harvard University Asia Center, 2003); Frank Dikötter, Lars Laamann, and Zhou Xun, *Narcotic Culture: A History of Drugs in China*(Chicago: University of Chicago Press, 2004); and David Anthony Bello, *Opium and the Limits of Empire: Drug Prohibition in the Chinese Interior, 1729-1850*(Cambridge, MA: Harvard University Asia Center, 2005).

8) 아편전쟁에 대해서는 다음을 보라. Stephen R. Platt, *Imperial Twilight: The Opium War and the End of China's Last Golden Age*(New York: Alfred A. Knopf, 2018); Julia Lovell, *The Opium War: Drugs, Dreams and the Making of China*(London: Picador, 2011); Robert A. Bickers, *The Scramble for China: Foreign Devils in the Qing Empire, 1832-1914*(London: Allen Lane, 2011); Madancy, *The Troublesome Legacy of Commissioner Lin; James Polachek, The Inner Opium War* (Cambridge, MA: Council on East Asian Studies, Harvard University, 1992). 조약의 핵심 조항의 영어 버전은 다음에서 볼 수 있다. Gentzler, *Changing China*, 29-32.

9) 이어지는 문단들은 다음 두 권의 책에 기초했다. Stephen R. Platt, *Autumn in the Heavenly Kingdom: China, the West, and the Epic Story of the Taiping Civil War*(New York: Alfred A. Knopf, 2012), 25-50; and John Yue-wo Wong, *Deadly Dreams: Opium, Imperialism, and the Arrow War (1856-1860) in China*(Cambridge: Cambridge University Press, 1998).

10) Harry Gelber, *Battle for Beijing, 1858-1860: Franco-British Conflict in China* (Switzerland: Palgrave Macmillan, 2016), 105-130; Michael Mann, *China, 1860*(Salisbury, Wiltshire: Russell, 1989).

11) James L. Hevia, "Looting Beijing: 1860, 1900," in *Tokens of Exchange*, ed. Lydia Liu(Durham, NC: Duke University Press, 1999), 193-194.

12) Arne O. Westad, *Restless Empire: China and the World since 1750*(New York: Basic Books, 2012), 51(오드 아르네 베스타, 문명기 옮김, 『잠 못 이루는 제국: 1750년 이후의 중국과 세계』, 까치, 2014, 61)에서 재인용.

13) Mark Bassin, *Imperial Visions: Nationalist Imagination and Geographical Expansion in the Russian Far East, 1840-1865*(Cambridge: Cambridge University Press, 1999).

14) Sebastian Conrad and Klaus Mühlhahn, "Global Mobility and Nationalism: Chinese Migration and the Reterritorialization of Belonging, 1880- 1910," in *Competing Visions of World Order: Global Moments and Movements, 1880s-1930*, ed. Sebastian Conrad and Dominic Sachsenmaier(New York:

Palgrave Macmillan, 2007), 181−211; Walton Look Lai, *Indentured Labor, Caribbean Sugar: Chinese and Indian Migrants to the British West Indies, 1838-1918*(Baltimore, MD: Johns Hopkins University Press, 2003); Yen Ching−Hwang, *Coolies and Mandarins: China's Protection of Overseas Chinese during the Late Ch'ing Period (1851-1911)*(Singapore: Singapore University Press, 1985).

15) Rowe, *China's Last Empire*, 172−173(윌리엄 T. 로, ·「하버드 중국사 청: 중국 최후의 제국」 302−304).

16) Hans van de Ven, *Breaking with the Past: The Maritime Customs Service and the Global Origins of Modernity in China*(New York: Columbia University Press, 2014).

17) Teemu Ruskola, *Legal Orientalism: China, the United States, and Modern Law*(Cambridge, MA: Harvard University Press, 2013), 108−151; Pär Kristoffer Cassel, *Grounds of Judgment: Extraterritoriality and Imperial Power in Nineteenth-Century China and Japan*(Oxford: Oxford University Press, 2012).

18) Ann Laura Stoler and Carole McGranahan, "Refiguring Imperial Terrains," in *Imperial Formations*, ed. Ann Laura Stoler, Carole McGranahan, and Peter C. Perdue(Santa Fe, NM: School for Advanced Research Press 2007), 3−44.

19) Jürgen Osterhammel, *Colonialism: A Theoretical Overview*(Princeton, NJ: M. Wiener, 1997), 19(위르겐 오스터함멜, 박은영·이유재 옮김, 「식민주의」, 역사비평사, 2006, 38−39); and Jürgen Osterhammel, "Semi−colonialism and Informal Empire in 20th−Century China," in *Imperialism and After: Continuities and Discontinuities*, ed. Wolfgang J. Mommsen and Jürgen Osterhammel(London: Allen and Unwin, 1986), 290−341.

20) Rebecca E. Karl, "On Comparability and Continuity: China, circa 1930's and 1990's," *boundary* 2(2005): 169−200.

21) 이 주제에 대해서는 풍부한 연구들이 있다. 중요한 논저 중에는 다음과 같은 것들이 있다. Robert A. Bickers and Isabella Jackson, *Treaty Ports in Modern China*(New York: Rout−ledge, 2015); Bryna Goodman and David S. G. Goodman, *Twentieth-Century Colonialism and China: Localities, the Everyday and the World*(Milton Park, Abingdon, UK: Routledge, 2012); Robert Bickers and Christian Henriot, eds., *New Frontiers: Imperialism's New Communities in East Asia, 1842-1953*(Manchester, UK: Manchester University Press, 2000); Nicholas R. Clifford, *Spoilt Children of Empire: Westerners in Shanghai and the Chinese Revolution of the 1920s*(Hanover, NH: University Press of

New England, 1991); John K. Fairbank, *Trade and Diplomacy on the China Coast: The Opening of the Treaty Ports, 1842-1854*(Cambridge, MA: Harvard University Press, 1953); Albert Feuerwerker, "The Foreign Presence in China," in *The Cambridge History of China*(Cambridge: Cambridge University Press, 1983), 12:129−208; Jürgen Osterhammel, "Britain and China, 1842−1914," in *The Oxford History of the British Empire*, ed. Andrew Porter(New York: Oxford University Press, 1999), 3:146−169; Mark Peattie, "Japanese Treaty Port Settlements in China, 1895−1937," in *Japanese Informal Empire in China, 1895-1937*, ed. Peter Duus, Ramon Myers, and Mark Peattie(Stanford, CA: Stanford University Press, 1989), 166−209; Rudolf G. Wagner, "The Role of the Foreign Community in the Chinese Public Sphere," *China Quarterly* 142(1995): 423−443.

22) Marie−Claire Bergère, *Shanghai: China's Gateway to Modernity*(Stanford, CA: Stanford University Press, 2009); Xiong Yuezhi, ed., *Shanghai tongshi*(Shanghai: Shanghai renmin chubanshe, 1999); Fairbank, *Trade and Diplomacy on the China Coast.*

23) Robert Bickers and Jeffrey N. Wasserstrom, "Shanghai's 'Dogs and Chinese Not Admitted' Sign: Legend, History, and Contemporary Symbol," *China Quarterly* 142 (1995): 444−466.

24) Klaus Mühlhahn, Wen−hsin Yeh, and Hajo Frölich, eds., "Introduction," in "Rethinking Business History in Modern China" special issue, *Cross-Currents* 4.2 (2015): 1−12; Wen−hsin Yeh, *Shanghai Splendor: Economic Sentiments and the Making of Modern China, 1843-1949*(Berkeley: University of California Press, 2007); David Faure, *China and Capitalism: A History of Business Enterprise in Modern China*(Hong Kong: Hong Kong University Press, 2006); Madeline Zelin and Andrea McElderry, "Guest Editors' Introduction" in "Business History in Modern China" special issue, *Enterprise & Society* 6.3(2005): 357− 363; Sherman Cochran, *Big Business in China: Sino-Foreign Rivalry in the Cigarette Industry, 1890-1930*(Cambridge, MA: Harvard University Press, 1980).

25) Bert Becker, "Coastal Shipping in East Asia in the Late Nineteenth Century," *Journal of the Royal Asiatic Society Hong Kong Branch* 50(2010): 245− 302; Howard Cox, Biao Huang, and Stuart Metcalfe, "Compradors, Firm Architecture, and the 'Reinvention' of British Trading Companies: John Swire & Sons' Operations in Early Twentieth−Century China," *Business History* 45.2

(2003): 15–34; Sherman Cochran, *Encountering Chinese Networks: Western, Japanese, and Chinese Corporations in China, 1880-1937*(Berkeley: University of California Press, 2000); William D. Wray, *Mitsubishi and the N.Y.K., 1870- 1914: Business Strategy in the Japanese Shipping Industry*(Cambridge, MA: Harvard University Press, 1984); Hou Chi–ming, *Foreign Investment and Economic Development in China, 1840-1937*(Cambridge, MA: Harvard University Press, 1980); Liu Kwang Ching, *Anglo-American Steamship Rivalry in China, 1862-1874*(Cambridge, MA: Harvard University Press, 1956); Liu Kwang Ching, "British–Chinese Steamship Rivalry in China, 1873–85," in *The Economic Development of China and Japan*, ed. C. D. Cowan(New York: Praeger, 1964), 49–77.

26) Lillian Li, *China's Silk Trade: Traditional Industry in the Modern World* (Cambridge, MA: Harvard University Press, 1981); Wellington K. K. Chan, *Merchants, Mandarins, and Modern Enterprise in Late Ch'ing China*(Cambridge, MA: East Asian Research Center, Harvard University, 1977).

27) Cheng Linsun, *Banking in Modern China: Entrepreneurs, Professional Managers and the Development of Chinese Banks, 1897-1937*(New York: Cambridge University Press, 2003); Niv Horesh, *Shanghai's Bund and Beyond: British Banks, Banknote Issuance, and Monetary Policy in China, 1842-1937*(New Haven, CT: Yale University Press, 2009); Frank H. H. King, *Eastern Banking: Essays in the History of the Hongkong and Shanghai Banking Corporation* (London: Athlone Press, 1983).

28) Sherman Cochran, *Chinese Medicine Men: Consumer Culture in China and Southeast Asia*(Cambridge, MA: Harvard University Press, 2006).

29) Rudolf G. Wagner, *Joining the Global Public: Word, Image, and City in Early Chinese Newspapers, 1870-1910*(Albany: State University of New York Press, 2007); Natascha Vittinghoff, "Readers, Publishers and Officials in the Contest for a Public Voice and the Rise of a Modern Press in Late Qing China(1860–1880)," *T'oung Pao* 87(2001): 393–455; Natascha Vittinghoff, *Die Anfänge des Journalismus in China(1860-1911)*(Wiesbaden: Harassowitz, 2002); Barbara Mittler, *A Newspaper for China? Power, Identity and Change in Shanghai's News Media(1872-1912)*(Cambridge, MA: Harvard University Press, 2004); Henrietta Harrison, "Newspapers and Nationalism in Rural China, 1890–1929," *Past and Present* 106(2000): 181–204; Joan Judge, *Print and Politics: "Shibao" and the Culture of Reform in Late Qing China 1996*(Stanford, CA:

Stanford University Press, 1996).

30)   Zhang Xiantao, *The Origins of the Modern Chinese Press: The Influence of the Protestant Missionary Press in Late Qing China*(London: Routledge, 2010); Wang Dong, *Managing God's Higher Learning: U.S.-China Cultural Encounter and Canton Christian College(Lingnan University), 1888-1952*(Lanham, MD: Lexington Books, 2007); Alvyn Austin, *China's Millions: The China Inland Mission and Late Qing Society, 1832-1905*(Grand Rapids, MI: W. B. Eerdmans, 2007); Edward J. M. Rhoads, *Stepping Forth into the World: The Chinese Educational Mission to the United States, 1872-81*(Hong Kong: Hong Kong University Press, 2011).

31)   Christoph Kaderas, "The Founding of China's First Polytechnic Institution," *Asiatische Studien* 4(1999): 893–903.

32)   Laurence J. C. Ma, "The State of the Field of Urban China: A Critical Multi-disciplinary Overview of the Literature," in "Urban China" special issue, *China Information* 20.3(2006): 363–389; Joseph W. Esherick, "Modernity and Nation in the Chinese City," in *Remaking the Chinese City: Modernity and National Identity, 1900-1950*, ed. Joseph W. Esherick(Honolulu: University of Hawai'i Press, 2000); David Strand, " 'A High Place Is No Better than a Low Place': The City in the Making of Modern China," in *Becoming Chinese: Passages to Modernity and Beyond*, ed. Wen-hsin Yeh(Berkeley: University of California Press, 2000); Elizabeth J. Perry, "From Paris to the Paris of the East and Back: Workers as Citizens in Modern Shanghai," in *Changing Meanings of Citizenship in Modern China*, ed. Merle Goldman and Elizabeth J. Perry (Cambridge, MA: Harvard University Press, 2002); Elizabeth J. Perry, *Shanghai on Strike: The Politics of Chinese Labor*(Stanford, CA: Stanford University Press, 1993); G. William Skinner, "Regional Urbanization in Nineteenth-Century China," in *The City in Late Imperial China*, ed. G. William Skinner(Stanford, CA: Stanford University Press, 1977).

33)   Brian G. Martin, *The Shanghai Green Gang: Politics and Organized Crime, 1919-1937*(Berkeley: University of California Press, 1996).

34)   Bryna Goodman, *Native Place, City and Nation: Regional Networks and Identities in Shanghai, 1853-1937*(Berkeley: University of California Press, 1995), 14–32.

35)   Leo Ou-fan Lee, *Shanghai Modern: The Flowering of a New Urban Culture in China, 1930-1945*(Cambridge, MA: Harvard University Press, 1999), 203(리어

우판, 장동천 외 옮김, 『상하이 모던: 새로운 중국 도시 문화의 만개, 1930-1945』 고려대
학교출판부, 2008, 335).

36) Tsai Weipin, *Reading Shenbao: Nationalism, Consumerism and Individuality
    in China, 1919-37*(Basingstoke, UK: Palgrave Macmillan, 2010); Rudolf G.
    Wagner, "The Role of the Foreign Community in the Chinese Public Sphere,"
    China Quarterly 142(1995): 423-443.

37) 호부(戶部) 예산의 추산은 다음 자료에 근거했다. Helen Dunstan, *State or Merchant:
    Political Economy and Political Process in 1740s China*(Cambridge, MA:
    Harvard University Asia Center, 2006), 446. 개혁 정책에 대해서는 다음을 보라.
    Wang Wensheng, *White Lotus Rebels and South China Pirates: Crisis and Reform
    in the Qing Empire*(Cambridge, MA: Harvard University Press, 2014), 28. 다
    음도 보라. William T. Rowe, "Introduction: The Significance of the Qianlong-
    Jiaqing Transition in Chinese History," *Late Imperial China* 32.2(2011): 74-
    88.

38) Richard von Glahn, *Economic History of China: From Antiquity to the
    Nineteenth Century*(Cambridge: Cambridge University Press, 2016), 353-364
    (리처드 폰 글란, 『케임브리지 중국경제사』 614-630).

39) Lin Manhong, *China Upside Down: Currency, Society, and Ideologies,
    1808-1856*(Cambridge, MA: Harvard University Asia Center, 2006); Lin
    Manhong, "Two Social Theories Revealed: Statecraft Controversies over China's
    Monetary Crisis, 1808-1854," *Late Imperial China* 2(1991): 1-35.

40) Pierre-Etienne Will and R. Bin Wong, with James Lee, *Nourish the People: The
    State Civilian Granary System in China, 1650-1850*(Ann Arbor: Center for
    Chinese Studies, University of Michigan, 1991), 75-92; Pierre-Etienne Will,
    Bureaucracy and Famine in Eighteenth-Century China(Stanford, CA: Stanford
    University Press, 1990)(P.E.빌, 정철웅 옮김, 『18세기 중국의 관료제도와 자연재해』 민
    음사, 1995), 289-301; Susan Mann Jones and Philip Kuhn, "Dynastic Decline
    and the Roots of Rebellion," in *The Cambridge History of China*, ed. John K.
    Fairbank(Cambridge: Cambridge University Press, 1978),10:107-162(수잔 만
    존스·필립 쿤, 「왕조의 쇠퇴와 동란의 근원」 존 K. 페어뱅크 편, 김한식 외 옮김, 『캠브리지
    중국사 10(상)』 새물결, 2007, 185-266); Peter C. Perdue, *Exhausting the Earth:
    State and Peasant in Hunan, 1500-1850*(Cambridge, MA: Harvard University
    Press, 1987).

41) Pei Huang, *Autocracy at Work: A Study of the Yung-cheng Period, 1723-1735*
    (Bloomington: Indiana University Press, 1974), 16; Hung Ho-fung, *Protest

with Chinese Characteristics: Demonstrations, Riots, and Petitions in the Mid-Qing Dynasty(New York: Columbia University Press, 2011), 131–133; Madeleine Zelin, *The Magistrate's Tael: Rationalizing Fiscal Reform in Eighteenth-Century Ch'ing China*(Berkeley: University of California Press, 1984); Jones and Kuhn, "Dynastic Decline and the Roots of Rebellion," 119–130.

42)   Wang Yeh-chien, "Secular Trends of Rice Prices in the Yangzi Delta, 1638–1935," in *Chinese History in Economic Perspective*, ed. Thomas G. Rawski and Lillian M. Li(Berkeley: University of California Press, 1992), 35–68; Frederic Wakeman, *Strangers at the Gate: Social Disorder in South China, 1839-1861*(Berkeley: University of California Press, 1966), 133; Wang Yeh-chien, "Evolution of the Chinese Monetary System, 1644–1850," in *Modern Chinese Economic History: Proceedings of the Conference on Modern Chinese Economic History, August 26-29, 1977*, ed. Chi-ming Hou and Yu Tzong-shian(Taipei: Academia Sinica, 1979), 425–452.

43)   Ralph W. Huenemann, *The Dragon and the Iron Horse: The Economics of Railroads in China, 1876-1937*(Cambridge, MA: Harvard University Press, 1984).

44)   David Ownby and Mary F. Somers Heidhues, eds., *"Secret Societies" Reconsidered: Perspectives on the Social History of Early Modern South China and Southeast Asia*(Abingdon, Oxon, UK: Routledge, 2015); Dian Murray, in collaboration with Qin Baoqi, *The Origins of the Tiandihui: The Chinese Triads in Legend and History*(Stanford, CA: Stanford University Press, 1994); David Ownby, *Brotherhoods and Secret Societies in Early and Mid-Qing China: The Formation of a Tradition*(Stanford, CA: Stanford University Press, 1996); Jean Chesneaux, ed., *Popular Movements and Secret Societies in China, 1840-1950*(Stanford, CA: Stanford University Press, 1977).

45)   객가(Hakka, 客家)는 원래 중국 북부에서 기원했지만 1270년대 남송 왕조가 무너지면서 중국 남부(특히 광둥, 푸젠, 장시, 광시)로 이주했다. 객가는 중국 남부에서 자신들의 공동체에 정착하여 결코 원래의 주민들과 완전히 동화되지 않았다. 18세기와 19세기에 중국 남부의 상황이 악화되고 토지 부족이 만연하면서, 객가는 자주 지방 주민(本地)과의 토지 분쟁에 휘말렸다. Nicole Constable, *Guest People: Hakka Identity in China and Abroad*(Seattle: University of Washington Press, 2006); Sow Theng Leong, Tim Wright, and G. W. Skinner, *Migration and Ethnicity in Chinese History: Hakkas, Pengmin, and Their Neighbors*(Stanford, CA: Stanford University Press, 1997).

46) 이 논쟁에 대한 최상의 요약은 다음 책에 있다. Paul A. Cohen, *Discovering History in China: American Historical Writing on the Recent Chinese Past*(1984; New York: Columbia University Press, 2010)(폴 A. 코헨, 이남희 옮김, 『학문의 제국주의: 오리엔탈리즘과 중국사』, 산해, 2003); 다음도 참조. Hou Jiming, *Foreign Investment and Economic Development in China, 1840-1937*(Cambridge, MA: Harvard University Press, 1965); Andrew Nathan, "Imperialism's Effect on China," *Bulletin of Concerned Asian Scholars[Critical Asian Studies]* 4.4(1972): 3-8; Joseph W. Esherick, "Harvard on China: The Apologetics of Imperialism," *Bulletin of Concerned Asian Scholars[Critical Asian Studies]* 4.4(1972): 9-16.

47) Kenneth Pomeranz, *The Making of a Hinterland: State, Society, and Economy in Inland North China, 1853-1937*(Berkeley: University of California Press, 1993), 24.

48) Robert Y. Eng, *Economic Imperialism in China: Silk Production and Exports, 1861-1932*(Berkeley: Center for Chinese Studies, University of California, 1986), 11.

49) Cochran, *Encountering Chinese Networks*; Elisabeth Köll, *From Cotton Mill to Business Empire: The Emergence of Regional Enterprise in Modern China* (Cambridge, MA: Harvard University Asia Center, 2004); Aihwa Ong and Donald Macon Nonini, eds., *Ungrounded Empires: The Cultural Politics of Modern Chinese Transnationalism*(New York: Routledge, 1997); Daniel J. Meissner, *Chinese Capitalists versus the American Flour Industry, 1890-1910: Profit and Patriotism in International Trade*(Lewiston, NY: Edwin Mellen Press, 2005); Chan, *Merchants, Mandarins, and Modern Enterprise*, 79.

50) Mike Davis, *Late Victorian Holocausts: El Niño Famines and the Making of the Third World*(London: Verso, 2001); 낮은 기온과 강우량 감소는 다음에 언급되어 있다. David D. Zhang, Jane Zhang, Harry F. Lee, and He Yuan qing, "Climate Change and War Frequency in Eastern China over the Last Millennium," *Human Ecology* 35.4(2007): 403-414; Lillian M. Li, *Fighting Famine in North China: State, Market, and Environmental Decline, 1690s-1990s*(Stanford, CA: Stanford University Press, 2007), 27-30; Qing Pei and David D. Zhang, "Long-Term Relationship between Climate Change and Nomadic Migration in Historical China," *Ecology and Society* 19.2(2014): 68.

51) Kathryn Edgerton-Tarpley, *Tears from Iron: Cultural Responses to Famine in Nineteenth-Century China*(Berkeley: University of California Press, 2008); Paul Richard Bohr, *Famine in China and the Missionary: Timothy Richard as Relief*

Administrator and Advocate of National Reform, 1876-1884(Cambridge, MA: Harvard University Press, 1972).

52) Robert H. G. Lee, *The Manchurian Frontier in Ch'ing History*(Cambridge, MA: Harvard University Press, 1970); Thomas R. Gottschang and Diana Lary, *Swallows and Settlers: The Great Migration from North China to Manchuria*(Ann Arbor: Center for Chinese Studies, University of Michigan, 2000); Philip A. Kuhn, *Chinese among Others: Emigration in Modern Times*(Lanham, MD: Rowman and Littlefield, 2008)(필립 A. 쿤, 이영옥 옮김, 『타인들 사이의 중국인들: 근대 중국인의 동남아 이민』, 심산문학, 2014).

53) Joanna Handlin Smith, *The Art of Doing Good: Charity in Late Ming China* (Berkeley: University of California Press, 2009); Vivienne Shue, "The Quality of Mercy: Confucian Charity and the Mixed Metaphors of Modernity in Tianjin," *Modern China* 32.4(2006): 411−452; William T. Rowe, *Hankow: Conflict and Community in a Chinese City, 1796-1895*(Stanford, CA: Stanford University Press, 1989), 100−103; Mary B. Rankin, *Elite Activism and Political Transformation in China*(Stanford, CA: Stanford University Press, 1986).

54) Elizabeth J. Perry, *Rebels and Revolutionaries in North China, 1845-1945* (Stanford, CA: Stanford University Press, 1980), 1−9. 다음도 참조. Roxann Prazniak, *Of Camel Kings and Other Things: Rural Rebels against Modernity in Late Imperial China*(Lanham, MD: Rowman and Littlefield, 1999).

55) Wang, *White Lotus Rebels*, 41−48; Richard Shek, "Ethics and Polity: The Heterodoxy of Buddhism, Maitreyanism, and the Early White Lotus," in *Heterodoxy in Late Imperial China*, ed. Kwang−Ching Liu and Richard H.− C. Shek(Honolulu: University of Hawai'i Press, 2004); Bernard J. ter Haar, *The White Lotus Teachings in Chinese Religious History*(Leiden: E. J. Brill, 1992); Susan Naquin, "Transmission of White Lotus Sectarianism in Late Imperial China," in *Popular Culture in Late Imperial China*, ed. David G. Johnson, Andrew J. Nathan, Evelyn S. Rawski, and Judith A. Berling(Berkeley: University of California Press, 1985); Hok−lam Chan, "The White Lotus− Maitreya Doctrine and Popular Uprisings in Ming and Ch'ing China," *Sinologica* 10(1969): 211−233.

56) 마니교는 페르시아 예언자 마니가 3세기에 창시한 종교를 가리킨다. 마니교는 당나라 때인 6세기에 중국에 유입되었다. 마니교는 마음으로 종교적 신비를 파악하는 것의 중요성에 기초한 신앙 체계인 영지주의의 한 형태로 간주된다. Sammuel L. C. Lieu, "Manicheism in China," *Encyclopædia Iranica*, online edition, 2002, http://

www.iranicaonline.org/articles/manicheism-v-in-china-1.

57) Rowe, *China's Last Empire*, 157(윌리엄 T. 로, 『하버드 중국사 청: 중국 최후의 제 국』, 277-278). 팔괘교의 반란에 대해서는 다음을 참조. Susan Naquin, *Millenarian Rebellion in China: The Eight Trigrams Uprising of 1813*(New Haven, CT: Yale University Press, 1976); Susan Naquin, *Shantung Rebellion: The Wang Lun Uprising of 1774*(New Haven, CT: Yale University Press, 1981); Pamela K. Crossley, *The Wobbling Pivot, China since 1800: An Interpretive History* (Malden, MA: Wiley-Blackwell, 2010), 59.

58) Perry, *Rebels and Revolutionaries*, 96-151.

59) 태평천국에 대해 이용할 수 있는 가장 좋은 역사서는 다음과 같다. Platt, *Autumn in the Heavenly Kingdom*; and Jonathan D. Spence, *God's Chinese Son: The Taiping Heavenly Kingdom of Hong Xiuquan*(New York: W. W. Norton: 1996)(조너 선 D. 스펜스, 양휘웅 옮김, 『신의 아들: 홍수전과 태평천국』 이산, 2006). 다음에서 인 용함. Spence, pp. 116, 160.(스펜스, 『신의 아들: 홍수전과 태평천국』 200, 269- 270). 회고와 개인적 기록을 통한 전쟁의 재구성으로는 다음 책이 있다. Tobie S. Meyer-Fong, *What Remains: Coming to Terms with Civil War in 19th Century China*(Stanford, CA: Stanford University Press, 2013).

60) 태평천국의 신앙 체계와 이데올로기는 다음에서 논의되고 있다. Rudolf G. Wagner, *Reenacting the Heavenly Vision: The Role of Religion in the Taiping Rebellion* (Berkeley: Institute of East Asian Studies, Center for Chinese Studies, University of California, 1984); Philip Kuhn, "Origins of the Taiping Vision: Cross-Cultural Dimensions of a Chinese Rebellion," *Comparative Studies in Society and History* 19.3(1977): 350-366.

61) Spence, *God's Chinese Son*, 171(스펜스, 『신의 아들: 홍수전과 태평천국』 284).

62) Taiping Imperial Declaration, cited in Kuhn, "Origins of the Taiping Vision," 360(여기에서는 '原道醒世訓' 원문에서 번역함).

63) 이어지는 부분은 다음에 기초했다. Platt, *Autumn in the Heavenly Kingdom*, chapter 3, and Spence, *God's Chinese Son*, 173-191(스펜스, 『신의 아들: 홍수전과 태평천 국』 287-315); 또한 다음의 중요한 원본 자료를 참고하라. Hong Rengan, *Zizheng xinbian*[A new work for the aid of government], trans. in Franz Michael, *The Taiping Rebellion: History and Documents*(Seattle: University of Washington Press, 1966-1971), 3: 751-776.

64) "The Land System of the Heavenly Kingdom" (*Tianchao tianmu zhidu*), trans. in Theodore de Bary and Richard Lufrano, *Sources of Chinese Tradition: From 1600 through the Twentieth Century*(New York: Columbia University Press,

2000), 2: 224-226(여기에서는 '天朝田畝制度' 원문에서 번역함).

65) 다음을 참조. Document Nr. 208 in Michael, *The Taiping Rebellion*, 869-897.

66) Theda Skocpol, *States and Social Revolutions: A Comparative Analysis of France, Russia, and China*(Cambridge: Cambridge University Press, 1979)(테다 스코치폴, 한 창수·김현택 옮김, 『국가와 사회혁명-혁명의 비교연구(프랑스, 러시아, 중국)』, 까치, 1981).

67) 다음 부분은 이하 자료들에 근거한다. Morris Rossabi, *A History of China*(Malden, MA: John Wiley and Sons, 2014), 307-311; David G. Atwill, *The Chinese Sultanate: Islam, Ethnicity, and the Panthay Rebellion in Southwest China, 1856-1873*(Stanford, CA: Stanford University Press, 2006); S. Frederick Starr, *Xinjiang: China's Muslim Borderland*(Armonk, NY: M.E. Sharpe, 2004); Kim Hodong, *Holy War in China: The Muslim Rebellion and State in Chinese Central Asia, 1864-1877*(Stanford, CA: Stanford University Press, 2004)(김호동, 『근대 중 앙아시아의 혁명과 좌절』, 사계절, 1999); Jonathan N. Lipman, *Familiar Strangers: A History of Muslims in Northwest China*(Seattle: University of Washington Press, 1998); Robert D. Jenks, *Insurgency and Social Disorder in Guizhou: The "Miao" Rebellion, 1854-1873*(Honolulu: University of Hawai'i Press, 1994).

68) Peter Lavalle, "Cultivating Empire: Zuo Zontang's Agriculture, Environment, and Reconstruction in the Kate Qing," in *China on the Margins*, ed. Sherman Cochran and Paul Pickowicz(Ithaca, NY: Cornell East Asia Program, 2010).

69) David Gillard, *The Struggle for Asia, 1828-1914: A Study in British and Russian Imperialism*(NY: Holmes and Meier, 1980).

70) Christopher I. Beckwith, *Empires of the Silk Road: A History of Central Eurasia from the Bronze Age to the Present*(Princeton, NJ: Princeton University Press, 2009), 241-242(크리스토퍼 벡위드, 이강한·류형식 옮김, 『중앙유라시아 세계사』, 소 와당, 2014, 439-440); Peter Frankopan, *The Silk Roads: A New History of the World*(New York: Alfred A. Knopf, 2016)(피터 프랭코판, 이재황 옮김, 『실크로드 세 계사』, 책과함께, 2017).

71) James A. Millward, *Eurasian Crossroads: A History of Xinjiang*(New York: Columbia University Press, 2007), 124-177(제임스 A. 밀워드, 김찬영·이광태 옮김, 『신장의 역사: 유라시아의 교차로』, 사계절, 2013, 195-262).

72) Bruce Elleman and Stephen Kotkin, eds., *Manchurian Railways and the Opening of China: An International History*(Armonk, NY: M.E. Sharpe, 2010).

73) Philip A. Kuhn, *Rebellion and Its Enemies in Late Imperial China: Militarization and Social Structure, 1796-1864*(Cambridge, MA: Harvard University Press, 1970), 211-233.

3장 청 말의 곤경: 1870~1900

1) Benjamin A. Elman, "Early Modern or Late Imperial? The Crisis of Classical Philology in Eighteenth-Century China," *Frontiers of History in China* 6.1 (2011): 3-25; Benjamin A. Elman, *From Philosophy to Philology: Intellectual and Social Aspects of Change in Late Imperial China*(Cambridge, MA: Council on East Asian Studies, Harvard University, 1984)(벤저민 엘먼, 양휘웅 옮김, 『성리학에서 고증학으로』, 예문서원, 2004).

2) Elman, *From Philosophy to Philology*, 28(벤저민 엘먼, 『성리학에서 고증학으로』, 89). 다음도 참고. Elman, *On Their Own Terms: Science in China, 1550-1900* (Cambridge, MA: Harvard University Press, 2005).

3) Anne Cheng, "Nationalism, Citizenship and the Old Text / New Text Controversy in Late Nineteenth Century China," in *Imagining the People: Chinese Intellectuals and the Concept of Citizenship*, ed. Joshua A. Fogel and Peter G. Zarrow(Armonk, NY: M.E. Sharpe, 1997), 61-81; Benjamin A. Elman, *Classicism, Politics, and Kinship: The Ch'angchou School of New Text Confucianism in Late Imperial China*(Berkeley: University of California Press, 1990).

4) Jane Kate Leonard, *Wei Yuan and China's Rediscovery of the Maritime World* (Cambridge, MA: Council on East Asian Studies, Harvard University, 1984); Jane Kate Leonard, "Timeliness and Innovation: The 1845 Revision of The Complete Book on Grain Transport (Caoyun quanshu)," in *Chinese Handicraft Regulations of the Qing Dynasty: Theory and Application*, ed. Christine Moll-Murata, Song Jianze, and Hans Ulrich Vogel(Munich: Iudicum, 2005), 449-464; Jane Kate Leonard, "The Qing Strategic Highway on the Northeast Coast," in *The Perception of Maritime Space in Traditional Chinese Sources*, ed. Angela Schottenhammar and Roderich Ptak(Wiesbaden: Harrassowitz, 2006), 27-39.

5) 오늘날의 장쑤성과 안후이성은 청대에 장난(江南)성으로 통합되어 있었다. 이 성들은 장시성과 함께 묶여 '양강'(兩江)으로 알려져 있었다. 성 정부들을 감독하는 총독(總督) 직위는 총 9개가 있었다.

6) 다음 책에서 인용함. Ssu-yü Teng and John K. Fairbank, eds., *Research Guide for China's Response to the West: A Documentary Survey, 1839-1923*(Cambridge, MA: Harvard University Press, 1979)(원문은 『海國圖志』 권2의 '未款之前 則宜以夷攻夷 既款之後 則宜師夷長技以製夷').

7) Orville Schell and John Delury, Introduction to *Wealth and Power: China's Long March to the Twenty-First Century*(New York: Random House, 2013) (존 델러리·오빌 셸, 이은주 옮김, 『돈과 힘: 중국의 부강을 이끈 11인의 리더』, 문학동네, 2015, 들어가는 글); Helen Dunstan, *Conflicting Counsels to Confuse the Age: A Documentary Study of Political Economy in Qing China, 1644-1840*(Ann Arbor: Center for Chinese Studies, University of Michigan, 1996).

8) Philip A. Kuhn, "Reform on Trial," in *Origins of the Modern Chinese State* (Stanford, CA: Stanford University Press, 2002), 54–79(필립 쿤, 윤성주 옮김, 『중국 현대국가의 기원』, 동북아역사재단, 2009의 2장 '시험용 개혁').

9) Schell and Delury, *Wealth and Power*, 11–36(존 델러리·오빌 셸, 『돈과 힘』, 21–54).

10) J. Mason Gentzler, *Changing China: Readings in the History of China from the Opium War to the Present*(New York: Praeger, 1977), 70–71(인용문의 원문은 풍계분의 『校邠廬抗議』 '採西學議' 편에 나온다. 풍계분이 인용한 사마천의 순자 '法後王'에 대한 논평은 『史記』 '六國年表'에 나온다).

11) Wm. T. de Bary and Richard Lufrano, comp., *Sources of Chinese Tradition*(New York: Columbia University Press, 1960), 2:47(인용문의 원문은 풍계분의 『校邠廬抗議』 '制洋器議' 편에 나온다).

12) 청의 중흥과 전반적인 공업 정책에 대해서는 다음을 참조. Shellen X. Wu, *Empires of Coal: Fueling China's Entry into the Modern World Order, 1860-1920*(Stanford, CA: Stanford University Press, 2015); Elisabeth Köll, *From Cotton Mill to Business Empire: The Emergence of Regional Enterprises in Modern China* (Cambridge, MA: Harvard University Asia Center, 2004); Samuel C. Chu and Liu Kwang–Ching, *Li Hung-Chang and China's Early Modernization*(Armonk, NY: M.E. Sharpe, 1994); Mary C. Wright, *The Last Stand of Chinese Conservatism: The T'ung-chih Restoration, 1862-1874*, rev. ed.(New York: Atheneum, 1965). 증국번에 대해서는 다음을 참조. Jonathan Porter, *Tseng Kuo-fan's Private Bureaucracy*(Berkeley: Center for Chinese Studies, University of California, 1972); Hellmut Wilhelm, "The Background of Tseng Kuofan's Ideology," *Asiatische Studien* 3–4(1949): 90–100; William J. Hail, *Tseng Kuo-fan and the Taiping Rebellion: With a Short Sketch of His Later Career*(New Haven, CT: Yale University Press, 1927).

13) 증국번의 노래에 대해서는 다음을 참조. Stephen R. Platt, *Autumn in the Heavenly Kingdom: China, the West, and the Epic Story of the Taiping Civil War*(New York: Alfred A. Knopf, 2013), 175.

14) 현대 중국에서 가장 인기 있는 책들의 하나로서 증국번의 저술에 대해서는 다음을 참조.

Guo Yingjie and He Baogang, "Reimagining the Chinese Nation: The 'Zeng Guofan Phenomenon,'" *Modern China* 25.2(1999): 142-170.

15) 다음을 참조. Richard von Glahn, *Economic History of China: From Antiquity to the Nineteenth Century*(Cambridge: Cambridge University Press, 2016), 381, Table 9.7(리처드 폰 글란, 류형식 옮김, 『케임브리지 중국경제사』, 소와당, 2019, 660의 표 9-7 '청나라 후기 정부 수입').

16) 다음을 참조. David Faure, *China and Capitalism: A History of Business Enterprise in Modern China*(Hong Kong: Hong Kong University Press, 2006), 50-56. 이 모델에 대해서는 다음을 참조. Wellington K. K. Chan, *Merchants, Mandarins, and Modern Enterprise in Late Ch'ing China*(Cambridge, MA: Harvard University Press, 1977).

17) Kuo Ting-Yee and Liu Kwang-Ching, "Self-Strengthening: The Pursuit of Western Technology," in *The Cambridge History of China*, volume 10: Late Ch'ing, 1800-1911, Part 1, ed. John K. Fairbank(Cambridge: Cambridge University Press, 1978), 491-542(궈팅이·류광징, 「자강 운동: 서양 기술의 도입」, 존 K. 페어뱅크 편, 『캠브리지 중국사 10권(下)』, 새물결, 2007, 829-904).

18) Liu Yun, "Revisiting Hanyeping Company(1889-1908): A Case Study of China's Early Industrialisation and Corporate History," *Business History* 52:1 (2010): 62-73; Elman, *On Their Own Terms*, 411.

19) David Pong, "Keeping the Foochow Navy Yard Afloat: Government Finance and China's Early Modern Defense Industry, 1866-75," *Modern Asian Studies* 21.1(1987): 121-152.

20) William T. Rowe, *China's Last Empire: The Great Qing*(Cambridge, MA: Harvard University Press, 2009), 214.(윌리엄 T. 로, 기세찬 옮김, 『하버드 중국사 청: 중국 최후의 제국』, 너머북스, 2014, 376-377).

21) Bert Becker, "Coastal Shipping in East Asia in the Late Nineteenth Century," *Journal of the Royal Asiatic Society Hong Kong Branch* 50(2010): 245-302; Lai Chi-kong, "Li Hung-chang and Modern Enterprise: The China Merchants' Company, 1872-1885," *Chinese Studies in History* 25.1(1991): 19-51; Albert Feuerwerker, *China's Early Industrialization: Sheng Hsuanhuai(1844-1916) and Mandarin Enterprise*(Cambridge, MA: Harvard University Press, 1958).

22) Faure, *China and Capitalism*, 53.

23) Daniel McMahon, *Rethinking the Decline of China's Qing Dynasty: Imperial Activism and Borderland Management at the Turn of the Nineteenth Century* (London: Routledge, 2015).

24) Dorothy Ko, "Footbinding and Anti-Footbinding in China: The Subject of Pain in the Nineteenth and Early Twentieth Centuries," in *Discipline and the Other Body: Correction, Corporeality, Colonialism*, ed. Steven Pierce and Anupama Rao(Durham, NC: Duke University Press, 2006), 215–242; Dorothy Ko, *Cinderella's Sisters: A Revisionist History of Footbinding*(Berkeley: University of California Press, 2005); Thoralf Klein, "Christian Mission and the Internationalization of China, 1830–1950," in *Trans-Pacific Interactions: The United States and China, 1880-1950*, ed. Vanessa Künnemann and Ruth Mayer(New York: Palgrave Macmillan, 2009), 141–160; Hong Fan, *Footbinding, Feminism, and Freedom: The Liberation of Women's Bodies in Modern China*(London: F. Cass, 1997).

25) 선교사에 대해서는 많은 연구가 있다. 다음 연구들이 중요한 것에 속한다. Daniel H. Bays, *A New History of Christianity in China: Blackwell Guides to Global Christianity*(Malden, MA: Wiley-Blackwell, 2012); Albert Monshan Wu, *From Christ to Confucius: German Missionaries, Chinese Christians, and the Globalization of Christianity, 1860-1950*(New Haven, CT: Yale University Press, 2016); Alvyn Austin, *China's Millions: The China Inland Mission and Late Qing Society, 1832-1905*(Grand Rapids, MI: Eerdmans, 2007); Michael G. Murdock, "Whose Modernity? Anti-Christianity and Educational Policy in Revolutionary China, 1924–1926," *Twentieth-Century China* 31.1(2005): 33–75; Daniel H. Bays, ed., *Christianity in China: From the Eighteenth Century to the Present*(Stanford, CA: Stanford University Press, 1996); Kathleen L. Lodwick, *Crusaders against Opium: Protestant Missionaries in China, 1874-1917*(Lexington: University Press of Kentucky, 1996); John K. Fairbank, ed., *The Missionary Enterprise in China and America*(Cambridge, MA: Harvard University Press, 1974); Paul A. Cohen, *China and Christianity:- The Missionary Movement and the Growth of Chinese Antiforeignism, 1860-1870*(Cambridge, MA: Harvard University Press, 1963); Jessie G. Lutz, *China and the Christian Colleges, 1850-1950*(Ithaca, NY: Cornell University Press, 1971).

26) Robert Lee, *France and the Exploitation of China, 1885-1901: A Study of Economic Imperialism*(Hong Kong: Oxford University Press, 1989).

27) Kirk W. Larsen, *Tradition, Treaties, and Trade: Qing Imperialism and Chosŏn Korea, 1850-1910*(Cambridge, MA: Harvard University Asia Center, 2008); S. C. M. Paine, *The Sino-Japanese War of 1894-1895: Perceptions, Power, and Primacy*(New York: Cambridge University Press, 2005); Michael R. Auslin,

Negotiating with Imperialism: The Unequal Treaties and the Culture of Japanese Diplomacy(Cambridge, MA: Harvard University Press, 2004).

28) Pamela K. Crossley, *The Wobbling Pivot, China since 1800: An Interpretive History*(Malden, MA: Wiley–Blackwell, 2010), 96.

29) Klaus Mühlhahn, "A New Imperial Vision? The Limits of German Colonialism in China," in *German Colonialism in a Global Age*, ed. Bradley Naranch and Geoff Eley(Durham, NC: Duke University Press, 2015), 129–146; Klaus Mühlhahn, "Negotiating the Nation: German Colonialism and Chinese Nationalism in Qingdao, 1897–1914," in *Twentieth-century Colonialism and China: Localities, the Everyday and the World*, ed. Bryna Goodman and David S. G. Goodman(Milton Park, Abingdon, UK: Routledge, 2012), 37–56; George Steinmetz, *The Devil's Handwriting: Precoloniality and the German Colonial State in Qingdao, Samoa and Southwest Africa*(Chicago: University of Chicago Press, 2007), 433–508; John E. Schrecker, *Imperialism and Chinese Nationalism*(Cambridge, MA: Harvard University Press, 1971); Mechthild Leutner and Klaus Mühlhahn, *Musterkolonie Kiautschou: Die Expansion des Deutschen Reiches in China: Deutsch-chinesische Beziehungen 1897 bis 1914: Eine Quellen sammlung*(Berlin: Akademie Verlag, 1997); Klaus Mühlhahn, *Herrschaft und Widerstand in der "Musterkolonie" Kiautschou: Interaktionen zwischen China und Deutschland 1897-1914*(Munich: Oldenbourg, 2000).

30) Leutner and Mühlhahn, *Musterkolonie Kiautschou*, 248.

31) 산둥의 학위 소지자 중 60%가 가오미나 자오저우에서 왔다. 다음을 참조. Joseph Esherick, *The Origins of the Boxer Uprising*(Berkeley: University of California Press, 1987), 30.

32) Mühlhahn, "A New Imperial Vision," 138.

33) 중국인 주민들의 공포는 정당한 것으로 증명되었다. 1902년에 전 지역에 홍수가 나서 그해의 수확을 망치고 촌락 전체를 유실시켰다. 독일 총독은 전문가를 하오리 구역에 보내서 원인을 조사했다. 다음을 참고. Report of engineer Born to Governor Truppel, September 4, 1902, in Leutner and Mühlhahn, *Musterkolonie Kiautschou*, 300–302.

34) 다음을 참고. Paul Cohen, *History in Three Keys: The Boxers as Event, Experience, and Myth*(New York: Columbia University Press, 1997), 84–85. 다음 책들이 중요한 연구에 속한다. Robert Bickers and R. G. Tiedemann, eds., *The Boxers, China, and the World*(Lanham, MD: Rowman and Littlefield, 2007); Esherick, *The Origins of the Boxer Uprising*; David D. Buck, *Recent Chinese Studies of the Boxer Movement*(Armonk, NY: Sharpe, 1987).

35) Cohen, *History in Three Keys*, 14–56.

36) Wilhelm II: "Hun Speech"(1900), http://germanhistorydocs.ghi–dc.org/ sub _document.cfm?document_id=755; 다음도 참조. Susanne Kuss, *German Colonial Wars and the Context of Military Violence*, translated by Andrew Smith (Cambridge, MA: Harvard University Press 2017), 146–147.

37) Mechthild Leutner and Klaus Mühlhahn, eds., *Kolonialkrieg in China: Die Niederschlagung der Boxerbewegung, 1900-1901*(Berlin: Links, 2007); James Hevia, *English Lessons: The Pedagogy of Imperialism in Nineteenth Century China*(Durham, NC: Duke University Press, 2003), 195–240; Xiang Lanxian, *The Origins of the Boxer War: A Multinational Study*(London: Routledge Curzon, 2003); Victor Purcell, *The Boxer Uprising: A Background Study* (Cambridge: Cambridge University Press, 1963).

38) 다음을 참조. Leutner and Mühlhahn, *Musterkolonie Kiautschou*, 250.

39) Alfred Graf von Waldersee, *Denkwürdigkeiten des General-Feldmarschalls Alfred Graf von Waldersee*, ed. Heinrich Otto Meisner, vol. 3, 1900–1904(Stuttgart: Deutsche Verlags–Anstalt, 1923), 36, 48, reprinted in Leutner and Mühlhahn, *Musterkolonie Kiautschou*, 501–502. 약탈에 대해서는 다음을 참조. James Hevia, "Looting and Its Discontents: Moral Discourse and the Plunder of Beijing, 1900–1901," in Bickers and Tiedemann, *The Boxers, China, and the World*, 93–114.

40) Lewis Bernstein, "After the Fall: Tianjin under Foreign Occupation," in Bickers and Tiedemann, *The Boxers, China, and the World*, 133–146; Ruth Rogaski, *Hygienic Modernity: Meanings of Health and Disease in Treaty-Port China* (Berkeley: University of California Press, 2004), 165–192.

41) 협상에 대해서는 다음을 참고. Chester Tan, *The Boxer Catastrophe*(New York: Norton, 1971); and Xiang, *The Origins of the Boxer War*.

42) Jung Chang, *Empress Dowager Ci Xi: The Concubine Who Launched Modern China*(London: Jonathan Cape, 2013), 298(장융, 이종인 옮김, 『서태후: 현대 중국의 기초를 만든 통치자 2』, 책과함께, 2015, 459).

43) Charlotte Furth, "Intellectual Change: From the Reform Movement to the May Fourth Movement, 1895–1920," in *An Intellectual History of Modern China*, ed. Merle Goldman and Leo Ou–Fan Lee(New York: Cambridge University Press, 2002), 13–96; Chang Hao, *Chinese Intellectuals in Crisis: Search for Order and Meaning, 1890-1911*(Berkeley: University of California Press, 1987).

44)   Rune Svarverud, "The Early Introduction of International Law: Translations and Language," in *International Law as World Order in Late Imperial China: Translation, Reception and Discourse, 1847-1911*, ed. Rune Svarverud (Leiden: Brill, 2007), 69-132; Richard S. Horowitz,- "International Law and State Transformation in China, Siam, and the Ottoman Empire during the Nineteenth Century," *Journal of World History* 15.4(2004): 445-486; Lydia H. Liu, *The Clash of Empires: The Invention of China in Modern World Making* (Cambridge, MA: Harvard University Press, 2004)(리디아 류, 차태근 옮김, 『충돌하는 제국: 서구 문명은 어떻게 중국이란 코끼리를 넘어뜨렸나』, 글항아리, 2016).

45)   Paul A. Cohen, *Between Tradition and Modernity: Wang T'ao and Reform in Late Ch'ing China*(Cambridge, MA: Harvard University Press, 1974).

46)   Ng Wai-ming, "The Formation of Huang Tsun-hsien's Political Thought in Japan (1877-1882)," *Sino-Japanese Studies* 8.1(1995): 4-21; Noriko Kamachi, *Reform in China: Huang Tsun-Hsien and the Japanese Model*(Cambridge, MA: Council on East Asian Studies, Harvard University, 1981).

47)   Huang Kewu, *The Meaning of Freedom: Yan Fu and the Origins of Chinese Liberalism*(Hong Kong: Chinese University Press, 2008); Benjamin I. Schwartz, *In Search of Wealth and Power: Yen Fu and the West*(Cambridge, MA: Belknap Press of Harvard University Press, 1964)(벤저민 슈워츠, 최효선 옮김, 『부와 권력을 찾아서』, 한길사, 2006); James R. Pusey, *China and Charles Darwin*(Cambridge, MA: Council on East Asian Studies, Harvard Univer-sity, 1983).

48)   Yan Fu, "Learning from the West," in Teng and Fairbank, *Research Guide for China's Response to the West*, 151. (저자가 활용한 영문 자료집의 제목과 달리, 이 글의 원문은 '與外交報主人論教育書'라는 서신의 일부이다.)

49)   Wong Young-tsu, "Revisionism Reconsidered: Kang Youwei and the Reform Movement of 1898," *Journal of Asian Studies* 51.3(1992): 513-544; Chang Hao, "Intellectual Change and the Reform Movement, 1890-1898," in *The Cambridge History of China*, ed. John K. Fairbank and Liu Kwang Ching (Cambridge: Cambridge University Press, 1980), 11: 274-338(장하오, 「사상의 변화와 개혁 운동(1890-1898년)」, 존 K. 페어뱅크·류광징 책임 편집, 김한식·김종건 책임 번역, 『캠브리지 중국사 11(상)』, 새물결, 2007, 437-537).

50)   최근의 연구들은 기독교에서 영감을 얻은 '대동'(大同)의 전망이나 불교를 포함하여 이러한 개혁에서 역할을 했던 강유위의 급진적 사상의 범위에 대해 토론해 왔다. 그러나 의견이 일치되지는 않는다. Shiping Hua, *Chinese Utopianism: A Comparative Study of Reformist Thought with Japan and Russia, 1898-1997*(Washington,

DC: Woodrow Wilson Center Press, 2009). 다음도 참조. Theodore Huters, *Bringing the World Home: Appropriating the West in Late Qing and Early Republican China*(Honolulu: University of Hawai'i Press, 2005); Luke S. K. Kwong, "Chinese Politics at the Crossroads: Reflections on the Hundred Days Reform of 1898," *Modern Asian Studies* 34.3(2000): 663–695; Luke S. K. Kwong, *A Mosaic of the Hundred Days: Personalities, Politics, and Ideas of 1898* (Cambridge, MA: Council on East Asian Studies, Harvard University, 1984).

51) Joseph Richmond Levenson, *Liang Ch'i-ch'ao and the Mind of Modern China* (Cambridge, MA: Harvard University Press, 1953); Philip C. Huang, *Liang Ch'i-ch'ao and Modern Chinese Liberalism*(Seattle: University of Washington Press, 1972); Hao Chang, *Liang Ch'i-ch'ao and Intellectual Transition in China*(Cambridge, MA: Harvard University Press, 1971); Tang Xiaobing, *Global Space and the Nationalist Discourse of Modernity*(Stanford, CA: Stanford University Press, 1996); Andrew J. Nathan, *Chinese Democracy*(New York: Knopf, 1985); Pankaj Mishra, *From the Ruins of Empire: The Intellectuals Who Remade Asia*(New York: Farrar, Straus and Giroux, 2012)(판카지 미슈라, 이재만 옮김, 『제국의 폐허에서: 저항과 재건의 아시아 근대사』 책과함께, 2013).

52) Liang Qichao, "Observations on a Trip to America," quoted from *Chinese Civilization: A Sourcebook*, ed. Patricia Buckley Ebrey, 2nd ed. (New York: Free Press, 1993), 335–340. (원문은 양계초의 『新大陸游記』의 일부이다.)

53) Elman, *On Their Own Terms*, 379–382, 392–393.

54) Joanna Waley-Cohen, *The Culture of War in China: Empire and the Military under the Qing Dynasty*(London: I. B. Tauris, 2006); Nicolas Schillinger, *The Body and Military Masculinity in Late Qing and Early Republican China: The Art of Governing Soldiers*(Lanham, MD: Lexington Books, 2016).

55) Peter M. Worthing, *A Military History of Modern China: From the Manchu Conquest to Tian'anmen Square*(Westport, CT: Praeger Security International, 2007); Richard S. Horowitz, "Beyond the Marble Boat: The Transformation of the Chinese Military, 1850–1911," in *A Military History of China*, ed. David A. Graff and Robin Higham(Boulder, CO: Westview, 2002); Ralph L. Powell, *The Rise of Chinese Military Power, 1895-1912*(Princeton, NJ: Princeton University Press, 1955).

56) 대표 저자인 Levenson은 다음과 같이 썼다. "전통주의자들이 전통을 발전시킬 의지를 잃고 그 대신 전통을 반복할 때, 그들은 전통의 내용을 바꾸었다. 그들은 전통을 서구에 대한 대립물로 보았고, 그런 역할 속에서 발전은 약해질 수밖에 없었다. 전통이 가져다줄 수도 있

던 힘이 사라졌다." Joseph R. Levenson, *Confucian China and Its Modern Fate: The Problem of Intellectual Continuity*(Berkeley: University of California Press, 1958), 133. Levenson의 분석은 그를 중국에서 일어난 변화가 서구의 압력이 가져온 직접적 결과라는 결론으로 이끌었다. 이러한 결론의 많은 부분이 서구의 중국 연구에 엄청난 영향력을 미쳤던 연구인 Max Weber의 *Die Wirtschaftsethik der Weltreligionen: Konfuzianismus und Taoismus*(막스 베버, 이상률 옮김, 『유교와 도교』, 문예출판사, 1990)로 되돌아간다. Weber가 보기에 중국에서 현대적 경제발전은 불가능했는데, 중국이 거기에 필요한 합리성과 과학에 입각한 '세계관'(Weltanschauung)을 가지고 있지 않았기 때문이다.

57) Kenneth Pomeranz, *The Great Divergence: China, Europe, and the Making of the Modern World Economy*(Princeton, NJ: Princeton University Press, 2000) (케네스 포메란츠, 김규태·이남희·심은경 옮김, 『대분기: 중국과 유럽, 그리고 근대 세계경제의 형성』, 에코리브르, 2016); Jack A. Goldstone, "Efflorescences and Economic Growth in World History: Rethinking the 'Rise of the West' and the Industrial Revolution," *Journal of World History* 13.2 (2002): 323-389.

58) 다음을 참조. Jürgen Osterhammel, *The Transformation of the World: A Global History of the Nineteenth Century*, trans. Patrick Camiller(Princeton, NJ: Princeton University Press, 2015), 392-468; Pamela K. Crossley, "The Late Qing Empire in Global History," *Education about Asia* 13.2(2008): 4-7.

59) 다음을 참조. Loren Brandt, Debin Ma, and Thomas G. Rawski, "From Divergence to Convergence: Re-Evaluating the History behind China's Economic Boom"(Working Paper no. 117, CAGE Online Working Paper Series, Department of Economics, University of Warwick, Coventry, UK, 2013), http://wrap. warwick.ac.uk/57944; Debin Ma, "Political Institution and Long-Run Economic Trajectory: Some Lessons from Two Millennia of Chinese Civilization," in *Institutions and Comparative Economic Development*, ed. Masahiko Aoki, Timur Kuran, and Gérard Roland(Basingstoke, UK: Palgrave Macmillan, 2012), 78-98.

60) Faure, *China and Capitalism*, 52.

61) Peter Zarrow, *After Empire: The Conceptual Transformation of the Chinese State, 1885-1924*(Stanford, CA: Stanford University Press, 2012).

62) Zheng Wang, *Never Forget National Humiliation: Historical Memory in Chinese Politics and Foreign Relations*(New York: Columbia University Press, 2012). 문화적 배경에 대해서는 다음을 참조. Paul A. Cohen, *Speaking to History: The Story of King Goujian in Twentieth-Century China*(Berkeley: University of California Press, 2009).

2부 중국의 혁명들

1) 다음에서 인용. Orville Schell and John Delury, *Wealth and Power: China's Long March to the Twenty-First Century*(New York: Random House, 2013), loc. 2416-2419, Kindle. (존 델러리·오벨 셸, 이은주 옮김, 『돈과 힘: 중국의 부강을 이끈 11인의 리더』, 문학동네, 2015, 205.) (여기에서는 '安徽愛國會章程'의 원문에서 번역함.)

2) Étienne Balibar and Immanuel M. Wallerstein, *Race, Nation, Class: Ambiguous Identities*(London: Verso, 1991), 86-106; Benedict Anderson, *Imagined Communities: Reflections on the Origin and Spread of Nationalism,* rev. ed. (London: Verso, 2016)(베네딕트 앤더슨, 서지원 옮김, 『상상된 공동체: 민족주의의 기원과 보급에 대한 고찰』, 길, 2018).

3) 여기에서 강조하는 것은 국가 건설의 노력이 거의 모든 행위자에게 민족주의적인 것만이 아니라 혁명적인 시도로도 여겨진다는 점이다. 문헌들은 종종 이 두 가지 주제를 분리해서 다루거나 서로 관계없이 병행하는 것으로 다룬다. 그러나 이 책에서는 현대적인 민족과 혁명적인 국가를 건설하는 것이 나란히 작동하고 상호 간의 확대를 가져오는, 중첩된 기획이라는 점을 강조한다.

4) Jürgen Osterhammel, *The Transformation of the World: A Global History of the Nineteenth Century*, trans. by Patrick Camiller(Princeton: Princeton University Press, 2015), 514-522.

4장 제국 뒤엎기: 1900~1919

1) Chang Jung, *Empress Dowager Cixi: The Concubine Who Launched Modern China*(New York: A. Knopf, 2013). (장융, 이종인 옮김, 『서태후: 현대 중국의 기초를 만든 통치자』, 책과함께, 2015, 459.) (여기에서는 '변법 상유'의 원문에 근거하여 번역했다. 다만, '변법 상유'의 원문에서는 '이러한 변화는 우리나라의 생사가 걸린 문제이고 … 다른 길이 없다'로 해석될 수 있는 문구를 찾을 수 없다.)

2) 신정의 다양한 측면에 대해서는 다음을 참조하라. Roger R. Thompson, "The Lessons of Defeat: Transforming the Qing State after the Boxer War," *Modern Asian Studies* 37.4(2003): 769-773; Richard S. Horowitz, "Breaking the Bond of the Precedent: The 1905-6 Government Reform Commission and the Remaking of the Qing Central State," *Modern Asian Studies* 37.4(2003): 775-797; Tong Lam, "Policing the Imperial Nation: Sovereignty, International Law, and the Civilizing Mission in Late Qing China," *Comparative Studies in Society*

and History 52.4(2010): 881−908; Douglas Reynolds, *China, 1898-1912: The Xinzheng Revolution and Japan*(Cambridge, MA: Council on East Asian Studies, Harvard University, 1993); Stephen R. MacKinnon, *Power and Politics in Late Imperial China: Yuan Shikai in Beijing and Tianjin*(Berkeley: University of California Press, 1980); Wolfgang Franke, *The Reform and Abolition of the Traditional Chinese Examination System*(Cambridge, MA: Harvard University Press, 1963); Hon Tze−Ki, "Educating the Citizens: Visions of China in Late Qing History Textbooks," in *The Politics of Historical Production in Late Qing and Republican China*, ed. Hon Tze−Ki and Robert J. Culp(Leiden: Brill, 2007), 791−805; Chuzo Ichiko, "Political and Institutional Reform, 1901-11," in *The Cambridge History of China*, ed. John K. Fairbank and Denis Crispin Twitchett(Cambridge: Cambridge University Press, 1980), 11:375−415(이치코 주조, 「정치·제도 개혁(1901-1911년)」, 존 K. 페어뱅크 편, 김한식 외 옮김, 『캠브리지 중국사 11(하)』, 새물결, 2007).

3) Arthur Waldron, *From War to Nationalism: China's Turning Point, 1924-1925*(Cambridge: Cambridge University Press, 1995), 26; 또한 다음을 보라. Andrew J. Nathan, *Chinese Democracy*(New York: Knopf, 1985), 247.

4) 다음에서 인용함. Horowitz, "Breaking the Bond of the Precedent," 791.

5) Roger Thompson, *China's Local Councils in the Age of Constitutional Reform* (Cambridge, MA: Harvard University Press, 1995).

6) Klaus Mühlhahn, *Criminal Justice in China: A History*(Cambridge, MA: Harvard University Press, 2009), 60−62.

7) Dan Shao, "Chinese by Definition: Nationality Law, Jus Sanguinis, and State Succession, 1909−1980," *Twentieth-Century China* 35.1(2009): 4−28.

8) William Kirby, "China, Unincorporated: Company Law and Business Enterprise in Twentieth Century China," *Journal of Asian Studies* 54.1(1995): 43−63.

9) Chen Zhongping, *Modern China's Network Revolution: Chambers of Commerce and Sociopolitical Change in the Early Twentieth Century*(Stanford, CA: Stanford University Press, 2011).

10) Richard S. Horowitz, "Beyond the Marble Boat: The Transformation of the Chinese Military, 1850−1911," in *A Military History of China*, ed. David A. Graff and Robin Higham(Lexington: University of Kentucky Press 2012), 164−166; Nicolas Schillinger, *The Body and Military Masculinity in Late Qing and Early Republican China: The Art of Governing Soldiers*(Lanham, MD: Lexington

Books, 2016), 29-30.

11) Elisabeth Kaske, "Fundraising Wars: Office Selling and Interprovincial Finance in Nineteenth Century China," *Harvard Journal of Asiatic Studies* 71.1(2011): 69-141.

12) Benjamin A. Elman, *A Cultural History of Civil Service Examinations in Late Imperial China*(Berkeley: University of California Press, 2000), 569-626.

13) Stephen R. Halsey, *Quest for Power: European Imperialism and the Making of Chinese Statecraft*(Cambridge, MA: Harvard University Press, 2015), 93. 다음 도 참고. Zhihong Shi, *Central Government Silver Treasury: Revenue, Expenditure and Inventory Statistics, ca. 1667-1899*(Leiden: Brill 2016), 59.

14) Tong Lam, *A Passion for Facts: Social Surveys and the Construction of the Chinese Nation-State, 1900-1949*(Berkeley: University of California Press, 2011).

15) Rebecca Nedostup, *Superstitious Regimes: Religion and the Politics of Chinese Modernity*(Cambridge, MA: Harvard University Asia Center, 2009); Prasenjit Duara, "Knowledge and Power in the Discourse of Modernity: The Campaigns against Popular Religion in Early Twentieth-Century China," *Journal of Asian Studies* 50.1(1991): 67-83.

16) 다음에서 인용함. Chang, *Empress Dowager Cixi*, 325. 다음도 참고. Dorothy Ko, "Footbinding and Anti-Footbinding in China: The Subject of Pain in the Nineteenth and Early Twentieth Centuries," in *Discipline and the Other Body: Correction, Corporeality, Colonialism*, ed. Steven Pierce and Rao Anupama(Durham, NC: Duke University Press, 2006), 215-242; Fan Hong, *Footbinding, Feminism, and Freedom: The Liberation of Women's Bodies in Modern China*(London: F. Cass, 1997).

17) Frank Dikötter, Lars Laamann, and Zhou Xun, *Narcotic Culture: A History of Drugs in China*(Hong Kong: Hong Kong University Press, 2004); Zhou Yongming, *Anti-Drug Crusades in Twentieth-Century China: Nationalism, History, and State-building*(Lanham, MD: Rowman and Littlefield, 1999).

18) Zou Rong, *The Revolutionary Army: A Chinese Nationalist Tract of 1903*, trans. John Lust(The Hague: Mouton, 1968). 다음도 참고. Peter C. Perdue, "Erasing the Empire, Re-Racing the Nation: Racialism and Culturalism in the Imperial China," in *Imperial Formations*, ed. Ann Laura Stoler, Carole McGranahan, and Peter C. Perdue(Santa Fe, NM: School for Advanced Research Press, 2007), 141-169.

19) Elena Barabantseva, *Overseas Chinese, Ethnic Minorities and Nationalism: De-*

Centering China(London: Routledge, 2011), 18–39; William C. Kirby, "When Did China Become China?" in *The Teleology of the Modern Nation-State: Japan and China*, ed. Joshua A. Fogel(Philadelphia: University of Pennsylvania Press, 2005), 105–116; Pamela K. Crossley, "Nationality and Difference in China: The Post–Imperial Dilemma," in Fogel, *The Teleology of the Modern Nation-State*, 138–160; Lowell Dittmer and Samuel S. Kim, eds., *China's Quest for National Identity*(Ithaca, NY: Cornell University Press, 1993).

20) David Strand, *An Unfinished Republic: Leading by Word and Deed in Modern China*(Berkeley: University of California Press, 2011), 236–382; Audrey Wells, *The Political Thought of Sun Yat-Sen: Development and Impact*(New York: Palgrave Macmillan, 2002); Marie–Claire Bergère, *Sun Yat-sen*(Stanford, CA: Stanford University Press, 2000).

21) Sun Yatsen, *San Min Chu I = The Three Principles of the People*, trans. Frank W. Price(Calcutta: Chinese Ministry of Information, 1942), 1. (이하 인용에서는 '삼민주의' 원문을 번역함.)

22) Sun, *San Min Chu I*, 5.

23) Sun, *San Min Chu I*, 2.

24) Sun, *San Min Chu I*, 152 and 155.

25) Mary Clabaugh Wright, "Introduction: The Rising Tide of Change," in *China in Revolution: The First Phase 1900-1913*, ed. Mary Clabaugh Wright (New Haven, CT: Yale University Press, 1968), 1–66; Mary Backus Rankin, "Nationalistic Contestation and Mobilization Politics: Practice and Rhetoric of Railway–Rights Recovery at the End of the Qing," *Modern China* 28.3(2002): 315–361, especially 316–318.

26) Peter Zarrow, *China in War and Revolution, 1895-1949*(London: Routledge, Taylor and Francis Group, 2007), 33.

27) Yong Ma, "From Constitutional Monarchy to Republic: The Trajectory of Yuan Shikai," *Journal of Modern Chinese History* 6.1(2012): 15–32; Hirata Koji, "Britain's Men on the Spot in China: John Jordan, Yuan Shikai, and the Reorganization Loan, 1912–1914," *Modern Asian Studies* 47.3(2013): 895–934; Jerome Ch'en, *Yuan Shih-k'ai*, 2nd ed.(Stanford, CA: Stanford University Press, 1972); Ernest Young, *The Presidency of Yuan Shih-k'ai: Liberalism and Dictatorship in Early Republican China*(Ann Arbor: University of Michigan Press, 1977).

28) Joshua Hill, "Seeking Talent at the Voting Booth: Elections and the Problem of

Campaigning in the Late Qing and Early Republic," *Twentieth-Century China* 38.3(2013): 213-229.

29) Julia C. Strauss, *Strong Institutions in Weak Polities: State Building in Republican China, 1927-1940*(Oxford: Clarendon Press, 1998), 31ff.

30) Lu Xun, *The Real Story of Ah-Q and Other Tales of China: The Complete Fiction of Lu Xun*, trans. Julia Lovell and Li Yiyun(New York: Penguin Classics, 2009).

31) Xu Guoqi, *China and the Great War: China's Pursuit of a New National Identity and Internationalization*(Cambridge: Cambridge University Press, 2005); Xu Guoqi, *Strangers on the Western Front: Chinese Workers in the Great War*(Cambridge, MA: Harvard University Press, 2011).

32) Xu Guoqi, *Asia and the Great- War: A Shared History*(Oxford: Oxford University Press 2017), 32.

33) Xu Guoqi, *Strangers on the Western Front*, 48.

34) 이 문단 및 이어진 문단들은 다음에 기초했다. Klaus Mühlhahn, "China," in 1914-1918 online: *International Encyclopedia of the First World War*, last updated January11, 2016, https:// encyclopedia.1914-1918-online.net/article/china; doi: 10.15463/ie1418.10799. 정치적 논의에 대해서는 다음을 참고. Strand, *An Unfinished Republic*, 1-12.

35) Zarrow, *China in War and Revolution*, 83.

36) Jörg Fisch, *The Right of Self-Determination of Peoples: The Domestication of an Illusion*, trans. Anita Mage(Cambridge: Cambridge University Press, 2015), 129-137.

37) Woodrow Wilson, "Address on the Fourteen Points for Peace," January 8, 1918, transcript available at Woodrow Wilson Presidential Library, http:// www.woodrowwilson.org/digital-library/view.php?did=3863.

38) Vladimir I. Lenin, "Decree on Peace"(speech), October 26, 1917, in Izvestiia, *The First World War—A Multimedia History of World War One*, http://www. firstworldwar.com/source/decreeonpeace.htm.

39) Chow Tse-tsung, *The May Fourth Movement: Intellectual Revolution in Modern China*(Cambridge, MA: Harvard University Press, 1960), 93.

40) Erez Manela, *The Wilsonian Moment: Self-Determination and the International Origins of Anticolonial Nationalism*(Oxford: Oxford University Press, 2007), 63-136.

41) Wen-hsin Yeh, "Progressive Journalism and Shanghai's Petty Urbanites: Zou Taofen and the Shenghuo Weekly(1926-45)," in *Shanghai Sojourners*, ed. Wen-

hsin Yeh and Frederic E. Wakeman(Berkeley: Institute of East Asian Studies, University of California, 1992), 186–238; Parks Coble, "Chiang Kai–shek and the Anti–Japanese Movement in China: Zou Tao–fen and the National Salvation Association, 1931–1937," *Journal of Asian Studies* 44. 2(1985): 293–310; 이어지는 인용은 다음 자료에 근거. Rana Mitter, *A Bitter Revolution: China's Struggle with the Modern World*(Oxford: Oxford University Press, 2004), 129–130.

42) Mao Tse–tung, *Mao's Road to Power: Revolutionary Writings 1912-1949*, vol. 1: *The Pre-Marxist Period 1912-1920*(Armonk, NY: M.E. Sharpe, 1992), 335; Jonathan Spence, *Mao Zedong*(London: Weidenfeld and Nicolson, 1999), 57(조너선 D. 스펜스, 남경태 옮김, 『무질서의 지배자 마오쩌둥』 푸른숲, 2003, 63–64).

43) Manela, *Wilsonian Moment*, 175.

44) Simone M. Müller, *Wiring the World: The Social and Cultural Creation of Global Telegraph Networks*(New York: Columbia University Press, 2016).

45) Adam McKeown, "Global Migration, 1846–1970," *Journal of World History* 15.2(2004): 155–189.

46) Philip A. Kuhn, *Chinese among Others: Emigration in Modern Times*(Lanham, MD: Rowman and Littlefield, 2008)(필립 A. 쿤, 이영옥 옮김, 『타인들 사이의 중국인: 근대 중국인의 동남아 이민』 심산문학, 2014); Evelyn Hu–Dehart, "Chinese Coolie Labour in Cuba in the Nineteenth Century: Free Labour or Neo–Slavery?" *Slavery and Abolition* 14.1(1993): 67–86.

47) Marilyn A. Levine, *The Found Generation: Chinese Communists in Europe during the Twenties*(Seattle: University of Washington Press, 1993), 24–26; Geneviève Barman and Nicole Dulioust, "The Communists in the Work and Study Movement in France," *Republican China* 13.2(1988): 24–39; Xu Guoqi, *Strangers on the Western Front*, 218, 73; Chow, *The May Fourth Movement*, 37, 96.

48) Bruce A. Elleman, *Wilson and China: A Revised History of the Shandong Question*(Armonk, NY: M.E. Sharpe, 2002), 33–110.

49) Fabio Lanza, *Behind the Gate: Inventing Students in Beijing*(New York: Columbia University Press, 2010); Vera Schwarcz, *The Chinese Enlightenment: Intellectuals and the Legacy of the May Fourth Movement of 1919*(Berkeley: University of California Press, 1986); Yu Yingshi, "The Radicalization of China in the Twentieth Century," *Daedalus* 122.2(1993): 125–150; Milena Doleželová–Velingerová and Oldřich Král, eds., *The Appropriation of Cultural Capital: China's May Fourth Project*(Cambridge, MA: Harvard

University Asia Center, 2001); Kai-wing Chow, Tze-ki Hon, Hung-yok Ip, and Don C. Price, eds., *Beyond the May Fourth Paradigm: In Search of Chinese Modernity*(Lanham, MD: Lexington Books, 2008); Leo Ou-fan Lee, "Modernity and Its Discontents: The Cultural Agenda of the May Fourth Movement," in *Perspectives on Modern China: Four Anniversaries*, ed. Kenneth Lieberthal, Joyce Kallgren, Roderick MacFarquhar, and Frederic Wakeman, Jr.(Armonk, NY: M.E. Sharpe, 1991), 158–177.

50) Lee, "Modernity and Its Discontents," 161–162.(여기에서는 천두슈의 「1916년」 원문을 번역.)

5장 민국 시대의 재건: 1920~1937

1) Philip A. Kuhn, *Rebellion and Its Enemies in Late Imperial China: Militarization and Social Structure, 1796-1864*(Cambridge, MA: Harvard University Press, 1970).

2) Edward McCord, *The Power of the Gun: The Emergence of Modern Chinese Warlordism*(Berkeley: University of California Press, 1993); Jerome Ch'en, *The Military-Gentry Coalition: China under the Warlords*(Toronto: Joint Centre on Modern East Asia, 1979)(陳志讓, 박준수 옮김, 『軍紳政權: 근대중국 군벌의 실상』, 고려원, 1993). 단일 군벌에 대해서는 다음과 같은 연구들이 있다. Donald G. Gillin, *Warlord: Yen Hsi-shan in Shansi Province, 1911-1949*(Princeton, NJ: Princeton University Press, 1967); Diana Lary, *Region and Nation: The Kwangsi Clique in Chinese Politics, 1925-1937*(Cambridge: Cambridge University Press, 1975); James Sheridan, *Chinese Warlord: The Career of Feng Yü-hsiang*(Stanford, CA: Stanford University Press, 1966); Edward A. McCord, "Cries That Shake the Earth: Military Atrocities and Popular Protests in Warlord China," *Modern China* 31.1(2005): 3–34; Ch'i Hsi-Sheng, *Warlord Politics in China, 1916-1928*(Princeton,-NJ: Princeton-University Press, 1976).

3) 기독교 사회주의는 프랑스 철학자 앙리 드 생시몽으로 거슬러 올라가는데, 그는 주로 가난한 사람들의 곤경에 관심을 기울이는 '새로운 그리스도교'를 제안했다. 생시몽은 가난한 사람들에 대한 착취를 효과적으로 끝내려고 했다.

4) Zhang Yingjin, *Chinese National Cinema*(New York: Routledge, 2004), 13–57; Paul G. Pickowicz, "Melodramatic Representation and the 'May Fourth' Tradition of Chinese Cinema," in *From May Fourth to June Fourth: Fiction*

and Film in Twentieth Century China, ed. Ellen Widmer and David Der-wei Wang(Cambridge, MA: Harvard University Press, 1993), 295-326.

5) Thomas Rawski, *Economic Growth in Prewar China*(Berkeley: University of California Press, 1989); Dwight H. Perkins, "China's Prereform Economy in World Perspective," in *China's Rise in Historical Perspective*, ed. Brantly Womack(Lanham, MD: Rowman and Littlefield, 2010), 118-119.

6) Bruce A. Elleman, *Wilson and China: A Revised History of the Shandong Question*(Armonk, NY: M.E. Sharpe, 2002), 138-140.

7) Arif Dirlik, *Anarchism in the Chinese Revolution*(Berkeley: University of California Press, 1991); Peter Zarrow, *Anarchism and Chinese Political Culture*(New York: Columbia University Press, 1990); Robert A. Scalapino and George T. Yu, *The Chinese Anarchist Movement*(Berkeley: Center for Chinese Studies, Institute of International Studies, University of California, 1961). 과학의 합리성을 강조하는 아나키즘의 다른 버전도 있었다. 이것은 프랑스의 중국 학생들에게 인기가 있었다. Gotelind Müller, *China, Kropotkin, und der Anarchismus*(Wiesbaden, Germany: Harrassowitz Verlag, 2001); and Edward S. Krebs, *Shifu: Soul of Chinese Anarchism*(Lanham, MD: Rowman and Littlefield, 1998).

8) Raoul David Findeisen, "Anarchist or Saint? On the Spread of 'Wisdom'(Sophia) in Modern Chinese Literature," *Asiatica Venetiana* 3(1998): 91-104; Ding Ling, Miss Sophia's Diary and Other Stories, trans. William John Francis Jenner(Peking: Panda Books, 1985).

9) Ssu-Yü Teng and John King Fairbank, eds., *China's Response to the West: A Documentary Survey 1839-1923*(Cambridge, MA: Harvard University Press, 1954), 246-249. 다음도 참고. Maurice J. Meisner, *Li Ta-chao and the Origins of Chinese Marxism*(Cambridge, MA: Harvard University Press, 1967)(모리스 메이스너, 권영빈 옮김, 『李大釗: 중국 사회주의의 기원』 지식산업사, 1992).

10) 카를 마르스크스는 진정한 (마르크스가 공업 노동자를 묘사했던 용어인) '프롤레타리아'는 완전히 공업화된 자본주의 국가에서만 나타난다고 주장했다. 블라디미르 레닌은 러시아 제국과 같은 저개발 국가나 농업 국가도 공산주의 국가가 될 수 있다고 주장했다. 그러한 목적을 위해 레닌은 도시 노동자의 독재라는 마르크스주의 이론을 공산당의 독재로 수정했다.

11) Yoshihiro Ishikawa, *The Formation of the Chinese Communist Party*, trans. Joshua A. Fogel(New York: Columbia University Press, 2013); Alexander Pantsov, *The Bolsheviks and the Chinese Revolution, 1919-1927*(Honolulu: University of Hawai'i Press, 2000); Steven A. Smith, *A Road Is Made:*

Communism in Shanghai, 1920-1927(Honolulu: University of Hawai'i Press, 2000); Hans J. van de Ven, *From Friend to Comrade: The Founding of the Chinese Communist Party, 1920-1927*(Berkeley: University of California Press, 1991); Lyman P. van Slyke, *Enemies and Friends: The United Front in Chinese Communist History*(Stanford, CA: Stanford University Press, 1967); Stephen Uhalley Jr., *A History of the Chinese Communist Party*(Stanford, CA: Hoover Institution Press, 1988).

12) Tony Saich, "The Chinese Communist Party during the Era of the Comintern(1919−1943)"(unpublished manuscript, no date, pdf), https://sites.hks.harvard.edu/m−rcbg/research/a.saich_iish_chinese.communist.party.pdf.

13) 이하의 '선언'은 다음 자료에서 인용했다. Tony Saich, ed., *The Rise to Power of the Chinese Communist Party: Documents and Analysis*(Armonk, NY: M.E. Sharpe, 1996), 11−13(여기에서는 '중국공산당선언'의 원문에서 번역); 배경에 대해서는 다음을 참고. Ishikawa, *Formation of the Chinese Communist Party*, 201−206.

14) '당면한 실제 공작에 관한 결의'(1921년 7−8월), 다음에서 인용. Saich, *The Rise to Power of the Chinese Communist Party*, 18.

15) 다음에서 인용. Saich, *The Rise to Power of the Chinese Communist Party*, 16−18.

16) Tony Saich, *The Origins of the First United Front in China: The Role of Sneevliet*(Alias Maring) (Leiden: E. J. Brill, 1991).

17) 1924년에서 1949년 사이에 모두 3만 명 이상의 생도가 이 학교에서 훈련받았다. 민국 시기 중국의 고위 군사 지도자들의 다수가 여기에서 훈련받았다. Chang Jui−te, "The National Army from Whampoa to 1949," in *A Military History of China*, ed. David A. Graff and Robin Higham(Boulder, CO: Westview Press, 2002), 193−209; Richard B. Landis, "Training and Indoctrination at the Whampoa Academy," in *China in the 1920s: Nationalism and Revolution*, ed. F. Gilbert Chan and Thomas H. Etzold(New York: New Viewpoints, 1976), 73− 93; Lincoln Li, "The Whampoa Military Academy," in *Student Nationalism in China, 1924-1949*(Albany: State University of New York Press, 1994), 22−40; John Fitzgerald, *Awakening China: Politics, Culture and Class in the Nationalist Revolution*(Stanford, CA: Stanford University Press, 1998), 237−238.

18) Arthur Waldron, *From War to Nationalism: China's Turning Point, 1924-1925*(Cambridge: Cambridge University Press; 1995); Donald A. Jordan, *The Northern Expedition: China's National Revolution of 1926-1928*(Honolulu: University of Hawai'i Press, 1976); Hans J. van de Ven, *War and Nationalism in China, 1925-1945*(London: Routledge, 2003).

19) 중국의 마지막 전쟁은 때때로 제3차 인도차이나전쟁이라고 불리는 1979년 초의 중국-베트남 전쟁이었다. 중국 군대가 1978년 베트남이 중국의 지지를 받는 크메르루주의 지배를 끝내기 위해 캄보디아를 점령한 것에 대한 보복으로 국경을 넘었다. 1937년에서 1952년 사이의 전쟁들은 다음 책에서 다루고 있다. Hans van de Ven, *China at War: Triumph and Tragedy in the Emergence of the New China*(London: Profile Books, 2017).

20) Peter Zarrow, *China in War and Revolution, 1895-1949*(London: Routledge, 2005), 249.

21) 이 시기에 대한 일반적인 내용은 다음을 참조. Diana Lary, *China's Republic*(New York: Cambridge University Press, 2007); Van de Ven, *War and Nationalism in China*; Lloyd E. Eastman, "Nationalist China during the Nanking Decade 1927-1937," in *The Cambridge History of China*, vol. 13, pt. 2, eds. Denis Crispin Twitchett and John K. Fairbank(Cambridge: Cambridge University Press, 1986), 116- 167; Robert E. Bedeski, *State Building in Modern China: The Kuomintang in the Prewar Period*(Berkeley: University of California Center for Chinese Studies, 1981); James E. Sheridan, *China in Disintegration: The Republican Era in Chinese History, 1912-1949*(New York: Free Press, 1975).

22) 오랫동안 쑹즈원은 특권적이고, 부패하고, 돈에 굶주린 것으로 묘사되었다. 캘리포니아의 스탠퍼드대학 후버연구소에 있는 그의 개인 서류의 개방으로 학자들이 더 세밀한 평가를 할 수 있게 되었다. 다음을 참고. Wu Jingping, ed., *Song Ziwen yu zhanshi Zhongguo, 1937-1945*[T. V. Soong and Wartime Nationalist China, 1937-1945](Shanghai: Fudan Daxue Chubanshe, 2008).

23) Tien Hung-mao, *Government and Politics in Kuomintang China 1927-1937*(Stanford, CA: Stanford University Press, 1972), 45-46, 50.

24) Frederic Wakeman, *Spymaster: Dai Li and the Chinese Secret Service*(Berkeley: University of California Press, 2003); Chen Lifu, Sidney H. Chang, and Ramon H. Myers, *The Storm Clouds Clear over China: The Memoir of Ch'en Lifu, 1900-1993*(Stanford, CA: Hoover Institution Press, 1994), 66-67.

25) Frederic Wakeman, "A Revisionist View of the Nanjing Decade: Confucian Fascism," *China Quarterly* 150(1997): 395-432; Xu Youwei and Philip Billingsley, "Behind the Scenes of the Xi'an Incident: The Case of the Lixingshe," *China Quarterly* 154(1998): 283-307; Maria Hsia Chang, *The Chinese Blue Shirt Society: Fascism and Developmental Nationalism*(Berkeley: Institute of East Asian Studies, Center for Chinese Studies, University of California, 1985); Maggie Clinton, "Ends of the Universal: The League of Nations and Chinese Fascism on the Eve of World War II," *Modern Asian*

Studies 48.6(2014): 283-307.

26) 다음을 참조. Julia C. Strauss, "Symbol and Reflection of the Reconstituting State: The Examination Yuan in the 1930s," *Modern China* 20.2(1994): 211-238.

27) 로버트 하트와 중국 해관에 대한 다음 특집호를 참조. *Modern Asian Studies* 40.3(2006).

28) Andrew J. Nathan, "Political Rights in Chinese Constitutions," in *Human Rights in Contemporary China*, ed. R. Randle Edwards, Louis Henkin, and Andrew J. Nathan(New York: Columbia University Press, 1986), 77-124.

29) Klaus Mühlhahn, *Criminal Justice in China: A History*(Cambridge, MA: Harvard University Press, 2009), 63-67; Xu Xiaoqun, *Trial of Modernity: Judicial Reform in Early Twentieth Century China 1901-1937*(Stanford, CA: Stanford University Press, 2008); Kathryn Bernhardt and Philip C. C. Huang, eds., *Civil Law in Qing and Republican China*(Stanford, CA: Stanford University Press, 1994).

30) Allison W. Conner, "Training China's Early Modern Lawyers: Soochow University Law School," *Journal of Chinese Law* 8.1(1994): 1-46.

31) 교육에 대한 연구가 점차 증가하고 있다. Paul J. Bailey, *Reform the People: Changing Attitudes towards Popular Education in Early Twentieth Century China*(Edinburgh: Edinburgh University Press, 1990); Paul J. Bailey, *Gender and Education in China*(London: Routledge, 2007); Robert Culp, *Articulating Citizenship*(Cambridge, MA: Harvard University Asia Center, 2007); Suzanne Pepper, *Radicalism and Education Reform in Twentieth Century China*(Cambridge: Cambridge University Press, 1996); Stig Thøgersen, *A County of Culture: Twentieth Century China Seen from the Village Schools of Zouping, Shandong*(Ann Arbor: University of Michigan Press, 2002); Timothy Weston, *The Power of Position: Beijing University, Intellectuals, and Chinese Political Culture, 1898-1929*(Berkeley: University of California Press, 2004); Ruth Hayhoe, *China's Universities, 1895-1995: A Century of Cultural Conflict*(New York: Garland, 1996); Xiaoqing Diana Lin, *Peking University: Chinese Scholarship and Intellectuals, 1898-1937*(Albany: State University of New York Press, 2005); Wen-hsin Ye, *The Alienated Academy: Culture and Politics in Republican China, 1919-1937*(Cambridge, MA: Harvard University Press, 1990); William C. Kirby, "The World of Universities in Modern China," in *Global Opportunities and Challenges for Higher Education Leaders: Global*

Perspectives on Higher Education, ed. Laura E. Rumbley, Robin Matross Helms, Patti McGill Peterson, and Philip G. Altbach(Rotterdam: Sense Publishers, 2014).

32) Robert Culp, "Rethinking Governmentality: Training, Cultivation, and Cultural Citizenship in Nationalist China," *The Journal of Asian Studies* 65:3(Aug. 2006), 529–554.

33) Janet Y. Chen, *Guilty of Indigence: The Urban Poor in China, 1900-1953* (Princeton,– NJ: Princeton University Press, 2012); Zwia Lipkin, *Useless to the State: "Social Problems" and Social Engineering in Nationalist Nanjing, 1927-1937*(Cambridge, MA: Harvard University Press, 2006); Alan Baumler, "Opium Control versus Opium Suppression: The Origins of the 1935 Six–Year Plan to Eliminate Opium and Drugs," in *Opium Regimes: China, Britain and Japan, 1839-1952*, ed. Timothy Brook and Bob Tadashi Wakabayashi(Berkeley: University of California Press, 2000), 270–276; Gail Hershatter, *Dangerous Pleasures: Prostitution and Modernity in Twentieth Century Shanghai*(Berkeley: University of California Press, 1999).

34) Vincent Goossaert and David A. Palmer, *The Religious Question in Modern China*(Chicago: University of Chicago Press, 2011); David A. Palmer and Philip L. Wickeri, *Chinese Religious Life*(Oxford: Oxford University Press, 2011); Rebecca Nedostup, *Superstitious Regimes: Religion and the Politics of Chinese Modernity*(Cambridge, MA: Harvard University Asia Center, 2009); Mayfair Mei–hui Yang, *Chinese Religiosities: Afflictions of Modernity and State Formation*(Berkeley: University of California Press, 2008); Nara Dillon and Jean C. Oi, eds., *At the Crossroads of Empires: Middlemen, Social Networks, and State-Building in Republican Shanghai*(Stanford, CA: Stanford University Press, 2008).

35) Jay Taylor, *The Generalissimo: Chiang Kai-shek and the Struggle for Modern China*(Cambridge, MA: Harvard University Press, 2009), 77; Bernd Martin, ed., *Die Deutsche Beraterschaft in China 1927-1938: Militär-Wirtschaft— Außenpolitik*(Düsseldorf: Droste, 1981); William C. Kirby, *Germany and Republican China*(Stanford, CA: Stanford University Press, 1984); Frederick Fu Liu, *A Military History of Modern China, 1924-1949*(Princeton, NJ: Princeton University Press, 1956), 61–64.

36) Wennan Liu, "Redefining the Moral and Legal Roles of the State in Everyday Life: The New Life Movement in China in the Mid–1930s," *Cross-Currents: East Asian History and Culture Review* 2.2(2013): 335–365. https://cross–

currents.berkeley.edu/sites/default/files/e-journal/articles/liu_0.pdf; Federica Ferlanti, "The New Life Movement in Jiangxi Province, 1934–1938," *Modern Asian Studies* 44.5(September 2010): 961–1000.

37) Chiang Kaishek, *Outline of the New Life Movement*(Nanchang, China: Association for the Promotion of the New Life Movement, 1934), 6.

38) Timothy Cheek, *The Intellectual in Modern Chinese History*(Cambridge: Cambridge University Press, 2015), 8–9.

39) Taylor, *The Generalissimo*, 109–110.

40) Albert Feuerwerker, "Economic Trends 1912–1949," in *The Cambridge History of China*, vol. 12, pt. 1, ed. Denis Crispin Twitchett and John K. Fairbank(Cambridge: Cambridge University Press, 1983), 12: 28–127. '실패할 운명'이라는 논지는 특히 다음 저작에 나타나 있다. Lloyd E. Eastman, *The Abortive Revolution: China under Nationalist Rule, 1927–1937*(Cambridge, MA: Harvard University Press, 1974); Lloyd E. Eastman, *Seeds of Destruction: Nationalist China in War and Revolution, 1937-1949*(Stanford, CA: Stanford University Press, 1984)(로이드 E. 이스트만, 민두기 옮김, 『장개석은 왜 패했는가』, 지식산업사, 1990).

41) William C. Kirby, "Engineering China: Birth of the Developmental State, 1928–1937," in *Becoming Chinese: Passages to Modernity and Beyond*, ed. Wen-hsin Yeh(Berkeley: University of California Press, 2000), 137–160.

42) Margherita Zanasi, *Saving the Nation: Economic Modernity in Republican China*(Chicago: University of Chicago Press, 2006).

43) Charles D. Musgrove, "Building a Dream: Constructing a National Capital in Nanjing, 1927–1937," in *Remaking the Chinese City: Modernity and National Identity, 1900-1950*, ed. Joseph W. Esherick(Honolulu: University of Hawai'i Press, 2000), 139–157.

44) Musgrove, "Building a Dream," 144.

45) Morris L. Bian, "How Crisis Shapes Change: New Perspectives on China's Political Economy during the Sino-Japanese War, 1937–1945," *History Compass* 5(2007): 1091–1110; Morris L. Bian, *The Making of the State Enterprise System in Modern China: The Dynamics of Institutional Change*(Cambridge, MA: Harvard University Press, 2005); Van de Ven, *War and Nationalism in China*, 151, 156–157; William C. Kirby, "The Chinese War Economy," in *China's Bitter Victory: The War with Japan, 1937-1945*, ed. James C. Hsiung and Steven I. Levine(Armonk, NY: M.E. Sharpe, 1992), 187–189.

46) Rana Mitter, *Forgotten Ally: China's World War II, 1937-1945*(New York: Houghton Mifflin Harcourt, 2013), 65(래너 미터, 기세찬·권성욱 옮김, 『중일전쟁』 글항아리, 2020, 72).

47) Parks M. Coble, *The Shanghai Capitalists and the Nationalist Government in China 1923-1937*(Cambridge, MA: Harvard University Press, 1980), 36, 262.

48) Eastman, *Seeds of Destruction*, 136(로이드 E. 이스트만, 『장개석은 왜 패했는가』 161; Feuerwerker, "Economic Trends," 112-113.

49) 경제 지표의 정확한 숫자는 연구에 따라 다양하다. 필자는 평균에 따랐다.

50) Wen-hsin Yeh, "Introduction: Interpreting Chinese Modernity, 1900-1950," in *Becoming Chinese: Passages to Modernity and Beyond*, ed. Wen-hsin Yeh(Berkeley, CA: University of California Press, 2000), 1-28.

51) 더 최근의 저작들 중 다음과 같은 것들이 있다. Wen-hsin Yeh, *Shanghai Splendor: Economic Sentiments and the Making of Modern China*(Berkeley: University of California Press, 2007); Virgil K. Y. Ho, *Understanding Canton: Rethinking Popular Culture in the Republican Period*(Oxford: Oxford University Press, 2005); Madeleine Y. Dong, *Republican Beijing: The City and Its Histories*(Berkeley: University of California Press, 2003); Leo Ou-fan Lee, *Shanghai Modern: The Flowering of New Urban Culture in China, 1930-45*(Cambridge, MA: Harvard University Press, 1999)(리어우판, 장동천 외 옮김, 『상하이 모던: 새로운 중국 도시 문화의 만개, 1930-1945』 고려대학교출판부, 2007); Lu Hanchao, *Beyond the Neon Lights: Everyday Shanghai in the Early Twentieth Century*(Berkeley: University of California Press, 1999); Sherman Cochran, ed., *Inventing Nanjing Road: Commercial Culture in Shanghai, 1900-1945*(Ithaca, NY: East Asia Program, Cornell University, 1999). 1990년대 중반 이전의 연구에 대해서는 다음을 참조. Wen-hsin Yeh, "Shanghai Modernity: Commerce and Culture in a Republican City," *China Quarterly* 150(1997): 375-394.

52) Hung-Yok Ip, Tze-Ki Hon, and Chiu-Chun Lee, "The Plurality of Chinese Modernity: A Review of Recent Scholarship on the May Fourth Movement," *Modern China* 29.4(Oct. 2003): 490-509.

53) Frank Dikötter, *The Age of Openness: China Before Mao*(Berkeley, CA: University of California Press, 2008).

54) Christopher A. Reed, *Gutenberg in Shanghai: Chinese Print Capitalism, 1876-1937*(Honolulu: University of Hawai'i Press, 2004); Christopher A. Reed, "Advancing the(Gutenberg) Revolution: The Origins and Development of Chinese Print Communism, 1921-1947," in *From Woodblocks to the Internet:*

Chinese Publishing and Print Culture in Transition, circa 1800 to 2008, ed. Cynthia Brokaw and Christopher A. Reed(Leiden: Brill, 2010), 275-311.

55) Cheek, *The Intellectual in Modern Chinese History*, 70-112; Wang Di, *The Teahouse: Small Business, Everyday Culture, and Public Politics in Chengdu, 1900-1950*(Stanford, CA: Stanford University Press, 2008); Lee Haiyan, *Revolution of the Heart: A Genealogy of Love in China, 1900-1950*(Stanford, CA: Stanford University Press, 2007); Eugenia Lean, *Public Passions: The Trial of Shi Jianqiao and the Rise of Popular Sympathy in Republican China*(Berkeley: University of California Press, 2007); Madeleine Yue Dong and Joshua Lewis Goldstein, eds., *Everyday Modernity in China*(Seattle: University of Washington Press, 2006).

56) Edmund S. K. Fung, *The Intellectual Foundations of Chinese Modernity: Cultural and Political Thought in the Republican Era*(New York: Cambridge University Press, 2010); Elizabeth J. Perry, *Shanghai on Strike: The Politics of Chinese Labor*(Stanford, CA: Stanford University Press, 1993); Roger Jeans, *Democracy and Socialism in Republican China: The Politics of Zhang Junmai(Carson Chang)*(Lanham, MD: Rowman and Littlefield, 1997).

57) Robert Weatherly, *The Discourse of Human Rights in China: Historical and Ideological Perspectives*(Basingstoke, UK: Palgrave Macmillan, 1999); Edmund S. Fung, "The Human Rights Issue in China, 1929-1931," *Modern Asian Studies* 32.2(1998): 431-457.

58) Fung, *The Intellectual Foundations of Chinese Modernity*, 22.

59) Liang Shuming, "Chinese Civilization vis-à-vis Eastern and Western Philosophies," in *Sources of Chinese Tradition: From 1600 through the Twentieth Century*, 2nd ed., comp. Wm. Theodore de Bary and Richard Lufrano(New York: Columbia University Press, 2000), 2: 380-381.(원문은 梁漱溟, 『東西文化及其哲學』의 일부.)

60) 다음에서 인용. Sung Peng-Hsu, "Hu Shih," in *Chinese Thought: An Introduction*, ed. Donald H. Bishop(Delhi: Motilal Banarsidass Publishers, 1985), 364-392.

61) Mao Zedong, *Mao's Road to Power: Revolutionary Writings 1912-1949*, ed. Stuart R. Schram(Armonk, NY: M.E. Sharpe, 1992), 2:430.(원문은 毛澤東, 「湖南農民運動考察報告」의 '農民問題的嚴重性' 부분에 있다.)

62) Werner Meissner, *Das rote Haifeng: Peng Pai's Bericht über die Bauernbewegung in Südchina*(Munich: Minerva, 1987); Fernando Galbiati, *P'eng P'ai and the Hai-Lu-Feng Soviet*(Stanford, CA: Stanford University Press, 1985). A

partial English translation of Peng Pai's report is in Patricia Ebrey, ed., *Chinese Civilization: A Sourcebook*, 2nd ed.(New York: Free‒ Press, 1993), 364‒372.

63) Kuo Heng‒yü and Mechthild Leutner, *KPdSU(B), Komintern und die nationalrevolutionäre Bewegung in China: Dokumente: 1920-1925*(Münster: LIT, 2000), 1:198.

64) Mao, *Mao's Road to Power*, 3: 30‒31. 다음도 참조. Alexander V. Pantsov and Steven I. Levine, *Mao: The Real Story*(New York: Simon and Schuster, 2012), 190‒ 206, 210(알렉산더 판초프·스티븐 레빈, 심규호 옮김, 『마오쩌둥 평전: 현대 중국의 마지막 절대 권력자』, 민음사, 2017, 276-298, 303).

65) Rebecca E. Karl, *Mao Zedong and China in the Twentieth Century World* (Durham, NC: Duke University Press, 2010), 36; Stephen C. Averill, *Revolution in the Highlands: China's Jinggangshan Base Area*(Lanham, MD: Rowman and Littlefield, 2005).

66) Stephen C. Averill, "The Origins of the Futian Incident," in *New Perspectives on the Chinese Communist Revolution*, ed. Tony Saich and Hans van de Ven(Armonk, NY: M.E. Sharpe, 1995), 109‒110.

67) Guo Xuezhi, *China's Security State: Philosophy, Evolution, and Politics*(Cambridge: Cambridge University Press, 2012), 27‒34; Michael Dutton, *Policing Chinese Politics*(Durham, NC: Duke University Press, 2005), 42‒54.

68) 다음에서 인용. Mühlhahn, Criminal Justice in China, 162.

69) Sun Shuyun, *The Long March: The True History of Communist China's Founding Myth*(New York: Doubleday, 2007).

6장 전시의 중국: 1937~1948

1) Louise Young, *Japan's Total Empire: Manchuria and the Culture of Wartime Imperialism*(Berkeley: University of California Press, 1998), 89.

2) Andrew Gordon, *A Modern History of Japan: From Tokugawa Times to the Present*(Oxford: Oxford University Press, 2014), 188(앤드루 고든, 문현숙 외 옮김, 『현대 일본의 역사』, 이산, 2015, 345).

3) Diana Lary, *China's Republic*(Cambridge: Cambridge University Press, 2007), 2: 98에서 인용(여기에서는 원문 가사를 번역함).

4) Rana Mitter, *The Manchurian Myth: Nationalism, Resistance and Collaboration in Modern China*(Berkeley: University of California Press, 2000), 170‒172.

5) Jay Taylor, *The Generalissimo: Chiang Kai-Shek and the Struggle for Modern China*(Cambridge, MA: Belknap Press of Harvard University Press, 2009), 95.

6) Donald Jordan, *China's Trial by Fire: The Shanghai War of 1932*(Ann Arbor: University of Michigan Press, 2001); Parks M. Coble, *Facing Japan: Chinese Politics and Japanese Imperialism, 1931-1937*(Cambridge, MA: Harvard University Press, 1991), 39–50.

7) Marjorie Dryburgh, *North China and Japanese Expansion 1933-1937: Regional Power and the National Interest*(Richmond, UK: Curzon, 2000), 84.

8) Mayumi Itoh, *Making of China's War with Japan: Zhou Enlai and Zhang Xueliang*(Singapore: Palgrave Macmillan, 2016), 115–116.

9) Rana Mitter, *Forgotten Ally: China's World War II, 1934-1945*(Boston: Houghton Mifflin Harcourt, 2013), loc. 1131–1188, Kindle(래너 미터, 기세찬·권성욱 옮김, 『중일전쟁』 글항아리, 2020, 78–82); Hans J. van de Ven, *War and Nationalism in China, 1925-1945*(Abingdon, UK: Routledge, 2011), 183–188; Taylor, *The Generalissimo*, 117–137; Alexander Pantsov and Steven Levine, *Mao: The Real Story*(New York: Simon and Schuster, 2012), 295–303(알렉산더 판초프·스티븐 레빈, 심규호 옮김, 『마오쩌둥 평전』 민음사, 2017, 422–432).

10) Itoh, *Making of China's War*, 137에서 인용함.

11) Mitter, *Forgotten Ally*, loc. 1478, Kindle(래너 미터, 『중일전쟁』 118–119); Taylor, *The Generalissimo*, 149.

12) 1937년 8월 2일, 장제스는 홍군을 합법화했다. Mitter, *Forgotten Ally*, loc. 1478, Kindle(래너 미터, 『중일전쟁』 102).

13) Peter Zarrow, *China in War and Revolution, 1895-1949*(London: Routledge, 2005), 306.

14) Hans van de Ven, *China at War: Triumph and Tragedy in the Emergence of the New China*(London: Profile Books, 2017), 75–91; Peter Harmsen, *Shanghai 1937: Stalingrad on the Yangtze*(Philadelphia: Casemate Publishers, 2013).

15) John Faber, *Great News Photos and the Stories behind Them*, 2nd ed.(New York: Courier Dover Publications, 1978), 74–75.

16) Mark R. Peattie, Edward J. Drea, and Hans J. van de Ven, eds., *The Battle for China: Essays on the Military History of the Sino-Japanese War of 1937-1945*(Stanford, CA: Stanford University Press, 2011); R. Keith Schoppa, *In a Sea of Bitterness: Refugees during the Sino-Japanese War*(Cambridge, MA: Harvard University Press, 2001); Diana Lary, *Chinese People at War: Human Suffering and Social Transformation, 1937-1945*(Cambridge: Cambridge

University Press, 2010); Diana Lary, "One Province's Experience of War: Guangxi, 1937-1945," in *China at War: Regions of China, 1937-1945*, ed. Stephen R. MacKinnon, Diana Lary, and Ezra F. Vogel(Stanford, CA: Stanford University Press, 2007), 314-334; Micah S. Muscolino, "Refugees, Land Reclamation, and Militarized Landscapes in Wartime China: Huanglongshan, Shaanxi, 1937-45," *Journal of Asian Studies* 69.2(2010): 453-478.

17) 난징대학살에 대해서는 다음을 보라. Peter Harmsen, *Nanjing 1937: Battle for a Doomed City*(Philadelphia: Casemate Publishers, 2015); Mitter, *Forgotten Ally*, chap. 7(래너 미터, 『중일전쟁』 7장); Iris Chang, *The Rape of Nanking: The Forgotten Holocaust of World War II*(New York: Penguin Books, 1998)(아이리스 장, 윤지환 옮김, 『역사는 누구의 편에 서는가: 난징대학살, 그 야만적 진실의 기록』 미다스북스, 2014); Timothy Brook, *Documents on the Rape of Nanjing*(Ann Arbor: University of Michigan Press, 1999); Yang Daqing, "Convergence or Divergence? Recent Historical Writings on the Rape of Nanjing," *American Historical Review* 104(1999): 842-865; Joshua A. Fogel, *The Nanjing Massacre in History and Historiography*(Berkeley: University of California Press, 2002); Zhang Kaiyuan, *Eyewitnesses to Massacre: American Missionaries Bear Witness to Japanese Atrocities in Nanjing*(Armonk, NY: M.E. Sharpe, 2001); John Latimer, *Burma: The Forgotten War*(London: John Murray, 2004); Bob Tadashi Wakabayashi, *The Nanking Atrocity, 1937-38: Complicating the Picture*(New York: Berghahn Books, 2007); MacKinnon, Lary, and Vogel, *China at War*; Erwin Wickert, ed., *The Good Man of Nanking: The Diaries of John Rabe*(New York: Knopf, 1998)(존 라베·에르빈 비케르트, 장수미 옮김, 『존 라베 난징의 굿맨』 이룸, 2009).

18) Wickert, *The Good Man*, 111-112(존 라베·에르빈 비케르트, 『존 라베 난징의 굿맨』 193-196).

19) Lary, *The Chinese People at War*, 61-62; Mitter, *Forgotten Ally*, loc. 2781, Kindle(래너 미터, 『중일전쟁』 196).

20) 전시의 충칭에 대해서는 다음을 보라. Li Danke, *Echoes of Chongqing: Women in Wartime China*(Urbana: University of Illinois Press, 2010), 17; Lee McIsaac, "The City as Nation: Creating a Wartime Capital in Chongqing," in *Remaking the Chinese City: Modernity and National Identity, 1900-1950*, ed. Joseph Esherick(Honolulu: University of Hawai'i Press, 2002), 174-191.

21) John Israel, *Lianda: A Chinese University in War and Revolution*(Stanford, CA: Stanford University Press, 1998).

22) Li, *Echoes of Chongqing*, 1102에서 인용.

23) *Ibid.*, 109.

24) Wu T'ien-wei, "Contending Political Forces during the War of Resistance," in *China's Bitter Victory: The War with Japan 1937-1945*, ed. James C. Hsiung and Steven I. Levine(Armonk, NY: M.E. Sharpe, 1992), 79-106; Li, *Echoes of Chongqing*, 20.

25) Mitter, *Forgotten Ally*, chap. 10(래너 미터, 『중일전쟁』, 10장); Felix Boecking, "Unmaking the Chinese Nationalist State: Administrative Reform among Fiscal Collapse, 1937-1945," *Modern Asian Studies* 45.2(2011): 277-301; William C. Kirby, "The Chinese War Economy," in Hsiung and Levine, *China's Bitter Victory*, 185-212.

26) William C. Kirby, "Continuity and Change in Modern China: Chinese Economic Planning on the Mainland and on Taiwan, 1943-1958," *Australian Journal of Chinese Affairs* 24(July 1990): 121-141.

27) Felix Boecking, *No Great Wall: Trade, Tariffs, and Nationalism in Republican China, 1927-1945*(Cambridge, MA: Harvard University East Asia Center, 2017).

28) 근거지에 대해서는 다음을 포함하는 상당한 연구가 있다. David S. G. Goodman, *Social and Political Change in Revolutionary China: The Taihang Base Area in the War of Resistance to Japan, 1937-1945*(Lanham, MD: Rowman and Littlefield, 2000); Feng Chongyi and David S. G. Goodman, eds., *North China at War: The Social Ecology of Revolution, 1937-1945*(Lanham, MD: Rowman and Littlefield, 2000); Gregor Benton, *New Fourth Army: Communist Resistance along the Yangtze and the Huai, 1938-1941*(Berkeley: University of California Press, 1999); Tony Saich, "Introduction: The Chinese Communist Party and the Anti-Japanese Base Areas," *China Quarterly* 140(1994): 1000-1006; Kathleen Hartford and Steven M. Goldstein, *Single Sparks: China's Rural Revolution*(Armonk, NY: Sharpe, 1990); Chen Yung-fa, *Making Revolution: The Communist Movement in Eastern and Central China*(Berkeley: University of California Press, 1986); Lyman P. Van Slyke, "The Chinese Communist Movement during the Sino-Japanese War, 1937-1945," in *The Cambridge History of China*, ed. John K. Fairbank and Albert Feuerwerker, vol. 13, *Republican China, 1912-1949: Part 2*(Cambridge: Cambridge University Press, 1986), 609-721; Mark Selden, *The Yenan Way in Revolutionary China*(Cambridge, MA: Harvard University Press, 1971).

29) Mao Zedong, "Reform Our Study," in *Selected Works of Mao Tse-tung*, vol.

3(Beijing: Beijing Foreign Languages Press, 1971), 19.(여기에서는 마오쩌둥의 「改造我們的學習」 원문에서 직접 번역함.)

30) Orville Schell and John Delury, *Wealth and Power: China's Long March to the Twenty-First Century*(New York: Random House, 2013), 444(오빌 셸·존 델러리, 이은주 옮김, 「돈과 힘: 중국의 부강을 이끈 11인의 리더」, 문학동네, 2015, 302).

31) Stuart R. Schram, "Red Star over China?" in *Mao's Road to Power: Revolutionary Writings 1912-1949*, ed. Stuart R. Schram(Armonk, NY: M.E. Sharpe, 1992), 5: 249.

32) Klaus Mühlhahn, *Criminal Justice in China: A History*(Cambridge, MA: Harvard University Press, 2009), 165; David E. Apter and Tony Saich, *Revolutionary Discourse in Mao's Republic*(Cambridge, MA: Harvard University Press, 1994), 163-192.

33) Michael Dutton, *Policing Chinese Politics: A History*(Durham, NC: Duke University Press, 2005), 90.

34) 상세한 논의는 다음을 참조. Dutton, *Policing Chinese Politics*, 71-132.

35) Pantsov and Levine, *Mao*, 296(알렉산더 판초프·스티븐 레빈, 「마오쩌둥 평전」, 424).

36) Norman Smith and Diana Lary, eds., *Empire and Environment in the Making of Manchuria*(Vancouver: UBC Press, 2017).

37) 만주국에 대해서는 다음을 참조. Louise Young, *Japan's Total Empire: Manchuria and the Culture of Wartime*(Berkeley: University of California Press, 1998); Prasenjit Duara, *Sovereignty and Authenticity: Manchukuo and the East Asian Modern*(Lanham, MD: Rowman and Littlefield, 2003)(프래신짓트 두아라, 한석정 옮김, 「주권과 순수성: 만주국과 동아시아적 근대」, 나남, 2008); Rana Mitter, *The Manchurian Myth: Nationalism, Resistance and Collaboration in Modern China*(Berkeley: University of California Press, 2000); Chao Kang, *The Economic Development of Manchuria: The Rise of a Frontier Economy*(Ann Arbor: Center for Chinese Studies, University of Michigan, 1982); Annika A. Culver, *Glorify the Empire: Japanese Avant-Garde Propaganda in Manchukuo*(Vancouver: UBC Press, 2014).

38) United States Government, *Report of the Lytton Commission of Inquiry* (Washington, DC: United States Government Printing Office, 1932), 30.

39) Pu Yi, *From Emperor to Citizen: The Autobiography of Pu Yi*, trans. William John Francis Jenner(Beijing: Foreign Language Press, 1965), 2:195. 집단 수용소(集中營) 체계에 대해서는 다음을 참조. Klaus Mühlhahn, "The Concentration Camp in Global Historical Perspective," *History Compass* 8.6(2010): 543-561, here

550–551; Sheldon H. Harris, *Factories of Death: Japanese Biological Warfare 1932-45 and the American Cover-Up*(London: Routledge, 1994), 26–33; 전반적인 저항에 대해서는 다음을 참조. Norman Smith, *Resisting Manchukuo: Chinese Women Writers and the Japanese Occupation*(Vancouver: UBC Press, 2014).

40) John Hunter Boyle, *China and Japan at War, 1937-1945: The Politics of Collaboration*(Stanford, CA: Stanford University Press, 1972), 83–134.

41) Kitamura Minoru and Lin Siyun, *The Reluctant Combatant: Japan and the Second Sino-Japanese War*(Lanham, MD: University Press of America, 2014), 70–73.

42) Timothy Brook, "The Creation of the Reformed Government in Central China, 1938," in *Chinese Collaboration with Japan, 1932-1945: The Limits of Accommodation*, ed. David Barrett and Larry Shyu(Stanford, CA: Stanford University Press, 2000), 79–101.

43) *Ibid.*, 91.

44) Timothy Brook, *Collaboration: Japanese Agents and Local Elites in Wartime China*(Cambridge, MA: Harvard University Press, 2005)(티모시 브룩, 박영철 옮김, 『근대 중국의 친일합작』 한울아카데미, 2008); Poshek Fu, *Passivity, Resistance, and Collaboration: Intellectual Choices in Occupied Shanghai*, 1937–1945(Stanford, CA: Stanford University Press, 1996).

45) Sarah C. M. Paine, *The Wars for Asia, 1911-1949*(Cambridge: Cambridge University Press, 2012), 162.

46) Brian G. Martin, "Patriotic Collaboration? Zhou Fohai and the Wang Jingwei Government during the Second Sino-Japanese War," in *Japan as the Occupier and the Occupied*, ed. Christine de Matos and Mark Caprio(New York: Palgrave Macmillan, 2015), 152–171; Liu Jie, "Wang Jingwei and the 'Nanjing Nationalist Government': Between Collaboration and Resistance," in *Toward a History Beyond Borders: Contentious Issues in Sino-Japanese Relations*, ed. Yang Daqing et al.(Cambridge, MA: Harvard University Asia Center, 2012), 205–239.

47) 이어지는 문단들은 다음에 기초했다. Ronald Ian Heiferman, *The Cairo Conference of 1943: Roosevelt, Churchill, Chiang Kai-shek and Madame Chiang*(Jefferson, NC: McFarland, 2011); Mitter, *Forgotten Ally*, chaps. 10, 12, and 16(래너 미터, 『중일전쟁』 10, 12, 16장); Odd Arne Westad, *Restless Empire: China and the World since 1750*(New York: Basic Books, 2015), chap. 7(오드 아르네 베스타, 문명기 옮김, 『잠 못 이루는 제국: 1750년 이후의 중국과 세계』 까치, 2014, 7장).

48) Lend Lease Bill of 1941, H.R. 1776, 77th Cong(1941).

49) SACO와 수용소에 대해서는 다음을 참조. Mühlhahn, *Criminal Justice in China*, 133; Frederic Wakeman, *Spymaster: Dai Li and the Chinese Secret Service*(Berkeley: University of California Press, 2003), 217; Frederic Wakeman, "American Police Advisers and the Nationalist Chinese Secret Service, 1930–1937," *Modern China* 18.2(1992): 107–137.

50) Robert Bickers, *Out of China: How the Chinese Ended the Era of Western Domination*(Cambridge MA: Harvard University Press, 2017).

51) 다음에서 인용. Mitter, *Forgotten Ally*, loc. 5432, Kindle(래너 미터, 『중일전쟁』 384).

52) Heiferman, *The Cairo Conference*, 127.

53) *Ibid.*, 125.

54) Paine, *The Wars for Asia*, 199.

55) Paul Gordon Lauren, "First Principles of Racial Equality: History and the Politics and Diplomacy of Human Rights Provisions in the United Nations Charter," *Human Rights Quarterly* 5.1(1983): 1–26.

56) Klaus Mühlhahn, "China, the West and the Question of Human Rights: A Historical Perspective," *Asien, Afrika, Lateinamerika* 24.3(1996): 287–303, here 292.

57) Donald G. Gillin and Charles Etter, "Staying On: Japanese Soldiers and Civilians in China, 1945–1949," *Journal of Asian Studies* 42.3(1983): 497–518.

58) Diana Lary, *China's Civil War: A Social History, 1945-1949*(Cambridge: Cambridge University Press, 2015); Odd Arne Westad, *Decisive Encounters: The Chinese Civil War, 1946-1950*(Stanford, CA: Stanford University Press, 2004); Paine, *The Wars for Asia*, 223–270; Kevin Peraino, *A Force So Swift: Mao, Truman and the Birth of Modern China, 1949*(New York: Crown, 2017); Richard Bernstein, *China 1945: Mao's Revolution and America's Fateful Choice*(New York: Alfred A. Knopf, 2015).

59) 다음에서 인용. Warren I. Cohen, "The Foreign Impact on East Asia," in *Historical Perspectives on Contemporary East Asia*, ed. Merle Goldman and Andrew Gordon(Cambridge, MA: Harvard University Press), 24.

60) Daniel Kurtz-Phelan, *The China Mission: George Marshall's Unfinished War, 1945-1947*(New York: Norton 2018), 11–16.

61) Daniel Kurtz-Phelan, *The China Mission*, 149–261.

62) National Security Council on United States Policy toward China, *Foreign*

Relations of the United States, 1949, The Far East: China(Washington, DC: Government Printing Office, 1949), 9:492-495.

63) Cao Jianmin, *Zhongguo Minzhu Tongmeng Lishi Yanjiu*[The History of China's Democratic League](Peking: Zhongguo renmin chubanshe, 1994), 48; Carson Chang, *The Third Force in China*(New York: Bookman Associates, 1952).

64) Roger B. Jeans, *Democracy and Socialism in Republican China: The Politics of Zhang Junmai, 1906-1941*(Lanham, MD: Rowman and Littlefield, 1997).

65) John Fitzgerald, "The Nationless State: The Search for a Nation in Modern Chinese Nationalism," *Australian Journal of Chinese Affairs* 33(1995): 75-104; Arthur Waldron, "War and the Rise of Nationalism in Twentieth-Century China," *Journal of Military History* 57(1993): 87-104.

66) William C. Kirby, "Engineering China: Birth of the Developmental State, 1928-1937," in *Becoming Chinese: Passages to Modernity and Beyond*, ed. Wen-hsin Yeh(Berkeley: University of California Press, 2000), 137-160.

67) Julia Strauss, *Strong Institutions in Weak Polity, 1927-1949*(Oxford: Clarendon Press, 1998).

68) David Strand, *An Unfinished Republic: Leading by Word and Deed in Modern China*(Berkeley: University of California Press, 2011), 10-11.

69) Sebastian Veg, 1911: The Failed Institutional Revolution, October 10, 2011, http://www.thechinabeat.org/?tag=sebastian-veg.

3부 중국 개조하기

1) Li Zhisui and Anne F. Thurston, *The Private Life of Chairman Mao: The Memoirs of Mao's Personal Physician*(New York: Random House, 1996), 52(리즈 수이, 손풍삼 옮김, 『毛澤東의 私生活1』 고려원, 1995, 96-99).

7장 사회주의 개조: 1949~1955

1) 다음에서 인용함. Alexander Pantsov and Steven I. Levine, *Mao: The Real Story*(New York: Simon and Schuster, 2012), 372(알렉산더 판초프·스티븐 레빈, 심규호 옮김, 『마오쩌둥 평전』 민음사, 2017, 531).

2) Odd A. Westad, *Decisive Encounters: The Chinese Civil War, 1946-1950*

(Stanford, CA: Stanford University Press, 2004), 121.

3) Andrew G. Walder, *China Under Mao: A Revolution Derailed*(Cambridge, MA: Harvard University Press, 2015), 100.

4) 정당성은 '한 실체의 행위가 사회적으로 구성된 규범, 가치, 믿음, 정의의 체계 속에서 바람직하고, 적절하고, 혹은 적합하다는 일반화된 인식이나 가정'이다. Mark C. Suchman, "Managing Legitimacy: Strategic and Institutional Approaches," *Academy of Management Review* 20.3(1995): 571-610, here 574. 정당성을 만들어내는 두 가지 주된 방식이 있는데, 곧 '투입 정당성(input legitimacy)'이라고 불리는 인정과 동의를 통한 방식과 '산출 정당성(output legitimacy)'이라고 불리는 안전, 식량, 복지 등과 같은 중요한 서비스의 제공을 통한 방식이다. 정당성이 없다면 정부 제도들은 필연적으로 불안정하고, 예측할 수 없으며, 지속적인 불안 상태에 있게 된다.

5) Frank Dikötter, *The Tragedy of Liberation: A History of the Chinese Revolution*(New York: Bloomsbury Press, 2013), 23(프랑크 디쾨터, 고기탁 옮김, 『해방의 비극』 열린책들, 2016, 56); Pantsov and Levine, *Mao*, 356-358(알렉산더 판초프·스티븐 레빈, 『마오쩌둥 평전』 503-504).

6) Nara Dillon, "New Democracy and the Demise of Private Charity in Shanghai," in *Dilemmas of Victory: The Early Years of the People's Republic of China*, ed. Jeremy Brown and Paul G. Pickowicz(Cambridge, MA: Harvard University Press, 2007), 80-102; Frederic Wakeman, "'Cleanup': The New Order in Shanghai," in Brown and Pickowicz, *Dilemmas of Victory*, 80-102.

7) Kenneth Lieberthal, *Revolution and Tradition in Tientsin, 1949-1952*(Stanford, CA: Stanford University Press, 1980), 40-41.

8) Lieberthal, *Revolution and Tradition*, 50-51; see also Elizabeth J. Perry, "Masters of the Country? Shanghai Workers in the Early People's Republic," in Brown and Pickowicz, *Dilemmas of Victory*, 59-79.

9) Elizabeth J. Perry and Sebastian Heilmann, *Mao's Invisible Hand: The Political Foundations of Adaptive Governance in China*(Cambridge, MA: Harvard University Asia Center, 2011).

10) Tianjinshi Minzhengju[Tianjin Civil Affairs Bureau], "Guanyu shourong chuli qigai gongzuo de zongjie(1949.9.20) [Summary Report on the Work of Detaining and Processing Beggars(September 20, 1949)]," in *Tianjin jiefang[Liberation of Tianjin]*, ed. Tianjin Municipal Archives(Beijing: Zhongguo dangan chubanshe, 2009), 322-325. 다음에서 재인용. Vanessa Bozzay, "Refugee Governance in Tianjin, 1945-1957"(master's thesis), Freie Universität Berlin, 2014, 37.

11) Bozzay, "Refugee Governance," 38.

12) Tianjinshi Minzhengju[Tianjin Civil Affairs Bureau], "Guanyu Tianjinshi cishan tuanji de diaocha gongzuo zonghe baogao[Comprehensive Report on the Investigation of Charity Organizations in Tianjin]," April 8, 1949, Tianjin Municipal Archives, X0065-Y-000034-001, 영어 번역은 Bozzay, "Refugee Governance," 31.

13) Lieberthal, *Revolution and Tradition*, 4.

14) Robert Bickers, *Out of China: How the Chinese Ended the Era of Western Domination*(London: Allan Lane, 2017), 270-282.

15) Du Ying, "Shanghaiing the Press Gang: The Maoist Regimentation of the Shanghai Popular Publishing Industry in the Early PRC(1949-1956)," *Modern Chinese Literature and Culture* 26.2(2014): 89-141.

16) Perry, "Masters of the Country?" 59.

17) Christian Henriot, " 'La Ferméture': The Abolishing of Prostitution in Shanghai, 1949-1958," *China Quarterly* 142(1995): 467-486; Zhou Yongming, *Anti-Drug Crusades in Twentieth-Century China: Nationalism, History, and State Building*(Lanham, MD: Rowman and Littlefield, 1999); Lu Hong, Terance D. Miethe, and Liang Bin, *China's Drug Practices and Policies: Regulating Controlled Substances in a Global Context*(Farnham, Surrey, UK: Ashgate, 2009).

18) Mao Tse-tung, "On New Democracy," in *Selected Works of Mao Tse-tung*(Beijing: Foreign Languages Press, 1967), 2:339-384.

19) Mao, "On the People's Democratic Dictatorship," *Selected Works*, 4:411-424.

20) Mao, "On the People's Democratic Dictatorship," *Selected Works*, 4:417-418(여기에서는 '論人民民主專政' 원문에서 번역함).

21) Walder, *China Under Mao*, 101-104; Kenneth Lieberthal, *Governing China: From Revolution through Reform*(New York: W.W. Norton, 2004), 173-179(케네스 리버살, 김재관 외 옮김, 『거버닝 차이나』, 심산출판사, 2013, 352-361).

22) Zheng Shiping, *Party vs. State in Post-1949 China: The Institutional Dilemma*(Cambridge: Cambridge University Press, 1997).

23) Timothy Cheek, "Introduction: The Making and Breaking of the Party State in China," in *New Perspectives on State Socialism in China*, ed. Julian Chang, Timothy Cheek, and Tony Saich(Armonk, NY: M.E. Sharpe, 1997), 3-19.

24) Andrew J. Nathan and Andrew Scobell, *China's Search for Security*(New York: Columbia University Press, 2012), 192.

25) Shen Zhihua and Li Danhui, *After Leaning to One Side: China and Its Allies in the Cold War*(Washington, DC: Woodrow Wilson Center Press, 2011); Odd A. Westad, *Cold War and Revolution: Soviet-American Rivalry and the Origins of the Chinese Civil War, 1944-1946*(New York: Columbia University Press, 1993), 176; Chen Jian, *Mao's China and the Cold War*(Chapel Hill: University of North Carolina Press, 2001).

26) Mao, "On the People's Democratic Dictatorship," *Selected Works*, 4:415(여기에서는 중국어 원문을 번역).

27) Thomas P. Bernstein and Hua-yu Li, eds., *China Learns from the Soviet Union, 1949-Present*(Lanham, MD: Lexington Books, 2010), 1-26.

28) Odd A. Westad, *Restless Empire: China and the World since 1750*(New York: Basic Books, 2012), 294(오드 아르네 베스타, 문명기 옮김, 『잠 못 이루는 제국: 1750년 이후의 중국과 세계』, 까치, 2014, 318); Odd A. Westad, *Brothers in Arms: The Rise and Fall of the Sino-Soviet Alliance, 1945-1963*(Washington, DC: Woodrow Wilson Center Press with Stanford University Press, 1998).

29) Deborah Kaple, "Agents of Change: Soviet Advisors and High Stalinist Management in China, 1949-1960," *Journal of Cold War Studies* 18:1(Winter 2016): 1-26.

30) Hung Chang-Tai, *Mao's New World: Political Culture in the Early People's Republic of China*(Ithaca, NY: Cornell University Press, 2011), 25-50; Hung Wu, *Remaking Beijing: Tiananmen Square and the Creation of a Political Space*(Chicago: University of Chicago Press, 2005).

31) 한국전쟁에 대해서는 다수 연구가 있다. 중요한 책으로는 다음과 같은 것들이 있다. Shen Zhihua, *Mao, Stalin and the Korean War: Trilateral Communist Relations in the 1950s*(New York: Routledge, 2012); Shen Zhihua and Xia Yafeng, *Mao and the Sino-Soviet Partnership, 1945-1959: A New History*(Lanham, MD: Lexington Books, 2015); Chen Jian, *China's Road to the Korean War*(New York: Columbia University Press, 1994); Chong Chae-ho, *Between Ally and Partner: Korea-China Relations and the United States*(New York: Columbia University Press, 2007); Bruce Cumings, *The Origins of the Korean War*, 2 vols.(Princeton, NJ: Princeton University Press, 1981)(브루스 커밍스, 김자동 옮김, 『한국전쟁의 기원』, 일월서각, 1986)(vol.1의 번역); David Halberstam, *The Coldest Winter: America and the Korean War*(New York: Hyperion, 2007); Li Xiaobing, Yu Bin, and Allan Reed Millett, *Mao's Generals Remember Korea*(Lawrence: University Press of Kansas, 2001); Richard A. Peters and Li Xiaobing, *Voices from the Korean*

War: Personal Stories of American, Korean, and Chinese Soldiers(Lexington: University Press of Kentucky, 2004); William Whitney Stueck, *The Korean War: An International History*(Princeton, NJ: Princeton University Press, 1995); Zhang Shu Guang, *Mao's Military Romanticism: China and the Korean War, 1950-1953*(Lawrence: University of Kansas Press, 1995); Allen S. Whiting, *China Crosses the Yalu: The Decision to Enter the Korean War*(New York: Macmillan, 1960); Max Hastings, *The Korean War*(New York: Simon and Schuster, 1987); Burton Ira Kaufman, *The Korean Conflict*(Westport, CT: Greenwood, 1999); Zhang Xiaoming, *Red Wings over the Yalu: China, the Soviet Union, and the Air War in Korea*(College Station: Texas A&M University Press, 2002); William Whitney Stueck, *The Korean War in World History*(Lexington: University Press of Kentucky, 2010).

32) Pantsov and Levine, *Mao*, 375(알렉산더 판초프·스티븐 레빈, 『마오쩌둥 평전』 537).

33) Dikötter, *Tragedy of Liberation*, 142(프랑크 디쾨터, 『해방의 비극』 227).

34) Shen, *Mao, Stalin and the Korean War*, 175-177.

35) Jay Taylor, *The Generalissimo: Chiang Kai-Shek and the Struggle for Modern China*(Cambridge, MA: Belknap Press of Harvard University Press, 2009), 420. 다음도 참조. Steven M. Goldstein, "The United States and the Republic of China, 1949-1978: Suspicious Allies"(working paper, Asia-Pacific Center, Institute for International Studies, Stanford University, February 2000), 5-26.

36) Chen Yun, "Kang Mei Yuan Chao kaishi hou caijing gongzuo de fangzhen" [The Direction of Financial Work after 'Resist America and Support Korea'], *Jianguo yilai zhongyao wenxian xuanbian*[Selection of Important Documents since the Founding of the Country], ed. Zhongguo gongchangdang and Zhongyang wenxian yanjiushi, vol. 1(Beijing: Zhongyang wenxian chubanshe, 1992), 469(여기에서는 陳雲의 「抗美援朝開始後財經工作的方針(1950年11月15日,27日)」 원문에서 번역).

37) Mao Zedong, "Guanyu jiasu jinxing tugai zhi Zhongnanju deng dian"[Cable to the Central South Bureau regarding accelerating land reform], *Gongheguo zou guo de lu: Jianguo yilai zhongyao wenxian zhuanti xuanji*[The Path of the Republic: Selection of Important Documents on Special Topics since the Founding of the Country], ed. Zhongguo zhongyang wenxianguan(Beijing: Zhonggong zhongyang wenxian chubanshe, 1991), 219(여기에서는 毛澤東의 「轉發福建省委關於剿匪和土改報告的批語(1050年11月22日援)」의 원문에서 번역).

38) Editorial, *Renmin Ribao*, March 17, 1949.

39) 이하의 몇 문단은 다음에 기초함. Klaus Mühlhahn, *Criminal Justice in China: A History*(Cambridge, MA: Harvard University Press, 2009), 178–185.

40) Albert P. Blaustein, *Fundamental Legal Documents of Communist China*(South Hackensack, NJ: F.B. Rothman, 1962), 215–221.

41) Mao Zedong, "On Ten Major Relationships," in *The Writings of Mao Zedong, 1949-1976*, ed. Michael Y. M. Kau and John K. Leung(Armonk, NY: M.E. Sharpe, 1992), 2: 57.

42) Klaus Mühlhahn, " 'Repaying Blood Debt': The Chinese Labor Camp System during the 1950s," in *The Soviet Gulag: Evidence, Interpretation, and Comparison*, ed. Michael David-Fox(Pittsburgh: University of Pittsburgh Press, 2016), 250–267. 숫자는 다음 자료에 언급되어 있다. Yang Kuisong, "Reconsidering the Campaign to Suppress Counterrevolutionaries," *China Quarterly* 193(2008): 102–121.

43) 다음에서 인용. Mühlhahn, *Criminal Justice in China*, 182.

44) Julia C. Strauss, "Paternalist Terror: The Campaign to Suppress Counterrevolutionaries and Regime Consolidation in the People's Republic of China, 1950–1953," *Comparative Studies in Society and History* 44(2002): 80–105, here– 97.

45) 사회에 영향을 미치는 범위와 목표가 된 집단에 따라 구별되는 몇 가지 유형의 운동이 있었다. 다음을 참조. Julia Strauss, "Morality, Coercion and State Building by Campaign in the Early PRC: Regime Consolidation and After, 1949–1956," *China Quarterly* 188(2006): 891–219. 이하에서 나는 주로 두 가지 운동 유형에 초점을 맞추었다. 하나는 1950년에서 1953년 사이에 일어났던 대규모 대중 운동이고, 다른 하나는 좀 더 빈번하고 제한적이었던 것으로서, 관료제를 통해 수행되고 특정한 사회 집단이나 직접 집단을 목표로 한 운동이다. 두 가지 유형의 운동 모두 법정을 활용했다.

46) 다음을 보라. Shao Chuan Leng, *Justice in Communist China*(Dobbs Ferry, NY: Oceana Publications, 1967), 35–39.

47) *Ibid.*, 36(여기에서는 "인민 법정 조직 통칙'의 원문에서 번역함.)

48) 징역 5년을 초과하는 형벌은 성 정부의 승인을 받아야 했다.

49) Dikötter, *Tragedy of Liberation*, 162(프랑크 디쾨터, 『해방의 비극』 256); Michael M. Sheng, "Mao Zedong and the Three-Anti Campaign(November 1951 to April 1952): A Revisionist Interpretation," *Twentieth-Century China* 32.1(2006): 56–80.

50) 이 문단과 다음 문단은 다음 자료에 기초했다. Yang Kuisong, "Communism in China, 1919–1976," in *The Oxford Handbook of the History of Communism*, ed. Stephen A. Smith(Oxford: Oxford University Press, 2014), 220–229, here 226–227.

51) 공식적 문건에서 종종 처형된 반혁명분자가 모두 80만 명이라고 언급된다. 1957년에 마오쩌둥 자신이 반혁명분자를 제거하기 위한 1950년에서 1953년 사이의 운동에서 70만 명이 죽었다고 설명했다. 1954년에서 1957년에 7만 명이 추가로 반혁명분자로 처형되었다. 마오는 착오가 발생하여 무고한 사람들이 죽었음을 인정하기도 했다. 다음을 보라. Roderick MacFarquhar, Eugene Wu, and Timothy Cheek, eds., *The Secret Speeches of Chairman Mao: From the Hundred Flowers to the Great Leap Forward*(Cambridge, MA: Council on East Asian Studies, Harvard University, 1989), 142; Yang, *Reconsidering the Campaign*; Michael Dutton, *Policing Chinese Politics: A History*(Durham, NC: Duke University Press, 2005), 167.

52) Aminda M. Smith, "The Dilemma of Thought Reform," *Modern China* 39.2 (2013): 203-234.

53) Mühlhahn, *Criminal Justice in China*, 223-230.

54) Mühlhahn, *Criminal Justice in China*, 269.

55) 다음에 토지 개혁 운동 기간에 지주 약 50명에 대한 대중 재판과 대중 처형이 묘사되어 있다. Gregory Ruf, *Cadres and Kin: Making a Socialist Village in West China, 1921-1991*(Stanford, CA: Stanford University Press, 1998), 86-87.

56) 1950년과 1951년에 마오쩌둥은 반혁명 진압 운동에 대한 몇 가지 지시를 내렸다. Mao, *The Writings of Mao*, 1:189, 112. 그는 운동이 통제를 벗어나는 것에 대해 점차 늘어나는 불안을 표현했다. 그는 좌편향과 우편향이라는 두 가지 위험이 있다고 보았다. 어떤 곳에서는 반대자에 대한 지나친 흥분이 있고 다른 곳에서는 지나친 관용이 있는 것처럼 보였다. 따라서 그의 지시는 좀 더 질서 있는 접근에 대한 요구와 좀 더 엄격하고 신속한 처벌에 대한 요구 사이를 오갔다. 어쨌든 마오의 잦은 논평은 운동을 통제하기가 얼마나 어려웠는지를 보여준다.

57) Julia Strauss가 대중 운동에 대해 주장한 것처럼, 중요한 관객은 '혁명 국가의 지역이나 지방 단위'였다. Strauss, "Paternalist Terror," 85.

58) James Z. Gao, *The Communist Takeover of Hangzhou: The Transformation of City and Cadre, 1949-1954*(Honolulu: University of Hawai'i Press, 2004), 138-140.

59) Jerome Alan Cohen, *The Criminal Process in the People's Republic of China, 1949-1963: An Introduction*(Cambridge, MA: Harvard University Press, 1968), 20; Bing Ngeow Chow, "The Residents' Committee in China's Political System: Democracy, Stability, Mobilization," *Issues & Studies* 48(2012): 71-126.

60) Gao, *The Communist Takeover*, 138-140.

61) Tao Siju, *Xin zhongguo di yi ren gong'an buzhang—-Luo Ruiqing*[Luo Ruiqing:

New China's First Minister of Public Security](Beijing: Qunzhong Chubanshe, 1996), 104.

62) David Bray, *Social Space and Governance in Urban China: The Danwei System from Origins to Reform*(Stanford, CA: Stanford University Press, 2005), 104; Morris L. Bian, *The Making of the State Enterprise System in Modern China: The Dynamics of Institutional Change*(Cambridge, MA: Harvard University Press, 2005); Tiejun Cheng and Mark Selden, "The Construction of Spatial Hierarchies: China's Hukou and Danwei Systems," in *New Perspectives on State Socialism in China*, ed. Timothy Cheek et al.(Armonk, NY: M.E. Sharpe, 1997), 23–50.

63) Andrew Walder, "Industrial Reform in China: The Human Dimension," in *The Limits of Reform in China*, ed. Ronald A. Morse(Boulder, CO: Westview Press, 1983), 59–60.

64) Yang Kuisong, "How a 'Bad Element' Was Made: The Discovery, Accusation, and Punishment of Zang Qiren," in *Maoism at the Grassroots: Everyday Life in China's Era of High Socialism*, ed. Jeremy Brown and Matthew D. Johnson(Cambridge, MA: Harvard University Press, 2015), 19–50; Jeremy Brown, "Moving Targets: Changing Class Labels in Rural Hebei and Henan, 1960–1979," in Brown and Johnson, *Maoism at the Grassroots*, 51–76; Elizabeth J. Perry, "Studying Chinese Politics: Farewell to Revolution?" *China Journal* 57(January 2007): 1–22.

65) Timothy Cheek, *Propaganda and Culture in Mao's China: Deng Tuo and the Intelligentsia*(Oxford: Clarendon Press, 1997); Merle Goldman and Leo Ou-Fan Lee, eds., *An Intellectual History of Modern China*(Cambridge: Cambridge University Press, 2002); Edward Gu and Merle Goldman, eds., *Chinese Intellectuals between State and Market*(London: Routledge, 2004); Matthew D. Johnson, "Beneath the Propaganda State: Official and Unofficial Cultural Landscapes in Shanghai, 1949–1965," in Brown and Johnson, *Maoism at the Grassroots*, 199–229.

66) 이하 몇 문단은 Du, *Shanghaiing the Press Gang*에 기초한 것이다.

67) Mi Zhao, "State Capitalism and Entertainment Markets: The Socialist Transformation of Quyi in Tianjin, 1949–1964," *Modern China* 44.5(2018): 525–556.

68) Wang Ban, "Revolutionary Realism and Revolutionary Romanticism," in *The Columbia Companion to Modern Chinese Literature*, ed. Kirk A. Denton(New

York: Columbia University Press, 2016), 237-244.

69) Chao Chin, "Introducing Hao Ran," *Chinese Literature* 4(1974): 98-99. 다음도 참조. Richard King, *Milestones on a Golden Road: Writing for Chinese Socialism, 1945-80*(Vancouver: UBC Press, 2013); Bonnie S. McDougall and Paul Clark, *Popular Chinese Literature and Performing Arts in the People's Republic of China, 1949-1979*(Berkeley: University of California Press, 1984).

70) Xu Jilin, *Dashidai zhong de zhishifenzi*[Intellectuals during the Great Age] (Beijing: Zhonghua shuju, 2012), 241-252.

71) Chen Yinghong, *Creating the "New Man": From Enlightenment Ideals to Socialist Realities*(Honolulu: University of Hawai'i Press, 2009); Theodore Hsien Chen, *Thought Reform of the Chinese Intellectuals*(Hong Kong: Hong Kong University Press, 1960), 54-56, 62-69; Timothy Cheek, *The Intellectual in Modern Chinese History*(Cambridge: Cambridge University Press, 2015).

72) Quoted in Eddy U, "The Making of Chinese Intellectuals: Representations and Organization in the Thought Reform Campaign," *China Quarterly* 192(2007): 971-989.

73) Martin Whyte, *Small Groups and Political Rituals in China*(Berkeley: University of California Press, 1974).

74) Hsu Cho-yun, *China: A New Cultural History*(New York: Columbia University Press, 2012), 554-555(허탁운, 이인호 옮김, 『중국 문화사(하)』, 천지인, 2013, 419).

75) 토지개혁에 대한 서구의 최근 연구는 거의 없다. Louis G. Putterman, *Continuity and Change in China's Rural Development: Collective and Reform Eras in Perspective*(New York: Oxford University Press, 1993); John Wong, *Land Reform in the People's Republic of China: Institutional Transformation in Agriculture*(New York: Praeger, 1973); Anita Chan, Richard Madsen, and Jonathan Unger, *Chen Village: The Recent History of a Peasant Community in Mao's China*(Berkeley: University of California Press, 1992).

76) Strauss, "Paternalist Terror," 97.

77) Yunhui Lin, *Xiang Shehui Zhuyi guodu: Zhongguo Jingji yu Shehui de Zhuanxing, 1953-1955[Transition to Socialism: The Transformation of Chinese Economy and Society, 1953-1955]*(Hong Kong: Xianggang Zhongwen Daxue Dangdai Zhongguo Wenhua Yanjiu Zhongxin, 2009), 32-44.

78) Zhang Xiaojun, "Land Reform in Yang Village: Symbolic Capital and the Determination of Class Status," *Modern China* 30(2004): 3-45; Walder, *China Under Mao*, 51-53.

79) Luo Pinghan, "Tugai yu Zhonggong zhizheng diwei de queding" [Land Reform Movement and the Establishment of Chinese Communist Party's Rule], *Ershiyi Shiji* 111(2009): 48−54; Gao Wang−ling and Liu Yang, "Tugai the Jiduanhua" [The Radicalization of the Land Reform Movement], *Ershiyi Shiji* 111(2009): 36−47.

8장 대약진: 1955~1960

1) See Elizabeth J. Perry, *Anyuan: Mining China's Revolutionary Tradition* (Berkeley: University of California Press, 2012).

2) Wang Fei−Ling, *Organization through Division and Exclusion: China's Hukou System*(Stanford, CA: Stanford University Press, 2005); Cheng Tiejun and Mark Selden, "The Origins and Social Consequences of China's Hukou System," *China Quarterly* 139(1994): 644−668.

3) Jeremy Brown, *City versus Countryside in Mao's China: Negotiating the Divide*(New York: Cambridge University Press, 2012), 32−33.

4) 이 문단의 인용문은 다음 자료에서 왔다. Tianjin Renmin Weiyuanhui[Tianjin Municipal People's Committee], "Tianjinshi dongyuan mangmu liujin renkou huixian gongzuo zongjie baogao"[Summary Report on Mobilizing Migrants for Repatriation], April 14, 1956, Tianjin Municipal Archives, X0053−C−001002−018, 70. 다음에서 재인용. Vanessa Bozzay, "Refugee Governance in Tianjin, 1945−1957"(master's thesis, Freie Universität Berlin, 2014), 37. 다음도 참고. Greg Rohlf, *Building New China, Colonizing Kokonor: Resettlement to Qinghai in the 1950s*(Lanham, MD: Lexington Books, 2016).

5) 이 체계는 2014년까지도 없어지지 않았다. Zhang Zhanxin and Hou Huili, "Intensified Reform of the Labor Market and Abolishment of the Rural−Urban Divide," in *Chinese Research Perspectives on Population and Labor*, ed. Cai Fang(Boston: Brill, 2014), 1:185−207.

6) Sara L. Friedman, "Women, Marriage and the State in Contemporary China," in *Chinese Society: Change, Conflict and Resistance*, ed. Elizabeth J. Perry and Mark Selden(London: Routledge, 2010), 148−170, here 149; Sara L. Friedman, *Intimate Politics: Marriage, the Market, and State Power in Southeastern China*(Cambridge, MA: Harvard University Asia Center, 2006); Susan L. Glosser, *Chinese Visions of Family and State, 1915-53*(Berkeley: University

of California Press, 2003); Yan Yunxiang, *Private Life under Socialism: Love, Intimacy, and Family Change in a Chinese Village, 1949-99*(Stanford, CA: Stanford University Press, 2003); Neil J. Diamant, *Revolutionizing the Family: Politics, Love, and Divorce in Urban and Rural China, 1949-68*(Berkeley: University of California Press, 2000).

7) Linda Benson, *China Since 1949*(London: Routledge 2002), 27−28.

8) Vincent Goossaert and David A. Palmer, *The Religious Question in Modern China*(Chicago: University of Chicago Press, 2011), 152−164; Rebecca A. Nedostup, *Superstitious Regimes: Religion and the Politics of Chinese Modernity*(Cambridge, MA: Harvard University Asia Center, 2009); Wang Xiaoxuan, "The Dilemma of Implementation: The State and Religion in the People's Republic of China," in *Maoism at the Grassroots: Everyday Life in China's Era of High Socialism*, ed. Jeremy Brown and Matthew D. Johnson(Cambridge, MA: Harvard University Press, 2015), 259−279.

9) S. A. Smith, "Redemptive Religious Societies and the Communist State, 1949 to the 1980s," in *Brown and Johnson, Maoism at the Grassroots*, 340−364.

10) Thomas S. Mullaney, *Coming to Terms with the Nation: Ethnic Classification in Modern China*(Berkeley: University of California Press, 2011).

11) Mullaney, *Coming to Terms*, 80, 90.

12) Mao Zedong, "On the People's Democratic Dictatorship," in *Selected Works of Mao Tse-tung*(Peking: Foreign Languages Press, 1967), vol. 4, 421, 411−421(원문은 마오쩌둥이 1949년 6월 30일에 발표한「論人民民主專政」).

13) 1949년 이후 기업가와 회사들의 운명에 대한 사례 연구들이 다음 책에 있다. Sherman Cochran, ed., *The Capitalist Dilemma in China's Communist Revolution*(Ithaca, NY: East Asia Program, Cornell University, 2014).

14) Thomas Bernstein and Hua−Yu Li, "Introduction," in *China Learns from the Soviet Union, 1949-Present*, ed. Thomas Bernstein and Hua−Yu Li(Lanham, MD: Rowman and Littlefield, 2010), 1−24, −here 9.

15) Li Hua−yu, *Mao and the Economic Stalinization of China, 1948-1953*(Lanham, MD: Rowman and Littlefield, 2006).

16) 다음에서 인용함. Li, *Mao and the Economic Stalinization*, 135(여기에서는 毛澤東의 '黨在過渡時期的路線' 원문에서 번역).

17) Robert K. Cliver, "Surviving Socialism: Private Industry and the Transition to Socialism in China, 1945−1958," in "Rethinking Business History in Modern China," ed. Wen−hsin Yeh, Klaus Mühlhahn, and Hajo Frölich, special issue,

Cross-Currents: East Asian History and Culture Review 4.2(2015): 694−722; Robert K. Cliver, "'Red Silk': Labor, Capital, and the State in the Yangzi Delta Silk Industry, 1945−1960"(PhD diss., Harvard University, 2007).

18) Dwight H. Perkins, "The Centrally Planned Command Economy(1949−84)," in *Routledge Handbook of the Chinese Economy*, ed. Gregory C. Chow and Dwight H. Perkins(Abingdon, Oxon, UK: Routledge, 2015), 41−54; Barry Naughton, *The Chinese Economy: Transitions and Growth*(Cambridge, MA: MIT Press, 2007)(배리 노턴, 한광석 옮김, 『중국경제: 시장경제의 적응과 성장』 한티에듀, 2020).

19) 1954년 '중화인민공화국헌법' 서언, http://en.pkulaw.cn/display.aspx?cgid= 52993&lib=law.

20) Suzanne Weigelin−Schwiedrzik, "The Distance between State and Rural Society in the PRC: Reading Document No. 1," *Journal of Environmental Management* 87.2(2008): 216−225, here 217.

21) 이 문단은 소련의 계획 경제에 대한 다음 책의 논의에 근거했다. Daron Acemoglu and James A. Robinson, *Why Nations Fail*(New York: Random House, 2012), chapter 5(대런 애쓰모글루·제임스 A. 로빈슨, 최완규 옮김, 『국가는 왜 실패하는가』 시공사, 2012, 5장).

22) Mao Zedong, "Two Talks on Mutual Aid and Co−Operation in Agriculture, October and November 1953," *Selected Works*, 5:132(원문은 「關于農業互助合作的兩次談話」 중 10월 15일의 담화).

23) Frederick C. Teiwes, *Politics at Mao's Court: Gao Gang and Party Factionalism in the Early 1950s*(Armonk, NY: M.E. Sharpe, 1990).

24) Mao Zedong, "The Question of Agricultural Cooperation," in *Sources of Chinese Tradition: From 1600 through the Twentieth Century*, 2nd ed., comp. Wm. Theodore de Bary and Richard Lufrano(New York: Columbia University Press, 2000), 2:458−459(원문은 1955년 7월 31일의 「關于農業合作化問題」).

25) Liu Yu, "Why Did It Go So High? Political Mobilization and Agricultural Collectivisation in China," *China Quarterly* 187(2006): 732−742.

26) Jean C. Oi, *State and Peasant in Contemporary China: The Political Economy of Village Government*(Berkeley: University of California Press, 1989), 15−16.

27) Frank Dikötter, *Tragedy of Revolution: A History of the Chinese Revolution, 1945-57*(London: Bloomsbury, 2017), 219(프랑크 디쾨터, 고기탁 옮김, 『해방의 비극: 중국 혁명의 역사, 1945−1957』 열린책들, 2016, 340−341).

28) Felix Wemheuer, "Collectivization and Famine," in *The Oxford Handbook of the*

History of Communism, ed. Steven A. Smith(Oxford: Oxford University Press, 2014), 417-418.

29) Ezra Vogel, *Deng Xiaoping and the Transformation of China*(Cambridge, MA: Belknap Press of Harvard University Press, 2011), 111(에즈라 보걸, 심규호 외 옮김, 『덩샤오핑 평전: 현대 중국의 건설자』 민음사, 2014, 83-84).

30) Zhu Dandan, *1956: Mao's China and the Hungarian Crisis*(Ithaca, NY: East Asia Program, Cornell University, 2013).

31) Y. Y. Kueh, *Agricultural Instability in China, 1931-1990: Weather, Technology, and Institutions*(Oxford: Clarendon Press 1995), 355. 다음도 참조. National Development and Reform Commission, People's Republic of China, China's National Climate Change Programme(June2007), 4-5; http://en.ndrc.gov.cn/newsrelease/200706/P020070604561191006823.pdf.

32) Mao Zedong, "On Ten Major Relationships," *The Writings of Mao Zedong 1949-1976*, ed. Michael Y. M. Kau et al.(Armonk, NY: M.E. Sharpe, 1992), 2:56-57.

33) 다음을 참조. Mao Zedong, "On Correctly Handling Contradictions among the People," in *The Writings of Mao*, 2: 308-350.

34) Mao, "On Ten Major Relationships," *The Writings of Mao*, 2:45(원문은 '論十大關系'의 일부이다).

35) Roderick MacFarquhar, *The Hundred Flowers Campaign and the Chinese Intellectuals*(New York: Praeger, 1960).

36) Qu Anping, "Article in Guangming Daily," *Sources of Chinese Tradition*, 446-466(원문은 儲安平의 '向毛主席和周總理提些意見'의 일부).

37) Lin Xiling, "Speech at the Open-Air Forum of Beijing University, May 23," *Sources of Chinese Tradition*, 468(원문은 林希翎의 '5月23日在北大第一次發言'의 일부).

38) Andrew J. Nathan and Andrew Scobell, *China's Search for Security*(New York: Columbia University Press, 2014), 75; Jeremy Scott Friedman, *Shadow Cold War: The Sino-Soviet Competition for the Third World*(Chapel Hill: University of North Carolina Press, 2015); Lorenz M. Lüthi, *The Sino-Soviet Split: Cold War in the Communist World*(Princeton, NJ: Princeton University Press, 2010); Odd A. Westad, *Brothers in Arms: The Rise and Fall of the Sino-Soviet Alliance, 1945-1963*(Washington, DC: Woodrow Wilson Center Press, 1998).

39) Yang Jisheng, "The Three Red Banners: Sources of the Famine," in *Tombstone: The Untold Story of Mao's Great Famine*, trans. Stacy Mosher and Guo Jian, ed.

Edward Friedman, Guo Jian, and Stacy Mosher(New York: Straus and Giroux, 2012), 87-112; Felix Wemheuer, *Famine Politics in Maoist China and the Soviet Union*(New Haven, CT: Yale University Press, 2014); Felix Wemheuer and Kimberley E. Manning, *Eating Bitterness: New Perspectives on China's Great Leap Forward and Famine*(Vancouver: UBC Press, 2011); Frank Dikötter, *Mao's Great Famine: The History of China's Most Devastating Catastrophe, 1958-62*(New York: Walker and Co., 2010)(프랑크 디쾨터, 최파일 옮김, 『마오의 대기근: 중국 참극의 역사 1958-1962』 열린책들, 2017); Gail Hershatter, *The Gender of Memory: Rural Women and China's Collective Past*(Berkeley: University of California Press, 2011); Frederick Teiwes with Warren Sun, *China's Road to Disaster*(Armonk, NY: M. E. Sharpe, 1998).

40) 다음과 같은 흥미로운 보고가 있다. Shahid Javed Burki, *A Study of Chinese Communes, 1965*(Cambridge, MA: East Asian Research Center, Harvard University, 1969). 저자는 1965년에 한 인민공사를 방문할 수 있었다.

41) Mao Zedong, "Talks at Beidaihe Conference, 19 August 1958," in *The Secret Speeches of Chairman Mao: From the Hundred Flowers to the Great Leap Forward*, ed. Roderick MacFarquhar, Timothy Cheek, and Eugene Wu(Cambridge, MA: Council on East Asian Studies, Harvard University, 1989), 412.

42) Dwight H. Perkins, "China's Prereform Economy in World Perspective," in *China's Rise in Historical Perspective*, ed. Brantly Womack(Lanham MD: Rowman & Littlefield 2010), 122-123.

43) Andrew G. Walder, "Bending the Arc of Chinese History: The Cultural Revolution's Paradoxical Legacy," *China Quarterly* 12(2016): 613-631, here 625.

44) Ralph Thaxton, *Catastrophe and Contention in Rural China*(Cambridge: Cambridge University Press, 2008); Hershatter, *The Gender of Memory*; Chen Yixin, "When Food Became Scarce," *Journal of Historical Studies* 10(2010): 117-165; Anthony Garnaut, "The Geography of the Great Leap Famine," *Modern China* 40(2014): 315-348.

45) Peng Xizhe는 14개 성에서 2,300만 명이 죽었다고 계산했다. Peng, "Demographic Consequences of the Great Leap Forward in China's Provinces," *Population and Development Review* 13.4(1987): 639-670, here 649. Ansley Coale은 1,650만 명이 죽었다고 결론을 내리고 있고, Basil Ashton은 3,000만 명이 죽고, 줄어든 출산이 3,000만 명이라고 계산했다. Ashton and Kenneth Hill, "Famine in China, 1958-

1961," *Population and Development Review* 10(1984): 613–645, here 614. Jasper Becker는 중국 정부의 내부 조사를 근거로 4,300만 명에서 4,600만 명이 죽었다고 추정했다. Becker, *Hungry Ghosts: China's Secret Famine*(London: Murray, 1996), 272.

46) Gao Wenqian, *Zhou Enlai: The Last Perfect Revolutionary: A Biography*(New York: Public Affairs, 2007), 188.

47) 다음 책에 풍부한 사례가 있다. Dikötter, *Mao's Great Famine*(프랑크 디쾨터, 『마오의 대기근』).

9장 모든 것을 타도하기: 1961~1976

1) 이 문구는 다음의 기사 표제에서 인용했다. People's Daily: "niugui sheshen" [Monsters and Demons], June 1, 1966, and "jinxing daodi" [Through the End], January 1, 1967. 죽기 불과 몇 달 전의 회고에서 마오쩌둥은 문화대혁명의 두 가지 착오에 대해서 "첫째는 일체를 타도한 것이고 둘째는 전면 내전이었다"라고 언급했다. 그러나 그는 이어서 비록 일부 수단과 정책이 과도했지만, 두 가지 다 원칙적으로는 "맞는"(對) 일이고 "단련"(鍛鍊)이었다고 했다. 사람들이 죽은 것도 좋지 않았다고 했다. 다음을 참조. Mao Zedong, "Mao Zedong zhongyao zhishi" [Important Instructions], in *Jianguo yilai Mao Zedong wengao*, vol. 13, 1969—1976(Beijing: Zhong yang wen xian chubanshe, 1998), 488.

2) 저우언라이는 1964년 12월의 제3차 전국인민대표대회 업무 보고에서 이 정책을 제시했다. Frederick Teiwes는 '네 가지 현대화' 구호를 나중에 계급투쟁을 위해 현대화 프로그램을 버린 마오쩌둥과 연관시킨다. 다음을 참조. Frederick C. Teiwes, *Politics and Purges in China*(Armonk, NY: M. E. Sharpe, 1993), 438, 485.

3) 1961년에서 1963년 사이에 줄어든 도시 인구의 숫자인 2,600만 명은 다음 자료에서 언급되었다. Shang Changfeng, "Emergency Measures Taken during the Three-Year-Period of Economic Difficulty," in *Selected Essays on the History of Contemporary China*, ed. Zhang Xingxing(Leiden: Brill, 2015), 71–92, here 80.

4) Frank Dikötter, *The Cultural Revolution: A People's History, 1962-1976*(New York: Bloomsbury Press, 2016), 10–26(프랑크 디쾨터, 고기탁 옮김, 『문화 대혁명: 중국 인민의 역사 1962~1976』, 열린책들, 2017, 35–51); Roderick MacFarquhar and Michael Schoenhals, *Mao's Last Revolution*(Cambridge, MA: Belknap Press of Harvard University Press, 2006), 8; Hu Angang, *Mao and the Cultural*

Revolution, vol. 1, *Mao's Motivation and Strategy*(Honolulu: Silkroad Press, 2017), 58–59.

5) Stuart Schram, *Mao Tse-tung Unrehearsed*(Harmondsworth, UK: Penguin Books, 1974), 173–174.

6) Hu Angang, *Mao and the Cultural Revolution*, 65n120.

7) 이 인용은 재정부장이었던 보이보(博—波)의 회고를 Qiang Zhai가 번역한 것이다. 다음을 참조. Qiang Zhai, "Mao Zedong and Dulles's 'Peaceful Evolution' Strategy: Revelations from Bo Yibo's Memoirs," *Cold War International History Project Bulletin 6-7*(1995–1996): 230.

8) 다음에서 인용. Yang Jisheng, *Tombstone: The Untold Story of Mao's Great Famine*, trans. Stacy Mosher and Guo Jian, ed. Edward Friedman, Guo Jian, and Stacy Mosher(New York: Straus and Giroux, 2012), 502.

9) Hu Angang, *Mao and the Cultural Revolution*, 25.

10) Felix Wemheuer, *Famine Politics in Maoist China and the Soviet Union*(New Haven, CT: Yale University Press, 2014), 168–173.

11) John W. Garver, *Protracted Contest: Sino-Indian Rivalry in the Twentieth Century*(Seattle: University of Washington Press, 2001).

12) Xiaofei Tian, "The Making of a Hero: Lei Feng and Some Issues of Historiography," in *The People's Republic of China at 60: An International Assessment*, ed. William C. Kirby(Cambridge, MA: Harvard Asia Center 2011), 283–295.

13) 다음에서 인용함. Hu Angang, *Mao and the Cultural Revolution*, 116; 다음도 참조. Daniel Leese, *Mao Cult: Rhetoric and Ritual during China's Cultural Revolution*(Cambridge: Cambridge University Press, 2011), 다음 책에 수록된 글들도 참조. Alexander A. Cook(ed.), *Mao's Little Red Book: A Global History*(Cambridge: Cambridge University Press, 2014).

14) Sergey Radchenko, *Two Suns in the Heavens: The Sino-Soviet Struggle for Supremacy, 1962-1967*(Washington, DC: Woodrow Wilson Center Press, 2009).

15) Barry Naughton, "The Third Front: Defence Industrialization in the Chinese Interior," *China Quarterly* 115(1988): 351–386.

16) Rosemary Foot, *The Practice of Power: US Relations with China since 1949* (Oxford: Clarendon Press, 1995), 183–184; Morton H. Halperin, *China and the Bomb*(New York: Praeger, 1965).

17) Mao Zedong, *On Khrushchev's Phony Communism and Its Historical Lessons for*

the World(Beijing: Foreign Languages Press, 1964). 다음 책에도 수록되어 있다. *The Cold War through Documents: A Global History*, ed. Edward H. Judge, John W. Langdon(Lanham MD: Rowman and Littlefield, 2018), 200-201(원문은 '關于赫魯曉夫的假共産主義及其在世界歷史上的敎訓'의 일부이다).

18) Yang Kuisong, "Changes in Mao Zedong's Attitude toward the Indochina War, 1949-1973"(Working Paper 34, Cold War International History Project, Woodrow Wilson International Center for Scholars, Washington, DC, 2002).

19) MacFarquhar and Schoenhals, *Mao's Last Revolution*, 32.

20) 다음에서 인용. Hu, *Mao and the Cultural Revolution*, 176(원문은 보통 '5·16通知'로 불리는, 1966년 5월 16일에 중공중앙 정치국 확대회의에서 통과된 '中國共産黨中央委員會通知'의 일부이다).

21) MacFarquhar and Schoenhals, *Mao's Last Revolution*, 52.

22) MacFarquhar and Schoenhals, *Mao's Last Revolution*, 57. 포스터의 수는 67쪽에 있다.

23) 다음에서 인용. Hu, *Mao and the Cultural Revolution*, 195

24) Jonathan Unger, *Education under Mao: Class and Competition in Canton Schools, 1960-1980*(New York: Columbia University Press, 1980).

25) MacFarquhar and Schoenhals, *Mao's Last Revolution*, 60.

26) MacFarquhar and Schoenhals, *Mao's Last Revolution*, 90(원문은 1966년 8월 5일 마오쩌둥의 '炮打司令部-我的一張大字報'의 일부다).

27) Decision of the CCP Central Committee Concerning the Great Proletarian Cultural Revolution, in *Sources of Chinese Tradition: From 1600 through the Twentieth Century*, 2nd ed., comp. Wm. Theodore de Bary and Richard Lufrano(New York: Columbia University Press, 2000), 2:474-475(원문은 '中國共産黨中央委員會關於無産階級文化大革命的決定'의 일부이다).

28) Rae Yang, *Spider Eaters: A Memoir*(Berkeley: University of California Press, 1997), 123.

29) 중국 사회를 사로잡은 혼란을 생생하게 묘사한 다양한 회고록이 있다. Jung Chang, *Wild Swans: Three Generations of Chinese Women*(New York: Simon and Schuster, 1991)(장융, 황의방 옮김, 『대륙의 딸(상·하)』, 까치글방, 2016); Nien Chen, *Life and Death in Shanghai*(London: Grahon, 1986); Anchee Min, *Red Azalea*(New York: Pantheon, 1994); Tingxing Ye, *A Leaf in the Bitter Wind: A Memoir*(Toronto: Doubleday Canada, 1997).

30) Ma Bo, *Blood Red Sunset: A Memoir of the Chinese Cultural Revolution*(New York: Viking, 1995).

31) Wu Yiching, *The Cultural Revolution at the Margins: Chinese Socialism in Crisis*(Cambridge, MA: Harvard University Press, 2014).

32) Liu Shucheng, *Chinese Economic Growth and Fluctuations*(Abingdon, Oxon, UK: Routledge, 2017), 91, figure 8.1.

33) Su Yang, *Collective Killings in Rural China during the Cultural Revolution* (Cambridge: Cambridge University Press, 2011), 37–38.

34) '지칭'(知靑)에 대해서는 다음을 참조. Michel Bonin, *The Lost Generation: The Rustication of China's Educated Youth*(Hong Kong: Chinese University of Hong Kong Press, 2013); Thomas P. Bernstein, *Up to the Mountains and Down to the Villages: The Transfer of Youth from Urban to Rural China*(New Haven, CT: Yale University Press, 1977); Michel Bonin, "Restricted, Distorted but Alive: The Memory of the Lost Generation of Chinese Educated Youth," in "Red Shadows: Memories and Legacies of the Chinese Cultural Revolution," ed. Patricia M. Thornton, Sun Peidong, and Chris Berry, special issue, *China Quarterly* 227(2016): 154–174.

35) Su, *Collective Killings*; Yang Kuisong, "How a 'Bad Element' Was Made: The Discovery, Accusation, and Punishment of Zang Qiren," in *Maoism at the Grassroots: Everyday Life in China's Era of High Socialism*, ed. Jeremy Brown and Matthew D. Johnson(Cambridge, MA: Harvard University Press, 2015), 19–50.

36) Tan Hecheng, *The Killing Wind: A Chinese County's Descent into Madness during the Cultural Revolution*(New York: Oxford University Press, 2017).

37) Joel Andreas, *Rise of the Red Engineers: The Cultural Revolution and the Origins of China's New Class*(Stanford, CA: Stanford University Press, 2009), 188–210.

38) Chris Buckley, "Zhang Tiesheng: From Hero Under Mao to 'Hero of Wealth,'" August 18, 2014, https://sinosphere.blogs.nytimes.com/2014/08/18/zhang-tiesheng-from-hero-under-mao-to-hero-of-wealth/. 다음 책에 더 완전하고 복잡한 설명이 있다. Jiaqi Yan and Gao Gao, *Turbulent Decade: A History of the Cultural Revolution*(Honolulu: University of Hawaiʻi Press, 1996), 418–419.

39) Barbara Mittler, *A Continuous Revolution: Making Sense of Cultural Revolution Culture*(Cambridge, MA: Harvard University Asia Center, 2012); Richard King et al., eds., *Art in Turmoil: The Chinese Cultural Revolution, 1966-76*(Vancouver: UBC Press, 2010).

40) 다음에 더 많은 사례가 있다. Dikötter, *The Cultural Revolution*, 270–300(프랑크 디쾨터, 고기탁 옮김, 「문화 대혁명: 중국 인민의 역사 1962~1976」, 419–462).

41) Andrew G. Walder and Yang Su, "The Cultural Revolution in the Countryside: Scope, Timing and Human Impact," *China Quarterly* 173(March 2003): 82–107, here 95; Su, *Collective Killings*, 37.

42) Ma Jisen, *The Cultural Revolution in the Foreign Ministry of China*(Hong Kong: Chinese University Press, 2004).

43) MacFarquhar and Schoenhals, *Mao's Last Revolution*, 308–323.(린뱌오의 이 지시의 제목은 '關于加强戰備, 防止敵人突然襲擊的緊急指示'이며 '一号号슈'이라고 불리기도 한다).

44) Gao Wenqian, Peter Rand, and Lawrence R. Sullivan, *Zhou Enlai: The Last Perfect Revolutionary: A Biography*(New York: Public Affairs, 2007), 212.

45) 이 시기의 복잡한 책략들에 대한 완전한 설명은 다음 책에 나와 있다. Frederick C. Teiwes and Warren Sun, *The End of the Maoist Era: Chinese Politics During the Twilight of the Cultural Revolution, 1972-1976*(Armonk NY: M.E. Sharpe, 2007); 다음도 참조. Ezra F. Vogel, *Deng Xiaoping and the Transformation of China*(Cambridge, MA: Belknap Press of Harvard University Press, 2011), 91–183(에즈라 보걸, 심규호·유소영 옮김, 『덩샤오핑 평전: 현대 중국의 건설자』, 민음사, 2014, 148–262). 이어지는 문단들은 다음 책의 좀 더 간략한 서술에 따랐다. Kenneth Pletcher(ed.), *The History of China*(Chicago: Britannica Educational Pub, 2011), 331–336.

46) 이 재판의 전말에 대해서는 다음 책을 참조. Alexander C. Cook, *The Cultural Revolution on Trial: Mao and the Gang of Four*(Cambridge: Cambridge University Press, 2017).

47) Andrew Walder, "Bending the Arc of Chinese History: The Cultural Revolution's Paradoxical Legacy," in Thornton, Sun, and Berry, *Red Shadows*, 15–33.

48) Alexander Pantsov and Steven I. Levine, *Mao: The Real Story*(New York: Simon and Schuster, 2012), 359(알렉산더 판초프·스티븐 레빈, 심규호 옮김, 『마오쩌둥 평전: 현대 중국의 마지막 절대 권력자』, 민음사, 2017, 513).

49) Pantsov and Levine, *Mao*, 356–358(알렉산더 판초프·스티븐 레빈, 심규호 옮김, 『마오쩌둥 평전: 현대 중국의 마지막 절대 권력자』, 510–512).

50) Hannah Arendt, The Origins of Totalitarianism(New York: Harcourt, Brace and Co., 1951), 391, 419(한나 아렌트, 이진우·박미애 옮김, 『전체주의의 기원 2』, 한길사, 2006, 148, 190).

51) Frederick C. Teiwes, *Leadership, Legitimacy, and Conflict in China: From a Charismatic Mao to the Politics of Succession*(Armonk, NY: M.E. Sharpe, 1984).

4부 떠오르는 중국

1) Ezra Vogel, *Deng Xiaoping and the Transformation of China*(Cambridge, MA, Harvard University Press, 2013), 201(에즈라 보걸, 심규호 · 유소영 옮김, 『덩샤오핑 평전: 현대 중국의 건설자』, 민음사, 2014, 285).

2) 동남아시아 해양에서 중국의 섬 매립 활동에 대해서는 다음을 참조. Center for Strategic and International Studies, "Asia Maritime Transparency Initiative." Accessed March 29, 2016. http://amti.csis.org/island-tracker/.

3) Paul Gregory and Robert Stuart, "China, Party Dictatorship, Markets and Socialism," in *The Global Economy and Its Economic Systems*(Mason, OH: South-Western Cengage Learning, 2014), 427.

10장 개혁과 개방: 1977~1989

1) 1970년대에 대해서는 다음을 참조. Akira Iriye, *Global Community: The Role of International Organizations in the Making of the Contemporary World*(Berkeley: University of California Press, 2002); Samuel Moyn, *The Last Utopia: Human Rights in History*(Cambridge, MA: Harvard University Press, 2010); Niall Ferguson et al., eds., *The Shock of the Global: The 1970s in Perspective*(Cambridge, MA: Belknap Press of Harvard University Press, 2010).

2) David Priestland, *The Red Flag: A History of Communism*(New York: Grove Press, 2009), 1107.

3) Andrew J. Nathan and Andrew Scobell, *China's Search for Security*(New York: Columbia University Press, 2012), 225.

4) Odd A. Westad, "The Great Transformation: China in the Long 1970s," in Ferguson et al., *The Shock of the Global; Harry Harding, China's Second Revolution: Reform after Mao*(Washington, DC: Brookings Institution Press, 1987); Zheng Yongnian, *Contemporary China: A History since 1978*(Hoboken, NJ: John Wiley and Sons, 2014), 22-28.

5) Quoted from Victoria L. Mantzopoulos and Raphael Shen, *The Political Economy of China's Systemic Transformation: 1979 to the Present*(New York: Palgrave Macmillan, 2011), 37-38. Chen Yun, *Chen Yun Wenxuan*[Selected Writings of Chen Yun]](Beijing: People's Publishing House, 1995), 3:248-249.

6) David Zweig, *Freeing Chinese Farmers: Rural Restructuring in the Reform*

Era(Armonk, NY: M.E.Sharpe,1997), 12−15; Frederick C. Teiwes and Warren Sun, *Paradoxes of Post-Mao Rural Reform: Initial Steps toward a New Chinese Countryside, 1976-1981*(Basingstoke, UK: Taylor and Francis, 2016).

7) Cyril Lin, "Open−Ended Economic Reform in China," in *Remaking the Economic Institutions of Socialism: China and Eastern Europe*, ed. Victor Nee and David Stark(Stanford, CA: Stanford University Press, 1989), 95−136.

8) Alexander Pantsov and Steven I. Levine, *Deng Xiaoping: A Revolutionary Life*(Oxford: Oxford University Press, 2015), 328(알렉산더 판초프 · 스티븐 레빈, 유희복 옮김, 『설계자 덩샤오핑』 알마, 2018, 447).

9) Deng Xiaoping, "Emancipate the Mind, Seek Truth form Facts and Unite as One in Looking to the Future," in *Selected Works of Deng Xiaoping(1975-1982)*, ed. Editorial Committee for Party Literature, Central Committee of the Communist Party of China(Beijing: Foreign Languages Press, 1984), 2:151−165, here 165(여기에서는 「解放思想, 實事求是, 團結一致向前看」의 원문에서 번역함).

10) Li Cheng, *China's Leaders: The New Generation*(Lanham, MD: Rowman and Littlefield, 2001), 34−41.

11) Andrew Nathan, "China: The Struggle at the Top," *New York Review of Books*, February 9, 2017.

12) Alan Lawrence, *China since 1919: Revolution and Reform: A Sourcebook* (London: Routledge, 2004), 220−222.

13) Barry Naughton, *Growing Out of the Plan: Chinese Economic Reform, 1978-1993*(Cambridge: Cambridge University Press, 1995); Susan Shirk, *The Political Logic of Economic Reform in China*(Berkeley: University of California Press, 1993)

14) Zhao Ziyang, *Prisoner of the State: The Secret Journal of Zhao Ziyang*, trans. and ed. Bao Pu, Renee Chiang, and Adi Ignatius(New York: Simon and Schuster, 2009), 122−123(자오쯔양, 바오푸 정리, 장윤미 · 이종화 옮김, 『국가의 죄수: 자오쯔양 중국공산당 총서기 최후의 비밀 회고록』, 에버리치홀딩스, 2010, 315−318).

15) Warren I. Cohen, *America's Response to China: A History of Sino-American Relations*, 5th ed.(New York: Columbia University Press, 2010), 215−231.

16) Linda Yueh, *The Economy of China*(Cheltenham, UK: Edward Elgar, 2010), 27; Wu Jinglian, *Understanding and Interpreting Chinese Economic Reform*(Mason, OH: Thomson / South−Western, 2005), 57.

17) Office of the CCP Dehong Dai Nationality and Qingbo Autonomous Zhou

Committee, "Several Questions in Strengthening and Perfecting the Job Responsibility Systems of Agrigultural Production," Novermber 7, 1980, in *Sources of Chinese Tradition: From 1600 through the Twentieth Century*, 2nd ed., comp. Wm. Theodore de Bary and Richard Lufrano(New York: Columbia University Press, 2000), 2:494–495.

18) Quoted from David Zweig, *Freeing Chinese Farmers: Rural Restructuring in the Reform Era*(Armonk, NY: M.E. Sharpe, 1997), 150–153. See *Zhongguo tongji nianjian*[Statistical Yearbook of China 1985](Beijing: Chinese Statistical Publishing House, 1985), 477; and *Zhongguo tongji nianjian*[Statistical Yearbook of China 1983](Beijing: Chinese Statistical Publishing House, 1983), 386.

19) Yuen Yuen Ang, *How China Escaped the Poverty Trap*(Ithaca, NY: Cornell University Press, 2016), 95.

20) Nicholas R. Lardy, *Markets over Mao: The Rise of Private Business in China* (Washington, DC: Peterson Institute for International Economics, 2014).

21) Mantzopoulos and Shen, *The Political Economy of China's Systemic Transformation*, 57–58.

22) Ezra F. Vogel, *Deng Xiaoping and the Transformation of China*(Cambridge, MA: Belknap Press of Harvard University Press, 2011), 418–419(에즈라 보걸, 심규호·유소영 옮김, 『덩샤오핑 평전』 민음사, 2014, 557–558).

23) Loren Brandt and Thomas Rawski, introduction to *China's Great Economic Transformation*(Cambridge: Cambridge University Press, 2008), 10.

24) Wu, *Understanding and Interpreting*, 114.

25) Xu Chenggang, "The Fundamental Institutions of China's Reforms and Development," *Journal of Economic Literature* 49.4(2011): 1076–1151; Jean C. Oi, *Rural China Takes Off: Institutional Foundations of Economic Reform* (Berkeley: University of California Press, 1999).

26) Maurice Meisner, *Mao's China and After: A History of the People's Republic of China*(New York: The Free Press), 463(모리스 마이스너, 김수영 옮김, 『마오의 중국과 그 이후 2』 이산, 2004, 23장).

27) Julian B. Gewirtz, *Unlikely Partners: Chinese Reformers, Western Economists, and the Making of Global China*(Cambridge, MA: Harvard University Press, 2017).

28) Michael S. Duke, *Blooming and Contending: Chinese Literature in the Post-Mao Era*(Bloomington: Indiana University Press, 1985); David C. Lynch, *After the Propaganda State: Media, Politics, and "Thought Work" in Reformed*

China(Stanford, CA: Stanford University Press, 1999). 1980년대에 대해서는 다음 책의 여러 장도 참조. David Der—wei Wang, ed., *A New Literary History of Modern China*(Cambridge, MA: Belknap Press of Harvard University Press, 2017).

29) Michel Hockx, "The Involutionary Tradition in Modern Chinese Literature," in Kam Louie, ed., *The Cambridge Companion to Modern Chinese Culture* (Cambridge: Cambridge University Press, 2008), 244–249.

30) Joseph Fewsmith, *China Since Tiananmen: The Politics of Transition*(Cambridge: Cambridge University Press, 2001), 12.

31) Su Xiaokang and Wang Luxiang, *Deathsong of the River: A Reader's Guide to the Chinese TV Series Heshang*, trans. Richard W. Bodman and Pin P. Wan(Ithaca, NY: East Asia Program, Cornell University, 1999).

32) Wei Jingsheng, "The Fifth Modernization—Democracy, 1978," *Sources of Chinese Tradition: From 1600 through the Twentieth Century*, 2nd ed., comp. Wm. Theodore de Bary and Richard Lufrano(New York: Columbia University Press, 2000), 2:499(여기에서는 魏京生의 '第五个現代化 : 民主及其他' 원문에서 번역함).

33) Timothy Cheek, *The Intellectual in Modern Chinese History*(Cambridge: Cambridge University Press, 2015), 262–315.

34) Liu Binyan and Perry Link, *People or Monsters? And Other Stories and Reportage from China after Mao*(Bloomington: Indiana University Press, 1983).

35) Fang Lizhi, "Democracy, Reform, and Modernization," in *Bringing Down the Great Wall: Writings on Science, Culture and Democracy in China*, ed. and trans. James H. Williams(New York: Knopf, 1991), 157–188.

36) 다음과 같은 중요한 연구들이 있다. Philip J. Cunningham, *Tiananmen Moon: Inside the Chinese Student Uprising of 1989*(Lanham,MD: Rowman and Littlefield,,2014); Zhao Dingxin, *The Power of Tiananmen: State-Society Relations and the 1989 Beijing Student Movement*(Chicago: University of Chicago Press, 2004); Suzanne Ogden, *China's Search for Democracy: The Student and Mass Movement of 1989*(Armonk, NY: M.E. Sharpe, 1992); Tony Saich, ed., *The Chinese People's Movement: Perspectives on Spring 1989*(Armonk, NY: M.E. Sharpe, 1990); Jonathan Unger, ed., *The Pro-Democracy Protests in China: Reports from the Provinces*(Armonk, NY: M.E. Sharpe, 1991).

37) Eddie Cheng, based on Chai Ling, "Document of 1989: Hunger Strike Manifesto," Standoff at Tiananmen blog, posted May 12, 2009, http://www.

standoffattiananmen.com/2009/05/document-of-1989-hunger-strike. html(여기에서는 柴玲 '絶食書' 원문을 번역).

38) Zhao, *Prisoner of the State*, 30(자오쯔양, 「국가의 죄수」 84).

39) Zhao, *Prisoner of the State*, 32-33(자오쯔양, 「국가의 죄수」 88).

40) Zhang Liang, Andrew J. Nathan, and Perry Link, *The Tiananmen Papers*(New York: Public Affairs, 2001), 47.

41) Jean-Philippe Béja, *The Impact of China's 1989 Tiananmen Massacre*(London: Routledge, 2011).

42) Wang Hui, "The Year 1989 and the Historical Roots of Neoliberalism in China," in *The End of Revolution: China and the Limits of Modernity*(London: Verso, 2009), 37.

11장 전면적 전진: 1990~2012

1) Wu Jinglian, *China's Long March toward a Market Economy*(San Francisco: Long River Press, 2005), 40.

2) David L. Shambaugh, *China's Communist Party: Atrophy and Adaptation* (Washington, DC: Woodrow Wilson Center Press, 2008).

3) Joseph Fewsmith, "China Politics 20 Years Later," in *Socialism Vanquished, Socialism Challenged: Eastern Europe and China, 1989-2009*, ed. Nina Bandelj and Dorothy J. Solinger(Oxford: Oxford University Press, 2012), 44-60. 다음 책은 가장 훌륭한 개설이다. Joseph Fewsmith, *China since Tiananmen: From Deng Xiaoping to Hu Jintao*(New York: Cambridge University Press, 2008).

4) Bruce Dickson, *Red Capitalists in China: The Party, Private Entrepreneurs, and Prospects for Political Change*(Cambridge: Cambridge University Press, 2003), 103.

5) Wang Xiaoqi, *China's Civil Service Reform*(London: Routledge, 2012); John P. Burns, "Civil Service Reform in China," *OECD Journal on Budgeting* 7.1(2007): 1-25.

6) Kevin J. O'Brien and Han Rongbin, "Path to Democracy? Assessing Village Elections in China," *Journal of Contemporary China* 18.60(2009): 359-378; Gunter Schubert and Anna L. Ahlers, *Participation and Empowerment at the Grassroots: Chinese Village Elections in Perspective*(Lanham, MD: Lexington Books, 2012).

7) Deng Xiaoping, "Excerpts from Talks Given in Wuchang, Shenzhen, Zhuhai

and Shanghai, January 18 to tfebruary 21, 1992," in *Selected Works of Deng Xiaoping, vol. 3, 1982-1992*(Beijing: Foreign Languages Press, 1994), 358–370, here 358.

8) 18th Central Committee, "Decision of the CCP Central Committee on Certain Issues in Establishing a Socialist Market Economy System," *Beijing Review* 36, no. 47(Nov. 22–28, 1993): 12–31.

9) Barry Naughton, "The 1989 Watershed in China: How the Dynamics of Economic Transition Changed," in Bandelj and Solinger, *Socialism Vanquished*, 125–146.

10) Qian Yingyi and Wu Jinglian, "China's Transition to a Market Economy: How Far across the River?" in *How Far across the River? Chinese Policy Reform at the Millennium*, ed. Nicholas C. Hope, Dennis T. Yang, and Li M. Yang(Stanford, CA: Stanford University Press, 2003), 31–64.

11) Loren Brandt and Thomas Rawski, *China's Great Economic Transformation* (Cambridge: Cambridge University Press, 2008), 17–18.

12) Susan H. Whiting, *Power and Wealth in Rural China: The Political Economy of Institutional Change*(Cambridge: Cambridge University Press, 2001); Li Hongbin and Zhou Li-An, "Political Turnover and Economic Performance: The Incentive Role of Personnel Control in China," *Journal of Public Economics* 89(2005): 1743–1762.

13) Deliah Davin, *Internal Migration in Contemporary China*(Basingstoke, UK: Macmillan, 1999); Chan Kam Wing and Zhang Li, "The Hukou System and Rural–Urban Migration in China: Processes and Changes," *China Quarterly* 160(1999): 818–855.

14) Song Ligang, "State and Non–State Enterprises in China's Economic Transition," in *Routledge Handbook of the Chinese Economy*, ed. Gregory C. Chow and Dwight H. Perkins(London: Routledge, 2015), 188–193; Ross Garnaut et al., *China's Ownership Transformation: Process, Outcomes, Prospects*(Washington, DC: International Finance Corporation and the World Bank, 2005).

15) 데이터는 다음 자료에 의거함. China Labor Bulletin, Reform of State–owned Enterprises in China, 19/12/2007, http://www.clb.org.hk/en/content/reform-state-owned-enterprises-china#part1_3.

16) Brandt and Rawski, *China's Great Economic Transformation*, 13.

17) Robert F. Ash, David L. Shambaugh, and Seiichirō Takagi, *China Watching:*

Perspectives from Europe, Japan and the United States(London: Routledge, 2007), 219.

18) Rosemary Foot, *Rights Beyond Borders: The Global Community and the Struggle over Human Rights in China*(Oxford: Oxford University Press, 2000); Ann Kent, *China, the United Nations, and Human Rights*(Philadelphia: University of Pennsylvania Press, 1999).

19) 중국은 1986년에 처음으로 관세와 무역에 관한 일반 협정(GATT)에 가입하려고 했지만, 중국의 가입을 위한 협상은 톈안먼 사건으로 중단되었다. 다음을 참조. Peter Nolan, *China and the Global Economy: National Champions, Industrial Policy, and the Big Business Revolution*(Houndmills, UK: Palgrave, 2001).

20) Andrew J. Nathan and Andrew Scobell, "What Drives Chinese Foreign Policy?" in *China's Search for Security*(New York: Columbia University Press, 2012), 3–36; Michael D. Swaine, *America's Challenge: Engaging a Rising China in the Twenty-First Century*(Washington, DC: Carnegie Endowment for International Peace, 2011), 32; Avery Goldstein, *Rising to the Challenge: China's Grand Strategy and International Security*(Stanford, CA: Stanford University Press, 2005), 118.

21) Wu Guoguang and Helen Lansdowne, introduction to *China Turns to Multilateralism: Foreign Policy and Regional Security*(London: Routledge, 2008), 1–18; Evan S. Medeiros, *China's International Behavior: Activism, Opportunism, and Diversification*(Santa Monica, CA: RAND, 2009); Chi-Kwan Mark, *China and the World since 1945: An International History*(London: Routledge, 2012), 118; Joshua Kurlantzick, *Charm Offensive: How China's Soft Power Is Transforming the World*(New Haven, CT: Yale University Press, 2007).

22) Amardeep Athwal, *China-India Relations: Contemporary Dynamics*(New York: Routledge, 2007); John W. Garver, *Protracted Contest: Sino-Indian Rivalry in the Twentieth Century*(New Delhi: Oxford University Press, 2001).

23) Maria Hsia Chang, *Return of the Dragon: China's Wounded Nationalism* (Boulder, CO: Westview Press, 2001), 177–179. 애국주의 교육운동에 대해서는 다음을 참조. Zhao Suizheng, "A State-Led Nationalism: The Patriotic Education Campaign in Post-Tiananmen China," *Communist and Post-Communist Studies* 31(1998): 287–302.

24) Jiang Zemin, "Speech at the Meeting Celebrating the 80th Anniversary of the Founding of the Communist Party of China," July 1, 2001, http://www.china. org.cn/e-speech/a.htm(여기에서는 장쩌민의 '중국공산당 성립 80주년 경축 대회에서의

연설在慶祝中國共産党成立八十周年大會上的講話에서 번역함).

25) Hu Jintao, "Speech at a Meeting Commemorating the 90th Anniversary of the Communist Party of China," July 1, 2011, http://www.chinadaily.com.cn/chin a/19thcpcnationalcongress/2011-07/01/content_29714325.htm.

26) Fewsmith, *China since Tiananmen*, 186.

27) Chang, *Return of the Dragon*, 178.

28) William A. Callahan, *China: The Pessoptimist Nation*(Oxford: Oxford University Press, 2010), 31-90; Zhao Suisheng, *A Nation-State by Construction: Dynamics of Modern Chinese Nationalism*(Stanford, CA: Stanford University Press, 2004); Peter Hays Gries, *China's New Nationalism: Pride, Politics, and Diplomacy*(Berkeley: University of California Press, 2004).

29) Klaus Mühlhahn, "'Flourishing China': The Normative Dimension," *China Heritage Quarterly* 26(June 2011), http://www.chinaheritagequarterly.org/ features.php?searchterm=026_muhlhahn.inc&issue=026; Shen Yipeng, *Public Discourses of Contemporary China: The Narration of the Nation in Popular Literatures, Film, and Television*(New York: Palgrave Macmillan, 2015); Christopher R. Hughes, *Chinese Nationalism in the Global Era*(London: Routledge, 2006).

30) Peter Hays Gries, "Popular Nationalism and the State Legitimation in China," in *State and Society in 21st Century China: Crisis, Contention and Legitimation*, ed. Peter Hays Gries and Stanley Rosen(New York: Routledge Curzon, 2004), 180-194; Zhao Suisheng, "Chinese Intellectuals' Quest for National Greatness and Nationalistic Writing in the 1990s," *China Quarterly* 152(1997): 725-745.

31) Geremie R. Barmé, *In the Red: On Contemporary Chinese Culture*(New York: Columbia University Press, 1999), 62-98.

32) Barry Naughton, "The Dynamics of China's Reform Era Economy," in *The Rise of China in Historical Perspective*, ed. Brantley Womack(Lanham, MD: Rowman and Littlefield), 129-148.

33) Naughton, "The Dynamics of China's Reform Era Economy", 132.

34) James Riedel, Jin Jing, and Gao Jian, *How China Grows: Investment, Finance, and Reform*(Princeton, NJ: Princeton University Press, 2007), 36-69; Mary Elizabeth Gallagher, *Contagious Capitalism: Globalization and the Politics of Labor in China*(Princeton, NJ: Princeton University Press, 2005), 30-32.

35) Huang Yasheng, "China's Inbound and Outbound Foreign Direct Investment," in Chow and Perkins, *Routledge Handbook*, 222-234.

36) Huang Yasheng, *Selling China: Foreign Direct Investment during the Reform Era*(Cambridge: Cambridge University Press, 2003), 2–6.

37) Paul Gregory and Robert C. Stuart, "China, Party Dictatorship, Markets and Socialism," in *The Global Economy and Its Economic Systems*(Mason, OH: South-Western Cengage Learning, 2014), 447.

38) Barry Naughton, "The Transformation of the State Sector: SASAC, the Market Economy, and the New National Champions," in *State Capitalism, Adaptation, and the Chinese Miracle*, ed. Barry Naughton and Kellee S. Tsai(Cambridge: Cambridge University Press, 2015), 46–72.

39) Jiang Binbin, "China National Petroleum Corporation(CNPC): A Balancing Act between Enterprise and Government," in *Oil and Governance*, ed. David G. Victor(Cambridge: Cambridge University Press, 2011), 379–417.

40) Sarah Eaton, *The Advance of the State in Contemporary China: State-Market Relations in the Reform Era*(Cambridge University Press, 2016); Barry Naughton, "China's Economic Policy Today: The New State Activism," *Eurasian Geography and Economics* 52(2011): 313–329.

41) Loren Brandt and Eric Thun, "Competition and Upgrading in Chinese Industry," in *Naughton and Tsai*, State Capitalism, 154–199.

42) World Bank, World Development Indicators, 2015, "Household Final Consumption Expenditure(% of GDP)" [Data file], https://data.worldbank.org/indicator/NE.CON.PETC.ZS?locations=CN.

43) Naughton, "China's Economic Policy Today."

44) Shi Li , Hiroshi Sato, and Terry Sicular, "Rising Inequality in China: Key Issues and Findings," in *Rising Inequality in China: Challenges to a Harmonious Society*, ed. Shi Li, Hiroshi Sato, Terry Sicular(Cambridge: Cambridge University Press, 2013), 3.

45) Christian Göbel, *The Politics of Rural Reform in China: State Policy and Village Predicament in the Early 2000s*(London: Routledge, 2010).

46) William C. Hsiao, "Correcting Past Health Policy Mistakes," *Daedalus* 143 (2014): 53–68.

47) Qin Shao, *Shanghai Gone: Domicide and Defiance in a Chinese Megacity* (Rowman and Littlefield, 2013).

48) Property Law of the People's Republic of China, http://english.gov.cn/services/investment/2014/08/23/content_281474982978047.htm(2007년 시행 「中華人民共和國物權法」 제126조).

49) William C. Kirby, "The Chinese Century? The Challenges of Higher Education," *Daedalus* 143:2(Spring 2014): 145–156.

50) Ministry of Education of the PRC, Number of Students of Formal Education by Type and Level, http://en.moe.gov.cn/Resources/Statistics/edu_stat2017/national/201808/t20180808_344698.html; National Center for Education Statistics, Fast facts https://nces.ed.gov/fastfacts/display.asp?id=372.

51) Boston Consulting Group, "Made in America, Again: Why Manufacturing Will Return to the US," August 2011, https://www.bcg.com/documents/file84471.pdf.

12장 야망과 불안: 동시대 중국

1) Xi Jinping, "Secure a Decisive Victory in Building a Moderately Prosperous Society in All Respects and Strive for the Great Success of Socialism with Chinese Characteristics for a New Era," speech at the 19th National Congress of the Communist Party of China, China, October 18, 2017, http://www.xinhuanet.com/english/download/Xi_Jinping%27s_report_at_19th_CPC_National_Congress.pdf.

2) 시진핑 정부를 다룬 최근의 연구들로는 다음을 참조. Carl F. Minzner, *End of an Era: How China's Authoritarian Revival Is Undermining Its Rise*(New York, NY: Oxford University Press, 2018); Li Cheng, *Chinese Politics in the Xi Jinping Era: Reassessing Collective Leadership*(Washington, DC: Brookings Institution Press, 2016); Pei Minxin, *China's Crony Capitalism: The Dynamics of Regime Decay*(Cambridge, MA: Harvard University Press, 2016).

3) "Decision of the Central Committee of the Communist Party of China on Some Major Issues Concerning Comprehensively Deepening the Reform," adopted November 12, 2013, posted on China Internet Information Center, January 16, 2014, http://www.china.org.cn/china/third_plenary_session/2014-01/16/content_31212602.htm.

4) Barry Naughton, "Is China Socialist?" *Journal of Economic Perspectives* 31.1(2017): 3–24.

5) Lin Yunshi, "Xi Jinping: Kongtan Wuguo Shigan Xingbang" [Xi Jinping: Prattle Harms the Nation, Pragmatic Actions Help the State Flourish], *Caixin wang*, November 30, 2012, http://china.caixin.com/2012-11-30/100466950.html.

6) 다음을 보라. Geremie R. Barmé, "Chinese Dreams(Zhongguo Meng)," in *Civilising China*, ed. Geremie R. Barmé and Jeremy Goldkorn, China Story Yearbook 2013(Canberra: Australian Centre on China in the World, Australian National University, 2013), 6–8.

7) Susan L. Shirk, *China: Fragile Superpower: How China's Internal Politics Could Derail Its Peaceful Rise*(Oxford: Oxford University Press, 2007).

8) John Garver, *China's Quest: The History of the Foreign Relations of the People's Republic of China*(Oxford: Oxford University Press, 2016), 674–704.

9) 다음을 보라. Clifford Kraus and Keith Bradsher, "China's Global Ambitions, Cash and Strings Attached," *The New York Times*, July 24, 2015.

10) 2005년에서 2015년 사이에 중국은 해외에 6,400억 달러를 투자했다. 다음을 참조. World Bank, World Development Indicators, 2016, "Foreign Direct Investment, Net Outflows(BoP, current $)" [Data file], https://data.worldbank.org/indicator/BM.KLT.DINV.CD.WD?end=2015&locations=CN&start=2005.

11) Howard W. French, *China's Second Continent: How a Million Migrants Are Building a New Empire in Africa*(New York: Vintage Books, 2014); David Hamilton Shinn and Joshua Eisenman, *China and Africa: A Century of Engagement*(Philadelphia: University Press, 2012); Deborah Brautigam, *The Dragon's Gift: The Real Story of China in Africa*(Oxford: Oxford University Press, 2009); Julia C. Strauss and Martha Saavedra, *China and Africa: Emerging Patterns in Globalization and Development*(Cambridge: Cambridge University Press, 2009); Larry Hanauer and Lyle J. Morris, *Chinese Engagement in Africa: Drivers, Reactions, and Implications for U.S. Policy*(Santa Monica, CA: RAND Corporation, 2014).

12) 중국은 하루에 130만 배럴을 운송했는데, 이는 중국이 해외에서 수입하는 양의 23%였다. Eleanor Albert, "China in Africa," Backgrounder, Council on Foreign Relations, last modified July 12, 2017, http://www.cfr.org/china/china-africa/p9557.

13) Gastón Fornés and Alan Butt Philip, *The China-Latin America Axis: Emerging Markets and the Future of Globalisation*(Basingstoke, UK: Palgrave Macmillan, 2012); Alex E. Fernández Jilberto and Barbara Hogenboom, *Latin America Facing China: South-South Relations beyond the Washington Consensus*(New York: Berghahn Books, 2010).

14) James Bellacqua, *The Future of China-Russia Relations*(Lexington: University

Press of Kentucky, 2010).

15) Andrew J. Nathan and Andrew Scobell, "Military Modernization: From People's War to Power Projection," in *China's Search for Security*(New York: Columbia University Press, 2014), 278–317; Richard D. Fisher, *China's Military Modernization Building for Regional and Global Reach*(Westport, CT: Praeger Security International, 2008); David L. Shambaugh, *Modernizing China's Military: Progress, Problems, and Prospects*(Berkeley: University of California Press, 2002); Andrew Scobell, *China's Use of Military Force: Beyond the Great Wall and the Long March*(Cambridge: Cambridge University Press, 2003).

16) Jane Perlez, "China to Raise Military Spending, but Less than in Recent Years," *New York Times*, March 4, 2017.

17) David Shambaugh, *China Goes Global: The Partial Power*(Oxford: Oxford University Press, 2014), 1–13(데이비드 샴보, 박영준·홍승현 옮김, 『중국, 세계로 가다: 불완전한 강대국』, 아산정책연구원, 2014, 23–40).

18) Rick Gladstone, "Shenzhen: The City Where China's Transformation Began," *New York Times*, December 21, 2015.

19) Fong Mei, *One Child: The Story of China's Most Radical Experiment*(Boston: Houghton Mifflin Harcourt, 2016); Kay Ann Johnson, *China's Hidden Children: Abandonment, Adoption and the Human Costs of the One-Child Policy*(Chicago: University of Chicago Press, 2016); Susan Greenhalgh, *Just One Child: Science and Policy in Deng's China*(Berkeley: University of California Press, 2008); Susan Greenhalgh and Edwin A. Winckler, *Governing China's Population: From Leninist to Neoliberal Biopolitics*(Stanford, CA: Stanford University Press, 2005).

20) 비슷한 운동이 1950년대와 1960년대에 시행되었다. Thomas Scharping, *Birth Control in China 1949-2000: Population Policy and Demographic Development* (London: Routledge, 2003). World Bank, World Development Indicators, 2016, "Fertility Rate, Total(births per woman)"[Data file], https://data.worldbank.org/indicator/SP.DYN.TtfRT.IN?locations=CN.

21) Feng Wang, Gu Baochang, and Cai Yong, "The End of China's One-Child Policy," *Studies in Family Planning* 47.1(2016): 83–86.

22) National Bureau of Statistics of China, "China Statistical Yearbook 2017," http://www.stats.gov.cn/tjsj/ndsj/2017/indexeh.htm.

23) Deborah S. Davis, "Demographic Challenges for a Rising China," *Daedalus* 143(2014): 26–38.

24) Esther C. L. Goh, *China's One-Child Policy and Multiple Caregiving: Raising Little Suns in Xiamen*(London: Routledge Curzon, 2011).

25) Charis Loh and Elizabeth J. Remick, "China's Skewed Sex Ratio and the One-Child Policy," *China Quarterly* 222(2015): 295–319.

26) World Bank, World Development Indicators, 2016, "Sex Ratio at Birth(male births per female births)" [Data file], https://data.worldbank.org/indicator/SP.POP.BRTH.Mtf?end=2015&locations=CN&start=1982.

27) 많이 연구된 이 주제에 대한 중요한 논저들은 다음과 같다. Beatriz Carrillo García, *Small Town China: Rural Labour and Social Inclusion*(Abingdon, UK: Routledge, 2011); Chan Kam Wing and Zhang Li, "The Hukou System and Rural-Urban Migration in China: Processes and Changes," *China Quarterly* 160(1999): 818–855; Leslie T. Chang, *Factory Girls: From Village to City in a Changing China*(New York: Spiegel and Grau, 2008); Delia Davin, *Internal Migration in Contemporary China*(Basingstoke, UK: Macmillan, 1999); C. Cindy Fan, *China on the Move: Migration, the State, and the Household*, Routledge Studies in Human Geography 21(New York: Routledge, 2008); Lee Ching Kwan, *Against the Law: Labor Protests in China's Rustbelt and Sunbelt*(Berkeley: University of California Press, 2007); Rachel Murphy, *How Migrant Labor Is Changing Rural China*(Cambridge: Cambridge University Press, 2002); Dorothy J. Solinger, *Contesting Citizenship in Urban China: Peasant Migrants, the State, and the Logic of the Market*(Berkeley: University of California Press, 1999); Wang Fei-ling, "Reformed Migration Control and New Targeted People: China's Hukou System in the 2000s," *China Quarterly* 177(2004): 115–132; Linda Wong, "Chinese Migrant Workers: Rights Attainment Deficits, Rights Consciousness, and Personal Strategies," *China Quarterly* 208(2011): 870–892; Yan Hairong, *New Masters, New Servants: Migration, Development, and Women Workers in China*(Durham, NC: Duke University Press, 2008); Martin K. Whyte, ed., *One Country, Two Societies: Rural-Urban Inequality in Contemporary China*(Cambridge, MA: Harvard University Press, 2010).

28) Cai Yong, "China's New Demographic Reality: Learning from the 2010 Census," *Population and Development Review* 39(2013): 371–396. 2017 data are from National Bureau of Statistics of China, "China Statistical Yearbook 2017," http://www.stats.gov.cn/tjsj/ndsj/2017/indexeh.htm.

29) Mark Selden and Elizabeth Perry, "Introduction: Reform, Conflict and

Resistance in Contemporary China," in *Chinese Society: Change, Conflict and Resistance*, ed. Mark Selden and Elizabeth Perry, 3rd ed.(London: Routledge 2010), 6.

30) World Bank, World Development Indicators, 2016, "Urban Population" [Data file], https://data.worldbank.org/indicator/SP.URB.TOTL?locations=CN.

31) Mary Elizabeth Gallagher, "China's Workers Movement and the End of the Rapid-Growth Era," *Daedalus* 143.2(2014): 81-95; Mary Elizabeth Gallagher, *Contagious Capitalism: Globalization and the Politics of Labor in China*(Princeton, NJ: Princeton University Press, 2011).

32) Martin King Whyte, "Soaring Income Gaps: China in Comparative Perspective," *Daedalus* 143.2(2014): 39-52; Li Shi, Hiroshi Sato, and Terry Sicular, eds., *Rising Inequality in China: Challenges to a Harmonious Society*(Cambridge: Cambridge University Press, 2013); John Knight, *Inequality in China: An Overview*(Washington, DC: World Bank, 2013); Wang Feng, *Boundaries and Categories: Rising Inequality in Post-Socialist Urban China*(Stanford, CA: Stanford University Press, 2008); Azizur Rahman Khan and Carl Riskin, *Inequality and Poverty in China in the Age of Globalization*(Oxford: Oxford University Press, 2001); Carl Riskin, Zhao Renwei, and Li Shi, eds., *China's Retreat from Equality: Income Distribution and Economic Transition*(Armonk, NY: M.E. Sharpe, 2001).

33) Lee, *Against the Law*, xii. Ching Kwan Lee, "State and Social Protest," *Daedalus* 143.2(2014): 124-134.

34) Colin Macheras, *China's Ethnic Minorities and Globalisation*(London: Routledge Curzon, 2003), 38.

35) Hu Jintao, "Hold High the Banner of Socialism with Chinese Characteristics....," Report to the 17th Party Congress of the CPC, October 15, 2007, https://www.chinadaily.com.cn/china/2007-10/24/content_6204564. htm..(원문은 '胡錦濤在中國共産党十七大上的報告').

36) Grace Cheng, "Interpreting the Ethnicization of Social Conflict in China: Ethnonationalism, Identity, and Social Justice," in *Social Issues in China: Gender, Ethnicity, Labor, and the Environment*, ed. Hao Zhidong and Chen Sheying(New York: Springer, 2013), 127-144.

37) Gardner Bovingdon, *The Uyghurs: Strangers in Their Own Land*(New York: Columbia University Press, 2010); Michael Dillon, *Xinjiang—China's Muslim Far Northwest*(London: Routledge Curzon, 2004); S. Frederick Starr,

Xinjiang: China's Muslim Borderland(Armonk, NY: M.E.Sharpe, 2004);
Warren W. Smith, *Tibet's Last Stand? The Tibetan Uprising of 2008 and
China's Response*(Lanham, MD: Rowman and Littlefield, 2010); Warren W.
Smith, *China's Tibet? Autonomy or Assimilation*(Lanham, MD: Rowman and
Littlefield, 2008); Melvyn C. Goldstein, *The Snow Lion and the Dragon: China,
Tibet, and the Dalai Lama*(Berkeley: University of California Press, 1999).

38) Bian Yanjie, John R. Logan, and Shu Xiaoling, "Wage and Job Inequalities in
the Working Careers of Men and Women in Tianjin," in *Redrawing Boundaries,
Work, Households, and Gender in China*, ed. Barbara Entwisle and Gail
Henderson(Berkeley: University of California Press, 2000), 111–133; Arianne
M. Gaetano, *Out to Work: Migration, Gender, and the Changing Lives of Rural
Women in Contemporary China*(Honolulu: University of Hawai'i Press, 2015);
Liu Jieyu, *Gender and Work in Urban China: Women Workers of the Unlucky
Generation*(London: Routledge, 2007); Tamara Jacka, *Rural Women in Urban
China: Gender, Migration, and Social Change*(Armonk, NY: M.E. Sharpe,
2005); Rebecca Matthews and Victor Nee, "Gender Inequality and Economic
Growth in Rural China," *Social Science Research* 29(2000): 606–632.

39) Hsing You–tien and Lee Ching Kwan, *Reclaiming Chinese Society: The New
Social Activism*(London: Routledge, 2010); Yang Guobin, *The Power of the
Internet in China: Citizen Activism Online*(New York: Columbia University
Press, 2009); Peter Ho and Richard L. Edmonds, *China's Embedded Activism:
Opportunities and Constraints of a Social Movement*(London: Routledge, 2008).

40) 이러한 발전에 대해서는 다음을 참조. Sarah Biddulph, *The Stability Imperative:
Human Rights and Law in China*(Cambridge: Cambridge University Press,
2015); Wang Yuhua, *Tying the Autocrat's Hands: The Rise of the Rule of Law
in China*(New York: Cambridge University Press, 2015); Stanley B. Lubman,
The Evolution of Law Reform in China: An Uncertain Path(Cheltenham,
UK: Edward Elgar, 2012); Randall P. Peerenboom, *Judicial Independence
in China: Lessons for Global Rule of Law Promotion*(Cambridge: Cambridge
University Press, 2010); Klaus Mühlhahn, *Criminal Justice in China: A
History*(Cambridge, MA: Harvard University Press, 2009); Randall P.
Peerenboom, *China's Long March towards the Rule of Law*(Cambridge:
Cambridge University Press, 2002).

41) Chen Xi, *Social Protest and Contentious Authoritarianism in China*(New York:
Cambridge University Press, 2012); Cai Yongshun, *Collective Resistance in*

China: Why Popular Protests Succeed or Fail*(Stanford, CA: Stanford University Press, 2010); Kevin J. O'Brien, *Popular Protest in China*(Cambridge, MA: Harvard University Press, 2008); Kevin O'Brien and Li Lianjiang, *Rightful Resistance in Rural China*(New York: Cambridge University Press, 2006).

42) Elizabeth J. Perry, "Growing Pains: Challenges for a Rising China," *Daedalus* 143:2(April 2014): 5-13.

43) Perry Link, Richard Madsen, and Paul Pickowicz, *Restless China*(Lanham, MD: Rowman and Littlefield, 2013), 3-4.

44) Elizabeth Economy, "Environmental Governance in China: State Control to Crisis Management," *Daedalus* 143(2014): 184-197; Robert Marks, *China: Its Environment and History*(Lanham, MD: Rowman and Littlefield, 2012), 312-318; Judith Shapiro, *China's Environmental Challenges*(Cambridge: Polity Press, 2012)(주디스 샤피로, 채준형 옮김, 『중국의 환경 문제』, 아연출판부, 2017); Elizabeth Economy, *The River Runs Black: The Environmental Challenge to China's Future*(Ithaca, NY: Cornell University Press, 2004); Kristen A. Day, ed., *China's Environment and the Challenge of Sustainable Development*(Armonk, NY: M.E. Sharpe, 2005); Judith Shapiro, *Mao's War against Nature: Politics and the Environment in Revolutionary China, Studies in Environment and History*(Cambridge: Cambridge University Press, 2001); Anne Lora-Wainwright, *Fighting for Breath: Living Morally and Dying of Cancer in a Chinese Village*(Honolulu: University of Hawai'i Press, 2013).

45) Joseph Kahn and Jim Yardley, "As China Roars, Pollution Reaches Deadly Extremes," *New York Times*, August 26, 2017.

46) Xinhua, "China Alerted by Serious Soil Pollution, Vows Better Protection," Xinhua Insight, *China's Daily Online*, April 17, 2014, http://en.people.cn/90882/8602018.html.

47) Chris Buckley, "Chinese Report on Climate Change Depicts Somber Scenarios," *New York Times*, November 29, 2015.

48) Rachel E. Stern, *Environmental Litigation in China: A Study in Political Ambivalence*(Cambridge: Cambridge University Press, 2013).

49) Andrew C. Mertha, *China's Water Warriors: Citizen Action and Policy Change*(Ithaca, NY: Cornell University Press, 2008).

50) "Under the Dome: Air Pollution in China," documentary by Chai Jing, June 10, 2016, https://www.youtube.com/watch?v=pUY7nixXdNE.

51) Daniel K. Gardner, "China's Environmental Awakening," *New York Times*,

September 14, 2014.

52) Huang Yanzhong, *Governing Health in Contemporary China*(New York: Routledge, 2013), 126-134.

53) Yu Hong, "Railway Sector Reform in China: Controversy and Problems," *Journal of Contemporary China* 96(2015): 1070-1091.

54) Dan Levin, "Chinese Report Details Role of Political Connections in Tianjin Blasts," *New York Times*, August 19, 2015.

55) Chris Buckley, Andrew Jacobs, and Javier C. Hernández, "Behind Deadly Tianjin Blast, Shortcuts and Lax Rules," *New York Times*, August 31, 2015.

56) Lee, *Against the Law*.

57) Fan Hao et al., *Zhongguo dazhong yishixingtai baogao*[Public Report on the Chinese People's Ideology](Beijing: Zhonghuo shehui kexue chubanshe, 2012).

58) Hua Yu, *China in Ten Words*(New York: Gerald Duckworth and Co., 2012), 153(위화, 김태성 옮김, 『사람의 목소리는 빛보다 멀리 간다』, 문학동네, 2012, 203).

59) *Ibid.*, 221(위의 책, 344).

60) Link, Madsen, and Pickowicz, *Restless China*, 3.

61) Elizabeth Croll, *China's New Consumers*(New York: Routledge, 2006); Deborah Davis, *The Consumer Revolution in China*(Berkeley: University of California Press, 2000).

62) Ian Johnson, *The Souls of China: The Return of Religion after Mao*(New York: Pantheon, 2017); Vincent Goossaert and David A. Palmer, *The Religious Question in Modern China*(Chicago: University of Chicago Press, 2012); Adam Y. Chau, *Religion in Contemporary China: Revitalization and Innovation*(Milton Park, UK: Routledge, 2011); Yoshiko Ashiwa and David L. Wank, *Making Religion, Making the State: The Politics of Religion in Modern China*(Stanford, CA: Stanford University Press, 2009).

63) James W. Tong, *Revenge of the Forbidden City: The Suppression of the Falungong in China, 1999-2005*(Oxford: Oxford University Press, 2009); David Ownby, *Falun Gong and the Future of China*(Oxford: Oxford University Press, 2008).

64) Ci Jiwei, *Moral China in the Age of Reform*(Cambridge: Cambridge University Press, 2014), 14-15. 다음도 참조. Gloria Davies, *Worrying about China: The Language of Chinese Critical Inquiry*(Cambridge, MA: Harvard University Press, 2007), 60-67.

65) Lee, *Against the Law*, xii.

66) Central Intelligence Agency, "The World Factbook," *China: Economy, Overview*.

https://www.cia.gov/library/publications/the-world-factbook/geos/ch.html.

67) Ronald H. Coase and Ning Wang, *How China Became Capitalist*(New York: Palgrave Macmillan, 2012); Regina M. Abrami, William C. Kirby, and F. W. Mctfarlan, *Can China Lead? Reaching the Limits of Power and Growth*(Boston: Harvard Business Review Press, 2014).

68) 중국 붐에 대한 일반적인 오해를 다룬 좋은 논의로 다음 책이 있다. Hung Ho-fung, *The China Boom: Why China Will Not Rule the World*(New York: Columbia University Press, 2016)(홍호펑, 하남석 옮김, 『차이나 붐: 왜 중국은 세계를 지배할 수 없는가』, 글항아리, 2021).

찾아보기

클라우스 뮐한 Klaus Mühlhahn

독일 베를린 자유대에서 박사학위를 받고 핀란드의 투르쿠대, 미국 인디애나대 교수를 거쳐 베를린 자유대 교수로 있다가 지금은 체펠린대 총장으로 재직 중이다. 중국현대사에 대해 영어, 독일어, 중국어로 논저를 출판했으며, 2009년 출간한 『Criminal Justice in China: A History』로 미국 역사학회의 존 K. 페어뱅크상을 수상했다. 『현대 중국의 탄생』은 이러한 성과를 거둔 후 착수한 새로운 도전의 산물이다.

옮긴이 윤형진

서울대 동양사학과를 졸업하고, 동대학원에서 중국현대사 전공으로 석·박사 학위를 취득했다. 현재 고려대 아세아문제연구원 교수로 재직 중이다. 민국 시대와 중화인민공화국 초기를 대상으로 사회조직, 도시공간, 지방자치에 관심을 가지고 연구하고 있다.